人民文库 第二辑

中国反贪史：
先秦—民国

（上 卷）

王春瑜｜主编

人民出版社

责任编辑：宫　共
装帧设计：肖　辉　王欢欢
责任校对：吕　飞

图书在版编目（CIP）数据

中国反贪史：先秦-民国：上、中、下卷/王春瑜 主编. —北京：人民出版社，
　2021.10
　（人民文库．第二辑）
　ISBN 978－7－01－023725－1

Ⅰ．①中…　Ⅱ．①王…　Ⅲ．①廉政建设-历史-中国-先秦-民国
　Ⅳ．①D691.49

中国版本图书馆 CIP 数据核字（2021）第 176727 号

中国反贪史
ZHONGGUO FANTANSHI
——先秦—民国

王春瑜　主编

人民出版社 出版发行
（100706　北京市东城区隆福寺街 99 号）

北京新华印刷有限公司印刷　新华书店经销

2021 年 10 月第 1 版　2021 年 10 月北京第 1 次印刷
开本：710 毫米×1000 毫米 1/16　印张：81
字数：1213 千字

ISBN 978－7－01－023725－1　定价：230.00 元（上、中、下卷）

邮购地址 100706　北京市东城区隆福寺街 99 号
人民东方图书销售中心　电话（010）65250042　65289539

出 版 前 言

　　1921 年 9 月,刚刚成立的中国共产党就创办了第一家自己的出版机构——人民出版社。一百年来,在党的领导下,人民出版社大力传播马克思主义及其中国化的最新理论成果,为弘扬真理、繁荣学术、传承文明、普及文化出版了一批又一批影响深远的精品力作,引领着时代思潮与学术方向。

　　2009 年,在庆祝新中国成立 60 周年之际,我社从历年出版精品中,选取了一百余种图书作为《人民文库》第一辑。文库出版后,广受好评,其中不少图书一印再印。为庆祝中国共产党建党一百周年,反映当代中国学术文化大发展大繁荣的巨大成就,在建社一百周年之际,我社决定推出《人民文库》第二辑。

　　《人民文库》第二辑继续坚持思想性、学术性、原创性与可读性标准,重点选取 20 世纪 90 年代以来出版的哲学社会科学研究著作,按学科分为马克思主义、哲学、政治、法律、经济、历史、文化七类,陆续出版。

习近平总书记指出:"人民群众多读书,我们的民族精神就会厚重起来、深邃起来。""为人民提供更多优秀精神文化产品,善莫大焉。"这既是对广大读者的殷切期望,也是对出版工作者提出的价值要求。

文化自信是一个国家、一个民族发展中更基本、更深沉、更持久的力量,没有文化的繁荣兴盛,就没有中华民族的伟大复兴。我们要始终坚持"为人民出好书"的宗旨,不断推出更多、更好的精品力作,筑牢中华民族文化自信的根基。

人民出版社

2021 年 1 月 2 日

目　录

序　言 ……………………………………………………… 1

———— 上　卷 ————

第一章　先秦时期 ……………………………………………… 1

　　第一节　上古三代贪贿的萌生 …………………………… 1

　　第二节　春秋战国贪贿与反贪的发展 …………………… 10

　　第三节　反贪贿暴敛的思想文化 ………………………… 26

　　附　录　略述先秦时期监察状况 ………………………… 46

第二章　秦汉时期 …………………………………………… 49

　　第一节　短命的秦皇朝 …………………………………… 49

　　第二节　在辉煌中走向灭亡的西汉皇朝 ………………… 64

　　第三节　与腐败为伍的新皇朝 …………………………… 138

　　第四节　在外戚宦官擅权中走向灭亡的东汉皇朝 ……… 146

　　第五节　秦汉时期反贪的启示 …………………………… 206

第三章　魏晋南北朝 ………………………………………… 211

　　第一节　三国 ……………………………………………… 211

　　第二节　两晋十六国 ……………………………………… 250

第三节　南朝 …………………………………………… 279

第四节　北朝 …………………………………………… 307

第五节　魏晋南北朝反贪的启示 ……………………… 343

第四章　隋唐时期 ………………………………………… 347

第一节　隋唐时期的贪污 ……………………………… 347

第二节　隋唐时期的反贪机制 ………………………… 379

第三节　反贪实践 ……………………………………… 399

第四节　反贪文化 ……………………………………… 414

第五节　反贪启示录 …………………………………… 434

第五章　五代十国时期 …………………………………… 436

第一节　五代十国时期的贪污概述 …………………… 436

第二节　五代十国时期的反贪机制与成效 …………… 447

第三节　五代十国时期的反贪文化 …………………… 455

第四节　五代十国时期的反贪启示 …………………… 458

序　言

读了《中国反贪史》，余有三叹焉。

一

一叹：贪官污吏何其多也。

贪污是腐败的核心，也是其主要表现形式。我国以历史悠久，屹立于世界民族之林。无奈的是，我国贪污犯的资格之老，在全世界有文字记载的历史中，也是数一数二的。夏、商、西周，号称"三代"，建立在广大奴隶血泪、枯骨之上的家天下政权，就其国家机器的完备来说，一代强似一代。但是，远在夏朝末年，贪贿风气已很严重。据《荀子·大略》记载，当时成汤求雨的祷词中，提问六件失政之事，三项便是贪贿问题。这是他鉴于夏朝骄奢淫逸、横征暴敛导致灭亡的教训，而有所儆惕的表现。可是，到了商末，恶名昭著的帝辛——也就是殷纣王，大肆聚敛，奸佞费仲、恶来都是大贪污犯。文王被囚于羑里监狱时，周人正是通过费仲，向纣王贿赂珍宝、美女、良马，纣王大悦，释放了文王，放虎归山的结果，最终导致殷商王朝的崩溃。与其相类似的是，春秋时，吴国太宰嚭受贿亡国，其教训也是广为人知的。被吴国打得"败鳞残甲满天飞"、岌岌乎殆哉的越国，"饰美女八人，纳之太宰嚭。"并进而煽情说："你若肯帮助，还有更美于此者。"帮助什么？求和也。太宰嚭贪污了八位美女，并指望笑纳"更上一层楼"

— 1 —

的越国漂亮姐，便鼓其如簧之舌，说服吴王夫差许越求和，从而吞下了致命的苦果：养虎贻患，越兴吴灭。

古汉语中有"贪墨"一词。墨，古义是不洁之称。历代贪官当然都是些一屁股屎、心黑如墨之徒。他们的贪婪峻刻、残民以逞，有时真出乎常人想象之外，简直成了笑话。据《五代史补》记载，五代时赵在礼在宋州做官，贪暴至极，百姓苦不堪言。后调往他处，百姓互相祝贺，说："拔掉眼中钉了！"不料消息传到赵在礼耳朵里，他向上司要求，仍调回宋州，每岁户口，不论主客，都征钱一千，名曰"拔钉钱"，宋州父老哭笑不得。值得指出的是，有些贪官虽然心狠手辣，却满脸精神文明，俨然一尘不染，实际上，就像鹭鸶一样，"飞来疑似鹤，下处却寻鱼"。明朝有个贪官更堪称典型。明明想大捞一把，却装成分文不取，刚上任时，煞有介事地向神发誓说："左手要钱，烂了左手，右手要钱，烂了右手。"但不久，有人送来百金行贿，他假惺惺地不收，说我对神发过誓。他的手下人当然知道这位顶头上司葫芦里卖的什么药，赶忙凑上去说："请以此金纳官人袖中，便烂也只烂了袖子。"这个贪官立即采纳部下的建议，赶忙将银子装进袖里，从此来者不拒，照收不误。（明·冰华生：《雪涛小书》）可见贪官是多么卑劣！

而某些贪官的胃口之大，伸手之勤、远、宽，用疯狂二字，也不足以形容。

据《旧唐书》卷82《李义府传》记载，此人"貌状温恭，与人语必嬉怡微笑"，亦即不笑不开口者；但对那些稍微对他有点抵触情绪的人，便动辄加以陷害，故当时人们说他"笑中有刀。又以其柔而害物，亦谓之'李猫'"。这便是成语"笑里藏刀"的由来，李义府真是永臭不朽矣。但"李猫"也好，"笑中有刀"也好，李义府决非仅系猫态狼心、迫害政敌之笑面虎而已。更令人发指的是，他当上宰相后，贪污受贿，卖官鬻爵，连其母、妻、诸子、女婿，无不卖官，"其门如市"，"倾动朝野"。（《资治通鉴》卷200）呜呼，此"猫"，此"刀"，又何其毒也！现代国人对日寇的"三光"政策记忆犹新。但谁能想到，我国古人中竟有人实行过四光政策；不过，当时叫"四尽"。此人就是梁武帝时历任南谯、盱眙、竟陵太守的大贪官鱼弘。他常常得意忘形地对人说："我为郡,所谓四尽:水中鱼鳖尽,山中麋鹿尽,田中米谷尽,村里民庶尽。"他娶了一百多个小老婆,"不胜金翠,服玩车马,皆穷一时之绝"(《梁书》卷28《鱼弘传》)。

不过,这些贪官比起封建社会后期权倾朝野的大贪官——如明朝的刘瑾、严嵩、魏忠贤,清朝的和珅来,又是小巫见大巫了。

刘瑾被称为"立的皇帝"(明·徐应秋:《玉芝堂谈荟》卷3),简直有与坐的皇帝正德爷并驾齐驱之势,其权力之大,可想而知。百官见他即不觉下跪,甚至有个叫邵二泉的无锡人,和同官某因公事往见刘瑾,刘瑾怒斥此人时,邵二泉竟吓得两腿发软,站立不住,尿都吓出来了。(明·何良俊:《四友斋丛说·史四》)对于贪官来说,权力与贪贿是成正比的。权力越大,贪得越多。刘瑾垮台后,所抄家产的数字,据明代高岱《鸿猷录》记载,计:金二十四万锭又五万七千八百两;银元宝五百锭又一百五十八万三千六百两;宝石两斗;金甲二;金钩三千;金银汤鼎五百;蟒衣四百七十袭;玉带四千一百六十束;等等。这不能不是个惊人的数字! 但是,倘若您读一读《天水冰山录》——也就是嘉靖时的权相严嵩倒台后的抄家物资清单,您就更会大吃一惊! 其中黄金一万三千一百七十一两六钱五分,纯金器皿三千一百八十五件,重一万一千零三十三两三钱一分,金嵌珠宝器册共三百六十七件,重一千八百零二两七钱二分,更有价值连城的古今名画手卷册页达三千二百零一轴卷册……真个令人眼花缭乱。至于明末恶名昭著的人称九千九百岁的大宦官魏忠贤,被崇祯皇帝扳倒后的抄家数字,因为崇祯皇帝未予公布,至今仍是个谜。但是,据《明史·樊玉衡传》记载,时人估计"籍还太府,可裕九边数岁之饷"。又有人估计,刘瑾贪污所得,折成银子是五百万锭,而忠贤赃七百万锭!(清·褚人穫《坚瓠集·广集·刘魏合辙》)需要指出的是,明代俸银不多,用现代的口语说,是低工资。洪武中定内外文武官员俸饷时,正一品月俸米八十七石,而宦官月俸米只有一石。以后大体成为定制,纵然有所增加,数量毕竟有限,他们的贪污所得,比起工资收入,不啻是个天文数字。至于和珅,野史传闻他被抄家的财物,达白银八亿两以上。这无疑是夸大了。据当代史家研究,和珅除了珍藏的文物字画难以估算,其他的财产,"当在一二千万两之谱"。(冯佐哲:《和珅评传》第 301 页)这同样也是个惊人的数字,难怪当时有人说他"富可敌国"。

清初思想家顾炎武曾经指出:"百官者虚名,而柄国者吏胥而已。"(《日知录》卷8《吏胥》)打一个形象的比喻,官是蟹壳,胥吏是蟹脚,没有蟹脚,岂能横行? 吏治的好坏,不仅事关朝廷形象,甚至关系到王朝的兴亡。三国时东吴末年,吏治大坏,百姓怨声载道,恨不得吴政权立刻垮台。故晋军伐吴时,孙吴军迅速土崩瓦解。晋人葛洪在总结吴国灭亡的教训时说,"用者不贤,贤者不用","不开律令之篇卷,而窃大理之位;不识几案之所置,而处机要之职;不知五经之名目,而飨儒官之禄。"(《抱朴子·吴失篇》)呜呼,吴国的官也吏也,竟一塌糊涂到这种地步,吴国又岂能不呜呼哀哉! 就连一脑袋糨糊的昏君孙皓,在临降前也哀叹:"不守者,非粮不足,非城不固,兵将背战耳!"(《三国志》卷48《吴书·孙皓传》)这是人心丧尽的必然结果。其实,早有史家指出,我国第一个大一统的封建王朝秦王朝,是亡于"刀笔之吏",以后历代王朝的灭亡,都与此痼疾有关。明代胥吏多而滥,顾炎武曾痛斥曰"养百万虎狼于民间"(《亭林文集》卷1《郡县论八》)。有此百万虎狼在民间虎吼狼嗥、茹毛饮血,百姓在死亡线上的呻吟、呼号,可想而知矣!

二

二叹:清官何其少也。

翻翻二十四史,人们就会明白,有名有姓并且货真价实的清官,不过几十位。明末清初优秀的文学家、史学家张岱,在所著《夜航船》卷7"清廉类",扳着指头数了很久,也不过只找出四十位清官。物以稀为贵,况人乎! 这些清官的相关事迹,大部分都很感人。如:北齐彭城王高浟自沧州召还,老百姓纷纷拿着食物欢送他,说:"您在沧州,只饮这里的水,从未尝过百姓的饭菜,今天我们谨献上粗茶淡饭。"高浟很感动,但也仅吃一口,不愿占百姓的便宜。又如:隋朝赵轨在齐州做官,后入京,父老送别,说:"公清如水,请饮一杯水,以代替我们献钱。"赵轨愉快地一饮而尽。20 世纪 80 年代，有一出京剧《徐九经升官记》，后拍成电影，轰动一时。徐九经是确有其人的。他在江南句容当县令，任满后调走，百姓恋恋不舍，说："公幸训我！"徐九经答道："唯俭与勤及忍这三个大字。"他曾经在大堂上画了一棵菜，上题："民不可有此色，士不可无此味。"徐九经走后，百姓将他画的菜刻在石上，并写下勤、俭、忍三字，称为"徐公三字经"。这三个字，在中国政治史上实在是可圈可点。不能甘于清贫淡泊，当不了清官。战国时魏国的邺令西门豹，"清刻洁慤，秋毫之端无私利"（《韩非子·外储说左下》）。真是难得。他的治水投巫、破除"河伯娶妇"恶俗的故事，至今仍广为流传。"披鳞直夺比干心，苦节还同孤竹清。龙隐海天云万里，鹤归华表月三更。萧条棺外无余物，冷落灵前有草根。说与旁人浑不信，山人亲见泪如倾。"（清·赵吉士：《寄园寄所寄》卷 2 引《座右编》）——这是明代苏州人朱良写的歌颂海瑞的诗。这与一般颂诗，不可同日而语。这是因为：万历十五年十月（1587 年 11 月），七十四岁的海瑞以老病之身卒于官舍后，他的同乡苏民怀检点其遗物，只有竹笼一只，内有俸金八两，旧衣数件而已。时人王世贞以九字评之："不怕死，不爱钱，不立党。"（明·周晖：《金陵琐事》卷 1）朱良亲眼目睹海瑞如此简朴的行囊，以及士大夫凑钱为海瑞买棺的情景，感慨万分，惟恐后世人不相信有这等事，特地写下这首吊海瑞诗，以期与山河作证，让海瑞的两袖清风，长留人间。事实上，海瑞生前生活俭朴到一般人难以置信的地步。他的私章用泥巴刻成，夏天睡在一张破席上，盖着夫人的旧裙，以至有道学家攻击他是"伪"，这无疑是对海瑞的污蔑，这种人是无法理解海瑞的。清官少的原因之一，是难过家庭关。清官张玮曾经慨而言之："为清官甚难！必妻子奴仆皆肯为清官，而后清官可为，不必则败其守矣。"（清·余怀：《东山谈苑》卷 3）难得的是，张玮家人都理解、支持他。张玮病殁京师后，其棺运抵毗陵（今常州），因无钱下葬，只能停于荒寺。家中没有一件像样的家具，其妻患病，无钱抓药，后竟饥寒而死。惟其如此，不甘沉沦于腐败泥淖者，不得不挖空心思安抚子女。明代前期陕西三原人王恕，历任刑部侍郎、左都御史、吏部尚书等职，掌权五十余年，寿至九十三岁。他为人刚正清严，始终一致。他的儿子见他两手空空，面露难色。

王恕对他说:"你怕穷是不? 咱家历来有积蓄,不需要做官时像粮仓里的老鼠那样。"他引其子到后宅,指一处说:"这里是藏金的地方,有一窖金。"指另一处说:"这里是藏银的地方,有一窖银。"他死后,其子去挖掘,"皆空窖也"(明·李中馥:《原李耳载》卷上)。王恕为保持清廉品节,真是煞费苦心。事实上,历史上的著名清官,其妻、子无一不是甘于清贫者,有的人还能与其夫或父互相砥砺。如婺源人江一麟,在地方做官有廉声,被调至京中任部郎。其妻便能常常"善善相规,施德于民"(清·龚炜:《巢林笔谈》卷2)。而反过来,倘若高官之妻儿、部下,成天念叨好吃好喝,穿金戴银,并与他人比较,说某人仅为七品小官,现已置下粮田千顷,某某仅为县主簿(相当于今之秘书科长),已置下绸缎铺、当铺、木材行;僚属则动辄说有权不用,过时作废,过了这村,便无此店,赶紧能捞则捞,反正天知地知,你知我知,天网虽大,毕竟多漏。在这样的氛围中,为官欲冰清玉洁,又谈何容易!

　　清官的精神风貌,还不止于清廉自守。他们不惜丢掉乌纱帽,毁了所谓锦绣前程,甚至不惜牺牲身家性命,与贪官污吏、豪强权贵抗争;更有甚者,有的清官敢于批逆鳞,犯颜直谏,抨击皇帝的误国政策、荒唐行为,这又多么需要无私无畏! 如宋代的包拯,进谏时"反复数百言,言吐愤疾",溅了仁宗皇帝赵祯一脸唾沫星,直到他将错误任命"罢之"为止(宋·朱弁:《曲洧旧闻》卷1)。这样的刚正不阿,难怪当时京师吏民畏服,称颂"关节不到,有阎罗包老"(宋·司马光:《涑水记闻》卷10)。又如明代,随着封建专制主义的高度发展,皇帝被进一步神化,导致君臣隔阂,大臣见皇帝,竟以召对为可怪,一逢召对,便手足无措,只知道连呼万岁,赶紧磕头。而至明中叶后,某些大臣觐见时简直如坐针毡,甚至当场吓得昏死过去,大小便失禁。(明·沈德符:《万历野获编》卷1)但是,偏有不怕死的清官,敢在"太岁头上动土",批所谓龙(皇帝也)身上的逆鳞。海端骂了嘉靖皇帝后,备好棺木,诀别妻子,准备慷慨赴死,已为人们熟知;天启二年(1622)四月,御史帅众在奏疏中竟然敢于批评"内外朝万岁呼声聒耳,乃巫祝之忠",这又需要何等的胆识! 果然,天启皇帝阅疏后大怒,说"帅众不许朕呼万岁,无人臣礼!"(明·叶向高《蘧编》卷12)幸亏首辅叶向高多方保护,帅众才幸免于难。这种大无畏的气概,是"杀生成仁,舍生取义"的生动表现。封建社会的官吏,几乎无官不贪,枉法者不可胜数。海瑞等人能不贪赃枉法,仅此一条,已堪称出污泥而不染,香清溢远,流芳百世了。

但是,历史已进入 21 世纪,如果进一步用现代眼光审视清官,用一位著名史学家的话来说,"清官乃不祥之物"。当百姓手中无权,"人为刀俎,我为鱼肉"时,才会在绝望中盼救星,呼唤青天大老爷能爱民如子。因此,最好的清官,仍然是老爷,最好的百姓,不过是儿子。什么地方百姓大呼包青天之日,一定是他们已经被侮辱、被欺凌之时。显然,清官是封建时代茫茫黑夜里的昨夜星辰,他们绝不代表未来。在健全的法制社会里,人们凭借法律来保护自己,而无需乞灵于清官。愿早日走出清官时代!

三

三叹:改革家怎能忘记赃乱死多门!

中国历史上有不少名垂青史的改革家,但其中有些人,结局悲惨。一个很重要的原因,就在于他们出污泥而有染,忘记赃乱死多门。他们一方面从事政治、经济改革,一方面自己又以权谋私,贪污受贿,从而授人以柄,为反改革派的反攻倒算,打开了缺口。如西汉著名政治家、经济改革家桑弘羊,其盐铁官营专卖、设立平准、均输机构等一系列经济思想和措施,对以后我国封建工商业的发展,有着巨大影响。但是,他居功自傲,处心积虑为自己的兄弟谋取高官厚禄,名将霍光反对这样干,他怀恨在心。贪欲恶性膨胀的结果,最后竟与上官桀等人勾结谋反,败露后被杀并灭族(《汉书》卷 24 下)。又如唐中叶著名经济改革家、两税法的主要创始人杨炎,对唐代乃至后世的封建经济的发展,作出了重要贡献。但是,他的儿子杨弘业,在其庇护伞下,多次犯法,接受贿赂,走后门,通关节。杨炎本人,更利用宰相职权,仗势强压下属官员买卖私人宅第,高价估价,低价结算,从中谋利,当时的御史们认为,杨炎用权力谋来的差价就是赃物。

他被罢官,贬至崖州,还没到达,就又被唐德宗派人处死。

明代改革家张居正的悲剧,更具有典型意义。

张居正的政治、经济改革,是以半途而废告终的。他病死不久,政局即迅速逆转:其官秩被追夺,家产被查抄,当政时起用的主要官员"斥削殆尽",改革派的政治力量受到毁灭性的打击,他呕心沥血实行的改革,基本上被一笔勾销。"出师未捷身先死,常使英雄泪满襟。"这是中国封建社会后期的一场政治大悲剧,其历史教训,是多方面的,深刻地警示后人,勿重蹈覆辙。

教训之一,是张居正固然也惩治腐败,但未持之以恒;而更重要的是,在反对别人腐败的同时,自己却也在腐败。

明朝中叶后,政风十分腐败,贪官污吏横行不法,民脂民膏尽入私囊。严嵩垮台被抄家时,竟抄出黄金三十万两,白银二百万两,其他珍宝多得不可胜数。"私家日富,公室日贫"的结果,国家财政捉襟见肘,嘉靖末年,太仓存银竟不到十万两,真是岌岌乎殆哉。

作为一个杰出的改革家,张居正当然看到了腐败的严重性。他在隆庆年间所上著名奏疏《陈六事疏》中,即尖锐地指出,"当民穷财尽之时,若不痛加省节,恐不能救也","凡不急工程,无益征办,一切停免",极力倡导廉政。同时,他认为必须惩治贪污,并将惩贪与巩固边防相结合。他建议:"其贪污显著者,严限追赃,押发各边,自行输纳,完日发遣、发落,不但惩贪,亦可为实边之一助。"(《张太岳集》卷36)在他主政后,不仅一再强调"吏治不清,贪官为害",大力整顿吏治,而且还抓了重大腐败案件,严肃查处。云南黔国公沐朝弼,谋害亲子,与嫂通奸,"视人命如草菅,通夷、占军、谋财、夺产,贻害地方,不止一端"(《明神宗实录》卷4)。对这样一个罪恶多端的腐败分子,本当早亥逮捕法办,但朝中官员感到他是开国功臣西平侯沐英的后代,不敢下手。张居正断然"驰使缚之",绳之以法。(《明史》卷213《张居正传》)辽王朱宪㸅的荒淫歹毒,更是令人发指。他公然"淫乱从姑及叔祖等妾,逼奸妇女,或生置棺中烧死,或手刃剔其臂肉……用炮烙劓剥等非刑剐人目,炙人面,辉人耳……"(徐学聚:《国朝典汇》卷13)张居正明知这是皇亲国戚,老虎屁股摸不得,但还是与朱宪炜进行了斗争,尽管其中情节复杂,后来张居正为此遭来严重祸害,但对朱宪炜毕竟是个沉重的打击。

但是,张居正在改革的后期,几乎把全部精力用于经济领域的改革,在全国推行"一条鞭"法,这是赋税制度史上划时代的变革。而在廉政肃贪、惩治腐败方面,并未持之以恒,一抓到底。对赋税改革的先驱、刚正不阿、与贪官污吏势不两立的海瑞,张居正反而觉得他过激,始终不予起用。《明史·海瑞传》说:"居正惮瑞峭直,中外交荐,卒不召。"而更令人难以容忍的是,他自己不但行贿,也受贿。大宦官冯保是他的政治盟友、靠山,所谓"居正固有才,其所以得委任专国柄者,由保为之左右也"(《明史》卷305《冯保传》)。冯保贪财好货,张居正让其子张简修送到冯保家中名琴七张,夜明珠九颗,珍珠帘五副,金三万两,银十万两,"其他珍玩尤多"(佚名:《天水冰山录》附录《籍没张居正数》)。需要指出的是,张居正在做官前,家中不过有田数十亩,家中余粮甚少,遑论金银;他当了内阁首辅后,虽是一品官,月俸也不过八十七石米,即使将他一辈子的官俸加在一起,至多不过折银两万余两。显然,他送给冯保那么多的金银财宝从何而来,是不言而喻的。而冯保后来垮台的主要罪状之一,便是贪污,说他家中所藏,抵得上天下贡赋一年的收入,后来也确实在他家抄出金银百余万两,大量奇珍异宝。张居正依靠冯保这样的贪赃枉法者作为自己改革的政治盟友,无疑是授反改革的保守、顽固势力以把柄,成为他们打击改革派、扼杀改革事业的突破口。万历皇帝在没收了冯保的财产后,怀疑张居正也有大量财宝,"益心艳之",这也是抄张居正家的重要原因。令人失望的是,从张居正家虽未抄出如万历皇帝想象的甚至超过冯保的巨额家产,但毕竟也有大量财富,折价约金银19.58万两,另有良田八万余顷。这决不是张居正的区区薪俸所能置办的,若非贪污受贿,怎能有如此家底!张居正的个人生活,也很奢侈、糜烂。其父病逝,他奉旨归葬,坐着三十二人抬的豪华大轿,吃饭时菜肴过百品,"居正犹以为无下箸处"。(明·焦竑:《玉堂丛话》卷8)甚至大吃海狗肾,"竟以此病亡"(明·沈德符:《万历野获编》卷21)。张居正的这种腐败行为,不但给自己抹黑,更重要的是,给改革事业抹黑。很难设想,一个自身腐败的改革家能够把改革事业进行到底。

明朝前期的经济改革家夏原吉说过一句发人深思的话:"君子不以冥冥堕行。"(《明史》卷149)改革家更不应当稀里糊涂地自行堕落、腐败,从而被顽固、腐朽的政治势力,像"一群陷沙鬼将他先前的光荣和死尸一同拖入烂泥的深渊"(鲁迅:《且介亭杂文·忆刘半农君》)。

我曾在一篇文章中说:要看为官清不清,就看宦囊轻不轻。同样是改革家的北宋范仲淹,位居要津后,若无宾客登门,吃饭仅有一种荤菜,妻儿的衣食,仅能基本自足(《宋史》卷314本传),他的"先天下之忧而忧,后天下之乐而乐"的原则,不是仅仅用以教育别人的,自身就是个"吾道一以贯之"的忠实实行者。北宋的另一位大改革家王安石,生活更十分俭朴,穿着普通服装,吃着家常便饭,衣服脏了不洗,脸有污垢未净,他都无所谓(《宋史》卷327本传)。守旧派攻击他是所谓伪,但休想捞到一根王安石贪污腐化的稻草。前述改革家夏原吉也曾蒙冤入狱,被抄家,但除了"自赐钞外,惟布衣瓦器。"(《明史》卷149本传)他们的高风亮节,永远是后世效法的楷模。

余论:走出轮回

本书各章的末尾,都有一节"反贪启示录",总结王朝灭亡的原因,反贪的经验教训。如秦汉:"秦汉大帝国,作为中国传统政治体制走向成熟的开端,无论是辉煌的事功和灿烂的文化,还是繁荣发达的社会经济,都达到了一个后代王朝长期难以企及的高度……然而,贪污腐败的问题就像帝国的孪生姊妹一样始终随着帝国的行程。尽管秦汉帝国都在力所能及的范围对反贪和澄清吏治进行了较大的努力,也曾取得了相当成就,但却无法从根本上扼制贪污腐败的愈演愈烈,最终导致了吏治崩溃和政权瓦解的悲剧。"如魏晋南北朝:"一个政权的吏治清明与否关系到它的兴衰存亡……魏晋南北朝的历史再次证明了这一真理。"隋唐、两宋、元、明、清,虽然灭亡的原因并不完全相同,但是贪污腐败,如蚁啮柱,久而久之,柱朽如渣,华屋遂轰然倒坍。王朝初年狠抓反贪斗争→王朝中叶后反

贪斗争渐渐有名无实→王朝末年贪污腐败猖獗,民不聊生,王朝灭亡→
"新"王朝初年狠抓反贪斗争→"新"王朝中叶后……成了走不出的轮回。
这样的周期率,正是历代王朝兴亡周期率的主要表现形式。今天,我们已
进入 21 世纪,总结历代反贪斗争的成败得失,把反对贪污腐败的斗争进
行到底,走出轮回,这是炎黄子孙的神圣使命。历史的警钟在长鸣!

王春瑜

2000 年 2 月 26 日于京南老牛堂

第 一 章

先 秦 时 期

第一节　上古三代贪贿的萌生

一、"大道既隐"，贪人出现

贪污贿赂伴随着私有制和阶级划分的社会而来，它植根于阶级剥削的土壤，可以说它是剥削制度的一种变异形式和补充。

原始社会共同生产，均衡地分配生活资料，没有私有观念，不知阶级为何物。人类处于纯朴自然的状态中，只有平等的观念，人人具有尽力于公益事务的道德，占有、私欲无从产生，更无所谓贪贿。历史发展到生产品有剩余、财富有初步的积累时，就发生了占有他人劳动成果、奴役他人为我劳动的情况。也就在这时，公益事务的管理者便逐渐变为国家的官吏，成为公共权力的执行者并为某一家族所世袭；为维持公共权力所需而征收捐税，又成为官吏中饱私囊的机会。于是，他们由社会公仆一变而为凌驾于社会之上的主人。这时，部落间的战争带有掠夺财富的性质，把俘虏转化为奴隶；战争又加强了氏族、部落首领的权力，原始的人民武装也很快成为那种"公共权力"的重要组成部分。与此同时，社会经济发展到第三次大分工,商品、借贷、债务一起出现,从而贫富分化,瓦解着氏族制度,社会转入已经包含着奴役和剥削因素的、父系家长制家族为主的阶段。这一切展示着文明史的到来,在中国,相当于"五帝"时代的后期。贪贿,发生了。

古人已经自觉或不自觉地描绘了这一历史大变迁的图景,《礼记·礼运》云:

> 孔子曰:……大道之行也,天下为公。选贤与能,讲信修睦,故人不独亲其亲,不独子其子,使老有所终,壮有所用,幼有所长,矜寡孤独废疾者皆有所养。……货恶其弃于地也,不必藏于己;力恶其不出于身也,不必为己。是故谋闭而不兴,盗窃乱贼而不作,故外户而不闭,是谓大同。

这就是原始社会的图景。基本上与历史科学所研究出的原始社会道德风尚相符。《礼运》篇接着说:

> 今大道既隐,天下为家,各亲其亲,各子其子。货、力为己,大人世及以为礼,城郭沟池以为固,礼义以为纪。以正君臣,以笃父子,以睦兄弟,以和夫妇。以设制度,以立田里,以贤勇知。以功为己,故谋用是作,而兵由此起。

这就是私有制产生、进入阶级社会的情景。所谓"货、力为己""以功为己""谋用是作"等等,就是阶级剥削,也是贪贿产生的根源。

这时,社会终于有贪人出现了。而反对、惩处贪馋者的行动及其有关的伦理道德也随之产生。

早在黄帝时期,蚩尤作为他的对立面,就是一个"庶人之贪者"。蚩尤"惟始作乱,延于平民,罔不寇贼、鸱义、奸宄,夺攘矫虔"①。往后出现了著名的"四凶"——帝鸿氏(一说即黄帝)的浑敦、少昊氏的穷奇、颛顼氏的梼杌和缙云氏(炎帝后裔,黄帝时任职)的饕餮。他们都被称为这四族的"不才子",实际是这些氏族的首领。他们践踏德义忠信,崇尚恶行,这就是"大道既隐"的社会初期滋生的与氏族道德相反的代表人物。

---

① 《尚书·吕刑》。

而饕餮这人正可顾名思义:"贪于饮食,冒于货贿,侵欲崇侈,不可盈厌。聚敛积实,不知纪极。"①这就是后世贪贿、暴敛者的形象。

当然这还不完全是后世那种严格意义的贪污受贿者,当时还没有正式的国家机构和官吏。只是这种贪馋行为,本质上都是私有制的产物,是源和流的关系。阶级社会取代古老的原始氏族社会,是私有制和私欲取代纯朴生活、淳厚道德的一次变革。"最卑下的利益——庸俗的贪欲、粗暴的情欲、卑下的物欲、对公共财产的自私自利的掠夺——揭开了新的、文明的阶级社会;最卑鄙的手段——偷窃、暴力、欺诈、背信——毁坏了古老的没有阶级的氏族制度,把它引向崩溃。"②这是宏观地综论古代世界的历史,而在各民族中,这一转变的程度则有差别。而大体说来,眼前的"四凶"人物的确具有这种特色。

这类人物及其行为,此后不断出现。相传尧的儿子丹朱也是个"不才子","惟慢游是好,罔昼夜额额(肆恶无休止貌),罔水行舟,朋(群)淫于家,用殄(绝)厥世"③。舜任用"才子"如"八元""八恺",除去了"四凶",取代了丹朱的权位,可以说这是贪贿与反贪贿的最早一次较量。当时也可能还一度恢复发扬了氏族社会道德风尚,氏族制度还具有一定的传统力量。历史规律的发展,社会进入文明的门槛,那就是"三代"国家政权的建立,也就拉开了贪贿与反贪斗争的正式的舞台帷幕。

二、"三代"国家政权及贪贿和反贪的特征

夏、商、西周,号称"三代",正式形成了国家政权,建立了奴隶制王朝,王位世袭,就是"天下为家"的时代。中国古代社会结构具有自己的特点,即是带着族落群体进入文明历史,氏族制残余未被完全破坏,没有完全以地域划分居民,而以家族或由之发展成的宗族构成社会基本单位,

---

① 《左传》文公十八年。

② 恩格斯:《家庭、私有制和国家的起源》,《马克思恩格斯选集》第4卷,人民出版社1972年版,第94页。

③ 《史记》卷2《夏本纪》。

阶级划分在家族、宗族内部或统治族与被统治族之间呈现。各族的首领亦即各级政权的首领,在其上建立起来的王朝自然是"家天下",而地方各级政权也可以说是一个个小的"家天下",从而构成自上而下的统一的、专制的政体,到西周正式称作王、侯、卿、大夫、士这样的系列。

这样的社会特征和政权特征,造成了经济财政制度上的特点。所谓"溥天之下,莫非王土;率土之滨,莫非王臣"①,是说王是所有土地、臣民的拥有者,这可以说成公有,实质则是一人的私有;其下各级名义上当然是天子的一部分,实际上他们所管辖之区,土地、人民也是属于各级政权的贵族首领的。因此,财产权利在这样的系统里界限不清,财政制度在相当长的历史时期内并不严格。自古以来很少有人指斥帝王的贪污问题。官员都是贵族,报酬就是封给他们的土地、人民和奴隶以不同方式缴纳的生产成果,离开这些而以薪俸偿付乃是春秋后期开始的。这样,官府官员的贪贿行为,存在于人们心目中多半是以他们的侵占、享乐到了过分、放肆的程度。所以,这个时期,人们抨击、谴责的主要是淫逸奢侈、聚敛或"专利"的行为。这些行为事实上也不断发生,三代各朝的季世也因此而导致政权的覆灭。

夏禹一生勤劳节俭,"卑宫室,而尽力乎沟洫"。到了第二代启,就开始贪图享乐。他变禅让为王位世袭制,便好声色,创制乐曲,在旷野演奏。② 到了第三代便发生了"太康失邦,昆弟五人,须于洛汭"和"羲和湎淫,废时乱日,胤往征之"③等接连的败乱。《楚辞·离骚》云:"启九辩与九歌兮,夏康娱以自纵。不顾难以图后兮,五子用失乎家巷。"对此作了简练的概括。后来又有孔甲"好方鬼神,事淫乱,德衰"④。夏政权开始衰落。到桀"不务德而武伤百姓,百姓不堪"⑤。记载他的虐政非常之多,《尚书·汤誓》中商汤指斥他"夏王率(遏)[竭]众力,率割夏邑"。百姓,

---

① 《诗经·北山》。
② 《楚辞·天问》。参见闻一多《天问疏证》及游国恩《天问纂义》集录的有关记载。
③ 《尚书·五子之歌·序》《胤征·序》。
④ 《史记》卷2《夏本纪》。
⑤ 《史记》卷2《夏本纪》。

当时指贵族宗亲;夏邑,指一般宗族民居。而今夏桀伤害到这类人、邑,那必然是穷尽民力,宰割天下,夏朝灭亡便是不可避免的。后来周人说:"有夏诞厥逸,不肯感言于民,乃大淫昏,不克终日劝于帝之迪(道)。罔丕(不)惟进(赆,财)之供,洪舒(荼)于民……叨(贪财)懫(忿戾)日钦(崇尚),劓割夏邑。天惟时求民(之)主,乃大降显休命于成汤,刑殄有夏。"①都是说淫逸与暴敛,致使夏朝的衰落和灭亡。

商汤鉴于夏亡的教训,后人说他实行了"仁政"如"网开一面"之类。其中记载了他意识到贪贿风气的严重而能及早儆惕,当天旱时向天祷雨,成汤的祷词不无忧虑地说:

> 政不节欤?使民疾欤?何以不雨至斯极也!宫室荣欤?女谒盛欤?何以不雨至斯极也!苞苴行欤?谗夫昌欤?何以不雨至斯极也!②

这里的"女谒"指向后宫、贵妇求情以帮助成就某事。谒,后世称"干谒",就是带着财礼见面。"苞苴"指礼品,即行贿的财物。"谗夫",进谗言,也指贪馋者。祷词中提问六件失政之事,三项是贪贿问题。语言当是后人写入,事实应有根据,根据当是目睹夏末的败政难免不流毒新朝。

商汤之后,太甲即"颠覆汤之典刑",《尚书·伊训》《太甲》诸篇,相传均是伊尹训诰太甲的,指出"三风十愆"等淫乱之政,其中就有"好货"一项。到后期盘庚迁殷(今河南安阳),离开祖乙的邢(或曰耿)都,其原因之一是旧都"奢侈逾礼",贵族们奢淫成习。盘庚再三告谕,动员不愿迁都者。今存《尚书·盘庚》三篇,其中便有告诫:"乃败祸奸宄,以自灾于厥身。"明言"兹予有乱政同位,具乃贝玉"的人,要求在位者"无(毋)总于货宝,生生自庸"。说明奢侈、聚敛、贪冒之风严重,戒贪的思想很明确。迁都后,此风当有所收敛,不久乃有武丁"复兴殷道"的成效。

商末,帝辛(纣)是继夏桀之后第二个昏淫暴虐的帝王,史载他"好淫乐,厚赋税,以实鹿台之财,盈钜桥之粟,收狗马奇物充牣宫室,益广沙丘

---

① 《尚书·多方》。
② 《荀子·大略》;又见《韩诗外传》卷4,《说苑·君道》。

苑台"①。还有其他声色之乐,远贤用佞,等等。这样的聚敛,就会"俾暴虐于百姓,以奸宄于商邑"②。他朝廷上充满了"曾是掊克(剥削)"的人,"寇攘式内(用于内廷)",而"敛怨以为德"。③ 帝辛所重用的奸佞费仲、恶来,都是好利、善谗之徒,财贿当头,不顾其后。文王被囚于羑里监狱,周人设法求到奇珍异宝、美女、良马,通过费仲进献,纣王大悦,便释放了文王。④ 这是一次重大的政治贿赂,而贪贿者竟利令智昏,放虎归山,终于自取灭亡。

武王伐纣灭商,立即"散鹿台之财,发钜桥之粟,以振贫弱萌隶"。从而使殷民大悦,这也可说是一次反贪冒聚敛的行动。

西周建政之初,周公等人以殷为鉴,反复论述为政要以正、勤、廉、俭为本,从而使政局保持了相当长时间的相对稳定。但贪贿之风在社会上不可能就此遏止。伯禽初封鲁,淮夷、徐戎来犯,即发军抵御,在誓师词中说道:"马牛其风,臣妾逋逃,勿敢越逐,祗复之,我商(赏)赉汝。乃越逐、不复,汝则有常刑!无敢寇攘、逾垣墙、窃马牛、诱臣妾,汝则有常刑!"⑤可见还是有抢掠马牛、臣妾的现象。

待到穆王时,编修刑法——《吕刑》,着重强调敬刑慎罚,坚持中正的原则,特别指出要防止"五过之疵(弊病):惟官、惟反、惟内、惟货、惟来"这五种执法受贿的行为。所谓"官"指有官位的,"反"指回报人的恩情,"内"指有内亲关系,"货"即送财物,"来"当为求,请求或赇。⑥ 指出这些贪赃枉法者"其罪惟均",即与在案的罪犯同罪。最后告诫说:"民之乱(治),罔不中听狱之两辞,无或私家于听狱之两辞!狱货非宝,惟府(取)辜功(事),报以庶尤。"意思是:治理好人民,没有不是公正听取诉讼双方陈述,不要在双方诉讼中捞取私财!要知道,从断案中得来的财贿并不是

---

① 《史记》卷3《殷本纪》。
② 《尚书·牧誓》。
③ 《诗经·荡》。
④ 《史记》卷3《殷本纪》。
⑤ 《尚书·费誓》。
⑥ 引文出自《尚书·吕刑》。"来"字马融本作"赇",《说文》:赇,以财物枉法相谢。但前有"货",似重复。《尚书正读》乃以"求"解释。

好宝贝,恰恰是取罪的坏事,将会以众人一样判罪来"回报"!

这里既反映西周此时官府贪贿之风在滋生,也说明《吕刑》把防止贪贿明著于刑法,在古代是不多见的,是值得注意的反贪举措。

事实上需要防止的这类枉法事件时有发生。西周中后期金文《僟匜》,铭记着一个下级臣吏牧牛,与他上司即僟这人诉讼的案件。朝廷的伯扬父来断案,他判处给牧牛五百鞭刑外加罚金三百寽,还说这是减轻了。为什么牧牛败诉,理由是他是僟的下级,不问其他是非曲直。① 这就是典型的"惟官"一例。铭文中还看不出内里有无行贿的情节,即便如此,也是枉法的行为。

厉王"专利"而被国人放逐,是三代史上著名的事件。厉王重用好利的荣夷公,国人叫苦不迭。大夫芮良夫进谏,厉王不听,而且严厉控制言论,找来一个卫国的巫者监视国人的谤议,一旦发觉则加以杀害。人们敢怒不敢言,"道路以目"而已。厉王便沾沾自喜,告诉召穆公说"吾能弭谤矣"! 召公说:这样压制言论,太危险了! 堵住人民的口好比堵塞川流,一朝冲决,会有灾难发生。厉王还是不听,这样持续了三年,至此,国人一致行动起来,就把厉王赶走了。于是十四年内王位空缺,由周、召二公代行王政,号曰"共和"。这是中国历史上第一次国都人民的起义,也是一次反贪贿暴敛的伟大义举并取得胜利。厉王专什么利,从芮良夫的谏言中推知,专的是山林川泽之利,即垄断经营,与民争利。也有可能是对经营山林川泽者施行苛税暴征,搜刮财富。芮良夫说:"夫利,百物之所生也,天地之所载也,而或专之,其害多矣!"又说:"匹夫专利,犹谓之盗;王而行之,其归(民归附)鲜(少)矣!"②可见事件相当严重。《诗经·桑柔》篇旧说是讽刺厉王的,有句说"大风有隧,贪人败类"。直刺"贪人"。事件也透露了这时期经济、财政形成了一定的制度,有了管辖的此疆彼界,能够显露出贪利、专利的政策界限来。

宣王一度"中兴",可是继承者幽王又是一个昏淫之君,把"赫赫宗

---

① 参见洪家义《金文选注释·僟匜》,江苏古籍出版社1988年版。
② 上引文、情节均见《国语·周语上》,事件发生次序按《史记·周本纪》。

周”断送了。幽王的身死国灭，除了贪图享乐、喜好声色、宠爱褒姒而废嫡立庶，招致申侯联合缯国和西夷、犬戎并力攻周的直接原因之外，也有一个亲近好利的权奸问题。他“以虢石父为卿，用事，国人皆怨。石父为人佞巧善谀、好利”①。大致是蹈了厉王的覆辙。王室专利的具体事实不详，而这一朝的卿大夫们贪利、肆欲，则在《诗经》里有不少记载。《小雅·十月之交》一般认为是刺幽王的，其中说到卿士皇父“彻我墙屋，田卒污莱”。他又“作都于向。择三有事，亶侯多藏”。既毁人田舍，往向地作都邑，所选用的官员又都是富有积聚（多藏）的人。而各地被聚敛搜刮一空，《大东》篇云：“小东大东，杼柚其空。”东方的大小诸侯国被征敛得连织机上的织品都空荡荡了。《大雅·瞻卬》云：“人有土田，汝反有之；人有民人，汝复夺之。”这都是揭露、谴责这个时候高官贵族对人民的巧取豪夺，也都是一种反贪暴的呼声。西周政权就是在这种情形下倾覆了。

三、早期倡廉勤及反贪贿的政治伦理

社会上有贪贿的发生和存在，就必然有反对和制止贪贿的行动，就有提倡清廉勤政、贬斥贪贿暴敛和骄奢淫逸的思想产生。这种早期的政治伦理，既是直接继承去古未远的原始社会道德遗风，也由于人们逐渐认识到贪贿淫逸危害之大，而且终究要受到事物发展规律的制约，小则身败名裂，大则国亡族灭。

相传虞舜曾对下属说：“夙夜惟寅（敬），直哉惟清。”并明确表示：“朕堲（厌恶）谗说殄（贪残）行！”还教禹要“克勤于邦，克俭于家”。他的下属也有同样的议论，伯益说要“儆戒无虞，罔失法度，罔游于色，罔淫于乐”。皋陶说要“直而清，简而廉”，“无教逸欲，有邦兢兢业业”②。这些言论虽经后人辑录，但还应该是当时社会现实的反映。

---

① 《史记》卷4《周本纪》。
② 均见《尚书·舜典》《皋陶谟》《大禹谟》。后二篇为古文《尚书》。一般认为是伪书。但历来也有一批学者认为：虽经战国以下的人编录，其中保留有古史资料，不能一概否定。本节择要采用。下同。

皋陶还总结出"九德"："宽而栗,柔而立,愿而恭,乱(治)而敬,扰(顺)而毅,直而温,简而廉,刚而塞(实),强而义。"可谓一套完美的道德格言,还充满着辩证观点。当时有一首"喜起明良"歌(《尚书·益稷》),把君明臣良与君昏臣惰加以对比,也是一首最古的勤政诗歌,联系到帝舜去"四凶",这首歌也就有一定的依据。

夏初太康失国而昆弟们编的《五子之歌》,说明淫逸享乐必然亡国丧身。①成汤祷雨词儆惕贪贿奢侈和伊尹训太甲的"三风十愆",(均见前)以及太甲醒悟到"欲败度,纵败礼"②的道理,均是戒贪淫的训条。

盘庚迁殷,教戒贵族在位者"无总于货宝"的同时,自己表示"朕不肩好货,敢恭生生,鞠人谋人之保居,叙钦"③。就是说:我不任用好财贪货的人,我恭敬那为民营生者,只钦佩、叙用那种能养民、为民谋取安居乐业的人。

周人以务农著称,他们勤劳坚毅、艰苦创业和长期奋斗,才取代商朝而有天下。始祖后稷是培植农作物的能手和典范;公刘复兴后稷之业,一生"匪居匪康";太王、王季都能"克自抑畏","文王卑服,即康功田功"④。这一系列的勤政敬业的美德,形成了周族的传统和特色。

入主中原之后,目睹商末王朝的贪贿腐化,以周公为代表的西周最高统治集团,积极总结经验、教训,并对此加以理论化。周公本人"一沐三握发,一饭三吐哺",就是勤政典范。

武王从箕子手上接过"洪范九畴",其中讲到"臣之有作福作威玉食,其害于而(尔)家,凶于而国"⑤。成王封康叔于卫,地当故殷墟,需要儆惕染殷旧习,便加以教诫。在《尚书·康诰》中,周公说:"无康好逸乐,乃其义(治)民。"对于"凡民自得罪,寇攘奸宄,杀越人于货,暋不畏死,罔弗憝(敦,伐)"。一再要求"用康义民"即治民使之安康,不要"惟威惟虐,大

---

① 见《尚书·序》,古文《尚书》载有歌的全文。
② 《尚书·太甲中》(古文)。
③ 《尚书·盘庚下》。肩:任用。生生:营生,谋生。鞠:养,育。叙:次第(录用)。钦:敬。
④ 引文均见《尚书·无逸》。
⑤ 《尚书·洪范》。

放王命"。为了戒酒,特作《酒诰》篇,周公说道:"在昔殷先哲王迪畏天,显小民,经德秉哲,自成汤至于帝乙……不敢自暇自逸。"只是到了他们的后嗣,"诞惟厥纵淫泆于非彝,用燕丧威仪,民罔不盡(痛)伤心"。《无逸》篇着重论述了要知稼穑艰难和小民的痛苦,历举商代中宗、高宗等贤君畏天命,知民隐(痛),不敢荒宁,等等,作为榜样。指出末代商王"生则逸",只知耽乐,连寿命也短了。要求今后周王"无淫于逸、于游、于田",耽乐"乃非民攸(所)训,非天攸若(顺)"的。

西周倡廉勤反贪淫的这项政治要求比前代做得更为充分,一直贯彻了很长时期。许多文献记载了他们反复要求贵族、官员"虔恭尔位""靖恭尔位""夙夜敬止"等;金文中诸如"虔夙夕""貊(恪)夙夕""奔走夙夕"和"奔走畏天威"等文字也屡见不鲜。《诗经》里也多见"夙夜匪懈""夙兴夜寐""不懈于位""无恒安处"等文字。一直要求做到"敬明乃心","小心翼翼","如临深渊,如履薄冰",达到真心诚意。

这类训诰,难说全是套语,它们比较深刻,也比较真诚。西周,尤其在其前期,保持了政治的相对改善和相对稳定,比前两代延续的时间也要长些。所以,西周奠定了我们民族伦理型文化特色,包括倡廉勤反贪逸在内,其历史影响十分深远。

第二节　春秋战国贪贿与反贪的发展

春秋战国是中国古代社会发生第一次剧烈变革的时期,即由奴隶制转变为封建制社会。社会结构从宗族为主的单位逐步转化为编户齐民;政权结构冲破了天子一统的局面,周室衰微,诸侯兴起而大国争霸,各国卿大夫从中扩展实力而执政柄。经济领域的私有制有所发展,官吏薪俸制逐步施行,财产权利界限和财政管理制度也比前一阶段明朗。

在此期间,贪贿与反贪贿都具有新的特点,亦显过渡期的特色。一方面仍然保有传统的淫逸暴敛的贪贿方式,各国无论旧贵族抑或暴发的新贵族均肆其贪欲;一方面各国统治集团与别国和在国内以财贿作政治交易为常事。同时,因贪贿结成的恶果反复出现,人们更加视侵吞公财为非法,行贿受贿已成为全社会讽刺的对象。总之,此时期贪贿行为普遍,而反贪斗争也深入发展并多有成效。

周王室在衰败中,出现了"政以贿成"的状况。公元前563年即周灵王九年,王室发生了一起诉讼:王叔陈生和伯舆互争权位,而周王袒护伯舆,王叔陈生不服,怒而出奔。晋君便派卿官士匄去调解,倾听二人的陈诉。双方没有出席而委派代理人出场。王叔一方说:现在"筚门圭窦"的穷小子也敢于欺凌起上司来了,这就难做他的上司了!伯舆一方则说:我们先世跟从平王东迁有功,受到王的奖赏。没有我们"筚门圭窦"者能东来吗?如今王叔辅政,是"政以贿成,而刑放(寄)于宠",群吏都是"不胜其富,吾能无筚门圭窦乎"!结果,王叔理亏而奔晋。① 伯舆指出"政以贿成"是一针见血地暴露了现实政治的腐败风气,而群吏"不胜其富"也就是在这种风气下出现的暴富。

这决不是凭空的一句话,王室的贪贿事件今见于记载的已有两起。在这之前一百余年,公元前675年,惠王一即位就把师氏芮国的园圃夺取过来建造苑囿,又夺取大夫边伯的宫室,还夺取子禽跪祝、詹父的土地。于是芮国等人奉着惠王的小叔王子颓起来反抗,弄得惠王出逃,仗着郑、虢两国的勤王,方才在三年后回到王室。②

在这之后的三十来年,公元前530年,周室甘简公无子,便立他的弟弟甘过(谥为悼公)。甘过却进而企图除掉成、景二族,而成、景之族便贿赂刘献公,反过来把甘悼公杀了。成族得立之后,又杀了甘氏的一批同党。③

至于下面各国,依照政权结构的特点,可将贪贿事件分为列国间和国内两个部分来叙述。

---

① 《左传》襄公十年。
② 《左传》庄公十九年,《国语·周语上》。
③ 《左传》昭公十二年。

一、春秋时期列国间的贪贿

一般是大国索贿,小国纳贿。也有相反的情形,那就是大国(或稍强者)有更大的贪欲企图而不得已向小国纳贿。这种行贿与国家间朝聘送礼或缴纳贡赋有别。

公元前660年,鲁闵公被庆父所杀,成季(季友)便带着僖公(闵公弟或曰庶兄)逃到邾国。庆父杀君之后亦惧而奔莒,成季便回鲁而立僖公。为了除去庆父,成季向莒国行贿,把庆父要回,庆父在途中自缢。第二年,莒国来向鲁索贿,却被成季拒绝而且吃了败仗。① 这是一起骗贿的事件。虽是骗贿,而贿赂仍起了作用。

公元前658年,晋献公伐虢国,需要向虞国借路,就用良马、玉璧送往虞国。虞大夫宫之奇谏阻虞君不要贪贿而借路,虞公不听,晋于是顺利灭了虢国的下阳。三年后,晋国再向虞国借路伐虢,宫之奇用"唇亡齿寒"比喻虞与虢的亲密关系和伐虢后给虞带来的恶果进谏,虞公还是不听,宫之奇就带着全族出走。果然,晋国这次灭了虢国,就在回师时顺路也把虞国灭了。这是以行贿者得逞、受贿者失败而告终的典型一例。宫之奇离国之前对他儿子说:"以贿灭亲,身不定(安)矣!"②灭亲,指出卖了虞国,虞、虢本是姬姓的兄弟国家。

公元前651年,晋献公死,太子申生早被骊姬谗害而自杀,公子重耳正流亡在外,骊姬两子于当年先后被立旋又被杀,只有陪嫁夫人生的儿子夷吾可立为君。为了借重秦国的支持,大夫郤芮便怂恿夷吾用一大片领土送给秦国,于是秦国派军拥立夷吾即位,就是晋惠公。同时还贿赂国内的大夫里克、丕郑分别以田百万、七十万。③ 但后来又背约,引起与秦的战争。

---

① 《左传》闵公二年。
② 《左传》僖公二年、五年。《国语·晋语二》。参见《战国策·秦策一》《韩非子·内储说下》。
③ 《左传》僖公九年。

公元前 632 年晋楚城濮之战,晋国用了一个著名的战略,叫作"喜赂怒顽"。大战前,秦、齐二国作壁上观,对晋不利。新任元帅先轸提出此计:让当时被楚围而待晋援的宋国去贿赂齐、秦,办法是把被晋打败的楚的与国曹、卫二国各割一部分土地,分给宋国以作贿赂的补偿。这样做后,果然齐、秦便帮助宋国向楚说情——解围。而楚因晋损害了自己的与国曹、卫的利益,当然拒绝了齐、秦的说项。齐、秦失了面子,便站到晋国方面来了。① 这是用贿赂施行的一次成功的外交战略。

城濮之战后,晋国拘留了曹共公却没有同卫成公一起放回。晋文公这时患病,曹共公的侍仆侯獳用贿赂买通了晋卜官,让他向晋君说他的病因是由于他没有释放曹君,"合诸侯而灭兄弟,非礼也;同罪异罚,非刑也。"所谓灭兄弟是指晋和曹都是文、武的后裔。同罪异罚是说战中同被晋拘留,而只放回了卫君。这样一说,晋文公信服了,就放了曹共公回国。②

卫成公被晋拘留而后又得放回国时,他就杀了几个大臣,并和战时奉命在国留守的元咺诉讼,晋人又把他带到周京师因禁起来。晋文公派医生将要暗中用酖酒毒死卫成公。支持卫君的宁俞得知此情,便私下贿赂医生,叫把鸩酒弄薄,结果救下了卫成公性命。同时,鲁僖公听臧文仲的劝谏,又向周王和晋文公分别送玉十对,请释放卫君,周王应允,终于放了卫成公归国。③

上述两次小的行贿,还算是为了免祸,受贿者也帮人办了好事。而有些贪贿则全是图利,满足贪欲,在国与国之间屡见不鲜,而且大国就在盟会上公开进行。

公元前 612 年晋国与诸侯在扈地开会,旨在因齐侵鲁而商议伐齐。齐国来个"赂晋侯",这事便作罢,鲁君也没有出席。这么一来,齐国却有恃无恐,又一次侵入鲁国西鄙;并顺势伐曹,责难曹的朝鲁。弄得鲁国没法,只得在次年年初派季文子去会齐君而请盟。齐君又说鲁君不亲自前

① 《左传》僖公二十八年,《国语·晋语四》,《史记》卷 39《晋世家》。
② 《左传》僖公二十八年。
③ 《左传》僖公三十年,《国语·鲁语上》。

来,国君不能同大夫盟,否则就是失礼,便不答应。到夏五月鲁公又派襄仲给齐侯"纳赂",才在郪丘盟会,二国和解。①

三年后,鲁宣公新立,未及列名参与盟会,季文子出使齐国,"纳赂以请会",才得在齐国的平州参与盟会,"以定公位"。这次"纳赂"是送给土地——济西田,便由齐国取去了。②

公元前602年,晋国在黑壤与诸侯盟会,由于五年前晋成公即位时鲁国没有到晋朝聘,晋国就在会上拘留了鲁宣公,结果又是"以赂免"③。这种索贿完全是赤裸裸的强盗行径。

公元前571年,齐伐莱,莱人派大夫正舆子挑选了精良的马和牛百匹,用以贿赂齐国领兵的宠臣夙沙卫,于是齐军便撤回不战。夙沙卫是齐灵公的少傅,备受荣宠,他作此主张,也是齐君本人有此贪欲。所以《左传》作者评道:"君子是以知齐灵公之为'灵'也!"④灵,是恶谥,足见这次齐国受贿还师,是受非议的。

公元前548年发生了两起将本国宗器贿赂给他国的事件。这年夏天,晋国为报复两年前齐伐朝歌之役,大会诸侯于夷仪,准备讨伐齐国。在这种声势胁迫下,齐国权奸庆封一面向晋解释过去伐朝歌事是齐庄公(已被崔杼、庆封所杀)干的;一面请求和解,"赂晋侯以宗器、乐器,自六正、五吏、三十帅、三军之大夫、百官之正长师旅及处守者,皆有赂"。这是一起大批财物、宗器的重赂。结果"晋侯许之,使叔向告于诸侯"。

同年,郑国也是为报前仇而伐陈,一举攻进陈都。陈哀公只得向郑人贿赂宗器。郑子产便赦免了陈,并归还了战俘和一度占取的土地及被收缴的兵权。⑤

春秋后期,晋、楚作为大国又作为霸主国,此时卿或令尹实掌政柄,在盟会或朝聘时,他们往往公开出面索贿。

---

① 《左传》文公十五年、十六年。
② 《左传》宣公元年。
③ 《左传》宣公七年。
④ 《左传》襄公二年。
⑤ 《左传》襄公二十五年。

公元前 541 年在虢地会盟，鲁国恰在此时伐莒并取其郓邑，当然是违反盟约的。莒人告到会上，楚表示定要惩处鲁国与会者。晋国的乐王鲋便趁机向与会的叔孙豹索贿赂，方才在会上帮鲁国说情。假意说要一件衣带，实是要求重贿。但叔孙豹这次没有服从，事情的结果就颇为曲折。①

公元前 515 年，晋召诸侯在扈地会盟，号令戍守周室并商议接纳正被季氏逐出外地的鲁昭公回国之事。晋卿范献子又趁机向鲁季孙氏索贿。这次范氏得逞，便马上向各国与会的大夫说季孙氏的好话和接纳鲁君的困难。这样，原定的会议任务就此作罢。②

公元前 506 年，由周室刘文公出面在召陵会盟，应蔡国的请求，商议伐楚。这次晋大夫荀寅又向蔡昭侯"求货"，蔡侯不从，荀寅就向范献子举出许多伐楚的困难。晋人辞谢了蔡国的伐楚动议，会盟无结果而散。这次晋人还向郑国要了一种羽旄，装饰在旌旗上飘拂着。人们议论说："晋于是乎失诸侯。"③

这时，在楚国也出了几个贪欲无厌的权臣。公元前 521 年，平王的宠臣费无极，当蔡国国君名朱者出奔至楚时，他却向朱的叔父名东国者索贿，威胁蔡人立东国为君。在楚的朱就向楚王告状，楚王打算讨伐东国，费无极又用巧言蒙混过去。④

楚令尹子常也是个利欲熏心之徒。公元前 507 年，蔡昭侯朝楚，带了两件玉佩和两件裘袍，各拿一件献给楚昭王。行礼时，两君都穿着裘袍，饰着玉佩。子常看了，顿生贪念，就向蔡侯索要。蔡侯没法把自己穿戴的给他，便被拘留。这时唐成公也到楚朝聘，乘着肃爽马且有两匹。子常看到，又向唐成公索马，唐侯也没有给他，也被拘留起来。后来唐国的随从设法把管马人灌醉，偷出肃爽马献给子常，唐侯当即被释。蔡国人闻知此事，也来一再要求国君交出玉佩，蔡侯无奈只得把玉佩给了子常。蔡侯获释，回国途经汉水，沉下一块玉，发誓说不再朝楚。把自己的以及大夫们

① 《左传》昭公元年。
② 《左传》昭公二十七年。
③ 《左传》定公四年。
④ 《左传》昭公二十一年。

的儿子都送到晋国为质,请求伐楚。①

第二年吴大举伐楚,攻破郢都,蔡、唐二国在战争中积极助吴,派兵参战。

直到春秋晚期,一般诸侯国之间,这类贪贿事件经常发生。公元前469 年,卫出公被几家贵族攻击而出奔越国,鲁国叔孙舒带兵会合越、宋二国的大夫把卫君送回,而卫人不肯接纳,并且"重赂越人"。越国人受贿了,就改变原先的态度。卫人则大开几重城郭门,佯为接纳卫君,可是城头女墙严兵守卫,越国又不派兵跟随。卫出公见状,自然不敢贸然入国,最终死于国外。②

在鲁国也有类似的行贿活动:公元前 471 年,鲁哀公来到越国,和越太子适郢很相投,适郢打算给鲁公娶妇,又将给予他土地。鲁国内有所传闻,公孙有山氏就将此事告知季孙肥(康子),季孙氏害怕越国帮助哀公来讨伐,便通过太宰嚭给越国"纳赂",适郢的打算即被终止。③

吴太宰嚭受贿而亡国是一个著名的事件。越被吴战败于夫椒时,一蹶不振,勾践听从大夫文种之计,派人至吴国求和请降。伍子胥竭力劝阻吴王夫差纳降,晓以利害。越便"饰美女八人,纳之太宰嚭"。并说"你若肯帮助,还有更美于此者"。终于太宰嚭得逞,说服夫差许越求和。④ 最后,养虎遗患,越兴吴灭,不能不说是这次贪贿的祸害。

二、春秋时期各诸侯国内的贪贿

诸侯们对外强凌弱、众暴寡,积极扩张实力,争得雄长或保持独立。而他们国内的卿大夫也在争夺政治地位,扩充财富,钩心斗角,互相倾轧。除了强力侵吞的手段,也以贿赂行事,"政以贿成"并非只在周室。

---

① 《左传》定公三年。
② 《左传》哀公二十六年。
③ 《左传》哀公二十四年。前年吴亡,太宰嚭是否还活在越国,多有说解。见杨伯峻《春秋左传注》。
④ 《国语·越语上》。

晋国之乱肇端于献公嬖妾骊姬。她是这个时代蓄意谋取权力的一个典型女性,为了自己所生的儿子奚齐得以继承君位,便"赂外嬖梁五与东关嬖五",为之出谋划策。一度得逞,逼死太子申生,赶走公子重耳而立奚齐。① 这里究竟"赂"了多少财物不详,但它确是造成晋国一系列内乱的一根毒刺。

但这种"女谒"的贪贿在其他地方还不多见。春秋中期后,只在宋国发生过类似的事件,且是高官贪小赂。公元前 547 年,宋平公一个名弃的嬖妾,原来出生后身长红毛,被父母弃之堤下,又被平公母亲的侍妾收养,长大后却变得颇有姿色。不过人们认为是弃婴,贵族们瞧她不起。一次左师向戌偶遇弃的仆人遛马,问是谁家的马,答曰:"君夫人氏也。"向戌叱道:"谁为君夫人? 余胡弗知!"这当然是明知故问。马仆回去告诉弃,弃便派人给向戌送上玉器、锦帛和马匹,说道:"君之妾弃使某献!"果然行贿有效,向戌就改口称"君夫人",还再拜稽首受礼。② 左师在宋是辅佐大臣,他的改口,弃的地位和命运自当是一次大的转变。

这时齐鲁一带也是乌烟瘴气,贪贿事例层出不穷。公元前 538 年,鲁国叔孙豹家族被一个"外妻"所生之子竖牛弄得四分五裂,贪贿也在其间作祟。竖牛趁叔孙患病之际,先后进谗把他的两个儿子孟丙(逼死)、仲壬(赶出)除去,然后把叔孙活活饿死。家宰杜洩忠于叔孙,竖牛便大送贿赂给叔孙旁族的叔仲昭和季孙家臣南遗,要将杜洩除掉。于是发生了不许杜氏用路车葬叔孙、出殡不让走正门、诬枉杜氏知道叔孙生前已主张去中军(以迎合季孙意图)等一系列的怪事。由于南遗卖力助虐,竖牛又给他贿赂东鄙三十个邑落。及至叔孙昭子即位(家族长),才把竖牛杀了,平息了闹了两年的祸乱。③

这时,在齐国,统治近六十年的齐景公,是一个贪享乐、好聚敛且任奸佞的国君,贪贿、干谒丛生。大概仗着忠贞廉俭、不断谏诤的晏婴,政权才不至于很快崩溃。一次,晏子当着景公的面指出齐国从大夫到宠妾、宠

---

① 《左传》庄公二十八年,《国语·晋语一》。
② 《左传》襄公二十六年。
③ 《左传》昭公四年、五年。

臣,都在各处索贿、豪夺,横行不法。①

这里有一个权臣贪贿的事例:鲁昭公被季氏逐出国,公元前516年流落在齐国郓地。齐侯打算接纳,并下令任何人不得收受鲁人(指季氏一方)的货贿。可是有人就是不听。季氏家臣申丰、汝贾二人就拿出两大匹织锦,通过齐大夫高龄献给齐君宠臣梁丘据。还对高氏说,能帮忙(意即阻止接纳鲁君),还将送五千庾粮食(相当于今2400石)。梁丘据就把君令撂在一边,收了赂贿即向景公进言,说以前有人两次求纳鲁君都死去,似有鬼神在作祟,诡言劝齐侯可用占卜测验事情的成败。景公居然听信了,接纳鲁君之事便不了了之。②

还有一个晏子治东阿的故事,暴露了齐国上下行贿成风。景公使晏婴治东阿,三年后,召回晏子而责备说:我原以为你很行,把东阿给你治理。现在,你却搞乱了。你好好自省一下吧,我将要惩处你!晏子猜到了其中缘由,就说,我就"改道易行"吧!于是第二年"上计"(上报财政赋税成绩),景公高兴地说:"甚善矣!"为何前后有这么大的变化呢?且听晏子说:

> 前臣之治东阿也,属托不行,货赂不至。陂池之鱼,以利贫民。当此之时,民无饥者,而君反以罪臣。今臣之治东阿也,属托行,货赂至,并重赋敛。仓库少内,便事左右;陂池之鱼,入于权宗。当此之时,饥者过半矣!君乃反迎而贺。臣愚,不能复治东阿,愿乞骸骨,避贤者之路!③

原来他不行贿讨好权宗大族、拉拢左右,使民不饥,而那些人便向上诬告,景公加之以罪;相反,后来他贿赂权宗,便事左右,民饥过半,却得到好评,景公迎贺他。这是多么大的讽刺!不过事实上从古至今,这类现象并非罕见。

大概是奴隶制走到末路,春秋晚期贪贿现象有蔓延的趋势,发生在一些中小国家,贪贿的方式愈多,露骨而且猥琐,可谓鼠窃狗偷。

---

① 《左传》昭公二十年。
② 《左传》昭公二十六年。
③ 《晏子春秋·外篇第七》,《说苑·政理》。

公元前 497 年,卫国的公叔文子富裕了,上朝时提出请款待灵公。退朝时他把这事告诉史鳅(又称史鱼),史鳅说:"你一定有祸!你富而君贪,祸患就将临头了!"文子说:"可我已经邀请了国君,现在该怎么办呢?"史鳅便劝他执行臣礼就可免祸;不过你儿子戍将不免。因公叔戍骄傲,"富而不骄者鲜(少)","骄而不亡者未之有也"。到文子死后,卫君开始妒忌公叔戍。而戍又打算除去卫君夫人南子之党,南子反诬他:"戍将为乱!"次年公叔戍就逃往鲁国。①

卫国太叔疾因故得罪孔文子而逃到宋国,做了向魋的家臣,他又送给向魋一颗美珠。宋景公闻知,便要向魋把美珠给他,向魋不给,景公便派人追问美珠的所在,说已抛入池中。又去把池水弄干,仍没有找到珠子,一池鱼却都死了。向魋也因此出逃。②

后来,向魋辗转逃到卫国,又遇上卫的公文氏向他索取"夏后氏之璜",他给了一块别的玉,又逃奔齐国。③

公元前 484 年,陈国辕颇为司徒时,就利用管理土地人口的方便,把封内的田税全部收上来,用作陈君嫁女之资,又把剩下来的经费为自己铸造青铜重器。国人知道了,就把他驱逐出国。辕颇往郑逃去,途中又饥又渴。他的族人辕咺就拿出醴酒、干粮、干肉等给他。他又喜又惊地问道:"哪来这么充足的食品?"辕咺说:"你铸成了重器,我就准备了这些!"意思是早料到有这一天。辕颇说:"(你)怎么不早劝我?"回答说:"我怕先被(你)逐出!"④一番生动的对话,活现出贪婪不得人心,并必将自食其果的道理。这件事确是典型的贪污事例。

三、春秋时期反贪拒贿的义举

这个时期也有不少正直的政治家卓有远见,他们反对贪贿行为,并对

---

① 《左传》定公十三年、十四年。
② 《左传》哀公十一年,参见《吕氏春秋·必己》。
③ 《左传》哀公十四年。
④ 《左传》哀公十一年。

之或加以阻止,或加以惩处,或当场拒绝,或赞赏拒贿行动。其中事件有大有小,行之有难有易,但意义是同样的,这里按时间顺序作一叙述。

公元前 630 年,卫成公几经艰险从晋国获释回来,听说鲁君从中帮忙是由于臧文仲的主意,他十分敏感,便打算对臧氏"使纳赂焉"。臧文仲坚决拒绝,并说:"外臣之言不越境,不敢及君。"①意思是臣子不涉外交。不仅辞贿不受,而且遵守君臣之分。

公元前 609 年,鲁拒莒太子仆一事,也是义正词严地拒贿。太子仆杀君父,又偷窃宝玉来奔,鲁君居然要收留,赐给他封邑,分明是受贿。季文子派司寇逐之出境,并论述周公制礼作则,"毁则为贼,掩贼为藏(即贪赃),窃贿为盗"等等原则,列举上古"四凶"之被除,以历史为鉴戒。态度十分坚决,鲁宣公也不得不听从。②

公元前 594 年,楚围宋长达九个月,宋向晋求援。晋派大夫解扬赴宋,约宋不要降楚,晋军即将到来。过郑时,解扬被郑人逮住而献给楚军。楚庄王就用重赂逼他改变原命,要他说晋不来救宋,使宋降楚。解扬推托三次,终于无奈,勉强答应。当他登上楼车,就全部推翻对楚的承诺,坚守君命,向宋国传呼晋国救兵将到,宋不要降楚。庄王大怒,就要杀他。解扬说:"君之赂臣,不知命也。受命以出,有死无陨,又可赂乎!""死而承命,臣之禄也。"表示死也不改君命,大义凛然。楚庄王也是个有为之君,心底大概也有些欣赏有为的人物,就把解扬释放了。③ 这也算是一次拒贿的高尚行为,并获得成功。

公元前 583 年,晋使士燮聘鲁,谈论要伐郯。因上一年吴伐郯,郯服吴。鲁君给士燮行赂,请从缓。意思是鲁有怜恤郯被侵伐之心。士氏拒绝贿赂,他说:"君命无二,失信不立,礼无加货,事无二成。"意思是坚守君命,不接受礼外之货(贿),不能两面讨好。结果鲁国只得派兵会晋伐郯。④

① 《国语·鲁语上》。
② 《左传》文公十八年。
③ 《左传》宣公十五年。
④ 《左传》成公八年。

公元前 558 年,宋国一个人得到一块玉,献给司城子罕。子罕不肯收受。献玉人说这是经过鉴定的宝玉。子罕说:"我以不贪为宝,尔以玉为宝。"如果你给我了,咱们二人都失了宝;不如不给我,两人都有了宝。话说得在理而且睿智巧妙。献玉人听了叩头说:按规定,"小人怀璧,不可以越乡"。平民不能随身携玉穿过乡界,所以献给当官的以免犯罪,原来有其苦衷。子罕就叫把玉放在他的住区内,派玉工琢治,卖了钱给献玉人"使复其所"。①

公元前 550 年,齐国偷袭莒国,大夫杞殖、华周遇上莒君,莒君便"重赂之",请他们不要开战,"请无死"。意思是莒有大军到来,战必败死。华周拒绝了,他说:"贪货弃命,亦君所恶也。昏而受命,日未中而弃之,何以事(齐)君?"结果,莒国进军,杞殖之子杞梁战死(杞梁后世改为喜良,孟姜女故事从此出)。② 这次战役,齐非正义,值不得坚持。但从拒贿、遵君命之举来看,当时还是为臣的原则。

公元前 541 年,诸侯在虢会盟,晋乐王鲋公然向鲁叔孙豹索贿(见前),叔孙就是不给。对方假意说是"求带",叔孙把他的使者召来,当面撕开下裳一条布片给他,说:"带太狭窄(就给这个吧)!"分明是故意羞辱索贿者,拒贿十分坚决。晋求贿者碰了壁,执政赵武还是称赞叔孙是"临患不忘国","图国忘死",具有忠、信、贞、义四德,评价很高。并且代向楚人请免鲁伐莒之罪,还暗示楚国:"若子之群吏,处不辟污,出不逃难,其何患之有?患之所生:污而不治,难而不守,所由来也。能是二者,又何患焉?"首次称贪贿为"污"即今贪污之义。③

公元前 529 年,晋召诸侯在平丘开会,先次于卫地。又是这个乐王鲋向卫国索贿。卫人送一杯羹和一篚锦给叔向(叔向与乐王鲋为族兄弟,都是羊舌氏),叔向受羹,退回锦,并指责:"晋有羊舌鲋者,渎货无厌,亦将及(祸)矣!"④

---

① 《左传》襄公十五年。
② 《左传》襄公二十三年。
③ 《左传》昭公元年,《国语·晋语八》。
④ 《左传》昭公十三年。

也就在次年,叔向大义灭亲,除掉了这个贪人。事情起因是:楚人奔晋的邢侯、雍子二人为土地界划发生诉讼,久而不决。时任理(法)官的士景伯因事去楚,就由叔鱼(即乐王鲋)代审此案。韩起曾断雍子败诉,雍子就送女儿给叔鱼,叔鱼便断罪在邢侯。邢侯恼怒,就把叔鱼和雍子一齐杀了! 叔向最后判决,说:"三人同罪,施生戮死可也。"即雍子知罪而"赂以买直";叔鱼受贿便"鬻狱"(卖法),贪赃枉法;邢侯"专杀"即擅自杀人。因此都该杀。其中还说到"贪以败官为墨"。孔子对此评论叔向是"古之遗直也。治国制刑,不隐于亲。三数叔鱼之罪,不为末减,曰义也夫! 可谓直矣!"反复赞叹。① 所谓"三数"就是包括乐王鲋前面两次索贿。

公元前 526 年,晋韩起因聘郑之便,想把流落在郑国商人手里的一只玉环找到,使之和自己的一只合成一对,便向郑君说了,将被应允。可是子产不许,并把这事提到求贿的高度,说"君子非无贿之难,立而无令名之难"。若您是奉命出使而求玉,那是"贪淫甚矣"! 您成为贪,我也"失位",那就是"出一玉以起二罪",那怎么行! 韩起还没有死心,就直接找到了那个商人,并且成交。但还须经过官府批准,又回到子产这里。子产还是不同意,追述了先世郑公室与商人订过盟约,不能相互夺财;否则,就是强夺,违背前约。"吾子得玉,而失诸侯",这样就成了大国无限度地征求供给,是一定不能做的! 韩起这才辞谢并作了检讨。②

此后不久,晋国出现古代首次以讽谏方式阻止贪污的著名事件。公元前 514 年,当时魏舒实行新政,把旧贵族的世袭封邑改为县治,各设县大夫管理,一共任命十个县大夫。这是由分封制转变为郡县制的改革,很有意义。内有他的儿子魏戊受命为梗阳(今山西清徐)县大夫。这年冬便发生一件讼案,魏戊不能断清,便上给魏舒。诉讼一方的大宗就乘间给魏舒送上"女乐",魏舒竟然打算接受。魏戊知道了,就对他的同僚阎没、女宽说:"主(指魏舒)以不贿闻(名)于诸侯,若受梗阳人,贿莫甚焉! 吾

---

① 《左传》昭公十四年。
② 《左传》昭公十六年。

子必谏。"两人答应了,便到魏舒家等他下朝。到时,魏舒召唤他们同进午餐。可在吃饭时,这二人叹息了三次,魏舒感到奇怪,便说:吃饭是一种享受,"惟食无忧",你们怎么叹息起来? 二人异口同声地说:"我辈小人贪馋,昨晚得人赐酒,没吃晚餐,饿得很。见到饭菜上来,生怕不够吃,所以一叹;上了一半饭菜时,便自我责怪:哪有将军请吃饭不让吃饱之理? 所以再叹;吃完饭之后,但愿把小人之腹变为君子之心,有所节制食欲才好,便三叹。"魏舒明白了他们二人的用意,便辞谢了梗阳人的贿赂。①

这个故事精彩也颇真实,可说是开古代讽谏风气之先,例如后世有邹忌讽谏齐威王之类。讽谏成功,魏舒也从谏如流,反映改革的新气象。

楚国反贪贿也有其特点,多半对贪人以杀戮惩处。公元前571年,楚公子申为右司马,借用权位,便多受小国的贿赂,并逼夺子重、子辛的权势,楚国就把公子申杀了。第二年,子辛当上了令尹,又是"侵欲于小国",求索无厌。过了两年,楚国责问陈国叛楚从晋之故时,陈人回答说是因你们令尹子辛"实侵欲焉"! 楚国又把子辛杀了。②

后来,观起得令尹子南之宠,没有加禄却有"马数十乘",楚国人对此担心,楚王也打算惩处他。不久,康王杀了子南,还车裂了观起。这件事,震动很大,同一年,选子冯任令尹,宠用八个人也都"无禄而多马",申叔豫就用子南的事件提醒选氏,选氏便辞退了这八人,"而后王安之"③。楚国的这种反贪方式,大概与其王权较为强固的特点有关。

四、战国时期的贪贿与反贪

战国是列国争雄、诸侯力政进一步发展的时代,"争地以战,杀人盈野;争城以战,杀人盈城"。人民陷入深重灾难中。王侯将相们争城夺地,贪婪胜于已往;涂炭生灵,残暴可谓空前。纵横捭阖,崇尚智诈,波谲云诡,礼义荡然。在此形势下,"窃国者侯,侯之门仁义存"! 贪贿便不在

---

① 《左传》昭公二十八年,《国语·晋语九》。
② 《左传》襄公二年、三年、五年。
③ 《左传》襄公二十二年。

话下。正由于贪贿在当时等于"窃钩者诛",这方面的记载见之后世者反而零散稀少。以诸子百家反贪贿、暴敛的言论不减而愈加尖锐,推知贪贿暴敛事实应是大量存在。今就所见,仍依春秋时期例,分为列国之间和各国国内两个方面加以叙列。

(一) 列国之间

晋国分裂为赵、韩、魏,拉开了战国史的帷幕。在这之前还有一个智氏,智伯瑶刚愎贪残,一度称雄,大有鲸吞三家之势。

智伯为了伐灭仇由这个小国,以贿赂为诱饵,诡言送给仇由一个大钟。仇由国君贪图重器,居然信以为真而喜出望外,并修平通车运钟的道路,准备迎接。大夫赤章曼枝有疑,劝谏道:送此大器本该是小国事奉大国的常理,而今相反,其中必有诈,听说并有兵卒随后,不可接纳。也是利令智昏,仇由之君不听劝谏,赤章氏便逃去齐国。不出所料,智伯把大钟装载在宽大的车上,后面跟着大批兵卒。而仇由无备,君臣都出迎大钟。智氏军队长驱直入仇由国都,仇由便此灭亡。①

后来,智伯贪图韩魏赵三家土地,最终导致三家联合反攻而自取灭亡,也是因为贪欲无厌之故。②

与上述仇由相类的事件很多,而典型的有以下数例:

楚怀王因贪图秦的商於地而国被削弱、身死异地。秦惠王忧虑齐楚联合,必须加以离间,就派张仪入楚。张仪向楚王说:楚若与齐绝交,秦愿献出商於之地方六百里酬谢。怀王贪而轻信,不听陈轸谏阻,便先与齐绝交,而后派人到秦受地。而此时张仪翻脸不认账,说只约交方六里地,未说方六百里。楚使怒,归告怀王,楚便大兴师伐秦。秦发兵反击,在丹淅大破楚军,斩首八万,俘楚将屈匄;楚尽失汉中。楚不甘心,又悉发全国兵力,深入击秦至蓝田。而魏乘间袭楚至邓,齐不再救楚,楚即回师,无功而还,国已大困。此后连年吃败仗,大将唐昧死。后来又听信秦愿与之媾

---

① 《韩非子·说林下》,《战国策》卷二。
② 《史记》卷43《赵世家》。

婚,怀王亲到秦国,即被拘留强逼割地,乃怒而出走,逃至赵,赵不纳,仍返至秦,终死于秦而归葬。①

公元前 262 年,赵孝成王四年,韩上党太守冯亭向赵提出,愿将上党郡的十七邑入于赵。此实为一嫁祸于人的诡计,其时韩国面临秦的威逼,故企图以此把战祸转嫁于赵,而诡言地内人民"愿安于赵"。赵王听了大喜,平阳君赵豹谏阻说:"圣人甚祸无故之利。"认为这是韩国嫁祸的计谋。孝成王却说:"发百万之军而攻,逾年历岁未得一城。"现在这么大的利送来还不受? 平原君和赵禹也与赵王同一看法,于是由平原君前去取地,并大封当地吏民爵禄,赐予黄金。冯亭还假装悲惜垂泪,说做了三不义之事。赵发兵去取上党之地,廉颇率军驻于长平,于是引来秦攻长平,赵大败,秦坑赵卒四十万。② 这是贪地而招致大患的血的教训。

上述事件,与一般的贪贿不同。但仍出于贪欲,而且当时列国之间也是以土地人民当作财贿而做政治交易,故仍属于贪贿一类。

（二）各国之内

战国时期各国内部的贪贿也相当普遍。齐威王时,邹忌讽谏齐王的故事中说道:"四境之内莫不有求于王",这种"求"就是指以财贿求情。后期,则出现了"天下以市道交"的状况。赵在长平之战大败于秦之后,廉颇失势,闷坐家中,"宾客尽去"。及胜燕之后,廉颇受封信平君,为假相国,复任为将。这时,宾客又至。廉颇便斥退他们。可是宾客们却说他见识落后了!"夫天下以市道交,君有势我则从君,君失势则去,此固其理也,有何怨乎?"③

于此二例,可见一斑。

西门豹任魏之邺令,十分廉洁,"清刻洁悫,秋毫之端无私利"。而他对左右近臣则颇简慢,左右近臣便联合起来说他的坏话。过了一年,要"上计"了,魏文侯竟然收去他的印玺。西门豹说:"我是治邺郡不得法,

---

① 《史记》卷 84《屈原贾生列传》,《战国策·秦策二》。
② 《史记》卷 43《赵世家》。
③ 《史记》卷 81《廉颇蔺相如列传》。

现在我懂得了！请再给我印玺去治邺,如还有不得当,请伏斧锧!"文侯不便决绝,就准了他的请求。于是在邺郡,西门豹加重百姓的赋税,好好地对待左右近臣。一年后上报成绩,文侯就高兴,拜而迎之。西门豹说:"往年我是为您(即国家)治邺,您夺了我的官印;这一年我是为左右近臣治邺,可您却喜而拜迎我。这样,臣还是不能治邺了!"交了印玺要离去。文侯方才醒悟,便挽留他说道:"寡人以前不了解你,现在方才了解,愿你勉力为寡人治邺吧!"不再收回官印。① 这事和前述晏子治东阿一事如出一辙。

李克治中山,苦陉令上报工作,征收的赋税数额很大。李克说:"语言善辩,不合于义,是为'窕言'。"没有山林泽谷的增产而征收上来的赋税却很多,叫作"窕货","君子不听窕言,不受窕货",就免了这个苦陉令。②

卫嗣公派使者过关市,受到关吏的刁难,使者只得贿以金钱,关吏才给予放行。后来卫嗣公对关吏说:"某一回有使者通过你的关口,给了你金钱,你才放他过关,是吧!"关吏听了很恐慌,并且佩服嗣公的明察。③

第三节　反贪贿暴敛的思想文化

在"政以贿成"的龌龊环境中,不少正直清廉、奋发有为的政治家和几乎所有的思想家都不遗余力地谴责贪贿淫逸、横征暴敛的行为。他们的言论构成春秋战国诸子学说的一个组成部分,而且在百家争鸣中,只是在这个范畴内他们彼此之间无甚分歧,共同创造了中国早期民本主义思想文化体系。

这个思想文化体系的内容为:从理论上说明贪贿的反常理、非礼非法

---

① 《韩非子·外储说左下》。
② 《韩非子·难二》。
③ 《韩非子·内储说上·七术》《外储说左上》。

性;指出贪贿的祸国殃民、贪贿者破家亡身的必然性;揭露、谴责暴敛的严重程度及其丑恶行径;提倡清廉勤政,树立清高勤苦的人物典型。

一、揭露、谴责贪贿

周惠王十五年,流传着有神下降到虢国莘地的消息,周王问内史过:这是什么现象? 内史过就借神话说现实,发了一番议论。他说国家将兴,其君政治清明,德行馨香,神下降来观察德政,布施福祥。如果国家将亡:

其君贪冒辟邪,淫佚荒怠,粗秽暴虐;其政腥臊,馨香不登;其刑矫诬,百姓携式,明神不蠲(洁),而民有远志。民神怨痛,无所依怀。而神亦往(降)焉,观其苛慝而降之祸。(《国语·周语上》)

我们已知周惠王一即位就强夺大臣的田地宫室,引起反抗,被赶出京师,就明白内史过这番话是有的放矢的。

晋献公一次田猎,望见相邻叫翟柤的国内有一种不祥的祲氛,回来寝食不安。士蒍据此而分析说:"夫翟柤之君,好专利而不忌,其臣竞谄以求媚。""其上贪以忍,其下偷以幸。有纵君而无谏臣,有冒上而无忠下。君臣上下各餍其私,以纵其回(邪)。"这样的国家难以保住。他就劝献公加以讨伐,结果就灭了翟柤。[①]

前述季文子坚持驱逐莒太子仆之事,斥责贪残的言论颇具经典性,他说:

先君周公制《周礼》,曰:"则(礼制)以观德,德以处事,事以度功,功以食民。"作《誓命》曰:"毁则为贼,掩(盖)贼为藏(赃),窃贿为盗,盗器为奸。主藏之名,赖奸之用,为大凶德,有常(刑)无赦。在《九刑》不忘。"

他接着说:莒太子仆杀君父,窃宝玉,毫无孝敬忠信,缺了"吉德",完全是盗贼。若收留他,鲁国就成了赃主,也就是"凶德"了。所以,必须从速

---

① 《国语·晋语一》。

驱逐。①

齐景公的享乐贪冒最为严重，而晏婴的谏诤、抨击也最为有力，在揭露齐国的贪政方面亦全面而深刻。公元前 522 年，景公患疥疾，久而不愈。权奸们把罪责推到祝史之官身上。晏子坚决反对，尖锐指出齐国的贪贿政治是："偪介之关，暴征其私；承嗣大夫，强易其贿。""内宠之妾，肆夺于市；外宠之臣，借令于鄙。私欲养求，不给则应（加罪以报）。民人苦病，夫妇皆诅（咒）。"一番话逼得景公"使有司宽政、毁关、去禁、薄敛、已债"②。

晋平公时期（前 557—前 532 年），有一次叔向去访韩起。韩起忧贫，叔向却贺他，说明做人不在贫富而在德行的有无。先以栾氏一家三代的变化说明这问题：栾书只有"一卒之田，其宫不备宗器。宣其德行，顺其宪则，使越（闻名）于诸侯，诸侯亲之。"其儿子栾黡，则"贪欲无艺（极），略则（弃法则）行志，假贷居贿，宜及于难"。再下一代栾盈"改桓（栾黡）之行而修武（栾书）之德，可以免于难"。然后以卻至为喻："夫卻昭子其富半公室，其家半三军，恃其富宠以泰（奢侈）于国。其身尸于朝，其家灭于绛。"③叔向举的例子，都是指出"贪欲""居贿""富宠""奢泰"的后果是灭族亡身。

公元前 541 年在虢地盟会时，鲁叔孙豹拒贿（见前），当时严正表明："诸侯之会，卫社稷也。我以货免，鲁必受师（被讨），是祸之也，何卫之为？"并以屋墙防卫盗贼作比喻，而行贿就是破坏社稷的盗贼了。回国之后他又向人说："承君命以会大事，而国有罪，我以货私免，是我会吾私也。苟如是，则又可以出货而成私欲乎？""虽死于外，而庇宗可也。"④这是宁死也决不能以贿赂成就他人和自己私欲的金玉之言。

孔孟老庄把贪贿暴敛比作盗贼。

孔孟的仁政学说与贪贿势不两立。孔子这方面的言论虽存下来的不

---

① 《左传》文公十八年。
② 《左传》昭公二十年。
③ 《国语·晋语八》。
④ 《左传》昭公元年。

多,可是言简意赅,一针见血。一次季康子忧虑盗贼多,问孔子怎么办。孔子说:"荀子之不欲,虽赏之不窃!"①您季氏只要自己不贪婪,即使奖励别人去偷窃,人家也会知耻而不去干的。一句话把好聚敛的季康子和盗贼摆在同一位置上。

战国时代反贪的思想议论进一步发展。

老子的学说极为反对统治者的贪欲巧诈,所谓"法令滋彰,盗贼多有"。一概否定政治,固然偏激,而他确是看透了当时政治的诈伪贪欲一面。他说:"朝甚除,田甚荒,仓甚虚;服文采,带利剑,厌饮食;财货有余。是谓盗竽,盗竽非道也哉!"②把聚敛财货的比作盗首。

孟子说:"城郭不完,兵甲不多,非国之灾也;田野不辟,货财不聚,非国之害也。上无礼,下无学,贼民兴,丧无日矣!"③这是极而言之,最可怕的是无礼无学而"贼民"者时行。"贼民"就是指贪欲无厌坑害人民的官吏。

庄子把国家统治者比作窃国大盗,"彼窃钩者诛,窃国者为诸侯,诸侯之门而仁义存焉。则是非窃仁义圣智邪?"这也是极端的说法,然而是有根据的。墨子则比喻说:"今有人于此,窃一犬一彘,则谓之不仁;窃一国一都,则以为义。譬犹小视白谓之白,大视白则谓之黑。"④见怪不怪,以盗窃为常事。所谓的盗窃当然包括贪贿在其中。

荀子指斥:"乱世则不然,污漫突盗以先之,权谋倾覆以示之,俳优侏儒妇女之请谒以悖之……生民则致贫隘,使民则纂劳苦。是故百姓贱之如[虺](伥),恶之如鬼。"⑤深刻揭露贪贿盗窃和权谋之害民而招致人民的深恶痛绝。

韩非提出为臣吏者成为奸邪的有"八术",其中第四叫作"养殃",就是迎合君主的享乐奢淫,而去"尽民力,重赋敛,顺其所欲",他们却有自

---

① 《论语·先进》。
② 《老子》第五十三章。竽,有大的意思。盗竽,即盗之大者,盗首。
③ 《孟子·离娄上》。
④ 《墨子·耕柱》。
⑤ 《荀子·鲁问》。

己的目的"而树私利（于）其间"。最后揭露卖官鬻爵之弊：不论贤与不肖、有无功劳，只"用诸侯之（所）重，听左右之谒。父兄大臣请爵禄于上，而下卖之以收财利，及以树私党。故财利多者买官以为贵，有左右之交者请谒以成重"。"是以吏偷官而外交，弃事而亲财；是以贤者懈怠而不勤，有功者堕而简其业。此亡国之风也"①。卖官是战国时期新出现的贪贿花招，是宗法分封转变为俸禄制提供的条件，它的恶果确会导致亡国。

韩非又提出政治上的"十过"，其"二曰顾小利则大利之残也"。"四曰贪愎喜利，则灭国杀身之本也"②。他认为："处官者无私，使其利必在禄。"没有禄外的私利，才能消除官吏贪贿腐败。他又说："故下明爱施而务赇［纳］（纹）之政，是以法令隳。尊私利以式主威，行赇纳以疑法。……故君轻乎位而法乱乎官，此谓无常之国。"而提出"有道之国"必须使"臣不得以行义成荣，不得以家利为功"③。这也是第一次从理论上说明臣吏贪贿求私利对君主权力的危害，是法家学说中的精粹部分。

在《五蠹》篇里，韩非更富逻辑性地论述行贿买官卖爵导致奸商盛行，没有人去从事耕战，政治沦为市道，而使国家陷于十分危险的境地。"行货贿而袭当途者则求得，求得则私安，私安则利之所在，安得勿就？是以公民少而私人众矣。""今世近习之请行则官爵可买，官爵可买则商工不卑矣；奸财货贾得用于市，则商人不少矣；聚敛倍（背）农而致尊过（于）耕战之士，则耿介之士寡而高价之民（位高之商贾）多矣。"结果呢，"其患御（害怕抗敌）者积于私门，尽财赂而用重人（权贵）之谒，退汗马之劳"④。没有人去打仗、生产，国家怎么不危险？这是韩非要摒除的"五蠹乏民"种种。千载之下，犹有借鉴的价值。

战国末年，贪贿腐败风气日趋严重，吕不韦说："今有人于此，修身会

---

① 《韩非子·八奸》。
② 《韩非子·十过》。
③ 《韩非子·八经》。
④ 《韩非子·五蠹》。

计则可耻,临财物资尽则为己,若此而富者,非盗则无所取。"①这就意味着一些人不愿正当地从事职业。

至此,辩士中也出现了同流合污的言论,苏代在燕国说:"廉不与身俱达,义不与生俱立。仁义者自完之道也,非进取之术也。"②这是说要"进取"就顾不了"廉"和"仁义"。这是少见的反方之言,反映颓败风气严重渗透,辩士们也生了贪贿的心态,并为之张目,也是千古妙论!

战国时期反贪的言论如此尖锐、深刻,充分反映了社会的现实状况,绝非无病呻吟,无的放矢。由此可以推知当时社会、官府贪贿成风,乃至前代所无的买官卖爵,这类事件定是不少,只是失之记载或是有所记载而没有流传下来而已。

二、揭露、抨击淫逸暴敛

王侯贵族的骄奢淫逸、宗室官府的铺张纷华、揽珍猎奇,必然要横征暴敛乃至肆行掠夺。事实上春秋战国时期,这方面已较西周空前发展,而正直的当政者和思想文化界的揭露和抨击也是累简连编,引起当时人们的儆戒,多少起到制约作用,也给后世留下一份珍贵的文化财富。

春秋的诸侯国一般都是前俭约而后奢侈,大致到中期,奢侈铺张伴随暴敛一起发展。

晋国,文公时"宫室卑庳,无观台榭"。而"今铜鞮之宫数里"③,后又有虒祁之宫。故叔向说晋国弄得"庶民罢(疲)敝,而宫室滋侈;道殣(路上死人)相望,而女富溢尤。民闻公命,如逃寇仇"④。师旷借流传"石言"之事,指出"今宫室崇侈,民力凋尽,怨渎并作,莫保其性"⑤。到这个

---

① 《吕氏春秋·务本》。"修身会计"是说自己端正、廉洁地去理财。"会计",计量财物多少,比今天会计一职内涵稍宽,包括理财任务。全句是说廉洁自好地理财的事不屑于去干,足见风气之败坏。

② 《战国策·燕策一》。

③ 《左传》襄公三十一年。

④ 《左传》昭公三年。

⑤ 《左传》昭公八年。

时候,晋国的卿大夫也起来贪利而聚敛,栾氏、范氏、中行氏均如此,前述叔向贺韩起之贫时已列举栾氏三代的变化,而中行氏"以苛为察,以欺为明,以刻为忠,以计多为善,以聚敛为良"。"门如闹市,惟利是视"①。

楚国建造章华台,还要召集诸侯同来庆祝落成,又广收四方逃亡的奴隶看门守卫,弄得"国民罢焉,财用尽焉,年谷败焉,百官烦焉。举国留(治)之,数年乃成"。这是伍举回答灵王夸耀章华台如何富丽时所说的。他又说:"若于目观则美,缩(索)于财用则匮,是聚民利以自封(厚)而瘠民也,胡美之焉!"民瘠君肥,势必民人离散,诸侯叛离了。②

楚国到春秋后期,它的令尹、司马等也热衷聚敛。令尹子常(囊瓦)是出名的一个,一次他问大夫斗且"蓄货聚马"之事,斗且当时未答,回头对他弟弟说:楚将亡吧!或者令尹将完蛋。"令尹问蓄货积实,如饿豺狼焉!"他认为:"夫古者聚货不妨民衣食之利,聚马不害民之财用。"并举令尹子文的廉与子常的贪加以对比,说明"夫从政者,以庇民也。民多旷(空)也,而我取富焉,是勤民以自封(厚),死无日矣!"继续指斥此时子常作为楚王的辅佐,却在诸侯间没有好名声,"民之羸馁,日已甚矣。四境盈垒,道殣相望,盗贼司目,民无所放(依)。是之不恤,而蓄聚不厌,其蓄怨于民多矣!积货滋多,蓄怨滋厚,不亡何待?"③说蓄聚和蓄怨是成正比的发展,真是至理名言。

一个偏僻的吴国,在阖庐时,"食不二味,居不重席,室不崇坛,器不彤镂,宫室不观,舟车不饰"。而到夫差时,则是"次有台榭陂池焉,宿有妃嫱嫔御焉;一日之行,所欲必成,玩好必从;珍异是聚,观乐是务;视民如仇,而用之日新"④。楚人说他"好罢(疲)民力,以成私好"。又放纵过错而拒谏,"夫差先自败也,焉能败人!"⑤致使吴国终被越国灭了。

齐景公的暴敛,在诸侯中可谓一个典型。大概也因有晏婴的谏诤不

① 《子华子·晏子问党》。
② 《左传》昭公七年,《国语·楚语上》。
③ 《国语·楚语下》。
④ 《左传》哀公元年。
⑤ 《国语·楚语下》兰尹亹语。

懈,记载就很集中。晏子出使晋国,同叔向谈论"季世"之政时,把齐公室与兴起的陈氏对比,并将之概括为:"陈氏厚施而公室厚敛",已经达到"民三其力,二入于公而衣食其一。公聚朽蠹,而三老冻馁。国之诸市,屦贱踊贵"①的地步。

此后十七年,因景公疥疾不愈而归罪于祝史之官,晏子痛数齐国淫欲与暴敛的状况:

> 其适遇淫君,外内颇邪,上下怨疾,动作僻违,纵欲厌私。高台深池,撞钟舞女。斩刈民力,输掠其聚,以成其违(即僻违),不恤后人。暴虐纵淫,肆行非度,无所还(顾)忌,不思谤渎,不惮鬼神。神怒民怨,无悛(改)于心。

像这样的局面,即使祝史为之祈祷,那也不过是"盖(掩盖)失数美(摆好)","矫诬"和"求媚"罢了!接着列举公室专断山林泽薮直到海滨的生产之利的措施,再加上贵族、地方官吏和关卡的巧取豪夺,弄得"民人苦病,夫妇皆诅(咒)"。"虽其善祝,岂能胜亿兆人之诅?"一顿批评,使景公不得不当即表示改正。②

晏子经常与景公争论,都以戒贪贿暴敛为主题。他直言不讳地指出景公"使民若不胜,藉敛若不得;厚取于民而薄其施,多求于诸侯而轻其礼;府藏朽蠹而礼悖于诸侯,菽粟深藏而怨积于百姓"。不惜反复敷陈,痛快淋漓而后已。当回答景公"和民亲下"之问时,则正面提示:"使迩臣无求壁焉,无以嗜欲贫其家,无亲谗人伤其心,家不外求而足。"要求"俭于藉敛,节于资财"。"关市省征,山林陂泽不专其利"③。

在鲁国,于春秋前期,对宫室有"丹楹刻角"之举,受到当时人们的非议。孔子后来批评早年臧文仲"不仁者三,不智者三"。其中有"废六关,妾织蒲",和"作虚器",涉及聚敛之嫌。"废"有作"置"字,是设置六关以征税;妾织蒲,对卿大夫之家来说,是与民争利,古为一禁;"作虚器"指私

---

① 《左传》昭公三年。
② 《左传》昭公二十年。
③ 《晏子春秋·内篇问上第三》。"贫其家"当指贫了民家。

蓄大龟并作室以居。① 故孔子说:"臧文仲居蔡,山节藻棁,何如其智也?"蔡即大龟,把大龟居住在一间屋中,屋内有雕刻山形花纹的斗拱和画水藻纹的梁上短柱。② 这自然属奢侈之类。

到春秋后期,季氏当政,重于聚敛。在哀公十一年"用田赋",即在以前"初税亩"(宣公十五年)之上再对农田征军赋,等于增加一倍赋税(百分之二十)。③ 季康子派冉有去征求孔子的意见,孔子不答,然后私下对冉有说:

> 君子之行也,度于礼:施,取其厚;事,举其中;敛,从其薄。如是,则以"丘"(指成公元年"作丘甲"所定一丘出赋之数)亦足矣。若不度于礼,而贪冒无厌,则虽以田赋,将又不足。且子季孙若欲行而法,则有周公之典在;若欲苟而行,又何访焉?④

但季康子还是专断地实行"田赋"。

对此,孔子还是坚持批判。后来,他一则说:"季氏富于周公,而求也为之聚敛而附益之。"十分愤慨于冉求,说冉求"非吾徒也,小子鸣鼓而攻之,可也"⑤。再则对季康子患盗之问说:"苟子之不欲,虽赏之不窃!"(见前)

冉求终究是孔门高足,不违师教。一次,哀公说:年荒,用度不足,行"彻法"也不抵事。冉求说:"百姓足,君孰与不足? 百姓不足,君孰与足?"⑥指明国君以百姓为本,只要百姓富足,国君又有何不足呢? 反之,亦然。

以前,孟献子(蔑)说过当官的有不能聚敛、与民争利的规定:"畜马乘不察于鸡豚,伐冰之家不畜牛羊,百乘之家不畜聚敛之臣;与其有聚敛

---

① 《左传》文公十年,解释参考杨伯峻《春秋左传注》。
② 《语论·公冶长》,参考杨伯峻《论语译注》。
③ "用田赋"内容,历来解释不一。今用此说,详见王贵民《试论贡赋税的早期历程》,《中国经济史研究》1988年第1期。
④ 《左传》哀公十一年,《国语·鲁语下》。
⑤ 《论语·先进》,又见《孟子·离娄上》。
⑥ 《论语·颜渊》。

之臣,宁有盗臣!"①"畜马乘"指士人初晋为大夫者,"伐冰之家"指卿大夫,"百乘之家"指有采地的大贵族。分等级限制经营产业。他把聚敛之臣视为盗臣。

战国时代持续揭露、谴责暴敛贪利的行径。

《老子》告诫统治者云:"我无事而民自足,我无欲而民自朴。"(第五十七章)又说:"民之饥,以其上食税之多,是以饥。""民之轻死,以其上求生生之厚②,是以轻死。"(第七十五章)再说:"天之道,损有余而补不足;人之道则不然,损不足而奉有余。孰能损有余以奉天下?惟有道者。"(第七十七章)指出聚敛是违反天道,是无道的。这些语言简要而切中要害。

孟子对此也发表了一系列的言论。《孟子》一书,开宗明义就告诫梁惠王:如果国君一味地考虑"何以利吾国",大夫们说"何以利吾家",士庶人说"何以利吾身",那就是"上下交征利而国危矣!"③这是指不正当的"利"。他尖锐地谴责这样的王者:

> 庖有肥肉,厩有肥马,民有饥色,野有饿莩,此率兽而食人也。兽相食,且人恶之。为民父母,行政不免于率兽食人,恶在其为民父母?④

只顾自己富足而使人民饿死,等于带领野兽来吃人,还谈得上做人民的父母官?

孟子曾对鲁穆公说道:"凶年饥岁,君之民老弱转乎沟壑,壮者散而之四方者,几千人矣。而君之仓廪实,府库充,有司莫以告,是慢上而残下也。"⑤这就是个"率兽食人"者。

有人说,实行什一税,去掉关市之征,好是好,但得等到来年实行吧!孟子给予辛辣的讽刺:这好比有人偷邻居的鸡,被人反对,他却说,可以减

---

① 《礼记·大学》。
② "生生"见《尚书·盘庚下》,即营生之意,见本章第一节。
③ 《孟子·梁惠王上》。
④ 《孟子·梁惠王上》又见《滕文公下》。
⑤ 《孟子·梁惠王下》。

少,由一天偷一鸡而改为一月偷一鸡,等待来年才完全改正。①

孟子痛斥关卡的苛征,他说:"古之为关也,将以御暴;今之为关也,将以为暴。"②由防禁暴行变为实施暴行者,这种转化多么可怕,反映了此时官府败坏的程度。

当时制度有三种税征:布缕、粟米、力役。孟子说:"君子用其一,缓其二。用其二而民有殍(饿死),用其三而父子离。"③足见当时压在人民身上的赋税是十分沉重的。

不仅限于揭露、谴责暴敛,孟子还提出消除这种状况的理想,他规劝齐宣王恢复文王治岐时实行的王政(《梁惠王下》),回到"老吾老,以及人之老;幼吾幼,以及人之幼"的"天下大同"境界(《梁惠王上》),他建议梁惠王"施仁政于民:省刑罚,薄税敛,深耕易耨"。然后人们都讲道德,就可用棍棒打败秦楚的坚甲利兵(同前)。他提出的仁政项目(《公孙丑上》)和提出实行的井田制(《滕文公上》)都包括反聚敛、薄赋税的内容。

《墨子》一书,也反复指责当时社会上的"淫暴寇乱盗贼",说统治者"厚(作)[措]敛于百姓,暴夺民衣食之财"(《辞过》)。

《吕氏春秋》讲到一则故事:卫嗣君(公)欲重税以聚粟,而人民很不安。他说这些老百姓"甚愚矣"!这征敛的粮食是为人民的,他们自藏粮食和把粮食藏到国库,有什么需要选择的呢?(《审应览》)大概这并非笑话,因为战国时加重征敛已是常事。不过卫君所谓的"民愚",倒不如说是他本人"利令智昏"。

韩非揭露"八奸"之一的"养殃"(见前)透露了当时官吏们"尽民力以美宫室台池,重赋敛以饰子女狗马",是为了"娱其主而乱其心",他们自己也便"树私其间",这即是"上下交征利"的一种。韩非还指出:"上暗无度则官擅为,官擅为故俸重无前,俸重无前则征多,征多故富。官之富重也,乱功之所生也。"故而提出:"任事者毋重,使其宠必在爵;处官者毋

① 《孟子·滕文公下》。
② 《孟子·尽心下》。
③ 《孟子·尽心下》。

私,使其利必在禄。故民尊爵而重禄","则国治"。①

三、树立清廉勤政的典型

在揭露、谴责贪贿聚敛的同时,人们也注意正面弘扬正气,倡导和树立清廉勤政(包括忠贞节俭)的品质及其人物典型。这里既上溯往古如大禹、伯夷、叔齐等,也表彰时贤如鲁国季文子、楚国的令尹子文、齐国的晏婴等。

鲁国季文子(行父)在那次驱逐莒太子仆时便历举远古的"八元""八凯"十六名"才子"的德行,与"四凶"加以对比。

孔子歌颂大禹的勤政节俭,说禹没有一点缺失可以非议,"菲饮食而致孝乎鬼神,恶衣服而致美乎黻冕,卑宫室而尽力乎沟洫"②。

孔子把伯夷、叔齐与齐景公加以对比,清浊分明。他说:"齐景公有马千驷,死之日,民无德而称焉。伯夷叔齐饿于首阳之下,民到于今称之。"③又称赞夷、齐为"古之贤人也"!"求仁而得仁,又何怨?"孔子自己也是"饭蔬食饮水,曲肱而枕之,乐亦在其中矣。不义而富且贵,于我如浮云"④。因此,他一再称赞好学、求仁的颜渊:"一箪食,一瓢饮,在陋巷,人不堪其忧,而回也不改其乐,贤哉回也!"⑤孔子还表明:"君子谋道不谋食","忧道不忧贫"。

后来的孟子继承了这一思想,说:"伯夷,目不视恶色,耳不听恶声","横政之所出,横民之所忍,不忍居也"。因此"故闻伯夷之风者,顽夫廉,懦夫有立志"⑥。

孔孟本人绝对不贪,都是清廉者,上述孔子生活如此,孟子的清心寡

---

① 《韩非子·八经》。
② 《论语·述而》。
③ 《论语·季氏》。
④ 《论语·述而》。
⑤ 《论语·雍也》。
⑥ 《孟子·万章下》,《孟子·尽心下》。

欲也如此。孟子说："养心莫善于寡欲，其为人也寡欲，虽有不存焉者寡矣；其为人也多欲，虽有存焉者寡矣。"①

楚国的令尹子文（斗谷於菟）的廉政勤政亦为人们所盛赞，后人斗且说："昔令斗子文三舍令尹，无一日之积，恤民故也。成王闻子文之朝不及夕也，于是乎每朝设脯一束、糗一筐，以羞（进）子文。至于今令尹秩之（为常秩）。成王每出子文之禄，必逃，王止而后复（返）。人谓子文曰：人生求富而子逃之，何也？对曰：夫从政者，以庇民也。民多旷（空）也，而我取富焉，是勤民以自封（厚），死无日矣。我逃死，非逃富也。"②

所以，孔门也经常给予评说。子张云："令尹子文三仕为令尹，无喜色；三已之，无愠色，旧令尹之政必以告新令尹，何如？"孔子说这就是"忠啊"。③

鲁国季文子在季氏族中是勤政节俭出名的一个，他辅佐宣、成、襄三君，"无衣帛之妾，无食粟之马。无藏金玉，无重器备。君子是以知季文子之忠于公室也。相三君矣，而无私积，可不谓忠乎？"④生前，有一次仲孙它以他的节俭为吝啬，不爱华美而有失体面。季文子却说：对于华美，"吾亦愿之。然吾观国人，其父兄之食粗而衣恶者，犹多矣。吾是不敢。人之父兄食粗衣恶，而我美妾与马，无乃非相人（指辅佐之职）乎！且吾闻：以德荣为华，不闻以妾与马"。事后，他又把仲孙它的话告诉其父仲孙蔑，仲孙蔑就把儿子（它）因禁七日。从此仲孙它也让妾穿粗衣，让马食狗尾草。文子听见了就说："过而能改者，民之上也。使为上大夫"。⑤这说明季文子不仅本身节俭忠贞，也帮助、奖励他人这样做。

晏婴竭力批评和防禁景公的贪欲暴敛，他本人则是一生节俭、清廉的楷模。他几次拒绝景公为他调换宽敞住房，几次辞绝景公加给他的俸禄。有一次，景公发现他给来使吃饭不饱，就要给他"千金与市租"。晏子辞

① 《孟子·尽心下》。
② 《国语·楚语下》。
③ 《论语·公冶长》。
④ 《左传》襄公五年，卒时人们的评语。
⑤ 《国语·鲁语上》。

谢说:"以君之赐,泽覆三族,延及交游,以振百姓,君之赐厚矣! 婴之家不贫也。"进一步提出一个原则:"夫厚取之(于)君,而施之民,是臣代君君民也,忠臣不为也;厚取之君,而不施于民,是为筐箧之藏也,仁人不为也;进取于君,退得罪于士,身死而财迁于他人,是为宰藏(主藏之官)也,智者不为也。夫十总之布,一豆之食,足于中、晚(年)矣。"①这里的分析合情合理,足见他的廉洁有充分理论根据,而且具有大彻大悟的最高思想境界。

晏婴也是第一个提出"廉政"命题的人。他说"廉政可以长久",好比"其行水也,美哉水乎清清,其浊无不雩途,其清无不洒除,是以长久也"。接着又以石比喻廉政不得法也不能持久的道理。②

孔子评晏婴是"善与人交,久而敬之"③。属于一般品德。而当时传颂晏子的节俭是:"一狐裘而三十年。遣车一乘,及墓而反。"④"祀其先人,豚肩不掩豆,贤大夫也。澣衣濯冠以朝。"⑤都是说他对自家丧祭极为俭约。

孟子说:"晏子以其君显"⑥,是对晏子廉俭并谏诤而制约景公的贪欲聚敛、使其政权不至于在当世崩溃而说的。

墨子赞赏"背禄向义"的人。有一次,他带着高石子游卫,卫君给高石子以卿位厚禄,可是"高石子三朝必尽言,而言无行者。去而之齐"。高氏把他这行动告诉墨子,表示担心人们说他狂妄。墨子说:"去之(离卫)苟道,受狂何伤?""为义,非避毁就义。"石子说:"昔者夫子有言曰:'天下无道,仁士不处厚焉。'今卫君无道,而贪其禄爵,则是我为苟啖人食也。"墨子听了更高兴,便转告禽滑厘说:"姑听此乎! 夫倍(背)义而乡

---

① 《晏子春秋·内篇杂下第六》,《说苑·臣术》。
② 《晏子春秋·内篇问上第四》。文字解释参看吴则虞《集释》引苏舆说:以水比喻廉政,因水性柔和,智能驭物而物也乐为之驭。所谓柔胜刚,故能长久云。
③ 《论语·公冶长》。
④ 《礼记·檀弓下》。这是指葬亲而俭并俭于宾客。
⑤ 《礼记·礼器》《杂记下》。
⑥ 《孟子·公孙丑上》。

(向)禄者,我常闻之矣;倍禄而乡义者,于高石子见之也。"①这是表彰一个不肯尸位素餐的廉洁者。

四、反贪贿暴敛的文学

这里介绍的是诗歌。诗歌是感物而动、抒发性情的文艺形式,最易于表达人民的呼声,所谓"饥者歌其食,劳者歌其事"。而贪贿暴敛危害国家,鱼肉人民,激起人民的愤慨,触动全社会的每一根神经,理所当然地表现于诗歌中,诗歌正是讽刺这类丑恶行径的有力工具,犹如匕首、投枪。从夏时的《五子之歌》,商代的"三风十愆"之咏②,到两周的《雅》《风》,都不少这类杰作。其中固然不乏阶级反抗的呼声,也多有反贪贿、抗暴敛的呐喊。

《五子之歌》是有韵的文字,载于古文《尚书》。其序云:"太康失邦,昆弟五人须于洛汭,作《五子之歌》。"一共五首,相关的是第二首:

> 训有之:
> 内作色荒,外作禽荒;
> 甘酒嗜音,峻宇雕墙。
> 有一于此,未或不亡!

二"荒"字,为迷乱。禽为鸟,兼言禽兽,代指田游。甘酒,甘于酒;嗜音,嗜好音色。全歌都是贬斥淫逸奢侈,哪怕只要对其中一项的沉迷,没有不灭亡的。

"三风十愆"亦有韵之文,载于古文《尚书·伊训》,为伊尹训太甲的箴言。

> 敢有恒舞于宫,酣歌于室,时谓巫风。
> 敢有殉于货、色,恒于游畋,时谓淫风。

---

① 《墨子·耕柱》。
② 《五子之歌》与"三风十愆"的箴言,均载于古文《尚书》。指古文《尚书》为伪,乃在于非商周及其以前之作,而可以认作春秋战国时人编写、加工者,至少反映此时现实和思想感情,故不妨置于本节介绍。

敢侮圣言、逆忠直、远耆德、比顽童,时谓乱风。

惟兹三风十愆,卿士有一于身,家必丧;

邦君有一于身,国必亡!

三风,即巫风、淫风、乱风。十愆,三风中包括的舞、歌、货、色、游、畋、侮、逆、远、比。愆为罪过。文中"时"字古即"埋"字。殉,贪求,沉迷。耆德,传统道德。比,亲近。这是概括了几乎所有淫逸悖乱的内容。商代已有诗歌,文献有缺,从今日所见甲骨文中还可以看到少数对偶、有韵的文句。因社会进入文明已久,多为格言、箴言的形式,文献里也有一些与甲骨文能互证的语句。① 而这首歌也保留了一些自然朴素的文风。

前述成汤的祷雨词,又未尝不是歌的形式,同一句式,用同一疑问词落脚成韵,在周代金文中有此用法。而且"钦"字前的偶句也已押韵,所以这也是早期一首戒贪贿淫逸的诗歌。

到西周,《诗经》集古代诗歌大成,其中称作"变雅"的《雅》诗,一般认为作于东周的《国风》所谓"变风",就有一些是民间里巷老百姓编的(或经文人润色)讽刺贪贿暴敛的诗歌。《小雅·十月之交》第五章云:

抑此皇父!(咦,这个皇父!)

岂曰不时?(哪能说他的不是?)

胡为我作?(为何对我这般行径?)

不即我谋。(事先也不和我通声气。)

彻我墙屋,(撤取我的墙屋,)

田卒污莱。(使我的田地全都荒废。)

曰予不戕,(他却说"并非我摧残你,)

礼则然矣!(按'礼'就是如此"!)

第六章云:

皇父孔圣!(皇父多么"圣明"!)

作都于向。(建都邑到那向的地方。)

---

① 见于古文《尚书·说命》和《国语·楚语上》。详情参看王贵民《商代的文化艺术》,《历史教学问题》1985年第1期。

　　　　择三有事，（他挑选一批高官，）

　　　　亶侯多藏。（都确是富有蓄藏。）

　　　　不憖遗一老①，（一个老成人也没留下，）

　　　　俾守我王。（以便保卫我周王。）

　　　　择有车马，（凡有车马者都挑选走，）

　　　　以居徂向。②（到向地居住把福享。）

　　《小雅·大东》怨恨赋役繁重而不均，群小得志。诗《序》说："东国困于役而伤于财，谭（国）大夫作此诗以告病。"其第二章云：

　　　　小东大东，（东方的小国和大国，）

　　　　杼柚其空。（织机上也全都空荡荡。）

　　　　纠纠葛屦，（葛绳缠成的鞋子，）

　　　　可以履霜。（只差可踏着晨霜。）

　　　　佻佻公子，（那些轻佻的公子们，）

　　　　行彼周行。（游逛在大道上。）

　　　　既往既来，（他们来来往往，）

　　　　使我心疚。（看着也使我心伤。）

　　第四章云：

　　　　东人之子，（东国人家的子弟，）

　　　　职劳不来；（服劳务可没有人来抚慰；）

　　　　西人之子，（那西方人家的子弟，）

　　　　粲粲衣服。（穿着鲜艳的好衣。）

　　　　舟人之子，（周室的贵族子弟③，）

　　　　熊罴是裘。（更有熊皮大棉袍。）

　　　　私人之子，（他们私家的子弟，）

　　────────

　　①　此指天意如此，应非皇父所为，贪残的皇父不会重用"老成人"。
　　②　朱熹《诗集传》云："言皇父自以为圣，而作都则不求贤，但取富人以为卿。""但有车马者则悉与俱往，不忠于上，而但知贪利以自私也。"
　　③　旧注"舟"有训为"周"，即指周族、周室。上句"西人"亦指周人，周都在西方关中。

百僚是试。(百官衙门当幕僚。)①

《大雅·荡》是直接讽刺周王室统治者的诗,诗《序》云:"召穆公伤周室大坏。"从这前一篇《板》诗开始,《大雅》中由歌颂变为讥讽,旧说是"变雅",当为有据。具体地说,此诗大致是讥刺厉王专利。通篇八章借用文王面责"殷商"的口吻,用暗喻手法,把衰周比作亡殷,这是无情的矛盾转化规律起作用。唐诗中讥讽李唐王朝也往往用"汉皇"代替,文学手法相同。诗的第一章开头就说:

荡荡上帝,(宽广浩大的上帝,)

下民之辟;(本是下民的君主;)

疾威上帝,(而今这暴虐的上帝,)

其命多辟。(旨意却这么邪僻。)

天生烝民,(天生我芸芸众民,)

其命匪谌。(命运并不可相信。)

靡不有初,(没有不是起初良好,)

鲜克有终。(而少见能有善终。)

第二章云:

文王曰咨:(文王说可叹呀,)

咨汝殷商!(可叹啊你殷商!)

曾是强御,(曾经是那么强梁,)

曾是掊克。(那么盘剥四方。)

曾是在位,(都是在官位者,)

曾是在服。(都是在那官场。)

天降慆德,(天老爷降下暴慢的德行,)

汝兴是力!(却是你卖力相帮!)

第三章云:

文王曰咨:(文王说可叹呀,)

咨汝殷商!(可叹你殷商!)

---

① 此句即指"群小得志"。

　　　　而秉义类,(你本可行善政,)

　　　　强御多怼,(可是强梁们便埋怨,)

　　　　流言以对,(用流言回应,)

　　　　寇攘式内。(那些盗窃之徒位居官禁。)

　　　　侯作侯祝,(到处是诅咒痛恨,)

　　　　靡届靡究。(没有个边,没有穷尽!)

　　其以下各章款式相同,多为揭露昏虐政治的内容。第四章有"敛怨以为德"一语,入木三分。

　　《大雅·桑柔》篇幅最长,达十六章。《序》以为"芮伯刺厉王",注者多认为作于厉王流彘之后,故言"灭我立王",而将讥刺的对象集中于长乱的荣夷公。首章以"桑柔"——生长茂盛的桑树而渐枯黄衰落比喻周室的兴衰。其第六章云:

　　　　天降丧乱,(老天爷降下丧乱,)

　　　　灭我立王,(灭了我已立的周王,)

　　　　降此蟊贼,(降下这些食稻害虫,)

　　　　稼穑卒痒。(我庄稼全都不能生长。)

　　　　哀恫中国,(悲哀啊我国家,)

　　　　具赘卒荒。(只成累赘而各业均已怠荒。)

　　　　靡有旅力,(咱人穷困得无有力气,)

　　　　以念穹苍。(只仰望高高的穹苍。)

　　这里,用害虫比喻贪残,大概是第一次,后世"害人虫"应出于此。以下几章,内有"民之贪乱,宁为荼毒","大风有隧,贪人败类"。"民之未戾(定),职(由于)盗为寇",等等,均是抨击贪冒的贵族、官吏。

　　此外,一些"变雅"中有刺幽王时政的诗,如《瞻卬》云:"蟊贼蟊疾,靡有夷届;罪罟不收,靡有夷瘳。""人有土田,汝反有之;人有民人,汝复夺之。此宜无罪,汝反收之;彼宜有罪,汝复说(脱)之。"指责贪馋、暴虐、掠夺乃至于倒行逆施的行为,明白晓畅。《召旻》云:"旻天疾威,天笃降丧,瘨(病)我饥馑,民卒流亡,我居圉(边境)卒荒。"怨恨贪婪邪恶之政弄得人民饥馑流亡。

《诗经·魏风》中两首讥刺贪鄙、暴敛的诗:《伐檀》《硕鼠》,是著名于史册、脍炙人口的。《伐檀》诗《序》云:"刺贪也,在位贪鄙,无功而受禄,君子不得进仕耳。"其第一章云:

> 坎坎伐檀兮,置之河之干兮!
>
> 河水清且涟猗!
>
> 不稼不穑,胡取禾三百廛兮!?
>
> 不狩不猎,胡瞻尔庭有悬貆兮?!
>
> 彼君子兮,不素餐兮!

砍伐檀树搁置在河岸,河水这么清澈,而砍下的好木头却不使用。可你不种庄稼而哪来三百廛的粮食? 不行田猎你庭上挂满野兽是哪来的? 而那些君子啊才不会白吃饭呢! 下面还有两章,句式一律,稍换韵字,意思不变。反复吟咏,明白流畅,痛快淋漓,是"风"诗的歌谣特色。

《硕鼠》的讽刺更是尖锐辛辣,把重敛的统治者比作贪馋的大鼠。诗《序》说:"刺重敛也。国人刺其君重敛,蚕食于民,不修其政,贪而畏人若大鼠也。"非常明确。第一章云:

> 硕鼠,硕鼠,无食我黍!
>
> 三岁贯汝,莫我肯顾。
>
> 逝将去汝,适彼乐土!
>
> 乐土乐土,爰得我所。

被大鼠吃了三年粮食而并不见它顾念,现在就决心要离它而去,找到安乐的地方。说明暴敛受到人民痛恨、鄙视,也造成人民的流离迁徙。硕鼠为害人民,正如孔子曾说过的"苛政猛于虎"①。下面两章,也是句式不变,重叠咏唱。②

上述诗歌,和我们论述的各时期的贪贿、暴敛的史实,互相印证,相得益彰,正可加深对当时社会现状的了解。

---

① 《礼记·檀弓下》。

② 所引《诗经》各篇的解释和句译,均参照十三经注疏本的毛氏《传》和郑玄《笺》,辅以朱熹《诗集传》等。

附录　略述先秦时期监察状况

三代直接脱胎于原始氏族社会,虽有国家机关的建立,但有一个完备的过程。因此,这时多半沿用一种习惯法,处理或监督各种非法行为,那就是刑,所谓《禹刑》《汤刑》《九刑》,分别是夏、商、周的刑书。① 今日可见到商代甲骨卜辞记录的用刑很多,但还不见明确的法令。有刑而无法的状况延续了很长时间。

到西周初年,能看到往往以"常刑"处罚盗窃劫掠一类的行为,如前面引述过的《尚书·康诰》《费誓》等篇所记。到穆王时的《吕刑》才较明确出现一定的诉讼程序,不过从金文《䇝匜》又可见断案的随意性。而且那时的刑或法,主要也是针对被统治阶级尤其是奴隶阶级的,这是三代社会的基本特点。

到春秋中期后,少数诸侯国方才正式制定、颁布刑书,而仍遇到阻力。人们还认为刑法只能掌握在官府、贵族手中,"议事以制,不为刑辟"。否则,让人民掌握了,就都来按刑律与统治者争论,反而难办。所以便坚持礼治,礼治实际是人治,和习惯法也差不多。不过,随着历史的发展,此时终究出现执法的事例,如反对制刑书的叔向还是按原则惩处了叔鱼等的贪贿不轨的行为。

至于监察官员是否有什么机制,《尚书·梓材》有句话:"自古王若兹,监罔攸辟!"是说自古是这样,(你)前往监督,不要有所偏颇。只是事实例证不多,情况仍然不明。在整个周代监督贵族、官员贪贿盗掠的不法行为,大致有两个方面,一是司法系统——司寇,一个是财政会计部门。

约在东周时期编成的《周礼》,其秋官大司寇的职文说道:以"五刑"分治野、军、乡、官、国,其中"四曰官刑,上能、纠职"。其下属的士师又以

---

① 《左传》昭公六年。

"五禁"分治上述区域。"凡卿大夫之狱讼,以邦法治之。"这都是治理官员而应当包括贪贿一类事件的。古文《尚书·周官》云:"司寇掌邦禁、诘奸慝、刑暴乱。"亦与之相应。但在西周金文中多见司寇协同司土(徒)、司马合称"三司"执行政务,少见专门治理狱讼。直至春秋时期几个主要诸侯国设有司寇,也是少见处理狱讼的。晋国有司寇,而断狱则为"理"官。处理朝官的案子,两周都是由当政者大臣裁断。这种情况都值得探究。

《周礼》地官大司徒掌管对官员的教谕和考察,一年分两次进行。其中正岁命令教官:"各共(恭)尔职,修乃事,以听王命。其有不正,则国有常刑。"这对官吏的监督是明确的。

小司徒根据大司徒之职权而管理其属官,岁终有考核和赏罚,"令群吏正要会而致事"。正岁率属官学法令,宣告"不用法者,国有常刑"。并"修法、纠职"。

按体制,总揽六部的天官部门应该职掌百官的监察,可是其中并无这类明确的职文。可见这时的监察制度在官制中没有合理的位置,反映了当时统治集团并不重视这一任务,这说明国家机器还在完备过程中,更主要的原因是有刑无法和刑是针对被统治阶级的这一基本特点的存在。而经常说"国有常刑",恐怕对贵族、官吏来说只不过是一句套语而已。

当时还明文规定对王族及勋贵的优待、减刑办法。《周礼》秋官小司寇职文说:凡命夫命妇不躬坐狱讼。王的同族有罪,"不即市",交给天官甸师职内处理。还定有"八辟"之法,凡亲、故、贤、能、功、贵、勤、宾等八种人可减罪。这样对官员的纠察便有更多的伸缩余地了。

另一个是财政管理部门。按《周礼》,它对国家有贡赋的常规收入和开支进行管理。大宰职中的"九式"即是将用财的节度、开支分作九类,专设"司会"一职掌管收入来源和调度、节约开支;掌握各处官府钱财出纳所登记的副本,据以考察群吏办事的成绩。还要把下属"司书"税敛的记录、"职内"的赋入和"职岁"的赋出,三者相互参校,按一旬、一月、一年作出统计。另设"外府"一职,掌管"邦布(币)"的收入,按制度供给各项"邦用"。"岁终则会"即年终作一次结算。

　　这样,财政管理可谓严密,当能杜绝各种贪贿的发生。不过,这种严密制度可能是逐渐补充起来的,而且多有理想的成分。有些用语要到战国时代才出现;而即使到战国时代也难说实际有这样完备的制度。更且,我们叙述过的贪贿事例几乎都是制度以外发生的,统治者公然以财物乃至土地行贿,也不是一般财政部门和财政制度所能制约的。以公家钱财办私事的贪污,今所见的大概以春秋晚期陈国辕颇"赋封田以嫁公女,有馀以为己大器"一事算得典型,倒是能从财政制度中查得出来的。

　　总之,不论行政监督,还是财政制度的监管,在整个先秦时期都是不完备或不见实行的。大致是到春秋以后,才出现了某些制度,形成了有限的机制。这乃是由古代中国历史特点、社会发展程度所决定的。

第 二 章

秦 汉 时 期

第一节　短命的秦皇朝

秦朝维持统一帝国的时间虽然仅有十五年（前 221 年至前 207 年），是一个短命的王朝，但作为治理"海内为郡县，法令由一统，自上古以来未尝有"①的历史先行者，秦朝于政治体制构建、经济建设、军队管理、吏治整饬等诸领域的探索在正反两方面都留下许多经验。正如朱熹所说的："大凡事前未有样者，不易做。"②这些历史财富对秦王朝的后继者来说都是弥足珍贵的。在如何防止官僚队伍的腐败化趋势，较大程度地保障官僚机构高效、有序运转这一历代王朝皆需永恒面对的课题方面，秦王朝也确有许多值得借鉴的成功之处。

一、秦朝的建立与灭亡

秦王朝的出现是春秋、战国历史发展的必然结果。伴随着农业、手工

---

① 《史记》卷 6《秦始皇本纪》。
② 《朱子语类》卷 134。

业、商业的发展和城市的繁荣，以及宗法旧贵族的衰落和新兴王权与士人阶层的崛起，齐、楚、燕、韩、赵、魏、秦战国七雄"定于一"的趋势已日渐明显。甲兵强盛、经济繁荣的魏、齐等东方大国便先后都有统一天下的雄图。但激烈角逐的结局，却是僻处西陲、经济文化相对落后的秦国脱颖而出，成为最后的胜利者。个中原因除秦自商鞅变法之后历行耕战立国的战时政策，"秦人其生民也狭隘，劫之以势，隐之以阨，忸之以庆赏，鳅之以刑罚，使天下之民所以要利于上者，非斗无由也。功赏相长也，五甲首而隶五家，是最为众强长久"①，拥有一支战斗力极强的铁军外，秦官吏队伍的廉洁、高效也是重要因素。荀子就曾称赞说："及（秦）都邑官府，其百吏肃然，莫不恭俭敦敬，忠信而不楛，古之吏也。"②相比于苟且偷安、腐败日盛，"臣主皆不肖，谋不辑，民不用"③的东方六国，秦的优势无疑是显而易见的。关东六国如同被蛀虫蛀空已经摇摇欲坠的大树，在秦军狂风暴雨般的攻势面前很快就轰然倒地。两相对照，历史的抉择是多么发人深省啊！

秦的统一历程是一曲酣畅淋漓的行进凯歌。在秦始皇、李斯、王翦等人的精心指挥下，除去灭楚之役略有波折外，秦军所到之处无不势如破竹。但是，胜利果实的轻易取得，却也埋下了秦君臣自满情绪极度膨胀的恶果，如秦始皇就自豪地宣称："武威旁畅，振动四极，禽灭六王"，"人迹所至，无不臣者。功盖五帝，泽及牛马。"④以这种心态来处理天下统一之初错综复杂的政治、经济问题无疑是十分危险的。因为所谓"分久必合"虽然是历史演进的合理趋势，但要把它变为现实却并非易事。在统一的过程中不仅要以武力清除许多在当地势力盘根错节的既得利益集团，而且不可避免地要损害广大被征服地区民众的人身和财产利益，由此而来的是对秦政权的敌视情绪，正如鲁仲连所说："彼秦者，弃礼义而上首功之国也，权使其士，虏使其民。彼即肆然而为帝，过而为政于天下，则连有

---

① 《荀子·议兵》。
② 《荀子·强国》。
③ 《汉书》卷49《晁错传》。
④ 《史记》卷6《秦始皇本纪》。

蹈东海而死耳,吾不忍为之民也。"①不过,民众对和平统一的期盼,对秦的统治还是有利的:"今秦南面而王天下,是上有天子也。既元元之民冀得安其性命,莫不虚心而仰上。"②如若秦政权处理得当,是有可能逐渐化解民众的敌对心理和离心倾向而开创一代盛世的,汉人严安就曾指出过这一点:"及至秦王,蚕食天下,并吞战国,称号皇帝,一海内之政,坏诸侯之城。销其兵,铸以为钟虡,示不复用。元元黎民得免于战国,逢明天子,人人自以为更生。向使秦缓刑罚,薄赋敛,省徭役,贵仁义,贱权利,上笃厚,下佞巧,变风易俗,化于海内,则世世必安矣。"③但秦朝统治集团却更多地沉醉于轻易取得的胜利中,过高地估计了自己力量的强大,处处以征服者的姿态出现,过低地估计了关东地区潜在的反抗力量。

不仅不承认东方各实力集团的地位,以迁徙等做法任意剥夺他们的财产,而且也不给予他们政治上的出路,对许多只要予以适当安排就可以成为秦政权合作者的势力仍然加以通缉捉拿,如张耳、陈余,"秦灭魏数岁,已闻此两人魏之名士也,购求有得张耳千金,陈余五百金"④,迫使他们只能走上与秦政权对抗的道路。从而在秦始皇生前已经陆续有张良狙击始皇于博浪沙,东郡出现"始皇帝死而地分"刻石,彭越聚众于巨野泽谋反等零星反秦事件发生,只是慑于始皇帝的巨大个人威望未成燎原之势而已。

秦二世、赵高等上台后,不仅进一步把秦始皇以来内兴土木、外事征伐的错误政策推向极致,而且以恐怖屠杀手段处理秦统治集团的内部矛盾,蒙恬、李斯等重要将相相继被诛,使得各种社会矛盾终于在公元前209年七月陈胜、吴广首举义旗后得以总爆发,貌似强大的秦王朝在短短的两年时间内就葬身于风起云涌的反秦大潮中。秦的勃兴猝亡,正好印证了儒学大师荀子关于统一前景的预测,"兼并易能也,唯坚凝之难焉",尤其是像秦这种主要依赖武力征伐的"以力兼人","非贵我名声也,非美

---

① 《史记》卷83《鲁仲连邹阳列传》。
② 《史记》卷6《秦始皇本纪》。
③ 《汉书》卷64《严安传》。
④ 《史记》卷89《张耳陈余列传》。

我德行也。彼畏我威,劫我势。故民虽有离心,不敢有畔虑。若是则戎甲俞众,奉养必费。是故得地而权弥轻,兼人而兵俞弱"①,在统一完成后不进行改弦更张是很难长久的。

二、秦朝的监察机制及其运作

秦朝作为政治实体很快就灰飞烟灭了,但正如司马迁所说的:"秦取天下多暴,然世异变,成功大。传曰'法后王',何也?以其近己而俗变相类,议卑而易行也。学者牵于所闻,见秦在帝位日浅,不察其终始,因举而笑之,不敢道,此与以耳食无异。"②秦集战国政治改革之大成而创建的专制主义中央集权政体却在历史上留下了不容后人忽视的很深烙印。不仅是汉承秦制,在中国整个封建社会期间各个王朝的政治体制虽是迭有厘革,然就其基本框架而言并没有跳出秦制的窠臼。具体到监察领域也是如此。秦不仅已经初步构建了由御史大夫、御史中丞、侍御史、监郡御史、郡守(兼)、县令长(兼)、县御史(主吏掾)等构成的自中央至地方较为完备的监察机构,而且也制定了目的在于确保各级官吏廉洁奉公、惩处贪污腐败的监察法规。

秦中央监察机构的最高首脑是御史大夫,《汉书·百官公卿表》说:"御史大夫,秦官,位上卿,银印青绶,掌副丞相。"齐召南在《汉书考证》中更明确指出:"御史大夫官始于秦。"御史大夫的职权比较宽泛,如代皇帝起草诏令、接受皇帝差遣去完成许多重要使命、辅佐丞相处置军国大事等等。但对百官的监察、纠劾之权却是其中最主要的一项。见于文献记载的秦御史大夫有李昙(见《新唐书·宰相世系表》)、钱产(见《通志·氏族略》)、劫(见《史记·秦始皇本纪》)等人。御史大夫的设置,是秦监察机构得以发展的重要标志。秦御史大夫的属官有二丞,其中最重要的是御史中丞,如《宋书·百官志》说:"秦时御史大夫有二丞,其一曰御史丞,

---

① 《荀子·议兵》。
② 《史记》卷15《六国年表》。

其二曰御史中丞。殿中兰台秘书图籍在焉,而中丞居之。"由于御史大夫职尊权重,并往往要把主要精力放在帮助丞相总理国政上,因此公署居于宫廷之中。与皇帝关系密切的御史中丞便统领众御史,具体执行监察大权。秦制是如此,汉制也是如此。侍御史,史籍中简称御史,也是秦很重要的中央监察官。据《史记·张丞相列传》"(张苍)秦时为御史,主柱下方书","而张苍乃自秦时为柱下史,明习天下图书计籍"的说法,秦中央的奏章、文书、档案、图书以及地方上计簿籍等都是由御史掌管的。其实还不仅如此,如《睡虎地秦墓竹简·秦律十八种·尉杂》"岁雠辟律于御史",《商君书·定分》则谈到郡、县等地方长官也须如此,都证明秦御史有监察朝廷律令实施状况的权力。侍御史在制度上虽然归御史大夫、御史中丞统辖,但在实际中却往往以皇帝特使的身份直接秉承皇帝意志处理重大事项,如秦始皇坑儒事件御史即为主要帮凶:"于是使御史悉案问诸生,诸生传相告引,乃自除。"①始皇三十六年(前211年)东郡民有于陨石上刻"始皇死而地分"者,"始皇闻之,遣御史逐问,莫服,尽取石旁居人诛之"②;秦二世诛蒙氏,就是"遣御史曲宫乘传之代"③实施的。这些事件都表明了秦御史作为监察官的重要地位。

　　秦对地方的监察主要是通过严格实行监郡御史制度来实现的。《史记·秦始皇本纪》载:"分天下为三十六郡,郡置守、尉、监。"裴骃《集解》云:"秦郡守掌治其郡,有丞;尉掌佐守典武职甲卒;监御史掌监郡。"秦于每郡皆置一监郡御史。其官秩虽仅六百石,但权力却比较大,是一郡中最重要的监察官,对郡守和郡府的其他官吏都可行使监察权。同时又具有监察以外的其他职权,如领兵作战、开凿渠道、举荐人才等。刘邦起事后,率义军据丰,"秦泗川(郡)监平将兵围丰"④。当秦始皇命屠睢进攻越族时,奉命修建灵渠以运军粮的就是监郡御史禄。秦泗水郡的监御史还曾举荐萧何到朝廷做官:"(萧何)为沛主吏掾……秦御史监郡者与从事辨

---

① 《史记》卷6《秦始皇本纪》。
② 《史记》卷6《秦始皇本纪》。
③ 《史记》卷88《蒙恬列传》。
④ 《史记》卷8《高祖本纪》。

之。何乃给泗水卒史事,第一。秦御史欲入言征何,何固请,得毋行。"①
显然,监郡御史不时向朝廷汇报,使朝廷对该郡情况了如指掌,如《淮南
子·泰族训》说:"赵政昼决狱而夜理书,御史冠盖接于郡县,覆稽趋留。"
从而起到强化统治的作用。监郡御史的设置是战国以来监察制度发展的
必然结果,也是秦始皇加强专制主义中央集权的产物。它的主要作用在
于监察和牵制郡守,以防止其权力过分膨胀及以权谋私。这一点,清代学
者王鸣盛业已看到了:"监既在守之上,则似汉之部刺史,但每郡皆有一
监,则又非部刺史比矣。盖秦惩周封建流弊,变为郡县,惟恐其权太重,故
每郡但置一监、一守、一尉,而此上别无统治之者。"②

　　郡守作为秦代最重要的地方官,不仅握有本郡行政全权,而且对下辖
县、乡各级官员也同时兼行监察职能。如《睡虎地秦墓竹简·语书》(文
物出版社 1978 年平装本)就记载秦南郡守腾既有权下"法律令、田令及
为间私方"于县、道啬夫,又"令人案行之,举劾不从令者,致以律,论及
令、丞"。两汉郡守以行县方式实施对辖区的监察权也应该是源于秦制。
县令、长在县中的地位基本类似于郡守,辅助令、长行使监察权的,秦代还
有县御史,如《睡虎地秦墓竹简·编年记》中记载喜(墓主)在秦始皇时期
任安陆(今湖北安陆北)御史。主吏掾也是县中主要执行监察职能的僚
佐。如萧何"以文无害,为沛主吏掾。高祖为布衣时,何数以吏事护高
祖。高祖为亭长,常左右之。高祖以吏繇咸阳,吏皆送奉钱三,何独以五。
秦御史监郡者与从事,常办之"③。在这里值得注意的是主吏掾的职掌。
司马贞《索隐》曰:"主吏,功曹也。"功曹,职在选举,当然必须有臧否、监
督众吏的权力。又,裴骃《集解》云:"文无害,有文无所枉害也,律有无害
都吏。"无害都吏,即汉郡督邮的前身,如《后汉书·百官志》"其监属县,
有五部督邮,曹掾一人"。萧何以"文无害"所为的主吏掾当与都吏性质
较为相近。显然,这就是萧何与监郡御史颇多业务往来的主要原因。正
因为如此,萧何方能在刘邦任亭长时"常左右之",后又归附刘邦共创

---

① 《汉书》卷 39《萧何传》。
② 《十七史商榷》卷 14《汉制依秦而变》。
③ 《史记》卷 53《萧相国世家》。

大业。

秦的监察机构主要就是由上述几种官职组成的。从中可以看出秦朝已经构建了由中央至地方的监察网。居于这张网中心的是独揽帝国全权的皇帝,御史、监郡御史等则是他的主要耳目。但郡、县两级的监察机构相对薄弱则是秦代监察系统的问题所在。这一问题,直到刺史察郡、督邮察县、廷掾察乡制得以确立的汉代方得以基本解决。秦代不仅设置了相当的监察机构并配备有较多数量的监察官员,而且规定有极为细致、严厉的监察法规,以残酷的律令来慑服各级官吏尽心竭力地服务于秦帝国,避免官僚队伍陷于以权谋私、贪污受贿横行的腐败泥潭中。

从出土睡虎地秦墓竹简看,秦代虽没有专门的监察法规出现,但其他各种律文中散见有较丰富的监察法内容。如《置吏律》和《除吏律》是有关任免官吏的专门法典,对担任官吏的条件,如年龄、经历、学识等也规定了不少限制。《法律答问》中则对不执行帝国政令的"犯令""废令"行为作了专门规定,"令曰勿为,而为之,是谓犯令;令曰为之,弗为,是谓废令也。廷行事皆以犯令论"。不管是犯令或是废令的官吏,都要处以流放以上的惩罚,即使已经免职或调任,也要一并追究。除此以外,还有大量针对官吏具体贪污违法行为的处罚规定。如:(1)不准私自挪用官府资金,见《法律答问》"府中公金钱私贷用之,与盗同法"。(2)断案不公正,乘机收受贿赂。如"论狱何谓不直?何谓纵囚?罪当重而端轻之,当轻而端重之,是谓不直"①。在官吏上下其手的断狱过程中,往往会活跃着行贿、受贿的阴影。因此,秦对断狱不直者要"致以律",秦始皇三十四年(前213年)时就"适治狱吏不直者,筑长城及南越地"②。又,《法律答问》"赎罪不直,史不与啬夫和,问史何论?当赀一盾"。赎罪,是指秦代赎耐、赎黥一类可缴纳钱财赎免的罪。官吏判这种罪不公正,可以贪污舞弊。在本案例中,史未与啬夫合谋,但也要受罚,可见秦律对此类行为处罚之严。(3)禁止侵吞官府财产。在秦代法律中,有不少禁止官吏利用

---

① 《睡虎地秦墓竹简·法律答问》。
② 《史记》卷6《秦始皇本纪》。

职权谋取私利的条文。如《效律》规定要对各地官府仓库进行定期例行检查,新旧官吏职务交接时,也要依据籍簿开仓核实。如有不符的,就要处以惩罚。如"计校相谬也,自二百十钱以下,谇官啬夫;过二百廿钱以到二千二百钱,赀一盾;过二千二百钱以上,赀一甲。人户、马牛一,赀一盾;自二以上,赀一甲"①。希望通过严格的检核措施防止官吏利用职务的方便侵吞国家财物。秦律还不允许官吏私自调用官府人力、物力谋取私利,如《秦律杂抄》"吏自佐、史以上负从马、守书私卒,令市取钱焉,皆迁"。律文意思是说:自佐、史以上的官吏利用驮运行李的马和看守文书的私卒为个人进行贸易牟利的,要处以流放的严厉处罚。(4)不得隐瞒户口、丁壮以取利。如《秦律杂抄》"匿敖童,及占癃不审,典老赎耐。百姓不当老,至老时不用请,敢为诈伪者,赀二甲;典、老弗告,赀各一甲;伍人,户一盾,皆迁之"。这是指里典、伍老等乡官办理傅籍不如法,登记废疾不以实,以及其他作伪者,当受罚。又《法律答问》"何谓匿户及敖童弗傅? 匿户弗徭、使,弗令出户赋之谓也"。这两事主要指里典、伍老作弊匿人及当傅而不傅,以避徭役、户赋。傅籍不实,匿户匿田,往往牵涉徭役、户赋、田租等问题,如《韩非子·诡使》篇说:"士卒之逃事伏匿,附托有威之门以避徭赋而上不得者万数。"这其中的相当部分,应是官吏与豪强相勾结徇私枉法的结果。故法律需严加禁止。(5)厉禁行贿、受贿。秦律对行、受贿的处罚极严,如《法律答问》"甲诬乙通一钱黥城旦罪,问甲同居、典、老当论不当? 不当"。此律文是说甲诬告乙行贿一钱,行贿一钱即应判处黥城旦。又"知人通钱而为藏,其主已取钱,人后告藏者,藏者论不论? 论",即使替行贿者保管财物的也要受罚。行贿如此,对受贿者的处罚更重。如秦简《为吏之道》就明确说:"临财见利,不取苟富;临难见死,不取苟免。欲富太甚,贫不可得;欲贵太甚,贱不可得。毋喜富,毋恶贫,正行修身,祸去福存。"意思是指作为国家官吏,不应该贪图不正当的富贵,否则就难免杀身之祸,这确实是对贪官们的极好警告。

秦监察机制的运转是以强有力的专制皇权为保障的,皇帝不仅授权

---

① 《睡虎地秦墓竹简·效律》。

各级监察官厉行监察,而且经常巡行帝国各地,检查地方吏治和民情,亲自督促监察系统的高效运行。如秦始皇在公元前220年至前211年的十年间先后五次出巡,其目的正如秦始皇自己所说的:"兼听万事,远近毕清。运理群物,考验事实,各载其名。贵贱并通,善否陈前,靡有隐情。"①而不仅仅是为了政治示威和游玩享乐。秦二世的东巡郡国也是如此,"时案郡县守尉有罪者诛之,上以振威天下,下以除去上生平所不可者"②。应该被视为秦监察机制的有机补充。也正是因为如此,秦监察机制运行正常与否就往往与专制君主的个人素质紧密相关。当雄才大略的秦始皇主政时能够通过高效、有力的监察系统牢固地控制全国,而当胡亥、赵高之流主政后,监察机制却几乎完全瘫痪,以致很快陷于天下皆叛而恬然不知的灭顶之灾中。其实何止是秦,在专制主义政体之下,由于各种因素的作用,监察体制的长期有效运行是不可能的。

三、贪贿与急政

由于秦统治时间较短,官僚队伍的贪贿现象并没有发展到非常严重的程度。但并不是说不存在问题。其实,早在统一六国的战争胜利之初,秦统治集团就已经开始沉溺于奢侈享乐的安逸生活中了。如秦始皇本人就是穷奢极欲,不仅修筑大量豪华富丽的宫殿,"起咸阳而西至雍,离宫三百,钟鼓帷帐,不移而具。又为阿房之殿,殿高数十仞,东西五里,南北千步,从车罗骑,四马骛驰,旌旗不桡"③,"帷帐钟鼓美人充之"④,以供其纵情享乐。而且不惜民力大修骊山陵墓,"始皇初即位,穿治骊山,及并天下,天下徒送诣七十余万人,穿三泉,下铜而致椁,宫观百官奇器珍怪徙臧满之。令匠作机弩矢,有所穿近者辄射之。以水银为百川江河大海,机

---

① 《史记》卷6《秦始皇本纪》。
② 《史记》卷6《秦始皇本纪》。
③ 《汉书》卷51《贾山传》。
④ 《史记》卷6《秦始皇本纪》。

相灌输,上具天文,下具地理。以人鱼膏为烛,度不灭者久之"①。丞相李斯也是如此,"始皇帝幸梁山宫,从山上见丞相车骑众,弗善也"②,其随从的豪华程度可以想见。当其子三川守李由回京省亲时,李斯更是大摆宴席,"百官长皆前为寿,门廷车骑以千数"③,确实是富贵已极。最高统治者对荒淫生活的无度追求,直接毒化了政治风气。而追逐生活的安乐、享受,又往往是官僚队伍走向腐败深渊的开端。

其中一个很明显的表现就是各级官吏纷纷上行下效,频频借宴请、迎送的机会公开索贿收礼。如沛县众县吏为祝贺县令旧友吕公定居该县,"皆往贺",而贺仪的标准竟然是"进不满千钱,坐之堂下"④。众吏们如此慷慨大方,当然不外是借机讨好和向县令行贿而已。就连小小的泗上亭长刘邦在至咸阳公干时,也乘机敛财,"高祖以吏繇咸阳,吏皆送奉钱三,何独以五"⑤。三、五按裴骃《史记集解》引李奇注说:"或三百,或五百也。"这在当时是一笔不小的数目。至于强行勒索普通民众的财物更是司空见惯,如在秦统一后迁徙六国旧民的过程中,官吏们即乘机大收贿赂,"秦破赵,迁卓氏。卓氏见虏略,独夫妻推辇,行诣迁处。诸迁虏少有余财,争与吏,求近处"⑥,不行贿的卓氏就被发配到极边的临邛。百姓到关中服徭役时,也往往要受当地官吏、豪强们的敲诈勒索,"诸侯吏卒异时故繇使屯戍过秦中,秦中吏卒遇之多无状"⑦,终至引发了项羽后来坑杀秦二十万降军的惨剧。刘邦做亭长时也常常假公济私,动辄到私人酒店里白吃白喝,"(刘邦)好酒及色。常从王媪、武负贳酒,时饮醉卧,武负、王媪见其上常有怪。高祖每酤留饮,酒雠数倍。及见怪,岁竟,此两家常折券弃责"⑧,酒店老板也只能徒唤奈何。比这更严重的贪赃枉法现象

---

① 《史记》卷6《秦始皇本纪》。
② 《史记》卷6《秦始皇本纪》。
③ 《史记》卷87《李斯列传》。
④ 《史记》卷8《高祖本纪》。
⑤ 《史记》卷53《萧相国世家》。
⑥ 《史记》卷129《货殖列传》。
⑦ 《史记》卷7《项羽本纪》。
⑧ 《汉书》卷1《高帝纪》。

也屡有发生,如项梁犯了人命官司逃亡至会稽后,反而成了郡守的座上客。项伯更是"常杀人,从(张)良匿"①。张良所以能够如此,当主要依赖五世相韩而积敛起来的家财贿赂官府。难怪当时社会上一直流行着一句俗语"千金不死,百金不刑"②,意思是说人们免受轻重刑罚是根据其拥有财富多寡而定。从中不难看出标榜"不别亲疏,不殊贵贱,一断于法"③的秦律的真实底蕴。

代表秦政权内部最黑暗势力的秦二世、赵高集团通过阴谋上台以后,秦官僚队伍的腐败趋势在任人唯亲、滥杀无辜的恐怖政治环境中更是一泻千里、无法遏抑。不但胡亥是志在声色犬马:"欲悉耳目之所好,穷心志之所乐,以安宗庙而乐万姓,长有天下,终吾年寿"④,赵高更等而下之,"夫高,故贱人也,无识于理,贪欲无厌,求利不止,列势次主,求欲无穷"⑤,即便是比较成熟的政治家李斯也因为贪图禄位而与胡亥、赵高同流合污。秦官场之上弥漫着依附权贵、明哲保身的恶劣气氛,"群臣谏者以为诽谤,大吏持禄取容"⑥,坐视赵高独揽大权直至指鹿为马。昔日精干有力的官僚队伍已经腐败、蜕变为一群依附在秦政权肌体上的寄生虫。其灭亡的命运是不可避免的。

贪贿、腐败的横行已经注定了秦政权必然灭亡的命运,其与民众渴望和平安定生活背道而驰的苛政更是加速了自身失败的进程。本来,作为在长期残酷战火过后诞生的秦帝国,于统一完成后应该将主要精力转移到休养生息、发展社会生产等方面。但秦始皇和他的主要臣下李斯、蒙恬等人都没有意识到转变政策的必要性,反而变本加厉地推行各种急政、暴政。其中扰民最深的有下述几项:(1)连续发动大规模的战争,主要有从公元前222年至前214年的征服百越和前215年进行的讨伐匈奴的战役。这些战争虽然有开疆拓土、抵抗异族入侵的积极作用,但同时也给民

① 《史记》卷55《留侯世家》。
② 《尉缭子·将理》。
③ 《史记》卷130《太史公自序》。
④ 《史记》卷87《李斯列传》。
⑤ 《史记》卷87《李斯列传》。
⑥ 《史记》卷6《秦始皇本纪》。

众带来无穷的苦难,如严安就说过:"当是时,秦祸北构于胡,南挂于越,宿兵无用之地,进而不得退。行十余年,丁男被甲,丁女转输,苦不聊生,自经于道树,死者相望。及秦皇帝崩,天下大叛。"①伍被也认为:"遣蒙恬筑长城,东西数千里,暴兵露师常数十万,死者不可胜数,僵尸千里,流血顷亩,百姓力竭,欲为乱者十家而五。"②这些汉人的评论虽然可能有夸大的成分,但基本上是可信的。尤其是在人心思定、人心厌战的统一初年,旷日持久的战争政策显然是不可取的,司马迁对蒙恬的批评:"夫秦之初灭诸侯,天下之心未定,痍伤者未瘳,而恬为名将,不以此时强谏,振百姓之急,养老存孤,务修众庶之和,而阿意兴功,此其兄弟遇诛,不亦宜乎?"③正指明了这一点。(2)无休止的徭役征发。为满足自己的享乐要求,秦始皇大肆征发民力滥修宫殿、陵墓,仅骊山陵工程就动用了七十万民工。加以筑长城,开灵渠,修驰道、直道之类接连不断的大工程,使得大量的人力、物力消耗在无休止的徭役征发之中,"秦始皇使蒙恬筑长城,死者相属。民歌曰:生男慎无举,生女哺用脯。不见长城下,尸骸相支柱。其冤痛如此矣!"④(3)沉重的赋税。为支持长期战争和满足统治集团享乐的挥霍需要,势必强化对民众的赋税盘剥。《淮南子·兵略训》说秦"收太半之赋",《汉书·食货志》认为秦"田租、口赋、盐铁之利,二十倍于古",虽有夸张成分,但秦田租、口赋的沉重是不言而喻的。尤其是按户口征收钱币的口赋,在"头会箕赋,输于少府"⑤的过程中,民众不但要贱卖农产品来求得货币,而且要忍受收税官吏们上下其手、克剥勒索的痛苦。(4)求神仙的闹剧。秦始皇统一中国后,就一直异想天开地要寻求长生不老的办法。方士们也投其所好,以各种办法骗他。如公元前219年,齐人徐福上书说海中有蓬莱、瀛洲、方丈三座长有不死之药的神山。秦始皇闻讯大喜,派数千童男、童女随他入海求仙人,但徐福却一去不回。

---

① 《汉书》卷64《严安传》。
② 《史记》卷118《淮南衡山列传》。
③ 《史记》卷88《蒙恬列传》。
④ 《水经注·河水》注引杨泉《物理论》。
⑤ 《淮南子·氾论训》。

公元前 215 年，秦始皇又派燕人卢生去寻仙人羡门、高誓；继而又让韩终、侯公、石公等去求仙人的不死灵药。这些愚蠢的举动，不仅徒劳地耗费了数目巨大的钱财，而且又给民众带来骨肉离散的痛苦，"又使徐福入海求仙药，多赍珍宝，童男女三千人，五种百工而行。徐福得平原大泽，止王不来。于是百姓悲痛愁思，欲为乱者十室而六"①，反秦的情绪更加蔓延。

显然，早在秦始皇统治时期，由于官吏贪贿和滥行急政的综合作用，更加深了本来即已严重存在的反秦离心倾向，秦政权已经开始陷入风雨飘摇之中，只是"秦皇帝居灭绝之中而不自知"②而已。秦二世继位后即使是改弦更张，能否维持住统治尚有很大疑问，何况他反而将其父除求神仙以外的种种错误做法更推向极致，如招来天怒人怨的阿房宫、骊山陵等工程仍继续施工，在埋葬秦始皇时还将了解地宫秘密的工匠全部杀死。他依然推行严刑峻法，把更沉重的赋役加在民众的头上，"税民深者为明吏"，"杀人众者为忠臣"，"赋敛愈众，戍徭无已"③。"刑者半道，死者日积"，"百姓不胜其求，黔首不胜其刑，海内同忧而俱不聊生"。④ 他继续变本加厉地"纵耳目之欲，穷侈靡之变，不顾百姓之饥寒穷匮"⑤。如此倒行逆施，等待秦政权的只能是覆灭的必然下场。

公元前 209 年七月，随着陈胜、吴广的大泽乡首义，轰轰烈烈的"伐无道，诛暴秦"浪潮迅速席卷全国，自负甲兵强盛的秦军很快就陷于民众群起反秦的汪洋大海当中，虽再三挣扎终不能挽救其失败的命运。公元前 206 年十月，刘邦统率的反秦义军攻抵秦都咸阳，秦王子婴出降，秦的历史走到了尽头。

四、法家政治文化中的反贪意识

自秦孝公任用商鞅实行变法后，以商鞅为主要代表的法家政治文化

---

① 《汉书》卷 45《伍被传》。
② 《汉书》卷 51《贾山传》。
③ 《史记》卷 87《李斯列传》。
④ 《盐铁论·诏圣》。
⑤ 《淮南子·兵略训》。

就长期在秦国政治生活中居于主导地位,所谓"及孝公、商君死,惠王即位,秦法未败也"①。秦能够统一六国和二世速亡都与法家政治文化密切相关。套用贾谊在《过秦论》中的名言"仁义不施而攻守之势异也",可以简单认为:法家政治文化在积极进取的战争年代有助于最大限度地调动国家的力量去争取胜利,但在和平发展年代,由于其缺乏弹性的理论缺陷,不适宜当作国家政策的唯一理论指导。只有文武两手交替并用,方有可能长治久安。经过秦汉历史正反两方面的对比,这已经成为一个基本的政治常识。不过,法家政治文化的历史功绩也是有目共睹的,尤其在反贪领域,它具有儒、墨等诸家学说难以比拟的理论建树。

首先,法家政治文化较早意识到官吏腐败对国家的严重危害性。如《商君书·修权》就明确指出:"夫废法度而好私议,则奸臣鬻权以约禄;秩官之吏,隐下而渔民。谚曰:'蠹众而木折,隙大而墙坏。'故大臣争于私而不顾其民,则下离上。下离上者,国之隙也。秩官之吏隐下以渔百姓,此民之蠹也。故有隙蠹而不亡者,天下鲜矣。是故明王任法去私,而国无隙蠹矣。"把利用职权贪污收贿、谋取非法私利的"大臣""秩官之吏",形象地比喻为社会的蠹虫,认为这些蠹虫的存在必将危及整个国家的安全,需要及时地予以清除。并着重强调要清除这些贪官污吏主要必须借助于法律和刑罚的力量,如韩非就说过:"故矫上之失,诘下之邪,治乱决缪,绌羡齐非,一民之轨莫如法。属官威民,退淫殆,止诈伪,莫如刑。"②而不是像儒学那样异想天开地寄希望于各级官吏都是理想的圣君贤相、道德完人。因为在法家政治文化看来,好利和私欲是人类与生俱来的本能,君臣关系从本质上讲也只不过是利益交换关系,如韩非子谈得最直截了当:"臣尽死力以与君市,君重爵禄以与臣市。"③奢望官吏们自觉做到廉洁奉公,不去追逐私利是很难的,《商君书·禁使》即指出:"夫置丞立监者,且以禁人之为利也。而丞、监亦欲为利,则何以相禁?故恃丞、监而治者,仅存之治也。"解决问题的答案只能是以严酷的刑律威慑官吏

---

① 《韩非子·定法》。
② 《韩非子·有度》。
③ 《韩非子·难一》。

们不敢去贪污受贿,"立君之道,莫广于胜法,胜法之务,莫急于去奸,去奸之本,莫深于严刑"①。

正是为了使刑罚对官吏具有巨大的威慑力,而不是无关痛痒的表面文章,法家政治文化提出了轻罪重罚和加罪两项立法原则。轻罪重罚,是先秦法家"以刑去刑"思想的具体化。商鞅、韩非都认为只有重刑方可能杜绝犯罪的发生,"故行刑重其轻者,轻者不生,则重者无从至矣,此谓治之于其治也"②,"夫先王之禁,刺杀、断人之足、黥人之面,非求伤民也,以禁奸止过也"③。用重刑处罚罪犯,其目的并不仅仅在于处罚犯罪者本身,更重要的是以此对社会起到预防犯罪的作用。秦律《法律答问》对行贿一钱即处黥城旦的规定正是这一原则在反贪领域的运用。在此案例中,重要的不是行贿数量多少,而是是否为行贿、受贿的性质。如此严苛的规定是能够对官吏受贿行为产生威慑的。加罪,是指对执法犯法者罪加一等,对官吏贪赃枉法、触犯刑律的都要加重处罚。如《法律答问》:"害盗(吏名)别徼而盗,加罪之。何谓加罪? 五人盗,赃一钱以上,斩左止,又黥以为城旦;不盈五人,盗过六百六十钱,黥劓以为城旦;不盈六百六十到二百廿钱,黥为城旦;不盈二百廿以下到一钱,迁之。求盗比此。"这是非常宝贵的反贪意识,相比于后世官位可以抵消或减轻处罚的错误做法,其对官吏贪贿行为的威慑效力是明显的。

不止于此,法家政治文化还特别强调"刑无等级",《商君书·赏刑》说:"所谓刑者,刑无等级,自卿相将军以至大夫庶人,有不从王令、犯国禁、乱上制者,罪死不赦。有功于前,有败于后,不为损刑;有善于前,有过于后,不为亏法。忠臣孝子有过,必以其数断。守法守职之吏,有不行王法者,罪死不赦,刑及三族。"《韩非子·有度》也说:"法不阿贵,绳不挠曲。法之所加,智者弗能辞,勇者弗敢争。刑过不避大臣,赏善不遗匹夫。"这里有两层含义值得注意,一是认为在惩治贪贿时不能因贵废法,法外施恩,而且尤其要注意防止君主亲近、女宠说情对反贪的干扰。如韩

---

① 《商君书·开塞》。
② 《商君书·说民》。
③ 《商君书·赏刑》。

非子反复言及："不以功伐决智行,不以参伍审罪过,而听左右近习之言,则无能之士在廷,而愚污之吏处官矣"①,"女妹有色,大臣左右无功者,择宅而受,择田而食","今士大夫不羞污泥丑辱而宦,女妹私义之门不待次而宦","近习女谒并行,百官主爵迁人,用事者过矣!"②如若听任权贵请托之风盛行,想控制住腐败趋势是不可能的。二是不因功废法,不以功抵罪。对依仗自己曾经于国有功而滥行贪贿的,也要依法严惩,不能因其以前的贡献而心慈手软。这二者都是为了避免官吏中可能出现超越法律约束的特权阶层,在法家政治文化那里甚至君主也无法任意越法行事,如《商君书·君臣》说:"故明主慎法制,言不中法者,不听也;行不中法者,不高也;事不中法者,不为也。"又《修权》说:"法者,君臣之所共操也。"这种意识对于加大反贪的力度确实是极为宝贵的,但在专制主义政体中要把它付诸实施又无疑是困难重重的。因为专制主义政体的特点恰恰就在于有凌驾于社会全部制约力量以外的特权者存在。

第二节　在辉煌中走向灭亡的西汉皇朝

一、西汉的建立与灭亡

公元前 206 年十月秦朝灭亡以后,从陈胜、吴广张楚军中分化出来的两支反秦义军——项羽为首的西楚军和刘邦为首的汉军,为了争夺统治全国的最高权力,又进行了长达四年之久的楚汉战争。由于刘邦集团推行了一系列比较顺应时代要求的政策,再辅以灵活机动的战略和策略,又据有地势险要、物产丰富的巴蜀、关中作为根据地,加以韩信等将领多谋善战,终于艰难取得了对原本力量远胜于己的项羽集团斗争的胜利。公

---

① 《韩非子·孤愤》。
② 《韩非子·诡使》。

元前 202 年,刘邦在诸侯王和将相大臣们的一致拥戴下于汜水之阳的定陶(今属山东)登上皇帝宝座,开创了又一个统一强大的王朝,史称西汉。

西汉皇朝(前 205—8 年)共经历了高帝、惠帝、吕后、文帝、景帝、武帝、昭帝、宣帝、元帝、成帝、哀帝、平帝等十二个皇帝,历时 213 年。西汉以武帝朝为界分为前后两个时期。高帝刘邦即位后,鉴于其时经济衰败的客观形势,实行了一系列恢复发展生产和安定社会秩序的政策。他创建的汉皇朝,在承袭秦制的基础上又有所损益。如以秦的行政体制为模式建立了中央行政机构,在地方上则实行与秦制不同的郡国并行制。又以秦律为蓝本,由萧何主持制定了《汉律》九章。同时由韩信申军法、叔孙通制礼仪、张苍定章程,完善了各项法律制度。在经济上,刘邦一方面令从征士兵复员回乡,授予土地、免除徭役,一方面又招抚流亡,"复故爵田宅",又将秦时的苑囿分给无地、少地的农民耕种,同时又减轻秦朝的苛捐杂税,改行什伍税一的制度。这既实现了生产者与生产资料的结合,又提高了劳动者的生产积极性。并且由于对周边民族实行以和亲为主要内容的理智政策,避免了战争的爆发,从而为生产的恢复发展创造了一个大体上和平、安定的大环境。刘邦死后,惠帝即位,大权操在吕后与元老重臣们手中,在黄老思想的指导下,以轻徭、薄赋、节俭、省刑为主要内容的黄老政治得以推行,史称"孝惠、高后之时,海内得离战国之苦,君臣俱欲无为,故惠帝拱己,高后女主制政,不出房闼,而天下晏然,刑罚罕用,民务稼穑,衣食滋殖"①。吕后死时,虽然发生了刘氏皇族、元老重臣与吕氏宗族的夺权斗争,但基本上没有影响到整个社会的稳定。而以此为契机,使西汉历史导向了著名的文景之治。文帝(前 179—前 157 年在位)、景帝(前 156—前 141 年在位)在位的近四十年中,虽然有匈奴扰边和"七国之乱"的干扰,西汉政治仍然达到了它的黄金时代。

景帝元年"五月令田半租"②,即三十税一,其后成为两汉的定制。又频繁减免田租、口赋、算赋和徭役,"至孝文皇帝,闵中国未安,偃武行文,

_____

① 《汉书》卷 3《高后纪》。
② 《汉书》卷 5《景帝纪》。

则断狱数百,民赋四十,丁男三年而一事"①,甚至在公元前167年至前156年的十二年间全部取消农民的田租。与此同时,免除赋、役的记载也大量出现。所有这些措施,稳定了民众的生活,提高了他们的生产积极性,成为促使农业恢复发展和社会经济趋向繁荣的重要原因。文、景时期的刑罚也大大减轻。从高帝到文帝,共发布了五次减刑的诏令,其中以文帝时的两次为最重要。三族罪、妖言令、挟书律、收奴连坐等袭自秦律的苛法基本上被废除,又为刑徒规定了刑期,"有年而免"②。加以社会安定、生产发展,触犯刑律的人数大为减少,出现了古代社会少有的盛世景象:"及孝文即位,躬修玄默,劝趣农桑,减省租赋。而将相皆旧功臣,少文多质,惩恶亡秦之政,论议务在宽厚,耻言人之过失。化行天下,告讦之俗易。吏安其官,民乐其业,畜积岁增,户口寖息。风流笃厚,禁网疏阔。选张释之为廷尉,罪疑者予民,是以刑罚大省,至于断狱四百,有刑错之风。"③难怪班固盛赞道:"汉兴,扫除烦苛,与民休息。至于孝文,加之以恭俭,孝景遵业,五六十载之间,至于移风易俗,黎民醇厚。周云成康,汉言文景,美矣!"④

正因为文景时期推行的政策顺应了历史潮流,所以在文、景、武三代近百年间,社会经济获得了显著的发展。在农业方面,铁器和牛耕在全国范围初步得到推广,水利事业取得显著成绩,关中许多新渠的修建扩大了灌溉面积,井渠技术的发明更便于在广大地区推广。代田法与区田法等新方法的出现,标志着耕作技术的长足进步。石磨、践碓、风车、水碓、水碓磨的发明与使用,说明农产品加工已从繁重的杵臼手工劳动中解放出来。在手工业方面,不仅门类增加,而且技术也有了很大的提高。如低温炼钢法的发明,就标示着中国的炼钢技术已经走在当时世界的最前列。其他如采铜、铸币、纺织、制盐、竹木器、车马器、金银器等也都有较大的发展。在农业、手工业发展的基础上,商业贸易也呈现空前的繁荣。不仅长

---

① 《汉书》卷64《贾捐之传》。
② 《汉书》卷23《刑法志》。
③ 《汉书》卷23《刑法志》。
④ 《汉书》卷5《景帝纪》。

安、洛阳、临淄、邯郸等原有名城更加繁荣,江陵、合肥、番禺、成都、宛等南方新兴城市也令世人瞩目。这样,文景时与武帝初期就出现了中国社会第一个高度繁荣的发展期。如文帝时"天下殷富,粟至十余钱,鸣鸡吠狗,烟火万里"①。武帝初年更是"民人给家足,都鄙廪庾尽满,而府库余财。京师之钱累百巨万,贯朽而不可校。太仓之粟,陈陈相因,充溢露积于外,腐败不可食"②。这其中虽然可能有夸张的因素,但基本上是可信的。

汉武帝是继秦始皇以后出现的又一位雄才大略的英主,他于公元前140年登上皇位以后,改变汉初政坛的因循守旧风气,果断抛弃已经不适宜于强化皇权和开边拓土需要的黄老思想,在意识形态领域实行"罢黜百家,独尊儒术"的改革,把经过董仲舒改造过的新儒学奉为统治思想,全面推行新政策。如削弱相权,以中朝掌中枢;推行左官律、附益法和推恩令,基本解决诸侯王问题;设十三州部刺史监察郡县,任用酷吏打击豪强,进一步加强中央集权;厉行统一货币、管盐铁,立均输平准制等经济制度的改革;等等。其中最主要的是改变汉初长期沿用的和亲国策,不仅逐次用兵平定闽越、南越、西南夷、朝鲜等地,而且对北边强胡匈奴实行穷追不舍的战争政策,又派张骞等出使西域。经过反复的激烈较量,终于取得了对匈奴的战略性胜利。但是,这一成就的取得却使广大民众付出了惨重代价,如夏侯胜就说:"武帝虽有攘四夷广土斥境之功,然多杀士众,竭民财力,泰奢亡度,天下虚耗,百姓流离,物故者半。蝗虫大起,赤地数千里,或人民相食,畜积至今未复。"③由于汉武帝连续对外用兵三十余年,再加上他好大喜功、内兴功作,国家财政日渐紧张,虽然有桑弘羊等兴利之臣精心筹划,但依然不得不加强对民众的盘剥,"田鱼重税,关市急征,泽梁毕禁,网罟无所布,耒耜无以设,民力竭于徭役,财用殚于会赋,居者无食,行者无粮,老者不养,死者不葬,赘妻鬻子,以给上求,犹弗能澹"④。

① 《史记》卷25《律书》。
② 《汉书》卷24《食货志》。
③ 《汉书》卷75《夏侯胜传》。
④ 《淮南子·本经训》。

同时又推行强行剥夺商人财产的算缗和告缗,"杨可告缗遍天下,中家以上大抵皆遇告。杜周治之,狱少反者。乃分遣御史廷尉正监分曹往,即治郡国缗钱,得民财物以亿计,奴婢以千万数,田大县数百顷,小县百余顷,它亦如之。于是商贾中家以上大率破"①。这些杀鸡取卵的鲁莽做法尽管在短时间内有一定财政效果,但却进一步激化了各种社会矛盾。如元封四年,关东流民已达二百余万众。天汉二年更出现了农民大暴动,这次暴动遍及关东地区,大群数千人,攻城邑,杀二千石;小群数百人,掠虏乡里。关中豪杰受到影响,也多远交关东。汉武帝只得采取非常手段"遣直指使者暴胜之等衣绣衣杖斧分部逐捕"②,进行残酷镇压。还进一步强化刑罚,"及至孝武即位,外事四夷之功,内盛耳目之好,征发烦数,百姓贫耗,穷民犯法,酷吏击断,奸轨不胜。于是招进张汤、赵禹之属,条定法令,作见知故纵,监临部主之法,缓深故之罪,急纵出之诛。其后奸猾巧法,转相比况,禁网寖密。律令凡三百五十九章,大辟四百九条,千八百八十二事。……文书盈于几阁,典者不能遍睹,是以郡国承用者驳,或罪同而论异。奸吏因缘为市,所欲活则傅生议,所欲陷则予死比,议者咸冤伤之"③,迫使民众慑服于他的专制淫威。加以汉武帝晚年多疑好杀,"法令亡常,大臣无罪夷灭者数十家,安危不可知"④,屡起巫蛊之祸等大狱,使得统治集团内部人人自危,甚至视位居丞相为祸事,如公孙贺拜相即顿首涕泣,认为"主上贤明,臣不足以称,恐负重责,从是殆矣"⑤等。

显而易见,汉武帝不但挥霍掉了文、景两朝的大量财政积蓄,也因为几乎触犯了社会各阶层的切身利益而严重伤害了自刘邦以来培养起来的民众对西汉政权的向心力,使得臻于极盛的武帝朝实际成为汉帝国由盛而衰的转折点。虽然汉武帝晚年有表示悔过更张的轮台罪己诏发布,霍光、宣帝执政的昭宣中兴时期又出现了社会经济的恢复和繁荣景象,但民

① 《史记》卷30《平准书》。
② 《汉书》卷6《武帝纪》。
③ 《汉书》卷23《刑法志》。
④ 《汉书》卷54《李陵传》。
⑤ 《汉书》卷66《公孙贺传》。

众对刘氏皇室的感情损伤却始终难以修补。要求刘氏让位的呼声在汉武帝死后不久就公开出现,如昭帝初眭孟就以灾异为理由要求:"汉帝宜谁差天下,求索贤人,禅以帝位,而退自封百里,如殷周二王后,以承顺天命。"①此后更是形成了一个要求"易姓受命"改朝换代的强大社会思潮。加以自元帝以后,统治集团的腐败、贪贿风气恶性膨胀,"东宫之费亦不可胜计。天下之民所为大饥饿死者,是也。今民大饥而死,死又不葬,为犬猪食。人至相食,而厩马食粟,苦其大肥,气盛怒至,乃日步作之"②。不仅无力解决日益严重的货币问题、土地问题和奴婢问题,而且为了维持自己的奢靡享受而使民众陷入了"七死""七亡"的困境。

王莽正是在这样的历史背景下脱颖而出的。他不仅有着"一门十侯,五大司马"的元城王氏外戚集团作为强有力的政治依靠,而且以儒学信奉者的形象被蒸蒸日上的新兴儒生政治集团视为同路人和代言人,又因为近乎完美的孝友美行和廉洁轻财赢得了普通民众们的拥戴和期望。于是,王莽顺利地从大司马、大将军而安汉公、宰衡而摄皇帝、假皇帝,最终以和平方式取代了腐朽不堪的西汉政权,于公元 8 年在社会各阶层的共同支持下建立了新皇朝。西汉皇朝终于在腐败的泥淖中为大众所唾弃。

二、西汉的监察机制及其运作

正如汉宣帝所说:"庶民所以安其田里而亡叹息愁恨之心者,政平讼理也。与我共此者,其唯良二千石乎!"③西汉各帝始终把保持官僚队伍的廉洁、高效视为关系帝国安危的大事,因而十分重视监察机构的建设和监察法规的制定,以之作为遏抑贪贿歪风的最主要利器。遂在继承秦制的基础上,逐步构建了由御史大夫、御史中丞、丞相司直、司隶校尉、部刺史、郡守(兼)、督邮、县令长(兼)、廷掾等所组成的,由中央至地方较为完

---

① 《汉书》卷 75《眭弘传》。
② 《汉书》卷 72《贡禹传》。
③ 《汉书》卷 89《循吏传》。

整的监察系统。其中御史中丞、司隶校尉、刺史、督邮等专职监察官的确立在古代反贪史上都具有重要的地位。西汉在监察法规领域也多有建树，如汉惠帝时的监御史九条和武帝时的刺史六条都是古代历史上最早的专门监察法。同时在其他律令中也涵盖有大量以反贪为主要内容的法令、法规，有许多地方值得后人借鉴。

（一）监察机构的完善

相比于较为疏略的秦制，西汉监察机构的完善主要体现在御史中丞制的确立和丞相司直、司隶校尉等中央监察官的设置，刺史制的创立，以及郡守行县和督邮察县制的更加严密等等。下面分别加以叙述。

第一，西汉御史大夫监察职能的萎缩和御史中丞成为御史台长官，是监察机构的合理调整。御史大夫在汉代是与丞相并称"二府"的高级官员，如谷永上疏中就说："御史大夫内承本朝之风化，外佐丞相统理天下，任重职大，非庸材所能堪。"[①]其职责主要是辅佐丞相共同处理繁重的军国政务，因而往往与丞相同称宰相，如《汉书·元帝纪赞》即将位至御史大夫的贡禹、薛广德，与丞相韦贤、匡衡并列，称"贡、薛、韦、匡，迭为宰相"。由其继续担任监察系统的最高长官显然是不合适的。为更好提高监察机构的运行效率，御史大夫的主要属官御史中丞作为专门的监察官，遂逐渐演变为御史台长官。如李华《御史中丞厅壁记》就认为："御史亚长曰中丞，贰大夫，以领其属。汉仪，大夫副丞相以备其阙，参维国纲，鲜临府事，故中丞专焉。"御史中丞具体行使监察职权当然要胜于"鲜临府事"只挂空名的御史大史，故汉成帝绥和元年（前8年）设三公官把御史大夫改为大司空以后，御史中丞即正式成为御史台长官，侍御史及部刺史皆归其统领，遂行对朝廷内外高级官吏的举劾案掌大权。如陈咸为御史中丞"总领州郡奏事，课第诸刺史，内执法殿中，公卿以下皆敬惮之。是时中书令石显用事专权，咸颇言显短，显等恨之"[②]。又薛宣于成帝时为

---

① 《汉书》卷83《薛宣传》。
② 《汉书》卷66《陈咸传》。

中丞"执法殿中,外总部刺史……宣数言政事便宜,举奏部刺史郡国二千石,所贬退称进,白黑分明,由是知名"①,如此等等。御史中丞地位的提高对完善监察机构和加大对官吏贪贿的监察力度都是有利的。

第二,丞相司直、司隶校尉,都是汉武帝为适应反贪和监察的需要而新置的强力监察官。丞相司直出现于三次对匈奴大规模征伐之后的元狩五年(前118年),由于帝国"用度太空",丞相、御史二府忙于推行经御史大夫张汤奏请的算缗、告缗等敛财新方案,难以对百官日益猖獗的以权谋私进行有效的督察。为保证百官廉洁、高效地执行帝国新政策、法令,遂专门设立"佐丞相,举不法"②的丞相司直负责检举百官的不法行为。相对于偏重通过直接发现百官的不法行为进行检举的司隶校尉和主要通过发现公卿给皇帝所上言事文书的违失处进行举劾的御史中丞,丞相司直主要是通过审阅日常经过丞相府的各类文书,发现不法行为进行纠举。因此,司直秩级虽仅为比二千石,却因掌握监察大权而在反贪中发挥着很重要的作用。如翟方进为丞相司直,不仅"是时起昌陵,营作陵邑,贵戚近臣子弟宾客多辜权为奸利者,方进部掾史覆案,发大奸赃数千万",有力打击了其时贵戚近臣的贪贿歪风,而且"旬岁间免两司隶,朝廷由是惮之。丞相宣甚器重焉,常诫掾史:'谨事司直,翟君必在相位,不久。'"③孙宝任司直,则揭发了红阳侯王立与南郡太守李尚勾结舞弊、侵吞公家资财的贪污大案,"时帝舅红阳侯立使客因南郡太守李尚占垦草田数百顷,颇有民所假少府陂泽,略皆开发,上书愿以入县官。有诏郡平田予直,钱有贵一万万以上。宝闻之,遣丞相史案验,发其奸,劾奏立、尚怀奸罔上,狡猾不道,尚下狱死"④,等等。司隶校尉也是于汉武帝时期新置的重要监察官。它出现于汉宫廷内部因权力争斗而爆发的巫蛊之祸,汉武帝与卫太子父子相残的征和四年(前89年),职权本来是"持节,从中都官徒千

---

① 《汉书》卷83《薛宣传》。
② 《汉书》卷19《百官公卿表》。
③ 《汉书》卷84《翟方进传》。
④ 《汉书》卷77《孙宝传》。

二百人,捕巫蛊,督大奸猾"①,待政局基本稳定后,其兵权被取消,逐渐演变为专司三辅、三河、弘农等京畿七郡的高级监察官。由于其握有代表皇帝特别授权的"节",因而在辖区内可以司察上至皇亲国戚、朝廷百官,下至郡县普通吏员,"无所不纠,封侯、外戚、三公以下,无尊卑"②。如哀帝朝司隶校尉孙宝就曾监察到权势遮天的傅太后头上,王骏任司隶校尉也揭发丞相匡衡"专地盗土以自益"的贪赃丑行,终使匡衡被撤职查办。正因为司隶校尉"无所不纠"的特殊地位,它的设置对打击京师贵戚百官的贪污横行甚有成效。比如汉宣帝朝盖宽饶为司隶校尉,"刺举无所回避,小大辄举,所劾奏众多,廷尉处其法,半用半不用,公卿贵戚及郡国吏繇使至长安,皆恐惧莫敢犯禁,京师为清"③;元帝朝诸葛丰任司隶校尉,"刺举无所避,京师为之语曰:'间何阔,逢诸葛。'"④就都使贪浊公行的长安官场为之一震。从总体上看,丞相司直和司隶校尉的设置都比较成功,司隶校尉在东汉时还发展成为与御史中丞、尚书令鼎足而三的要职。

第三,从监察御史、丞相史出刺到刺史制的确立,是西汉加强郡级监察的关键性举措,对加强反贪和监察具有制度上的重大意义。郡作为秦汉地方行政的中心枢纽,其长官郡守的地位是不言而喻的,正如何兹全教授曾指出的那样:"秦汉的帝国是统一的,只勉强可以说是集权的。我说勉强,因为公卿和地方长吏都可以通过辟召、察举自选僚属,一郡之守,就是一郡之君。这只能是勉强的说是集权的,还谈不到专制主义或绝对皇权。"⑤如何防范郡守贪贿不法和不执行中央政令是秦汉政治体制中面临的大问题。秦实行的监郡御史制效果很差,如马非百先生所说:"泗水为刘邦、萧何、曹参、樊哙、任敖、夏侯婴等一集团群聚作乱之根据地,而刘邦为亭长,萧曹等皆为县吏。泗水监名平者,亦常年驻节在此。平日刘邦等

---

① 《汉书》卷19《百官公卿表》。
② 《后汉书·百官志》注引蔡质《汉仪》。
③ 《汉书》卷77《盖宽饶传》。
④ 《汉书》卷77《诸葛丰传》。
⑤ 何兹全:《中国古代社会》,河南人民出版社1991年版,第320页。

种种反动行为,竟漠然无所闻知。"①西汉建国初年,清净无为的黄老政治居主导地位,对郡的监察工作长期没有得到重视,在制度上更是较为纷杂、混乱,基本经过了由监察御史而丞相史出刺而刺史的发展阶段。《通典·职官十四》记载了此一变化过程:"至惠帝三年,又遣御史监三辅郡,察词讼,所察之事凡九条,监者二岁更之。常以十月奏事,十二月还监。其后诸州复置监察御史。文帝十三年以御史不奉法,下失其职,乃遣丞相史出刺并监督监察御史。武帝元封元年御史止不复监。"首先,汉初对郡的监察以御史出监为主。惠帝三年开始"遣御史监三辅郡",《北堂书钞·设官部》引《汉旧仪》也说:"惠帝三年,相国奏遣御史监三辅郡,察辞讼凡九条。"三辅为汉武帝太初三年后对同治京师的京兆尹、左冯翊、右扶风的合称,有学者认为"三辅郡"应断读为"三辅、郡",即三辅与郡,并主张惠帝三年时御史已分监中央直辖诸郡。② 但我们认为并非如此。谨按《汉旧仪》成书于东汉末,当时虽仍有三辅之称,但地位已与郡相同,《后汉书·百官志》:"汉初都长安,皆秩中二千石,谓之三辅。中兴都洛阳,更以河南郡为尹,以三辅陵庙所在,不改其号,但减其秩。"故有三辅郡之称是完全可能的。同时从《通典》明言"其后诸州复置监察御史"看,应该认为这是把在京畿取得的经验向全国推广。又,惠帝三年任相国主持政务的是笃信黄老、反对行苛察之政的曹参,他"择郡国木讷于文辞,重厚长者,即召除为丞相史。吏之言文深刻,欲务声名者,辄斥去之"③。当时遣御史监京畿,恐与京师连兴大役、诸事繁杂有关,《汉书·惠帝纪》:"三年春,发长安六百里内男女十四万六千人城长安,三十日罢";"六月,发诸侯王、列侯徒隶二万人城长安",很可能初设时并非定制。其次,汉初御史监察区域为州而非郡,不能将其视为监郡御史。州的概念起源很早,战国、汉初都极盛行,不过并非实际行政区划,而仅指较大的地理范围而已。再,文帝十三年后行丞相史出刺制。据《汉旧仪》"丞相初置员吏十五人,皆六百石。分西曹、东曹九人出督州为刺史"的记载,似多

---

① 马非百:《秦集史》,中华书局1982年版,第905页。
② 陈长琦:《汉代刺史制度的演变及特点》,《史学月刊》1987年第4期。
③ 《史记》卷54《曹相国世家》。

由丞相府东曹史任之，常以秋分行所部，御史为驾四封乘传到所部，郡国各遣吏一人迎界上。应该说明的是《汉旧仪》所言刺史恐同三辅郡的称呼一样，都是根据东汉通称加以追述，不能据此认为文帝十三年已开始行刺史制。如刺史秩六百石，《后汉书·邓晨传》称邓晨"世吏二千石"，李贤注引《东观记》曰："晨祖父隆扬州刺史、祖父勋交陆刺史"，但我们并不能仅据此就认为西汉中晚期刺史皆秩二千石。另外，御史于汉武帝元封元年止不复监，而丞相史出刺的完全废除则在汉武帝征和四年（前89年）。按：史籍中关于丞相史出刺的最晚记载是《史记·田叔列传》："（田）仁已刺三河，三河太守皆下吏诛死。"《汉书·田叔传》所记略同，"后使刺三河"颜师古注引如淳曰："为刺史于三河郡。三河谓河南、河内、河东也。"史家多据此认为田仁是为刺史于三河，甚至把它作为证明刺史职权的重要例证。但这些说法皆与史实不符，因为汉武帝元封五年初置十三州部刺史时，三辅、三河、弘农根本不属刺史所辖。直至汉昭帝始元元年才"有司请河内属冀州、河东属并州"①。所以田仁于武帝时刺三河，肯定不是任刺史。再据《史记·田叔列传》田氏出刺前"为丞相长史"，看来他是以丞相史身份刺举三河的。这也证明《汉书·百官公卿表》丞相遣史分刺州不常置，有事则设、无事则省的记载是可信的。又，田仁刺三河时，"河南、河内太守皆御史大夫杜父兄子弟也，河东太守石丞相子孙也"②。据《汉书·百官公卿表》，杜周为御史大夫是在天汉三年（前98年）至太始二年（前94年），可证直至汉武帝晚期仍由丞相史刺三河。直至汉武帝征和四年（前89年）监察三辅、三河、弘农的司隶校尉设置后，丞相史出刺作为制度才予以废止。但丞相史巡行郡国之制并未完全取消，只是性质与丞相史出刺有较大差别。

从反贪和监察的实践效果来看，监察御史、丞相史出刺这种临时性中央派出监察官以不定期巡行方式监察诸郡的做法，虽然也收到一定效果，但在总体上显然是不能令人满意的，尤其在汉武帝朝竟然出现了"天下

---

① 《汉书》卷7《昭帝纪》。
② 《史记》卷104《田叔列传》。

郡太守多为奸利"①的危险局面。这里面有所任非人的成分,但最主要的是制度上的缺陷。因为监郡御史与丞相史并出共行监察权一方面因职事重叠,各自为政,往往产生矛盾,不易协调;一方面又因无固定监察区,容易造成疏漏,对郡县官吏的监察难以奏效。因此汉武帝综合秦及汉初的经验教训,于元封五年(前106年)正式推行刺史制,下令在全国除三辅、三河、弘农七郡以外,分为冀州、兖州、青州、徐州、扬州、荆州、豫州、益州、凉州、幽州、并州、交趾、朔方十三部,每部均设秩六百石、位下大夫的刺史一人分管几个郡国,称部刺史或州刺史。刺史是汉廷派出的监察官,代表朝廷行使对地方郡国的监察权,因而其直接统属于御史台长官御史中丞,由帝国中央直接任免,并有向皇帝面陈奏事的特许权力。它不但不受郡守的控制,也不像秦制郡监那样与郡守共同组成郡级政府,而是作为单纯的监察官,负责督察郡守、地方豪强和诸侯王的违法行为。按东汉人蔡质的记述,刺史需按诏书所界定的六条行事。六条中第一条是禁止豪强田宅逾制和以强凌弱;其他各条是禁郡守横征暴敛、滥用刑罚、选举舞弊、勾结豪强等贪贿行为。刺史于每年秋冬到所属郡国巡察,时人称为行部,刺史通过行部以了解下情,岁终则赴京师奏事。西汉时刺史对于有过错的郡国守相,多所奏免,重者还可置于死地。刺史秩仅六百石,而被督察的守、相为二千石,这是为了起到以卑临尊的制约作用。如清代学者王鸣盛就指出:"(刺史)其权甚重而秩则卑。盖所统辖者一州,其中郡国甚多,守相二千石皆其属官,得举劾。而秩仅六百石,治状卓异,始得擢守相。如《魏相传》:相为扬州刺史,考案郡国守相,多所贬退。居部二岁,征为谏大夫,复为河南太守。《何武传》:武为刺史,所举奏二千石长吏,必先露章,服罪者方除免之;不服,极法奏之,抵罪或至死。而《王嘉传》云:司隶、部刺史察过悉劾二千石益轻,或持其微过,言于刺史、司隶。众庶知其易危,小失意则离畔,以守相威权素夺也。《京房传》:房奏考功课吏法,时部刺史奏事京师。上召见诸刺史,令房晓以课事,刺史复以为不可行。房上弟子晓知考功课吏事者,欲试用之。房上中郎任良、姚平,愿以为刺

① 《史记》卷104《田叔列传》。

史,试考功法……石显、五鹿充宗皆疾房欲远之,建言宜试以房为郡守。元帝于是以房为魏郡太守,秩八百石,居得以考功法治郡。房自请,愿无属刺史。"①可见守相畏刺史如此。正因为刺史秩卑而权重,再加上赏赐优厚,使他们大都能兢兢业业地尽责尽力,对加强中央集权和遏制官吏贪贿都有重要作用。正如顾炎武指出的:"夫秩卑而命之尊,官小而权之重,此小大相制,内外相维之意也。"②同时,刺史作为中央派出的监察官,不仅设有固定治所,便于就地监察和吏民检举告发,而且定期巡行所部郡国,便于实地考察郡国守相治绩,广泛接触吏民百姓,能够更加有效地实现对二千石的监察。刺史行部的时间一般在八月,《后汉书·百官志》:"诸州常以八月巡行所部郡国,录囚徒,考殿最,初岁尽诣京都奏事。"八月适值秋收,也是各郡国编制上计籍簿的时候,刺史此时行部,便于对守相教化、开垦荒田、粮食收成、断狱治安等年内治绩进行全面考察。如何武为扬州刺史,"二千石有罪,应时举奏,其余贤与不肖敬之如一,是以郡国各重其守相,州中清平。行部必先即学官见诸生,试其诵论,问以得失,然后入传舍,出记问垦田顷亩,五谷美恶,已乃见二千石,以为常"③。这种先到民间了解实情的做法,目的在于防止地方官的欺上瞒下。刺史制的创立,正如朱博所指出的:"汉家至德溥大,宇内万里,立置郡县。部刺史奉使典州,督察郡国,吏民安宁。故事,居部九岁,举为守相,其有异材功效著者辄登擢,职卑而赏厚,咸劝功乐进。"④对于西汉澄清吏治,防止贪贿,保障整个官僚体制的有序运转,都起到了积极的作用。例如张敞为冀州刺史,"而广川王国群辈不道,贼连发,不得。敞以耳目发起贼主名区处,诛其渠帅"⑤;翟方进任进朔方刺史,也"居官不烦苛,所察应条辄举,甚有威名"⑥;等等。

　　第四,郡守行县制的完善和专司察县的督邮、察乡的廷掾的出现,标

---

① 《十七史商榷》卷14《刺史权重秩卑》。
② 《日知录》卷9《部刺史》。
③ 《汉书》卷86《何武传》。
④ 《汉书》卷83《朱博传》。
⑤ 《汉书》卷76《张敞传》。
⑥ 《汉书》卷84《翟方进传》。

志着西汉基层监察机构的重大发展。县令、长作为直接的亲民之官，就像东汉明帝所说的："出宰百里，有非其人，则民受其殃。"①县吏能否做到遵纪守法、廉洁奉公与社会安定息息相关。因此西汉不仅主要由帝国中央直接任免县令、长，而且在西汉中后期已令刺史在监察郡国守相的同时，兼行一部分察县职能，如《汉书·朱博传》说："欲言县丞尉者，刺史不察黄绶，各自诣郡。欲言二千石墨绶长吏者，使者行部还，诣治所。"墨绶长吏就是指县令、长。不过，刺史插手县级监察只是起有限的辅助作用，真正发挥主导作用的还是郡守的行县制和督邮的专门督察。西汉郡守的权力和秦制相类似，基本拥有辖区内的全权，如《汉官解诂》就说："太守专郡，信理庶绩，劝农赈贫，决讼断辞，兴利除害，检察郡奸，举善黜恶，诛除暴残。"下属县令、长包括县丞、尉等主要县吏在内，不仅要执行郡府的行政指令，而且也要接受郡守的监察，对县吏的贪赃枉法行为郡守有权随时处理。西汉一些为民所称道的郡太守，之所以能在澄清吏治方面取得显著成绩，就是较好地运用了对下属县令、长的监察权。如薛宣任左冯翊时，就运用监察权较为得体地处理了下属令、长的贪赃枉法问题，"始高陵令杨湛、栎阳令谢游贪猾不逊，持郡短长，前二千石数案不能竟。及宣视事，诣府谒，宣设酒饭与相对，接待甚备。已而阴求其罪臧，具得所受取。宣察湛有改节敬宣之效，乃手自牒书，条其奸臧，封与湛曰：'吏民条言君如牒，或议以为疑于主守盗。冯翊敬重令，又念十金法重，不忍相暴章。故密以手书相晓，欲君自图进退，可复申眉于后。即无其事，复封还记，得为君分明之。'湛自知罪臧皆应记……即时解印绶付吏，为记谢宣，终无怨言。而栎阳令游，自以大儒有名，轻宣。宣独移书显责之曰：'告栎阳令：吏民言令治行烦苛，适罚作使千人以上；贼取钱财数十万，给为非法；卖买听任富吏，贾数不可知。证验以明白，欲遣吏考案，恐负举者，耻辱儒士，故使掾平镌令……令详思之，方调守。'游得檄，亦解印绶去"②，两个贪官就这样被驱逐出去了。郡守行使监察权的方式有秋冬课吏大

----

① 《后汉书》卷2《显宗孝明帝纪》。
② 《汉书》卷83《薛宣传》。

会,如萧育为茂陵令,"会课,育第六。而漆令郭舜殿,见责问,育为之请,扶风怒曰:'君课第六,裁自脱,何暇欲为左右言?'及罢出,传召茂陵令诣后曹,当以职事对"①。但更主要的还是春季的行县,例如《汉书·韩延寿传》记载韩氏为左冯翊,"岁余,不肯出行县。丞掾数白:'宜循行郡中,览观民俗,考长吏治迹。'延寿曰:'县皆有贤令长,督邮分明善恶于外,行县恐无所益,重为烦扰。'丞掾皆以为方春月,可一出劝桑。延寿不得已,行县至高陵"。像韩延寿这种懒于行县的郡守毕竟只是个别少数,多数太守还是恪尽行县职守的,像尹翁归治东海郡就不但定期行县,而且"收取人必于秋冬课吏大会中,及出行县,不以无事时。其有所取也,以一警百,吏民皆服,恐惧改行自新"②,效果是非常好的。由于郡守是一郡的最高长官,行政事务极为繁重,把主要精力放在监察属县上显然是难以做到的,而且行县这种短期行为也往往可能流变为蜻蜓点水的表面文章。所以,西汉郡中都分部设有专司监察的督邮,《后汉书·卓茂传》李贤注就说:"郡监县有五部,部有督邮掾,以察诸县也。"不过,设五部督邮为东汉制,西汉似略少些,《汉书·尹翁归传》:"延年大重之,自以能不及翁归,徙署督邮。河东二十八县,分为两部,闳孺部汾北,翁归部汾南。"督邮的职责主要就在于揭发县吏们贪赃枉法的犯罪行为,然后报请郡守处理。如尹翁归为督邮,就是"所举应法,得其罪辜,属县长吏虽中伤,莫有怨者"③。孙宝于立秋日任命侯文为东部督邮,敕令也强调其需积极举报贪贿,"今日鹰隼始击,当顺天气取奸恶,以成严霜之诛,掾部渠有其人乎?"④把督邮比作鹰隼,可见其威风。又,西汉成帝时冯野王为左冯翊,其郡中的督邮就曾逮捕涉及贪污大案的池阳令,"而池阳令并素行贪污,轻野王外戚年少,治行不改。野王部督邮掾祋祤赵都案验,得其主守盗十金罪,收捕。并不首吏,都格杀"⑤。正因为如此,督邮才被视作太守的心

---

① 《汉书》卷78《萧望之传》。
② 《汉书》卷76《尹翁归传》。
③ 《汉书》卷76《尹翁归传》。
④ 《汉书》卷77《孙宝传》。
⑤ 《汉书》卷79《冯奉世传》。

腹、耳目,在郡僚属中地位甚高。汉对乡、里基层行政机构的监察由县令、长及其属吏廷掾负责。《后汉书·百官志》说,县"五官为廷掾,监乡五部,春夏为劝农掾,秋冬为制度掾",两汉制度都是由廷掾具体执行对乡的监察权。

综上所述,西汉已经形成刺史察郡、县,督邮察县,廷掾察乡部的三层监察组织。它们之间虽无直接的统辖关系,但皆为专职监察官,性质相近,因而又在实质上互相联系,与御史中丞、丞相司直、司隶校尉等一起共同构成西汉从中央至乡、里基层的完整监察系统,为反贪的顺利进行提供了制度上的保障。这种分层的监察制度,职权分明,便于检查和督课。而且,监察官基本上专司监察,便于他们无所顾忌地大胆工作。另外,把经常性的监察与定期巡视相结合以提高反贪工作的效能也是西汉监察体制的突出特点。刺史于八月行部视察所监郡国;郡守春天行县视察所辖县邑;督邮又于秋冬巡县,每次视察都有明确目的和重点,易于发现问题和收到效果。

(二) 以反贪为主要内容的监察法规渐趋严密

西汉在构建完整的监察系统并配备相应官员的同时,也重视制定监察法,在处理贪污腐败案件时基本上都是以监察法规为主要依据的。如西汉平帝时廷尉钟元替为颍川郡掾、赃千金的弟弟求情,颍川太守何并就明确地说:"罪在弟身与君律,不在于太守。"①西汉时已经存在独立的监察法规,如惠帝时的监御史九条,见《玉海》卷65引《唐六典》:"词讼、盗贼、铸伪钱、狱不直、徭赋不平、吏不廉、吏苛刻、逾侈及弩力十石以上,作非所当服,凡九条"。这九条就是古代最早的专门监察法。汉武帝设刺史时手订的六条,"一条,强宗豪右田宅逾制,以强凌弱,以众暴寡。二条,二千石不奉诏书遵承典制,倍公向私,旁诏求利,侵渔百姓,聚敛为奸。三条,二千石不恤疑狱,风厉杀人,怒则任刑,喜则淫赏,烦扰刻暴,剥截黎元,为百姓所疾,山崩石裂,妖祥讹言。四条,二千石选署不平,苟阿所爱,

---

① 《汉书》卷77《何并传》。

蔽贤宠顽。五条,二千石子弟恃怙荣势,请托所监。六条,二千石违公下
比,阿附豪强,通行货赂,割损正令也"①,具体规定了刺史的监察范围"以
六条问事,非条所闻,即不省"②,也是专门的监察法。这两者的主要内容
都在于防范以郡国守相为主体的地方官吏贪污不法、横行暴敛、滥用刑
罚、选举舞弊、勾结豪强等种种不廉行为,它们的出现标志着西汉的监察
制度在法制化方面达到了较高的水平。除专门的监察法规以外,汉简及
《史记》《汉书》中大量关于各级官员因贪污不法而遭到处罚的记载也含
有丰富的监察法内容,将这些记载进行简单梳理,可以作为监察法的
补充。

第一,关于官吏的不胜任、不称职。西汉的各级监察官及地方官都要
对所监、所辖区内各级吏员的综合素质保持清晰了解,若有不胜任、不称
职的要及时撤换,不允许他们尸位素餐或以权谋私。秦简《语书》中有所
谓的"恶吏",凡恶吏须"志千里使有簿书之",即打入另册不许再度为吏。
《秦律十八种·内史杂》"除佐必当壮以上,毋除士五新傅""下吏能书者,
毋敢从史之事"等都是对官吏素质的基本要求。西汉的规定更为严格:
软弱不胜任者须免职,如王尊子王伯为京兆尹"坐软弱不胜任免"③。坐
软弱免者一般不再起用,《汉书·尹赏传》说:"一坐软弱不胜任免,终身
废弃无有赦时,其羞辱甚于贪污坐赃。"老弱、病、残不堪承担行政事务者
也要免官,丞相丙吉就曾撤换边郡"二千石长吏有老病不任兵马者"④。
能力不宜其官者则要予以调动,《汉书·薛宣传》:"其令平陵薛恭本县孝
者,功次稍迁,未尝治民,职不办。而粟邑县小,僻在山中,民谨朴易治。
令钜鹿尹赏久郡用事吏","宣即以令奏赏与恭换县。"颜师古注:"时令条
有材不称职得改之",也正是这一规定的反映。

第二,关于官员的失职与渎职。官员失职或渎职往往可能为贪贿歪
风的盛行打开方便之门,因而在西汉监察法中对之有多方面的详细规定。

---

① 《汉书》卷19《百官公卿表》颜师古注引《汉官典职仪》。
② 《汉书》卷19《百官公卿表》颜师古注引《汉官典职仪》。
③ 《汉书》卷76《王尊传》。
④ 《汉书》卷74《丙吉传》。

如丢失印信、文书。印信、文书为官员处理政务的起码凭据，不许轻易有失。秦简《法律答问》规定："亡久书、符券、公玺、衡累，已坐以论，后自得所亡，论当除不当？不当"。西汉也大致如此。私自离职。西汉不允许官员们私离职守，如冯野王为上郡太守私归杜陵就医即因"二千石守千里之地，任兵马之重，不宜去郡"①而被劾免官。怠于政事。秦律就规定各级官吏都要尽职尽责，敷衍推诿政务者要受罚，"甲徙居，数谒吏。吏环，弗为更籍，今甲有耐、赀罪，问吏何论？耐以上，当赀二甲"②。西汉也是把消极怠工视为一种变相的贪贿行为，如《汉书·杜延年传》说："延年以故九卿外为边吏，治郡不进，上以玺书让延年。"不积极举报违法的同僚与部属。秦律明确规定"吏见知不举者与同罪"③。西汉律文称此为监临部主、见知故纵，见《晋书·刑法志》："张汤、赵禹始作监临部主、见知故纵之例，其见知而故不举劾各与同罪，失不举劾各以赎论，其不知不见不坐。"汉成帝时曾短暂取消"下诏书，二千石不为纵"④，孟康注说："二千石不以故纵为罪，所以优也。"但不久即予恢复。因为这是防范官吏们上下勾结、共同贪贿枉法的法律利器。

　　第三，关于防止官员以权谋私。利用国家赋予的政治权力谋取私利，为西汉监察法所不容。凡官员贪赃枉法，以权谋私即犯赃罪者都要严惩不贷。西汉赃罪大致分为盗与赃两大类，盗指官员们借职务之便侵吞国家公有财产，赃为接受下属、吏民们的贿赂。西汉对赃罪有严厉的处罚规定，如《汉书·景帝纪》"吏及诸有秩受其官属所监、所治、所行、所将，其与饮食计偿费，勿论。它物，若买故贱，卖故贵，皆坐赃为盗，没入赃县官。吏迁徙免罢，受其故官属所将监治送财物，夺爵为士伍，免之。无爵，罚金二斤，令没入所受。有能捕告，畀其所受赃"，就是把官吏私自接受下属的馈赠，以至于随便饮宴都视作犯罪行为，违者要撤职查办。西汉对盗罪的处罚更严。对此，江陵张家山新出土汉简为我们提供了难得的史料。

---

① 《汉书》卷79《冯奉世传》。
② 《睡虎地秦墓竹简·法律答问》。
③ 《史记》卷6《秦始皇本纪》。
④ 《汉书》卷86《王嘉传》。

据简文所说,醴阳令恢于高祖七年挪用官米二百六十三石八斗,私卖得金六斤三两、钱万五千五十,被判黥城旦,"当:恢当黥为城旦,毋得以爵减免赎。律:盗赃直过六百六十钱,黥为城旦;令史盗,当刑者刑,毋得以爵减免赎,以此当恢"①。可见西汉官员盗国家财产赃在六百六十钱以上者要黥为城旦,且不许用爵位减免赎罪。根据西汉法律制度,黥刑以上的罪犯自始至终都在收奴的范围之中,犯赃罪者竟至被收为官奴,处罚可说极重。对低额受贿者则要处以比受贿额高得多的罚金,如张家山汉简案例13:士吏贤"受豚、酒赃九十,出嬎,疑罪。廷报:贤当罚金四两",贤索贿仅九十钱却被罚金四两,值二千五百钱。此后西汉一直严惩赃吏,赃二百五十或五百以上的要被撤职,十金以上的则按不道罪处以死刑,这就是薛宣所说的"又念十金法重"②的潜台词。而且赃吏还要被终身禁锢不得为吏,如《汉书·贡禹传》就说:"贾人赘婿及吏坐赃者,皆禁锢不得为吏。"纵观西汉的反贪措施可以说重罚严惩是其主要特色,这对贪官污吏当然有极大的震慑力。以至当时许多官吏在劾人赃罪时都比较慎重,如东汉时袁安为河南尹,"政号严明,然未曾以赃罪鞠人",因为"锢人于圣世,尹所不忍为也"。③

第四,禁止官吏们肆行残贼。为避免激化社会矛盾,特别是随着儒学在政治生活中的影响逐渐扩大,从元、成两朝开始,西汉朝廷经常要求官吏们勿行苛政,如《汉书·成帝纪》"崇宽大,长和睦,凡事恕己,毋行苛刻","百僚各修其职,惇任仁人,退远残贼"。因而有许多官员因行残贼被免官,如《汉书·王尊传》载王尊为安定太守,"豪强多诛伤伏辜者,坐残贼免"。《酷吏传》载尹赏为频阳令,"坐残贼免"。这也是从根源上避免出现官吏贪贿枉法的全局性重要举措,因为兴起大狱、苛刻行政正是官吏们上下其手、肆意求贿的大好机会。

由此可见,西汉已经初步构建了由专门监察法和相关辅助法规所构成的监察法规,为反贪的有效进行提供了法律上的保障。

---

① 《江陵张家山汉简奏谳书释文》案例15,《文物》1993年第10期。
② 《汉书》卷83《薛宣传》。
③ 《后汉书·袁安传》。

（三）　西汉监察机制在反贪运作中的长处与问题

能否有效地遏制官僚队伍的腐败化倾向，保证官僚队伍主体的廉洁公正，是衡量一种监察机制是否成功的主要标准之一，而西汉时期曲折的反贪实践证明西汉监察机制既有较突出的长处，也存在很明显的问题。

首先，从中央至地方较完整的监察机构和相当数量的监察官的设置，为反贪的顺利进行提供了必要的保障。应该指出的是：西汉帝国对行政机构长期推行精简政策，直到西汉末叶，根据《汉书·百官公卿表》记载，在这个人口已达六千余万的大帝国中上自帝国最高行政长官丞相下至最低级的办事员佐史，总数才不过 12 万余人。而监察官员，包括御史中丞、司隶校尉、刺史等专职监察官和兼职、临时监察官如使者等等，始终在其中占有相当数量，这反映了西汉对反贪工作的高度重视。与此同时，西汉监察机构和监察官员的职能较为广泛，行政、司法、财政、军事各个部门，大到王侯将相，小至百僚群吏，它都有举奏权与弹劾权，这充分显示了监察权力的神圣性与广泛性。而且，西汉对监察官员的选拔比较严格，再加上秩卑、权重、赏厚，有利于他们无所顾忌地大胆工作，尽力尽责地恪尽职守。所以，有相当数量的监察官员都基本做到了清正廉洁、刚直不阿，如盖宽饶为司隶校尉"为人刚直高节，志在奉公。家贫，奉钱月数千，半以给吏民为耳目言事者。身为司隶，子常步行自戍北边，公廉如此"①。他们在一定程度上确实起到了百官表率的作用，在当时的社会条件下，对抑制腐败趋势的发展、澄清吏治起到了相当积极的作用。

其次，西汉视法律为反贪的主要武器，重视以反贪为中心内容的监察法规的建设。这确实是反贪能否得以成功推行的关键所在。正如汉宣帝置廷尉平以防止官吏们治狱不公、贪赃枉法时涿郡太守郑昌所指出的："圣王置谏争之臣者，非以崇德，防逸豫之生也；立法明刑者，非以为治，救衰乱之起也。今明主躬垂明听，虽不置廷平，狱将自正；若开后嗣，不若删定律令。律令一定，愚民知所避，奸吏无所弄矣。今不正其本，而置廷

---

① 《汉书》卷 77《盖宽饶传》。

平以理其末也,政衰听怠,则廷平将招权而为乱首矣。"①这表明西汉君臣业已初步认识到只有依赖严格、公正的法制建设,方能较大限度地防止腐败的出现和较好地清除腐败现象,依法惩贪的效果显然是依靠少数清官廉吏自觉表率和孤军奋战难以比拟的。正是在这种较为先进的反贪思想的指导下,西汉吸收了秦律的得失经验,发扬了先秦以来刑名法家以法制贪思想的合理内核,并综合儒学中重视个体道德自我修养和礼治主义的可取成分,从而制定了中国古代社会中较早和较成功的监察法规。其突出的优点就是强调加大反贪的力度,力图把"执法犯法,罪加一等"的原则贯穿于监察法当中。不但重视在立法过程当中对官吏的各种违法贪贿行为都规定有非常细致、严格的惩罚措施,如贪污十金②以上多处以死刑等。而且在执法过程中注意做到尽量依法办事,保证法令在反贪中的较高权威,如汉武帝外甥犯法,他虽然十分难过,但终究以"法令者,先帝所造也,用弟故而诬先帝之法,吾何面目入高庙乎! 又下负万民"③为理由依法惩办。这对于反贪的顺利进行也是必不可缺的。因为有法可依固然重要,有法必依则更为关键。显而易见,如若反贪法律仅仅停留在字面上,执行过程中却被视作一纸空文,上下其手,任意改动,那么不仅无法收到监察法规对贪贿行为应有的威慑效果,甚至会使贪官污吏们更加蔑视监察法规,肆无忌惮地大行贪贿,清官廉吏和广大民众也会对政府的反贪诚意和反贪能力产生严重的怀疑情绪,往往造成适得其反的恶劣后果。西汉最终以失败而告终的反贪实践已经证明监察法规权威被轻易践踏往往就是贪贿横行的开始。

　　西汉监察机制尽管在古代反贪史上具有较高的地位,但其存在的问题也不容忽视。尤其是从元、成两朝开始,西汉官吏的贪贿风气愈演愈烈,并终于导致不可收拾的局面。这其中无疑存在很深刻的制度教训值得后人认真加以吸取。其一,西汉的监察机构尽管初步形成了较为独立

――――――――――

① 《汉书》卷23《刑法志》。

② 十金在西汉仅相当于中等人家的家产,见《汉书》卷4《文帝纪》:"百金,中人十家之产也。"

③ 《资治通鉴》卷22汉武帝后元二年。

的体系,但对于无所不在的行政权力来说,它的独立又往往只是相对的。这不仅是因为它必须听命的皇帝是一个集行政、司法、军事、财政等大权于一身的最高主宰,而且还因为在郡、县等地方权力机构中,监察权和行政权也仍然紧密地纠缠在一起。例如,郡守既是一郡的最高行政长官,又是一郡的最高监察官员,对郡府僚佐和属县令长都握有直接的监察权。督邮虽然是专职的监察官,但其顶头上司郡守却不是单纯的监察官,而主要是一郡的行政主管。同样,县令长也既是一县的行政首长,又是一县的监察主官。如此一来,郡以下的监察就变成与行政权力纠结在一起的同体监察,这种监察往往不能摆脱行政长官的干预,很难产生理想的效果,甚至会因官官相护而滋生出更多的腐败丑行。如郡县二级按制度都要定期进行上计,上报所属辖区的基本统计资料,但因为事关行政长官的升迁黜陟前程,上报的统计数字往往不实,虚报浮夸和隐瞒少报兼而有之,如汉宣帝就曾指出:"上计簿,具文而已,务为欺谩,以避其课"①。此类情况依靠同体监察举发的可能性实在微乎其微。其他腐败行为也往往因为其一荣俱荣、一损俱损的利害关系,在这种体制下也很难被完全揭发。例如刺史作为西汉时期最重要的地方监察官,也由于在设置之初就被同时赋予了相当的行政权力,因而往往与郡国行政事务纠缠不清,像鲍宣为豫州牧即"举错烦苛,代二千石署吏听讼"②。其通过监察职能来对守相发挥的反贪作用反而被严重弱化,无力遏抑西汉末叶日盛一日的贪浊风气。

其二,西汉虽规定有较严格的监察法规,但对它的实际功效也不能估计太高。因为不仅皇帝始终是凌驾于任何监察法规之上的,即便是对皇亲国戚、达官显贵的贪赃枉法、胡作非为,也往往显得无能为力。特别是专制皇权对依据监察法规进行的反贪工作往往滥加干涉、包庇贪官,甚至打击报复敢于以法治贪的监察官,如司隶校尉盖宽饶因锐于反贪而受谗被诛后,杨恽就批评汉宣帝说:"有功何益?县官不足为尽力。"③这样的事例在西汉屡见不鲜。元帝朝,司隶校尉诸葛丰为人刚直,刺举无所回避,令

① 《汉书》卷8《宣帝纪》。
② 《汉书》卷72《鲍宣传》。
③ 《汉书》卷66《杨敞传》。

京师权贵们为之侧目。时侍中许章凭借外戚身份奢淫不奉法度,其门下宾客也仗势贪贿公行、扰乱法度。诸葛丰依法案劾许章并欲将其逮捕,但"章迫窘,驰车去,丰追之。许侍中因得入宫门,自归上"①,以皇宫和皇帝作为避难所,使得诸葛丰只能徒唤奈何。不止于此,元帝非但不支持诸葛丰的依法反贪,反而不分青红皂白地收缴了他的司隶符节,不久又寻找借口把他贬为庶民了事。元、成之际,宦官中书令石显专权用事,公开收受百官贿赂,结党营私。时任丞相的匡衡、任御史大夫的张谭不仅畏事石显,只求明哲保身,而且与其同流合污,同样是贪贿敛财。成帝即位后,二人方乘机举劾石显以求摆脱干系。司隶校尉王尊勇敢地揭露他们的底细说:"丞相衡、御史大夫谭位三公,典五常九德,以总方略,壹统类,广教化,美风俗为职。知中书谒者令显等专权擅势,大作威福,纵恣不制,无所畏忌,为海内患害,不以时白奏行罚,而阿谀曲从,附下罔上,怀邪迷国,无大臣辅政之义,皆不道。"②建议予以重惩。然而成帝不仅下诏勿治,相反却以"涂污宰相,摧辱公卿,轻薄国家,奉使不敬"的莫须有罪名将王尊左迁高陵令。又如汉哀帝时,傅太后仗势横行不法,曾使谒者买诸官婢,贱取之,又强取执金吾府官婢八人。傅太后如此巧取豪夺明显是对国家财产的变相侵吞,因此执金吾毋将隆表示不满,"奏言贾贱,请更平直"③。但汉哀帝对他的合理要求置之不理,竟下诏强词夺理说:"交让之礼兴,则虞芮之讼息。隆位九卿,既无以匡朝廷之不逮,而反奏请与永信宫争贵贱之贾,程奏显言,众莫不闻。举错不由义理,争求之名自此始,无以示百僚,伤化失俗。"④把他贬为沛郡都尉。元、成、哀三帝,不分是非,庇护贪官污吏,迫害正直监察官的依法反贪作为,无疑是对监察官员反贪积极性的沉重打击,如当时有人就说:"刺举之吏,莫敢奉宪。"⑤在这种恶劣环境下,尽管仍有少数监察官员恪尽职守、纠举贪贿,但绝大多数的监察官员,

---

① 《汉书》卷77《诸葛丰传》。
② 《汉书》卷76《王尊传》。
③ 《汉书》卷77《毋将隆传》。
④ 《汉书》卷77《毋将隆传》。
⑤ 《资治通鉴》卷30汉成帝阳朔二年。

或是对贵戚宠臣的贪赃枉法丑行熟视无睹,或是阿附权贵、同流合污,甚至助纣为虐。而皇帝破坏监察机制的上述现象所以频繁出现,表面上看似乎主要由于元、成、哀三帝的个人素质不佳,但实质上只要存在着个人独裁的专制制度,这种颠倒黑白的昏君庸主就会始终大量存在,依赖他们推行彻底的反贪措施是不可能的,因为专制权力自身往往就是最大的贪污者,如汉成帝就是"弃万乘之至贵,乐家人之贱事"①,按颜师古注的说法"谓私畜田及奴婢财物"。而且,专制权力的存在也往往依靠于满足其他剥削者的聚敛欲望而已。其反贪力度只能达到有限的程度,西汉是如此,其他王朝也是如此,这实质上是专制政体的一大痼疾。

三、黄老思想指导下的前期吏治

《汉书·高帝纪》称颂刘邦说:"虽日不暇给,规摹弘远矣。"这种说法尽管有一定的溢美成分,但以刘邦为代表的开国集团在戎马倥偬、战争频繁中确实比较注意总结吸收秦朝灭亡的历史教训,从而在汉初社会形成了一股强大的反思思潮。其中最为著名的就是陆贾修撰《新语》,司马迁详细记载说:"陆生时时前说称《诗》、《书》。高帝骂之曰:'乃公居马上而得之,安事《诗》《书》!'陆生曰:'居马上得之,宁可以马上治之乎?且汤武逆取而以顺守之,文武并用,长久之术也。昔者吴王夫差、智伯极武而亡,秦任刑法不变,卒灭赵氏。乡使秦已并天下,行仁义,法先圣,陛下安得而有之?'高帝不怿而有惭色。乃谓陆生曰:'试为我著秦所以失天下,吾所以得之者何,及古成败之国。'陆生乃粗述存亡之征,凡著十二篇。每奏一篇,高帝未尝不称善,左右呼万岁,号其书曰《新语》。"②陆贾令刘邦及群臣皆称善的反思结论,从今本《新语》看,不外是指出"秦皇帝设为车裂之诛,以敛奸邪,筑长城于戎境,以备胡越,征大吞小,威震天下,将帅横行,以服外国。蒙恬讨乱于外,李斯治法于内。事逾烦天下逾乱,

---

① 《汉书》卷85《谷永传》。
② 《史记》卷97《郦生陆贾列传》。

法逾滋而奸逾炽,兵马益设而敌人逾多,秦非不欲为治,然失之者,乃举措太众而用刑太极故也"①,并着重强调刘汉欲为治天下就必须反其道而行之,"是以君子之为治也,块然若无事,寂然若无声,官府若无吏,亭落若无民,闾里不讼于巷,老幼不愁于庭。近者无所议,远者无所听,邮驿无夜行之吏,乡闾无夜名之征,犬不夜吠,乌不夜鸣,老者息于堂,丁壮者耕耘于田,在朝者忠于君,在家者孝于亲,于是赏善罚恶而润色之,兴辟雍庠序而教诲之"②。从而在理论上构筑了汉初黄老政治的基本框架。大致与此同时,开国元勋曹参则在齐国把黄老思想正式运用于政治实践当中,并取得了非常好的实际效果。《史记·曹相国世家》记载:"孝惠帝元年,除诸侯相国法,更以参为齐丞相。参之相齐,齐七十城。天下初定,悼惠王富于春秋,参尽召长老诸生,问所以安集百姓,如齐故。诸儒以百数,言人人殊,参未知所定。闻胶西有盖公,善治黄老言,使人厚币请之。既见盖公,盖公为言治道贵清静而民自定,推此类具言之。参于是避正堂,舍盖公焉。其治要用黄老术,故相齐九年,齐国安集,大称贤相。"刘邦、萧何去世后,曹参于惠帝朝初年升任汉相国主持政务,把在齐取得的经验向全国推广。加以其时元老重臣如张良、陈平等皆与曹参一样笃行黄老。因而吕后虽为女主,但"海内得离战国之苦,君臣俱欲无为,故惠帝拱己,高后女主制政,不出房闼,而天下晏然,刑罚罕用,民务稼穑,衣食滋殖"③。后期虽然有诸吕乱政,但并没有干扰社会大局。文、景两朝也基本是在黄老思想指导下运行的。如汉文帝本人"本好刑名之言。及至孝景,不任儒者"④,于景帝朝及汉武帝初年独揽大权的窦太后也"好黄帝、老子言,帝及太子诸窦不得不读《黄帝》《老子》,尊其术"⑤。直至汉武帝任用武安侯田蚡为丞相,罢黜黄老、刑名百家之言,独尊儒术以后,黄老才失去了作为汉帝国意识形态领域指导思想的地位。

---

① 《新语·无为》。
② 《新语·至德》。
③ 《汉书》卷3《高后纪》。
④ 《史记》卷121《儒林列传》。
⑤ 《史记》卷49《外戚世家》。

至于黄老思想的主要内涵，司马谈在《论六家要指》中概括道："道家无为，又曰无不为，其实易行，其辞难知。其术以虚无为本，以因循为用。无成执，无常形，故能究万物之情。不为物先，不为物后，故能为万物主。有法无法，因时为业，有度无度，因物与合。"①既简明扼要又相当精彩，只是主要侧重于形而上的哲学层次，并不能完全反映黄老思想在政治领域的主要主张，必须结合马王堆汉墓出土《黄帝四经》和汉初政治实践进行较细致的分析。

其一，"无为而无不为"的治国权术。胶西盖公在向曹参讲解黄老治术时，着重点明了"贵清静而民自定"的关键。以后曹参为汉相，百姓歌颂他："萧何为法，讲若画一；曹参代之，守而勿失。载其清静，民以宁一。"②也主要是肯定其清静为治的行政风格。而这种做法，正是黄老"无为而无不为"治国权术的具体体现。如司马谈在《论六家要指》中就说："道家无为，又曰无不为。"《经法·道法》也说："故执道者之观于天下也，无执也，无处也，无为也，无私也。"至于这种理论的渊源则显然应该上溯到《老子》。老子通过对生物、自然、历史等现象的辩证运动过程进行深入思索后得出了很独特的深刻见解，他说："人之生也柔弱，其死也坚强。万物草木之生也柔脆，其死也枯槁。故坚强者死之徒，柔弱者生之徒。是以兵强则不胜，木强则兵，强大处下，柔弱处上。"③依据此一基本认识，老子指出君主在治国行政时就必须像水流始终居下那样自觉保持清静无为状态，他再三强调，"道常无为而无不为。侯王若能守，万物将自化，化而欲作，吾将镇之以无名之朴，无名之朴，亦将无欲。无欲以静，天下将自正"④，"上德不德，是以有德。下德不失德，是以无德。上德无为而无不为，下德为之而有以为"⑤。在老子看来，君主作为官僚行政机构的中心，官吏作为社会管理的中心，都不能完全陷于现实行政事务和个别矛盾当

① 《史记》卷130《太史公自序》。
② 《史记》卷54《曹相国世家》。
③ 《老子》第63章。
④ 《老子》第32章。
⑤ 《老子》第33章。

中无法自拔,因为"天下难事必作于易,天下大事必作于细。是以圣人终不为大,故能成其大,夫轻诺必寡信,多易必多难。是以圣人犹难之","为者败之,执者失之。是以圣人无为故无败,无执故无失"①,"为学日益,为道日损。损之又损,以至于无为。无为而无不为矣。故取天下者,常以无事。及其有事,不足以取天下"②。只有跳出具体矛盾以外敢于充分放权,方能够得心应手地解决矛盾、利用矛盾,从而取得良好的政治效果,这就是他的名言"我无为而民自化,我好静而民自正。我无事而民自富,我无欲而民自朴。其政闷闷,其民淳淳。其政察察,其民缺缺"③所包含的主要底蕴。在这里无为是手段,无不为才是真正目的,无为是实现无不为的必要条件。因此,有很多学者曾指出老子实际上是将崇尚诡道的兵家辩证法思维运用到政治领域。《汉书·艺文志》也明确认为《老子》"清虚自守,卑弱以自持"的所谓无为只不过是"君人南面之术也"而已,堪称一语中的。老子"无为而无不为"的思想所以能为商鞅、申不害、韩非子以及汉初黄老学派所继承,成为黄老思想的主线,主要原因也就在于此。清代学者魏源在《老子本义·论老子》中的评论"老子主柔实刚,而取牝取母,取水之善下,其体用皆出于阴,阴之道虽柔,而其机则杀,故学之而善者则清净慈祥,不善者则深刻坚忍,而兵谋权术宗之。虽非其本真,而亦势所必至也"很能说明问题。至于老子本人所艳称的那种小国寡民的真正无为理想,"小国寡民,使有什伯人之器而不用;使民重死而不远徙;虽有舟车,无所乘之;虽有甲兵,无所陈之。使民复结绳而用之。甘其食,美其服,安其民,乐其俗,邻国相望,鸡犬之音相闻,民至老死不相往来"④,已经为汉初黄老所摈弃。如《淮南子·修务训》就强调:"夫地势水东流,人必事焉,然后水潦得谷行。禾稼春生,人必加功焉,欲五谷得遂长。听其自流,待其自生,则鲧禹之功不立,而后稷之智不用。若吾所谓无为者,私志不得入公道,嗜欲不得枉正术,循理而举事,因资而立

---

① 《老子》第 55 章。
② 《老子》第 41 章。
③ 《老子》第 50 章。
④ 《老子》第 67 章。

功。……若夫以火燥井，以淮灌山，此用已而背自然，故谓之有为。"认为无为不在于无所作为，而在于顺应客观自然规律、利用规律来行事。除此以外，汉初黄老还具体发挥了老子"治大国若烹小鲜"①的说法，认为轻徭薄赋、赋敛有度使民众有休养生息的机会是实现国家大治的先决条件，《经法·君正》就指出："人之本在地，地之本在宜，宜之生在时，时之用在民，民之用在力，力之用在节。知地宜，须时而树，节民力以使，则财生。赋敛有度则民富，民富则有耻，有耻则号令成俗，而刑罚不犯，则守固战胜之道也。""毋苛事，节赋敛，毋夺民时，治之安"。

其二，文武并用的重法原则。《老子》中的法思想有相互矛盾之处，如他说："法令滋章，盗贼多有。"②似乎否定了法的社会功能。但他同时又指出："鱼不可脱于深渊，邦之利器，不可以假人。"③利器，据《韩非子·喻老》的解释是："赏罚者，邦之利器也，在君则制臣，在臣则胜君。君见赏，臣则损之以为德；君见罚，臣则益之以为威。人君见赏而人臣用其势，人君见罚而人臣乘其威。故曰邦之利器不可以假人。"作为赏、罚二柄最集中体现的法，显然就是维持政权稳定须臾不可旁落的关键所在。因此，正如《韩非子·解老》在解释"治大国者若烹小鲜"所说的"事大众而数摇之则少成功，藏大器而数徙之则多败伤，烹小鲜而数挠之则贼其泽，治大国而数变法则民苦之，是以有道之君贵静，不重变法"，老子实质上是着重强调了保持法稳定对维护社会发展的必要性。黄老思想在继承《老子》法学说的同时，又结合战国时代以商鞅等为代表的法治主义者的政治实践，提出了在文武并用大框架内的重法原则。首先，黄老学派视法本源于宇宙的最高本体——"道"，如《经法·道法》开宗明义地说："道生法。法者，引得失以绳，而明曲直也。故执道者，生法而弗敢犯也，法立而弗敢废也。夫能自引以绳，然后见知天下而不惑矣。"《鹖冠子·兵政》也有类似的表述："贤生圣，圣生道，道生法"。由此不仅通过道、法相结合的方式在理论上论证和肯定了法的重要地位，而且予法以超越现实政治

---

① 《老子》第 52 章。
② 《老子》第 50 章。
③ 《老子》第 31 章。

赏罚准绳上升到实现理想社会的必要中介的更高层次,从而认为法具有较强的社会独立性,即使是法令制定者"执道者",在法业已确立后,就不能轻易以己意改动或废止,"生法而弗敢犯也,法立而弗敢废也"①。与黄老关系密切的《管子·法法》篇也明确地说:"圣人能生法,不能废法而治国。"这是对中国古代法思想的重大发展。汉初名臣张释之对汉文帝的回答"法者,天子所与天下公共也"②,就是这种法理论的较好注脚。其次,黄老思想把自然界阴阳、寒暖更迭的运行规律与法理论联系在一起,"四时有度,天地之理也。日月星辰有数,天地之纪也。三时成功,一时刑杀,天地之道也"③,创造性地提出了文武并用的见解。如《经法·君正》说:"天有死生之时,国有死生之政。因天之生也以养生,谓之文,因天之杀也以伐死,谓之武。文武并行,则天下从矣。"《四度》也指出:"因天时,伐天毁,谓之武。武刃而以文随其后,则有成功矣,用二文一武者王。"这种在肯定法不可或缺的作用前提下认为需文武并用、以文为主的看法,既纠正了商鞅等人极端重法的理论缺陷,如《商君书·开塞》篇:"立君之道,莫广于胜法,胜法之务,莫急于去奸。去奸之本,莫深于严刑,故王者以赏禁以刑劝,求过不求善,藉刑以去刑。"又避免了像孟子那样片面拔高礼义教化忽视法的作用的问题,是一种很成熟的政治理念。无论是以陆贾、贾谊为代表的汉初反思思潮,还是董仲舒在构建新儒学思想体系时,都在不同程度上吸收了黄老文武并行的思想,如董仲舒的代表作《春秋繁露》就说:"与天同者大治,与天异者大乱。故为人主之道,莫明于在身之与天同者而用之,使喜怒必当义而出,如寒暑之必当其时乃发也,使德之厚于刑也,如阳之多于阴也。"《阴阳义》基本上就是从《经法》中脱胎而来的。

综上所述,黄老思想确实是一种达到相当高度的政治理论,主要在其指导下运作的汉初政治也收到了很好的效果。一方面,汉廷推行轻徭薄赋、约法省刑、与民休息的无为政策,使民众在战火之余有了休养生息的

① 《经法·道法》。
② 《史记》卷102《张释之冯唐列传》。
③ 《经法·论约》。

安定环境;另一方面则强化对吏治的整饬,并重视法律的建设,如在开国之初即令萧何主修《九章律》、韩信申军法、张苍定章程、叔孙通制礼仪等,为治国和反贪提供了较坚实的法律保障。同时又注重在法律和实践上加大反贪的力度,如根据张家山出土汉律可知高祖时所订《九章律》基本上是秦律的翻版,东汉时梁统说:"高帝受命诛暴,平荡天下,约令定律,诚得其宜。文帝宽惠柔克,遭世康平,唯除省肉刑、相坐之法,它皆率由,无革旧章。"①宋人苏轼说:"汉仍秦法,至重。高、惠固非虐主,然习所见以为常,不知其重也。"②这些话都是有道理的。《汉书·刑法志》对汉文帝的批评:"外有轻刑之名,内实杀人。斩右止者又当死,斩左止者笞五百,当劓者笞三百,率多死。"司马光的疑问:"汉家之法已严矣,而崔寔犹病其宽,何哉?"③也都是公正之言。但必须看到,所谓汉初立法之严主要是指其承袭秦律中严厉的官吏立法,以重刑防范官吏贪贿的横行,汉宣帝曾言及"汉家自有制度,本以霸王道杂之"④,就是从以严法澄清吏治角度谈的。这对于保证吏治的廉洁、高效无疑是极为必要的,与汉初对民众采取轻刑的宽政主潮流实质上并不矛盾。相反,正是在以宽待民、以严治吏,宽猛结合的综合作用下,汉初吏治得以基本上保持着健康状态,对所谓"文景之治"的出现有较好的促进作用。但也不能否认,也是因黄老"无为"思想的长期影响,并由于当时具体的政治、经济条件,从汉文帝时期开始官吏因循守旧、官官相护、贪贿公行的现象日趋严重,至景帝后期已经成为相当严重的问题。而汉武帝加大反贪力度又从以儒学取代黄老开始,这显然不是偶然的。

汉高祖以一介亭长而在反秦风暴中创成帝业,其"从龙"的文武大臣也多是来自社会的中下层,从而在汉初形成了独具特色的布衣将相格局,如清代学者赵翼《廿二史劄记》卷2《汉初布衣将相之局》说:"汉初诸臣,惟张良出身最贵,韩相之子也。其次则张苍秦御史,叔孙通秦待诏博士。

---

①　《后汉书》卷34《梁统传》。
②　《东坡志林》卷4,中华书局1981年版。
③　《资治通鉴》卷53汉桓帝元嘉元年臣光曰。
④　《汉书》卷9《元帝纪》。

次则萧何沛主吏掾,曹参狱掾,任敖狱吏,周苛泗水卒史,傅宽魏骑将,申屠嘉材官。其余陈平、王陵、陆贾、郦商、郦食其、夏侯婴等皆白徒,樊哙则屠狗者,周勃则织簿曲吹箫给丧事者,灌婴则贩缯者,娄敬则挽车者。一时人才,皆出其中,致身将相,前此所未有也。"应该说,这种统治集团构成的剧烈变动是春秋、战国以来"贵"的衰落与"贤"的兴起的最终结果。相比于世卿世禄的腐朽贵族,他们与民众的联系比较紧密,对下层民众的疾苦也相对了解,这对汉初社会经济的恢复无疑是比较有利的。不过,早期相对贫贱的生活也使得他们在挤进社会统治上层以后,对金钱、房产、田地等财富的渴望表现得尤为强烈,而且在追逐财富的过程中往往不择手段,也不太受社会统治阶层中所谓道德观念的束缚。如刘邦就是"贪于财货,好美姬"①,登上帝位后更是赤裸裸地把天下视作其个人的私产,乃至对其父亲表功说:"始大人常以臣无赖,不能治产业,不如仲力。今某之业所就孰与仲多?"②这种心态在汉初将相中是很有代表性的。因此,几乎在与刘汉开国之时,吏治已经开始出现许多问题,贪贿歪风已有所抬头。

基层吏治首先出现问题。如刘邦称帝的当年五月就下诏说:"七大夫、公乘以上,皆高爵也。诸侯子及从军归者,甚多高爵,吾数诏吏先与田宅,及所当求于吏者,亟与。爵或人君,上所尊礼,久立吏前,曾不为决,甚亡谓也。异日秦民爵公大夫以上,令丞与亢礼。今吾于爵非轻也,吏独安取此!且法以有功劳行田宅,今小吏未尝从军者多满,而有功者顾不得,背公立私,守尉长吏教训甚不善。其令诸吏善遇高爵,称吾意。且廉问,有不如吾诏者,以重论之。"③士兵和下级军官们流血作战却难以得到按军功爵应该获得的土地和田宅;相反,主持授田事务的基层小吏们虽未有军功却假公肥私、近水楼台先得月,往往优先分得良田美宅,甚至视帝国诏令如无物,这明显是一种变相的贪污行为,因而引起了西汉中央的重视,不得不下诏加以制止。但既然如此,说明了这种现象在当时已经是相

---

① 《史记》卷7《项羽本纪》。
② 《史记》卷8《高祖本纪》。
③ 《汉书》卷1《高帝纪》。

当严重的。其实正如韩非子在批评战国时的授田制弊端时所说的："夫陈善田利宅,所以厉战士也,而断头裂腹,播骨乎平原者,无宅容身死田亩,而女妹有色、大臣左右无功者,择宅而受,择田而食。"①只要不取消国家行政权力对土地所有权和分配权的绝对支配,要想从根本上消除官吏们上下其手、从中肥私是完全不可能的。除此以外,据现已公布的张家山汉简《奏谳书》②等高祖时期的宝贵史料,使我们得以对当时的吏治问题能有更清楚的了解。从中可以看出:其一,官吏贪赃枉法、受贿行贿现象较为严重。如案例七说:"北地守谳,女子甑、奴顺等亡,自处□阳,甑告丞相自行书顺等自赎。甑所赃过六百六十,不发告书,顺等以其故不论,疑罪。廷报,甑顺等受、行赇枉法也。"在此案中女子甑等受奴顺等钱,"不发告书",女子甑被判定为受贿枉法,奴顺等为行贿枉法。作出这种判决的依据是两人俱有逃亡罪,甑诈称上书丞相以自赎,骗取顺等钱财;奴顺等以赠送钱财的方式求甑上书丞相以自赎,故称为枉法。案例13是一起狱吏受贿枉法的案件,"河东守谳,士吏贤主大夫挑,挑盗书系隧亡。狱史令贤求,弗得,系母媱亭中,受豚、酒赃九十,出媱,疑罪"。在此案中士吏贤奉命追捕犯罪潜逃的大夫挑。未得,便拘捕其母媱作为人质。但在接受了她的猪、酒共价值九十钱后,遂枉法将其开释。其二,盗卖公家财物、中饱私囊的现象时有发生。如案例15中说:"醴阳令恢盗县官米二百六十三石八斗,恢秩六百石,爵左庶长,从史石盗醴阳已乡县官米二百六十三石八斗,令舍人士伍兴、义与石卖,得金六斤三两,钱万五千五十,罪,它如书。"这是一起县令与僚属共同勾结盗卖公家财物而牟利的典型事件。这事发生在由于长期战争而饥荒频仍的汉初:"汉兴,接秦之弊,诸侯并起,民失作业,而大饥馑。凡米石五千,人相食,死者过半。高祖乃令民得卖子,就食蜀汉。"③因而性质是极为恶劣的。其三,隐匿户口、私使公家人手以求私利。如案例14说:"八年十月己未安陆丞忠劾狱史平舍匿无名数大男子种一月。"隐匿户口是官吏们借以谋取私利的常用手

---

① 《韩非子·诡使》。
② 《文物》1993 年第 8 期。
③ 《汉书》卷 24《食货志》。

法,《韩非子·诡使》就说:"士卒之逃事伏匿,附托有威之门以避徭赋而上不得者万数。"当然,官吏乐于违法托庇民众绝非出于善心,目的在于借机使其部分劳动成果流入一己私门,受损失的只能是国家财政,因而也是一种变相盗窃国家财产的贪污行为。案例9、10则分别讲述了两起主管官吏无偿役使公家人手的违法事件,"蜀守馘,佐启、主徒令史冰私使城旦环为家作,告启,启诈簿曰治官府,疑罪","蜀守馘,采铁长山私使城旦田,舂女为薑,令内作,解书廷,佐憎等诈簿为徒养,疑罪"。按照秦、汉律文的规定,城旦、城旦舂等服刑的刑徒要强制为官府劳作,但并不是完全无偿的,官府要保证其起码的生活需要,如《秦律》中就有许多向刑徒发放口粮、衣费等记载。因而官吏私自调用刑徒为私人谋利是非法的,被法律视为一种贪污行为而加以禁止。但实际情况正如案例中所反映的,汉初许多官吏已经是公然违法行事,时常调用公家人手为自己从事农业、手工业生产和其他劳作,只是与负责起草簿书的官吏相互勾结共同弄虚作假地谎称其依然为官府服役而已。

　　西汉开国后基层吏治所以很快即出现了上述的许多问题,根源主要还是在于统治集团中的上层。正如前文所谈到的,刘邦本人即是迷恋于奢靡生活的享受,已至于直臣周昌径直称他"即桀纣之主也"①。这虽然是夸张之词,但上有好者,下必甚焉,高祖朝君臣的奢侈享受之风毕竟是愈演愈烈了。如为列侯、计相的张苍就是"食乳,女子为乳母。妻妾以百数,尝孕者不复幸"②。为了维持这种豪华无度的生活,贪赃枉法、收受贿赂就是不可避免的。最典型的例子就是萧何。他不但凭借身为相国的权势,强行以贱价购买长安平民田宅价值数千万,而且还公然收取商贾们的大量贿赂,替他们出面向刘邦请求开放上林苑皇家禁地。如果说前者还可以用他接受"今君胡不多买田地,贱贳贷以自污,上心乃安"③来勉强解释,那么后者连刘邦都知道真相无非是"今相国多受贾竖金而为民请吾

---

①　《汉书》卷42《周昌传》。

②　《史记》卷96《张丞相列传》。

③　《史记》卷53《萧相国世家》。

苑,以自媚于民"①,显然是无须讳言的收贿行为。实际上,萧何早年就曾独自重赂时任亭长的刘邦:"高祖以吏繇咸阳,吏皆送奉钱三,何独以五。"②他主持修建未央宫时更以其穷极壮丽讨好刘邦:"萧丞相营作未央宫,立东阙、北阙、前殿、武库、太仓。高祖还,见宫阙壮甚,怒谓萧何曰:'天下匈匈苦战数岁,成败未可知,是何治宫室过度也。'萧何曰:'天下方未定,故可因遂就宫室。且夫天子以四海为家,非壮丽无以重威,且无令后世有以加也。'"③都说明他是精于行贿、受贿之道并醉心于豪奢生活的。无独有偶,汉初另一个重要政治家陈平的情况也大致类似,甚至有过之而无不及。早在楚汉战争方酣时,担任典护军的陈平即公开收受众将领们的贿赂,"金多者得善处,金少者得恶处",这种公然索贿的恶行令军中为之哗然。陈平本人对此的辩解是:"臣裸身来,不受金无以为资。"向刘邦保荐陈平的魏无知更认为"盗嫂受金"乃小事一桩,不足计较:"臣所言者,能也;陛下所问者,行也。今有尾生、孝己之行而无益处于胜负之数,陛下何暇用之乎?楚汉相距,臣进奇谋之士,顾其计诚足以利国家不耳。且盗嫂受金又何足疑乎?"④这说明陈平确有贪财好色、索贿纳贿的品质问题。难怪刘邦出资四万金对楚行反间计时,要"与陈平,恣所为,不问其出入"⑤了。当陈平在吕后时期担任丞相要职时更是变本加厉,如他一次就以五百金为周勃祝寿,还"乃以奴婢百人,车马五十乘,钱五百万,遗陆生为饮食费"⑥。如此多的钱财加上他滥受众将贿赂的不光彩历史,不能不令人怀疑其来路不正。据说陈平曾预言自己的家族将难以再兴,因为"我多阴谋,是道家之所禁。吾世即废,亦已矣,终不能复起,以吾多阴祸也"⑦。其实,与其归咎于他多阴谋,还不如说是因为他聚敛过度、锦衣玉食的糜烂生活而导致家族迅速走向衰败。不过,萧何、陈平二

① 《史记》卷53《萧相国世家》。
② 《史记》卷53《萧相国世家》。
③ 《史记》卷8《高祖本纪》。
④ 《史记》卷56《陈丞相世家》。
⑤ 《史记》卷56《陈丞相世家》。
⑥ 《史记》卷97《郦生陆贾列传》。
⑦ 《史记》卷56《陈丞相世家》。

人也只是当时高级官吏的一个缩影而已,其他贪污受贿者更是在在多有。如儒生陆贾在高祖朝出使南越时也乘机收取赵佗的贿赂:"赐陆生橐中装直千金,他送亦千金"①。数量相当可观。正如陈平自己在分析刘邦、项羽两大集团的优缺点时所说的:"项王为人,恭敬爱人,士之廉节好礼者多归之。至于行功爵邑,重之,士亦以此不附。今大王慢而少礼,士廉节者不来;然大王能饶人以爵邑,士之顽钝嗜利无耻者亦多归汉。"②显而易见,主要由"嗜利无耻"者所构成的汉初最高统治集团,尽管不妨碍他们在无所不用其极的战争环境中建功立业,但要求他们在取得全国统治权力后的和平时期突然变得廉洁奉公是不可想象的。这是西汉开国后吏治方面面临的主要隐患。应该说,刘邦等人在建国后长期忙于解决清除异姓诸侯王、防范匈奴犯边及恢复社会经济等棘手军国要务,对防止官吏队伍的贪污腐败是有所忽视的。只是"汉承秦制",大量保存在秦律中的许多被反贪实践证明行之有效的反贪措施如重刑惩贪等依然为汉初所继承,对贪贿歪风的恶性横行仍然发挥着较强的震慑和遏抑作用,加以其时社会上下人心思安,社会经济又十分残破,"自天子不能具钧驷,而将相或乘牛车,齐民无藏盖"③,官吏也实在无太大油水可捞。因此,官吏贪贿现象在当时尚没有演变成严重的社会问题,虽然隐患早已存在。

汉惠帝和吕后统治的十四年,是西汉平稳发展的时期,社会经济在朝廷黄老无为政策减少过多干预的情况下迅速走向恢复,如《汉书·食货志》所说:"孝惠、高后之间,衣食滋殖。"但是,以吕氏专权为主要表现形式的宫廷政争虽然对社会没有很多的破坏,但对吏治的负面影响是比较大的。因为凭借裙带关系而上台的外戚集团往往是统治阶层中比较腐朽势力的集中代表,他们不仅自己经常贪赃枉法、卖官鬻爵,成为贪污腐败行为的主要污染源,而且还严重败坏政治空气,造成行贿成风、请托横行的恶劣后果,其危害性是不言而喻的。吕氏外戚集团的情况就是如此,如

---

① 《史记》卷97《郦生陆贾列传》。
② 《史记》卷56《陈丞相世家》。
③ 《史记》卷30《平准书》。

吕王嘉即"居处骄恣"①。吕后本人虽然是"为人刚毅,佐高帝定天下"②,不愧为优秀干练的政治家,但其作为女主,也存在宠信佞臣、宦官的问题,这对澄清吏治是不利的。如吕后的亲信辟阳侯审食其出百金为辩士朱建治母丧,结果"列侯贵人以辟阳侯故,往赙凡五百金"③,这些人所以慷慨解囊当然都是为了向审食其献媚讨好以求私利。又如宗室刘泽为获取王位,就以二百金为说客田生庆寿,并通过他宴请并向吕后身边的宦官张释卿行贿,让他在吕后面前代为美言,遂如愿以偿地得封琅邪王。张释卿后来也被封为建陵侯,是为汉室宦官封侯的很坏先例。这样的事例虽然并不十分普遍,但这种通过权贵请托而得高位的口子一开却是相当危险的,很容易造成官吏们为升迁而不择手段行贿权贵的连锁反应。除此以外,由于涉及敏感而残酷的宫廷政治斗争,惠帝、吕后时的执政大臣们往往采取明哲保身的态度,如曹参为相国"择郡国吏木讷于文辞,重厚长者,即召除为丞相史。吏之言文深刻,欲务声名者,辄斥去之。日夜饮醇酒","相舍后园近吏舍,吏舍日饮歌呼。从吏恶之,无如之何,乃请参游园中,闻吏醉歌呼,从吏幸相国召按之。乃反取酒张坐饮,亦歌呼与相应和。参见人之有细过,专掩匿覆盖之,府中无事"④;陈平为丞相也"非治事,日饮醇酒,戏妇女"⑤。这种掩盖问题的做法,实质上是消极怠工的行为,对加强反贪和澄清吏治显然都是很不利的。

从司马迁开始,贡禹、王嘉等生活在吏治日益败坏、社会矛盾渐趋尖锐的西汉中后期的许多臣子,或出于批评时政的需要,经常在各自的笔下把三十八年(前179年至前141年)的文、景两朝美化成为西汉的黄金时代。但真实的历史状况正如当时名臣贾谊在《治安策》中奋笔疾书所说的:"臣窃惟事势,可为痛哭者一,可为流涕者二,可为长太息者六,若其它背理而伤道者,难遍以疏举。进言者皆曰天下已安已治矣,臣独以为未

---

①　《史记》卷9《吕太后本纪》。
②　《汉书》卷67《外戚传》。
③　《汉书》卷43《朱建传》。
④　《史记》卷54《曹相国世家》。
⑤　《史记》卷56《陈丞相世家》。

也。曰安且治者,非愚则谀,皆非事实知治乱之体者也。夫抱火措之积薪之下而寝其上,火未及燃,因谓之安,方今之势,何以异此!"①文、景时期尽管在社会经济恢复等方面取得了很显著的成就,但潜在的问题和危机也相当之多。其大者如最终在景帝前三年导致吴楚七国之乱的诸侯王与帝国中央分庭抗礼的问题;数度兵锋直叩甘泉、长安宫门的匈奴犯边问题;以及民众舍本逐末、奢靡之风日盛的问题:"今背本而趋末,食者甚众,是天下之大残也;淫侈之俗,日日以长,是天下之大贼也。残贼公行,莫之或止;大命将泛,莫之振救。生之者甚少而靡之者甚多,天下财产何得不蹶!汉之为汉几四十年矣,公私之积犹可哀痛。失时不雨,民且狼顾;岁恶不入,请卖爵、子。"②这绝不是贾谊故弄玄虚的夸张之语,因为文帝末年即出现了大旱和蝗灾,"间者岁比不登,民多乏食,夭绝天年"③,景帝后二年"春,以岁不登,禁内郡食马粟,没入之""秋,大旱"④,民食颇寡,等等。如果说上述问题的出现不能简单地归咎于文、景两朝,解决这些非常棘手的社会难题也不能苛责文、景于短时间内一蹴而就,但对腐败、贪贿恶习日益加剧的吏治问题,他们二人就有着不可推卸的责任。汉景帝曾先后三次下诏书痛斥吏治腐败:如(元年)秋七月诏:"吏受所监临,以饮食免,重;受财物,贱买贵卖,论轻。廷尉与丞相更议著令。"中元五年九月诏:"法令度量,所以禁暴止邪也。狱,人之大命,死者不可复生。吏或不奉法令,以货赂为市,朋党比周,以苛为察,以刻为明,令亡罪者失职,朕甚怜之。有罪者不伏罪,奸法为暴,甚亡谓也。诸狱疑,若虽文致于法而于人心不厌者,辄谳之。"后元二年夏四月诏:"今岁或不登,民食颇寡,其咎安在?或诈伪为吏,吏以货赂为市,渔夺百姓,侵牟万民。县丞,长吏也,奸法与盗盗,甚无谓也。其令二千石各修其职;不事官职耗乱者,丞相以闻,请其罪。"⑤皇帝不得不公开向天下民众承认官吏确实存在

① 《汉书》卷48《贾谊传》。
② 《汉书》卷24《食货志》。
③ 《汉书》卷5《景帝纪》。
④ 《汉书》卷5《景帝纪》。
⑤ 《汉书》卷5《景帝纪》。

贪污受贿、枉法求利等腐败现象,说明当时吏治确实已经到了非痛加整饬不可的危险境地。问题之所以发展到如此地步,贾谊找到了原因:"国已屈矣,盗贼直须时耳,然而献计者曰毋动为大耳。夫俗至大不敬也,至亡等也,至冒上也,进计者犹曰毋为,可为长太息者此也。"①这就是黄老指导思想的因循守旧,放任纵容。不过,文、景二帝尤其是汉文帝,也是难辞其咎的。

众所周知,汉文帝以外藩得登大位,是吕氏外戚集团与周勃、陈平等为首的元老重臣集团相互斗争的结果。正如他自己在给南越王赵佗的信中所说的:"朕,高皇帝侧室之子也,弃外,奉北藩于代。道里辽远,未尝致书。高皇帝弃群臣,孝惠皇帝即世;高后自临事,不幸有疾,诸吕为变,赖功臣之力,诛之已毕。朕以王、侯、吏不释之故,不得不立;今即位。"②文帝所以被选中的原因,能够公布在台面上的不外是其为高祖现存长子、外家薄氏谨良、仁孝之名闻于天下等数条较勉强的理由。实际上,若论血缘则齐哀王为"高皇帝適长孙也,当立"③;论功劳则文帝于诛诸吕无尺寸功,齐哀王及其弟刘章却都立有举足轻重的大功。至于说齐王外家驷钧骄恣,薄氏也是一丘之貉,薄昭后来以杀汉使者而被迫自杀就是明证。其实,如果细致分析汉文帝自代入京的决策过程:"于是代王乃遣太后弟薄昭见太尉勃,勃等具言所以迎立王者。昭还报曰:'信矣,无可疑者。'代王笑谓宋昌曰:'果如公言。'乃令宋昌骖乘,张武等六人乘六乘传诣长安。"④再推敲周勃被诬谋反终以无罪而释的喜剧,"(周)勃之益封受赐,尽以予薄昭。及系急,薄昭为言薄太后,太后亦以为无反事"⑤,就会明白,通过薄昭为中介,汉文帝得到了当时手握京师兵权具有左右局势能力的太尉周勃的支持,应该是他得立的最关键也最直接的因素。除薄昭、周勃交厚以外,汉文帝之女嫁与周勃子周胜之也显然是一桩促使双方互相

---

① 《汉书》卷48《贾谊传》。
② 《资治通鉴》卷13汉文帝前元年。
③ 《汉书》卷38《高五王传》。
④ 《汉书》卷4《文帝纪》。
⑤ 《史记》卷57《绛侯周勃世家》。

合作的关键性政治婚姻。因此,在文帝进京后周勃于奉上皇帝玺绶前方会提出与其私下晤谈的无理要求,其目的不外是进一步讨价还价而已。如此暴露于大庭广众下的尴尬得位方式,当然会使汉文帝的皇帝权威大受削弱,《史记·律书》中所载汉文帝拒发兵征匈奴的话语:"朕能任衣冠,念不到此。会吕氏之乱,功臣、宗室共不羞耻,误居正位,常战战栗栗,恐事之不终。"就很能反映出当时的形势和文帝本人的心态。周勃所以"朝罢趋出,意得甚,上礼之恭,常自送之"①,原因也就在于此。

面临即位初期人心浮动、心怀异志的情况,汉文帝的当务之急便是安抚人心,巩固刚获得的帝位。因此,他一方面不露声色地以各种手段清除了有可能威胁帝位的主要政敌,如楚元王、齐哀王、城阳王刘章、济北王刘兴居等都在文帝上台不到两年的时间内陆续死去,除刘兴居是因兵败自杀外,其他诸人也未必尽为善终。尤其是对文帝威胁最大的齐哀王、刘章、刘兴居三兄弟的死,明显与文帝有意识地诛除异己有关:"始大臣诛吕氏时,朱虚侯功尤大,许尽以赵地王朱虚侯,尽以梁地王东牟侯。及孝文帝立,闻朱虚、东牟之初欲立齐王,故绌其功。及二年,王诸子,乃割齐二郡以王章、兴居。章、兴居自以失职夺功。"②只是史书记载扑朔迷离,后人也只能加以推测而已。后来,文帝的同父异母弟淮南王刘长也不明不白地无罪而死,至百姓为之歌曰:"一尺布,尚可缝;一斗粟,尚可舂。兄弟二人不相容。"③对拥戴自己上台但有功高震主嫌疑的周勃,汉文帝于基本坐稳帝位后即迫不及待地利用功臣集团中陈平与周勃之间的矛盾,又派人进行威胁:"君既诛诸吕,立代王,威震天下,而君受厚赏,处尊位,以宠,久之即祸及身矣。"④迫使他交出丞相要职。后又以"前日吾诏列侯就国,或未能行,丞相吾所重,其率先之"为借口,把周勃撵到了绛县封邑。从此双方离心离德,以至剑拔弩张:"岁余,每河东守尉行县至绛,

① 《史记》卷101《袁盎晁错列传》。
② 《史记》卷52《齐悼惠王世家》。
③ 《史记》卷118《淮南衡山列传》。
④ 《史记》卷57《绛侯周勃世家》。

绛侯勃自畏恐诛，常被甲，令家人持兵以见之。"①果然不久就有人揣摩汉文帝的心思上书告发周勃谋反，周勃因之下狱，赖薄昭、薄太后的保护才保住了性命，其得善终亦幸矣。另一方面，汉文帝又注意对社会各阶层着意加以笼络，如对其他诸侯王就采取退还削地的怀柔政策，吴王诈病不朝赐以几杖，甚至在有司请立太子时故作姿态地表示："楚王，季父也，春秋高，阅天下之义理多矣，明于国家之体。吴王于朕，兄也；淮南王，弟也，皆秉德以陪朕，岂为不豫哉！诸侯王宗室昆弟有功臣，多贤及有德义者，若举有德以陪朕之不能终，是社稷之灵，天下之福也。今不选举焉，而曰必子，人其以朕为忘贤有德者而专于子，非所以忧天下也。朕甚不取。"②对农民减轻租赋、对商人弛关梁之禁等惠政也应在这一大背景下进行审视。当然，最主要的是对官吏们的拉拢，如"张武等受赂金钱，觉，更加赏赐，以愧其心"③。对张武那样的贪官不加严惩，反而美其名曰"以愧其心"，显然只会起到鼓励官吏们肆行贪贿的反作用，对反贪的有效进行是十分不利的。

政治上的软弱地位，迫使汉文帝不得不在一定程度上容忍官吏们的贪贿行为以换取他们的支持。同时，汉文帝宠信士人邓通，宦者赵谈、北宫伯子等"无技能"的佞臣，也恶化了官场风气，干扰了反贪的顺利进行。例如毫无才能的邓通仅因异梦受汉文帝青睐，即受赏无数，后竟至赐其蜀郡严道铜山以自铸钱，而邓氏钱布天下。虽然邓通本人并无太多政治上的劣迹，但正如丞相申屠嘉所说："陛下幸爱群臣则富贵之，至于朝廷之礼，不可以不肃"④，这是西汉君主过度宠信佞臣的恶劣开始，影响是很坏的。又如宦者赵谈，不但可与文帝同车而行，而且能以一己毁誉影响士大夫们的任用进退，遂出现专门的捐客曹丘生替他收敛趋炎附势的官吏们向他行贿的财物，"辩士曹丘生数招权顾金钱，事贵人赵谈等"⑤，颜师古

① 《史记》卷57《绛侯周勃世家》。
② 《汉书》卷4《文帝纪》。
③ 《汉书》卷4《文帝纪》。
④ 《汉书》卷42《申屠嘉传》。
⑤ 《汉书》卷37《季布传》。

注说："言招求贵人威权,因以请托,故得他人顾金钱也。"交换条件当然就是在皇帝驾前多进美言。此种纳贿请官的腐败现象,无疑是澄清吏治的大敌,其破坏作用绝对不能小看,而文帝竟漠然视之。除此以外,汉文帝和其他专制帝王相比,生活享受上的奢侈程度虽然要差一些,但也并非像《汉书·文帝纪赞》中所说的那样完美无缺。如东汉人应劭撰《风俗通义》即记载宗室刘向和汉成帝关于汉文帝节俭的对话:"文帝虽节俭,未央前殿至奢,雕文五采,画华橑壁珰,轩楹皆饰以黄金,其势不可以书囊为帷。"又宋人邵博在《邵氏闻见后录》中说:"刘聪时,盗发汉文帝霸陵、宣帝杜陵、薄太后陵,得金帛甚多。朝廷以用度不足,诏收其余,以实府库。"都说明文帝亦未能免俗。与汉文帝比较,景帝在用人方面要胜一筹,但屡得其重用的袁盎按宋人洪迈在《容斋随笔》卷10中的说法就是一个小人:"袁盎真小人,每事皆借公言而报私怨,初非尽忠一意为君上者也。尝为吕禄舍人,故怨周勃。文帝礼下勃,何豫盎事,乃有非社稷臣之语,谓勃不能争吕氏之事,适会成功耳。致文帝有轻勃心,既免使就国,遂有廷尉之难。尝谒丞相申屠嘉,嘉弗为礼,则之丞相舍折困之。为赵谈所害,故沮止其参乘。素不好晁错,故因吴反事请诛之。"小人与否尚可讨论,但他在任吴相时却"多受吴王金钱,专为蔽匿,言不反"[1],显然是一个贪官。至于在奢侈享受方面景帝则是远过其父,如《史记·平准书》记载:"孝景时,上郡以西旱,亦复修卖爵令,而贱其价以招民;及徒复作,得输粟县官以除罪。益造苑马以广用,而宫室、列观、舆马益增修矣。"其中把民众饥灾与景帝修宫室相联系,潜台词是很值得玩味的。

当然,文、景时期吏治所以会出现较为严重的腐败问题,主要根源还是在于社会经济领域。我们知道战国、秦汉时期是中国古代社会中商品、货币经济比较发达的时期,从春秋末以后,社会生产力获得迅速的发展,农业、手工业趋向于个体化经营,特别因为彼此分工的加强,交换日益重要起来,商品货币关系冲破了以物易物的狭窄范围。于是从谷物到牲畜、手工业品都转化为商品,最后连人也被卷入其中,这在《荀子·富国》和

---

[1] 《汉书》卷49《袁盎传》。

《史记·货殖列传》中都有反映。七国政府和秦统一后虽试图推行重农抑商政策，但"夫用贫求富，农不如工，工不如商"①的经济规律是难以用政治统制来长期阻碍的。汉兴，通过惠帝、吕后"为天下初定，复弛商贾之律"②顺应经济潮流，至文、景时期遂出现了"海内为一，开关梁，弛山泽之禁，是以富商大贾周流天下，交易之物莫不通，得其所欲"③的新繁荣局面。手工业、商业的发展有力地促进了汉初社会经济的较快恢复和发展，同时也极为深刻地影响到了社会各阶层的生活，它像一只看不见的魔手无处不在地指引着人们对货币财富的无厌追求。司马迁的千古名作《史记·货殖列传》中对此就作了极为精辟的阐释："富者，人之情性，所不学而俱欲者也。故壮士在军，攻城先登，陷阵却敌，斩将搴旗，前蒙矢石，不避汤火之难者，为重赏使也。其在闾巷少年，攻剽椎埋，劫人作奸，掘冢铸币，任侠并兼，借交报仇，篡逐幽隐，不避法禁，走死地如鹜者，其实皆为财用耳。今夫赵女郑姬，设形容，挟鸣琴，揄长袂，蹑利屣，目挑心招，出不远千里，不择老少者，奔富厚也。游闲公子，饰冠剑，连车骑，亦为富贵容也。弋射渔猎，犯晨夜，冒霜雪，驰坑谷，不避猛兽之害，为得味也。博戏驰逐，斗鸡走狗，作色相矜，必争胜者，重失负也。医方诸食技术之人，焦神极能，为重糈也。吏士舞文弄法，刻章伪书，不避刀锯之诛者，没于赂遗也。农工商贾畜长，固求富益货也。此有知尽能索耳，终不余力而让财矣。"芸芸众生拜倒在金钱面前的百态千姿都被太史公以入微笔法展现在我们的面前。官吏，作为一个掌握政治权力但收入相对固定的社会阶层，在财富诱惑下显然也难以洁身自好，反而屡屡如司马迁所指出的"没于赂遗"，不惜知法犯法地试图利用自己握有的政治权力，同货币主要持有者商人阶层进行肮脏的权钱交易，从而使得贪贿歪风难以遏抑，这是难以个人意志为转移的必然现象。

不仅如此，文、景两代商品经济的繁荣也加剧了全社会的奢侈风气，因为在自然经济的条件下，货币财富始终难以大规模流入工商再生产领

---

① 《史记》卷 129《货殖列传》。
② 《史记》卷 30《平准书》。
③ 《史记》卷 129《货殖列传》。

域而转化为产业资本，只能转向购买土地或以奢靡享受的方式消耗掉。因此，追求豪华无度的享受歪风一般都是由商人阶层最早掀起的。如贾谊就深恶痛绝地批评说："今民卖僮者，为之绣衣丝履偏诸缘，内之闲中，是古天子后服，所以庙而不宴者也，而庶人得以衣婢妾。白縠之表，薄纨之裹，缘以偏诸，美者黼绣，是古天子之服，今富人大贾嘉会召客者以被墙。"①晁错也指出："而商贾大者积贮倍息，小者坐列贩卖，操其奇赢，日游都市，乘上之急，所卖必倍。故其男不耕耘，女不蚕织，衣必文采，食必粱肉；亡农夫之苦，有仟伯之得。因其富厚，交通王侯，力过吏势，以利相倾；千里游敖，冠盖相望，乘坚策肥，履丝曳缟。"②文、景等最高统治者虽然试图加以遏抑，但就像贾谊所说的："且帝之身自衣皂绨，而富民墙屋被文绣；天子之后以缘其领，庶人孽妾缘其履。"③都是无奈的徒劳。这种不健康的社会心态，还是急速地向社会各阶层传染开去。首当其冲的当然是皇室、贵族，如景帝同母弟梁孝王"筑东苑，方三百余里，广睢阳城七十里，大治宫室，为复道，自宫连属于平台三十余里"，"库府金钱且百巨万，珠玉宝器多于京师"。④ 官吏们也很快被卷入其中，如《史记·平准书》就说："宗室有士、公卿大夫以下，争于奢侈，室庐舆服僣于上，无限度。"为了维持这种荒淫无度的生活，就需要有大量的金钱，仅凭合法的俸禄收入是远远难以满足的，因此官吏们纷纷另谋财路，贪污、盗窃、索贿、纳贿层出不穷，"今世以侈靡相竞，而上亡制度，弃礼谊，捐廉耻，日甚，可谓月异而岁不同矣。逐利不耳，虑非顾行也。今其甚者杀父兄矣。盗者剟寝户之帘，搴两庙之器，白昼大都之中剽吏而夺之金。矫伪者出几十万石粟，赋六百余万钱，乘传而行郡国，此其亡行义之尤至者也"⑤。在这种社会大背景下，要保证官吏队伍的廉洁奉公无疑是极为困难的。

迫于日渐盛行的腐败风气，文、景两朝也采取了一系列的防范措施，

---

① 《汉书》卷48《贾谊传》。
② 《汉书》卷24《食货志》。
③ 《汉书》卷48《贾谊传》。
④ 《汉书》卷47《文三王传》。
⑤ 《汉书》卷48《贾谊传》。

如名臣贡禹在给汉元帝的上疏中所概括的:"孝文皇帝时,贵廉洁,贱贪污,贾人、赘婿及吏坐赃者皆禁锢不得为吏,赏善罚恶,不阿亲戚,罪白者伏其诛,疑者以与民,亡赎罪之法,故令行禁止,海内大化。"①主要有商人不得为吏、贪污官吏不得再出仕、加大反贪力度不得赎罪等三方面内容。前两项意在保证官吏构成的良好素质,相比而言后者的意义尤大,如文帝规定:"吏坐受赇枉法,守县官财物而即盗之,已论命复有笞罪者,皆弃市。"②冯唐对文帝的批评:"臣愚,以为陛下法太明,赏太轻,罚太重。且云中守魏尚坐上功首虏差六级,陛下下之吏,削其爵,罚作之。"③也从一个侧面反映了汉文帝反贪用法之严。但问题在于,在"为吏者长子孙,居官者以为姓号"④的黄老因循守旧思想的指导下,纵容贪贿、官官相护被视为美事,如景帝时御史大夫张欧号称长者,"未尝言案人,专以诚长者处官。官属以为长者,亦不敢大欺。上具狱事,有可却,却之;不可者,不得已,为涕泣面对而封之,其爱人如此"⑤。勇于反贪的廉吏如郅都"公廉、不发私书,问遗无所受,请寄无所听"⑥,反而被官场视为讨厌的异类,并终惨遭杀身大祸。显而易见,处于这种社会大环境下,即使有较好的反贪措施,也难以有效地贯彻执行和发挥其作用。因此,当时吏治方面的许多问题直至汉武帝加大反贪力度以后才在一定程度上得以解决。

四、贪污横行与汉武帝加大反贪力度

汉武帝在位的五十三年(前140年至前87年),是汉帝国极盛的辉煌与危机四伏共同交织在一起的多彩时代。《资治通鉴》卷22记载汉武帝对大将军卫青谈自己的治国思路时说过的一段话:"汉家庶事草创,加四夷侵凌中国,朕不变更制度,后世无法;不出师征伐,天下不安;为此者不

---

① 《汉书》卷72《贡禹传》。
② 《汉书》卷23《刑法志》。
③ 《史记》卷102《张释之冯唐列传》。
④ 《史记》卷30《平准书》。
⑤ 《史记》卷103《万石张叔列传》。
⑥ 《史记》卷122《酷吏列传》。

得不劳民。若后世又如朕所为，是袭亡秦之迹也。"事实实际上比汉武帝所说的还要严重，如连年出师征伐四夷，"师出三十余年，天下户口减半"①，虽然取得了开疆拓土、制服匈奴等战绩，但付出的代价是惨重的。早在汉武帝统治中期的元封年间已经出现了关东流民多达两百万口的社会险象。司马光对汉武帝的批评："孝武穷奢极欲，繁刑重敛，内侈宫室，外事四夷，信惑神怪，巡游无度，使百姓疲敝，起为盗贼，其所以异于秦始皇者无几矣。"②是比较公正的，他点明了汉武帝的穷奢极欲同他的战争政策一样是导致汉帝国由极盛而至危局的重要原因。其实汲黯早在汉武帝即位之初就已指出他"内多欲而外施仁义"③的个性弱点，宣帝时大臣夏侯胜也于廷议中直斥他"多杀士众，竭民财力，奢泰无度，天下虚耗，百姓流离，物故者半"④。汉武帝的荒淫生活，不仅毫无意义地浪费掉大量社会财富，加剧了本已紧张的财政问题，更重要的是不但没有遏制住从文、景两朝以来已日渐蔓延的社会奢靡之风，反而由于汉帝武的恶劣榜样，进一步推波助澜，终于导致《盐铁论》中贤良文学们所描绘的那种惊人的程度："宫室奢侈，林木之蠹也。器械雕琢，财用之蠹也。衣服靡丽，布帛之蠹也。狗马食人之食，五谷之蠹也。口腹从恣，鱼肉之蠹也。用费不节，府库之蠹也。漏积不禁，田野之蠹也。丧祭无度，伤生之蠹也。堕成变故伤功，工商上通伤农。故一杯棬用百人之力，一屏风就万人之功，其为害亦多矣。"⑤连家境稍微殷实的普通民众也多卷入其中，"生不养，死厚送，葬死殚家，遣女满车，富者欲过，贫者欲及，富者空减，贫者称贷"⑥。至于每每领奢靡风气之先的官吏阶层更是在所难免，如汉武帝朝前期的主要执政者武安侯田蚡就是"治宅甲诸第，田园极膏腴，市买郡县器物相属于道。前堂罗钟鼓，立曲旃；后房妇女以百数。诸奏珍物狗马玩

---

① 《汉书》卷 27《五行志》。
② 《资治通鉴》卷 22 汉武帝后元二年臣光曰。
③ 《史记》卷 120《汲郑列传》。
④ 《汉书》卷 75《夏侯胜传》。
⑤ 《盐铁论·散不足》。
⑥ 《盐铁论·国疾》。

好,不可胜数"①。如此上行下效,奢靡之风已经成为官场的通病。对此所造成的严重危害,以董仲舒的阐述最为深刻,他说:"身宠而载高位,家温而食厚禄,因乘富贵之资力,以与民争利于下,民安能如之哉! 是故众其奴婢,多其牛羊,广其田宅,博其产业,畜其积委,务此而亡已,以迫蹴民,民日削月朘,寖以大穷。富者奢侈羡溢,贫者穷急愁苦;穷急愁苦而上不救,则民不乐生,民不乐生,尚不避死,安能避罪! 此刑罚之所以蕃而奸邪不可胜者也。"②不过,问题虽已提出,但董仲舒提出的解决方案"受禄之家,食禄而已,不与民争业,然后利可均布,而民可家足"③,却无异与虎谋皮的空谈。因为为了满足奢侈享乐的生活以及对财富的无止境追逐,官吏们绝不会自觉囿于定额的俸禄收入,而且也不会仅仅限于经营地产、买卖等虽不符合道德但毕竟是合法的收入,却往往会求助于最简便也最容易的致富捷径,那就是贪污受贿、贪赃枉法,这种政治权力与金钱的私下交易,对官吏们来说的确是无本万利。官场腐败总是与贪污、贿赂横行紧紧相联在一起,原因就在于此。因此,汉武帝朝的吏治在奢靡风气的侵蚀下,也不可避免地产生了严重的贪污、受贿等问题。就像盐铁会议时贤良文学所斥责的:"今之在位者,见利不虞害,贪得不顾耻,以利易身,以财易死。"④当时的众官吏能够做到洁身自好的确是凤毛麟角,以至于其时"为布被脱粟之饭,奉禄以给故人宾客,无有所余"⑤的丞相公孙弘就被时人视作沽名钓誉的奸诈之徒。这说明吏治腐败的程度已何等严重。

正如汉人指出的,汉武帝朝百官们"盗主财而食之于刑法之旁,不知机之是发"⑥,是不顾刑罚、不择手段地肆行贪贿。同时,汉武帝自元狩年间以来,改变了汉初长期实行的放任私营工商业发展的不干预政策,强行以政治专制权力为后盾推行盐铁官营、均输、平准、算缗、告缗等官府垄断

① 《汉书》卷52《田蚡传》。
② 《汉书》卷56《董仲舒传》。
③ 《汉书》卷56《董仲舒传》。
④ 《盐铁论·毁学》。
⑤ 《汉书》卷58《公孙弘传》。
⑥ 《盐铁论·毁学》。

工商业经营的经济改革措施,从而在最大限度地把财源收归政府以支持财政的同时,也在吏治方面造成了前代未有的新的贪污问题。从表面上看这似乎是由于主持官营工商业的多为重财轻义的商贾子弟,"于是以东郭咸阳、孔仅为大农丞,领盐铁事;桑弘羊以计算用事,侍中。咸阳,齐之大煮盐,孔仅,南阳大冶,皆致生累千金,故郑当时进言之。弘羊,洛阳贾人子,以心计,年十三侍中。故三人言利事析秋毫矣","除故盐铁家富者为吏。吏道益杂,不选,而多贾人矣"①,但真正的本质原因却在于只要官府直接参与利润最大的工商业经营,如卜式所揭露的那样,"县官当食租衣税而已,今弘羊令吏坐市列肆,贩物求利"②,不出现恶性的贪污问题是绝对不可想象的。正因为如此,武帝朝的官吏贪污可谓是既承袭了文、景以来的旧顽症,又有鲜明的时代特点,堪称林林总总、问题多多。

其一,官吏仗势侵吞田宅的现象日益严重。虽然在地广人稀的西汉前期,土地兼并不像明清时代那么严重,但到武帝时期也成为激化社会矛盾的重要因素,像"故丰、镐之间号为土膏,其价亩一金"③的膏腴之地始终是为权豪、官吏们瞩目的兼并对象,这就难免要强夺已为百姓开垦、耕耘的土地,董仲舒"富者田连阡陌,贫者亡立锥之地"④的说法主要应从这方面来理解。汉武帝及他为代表的帝国政府就是百姓田地的最大侵吞者,如汉武帝为扩修上林苑就滥毁民众的田宅,竟至"坏人冢墓,发人室庐,令幼弱怀土而思,耆老泣涕而悲"⑤的程度。后又借告缗的机会收夺民田,"大县数百顷、小县百余顷"的大量土地就收归官府直接经营了。尽管这些强占百姓田产的行为都打着这样那样合法的旗帜,但其实质都是依仗专制权力强行剥夺民众财产以自肥。皇帝既然如此,众官吏们当然乐得依样画葫芦,凭借自己手中大大小小的政治强权侵吞百姓田产,从中谋取私利。如丞相田蚡就是一个大贪官,他"治宅甲诸第,田园极膏

---

① 《史记》卷30《平准书》。
② 《史记》卷30《平准书》。
③ 《汉书》卷65《东方朔传》。
④ 《汉书》卷24《食货志》。
⑤ 《汉书》卷65《东方朔传》。

腴"①,如此众多的肥田沃土很多都是通过仗势欺人的办法得来的,例如他曾经以枉法解救另一外戚窦婴的儿子脱死罪为条件,要夺占窦氏城南数顷良田,窦婴对此口出怨言:"老仆虽弃,将军虽贵,宁可以势夺乎!"可说是击中了要害,显然田蚡干这种不光彩的勾当非止一次。他甚至试图侵吞官府的考工宅地以益己宅,终于激起汉武帝的震怒,斥责道:"君何不遂取武库。"②田蚡固然是贪官,同他在政治上因争权夺利而反目成仇的窦婴、灌夫二人也有过之而无不及。窦婴在长安城郊拥有多处连田蚡都为之垂涎的大庄院,灌夫一族更是在家乡颍川横行不法,"家累数千万,食客日数十百人。陂池田园,宗族宾客为权利,横于颍川"③。从百姓对他的咒骂"颍水清,灌氏宁;颍水浊,灌氏族"中可以看出灌氏的这些田园中定有相当数量是凭借族人为官的权势而巧取豪夺来的,并已在当地造成了民怨沸腾的局面。类似田蚡、窦婴、灌夫等人以权占田的变相贪污违法行为,在汉武帝朝各个时期的官场中都程度不同地存在。官吏们侵吞田地的目标也不囿于私人田宅,如名将李广的兄弟李蔡任丞相时,借朝廷赐予百官墓田的机会,公开贪污土地以出卖谋利,"李蔡以丞相坐诏赐冢地阳陵当得二十亩,蔡盗取三顷,颇卖得四十余万,又盗取神道外壖地一亩葬其中,当下狱,自杀"④。其中虽然可能存在卫、霍等当权者寻衅陷害的成分,但李蔡因本人的贪污行为而被迫自杀,确实是咎由自取。

其二,在官有土地的管理中,官吏、豪强内外勾结贪污取利的现象十分严重。自西汉开国以来,承袭着战国时代推行的以土地国有为主要特征的国家授田制余风,依然以帝国政府的名义,控制着苑囿园池、山川泽沼、未垦草田等相当数量的土地,尤其是汉武帝又强行收夺了工商业者的大片私田归政府所有,国有土地的数量在短期内严重膨胀。这些土地的经营方式主要有两种:一是由官府任命的农官直接管理,以官府掌握的刑徒、奴隶等为劳力来耕种,收获也全归官府,如《史记·平准书》所说的:

① 《史记》卷107《魏其武安侯列传》。
② 《史记》卷107《魏其武安侯列传》。
③ 《史记》卷107《魏其武安侯列传》。
④ 《汉书》卷54《李广传》。

中国反贪史(先秦—民国)

"水衡、少府、大农、太仆各置农官,往往即郡县比没入田田之。其没入奴婢,分诸苑养狗马禽兽,及与诸官。"另一种更常见也更主要的方式,则是采取民间豪强经营大地产的方法,以"假民公田"的名义租给百姓耕种,如《史记·河渠书》谈到的河东渠田,"久之,河东渠田废,予越人,令少府以为稍入",收获由官、民分成共享。两者相较,后者效果显然更好一些。不过,二者皆是由官吏直接插手土地经营,因而也都毫不例外地出现了主持其事的官吏大行贪污的问题。伴随着官田的扩大,此问题在武帝朝表现得尤为严重。特别是后一种经营方式,由于官府所征租额与民间豪强土地租额间存在着相当大的差距,如《九章算术》中提到的西汉假田租额状况是"今有假田:初假之岁,三亩一钱;明年四亩一钱;后年五亩一钱。凡三岁得一百,问田几何? 答曰:一顷二十七亩四十七分亩之三十一"①,无疑是非常低的。而大致同时期民间租佃土地的租额,按董仲舒的说法是"或耕豪民之田,见税什五"②。尽管《九章算术》中的记载可能偏低,董仲舒的上疏则可能略有夸张,但无论如何两者之间确实存在有非常大的差额是显而易见的事实。这个差额就给主持其事的官吏们提供了上下其手、肆行贪贿的好机会,他们往往借官府行惠政假田于民的时机,将大批土地以极低的租额转让给豪强地主,然后由地主再以很高的租额租给真正的贫民耕作,如被免职家居的前中尉宁成就"贳贷买陂田千余顷,假贫民,役使数千家。数年,会赦。致产数千金,为任侠,持吏长短,出从数十骑。其使民威重于郡守"③。他能够购买如此众多的田地除赖于为官时的贪贿所得及借贷外,从后来义纵任南阳太守时"至郡,遂案宁氏,尽破碎其家。成坐有罪,及孔、暴之属皆奔亡,南阳吏民重足一迹"④,涉及当地许多官吏、豪强的状况来看,恐怕其中有相当部分是通过勾结官吏的不光彩手段而得来的。这样一来,租额的高额差价部分就会源源不断地流入官吏与豪强地主手中,由他们共同分享。这不仅像王莽所说的那样

① 《九章算术》卷6《均输》。
② 《汉书》卷24《食货志》。
③ 《史记》卷122《酷吏列传》。
④ 《史记》卷122《酷吏列传》。

"汉氏减轻田租,三十而税一,常有更赋,罢癃咸出,而豪民侵陵,分田劫假,厥名三十,实什税五也"①。使国家的惠政流于一纸空文,反而在武帝朝更加剧了官吏中饱私囊的贪污难题。对此,以盐铁会议中来自民间的贤良文学们的揭露最为深刻,他们说:"今县官之多张苑囿,公田池泽,公家有障假之名,而利归权家。三辅迫近于山河,地狭人众,四方并臻,粟米薪菜,不能相赡。公田转假,桑榆菜果不殖,地力不尽。愚以为非。先帝之开苑囿池御,可赋归之于民,县官租税而已。"②既点明了武帝时期官吏们在公田经营中的作弊行为,又提出了把公田交由民众私人经营,官府只间接收税的较好解决方案,堪称是击中了要害。因而他们的意见在很大程度上为昭帝、霍光等统治者所接受,使得公田的数量在此后日呈萎缩的趋势,这对农业生产的发展和消除官吏从中贪污的问题都是很有益的。

其三,官场受贿、行贿恶习屡禁不止,反而有日益蔓延之势。汉武帝虽然堪称一代明君,驾驭臣下极严,但他也不可能完全禁绝官吏们为谋取升迁等私利而相互行贿、受贿的歪风。如在武帝朝初期担任执政要职的大贪官田蚡,就公然索贿、受贿,丢官在家的韩安国为重新得到汉廷高位,就投其所好地贡献五百金,"建元中,武安侯田蚡为汉太尉,亲贵用事,安国以五百金物遗蚡"③,遂如愿以偿地被任命为北地都尉、大司农。大行王恢因被追究马邑伏击匈奴失利的责任,为躲避死刑的厄运也求庇于田蚡,不惜以千金重礼来行贿。田蚡受贿后便央太后进言于武帝以图解救,只是因武帝决意惩办而未果。由于田蚡"所好音乐、狗马、田宅"④,众多别有所图的阿谀逢迎者就抓住他的这一弱点,以向其行贿为进身捷径,"奉(田蚡)金玉狗马玩好,不可胜数"⑤,如此公开的权钱交易竟往往奏效,"荐人或起家至二千石,权移主上"⑥,难怪早有耳闻的汉武帝会有"君

① 《汉书》卷24《食货志》。
② 《盐铁论·园池》。
③ 《史记》卷108《韩长孺列传》。
④ 《史记》卷107《魏其武安侯列传》。
⑤ 《史记》卷107《魏其武安侯列传》。
⑥ 《史记》卷107《魏其武安侯列传》。

除吏已尽未？吾亦欲除吏"①的质问。但利令智昏的田蚡并未有多少收敛，甚至敢于接受始终对皇位心存非分之想的淮南王刘安的大笔贿赂，不惜触犯汉廷禁止大臣交结藩王的大忌，按汉武帝"使武安侯在者，族矣"②的说法，他寿终于淮南事败以前已是大幸了。像田蚡这样大肆受贿的贪官绝非少数，如早年穷苦落魄的主父偃在以口舌得大官后，就肆无忌惮地索贿、受贿，"大臣皆畏其口，赂遗累千金"③。当有人善意地提醒他应稍加收敛时，主父偃却振振有词地辩解说："臣结发游学四十余年，身不得遂，亲不以为子，昆弟不收，宾客弃我，我厄日久矣。且丈夫生不五鼎食，死即五鼎烹耳。吾日暮途远，故倒行暴施之。"④后终因"受诸侯金，以故诸侯子弟多以得封者"事发和齐王自杀而被诛。其中虽然有丞相公孙弘借机陷害的因素，但仅就主父偃贪污受贿的程度而言，也确是罪有应得。又如武帝后期的丞相公孙贺，据汉武帝诏书所揭露的其罪状中有一条就是"货赂上流"，颜师古注对此的解释是"丞相贪冒，受赂于下，故使众庶货贿上流执事者也"⑤，看来此君也为一大贪官无疑。风气所至，连素号廉洁的大将军卫青也在宁成的提醒下，向正受武帝宠爱的王夫人行贿，"大将军乃以五百金为寿"⑥。即便是所谓经明行修的儒臣在入仕以后很多也未能免于行贿、受贿的官场流俗，如桑弘羊在盐铁会议中就讽刺他们言行不一："文学言行虽有伯夷之廉，不及柳下惠之贞，不过高瞩下视，洁言污行，觞酒豆肉，迁延相让，辞小取大，鸡廉狼吞。赵绾、王臧之等，以儒术擢为上卿，而有奸利残忍之心。主父偃以口舌取大官，窃权重，欺绐宗室，受诸侯之赂，卒皆诛死。"⑦因为这确为事实，贤良文学们只好反唇相讥以桑氏为代表的"兴利之臣"们更是"见利不虞害，贪得不顾耻，以利易

---

① 《史记》卷107《魏其武安侯列传》。
② 《史记》卷107《魏其武安侯列传》。
③ 《史记》卷112《平津侯主父列传》。
④ 《史记》卷112《平津侯主父列传》。
⑤ 《汉书》卷66《刘屈氂传》。
⑥ 《史记》卷111《卫将军骠骑列传》。
⑦ 《盐铁论·褒贤》。

身，以财易死"①。可见，受贿、行贿在官场已经成为相当普遍的风气。

其四，官吏在执法过程中舞文弄法以勒索财物的现象愈演愈烈，贪赃枉法已严重威胁到社会的稳定。《汉书·刑法志》在简述汉武帝重用张汤、赵禹等人增订律令后，沉痛地指出："文书盈于几阁，典者不能遍睹。是以郡国承用者驳，或罪同而论异。奸吏因缘为市，所欲活则傅生议，所欲陷则予死比，议者咸冤伤之。"复杂的政治斗争和由外伐四夷、内兴功作而引发的社会矛盾都促使迷信武力的汉武帝进一步乞灵于严刑峻法的震慑作用来维护自己的统治地位。他最信用的两位执法大臣张汤和杜周，一个是"所治即上意所欲罪，予监吏深刻者。即上意所欲释，予监吏轻平者"②，另一个则是"上所欲挤者，因而陷之；上所欲释，久系待问而微见其冤状"③，都是治狱"不循三尺法，专以人主意指为狱"④的酷吏。如此纵容执法者随心所欲地行事，虽然能够予汉武帝清除政敌以最大的便利，但法律的公正性一旦被破坏，就会给贪官污吏们贪赃枉法大开方便之门。如前面提到的杜周，由于长期担任廷尉、御史大夫等执法大吏，结果很快从一个不名一文的穷光蛋暴富，"杜周初征为廷史，有一马，且不全；及身久任事，至三公列，子孙尊官，家赀累数巨万矣"⑤。他的这些财富很多都是来路不明的，如他的两个儿子夹河为郡守，据田仁揭露的情况是"天下郡太守多为奸利，三河尤甚，臣请先刺举三河。三河太守皆内倚中贵人，与三公有亲属，无所畏惮，宜先正三河以警天下奸吏"⑥，杜周本人的情形也就不难想见了。高级官员公然舞文弄法，既是"天下郡太守多为奸利"，整个官场在执法领域出现较严重问题的集中反映，又进一步对这股歪风的盛行起了推波助澜的恶劣作用，官吏们纷纷将治狱视为发财致富的最佳捷径，甚至为此不惜陷害无辜，这正如贤良文学们所批判的那

---

①　《盐铁论·毁学》。
②　《汉书》卷59《张汤传》。
③　《汉书》卷60《杜周传》。
④　《汉书》卷60《杜周传》。
⑤　《史记》卷122《酷吏列传》。
⑥　《史记》卷104《田叔列传》。

样:"今之所谓良吏者,文察则以祸其民,强力则以厉其下,不本法之所由生,而专己之残心,文诛假法,以陷不辜,累无罪以子及父,以弟及兄,一人有罪,州里惊骇,十家奔亡。"①其中王温舒就是很典型的代表。此人以敢于杀伐而得汉武帝赏识,被升迁为司察京畿吏治的中尉要职。王温舒在太守任内已经滥用贪赃的僚属,"虽有百罪,弗法"。担任中尉后遂变本加厉,"温舒多诣,善事有势者;即无势,视之如奴。有势家,虽有奸如山,弗犯;无势,虽贵戚,必侵辱。舞文巧请下户之猾,以动大豪"②。他如此作为,除迎合汉武帝以法外严厉手段打击豪强的国策外,还有不便明言的借机敛财目的。我们只要看《汉书》卷90《王温舒传》"数岁,其吏多以权贵富"的记载就可以一目了然。多行不义必自毙,王温舒后来果因受员骑行贿的金钱以及其他奸利事被族灭,其死后家财竟达千金之多。就是这样一个贪官,竟成为汉武帝朝众官们效仿的楷模,"自温舒等以恶为治,而郡守、都尉、诸侯二千石欲为治者,其治大抵尽效温舒"③。可见类似温舒的腐败现象在酷吏横行的大背景下达到何种严重的程度。应该指出,贪赃枉法由于直接威胁到民众生命财产的安全,因而司法领域的贪污腐败也特别容易激起民众对官府的仇视和激烈反抗。在汉武帝晚年所以形成全国各地民变蜂起、"掠掳乡里者,不可胜数"的严重局面,正像《史记·酷吏列传》和《资治通鉴》所指出的:"上以法制御下,好尊用酷吏,而郡国二千石为治者大抵多酷暴,吏民益轻犯法。"④官吏在执法过程中贪赃枉法和滥刑残贼的公行无疑是重要的诱因之一。昭帝、宣帝上台后首先着意整饬的都是司法领域的贪污腐败问题,原因也就在于此。

其五,在军事行动中,官吏们克扣军饷、侵吞物资等贪污行为屡见不鲜。汉武帝从元光二年(前133年)马邑之谋开始,陆续对匈奴、西域、西南夷、南越、朝鲜等地区展开了长达三十二年之久的战争。如此连绵不断的大规模征战不但造成了严重的人力折损,而且直接耗费了大量的社会

① 《盐铁论·申韩》。
② 《汉书》卷90《王温舒传》。
③ 《史记》卷122《酷吏列传》。
④ 《资治通鉴》卷21汉武帝天汉二年。

财富。例如仅仅元朔六年(前123年)卫青的出征匈奴一役,"捕斩首虏之士受赐黄金二十余万斤,虏数万人皆得厚赏,衣食仰给县官;而汉军之士马死者十余万,兵甲之财转漕之费不与焉。于是大农陈藏钱经耗,赋税既竭,犹不足以奉战士"①,确实出现了《汉书·西域传》中所说的"海内虚耗"局面。除直接的战费外,铠甲、兵器的制造,军队的征召、训练和管理以及军用物资的征集、运送也都需要大量金钱。正因为有巨额金钱经手,因而伴随着战争规模的迅速扩大,军事行动中财政管理问题的重要性在武帝朝日趋凸现出来。但是,由于管理不善和汉武帝用将存在任人唯亲的较严重缺陷,如长期统率大军作战的卫青、霍去病、李广利等三大将皆由女宠得官,因而在军事行动中经常爆出贪污丑闻,克扣士卒应得粮饷、虚报军功和侵吞军事物资以自肥等违法现象层出不穷。比如霍去病为将就是根本不顾士卒死活,"少而侍中,贵,不省士。其从军,天子为遣太官赍数十乘,既还,重车余弃粱肉,而士有饥者。其在塞外,卒乏粮,或不能自振,而骠骑尚穿域蹋鞠。事多此类"②,其不败"亦由天幸"罢了。至于品质较骠骑更为恶劣的无德、无才的贰师将军李广利行事就更等而下之了,他凭借其妹为武帝宠妃爬到将军高位,在军中不但是指挥无方,屡遭大败,后来还投降匈奴,而且贪污横敛,无所不用其极。汉武帝于太初年间先后两次出师进攻西域中的大宛,主帅都错误地选择李广利担任。对汉武帝用将的龌龊用心,司马光作过尖锐批评:"武帝欲侯宠姬李氏,而使广利将兵伐宛,其意以为非有功不侯,不欲负高帝之约也。夫军旅大事,国之安危、民之死生系焉。苟为不择贤愚而授之,欲徼幸咫尺之功,藉以为名而私其所爱,不若无功而侯之为愈也。然则武帝有见于封国,无见于置将。"③幸而依赖当时汉廷雄厚的国力,并没有经过较激烈的较量就取得了战争的胜利,阵前折损士卒也不多。但是,出关远征的近十余万将士和三万余战马生还的却仅有士兵万余人、马千余匹,损失可谓惨重至极。其中的真正缘由,司马迁《史记·大宛列传》的揭露可谓入木三分:

① 《史记》卷30《平准书》。
② 《史记》卷111《卫将军骠骑列传》。
③ 《资治通鉴》卷21汉武帝太初元年臣光曰。

"贰师后行,军非乏食,战死不能多,而将吏贪,多不爱士卒,侵牟之,以此物故众。"原来,如此众多的士兵并没有死于敌人之手,却因以李广利为代表的军官们贪婪侵吞粮饷而饥寒无辜地暴骨沙漠,是众将士们的鲜血养肥了这批借战争发财的无耻蠹虫。难怪宋代学者刘攽《咏史》云:"自古边功缘底事?多因嬖幸欲封侯。不如直与黄金印,惜取沙场万髑髅。"周密《齐东野语》①卷一"诗用史论"条谓刘攽此诗,"其意盖指当时王韶、李宪辈耳,而其说则出于温公论李广利"。问题不仅如此,关键在于就是这样一件骇人听闻的贪污大案,竟也被汉武帝置而不问,从而更助长了军中贪污风气的盛行。如将军杨仆在采购公家兵器时就故意低报价格,"欲请蜀刀,问君价几何?对曰率数百,武库日出兵而阳不知,挟伪干君"②。也有虚报军功以滥得赏赐的,如宜冠侯程不识"坐击匈奴增首不以实"③。还有滥用军中劳力、营房谋个人私利的,如武帝朝某位监军御史"为奸,穿北军垒垣以为贾区","今监御史公穿军垣以求贾利,私买卖以与士市"④,等等。这些形形色色的军中贪污行为影响虽不至有伐大宛之役恶劣,但也严重地损害了军队的战斗力,毒化了官场空气,其危害性不容忽视。

其六,在货币铸造、盐铁官营、均输平准等官营工商业领域,主事官吏的贪污现象始终层出不穷,并发展成广大民众痛心疾首的社会弊端。为了筹措巨额的军费以支持日益扩大的战争和满足自己奢侈享受的需要,汉武帝先后任用以张汤、桑弘羊等为代表的"兴利之臣",采取被司马迁称作"最下者与之争"的办法,凭借不容竞争的政治权力强行剥夺民众自战国、汉初以来享有的对许多利润丰厚的工商业的经营权,改由官府直接垄断,于是遂有改铸货币、盐铁官营、均输平准等敛财政策的陆续出台。这些政策中,像统一铸造货币虽然已出现了铸币官吏中饱私囊的贪污行为,"币数易而民益疑。于是废天下诸钱,而专命水衡三官作。吏匠侵

---

① 周密:《齐东野语》,中华书局 1983 年版。

② 《汉书》卷 90《杨仆传》。

③ 《史记》卷 20《建元以来侯者年表》。

④ 《汉书》卷 67《胡建传》。

利,或不中式,故有薄厚轻重"①,但总体效果是好的,也是很有必要的。不过,像盐铁官营、均输平准以及后来公然抢劫式的算缗、告缗等政策,却存在很多的问题。一是将社会财富过度地集中在官府手中,既不利于社会经济的健康发展,又易于激化社会矛盾。按桑弘羊自我标榜的说法是"民不益赋而天下用饶"②,但正如宋代名相司马光批评的:"天下安有此理? 天地所生财货百物,不在民,则在官,彼设法夺民,其害乃甚于加赋。此盖桑羊欺武帝之言,太史公书之以见其不明耳"③。二是不利于澄清吏治。这是因为,一方面官府在涉入工商业经营之初难免要依靠私营业主代办其事,如汉武帝盐铁官营就是"除故盐铁家富者为吏。吏道益杂,不选,而多贾人矣"④,其中肆行贪污者不在少数,"东郭咸阳、孔仅建盐铁,策诸利,富者买爵贩官,免刑除罪,公用弥多而为者徇私,上下兼求,百姓不堪"⑤。另一方面,在官府有权决定原料加工、成品销售和价格水准的条件下,贪污问题是绝对难以避免的。首先,许多官吏与商人互相勾结,出卖国家经济情报为个人换取金钱。最典型的例子就是深受汉武帝宠信的张汤。此公在早年为小吏时就与长安富商田甲、鱼翁叔等人"与钱通"。后居御史大夫高位握有经济决策大权,"每朝奏事,语国家用,日旰,天子忘食,丞相取充位"⑥。这时,他更是与田信等长安商人勾结,时常把国家经济情报出卖给他们,"汤且欲为请奏,信辄先知之,居物致富,与汤分之"⑦。精明的汉武帝对此当然有所察觉,曾当面质问张汤说:"吾所为,贾人辄知,益居其物,是类有以吾谋告之者。"⑧他虽然巧言狡辩,但毕竟因此失宠并在朱买臣、王朝、边通等三长史的攻讦下自杀。其次,偷工减料、以次充好问题比比皆是,尤其在盐铁官营中表现最为突出。因为

① 《盐铁论·错币》。
② 《史记》卷30《平准书》。
③ 《宋史》卷336《司马光传》。
④ 《史记》卷30《平准书》。
⑤ 《盐铁论·刺复》。
⑥ 《汉书》卷59《张汤传》。
⑦ 《汉书》卷59《张汤传》。
⑧ 《汉书》卷59《张汤传》。

官府垄断盐铁经营,资金、劳力皆由官府无偿调拨,产品也可以凭借政治权力迫使民众购买,根本不必考虑精打细算、提高质量以节省成本、促进销售。相反,降低质量、偷工减料对主事官吏来说反而更加有利可图。盐铁会议中,贤良文学们就点明了盐铁官营的一大弊端是"县官鼓铸铁器,大抵多为大器,务应员程,不给民用。民用钝弊,割草不痛,是以农夫作剧,得获者少,百姓苦之矣","贫民或木耕手耨,土耰淡食,铁官卖器不售或颇赋与民"①。所以会广泛出现这些问题,就像东汉人崔寔在《政论》中解释官兵器质量低劣时所说的"贪饕之吏,竞约其财用;狡猾之工,复盗窃之。至以麻枲被弓弩,米粥杂漆",关键就在于官吏们借机贪污,而这是与国营体制伴随而来的痼疾之一。另外,故意抬高或压低物价,上下其手以牟取私利的问题也随着汉武帝推行均输、平准政策而日趋严重。均输是将各郡国应缴的货物,按当地市价折成畅销特产,加上运价就地缴予均输官,由均输官运往京师或易地加价出售以谋利。平准则是官府直接参与和干预商业活动。名义上均输、平准的目的在于平抑物价,限制市场上的投机活动,但实质上却不外是官府敛财招数而已,难怪武帝朝名臣卜式会痛骂道:"县官当食租衣税而已,今弘羊令吏坐市列肆,贩物求利。"②而且很快即出现了官吏和商人勾结起来囤积居奇、贱收贵卖等腐败现象。当时人形象地称之为"卖平"。如《盐铁论·本议》中贤良文学们对之进行了详细的揭露:"今释其所有,责其所无。百姓贱卖货物,以便上求。间者,郡国或令民作布絮,吏恣留难,与之为市。吏之所入,非独齐、阿之缣,蜀、汉之布也,亦民间之所为耳。行奸卖平,农民重苦,女工再税,未见输之均也。县官猥发,阖门擅市,则万物并收。万物并收,则物腾跃。腾跃,则商贾侔利。自市,则吏容奸。豪吏富商积货储物以待其急,轻贾奸吏收贱以取贵,未见准之平也。"堪称击中了要害。

正是因为贪贿问题如此严重,已经直接威胁到了汉武帝经营边疆的雄图和汉廷的统治稳定,迫使汉武帝不得不加大反贪的力度,以铁腕手段

---

① 《盐铁论·水旱》。
② 《史记》卷30《平准书》。

推行察举选官、强化监察、重法惩贪、表彰廉吏等有力措施,甚至不惜重用酷吏,以法外的残暴手段整饬吏治。从而在付出高昂代价后,收到了一定的成效,但由于国家多事、财政紧张,加以以汉武帝为代表的统治阶级难以克服奢靡享受的痼疾,许多措施并没能完全发挥出应有的功效。

第一,推行察举选官制度。汉武帝于元光元年(前134年)接受大儒董仲舒的建议,推行主要以是否通晓儒学经典为标准的察举制度,令郡国守相、二千石岁举孝、廉各一人于朝廷。这不仅是选官制度的重大改革,也是试图从提高官吏素质入手加强反贪的尝试。其目的之一正如董仲舒所说的在于改变官吏的构成情况进而从根源上杜绝贪污腐败的产生:"今之郡守、县令,民之师帅,所使承流而宣化也;故师帅不贤,则主德不宣,恩泽不流。今吏既亡教训于下,或不承用主上之法,暴虐百姓,与奸为市,贫穷孤弱,冤苦失职,甚不称陛下之意","今则不然,累日以取贵,积久以致官,是以廉耻贸乱,贤不肖浑殽,未得其真。臣愚以为使诸列侯、郡守、二千石各择其吏民之贤者,岁贡各二人以给宿卫。"①在察举制确立以前,西汉选官主要有任子和赀选二途。任子是指二千石以上的高级官员任职三年以上可以保举子、侄1人为郎官。赀选则是指家产在四万钱以上的非商贾市籍家庭,得选子弟为郎官,如司马相如即"以赀为郎",颜师古解释说:"赀,财也。以家财多得拜为郎也。"②这两项旨在保障统治阶级上层垄断政权的选官办法,虽然不能说一无是处,其中赀选也有防贪方面的考虑,如《汉书·景帝纪》应劭注说:"古者疾吏之贪,衣食足知荣辱,限赀十算乃得为吏。"但问题是,高官家庭多骄奢不法的纨绔子弟,他们为官作宰后贪污犯法者比比皆是,如开国元勋的后裔们就是"子孙骄逸,忘其先祖之艰难,多陷法禁,陨命亡国,或亡子孙。讫于孝武后元之年,靡有孑遗"③,已经成为败坏吏治的主要污染源之一。至于富者为官,按照汉景帝诏书"其唯廉士,寡欲易足。今赀算十以上乃得宦,廉士算不必

①《汉书》卷56《董仲舒传》。
②《汉书》卷57《司马相如传》。
③《高惠高后文功臣表》。

众。有市籍不得宦,无赀又不得宦,朕甚愍之"①的感慨,也难免陷入为贪浊者大开方便之门的两难选择。显然,文、景及武帝朝官吏贪污的泛滥与官吏主要出自上述两途素质较为低下是有一定关系的。汉武帝加强反贪从此入手,也确是对症下药的治本方案。因为凭借通习儒学经典而入仕的儒生们,从整体上看正如王充在《论衡·程材》篇中标榜的"案世间能建蹇蹇之节,成三谏之义,令将检身自敕,不敢邪曲者,率多儒生",道德自律水平及对贪污腐败的抵制力相对高于其他文化素质较低的官吏。尤其在儒生作为一个社会阶层开始步入仕途的西汉中、后期更是如此,较多儒士出身贫寒,为官以后能不苟于官场奢侈恶习、自持廉洁奉公本色的颇不乏人,在武帝朝较著名的就有许多,如公孙弘为丞相,"位在宰相封侯,而为布被脱粟之饭,奉禄以给故人宾客,无有所余,可谓减于制度,而率下笃俗者也"②;董仲舒,"为人廉洁","凡相两国,辄事骄王,正身以率下,数上疏谏争,教令国中,所居而治"③;倪宽,"为人温良,有廉知自将"④,"汉之为御史大夫廉洁无如宽者";等等。他们的洁身自好,虽然无法从根本上扭转官场的贪污腐败风气,但随着儒生占官吏总数的比例逐渐提高,对贪污问题的抑制作用还是比较明显的。

第二,加强监察防贪。贪污问题尽管难以完全避免,但较早发现并加以防范还是可以做到的,这就需要建立较完备的监察机制。汉武帝着意完善对官僚队伍的监察机制,主要目的之一也就在于此。其中最主要的措施就是设置十三州部刺史,只要看一下除第一条外其余各条皆为防范二千石官吏是否贪污腐败的汉武帝手订刺史六条,其防贪的目标即一目了然。刺史集中收集当地吏治状况,并把存在的问题定期向汉廷中央汇报,这对防范贪污腐败发挥着较好的制约作用。除此以外,汉武帝还采取了其他相关措施,如鼓励吏民越级上书、诣阙言事等。汉世去古未远,普通民众对国家政事仍有相当大的参与权,主要表现在汉代始终有严格保

---

① 《汉书》卷5《景帝纪》。
② 《汉书》卷58《公孙弘传》。
③ 《汉书》卷56《董仲舒传》。
④ 《汉书》卷58《倪宽传》。

障吏民上书权利的"言变事"制度,广大吏民皆有权要求官府提供食宿、车辆直接至汉廷反映官吏们的贪污违法行为,或对国家大政发表意见。如酷吏田云中任淮阳太守就是因"吏民守阙告之,竟坐弃市"①。武帝朝的许多贪污大案就是依靠民众上书而被揭露出来的,如主父偃接受诸侯王行贿丑闻的败露,就是因为其政敌赵王暗中指使人诣阙告发的。导致丞相公孙贺被族诛的其子贪污北军钱1900万的案子,也是因朱安世从狱中上书告发而揭露的。汉武帝为直接掌握吏治的真实情况,时常派遣身边的耳目近臣作为使者不定期地巡察各地,如元狩六年(前117年)六月遣博士褚大等六人分道循行天下,元鼎二年(前115年)九月派博士中等循行江南各地等,其目的主要是赈贷穷困、举荐贤才、了解吏治,对及时发现贪污问题也有较好效果。

第三,重法惩贪。汉武帝治国,最重法制。尤其是对贪赃枉法者,无论是皇亲国戚,还是功臣高官,都一律严惩不贷。如在公孙弘以后出任丞相的李蔡、庄青翟、赵周、石庆、公孙贺、刘屈氂等人,"唯庆以惇谨,复终相位,其余尽伏诛云"②。李蔡是以侵吞国营田地事败而自杀,公孙贺据征和二年(前91年)的诏书"故丞相贺倚旧故乘高势而为邪,兴美田以利子弟宾客,不顾元元,无益边谷,货赂上流"③,主要也是因贪污纳贿被杀。这其中尽管有李陵所批评的因素:"且陛下春秋高,法令亡常,大臣之罪夷灭者数十家。"④但从总体上看主要还是出于重法惩贪的缘故。对官官相护、互相包庇的官场恶习,汉武帝令张汤、赵周等人制定了见知故纵、监临部主法,如《汉书·刑法志》颜师古注说:"见知人犯法不举告为故纵,而所监临部主有罪并联坐也。"这项政策虽然有是否为苛法的争议,但它对打破官僚集团保护网的作用是毋庸置疑的。

第四,表彰廉吏与重用酷吏以法外手段厉禁贪贿。汉武帝用人讲究的是不拘一格、信赏必罚,尤其不在道德方面求全责备,只要有一技之长

① 《汉书》卷90《酷吏列传》。
② 《汉书》卷58《公孙弘传》。
③ 《汉书》卷66《刘屈氂传》。
④ 《汉书》卷54《苏武传》。

皆有施展的机会。但汉武帝也有意识地表彰廉吏来引导官场廉洁奉公的正气，如拔擢主张"人主病不广大，人臣病不节俭"的公孙弘由布衣至相位。张汤被谗自杀，因"家产直不过五百金，皆所得奉赐，无它赢"①而得平反。赵禹因"为人廉裾，为吏以来，舍无食客。公卿相造请，禹终不行报谢，务在绝知友宾客之请，孤立行一意而已"②被重用，历任廷尉、少府等高官。尹齐以"事张汤，汤数称以为廉，武帝使督盗贼，斩伐不避贵势""病死，家直不满五十金"③，甚得武帝赏识，等等。汉武帝也注意在制度上为廉吏的升迁提供方便，如察举制度中就有专门面向郡、县众吏的廉吏科，昭、宣时期的名相黄霸在武帝朝就是以廉吏而屡获升迁的，《汉书·黄霸传》云："冯翊以霸入财为官，不署右职，使领郡钱谷计。簿书正，以廉称，察补河东均输长。复察廉，为河南太守丞。"不过，从整体上看，汉武帝对廉吏表率作用的认识程度略嫌不够，他看重的主要是酷吏不惜以法外铁腕手段来震慑官吏们不敢肆行贪污的作用。像王温舒治河内郡大捕郡中奸猾，相连数千家，"上书请，大者至族，小者乃死，家尽没入偿赃。奏行不过二日，得可，事论报，至流血十余里"④，凡是赃罪的不但要全部没收家财，还要勒令加倍赔偿。又如咸宣为左内史，专以严法约束下属众官，不得贪污克扣公家财物及滥兴徭役，"事小大皆关其手，自部署县名曹宝物，官吏令丞弗得擅徭，痛以重法绳之"⑤。尤其是当天汉年间关东地区民众因不堪战争重负和官吏横征暴敛发动了大规模的反抗，汉武帝就直接派遣范昆、张德、暴胜之等绣衣直指使者，一方面加紧扑灭民众暴动，另一方面也对镇压不力和贪污暴敛导致民怨沸腾的地方官肆行诛杀，通过武力镇压和澄清吏治的两手方使局势转危为安。

　　汉武帝的上述反贪措施确实收到了相当效果，起码使得官僚队伍没有在腐败日盛和民变蜂起中彻底垮掉，但也付出了很大代价。其中有措

---

① 《汉书》卷59《张汤传》。
② 《汉书》卷90《赵禹传》。
③ 《汉书》卷90《尹齐传》。
④ 《汉书》卷88《王温舒传》。
⑤ 《汉书》卷88《咸宣传》。

施本身的问题,如滥用酷吏虽很简便有效,却极易造成上下离心离德的政治恐怖气氛,最终汉武帝也陆续把他们作为平息民愤的替罪羊送上断头台。更重要的是,汉武帝的其他一些政策也干扰了反贪的顺利进行,如为筹措经费而推行的入财补官和纳钱赎罪两项就是与反贪的精神背道而驰的。特别是后者,不仅因"富者得生,贫者独死,是贫富异刑而法不一也"①,破坏了法律的权威性和客观公正性,而且就像当时民谣说的那样"何以孝弟为? 财多而光荣。何以礼义为? 史书而仕宦。何以谨慎为? 勇猛而临官"②,为贪官污吏的逍遥法外大开方便之门,从而严重败坏了官场风气,导致贪污腐败愈禁愈烈的恶性循环。对此,元帝朝名臣贡禹进行了深刻的揭露与批判,他说:"武帝始临天下,尊贤用士,辟地广境数千里,自见功大威行,遂从耆欲,用度不足,乃行一切之变,使犯法者赎罪,入谷者补吏,是以天下奢侈,官乱民贫,盗贼并起","故黥劓而髡钳者犹复攘臂为政于世,行虽犬彘,家富势足,目指气使,是为贤耳。故谓居官而置富者为雄杰,处奸而得利者为壮士,兄劝其弟,父勉其子,俗之坏败,乃至于是! 察其所以然者,皆以犯法得赎罪,求士不得真贤,相守崇财利,诛不行之所致也。"③政策上的弊端,再加上皇亲国戚、高官显贵等既得利益者的抵制与破坏,严重制约了反贪的深入,即使坚强有力的汉武帝对此也只能无可奈何。

五、愈演愈烈的贪贿风

汉武帝晚年于征和四年(前89年)颁布了轮台罪己诏,其中说:"当今务在禁苛暴,止擅赋,力本农,修马复令,以补缺,毋乏武备而已。"④这标志文、景时期与民休息政策的恢复。此后,适时停止了大规模的对外战争和许多扰民举措,重新恢复轻徭薄赋、与民休息的合理政策。无论是号

①　《汉书》卷78《萧望之传》。
②　《汉书》卷72《贡禹传》。
③　《汉书》卷72《贡禹传》。
④　《汉书》卷96《西域传》。

称中兴的昭、宣两朝，还是政治危机逐渐加重的元、成、哀、平四代，基本上都没有偏离这一方向，从而才摆脱了武帝朝"多杀士众，竭民财力，奢泰无度，天下虚耗，百姓流离，物故者半。蝗虫大起，赤地数千里，或人民相食，畜积至今未复"①的困境，迎来昭宣中兴和社会经济的持续稳定发展，直至西汉政权结束依然还是"百姓訾富虽不及文、景，然天下户口最盛矣"，"匈奴称藩，百蛮宾服，舟车所通，尽为臣妾，府库百官之富，天下晏然"。② 但经济的发展，并不意味着解决了所有的社会问题。如吏治贪污腐败问题长期无法有效根治，并呈愈演愈烈之势，就加速了全社会对刘汉政权信心的彻底崩溃，最终导致王莽如同儿戏般取代西汉政权的结果。

（一）汉宣帝整饬吏治

前87年，汉武帝在父子相残的巫蛊之祸和关东民乱等内忧外患中逝世，其幼子汉昭帝即位，霍光、金日磾、上官桀等人受遗诏辅政，但大权实际掌握在霍光手中。霍光在需要全社会共渡难关的时候，能够采纳幕僚杜延年和盐铁会议中贤良文学们的正确建议，"（杜延年）见国家承武帝奢侈师旅之后，数为大将军光言：'年岁比不登，流民未尽还，宜修孝文时政，示以俭约宽和，顺天心，说民意，年岁宜应。'光纳其言，举贤良，议罢酒榷盐铁，皆自延年发之"③，"光知时务之要，轻徭薄赋，与民休息"④，从而赢得了社会各界的广泛支持，保证了他在诛灭上官桀、桑弘羊集团，废昌邑王立汉宣帝等政治波澜中立于不败之地。不过，霍光毕竟是属于武帝朝旧时代的政治人物，政治素质不高，致有"不学无术，暗于大理"⑤的讥讽，和当时方兴未艾的儒生阶层也有相当距离，"又诸儒生多窭人子，远客饥寒，喜妄说狂言，不避忌讳，大将军常仇之"⑥，其行政方式亦大致效仿汉武帝故智，如《汉书·循吏传》序说："自武帝末，用法深。昭帝立，

---

① 《汉书》卷75《夏侯胜传》。
② 《汉书》卷24《食货志》。
③ 《汉书》卷60《杜延年传》。
④ 《汉书》卷7《昭帝纪》。
⑤ 《汉书》卷68《霍光传》。
⑥ 《汉书》卷68《霍光传》。

幼,大将军霍光秉政,大臣争权,上官桀等与燕王谋作乱,光既诛之,遂遵武帝法度,以刑罚痛绳群下,繇是俗吏上严酷以为能。"加上他长期把主要精力放在如何驾驭百官、巩固私人权位上,"光既诛桀等,后出入自备。吏民当见者,露索去刀兵,两吏挟持"①,尤其需要安插家族私人于朝廷,和以官位、财富来换取官吏们对其专权的效忠,就像当时人所抱怨的"苏武前使匈奴,拘留二十年不降,还乃为典属国,而大将军长史敞亡功为搜粟都尉"②。所以,霍光对整饬吏治始终用力不够,官场贪污、腐败等历史遗留问题没有得到及时解决,反而有恶化的趋势。如霍氏家族本身就是最严重的问题所在。霍光自己虽然没有明显的贪污、受贿行为,但也毫不汗颜地以立宣帝功的名义得赏赐黄金七千斤、钱六千万、杂缯三万匹、奴婢一百七十人、马两千匹、甲第一区,数额之大是惊人的,说到底,这也是一种化公为私的不光彩行为。而且他宠信冯子都、王子方等贴身家奴,文武百官为讨霍光欢心都须向他们二人行贿,"百官以下但事冯子都、王子方等,视丞相亡如也"③,连平阳原籍的霍氏家奴都仗势横行不法。霍光的夫人、子侄等更是肆无忌惮地贪赃枉法、醉心享受。加以汉宣帝久已对霍氏专权不满,终于在霍光死后导致了霍氏族灭的悲剧。当时的另一权臣车骑将军张安世在政治上虽相对谨慎,然而在敛财方面却比霍光还胜一筹,按《汉书·张安世传》中"夫人自纺绩,家童七百人,皆有手技作事,内治产业,累积纤微,是以能殖其货,富于大将军光"的说法,似乎主要得益于私营手工业、商业和生活节俭,但执政官家庭直接参与工商活动的本身,就不能不使人怀疑其巨额财富的来路不正。霍光的亲信田延年更明目张胆地贪污公款,他于大司农任内时曾借征发民车运沙土的机会,乘机贪污运费三千万,"初,大司农取民牛车三万两为僦,载沙便桥下,送致方上,车直千钱,延年上簿诈增僦直车二千,凡六千万,盗取其半"④,如此等等。

---

① 《汉书》卷78《萧望之传》。
② 《汉书》卷68《霍光传》。
③ 《汉书》卷68《霍光传》。
④ 《汉书》卷88《田延年传》。

　　真正着意于整饬吏治的是汉宣帝。汉宣帝因巫蛊之祸父、祖家人俱亡而流落民间,"高材好学,然亦喜游侠,斗鸡走马,具知闾里奸邪,吏治得失"①,"及至孝宣,繇仄陋而登至尊,兴于闾阎,知民事之艰难"②,比较了解造成民间疾苦的原因就在于吏治的败坏,如他在诏书中曾经质问道:"方今天下少事,徭役省减,兵革不动,而民多贫,盗贼不止,其咎安在?"③答案当然是不言而喻的。因此,当他在清除霍氏,亲掌大权后,就任用魏相、丙吉等名相,励精图治,整饬吏治,《汉书·魏相传》说:"宣帝始亲万机,励精为治,练群臣,核名实,而相总领众职,甚称上意。"并先后下达数道厉禁贪污的诏书,如元康二年(前64年)诏揭露了官吏在狱讼中贪赃卖法的丑行:"今则不然。用法或持巧心,析律贰端,深浅不平,增辞饰非,以成其罪。奏不如实,上亦亡繇知。此朕之不明,吏之不称,四方黎民将何仰哉! 二千石各察官属,勿用此人,吏务平法。"④神爵三年(前59年)诏则在强调吏治清廉重要性的同时,认为需要在待遇上提高低级官员的俸禄标准,"吏不廉平则治道衰。今小吏皆勤事,而奉禄薄,欲其毋侵渔百姓,难矣。其益吏百石以下奉十五"⑤,等等。这些诏书为加强反贪、整饬吏治定下了基调。

　　汉宣帝反贪,主要办法有两条。一是谨慎选用官吏,突出廉吏的表率作用。汉宣帝尤重刺史、守相二千石等亲民官的选任,《汉书·循吏传序》称:"及拜刺史守相,辄亲见闻,观其所繇,退而考察所行以质其言,有名实不相应,必知其所以然。"原因正如他自己所说的:"庶民所以安其田里而亡叹息愁恨之心者,政平讼理也。与我共此者,其唯良二千石乎!"所以在宣帝朝地方长官中出现了许多颇有治绩的清官,著名的有黄霸治颍川,朱邑为北海太守、大司农,"廉平不苛,以爱利为行","身为列卿,居处俭节,禄赐以共九族乡党,家亡余财"⑥。邵信臣治南阳,赵广汉治京

---

① 《汉书》卷8《宣帝纪》。
② 《汉书》卷89《循吏传》。
③ 《汉书》卷8《宣帝纪》。
④ 《汉书》卷8《宣帝纪》。
⑤ 《汉书》卷8《宣帝纪》。
⑥ 《汉书》卷89《循吏传》。

兆,尹翁归治右扶风,"其在公卿之间清洁自守,语不及私,然温良嗛退,不以行能骄人,甚得名誉于朝廷。视事数岁,元康四年病卒,家无余财"①,等等。宣帝朝中央公卿也不乏清廉奉公之士,像司隶校尉盖宽饶,"宽饶为人刚直高节,志在奉公。家贫,奉钱月数千,半以给吏民为耳目言事者。身为司隶,子常步行自戍北边,公廉如此"②。光禄勋杨恽,"初,恽受父财五百万,及身封侯,皆以分宗族。后母无子,财亦数百万,死皆予恽,恽尽复分后母昆弟。再受赀千余万,皆以分施。其轻财好义如此。恽居殿中,廉洁无私,郎官称公平"③,他在中郎将任内时,曾断然革除了郎署中的贿赂请托恶习,"郎官故事,令郎出钱市财用,给文书,乃得出,名曰'山郎'。移病尽一日,辄偿一沐,或至岁余不得沐。其豪富郎,日出游戏,或行钱得善部。货赂流行,传相放效。恽为中郎将,罢山郎,移长度大司农,以给财用。其疾病休谒洗沐,皆以法令从事。郎、谒者有罪过,辄奏免,荐举其高第有行能者,至郡守九卿。郎官化之,莫不自励,绝请谒货赂之端,令行禁止,官殿之内翕然同声"④,成效十分显著。宣帝不仅重用廉吏,而且注意以物质赏赐和精神鼓励两手加强对廉吏的表彰,力争在官场中形成积极向廉的健康风气。如廉吏尹翁归去世,汉宣帝就下诏褒扬:"朕夙兴夜寐,以求贤为右,不异亲疏近远,务在安民而已。扶风翁归廉平向正,治民异等,早夭不遂,不得终其功业,朕甚怜之。其赐翁归子黄金百斤,以奉其祭祠。"⑤对黄霸,宣帝也先后两次专门下诏予以表扬,并赐爵关内侯、赏黄金百斤,并进秩中二千石。对朱邑也专门下诏称赞他的廉洁奉公:"大司农邑,廉洁守节,退食自公,亡疆外之交,束脩之馈,可谓淑人君子。遭离凶灾,朕甚闵之。其赐邑子黄金百斤,以奉其祭祀。"⑥二是信赏必罚,对犯有贪贿的官吏即使是政绩卓著者也决不宽贷,目的在于保证反贪法规的权威性和统一性。如赵广汉为京兆尹,"京兆政清,吏民称

---

① 《汉书》卷76《尹翁归传》。
② 《汉书》卷77《盖宽饶传》。
③ 《汉书》卷66《杨敞传》。
④ 《汉书》卷66《杨敞传》。
⑤ 《汉书》卷76《尹翁归传》。
⑥ 《汉书》卷89《循吏传》。

之不容口。长老传以为自汉兴以来治京兆者莫能及"①,但后来因为犯有"贼杀不辜,鞫狱故不以实,擅斥除骑士乏军兴"②等罪名被杀。另一能吏韩延寿也是因私自放散官钱千余万谋取私利和生活奢侈,"又取官铜物,候月蚀铸作刀剑钩镡,放效尚方事。及取官钱帛,私假繇使吏。及治饰车甲三百万以上"③等贪污事败露,被判成死罪。在赵、韩两案中,虽然有魏相、萧望之等权臣官报私怨的因素,但都经过了御史、大臣会审的严格审查,"穷竟所考",证明他们确实有贪贿问题。汉宣帝不惜对他们动用极刑,就是贯彻不以功掩过方针的体现。又如对自己亲手提拔的顾命大臣萧望之,汉宣帝也因为他有私用官府车马、接受部属贿赂、"又使卖买,私所附益凡十万三千"④等贪污嫌疑,立即免去了他御史大夫的职务。正是因为汉宣帝驭吏极严,注重以严刑整饬吏治,许多儒生对他表示不满,甚至攻击他是"方今圣道寖废,儒术不行,以刑余为周召,以法律为《诗》《书》"⑤。宣帝自己则宣称:"汉家自有制度,本以霸王道杂之,奈何纯任德教,用周政乎! 且俗儒不达时宜,好是古非今,使人眩于名实,不知所守,何足委任!"⑥其实,宣帝还是服膺儒学政治理论的,他本人也兼通《诗经》《穀梁春秋》等儒学经典。双方的分歧主要集中在是否视儒学经典为唯一包治百病的灵丹妙药、因而应以儒生垄断官位和整饬吏治是否应恩威并用、以威为主等争论上。历史实践证明,汉宣帝作为成熟的政治家坚持"霸王道杂之"的灵活策略是成功的。而元、成诸帝纯任儒术却加剧了吏治腐败,也降低了西汉政权的活力。

汉宣帝对吏治的严格整饬,一度遏制了贪污、腐败的蔓延,为中兴盛世的出现提供了必要的保障,正如《汉书·宣帝纪》所赞颂:"政事、文学、法理之士咸精其能,至于技巧工匠器械,自元、成间鲜能及之,亦足以知吏

---

① 《汉书》卷76《赵广汉传》。
② 《汉书》卷76《赵广汉传》。
③ 《汉书》卷76《韩延寿传》。
④ 《汉书》卷78《萧望之传》。
⑤ 《汉书》卷77《盖宽饶传》。
⑥ 《汉书》卷9《元帝纪》。

称其职,民安其业也。遭值匈奴乖乱,推亡固存,信威北夷,单于慕义,稽首称藩。功光祖宗,业垂后嗣,可谓中兴,侔德殷宗、周宣矣。"但在他去世不久,贪贿之风即重新泛滥,而且愈演愈烈,终至不可收拾。这固然应由元帝、成帝、哀帝等朝君臣承担最主要的责任,但宣帝反贪的不彻底性也为吏治的再度腐败留下了隐患。首先,汉宣帝反贪过度依赖人治,对制度改革重视不够。如他为防止官吏们在执法过程中贪赃枉法就设置了廷平四人,这正如涿郡太守郑昌批评的:"圣王置谏争之臣者,非以崇德,防逸豫之生也;立法明刑者,非以为治,救衰乱之起也。今明主躬垂明听,虽不置廷平,狱将自正;若开后嗣,不若删定律令。律令一定,愚民知所避,奸吏无所弄矣。今不正其本,而置廷平以理其末也,政衰听怠,则廷平将招权而为乱首矣。"①最关键的制度建设却恰恰被忽视了。其次是汉宣帝本人在政局稳定、经济繁荣以后,有意效仿汉武帝的奢侈享乐。"修武帝故事"成了汉宣帝时常挥舞的旗帜。武帝时期的一些像重视文化、强化反贪等优秀政策当然值得坚持,但宣帝对像求神仙、修宫馆等一类的错误做法也很感兴趣,如《汉书·王褒传》说:"是时,上颇好神仙。"同书《王吉传》则说:"是时宣帝颇修武帝故事,宫室车服盛于昭帝。"王吉曾上疏要求汉宣帝"去角抵,减乐府,省尚方,明视天下以俭"②,然而汉宣帝认为这只不过是迂阔之言,根本不予理会。最高统治者的这种享乐思想对吏治是非常危险的。另外,汉宣帝对与自己长期相依为命的许、史外家感情甚笃,"(宣帝)然以少依许氏,俱从微起,故终不背焉"③,"宣帝微时依倚史氏"④,即位以后对外戚的约束较为宽松,从而出现了外戚竞相奢侈无度、干预朝政的问题。如平恩侯许伯迁入新居,丞相、御史、将军、中二千石等朝廷百官皆往祝贺,长信少府檀长卿竟起舞为猕猴与狗斗,趋炎附势的丑态可以想见。先后任大司马辅政的许延寿、史高等人更是与中书宦官弘

① 《汉书》卷23《刑法志》。
② 《汉书》卷72《王吉传》。
③ 《汉书》卷9《元帝纪》。
④ 《汉书》卷82《史丹传》。

恭、石显相互勾结,败坏吏治,如萧望之就揭露说:"外戚在位多奢淫。"①
强有力的君主汉宣帝在位时,这些问题以及初步出现的宦官专权,都未能
造成很大危害,然而危机却始终潜藏着,一旦性格柔弱控制力不强的汉元
帝即位,问题立刻表面化并难以遏抑,这不能不说是汉宣帝的一大失误。

(二) 变本加厉的奢侈歪风

以汉宣帝甘露三年(前51年)匈奴呼韩邪单于来朝和汉元帝建昭三
年(前36年)秋消灭郅支单于为主要标志,长期威胁西汉安全的匈奴终
于被彻底打败。外患的消除和战争的停止无疑是大好事。但就像北宋名
相李沆曾说过的:"国家有强敌外患,足以警惧。异日天下虽平,上意浸
满,未必能高拱无事。"②统治阶层在外患消除后,往往会因失去追求的目
标和警戒的动力,很快就滑向奢侈腐化的泥沼而不能自拔。自元帝朝开
始的西汉政权就是如此。同时长期的经济繁荣也为统治者提供了奢侈享
受的必要条件,奢侈之风遂像开闸洪水一样一发而不可收。

汉元帝个人比较节俭,即位初始就接受贡禹的建议,"下诏令太仆减
食谷马,水衡减食肉兽,省宜春下苑以与贫民,又罢角抵诸戏及齐三服
官"③。哀帝朝丞相王嘉称赞元帝是"温恭少欲,都内钱四十万万,水衡钱
二十五万万,少府钱十八万万。尝幸上林,后宫冯贵人从临兽圈,猛兽惊
出,贵人前当之,元帝嘉美其义,赐钱五万。掖庭见亲,有加赏赐,属其人
勿众谢。示平恶偏,重失人心,赏赐节约。是时外戚赀千万者少耳,故少
府水衡见钱多也"④。但按照御史大夫薛广德上疏"窃见关东困极,人民
流离。陛下日撞亡秦之钟,听郑卫之乐,臣诚悼之"⑤的说法,看来他的恭
俭也只是相对的,而且根本无助于扭转整个奢侈风气。汉成帝为君虽然
比较宽仁,但奢侈享乐远过乃父:"孝成皇帝时,谏臣多言燕出之害,及女

---

① 《汉书》卷78《萧望之传》。
② 邵伯温:《邵氏闻见录》卷7,中华书局1983年版。
③ 《汉书》卷72《贡禹传》。
④ 《汉书》卷86《王嘉传》。
⑤ 《汉书》卷71《薛广德传》。

宠专爱,耽于酒色,损德伤年,其言甚切。"①谷永更批评他"弃万乘之至贵,乐家人之贱事,厌高美之尊号,好匹夫之卑字",颜师古注说:"谓私蓄田及奴婢财物"②。汉哀帝是个悲剧性的人物,他即位之初不但屡诛大臣欲强主威,而且"易帷帐,去锦绣,乘舆席缘绨缯"③,"躬行俭约,省减诸用,政事由己出,朝廷翕然,望至治焉"④,颇有振作的气象。然而西汉政治腐败的积弊实在已经太深,哀帝又受傅太后和丁、傅外戚的牵制,"傅太后果从复道朝夕至帝所,求欲称尊号,贵宠其亲属,使上不得直道行"⑤,加上健康状况欠佳,对前途失去了信心,遂自暴自弃地与董贤等贪官污吏们同流合污,"诏书罢苑,而以赐贤二千余顷,均田之制从此堕坏。奢僭放纵,变乱阴阳,灾异众多,百姓讹言"⑥,甚至有意禅大位于董贤。这既是哀帝个人的悲剧,更是西汉政权腐烂而亡的时代悲剧。

　　皇帝尚且如此,凭借裙带而暴得富贵的外戚显贵们当然更是肆无忌惮地任意挥霍,奢侈程度令人咋舌。如元帝朝外戚史高、史丹父子皆贪财好色,史丹"尽得父财,身又食大国邑,重以旧恩,数见褒赏,赏赐累千金,僮奴以百数,后房妻妾数十人,内奢淫,好饮酒,极滋味声色之乐"⑦。成帝朝初期的许、班两家后妃,按照谷永的说法已经是"许、班之贵,顷动前朝,熏灼四方,赏赐无量,空虚内藏,女宠至极,不可上矣"⑧,而后来得宠的赵飞燕姐妹的奢侈更是十倍于许、班,"居昭阳舍,其中庭彤朱,而殿上髹漆,切皆铜沓黄金涂,白玉阶,壁带往往为黄金釭,函蓝田璧,明珠、翠羽饰之,自后宫未尝有焉"⑨。哀帝朝得势的丁、傅外戚也是以骄奢著称。不过,骄奢程度真正登峰造极的还是自成帝以来长期执掌大权的元城王

① 《汉书》卷86《王嘉传》。
② 《汉书》卷85《谷永传》。
③ 《汉书》卷86《王嘉传》。
④ 《汉书》卷81《孔光传》。
⑤ 《汉书》卷81《孔光传》。
⑥ 《汉书》卷86《王嘉传》。
⑦ 《汉书》卷82《史丹传》。
⑧ 《汉书》卷85《谷永传》。
⑨ 《汉书》卷97《外戚传》。

氏外戚集团。王氏本起家小吏，以女王政君为元帝皇后而遽登显位，至"家凡十侯，五大司马，外戚莫盛焉"①，王莽遂继之而代汉祚，真堪称是平步青云。平心而论，王氏诸人在政治上并无较多劣迹，像王政君、王凤、王音、王莽等还颇有政绩。但也许正因为富贵如此轻易降临，王氏家族中涌现出众多暴发户心态的挥霍狂，《汉书·外戚传》说："而五侯群弟，争为奢侈，赂遗珍宝，四面而至；后庭姬妾，各数十人，僮奴以千百数，罗钟磬，舞郑女，作倡优，狗马驰逐；大治第室，起土山渐台，洞门高廊阁道，连属弥望。百姓歌之曰：'五侯初起，曲阳最怒，坏决高都，连竟外杜，土山渐台西白虎。'其奢僭如此。"奢侈如此过分，难怪会招致对舅家向来关照有加的汉成帝的雷霆震怒。就连王政君的外甥淳于长也依仗王氏势力，"封为定陵侯，大见信用，贵倾公卿。外交诸侯牧守，赂遗赏赐亦累巨万。多畜妻妾，淫于声色，不奉法度"②。

正所谓"上有好者，下必甚焉"，发端于皇室、外戚的奢侈风气很快就席卷了整个官僚队伍。像石显，仅席床家具就值百万，其豪奢程度不难想象。连号称当世儒宗的张禹也不例外，"禹为人谨厚，内殖货财，家以田为业。及富贵，多买田至四百顷，皆泾、渭溉灌，极膏腴，上贾它财物称是。禹性习知音声，内奢淫，身居大第，后堂理丝竹管弦"③。元帝朝名臣贡禹在上疏中对当时的奢侈现象有着深刻全面的揭露，他说："后世争为奢侈，转转益甚，臣下亦相放效，衣服履绮刀剑乱于主上，主上时临朝入庙，众人不能别异，甚非其宜。然非自知奢僭也，犹鲁昭公曰：'吾何僭矣？'今大夫僭诸侯，诸侯僭天子，天子过天道，其日久矣。承衰救乱，矫复古化，在于陛下。臣愚以为尽如太古难，宜少放古以自节焉。《论语》曰：'君子乐节礼乐。'方今宫室已定，亡可奈何矣，其余尽可减损。故时齐三服官输物不过十笥，方今齐三服官作工各数千人，一岁费数巨万。蜀广汉主金银器，岁各用五百万。三工官官费五千万，东西织室亦然。厩马食粟将万匹。臣禹尝从之东宫，见赐杯案，尽文画金银饰，非当所以赐食臣下

---

① 《汉书》卷97《外戚传》。
② 《汉书》卷93《佞幸传》。
③ 《汉书》卷81《张禹传》。

也。东宫之费亦不可胜计。天下之民所为大饥饿死者,是也。今民大饥而死,死又不葬,为犬猪食。人至相食,而厩马食粟,苦其大肥,气盛怒至,乃日步作之。王者受命于天,为民父母,固当若此乎!"①龚胜、鲍宣等清醒政治家和贡禹一样,视奢侈腐败为和刑罚太深、赋敛太重并列的严重社会问题。西汉朝廷对此也曾试图加以抑制,如汉成帝永始四年(前13年)六月诏书就在指出奢侈无度的危害性后,要求司隶校尉等监察官严加督查,《汉书·成帝纪》说:"方今世俗奢僭罔极,靡有厌足。公卿列侯亲属近臣,四方所则,未闻修身遵礼,同心忧国者也。或乃奢侈逸豫,务广第宅,治园池,多畜奴婢,被服绮縠,设钟鼓,备女乐,车服嫁娶葬埋过制。吏民慕效,寖以成俗","其申敕有司,以渐禁之。青绿民所常服,且勿止。列侯近臣,各自省改。司隶校尉察不变者"。汉哀帝绥和二年(前7年)六月又采纳师丹的建议以"制节谨度以防奢淫,为政所先,百王不易之道也。诸侯王、列侯、公主、吏二千石及豪富民多畜奴婢,田宅亡限,与民争利,百姓失职,重困不足。其议限列"为理论依据,下诏限田、限奴婢:"诸王、列侯得名田国中,列侯在长安及公主名田县道,关内侯、吏民名田,皆无得过三十顷。诸侯王奴婢二百人,列侯、公主百人,关内侯、吏民三十人。"②旨在力矫奢侈之弊。但这些措施不是被以"且须后"的名义搁置,就是由皇帝、外戚带头破坏而流于一纸空文,根本没有收到什么实际效果。

(三) 贪污横行与吏治彻底腐败

奢侈享乐和贪污横行,就像孪生兄弟一样始终伴随在一起。西汉后期日益盛行的奢侈歪风,也毫不例外地引发了官吏贪污狂潮和吏治的彻底腐败。其中原因只要分析一下贡禹谈到的当时官员的收入状况就可以一目了然。贡禹说:"臣禹年老贫穷,家訾不满万钱,妻子糠豆不赡,裋褐不完。有田百三十亩,陛下过意征臣,臣卖田百亩以供车马。至,拜为谏大夫,秩八百石,奉钱月九千二百。廪食太官,又蒙赏赐四时杂缯绵絮衣

---

① 《汉书》卷72《贡禹传》。
② 《汉书》卷11《哀帝纪》。

服酒肉诸果物,德厚甚深。疾病侍医临治,赖陛下神灵,不死而活。又拜为光禄大夫,秩二千石,奉钱月万二千。禄赐愈多,家日以益富,身日以益尊,诚非草茅愚臣所当蒙也。"①显而易见,俸禄、食费、赏赐、药费等合法收入虽然能够保障官吏们超过普通民众的小康生活,但要维持像奴婢成群、声色犬马的奢侈享受,显然是不可能的。如盖宽饶甚至因清廉奉公而家境贫寒,"宽饶为人刚直高节,志在奉公。家贫,奉钱月数千,半以给吏民为耳目言事者。身为司隶,子常步行自戍北边,公廉如此"②。朱邑、尹翁归等廉吏的状况也大致如此。至于奉禄微薄的斗食乡部小吏们,更是难以依靠合法收入享受上等生活。既然合法收入相对固定和有限,而满足欲壑无穷的奢侈享乐又急需大量金钱,于是贪污、受贿的大行其道就成为不可避免的必然恶果。事实上,从宣、元帝朝开始,贪污、受贿大案即不断出现,牵涉面之广和金额的巨大都是空前的。现仅试举数例。

其一,宣帝朝御史大夫陈万年是一个阿谀奉承的小人,他为了保住官位,不惜以重金贿赂外戚史高,"(陈万年)然善事人,赂遗外戚许、史,倾家自尽,尤事乐陵侯史高"③。其二,元帝朝太仆丙显与僚属们相互勾结,贪污公款达数千万之巨,但就因他是故相丙吉的儿子而仅被撤职了事。其三,将军陈汤和甘延寿在元帝朝后期讨伐郅支单于大获全胜,但陈汤却乘机大肆贪污战利品,"汤素贪,所卤获财物入塞多不法",颜师古注说:"不法者,私自取之,不依军法"。④ 他在成帝朝得到大将军王凤的信任后,很快就旧病复发,"大将军凤奏以为从事中郎,莫府事一决于汤。汤明法令,善因事为势,纳说多从。常受人金钱作章奏"⑤,萧咸就是因行贿陈汤而得为少府。陈汤甚至还接受张匡的两百万贿赂替他开脱贪污罪行,确实是一个大贪官。其四,元帝朝安定郡五官掾张辅大行贪污,"五官掾张辅怀虎狼之心,贪污不轨,一郡之钱尽入辅家"⑥,赃款高达百万。

① 《汉书》卷72《贡禹传》。
② 《汉书》卷77《盖宽饶传》。
③ 《汉书》卷66《陈万年传》。
④ 《汉书》卷70《陈汤传》。
⑤ 《汉书》卷70《陈汤传》。
⑥ 《汉书》卷76《王尊传》。

其五,成帝朝左冯翊下辖的高陵令杨湛、栎阳令谢游两人都是声名狼藉的贪官,据左冯翊薛宣揭露的材料看,杨湛是"吏民言令治行烦苛。适罚作使千人以上;贼取钱财数十万,给为非法;卖买听任富吏,贾数不可知"①,内外勾结贪污公款不下数十万。谢游也有贪污官钱自肥的违法行为,"吏民条言君如牒,或议以为拟于主守盗。冯翊敬重令,又念十金法重,不忍相暴章"②,只是因讨好薛宣而没被公开而已。但就是这样两位贪官,也都不过是离职了事。其六,成帝朝南阳太守李尚与外戚红阳侯王立互相勾结,把百姓业已开垦的田地当作荒田上缴国家,借机侵吞公款一亿以上,"时帝舅红阳侯立使客因南郡太守李尚占垦草田数百顷,颇有民所假少府阪泽,略皆开发,上书愿以入县官。有诏郡平田予直,钱有贵一万万以上"③,后事因丞相司直孙宝的揭发而败露。其七,丞相匡衡"专地盗土"的贪污事件,是成帝朝轰动一时的贪污大案。按《汉书·匡衡传》的记载,匡衡封国所在的僮县乐安乡,本来以闽佰作为南界,实有田地三千一百顷。但地图错误地把南移四百余顷的平陵佰标为乐安乡南界。匡衡遂和当地的郡县官吏共同勾结,将错就错地侵吞了这四百顷田地,并派自己的家吏去收取田租千余石谷物。这桩丑闻,终因监察官的揭露而事败。应该说,匡衡仅贪污四百顷田地的地租,数量不是特别巨大,但他作为"以儒宗居宰相位,服儒衣冠,传先王语"④的丞相,却如此带头贪污,影响无疑特别恶劣。其八,哀帝朝颍川郡众官吏在太守严诩的包庇下,贪污不法成风,致郡政大乱。尤其是郡掾钟咸依靠兄长钟元为尚书令的权势,公然贪污赃款高达千金之多。

这些贪污大案尽管已经十分惊人了,但他们中的很多人都是因为政治斗争的失势而被揭露出贪污丑闻的。毫无疑问,那些没有被揭露出来的大案、要案还不知有多少,特别是那些真正的最大贪污犯像史、王外戚,金、张高官之流,不仅可以毫无忧虑地大肆贪贿敛财,而且众多贪官污吏

---

① 《汉书》卷83《薛宣传》。
② 《汉书》卷83《薛宣传》。
③ 《汉书》卷77《孙宝传》。
④ 《汉书》卷81《匡张孔马传》。

都在他们的卵翼下安然无恙,并结成对抗反贪的紧密关系网,很多志在反贪的清官廉吏像盖宽饶、诸葛丰、郑崇等人,往往陷入壮志难酬却被扣上莫须有罪名而遭诛的悲剧中。这充分地说明,西汉政权此时自身清除贪污的能力已接近于零,这个政权在民众中的信誉也随之降低到谷底。因此,社会经济虽没有出现太大问题,民众温饱也可大致维持,然而西汉朝廷的威信因腐败已荡然无存,像成帝时竟至"京师民无故相惊,言大水至,百姓奔走相蹂躏,老弱号呼"①的混乱,表明民众对这批唯知榨取民众血汗供一己享乐的刘汉权贵已完全丧失了希望。于是,"易姓受命"改朝换代的思潮应运而生,如昭帝初眭孟即要求汉朝皇帝禅位于贤人,退而自封百里,只是当时并没有提出明确的人选而已。后来当王莽以出淤泥而不染的廉洁形象(即便是假装的也好)出现在民众视野中时,希望的目光很快聚焦在他的身上。在全社会的共同支持下,王莽沿着大司马、安汉公、假皇帝等台阶易如反掌地取代了西汉政权。曾经辉煌一时的西汉大帝国就这样在贪污腐败中走到了自己的尽头。

第三节　与腐败为伍的新皇朝

公元9年,王莽以外戚的身份登上帝位,建立了一个历时十五年的新王朝。关于王莽和他的时代,何兹全先生在他的名作《中国古代社会》中认为王莽是堪与商鞅相比肩的古代社会大改革家,"他之代汉取天下,可谓应天命顺人心的。针对当时所存在的问题,提出一系列改革计划。他是个主观主义者,是位幻想家,他到死都不知道他为什么会死的。他的失败,是一个改革家的悲剧,一个必然的悲剧"②。这个评价相比于历代贬低王莽为篡臣贼子的正统史论无疑是公正的。因为不管如何挥舞吊民伐

① 《汉书》卷82《王商传》。
② 何兹全:《中国古代社会》,河南人民出版社1991年版,第332页。

罪、废昏立明等美丽旗帜,都无法否认几乎每一个政治家在向权力高峰迈进直至开创一个大王朝的过程中,都不可避免地要玩弄政治权术,这是专制政体的痼疾。更关键的是,西汉作为腐败已极的政治僵尸,无论是按照西汉人的政治观念,还是当今的理念标准,刘氏又有什么理由和权力垄断帝位呢?实际上,王莽的上台可说是得到了当时可能达到的最高社会支持,《汉书·王莽传》说:"吏民以莽不受新野田而上书者,前后四十八万七千五百七十二人,及诸侯、王公、列侯、宗室见者皆叩头言,宜亟加赏于安汉公。"对此,何先生的分析"这里面很可能有王莽的授意群下的奉迎,但近代史以前,很少人搞这种'民意测验'。这是中国古代社会里一次民意的反映,也是中国古代社会里'民主'意识的残迹。重要的是它反映了王莽得到士大夫阶层的广泛支持"①,堪称一语破的。

但问题是,王莽又确实是一个失败的政治家,他的王田、私属、更货币、改官制等改革措施大致都以失败而收场,由此不仅直接促成光武帝刘秀造就了历史上极为罕见的"一姓再兴"的中兴大业,而且授后人以攻击的话柄。这其中的缘由无疑相当复杂,但有四方面因素值得重视和深入思索。一是,社会各阶层对王莽政权的期望值过高,要求他在短时间内像周公等古代圣人那样,让儒学经典中所描绘的美好太平盛世重现人间。这是现实民众的美好期望,也是西汉占统治地位的儒学理论所指明的方向和目标。如此高的社会期望,对被舆论誉为"周公复生"的王莽来说,既是代汉上台的最有利条件,又是执政后最不易处理的难题和压力。因为道理很简单,理想社会的降临人间尽管不能说完全没有可能性,但至少要经过漫长的艰苦探索,在当时的生产力水平条件下,即便要取得超过西汉政权所达到的温饱水准,又谈何容易!实质上直到宋代才重新超过了盛汉的经济水平。然而由无限期望而激发起来的社会性冲动又不容许王莽有太多的试验机会和时间,一旦他的改革出现些许问题和许诺未能兑现,实际上也不能兑现,民众急功近利的情绪立即由支持和期望的巅峰滑向谷底,转而怀念起原本被全社会共同抛弃掉的西汉刘氏。可见,社会期

---

① 《中国古代社会》,第337页。

望与改革实效间的差距往往会成为改革者落马的陷阱。二是，王莽作为儒士阶层的政治领袖，既有政治素质相对较高的长处，又难免犯有儒生治国的某种通病：即把道理当成措施，把药理当成了药方。应当承认，儒学经典中是包含着很多治国平天下的内容的。所以在中国传统社会中，一个知识分子若无较深的儒学文化素养，无论如何也是成不了一个优秀的政治家的。但是儒家文化、儒家经典中所包含的，只是治国平天下的道理，即基本原理，而不是具体的运作手段和措施，它对待社会疾病的治疗，只起药理的作用，而决不是现成的药方。如果把道理当成措施，把药理当成药方，那不但不能奏效，反而会造成更大的混乱。王莽的失败恰恰就在于此。例如对王莽奉为改革圭臬的《周礼》，宋人的看法是："今《周礼》最后出，多杂以六国之制，大要渎祀敛财、冗官扰民，可施于文，不可措于事者也。"①此堪称定谳。三是改革方向的选择上有很大失误。任何改革，都必须选准突破口，对症下药。我们知道西汉的社会问题在贡禹、鲍宣等人批判的笔下虽然纷纭繁杂，但在土地、奴婢、货币等经济问题的背后，却主要是社会离心力日益增大和分配领域中的不公平两个互动的因素。王莽在全社会共同拥戴下上台，短期内当然不存在离心力问题，其改革的重点应该放在分配不公问题的解决上。而社会分配不公在西汉所以成为大问题，并不是由于社会生产环节的弊端，基本上是由官僚队伍的严重贪污腐败激化起来的。至于经济运作体制本身还是相对比较健康的，在西汉末年还取得了"府库百官之富，天下晏然"②的成就。王莽改革不从整饬吏治进一步减少官府对经济事务的干预入手，使社会分配趋向合理化，反而人为地急于打破被实践证明行之有效的土地、货币等经济制度，结果不仅没有立即给社会各阶层带来实际的好处。相反，却触犯了当时不少人的既得利益，王田、私属和频繁的货币改革皆如此，而且也脱离了时代条件，失败难以避免。对此，北宋名相司马光评论道："王莽取之虽不以正，然受汉家完富之业，向使不变法征利，结怨于民，犹或未亡也。"③这是很

① 邵伯温：《邵氏闻见后录》卷3，中华书局1983年版。
② 《汉书》卷24《食货志》。
③ 《邵氏闻见后录》卷3。

有见地的。当王莽因经济改革受挫，竟而幻想通过对外战争来重树威信，就更是错上加错，终至不可收拾。四是没有遏制住官僚机构的腐败化趋势。这其中有汉末吏治贪污腐败已经积重难返的历史遗留问题，也有王莽代汉得益于官僚阶层的大力支持因而虽曾做过整饬努力却难以重法惩贪的因素。但关键在于，王莽贸然以五均、六管的名义全面恢复本来在盐铁会议中已经遭到贤良文学们坚决反对的汉武帝盐铁官营、均输、平准等政策，而武帝朝的历史早已雄辩地证明：官府直接经营工商业，必然导致吏治腐败的无法遏抑。王莽统治后期甚至出现了超过汉末的腐败恶潮，无疑又是一个绝好的例证。王莽改革及他的新政权无疑是失败了，但他在反贪领域中的许多失误和教训，却值得后人思索和警惕。

一、新朝的监察机制及其运作

王莽亲身经历了西汉后期吏治彻底腐败从而导致民心丧尽的历史过程，对贪污横行的危害性也有相当程度的认识，在他登上帝位后，对强化监察机制亦进行了一定的努力。在中央，王莽设置五威司命，作为最高的监察官。司命开府置吏，成为最高监察机构。"司命司上公以下"，实际上可以监察朝中所有官员。亲信陈崇被任命为五威司命，在给陈崇的策命文书中，王莽规定了监查的六条标准，"咨尔崇。夫不用命者，乱之原也；大奸猾者，贼之本也；铸伪金钱者，妨宝货之道也；骄奢逾制者，凶害之端也；漏泄省中及尚书事者，'机事不密则害成'也；拜爵王庭，谢恩私门者，禄去公室，政从亡矣。凡此六条，国之纲纪。是用建尔作司命，'柔亦不茹，刚亦不吐，不侮鳏寡，不畏强圉'，帝命帅繇，统睦于朝"①。在这六条当中，至少有四条是主要针对各级官吏的，目的虽然是为澄清吏治、强化专制皇权。在设置五威司命以前，王莽还曾设了专门"司过"的官员如司恭、司徒、司明、司聪、司中大夫及诵诗工、彻膳宰等，策命文书对其职权是这样规定的："予闻上圣欲昭其德，罔不慎修厥身，用绥于远，是用建尔

---

① 《汉书》卷99《王莽传》。

司于五事。毋隐尤,毋将虚,好恶不愆,立于厥中","令王路设进善之旌,非谤之木,敢谏之鼓。谏大夫四人常坐王路门受言事者"。① 这些谏官虽然名目繁多,但都在"司皇帝之过"的同时担负有监察百官充当皇帝耳目的职责。

为了加强对地方官员的监察,王莽加强了中郎将和绣衣执法等官的监察职能。他们有权随时接受皇帝的差遣到指定的地方行使特定的监察职能。如始建国三年(11 年),王莽就派出中郎将、绣衣执法各五十五人,"分填缘边大郡,督大奸猾擅弄兵者"②。在地方,王莽设置的常设监察机构是州和部,"置州牧,其礼如三公。部监二十五人,位上大夫,各主五郡"③。其中由于州兼居行政和监察的双重职能,而且此时州的行政职能大大加强,州牧的主要精力已不能集中在监察方面,所以州的监察职能已相对弱化。王莽新朝地方的监察职能主要由新设的部承担。当时全国设二十五部,各置部监一人,位上大夫,各主五郡。部监的职能与汉代刺史约略相当。地皇二年(21 年),在各地起义军的猛烈攻击下,新皇朝已处于风雨飘摇中,地方官的离心反叛和乘机大发国难财的问题趋于严重,于是王莽又置部监付,秩元士,冠法冠,协助部监强化监督事宜。对郡的监察,王莽还置有执法左右刺奸,《汉书·王莽传》说:天凤四年(17 年),"置执法左右刺奸。选用能吏侯霸等分督六尉、六队,如汉刺史,与三公士郡一人从事"。对县级官吏的监察则依然保留了督邮,如马援在王莽时"为郡督邮,送囚至司命府"④。县负责察乡、部的监察官是执奸,如四方王莽时县级官印"南执奸印""木禾右执奸""石泉右执奸""梃县左执奸"等。执奸一词"似从执法、刺奸演化而来"⑤,其职掌或略与汉司监察的廷掾、贼曹掾相类似。总之,王莽继承了秦、西汉的传统,设置了从中央到地方的较严密的监察网络,对上至四辅三公的高官,下至一般的郡县小

---

① 《汉书》卷 99《王莽传》。
② 《汉书》卷 99《王莽传》。
③ 荀悦:《汉纪》卷 30。
④ 《后汉书》卷 24《马援传》。
⑤ 吴荣曾:《先秦两汉史研究》,中华书局 1995 年版,第 323 页。

吏,都施以严格的监察,希望能借此实现官僚机构清廉奉公地为新皇朝
服务。

　　王莽的监察机构虽然比较庞大,也配备了相当数量的监察官员,对吏
治的贪污腐败在理论上应该有较强的控制力,但实践中并没有取得良好
的效果。其中的一个重要原因就是王莽过分依赖人治,忽视了法治在反
贪中的关键性作用。王莽根据自己从外戚而登大位的历史经验,特别注
重揽大权于一身,"务自揽众事""抑夺下权""有司受成苟免"。在中朝,
他架空尚书,"吏民上封事书,宦官左右开发,尚书不得知"。在外朝,他
"夺公辅之任,损宰相之威"①,使之无所事事。这就难免造成行政运行的
低效和梗阻,凡是王莽一己之力难以顾及的地方和部门,就很可能出现麻
烦。如当王莽专注于制礼作乐时,中央和地方行政诉讼就无人管理,形成
某些地方和部门的无政府状态。有的县份,县令、长多年空缺而不任命,
由郡守兼理,使该县行政无法正常运转。有的郡守像崔骃"称疾不视事,
三年不行县",所辖众县,"狱犴填满"②也不审理。有的案犯,无人追捕,
长期逍遥法外。这一切都严重损害了监察机制的良好运行,为贪官污吏
的非法活动提供了机会,他们贪赃枉法之事越做越大胆。而王莽为了监
视郡县官吏而派到各地去的中郎将、绣衣执法,更是利用仅对王莽一人负
责的权威,安插私人,与郡县守令互相勾结,横行无忌。再加上所谓十一
公士分巡各州郡,他们名义上是"劝农桑,班时令,案诸章",实际上都是
以钦差大臣自居,颐指气使,收取贿赂,冤杀无辜。中郎将,绣衣执法,十
一公士,郡县守令,大大小小的官员,你来我往,竞相盘剥,搅得各地鸡犬
不宁,怨声载道,新朝的监察机制和吏治就这样败坏到了不可收拾的
地步。

二、新政实施中的贪贿风

　　何兹全先生曾经指出:"王莽的政策,即使本身是好的,如五均、赊

---

①　《汉书》卷 99《王莽传》。
②　《后汉书》卷 52《崔骃传》。

贷、六管，但一经官僚机构去推行，好的也就变成坏的了，官僚们的贪污腐败，什么东西在他们手里一过都变了质"，"改革总要有人去执行，徒法不足以自行。不能不依靠官僚机构。但一到官僚手里，事情就变质了，好事变成坏事。"①事实也正是如此。王莽新政改革的失败，与官僚队伍的贪污腐败关系极大。当然，这与政策自身的漏洞也是互为因果的。就像五均、六管、赊贷等官府直接插手经济事务的改革措施，由于官府缺乏相应的人才，王莽只能效法汉武帝的故智，任用大批原来的工商业者主持其事，"羲和置命士督五均六管，郡有数人，皆用富贾，洛阳薛子仲、张长叔、临菑姓伟等，乘传求利，交错天下"②。殊不知连皇权强大臻于顶峰的汉武帝朝都因此带来了腐败狂潮，更何况监察不力、法制松弛的新朝呢？果不其然，当拥有资本五千万的临淄姓伟，拥有资本十万的洛阳张长叔和薛子仲等大商贾进入新朝殿堂，充当把持六管的羲和命士后，这批本来就是囤积居奇、哄抬物价、贱买贵卖、投机取巧，并以高利贷对民众进行掠夺的老手，而今获得帝国官员的外衣，便更加有恃无恐、肆无忌惮地贪赃枉法、巧取豪夺，把过去富商大贾的收入变成王莽政权的独占品。而他们自己也乘此机会，贪污中饱，腰缠万贯，大发横财。《汉书·食货志》就记载这伙羲和命士们"因与郡县通奸，多张空簿，府藏不实，百姓俞病"，由此不仅把五均变成了官僚、富豪互相勾结贱买贵卖从中渔利的手段，把六管变成了剥削民众的工具，而且也给新朝吏治以致命性的打击。

王莽的官制改革也加剧了贪污腐败的恶化。为答谢儒生和旧官僚对自己的支持，王莽不得不采取增加官位的冗官政策，使官吏员额不断膨胀，如上公之位由汉朝的三四员增至十一员，再加上一个开府办事的五威司命。九卿等机构的原有办事人员没有减少，每一卿之下却又添了一个高中级的僚属。地方行政机构由西汉原来的郡县两级制增至州、郡、县三级制。同时，又通过改变行政区划大量增加郡与县的数量，新增郡二十二个，县六百一十五个，只此一项，就要增加郡主官二十二员，尉四十四员，

---

① 《中国古代社会》，第 343 页。
② 《汉书》卷 24《食货志》。

县主官令、丞一千二百三十余员,属吏更是十倍于此。官位如此大规模地膨胀,必然带来行政效率的低下和帝国财政负担的加重。同时也激化了统治集团的内部矛盾,促使腐败歪风如水银泻地。因为官位无论怎样增加,相对于原有的官僚和新跻身王莽朝廷的新贵来说,都永远只能是僧多粥少。王莽也只好使用不断轮换官员的办法来尽量做到利益均沾。由此造成了每一位新官上任后的第一件要事就搜刮、搜刮、再搜刮,都恨不能一口就吃成大胖子,待到调令到来时,这些人已是腰缠万贯,趾高气扬地准备到新的地方进行更大规模的劫掠了。如此一来,吏治腐败就成为不可遏止的狂潮。

更为严重的是,王莽在官制改革中始终没有制定出一个合适的俸禄制度。众所周知,官吏必须有与该时代生活水平相适应、同时又使国家财政能够承担的俸禄制度。各级官吏为政府服务,手中掌握着大大小小的权力。必须使他们的俸禄能维持高于民众平均生活水平的水准,这样方能以制度限制他们贪赃枉法。但是,官吏的俸禄又不能高到政府财政难以承受的水平,因为这必然加大对百姓的剥削。所以,官吏俸禄有一个与时代相适应的"度",即达到董仲舒所说的"富者足以示其贵而不致于骄"的程度。然而王莽是一个慷慨授爵任官却又十分吝惜俸禄的统治者,新朝开始规定的俸禄是很低的,"自公卿以下,一月之禄十缕布二匹,或帛一匹"。如此低的俸禄显然难以使官吏们维持过得去的生活,连王莽自己也承认"予每念之,未尝不戚焉"[1]。但问题显而易见,这一时期尽管俸禄很低,不过官吏们既不会自掏腰包维持生活,更不会饿着肚子为政府服务,因为他们手中有政治权力,所以,一定能够生出层出不穷的办法来保持自己穷奢极欲的生活。最常用也最有效的办法无非是贪赃枉法,向民众敲诈勒索。而且,正因为俸禄太低下,一切贪污受贿都在事实上取得了合法地位。不少官吏反而通过贪贿发了横财,"天下吏以不得奉禄,并为奸利,郡尹县宰家累千金"[2]。直至天凤三年(16 年)五月,新朝才正式公

---

① 《汉书》卷 99《王莽传》。
② 《汉书》卷 99《王莽传》。

布了一个极其烦琐的俸禄制度。规定从四辅公卿大夫到最低级的僚属,共分十五个等级。俸禄最低者年薪六十六斛,以上依次递增,到四辅为万斛。这个俸禄制度与西汉已实行的制度比较接近,认真执行还是可以既维持官吏队伍的稳定又可限制其腐败的。但是,这个制度还有附加的烦琐规定,根据辖区年成的丰歉,财政收入的多少依次灵活决定各级官吏的实际俸禄。要求从四辅到郡县各级官吏,层层签订责任书,把俸禄的多少和财政的收入直接挂起钩来,"岁丰穰则充其礼,有灾害则有所损,与百姓同忧喜也。其用上计时通计,天下幸无灾害者,太官膳羞备其品矣;即有灾害以什率多少而损膳焉"①。这里王莽通过表示自己的用度也以国家的岁入多少为差,实际上是要求各级官吏"保其灾害","以十率多少而损其禄"②。王莽认为,有着如此规定,各级官吏就会兢兢业业地忠于职守,保证国家的赋税收入了。岂不知,王莽的吏禄制度实际上等于给了各级官吏利用职权在法外榨取百姓的特权。因为这样烦琐的制度,使"课计不可理,吏终不得禄",官吏们"各因官职为奸,受取赇赂以自供给",更加加速了吏治的彻底腐败。公元23年十月,暴动的长安民众攻入皇宫,将王莽杀死于乱军之中。一代改革家,终于因为自己的错误付出了生命的代价。

第四节　在外戚宦官擅权中走向
灭亡的东汉皇朝

一、东汉的监察机制及其运作

(一) 东汉的建立与灭亡(25—220 年)

新朝王莽的倒行逆施,激发了声势浩大的农民起义。公元 17 年,王

---

① 《汉书》卷 99《王莽传》。
② 《汉书》卷 99《王莽传》。

匡、王凤领导的绿林军揭竿而起,公元18年,琅邪人樊崇也在莒县聚众起义。两支军队相互配合,给王莽政权以沉重打击。南阳地主刘秀率部加入了绿林军,在公元23年的昆阳之战中,他指挥的起义军战胜四十万新朝官军,成为新末农民战争历史的转折点,同时也为他赢得了崇高的威望。公元25年,刘秀已拥有了实力雄厚的军事力量和大批文臣武将,加之有人献上"刘秀发兵捕不道,四夷云集龙斗野,四七之际火为主"的赤伏符,在群臣的极力劝谏下,刘秀在鄗(今河北柏乡县境)即位做了皇帝,史称东汉或后汉。从公元25年至公元40年,刘秀镇压了赤眉、铜马为代表的农民起义军,还平定了渔阳的彭宠、巴蜀的公孙述、秦郡的秦丰等割据称雄势力,完成了统一大业。

刘秀在统一全国后,实行了一系列稳定统治秩序,发展农业生产的政治经济政策。在政治上,采取"退功臣而进文吏"①的措施,削弱三公职权,加强尚书台的权力,完善、加强监察制度,废除内地郡国都尉,实行精兵简政,将政权、军权都集于皇帝之手,使专制主义中央集权得到进一步加强。刘秀曾九次下达释放和禁止虐杀奴婢的诏令,既缓和了阶级矛盾,又为农业生产增加了大批社会劳动力。在经济方面,他把大部分荒地和山林苑囿借予或赐予贫民耕种,还采取了减免租赋和减轻兵、徭役等政策,为生产的恢复和发展创造了良好的社会条件。在统治者和劳动人民的共同努力下,东汉初期经济得以迅速恢复和发展。不仅垦地面积扩大,而且耕种技术也有了进步。手工业和商业随着农业的发展也得以繁荣。随着经济的发展,人民的生活水平有所提高,社会趋于安定。到明帝时,出现了"天下安平,人无徭役,岁比登稔,百姓殷富,粟斛三十,牛羊被野"②的兴盛局面。

东汉以汉和帝末期为限,分为前期和后期。前期历光武帝、明帝、章帝、和帝四个皇帝。后期历殇帝、安帝、顺帝、冲帝、质帝、桓帝、灵帝、献帝八个皇帝。东汉前期,由于统治者采取了改革吏治、发展生产的一系列措

---

① 《后汉书》卷1《光武帝纪》。
② 《后汉书》卷2《明帝纪》。

施,从而缓和了阶级矛盾,安定了社会秩序,为生产的恢复和发展提供了宽松的社会环境。东汉前期政治比较清明,统治者特别注重对官吏的选拔,通过察举、贤良对策等方式选取贤才,所以此时吏治比较清明。前期四帝都能勤勉于政,光武帝"虽身济大业,兢兢如不及,故能明慎政体,总揽权纲,量时度力,举无过事"①。继位之君汉明帝"奉承圣业,夙夜震畏,不敢荒宁"②。汉章帝继位后,"统理万机,惧失厥中,兢兢业业,未知所济"③。汉和帝即位时尚年幼,太后临朝,外戚窦宪擅权。和帝亲政后,诛灭窦宪,重新调整吏治,且能见天灾而自省,"寤寐永叹,用思孔疚"④。由于东汉前期统治者都兢兢业业勤于政事,所以出现了社会安定、政治清明的兴盛局面。

从汉和帝末期开始,东汉进入后期。外戚、宦官轮流把持政权,控制各级行政机构,甚至挟持皇帝、擅权妄杀。每一轮外戚或宦官上台,都大肆扩充势力,肆意兼并土地,广修宫室美宅,掠夺人民财产。贪污受贿成为他们聚敛财富的一个重要手段。外戚、宦官的交替擅权,必然造成社会黑暗,吏治败坏。巧取豪夺、奢侈浮华使社会风气日益腐败。东汉后期的皇帝都是幼年即位,被外戚、宦官玩弄于股掌之中,无力重振朝纲,东汉王朝便在外戚、宦官交相擅政,互相攻讦中慢慢走向灭亡。

随着外戚、宦官以及豪强地主、商人势力的膨胀,大批土地集中于他们手中,失去土地的人民或进入田庄沦为宾客、徒附,或者流离失所,成为流民。由于统治阶级的残酷剥削,人民生活非常贫困,"故富者席余而日织,贫者蹑短而岁踬,历代为虏,犹不赡于衣食。生有终身之勤,死有暴骨之忧。岁小不登,流离沟壑,嫁妻卖子"⑤。农民终生劳碌,却换不得温饱,甚至发生"河内人妇食夫,河南人夫食妇"⑥这种人吃人的悲剧。劳动人民已被腐朽的统治阶级逼上了绝路,一场声势浩大的农民起义正在

---

① 《后汉书》卷1《光武帝纪》。
② 《后汉书》卷2《明帝纪》。
③ 《后汉书》卷3《章帝纪》。
④ 《后汉书》卷4《和帝纪》。
⑤ 崔寔:《政论》,《全后汉文》卷46。
⑥ 《后汉书》卷8《灵帝纪》。

酝酿。

　　公元 184 年,被逼无奈的农民终于铤而走险,掀起了规模宏大的历史狂飙——黄巾农民大起义。张角是起义的领导者,他利用传播太平道之机,组织起一支庞大的队伍。公元 184 年,张角利用"苍天已死,黄天当立,岁在甲子,天下大吉"的谶语,发动了黄巾大起义。起义军主力分别集中在冀州、颍州和南阳三个地区,他们相互配合,攻城略地,给东汉政权以重创。但因兵力分散,给东汉政府以各个击破的可乘之机。加上豪强地主纷纷派出部曲家兵剿灭起义军,在历经艰苦血战之后,黄巾军最后失败。黄巾大起义虽没有推翻东汉政权,但也给它以沉重打击,使它元气大伤。黄巾起义后,农民的反抗斗争并未平息,新的起义不断爆发。黑山起义军、西山起义军、天师道起义军、白波黄巾军、益州黄巾军、葛陂黄巾军和青州黄巾军等,纵横驰骋,四处出击,虽然最后失败,但基本上摧毁了东汉的腐朽统治。

　　在镇压农民起义的过程中,东汉地方州郡势力和各地豪强武装迅速膨胀起来,他们乘战乱扩充势力,割据混战局面逐步形成,"大者连郡国,中者婴城邑,小者聚阡陌,以还相吞灭"[①]。大的割据军阀主要有袁绍、曹操、孙权、董卓、刘表、袁术、吕布等。

　　汉灵帝死后,太子刘辩即位,是为少帝。外戚何进和宦官发生争权斗争,何进召前将军、并州牧董卓等进京诛灭宦官。董卓挟持皇帝,血洗京城,并废刘辩而立汉献帝刘协。董卓的倒行逆施,激起各地人民的愤怒,山东州郡牧守纷纷起兵,讨伐董卓。至此正式拉开了军阀混战的序幕。在混战中,汉献帝刘协只是作为军阀们"挟天子以令诸侯"的工具,东汉王朝实际上已是名存实亡了。

　　在军阀混战中,逐步形成了曹操、孙权、刘备三足鼎立的局面。曹操挟持汉献帝,企图一举统一全国,但孙权、刘备联合,在赤壁之战中打败曹操,奠定了三国分立的基础。公元 220 年,曹丕胁迫汉献帝禅让帝位给自己,建立魏国,东汉皇朝正式灭亡,此后中国历史进入三国鼎立时期。

----

　　① 《三国志·魏书》卷 2《文帝纪》注引《典论·自叙》。

（二）东汉的监察机制及其运作

东汉的监察机制基本上沿袭西汉。光武帝即位之初，便建立了以御史中丞为首的中央监察机构。不久又建立和完善了以刺史为首的地方监察系统。秦朝专管监察工作的御史大夫，到光武帝时已更名为司空，变成专管水土之官。原来隶属御史大夫的御史中丞正式成为监察机构的最高长官。此后，御史中丞从皇宫搬出，独立置署，称为"御史台"或"宪台"，有时也称"兰台寺"。御史中丞在东汉时成为少府的属官，设一人，食千石俸禄。御史中丞的主要任务是监察，从中央到地方，所有朝廷命官都在其监察之列。御史中丞下设侍御史中丞、治书侍御史、侍御史、绣衣御史、兰台令史等官。治书侍御史为二人，"凡天下诸谳疑事，掌以法律当其是非"①。主管对法律的解释，审决各地呈报上来的各类疑案。侍御史为十五人，职责是"掌察举非法，受公卿群吏奏事，有违失举劾之。凡郊庙之祠及大朝会、大封拜，则二人监威仪，有违失则劾奏"②。侍御史察举的对象是文武百官，任务是察举不合法制的行为。侍御史监察百官，主要通过两种方式，一是在朝廷之上，察举群臣奏事时的违失之处。二是在祭祀、朝会、封拜等大型活动中，察举百官的违礼行为。

司隶校尉是京师及周围郡县的监察官，西汉武帝时设置，在西汉成帝时曾被罢免，光武帝即位后复置。司隶校尉由皇帝直接管辖，设一人，秩俸为二千石，主要任务是监察京师及其周围七郡的文武百官。同时并领刺史管辖下的一州。上自中央百官，下至地方郡守，都在其察举之列。且其监察内容也很广泛，从政治到经济，到日常生活的方方面面，无所不及。除监察权外，司隶校尉还具有选举、奉诏捕杀罪犯、逮捕公卿等权力，成为中央重要的官职之一。司隶校尉下设十二个司隶从事。都官从事，"主察举百官犯法者"③，功曹从事，"主州选署及众事"④，别驾

---

① 《后汉书》志26《百官三》。
② 《后汉书》志26《百官三》。
③ 《后汉书》志27《百官四》。
④ 《后汉书》志27《百官四》。

从事,"录众事"①,簿曹从事,"主财谷簿书"②,兵曹从事,"主兵事"③,以及所部七个郡国从事,"主督促文书,察举非法"④。十二个司隶从事所掌职权的范围,既包括对朝廷百官的监督,又包括对州、郡的审察。其中涉及政治、经济、军事、选举及其他方面,看来司隶校尉所掌权力是很大的。司隶校尉的属官,除从事外,还有假佐,官名有门亭长、门功曹书佐、孝经师、月令师、律令师、簿曹书佐等,一共有二十五人。假佐地位较低,"主簿录阁下事,省文书"⑤。御史中丞和司隶校尉都是东汉时设于中央的监察官,他们都被赋予了很大权力。汉光武帝时,特诏御史中丞与司隶校尉和尚书令三者,在朝会时设专席独坐,京师号称他们为"三独坐"。说明他们的地位是很高的。

除了御史中丞、司隶校尉外,东汉设在地方的监察官是刺史。该官是西汉武帝所置,两汉之际的战乱年代,其监察职责还不明晰。建武十八年(42年),光武帝恢复了西汉时的刺史监察制度。刺史所部十二个州,每州设一刺史,共为十二人。"诸州常以八月巡行所部郡国,录囚徒,考殿最。初岁尽诣京都奏事,中兴但因计吏。"⑥每年八月刺史都巡行所辖郡国,到第二年年初到京都汇报情况。刺史下有从事史、假佐等属吏,和司隶校尉的属吏基本一致。其中别驾从事和治中从事为刺史从史之长,主管刺史幕府的主要工作。刺史的职责,主要是对地方州郡进行监察,"刺史班宣,周行郡国,省察治政,黜陟能否,断理冤狱,以六条问事,非条所问,即不省"⑦。对郡国吏治、治安、刑狱的监察,是刺史的主要职责。

东汉前期,监察机构比较健全。皇帝为了加强中央集权,不断完善监察机制。各机构的监察权有所划分。如朝官、后妃、宗室成员等基本上由御史中丞进行监察,京畿地区(三辅、三河与弘农)的官吏由司隶校尉负

① 《后汉书》志 27《百官四》。
② 《后汉书》志 27《百官四》。
③ 《后汉书》志 27《百官四》。
④ 《后汉书》志 27《百官四》。
⑤ 《后汉书》志 27《百官四》。
⑥ 《后汉书》志 28《百官五》。
⑦ 《后汉书》志 28《百官五》注引蔡质《汉仪》。

责监察,地方郡国由刺史进行监察。这样,便形成中央和地方两套监察机制。中央由御史中丞和司隶校尉负责,地方则由刺史负责。御史中丞为中央最高监察机关的长官,名义上属于九卿之一的少府,实际上是直接听命于皇帝。司隶校尉是皇帝为京畿特设的监察官员,更直接受皇帝指挥。刺史虽上统于御史大夫(后统于御史中丞),但亦能直接上奏皇帝,接受训示。三者皆能独立行使监察权。东汉监察的内容很广泛,大到政府方针政策,诏书律令的执行,典章制度,封建礼仪的遵守,官吏的言行和政绩,地方豪强的行为,治狱或选举的不实等诸多方面,小到官吏日常生活中的言论与行为,地方官吏和豪强关系,等等,无一不在监察范围之内。监察的依据和标准,主要是东汉的各种法律制度,有时还依据"《春秋》大义"。

为保证监察机制健康运行,除不断赋予监察机构以权力外,东汉前期的皇帝还注意选拔廉吏作为监察官。如光武帝刘秀时,任用鲍永为司隶校尉,鲍永刚正不阿,勇于弹劾权贵。一次,刘秀的叔父赵王刘良过城门时,与右中郎将张邯相遇,路狭不能并过两车。刘良见张邯不主动回避而大怒,喝叱张邯转车回避,又召来门侯岑尊进行诘难,令他在马前叩头,并"使前走数十步"①,刘良依仗贵戚身份,以势压人,严重违背了礼制。司隶校尉鲍永得知后,上书皇帝,弹劾刘良道:"案良诸侯藩臣,蒙恩入侍,(宜)知尊帝城门侯吏六百石,而肆意加怒,令叩头都道,奔走马头前。无藩臣之礼,大不敬。"②鲍永不畏强权,敢于弹劾皇上的叔父,这种勇于在太岁头上动土的行为使"朝廷肃然,莫不戒慎"③。后来汉光武帝又征辟扶风的鲍恢为都官从事,鲍恢也是勇于抗争,不畏强权,对百官进行监察,使百官、外戚不敢违礼。鲍永、鲍恢的廉直无私,就连皇帝也畏之三分,经常警告外戚道:"贵戚且宜敛手,以避二鲍。"④鲍永死后,光武帝又任其子

---

① 《后汉书》卷29《鲍永传》注引《东观记》。
② 《后汉书》卷29《鲍永传》注引《东观记》。
③ 《后汉书》卷29《鲍永传》。
④ 《后汉书》卷29《鲍永传》。

鲍昱为司隶校尉，"昱在职，奉法守正，有父风"①。汉章帝时，任用名臣郅恽之子郅寿为冀州刺史，"时冀部属郡多封诸王，宾客放纵，类不检节"②。郅寿严密防范，不徇私情。为有效监察诸王之失，郅寿"乃使部从事专往王国，又徙督邮舍王宫外，动静失得，即时骑驿言上奏王罪及劾傅相"③。在郅寿的严密监察下，"于是藩国畏惧，并为遵节"④。从而使冀州治安得以好转。章帝奇其智策，擢他为京兆尹。当时，"郡多强豪，奸暴不禁"⑤，然而郅寿上任后，"三辅素闻寿在冀州，皆怀震竦，各相检敕，莫敢干犯"⑥。后郅寿被征为尚书仆射，当时外戚窦宪擅权，郅寿多次上书弹劾窦宪的骄纵不法，还引王莽为例，劝诫皇上外戚篡权的危害性。由于东汉前期皇帝能利用敢言极谏之士做监察官，所以上自朝廷百官，贵戚侯王，下到地方官吏，基本上都能克己守法，这也是东汉前期社会安定、政治清明的重要原因。东汉前期监察机制的健康运作，纠察出像楚王刘英、济南安王刘康、阜陵质王刘延、广陵思王刘荆、梁王刘畅等谋反案例，有效地维护了皇帝的尊严与国家的统一。监察官还通过纠察弹劾不法官吏，特别是他们的弁髦法纪、贪赃受贿行为以澄清吏治和维护法律的尊严。如汉章帝时窦宪因侵夺沁水公主的园田，而被阴党、阴博、邓叠等纠察弹劾，从而受到章帝的重责。

东汉在地方建立了由刺史—郡守—督邮—县令、长—廷掾组成的监察系统。在各郡之内，郡守兼任最高监察官，其下负责专职监察工作的是督邮。他们受命于郡守，职责主要是考察县令、长的善恶与政绩的好坏。督邮定期巡察部内诸县，定期向郡太守汇报。东汉时督邮的权力逐渐扩大，如苏谦为魏郡的督邮时，美阳县令李暠与宦官具瑗相勾结，贪婪残暴，"前后监司畏其势援，莫敢纠问"⑦。苏谦却不畏强权，"部案得其

---

① 《后汉书》卷29《鲍永传》。
② 《后汉书》卷29《郅恽传》。
③ 《后汉书》卷29《郅寿传》。
④ 《后汉书》卷29《郅寿传》。
⑤ 《后汉书》卷29《郅寿传》。
⑥ 《后汉书》卷29《郅寿传》。
⑦ 《后汉书》卷31《苏章传》。

赃,论输左校"①,严厉惩罚了贪暴势力。可见督邮的权力不光限于监察,还具有了收捕罪犯的权力。除对所属县长吏进行监察外,部内上自王侯,下至豪右,其实都在督邮的监察之列。郅寿任冀州刺史时,曾令督邮督察藩王及傅相,而令藩国畏惧。另外,督邮还可奉诏处理部署范围内的诸如捕系罪犯、录送囚徒等有关事宜。县一级的监察工作由县令、长兼任,县令、长对属下的各类官吏进行督察。县令以下,廷掾一职具有监察乡、亭官员的职责,"监乡五部,春夏为劝农掾,秋冬为制度掾"②。乡里置有秩、三老、游徼等小官,其中游徼具有监察职责,"掌徼循,禁司奸盗"③。这样,州、郡、县、乡、亭、里、民,建立起严密的监察系统。下级隶属于上级,全国各地都在这一系统的监督之内,几乎无所遗漏。地方监察系统的正常健康运作,是整个国家社会稳定、吏治清明的基础。东汉前期各级地方监察官大都能恪尽职守,不徇私情,且较清正廉明,这是其社会生活秩序和生产秩序得以稳定的有力保证。

除中央、地方两套监察机构外,东汉还存在谏诤制度。东汉的谏官仍像西汉那样设在光禄勋之下,官员主要有光禄大夫、太中大夫、中散大夫、谏议大夫、议郎等。谏官一般无固定人数,其职责是"凡大夫、议郎皆掌顾问应对,无常事,唯诏令所使"④。其实谏官的职责并不仅限于此,治国指导思想、职守设置、政治经济政策、选举、治狱、外戚、宦官擅权,都是谏官谏诤的重要内容。光武帝时,张湛为光禄勋,光武帝临朝,稍有惰容,张湛就陈谏其失。勇于诤谏皇帝之失,足见其胆识和廉直,所以光武帝对他十分畏敬。张湛"常乘白马,帝每见湛,辄言:'白马生且复谏矣。'"⑤光武帝后拜张湛为光禄大夫及太中大夫,成为专职的谏官。王良在光武帝建武三年被征拜为谏议大夫,"数有忠言,以礼进止,朝廷敬之"⑥。谏官

---

① 《后汉书》卷31《苏章传》。
② 《后汉书》志28《百官五》。
③ 《后汉书》志28《百官五》。
④ 《后汉书》志25《百官一》。
⑤ 《后汉书》卷27《张湛传》。
⑥ 《后汉书》卷27《王良传》。

虽无固定职权,但对东汉的监察机制,起着重要的补充作用。

另外,汉光武帝初年曾设大司徒司直一职,负责督察州郡。这一官职其实是西汉时的丞相司直,因东汉初年丞相改名为大司徒而得名。建武四年(28年),拜廉吏宣秉为大司徒司直。仅过两年,宣秉去世,于是以王良代其职。王良在位恪尽职守,十分清廉。从光武元年复置大司徒司直,到光武十一年废止,大司徒司直作为一个重要的监察官独立行使监察职责,对光武时期吏治的清明做出了一定贡献。从光武十一年一直到东汉末年,大司徒司直都没有再设,主要是东汉时丞相权力被削弱的原因使然。汉献帝建安八年(203年),复设司直一官,但却不隶属于丞相,而是独立负责对京都百官进行监察,地位与司隶校尉相同。

东汉前期监察机制比较健全且能正常运作,因而监察工作也取得了良好效果。但自和帝始,监察机构及其运作机制即不断遭到破坏,进而造成吏治败坏,二者互为因果,愈演愈烈,直至东汉灭亡。从章帝开始的外戚专权,在和帝以后变为外戚、宦官交替擅权的局面。为了大权独揽,无论是外戚还是宦官,都注重对监察机构进行控制。他们往往安插党羽于监察机构中,拉拢贿赂监察官,扶植亲信,对正直的监察官则公开打击报复。在外戚、宦官的淫威下,一些监察官明哲保身,对恶行劣迹敢怒不敢言,姑息放纵,听之任之。有的不愿与奸党合流,为保全性命而遁迹山林。更有一些监察官,为了使仕途畅通,不惜卖身求荣,投身于外戚、宦官门下,充当其爪牙。只有极少数刚正廉直的监察官,不畏强权,勇于弹劾,同贪贿之吏进行斗争。但大多数情况下都不得善终,不是被杀戮,便是被罢官。监察机构陷于一片混乱之中。

和帝幼年即位,母后临朝,外戚窦宪被委以重任。他派刺客杀死都乡侯刘畅,却归罪于其弟利侯刘刚,"乃使侍御史与青州刺史杂考刚等"①。窦宪在伐匈奴后,更加骄奢弄权,牢牢控制了监察系统,刚正廉直的"尚书仆射郅寿、乐恢并以忤意,相继自杀"②。监察机构完全成了他排除异

① 《后汉书》卷23《窦宪传》。
② 《后汉书》卷23《窦宪传》。

己、杀戮政敌的工具。在窦宪的淫威下，大多数监察官都畏慑惊惧，不敢违谬窦宪之旨，更不敢对窦宪的贪赃枉法进行举奏。殇帝时，因皇权无力，更使地方吏治腐败不堪，而"刺史垂头塞耳，阿私下比，不畏于天，不愧于人"①，采取明哲保身的态度，致使监察机构更趋削弱。皇太后感到事态的严重性，于是诏来司隶校尉和部刺史，痛斥吏治腐败的危害性，并痛斥他们苟且偷生，软弱无力，最后下令："假贷之恩，不可数恃，自今以后，将纠其罚。二千石长吏其各实核所伤害，为除田租、刍稿。"②但皇太后的诏令无力挽救整个监察系统的衰势。到汉顺帝时，随着外戚梁冀的擅权，监察机制更加败坏。梁冀"在位二十余年，穷极满盛，威行内外，百僚侧目，莫敢违命，天子恭己而不得有所亲豫"③。完全控制了监察系统，监察官的任免权都掌握在他的手中，一有忤意，即刻罢去。监察机制对梁冀的贪贿弄权失去了监察功能，"监司项背相望，与同疾疢，见非不举，闻恶不察"④，完全屈服于梁冀的淫威之下。

桓、灵时期，权柄落入宦官之手，监察机构更加衰落、混乱。灵帝时，监察官干脆由宦官及其爪牙来充任，如出身于宦官的王寓竟当上了司隶校尉。监察官几乎成为宦官利益的维护者，在宦官控制监察机构后，监察官成为宦官及其爪牙打击异己、扩充势力的工具，察举不法、监察百官的职权已丧失殆尽。如王寓在任司隶校尉时，"欲借宠公卿，以求荐举，百僚畏惮，莫不许诺"⑤，只有太常张奂刚正不阿，独拒其意，从而触怒王寓，被其诬告为党人而被禁锢归田里。

东汉末年著名的"党锢之祸"，可以说是监察机制完全溃败的主要标志。汉桓帝延熹九年（166年），李膺为司隶校尉。当时宦官张让的弟弟张朔任野王（今河南沁阳）令，无恶不作，罪行罄竹难书。因惧怕李膺的督察，畏罪逃奔京师，藏匿在张让家中的合柱之中。李膺率兵破柱捕获张

---

① 《后汉书》卷4《殇帝传》。
② 《后汉书》卷4《殇帝传》。
③ 《后汉书》卷34《梁冀传》。
④ 《后汉书》卷31《苏不韦传》。
⑤ 《后汉书》卷65《张奂传》。

朔,审讯之后当场处死。此事触怒了张让,于是派弟子牢修上书诬告李膺等结交太学生及诸郡生徒,结成党派,图谋不轨。李膺被捕入狱,桓帝还下令大捕党人,第一次党锢之祸拉开序幕。太仆杜密、御史中丞陈翔和范滂、陈寔等监察官员以及郭泰、刘祐等敢于和恶势力抗争的名士都受到了牵连。党人虽遭禁锢,但名声大振,誉满天下。宦官对他们更加畏惧和忌恨,于是挟持灵帝搞了第二次党锢之祸。大肆捕杀、禁锢所谓"党人",正直的监察官基本被驱逐。宦官几乎全面控制了监察机构,安插党羽,任用私亲。宦官曹节"父兄子弟皆为公卿列校,牧守令长,布满天下"。两次党锢之祸后,东汉的监察机构的正常功能已丧失殆尽,监察机制陷入瘫痪状态。从而使吏治更加败坏,社会更加黑暗,农民起义的狂飙必然到来。

　　刺史的地方行政长官化是东汉末期监察机制被削弱的原因之一。刺史权力是随着东汉历史的发展而逐步加强的。光武帝时,要求"监察御史、司隶、州牧岁举茂才各一人"①。光武帝初期,刺史名为州牧,此时它已具有了选举权,超出了监督权限之外。此后,刺史的权限逐渐扩大。汉明帝时,刺史已具有"详刑理冤,存恤鳏孤"②的职权。到汉安帝时,刺史已拥有了军事权。如永初四年(110 年),"海贼张伯路复与勃海、平原剧贼刘文河、周文光等攻厌次,杀县令,遣御史中丞王宗督青州刺史法雄讨破之"③。六年(112 年),"是岁,永昌、益州蜀郡夷叛,与赵隽夷杀长吏,燔城邑,益州刺史张乔讨破之"④。到汉顺帝时,刺史不仅具有行政权,而且拥有了军事权。永建元年(126 年),"夏五月丁丑,诏幽、并、凉州刺史,使各实二千石以下至黄绶,年老劣弱不任军事者,上名"⑤。顺帝不仅维持了刺史的监察权,且又给予刺史以"严敕障塞,缮设屯备,立秋之后,简习戎马"⑥的军事、行政职权,汉灵帝中平五年(188 年),改刺史为州牧,自此,它几乎完全变成地方长官。各州牧拥兵自卫,集行政、军事、财政各

①　《后汉书》志 24《百官一》注引《汉官目录》。
②　《后汉书》卷 2《明帝纪》。
③　《后汉书》卷 5《安帝纪》。
④　《后汉书》卷 5《安帝纪》。
⑤　《后汉书》卷 6《顺帝纪》。
⑥　《后汉书》卷 6《顺帝纪》。

种大权于一身,其秩级也由六百石增至中二千石。随着州牧势力的壮大,地方行政长官化程度的加深,州牧逐渐变为拥兵割据的地方势力,甚至与皇权相对抗。汉灵帝时,并州牧董卓开始乱政,其后各州牧纷纷起兵,以讨董卓为名,淆乱朝政,东汉政权处于风雨飘摇之中,出现了"宫室烧尽,百官披荆棘,依墙壁间"①的悲惨局面。究其原因,是由于"州郡各拥强兵,而委输不至,群僚饥乏,尚书郎以下自出采稆,或饥死墙壁间,或为兵士所杀"②引起的。东汉末期统治者想通过刺史来控制地方,没想到刺史却成为与皇权相对立的地方割据势力,变成更加难以驾驭的离心力量,这是东汉统治者所始料不及的。东汉著名史学家荀悦就曾指出这一严峻形势:"今郡县无常,权轻不固,而州牧秉其权重。势异于古,非所以强干弱枝也,而无益治民之实。"③刺史(州牧)的地方行政长官化,削弱了它自身的监察功能,甚至因它变为被监察的对象而与监察机构相对立。这也是东汉后期监察机制被严重削弱的一个原因。

二、"退功臣、进文吏"政策下的前期吏治

历代开国皇帝,对功臣如何安置,是他们吏治建设所要解决的首要问题。功臣们随皇帝南征北战,为新创王朝立下汗马功劳。但也恰恰是这些人,极容易居功自傲,成为专权自恣、骄奢淫逸的腐败源。所以如何妥善处理功臣的去留与待遇,就成为新王朝存亡安危的重大问题。"直绳则亏丧恩旧,桡情则违废禁典"④,对他们绳之以法就会有忘恩负义之嫌,对他们包庇宽容就会违背法制典章,难以为天下作出表率。而且功臣虽战绩赫赫,但大多都是武夫,学识、品德等诸方面多有缺失,难以担当国家重臣的责任。"选德则功不必厚,举劳则人或未贤,参任则群心难塞,并

①　《后汉书》卷9《献帝纪》。
②　《后汉书》卷9《献帝纪》。
③　《申鉴·时事》。
④　《后汉书》卷22 论。

列则其敝未远。"①即是说,功臣往往在身居高位之后,不能胜任其责,又极易居功自傲,贪赃枉法,下塞贤者之路,上危皇帝之权。因为功臣在平定天下后往往构成皇权的隐患,所以有些皇帝便采取激进措施,像西汉开国皇帝刘邦便大肆杀戮功臣,以消除他们对皇权的威胁。采取屠杀手段虽可达到铲除不安定因素,加强中央集权的目的,但这种方式未免太野蛮,影响皇帝作为全国臣民表率的形象。东汉光武帝上台后,以刘邦为鉴,采取了"退功臣而进文吏"②的政策,厚封功臣,让他们主动放弃兵权与政柄,委国家重要官职于文吏。这样,一方面既保住了功臣的荣华富贵,又能使他们得以善终。另一方面,由于大批有治国韬略的文吏掌握国家各级政权,就使封建统治机构能够平稳而高效地运行。

"退功臣而进文吏"这一措施是逐步推行的。在全国尚未统一之前,刘秀对功臣主要采取笼络政策,以激励他们驰骋疆场,鞠躬尽瘁。建武元年(25年),刘秀分封功臣三十余人为列侯。拜前将军邓禹为大司徒,以野王令王梁为大司空,以大将军吴汉为大司马,还封景丹、耿弇、朱祐等人为大将军。建武二年(26年),刘秀又"封功臣皆为列侯,大国四县,余各有差"③。对功臣的赏赐不可以说不厚。刘秀让功臣居三公、大将军之位,一方面稳定功臣之心,另一方面却在客观上削弱了他们的政治权力。因为光武建立东汉后,着力于削弱三公职权,提高尚书台的地位,出现了三公之权尽归台阁的局面。所以让功臣居三公之位,表面上是尊崇,其实已剥夺了他们的实权。而且刘秀在建武二年封赏功臣后,对他们提出了警告:"人情得足,苦于放纵,快须臾之欲,忘慎罚之义。惟诸将业远功大,诚欲传于无穷,宜如临深渊,如履薄冰,战战栗栗,日慎一日。"④劝诫功臣要禁私欲,忌放纵,小心谨慎,满足现实,不作非分的妄想。在给功臣发放印绶时,刘秀进一步告诫他们:"在上不骄,高而不危;制节谨度,满

① 《后汉书》卷22论。
② 《后汉书》卷1《光武帝纪》。
③ 《后汉书》卷1《光武帝纪》。
④ 《后汉书》卷1《光武帝纪》。

而不溢。敬之戒之。传尔子孙,长为汉藩。"①既警告功臣不要骄傲自满,
要恪守法制,又暗示他们放弃权柄,安于富足,这样才能自身平安,并能荫
泽子孙。

东汉前期的功臣不像西汉初的功臣那样雄心勃勃,锋芒毕露,讨爵要
官,他们大部分都能审时度势,采取以退缩保富贵,以远离权柄求善终的
策略,迎合了刘秀的既定方针。首先是贾复和邓禹,化被动为主动。"复
知帝欲偃干戈,修文德,不欲功臣拥众京师,乃与高密侯邓禹并剽甲兵,敦
儒学。帝深然之,遂罢左右将军。复以列侯就第,加位特进。"②贾复与邓
禹深领光武之意,放弃军权,弃武从文,正符合光武帝欲剥夺功臣领兵权
的意图,所以受到光武帝的赞许,并得到了很优厚的封赏和荣誉。光武帝
对贾复、邓禹之举非常鼓励,并以"欲完功臣爵土,不令以吏职为过"③为
理由,罢黜左、右将军。在贾复、邓禹的垂范下,"退功臣"成为一种政治
导向。其他功臣在这种导向下,不得不主动放弃兵权,以求得全身保节。
建威大将军耿弇、骠骑大将军杜茂、建义大将军朱祐等,都纷纷"上大将
军、将军印绶"④。光武帝在收回兵权后,也给这些功臣以厚赏,"皆以列
侯就第,加位特进,奉朝请"⑤。

光武帝在"退功臣"过程中,也是区别对待的。功臣中,以邓禹、贾
复、李通三人最为德高望重,且能淡泊权势,谦虚谨慎,最得光武帝信任。
所以他们在主动辞去官职后,光武帝仍留他们在身边,共同谋议国家大
事,作为自己的高级参谋。"是时,列侯唯高密(邓禹)、固始(李通)、胶东
(贾复)三侯与公卿参议国家大事,恩遇甚厚"⑥,成为功臣参知政事的特
例。此外,光武帝还继续委任一些久经沙场、经验丰富的功臣宿将镇守边
防。如令王常屯兵固安,防御投靠匈奴的卢芳。以邓晨为汝南太守,巩固

---

① 《后汉书》卷1《光武帝纪》。
② 《后汉书》卷17《贾复传》。
③ 《资治通鉴》卷43 光武帝建武十三年。
④ 《资治通鉴》卷43 光武帝建武十三年。
⑤ 《资治通鉴》卷43 光武帝建武十三年。
⑥ 《后汉书》卷17《贾复传》。

洛阳的东南屏障。以臧宫为广汉太守,镇守新抚的蜀地。以李忠为丹阳、豫章太守,守护长江中下游地区。以景丹为弘农太守,守卫首都的外围地区。以王霸为上谷太守,镇守东北边防。以杜茂屯守晋阳、广武一带,以防匈奴的南侵。让这些功臣宿将守卫边防,既能发挥他们的特长,使他们各尽其能,又防止了他们进入中央政权,干预朝政。除邓禹三人以及几个宿将外,其他大多数功臣都"不任以吏职"。刘秀"以吏事责三公,故功臣并不用"①。刘秀虽制御功臣,不委他们以权柄,但却从经济方面给功臣们以补偿。功臣们依其绩业得到了厚重封赏。除建武元年和二年两次封赏外,光武帝又于建武十三年(37 年)再次大封功臣:"于是大飨将士,班劳策勋。功臣增邑更封,凡三百六十五人。其外戚恩泽封者四十五人。"②刘秀对功臣采取优渥政策,对功臣的小过失不予追究。"远方贡珍甘,必先遍赐诸侯,而太官无余,故皆保其福禄,无诛遣者。"③这样,既做到了不予功臣以权柄,又做到了让功臣富足安详,心悦诚服。这个一箭双雕之计可谓高明。

　　光武帝在"退功臣"的同时,注意了对文吏的选拔。他通过察举、征召等形式,把大批贤才聚于麾下。建武二年(26 年),"辟大司徒邓禹府。举能案剧"④,开始了对贤能的选举工作。此后,光武帝多次下达选贤举能的诏令,如建武六年(30 年),下令"其敕公卿举贤良方正各一人"⑤。建武七年(31 年),又下诏令"公、卿、司隶、州牧举贤良方正各一人,遣诣公车,朕将览试焉"⑥。建武十二年(36 年),"诏三公举茂才各一人,廉吏各二人"⑦。由于皇帝对贤能的重视,各级官员也兴起一股举贤让能的风尚。外戚阴识、阴兴,是为进贤典范。阴识"所用掾史皆简贤者"⑧,如虞

---

① 《资治通鉴》卷 43 光武帝建武十三年。
② 《后汉书》卷 1《光武帝纪》。
③ 《资治通鉴》卷 43 光武帝建武十三年。
④ 《后汉书》卷 76《卫飒传》。
⑤ 《后汉书》卷 1《光武帝纪》。
⑥ 《后汉书》卷 1《光武帝纪》。
⑦ 《东汉会要》卷 27。
⑧ 《后汉书》卷 32《阴识传》。

延、傅宽、薛谊等,都位至公卿校尉。阴兴虽与同郡张宗、上谷鲜于贤有隙,但"知其有用,犹称所长而达之"①,这种豁达大度、不计前嫌之举令人钦佩。朝臣进贤者甚众,司空宋弘推举贤士三十多人,杜诗也"雅好推贤,数进知名士"②。除外戚和朝臣外,各级地方官吏也都争相举贤,形成了"群方咸遂,志士怀仁,斯固所谓'举逸民天下归心'"③的可喜局面。

除大力提倡举贤外,光武帝还通过征召的办法来收罗贤士。王莽取汉政权而代之,一批志士受封建正统观念影响很深,"士之蕴藉义愤甚矣。是时裂冠毁冕,相携持而去之者,盖不可胜数"④,表现出士人所特有的气节。刘秀建立东汉后,非常重视这种忠于一家一姓的观念和行为,他通过征召方式,来征用志士,表彰气节,强化忠君思想,从而达到加强中央集权的目的。卓茂是西汉末期的通儒,王莽居摄前,他官至密令,因他勤勉于政,"数年,教化大行,道不拾遗"⑤,卓茂因此被迁为京部丞。王莽居摄时,因他不愿事新朝而以病免归。更始政权建立后也曾征卓茂为侍中祭酒,因他"知更始政乱,以年老乞骸骨归"⑥。刘秀上台后,非常器重卓茂的气节,并要以他为榜样,树立起忠君拥汉的典范。所以刘秀对这位已年过七十,"无它庸能"的"断断小宰"⑦,首先下诏访求,称他为比干。授予他太傅之职,并封他为褒德侯,食邑二千户。刘秀通过征召卓茂,达到了收揽人心、激励风尚的目的。刘秀一朝非常重视对高风亮节志士的征求。东汉初期的名臣如宣秉、申屠刚、郭贺、高翊、郭丹等,都是不事王莽之士,刘秀征用他们,使他们重新为刘氏王朝尽职尽责。刘秀征召名士后,往往给他们以高官厚禄。宣秉官至御史中丞,后又迁为司隶校尉。申屠刚拜为侍御史,后迁尚书令。郭贺官至尚书令,高翊拜为大司农,郭丹被任为并州牧。这些官职在刘秀抑三公后都握有实权,备受重视。刘秀

---

① 《后汉书》卷32《阴识传》。
② 《后汉书》卷31《杜诗传》。
③ 《后汉书》卷83《逸民传》。
④ 《后汉书》卷83《逸民传》。
⑤ 《后汉书》卷25《卓茂传》。
⑥ 《后汉书》卷25《卓茂传》。
⑦ 《后汉书》卷25《卓茂传》。

通过访求志士,从而使大批忠于刘氏王朝的知识分子诚心归服。刘秀表彰忠臣,宣扬气节,他劝勉群臣道:"忠臣孝子,览照前世,以为镜诫。能尽忠于国,事君无二,则爵赏光乎当世,功名列于不朽,可不勉哉!"①刘秀征召志士,并委这些知识分子以官职,是他"进文吏"的一个重要表现。

刘秀出身于南阳地主阶层,受西汉崇儒的影响,对儒学非常重视:"及光武中兴,爱好经术,未及下车,而先访儒雅。"②王莽篡汉时,大批儒者携经书而遁山林,光武重新建汉后,彰明儒术,这些儒者"莫不抱负坟策,云会京师"③,重新回到汉王朝的怀抱。著名的儒者有杜林、郑兴、欧阳歙、桓荣、陈元、甄宇、周泽等,他们各有专长,或精通一经,或兼通多经。如杜林"好学沉深""博洽多闻,时称通儒"④,郑兴"少学《公羊春秋》。晚善《左氏传》,遂积精深思,通达其旨"⑤。他的儿子郑众"受《左氏春秋》,精力于学,明《三统历》,作《春秋难记条例》,兼通《易》《诗》,知名于世"⑥。此外,著名的今文经学家有范升、甄宇、楼望、周泽等等,古文经学家有陈元、贾逵等。这些名儒在归汉后分别被授以高官厚禄,成为文吏中重要的组成部分。光武帝于建武五年重建已被废置的太学,还"幸太学,赐博士弟子各有差"⑦,完全恢复了西汉的太学制度,重申儒学为国家的指导思想。儒家经学由于受到最高统治者的重视,迅速繁荣昌盛起来,崇儒之风盛行。大司空张纯,"选辟掾史,皆知名大儒"⑧,是为崇儒之范例。光武帝亲自到鲁国去祭孔,以示对圣人的尊崇。他还非常推崇谶纬之学,对这种神秘主义的统治方术异常重视,建武中元元年(56年),"宣布图谶于天下"⑨。通过这种方式进一步加强王权。西汉末期兴起的谶纬之学,到东汉时占据了思想统治地位。

---

① 《后汉书》卷26《冯勤传》。
② 《后汉书》卷79《儒林传》。
③ 《后汉书》卷79《儒林传》。
④ 《后汉书》卷27《杜林传》。
⑤ 《后汉书》卷36《郑兴传》。
⑥ 《后汉书》卷36《郑兴传》。
⑦ 《后汉书》卷1《光武帝纪》。
⑧ 《后汉书》卷35《张纯传》。
⑨ 《后汉书》卷1《光武帝纪》。

不仅光武帝崇儒,东汉前期的统治者都对儒学非常重视。汉明帝"幸孔子宅,祠仲尼及七十二弟子。亲御讲堂,命皇太子、诸王说经"①。汉章帝时,推崇儒术更成为风尚,著名的白虎观经学会议便是由章帝亲自主持的。章帝建初四年(79 年),令太常、将、大夫、博士、议郎、郎官及诸生、诸儒等会集于洛阳北宫白虎观,"讲议五经同异"②,让中郎将魏应发出策问,侍中淳于恭上奏所论内容,最后由章帝亲自称制临决。这次会议以经今、古文之争为主要内容,最后在谶纬的基础上统一了经学,写成《白虎通义》一书,使儒学进一步神学化。

除征用志士和儒生外,东汉前期统治者还重视重新起用西汉末、王莽时的旧臣。这些故臣对于统治政策、治理天下、典章制度等都比较熟悉,而光武初期"时无故典,朝廷又少旧臣"③,重新起用旧臣,利用他们的统治经验治理国家成为急迫的任务。侯霸、宋弘、伏湛、张纯、鲍永等便是光武帝征召的旧臣。侯霸在西汉末期为太子舍人,王莽时被迁为淮平大尹。光武帝时侯霸被征为尚书令。侯霸不负光武重望,"明习故事,收录遗文,条奏前世善政法度有益于时者,皆施行之"④。宋弘在西汉哀平间做侍中,王莽时为共工。光武帝时,征拜他为太中大夫。建武二年又代王梁为大司空,封为枸邑侯。宋弘"所得租奉分赡九族,家无资产,以清行致称"⑤,为东汉王朝树立了廉洁俭朴的良好形象。伏湛在西汉末年为平原太守,"光武即位,知湛名儒旧臣,欲令干任内职,征拜尚书,使典定旧制"⑥。旧臣张纯,"在朝历世,明习故事。建武初,旧章多阙,每有疑议,辄以访纯"⑦。正是通过征用旧臣,使东汉初期的典章制度得以建立并逐步完善。这是东汉前期政治清明,吏治完善的一个重要原因。

通过选举和征召,东汉前期出现了人才济济、俊杰林立的可喜局面。

---

① 《后汉书》卷 2《明帝纪》。
② 《后汉书》卷 3《章帝纪》。
③ 《后汉书》卷 26《侯霸传》。
④ 《后汉书》卷 26《侯霸传》。
⑤ 《后汉书》卷 26《宋弘传》。
⑥ 《后汉书》卷 26《伏湛传》。
⑦ 《后汉书》卷 35《张纯传》。

特别是光武一朝,"简天下贤俊"①,将大批知识分子、地主阶级精华收罗而来,官吏来源清正,是东汉前期得以兴盛的基础。

除重视对中央官吏的任用外,东汉前期统治者都非常注重对地方官吏的选拔。东汉初期,刚刚经历了战火洗礼,满目疮痍,土地荒芜,人民流离失所。恢复发展生产,安抚流民,稳定社会秩序成为当务之急。东汉前期统治者意识到地方官吏对国家政治、经济发展的重要性,所以注重选用"循吏"来任各级地方官吏。汉光武帝时,南阳太守杜诗政绩最突出。他"性节俭而政治清平,以诛暴立威,善于计略,省爱民役"②。任南阳太守时,"造作水排,铸为农器"③。水排是东汉时一项重要发明,它的优点是"用力少,见功多"④,成为东汉以后重要的鼓风冶铁工具。此外,杜诗"又修治陂池,广拓土田"⑤,造福于人民。在杜诗的治理下,南阳出现了"郡内比室殷足"⑥的良好景象,杜诗也被南阳人尊称为"杜母"。张堪在任渔阳太守时,"捕击奸猾,赏罚必信,吏民皆乐为用"⑦,在政治上树立起崇高威望。在经济上,他注重发展农业生产,"乃于狐奴开稻田八千余顷,劝民耕种,以致殷富。百姓歌曰:'桑无附枝,麦穗两歧。张君为政,乐不可支'。"⑧此外,还有桂阳太守卫飒、汝南太守邓晨、九真郡太守任延等,都是恪尽职守,致力于恢复发展生产,富足人民的地方官吏。

明帝时也十分注意对地方官的选拔,他多次下达选举令,征召了大批廉吏做地方官吏。宋均在光武帝时任地方官吏,已做出了突出成绩。明帝永平元年(58年)又迁他为东海相。钟离意为鲁相,"视事五年,以爱利为化,人多殷富"⑨。鲍昱为汝南太守时,"作方梁石洫,水常饶足,溉田倍

---

① 《后汉书》卷31《郭伋传》。
② 《后汉书》卷31《杜诗传》。
③ 《后汉书》卷31《杜诗传》。
④ 《后汉书》卷31《杜诗传》。
⑤ 《后汉书》卷31《杜诗传》。
⑥ 《后汉书》卷31《杜诗传》。
⑦ 《后汉书》卷31《张堪传》。
⑧ 《后汉书》卷31《张堪传》。
⑨ 《后汉书》卷41《钟离意传》。

多,人以殷富"①。汉章帝时要求"有司明慎选举,进柔良,退贪猾,顺时令,理冤狱"②。他深恨"选举乖实,俗吏伤人,官职耗乱,刑罚不中"③的现象,所以对地方官吏的选拔予以重视。章帝一朝,也出现了一些政绩突出的地方官吏,如山阳太守秦彭,"兴起稻田数千顷,每于农月,亲度顷亩"④。庐江太守王景,在汉明帝时曾修复过汴渠,为人民生产、生活带来了很大方便。在任庐江太守后,"驱率吏民,修起芜废,教用犁耕,由是垦辟倍多,境内丰给"⑤。汉和帝时亦有大批有作为的地方官吏,如鲁丕、秦彭等。由于东汉前期统治者注重对地方官吏的选拔,不仅使生产得以迅速恢复和发展,人民生活富足安定,而且因为他们廉洁无私,打击奸猾,从而使地方豪强势力和政府内部的腐败倾向得以抑制,为东汉政权的稳定打下了基础。所以注重对地方官吏的选拔是东汉前期吏治清平的重要原因。

汉光武帝反对穷兵黩武,主张以"柔道"治理天下。在战争还未平息时,他便"厌武事,且知天下疲耗,思乐息肩"⑥。所以他罢去军旅,"退功臣而进文吏",国家导向为以文饰政,而不是以法为教,以吏为师。光武帝有显明的民本主义思想,他认为"夫张官置吏,所以为人也"⑦,既然置官为人,就要为百姓办事,但"今百姓遭难,户口耗少"⑧,究其原因是由于"县官吏职所置尚繁"⑨,庞大复杂的官僚体制,不仅办事效率低下,而且所需俸禄又是国家沉重的负担。所以光武帝下令"司隶、州牧各实所部,省减吏员。郡国不足置长吏可并合者,上大司徒、大司空二府"⑩,下诏

① 《后汉书》卷29《鲍昱传》。
② 《后汉书》卷3《章帝纪》。
③ 《后汉书》卷3《章帝纪》。
④ 《后汉书》卷76《秦彭传》。
⑤ 《后汉书》卷76《王景传》。
⑥ 《后汉书》卷1《光武帝纪》。
⑦ 《后汉书》卷1《光武帝纪》。
⑧ 《后汉书》卷1《光武帝纪》。
⑨ 《后汉书》卷1《光武帝纪》。
⑩ 《后汉书》卷1《光武帝纪》。

后,"于是条奏并省四百余县,吏职减损,十置其一"①。通过这次裁汰冗员,精简了国家官僚机构,提高了各级官员的办事效率,也为国家节省了一大笔财政开支。除省减官吏外,光武帝还于建武七年(31年)下诏,"今国有众军,并多精勇,宜且罢轻车、骑士、材官、楼船士及军假吏,令还复民伍"②。通过裁军,既为国家节省了开支,又为农业生产注入了大批劳动力。

光武帝还在精简机构的同时,非常注重官吏素质的提高。在选拔官吏时,注意其是否有真才实学。他还通过设太学来培养官吏,提高其文化素质,为各级官吏准备一个源源不断的后备队伍。东汉前期的统治者都非常注意对官吏进行考核。光武帝建武十五年(39年),"诏下州郡检核垦田顷亩及户口年纪,又考实二千石长吏阿枉不平者"③。通过对地方官吏的考核,去除贪官庸吏,以澄清吏治。建武二十四年(48年),光武帝又"诏有司申明旧制阿附蕃王法"④,对阿曲附益王侯者,将以重法处置。对地方官吏考核的内容,主要是看他们是否能"顺时气,劝督农桑,去其螟蜮,以及蛮贼"⑤。汉明帝要求各级官吏"详刑慎罚,明察单辞,夙夜匪懈"⑥。通过司隶校尉、部刺史等监察官来督察地方官吏,"岁上墨绶长吏视事三岁已上理状尤异者各一人,与计偕上。及尤不政理者,亦以闻"⑦。汉章帝时对官吏"明试以功"⑧,并下诏令"今自三公,并宜明纠非法,宜振威风"⑨。东汉前期统治者通过对各级官吏的考察,表彰了政绩突出者,淘汰了不称其职、投机钻营者,对吏治的澄清具有重要意义。

除考察官吏外,东汉前期统治者还通过法律来加强对官吏的监督。

---

① 《后汉书》卷1《光武帝纪》。
② 《后汉书》卷1《光武帝纪》。
③ 《后汉书》卷1《光武帝纪》。
④ 《后汉书》卷1《光武帝纪》。
⑤ 《后汉书》卷2《明帝纪》。
⑥ 《后汉书》卷2《明帝纪》。
⑦ 《后汉书》卷2《明帝纪》。
⑧ 《后汉书》卷3《章帝纪》。
⑨ 《后汉书》卷3《章帝纪》。

"时内外群官,多帝自选举,加以法理严察,职事过苦,尚书近臣,至乃捶扑牵曳于前,群臣莫敢正言"①,这是光武帝朝对官吏严法督察的写照。从这可以看出,虽然光武帝以"柔道"治天下,对儒术非常推崇,但在其统治方术中还是掺入了法家成分,即王、霸杂之。光武帝对三公尤为苛责,他"躬好吏事。亦以课核三公,其人或失而其礼稍薄,至有诛斥诘辱之累。任职责过,一至于此"②,所以三公之职如履薄冰,屡见废逐。建武元年,以邓禹为大司徒,以王梁为大司空,以吴汉为大司马,这是东汉建立之初的三公。仅过了七个月,王梁便被免官,以宋弘代他为大司空。建武三年(27 年),大司徒邓禹也被免官,以伏湛代之。建武五年(29 年),伏湛又被免职,由侯霸代他为大司徒。建武六年十二月,大司空宋弘被免,到了次年五月才以李通任大司空。建武十二年(36 年)又罢李通,由马成来行大司空事。建武十三年(37 年),大司徒侯霸薨,由韩歆为大司徒。接着又罢马成行大司空的职权,以窦融为大司空。建武十五年(39 年),韩歆被免职,以欧阳歙代之。同年十一月,欧阳歙便下狱死去,光武帝再迁戴涉为大司徒。建武二十年(44 年)春,戴涉触犯法律而下狱死,大司空窦融也被免职,由蔡茂为大司徒,朱浮为大司空。同年,大司马吴汉去世,由刘隆行大司马事。建武二十二年(46 年)冬,大司空朱浮又被免去,以杜林代之。建武二十三年(47 年),大司徒蔡茂、大司空杜林先后死去,光武以玉况为大司徒,张纯为大司空。建武二十七年(51 年),大司徒玉况薨。同年五月,光武帝将大司徒、大司空改为司徒、司空,又改大司马为太尉。由赵熹为太尉,罢去刘隆行大司马的职责。冯勤填补了司徒之缺。中元元年(56 年),司空张纯薨,冯鲂拜为司空。同年,司徒冯勤薨,由李诉代之为司徒。从以上可以看出,光武帝在位的三十三年中,三公之位像走马灯似的换来换去。大司徒一职更迭最为频繁,有十次之多。其中有四人死于司徒之位,其他六人都是被罢免或下狱处死的。大司空一职更替也很快,有九次之多。其中只有二人在位死亡,其他七人都被罢黜。三

---

① 《后汉书》卷 29《申屠刚传》。
② 《后汉书》卷 33《朱浮传》。

公之职如此难居,这是东汉前期统治者削弱三公职权,对官吏加强法律监督的结果。这也反映出东汉前期监察机构的完善和有力,对检举非法,督察百官,加强对官僚机构的控制等方面起到积极作用。

东汉前期统治者多能勤政,以身作则,注重节俭。光武帝"身衣大练,色无重彩,耳不听郑卫之音,手不持珠玉之玩,宫房无私爱,左右无偏恩。……勤约之风,行于上下。数引公卿郎将,列于禁坐。广求民瘼,观纳风谣。故能内外匪懈,百姓宽息"①。光武帝主张勤俭,远奢侈之风,为全国作出了榜样。这是"光武中兴"局面形成的重要因素。光武不尚奢华,以"务从约省"②来约束自己和官吏。他反对厚葬,建武七年(31 年)下诏曰:"世以厚葬为德,薄终为鄙,至于富者奢僭,贫者单财,法令不能禁,礼义不能止,仓卒乃知其咎。其布告天下,令知忠臣、孝子、慈兄、悌弟薄葬送终之义。"③汉明帝也主张薄葬,"仲尼葬子,有棺无椁。丧贵致哀,礼存宁俭。今百姓送终之制,竞为奢靡。生者无担石之储,而财力尽于坟土"④,对这种厚葬陋习,明帝持坚决反对态度。在他死后,"遗诏无起寝庙,藏主于光烈皇后更衣别室。帝初作寿陵,制令流水而已,石椁广一丈二尺,长二丈五尺,无得起坟。万年之后,扫地而祭,杅水脯糒而已。过百日,唯四时设奠。置吏卒数人供给洒扫,勿开修道。敢有所兴作者,以擅议宗庙法从事"⑤。作为帝王能如此节俭,真是难能可贵。东汉前期统治者通过身体力行,为全国各级官吏作出了表率,上行而下效,从而出现了清廉节俭的社会风尚。

东汉前期统治者非常注意对官吏的劝勉。多次下达诏书,勉励官吏勤修于政,并警告他们要恪守法令。建武六年(30 年),光武帝下令要求"有司修职,务遵法度"⑥。七年(31 年),"其令有司各修职任,奉遵法度,

---

① 《后汉书》卷 76《循吏传》。
② 《后汉书》卷 1《光武帝纪》。
③ 《后汉书》卷 1《光武帝纪》。
④ 《后汉书》卷 2《明帝纪》。
⑤ 《后汉书》卷 2《明帝纪》。
⑥ 《后汉书》卷 1《光武帝纪》。

惠兹元元。百僚各上封事,无有所讳"①。此前此后多次下达诏令,让各级官吏各守其责,遵奉法度,同时要"务进柔良,退贪酷"②,担负起选贤重任。地方官吏则把发展生产,抚恤贫民作为重点。汉明帝和章帝时,也多次下达劝勉官吏的诏令,如明帝永平二年(59 年),使尚书令持节诏骠骑将军、三公曰:"……百僚师尹,其勉修厥职,顺行时令,敬若昊天,以绥兆人。"③汉章帝也令"群后百僚勉思厥职,各贡忠诚,以辅不逮"④。汉和帝幼年即位,母后临朝。皇太后亦能彰明政事,令"群公其勉率百僚,各修厥职,爱养元元,绥以中和,称朕意焉"⑤。东汉前期统治者注重对官吏的劝勉,这是东汉前期吏治清明的另一个重要原因。

东汉前期统治者通过察举、征召等形式,网罗大批贤才作为各级官吏,又以法律形式对他们进行约束,加之皇帝能以身作则,所以东汉前期吏治比较清明。这一时期,官吏基本上都能奉公守法,尽职尽责。出现了大批刚正不阿、大有作为的官吏。以安贫乐道而著称的有:司隶校尉宣秉、洛阳令董宣、大司徒司直王良、南阳太守杜诗等。宣秉贵为司隶校尉,却"性节约,常服布被,蔬食瓦器"⑥。后迁为大司徒司直,将"所得禄奉,辄以收养亲族。其孤弱者,分与田地,自无担石之储"⑦。廉洁至此,令人叹服,连光武帝也赞叹道:"楚国二龚,不如云阳宣巨公。"⑧大司徒司直王良也以廉洁为名,"在位恭俭,妻子不入官舍,布被瓦器"⑨。衣不重彩,其妻"布裙曳柴,从田中归"⑩。身为大司徒司直之妻却要从事农业劳动,可见王良之贫之廉。既能廉洁,又能奉公者,要推洛阳令董宣和谒者张堪了。董宣依法处死了白日杀人的湖阳公主的家奴,光武帝大怒,欲杀董

---

① 《后汉书》卷 1《光武帝纪》。
② 《后汉书》卷 1《光武帝纪》。
③ 《后汉书》卷 2《明帝纪》。
④ 《后汉书》卷 3《章帝纪》。
⑤ 《后汉书》卷 4《和帝纪》。
⑥ 《后汉书》卷 27《宣秉传》。
⑦ 《后汉书》卷 27《宣秉传》。
⑧ 《后汉书》卷 27《宣秉传》。
⑨ 《后汉书》卷 27《王良传》。
⑩ 《后汉书》卷 27《王良传》。

宣。董宣宁死不屈,据理力争道:"陛下圣德中兴,而纵奴杀良人,将何以理天下乎?臣不须棰,请得自杀。"①然后用头猛撞柱子,立刻头破血流。光武帝欲令其跪谢,董宣终未屈服。光武帝对他无可奈何,只得笑曰:"天子不与白衣同。"②董宣因此被称为"强项令"③。董宣不仅奉公守法,而且还能廉洁自律,在他死后,"唯见布被覆尸,妻子对哭,有大麦数斛、敝车一乘"④。张堪迁为谒者后,随大司马吴汉伐公孙述,在破成都后,张堪先入据其城,当时"珍宝山积,卷握之物,足富十世"⑤,他"捡阅库藏,收其珍宝,悉条列上言,秋毫无私"⑥。去职之日,仅"乘折辕车,布被囊而已"⑦。刚正不阿者以孔奋、任延为代表。任延曾批驳光武帝的"善事上官,无失名誉"的诏令道:"臣闻忠臣不私,私臣不忠。履正奉公,臣子之节。上下雷同,非陛下之福。善事上官,臣不敢奉诏。"⑧勇于进谏者以丁恭、郭伋为代表。丁恭对光武大封功臣甚为担忧,上书议曰:"古帝王封诸侯不过百里,故利以建侯,取法于雷,强干弱枝,所以为治也。今封诸侯四县,不合法制。"⑨郭伋对于光武帝多用乡曲故旧也深为不满,向光武帝直谏道:"选补众职,当简天下贤俊,不宜专用南阳人。"⑩据道直行者有宋弘、郅恽。宋弘坚持"贫贱之知不可忘,糟糠之妻不下堂"⑪的原则,拒绝了光武帝欲嫁湖阳公主于他的美意。郅恽为东城门侯,光武出猎晚归,郅恽拒不开门,迫使光武帝绕道入城。不畏强权者如鲍永、鲍恢,勇于打击非法,不避强权,被光武帝称为"二鲍"。善于举贤者如阴识、桓荣、郭丹等。桓荣曾举彭闳、皋弘、范升等名儒。其他诸人也都举贤如流。总之,

---

① 《后汉书》卷77《董宣传》。
② 《后汉书》卷77《董宣传》。
③ 《后汉书》卷77《董宣传》。
④ 《后汉书》卷77《董宣传》。
⑤ 《后汉书》卷31《张堪传》。
⑥ 《后汉书》卷31《张堪传》。
⑦ 《后汉书》卷31《张堪传》。
⑧ 《后汉书》卷76《任延传》。
⑨ 《后汉书》卷1《光武帝纪》。
⑩ 《后汉书》卷31《郭伋传》。
⑪ 《后汉书》卷26《宋弘传》。

光武一朝所登用之文吏,基本都能廉洁奉公,恪尽职守,加之有吴汉等武将镇守边境,抵御匈奴,为东汉前期政治安定、经济繁荣的兴盛局面创造了条件。

光武帝以"柔道"理天下,汉明帝遵循其政,章帝、和帝也奉之不失,所以东汉前期政治局面比较宽松,为人民生产、生活创造了良好的环境。由于统治者采取约法省禁、轻徭薄赋的政策,使东汉前期的社会经济得以迅速恢复和发展。耕地面积不断扩大,人口数量不断增加。光武帝末年载于户籍的人口有二千一百多万,到明帝末年便增加到三千四百多万,章帝末年增至四千三百多万,到和帝末年又增加到五千三百多万人。人口的增加也从侧面反映了社会的稳定和繁荣。东汉前期,在农业生产方面所取得的成就主要有如下几个方面:(1)水利的恢复和整修。东汉前期的统治者都注重对原有水利的恢复和整修。光武帝时南阳太守杜诗及张堪、马援等都曾在地方兴修水利。汉明帝时令王景、王吴治理黄河,从荥阳东至千乘海口千余里,都得到妥善治理。不仅有效遏止了河水泛滥,造福于时人,而且他们所使用的堰流法和水门控制法等水利工程技术,是留给后人的一笔宝贵财富。(2)灌溉面积的扩大和灌溉技术的提高。随着水利的恢复和发展,大批田地得以灌溉。灌溉技术也较前代有所提高,人们把水田和池塘巧妙组合,还有的修有下水道,以保证灌溉的及时和便利。(3)耕作技术的提高。东汉时,犁耕技术得到进一步发展,铁制耕作工具逐步增多,牛耕得到较普遍的推广。在大地主的田庄里,"高楼连阁,陂池灌注,竹木成林,六畜放牧,鱼蠃梨果,檀漆桑麻,闭门成市"[1],分工已很精细,每个庄园成为独立的自给自足的生产单位。随着农业生产的发展,手工业也得以繁盛。东汉前期,铸铁、制钢、纺织业、青铜铸造业、漆器业、造纸业、制瓷业等手工业都有了很大进步。东汉前期,商业也十分繁荣。刘秀因曾"贩谷于宛",从事过商业,所以对商人采取放任宽松政策。和帝时"戒郡国罢盐铁之禁,纵民煮铸,入税县官如故事"[2],正式

---

① 《水经·泚水注》。
② 《后汉书》卷4《和帝纪》。

废除盐铁专卖政策,更促进了商业的发展。新兴产品不断涌现,城市也因此更加繁荣。

由于东汉前期统治者采取"退功臣、进文吏"的政策,使国家免除了功臣擅权、尾大不掉的危险,更利于新王朝的稳定和发展。素质高、操守好的文吏被利用,是廉洁清明政治形成的基础。地主阶级执政集团素质的提高是东汉前期吏治清明的重要原因。光武帝时,"牛马放牧,邑门不闭"①,汉明帝时,出现了"吏称其官,民安其业,远近肃服,户口滋殖焉"②的盛世景象。汉章帝时,"崇弘鸿业,德化普洽,垂意黎民,留念稼穑。文加殊俗,武畅方表,界惟人面,无思不服。巍巍荡荡,莫与比隆"③,亦是一繁荣时代。到汉和帝时,东汉政权开始走下坡路,但"虽颇有弛张,而俱存不扰,是以齐民岁增,辟土世广。偏师出塞,则漠北地空;都护西指,则通译四万"④。和帝时虽经外戚窦宪乱政,但基本上能存前三代之遗风,吏治还算清明。总之,东汉前期社会安定,经济发展,文化繁荣。整个官僚系统素质较高,清正廉洁的官吏为数很多。监察机制完善,能有效及时地督察全国,防止叛乱。所以这一时期被后人称为中兴盛世,确不为过。

三、凤毛麟角的循吏

刘秀及其贵戚、功臣大多是豪强地主出身,因此,豪强地主阶层成为东汉政权的阶级基础。豪强地主利用皇权的庇护,大肆抢占土地,建立自己的田庄。如马援"以三辅地旷土沃,而所将宾客猥多,乃上书求屯田上林苑中"⑤。豪强地主争相匿民的现象光武帝已意识到了,他想通过"度田"的形式来抑制这种兼并现象。但由于东汉政权的性质所决定,"度田"不仅没能达到清查豪强地主土地、抑制土地兼并的目的,反而出现了

---

① 《后汉书》卷1《光武帝纪》。
② 《后汉书》卷2《明帝纪》。
③ 《后汉书》卷4《和帝纪》。
④ 《后汉书》卷24《马援传》。
⑤ 《后汉书》卷24《马援传》。

"刺史太守多不平均。或优饶豪右,侵刻赢弱,百姓嗟怨,遮道号呼"①的现象。刺史、太守等地方官吏度田不实,偏袒豪强。一方面可能由于豪强势力太大,地方官员不敢得罪,只能屈膝妥协。另一方面可能因这些地方官吏本来就是豪强地主的代表,他们自然抵制违背他们利益的"度田"令,所以和豪强地主们勾结在一起,而把所度之田只限于中小土地所有者和贫苦的农民。而且还乘机侵刻赢弱,以取暴利。"度田"最后不了了之,豪强地主的势力在东汉建立之初便很强大,足以和王权相抗衡。这以后,豪强势力更以无法遏制的速度膨胀起来。明帝、章帝时,也曾做过抑制豪强的努力,如明帝永平十三年(70年)下诏:"滨渠下田,赋与贫人,无令豪右得固其利。"②章帝在建初元年(76年)下诏三州郡国曰:"……长吏亲躬,无使贫弱遗脱,小吏豪右得容奸妄。诏书既下,勿得稽留,刺史明加督察尤无状者。"③但所做努力只是杯水车薪,无法改变豪强地主壮大的现实。东汉政权建立在豪强地主阶层之上,所以从一开始便埋下了分裂的种子。豪强地主发展到最后,便成为封建割据势力的阶级基础。他们以庄园为根据地,拥有自己的私人武装,建立坞堡,拥兵自卫,加速了东汉王朝的灭亡。

豪强地主不仅拥有雄厚的经济实力,而且还控制着国家政权。豪强地主把持各级政权,很大程度上是通过控制选举来实现的。东汉选拔官吏,主要是通过察举和征辟两种途径来实现的。察举是选官的主要途径,被察举的对象,多是出身于太学和通经术之人。但东汉察举征辟权一开始便落入世家大族之手,即"贡荐则必阀阅为前"④,"阀阅"便是豪强地主的代表。章帝时曾力图改变这种状况,于建初元年三月,借山阳、东平地震之机,以阴阳灾异为理论,反对"阀阅"对选举的垄断权。他下诏道:"……又选举乖实,俗吏伤人,官职耗乱,刑罚不中,可不忧与!……夫乡举里选,必累功劳。今刺史、守相不明真伪,茂才、孝廉岁以百数,既非能

---

① 《后汉书》卷22《刘隆传》。
② 《后汉书》卷2《明帝纪》。
③ 《后汉书》卷3《章帝纪》。
④ 《潜夫论·交际》。

显,而当授之政事,甚无谓也。每寻前世举人贡士,或起畎亩,不系阀阅。"①但因豪强世家势力太大,无力改变这种门第制度。

东汉重视经学,选举的对象也以明经为主。豪强地主为控制选举,大多崇儒通经。如东汉开国功臣邓禹、贾复等人都转而修儒术。东汉豪强地主大多明经,而且世代传经,这就保证了他们世代做官的资格。豪强地主还开设私学,收徒讲学,"若乃经生所处,不远万里之路,精庐暂建,赢粮动有千百,其著名高义开门受徒者,编牒不下万人"②。一些知识分子为了获得进身的机会,往往投身于豪强世族门下,充当门生。除门生外,豪强地主还推举其他一些人做官,被推举的人称为"故吏"。门生和故吏,都和世家大族有着君臣般的从属关系,怀有父子般的私恩。通过这些门生故吏,世家大族便形成了自己的官僚关系网,牢牢控制了政权。东汉末期,"门生故吏遍天下",③成为世家豪族垄断选举的真实写照,私门势力盘根错节,成为东汉末年政治黑暗的重要原因。由于东汉尤其是东汉后期各级官吏都与豪强世家有着千丝万缕的联系,注重发展生产、抑制兼并、加强中央集权为特色的循吏就失去了存在的土壤。即便有一些不畏强权、刚正不阿、励精图治的志士出现,也会备受压抑排挤,所以东汉历史上,循吏真如凤毛麟角。

汉和帝以后,外戚、宦官交替擅权,使东汉政治进入黑暗时期。外戚和宦官,无论哪个集团掌权,都拼命发展自己的势力,大肆掠夺人民财产,广修宫室美宅。并都极力控制官僚系统,扶植自己的势力,和豪强地主相勾结,共同打击异己,鱼肉百姓。特别是桓、灵时期的两次党锢之祸,是对正直官吏及名儒志士的有预谋的迫害打击。桓、灵二帝十分昏庸荒淫,先是外戚梁冀"专权暴滥"④,后是宦官"虐遍天下"⑤,整个统治集团陷入

---

① 《后汉书》卷3《章帝纪》。
② 《后汉书》卷79《儒林传》。
③ 《后汉书》卷74《袁绍传》。
④ 《后汉书》卷67《党锢传》。
⑤ 《后汉书》卷78《宦者传》。

"主荒政谬"①的局面。从天子到地方官员,整个统治集团已腐败不堪。面对统治阶级的腐朽、贪婪、暴虐,一些有识之士只能扼腕痛惜,却是无力回天,清议成为他们讥评时政、发泄郁闷的主要方式。统治阶级的黑暗,外戚、宦官把持征辟、察举大权,严重阻塞了豪强地主的门生故吏们的仕进道路。特别是桓、灵时期,宦官把持的选举,"举秀才,不知书。察孝廉,父别居。寒素清白浊如泥,高第良将怯如鸡"②。不仅因控制选举权而与豪强地主发生矛盾,造成统治阶级的自相火并,而且使整个选举体制更加混乱。由于"选举乖错,害及元元"③,任人唯亲,所以贤能之士都被排除在选举之外。且在朝官员,经两次党锢之祸的清洗,正直志士都被禁锢,有的死于狱中,大部分都被遣还乡里,与政权绝缘,这更失去了循吏出现的条件。所以东汉后期政治黑暗,外戚、宦官轮流擅权,是循吏如凤毛麟角的重要原因。

东汉前期,循吏较多。这和这一段时期政治清明,国家机制运转有序有关。光武帝早年,"长于民间",所以"颇达情伪,见稼穑艰难,百姓病害,至天下已定,务用安静。解王莽之繁密,还汉世之轻法"④。从而做到轻刑薄赋,与民休息。这便为循吏的产生创造了良好的环境。所以"自临宰邦邑者,竞能其官"⑤。成绩最突出的循吏是上面已述及的南阳太守杜诗和任延、锡光等。杜诗被南阳人尊称为"杜母",任延和锡光也因"移变边俗"而声名远扬。任延任九真太守时,该地极为落后,"俗以射猎为业,不知牛耕,民常告籴交阯,每致困乏"⑥。任延到任后,"乃令铸作田器,教之垦辟,田畴岁岁开广,百姓充给"⑦,任延教人们制造农具,开辟耕地,昔日人们以射猎为业,此时变为从事农业生产。这一生产方式的转变,无疑给九真人民带来巨大进步。任延还注意对其陋习加以革除。

---

① 《后汉书》卷67《党锢传》。
② 《抱朴子·外篇·审举》。
③ 《后汉书》卷7《桓帝纪》。
④ 《后汉书》卷76《循吏传》。
⑤ 《后汉书》卷76《循吏传》。
⑥ 《后汉书》卷76《任延传》。
⑦ 《后汉书》卷76《任延传》。

"骆越之民无嫁娶礼法,各因淫好,无适对匹,不识父子之性,夫妇之道"①,还过着原始的群婚生活。针对这一落后的婚俗,任延"乃移书属县,各使男年二十至五十,女年十五至四十,皆以年齿相配"②,以夫妻家庭制代替了群婚的陋习,这种固定配偶制比杂交制要先进文明得多,所以九真人民"其产子者,始知种姓。咸曰:'使我有是子者,任君也。'多名子为'任'"③。任延后被迁为武威太守,郡内有一豪强世族,即为将兵长史的田绀,其子弟宾客依仗权势,为祸乡里,残酷暴虐,为郡中一害,任延未向恶势力屈服,而采取了坚决铲除、绳之以法的强硬措施,"延收绀系之,父子宾客伏法者五六人"④,这一举措激起了田绀的少子田尚的仇视,于是他"乃聚会轻薄数百人,自号将军,夜来攻郡"⑤。任延对这一反叛坚决打击,发兵击破了田尚的进攻。"自是威行境内,吏民累息"⑥。除清除恶霸外,任延在武威郡还有三大政绩。其一,消除少数民族的侵扰。武威郡北靠匈奴,南接羌族,两者经常虏掠百姓,所以"民畏寇抄,多废田业"⑦。任延到任后,选集精兵,申明军纪,"其有警急,逆击追讨"⑧,致使"虏恒多残伤,遂绝不敢出"⑨,从而使边境获得了安宁。其二,河西地区干旱少雨,收成欠佳。任延乃设立水官,修理沟渠,兴修水利,灌溉农田,使民"皆蒙其利"⑩。其三,任延设立学校,规定自掾吏子孙,都入校学习儒家经典,于是"郡遂有儒雅之士"⑪。任延在两郡任太守期间,注重提高劳动生产率,发展农业生产,兴修水利,造福于民。还设立学校,教化百姓。且能移民风俗,安定民心。任延可谓政绩卓著,成为光武一朝循吏的典范。

---

① 《后汉书》卷76《任延传》。
② 《后汉书》卷76《任延传》。
③ 《后汉书》卷76《任延传》。
④ 《后汉书》卷76《任延传》。
⑤ 《后汉书》卷76《任延传》。
⑥ 《后汉书》卷76《任延传》。
⑦ 《后汉书》卷76《任延传》。
⑧ 《后汉书》卷76《任延传》。
⑨ 《后汉书》卷76《任延传》。
⑩ 《后汉书》卷76《任延传》。
⑪ 《后汉书》卷76《任延传》。

卫飒是光武朝另一著名循吏。他在任襄城(今河南平顶山北)令时就已经"政有名迹"①了。又迁为桂阳(今湖南郴县)太守后,更做出显著成绩。当时桂阳郡与交州接壤,颇染交州人不知礼的习俗。卫飒到任后,"修庠序之教,设婚姻之礼"②,没过几年,"邦俗从化"③,改变了以前的陋习。卫飒在交通不便的含洭、浈阳、曲江三县,凿山开出五百余里的通道,并设路亭,置驿站,免除了人民运输劳顿、徭役繁重之苦。于是"役省劳息,奸吏杜绝。流民稍还,渐成聚邑"④。卫飒的第三大政绩是"起铁官,罢斥私铸,岁所增入五百余万"⑤。既增加了国家的财政收入,又打击了不法商人,消除了奸盗。卫飒有很强的行政能力,特别敏于治事。他"理恤民事,居官如家,其所施政,莫不合于物宜。视事十年,郡内清理"⑥。确实是个难得的循吏。除杜诗、任延、卫飒等外,还有第五伦、宋均等人,都是治绩优异、政声颇佳的循吏。总之,由于光武一朝能"广求民瘼",轻徭薄赋,重用循吏,所以能"内外匪懈,百姓宽息"⑦,出现政通人和的升平景象。

光武以后,循吏有所减少,这和封建专制制度得以强化有关。明帝"善刑理,法令分明"⑧,且"性褊察,好以耳目隐发为明"⑨。有一大臣面折庭谏,不顺其意,他居然怒而以杖击之,使群臣惊栗,不敢再犯上直言。皇帝无容人之量,偏狭专断,便给臣下以无形压力,不敢放开手脚办事,终日小心谨慎,战战兢兢地打发日子。这是循吏有所减少的重要原因。不过,明帝上接光武,吏治大环境还好,因而还有鲍昱、钟离意、王景等循吏出现于政坛。鲍昱和钟离意在发展农业生产,富国安民方面做出了重要贡献。钟离意还上书明帝,规谏皇帝改变建武永平之间形成的"吏事刻

① 《后汉书》卷76《卫飒传》。
② 《后汉书》卷76《卫飒传》。
③ 《后汉书》卷76《卫飒传》。
④ 《后汉书》卷76《卫飒传》。
⑤ 《后汉书》卷76《卫飒传》。
⑥ 《后汉书》卷76《卫飒传》。
⑦ 《后汉书》卷76《循吏传》。
⑧ 《后汉书》卷2《明帝纪》。
⑨ 《后汉书》卷41《钟离意传》。

深,亟以谣言单辞,转易守长"①之风气,言辞甚为殷切。王景是明帝、章帝时期有所作为的循吏。在明帝时,王景因能理水被征为谒者。他与王吴共同修作浚仪渠,创造了塌流法等水利技术。后黄河因年久失修而决口,兖豫等地的百姓深受其害。汉明帝令王景与王吴共修黄河。仅一年时间,他们便督导百姓修复了从荥阳东到千乘海口千余里的河堤,使黄河下游多年免除了水患。汉章帝时,王景迁为徐州太守,这时,一些老臣掀起了一股迁都热。要求皇上把都城从洛邑迁到长安去。王景持反对态度,认为:"宫庙已立,恐人情疑惑。"②又作《金人论》,歌颂洛邑之美,从而使劳民伤财的迁都之议未付诸实行。后王景迁为庐江太守,当地百姓不知使用牛耕,"致地力有余而食常不足"③。王景针对这种情况,"乃驱率吏民修起芜废,教用犁耕"④。通过使用牛耕,垦地面积增加了,人民生活开始富足。王景为百姓定立法制,把盟誓刻在石头上,以"令民知常禁"⑤。经过他的一番治理,庐江郡经济发达,政治稳定,成为滨江的鱼米之乡。

汉章帝时,秦彭是有所成就的循吏。建初元年(76 年),他迁为山阳(今山东金乡一带)太守,在任期间,"以礼训人,不任刑罚。崇好儒雅,敦明庠序"⑥。每到春秋两季行飨射之礼时,秦彭便教民升降揖让之礼仪。又设立了"四诫",来定六亲长幼之礼,改变郡里乡人不明纲常的习俗。还擢升遵教化之乡人为乡三老,以示鼓励。秦彭为政宽松,不喜刑罚,若吏有过错,不加严惩,只罢免其职,令其自悔。他还注重发展农业生产,"兴起稻田数千顷,每于农月,亲度顷亩"⑦。将田地按肥瘠分为三等,各立文簿,藏之乡县,以后就按等级来收取税赋。这就避免了收税不均,地

① 《后汉书》卷 76《循吏传》。
② 《后汉书》卷 76《王景传》。
③ 《后汉书》卷 76《王景传》。
④ 《后汉书》卷 76《王景传》。
⑤ 《后汉书》卷 76《王景传》。
⑥ 《后汉书》卷 76《秦彭传》。
⑦ 《后汉书》卷 76《秦彭传》。

方官吏强取豪夺的现象。所以使"奸吏蹰躇,无所容诈"①。秦彭根据自己的为政经验,写成条目,以呈皇上。受到章帝的表彰,并将其所立条目"班令三府,并下州郡"②,以垂范百官。秦彭后迁为颍川太守,在职期间,政绩也很突出,受到百姓赞誉。

　　汉和帝时,外戚窦宪权倾一时,法纪荡然。地方上豪右掠夺人民财富,为横乡里。此时东汉政权已呈现出衰落景象,大部分地方官吏都"竞为苛暴,侵愁小民,以求虚名,委任下吏,假执行邪"③。贪官污吏已大批涌现,但也产生了王涣、许荆等为数极少的循吏。王涣在任太守陈宠的功曹时,就以"当职割断,不避豪右"④而名声大振。他又能简贤选能,为和帝所欣赏,迁为温令。此时温县内多奸猾之人,为害乡里。王涣"以方略讨击,悉诛之"⑤,为民除了一大害。使境内清静,百姓安居乐业。迁为兖州刺史后,"绳正部郡,风威大行"⑥,因而被提升为洛阳令。他"以平正居身,得宽猛之宜"⑦,不仅清理了多年的沉冤积案,而且还能"以谲数发擿奸伏"⑧,努力消除不安定因素。王涣任洛阳令期间,"尽心奉公,务在惠民"⑨,为百姓办了不少好事。在他死后,洛阳百姓无不叹息痛哭,"男女老壮皆相与赋敛,致奠醊以千数"⑩,并为他在安阳亭西设立祠堂,"每食辄弦歌而荐之"⑪。除王涣外,许荆也是政绩较突出的循吏。他为桂阳太守时,因该郡地滨南州,风俗轻薄敝陋,"不识学义"。许荆"为设丧纪婚姻制度,使知礼禁"⑫,从而使桂阳加速了文明进化的步伐。

---

① 《后汉书》卷76《秦彭传》。
② 《后汉书》卷76《秦彭传》。
③ 《后汉书》卷4《和帝纪》。
④ 《后汉书》卷76《王涣传》。
⑤ 《后汉书》卷76《王涣传》。
⑥ 《后汉书》卷76《王涣传》。
⑦ 《后汉书》卷76《王涣传》。
⑧ 《后汉书》卷76《王涣传》。
⑨ 《后汉书》卷76《王涣传》。
⑩ 《后汉书》卷76《王涣传》。
⑪ 《后汉书》卷76《许荆传》。
⑫ 《后汉书》卷76《王涣传》。

东汉中后期,开始了外戚、宦官交替擅权,东汉统治集团以极快的速度腐败下去。安帝即位时年龄尚小,邓太后掌权,乘机发展自己的势力,掌握了朝中大权,从而使"宗门广大,姻戚不少"①。安帝以后,外戚、宦官把朝野弄得乌烟瘴气,循吏产生的环境和行政的条件十分恶劣。纵使如此,由于传统政治文化精华的影响,特别是儒家道德自律的制约,还是有极少数不畏强权、勇革弊政、拒绝趋炎附势的循吏出现,从而使东汉后期黑暗政治天幕上还能看到几颗闪亮的明星。

安帝、顺帝时有名的循吏为孟尝、第五访等人。孟尝在郡中任户曹史时,有一寡妇极为孝顺,但却被其小姑诬告致死。孟尝得知真情,遂报太守,杀小姑而雪寡妇之冤,从而使忠孝等儒家教义得以彰明。孟尝后迁为合浦(今两广交界滨海地区)太守,当时合浦郡农业不发达,但海中出珠宝,所以常与临郡交阯(今北越一带)相通商,以换取粮食。但因原合浦的官吏多贪秽之徒,纵人采撷而不责罚,所以珠宝大部分流入交阯,致使该郡"行旅不至,人物无资,贫者饿死于道"②。孟尝到任后,"革易前敝,求民病利"③,未及一岁,合浦郡已有很大起色,珠宝也被追回。"百姓皆反其业,商货流通"④。出现了商业发达、民户富足的景象,所以百姓感激地称孟尝为"神明"。孟尝后以病免归,走时"吏民攀车请之"⑤,表达了百姓对他的眷恋之情。第五访是安、顺时期又一循吏。在他仕郡为功曹时,被察举为孝廉,做了新都(今属四川)令。在任期间,使政治清平,教化行于全县。所以三年之间,县内大治,邻县百姓纷纷归服,户口比以前超出了十倍。第五访因政绩突出,迁为张掖(今属甘肃)太守。这年逢天灾,百姓饥饿,第五访便决定开仓赈济贫民。同郡官员怕承担责任,要求先向朝廷禀报,待批准后再执行。第五访义正词严地说:"若上须报,是弃民也。太守乐以一身救百姓!"⑥毅然开仓救民。这一举措得到了顺帝

①　《后汉书》卷10《皇后纪》。
②　《后汉书》卷76《孟尝传》。
③　《后汉书》卷76《孟尝传》。
④　《后汉书》卷76《孟尝传》。
⑤　《后汉书》卷76《孟尝传》。
⑥　《后汉书》卷76《第五访传》。

嘉奖。在第五访兢兢业业地治理下,郡内"官民并丰,界无奸盗"①,取得了可喜成绩。第五访后来迁为护羌校尉,他协调汉羌关系,恩威并施,使"边境服其威信"②。

汉桓帝时,刘矩和刘宠是两个有名的循吏。刘矩初举孝廉,迁为雍丘(今河南杞县)令。到任后,以礼让教化百姓,县中不孝不义之人都"感悟自革"③。刘矩处理民事案件,不以权压人,而采取"提耳训告"④的诱导启发方式,使他们自己认识错误,从而痛改前非。不久县内社会风气为之一变,"其有路得遗者,皆推寻其主"⑤。刘矩后迁为尚书令,虽然握有实权,但因"性亮直,不能谐附贵势"⑥,不像其他官吏那样阿谀奉承,所以"失大将军梁冀意"⑦,遭到排斥和打击,被贬为常山(今河北石家庄一带)相。刘矩看透官场的黑暗,遂称病去官。因怕梁冀党羽的报复,不敢还乡,投于友人家中。后梁冀"意少悟"⑧,仍复其官为尚书令。桓帝延熹四年(161年),刘矩升为太尉,他和司空黄琼、司徒种暠同心辅政,号为贤相。此时梁冀虽已被诛,因宦官继之专权,昏庸的桓帝竟以蛮夷反叛为由罢去了三公。汉灵帝时,又拜刘矩为太尉。再为上公的刘矩虽想极力振作,"所辟召皆名儒宿德。不与州郡交通。顺辞默谏,多见省用"⑨。但毕竟孤掌难鸣,无法改变东汉王朝的颓势。刘宠先以明经举孝廉,被任为东平陵(今山东章丘境)令。他"以仁惠为吏民所爱"⑩。在他因母病而离任时,"百姓将送塞道,车不得进,乃轻服遁归"⑪,表现了百姓对他的眷恋之情。后刘宠迁为会稽(今浙江绍兴)太守,他采取轻徭薄赋、约法省禁

---

① 《后汉书》卷76《第五访传》。
② 《后汉书》卷76《第五访传》。
③ 《后汉书》卷76《刘矩传》。
④ 《后汉书》卷76《刘矩传》。
⑤ 《后汉书》卷76《刘矩传》。
⑥ 《后汉书》卷76《刘矩传》。
⑦ 《后汉书》卷76《刘矩传》。
⑧ 《后汉书》卷76《刘矩传》。
⑨ 《后汉书》卷76《刘矩传》。
⑩ 《后汉书》卷76《刘宠传》。
⑪ 《后汉书》卷76《刘宠传》。

的政策,并打击非法,整顿秩序,不久便使郡中大治。刘宠后被征为将作大匠,离任赴京时,山阴县五六个老人从深山里出来为他送行,每人奉上一百钱。刘宠非常感动,问:"父老何自苦?"老人们感慨地说:"山谷鄙生,未尝识郡朝。它守时吏发求民间,至夜不绝,或狗吠竟夕,民不得安。自明府下车以来,狗不夜吠,民不见吏。年老遭值圣明,今闻当见弃去,故自扶奉送。"①刘宠在京师又历任司空、司徒、太尉等职,虽贵至三公之位,但却严格自律,清正廉洁,家无货积,确实是一个一生清廉、自奉俭约的好官。

汉灵帝时,政绩最突出的循吏是仇览和童恢。仇览早年默默无闻,四十岁时被选为蒲亭长,"劝人生业,为制科令,至于果菜为限,鸡豕有数"②,在农业生产方面颇有建树。在农闲时期,仇览便"令子弟群居,还就黉学"③,以儒家经典对他们进行教育。对于亭中游手好闲、不务正业者,强制他们从事农业生产。仇览还严设科罚,以明法纪。又亲自帮助百姓办丧事,赈济体恤贫穷孤寡。在他的精心治理下,不几年亭内便出现大治局面。乡邑之人对他感恩戴德,歌颂他道:"父母何在在我庭,化我鸱枭哺所生。"④考城(今河南民权境)令王涣为政严猛,听说仇览的名声后,任他为主簿。二人就是否为政以德进行辩论,仇览在任薄亭长时,亭内有一人叫陈元,曾被其母告以不孝,仇览以人伦孝行来感化他,终使他成为孝子。王涣不赞成这种感化方式,认为"闻陈元之过,不罪而化之,得无少鹰鹯之志邪?"⑤主张对陈元的不孝行为采取严厉制裁。仇览从容对曰:"以为鹰鹯,不若鸾凤。"⑥只有采取温和教化措施,才能真正使百姓心悦诚服。王涣被仇览宽阔的胸怀所折服,知仇览为真正的国家栋梁之材,于是资助他入太学学习。但因此时政治黑暗,知识分子无心读书,整日聚

---

① 《后汉书》卷76《刘宠传》。
② 《后汉书》卷76《仇览传》。
③ 《后汉书》卷76《仇览传》。
④ 《后汉书》卷76《仇览传》。
⑤ 《后汉书》卷76《仇览传》。
⑥ 《后汉书》卷76《仇览传》。

在一起,清谈时政,"曳长裾,飞名誉"①。仇览入太学后,专心读书,不参与清谈。同郡的符融在太学中名声甚高,经常宾客盈门,高谈阔论。见仇览不与之往来,非常奇怪,劝导他道:"与先生同郡壤,邻房牖。今京师英雄四集,志士交结之秋,虽务经学,守之何固?"②仇览义正词严地反驳道:"天子修设太学,岂但使人游谈其中!"③在太学中,仇览深察社会的黑暗,官场的腐朽,所以无意再仕。虽州郡一再征他为官,都被他称疾谢绝。童恢是汉灵帝时又一循吏。童恢为琅邪姑幕(今山东诸城境)人,年少时仕州郡为吏,便以执法廉平著称。司徒杨赐闻其名,便征辟他为官。不幸被人弹劾,在要被免官时,"掾属悉投刺去"④,童恢"独诣阙争之"⑤,等申明道理,官位保住后,"掾属悉归府"⑥。此事让童恢认清了官场的黑暗,人情的冷漠,所以他"杖策而逝"⑦。后童恢重被征辟公府,任不其(今山东即墨境)令。在政治上采取轻刑教化政策。吏人有违背法纪者,"辄随方晓示"⑧,讲明道理,令其自省,不加严惩。若有称职之吏,行善事之人,都赐以酒肴以示劝励。童恢还非常重视发展农业生产,制定了耕织种收的条例章程。通过童恢的悉心治理,使"一境清静,牢狱连年无囚。比县流人归化,徙居二万余户"⑨。出现了生产发展、人丁兴旺的可喜局面,童恢由于政绩显赫而被迁为丹阳太守。

东汉后期,虽然像《后汉书·循吏传序》中所说,"自章和以后,其有善绩者,往往不绝",但其中以循吏著称者毕竟寥若晨星。且这些循吏都是在自己的一郡一县政绩突出,却不能将这一范围再行扩大。所以在整个国家官僚机构黑暗腐朽的社会大背景下,几个循吏不过是沧海一粟,难

---

① 《后汉书》卷76《仇览传》。
② 《后汉书》卷76《仇览传》。
③ 《后汉书》卷76《仇览传》。
④ 《后汉书》卷76《童恢传》。
⑤ 《后汉书》卷76《童恢传》。
⑥ 《后汉书》卷76《童恢传》。
⑦ 《后汉书》卷76《童恢传》。
⑧ 《后汉书》卷76《童恢传》。
⑨ 《后汉书》卷76《童恢传》。

以引起整个社会的反响。他们只不过是"一时之良能也"①,无法改变东汉后期吏治的腐败和政局的混乱。

四、外戚、宦官交替擅权

东汉光武帝和汉明帝,接受西汉末期外戚专政、导致窃国篡权的教训,严密防范外戚势力,不许外戚干预朝政。汉章帝时,外戚窦宪势力渐大,但因侵夺沁水公主的园田,引起了章帝的强烈不满。斥责他道:"昔永平中,常令阴党、阴博、邓叠三人更相纠察,故诸豪戚莫敢犯法者,而诏书切切,犹以舅氏田宅为言。今贵主尚见枉夺,何况小人哉!国家弃宪如孤雏腐鼠耳。"②虽没对他进行严惩,但也不再重用。年仅十岁的汉和帝即位后,窦太后临朝听政。作为兄长的窦宪自然被委以重任,做了车骑将军。其势力迅速膨胀起来,形成了东汉历史上第一次外戚专权的局面。窦宪安插其弟窦笃为虎贲中郎将,窦景、窦环并为中常侍,"于是兄弟皆在亲要之地"③。窦宪将太尉邓彪作为自己专权的挡箭牌,利用邓彪的威望,凡自己所欲都令邓彪向太后传达,事无不从,使"内外协附,莫生疑异"④。窦宪"性果急,睚眦之怨莫不报复"⑤。曾用移花接木法刺杀了得罪于他的都乡侯刘畅,并嫁祸于其弟刘刚。这件事败露后,窦宪怕被问罪,于是请求出击匈奴以将功赎罪。窦宪在打败北匈奴后,更加骄横不法,权势达到了顶峰,"威权震朝廷"⑥。不仅他和其弟受到了加封,而且他的所有党羽都得到了厚赏。窦宪以耿夔、任尚为爪牙,邓叠、郭璜为心腹,班固、傅毅等为其幕僚,置幕府,以典文章。窦氏集团权倾一时,控制了官僚机构的各个部门,"刺史、守令多出其门"⑦。对于不肯趋附的正直

---

① 《后汉书》卷 76《循吏传》。
② 《后汉书》卷 23《窦宪传》。
③ 《后汉书》卷 23《窦宪传》。
④ 《后汉书》卷 23《窦宪传》。
⑤ 《后汉书》卷 23《窦宪传》。
⑥ 《后汉书》卷 23《窦宪传》。
⑦ 《后汉书》卷 23《窦宪传》。

官吏如郅寿、乐恢等,都逼迫其自杀。自是朝臣震慑,不得不曲意承旨。他的弟弟窦笃加位特进,控制选举权。窦景为执金吾,窦瓖为光禄勋。窦氏一家权势显赫,倾动京都。不仅窦宪专横暴虐,而且他的弟弟也都恃权骄纵,其中以窦景最为嚣张,他"奴客缇骑依倚形势,侵凌小人,强夺财货,篡取罪人,妻略妇女"①。致使"商贾闭塞,如避寇仇。有司畏懦,莫敢举奏"②。窦宪不仅把父子兄弟都封侯拜爵,而且还大封本家、亲戚及其爪牙。窦氏集团权势遮天,便使和帝有了大权旁落之感。他早就不满于窦宪的专横跋扈、淆乱朝纲,遂与宦官郑众等密谋诛灭窦氏集团。永元四年(92年),和帝诏令执金吾、五校尉勒兵屯卫南北宫,关闭城门,一举歼灭了窦氏集团。东汉历史上第一次外戚专权势力被镇压在血泊之中。在诛灭窦氏集团的斗争中,宦官郑众等立下了汗马功劳,遂以功迁为大长秋,并分封了土地。宦官势力自郑众开始增长。郑众还经常参与政事,开了宦官参政的恶劣先例。和帝时宦官虽开始议政,但因其羽翼未丰,所以还没能掀起大浪,未能达到专权的地步。

汉和帝时期是外戚与宦官的第一轮较量。和帝死后,出生仅百日的殇帝即位,邓太后临朝,她立刻把邓氏兄弟都引入朝中,参与政事。不久,殇帝死去,邓太后等便迎立了十三岁的安帝。安帝时,出现了外戚、宦官相互利用,共同擅权的局面。安帝即位之初,邓太后任命其兄邓骘为车骑将军、仪同三司,邓骘四兄弟同时封为万户侯,掌握了朝中大权。从而形成了东汉历史上第二个外戚专政集团。比较而言,邓氏集团在东汉外戚集团中还是比较好的。一方面,邓太后对其子弟管束较严,"其明加检敕,勿相容护"③,以避免重蹈窦氏专权失败的覆辙。另一方面,邓太后为巩固外戚地位,又主动取得官僚士大夫阶层的支持,大力表彰儒学,擢用名士如杨震等人。而且还重用宦官,"委用刑人,寄之国命"④,以换取他们对外戚的支持。邓太后和邓骘都能执法守法,如邓骘不徇私情,对违法

---

① 《后汉书》卷23《窦宪传》。
② 《后汉书》卷23《窦宪传》。
③ 《后汉书》卷10《皇后纪》。
④ 《后汉书》卷78《宦者传》。

的妻子、儿子毅然施以刑罚。邓氏集团因而获得很高的赞誉。但政治斗争是无情的,邓太后重用宦官,无疑是养虎为患。宦官"手握王爵,口含天宪",权力的膨胀自然和外戚集团发生冲突。邓太后死后,宦官李闰勾结安帝乳母王圣,诬告邓氏兄弟,"言欲废帝,立平原王"①,从而引起安帝的愤恨和惊惧,于是下令严惩。邓氏外戚终败在宦官手下,遭到了灭门之灾。

邓氏外戚集团覆灭后,安帝亲政,阎皇后得宠,阎氏外戚集团开始形成。阎皇后的兄弟阎显、阎景、阎耀、阎晏,都被封为卿校,掌典禁军。外戚势力日盛的同时,宦官张闰、江京、樊丰及乳母王圣、圣女伯荣因灭邓氏有功,也逐步控制了禁中机要,形成了以宦官为首的权势集团。外戚、宦官势力相互勾结,狼狈为奸,密谋废掉了原皇太子为济阴王,进一步把持了朝中大权。两大集团的党羽"分威共权,属托州郡,倾动大臣。宰司辟召,承望旨意"②。国家政权由两大集团瓜分,并分布其爪牙以控制地方。在他们的淫威下,大部分官员都敢怒不敢言,任其摆布。他们贪污受贿,竞起美宅,甚至伪造诏书,随意调发钱粮。宦官常被安帝派到甘陵去扫墓,他们依仗权势,"威权翕赫,震动郡县……长吏惶怖谴责,或邪谄自媚,发人修道,缮理亭传,多设储跱,征役无度,老弱相随,动有万计"③,真是声势浩广,权势熏天。如此作威作福,劳民伤财,致使政治败坏,百姓受害。延光四年(125年),安帝去世,阎皇后为独揽大权,和阎显兄弟秘不发丧,迎立幼小的北乡侯刘懿为帝。阎太后临朝,阎显以车骑将军辅政。阎氏外戚势力得以巩固后,便想大权独揽,不想再与宦官分权,所以对他们实施了打击政策,将阻碍自己专权的势力,如大将军耿宝,中郎侍樊丰,虎贲中郎将谢恽,侍中谢笃、周广,安帝乳母王圣母女等一一剔除,然后将自己的势力安插进来。令阎景为卫尉,阎耀为城门校尉,阎晏为执金吾。至此,阎氏兄弟控制了朝中大权。正当阎氏兄弟额手称庆,以为万无一失之际,即位才二百多天的年幼的小皇帝刘懿病死,阎太后及其兄弟为继续

---

① 《后汉书》卷78《孙程传》。
② 《后汉书》卷54《杨震传》。
③ 《后汉书》卷46《陈忠传》。

独揽政权,决定故技重演,秘不发丧,而诏诸王子进宫,关闭宫门,屯兵自守。此事不幸泄露,中常侍孙程、王康等宦官合谋发动政变,迎立原太子济阴王刘保即位,是为顺帝。孙程等人在经过精心布置后,一举歼灭了阎氏集团。

顺帝上台后,便对宦官大肆封赏。孙程被封为浮阳侯,食邑万户。王康被封为华容侯,王国被封为郦侯,各为九千户。其他宦官如黄龙、彭恺、孟叔、李建等都被封为侯,共为十九侯。孙程还被擢拜为骑都尉。这样,一个庞大的宦官集团得以形成,他们以皇权为靠山,势力很快增长起来。不久,孙程等人便目空一切,居功自傲,"与张贤、孟叔、马国等为司隶校尉虞诩讼罪,怀表上殿,呵叱左右"①,从而引起顺帝的愤恨和厌恶,于是免除孙程官职,遣十九侯就国。过了两年,顺帝又念及孙程等人的功勋,于是都召还京师。孙程与王道、李元都拜为骑都尉,其他十六侯也都委以官职。宦官再次把持了朝中大权。孙程死后,葬礼十分丰厚,"使五官(中)郎将追赠车骑将军印绶,赐谥刚侯。侍御史持节监护丧事,乘舆幸北部尉传,瞻望车骑"②,享受了历代宦官所没有的最高待遇。并且在他的要求下,其弟也得到了继承侯国的权力,他的养子也被封为浮阳侯。顺帝又于永建四年(129年)下诏,规定宦官的养子"悉听得为后,袭封爵,定著乎令"③。这样,不仅宦官得以封侯分土,连其养子也都得到了世袭封爵的权力。这无疑大大提高了宦官的地位,对宦官集团势力的膨胀起到催化剂的作用。黄龙、杨佗、孟叔等九个宦官与阿母山阳君宋娥相勾结,"更相货赂,求高官增邑,又诬罔中常侍曹腾、孟贲等"④,后被发觉而遣就国。顺帝时宦官还是受到制约的,立下功勋的宦官中,只有马国、陈予、苗光保全封邑。虽如此,宦官势力还是不可轻视的。阳嘉二年(133年),李固就曾指出:"诏书所以禁侍中尚书中臣子弟不得为吏察孝廉者,以其秉威权,容请托故也。而中常侍在日月之侧,声势振天下,子弟禄仕,曾无限

① 《后汉书》卷78《孙程传》。
② 《后汉书》卷78《孙程传》。
③ 《后汉书》卷78《孙程传》。
④ 《后汉书》卷78《孙程传》。

极。虽外托谦默,不干州郡,而谄伪之徒,望风进举。……窃闻长水司马武宣、开阳城门侯羊迪等,无它功德,初拜便真。此虽小失,而渐坏旧章。先圣法度,所宜坚守,政教一跌,百年不复。……又宜罢退宦官,去其权重,裁置常侍二人,方直有德者,省事左右;小黄门五人,才智闲雅者,给事殿中。"①李固一针见血地指出宦官专权的危害,提出了裁减宦官的合理建议。这种抑制宦官势力的主张自然触犯了宦官的利益,引起了他们的忌恨,"阿母宦者疾固言直,因诈飞章以陷其罪"②。李固终被诬罢官。顺帝时宦官势力虽盛,但还没到达专权独断的地步。随着梁氏外戚集团的崛起,宦官集团又一次跌入低谷。

汉和帝的亲生母亲为梁贵人,被窦皇后谮杀夺子。和帝后听张酺告以实情,乃追梁氏为皇太后,并封梁竦三子为侯,梁氏自此兴盛起来。顺帝时,立大将军梁商之女为皇后。梁商因女儿为皇后,妹妹为贵人,加位特进,官至执金吾,并于阳嘉四年(135年)开始以大将军身份主持朝政,实际上操纵了东汉的政权。梁商死后,其子梁冀继为大将军。梁氏外戚势力遂达到登峰造极的地步,也开始了东汉历史上最黑暗的一页。梁冀"为人鸢肩豺目,洞精𥄂盰,口吟舌言,裁能书计。少为贵戚,逸游自恣。性嗜酒,能挽满、弹棋、格五、六博、蹴鞠、意钱之戏,又好臂鹰走狗,骋马斗鸡"③。总之,梁冀是个只知声色犬马,放荡不羁,而又凶狠贪婪的花花公子。然而正是这个花花公子,成为导致东汉日益衰颓的元凶。梁冀在顺帝时势力已很强大。他是个报复心极强的人,在其任河南尹时,他的专横不法的品性已暴露出来。其父梁商的好友吕放出于好意向梁商言及梁冀之短,旨在对其进行劝导,但梁冀却怀恨在心,派人刺杀吕放于途中,又嫁祸于吕的仇人,令吕放之弟杀其仇家一百余人。顺帝死后,尚在襁褓中的冲帝即位,梁太后临朝,诏梁冀与太傅赵峻、太尉李固参录尚书事。梁冀虽口头上辞谢,但至此更加奢侈暴虐,骄纵弄权。冲帝不久又死去,梁冀与梁太后经过密商,迎立了八岁的质帝。梁冀此时权力日炽,朝政出于其

① 《后汉书》卷63《李固传》。
② 《后汉书》卷63《李固传》。
③ 《后汉书》卷34《梁冀传》。

一人之手。质帝虽少,但知梁冀的骄横。曾当着群臣的面说梁冀"此跋扈将军也"①,梁冀怀恨在心,竟用毒饼害死了质帝。梁冀召三公、中二千石、列侯等商量新皇帝人选。李固、胡广、赵戒、杜乔等都认为清河王刘蒜明德著闻,又是皇族血统中最近的,宜立为嗣。但此论却与梁冀之意相违,于是梁冀以一己之见,立十五岁的刘志为汉桓帝,枉杀了坚守本议的李固、杜乔。桓帝昏庸无能,梁太后称制临朝,政权完全落入梁氏外戚之手。建和元年(147年),增加梁冀封户一万三千,其弟不疑被封为颍阳侯,另一弟梁蒙被封为西平侯。梁冀之子梁胤为襄邑侯,各为万户。其妻孙寿也被封为襄城君,兼食阳翟租,岁入五千万,加赐赤绂比长公主。梁冀和孙寿都是淫荡残暴之人。梁冀曾与顺帝所出宫人友通期私通,并生子伯玉。孙寿知道后,残忍地杀害了友通期,但她自己却与梁冀的爱奴秦宫私通。秦宫虽为奴才,但因内外蒙宠,所以也声威显赫,刺史、二千石等官员无不对其巴结奉承。孙氏宗亲也在梁冀的庇护下壮大起来,"冒名而为侍中、卿、校尉、郡守、长吏者十余人,皆贪叨凶淫,各遣私客籍属县富人,被以它罪,闭狱掠拷,使出钱自赎,货物少者至于死徙"②。梁冀与其党羽甚至公开对人敲诈勒索。扶风人孙奋,富闻京师,梁冀派人赠送他一套车马,向他借贷五千万钱。孙奋比较吝惜钱财,只借给他三千万。梁冀大怒,诬告孙奋的母亲曾为梁家奴婢时从梁家盗走钱财而逃。结果孙奋兄弟入狱而死,一亿七千万家产全被梁冀侵吞。梁冀权势倾国,"其四方调发,岁时贡献,皆先输上第于冀,乘舆乃其次焉。吏人赍货求官请罪者,道路相望"③。梁冀还派人出塞交通外国,广求异物。沿途多抢掠妓女御者,并使人抢掳美女,殴击吏卒,百姓深受其苦,怨恨至极。此外,梁冀还大兴土木,广建美宅,极尽奢华之能事。奇珍金宝,充塞其中,堪与帝王比富。梁冀和孙寿过着奢侈浮华的生活,他们整日"共乘辇车,张羽盖,饰以金银,游观第内,多从倡伎,鸣钟吹管,酣讴竟路。或连继日夜,以骋娱

① 《后汉书》卷34《梁冀传》。
② 《后汉书》卷34《梁冀传》。
③ 《后汉书》卷34《梁冀传》。

恣"①。梁冀极其残暴,有个西域商人误杀他林苑中的一只兔子,竟然株连十多人被杀身亡。梁冀暴虐恣睢,六亲不认,就连他的弟弟也不轻饶。他的两个弟弟曾偷偷派人到上党打猎,梁冀知道后竟捕杀其宾客三十余人。在他的淫威下,所有官员必须看其眼色行事,顺者存,逆者亡。官员们若得到升迁,都必须先到他府中称谢,然后才能到尚书台去报到,否则即受到迫害。辽东太守猛侯,上任前没去谒见梁冀而被处以腰斩。宛令吴树,没接受梁冀的请托,并依法处死了他的宾客,结果被梁冀毒死。汝南袁著任郎中,少年意气,对梁冀的专横跋扈实在看不下去,愤而上书道:"臣闻仲尼叹凤鸟不至,河不出图,自伤卑贱,不能致也。今陛下居得致之位,又有能致之资,而和气未应,贤愚失序者,势分权臣,上下壅隔之故也。……今大将军位极功成,可为至戒,宜遵悬车之礼,高枕颐神。传曰:'木实繁者,披枝害心。'若不抑损权盛,将无以全其身矣。左右闻臣言,将侧目切齿,臣特以童蒙见拔,故敢忘忌讳。昔舜、禹相戒无若丹朱,周公戒成王无如殷王纣,愿除诽谤之罪,以开天下之口。"②此书不幸被梁冀知悉,袁著及其朋友都被诛杀。桓帝元嘉元年(151 年),"帝以冀有援立之功"③,要群臣议决给他的封赏。有司奏请给梁冀的封赏是:"入朝不趋,剑履上殿,谒赞不名,礼仪比萧何;悉以定陶、咸阳余户增封为四县,比邓禹;赏赐金钱、奴婢、彩帛、车马、衣服、甲第,比霍光:以殊元勋。每朝会,与三公绝席。十日一人,平尚书事。宣布天下,为万世法。"④如此优厚超格的封赏,梁冀竟还不满足,更肆无忌惮地"专擅威柄,凶恣日积,机事大小,莫不咨诀之。宫卫近侍,并所亲树,禁省起居,纤微必知"⑤。梁冀在城西建有府第,专门收纳奸亡之人。或者强取良人,把他们变为奴婢,称为"自卖人",竟达数千人之多。梁冀密派爪牙,分布各地,全国都在其督视之下。致使他的两个弟弟因怕违背其意而弃官自守。甚至连皇上都

① 《后汉书》卷 34《梁冀传》。
② 《后汉书》卷 34《梁冀传》。
③ 《后汉书》卷 34《梁冀传》。
④ 《后汉书》卷 34《梁冀传》。
⑤ 《后汉书》卷 34《梁冀传》。

"恭己而不得有所亲豫"①。梁冀在中央和地方建立起严密的关系网,其子梁胤为河南尹,其弟子为颍阴侯,胤子桃为城父侯。梁氏一门前后有七人封侯,有三位皇后,六个贵人,两个大将军,尚公主者三人,夫人、女儿食邑称君者七人,其余卿、将、尹、校共五十七人。梁冀在位二十余年,梁氏外戚势力"穷极满盛,威行内外,百僚侧目,莫敢违命"②,确实到了登峰造极的地步。多行不义必自毙,梁冀的凶残暴横,倒行逆施,激起了强烈的民愤。百姓发出了"梁氏灭门驱驰"的咒骂。由于梁冀的专权独断,与皇权产生很大摩擦。桓帝对他越来越不满。和平元年(150 年)和延熹二年(159 年),梁太后和梁皇后相继去世,梁冀失去了政治上的靠山。桓帝遂与宦官单超、左悺、徐璜、具瑗、唐衡等密谋于室,"遂定其议,帝啮超臂出血为盟"③。经过一番周密布置后,乃派虎贲羽林军千余人,与司隶校尉张彪相配合,共同围击梁冀,迫使梁冀及孙寿自杀,又收捕其子河南尹梁胤、其叔父屯骑校尉梁让及其亲从梁淑等人。诸梁及孙氏宗亲都被捕入狱,无论老少,均被弃市。在朝官员被株连致死者数十人。故吏宾客被免黜者有三百多人。梁氏集团被消除后,"朝廷为空"④,可见其势力之大。梁氏集团的铲除,成为大快人心的盛事,"官府市里鼎沸,数日乃定,百姓莫不称庆"⑤。梁冀家财被官府折价拍卖,竟合三十余万万钱,等于东汉王朝半年的租税收入。此后,东汉政府又散其苑囿,以救济贫民,彻底清算了梁氏财产。

在梁冀外戚被铲除后,东汉政权又不幸落入宦官之手。梁冀被灭后,宦官因有功而加官晋爵。桓帝迁左悺、唐衡为中常侍,封单超为新丰侯,二万户。徐璜为武原侯,具瑗为东武阳侯,各一万五千户,赐钱各一千五百万。因五人同时被封,所以时人称他们为"五侯"。此外,又封小黄门

① 《后汉书》卷 34《梁冀传》。
② 《后汉书》卷 34《梁冀传》。
③ 《后汉书》卷 78《单超传》。
④ 《后汉书》卷 34《梁冀传》。
⑤ 《后汉书》卷 34《梁冀传》。

刘普、赵忠等八人为乡侯。"自是权归宦官,朝廷日乱矣"①。单超不久病死,其他四侯专横暴虐,无恶不作,人们痛恨地称他们为"左回天,具独坐,徐卧虎,唐两堕"②,形象地描绘了他们的凶残跋扈。他们上台后,也贪婪地攫取社会财富,极尽奢侈浮华之能事。他们"又养其疏属,或乞嗣异姓,或买苍头为子,并以传国袭封。兄弟姻戚皆宰州临郡,辜较百姓,与盗贼无异"③。白马(今河南滑县东)令李云曾上书劝谏桓帝道:"梁冀虽持权专擅,虐流天下,今以罪行诛,犹召家臣搤杀之耳。而猥封谋臣万户以上,高祖闻之,得无见非? 西北列将,得无解体? 孔子曰:'帝者,谛也。'今官位错乱,小人谄进,财货公行,政化日损,尺一拜用不经御省。是帝欲不谛乎?"④句句忠言,只可惜昏庸的桓帝却听不进去,反而将李云下狱致死。这更助长了宦官的嚣张气焰。他们把持各级政府,形成了严密的关系网。单超的弟弟安为河东(今山西一带)太守,弟子匡为济阴(今山东菏泽一带)太守,徐璜的弟弟盛为河内(今河南焦作、鹤壁一带)太守,兄子宣为下邳(今江苏邳州市南)令。左悺的弟弟敏为陈留(今河南开封一带)太守,仇览兄参为益州(今云、贵、川地区)刺史。他们的共同特点是专横跋扈、奸佞贪婪。单安、徐盛等人被人称为"蠹害"。徐璜求李嵩之女不能得,在他任下邳令后,竟抢略此女,戏弄之后,用箭射死。宦官侯览贪婪奢侈,放纵不羁,强取豪夺,生活极其腐糜。他"起立第宅十有六区,皆有高楼池苑,堂阁相望,饰以绮画丹漆之属,制度重深,僭类宫省。又豫作寿冢,石椁双阙,高庑百尺,破人居室,发掘坟墓。虏夺良人,妻略妇子"⑤。他的哥哥侯参做益州刺史,也是横行不法,"民有丰富者,辄诬以大逆,皆诛灭之,没入财物,前后累亿计"⑥。宦官作威作福,其"宗族宾客虐遍天下,民不堪命,起为寇贼"⑦。宦官的黑暗统治是天下动

---

① 《后汉书》卷78《单超传》。
② 《后汉书》卷78《单超传》。
③ 《后汉书》卷78《单超传》。
④ 《后汉书》卷57《李云传》。
⑤ 《后汉书》卷78《侯览传》。
⑥ 《后汉书》卷78《侯览传》。
⑦ 《后汉书》卷78《单超传》。

荡的根本原因。桓帝后期,宦官的擅权,也引发了正直官吏对他们的不满与斗争。东海相黄浮、司隶校尉韩演、济北相滕延、太尉杨秉、司隶校尉李膺、北海相杜密等,都是不畏强权,勇于向宦官势力挑战的勇士。此外还有范滂、郭泰、刘祐、滕延等人,都因敢于和宦官作斗争而名扬天下。宦官集团早就将他们视为眼中钉,遂诬告李膺等养太学游士,交结诸郡生徒,"更相驱驰,共为部党,诽讪朝廷,疑乱风俗"①。昏庸的桓帝不辨黑白,遂布告天下,大捕党人。李膺、范滂等二百余人被捕入狱。第二年,汉桓帝将党人全部赦归田里,终身禁锢,不得为官。历史上称这次事件为第一次党锢之祸。

永康元年(167年),桓帝驾崩,十二岁的灵帝刘宏即位,窦太后临朝,其父窦武以大将军辅政。此时宦官势力正炽。窦武广交官僚士大夫和太学诸生,并"载肴粮于路,匄施贫民"②,从而赢得了很高的威望。窦武一心想剪灭宦官集团,遂与太傅陈蕃密谋,欲一举歼灭宦官势力。他们征天下名士,同被禁锢的李膺、杜密等共定计策。这一行为得到了全国人民的支持,"于是天下雄俊,知其风旨,莫不延颈企踵,思奋其智力"③。窦武等人抓住日食的机会,欲对宦官集团动手,但却遭到了窦太后的反对,她认为:"汉来故事世有,但当诛其有罪,岂可尽废邪?"④窦武又多次请求先诛"专制省内"的中常侍管霸、苏康和曹节等人,但窦太后还是犹豫不决。时间一长,典中书者便向宦官告密。于是张亮等十七个宦官歃血共盟诛杀窦武。曹节等人挟持灵帝和窦太后,以窦武、陈蕃反叛为名,出兵讨伐。杀死窦、陈,"收捕宗亲、宾客、姻属,悉诛之,及刘瑜、冯述,皆夷其族"⑤,幽禁太后于云台。自此,窦氏集团遭到毁灭性的打击。

窦氏集团覆灭后,"当是时,凶竖得志,士大夫皆丧其气矣"⑥,宦官的气焰更加嚣张,连皇帝也玩于他们的股掌之上。昏庸的灵帝竟称"张常

---

① 《后汉书》卷67《党锢传》。
② 《后汉书》卷69《窦武传》。
③ 《后汉书》卷69《窦武传》。
④ 《后汉书》卷69《窦武传》。
⑤ 《后汉书》卷69《窦武传》。
⑥ 《后汉书》卷69《窦武传》。

侍是我公,赵常侍是我母"①。宦官的黑暗统治激起了人们的强烈不满,特别是士大夫和太学生。他们通过清议,猛烈抨击时政,并伺机铲除宦官势力。他们相互标榜,更相交游,引起了宦官集团的极大恐慌和仇视。灵帝建宁二年(169年),督邮张俭举奏宦官侯览,揭露他罄竹难书的罪状。但因侯览从中作梗,奏折没能上到皇上之手。张俭干脆破釜沉舟,"遂破览冢宅,籍没资财,具言罪状。又奏览母生时交通宾客,干乱郡国"②。这一举动惹火了侯览,以此为导火索,宦官集团乘机制造了第二次党锢之祸。侯览诬告张俭与同郡二十四名士为党,图谋不轨,于是灵帝下令大捕党人。在宦官集团的策划下,李膺、杜密、范滂等名士,无不身陷囹圄,一百多人被逮捕,后全死于狱中。第二次党锢之祸中,受牵连者多达六七百人。

在党锢之祸后,宦官势力也达到了登峰造极的地步。曹节"父兄子弟皆为公卿列校、牧守令长,布满天下"③。宦官集团几乎把持了中央和地方的各种官职,掌握了征辟、察举等选举权,进而垄断了对官吏的任免权。他们甚至和灵帝勾结起来,公开卖官鬻爵,以攫取巨额财富。宦官还广建园第,依照宫室图样并起高宅,过着腐朽糜烂的生活。

宦官的暴虐无耻,皇帝的昏庸无能,使社会到了崩溃的边缘,百姓再也生活不下去了,于是铤而走险,纷纷举起了起义大旗。公元184年爆发了声势浩大的黄巾大起义,给这个黑暗腐朽的王朝以沉重的打击。为镇压农民起义,统治集团不得不大赦党人,缓和统治阶级内部矛盾,以挽救岌岌可危的腐朽统治。

中平六年(189年),灵帝崩,少帝刘辩即位,何太后临朝,其兄何进和太傅袁隗辅政。何进为了诛灭宦官,广结党人,受到官僚士大夫的拥护。少帝即位之初,中军校尉袁绍劝何进采取行动,"令诛中官以悦天下"④。何进请示太后,太后不听,认为"中官统领禁省,自古及今,汉家故事,不

① 《后汉书》卷78《张让传》。
② 《后汉书》卷78《侯览传》。
③ 《后汉书》卷78《曹节传》。
④ 《后汉书》卷78《张让传》。

可废也。且先帝新弃天下，我奈何楚楚与士人对共事乎？"①何进难违太后之命，于是窦武外戚集团覆灭的悲剧再度重演。张让、陈忠等为首的宦官集团在侦悉何进等人的密谋后，率先下手，斩何进于嘉德殿，何氏外戚就此灭亡。

何氏集团覆灭后，宦官势力也面临覆亡的命运。袁绍与袁隗矫诏杀死党附于宦官的司隶校尉樊陵、河南尹许相，接着捕杀陈忠等人，又关闭北宫门，"勒兵捕宦者，无少长皆杀之。或有无须而误死者，至自发露然后得免。死者二千余人"②。张让等数十人劫持天子，到达河上时，追兵将至，张让等悲哭辞天子道："臣等殄灭，天下乱矣。惟陛下自爱！"③都投河而死。至此，宦官势力完全被消灭。此后，历史进入群雄割据、军阀混战时期。东汉政权已名存实亡了。

东汉是中国历史上外戚、宦官势力交替擅权最严重的一个朝代。汉和帝时期窦氏外戚集团的专权，是东汉历史由盛到衰的转折点。而历经顺帝、冲帝、质帝、桓帝四朝的梁氏外戚集团的专擅朝政，则写下了东汉历史最黑暗腐朽的一页。宦官势力因在和帝时参与诛除窦氏集团开始兴盛，安帝时继因参与诛除阎氏外戚集团进一步得宠于皇上，因而势力逐步壮大。到汉桓帝时因谋划铲灭梁氏外戚集团而达到权势的巅峰，完全控制了朝廷大权。外戚、宦官交相擅权，大大削弱了东汉王朝的国势，也使皇权逐渐式微，并最终导致东汉王朝的覆灭。

五、难以遏抑的贪贿风

东汉王朝从战火硝烟中建立，开国皇帝刘秀知得天下之不易，所以能汲取前代灭亡的教训，革除弊政，励精图治。继之而来的明帝、章帝也能够谨遵祖训，守成有术，勤于政事。所以前期政治比较清明，社会比较稳定。但到中后期，各种社会弊病开始暴露，皇帝昏庸无能，外戚、宦官交替

① 《后汉书》卷69《何进传》。
② 《后汉书》卷69《何进传》。
③ 《后汉书》卷78《张让传》。

擅权。整个官场，从上到下，贪污受贿蔚然成风。结果是社会越来越黑暗，政府越来越腐朽，百姓越来越贫穷。东汉王朝最后也必然走向灭亡。

东汉的贪贿之风，其实在汉光武帝时就已存在，只是程度较轻而已。前面已经提到，东汉政权的基础是豪强地主。刘秀以及他的亲戚、功臣大多都是出身于豪强、官僚。刘秀的舅父樊宏是经营农业、商业兼高利贷的大地主，家有良田三百余顷。他的两个皇后郭氏和阴氏，都是有名的豪强地主出身。刘秀的姐夫邓晨，是"世吏二千石"的官僚地主。功臣中像李通、邓禹、寇恂、祭遵、王丹、刘植、耿纯等，都是家累千金，世为著姓的贵族、官僚、豪强。这些贵族、豪强，便构成了东汉的统治集团。在绿林、赤眉起义冲击全国时，这些豪强地主以他们的庄园为根据地，筑坞自保，所以在农民战争中他们不仅得以保存，而且还乘机侵夺了大量无主耕地。东汉建立之初，这些豪强势力强大，致使刘秀的"度田"令根本无法贯彻执行。如此一来，东汉王朝从建立那天起，就面对豪强地主以及主要由他们组成的官僚队伍对于土地的兼并、占夺和对其他社会财富的侵吞。

农业是封建社会最主要的经济部门，是它赖以存在的基础。因此对土地的占有便成为个人财富的象征。东汉的贵族、官僚，除了原来拥有及皇帝赐予的土地外，还通过购买、侵夺等方式获取土地。如东汉初期大司马吴汉在外出征，其妻则在家多买田业。济南安王刘康"遂多殖财货，大修宫室，奴婢至千四百人，厩马千二百匹，私田八百顷"[1]。汉明帝时，土地兼并已很严重，他不得不把公田赋予贫民，并明确规定："无令豪右得固其利"[2]。交趾太守张恢贪赃千金，被召还伏法。收取赃物，分赐群臣。张恢成为明帝时贪官的代表。汉章帝时，马防兄弟"贵盛，奴婢各千人已上，资产巨亿，皆买京师膏腴美田，又大起第观，连阁临道，弥亘街路，多聚声乐，曲度比诸郊庙"[3]。而外戚窦宪则更加贪婪，竟连沁水公主的园田也敢侵夺。他的弟弟景更是强取豪夺，贪赃枉法。窦氏集团专擅朝政，他

---

① 《后汉书》卷42《济南安王康传》。
② 《后汉书》卷2《明帝纪》。
③ 《后汉书》卷24《马防传》。

们与刺史、守令相互勾结,"赋敛吏民,共为赂遗"①。汉和帝时,由于邓太后临朝时罢盐铁之禁以取悦于豪强地主,从而使豪强的财富急剧增长,土地兼并更加严重。

和帝以后,随着外戚、宦官的交替擅权,贪贿之风以难以遏制的势头迅速扩展。汉安帝时,外戚、宦官相互勾结,"招来海内贪污之人,受其货赂"②。樊丰、谢恽等宦官得到皇权的支持,肆无忌惮地任意妄为,他们甚至"诈作诏书,调发司农钱谷、大匠见徒材木,各起家舍、园池、庐观,役费无数"③。安帝的乳母王圣也与他们勾结在一起,"兴起津城门内第舍,合两为一,连里竟街,雕修缮饰,穷极巧伎"④,极尽奢华。外戚阎显被封为长社县侯,食邑竟达一万三千五百户。外戚的专权贪贿,到梁冀时到达了顶峰。梁冀从顺帝时开始擅权,历经顺、冲、质、桓四帝。随着权势的增长,他所贪得的财富也不断增多。

梁氏外戚集团被诛灭,并没能消除东汉的贪贿现象。相反,随着宦官的擅权,贪贿之风更为严重。出身贫寒的宦官对社会财富具有强烈的占有欲,一旦上台,便拼命攫取财富。首先,他们贪婪地兼并土地。中常侍苏康、管霸等人,"遂固天下良田美业,山林湖泽,民庶穷困,州郡累气"⑤。侯览亦"贪侈奢纵,前后请夺人宅三百八十一所,田百一十八顷"⑥。小黄门段珪也不甘示弱,与侯览并立田业,而张让则更为嚣张,"一书出门,便获千金。京畿诸郡数百万膏腴美田皆属让等"⑦。其次,他们大量占有财产,收受贿赂,积聚钱粮。因诛外戚有功,皇帝赐予宦官们大量钱财。但他们并不满足,对百姓拼命搜刮。左悺与其兄在州郡聚敛为奸,宾客放纵,侵犯吏民而被司隶校尉弹劾。侯览则更甚,"以佞猾进,倚势贪放,受

---

① 《东观会要》卷23。
② 《后汉书》卷54《杨震传》。
③ 《后汉书》卷54《杨震传》。
④ 《后汉书》卷54《杨震传》。
⑤ 《后汉书》卷67《刘祐传》。
⑥ 《后汉书》卷78《侯览传》。
⑦ 《后汉书》卷78《宦者传》。

纳货遗以巨万计"①。侯览的哥哥任益州刺史时,也拼命搜刮民脂民膏,在他家被查抄后,其财产装满了三百多辆车,"皆金银锦帛珍玩,不可胜数"②。华容侯朱瑀在灵帝时作乱王室,"因共割裂城社,自相封赏。父子兄弟被蒙尊荣,素所亲厚布在州郡,或登九列,或据三司。不惟禄重位尊之责,而苟营私门,多蓄财货,缮修第舍,连里竟巷。盗取御水以作鱼钓,车马服玩拟于天家"③。中常侍张让家设有监奴,典任家事,"交通货赂,威形喧赫"④。再次,宦官们在聚财后,往往大修美宅,极尽奢侈浮华。如桓帝时的四侯"皆竞起第宅,楼观壮丽,穷极伎巧。金银罽毦,施于犬马。多取良人美女以为姬妾,皆珍饰华侈,拟则宫人。其仆从皆乘牛车而从列骑"⑤。侯览仅收礼钱就以巨万计,并利用攫取的钱财大造亭台楼阁。朱瑀亦大规模地修缮府第。灵帝时委宦官以权柄和钱财,使"宦官得志,无所惮畏,并起第宅,拟则宫室"⑥。僭越王权,甚至敢于欺罔天子。宦官所建府第都仿宫室,雄伟壮丽,豪华气派。灵帝常登永安侯台游玩远眺,宦官们怕皇上看到他们的府第而怪罪。于是指使中大夫尚但劝谏道:"天子不当登高,登高则百姓虚散。"⑦昏庸的灵帝竟不辨真假,果然自此不敢再登台榭了。总之,桓、灵时期的宦官,权势已达到顶峰,"举动回山海,呼吸变霜露"⑧。他们皆"府置第馆,棋列于都鄙;子弟支附,过半于州国。南金、和宝、冰纨、雾縠之积,盈仞珍臧;嫱媛、侍儿、歌童、舞女之玩,充备绮室。狗马饰雕文,土木被缇绣。皆剥割萌黎,竞恣奢欲"⑨。被他们占有的珍奇宝物几乎多得不可胜数。

东汉后期外戚、宦官疯狂占有财富,使东汉社会陷入一片黑暗之中。

---

① 《后汉书》卷78《侯览传》。
② 《后汉书》卷78《侯览传》。
③ 《后汉书》卷78《曹节传》。
④ 《后汉书》卷78《张让传》。
⑤ 《后汉书》卷78《单超传》。
⑥ 《后汉书》卷78《张让传》。
⑦ 《后汉书》卷78《张让传》。
⑧ 《后汉书》卷78《宦者传》。
⑨ 《后汉书》卷78《宦者传》。

其实这种贪贿之风的总根源则在于东汉后期的皇帝。东汉后期的几个皇帝都昏庸无能,被玩弄于外戚、宦官的股掌之上,形同傀儡。他们不能有效遏制贪贿之风,反而和外戚、宦官勾结在一起,共同压榨百姓,聚敛财富。汉桓帝时有"后宫数千",厩马万匹。汉灵帝则比他奢侈腐化得多,他有"后宫彩女数千余人,衣食之费,日数百金"①。还在河间故国建立了解渎馆。灵帝出身侯门,家中贫困,所以对财富有很强的占有欲。他"每叹桓帝不能作家居"②,没为他积聚下巨额财产。所以他大肆搜掠,"多畜私藏,收天下之珍,每郡国贡献,先输中署,名为'导行费'"③。又在西园建造万金堂,"引司农金钱缯帛,仞积其中"④。还回河间购买田宅,大修府第。灵帝的财富越积越多,光寄藏在小黄门和常侍两个地方的钱财就各有数千万。在张让、陈忠等宦官的怂恿下,灵帝"令敛天下田亩税十钱,以修宫室"⑤。搜刮民财,大兴土木。又"发太原、河东、狄道诸郡材木及文石,每州郡部送至京师,黄门常侍辄令谴呵不中者,因强折贱买,十分雇一,因复货之于宦官,复不为即受,材木遂至腐积,宫室连年不成"⑥。因工程没能按期完成,于是便一方面令刺史、太守复增私调,横征暴敛。一方面又令"刺史、二千石及茂才孝廉迁除,皆责助军修宫钱,大郡至二三千万,余各有差。当之官者,皆先至西园谐价,然后得去。有钱不毕者,或至自杀。其守清者,乞不之官,皆迫遣之"⑦。榨取各级官吏的钱财,以充修宫之用。除修建宫室外,灵帝还令钩盾令宋典修缮南宫玉堂,"又使掖庭令毕岚铸铜人四列于仓龙、玄武阙。又铸四钟,皆受二千斛,县于玉堂及云台殿前。又铸天禄虾蟆,吐水于平门外桥东,转水入宫。又作翻车渴乌,施于桥西,用洒南北郊路,以省百姓洒道之费。又铸四出文钱,钱皆

---

① 《后汉书》卷78《吕强传》。
② 《后汉书》卷78《宦者传》。
③ 《后汉书》卷78《吕强传》。
④ 《后汉书》卷78《张让传》。
⑤ 《后汉书》卷78《张让传》。
⑥ 《后汉书》卷78《张让传》。
⑦ 《后汉书》卷78《张让传》。

四道"①。汉灵帝在政治上昏庸无能,但在聚敛财富上却颇为能干。他搜掠钱财,广求珍宝,大兴土木,极尽奢侈浮华。

在皇帝的带动下,世风每况愈下,贪贿之风愈演愈烈。汉安帝时,清河相叔孙光因贪赃枉法而被捕。居延都尉范邠也贪赃枉法。桓、灵时期,宛陵大姓羊元群为北海郡守,"赃罪狼藉,郡舍溷轩有奇巧,乃载之以归"②。河南尹李膺欲依法处置他,但羊元群却因贿赂宦官而免罪,李膺反而被降职。桓、灵时因选官权操纵在宦官之手,所以居官者要得以保全或想升级,无官者要求得仕进,都要向宦官重金行贿。桓帝时太尉张颢、司徒樊陵、大鸿胪郭防、太仆曹陵、大司农冯方等都"与宦竖相姻私,公行货赂"③。灵帝时宦官张让擅权,为对贿赂金钱珍宝进行管理,还专门设立了监奴。扶风人孟佗在行贿方面可谓用尽心机,据《后汉书·张让传》记载:"扶风人孟佗,资产饶赡,与奴朋结,倾竭馈问,无所遗爱。奴咸德之,问佗曰:'君何所欲?力能办也。'曰:'吾望汝曹为我一拜耳。'时宾客求谒让者,车恒数百千两,佗时诣让,后至,不得进,监奴乃率诸仓头迎拜于路,遂共举车入门。宾客咸惊,谓佗善于让,皆争以珍玩赂之。佗分以遗让,让大喜,遂以佗为凉州刺史。"孟佗行赂可谓找对了窍门,先在监奴身上下功夫,结果自己反而成了宾客们行贿的对象。不仅得到了张让的欢心,轻而易举地得到了凉州刺史的官职,而且意外地获取大笔财富。擅权者收受贿赂,成为他们聚敛财富的一个重要手段。外戚梁冀钱财达三百万万,其中很大一部分来自贿赂。桓、灵时期的宦官们,很多人通过收贿而迅速成为暴发户,如侯览、张让等人,都富比皇帝。东汉后期,世风日下,各级官僚在皇帝、外戚、宦官的带动下,疯狂掠夺财物,残酷地压榨百姓。宦官吕强在一次上书中揭露说:"天下之财,莫不生之阴阳,归之陛下。归之陛下,岂有公私?而今中尚方敛诸郡之宝,中御府积天下之缯,西园引司农之臧,中厩聚太仆之马,而所输之府,辄有导行之财。调广民困,费多献少,奸吏因其利,百姓受其敝。又阿媚之臣,好献其私,容谄姑

---

① 《后汉书》卷78《张让传》。
② 《后汉书》卷67《李膺传》。
③ 《后汉书》卷67《羊陟传》。

息，自此而进。"①吕强的分析真可谓入木三分。他指出，百姓贫困，是因朝廷调度太多，而又有奸吏从中贪赃，且奸吏又公行贿赂，阿谀献媚，得到擅权者的庇护姑息，而使他们更加明目张胆地搜刮百姓。吕强可谓抓住了东汉末期的时代特点。宦官张让等游说灵帝修建宫室时，为增加经费，令刺史、太守等复增私调，而使百姓嗟怨。每次朝廷大规模的征调，都给了刺史、太守等地方官吏以从中渔利的机会。

由于皇帝、外戚、宦官，以及官僚争相贪赃枉法，肆意盘剥，社会财富越来越集中于他们私人手中。致使国家府库空虚，用度不足，连年赤字。为增加官府用度，更主要是满足统治者更大的贪欲，东汉王朝公然卖官鬻爵。这一措施开始于汉安帝。永初三年（109 年），三公以国用不足为由，"奏令吏人入钱谷，得为关内侯、虎贲羽林郎、五大夫、官府吏、缇骑、营士各有差"②。将关内侯、虎贲等官职，按其俸禄的多少而规定出不同的价钱。明码标价，像商品一样地出售。所得之钱往往被皇帝、外戚、三公等统治者联合瓜分。汉桓帝时，财物匮乏，于是在延熹四年（161 年），"占卖关内侯、虎贲、羽林、缇骑营士、五大夫钱各有差"③。卖官鬻爵之风到汉灵帝时进一步发展。光和元年（178 年），"初开西邸卖官，自关内侯、虎贲、羽林，入钱各有差。私令左右卖公卿，公千万，卿五百万"④，又规定二千石卖二千万，四百石卖四百万。灵帝对各级官职都做了明确标价，不择手段地获取财富。当然，迫于舆论压力，灵帝也有所忌惮，为消弭人们的不满，他不得不做出让步，规定道："其以德次应选者半之，或三分之一。"⑤司马直就以德著称，所以得以喊价赊至三百万。中平四年（187 年），灵帝又下诏"卖关内侯，假金印紫绶，传世，入钱五百万"⑥。羊续因政绩突出，灵帝欲拜他为太尉，但"时拜三公者，皆输东园礼钱千万，令中

---

① 《后汉书》卷 78《吕强传》。
② 《后汉书》卷 5《安帝纪》。
③ 《后汉书》卷 7《桓帝纪》。
④ 《后汉书》卷 8《灵帝纪》。
⑤ 《山阳公载纪》。
⑥ 《后汉书》卷 8《灵帝纪》。

使督之,名为'左骈'。其所之往,辄迎致礼敬,厚加赠赂"①。但羊续因为官清廉,没有资产,拿不出千万的礼钱,所以"帝不悦,以此故不登公位"②。灵帝还开鸿都门公开标价出卖官爵,公卿州郡下至黄绶各有差等。富者直接交钱买官,贫者也可以先任官职,然后加倍偿还。当然也可以通过贿赂宦官及傅母而得到官职。通过花钱上来的官员,上任后往往变本加厉地搜刮民财,更加剧了贪贿之风的盛行。灵帝大修宫室时,为解决经费,明确规定官员迁除,都要按品交纳助军修宫钱,其实这也是变相的卖官鬻爵。

由于东汉王朝的阶级基础是豪强地主,因而奢侈浮华的风气从一开始便比较严重。到汉章帝时,就出现了"而今贵戚近亲,奢纵无度,嫁娶送终,尤为僭侈"③的现象。东汉后期,由于贪贿之风盛行,奢侈浮华、竞比豪富更成为社会的一种时尚。几乎每个擅权者都大肆修建亭台楼阁,极尽奢华,过着醉生梦死的寄生生活。正如王符在《潜夫论》中揭露的那样:"而今京师贵戚,衣服饮食,车舆庐第,奢过王制,固亦甚矣。且其徒御仆妾,皆服文组彩牒,锦绣绮纨,葛子开越,筒中女布。犀象珠玉,虎魄瑇瑁,石山隐饰,金银错镂,穷极丽靡,转相夸咤。其嫁娶者,车軿数里,缇帷竟道,骑奴侍童,夹毂并引。富者竞欲相过,贫者耻其不逮,一飨之所费,破终身之业。"显然,奢侈浮华的社会风气必然诱发贪贿的盛行,而贪贿的盛行又必然促使奢侈浮华之风的蔓延与迅猛。二者互为条件,互相促进,形成了难分难解的恶性循环。

吏治败坏,贿赂公行,不仅会毒化整个社会风气,更会将一个王朝引向覆亡,此一被历史一再证明了的真理是任何理智正常的皇帝和封建官吏都能认识到的。所以,尽管贪贿之事代代存在,反贪之举也从而随之,只是机制有强弱,力度有大小,效果有显微而已。东汉一朝虽然贪贿之风日渐强劲,但反贪惩贪的活动也一直在进行,只是其力度与时间的前进成反比罢了。由此而言,东汉历史也是一部反贪史。东汉前期,由于光武帝

① 《后汉书》卷31《羊续传》。
② 《后汉书》卷31《羊续传》。
③ 《后汉书》卷3《章帝纪》。

加强监察制度,设御史台、司隶校尉以督察百官,设州刺史以监督地方。监察机制运转有序,加上吏治大环境较好,因而能较有效地察举非法,打击贪贿之风。如光武帝时大司徒戴涉在察举中,收受别人贿金,被发现后下狱而死。汉章帝时,陈留(今河南开封境)令刘豫、冠军(今河南邓州市北)令驷协,"并以刻薄之姿,临人宰邑,专念掠杀,务为严苦,吏民愁怨,莫不疾之"①,而被第五伦弹劾,受到了应有的惩罚。有些刺史、太守"专州典郡,不务奉事尽心为国,而司察偏阿,取与自己,同则举为尤异,异则中以刑法,不即垂头塞耳,采求财赂"②。如益州刺史朱酺、扬州刺史倪说、凉州刺史尹业等,"每行考事,辄有物故,又选举不实,曾无贬坐,是使臣下得作威福也"③。他们这种不循职守、以权谋私之举,被马严刺举而受到罢官的惩罚。东汉后期,外戚、宦官肆虐天下,所以反贪比较困难。和帝时窦宪擅权,刺史、守令多为他的爪牙,监督系统也被其控制。窦氏集团骄纵奢侈,贪贿成性,但有司畏懦,不敢举奏。郅寿、乐恢等监察官因违忤其意而遭迫害。顺帝时遣杜乔、周举、张纲等八人分行州郡,察视全国,"其刺史、二千石有臧罪显明者,驿马上之;墨绶以下,便辄收举。其有清忠惠利,为百姓所安,宜表异者,皆为状上"④。周举因"劾奏贪猾,表荐公清"⑤,成绩非凡而受到朝廷赞赏。而侍御史张纲却独埋其车轮,曰:"豺狼当路,安问狐狸!"⑥于是上书弹劾大将军梁冀、河南尹不疑,揭露他们的丑行道:"大将军冀,河南尹不疑,蒙外戚之援,荷国厚恩,以芻莞之资,居阿衡之任,不能敷扬五教,翼赞日月,而专为封豕长蛇,肆其贪叨,甘心好货,纵恣无底,多树谄谀,以害忠良。诚天威所不赦,大辟所宜加也。谨条其无君之心十五事,斯皆臣子所切齿者也。"⑦顺帝虽感动于张纲之举,但却慑于梁冀的淫威没对他进行制裁。这种姑息态度,给梁冀的贪贿

---

① 《后汉书》卷41《第五伦传》。
② 《后汉书》卷24《马严传》。
③ 《后汉书》卷24《马严传》。
④ 《后汉书》卷61《周举传》。
⑤ 《后汉书》卷61《周举传》。
⑥ 《后汉书》卷56《张纲传》。
⑦ 《后汉书》卷56《张纲传》。

放纵起到助纣为虐的作用。梁氏覆灭后,宦官擅权,贪贿之风更是有增无已,反贪斗争更加艰难。正因为如此,一些反贪的官吏就更加难能可贵,也就更加令人敬佩。东海相黄浮捕收贪暴的徐宣,慷慨陈词道:"徐宣国贼,今日杀之,明日坐死,足以瞑目矣"①。毅然将徐宣依法弃市,自己也"坐髡钳,输作右校"②。司隶校尉李膺,依法处死了"贪残无道,恶贯满盈"的宦官张让的弟弟张朔。范滂曾出使督察冀州,冀州贪赃枉法的郡守、县令望风而逃。后又任太尉府掾吏,一次劾奏刺史、二千石、赃吏二十余人。滕延为济北相时,宦官的爪牙侵犯百姓,劫掠行旅,滕延便把他们"一切收捕,杀数十人,陈尸路衢"③。荆州刺史徐璆,"奏五郡太守及属县有藏污者,悉征案罪,威风大行"④。交趾刺史周乘也举奏郡中贪赃秽法,致使太守属县解官印绶弃官者四十余人。司隶校尉韩演弹劾宦官左悺及其兄聚敛为奸,宾客放纵,侵犯吏民,而迫使左氏兄弟自杀,又上奏揭露具瑗兄的臧罪,使具瑗、单超等人降职。侯览的哥哥因榨取民财,也被太尉杨秉弹劾而畏罪自杀。督邮张俭则举奏侯览,并破釜沉舟,破侯览的冢宅,以取得他的赃物作为证据。司隶校尉阳球奏诛了王甫及其子王萌、王吉。郎中审忠上书参奏宦官朱瑀,揭露其贪赃不法的诸多罪行。杜密为北海(今山东潍坊一带)相时,"其宦官子弟为令长有奸恶者,辄捕案之"⑤。议郎蔡邕毁刺贵臣,讥呵竖宦。这些人都在反贪史上留下了英名。但是,由于当时贪官污吏的势力远远超过反贪者的力量,这些反贪志士往往不得善终,落得一个悲剧的结局。杜乔、李固等人被梁冀所害,李膺、范滂、杜密、张俭等人都被宦官列为党人,在两次党锢之祸中备受打击,最后下狱致死。第二次党锢之祸以后,宦官完全占据优势地位,贪贿之风再也无法遏制。一方面,皇帝带头聚敛,宦官拼命搜刮。另一方面,各地州牧势力壮大,成为强大的地方割据势力。他们拥兵自卫,掠夺乡

① 《后汉书》卷78《单超传》。
② 《后汉书》卷78《单超传》。
③ 《后汉书》卷78《侯览传》。
④ 《后汉书》卷48《徐璆传》。
⑤ 《后汉书》卷67《杜密传》。

里。如袁谭在青州时，"使妇弟领兵在内，至令草窃，市井而外，虏掠田野，别使两将募兵下县，有赂者见免，无者见取，贫弱者多，乃至于窜伏丘野之中，放兵捕索，如猎鸟兽"①。东汉王朝就在这种"上下交征利"的贪贿之风吹拂下走向自己历史的终点。

东汉后期，贪贿之风之所以难以遏制，究其原因，主要有以下几点：（1）外戚、宦官交替擅权。他们利用手中的权力，大肆搜掠钱财，收取赃贿，不择手段地积聚钱财，对妨碍其贪贿的正直官员予以报复。（2）皇帝昏庸，皇权无力。皇帝甚至与外戚、宦官同流合污，相互勾结，共同掠夺财物。当然就根本谈不上对贪贿者进行惩罚了。（3）监察机构遭到破坏，形同虚设，甚至助纣为虐。监察机构在和帝时就被窦宪破坏，此后每个擅权者都力图控制监察系统，甚至直接委任爪牙为监察官，严重弱化了监察机构的功能，使监察机制不能有效运作。（4）中央对地方失去控制力。东汉后期，由于外戚、宦官专权，皇帝形同傀儡，中央对地方的控制力逐渐削弱。州牧开始由监察官员变为地方行政长官，权力日益膨胀，更加速了地方割据势力的发展，形成大大小小的独立王国。他们对财产、人口的掠夺更为残酷，使其辖区的贪贿之风愈演愈烈。而朝廷鞭长莫及，只能徒唤奈何了。

第五节　秦汉时期反贪的启示

秦汉大帝国，作为中国传统政治体制走向成熟的开端，无论是辉煌的事功和灿烂的文化，还是繁荣发达的社会经济，都达到了一个后代王朝长期难以企及的高度。尤其是所谓的西汉文景之治、昭宣中兴，东汉建武、永平之政等，皆堪称一代盛世。然而，贪污腐败的问题就像帝国的孪生姊妹一样始终伴随着帝国的行程。尽管秦汉帝国都在力所能及的范围对反

---

① 《三国志·魏书》卷6《袁绍传》注引《九州春秋》。

贪和澄清吏治进行了较大的努力,也曾取得了相当成就,但却无法从根本上遏制贪污腐败的愈演愈烈,最终导致了吏治崩溃和政权瓦解的悲剧。纵观秦汉的反贪史,不管是其中的成功经验,还是失败的教训,无疑都是留给后人的珍贵启示。

第一,必须对贪污腐败的巨大危害性保持清醒的认识。秦商鞅,西汉董仲舒、贡禹,东汉王充、王符、仲长统等当时的思想家都反复指明了贪污腐败对社会生活和国家政权侵蚀的严重性。事实上,秦末的腐败流行和兵徭征发等急政一样,都是秦二世而亡的关键因素。即便是社会经济没有接近崩溃边缘的西汉和东汉后期,也由于官吏的贪污腐败和横行不法,直接造成了民众对现政权离心离德的社会大危机,并进而分别演变为王莽代汉和东汉在张角起义、董卓篡权、军阀混战等事变冲击下走向瓦解。因为,吏治腐败的直接受害对象肯定是广大无辜的普通民众,无论是横征暴敛、贪赃枉法、损公肥私等种种花样,最终的后果和负担还是不合理地压在他们的头上。所以,民众对官吏的贪污腐败最敏感也最仇视和痛恨。如果出现贪污腐败问题,他们会在忍让承受寄望于政府处理的同时,也以各种手段表达自己的不满和反抗。一旦现政权缺乏或者忽视了对贪官污吏的有效控制,当矛盾积累到一定程度,来自社会中下层的反抗风暴必然会起来以雷霆之势荡涤一切官场丑恶,秦、新朝和东汉的倒台都是如此。当然,这要以巨大的社会性牺牲为代价。显而易见,为了尽量避免发生伴随王朝覆灭而来的巨大社会震荡和破坏,统治者就必须始终对贪污腐败的危害性保持高度警惕,坚持不懈地抓好反贪工作。

第二,构建严密的监察机构是反贪有效进行的必备前提。秦汉反贪的主要成功经验之一就是以很大的投入构建了由中央到地方成完整体系的监察网,东汉时遂基本定型为:尚书令、御史中丞、御史、刺史、郡守(兼)、督邮、县令、长(兼)、廷掾等共同构成的庞大监察机构,并配备有相当数量的监察官员。实践证明,当整个政治大环境比较健康的时代,秦汉监察机制确实收到了澄清吏治的良好效果。但也存在着较明显的问题,最突出的就是监察权与行政权分离不彻底。例如郡守、县令、长是地方长官,但他们同时也为辖区内的最高监察官,都是集地方行政与监察权于一身。监察权与行政权分离不彻底,不但容易造成监察与行政的互相干扰,不利于监察的进行;更重要的是由于监察权的不独立,就使其经常受到行政权力的制约,从而使秦汉时代的监察在效能上大大弱化。比如皇帝是国家元首,同时又是最高监察官,而其本身却不受监察和制约。郡守和县令、长集行政、监察权于一身,他们自己却没有同级监察。督邮、廷掾等既为监察官又同时为郡、县长官的属吏,他们在行使监察权时当然必须秉承行政长官的意志,因而不可避免地使监察权屈从于行政权。历史经验证明,监察权不独立,特别是行政权对监察权的支配在本质上对监察的运行是极为有害的,依赖这种体制根本不可能防范、制止吏治的腐败化倾向。

第三,反贪污腐败的主要武器只能是法律,必须做到有法可依、有法必依。从《秦律》开始,就继承了战国法治文化的优良成果,规定有详细的以惩治渎职和贪污腐败为主要内容的官吏法规,对各级官吏的违法行为都用法律的形式明确规定了以"轻罪重罚"为特色的惩罚标准,对贪官污吏有着强大的震慑力。此后的《汉律》也基本继承了《秦律》的精神,并有意识地加大了对贪官污吏的惩治力度,西汉武帝朝、东汉明帝朝都是如此。此外,两汉在通行法律之外还规定有刺史六条、《三互法》等专门的监察法规,分门别类地针对各种贪贿行为予以惩治,确实做到了有法可依。有法必依的情况则时好时坏,像汉武帝、汉宣帝、汉明帝等都基本上做到了有法必依,既不以贵、官抵罪,也不因功废法,保证了法律在反贪领域中的权威性。但更多时候,法律都受到了皇帝、贵戚、宠臣们的破坏,尤其是西汉中期以后,强调人治的儒学理论导入汉代法律之中,有罪不罚或同罪异罚的所谓议亲、议故、议贤、议能、议功、议贵、议勤、议宪等"八议"大行其道,严重削弱了法律的公正性和权威性,对贪官污吏以各种名义逃脱惩罚打开了方便之门,从而加速了西汉中、后期腐败之风的蔓延,这一历史教训值得后人吸取。

第四,官府直接经营工商业,虽然有利于改善政府的财政收入状况,但却极易滋生严重的腐败问题。这不仅表现在官员直接从中损公肥私,大肆侵吞,而且往往会与商人共同勾结,出卖经济情报,或故意贵买贱卖,以此谋取一己私利。同时由于官吏直接经营工商业,也会严重败坏官吏的形象,毒化吏治空气。汉武帝朝所以在强化反贪力度的条件下仍难以有效控制腐败的蔓延,一个重要的原因就在于推行盐铁官营、均输平准等官府经商政策。王莽新朝吏治的迅速腐败至不可收拾的程度,主要原因也在于此。

第五,统治阶层奢侈享受的不正之风,不仅浪费大量的社会财富,也是贪污腐败产生的重要根源之一。因为不论在任何一个政权中,官吏的合法收入总是比较固定和有限的,而奢侈享受就像无底洞一样,永远也难以得到满足。如果奢侈享乐形成风气,许多官吏便难免会走上贪污受贿、谋取不义横财的绝路上去。西汉、新莽、东汉中后期的数次吏治腐败高潮,也都与由皇帝、外戚带头掀起来的奢侈歪风有关。倘若奢侈无度得不到有效的控制,则无论怎样加大反贪力度也难以收到良好的效果,因为在享受贪欲的刺激下,贪官污吏总会层出不穷地涌现,直至吏治彻底崩溃的绝境。

第六,民众在反贪中要有发言权。秦汉反贪的一个成功经验就是在制度上保障民众参与反贪、揭发贪官污吏的权力,尽管这种权力实际上在逐渐减弱。两汉都有授权民众进京告发地方官吏横行不法的言"变事"制度,东汉时还把民间舆论即所谓的民谣作为陟黜官吏的依据之一。许多贪污腐败的大案就是在民众的揭发下败露的。其中道理也很简单,贪官污吏们无论怎样试图遮掩贪污腐败的事实,虽然可能逃脱上级的监察,但要完全逃脱民众的眼睛是不可能的。关键在于反贪过程中必须避免不应有的黑箱操作,不能单纯依赖往往有官官相护嫌疑的官僚队伍自身,要鼓励民众,并努力创造有利条件,让民众敢于也乐于参加到反贪中去。这样,哪怕是再隐晦的贪污腐败丑行,也会大白于天下。

第七,表彰廉吏、提高官吏自身修养水平对保持官吏廉洁奉公是必要的,但不能对其作用估计过高,更不能迷信。因为品质优异、能够自觉做到廉洁奉公的官吏永远只能是少数,从整体上要求官僚队伍达到他们的道德水准是不可能的。譬如汉宣帝反贪就特别重视表彰廉吏,希望全体官吏们都能以他们为榜样,可实际效果并不见佳。一方面贪官污吏们决不会按照榜样们的标准来修正自己,还是在利益驱动下照贪不误;二是反而出现了许多沽名钓誉的伪君子,像王成、黄霸等人的清廉美行都是人为宣传出来的,当谎言被戳穿以后,更加剧了腐败问题的恶化。这种情况在东汉尤其突出。秦汉的历史经验启示我们,反贪还是应主要从制度建设、法制强化入手,不能寄太多希望于贪官污吏们在道德教育下会洗心革面,立地成佛。这正如司马迁在《史记·货殖列传》中所说的:"天下熙熙,皆为利来;天下攘攘,皆为利往","耳目欲极声色之好,口欲穷刍豢之味,身安逸乐,而心夸矜势能之荣。使俗之渐民久矣,虽户说以眇论,终不能化。"统治阶级的贪欲永远是无止境的,少数几个廉吏和空洞的道德说教并不能解决问题。

最后,也是最关键的,秦汉反贪皆以失败而告终的结果,证明了在专制主义政体的条件下,想要比较彻底地解决吏治的贪污腐败是不可能的,而只能取得一些局部的、阶段性的成果。中国古代社会所以不断上演"其兴也勃,其亡也忽"的悲喜剧,原因之一也就在这里。

第 三 章

魏晋南北朝

第一节　三　　国

一、监察机制及运作

自公元 220 年曹丕代汉到公元 265 年司马炎代魏,是为中国历史上魏、蜀、吴三国鼎立的时代。三国鼎立局面的出现,完全打破了自秦汉以来所形成的统一国家的外貌,使封建中央集权国家皇权至上的政治制度出现严重的裂变,门阀世族操纵朝政,以政治势力之间的平衡为基础的格局取代了昔日皇权的独尊。这就决定了作为封建国家机器中的监控与纠偏系统的监察制度所能发挥的作用必然受到一定的限制。但是,既然秦汉以来君主专制中央集权制度仍在不断发展和完善,因此,这一时期的监察制度在秦汉基础之上仍有所发展。

（一）监察制度的进一步发展

曹魏时期监察制度的设置始于曹魏政权建立的同时。当时曹操统一了北方,基本控制了西北地区,孙、刘也都获得了较为稳固的统治区域。

曹操要稳固统治,结束三国鼎峙局面,重建一统大业,政权建设的作用已不亚于军事谋划。建安十八年(213 年),曹操晋升为魏公,改用西汉旧制,"置丞相以下群卿百僚,皆如汉初诸侯王之制"①,以保持权力的集中,使政治体制适应曹氏专权的需要。

曹魏设置监察制度仍将重心放在御史机构。最先设置的是御史中丞。② 建安末还设立过督军御史中丞,但为临时设置,未成定制。③ 御史大夫之职起初由郎中令代为行使④,至建安二十二年(217 年)才正式成为定职。⑤ 侍御史的设立时间史无明确记载,但从鲍勋在延康元年(220 年)以前曾"拜侍御史"⑥以及曹丕禅代时有侍御史郑浑、羊秘、武周等人进言⑦,可知延康元年曹操去世之前,监察机构中已设有此官职。

曹魏的监察制度在曹操时尚处于草创阶段。此时的御史机构还未从行政系统中独立出来,其监察仍是行政系统内的监察,还带有一点行政机关的尾巴。到黄初元年(220 年)曹丕代汉称帝后,对御史机构作了进一步调整。曹丕统治时期,尚书台、中书省、侍中等三种机构已经独立并参与决策,这些机构原都隶属于少府。少府作为秦汉九卿之一,原是朝廷二级官,自尚书一出,九卿听命,少府的地位无疑降了一级。中书、侍中显赫之后,尚书台成为执行机构,九卿地位再次下降。少府地位的明显跌落,监察系统仍委属其下便显得极不相称,于是御史台终从少府中独立出来,成为直接受皇帝控制,只对皇帝负责的体制独立的中央监察机关。御史台脱离少府,构成了一个超然于行政之外的新的监察机构,这是中国古代监察制度发展史上的重大变革。

曹魏的御史台,仍以御史中丞为最高长官,兼行宫省事,故曹丕代汉不久,在黄初初年曾一度改御史中丞为宫正。《三国志·魏书·鲍勋传》

① 《三国志》卷1《魏书·武帝纪》。
② 《三国志》卷22《魏书·陈群传》。
③ 洪饴孙:《三国职官表》。
④ 《三国志》卷11《魏书·袁涣传》。
⑤ 《三国志》卷13《魏书·华歆传》。
⑥ 《三国志》卷12《魏书·鲍勋传》。
⑦ 《三国志》卷1《魏书·武帝纪》。

载："黄初四年,尚书令陈群、仆射司马宣王并举勋为宫正,宫正即御史中丞也。帝不得已而用之,百僚严惮,罔不肃然。"但不久又将宫正恢复为御史中丞。考自建安十八年(213年)始,相继任御史中丞之职者有十五人:陈群、崔林、徐宣、司马懿、鲍勋、荀俣、徐庶、诸葛诞、杜恕、鲁芝、钟毓、□龄、陈骞、李熹、石鉴。

御史中丞之下,置治书侍御史二人。治书侍御史于汉时掌法律,以是非谳事,是御史台内的审案官,此职责曹魏时依然沿用,但其地位比汉代较高,实际已相当于中丞之副贰。又设治书执法,掌奏劾。据《晋书·职官志》载:"及魏,又置治书执法,掌奏劾,而治书侍御史掌律令,二官俱置。"可知治书执法的职能唯在"奏劾",并且它的地位明确地在一般御史之上。治书执法之职的添设,使监察机构中增加了一个积极弹纠的层面,增加了监察的深度和广度。

曹魏御史台机构中还设侍御史八人,《宋书·百官志》载:"魏置御史八人,有治书曹,掌度支运,课第曹,掌考课,不知其余曹也。"仅就可知的两曹情况,已反映出曹魏御史深入部门监督的趋势。《二十五史补编》还记有:"魏三台五都各侍御史一人。"三台为尚书台、侍节台、谒者台,五都为长安、谯、许都、邺、洛阳。三台五都侍御史是御史台派到其他中央政府机构和特定地方政府的官员,说明曹魏监察的触角已伸向了财政、人事、军事等各个中央统治权亟须加强控制的要害领域。曹魏监察制度的变革,以渗入部门内部专事专案的精神发展了侍御史的组织规模和性能。

殿中侍御史二人为曹魏时创设。《晋书·职官志》载:"魏兰台遣二御史居殿中,伺察非法,即其始也。"每逢朝会之时,殿中侍御史端坐殿旁,随时准备奏举不法。其设置,一方面加强了殿内的纠察,同时也有"震肃百官"以壮皇威的作用。

曹魏的御史台是中央专职的监察机关,但不是唯一的机关,司隶校尉和尚书左丞也都有监察权。

司隶一职,素有治吏威名。曹魏时司隶校尉的职权在两汉基础上进一步加强,势力扩大。东汉末,曹操曾亲领过司隶校尉之职。《通典·职官十四》记载:"及魏晋乃以京辅所部定名置司州,以司隶校尉统之。"朝会之时,"司隶于端门外坐在诸卿上绝席,其入殿按本品秩在诸卿下不绝席。"这是东汉时司隶校尉作为"三独坐"之一的特殊地位的继续,也是其握有监察大权之缘故。建安十八年(213年),曹操省并州郡,撤销司隶校尉建制。黄初元年(220年),文帝曹丕复旧。与御史台不同者,司隶校尉同时又是地方长官,统领京师所在州,称为司州,因此其监察对象又包括司州之内的地方官员。

尚书左丞,东汉时"总典台中纲纪,无所不统"①,没有监察权。曹操时属下设司直,职司监察。司直也是西汉旧职,汉武帝初设时,"掌左丞相举不法",为丞相属官,后改属司空。② 曹操在建安十年之前曾任杜畿为司空司直,③建安十三年东汉重设丞相后,司直一职没有撤销,一直保留到建安末。④ 曹丕称帝后不设丞相,尚书台出居外朝成为行政中枢,地位更加重要,机构规模进一步扩大。且从曹魏政权整个中央政府体制看,分权是基本原则,不仅行政权需要分散到不同机构,监察权同样需要分散到不同机构,于是省内监察的要求随之提高。在此局势下,曹丕以其属官尚书左丞取代丞相司直执掌行政系统的监察权,左丞担起了更重的监察职责:"主台内禁令,宗庙祠祀,朝仪礼制,选用置吏、急假,兼纠弹之事。"⑤尚书左丞与御史中丞一样,在东汉时同为少府属官,曹魏以后才脱离宫廷机构,成为政府机关的官员。

曹魏中央监察机构中还设有一个特殊的监察官:校事。《三国志·魏书·程昱传附孙晓传》中有详细记载:

> 晓,嘉平中为黄门侍郎。时校事放横,晓上疏曰:"……昔武皇帝大业草创,众官未备,而军旅勤苦,民心不安,乃有小罪,不可不察,故置校事,取其一切耳,然检御有方,不至纵恣也。此霸世之权宜,非帝王之正典。其后渐蒙见任,复为疾病,转相因仍,莫正其本。遂令

---

① 《后汉书·百官志三》注引蔡质《汉仪》。
② 《三国百官公卿表》。
③ 《三国志》卷16《魏书·杜畿传》。
④ 洪饴孙:《三国职官表》。
⑤ 《通典》卷22《职官四》。

上察官庙,下摄众司,官无局业,职无分限,随意任情,唯心所适。法造于笔端,不依科诏;狱成于门下,不顾覆讯。其选官属,以谨慎为粗疏,以谲诇为贤能。其治事,以刻暴为公严,以循理为怯弱。外则托天威以为声势,内则聚群奸以为腹心。大臣耻与分势,含忍而不言,小人畏其锋芒,郁结而无告。……今外有公卿将校总统诸署,内有侍中尚书综理万机。司隶校尉督察京辇,御史中丞董摄官殿,皆高选贤才以充其职,申明科诏以督其违。若此诸贤犹不足任,校事小吏,益不可信。若此诸贤各思尽忠,校事区区,亦复无益。若更高选国士以为校事,则是中丞司隶重增一官耳……"于是遂罢校事官。

曹魏校事设置的时间当在建安初年曹操当权之际,时"军旅勤苦,民心不安","天下草创,多不奉法"①,为防止军心、民心浮动,曹操置校事以加强对群下的伺察和纠举。《太平御览》卷 241 引《魏略》云:"抚军都尉,秩比二千石,本校事官。始太祖欲广耳目,使卢洪、赵达二人主刺举,洪、达多所陷入,故于时军中为之语曰:'不畏曹公,但畏卢洪;卢洪尚可,赵达杀我。'"曹操设置校事的目的于此可见,亦可知曹魏校事设置之初,确在军中产生了一定的震慑作用。校事之外,曹操还设置了刺奸之职,与校事同司察纠。《三国志·魏书·孙礼传》云:"太祖平幽州,召为司空军谋掾。初丧乱时,礼与母相失,同郡马台求得礼母,礼推家财尽以与台。台后坐法当死,礼私导令逾狱自首,既而曰:'臣无逃亡之义。'径诣刺奸主簿温恢。"又同书《高柔传》载:"(柔从兄)高干既降,顷之以并州叛。柔自归太祖,太祖欲因事诛之,以为刺奸令史;处法允当,狱无留滞,辟为丞相仓曹属。"可见校事和刺奸的设置及权力的日渐膨胀,遂使傀儡汉廷之御史台形同虚设。

曹魏设置校事制度,一直遭到门阀士族官僚的反对。《三国志·魏书·高柔传》曰:"时置校事卢洪、赵达等,使察群下,柔谏曰:'设官分职,各有所司。今置校事,既非居上信下之旨。又达等数以憎爱擅作威福,宜检治之。'"群臣对设置校事的激烈反对,也曾迫使曹操不得不诛杀赵达

---

① 《三国志》卷12《魏书·司马芝传》。

等,但却并未就此废除校事制度。曹丕代汉后,校事反而成为正式的监察官,"上察宫庙,下摄众司",权力极大。直到后来,有些校事利用职权挟私报复,贪污受贿,作威作福,给门阀士族以攻击的口实,加之以司马氏为代表的门阀士族逐渐掌握了朝政大权,于是在程晓力言废除校事后,校事制度终于废弃。

监察机构是国家机器自我调节的部分,体现了以权力制约权力的政治精神,在反贪倡廉的实践中,通过打击危害国家长远利益的贪官污吏,以维护国家机器的正常运转。但在门阀士族势力兴盛的三国时期,拥有诸多特权并具分割皇权特征的门阀士族本身难以承担此重任,于是曹操不得不起用出身寒微、地位低下而有能力之人。校事官虽本身地位较低,但从其诞生之际便打上了天子亲信和军事执法官的烙印。在其从初设时只是一种适应战事监察的职务,转而被引入朝中后,更成为凌驾于百官之上的特殊监察官,职掌甚至超越了其他所有的监察官。它能轻易地"奏按丞相",又有深入督察行政的权力。但校事没有正式机构,因此不受法律对机构的约束;又因其皇帝亲信的身份而具有法外行使权力的可能。也就是说,校事是凌驾于法律之上执行法律,因此在维护法律的同时又难免破坏法律。事实上,校事官在具体执行过程中没有任何程序的约束,它的破坏作用已淹没了它的执法意义。曹魏时期高柔、何曾、程晓等人对校事的指责也集中在这一点上。① 但校事制度在皇权的支持之下,虽一再遭到门阀士族官僚的激烈反对,仍能顽强地坚持存在了近半个世纪,对此,曹操在对大臣无奈托词之时亦道破天机:"要能刺举而办众事,使贤人君子为之,则不能也。昔叔孙通用群盗,良有以也。"由此可知,校事的活动并非仅仅是"霸世之权宜",而是曹操精心设计、创置的一种身兼私臣、酷吏、军司三方面性能的新型监察官,以使其更有效地操纵监察,控制百官。

校事作为君主工具的典型代表,其设置有利于皇帝的集权,也确实对加强法律监督、打击贪官污吏发挥了一定作用,如"校事刘慈等,自黄初

---

① 《三国志》卷 24《魏书·高柔传》,卷 14《程晓传》;《晋书》卷 33《何曾传》。

初数年间,举吏民奸罪以万数"①。但以这种方式强化法治必然要付出法治在另一方面被破坏的代价,因此对于维护国家法制而言并不可取。曹魏时期在皇权对门阀势力尚能保持优势并对校事亦能驾驭有方、不至纵恣时,士族势力惮于皇威,敢怒而不敢言,校事也未造成太大的危害。但这一平衡完全维系于皇权,曹魏后期皇权衰落,校事也随之取消。

综上所述,曹魏监察制度经曹操草创,到曹丕之后,基本形成定制。其中央监察系统分为四个子系统:御史台、尚书左丞、司隶校尉和校事。但这并非是一曲和谐的四重奏,而是一个环环缠绕、错综复杂的连环套。四个子系统之间并不是一种互为补充的关系,在监察对象、范围、权限和行使职权的方式以及与国家最高权力的关系等方面的相互重合多于相互衔接。在监察对象上,御史台专掌察举非法,既包括全部政府机构,又兼管宫廷机构,还负责对特定地方政府的直接监察;尚书左丞的监察对象主要在尚书台内,行台内监察,包括五曹尚书、二尚书仆射和尚书令,即所谓"得弹奏八座"②;司隶校尉"掌察举百官及京师近郡犯法者",监察对象较御史台也仅少了宫廷部分;校事在初设置时"使察群下",职责已难界定,曹丕代汉之后,校事权力益加膨胀,皇帝以下皆为其监察对象。经过比较后可以看出,除尚书左丞以外,其他三个机构基本上是完全重合的,可见机构的分立并非出于分工的需要,而是曹魏政体分权制衡精神的体现。在监察权限上,中央监察系统只能察举而不能处理,更不能定罪,也就是说只有制约权和起诉权,而审判权与裁决权归廷尉掌握。高柔为廷尉时,校事告发刘龟,仍需魏明帝收龟付高柔拷掠即为一证。③ 因此,曹魏的中央监察制度尽管设立了四重机构,但就其权力的运行而言仍是处在同一层面,这使得监察功能的发挥受到一定的限制,不利于制止所有的违法行为。

与曹魏较为系统完备的中央监察体制相比,吴、蜀两国的监察制度则较为简略。其职官设置亦概承汉制,《晋书·职官志》载:"孙吴、刘蜀多

① 《三国志》卷24《魏书·高柔传》。
② 《三国志》卷14《魏书·程晓传》。
③ 《三国志》卷24《魏书·高柔传》。

依汉制,虽复临时命氏,而无添旧章。"蜀国的御史台情况史料记载缺乏,仅《三国志·蜀书·向朗传》有"(向朗)子条嗣,景耀中为御史中丞"等语。吴国的御史台最高长官也由御史中丞担任,亦谓中执法、左执法。《历代职官表》卷18云:"至吴之中执法、左执法,其职较崇,当亦即中丞之改名也。"孙权时,尚书仆射是仪曾"复拜侍中、中执法,平诸官事、领辞讼如旧"①。孙皓初年,选曹尚书兼太子少傅薛综子薛莹为左执法。② 吴御史台还设有侍御史、监农御史、督军御史等。

关于地方监察,一直是三国监察制度中的薄弱环节。汉灵帝中平五年(188年)改刺史为州牧③,使原来作为监察地方官员的州刺史的职掌范围发生变化,主要是增加了领兵权和行政权。建安时期,州从监察区演化成为最高一级地方行政单位,州刺史的监察权由中央派出的性质变为地方行政权的附属,其主要职责已不是监察,而是作为直接隶属于擅政的曹操的亲信守土治民、征伐异己,替曹操经营基业,于是西汉以来御史中丞外督州刺史的制度因此中断。曹丕即位后,力图通过恢复西汉旧制,振兴刺史来扭转其业久废的局面。时贾逵出任豫州刺史,"考竟其二千石以下阿纵不如法者,皆举奏免之"。曹丕借此颁诏:"逵真刺史矣,布告天下,当以豫州为法。"④希望将贾逵之做法颁行全国,予以推广。但当时地方世族势力方兴未艾,刺史执掌军政大权之地位已成定型,曹丕的努力并未能如愿,这从后来夏侯玄、杜恕二人对州刺史制度的议论便可证实。⑤曹魏对地方的监察也只能维持在"刺史职存,则监察不废"⑥的水平,形成中央监察系统对地方监察的弱控制。

（二）谏官机制的系统化和规范化

《后汉书·献帝纪》注引《汉官仪》:"侍中……本秦丞相史,往来殿

① 《三国志》卷62《吴书·是仪传》。
② 《三国志》卷53《吴书·薛综传》。
③ 《后汉书》卷5《灵帝纪》。
④ 《三国志》卷15《魏书·贾逵传》。
⑤ 《三国志》卷9《魏书·夏侯玄传》,卷16《杜恕传》。
⑥ 《三国志》卷9《魏书·夏侯玄传》。

中,故谓之侍中。"侍中属近密之职,史书中常以"亲密""亲近""左右"
"心腹"和"侍帷幄"等字样来形容侍中。《太平御览》卷 219 侍中条引应
劭《汉官》言:"侍中便蕃左右,与帝升降,卒思近对,拾遗补阙,百僚之中,
莫密于兹。"侍中作为皇帝身边的亲近之臣,侍从皇帝左右,出入宫廷,成
为沟通君主与群臣百官之间的桥梁,地位渐形贵重。汉灵帝熹平六年
(177 年),建侍中寺,意味着侍中、黄门侍郎的职掌出现了重大变化。如
《后汉书·百官三》注引《献帝起居注》所言:"帝初即位,初置侍中、给事
黄门侍郎,员各六人,出入禁中,近侍帷幄,省尚书事。"侍中由生活上伺
应杂事,学术上充当顾问,政治上泛泛地参与谋议或谏诤,发展到固定的、
具体的"省尚书事"。此制为曹魏及吴、蜀沿用,并进一步加以发展,特别
是曹魏侍中在政治上所起的主要作用,并不在于省尚书事,而在于侍从左
右并参与谋划和谏诤。《三国志·魏书·辛毗传》中记载了一则典型
材料:

辛毗于魏文帝曹丕时拜为侍中,"帝欲徙冀州士家十万户实河南。
时连蝗民饥,群司以为不可,而帝意甚盛。毗与朝臣俱求见,帝知其欲谏,
作色以见之,皆莫敢言。毗曰:'陛下欲徙士家,其计安出?'帝曰:'卿谓
我徙之非邪?'毗曰:'诚以为非也。'帝曰:'吾不与卿共议也。'毗曰:'陛
下不以臣不肖,置之左右,厕之谋议之官,安得不与臣议邪! 臣所言非私
也,乃社稷之虑也,安得怒臣!'帝不答,起入内;毗随而引起裾,帝遂奋衣
不还,良久乃出,曰:'佐治(辛毗字),卿持我何太急邪?'毗曰:'今徙既失
民心,又无以食也'。帝遂徙其半。"

辛毗直言规谏,文帝先怒而后从之,这段史料形象化地反映了作为
"谋议之官"的侍中侍从左右、参与谋议、直言谏诤的目的、效果与情况。
曹魏时,侍中寺中具有谏官性质的属官有:给事黄门侍郎四人,掌侍从左
右,规谏政治得失;散骑常侍四人,三品,掌规谏,帝出则参乘骑从;给事
中,无定员,五品,掌顾问应对;谏议大夫,加官,无定员。

蜀因汉制,亦建言谏制度,设谏议大夫,属官有议曹从事,皆为正员。
蜀名臣费诗、杜微、尹默,皆曾拜为谏议大夫,地位尊崇。

吴国也设规谏官,孙休时,选曹尚书兼太子少傅薛综之子薛莹曾授任

散骑中常侍。

三国时期,侍中职掌明显偏重谋议和谏诤,尤其是原来属光禄勋的具有谏官性质的谏议大夫、给事中等都归属于侍中寺,说明了侍中寺言谏职能的强化,谏官机制开始系统化、规范化。三国时期言谏制度的逐渐完备与加强,对于维护王朝政局稳定,纠察政治偏差,构造良好的政治氛围与社会风尚,发挥了一定的作用,因而成为此时反贪与监察机制的重要组成部分。

(三) 曹魏的《察吏六条》

曹魏的监察法规仍采用"察吏六条"的形式。曹魏的"六条"是由豫州刺史贾逵所创立的。《三国志·魏书·贾逵传》载:

> (文帝)以逵为豫州刺史。是时天下初复,州郡多不摄。逵曰:"州本以御史出监诸郡,以六条诏书察长吏二千石以下,故其状皆言严能鹰扬有督察之才,不言安静宽仁有恺悌之德也。今长吏慢法,盗贼公行,州知而不纠,天下复何取正乎?"兵曹从事受前刺史假,逵到官数月,乃还;考竟其二千石以下阿纵不如法者,皆举奏免之。帝曰:"逵真刺史矣"。布告天下,当以豫州为法。

所谓"当以豫州为法",即文帝将贾逵的"察吏六条"之法布告天下,为曹魏政权的地方监察法规。据近人程树德《九朝律考·魏律考》转引《文选·齐故安陆昭王碑文》,可知曹魏《察吏六条》的具体内容为:

> 察民疾苦失职者;察墨绶长吏以上居官政状;察盗贼为民之害及大奸猾者;察犯田律四时禁者;察民有孝悌廉洁行修正茂才异等者;察吏不簿入钱谷放散者。所察不得过此。

《察吏六条》的监察范围在汉制基础上有所扩大,但是,重点察官而不察吏的原则仍然坚持着。其监察对象主要为长吏二千石以下,墨绶长吏即六百石以上官员。"六条"中除其中一条规定在监察中同时举荐品行清洁、才华突出者作为监察不法的补充外,其余五条皆为察纠官员的贪贿不廉、违法失职行为的。

《察吏六条》是曹魏政权通过法律形式来规范监察机关活动的监察

法规。它一方面明确了监察机关的监察活动的方向和准则,有助于监察官正确地行使职权,做到纠而有据,劾而有理,以保证监察工作稳定有序地运作,提高监察效率。同时,对监察官也起到了一定的约束作用,监察只以"六条"问事,"所察不得过此"①,以防止监察机关的活动超越自己的权限,在一定时期、一定程度上使监察官做到奉公守法。从立法的角度而言,《察吏六条》无疑具有以上的合理性。但曹魏时刺史已成为地方一级行政长官,地方监察本是曹魏政权的薄弱环节,因此,尽管魏文帝曹丕将豫州六条监察法颁诏全国推行,但在实际操作中,六条监察法只能如一纸空文,并未也不可能发挥应有的作用。

（四）监察在三国中的作用

三国时期是中国古代监察制度发展的重要时期,尤其是曹魏监察制度的相对完备系统,对其政治产生了重要影响,在一定时期和一定程度上体现了与变革、发展精神相一致的积极趋向。

魏、蜀、吴三国建立后,在当时时局混乱,彼此都面临着对方的军事威胁,世家大族势力日益发展的情况之下,为了求得政治上的稳定以免遭国家覆亡的危险,不得不对世家大族施以优容政策,以取得他们的支持。但是,政府的宽纵又促使世家大族势力不断发展,并具有相当的政治、经济和军事实力,对皇权构成一定的威胁。三国统治者为防止僭越行为和其他威胁皇权的事件发生,又不得不加强对世家大族的控制,因此在一定程度上加强了监察的措施,如御史台脱离少府而为皇帝直接控制的独立机构,置御史执法,设殿中侍御史,重新提高司隶校尉的地位,设置校事官,重新修订地方监察六条等,这些措施无疑对加强监察是有利的,对世族势力的恶性膨胀也起了一定的限制作用。特别是校事官的设置,尽管它有种种弊端,但作为皇帝监控臣僚的御用工具,使皇权得以控制世族的言行,对于巩固和加强皇权及统治秩序有着积极的意义。

三国监察的强化,对于整饬吏治,防止官吏贪贿违法也起了一定作

---

① 《九朝律考·魏律考》。

用。中国古代专制主义中央集权的统治形式之下,最高的司法、立法、行政大权皆操于皇帝一人之手,百官群僚不过是秉承皇帝旨意行事而已。而皇帝要将其意旨贯彻于百官之中,统一全国官吏的行为,使统治阶级内部协调一致,只有以根据统治阶级意志而制定的法律为唯一的准绳。但若要统治集团内部——包括贵族、官僚和地方豪强都能遵守法纪,除在法律中设有专门对付官吏贪贿违法的条款外,还必须有一定机构和专职官吏来监督官吏执法、守法。因此,设立和强化监察机构和设置监察官吏为中国历代封建王朝所重视。三国时期的监察制度的建设和职能的发挥与东汉时期相比,有许多发展和变革。表面看来,由御史台、司隶、左丞、校事、言谏系统等构成的整个监察体制显得比较繁杂,但这种似乎较为分散、粗疏的监察结构的出现,自有它的合理性。在当时整个国家组织尚不发达完善的情形下,国家要杜绝漏洞,强化监察,只好因事设职,在豪强官吏集中难制的京师地区和作为行政中枢而不断扩展的尚书系统这两个御史监察薄弱的环节上另行设职,以为监察职能的补充。从而构成御史执掌一般,司隶治理难点,左丞扼守要害这一分工不同,各有侧重又相互统一的监察格局,作为皇帝、法律、官吏(指监察系统之外的官吏)集团之间的网络,起着沟通信息,平衡权力,举罪纠奸,揭发不法,将皇帝和百官意志统一于法律的作用。三国中,曹魏政权的监察制度相对比较系统完备,监察官的活动对于其政权建设也发挥了相当的作用。如何曾任司隶校尉,奏劾"奸刺盈积"的尹模,"朝廷称焉";鲍勋,黄初四年(223 年)任宫正,"百寮严惮,罔不肃然"[1];李熹,正元二年(225 年)"从讨毋丘俭还,迁御史中丞,当官正色,不畏强御,百僚震肃焉"[2];石鉴历任侍御史、尚书左丞、御史中丞,"多所纠正,朝廷惮之"[3]。这些监察官员的所作所为,对纠举各级官吏的违法行为,促使曹魏政权吏治清廉产生了良好的效果。因此,尽管曹魏政权当时外有吴、蜀威胁,内有强大世族的钳制,但总体而言,其吏治较好,政权力量也在稳步发展,在三国中始终保持了优势地位。

---

① 《三国志》卷 12《魏书·鲍勋传》。
② 《晋书》卷 41《李熹传》。
③ 《晋书》卷 44《石鉴传》。

　　三国时的监察实践,在呈现着与变革精神同向顺差的同时,亦存在着抵抗变革精神因素的活动和结果的悖向与反差。《初学记》卷12引《魏略》曰:"帝尝大会,殿中御史簪白笔,侧阶而坐,上问左右:'此为何官? 何主?'左右不对。辛毗曰:'此谓御史,旧时簪笔,以奏不法;今直备官,但珥笔耳。'"一个皇帝,不知殿侧所坐者为何官? 主管何事? 询问左右,左右亦茫然不知所对,唯有侍中辛毗尚能应答。可见,那插笔于冠、若有其事地端坐于皇朝大殿上的监察官仅是一种摆设。又《三国志·魏书·杜畿传附子恕传》载,明帝太和(227—232年)中担任散骑、黄门侍郎的杜恕曾上疏言:"骑都尉王才、幸乐人孟思所为不法。振动京都,而其罪状发于小吏,公卿大臣初无一言。自陛下践祚以来,司隶校尉、御史中丞宁有举纲维以督奸宄,使朝廷肃然者邪?"这里明白地指出了曹魏御史严重失职的情况,监察官所谓"纠官邪"的作用也由此可见了。

　　三国时期所建立的新的监察体制,就其自身的功能而言无疑是增强了,但却为何未能发挥应有的效力而出现御史严重失职,甚至皇帝都不知端坐于殿中之御史为何人何职的情况呢? 究其原因,固不在制度本身,因监察制度之运作不是一孤立的现象,而受到多方面之制约,既包括内部系统的完备程度,也包括外部的阻力和动力的强弱。

　　外部的阻力主要来自世家大族势力,其抵抗活动表现为对监察精神的软化和对监察职能的改造。三国政权尤其是魏、吴两国在加强监察的过程中都遭到了世族势力的普遍反对。如曹魏的《察吏六条》竟成一纸空文;校事官更是从设置之初即遭强烈反对而终至废除;孙吴政权的陆逊迫于压力,亦向孙权上书:"臣以为科法严峻,下犯者多,顷年以来,将吏罹罪,虽不慎可责,然天下未一,当图进取,小宜恩贷,以安下情。"①监察的职能就是在这样的实践中慢慢受到侵蚀、改造,使得背离监察的反差现象日趋发展。

　　外部系统的动力因素主要是封建皇权和礼教。监察官本来就是皇帝的耳目,皇帝冀此来监控百官的言行,而监察官也必须依托于皇权方能发

_____

　　①　《三国志》卷58《吴书·陆逊传》。

挥其作用,同时,封建礼制中对百官群僚的道德行为规范所形成的良好的社会风尚,亦是监察制度得以良好运作的条件。而三国时皇权和礼教江河日下,处于不断衰颓的过程中,使之与监察运转间的关系不甚协调,监察执行的条件逐渐朝着不利方向转化,制度也就渐渐失去了应有的效力。

二、曹魏政权的反贪实践与吏政

（一）曹操整齐风俗

汉末至魏晋,是中国封建社会从开创到成熟并向发展高峰隋唐转折的重要历史阶段。转折的巨大反差不可避免地给社会带来了激烈的振荡,而作为社会上层建筑的道德风尚,也在振荡中经历了自身的激变。固有信仰的逐渐破灭使作为维持社会统治秩序的儒学在东汉中期以后走向衰颓,至东汉末年,世风日下,奔竞之俗已成。未得名之士奔竞依托,四处寻求操纵舆论的名人,如李膺、陈蕃、许劭等,为己延誉,以谋进身之阶;已得名之士为保全自己的虚誉以免受世俗之攻击,亦以诡行以欺世人;总持风裁者,更是不重实才,唯尚浮华,结党营私,滥推养望。时风正如当时著名文士徐干在《中论·谴交》篇中所言:"桓灵之世,自公卿大夫,州牧郡守,王事不恤,宾客为务,冠盖填门,儒服塞道,饥不暇餐,倦不获已,殷殷云云,俾夜作昼;下及小吏,列城墨绶,莫不相商以得人,自矜以下士。星言夙驾,送往迎来,亭传常满,吏卒传向,炬火夜行,阍寺不闭,把臂捩腕,扣天矢誓,推托恩好,不较轻重;文书委于官曹,系囚积于囹圄,而不皇省也。详察其为也,非欲忧国恤民,谋道讲德也,徒营己治私,求势逐利而已。"由此可见,汉末时风之江河日下已深深地影响了王朝吏治,甚至于到左右吏治之程度了。社会风俗重虚誉而不务实,浮华滥赏比比皆是,于是,官吏贪贿不法,豪强兼并横行;士人矫伪诈行,相互吹捧,以高名图进身,百方钻营;百姓则困顿不堪,几无生存之地。东汉王朝政治统治的严重腐败,促使了社会矛盾的急剧尖锐化,至黄巾起义一起,其最终覆亡则属历史之必然。

　　魏武帝曹操自幼生活在东汉末年的动荡社会环境之中,因其父曹嵩为汉桓帝时宦官集团中坚分子曹腾的养子,时人多不齿其出身,其对手也总是拿他的身世来贬损他,讽刺他,攻击他,于是曹操在谋求晋升的过程中也不得不迎合当时世风。他在经过许多曲折后,终于取得了"世名知人"的太尉桥玄的赏识,桥玄称他为"命世之才"。操又通过桥玄而得以见到当时名士中主持"月旦评"的汝南许劭,许劭谓之曰:"子治世之能臣,乱世之奸雄"①,给以较高的评价,由此引起当时士大夫们的注意,曹操也得以逐渐融入了士大夫官僚集团之中。尽管如此,曹操毕竟是一位雄才大略、颇有政治远见的杰出的政治家,他有统一中国、结束战乱的志向,在东汉末年群雄并起的激烈角逐之中,曹操要实现他的志向,所需要的是能够适合当时现实情况而又行之有效的具体的措施和策略,而不是虚誉浮华的空口议论。随着曹操地位的逐渐提高和稳固,在严峻酷烈的斗争现实中,曹操开始摆脱当时的世风,并逐渐养成了务实的精神,这对曹魏政权的稳固和统治秩序的重构发挥了巨大的作用。

　　曹操的务实精神首先表现在他的厉行法治上。《三国志》作者陈寿评价曹操说:"太祖……揽申、商之法术,该韩、白之奇策。"②在东汉末年官吏贪污腐败,社会混乱的情况下,曹操深明"治乱世用重典"的道理。在其投身政治之初,即厉行法治,打击不法豪强。曹操二十岁时,举孝廉为郎,任洛阳北部尉之职,"初入尉廨,缮治四门。造五色棒,悬门左右各十余枚,有犯禁者,不避豪强,皆棒杀之。数月后,灵帝爱幸小黄门蹇硕叔父夜行,即杀之。京师敛迹,莫敢犯者"③。光和(178—183年)末年,黄巾起,曹操迁任济南相,时"国有十余县,长吏多阿附贵戚,赃污狼藉,于是奏免其八;禁断淫祀,奸宄逃窜,郡界肃然"④。灭袁绍后,他在指责袁绍在冀州时吏治的败坏时说:"有国有家者,不患寡而患不均,不患贫而患不安。袁氏之治也,使豪强擅恣,亲戚兼并,下民贫弱,代出租赋,衒鬻

----

① 《三国志》卷1《魏书·武帝纪》裴注引孙盛《异同杂语》。
② 《三国志》卷1《魏书·武帝纪》后"评曰"。
③ 《三国志》卷1《魏书·武帝纪》注引《曹瞒传》。
④ 《三国志》卷1《魏书·武帝纪》。

家财,不足应命。审配宗族,至乃藏匿罪人,为逋逃主。欲望百姓亲附,甲兵强盛,岂可得邪!"①可见曹操是主张只有整饬吏治,才能打击那些目无法纪、贪赃枉法的人,使百姓安心,社会秩序得到保证。因此,在取得冀州后,曹操特别强调"重豪强兼并之法",下令"郡国守相明检察之,无令强民有所隐藏,而弱民兼赋也"②。于是"百姓喜悦"。

曹操还曾在军队中颁布治军令。官渡之战后,建安八年(203年)颁布己酉令曰:"司马法'将军死绥',故赵括之母,乞不坐括。是古之将者,军破于外,而家受罪于内也。自命将征行,但赏功而不罚,非国典也。其令诸将出征,败军者抵罪,失利者免官爵"③。又颁庚申令说:"议者或以军吏虽有功能,德行不是堪任郡国之选,所谓'可与适道,未可与权'。管仲曰:'使贤者食于能则上尊,斗士食于功则卒轻于死,二者设于国则天下治。'未闻无能之人,不斗之士,并受禄赏,而可以立功兴国者也。故明君不官无功之臣,不赏不战之士;治平尚德行,有事赏功能。论者之言,一似管窥虎欤!"④

曹操所颁布的这两个治军令,充满了务实的精神。在东汉末年军阀混战之时,曹操依法治军,建立了一支纪律严明、战斗力较强的军队,使其力量不断壮大,终于完成统一北方之大业,并在三国对峙中始终保持了军事上的优势。这和他"有事赏功能"的思想和依法治军、以身作则的务实措施是有很大关系的。

曹操注意整饬吏治,对于地方官中敢于打击不法豪强者多加以鼓励和支持。王修任魏郡太守,"为治,抑强扶弱,明赏罚,百姓称之"⑤。司马芝为菅长时,豪强刘节为郡主簿,宾客千余家多不奉法,刘节包庇宾客不服兵役,司马芝即以刘节为兵。杨沛为长社令,"时曹洪宾客在县界,征调不肯如法。沛先挝折其脚,遂杀之。由此太祖以为能"⑥。满宠为许

① 《三国志》卷1《魏书·武帝纪》注引《魏书》。
② 《三国志》卷1《魏书·武帝纪》注引《魏书》。
③ 《三国志》卷1《魏书·武帝纪》。
④ 《三国志》卷1《魏书·武帝纪》注引《魏书》。
⑤ 《三国志》卷11《魏书·王修传》。
⑥ 《三国志》卷15《魏书·贾逵传》注引《魏略》。

令，"时曹洪宗室亲贵，有宾客在界，数犯法，宠收治之。洪书报宠，宠不听。洪白太祖，太祖召许主者，宠知将欲原，乃速杀之。太祖喜曰：'当事不当尔邪？'"①曹洪为曹操从弟，跟随曹操转战征伐，屡立战功，于曹操又有舍命救助之恩。杨沛、满宠为小吏，却敢斩杀曹洪属下之宾客，而太祖对之不是说"以为能"，就是说"当事不当尔邪"，表现出对杨、满行为的赞赏和支持。

在封建社会里，反贪是君主借助清官廉吏之行为风范以维护政权的政府行为，它以监察、法律、道德教化构结网络，通过清官廉吏的具体实践得以实行。而在君主专制政体之下，清官廉吏必须依托于君权或权臣方可实践其反贪活动，因此，最高统治者对清官廉吏惩贪倡廉活动的积极支持是整饬吏治、稳定统治的重要保证。曹操对杨沛、满宠等人的欣赏，正是他比同时的其他割据势力高明之处，亦显现出他在政治上的杰出才能。

东汉献帝建安十年（205 年），曹操在率兵击杀袁谭，平定冀州后，于九月颁布《整齐风俗令》，令曰："阿党比周，先圣所疾也。闻冀州俗，父子异部，更相毁誉。昔直不疑无兄，世人谓之盗嫂；第五伯鱼三娶孤女，谓之挝妇翁；王凤擅权，谷永比之申伯；王商忠义，张匡谓之左道；此皆以白为黑，欺天罔君者也。吾欲整齐风俗，四者不除，吾以为羞。"②同时，对于那些诡行求誉、徒有虚名、毁败世风的士大夫如边让、魏讽、孔融、祢衡、杨修和丁仪兄弟等采取了严厉的打击措施，或镇压之，或驱逐之。曹操还提倡节俭，他的"后宫衣不锦绣……帷帐屏风，坏则补纳。茵蓐取温，无有缘饰"③。由于曹操提倡"以俭率人，由是天下之士，莫不以廉节自励，虽贵宠之臣，舆服不敢过度"④。官吏回家省亲，往往是"垢面羸衣，独乘柴车"⑤。"朝府大吏，或自挈壶飧以入官寺"，倘使官吏"有着新衣，乘好车者"⑥，舆论就会说他不廉洁；官吏如果经常穿敝旧的衣服，舆论就会称赞

①　《三国志》卷 26《魏书·满宠传》。
②　《三国志》卷 1《魏书·武帝纪》。
③　《三国志》卷 1《魏书·武帝纪》注引《魏书》。
④　《三国志》卷 12《魏书·毛玠传》。
⑤　《资治通鉴》卷 65 汉献帝建安十三年。
⑥　《三国志》卷 23《魏书·和洽传》。

其廉洁。这固然有些偏执于形式,但不可否认的是,由于曹操以身作则,建安时期,社会上形成了一种俭朴的风气,东汉末年的俗尚奢靡之风,到曹操执政的年代,基本上扭转过来了。

曹操的整齐风俗,终使质朴务实战胜了浮华虚誉,他倡导的良好的社会风尚,有效地发挥了社会监督、澄清吏治、惩贪倡廉的作用,这既是曹操务实精神的重大表现,也是曹操取得事业成功的重要原因。

曹操的务实精神还典型地表现在他选拔官吏、任用人才的标准上。

东汉时倡儒学,崇名节,选官用人采取察举征辟制度,儒家的德行孝义自然成为察举的标准。但当时选举之权大多为世代为官的世家大族和乡里豪门所把持,因而获察举征辟者,往往并非真正的道德君子,更不见得有才。到汉末宦官、外戚交替专权时,选举制度更加腐败,西园卖官的丑剧自不待言,"举秀才,不知书。察孝廉,父别居。寒素清白浊如泥,高第良将怯如鸡"的谚语,更是把官场的腐败描绘得淋漓尽致。察举制度的沦落使其名实完全脱节,同时也阻塞了社会人才正常流动的通道,于是,汉末吏治彻底腐败,选举用人的制度已到了非改革不可的程度了。

曹操在创业之初,就把人才的因素放在了事业的首要位置上,他认为人才作用的发挥,要以驾驭人才有术作保证,这是曹操颇具战略眼光的抉择,其后他颁布的"唯才是举"的选人政策便是这一指导思想的体现。

曹操曾先后三次颁布"求贤令"。建安十五年(210年)春操下令曰:"今天下尚未定,此特求贤之急时也。'孟公绰为赵、魏老则优,不可以为滕、薛大夫'。若必廉士而后可用,则齐桓其何以霸世!今天下得无有被褐怀玉而钓于渭滨乎?又得无盗嫂受金而未遇无知者乎?二三子其佐我明扬仄陋,惟才是举,吾得而用之。"

建安十九年(214年)又下令:"夫有行之士未必能进取,进取之士未必能有行也。陈平岂笃行,苏秦岂守信邪?而陈平定汉业,苏秦济弱燕。由此观之,士有偏短,庸可废乎!有司明思此义,则士无遗滞,官无废业矣。"

建安二十二年(217年)颁布了第三次《求才令》:"今天下得无有至德之人,放在民间,及果勇不顾,临敌力战;若文俗之吏,高才异质,或堪为将守;负污辱之名,见笑之行;或不仁不孝,而有治国用兵之术。其各举所知,勿有所遗。"

以上三篇令文,内容大致相同,均贯穿了一个基本思想——"唯才是举"。即把才能作为选拔人才的首要条件,只要是有真才实学的,就可以举用。曹操在东汉末年士人分品为官已为不成文的准则的风尚之下,能够实施这种不讲门第、不拘品行的"唯才是举"的用人政策,是中国古代人事制度的一个重大突破。

需要指出的是,曹操的三次"求贤令"是针对东汉后期在外戚、宦官干政下,任人唯亲、政治黑暗的选举弊政而发的。其中有些如"不仁不孝""盗嫂受金"之类的过激言词,似乎曹操用人只重才而不重德,只要有"治国用兵之术",即使是品行不端,甚至是有违人伦者,亦可得重用为官。然而这种看法是失于偏颇的。

其一,曹操思想虽以法家为主,但对于孔子是比较尊重的,他常称赞孔子或引孔子之言称赞下属。建安十年的《整齐风俗令》中言:"阿党比周,先圣所疾也。"先圣即指孔子。河东太守杜畿以德教施政,曹操下令赞美。① 对于袁涣行儒家德政的建议,曹操也能赞从。② 他自己也曾明确提出:"治定之化,以礼为首,拨乱之政,以刑为先"。③ 说明他并不完全排除以德行政的思想。

其二,曹操能用忠于故君、孝顺父母及崇尚信义之士。曹操征伐荆州,刘琮出降,琮将文聘耻于不能为故君刘表保存州境,初不肯降,直到曹操军队渡过汉水,文聘无奈始降,但仍心念故君而唏嘘流涕。曹操为之怆然,感叹曰:"卿真忠臣也。"④待之以厚礼。曹操为兖州牧时,张邈叛,并劫华谌母弟妻子。曹操对华谌说:"卿老母在彼,可去。"谌表示无二心,曹操为之感动得流泪。但华湛一转身,便叛操而去。后华谌被擒,众人都认为谌必死,谁知曹操不仅不杀他,反任他为鲁相,说:"夫人孝于其亲

---

① 《三国志》卷16《魏书·杜畿传》。
② 《三国志》卷11《魏书·袁涣传》。
③ 《三国志》卷24《魏书·高柔传》。
④ 《三国志》卷18《魏书·文聘传》。

者,岂不亦忠于君乎？吾所求也。"①由此可见,曹操"唯才是举"政策,并无反对忠、孝、仁、义之意,只是反对过分强调而已。如果有所反对的话,也是指那些矫情诈饰以取名,危言耸听以取誉的伪君子,而非道德仁厚的真君子和忠义之士。

其三,从曹操集团的成员来看,真正品行不端或大节有亏的人,并不多见,而品行端庄的则大有人在。为其典选举的荀彧、崔琰、毛玠等选人时主张德才兼备,不尚虚名,提倡廉节,都与曹操的用人标准相近似。荀彧先后推荐的人很多,据《魏志·荀彧传》及注引《彧别传》记载,著名的就有:荀攸、钟繇、陈群、司马懿、郗虑、华歆、王朗、荀悦、杜袭、辛毗、赵俨等人,这些人都是"命世大才",品行也大多比较端正,后来成为卿相的竟达十数人。

中国古代的官吏,历来被视为万民之父母、行为之表率,如果没有一套封建的道德体系来约束他们,便如"使饿狼守庖厨,饥虎牧牢豚",任何统治者都很难实现他的统治。因此,道德的堤防首先必须在他们身边筑起,以保证吏治的清明,维护封建统治,这是有道之君势所必然的为政选择,生活于那个时代的曹操也是无法回避这一选择的。

曹操的"唯才是举"政策,克服了东汉后期选举的弊端,社会人才流动阻断的局面得以松动,一大批文臣武将和智谋之士汇聚到曹操的"才"字大旗之下,其中有许多人是出身低微,按旧的选举标准是很难被录用的。如"拔于禁、乐进于行阵之间;取张辽、徐晃于亡虏之内,皆佐命立功,列为名将"②。文臣如戏志才、杜畿、赵俨、裴潜、辛毗、王象等,均系寒微出身。特别是郭嘉,出身低微又有"负俗之讥",但曹操却予以重用,信而不疑。郭嘉则心怀感念,忠于曹操,呕心沥血,操劳过度,竟至于青春年华,死于北征途中。在东汉末期流风播移的时代,曹操能够明扬仄陋、不拘一格选取人才,实属难能可贵。同时,又能兼顾人才的品行,对之加以约束,如他所言:"吾任天下之智力,以道御之,无所不可。"以道御之,也

---

① 《三国志》卷1《魏书·武帝纪》。
② 《三国志》卷1《魏书·武帝经》注引《魏书》。

就是以法御之或持法,以确保官吏清廉,天下智力为曹操所用,这又是曹操用人的高明之处,也是他务实精神的典型表现。《三国志·魏书·毛玠传》注引《先贤行状》说:毛玠"雅亮公正,在官清格。其典选举,拔贞实,斥华伪,进逊行,抑阿党。诸宰官治民功绩不著而私财丰足者,皆免黜停废,久不选用。于时四海翕然,莫不励行。至乃长吏还者,垢面羸衣,常乘柴车。军吏入府,朝服徒行。人拟壶飧之洁,家象濯缨之操,贵者无秽欲之累,贱者绝奸货之求。吏洁于上,俗移于下,民到于今称之。"足见曹操当时的吏治,还是比较清明的。

曹魏吏政的腐败开始于文帝曹丕时。曹丕称帝后,为巩固统治,维持政权,极力拉拢日益强大的世家大族力量。于是,废除了曹操"唯才是举"的务实政策,而采纳了陈群的建议,实行"九品官人"的选举制度。九品中正制确立后,随着世家豪族势力日益强大,郡县中正多由世家豪族担任,而九品官人法也逐渐为世家豪强所垄断。他们借此独占政府官位,又凭借这一政治特权来发展和保障他们的社会经济特权。世家豪强把持选士任官特权,社会人才正常入仕途经被阻断,转而以非正常手段求取功名,竞相奔走于豪强权贵之门,贿赂请托,使东汉末年的世风又有所抬头,为虚名无实的人开辟了进身之阶,严重败坏了官场风气。

226年,曹丕死,魏明帝曹睿即位。明帝统治前期,尚能明察断狱,容受直言,戒除浮华,颇有一番政绩。故当时侍中刘晔评价明帝:"秦始皇、汉武帝之俦,才具微不及耳。"①《三国志·魏书·明帝纪》注引《魏书》中也称明帝:"料简功能,真伪不得相贸,务绝浮华谮毁之端,行师动众,论决大事,谋臣将相咸服帝之大略。"但明帝的最大缺点是奢淫过度。曹魏时期的奢侈浮华之风从曹丕时即已开始,一改曹操时崇尚节俭的社会风尚。明帝统治时,尤其是在统治的最后几年中,因当时蜀相诸葛亮已死,魏西方大患解除,于是明帝骄奢淫逸的本性便充分暴露。他大兴土木,营建宫室,征发民役,使百姓"力役不已,农桑失业"。又"耽于内宠,妇官秩

---

① 《三国志》卷3《明帝纪》注引《魏略》。

石拟百官之数,自贵人以下至掖庭洒扫,凡数千人"①。还"录夺士女前已嫁为吏民妻者,还以配士,既听以生口自赎,又简选其有姿色者内之掖庭"。最高统治者的奢靡淫逸,必然导致政治的腐败。朝廷大臣纷纷上疏规谏,先后达二十余人。如太子舍人张茂谏曰:"诏书听得以生口年纪、颜色与妻相当者自代,故富者则倾家尽产,贫者举假贷贳,贵买生口以赎其妻;县官以配士为名而实内之掖庭,其丑恶者乃出与士……且军师在外数千万人,一日之费非徒千金,举天下之赋以奉此役,犹将不给,况复有宫庭非员无禄之女,椒房母后之家,赏赐横兴,内外交引,其费半军。"②司马懿也上疏提出停修宫室,以救时急,"昔周公营洛邑,萧何造未央,今宫室未备,臣之责也。然自河以北,百姓困穷,外内有役,势不并兴,宜假绝内务,以救时急"③。对于臣下的规谏,明帝既不诛贬,也不纳其言,奢侈淫逸,依然故我,致使国用匮乏,百姓困顿,至其政权为司马氏所代,则是政治腐败的必然结果。

(二)《魏律》中的官律

在封建专制制度下,官是君主控制国家和社会并将其旨意付诸实施的权力媒介,是管理国家的群体和实现国家职能的人格工具。如著名法学家张晋藩先生所言:"中国古代社会所说的人治,其实质就是官治。为了发挥官治的作用,就需要治官。"④吏治的好坏,关系到国家的治乱兴衰,所谓"国家之败,由官邪也"⑤,这是古人对于官之于国的重要性的基本认识。韩非所说:"明主治吏不治民",被历代封建帝王奉为圭臬。为此历代王朝对于职官的活动,除监察机关进行行政监督外,都注意以法治官,并且颁布治官之法,通过立法的形式,对职官严加约束,防止渎职贪婪。

---

① 《资治通鉴》卷73青龙三年。
② 《三国志》卷3《魏书·明帝纪》注引《魏略》。
③ 《晋书》卷1《宣帝纪》。
④ 张晋藩:《中国法律的传统与近代转型》,法律出版社1997年版。
⑤ 《左传》桓公二年。

汉律经过数百年的实施,至东汉末已然积弊甚重,所谓"篇少则文荒,文荒则事寡,事寡则罪漏"①,因此亟待改革。曹魏代汉以后,对汉律进行了修改。魏明帝太和三年(229 年),特令司空陈群、散骑常侍刘劭、给事黄门侍郎韩逊、议郎庾嶷、中郎黄休等,"删约旧科,傍采汉律,定为魏法,制新律十八篇,州郡令四十五篇,尚书官令,军中令,合百八十余篇",分别作为治国、治官和治民的法律武器。这里所说的"新律",就是《魏律》,共十八篇。该律于隋时已佚,《晋书·刑法志》保留的魏律序略中,记述了《魏律》十八篇比较成篇的情况。其中,盗、贼、捕、杂、户五篇袭用汉律,新增"劫略""诈伪""毁亡""告劾""请赇""乏留""惊事""偿赃""免坐"等九篇,又改具律为刑名,改兴律为兴擅,分囚律为系讯、断狱两篇。

魏律将繁芜汉律体系中的傍律、单律、章句等归并到正律中去,废除了一些有名无实的旧律,同时注意保存了有用的条例,也增加了一些必要的律文,既可救篇少之弊,而与汉傍章科令相比,又大为简省,符合了明帝"删约旧科"的宗旨。魏律除了删除、调整汉律内容外,还对法律体例进行了改革。汉律中具律在第六篇,为律文的总则,规定了罪名条例,但"罪条例既不在始,又不在终,非篇章之义",故《魏律》"集罪律以为刑名,冠于律首"②,统领全文。这种以罪例带法令的体例,一直为后来历代的封建法典所沿用。

《魏律》中的一些内容是属于惩治职官贪污受贿的法律规定,是曹魏政权以法治官的重要表现,说明当时统治者是注意到运用法律手段惩治官吏贪污犯罪行为,以促进吏治清明的。如《魏律》十八篇中专列《请赇》《偿赃》二篇,就是专门惩治官吏贪污犯罪的法律。"赇"即贿赂。《说文解字·贝部》:"赇,以财物枉法相谢也。"《急就篇》注:"以财求事曰赇。"《晋书·刑法志》载:"《盗律》有受所监受财枉法,《杂律》有假借不廉,《令乙》有呵人受钱,科有使者验赇,其事相类,故分为《请赇律》。""受所

---

① 《晋书》卷 30《刑法志》。
② 《晋书》卷 30《刑法志》。

监受财枉法"指接受所监临的人员的财赂;"假借不廉"指官吏负债违背契约,不按期偿还;"呵人受钱",即借某种罪名,向人敲诈勒索;"使者验赂",指使者在考核财物时接受钱财。可见《请赇律》是针对官吏行贿受贿的犯罪行为而设立的。同书又载:"《盗律》有还赃畀主,《金布律》有罚赎入责以呈黄金为价,科有平庸坐赃事,以为《偿赃律》。""还赃畀主",即将所贪赃物归还物主;"罚赎入责",即对违法之官处以罚金;"平庸坐赃",即合理地估计赃物的价钱多少来征收罚金。可见《偿赃律》是针对官吏贪赃枉法的惩罚规定。

魏在正律之外另编令百八十余篇,涉及民治、吏治、军治等内容,魏令属于行政法规,与汉令不同。如《州郡令》是为惩治地方官的不法行为制定的;《尚书官令》是针对朝廷各部长官的刑律,也适用于中央各级官吏。它主要惩罚官吏职务上的公罪——贪赃枉法罪、大不敬罪、出入人罪等。[①]

《魏律》中对官律的规定,使曹魏政权的惩贪之法趋于细密,成为此时反贪机制的重要组成部分,从制度上完善了反贪之网络,但从另一侧面也反映了曹魏后期官吏贪赃现象的普遍性。

(三) 考课制度

考课制度是封建国家官僚制度的重要组成部分。东汉后期政治的腐败,使考课制度名存实亡,遭到严重的破坏。曹魏循汉旧法,对官吏亦行考课,其考课制度包括上计、考课、巡行三部分。

上计,是由地方官自下而上呈报政事,以作为其考课的依据。曹魏沿袭了汉代的上计制度,各郡国置上计吏,如广平刘劭曾"为计吏,诣许"[②];郡国计吏于岁末入京上计,如刘寔"以计吏入洛"[③];州刺史此时作为一级地方长官,亦须上计中央,"每岁遣计吏诣京师奏事"[④]。可见,曹魏时州

---

① 邱永明:《中国历代职官管理制度》,杭州大学出版社 1998 年版,第 152 页。
② 《三国志》卷 21《魏书·刘劭传》。
③ 《晋书》卷 41《刘寔传》。
④ 《三国职官表》。

郡皆上计于中央,以备考课。

上计的目的是考课,考课以垦田、户口、赋调、盗贼情况等为主要内容,此与汉代略同。地方官只要于户口、垦田、赋调收入等中有一项做出成绩,即可得嘉奖。如郑浑为阳平、沛郡二太守,"顷亩岁增、租入倍常",明帝"下诏称述,布告天下"①。考课的主管部门,县令、长之考课似仍由郡守主之。如曹魏郑袤"出为黎阳令。吏民悦服,太守班下属城,特见甄异,为诸县之最"②。州郡考课主管部门,因曹魏时中央官制变化,原为内廷机构的尚书省成为全国中枢行政机关。于是东汉时作为形式的三公主管考课的情况亦不复存在,改由尚书设专司分管上计、考课。《通典》考功郎中条曰:"魏尚书有考功、定课二曹……并其任也。"《唐六典》云:"考功郎中员外郎掌内外文武官吏之课。"则曹魏考功、定课二曹,主管官吏考课。就此制度的制定而言,由于产生了专门负责考课官吏的职能部门——尚书台吏曹,改变了秦汉时由行政长官兼理考课的状况,因而较秦汉更为完善。

巡行的目的是监察地方,对于地方官的考课也可起核实、监察等辅助作用。曹魏时因刺史正式成为一级地方官,已起不到代表中央监察地方的作用,于是改为以临时指派使者出巡的方式监察地方。如魏文帝黄初元年(220年)二月,"遣使者循行郡国,有违理掊克暴虐者,举其罪"③。

对官吏进行考课,是封建王朝澄清吏治,惩恶扬善,维护君主集权的重要措施,因而为历代王朝统治者所重视。但曹魏时期,由于世族地主势力的发展,而朝廷的考课制度对其特权有所妨碍,因此曹魏的考课制度实行情况并不好。如崔林"为幽州刺史,在官一期,寇窃顿息,尤以不事上司,左迁河间太守"④。官吏迁降常以清议毁誉进退而不由考课,上计与考课脱节,从而使赏罚不分明,考课作用日趋削弱。因此,考课问题一再被曹魏政府提到议事日程上来。有识之士力图建立一套严明的官吏考课

① 《三国志》卷16《魏书·郑浑传》。
② 《晋书》卷44《郑袤传》。
③ 《三国志》卷2《魏书·文帝纪》注引《魏书》。
④ 《三国志》卷24《魏书·崔林传》。

制度,并使其法制化,以整顿吏治,这一尝试在曹魏时共有两次。

建安末年,刘廙上表称:

> 今之所以为黜陟者,近颇以州郡之毁誉,听往来之浮言耳。亦皆得其事实而课其能否也?长吏之所以为佳者,奉法也,忧公也,恤民也。此三事者,或州郡有所不便,往来者有所不安。而长吏执之不已,于治虽得计,其声誉未为美;屈而从人,于治虽失计,其声誉必集也。长吏皆知黜陟之在于此也,亦何能不去本而就末哉?以为长吏皆宜使小久,足使自展。岁课之能,三年总计,乃加黜陟。课之皆当以事,不得依名。事者,皆以户口率其垦田之多少,及盗贼发兴,民之亡叛者,为得负之计。如此行之,则无能之吏,修名无益;有能之人,无名无损。法之一行,虽无部司之监,奸誉妄毁,可得而尽。①

刘廙此表,是对建安以来地方官吏考课问题的深刻反省。它反映了当时地方长吏心怀苟且,不安于法;敲诈勒索,百姓困苦;但凭声誉浮言,考课不行;不得不屈从大族势力的情况。应该说刘廙之议是符合历史实际的。曹操对此虽"甚善之",但终未建立起正式的考课制,上计仍流于形式。

曹魏后期,吏治日趋混乱。魏明帝曹睿上台后,在太和年间(227—232年),朝野上下"大议考课之制,以考内外众官"②。但是,由于朝中大臣的强烈反对,于是"考课竟不行"。到景初元年(237年),吏部尚书卢毓奏曰:"古者敷奏以言,明试以功,今考绩之法废,而以毁誉相进退,故真伪浑杂,虚实相蒙。"③魏明帝纳其言,于是散骑常侍刘劭受诏作《都官考课》七十二条以考课百官。这是三国时期制定的唯一的一部职官考课法。《都官考课》一出,议者纷纭。赞同者有之,反对者更甚,终至久议不决,"会明帝崩,不施行"④,明帝死于景初三年(239年),可知拖了近三年,终于不了了之。

---

① 《三国志》卷21《魏书·刘廙传》注引《廙别传》。
② 《三国志》卷16《魏书·杜恕传》。
③ 《三国志》卷22《魏书·卢毓传》。
④ 《三国志》卷21《魏书·刘劭传》。

三、诸葛亮的法治与清廉

在魏、蜀、吴三国中,相对而言,蜀国内政最好,治理得最有条理。这和诸葛亮的法制精神是分不开的。史家陈寿在《三国志·诸葛亮传》中赞曰:诸葛亮治蜀,"科教严明,赏罚必信,无恶不惩,无善不显,至于吏不容奸,人怀自厉,道不拾遗,强不侵弱,风化肃然"。又曰:"诸葛亮之为相国也,抚百姓、示仪轨、约官职、从权制,开诚心,布公道,尽忠益时者虽仇必赏,犯法怠慢者虽亲必罚,服罪输情者虽重必释,游辞巧饰者虽轻必戮;善无微而不赏,恶无纤而不贬;庶事精练,物理其本,循名责实,虚伪不齿;终于邦域之内,咸畏而爱之,刑政虽峻而无怨者,以其用心平而劝戒明也。"陈寿此评语,虽不免有溢美过誉之词,但不可否认的是,在诸葛亮的治理下,蜀国政治清明,官吏比较廉洁奉公,开明守法,阶级矛盾也比较缓和。

(一) 诸葛亮依法治蜀

蜀地在刘备入川之前,由刘焉、刘璋父子统治了二十年。刘焉为树立威望,借故杀蜀中豪强,反引起土著地主与外来豪强之间的矛盾和冲突,导致局势混乱。其子刘璋更是无威无德、暗弱无能。主持州事后律令残缺,法同虚设,豪门大姓因此徇情枉法,"专权自恣",不受约束。诸葛亮入蜀之后,深知要拨乱反正,革除弊端,由乱到治,法纪严明为治之要。他说:"孙武所以能制胜于天下者,用法明也。……四海分裂,兵交方始,若复废法,何用讨贼邪!"[1]认为"法令不从,事乱不理","其国危殆"[2];又说:"刑罚不中,则众恶不理,其国亡"[3],把法治提高到关系政权稳固、国家兴亡的角度来加以认识。

要实行法治,首先必须立法。诸葛亮召集法正、刘巴、李严、伊籍等人

---

① 《三国志》卷39《蜀书·马谡传》注引《襄阳记》。
② 《诸葛亮集》卷3《赏罚》。
③ 《诸葛亮集》卷3《喜怒》。

共同制定出蜀国的法典——蜀科,作为论狱决刑的依据。此外,诸葛亮还作"八务、七戒、六恐、五惧,皆有条章,以训励臣子"①,让官员随时保持警惕和有所戒惧,以廉洁奉公,忠于职守。治军也有"七禁",诸葛亮亲自著作《法检》两卷、《科令》两卷、《军令》三卷,凡"有此者斩之"②,以训励各级官吏将士。

诸葛亮以法治蜀,将客观现实作为制定法律的依据,体现了他审时度势,据变施政的卓识。当时蜀郡太守法正以为刑法峻急,劝告诸葛亮说:"昔高祖入关,约法三章,秦民知德,今君假借威力,跨据一州,初有其国,未垂惠抚;且客主之义,宜相降下,愿缓刑弛禁,以慰其望。"

诸葛亮回答说:"君知其一,未知其二。秦以无道,政苛民怨,匹夫大呼,天下土崩。高祖因之,可以弘济。刘璋暗弱,自焉已来有累世之恩,文法羁縻,互相承奉,德政不举,威刑不肃。蜀土人士,专权自恣,君臣之道,渐以陵替;宠之以位,位极则贱,顺之以恩,恩竭则慢。所以致弊,实由于此。吾今威之以法,法行则知恩,限之以爵,爵加则知荣;荣恩并济,上下有节。为治之要,于斯而著。"③这里,诸葛亮明确地指出,刘邦入关诛灭暴秦,与益州此时的形势完全不同。刘邦继秦而起,废秦朝苛法,施行恩惠,是形势所然。而西蜀地区之所以政治腐败,豪强自恣专权,社会混乱,并不在于民乱于法,而是由于刘璋的懦弱无能,长期的法制松弛、"威刑不肃"。因此,要审势定法,有弊必矫,以隆刑峻法来惩治危害政局、专权自恣的"蜀土人士"(即蜀地的豪强地主和官僚士大夫),而不是把普通民众作为法律惩治的对象。诸葛亮的这种不拘泥于儒家正统之"德主刑辅"原则,具体分析,因势而定的法治思想,是应该肯定的。事实上,在这些律令制定和颁布后,益州原来法令不全、规章混乱、吏治腐败的状况有了很大的改观,为蜀汉政权的巩固和发展奠定了基础。

诸葛亮以法治国,首先表现在他执法过程中"刑不择贵",对皇宫、丞相府一视同仁地以法治理。他在《前出师表》中规劝后主刘禅说:"宫中

---

① 《三国志》卷35《蜀书·诸葛亮传》。
② 《太平御览》卷296引《武侯兵法》。
③ 《三国志》卷35《蜀书·诸葛亮传》注。

府中,俱为一体,陟罚臧否,不宜异同。若有作奸犯科及为忠善者,宜付有司论其刑赏,以昭陛下平明之理,不宜偏私,使内外异法也。"不管是皇室或大臣,谁触犯了国法,都必须同庶民百姓一样依法论处,这种主张在封建社会中是难能可贵的。当时的丞相府长史张裔称赞诸葛亮:"公赏不遗远,罚不阿近,爵不可以无功取,刑不可以贵势免,此贤愚之所以佥志其身者也。"

其次,诸葛亮执法赏罚严明,法不徇私。诸葛亮所论赏罚必须严明之处甚多。在《诸葛亮集·赏罚》篇里,他强调说:"赏罚之政,谓赏善罚恶也。赏以兴功,罚以禁奸,赏不可不平,罚不可不均。赏赐知其所施,则勇士知其所死;刑罚知其所加,则邪恶知其所畏。故赏不可虚施,罚不可妄加,赏虚施则劳臣怨,罚妄加则直士恨。"又说:"赏罚不明,教令有不从","赏罚不明,下不劝功","赏罚不曲,则人死服"。他坚决主张要"赏赐不避怨仇","诛罚不避亲戚"。认为如果赏罚不明,必然会造成"或无罪被辜,或有罪蒙恕,或强者专辞,或弱者侵怨,或直者被枉,或屈者不伸,或有信而见疑,或有忠而被害"[1];"赏罚不正,则忠臣死于非罪,而邪臣起于非功"[2];"赏于无功者离,罚加无罪者怨"[3]。由此可知,诸葛亮对于赏罚分明的必要性和赏罚不明、是非不分的危害性的认识是非常清楚的。因此,在实践中他特别重视赏罚对于奖励忠纯勤廉、惩戒邪恶腐败的作用。历史上诸葛亮斩马谡、奖王平、流李严、废廖立,便是突出的例证。

马谡才器过人,熟读兵书,深得诸葛亮的器重。231年,诸葛亮第一次北伐,任马谡为大将,王平为先锋,驻守街亭。但马谡自以为是,既违背了诸葛亮的军事部署,又置王平多次规劝于不顾,致使街亭失守,蜀军失去了一次攻魏的大好时机。诸葛亮虽惜马谡之才,又"视谡犹子",私谊深厚。但为维护法律尊严,只能挥泪斩马谡,同时,嘉奖了临危不乱的王平。李严为蜀汉重臣,素受诸葛亮的提拔重用,任为中都护,统内外军事。诸葛亮北伐,李严受命运粮,误期失责,反假传圣旨,叫诸葛亮退军。李严

---

① 《诸葛亮集》卷3《察疑》。
② 《诸葛亮集》卷3《赏罚》。
③ 《诸葛亮集》卷4《自勉》。

不以蜀汉国事为重,只图推卸罪责,"横造无端""迷罔上下"①,被削爵免官为民,徙梓潼郡。长水校尉廖立,自命不凡,常常口出狂言,攻击同僚,拨弄是非。诸葛亮便上表刘禅,将其撤职,徙汶山郡为民。

李严、廖立都是朝廷重臣,马谡也素为诸葛亮所器重,但在他们触犯法律的时候,诸葛亮坚持"刑不择贵"、公平执法的原则,对他们进行了严厉的惩罚。由于诸葛亮执法公允,奖惩得当,所以李严、廖立被惩处后,都能认罪服法,并未因此而有怨恨之心。当得知诸葛亮去世的消息后,廖立垂泣叹曰:"吾终为左衽矣!"②李严竟悲痛而死。晋时学者习凿齿评论说:"诸葛亮之使廖立垂泣,李平(即李严)致死,岂徒无怨言而已哉!夫水至平而邪者取法,镜至明而丑者无怨,水镜之所以能穷物而无怨者,以其无私也。水镜无私,犹以免谤,况大人君子怀乐生之心,流矜恕之德,法行于不可不用,刑加乎自犯之罪,爵之而非私,诛之而不怨,天下有不服者乎!诸葛亮于是可谓能用刑矣,自秦汉以来未之有也。"③

在诸葛高以法治蜀的精神影响下,蜀国的官吏一般都能严明执法。如董和为官"严法"④;邓芝"清严有治绩","赏罚明断";⑤杨戏"职典刑狱,论法决疑,号为平当"⑥;杨洪为蜀郡太守,"微过受罚,不特原假"⑦;张翼"性持法严"⑧;吕义历任数郡太守,"持法刻深","号为清能"⑨;董和之子董允为侍中,刚直不阿,"处事防制,甚尽匡救之理。后主常欲采择以充后宫,允以为古者天子后妃之数不过十二,今嫔嫱已具,不宜增益,终执不听。后主益严惮之。……后主渐长大,爱宦人黄皓。皓便辟佞慧,欲自容入。允常上则正色匡主,下则数责于皓。皓畏允,不敢为非。"⑩

---

① 《三国志》卷40《蜀书·李严传》注引诸葛亮《公文上尚书》。
② 《三国志》卷40《蜀书·廖立传》。
③ 《三国志》卷40《蜀书·李严传》注引习凿齿语。
④ 《三国志》卷39《蜀书·董和传》。
⑤ 《三国志》卷45《蜀书·邓芝传》。
⑥ 《三国志》卷45《蜀书·杨戏传》。
⑦ 《三国志》卷41《蜀书·杨洪传》。
⑧ 《三国志》卷45《蜀书·张翼传》。
⑨ 《三国志》卷39《蜀书·吕义传》。
⑩ 《三国志》卷39《蜀书·董允传》。

由此可见,诸葛亮通过以法治蜀,构建了较为清明的政治环境,在一定程度上遏制了官吏的贪贿违法行径,客观上也缓和了阶级矛盾,对人民也是有利的。就农民起义而言,魏国发生十二次,吴国则发生二十三次之多,而蜀国仅发生两次,可见诸葛亮以法治蜀是取得了显著实效的。

(二) 诸葛亮的倡廉风范

任何法律和制度都是要人去遵守和执行的。如果各级官吏,尤其是身居高位的大臣不能廉政守法,再好的法律和制度也不过是一纸空文。因此,诸葛亮在注重制定法律和以法行政的同时,也非常重视加强自身的道德修养,严于律己,从而为属下官吏作出了廉洁勤政的表率。他的倡廉风范,不仅扭转了东汉末年吏风不正、上下松弛的局面,而且成为历代忠君爱国者的楷模,对后世也产生了深远的影响。

律己正身是倡廉的先决条件。孔子言:"其身正,不令而行;其身不正,虽令不从。"诸葛亮据此指出:"故人君先正其身,然后乃行其令。身不正则令不从,令不从则生变乱。"①又说:"上之所为,人之所瞻也。夫释己教人,是谓逆政,正己教人,是谓顺政。"②还说:"先理身,后理人","理上则下正,理身则人敬。"③他认为,德治教化首先要从最高统治集团做起,否则,政令就无法得到贯彻,也就不会收到成效,倡廉更是无从谈起。诸葛亮首次北伐之时,因误用马谡,败于街亭,于是斩马谡谢众,并上疏曰:"臣以弱才,叨窃非据,亲秉旄钺以厉三军,不能训章明法,临事而惧,至有街亭违命之阙,箕谷不戒之失,咎皆在臣授任无方。臣明不知人,恤事多暗,《春秋》责帅,臣职是当。请自贬三等,以督厥咎"④。于是贬为右将军,行丞相事。这是诸葛亮律己正身的典型事例。在蜀汉政权中,诸葛亮助刘备,辅后主,可谓功高盖世,但却能严于律己,勇于自责,居功不傲,

---

① 《诸葛亮集》卷3《教令》。
② 《诸葛亮集》卷3《教令》。
③ 《诸葛亮集》卷3《治乱》。
④ 《三国志》卷35《蜀书·诸葛亮传》。

"挺身托孤,不放不摄,而人无闲言,权逼人主而上不疑,势倾群臣而下不忌"①。既使蜀国最高统治集团始终保持着比较和睦的状态,又为他的倡廉思想的实施,树立了威望和提供了有利条件。

诸葛亮还强调为官者应廉洁奉公,不谋私利。他指出"以私为公"为国家"五危"②之一,如不禁止,则上行下效,政治必然腐败,国家也就不可能长治久安。所以,他要求将领要"得其财帛不自宝,得其子女不自使"③,如此,"则兵合刃接而人乐死矣"④,方可取得战争的胜利。对于当时蜀汉政权中官僚阶层利用职权谋取私利的现象,诸葛亮认为这是治人、治军、治国之大患,"不可不黜",只有"斩断之后,此万事乃理也"⑤。因此对那些以权谋私的贪官污吏进行了果断而严厉的打击。诸葛亮还反对为官者追求奢侈,贪图享乐。当时蜀中"时俗奢侈,货殖之家,侯服玉食,婚姻葬送,倾家荡产"⑥。诸葛亮认为,如果统治者追求奢华,浪费民财,则百姓无以安居乐业,社会不能安定。因此,他提出"救奢以俭",要求各级官吏要清心寡欲,约束自己,爱护百姓。他推崇春秋时期的孙叔敖,并且颁布教令说:"昔孙叔敖乘马三年,不知牝牡,称其贤也。"⑦称赞"孙叔敖相楚,栈车牝马,粢饼菜羹,枯鱼之膳,冬羔裘,夏葛衣"的廉朴风范,要求蜀国官员以孙叔敖为楷模,力图营造一种崇尚俭朴、廉正奉公的政治氛围。

诸葛亮在长期的政治生涯中,不仅要求蜀国的大小官员要为官节俭,力戒奢华,而且自己能够以身作则,始终保持了俭朴的生活。他本人就是孙叔敖这样的廉吏。在《自表后主》中,诸葛亮说:"今成都有桑八百株,薄田十五顷,子弟衣食,自有余饶。至于臣在外任,无别调度,随身衣食,悉仰于官,不别治生,以长尺寸。若臣死之日,不使内有余帛,外有赢财,

---

① 《诸葛孔明全集》卷19。
② 《诸葛亮集》卷3《赏罚》。
③ 《诸葛亮集》卷4《将苑》。
④ 《诸葛亮集》卷4《将苑》。
⑤ 《诸葛亮集》卷3《斩断》。
⑥ 《三国志》卷39《蜀书·董和传》。
⑦ 《诸葛亮集》卷2《教》。

以负陛下。"①表示决不别作经营，增长私产。后来，诸葛亮去世时也确实如此。在私人生活方面，他"蓄财无余，妾无副服"②。公元 234 年，诸葛亮病死五丈原，"遗命葬定军山，因山为坟，冢足容棺，殓以时服"③。

诸葛亮的倡廉思想还体现在他的选官用人上。因为只有统治阶层中形成了廉政风尚，才能确保他的思想和政策的贯彻和执行，并收到预期的效果。所以诸葛亮十分重视选贤举能，特别强调"举贤"对于治国的重要性。他曾总结两汉兴衰治乱、用人得失的历史教训，"亲贤臣，远小人，此先汉之所以兴隆也；亲小人，远贤臣，此后汉之所以倾颓也"④。并据此提出了"治国之道，务在举贤"⑤的方针，并反复加以论述。他说："夫国危不治，民不安君，此失贤之过也。夫失贤而不危，得贤而不安，未之有也。"⑥又说："为人择官者乱，为官择人者治，是以聘贤求士。"⑦由于诸葛亮以贤求才，故其所选拔的人才，大多为忠廉勤政之士。

诸葛亮力倡为政清廉，当时许多大臣也都深受影响而勤于政事，居官清廉，不尚奢华。如蒋琬、费祎和董允，前后治蜀二十年，秉承诸葛亮之遗规，颇有政绩，时人将他们与诸葛亮并称为"四相"，又号"四英"。⑧大将军姜维"据上将之重，处群臣之右，宅舍敝薄，资财无余，侧室无妾媵之亵，后庭无声乐之娱，衣服取供，舆马取备，饮食节制"⑨，时人赞扬他"乐学不倦，清素节约，自一时之仪表也"⑩。大臣邓芝多年为大将，"赏罚明断，善恤卒伍。身之衣食资仰于官，不苟素俭，然终不治私产，妻子不免饥寒，死之日家无余财"⑪。董和居官二十余年，"死之日，家无

①　《三国志》卷 35《蜀书·诸葛亮传》。
②　《北堂书钞》卷 39。
③　《三国志》卷 35《蜀书·诸葛亮传》。
④　《三国志》卷 35《蜀书·诸葛亮传》。
⑤　《诸葛亮集》卷 3《举措》。
⑥　《诸葛亮集》卷 3《举措》。
⑦　《诸葛亮集》卷 3《举措》。
⑧　《三国志》卷 35《蜀书·诸葛亮传》。
⑨　《诸葛孔明全集》卷 6。
⑩　《诸葛孔明全集》卷 6。
⑪　《三国志》卷 45《蜀书·邓芝传》。

担石之财"①。

诸葛亮长期全面担负蜀国的军政事务,半生操劳,夙兴夜寐,呕心沥血。于蜀国政权,确如他自己所表示的,做到了"鞠躬尽力,死而后已"。他的所作所为,无不体现了严格以法治国、依法办事的法制思想和倡俭反侈、惩治贪贿的廉政思想。这在一定程度上符合了当时社会发展的客观要求,他不愧为中国古代杰出的政治家,其一生的功绩是应当予以肯定的。

诸葛亮反贪倡廉、整饬吏治,其继承者蒋琬、费祎也能"承诸葛之成规,因循而不革",继续推行诸葛亮的廉政和法治思想,使蜀汉政权仍然保持了较为稳定的局面。但后主刘禅却是一个庸才,费祎被刺身亡后,他听任宦官黄皓弄权,政治昏暗。大将军姜维本以羁旅依汉,身负重任。黄皓与右大将军阎宇阴谋欲废姜维,姜维对后主说:"皓奸巧专恣,将败国家,请杀之。"后主却说:"皓趋走小臣耳,往董允每切齿,吾常恨之,君何足介意!"于是敕黄皓到姜维处陈谢。② 后主对黄皓的极力宠幸,使身为国家辅弼重臣的姜维惧而不敢居京都,因求种麦沓中。261年,吴派使臣薛珝来蜀,回国后,吴主孙休问他蜀政得失。薛珝说:"主暗而不知其过,臣下容身以求免罪,入其朝不闻正言,经其野民皆菜色。臣闻燕雀处堂,子母相乐,自以为安也,突决栋焚,而燕雀怡然不知祸之将及,其是之谓乎?"③薛珝已看出蜀汉问题,政治腐败,君臣上下浑浑噩噩,饱食终日,不知死亡将至;并且社会经济凋敝,百姓困顿,民不聊生。

262年,司马昭欲大举伐蜀。他分析了蜀汉的局势,"计蜀战士九万,居守成都及备他境不下四万,然则余众不过五万。今绊姜维于沓中,使不得东顾。直持骆谷,出其空虚之地,以袭汉中,以刘禅之暗,而边城外破,士女内震,其亡可知也"④。次年,令钟会都督关中。姜维已意识到问题的严重性,上表后主,请遣军布阵,以防未然。但"黄皓信巫鬼,谓敌终不

---

① 《三国志》卷39《蜀书·董和传》。
② 《资治通鉴》卷78元帝景元三年。
③ 《三国志》卷53《吴书·薛综传》注引《汉晋春秋》。
④ 《资治通鉴》卷78元帝景元三年。

自致,启汉主寝其事,群臣莫知"①。宿敌大军压境,后主依然偏信佞小之言,不事应对,唯坐以待灭,终至覆亡,次年,即成亡国之君。蜀之必亡,正如吴人张悌所析:"今蜀阉宦专朝,国无政令,而玩戎黩武,民劳卒弊,竞于外利,不修守备。彼强弱不同,智算亦胜,因危而伐,殆无不可。"②

四、孙吴的吏政

孙吴的吏政可以分为前后两个时期。前期比较清明,出现了"国险而民附,贤能为之用"③"异人辐辏,猛士如林"的局面。公元229年孙权称帝之后,衰败日益明显,到吴末,腐败已成不治之症,终至于败亡。

(一)孙吴早期吏政

孙权承继父兄之业之时,天下混乱,豪雄并立,北方的两大军阀集团曹操和袁绍正在黄河之滨打得难解难分。后来曹操消灭了袁绍,进占荆州,虎视江东,江东之势岌岌可危。而孙吴政权内部,当时虽已有会稽、吴、丹杨、豫章、庐陵五郡及江北庐江郡一部分,但山区居民尚在强宗豪帅控制之中,并未接受孙氏政权的征调;而土著豪强和流亡南下的北方大族,亦持观望态度;民众叛逃之事多有发生。在此形势下,安定人心以巩固政权,求取贤能以御外敌便成为孙权的首要任务。

孙权在少年时代便显示出非凡的政治才能。孙策赴事江东时,孙权跟随征战,"性度弘朗,仁而多断,好侠养士,始于知名,侔于父兄矣。每参同计谋,策甚奇之,自以为不及也"④。建安五年(200年),孙策遇刺临终之时,便令长弟孙权作为自己的继承人,亲自将讨逆将军的印绶佩戴在孙权身上,并对他说:"举江东之众,决机于两阵之间,与天下争衡,卿不

①　《资治通鉴》卷78元帝景元三年。
②　《资治通鉴》卷78元帝景元四年。
③　《三国志》卷35《蜀书·诸葛亮传》。
④　《三国志》卷47《吴书·孙权传》注引《江表传》。

如我;举贤任能,各尽其心,以保江东,我不如卿。"①事实证明,孙策认为孙权善于举贤任能的看法是正确的。由于孙权坚持"举贤任能"的用人政策,除原来孙策时的文武要员张昭、张纮、周瑜、吕范、董袭、程普、太史慈等都得以重用外,他还"招延俊秀,聘求名士"②,积极罗致各方人才。于是鲁肃、诸葛瑾、步骘、严畯、陆逊、甘宁、吕岱等都受其亲待,并尽其器能,委以重任。另外,孙权用人,并不求全责备。他曾与陆逊在一起论鲁肃,认为鲁肃有一短二长,而"其一短,不足以损其二长","周公不求备于一人,故孤忘其短而取其长"③。这种不求全责备的用人思想,与曹操的"士有偏短,庸可废乎"的举贤思想如出一辙。从而使孙权在建国过程中选取了一大批有才能的人,成为辅弼王业的心腹股肱。

三国时期在使用人才方面各有特点。曹操是用而疑心,外宽内忌,颇有权谋;诸葛亮是用而担心,事必躬亲,颇为谨慎;而孙权用人则是用而放心,又能体恤部下。如有人向孙权告发诸葛瑾通敌,孙权却说:"孤与子瑜(诸葛瑾)有死生不易之誓,子瑜之不负孤,犹孤之不负瑜也"④。可见孙权对诸葛瑾的信任。对陆逊的任用则更为放手,"时事所宜,权辄令逊语(诸葛亮),并刻权印,以置逊所。权每与禅、亮书,常过示逊,轻重可否,有所不安,便令改定,以印封行之"⑤。孙权对下属的体贴关怀,使统治集团内部比较团结,忠心耿耿为其所用,有利于政权的巩固。

孙权用人亦能赏罚分明。如周瑜屡立战功,孙权对之素为器重。瑜病死,孙权泣曰:"公瑾有王佐之资,今忽短命,孤何赖哉!"及其称帝时,还念念不忘周瑜的功勋,对公卿说:"孤非周公瑾,不帝矣!"⑥对周瑜子女亦予照顾。后瑜次子周胤自恃功臣子弟,横行不法。孙权不因其是功臣子弟而特加宽恕,将之废为庶人,徙庐陵郡十年。后诸葛瑾、步骘等念胤

---

① 《三国志》卷46《吴书·孙策传》。
② 《三国志》卷58《吴书·陆逊传》。
③ 《三国志》卷47《蜀书·孙权传》。
④ 《三国志》卷52《蜀书·诸葛瑾传》。
⑤ 《三国志》卷58《蜀书·陆逊传》。
⑥ 《三国志》卷54《吴书·周瑜传》注引《江表传》。

为功臣之后,上疏求情。孙权回答说:"孤于公瑾,义犹二君,乐胤成就,岂有已哉?迫胤罪恶,未宜便还,且欲苦之,使自知耳。"①这是孙权赏罚严明的典型事例。因此,孙吴政权廷臣用命,上下一心。

孙权用人还提倡廉直奉公,不以私恨而蔽贤。如吕范曾在孙策手下管理财务,不因孙权为策长弟而满足其私求。孙权认为他能忠于职守,奉公廉直,执政后对他愈加信任。周谷阿谀奉承,不惜伪造账目,满足孙权私求。孙权执政后,便"以谷能欺更簿书,不用也"。

孙权用人"举贤任能",下属亦多效之。一时,唯贤是举,蔚然成风,形成吏治清明的景象,对于制止和惩治贪官创造了良好的政治环境,亦使孙吴国力不断增强。故曹丕伐吴时,曾望江叹曰:"彼有人焉,未可图也。"②孙权称帝时,蜀有人主张伐吴,诸葛亮说:"彼贤才尚多,将相缉穆,未可一朝定也。"③胡三省则评论说:"观孙权君臣之间,推诚相与,谗间不行于其间,所以能保江东也。"④这都说明了孙权的"举贤任能"政策对巩固东吴政权所起的重要作用。

(二)孙吴后期吏政

孙吴政权是在南下流亡的北方豪族和江东土著世族的共同支持下建立起来的。在孙吴建国之前,尚处于"未有君臣之固"的动荡时期,内外交困的压力,迫使豪强大族不得不在一定程度上牺牲自身的利益,同心协力,以谋求一个较为稳固的安身立命之所,从而使得孙权在协调大族关系的同时,亦能实行"举贤任能"之策。在这种情况下,贪官污吏等腐败现象的存在是随时都可能导致政权覆亡的,自然必须加以遏制,以保持清明的吏政,稳固国家的统治。公元229年孙权称帝,完成了其艰辛而又漫长的建国之路,继魏、蜀之后,最后建国。孙权称帝后,其统治地位得到了加强。与魏国几次战役的胜利,使其暂时解除了北方的威胁;蜀、魏之争,减

① 《三国志》卷54《吴书·周瑜传》。
② 《三国志》卷47《吴书·孙权传》。
③ 《三国志》卷35《蜀书·诸葛亮传》注引《汉晋春秋》。
④ 《资治通鉴》卷69黄初二年注。

轻了对吴国的压力;吴、蜀联盟的恢复,使其与西方的蜀国长期相安无事。于是外部环境较前大为安定。而在孙吴政权内部,孙权在其建国历程中,并未如曹操和诸葛亮那样,在求取贤才的同时,也采取措施打击豪强,以免其乱政。于是世家大族势力日益发展,孙吴政权终于走向江东地域化,皇权便成为大族操纵朝政和保护其特权的工具,孙吴政权内部的政治逐渐腐败,吏政便开始走向反面。

史家陈寿评价晚年的孙权是:"性多嫌忌,果于杀戮。暨臻末年,弥以滋甚。"①可见,孙权愈到晚年,消极面愈大,其作风与前期判若两人。吕壹事件便体现出孙权晚年的猜忌和残暴,也反映了孙吴集团内部的不和与矛盾。

《三国志·吴书·顾雍传》载:"吕壹、秦博为中书,典校诸官府及州郡文书。壹等因此渐作威福,遂造作榷酤障管之利,举罪纠奸,纤介必闻,重以深案丑诬,毁短大臣,排陷无辜,雍等皆见举白,用被谴让。"同书《步骘传》亦言:"后中书吕壹典校文书,多所纠举。骘上疏曰:伏闻诸典校擿抉细微,吹毛求瑕,重罪深诬,辄欲陷人,以成威福,无罪无辜,横受大刑,是以使民跼天蹐地,谁不战栗!"

据上可知,孙吴亦设置校事一职,以监督纠察百官。因孙吴校事隶属于中书,职为"典校官府及州郡文书",故亦称"中书典校"。孙吴校事较之曹魏,纠举的权力更大,范围也更广,"举罪纠奸,纤介必闻",甚至于连一国之相的去就都可任意摆布。②

孙吴校事设置的时间,当在黄龙前后,即孙权称帝前后。其时,孙吴政权的江东地域化使得江东大族势力愈益膨胀,位居文武朝班之首的顾雍和陆逊皆为江东大族。大族势力的强大,相对应的便是皇权力量的缩小。但孙权既然荣登龙位,自然希望"唯我独尊",高擎皇权,他既要借助于江东大族的势力,又不能忍受大族的侵犯。于是,用以防忌臣僚、充当私臣爪牙的校事便产生了。

---

① 《三国志》卷47《吴书·孙权传》。
② 《资治通鉴》卷74明帝景初三年。

校事本是君主工具的典型代表，它是凌驾于法律之上执行法律的，当皇权对之极力怂恿时，它便失去了约束机制，其执法的意义便为其对法制的破坏所淹没。吕壹，性情"苛惨"，又"用法深刻"①，但却深受孙权的宠信。于是"渐作威福"，"毁短大臣，排陷无辜"，朝廷大臣则是人心惶惶，寝食难安，"皆畏之侧目"。② 大臣潘浚与陆逊论及吕壹乱国之事，愤慨之处，竟相对痛哭。潘浚甚至"欲因会手刃杀壹，以身当之，为国除患"③。吕壹窃弄权祸，用法苛惨，打击面过广，结怨甚多，把自己与君权之外的整个政治力量对立起来，最终迫使孙权不得不向大族势力妥协，借检核朱据贪污失实一案，将吕壹收付廷尉。孙权欲借校事维护皇权，抑制江东大族势力的努力，以失败而告终。

吕壹的所作所为实质上是代表了孙权的意图。群臣与吕壹的对立所反映的实际是君臣之间的对立。反对吕壹，便是把矛头指向孙权。孙权称帝后，对臣下的猜忌之心益重，连"心膂股肱，社稷之臣"的顾雍、陆逊、潘浚等都放心不下，而专用吕壹，威慑百官，可见孙权初期君臣和睦、上下一心的局面已为君臣离心、群下震恐、"大臣由是莫敢言"的腐朽局面所替代。吕壹事件的结果，也说明了江东大族势力的根深蒂固，他们极为维护自己的特权，必然使法制不行，孙吴后期的吏治腐败局面也就在所难免了。

陈寿概括吴末吏政是"忠谏者诛，谗谀者进"。事实确实如此。在孙吴统治后期，凡是为官忠直，敢于进谏者，大多惨遭杀身之祸，甚至夷灭三族。楼玄、贺邵、韦曜等都是因直言劝谏而罹难的。与此相应者，则是佞谄阿谀之风大行其道。"佞谄凡庸，委以重任"④，"佞谀之徒附翼天飞"⑤。与孙权前期"举贤任能"相比，吴国后期吏政已是"用者不贤，贤者不用"，"不开律令之篇卷，而窃大理之位；不识几案之所置，而处机要之职；不知五经之名目，而飨儒官之禄"⑥。吏政的腐败已成为普遍的现象。

---

① 《三国志》卷47《吴书·孙权传》。
② 《资治通鉴》卷74明帝景初二年。
③ 《三国志》卷61《吴书·潘浚传》。
④ 葛洪：《抱朴子·吴失》。
⑤ 《三国志》卷65《吴书·贺邵传》。
⑥ 葛洪：《抱朴子·吴失》。

面对如此局面,朝中有识之士如暨艳等曾试图对吴国吏政进行一些改革。时暨艳为选曹尚书,担任选用官吏的要职。他为人狷直自负,不肯随俗沉浮,喜为清议,品评人物。他"见时郎署混浊淆杂,多非其人,欲臧否区别,贤愚弄贯。弹射百僚,核选三署,率皆贬高就下,降损数等,其守故者,十未能一,其居位贪鄙,志节污卑者,皆以为军吏,置营府以处之"①。在当时社会风尚已然败坏的情况下,暨艳敢于改革,惩处和精减一大批贪鄙腐败的官吏,是非常难能可贵的。但暨艳改革的结果是招致了许多官员的反对,他们"竞言艳及选曹郎徐彪,专用私情,爱憎不由公理",孙权也同样不能容忍这种改革,于是"艳、彪皆坐自杀"②。连举荐暨艳并被诸葛亮评为"清浊太明,善恶太分"③的张温也被孙权以此案为借口,拘捕下狱。孙吴的吏政已然无法挽救。

孙吴后期吏政的腐败,激化了社会矛盾,统治集团内部也分崩离析。当后来晋军伐吴之时,孙吴军队立刻土崩瓦解,派出抵抗的三万水军,更是一夜之间悉数逃亡。所以孙皓临降前,无可奈何地哀叹:"不守者,非粮不足,非城不固,兵将背战耳!"④可见,吏政的极端腐败是导致吴国灭亡的一个重要原因。

第二节　两晋十六国

一、反贪机制及运作

两晋十六国时期中国由短暂的统一再次走向长期的分裂。但无论是统一还是分裂割据政权,巩固自身的统治是其首要的任务。因此,作为惩

---

① 《三国志》卷57《吴书·张温传》。
② 《三国志》卷57《吴书·张温传》。
③ 《三国志》卷57《吴书·张温传》注引《会稽典录》。
④ 《三国志》卷48《吴书·孙皓传》。

治贪污、调整复杂社会关系以安定社会秩序武器的法制建设和监察机制，都在一定程度上得到了统治者的重视，因而在汉魏基础之上，又有一定的发展。

(一) 法律监督

西晋律令的修订，始于魏末司马昭秉政之时。时司马昭为晋王，深感曹魏时陈群、刘邵等人修订的法令，科纲严苛，本注烦杂，又失于偏颇。故令贾充负责修订律令，与太傅郑冲、司徒荀𫖳、中书监荀勖、中军将军羊祜、中护军王业、廷尉杜友、守河南尹杜预、散骑侍郎裴楷、颍川太守周雄、齐相郭颀、骑都尉成公绥、尚书柳轨和吏都令史荣邵等十四人，共典其事。经过四年时间，于泰始三年（267年）修成上奏，次年正月颁行全国，是为《晋律》，又称《泰始律》。

《晋律》包括刑名、法例、盗律、贼律、诈伪、请赇、告劾、捕律、系讯、断狱、杂律、户律、兴擅、毁亡、卫宫、水火、厩律、关市、违制、诸侯等共二十篇。合六百二十条，二万七千余字。《晋律》是一部综合性的法典，也是魏晋南北朝仅有的一部通行全国的封建法律。

贾充定新律的同时，又撰《晋令》四十篇，与律一体颁行。以令设教，违令有罪才人律。《晋令》首开教令法之先例，先教化，后刑罚，以教喻为目的，而不具备副法作用。这在中国古代法典史上具有重要意义，解决了汉以来律令相抵混杂的局面，对后世影响颇大。贾充在编纂令时，还删定当时制诏之条，撰为"故事"三十卷。故事即旧事，即将前代之习惯法编纂为成文法。作为一种法律形式，规定了百官行事及处分的章程，是一种新的法律形式。

从西晋律、令、故事组成的法律来看，内容更为丰富，涉及面较广，又能因时立法，体现了其法律的适用性和立法的全面性。同时，律、令、故事之间界限分明。违令犯罪归于律，改教施行制度以为令，而各种政府机构的规章制度以至办事细则为故事。三者分工明确，体现了相当高的立法科学性。与魏律相较，晋律综合了汉魏旧律之长，又较魏律更为合理、严密和简明，对南北朝的法律皆产生重大影响，南朝基本上承用晋律，北朝初年所编律令也大都采自晋律。

西晋初年,汉魏以来世家大族势力的发展,使自耕农经济受到严重的威胁,自耕农经济的日渐破产和人民投身荫庇于豪强之室,必使封建国家的利益受到严重的侵蚀。而此时统一大业尚未完成,因此晋初武帝不仅主持了政治、经济和军事等方面的改革,还参与了法制改革,以便为太康统一创造条件。

《晋律》二十篇中,除继续保留了《请赇律》和《告劾律》外,又特别增设了官律——《违制律》。其中规定:"诸不敬,违仪失式,及犯罪为公为私,赃入身不入身,皆随事轻重取法,以例求其名也。"①规定凡违反礼制,变更制度,或者化公为私等,均以违制论处。晋时,注释法律盛行,使得贪赃受贿的概念规范化。例如,"货财之利,谓之赃","以罪名呵为受赇","输入呵受为留难,敛人财物积藏于官为擅赋"。② 贪赃罪名之规范化,说明晋律中的惩贪法进一步趋于严密。而《违制律》中对官吏贪赃枉法、行贿受贿、监领受财、监守自盗等行为处刑极严,罪不至死者,虽遇赦,仍禁锢终身,轻者二十年。《违制律》的产生,不但丰富了晋律的内容,而且也是官律发展史上的一个重要转折,对于惩治贪官、澄清吏治,具有重要意义。

晋初的法律,从立法角度而言是较为完备、科学的,较前代有较大进步。但立法的完善尚须执法之严明、有法必依才能真正发挥法律应有的作用。从晋初的执法实践看,统治者注意选用执法官吏,强调依法断狱。如史载,晋武帝不仅亲自主持法律制定,经常与大臣讨论法律条文的得失,以使"律令既就,班行天下。将以简法条本,惠育海内"③。而且重视法律的学习和昌明,他"曾亲自临讲,使裴楷执读"④,又令"抄新律死罪条目,悬之亭传"⑤,使法律家喻户晓。晋武帝还多次下诏"约法省刑",亲自

① 《晋书》卷30《刑法志》。
② 《晋书》卷30《刑法志》。
③ 《晋书》卷3《武帝纪》。
④ 《晋书》卷30《刑法志》。
⑤ 《资治通鉴》卷79武帝泰始四年。

检查官吏执法断狱情况,"肃囚徒,理冤枉,详察政刑得失,知百姓所患者。无有远近,便若朕亲临之"①。并且责令官吏执法要"扬清激浊,举善弹违",对于"不率法令者,纠而罪之"。晋武帝的表率作用,使晋初的执法官吏大多比较刚正,有治绩可称者颇见史载,从而开创了晋初较好的执法局面,推动了"人咸其业而乐其事"的经济昌盛、社会安定的"太康繁荣"景象的出现。

(二) 监察制度

两晋的监察制度和曹魏一样,基本上沿袭汉制,仍以御史台为中央专职的监察机关,其最高长官为御史中丞。曹魏以后,御史中丞由皇帝直接领导,新的体制使御史中丞的地位不断提高,职权也进一步扩大,集中体现为执行范围和执行方式的拓展。至西晋惠帝时,中丞不纠"三公"的限制被打破。《通典·职官六》云:"晋亦因汉,以中丞为台主,与司隶分督百僚,自皇太子以下无所不纠,初不得纠尚书,后亦纠之。"如刘暾任中丞时,奏免尚书仆射、东安公繇及王粹、董艾等十余人,并受朝廷嘉奖。同时,中丞专纠行马内的界限也被打破,西晋初规定,御史中丞与司隶校尉的纠劾权限分工是:中丞专纠行马内,司隶校尉则专纠行马外。惠帝元康(291—299年)中,御史中丞和司隶校尉因权限问题发生一场争执。时司隶校尉傅咸弹奏尚书左仆射王戎与尚书郎李重等,御史中丞解结"以咸劾戎为违典制,越局侵官,干其非分,奏免咸官",傅咸上书云:

按《令》:"御史中丞督司百僚。皇太子以下,其在行马内,有违法宪者皆弹纠之。虽在行马外,而监司不纠,亦得奏之。如《令》之文,行马之内有违法宪,谓禁防之事耳。宫内禁防,外司不得而行,故专施中丞。今道路桥梁不修,斗讼屠沽不绝,如此之比,中丞推责州坐,即今所谓行马内语施于禁防。既云中丞督司百僚矣,何复说行马之内乎!既云百僚,而不得复说行马之内者,内外众官谓之百僚,则通内外矣。司隶所以不复说行马内外者,禁防之事已于中丞说之故

① 《晋书》卷3《武帝纪》。

也。中丞司隶俱纠皇太子以下,则共对司内外矣,不为中丞专司内百僚,司隶专司外百僚。自有中丞司隶以来,更互奏内外众官,惟所纠得无内外之限也。"①

傅咸的申辩,得到惠帝的认可,中丞"专纠行马内"的界限于是被打破,如《通典·职官六》云:"中丞专纠行马内,司隶专纠行马外,虽制如是,然亦更奏众官,实无其限。"此后,中丞和司隶所纠无内外之限便成定制。但随着中丞职权的日益加强和监察范围的扩大,司隶校尉和御史中丞因职权的重叠,冲突则为必然。冲突的内耗自然不利于监察职能的发挥,至东晋偏安江南,遂罢司隶校尉,中央监察权则归于中丞和尚书左丞,从而实现了中央监察机构的初步统一。

两晋御史台的机构设置较前也略有变化。御史中丞之下不置治书执法。治书侍御史初置四人,至太康(280—289年)中省为二人。侍御史增至九人,扩大为十三曹:吏曹、课第曹、直事曹、印曹、中都督曹、外都督曹、媒曹、符节曹、水曹、中垒曹、营军曹、法曹、算曹。东晋初年,省课第曹,另立库曹,后又分库曹为外左库、内左库二曹,则有十四曹。殿中侍御史,西晋置四人,东晋时省为二人。还有因事设置的禁防御史、检校御史等。晋武帝泰始四年(268年),还设立黄沙诏狱,并置黄沙侍御史一人治之,兼治廷尉审理不当的案件。御史台机构的扩大,反映了御史职权的拓展和深入部门监察趋势的进一步加强。

尚书左丞的监察职权小于中丞和司隶。西晋初,尚书左丞的监察范围大致限于尚书省,行省内监察。监察对象首先是尚书令、尚书仆射和诸曹尚书,其次是尚书八座以下众官。傅咸云:"尚书左丞弹八座以下,居万机之会,斯乃皇朝之司直,天台之管辖,余前为右丞,具知此职之要,后忝此任,黾勉从事,日慎一日。"又说:"左丞总司天台,维正八座。"②可知尚书左丞的监察权限在于纠弹八座及八座以下官吏,范围如中丞、司隶,亦无内、外之分。和前代相比,左丞的权限也不断地向外扩张。

---

① 《晋书》卷47《傅咸传》。
② 《北堂书钞》卷60注引傅咸《答辛旷诗序》。

　　两晋中丞、司隶和尚书左丞三者的监察权限相互交叉，并无明显的界限，但统治者加强监察的目的是显而易见的。另外，三者之间还可以互相弹奏，以利于对监察权本身的相互监督，防止专擅，危及皇权。

　　晋代监察制度的发展还表现在监察法规的制定上。

　　由司隶校尉傅咸与御史中丞解结因权限问题而发生的争论中可知，西晋时曾制定过有关中央监察官权限范围的监察法规，惜其法规全文没有留世。但从后来"纠行马内外"的界限被打破，可知这一法规并未能够得以严格执行。而晋的地方监察法规则比较具体，内容也很丰富。

　　晋武帝泰始元年（265年）颁布了《中正六条举淹滞》。《晋书·武帝纪》载其内容："一曰忠恪匡躬，二曰孝敬尽礼，三曰友于兄弟，四曰洁身劳廉，五曰信义可复，六曰学以为己。"淹滞是指散落民间的人才。《中正六条举淹滞》目的是为了使中正官推荐人才和察访官员有个正确的标准。但其实际察访对象主要还是在职官员，重心仍是察吏。所以，此规虽不属严格意义上的监察法规，但为以后监察法规的颁行创造了条件。

　　泰始四年（268年）六月，武帝又颁《能否十条》和《察长吏八条》。《能否十条》内容是："田畴辟，生业修，礼教设，禁令行，则长吏之能也。人穷匮，农事荒，奸盗起，刑狱烦，下陵上替，礼义不兴，斯长吏之否也。"《察长吏八条》的内容为："若长吏在官公廉，虑不及私，正色直节，不饰名誉者，及身行贪秽，谄黩求容，公节不立，而私门日富者，并谨察之。"同年十二月，武帝又颁《五条律察郡》诏，内容："一曰正身，二曰勤百姓，三曰抚孤寡，四曰敦本息末，五曰去人事。"对《中正六条举淹滞》的规定作了进一步的深化。太康九年（280年），武帝为进一步完善地方监察，又颁《察二千石长吏四条》："二千石长吏不能勤恤人隐，而轻挟私故，兴长刑狱，又多贪浊，烦扰百姓。其敦刺史二千石纠其秽浊，举其公清，有司议其黜陟。"①规定了刺史对于二千石长吏的挟私报复、乱兴刑狱、贪贿无厌、扰乱百姓等违法行为都有权举劾。

　　武帝所颁地方监察法规，明确规定了郡国守相对属县以及刺史对二

---

　　①　以上并见《晋书》卷3《武帝纪》。

千石长吏的监察权限和内容。相比曹魏贾逵的《察吏六条》,内容更加具体,监察范围也进一步扩大。尤其值得注意的是,这些法规的颁布都在武帝统治初期,表明了晋武帝初期对监察的重视。

但总体而言,两晋之时,中央对地方的监察仍是其监察体系中的薄弱环节,尤其是在武帝统治后期以后,表现更为明显。在原来刺史监察日渐废业的情况之下,中央政府也曾采取了一些如遣使出巡,"采听风闻"等补救措施,但在当时门阀士族势力日益强大的趋势下,加之这些措施本身并非常制,作用也就非常有限。因此,对地方的弱监和失监的局面在两晋时一直延续下来,没有明显的改观。

两晋时期的监察制度,单就形式而言,较汉魏时是有所发展的。监察机构得以扩展,监察官的职能得以加强,监察的范围也有进一步的拓展,监察的触角已伸向了财政、人事、军事、司法等中央各个部门,控制着各要害机构。但在其实际运作过程中,却存在着明显的矛盾和反差。

一方面,两晋监察官吏的活动是颇为活跃的。据《二十五史补编·晋将相大臣表》载,武帝时期选用的司隶校尉李憙、石鉴、李胤、傅玄、刘毅、王宏、傅询、荀恺等八人;《晋书》所载任御史中丞的侯史光、冯纨、高光、解结、向雄、庾纯等七人;其中除解结、庾纯二人记载不详外,其余都有治绩可称。如侯史光"在职宽而不纵,太保王祥久疾废朝,光奏请免之"[1]。李憙上言:"故立进令刘友、前尚书山涛、中山王睦、故尚书仆射武陔各占官三更稻田,请免涛、睦官。"[2]傅咸为司隶,"时朝廷宽弛,豪右放恣,交私请托,朝野溷淆。咸奏免河南尹澹、左将军倩、廷尉高光、兼河南尹何攀等,京都肃然,贵戚慑伏"[3]。又"傅咸为尚书左丞。时尚书郭奕,咸故将也,累辞病疾不起,复不上朝,又自表妹葬,乞出临丧,诏书听许。咸举奏之"[4]。刘毅,咸宁(275—279年)初为司隶校尉,忠謇正直,"纠正豪右,京师肃然。司部守令望风投印绶者甚众"。皇太子朝,鼓吹将从东

_____

① 《晋书》卷45《侯史光传》。
② 《晋书》卷41《李憙传》。
③ 《晋书》卷47《傅咸传》。
④ 《太平御览》卷213左丞条。

掖门进,刘毅以为不敬,"止之于门外。奏劾保傅以下"①。而另一方面,两晋时监察官因奏劾而遭到当朝权贵挟私报复、非难迫害之事也屡见史载。如刘毅因"攫兽之犬,鼷鼠蹈其背"②,难行监察之责,故愤然辞职,拂袖而去;周处为中丞,刚正不阿,却因奏劾梁王司马肜而遭报复,终至身亡;③傅咸在权贵的打击下,曾上表称:"左丞职轻事重,以贱制贵,人所难居,臣以暗劣,猥忝斯任,愧于不称,惧罪之及也。"④诚惶诚恐之情溢于言表;中丞张辅因纠劾义阳王司马威等,亦遭非难,不得不上笺求饶。⑤

对于两晋时期监察机制在实际运作中的如此反差,我们不能归因于监察制度本身的发展与变革,而应归结于两晋时期的政治特征,即门阀士族势力的强盛。两晋时期是门阀制度确立与鼎盛时期。门阀士族要保持门第不衰,首先必须保持世代为高官的特权。于是,作为此时皇权借以制约门阀势力膨胀的监察制度,必然遭到他们的反对。而门阀势力的日渐强盛,决定了依附皇权又根植于门阀政治之上的监察制度必然是不健全和软弱无力的。

但不可否认的是,两晋时的监察机制的运作也经历了一个相对由强到弱的过程,这一过程和两晋时门阀士族势力的发展基本是同步的。

田余庆先生在其《东晋门阀政治》中言:门阀政治,质言之,是指士族与皇权的共治,是一种在特定条件下出现的皇权政治的变态。它的存在是暂时的。它来自皇权政治,又逐步回归于皇权政治。认为:严格意义的门阀政治只存在于江左的东晋时期,前此的孙吴不是,后此的南朝也不是;至于北方,并没有出现过门阀政治。田先生此论,是对门阀政治这一中国中古政治史中重要问题的总结,见解可谓精辟。

西晋时期,仍处于皇权政治格局之下,此时,门阀势力虽有较大发展,但终未获得与皇权平行甚至超越皇权的地位,仍在皇权的控制之中。尤

---

① 《晋书》卷45《刘毅传》。
② 《晋书》卷45《刘毅传》。
③ 《晋书》卷58《周处传》。
④ 《北堂书钞》卷60注引《傅咸传》。
⑤ 《晋书》卷60《张辅传》。

其是在武帝统治前期,皇权的控制力量表现尤其突出。这保证了武帝时期的改革措施,尤其是法律和监察制度的改革措施得以付诸实践,并取得了较好的效果。由于武帝的支持,监察机构及其官员能够较为顺利地履行自己的职责,因而这一时期的监察官的活动表现得相对较为活跃,这对打击违法、整肃吏治是起到一定作用的。

但西晋时期毕竟是世族势力发展的重要时期,是皇权政治向门阀政治过渡的最后王朝,西晋武帝又是以"禅让"的方式夺取曹氏政权的,世族势力是西晋政权得以建立和稳固的统治基础。所以,为了取得世族的支持,又不得不尽力笼络世家大族,对他们采取宽宥政策。于是,晋武帝便处于既要取得世族的支持,又要保证监察职能的正常实施的矛盾之中。这从武帝对监察官劾奏的处置上便可反映出来。如前所提李憙劾奏故立进县令刘友、前尚书山涛、中山王司马睦之事,晋武帝在诏书中首先表示:"法者,天下取正,不避亲贵,然后行耳,吾岂将枉纵其间哉!"并对李憙加以表彰,谓其"志在公,当官而行,可谓'邦之司直'者矣"。而对刘友、山涛、司马睦等的处置,则说:"此事皆是友所作,侵剥百姓,以缪惑朝士。奸吏乃敢如此,其考竟友以惩邪佞。涛等不贰其过者,皆勿有所问。"并警告群僚,"各司所司,宽宥之恩,不可数遇也"。武帝对李憙所奏劾四人,处置不同。对此,司马光在《资治通鉴》中评论说:"晋武帝赦山涛而褒李憙,其于刑、赏两失之。使憙所言为是,则涛不可赦;所言为非,则憙不足褒。褒之使言,言而不用,怨结于下,威玩于上,将安用之!且四臣同罪,刘友伏诛而涛等不问,避贵施贱,可谓政乎!"①司马光虽认为武帝"避贵施贱"的政策是不可取的,但在当时门阀势力日渐强盛的情况之下,晋武帝此举实是为形势所迫,出于无奈。他虽对山涛等权贵宽宥,但毕竟还是支持和肯定了监察官的活动的,这在当时,已属不易了。

晋武帝对门阀士族的宽宥,在其统治后期表现得更为突出,监察制度职能的发挥便也受到更多的限制。公元280年晋平吴会,重新统一全国,武帝因此志得意满,认为从此天下太平,政权稳固,便失去了以前锐意改

---

① 《资治通鉴》卷79晋武帝泰始三年。

革、重振纲纪的精神,对监察官的态度也发生了变化。而对门阀士族,则不仅仅是宽宥,更是宽纵甚至庇护了。羊琇案便是其中典型一例。时外戚羊琇为散骑常侍,"放恣犯法",司隶校尉刘毅上书奏劾,认为"应至重刑"。而武帝却派司马攸为说客,私下向刘毅求情,以免羊琇受处。但刘毅等极力坚持,武帝无奈,不得不"免官而已"。但"寻以侯白衣领护军,顷之,复职"①。由于武帝后期对世族一味宽纵、庇护。对监察官的秉公执法便失去了往日的热情和支持,于是豪强有恃无恐,横行不法,吏治逐渐腐败。到惠帝时,监察官受权贵势族打击报复甚至迫害的悲剧便开始一幕幕地上演,更有一些监察官依附世族权贵,为虎作伥,打击贤良。监察已不能发挥其纠举不法、整肃吏治,维护皇权、巩固统治的作用。西晋政权也最终经"八王之乱"而迅速走向灭亡。

东晋政权是在南方士族和北方南渡士族的共同支持下建立起来的。南渡士族亡官失守,流亡江左,急需一庇护之所以保求其家庭利益,则保全司马皇朝即为必然之选择。而司马睿要在江左建立政权,固然也需士族尤其是南渡士族的支持。但要晋元帝就此与士族共享政权,则又有所不甘。"王与马,共天下"只能说明士族势力的强大,已与皇权平等齐坐,甚至操纵皇权,而非晋元帝心甘情愿,拱手让权。所以在大兴元年(318年)七月,晋元帝司马睿下诏说:"王室多故,奸凶肆暴,皇纲弛坠,颠覆大猷。朕以不德,统承洪绪,夙夜忧危,思改其弊。二千石令长当祗奉旧宪,正身明法,抑齐豪强,存恤孤独,隐实户口,劝课农桑。州牧刺史当互相检察,不得顾私亏公,长吏有志在奉公而不见进用者,有贪婪秽浊而以财势自安者,若有不举,当受故纵蔽善之罪,有而不知,当受暗塞之责。各明慎奉行。"②又重用刘隗、刁协,"以法御下,明于黜陟"。试图通过加强监察来革除弊政,肃清吏治,制约士族,维护皇权。但作为门阀士族而言,却并不愿意晋元帝加强皇权的威力来限制他们。所以,晋元帝重用刘隗、刁协,加强监察以抑士族之举,最终导致王敦以"清君侧"即反对刘隗、刁协

---

①　《晋书》卷 93《羊琇传》。
②　《晋书》卷 6《元帝纪》。

为名举兵反叛。王敦的举兵得到了当时士族的普遍支持,说明东晋时皇权对士族的特殊地位和权益已无法约制。元帝之初。加强监察的举措,便如昙花一现,之后每况愈下,很快走向衰弱。到简文帝时,大司马桓温专权,有违禁令,御史中丞王恬上书奏劾,言桓温"大不敬,请理罪"。翌日,桓温见王恬奏事,叹曰:"儿乃敢弹我,真可尚。"①丝毫未将御史中丞放在眼中。后来,连简文帝也落到"虽处尊位,拱默而已,常惧废黜"②的地步。东晋时期监察作用不断衰微的趋势已不可挽回了。

(三) 考课与选官制度

两晋时期门阀士族势力的日渐膨胀,皇权政治的日渐衰微,决定了两晋时的考课官吏制度必受门阀士族势力的极大制约,而呈衰弱趋势。这也是两晋时官吏腐败的一个重要原因。但在两晋统治的初期,统治者对考课制度还是比较重视的,也取得了一定的成效。

嘉平元年(249 年),司马懿执政时,请大臣议政治得失。荆豫都督王昶受诏作《百官考课事》,其文今不存,仅类书中残存二条:

(1)《艺文类聚》卷 48 引《王昶考课事》云:"尚书、侍中考课,一曰掌建六材以考官人;二曰综理万机以考庶绩;三曰进视唯允以考谠言;四曰出纳王命以考赋政;五曰罚法以考典刑。"

(2)《北堂书钞》卷 53 引《王昶考课事》云:"卿考课,一曰掌建邦国以考制治;二曰九功时叙以考事典:三曰经纬国体以考奏议;四曰共属众职以考总摄;五曰明慎用刑以考留狱。"

王昶的《百官考课事》是对尚书、侍中、卿等内官考课的具体规定,是两晋时保留得比较完整的有关朝官的考课标准。

《晋书·职官志》中所列尚书诸曹郎中无专司考课的考功郎,但《历代职官表》卷 5 引《唐六典》云:"晋尚书郎曹有考功郎中一人。"王昶的《百官考课事》也是主张中央对内官进行统一考课的,但似乎并未能得以

---

① 《通典·职官六》。
② 《资治通鉴》卷 103 简文帝咸安元年。

实现。《晋书·荀勖传》载，勖"及在尚书，课试令史以下，核其才能，有暗于文法，不能决疑处事者，即时遣出"。可见晋代考课在运作中，仍是由各主考官考其下属。另外，从两晋初年重议考课的情况，也可知王昶的《百官考课事》并未付诸实施。

泰始中，晋武帝曾颁《己丑诏书》。"《己丑诏书》以考课难成，听通荐例。荐例之理，即亦取于风声。六年顿荐，黜陟无渐，又非古者三考之意也。"①可见，两晋初年考课制度的建设问题并未得以解决，仅以"荐例"行考课之事，官吏的优劣通过荐举而定，既无具体的考课内容，又无考课时限，考课的作用自然难以发挥。

《己丑诏书》颁行后，杜预又受诏作黜陟之课，曰："今科举优劣，莫若委任达官，各考所统。在官一年以后，每岁言优者一人为上第，劣者一人为下第，因计偕以名闻。如此六载，主者总集采案，其六岁处优举者超用之，六岁处劣者奏免之，其优多劣少者叙用之。劣多优少者左迁之。今考课之品，所对不钧，诚有难易。若以难取优，以易而否，主者固当准量轻重，微加降杀，不足复曲以法尽也。"②杜预所作黜陟之课，规定每年一考，总计六年考课结果，决定黜陟。这是对"三年一考，三考黜陟"传统方法的突破。从时间上讲，较前是缩短了，对于考课的加强是有利的。但从其具体实施来看，却未如其所愿。此稍后，河内太守刘颂便指出，由于"无考课"，故"官司无高能"。③ 惠帝时，傅咸亦指出："中间以来，长吏到官，未几便迁，百姓困于无定，吏卒疲于送迎。"杜预的黜陟之课"事竟不行"④，终于也是不了了之了。

东晋初年也曾实行过考课。《晋书·食货志》载，建兴六年（317年），司马睿称晋王后，"课督农功，诏二千石长吏以人谷多少为殿最"。建立了以人谷多少为内容的地方考课制。时会稽内史诸葛恢"莅官三年，政清人和，为诸郡首"，司马睿颁诏嘉奖，曰："宜进其位班，以劝风教。

---

① 《晋书》卷34《杜预传》。
② 《晋书》卷34《杜预传》。
③ 《晋书》卷46《刘颂传》。
④ 《资治通鉴》卷79晋武帝泰始四年。

今增恢秩中二千石。"①与诸葛恢同时,吴兴内史邓攸"在郡刑政清明,百姓欢悦,为中兴良守"②。大兴元年(318 年),晋元帝还规定:"州牧刺史当互相检察,不得顾私亏公。"由此可见,东晋初年还是比较重视考课,尤其是对地方官的考课的。通过考课,也取得了一定的成效,"守令有不廉洁者,皆望风引去",吏治是得到了一定程度的改善的。但随着东晋门阀政治的确立,中央对地方只得采取羁縻政策。对地方官吏的考课便沉寂下去,终东晋之世,未形成完备而又行之有效的考课制度。

两晋时期的选官制度,基本上沿袭了曹魏的九品官人法,即九品中正制。但和曹魏相较,又有所变化。九品中正制初以德、才品评士人,尚具一定的积极意义。到曹魏后期,中正品评之权为豪族所垄断。"吏部不能审定核天下人才士庶,故委中正铨第等级,凭之授受,谓免乖失"③。西晋时,"晋依魏氏九品之制,内官吏部尚书司徒左长史,外官州有大中正,郡国有小中正,皆掌选举。若吏部选用,必下中正,征其人居及父、祖官名"④。则选举之权完全为中正所垄断,吏部只有使用权了。选举的标准也依据"人居及父、祖官名",即以门第高低为依据。仅以两晋时由中央政府拜为郎官而入仕者情况看,据今人统计,两晋有十三例,其中七例出身高门,四例出身一般士族,两例出身寒门。东晋有三十六例,其中出身高门者二十四例,一般士族者十例,寒门者两例⑤。可见入仕途者,大多为门阀士族子弟。故时人段灼言:"故据上品者,非公侯之子孙,则当涂之昆弟也。"⑥刘毅也说:"上品无寒门,下品无势族。"⑦《晋书·良吏传序》中曰:东晋时"莅职者为身择利,铨综者为人择官,下僚多英俊之才,势位必高门之胄,遂使良能之绩仅有存焉"。士族垄断仕途,选官制度也就走入歧途,日渐腐朽,入仕唯看门第,当官但为岁财,升官不问才干。高

---

① 《晋书》卷 77《诸葛恢传》。
② 《晋书》卷 90《良吏·邓攸传》。
③ 《通典·选举二》。
④ 《通典·选举二》。
⑤ 汪征鲁:《魏晋南北朝选官体制研究》,福建人民出版社 1995 年版,第 214 页。
⑥ 《晋书》卷 48《段灼传》。
⑦ 《晋书》卷 45《刘毅传》。

门子弟无才亦可为高官,自无进取勤政之精神;居于下者,虽有才而无正常入仕之路。经常而合理的社会流动的阻断,造成一种不利于人才发挥作用和成长的社会环境,从而使下层或新兴力量因缺乏利益表达或政治参与的合法途径,被迫转而以非常手段寻求官方的支持,托身高门,阿谀奉诏,以求进身。人性中之私欲与中下层官员无法拥有高层特权的补偿心理,遂使贪贿腐败行为日渐蔓延。于是,政府少有良吏,吏治自然腐败。当贪污腐败的蔓延使其成为整个政府的特征时,政府最终也就丧失了其存在的合法性的基础。

二、西晋腐败之风

(一) 普遍化的贪污之风

司马氏政权是通过所谓"禅让"的方式建立起来的。在夺权的过程中,豪族世家的大力支持,使司马氏政权没有也不可能冲击这一业已腐败的统治基础,而是将它完全接受过来。西晋政权建立后,为稳固统治,更是对这些世家豪族大加笼络,极力保护他们的利益和特权,从而使西晋时世族门阀势力获得了更大的发展。世族门阀贪贿腐败的本性也就借此得以恶性膨胀,并渗透于整个社会生活的各个方面,终于形成西晋时期普遍的贪贿腐败之风。

西晋咸宁(275—279 年)初发生的袁毅行贿案突出地反映了当时贪贿之风的盛行。袁毅时为鬲县令,可谓职低位卑。但其妻为魏吏部尚书卢毓的女儿,卢毓另一女儿则嫁与晋武帝时的光禄大夫华廙。因而袁毅和统治集团的上层便有着千丝万缕的联系。虽为一个小小的县令,但却能够贿通朝廷上下。连当时号称"清慎"的司徒山涛,也接受了袁毅的贿赂。《晋书·山涛传》中记载了此事,"陈郡袁毅尝为鬲令,贪浊而赂遗公卿,以求虚誉,亦遗山涛丝百斤,涛不欲异于时,受而藏于阁上"。山涛收受了袁毅的贿赂,似乎颇有些出于无奈,无奈之处在于"不欲异于时"。可见,山涛若拒贿,便是有违时尚的了。这不正说明当时官员的贪污受贿已成为一种时风了吗!又袁毅仅为一县令,按其官俸,虽维持家计生活有余却决不是非常富裕的。他能以钱财贿通朝廷上下,仅凭官俸自然是办不到的,则其行贿之财何处而来?无非是靠搜括民财,贪赃枉法。至其案发,"大兴刑狱,在朝多见引逮"①,许多朝官都牵涉在内。由于此案涉及面太广,朝廷也无法处理。最后只有光禄大夫华廙,因曾经"违忤"晋武帝,又与中书监荀勖有私怨,于是荀勖公报私仇,落井下石,趁机向晋武帝进言,华廙便遭杀身之祸,为所有受贿官员做了替罪羊。贪官污吏得到了政府的庇护,君臣各得逞其所欲。

普遍的贪贿之风,使许多官吏"求纳受贿,不知纪极,生官死赠,非货不行"②。为了升官要行贿,为了保全身家性命也要送礼,甚至于连史载中颇有政绩的官员也不能例外,杜预便是一个典型的例子。杜预出身于世家望族,其祖父杜畿为魏尚书仆射,父杜恕曾经任幽州刺史,其妻为魏文帝曹丕之妹高陆公主。杜预"少而好学,在官则勤于吏治,在家则滋味典籍",博学多能,"明于兴废之道"。他精通政治、经济、法律、军事乃至天文、历学、水利、工程学等,故时"号曰'杜武库',言其无所不有也"。司马氏代魏后,他参与修订《泰始律》,又为《泰始律》作注,著《刑法律本》21卷,是中国古代著名的律学家。晋平吴战争中,他又屡立战功。但就是这样一个颇有政绩的人,在其镇守荆州时,也曾"数饷遗洛中贵要。或问其故。预曰:'吾但恐为害,不求益也。'"③这也可见西晋贪贿腐败之风的普遍化。

(二)"怠于政术"的开国皇帝

晋武帝司马炎从禅魏建晋,直至太康平吴,还算是一个勤于治政、有所作为的封建帝王。唐太宗评价他"仁以御物,宽而得众,宏略大度,有帝王之量焉"④,但到太康之后,武帝却走向了反面,不但对门阀士族庇

① 《晋书·郑袤传》。
② 《册府元龟·卿监部·贪冒》。
③ 以上并见《晋书》卷34《杜预传》。
④ 《晋书》卷3《武帝纪》。

护,自己更是"居治而忘危",怠于政术,耽于酒色,日趋昏聩。

从袁毅行贿案中晋武帝的处置方式,便可看出他对世家大族和王公大臣贪贿行为的宽容乃至怂恿的态度。袁毅行贿案发后,何遵、何劭兄弟也被检举。何遵、何劭是太保何曾之子。何曾曾为司马氏篡魏立下汗马功劳。于是武帝便为他们开脱说:"太保与毅有累世之交,遵等所取差薄,一皆置之。"这与李憙奏劾刘友、山涛、司马睦等人违法当纠,而武帝仅处置刘友一人的做法如出一辙。武帝对王公势族的宽宥和"释过",无疑助长了贪贿腐败之风。

晋武帝称帝后不久,便两次下诏选天下美女入宫,供其淫乐。平吴之后,他又将吴主孙皓宫中的五千宫女纳入后宫,致使他的宫女多达万人。武帝每退朝至宫中,竟不知所适,便乘羊车游荡,停则宴饮就寝。宫女们则以盐水和新鲜的竹叶诱引羊车,以便得到帝王之幸。武帝还贪财好利,身为一国之君,却以卖官来聚敛私财。有一次他问司隶校尉刘毅:"'卿以朕方汉何帝也?'对曰:'可方桓、灵'。"武帝不悦。刘毅又说:"桓灵卖官,钱入官库,陛下卖官,钱入私门。以此言之,殆不如也。"①

西晋社会,尤其是上流社会的普遍贪贿之风的盛行,武帝难辞其咎。一般来讲,衡量一个社会贪污腐败的程度有两个指标,一是贪污腐败现象的比例和频率,一是贪污腐败现象的规模。尤其是统治集团上层贪污腐败的比例和规模是衡量社会腐败程度的重要参数。以此来衡量西晋王朝,则贪污腐败已成为其社会特征了。

（三）奢侈之风的盛行

在西晋政权的极力保护和放纵之下,门阀官僚集团的侈靡之风在历史上是罕见的。如史称王戎"多殖财贿,常若不足"②;石崇"百道营生,积财如山"③;和峤为晋初开国重臣,"家产丰富,拟于王者,然性至吝,

① 《晋书》卷45《刘毅传》。
② 《世说新语》下卷下《俭啬》注引《晋阳秋》。
③ 《初学记》卷18《人部·富》引王隐《晋书》。

以是获讥于世,杜预以为有钱癖"①;王济"买地为马埒,编钱满之,时人谓之'金沟'"②。何曾,魏晋易代之际以敢于奏劾"凭宠作威,奸利盈积,朝野畏惮"的抚军校尉尹模而著称。然入晋之后,侈靡聚敛更甚尹模,家财盈积,"帷帐车服,穷极绮丽,厨膳滋味,拟于王者","食日万钱,犹曰无下箸处"。而其子何劭奢侈更甚,"衣裘服玩,新故巨积,食必尽皆四方珍异,一日之供以钱二万为限"。

西晋的门阀权贵不仅侈靡浮华,挥霍浪费,还互相夸饰攀比,存在着斗富的风气。石崇与王恺比富便是典型例证。石崇为功臣石苞之子,为荆州刺史时,"劫远使商客,致富不赀"。后石崇"与贵戚王恺、羊琇之徒以奢侈相尚。恺以饴澳釜,崇以蜡代薪,恺作紫丝布步障四十里,崇作锦步障五十里以敌之,崇涂屋以椒,恺用赤石脂"③。对于如此奢侈挥霍的行为,晋武帝司马炎不仅不予制止,反而积极支持。"武帝每助恺,尝以珊瑚树赐之,高二尺许,枝柯扶疏,世所罕比。恺以示崇,崇便以铁如意击之,应手而碎。恺既惋惜,又以为嫉己之宝,声色方厉,崇曰:'不足多恨,今还卿。'乃命左右悉取珊瑚树,有高三四尺者六七株,条干绝俗,光采曜日,如恺比者甚众。"④另曾经做过吏部尚书的任恺被贾充排挤免官后,在家"纵酒耽乐,极滋味以自养",闻何劭"一日之供以钱二万为限",很不服气,就以"一食万钱"来压倒他,并以此为"荣耀"。⑤

西晋时期奢靡之风的盛行,既有其社会现实原因,也有更深刻的历史根源。

门阀制度是奢靡之风盛行的社会根源。西晋时门阀士族优越的仕进特权,使其子弟无须学识的成就、治绩的考核、军功的积累,仅凭门第便可轻松入仕。政治上的特权必然带来经济上的特权,在门阀制度之下,大地主土地私有制恶性发展,使社会财富高度集中,为西晋上流社会的奢靡之

---

① 《晋书》卷 45《和峤传》。
② 《晋书》卷 42《王浑传附子济传》。
③ 《晋书》卷 33《石苞传》。
④ 《晋书》卷 33《石苞传》。
⑤ 《晋书》卷 45《任恺传》。

风提供了物质基础。

从思想文化角度看,西晋时流行的纵欲论和乐生论为门阀士族奢靡之风的盛行提供了理论依据。元康时期的放达派从极端的禁欲主义走向极端的纵欲主义,完全把纵欲当作满足生理需要的乐趣所在,将人的兽性一面发展到极致。当时流行的《列子》一书中的乐生论思想,便是这些放达之士追求荒淫享乐生活的表白,"十年亦死,百年亦死,仁圣亦死,凶愚亦死。生则尧舜,死则腐骨,生则桀纣,死则腐骨,腐骨一矣,孰知其异?且趣当生,奚遑死后","丰屋、美服、厚味、姣色,有此四者,何求于外?"如此言论,充斥于《列子》之中。这种纵欲、乐生的消极的人生思想,助长了元康之后官僚士族追求奢靡生活的放达之风的盛行。

西晋门阀制度之下奢靡之风的盛行,严重地败坏了社会风尚,成为普遍贪贿之风赖以存在的社会温床,其结果必然导致西晋政权的灭亡。而这正应验了马克思的一句话:"古代国家灭亡的标志不是生产过剩,而是达到骇人听闻和荒诞无稽的消费过度和疯狂消费。"①

（四）儒士抨击时风

王亚南先生在其《中国官僚政治研究》一书中指出:"历史家昌言中国一部二十四史是相砍史,但从另一个视野去看,则又实是一部贪污史。"而西晋时期统治集团侈靡之风的盛行和官吏贪贿的普遍化,更是历史上所罕见的。上层社会追求生活享乐,争富比奢,必然引起金钱崇拜,而致社会风气严重败坏;各级官吏凭借职权,贪污纳贿,大肆盘剥百姓,则使阶级矛盾激化,最终必然动摇统治基础。但在这种普遍的贪贿侈靡之陋风下,也还有一些有识之士,出污泥而不染,或著文抨击时风,或上书规谏,针砭时弊,这是十分难能可贵的。

南阳鲁褒,"好学多问,以贫素自立",元康(291—299 年)之后,"纲纪大坏",门阀权贵争奢比富,贪贿聚敛,爱钱如命。鲁褒"伤时之贪鄙,乃隐姓名,而著《钱神论》以刺之"。将当时门阀权贵对金钱的无限崇拜

---

① 《马克思恩格斯全集》第46卷,第424页。

和亲热之态,描绘得惟妙惟肖,刻画得淋漓尽致。曰:"钱之为体,有乾坤之象。内则其方,外则其圆……为世神宝。亲之如兄,字曰孔方。失之则贫弱,得之则富昌……钱多者处前,钱少者居后。处前者为君长,在后者为臣仆。君长者来衍而有余,臣仆者穷竭而不足……官尊名显,皆钱所致……由此论之,谓为神物。无德而尊,无势而热。排金门而入紫闼,危可使安,死可使活,贵可使贱,生可使杀。是故,忿争非钱不胜,幽滞非钱不拔;怨仇嫌恨,非钱不解;令闻笑谈,非钱不发。洛中朱衣,当涂之士,爱我家兄,皆无已已,执我之手,抱我终始,凡今之人,唯钱而已"①

　　一些头脑清醒的臣僚们也已经认识到了问题的严重性,并对当时的官场腐朽和政治黑暗提出了尖锐的批评。西晋武帝时,傅玄在一次上疏中指出:"窃谓奢侈之费,甚于天灾。"又说:"古者人稠地狭而有储蓄,由于节也;今者土广人稀而患不足,由于奢也,欲时之俭,当诘其奢,奢不具诘,转相高尚。"②傅玄之议,可谓一针见血。故刘大杰先生称傅玄是当时"儒家内面最有见识的革新派","在当代的儒家中,算是最杰出的人才了"③。此评并不为过。淮南相刘颂对当时的官吏贪污、吏治败坏也提出批评:"夫大奸犯政而乱兆庶之罪者,类出富强,而豪者其力足惮,其货足欲,是以官长顾势而顿笔。下吏纵奸,惧所司之不举,则谨密网以罗微罪。使奏劾相接,状似尽公,而挠法不亮固已在其中矣。"④

　　刘毅针对当时中正把持选举用人制度的腐败局面,上疏曰:"今立中正,定九品,高下任意。荣辱在手。操人主之威福,夺天朝之权势。爱憎决于心,情伪由于己。公无考校之负,私无告讦之忌。用心百态,求者万端。廉让之风灭,苟且之俗成。天下汹汹,但争品位,不闻推让,窃为圣朝耻之。"⑤并进一步指出九品中正制有八损于政,"事名九品,而有八损",认为九品之法"伤风败俗,无益于化,古今之失,莫大于此"。主张"罢中

---

① 《晋书》卷94《鲁褒传》。
② 《晋书》卷47《傅玄传》。
③ 《魏晋思想论》,上海古籍出版社1998年版,第80—81页。
④ 《晋书》卷46《刘颂传》。
⑤ 《晋书》卷45《刘毅传》。

正,除九品,弃魏氏之弊法"。

王沈,"少有俊才,出于寒素,不能随俗沈浮,为时豪所抑"。于是作《释时论》,揭露当时的政治丑态。"百辟君子,奕世相生,公门有公,卿门有卿。""贱有常辱,贵有常荣,肉食继踵于华屋,疏饭袭迹于耨耕。谈名位者以谄媚附势,举高誉者因资而随形。"①

中国古代反贪倡廉思想的渊源可追寻至春秋战国之际,后经历代有识之士的不断发展,内容日渐丰富,成为中国传统文化中的优秀遗产,时刻警醒着世人。傅玄、鲁褒、刘毅、王沈等一些良吏提倡清廉、崇尚节俭、戒绝贪贿的言论,构成了此时反贪文化的重要内容,在西晋统治阶层普遍贪贿侈靡,政治腐败的情况下,虽如漫漫长夜里的一星荧荧烛火,但毕竟也使人们看到了一丝光明和希望。

三、东晋贪污概况

(一) 贪污奢靡之风

东晋政权是司马氏在琅邪王氏的拥戴支持下建立起来的。王与马的结合,开启了东晋百年门阀政治的格局。② 以琅邪王氏为代表的门阀士族与司马氏皇权在权力分配和尊卑名分上已不同于一般君臣关系。皇权依赖于门阀势力而存在,对门阀士族自是极为宽容优待。而门阀士族的势力依托于皇权的保护,也发展到极致。两者之间相互固结的关系,使东晋政权暂时调和了内部的矛盾,得以苟安江左百余年。但在门阀政治之下,东晋政权完全沿袭了西晋弊政。

公元 318 年,司马睿即帝位后,大臣熊远就上疏,对东晋沿袭西晋弊政予以揭露:"选官用人,不料实德,惟在白望;不求才干,惟事请托。当官者以治事为俗吏,奉法为苛刻,尽礼为谄谀,从容为高妙,放荡为达士,骄蹇为简雅……又举贤不出世族,用法不及权贵,是以才不济物,奸无所

---

① 《晋书》卷 92《王沈传》。
② 田余庆:《东晋门阀政治》,北京大学出版社 1996 年版,第 1 页。

惩。"并惊呼："若此道不改,求以救乱,难矣!"①可见,东晋建国之初,统治集团上层的腐败之风就已非常盛行。

东晋上流社会十分讲究住宅的豪华壮丽,普遍兴造别墅,且相互攀比,蔚然成风。如纪瞻,元帝时"拜侍中,转尚书,上疏谏诤,多所匡益,帝甚嘉其忠烈"。然其宅第却是豪华之极,"立宅于乌衣巷,馆宇崇丽,园池竹木,有足尚玩焉"②。名臣谢安"于土山营墅,楼馆林竹甚盛,每携中外子侄往来游集,肴馔亦屡费百金,世颇以此讥焉,而安殊不以屑意"③;司马道子则"开东第,筑山穿池,列树竹木,功用巨万"④;桓玄当政后,"台馆山池莫不壮丽","遣臣佐四出,掘果移竹,不远数千里,百姓佳果美竹无复遗余"⑤。门阀竞造墅宅,必然侵扰百姓,而至民怨,如廷尉张闿"住在小市,将夺左右近宅以广其居,乃私作都门,早闭晏门,人多患之,讼于州府,皆不见省"⑥。

上流社会追求奢侈享乐的风尚,带动了整个社会的侈靡之风。侈费甚则所入虽丰,仍若不足,统治者为满足自己的无穷的享乐欲望,便多方聚敛,贪贿受纳。如殷仲文"以佐命亲贵,厚自封崇,舆马器服,穷极绮丽,后房伎妾数十,丝竹不绝音。性贪吝,多纳货贿,家累千金,常若不足"⑦。司马道子之子元显专权时,京城粮贮殆尽,朝官只能计日领取口粮,"而元显聚敛不已,富过帝室"⑧。周札为名将周处之子,王敦之乱时,他先"开门应敦",后在内争中遭攻袭,而"札性贪财好色,惟以业产为务。兵至之日,库中有精杖,外白以配兵,札犹惜不与,以弊者给之,其鄙吝如此,故士卒莫为之用"⑨。周札也终至"兵散见杀"。世族王国宝,"少无

---

① 《资治通鉴》卷90晋元帝太兴元年。
② 《晋书》卷68《纪瞻传》。
③ 《晋书》卷79《谢安传》。
④ 《晋书》卷64《司马道子传》。
⑤ 《晋书》卷99《桓玄传》。
⑥ 《晋书》卷68《顾荣传》。
⑦ 《晋书》卷99《桓玄传》。
⑧ 《晋书》卷64《司马元显传》。
⑨ 《晋书》卷58《周札传》。

士操,不修廉隅",却官至尚书左仆射,"参管朝权","贪纵聚敛,不知纪极,后房伎妾以百数,天下珍玩充满其室"①。上流社会肆无忌惮的贪贿聚敛之风,造成了东晋时期"力入私门""国弊家丰"的状况。东晋一朝除孝武帝即位前后的短短几年之外,国家财力长期处于虚竭状态。故沈约说:"晋纲弛紊,其渐有由。孝武守文于上,化不及下;道子昏德居宗,宪章堕矣。重之以国宝启乱,加之以元显嗣虐……主威不树,臣道专行……编户之命,竭于豪门;王府之蓄,变为私藏。"②

(二)送迎之费与恤贫之法

在东晋统治集团上层贪侈之风的影响下,地方官吏的贪贿之风也是惊人的。其集中表现在"送迎之费"与"恤贫之法"的日渐制度化。

东晋之初,丞相西阁祭酒丁潭上疏曰:"今之长吏,迁转既数,有送迎之费。"③周一良先生指出:"送故制度,反映当时封建人身依附关系强烈,实是豪门大族与政府争夺劳力,荫庇民户的一种方式。此种风气盖渊源于后汉。"④西晋惠帝时,司隶校尉傅咸针对当时地方长官任期不满一年就频繁调任的现象,曾上疏说:"送故迎新,相望道路,巧诈由生,伤农害政。"⑤可见西晋时"迎送之费"危害已较严重。至东晋时,"迎新送故"之法进一步发展恶化,并已渐成风尚。州县长官上任,所辖州县有"迎新"之费,除派船马迎接,还为其营造官邸居宅,甚至连生活器物都一应配置。故范宁曾上疏说:"先之室宇,皆为私家,后来新官,复应修立。此为弊也,胡可胜言!"⑥州县长官离任之时,所辖州县则又有大笔"送故"之费馈赠,数目惊人,动辄以百万计。更有"送兵""送吏"者,"送兵多者至有千余家,少者数十户"⑦。送故迎新之费使政府有限的财力资源流入私门,

① 《晋书》卷75《王国宝传》。
② 《宋书》卷42《王弘传》。
③ 《晋书》卷78《丁潭传》。
④ 《魏晋南北朝史札记·晋书札记》,中华书局1985年版,第82页。
⑤ 《晋书》卷43《王戎传》。
⑥ 《晋书》卷75《范宁传》。
⑦ 《晋书》卷75《范宁传》。

既破坏了生产,又败坏了吏治,更使政府财政更加虚竭。故时余姚郡主簿虞预上疏,痛陈其弊。"自顷长吏轻多去来,送故迎新,交错道路。受迎者唯恐船马之不多,见送者惟恨吏卒之常少。穷奢竭费谓之忠义,省烦从简呼为薄俗,转相放效,流而不反,虽有常防,莫肯遵修。加以王途未夷,所在停滞,送者经年,永失播植。一夫不耕,十夫无食,况转百数,所妨不訾。"①

东晋政权在"送迎"之外,又有"恤贫之法"。范宁曾上疏陈时政曰:"守宰之任,宜得清平之人。顷者选举,惟以恤贫为先,虽制有六年,而富足便退。"②"恤贫",即是政府为士族官僚提供的一个做地方官以贪污聚财的机会。东晋考课曾将"三考"改为"二考",即六年考绩,决定升迁。但既然任地方官有数目惊人的"送迎之费",获利甚丰。于是,士族高门便以家贫为托,求为州县,以便贪贿。而政府极力保护士族利益,选官考绩,不求清平守宰治理地方,"惟以恤贫为先",以满足士族高门之无尽贪欲。如《晋书·王述传》载:"初,述家贫,求试宛陵令,颇受赠遗,而修家具,为州司所检,有一千三百条。王导使谓之曰:'名父之子不患无禄,屈临小县,甚不宜耳。'述答曰:'足当自止。'"王述为士族高门,求为宛陵令,目的只是为贪贿求富。州司所检,罪至一千三百条,可见其贪贿之盛。但难能的是,王述尚能"足当自止","后履居州郡,清洁绝伦,禄赐皆散之亲故,宅宇旧物不革于昔,始为当时所叹。"③王述贪污而有限度,一时传为美谈,则东晋"恤贫"之下,贪污而无限者不知几多矣!

(三) 政府对贪贿行为的宽容

东晋初年,王导提出"镇之以静",这是东晋一朝治国思想的集中体现,后来的桓温、谢安也继承了这一思想。"镇之以静"政策的制定,在东晋王朝民族矛盾、阶级矛盾和统治集团内部矛盾都很尖锐的国情之下,是合乎时宜的。从其执行的效果看,调和和安定了统治集团内部,有利于对

① 《晋书》卷82《虞预传》。
② 《晋书》卷75《范宁传》。
③ 《晋书》卷75《王述传》。

付北方少数民族政权的军事进攻。但这一政策在执行过程中也表现出负面的作用和影响，并集中体现在政府对门阀士族的笼络，尤其是对其贪贿行为的极端宽容和放纵。

《世说新语·规箴》篇"王丞相为扬州"条云："王丞相为扬州，遣八部从事之职。顾和时为下传还，同时俱见。诸从事各奏二千石官长得失，至和独无言。王问顾曰：'卿何所闻?'答曰：'明公作辅，宁使网漏吞舟，何缘采听风闻，以为察察之政?'丞相咨嗟称佳，诸从事自视缺然也。"又《晋书》卷78《孔愉传》载，尚书左仆射孔愉上表陈时政"奸吏擅威，暴人肆虐"，而"王导闻而非之，于都坐谓愉曰：'君言奸吏擅威，暴人肆虐，为患是谁?'愉欲大论朝廷得失，陆玩抑之乃止。……其守正如此。由是为导所衔。"顾和批评王导不应对官吏"察察为政"，他"咨嗟称佳"，深表赞赏；孔愉指责时政"奸吏擅威，暴人肆虐"，王导则大为不满。可见，在"镇之以静"政策之下，王导是主张对大族豪强宽容和放纵的。王述求为宛陵令，贪污违法，王导仅是微言责之；羊聃为庐陵太守，滥杀无辜二百余人，成帝都以为该死，王导却委曲陈情，保全羊聃；[1]更有为使士族权贵有更多的"恤贫"贪污机会，而滥设郡县，至有"不满五千户"的郡，"不满千户"的县，官僚机构日益庞大，吏治腐败自不待言。这都说明了东晋政府对官员贪贿违法行为的宽容甚至是怂恿。在此保护伞之下，贪污受贿之风自是大行其道了。

（四）凤毛麟角的循吏

在东晋统治集团普遍侈靡贪贿风下，也出现了一些俭朴廉正的良吏，他们身体力行，不流于习俗，以其清廉风范而得以彪炳史册，为后人所传颂。

东晋时"送故"的人力物力耗费尤为惊人，造成了东晋财源的大量流失。鉴于"送故"之法的危害，虞预、范宁等曾建议建立一定的制度加以限制，但均未能付诸实行。而邓攸等官吏则以拒绝接受"送故"之费来表

---

① 《晋书》卷48《羊聃传》。

示对此风的反对。《晋书》卷 90《良吏传》载,有"中兴良守"之誉的邓攸从吴郡太守离任时,"郡常有送迎钱数百万,攸去郡,不受一钱"。孔愉,居公守正,温峤盛赞他"能持古人之节,岁寒不凋者,唯君一人耳"。他从会稽内史离任时,"送资数百万,悉无所取"。临终时,还"遗令敛以时服,乡邑义赗,一不得受"①。陆纳,"少有清操,贞厉绝"。咸安(371—372年)年间,他由吴兴太守调任左民尚书,离郡之际,下属问"宜装几船?纳曰:'私奴装粮食来,无所复须也。'临发。止有被褥而已,其余并封以还官"②。邓攸、孔愉、陆纳皆为当世良臣,因能拒贿而为史家所称颂。但在东晋"迎新送故"之法盛行之下,此三者之能拒贿也属凤毛麟角,仅为特例,而史家对他们的称颂恰好反衬出当时一般官员所得"送故"资财数量的惊人。

东晋时期,最为后人所称颂的廉吏便是吴隐之。吴隐之素有清俭廉洁的名声。为官多年,"勤苦同于贫庶"。曾任晋陵太守,"在郡清俭,妻自负薪"。甚至于女儿出嫁时,他连最简易的婚礼都操办不起,只好将家中的狗卖掉,筹资嫁女。隆安(397—401年)中,吴隐之被任命为广州刺史。广州当时经济富庶,"包带山海,珍异所出,一箧之宝,可资数世",但吏治败坏,"前后刺史皆多黩货"。朝廷欲革岭南贪鄙之风,故遣为官素有清名的吴隐之前往治理。上任途中,经过石门,遇泉水称"贪泉",据说凡饮"贪泉"水者,便会"怀无厌之欲",丧失情操,变得贪婪成性。吴隐之自信廉德之节不渝,"乃至泉所,酌而饮之",并赋诗说:"古人云此水,一歃怀千金。试使夷齐饮,终当不易心。"廉洁奉公之志,溢于言表。

到任后,吴隐之便革奢务俭,力矫岭南官场贪赃渎职的积弊。并以身作则,力倡节俭,"常食不过菜及干鱼而已,帷帐器服皆付库外"。由于吴隐之能率先正己,厉行廉节,杜绝赃贿,属僚佐吏也能收敛贪渎风气,岭南吏治得以整饬。元兴初(402年),安帝特颁诏嘉奖,称赞吴隐之"孝友过人,禄均九族,菲己洁素,俭愈鱼飧。夫处可欲之地,而能不改其操,享惟

① 《晋书》卷 78《孔愉传》。
② 《晋书》卷 77《陆纳传》。

— 274 —

错之富,而家人不易其服,革奢务啬,南域改观"。当其从岭南返回京师时,"归舟之日,装无余资"。至京师后,"数亩小宅,篱垣仄陋,内外茅屋六间,不容妻子"①。和那些贪赃奢侈的官吏相比,吴隐之一生的生活是非常清贫的。但他节俭清廉,率先垂范的令德懿行却永载史册,受到世人的景仰。"初唐四杰"之一王勃名作《滕王阁序》中有"酌贪泉而觉爽"句,便是赞颂这位东晋甚至是中国封建社会中少见的清官的。

四、十六国政权的反贪机制及实践

(一)监察机制及运作

西晋政权灭亡后,在北方地区,各少数民族贵族在各族人民反晋斗争过程中,纷纷在中原地区建立政权。这些少数民族原来均处于比较落后的部落军事统治的社会发展水平上,在进入中原,建立政权后,适应于统治区比较成熟的封建文明,其政权也具有封建统治的一面。在他们接受新的汉族封建文明并以之推进自身封建化改革时,建立和强化法制便成为这些少数民族政权加强自身统治的一项要务。

十六国时的监察和法制建设因政权的不断建立和更替,以及封建化程度的不一,而在整体上处于混乱不一的状态,但在各个区域的局部有了植根和发展。

十六国初期,前、后赵国家机构的设置,大体沿袭了魏晋遗规,监察体制独立于行政系统之外。前赵曾设御史大夫,后赵设御史中丞。其职掌较魏晋御史又有所扩大,增添了司法方面的一些权力,可直接行逮捕、处置之事,反映了前、后赵政权以加强监察来巩固统治的变革精神。前、后赵政权在从原来落后的军事统治向封建统治转化的过程中,法制建设是其薄弱环节。但监察制度的加强,以及统治者对吏治的重视,如石勒时曾奖励清廉,严刑惩罚贪官污吏;石虎尽管统治残暴,但在初期"豪戚侵恣,贿托公行"的情况下,也能"擢殿中御史李矩为御史中丞,特亲任之。自

---

① 以上并见《晋书》卷90《吴隐之传》。

此百僚震慑，州郡肃然"①，使其基本上维持了吏治的秩序。但毕竟法制的薄弱，仅靠"人治"，使监察对于君主便有着更强的依附性，政随君移的情况使监察的运作缺乏一贯性。到石虎统治后期，统治日益残暴，人昏政荒，御史也"因之擅作威福"，助纣为虐，成为石虎暴政的具体执行者，监察也就随之破坏。

在十六国中，前燕与北燕对监察制度的建设也比较重视。前燕曾以曹默为御史中丞，慕容儁在位时，任命其弟吴王慕容垂为司隶校尉，以宗室为监察官，可见其对监察之重视。慕容垂多方检校，使"王公以下，莫不屏迹"②。到慕容德统治时，"昌言竞进，朝多直士"③。北燕政权也建御史台，名曰兰台。北燕主冯跋曾下诏："守宰当垂仁惠，无得侵害百姓，兰台都官明加澄察。"要求官吏勤心政事，惠利百姓，禁止贪贿违法之事。由于前燕和北燕政权都能重视监察，支持监察官的执法活动，使其监察机制的运作较为顺达，故吏治比较清明，社会较为安定，有利于封建集权的加强。

与十六国其他政权相比，前秦的监察体制是最为成熟和完备的。其监察机构的设置，完全接受了魏晋的格式。中央监察机关设御史台和司隶校尉，职司台内监察的尚书左丞亦同时设立。公元357年苻坚即位后，在汉人王猛的悉心辅佐下，强化法治，厉行改革。针对当时豪强权贵横行不法的情况，由邓羌、王猛等人严加整肃。时邓羌为御史中丞，性鲠不挠，与中书令王猛"协规齐志，数旬之间，贵戚强豪诛死者二十余人。于是百僚震肃，豪右屏气，路不拾遗，风化大行"。苻坚对此大加赞赏，感慨而言："吾今始知天下之有法也。"由于苻坚对监察官的积极支持，前秦的监察制度在实践运作中，权力大大加强，自皇帝以下各官无所不纠，执法不避亲贵，无论宗室近戚还是勋旧重臣，只要违法，必受处置。如建元（365—385年）年间，李柔任御史中丞，奏劾苻坚子苻丕围襄阳久战无功。苻坚首先对李柔的奏劾予以肯定，然后赐剑苻丕说："来春不捷者，汝可

---

① 《晋书》卷106《石季龙载记上》。
② 《十六国春秋辑补》卷42《慕容垂传》。
③ 《晋书》卷127《慕容德载记》。

自裁,不足复持面见吾也。"①以示惩戒。符坚在任用监察官执行日常监察的同时,还常派御史为"绣衣使者",循行四方以整治不法。

前秦司隶校尉的职权较魏晋更为扩展,在职掌范围上没有了魏晋时"皇太子以下"的限制,并具有更大的司法权,可以随纠随判,就地正法,因而成为前秦时中央最重要的监察机关,司隶的人选也就更为慎重。建元七年(371 年),符坚诏曰:"司隶校尉,董牧皇畿,吏责甚重。"故吕婆之后,司隶之职长期由重臣王猛担任。

符坚即位之初,国内"豪右纵横,劫盗充斥",天下离心,政局十分混乱。后经强化法制,厉行监察,使君主与监察机器相当调谐,故取得了迅速澄清吏治的成效,并出现"兵强国富,垂及升平","吴陇清安,百姓丰乐"的情景,监察的作用在这一过程中得到了充分的发挥,为后来前秦统一北方创造了条件。

(二) 选官用人制度

相对于两晋政权选官和吏治腐败的情况,北方十六国中的一些政权的选官和吏治却呈现出另外一番景象。

前凉、西凉和北燕政权,是由汉族地方官建立的政权,所以在其统治过程中,都尽力恢复或继续中原政权传统的选官方法。

前凉张轨"家在孝廉,以儒学显",故在治理凉州过程中,一方面对地方上"寇盗纵横"的情况予以整治,另一方面则昌明儒学,求取贤才,教化吏政。他曾"令有司可推详立州已来清贞德素,嘉遁遗荣;高才硕学,著述经史;临危殉义,杀身为君;忠谏而婴祸,专对而释患;权智雄勇,为时除难;谄佞误主,伤陷忠贤;具状以闻。州中父老莫不相庆"②。由张轨发端,其后继者都相当重视选举贤才为官,从而使"凉州自张氏以来,号为多士"③。胡三省亦评价说:"永嘉之乱,中州人士避地河西,张氏礼而用之,子孙相承,衣冠不坠,故凉州号为多士。"前凉昌明儒学,求取贤才的

---

① 以上见《晋书》卷 113《符坚载记上》。
② 《晋书》卷 86《张轨传》。
③ 《资治通鉴》卷 123 文帝元嘉十六年。

方针,使河西地区成为十六国割据混战之时汉族先进文化的据点,在历史上有相当深远的影响。

西州大姓李暠创建的西凉,也颇为重视选取贤才,以充实统治机构。北燕冯跋选举时同样比较注重现实才能,还针对战乱中"后生无庠序之教"的情况下诏书:"可营建太学,以长氏刘轩,营丘张炽,成周翟崇为博士郎中,简二千石以下子弟年十五以上教之。"

后赵和前秦是十六国中立国时间较长,控制范围较广的政权。由于统治者善于借鉴中原政权的先进制度,因而选官用人制度大都比较完备,有效地遏制了贪污之风,吏治也比较清明。

后赵的建立者羯族人石勒,虽不能读书识字,但聪明而有才略,又善于借鉴历史经验,"虽在军旅,常令儒生读史书而听之,每以其意论古帝王善恶"①。后引颇具才略识见的汉人张宾为谋主,多方改革,力图振兴。他设立学校,以汉人为五经博士,培养教育后赵文武官吏子弟。还"令群僚及州郡岁各举秀才、至孝、廉清、贤良、直言、武勇之士各一人",到公元326年,"始立秀、孝试经之制"②,确立了用经学考试秀才、至孝的制度。经过石勒的改革,建立了比较具体、规范的选官制度,从而使后赵政权在他统治时期,吏制清明,国力也比较强盛。

前秦苻坚在汉人王猛的辅佐之下,也非常重视选官用人在巩固统治中的作用。苻坚即位之初,就设立学校。后又广修学宫,"其有学为通儒,才堪干事,清修廉直,孝悌力田者皆旌表之"③。他还亲自巡查太学,加以督促。从而使前秦政权中儒学盛行,选官举才工作走上正轨,为前秦政权选拔出许多为官清廉而又颇有才干的统治人才,也为后来前秦统一北方大业奠定了基础。

十六国时期是一个政权林立、分裂混战的时代。入主中原并建立政权的大多为少数民族贵族,其原来的社会统治方式远远落后于中原的封建文明。但当我们纵观这一历史时,却发现其中相当一些政权的吏治较

① 《晋书》卷105《石勒载记下》。
② 《晋书》卷105《石勒载记下》。
③ 《晋书》卷113《苻坚载记上》。

之西晋后期和东晋王朝要清明。究其原因,分裂中的积极因素当然不是由分裂本身所带来的,而是在分裂对峙的局势下,各政权都面临着外部敌国的强大压力,生存的危机迫使各国统治者吸取中原先进文明,力行改革,以求自身的稳定和政权的巩固,这是此时监察和选官制度建设为统治者所重视,并在实际运作中得以良好执行的根本原因。

第三节　南　　朝

一、南朝监察制度

(一) 中央监察机关

东晋灭亡后,南方先后出现了宋、齐、梁、陈四个朝代,合称南朝。南朝统治阶级中的一个重要变化,是世家大族走向衰落,寒门庶族兴起。南朝的四个开国皇帝刘裕、萧道成、萧衍、陈霸先都是庶族出身,其佐命大臣和将帅也大多出身寒门,如宋之沈庆之、张兴世、沈攸之;齐之张敬儿、王敬则、陈显达;梁之吕僧珍、陈庆之、王琳;陈之吴明彻等。南朝的皇帝们为了加强皇权,防止大族专权,控制地方诸王刺史,澄清吏治,缓和社会矛盾,就强化监察制度。其具体措施就是提高御史的权威,高度发挥其监察和威慑作用。

南朝中央监察机关主要是御史台。

刘宋御史台的长官为御史中丞,秩千石,"掌劾奏不法"。属吏有治书侍御史二人,掌举劾六品以上官吏,分治侍御史所掌诸曹;侍御史十人,"掌察举非法,受公卿奏事,有违失者举劾之"①。分治十曹,即吏曹、库曹、直事曹、印曹、中都督曹、外都督曹、媒曹、符节曹、水曹、法曹。宋已规定中丞专道,到孝建二年(455 年)明确规定与尚书令分道;内外众官相遇

---

① 《宋书》卷 40《百官下》。

都要停驻。

齐御史台称"南台"或"南司"。设御史中丞一人。《南齐书·百官志》："晋江左中丞司隶分督百僚……今中丞则职无不察，专道而行，驺辐禁呵，加以声色，武将相逢，辄致侵犯，若有卤簿，至相殴击。"齐明帝曾称御史中丞江淹"足以振肃百僚"，说明其地位之高。其属官有治书侍御史二人，举劾不法，分统侍御史；侍御史十人，分掌诸曹事务。另外，为加强纠察，设殿中侍御史、检校御史各二人。

梁御史台也称"南台"。其初设御史大夫，后称御史中丞。"掌督司百僚，皇太子已下，其在宫门行马内违法者，皆纠弹之。虽在行马外，而监司不纠，亦得奏之。专道而行，逢尚书丞郎，并得停驻。其尚书令、仆、御史中丞，各给威仪十人"①。晋初中丞专纠行马内，司隶专纠行马外（东晋废司隶校尉），后惠帝时有所打破，至此明确宫内外都由御史台纠察。又给威仪十人，这都是为了提高御史台的威严。

陈御史机关承梁制。御史台又有了司法权。常在三月与令史、侍御史、兰台令史"亲行京师诸狱及冶署，理察囚徒冤枉"②。

尚书左丞也是中央监察官。在西晋其监察权大致限于尚书省，后有所扩大。南朝比东晋又有所扩大，对中央或地方官都可以纠察，还可以与御史中丞互察。

在监察方式上，御史台除了有真凭实据可以弹劾外，还可以"风闻奏事"。如梁末御史中丞刘孝仪与任上虞县令的徐陵有矛盾，"风闻劾陵在县赃污"③。所谓"风闻"即只要有传闻即可立案纠劾，不记揭发人姓名。这是从晋代开始的，它对告发人起了保护的作用，可更多地发现官吏的违法问题。这显然扩大了御史的权限，提高了御史台的地位。此外，御史作为中央派出的监察官员，称为"台使"，它负责品评地方官的善恶。凡刑狱不恤、政事乖谬、害民利己之事，都在训治之列。

总的来说，南朝御史台的地位比西晋又有了新的提高，发挥了更大的

①　《隋书》卷26《百官志上》。
②　《隋书》卷25《刑法制》。
③　《陈书》卷26《徐陵传》。

威慑作用。具体表现在监察官员有很大的权威,如中丞专道,御史台设仪仗,御史中丞上殿弹奏大臣百官须肃立,等等。此外,由于皇帝的支持,许多御史敢于弹劾当朝权贵,出现了一批有名的御史,如宋孔琳之"明宪直法,无所屈挠"①,弹劾尚书令徐羡之;荀伯子"立朝正色,外内惮之"②;刘瑀弹劾王僧达,"朝士莫不畏其笔端"③。齐时江淹为御史中丞,在明帝支持下,接连弹劾中书令谢朓、司徒左长史王绩、护军长史庾弘远等人。明帝称赞他为"君今日可谓近世独步"④。梁时张缅为御史中丞,"推绳无所顾望,号为劲直,高祖乃遣画工图其形于台省,以励当官"⑤。陈时徐陵为御史中丞,曾弹劾文帝之弟任司空的安成王顼,免去其侍中、中书监之职。孔奂为御史中丞,"朝廷甚敬惮之"⑥。徐俭任御史中丞,"尚书令江总望重一时,亦为俭所纠劾"⑦。

　　御史虽然位高权重,但必须履行自己的监察职责,否则就要以失职被罢官。如齐初陆澄为御史中丞,尚书左丞任遐奏他不纠劾骠骑谘议沈宪家奴客行劫,结果被罢官。此外,王准、傅隆、何勖、萧惠开、张永结等,都是由于不纠失职而被罢去中丞的。齐初御史中丞刘休说:"窃寻宋世载祀六十,历职斯任者五十有三,校其年月,不过盈岁。"⑧刘宋五十三个御史任职平均仅一年左右,说明御史难当。当然,其中除了因不纠劾违法失职下台外,也可能是受到打击报复。

（二）　对地方的监察

　　东汉末,州牧刺史演变为地方行政长官,此后就形成州、郡、县三级地方行政体制。由于州刺史已不是专任监察,所以在南朝出现了典签监督

---

　　① 《宋书》卷 56《孔琳之传》。
　　② 《宋书》卷 60《荀伯之传》。
　　③ 《宋书》卷 42《刘穆之传附瑀传》。
　　④ 《梁书》卷 14《江淹传》。
　　⑤ 《梁书》卷 34《张缅传》。
　　⑥ 《陈书》卷 21《孔奂传》。
　　⑦ 《陈书》卷 26《徐陵传附俭传》。
　　⑧ 《南齐书》卷 34《刘休传》。

地方长官。

南朝统治者鉴于东晋门阀世族势盛,皇权受到威胁,就在中央重用寒人典掌机要;地方托付宗室,由诸王出任刺史,而另派典签协助。典签有的州只设一人,有的州设二三人,主要是监察诸王、州刺史。其地位虽不高,权力却很大,实际已超出监察官的范围。他代表皇帝掣肘方镇,使其不至于威胁中央。典签一年几次回首都汇报地方情况,成为皇帝赏罚的主要依据。

《资治通鉴》卷 128 载:

> 宋世诸皇子为方镇者多幼,时主皆以亲近左右领典签,典签之权稍重。至是,虽长王临藩,素族出镇,典签皆出纳教命,执其枢要,刺史不得专其职任。

《南史》卷 77《吕文显传》:

> ……自此以后,权寄弥隆,典签递互还都,一岁数反,时主辄与闲言,访以方事。刺史行事之美恶,系于典签之口,莫不折节推奉,恒虑不及,于是威行州郡,权重蕃君。

典签制的推行,虽然加强了皇权,防止异姓大族在地方上作乱,但也产生了两大弊端:一是诸王长大后,与中央发生各种矛盾,往往造成骨肉相残;二是典签权力太重,缺乏监察机制,造成他们贪赃枉法。永明八年(490)齐南兖州刺史、西阳王萧子明的典签刘道济"船仗赃私百万,为有司所奏,世祖怒,赐道济死"①。次年"典签何益孙赃罪百万,弃市"②。南兖州两个典签在两年中先后都贪污百万,这一事例可见当时典签贪污的严重。

典签制产生于宋孝武帝时,齐朝大盛,到梁武帝时看到其种种弊端,取消了这一制度。

自秦汉以来,中央对地方的监察常采用中央派遣大使出巡,这种方式在南朝更加制度化。宋朝比较重要的出巡有武帝永初元年(420 年)六

---

① 《南齐书》卷 53《沈宪传》。
② 《南齐书》卷 46《萧惠基传附惠朗传》。

月,文帝元嘉三年(426 年)五月、九年(432 年)六月、二十六年(449 年)二月、三十年(453 年)五月,孝武帝大明元年(457 年)正月,明帝泰始元年十二月,后废帝泰豫元年(472 年)六月等。齐朝有高帝建元元年(479年)五月,武帝永明六年(488 年)六月。梁有武帝天监元年(502 年)四月、三年(504 年)六月。陈有武帝永定元年(557 年)十月,文帝天嘉元年(560 年)正月、二月,宣帝太建元年(569 年)正月、二年(570 年)六月,后主至德二年(584 年)正月等。

台使到地方上主要是考察守宰政绩,劾奏冤案、政事乖谬、害民利己等。如宋文帝元嘉三年(426 年)五月诏书中说:"可遣大使巡行四方,其宰守称职之良,闾莘一介之善,详悉列奏,勿或有遗。若刑狱不恤,政治乖谬,伤民害教者,具以事闻。"①明帝泰始元年(465 年)诏曰:"可分遣大使,广求民瘼,考守宰之良,采衡闾之善。若狱犴淹枉,伤民害教者,具以事闻。"②梁武帝天监元年(502 年)四月诏:"可分遣内侍,周省四方,观政听谣,访贤举滞。其有田野不辟,狱讼无章,忘公殉私,侵渔是务者,悉随事以闻。"③

遣使出巡与典签制度相结合,加强了对地方的监察,弥补了汉代十三部刺史消失后之不足。

综上所述,南朝监察制度的主要特点,一是监察力度加大,监察官权威提高,二是对地方监察出现了典签制。这些都是以皇权加强,门阀世族势力走向衰落为前提。

二、刘宋吏治与寒人掌机要

(一) 宋初吏治与"元嘉之治"

公元 420 年刘裕建立了宋王朝,这是南朝的开始。此后,宋文帝刘义

---

① 《宋书》卷 5《文帝纪》。
② 《宋书》卷 8《明帝纪》。
③ 《梁书》卷 2《武帝纪》。

隆在位三十年左右,用元嘉(424—452年)做年号。刘裕父子在位时实行了一系列改革,如奖励农业生产,实行土断(使流亡到南方的侨人就地设籍,交纳赋税),减免租赋,兴修水利,抑制豪强,等等,使宋初社会稳定,经济繁荣,历史上称为"元嘉之治"。

这一时期史治和社会风气也比较好。刘裕父子提倡节俭,自己生活也较朴素。刘裕"清简寡欲,严整有法度,未尝视珠玉舆马之饰,后庭无纨绮丝竹之音"①。宁州有人献虎魄枕,光色甚丽,有人说此物可治创伤,刘裕大悦,命捣碎后分赐诸将。平后秦,得姚兴的宫女,刘裕十分喜欢,影响了工作。谢晦进谏,就立即把她送走。公主出嫁,嫁妆不过二十万,没有锦绣织物和金器玉器。他自己生活朴素,常穿连齿木屐;早先穿的布衣袄,都是敬皇后亲自缝制。当皇帝后,他把这些衣服给公主,说:"后世若有骄奢不节者,可以此衣示之。"孝武帝大明(457—465年)年间在刘裕原住处盖玉烛殿,与群臣一起去视察,见床头有土障,墙壁上挂葛灯笼、麻绳拂。

宋文帝也十分俭朴。元嘉八年(431年)三月下诏说:"自顷军役殷兴,国用增广,资储不给,百度尚繁。宜存简约,以应事实。内外可通共详思,务令节俭。"②他为了劝课农桑,命在宫内养蚕,"欲以讽励天下"③。元嘉六年(429年),刘义恭出任荆州刺史,宋文帝写信告诫他说:"汝一月日自用不可过三十万,若能省此,益美","声乐嬉游,不宜令过,蒲酒渔猎,一切勿为。供用奉身,皆有节度,奇服异器,不宜兴长"④。元嘉二十二年(445年)刘义季任南兖州刺史,他设宴钱行,却故意让诸王子饿了一段时间,然后对他们说:"汝曹少长丰佚,不见百姓艰难,今使汝曹识有饥苦,知以节俭御物耳。"⑤大臣徐湛之,是文帝姊夫,他"姿质端妍,衣服鲜丽","太祖(文帝)嫌其侈纵,每以为言"。⑥

① 《宋书》卷3《武帝下》。
② 《宋书》卷5《文帝》。
③ 《宋书》卷99《二凶传》。
④ 《宋书》卷61《江夏文献王义恭传》。
⑤ 《资治通鉴》卷124文帝元嘉二十二年。
⑥ 《宋书》卷71《徐湛之传》。

在刘裕、刘义隆统治时期,对惩治贪官污吏比较严厉。当时的一些监察官也比较负责。荀伯之为御史中丞,"莅职勤恪,有匪躬之称,立朝正色,外内惮之。凡所奏劾,莫不深相谤毁"①。地方官对下属管理也较严。刘湛任领历阳太守,"刚严用法,奸吏犯赃百钱以上,皆杀之,自下莫不震肃"②。在宋初,许多地方上官吏贪赃遭到处罚。如广州刺史孔默之"以赃货得罪下廷尉"③。刘衮"以赃货系东冶内"④。张邵"在雍州营私蓄聚,赃货二百四十五万,下廷尉,免官,削爵土"⑤。裴方明"历颍川南平昌太守,皆坐赃私免官"⑥。雍州刺史刘真道破仇池,"减匿金宝及善马,下狱死"⑦。广州刺史刘道锡,"贪纵过度……为有司所纠"⑧。遇赦后又犯贪污,被收下廷尉。庾登之任吴郡太守,"莅任赃货,以事免官"⑨。刘遵考是宋文帝的堂叔,元嘉三年(426年)出任雍州刺史、襄阳新野二郡太守。"为政严暴,聚敛无节,五年,为有司所纠"⑩,后发生旱灾,他不按旨意赈济,被免官。庾炳之任吏部尚书,势倾朝野。他"既居选部,好诣詈宾客,且多纳货赂",尚书仆射何尚之上奏说:"炳之见人有烛盘、佳驴,无不乞匄;选用不平,不可一二;交结朋党,构扇是非,乱俗伤风。"宋文帝想调任他为丹阳尹,何尚之反对,说:"历观古今,未有众过藉藉,受货数百万,更得高官厚禄如炳之者也。"⑪结果宋文帝接受了这一正确意见,罢了庾炳之的官。

由于宋初提倡节俭,社会风气较好,国家惩治贪污做得比较严厉,使宋初出现了一批比较清廉的官吏。如王镇之早先就"在官清洁",出任广

① 《宋书》卷60《荀伯子传》。
② 《宋书》卷69《刘湛传》。
③ 《宋书》卷69《范晔传》。
④ 《宋书》卷42《刘穆之传附衮传》。
⑤ 《宋书》卷46《张邵传》。
⑥ 《宋书》卷47《刘怀肃传附真道传》。
⑦ 《资治通鉴》卷124文帝元嘉二十年。
⑧ 《宋书》卷65《刘道产传附道锡传》。
⑨ 《宋书》卷53《庾登之传》。
⑩ 《宋书》卷51《营浦侯遵考传》。
⑪ 《资治通鉴》卷125文帝元嘉二十五年。

州刺史,刘裕对人说:"王镇之少著清绩,必将继美吴隐之。岭南之弊,非此不康也。"果然他"在镇不受俸禄,萧然无所营,去官之日,不异始至"①。江秉之到临海任职,"以简约见称",所得禄秩,都散给亲故,有人劝他营田,他说:"食禄之家,岂可与农人竞利。"②他在郡做木案一枚,离任时也不带走,交还官库。吏部尚书江湛,"家甚贫约,不营财利,饷馈盈门,一无所受,无兼衣余食,尝为上所召,值汗衣,称疾经日,衣成然后赴",他掌握选举用人大权,但"公平无私,不受请谒,论者以此称焉"③。虽然这些清廉官吏不可能太多,但他们的出现,终究是宋初吏治较好的一个标志。

宋初政府对清廉勤政的官吏多给以褒奖。如陆徽任益州刺史,"隐恤有方……民物殷阜,蜀土安说……身亡之日,家无余财,太祖甚痛惜之。诏曰:'徽厉志廉洁,历任恪勤,奉公尽诚,克己无倦……'赐钱十万,米二百斛。"④徐豁任始兴太守,"在郡著绩,太祖嘉之,下诏曰:'始兴太守豁,洁己退食,恪居在官,政事修理,惠泽沾被'……可赐绢二百匹,谷千斛。"死时,文帝又下诏:"豁廉清勤恪……可赐钱十万,布百匹。"⑤又如陈、南顿二郡太守李元德"清勤均平"⑥,进为宁朔将军。彭城内史魏恭子"廉恪修慎,在公忘私,安约守俭,久而弥固"⑦,赐绢五十匹,谷五百斛。山桑令何道,"自少清廉,白首弥厉"⑧,赐绢三十匹,谷二百斛。晋寿太守郭启玄,"有清节……尽勤靡懈,公奉私饩,纤毫弗纳,布衣蔬食,饬躬惟俭……身死之日,妻子冻馁"⑨,赐谷五百斛。

由于刘裕父子实行一系列改革,又提倡节俭,注意廉政,因此社会安定,经济发展,在宋初出现了一段小康时期。《宋书·良吏传序》描述这一时期状况:

---

① 《宋书》卷92《王镇之传》。
② 《宋书》卷92《江秉之传》。
③ 《宋书》卷71《江湛传》。
④ 《宋书》卷92《陆徽传》。
⑤ 《宋书》卷92《徐豁传》。
⑥ 《宋书》卷92《良吏传》。
⑦ 《宋书》卷92《良吏传》。
⑧ 《宋书》卷92《良吏传》。
⑨ 《宋书》卷92《良吏传》。

……区宇宴安,方内无事,三十年间,岷庶蕃息,奉上供徭,止于岁赋,晨出莫归,自事而已。守宰之职,以六期为断,虽没世不徙,未及曩时,而民有所系,吏无苟得。家给人足,即事虽难,转死沟渠,于时可免。凡百户之乡,有市之邑,歌谣舞蹈,触处成群,盖宋世之极盛也。

这些描绘虽然有些夸张,但这几十年确实是南朝最安定、繁荣的时期。

(二)"寒人掌机要"与贪贿之风

继宋文帝以后,孝武帝刘骏在位的十年(454—465 年)也是宋王朝比较重要的时期。孝武帝加强中央集权,抑制高门大族。为此,他的一项重要措施,就是重用寒人,即所谓"寒人掌机要"。

寒人,又称寒族、寒门、寒士、庶族、素族,都是不属于士族范围的地主阶级中没有身份、特权的一部分。南朝寒人的兴起是有其经济原因的。这时由于江南经济的发展,一些商人、高利贷者富裕起来,自耕农中也有一部分人上升为新的地主,再加上原来的地方豪强,所有这些人就构成了寒人地主的主要成分。

南朝皇帝需要加强皇权,但皇帝的个人精力有限,不可能处理那么多日常政务,就要有人帮助办理。世家大族都鄙薄实际事务,也根本没有能力办理,于是皇帝就委任给寒人地主。寒人地位低,便于使唤,"皆可鞭仗肃督";又做官心切,竭力卖命干事。所以南朝统治阶级内部关系上的一个特点,就是皇权与寒门相结合,来巩固统治。

东汉以来,尚书台权重。魏晋南北朝,尚书台是行政执行机关,而比它更接近皇帝的中书监令专管机密,成为实际的宰相。到南朝宋孝武帝时,中书监令的大权又旁落到中书舍人或中书通事舍人手中。中书舍人本是中书省的下属官吏,地位并不高,晋时位居九品,但由于它能递入奏文,出宣诏命,参预决策,因而权力越来越大,成为重要职务。宋文帝初年,寒人出身的秋当、周纠为中书通事舍人,并管要务,地位开始重要。孝武帝时开始把国家的机密要务转到了中书舍人手里。戴法兴,家贫,父贩纻为业,本人卖过葛,他从尚书仓部令史起家,在孝武帝即位时,任南台侍御史,兼中书通事舍人。孝武帝"亲览朝政,不任大臣,而腹心耳目,不得无所委寄,法兴颇知古今,素见亲待",于是"专管内务,权重当时"。① 与戴法兴同时受宠任的还有鲁郡人巢尚之、戴明宝。巢尚之原为"人士之末",任中书通事舍人后,"凡选授迁转诛赏大处分,上皆与法兴、尚之参怀"。戴明宝,"内外诸杂事多委明宝"②。当时蔡兴宗任吏部尚书,每推荐贤士,戴法兴、巢尚之就任意改变,作为宰相的刘义恭也无能为力。戴法兴、戴明宝由此贪污受贿,"大通人事,多纳货贿,凡所荐达,言无不行,天下辐凑,门外成市,家产并累千金"③。

此后明帝时,中书舍人阮佃夫、王道隆、杨运长等人的权力更大。"参预政事,权亚人主,巢、戴所不及也。佃夫尤恣横,人有顺迕,祸福立至。"④阮佃夫"大通货贿,凡事非重赂不行。人有饷绢二百匹,嫌少不答书。宅舍园池,诸王邸第莫及。女妓数十,艺貌冠绝当时。金玉锦绣之饰,宫掖不逮也。每制一衣,造一物,都下莫不法效焉。于宅内开渎东出十许里,塘岸整洁,泛轻舟,奏女乐"⑤。他家中"一时珍羞,莫不毕备",随时可以拿出来请客,"虽晋世王(恺)、石(崇)不能过也"⑥。朝中大小官员都要去巴结他。他的佣仆都封了官,车夫任虎贲中郎将,马夫任员外郎。王道隆"为明帝所委,过于佃夫……执权既久,家产丰积,豪丽虽不及佃夫,而精整过之"⑦。

孝武帝在朝中重用中书通事舍人,在外藩则设置典签监督地方诸王刺史。"典签皆出纳教命,执其枢要,刺史不得专其职任"⑧。

此外,孝武帝又设置了制局监,使寒人也掌握了军权。"领武官有制

---

① 《南史》卷 77《戴法兴传》。
② 《南史》卷 77《戴法兴传》。
③ 《南史》卷 77《戴法兴传》。
④ 《资治通鉴》卷 132 明帝泰始四年。
⑤ 《南史》卷 77《阮佃夫传》。
⑥ 《南史》卷 77《阮佃夫传》。
⑦ 《南史》卷 77《阮佃夫传附王道隆传》。
⑧ 《资治通鉴》卷 128 孝武帝孝建三年。

局监、外监,领器仗兵役,亦用寒人"①。如齐吕文度控制制局监,掌握殿内及外镇的发兵权,原来掌管禁卫军的领军将军成了虚位。

孝武帝重用寒人,又设置了机构,确实有利于加强皇权,抑制大族势力。但是,这些寒人没有良好的文化素养,擅长的只是吏事。他们最善于揣摩、迎合主子意图,看风使舵。在掌握了大权后,就私欲膨胀,不择手段,利用手中权力贪污受贿,使社会腐败之风更加严重。《宋书·恩倖传序》曰:

> 孝建(454—457年)、泰始(465—471年),主威独运,官置百司,权不外假,而刑政纠杂,理难偏通,耳目所寄,事归近习。赏罚之要,是谓国权,出内王命,由其掌握。于是方涂结轨,辐凑同奔。人主谓其身卑位薄,以为权不得重。曾不知鼠凭社贵,狐藉虎威,外无逼主之嫌,内有专用之功,势倾天下,未之或悟。挟朋树党,政以贿成。铁钺创痏,构于筵第之曲,服冕乘轩,出乎言笑之下。

这里说得很清楚,孝武帝、宋明帝为了加强皇权,重用身边的寒人,本以为他们身份卑下,不会专权,哪里料到这些人狐假虎威,结党营私,贪污纳贿,大权在握,就为所欲为。这是皇帝们所没有想到的。寒人掌机要,虽然加强了皇权,但也使社会贪贿之风更趋严重。

(三) 宋末腐败与奢侈

孝武帝与刘裕、宋文帝提倡节俭不同,而是生活奢侈,大兴土木,赏赐无度。"犬马余菽粟,土木衣绨绣,追陋前规,更造正光、玉烛、紫极诸殿,雕栾绮节,珠窗网户,嬖女幸臣,赐倾府藏,竭四海不供其欲,单民命未快其心"②。在财用不足时,他还在大臣身上打主意。"孝武末年贪欲,刺史二千石罢任还都,必限使贡献,又以蒲戏取之,要令罄尽,乃止"③。孝武帝规定刺史任满还郡,要交"献奉"钱。宋文帝时,郡县守令的任期是六年,孝武帝改为三年,更代频繁,皇帝就可以得到更多的献奉钱。地方官

---

① 《南史》卷77《恩倖传》序。
② 《宋书》卷92《良吏传序》。
③ 《南史》卷25《垣护之传附闳传》。

为交这笔钱,贪污搜刮也更厉害,吏治越加败坏。《资治通鉴》卷 127 说:"上(孝武帝)多变易太祖之制,郡县以三周为满,宋之善政,于是乎衰。"确实从这时起,宋王朝开始走下坡路。孝武帝时,地方官贪污事例不少。如萧惠开妹要嫁给桂阳王休范,女儿又要嫁孝武帝儿子,"发遣之资,应须二千万。乃以为豫章内史,听其肆意聚纳,由是在郡著贪暴之声"①。梁州和益州,"土境丰富,前后刺史莫不营聚蓄,多者致万金"②。王蕴为晋陵、义兴太守,"所莅并贪纵"③。垣护之随沈庆之伐西阳蛮,"所莅多聚敛,赇货充积"④。

大明八年(464 年),孝武帝死,子刘子业即位,即前废帝。前废帝生活更加荒淫,后宫上万人,又娶姑新蔡长公主,又让宫人在华林园内裸体追逐。他重用宗越、谭金、童太一等人,"赐与越等美女金帛,充牣其家"⑤。大臣也多贪污受贿。颜师伯任尚书右仆射、卫尉卿、丹阳尹。"居权日久,天下辐凑,游其门者,爵位莫不逾分。多纳货贿,家产丰积,伎妾声乐,尽天下之选,园池第宅,冠绝当时,骄奢淫恣,为衣冠所嫉"⑥。

景和元年(465 年)前废帝被湘东王刘彧杀死,刘彧即位,即明帝。明帝同样"奢费过度"⑦。"上宫中大宴,裸妇人而观之"⑧。他每添置一件物品,必须有正御、御次、副三个等级,各三十付,共九十付。为了筹军费,他还卖官。"时军旅大起,国用不足,募民上钱谷者,赐以荒县、荒郡,或五品至三品散官有差"。他纳江智渊孙女为太子妃,"令百官皆献物"⑨。始兴太守孙奉伯献了琴、书,明帝大怒,差一点赐其自尽。

明帝时大臣也多贪赃,如吴喜平荆州,"恣意剽虏,赃私万计","乘兵威之盛,诛求推检,凡所课责,既无定科,又严令驱蹙,皆使立办。所使之

---

① 《宋书》卷 87《萧惠开传》。
② 《宋书》卷 81《刘秀之传》。
③ 《宋书》卷 85《王景文传附蕴传》。
④ 《宋书》卷 50《垣护之传》。
⑤ 《宋书》卷 83《宗越传》。
⑥ 《宋书》卷 77《颜师伯传》。
⑦ 《资治通鉴》卷 133 明帝泰始七年。
⑧ 《资治通鉴》卷 132 明帝泰始六年。
⑨ 《资治通鉴》卷 132 明帝泰始六年。

人,莫非奸猾,因公行私,迫胁在所,入官之物,侵窃过半,纳资请托,不知厌已"①。沈勃任太子右卫率、给事中,"奢淫过度,妓女数十,声酣放纵,无复剂限……周旋门生,竞受财货,少者至万,多者千金,考计赃物,二百余万"②。

泰豫元年(472年),明帝死后,太子昱即位,才十岁。袁粲、褚渊秉政,"承太宗奢侈之后,务弘节俭,欲救其弊;而阮佃夫、王道隆等用事,货赂公行,不能禁也"③。阮佃夫要用亲信张澹为武陵郡太守,袁粲等人都不同意,但阮佃夫借皇帝名义强制任命,袁粲等人也不敢违背。刘昱长大后,骄纵横暴,任意杀人,"天性好杀,以此为欢,一日无事,辄惨惨不乐"④。对国家大事一点不顾,对裁衣制帽却很感兴趣,一学就会。最后想杀大臣萧道成,终于被萧道成所杀,宋王朝也被齐所取代。宋后期贪污奢侈,吏治败坏,是加速其灭亡的主要原因。

三、齐统治集团的腐败

(一) 齐初提倡节俭与"永明之治"

齐王朝是在刘宋宗室相互残杀中建立起来的。齐开国皇帝萧道成总结刘宋后期骨肉相残和奢侈腐化而亡国的教训,即位后很想有所作为。他禁止宗室诸王封占山水,减免一些赋役,安抚流民还乡生产,整顿户籍,修建学校。他也注意吏治。即位后下诏:"赃污淫盗,一皆荡涤。"⑤他特别提倡节俭。过去皇帝礼服上佩带一种叫"玉介导"的装饰品,据说是辟邪的,萧道成认为玉制品会产生奢侈,叫人把它打碎。又下令后宫原用铜制的器物和栏杆,改用铁制。把内殿的绣花绫罗帐改作黄纱帐。皇帝銮驾上华盖的镶金装饰品也去掉了。他说:"让使治天下十年,当使黄金与

---

① 《宋书》卷 83《吴喜传》。
② 《宋书》卷 63《沈演之传附勃传》。
③ 《资治通鉴》卷 133 明帝泰豫元年。
④ 《宋书》卷 9《后废帝纪》。
⑤ 《南齐书》卷 2《高帝纪下》。

土同价。"崔祖思在启陈政事中说:"历观帝王,未尝不以约素兴、侈丽亡也。伏惟陛下,体唐成俭,踵虞为朴。寝殿则素木卑构,膳器则陶瓠充御。琼簪玉筋,碎以为尘,珍裘绣服,焚之如草。"①这些议论也确是事实。但萧道成虽然想有点作为,可惜做皇帝不过四年就死了。

齐武帝萧赜继立后继续实行改革。他减免赋役、奖励农业生产,恢复百官禄田俸秩、重视发展学校。齐武帝"留心政事,务总大体,严明有断,郡县久于其职,长吏犯法,封刃行诛,故永明之世,百姓丰乐,贼盗屏息"②。这一时期社会比较安定繁荣,历史上称为"永明(483—493年)之治"。据说当时"都邑之盛,士女富逸,歌声舞节,袨服华妆……"③但是,在这期间,齐皇室仍然过着腐化生活。齐武帝后宫万余人,豫章王萧嶷后房亦千余人。这些人全靠人民来养活。因而"永明之治"没有像"元嘉之治"延续时间长。在永明四年(486年),由于"检籍",发生了一次农民起义——唐寓之起义。

南朝的士族高门和其荫庇下的户口仍有免除赋役的特权,这样,沉重的赋役就落到寒门庶族及广大自耕农头上。为了逃避赋役,人们采用了种种办法:有的不报户口,成为"浮浪人";有的明明在世,却报了"死亡";有的身强力壮,却说"残疾"。有钱的人买通官府,改户籍本,花一万钱,就可以改为"士族"出身,享有免役特权。这样一来,朝廷的赋役收入越来越少了。

为了扩大政府的收入,齐武帝大规模检查户口,称为"检籍"。被清查出伪冒的户籍,要吊销他的户籍本,叫作"却籍"。这种人要发配到边远地区服劳役。

在"检籍"过程中,一些地方官趁机营私舞弊。有钱的人向官吏行贿,应该"却籍"的不"却籍"了;没有钱行贿的人,硬说他们应"却籍"。一派乌烟瘴气,使人无法忍受,于是发生了唐寓之领导的起义。不久唐寓之起义终于被镇压下去了。齐军在镇压起义中大肆烧杀抢掠,齐武帝不

① 《南齐书》卷28《崔祖思传》。
② 《资治通鉴》卷138武帝永明十一年。
③ 《南齐书》卷53《良吏传序》。

得不处死宠将陈天福以平民愤。

此后,齐统治集团越来越腐败了。

(二)齐统治集团的腐败

齐武帝时,齐统治阶级已开始奢侈。太子萧长懋"性奢靡,治堂殿、园囿过于上宫,费以千万计,恐上望见之,乃傍门列修竹,凡诸服玩,率多僭侈"①。齐武帝死后,太孙萧昭业继位,即郁林王。萧昭业矫情饰诈,又十分荒淫。他好斗鸡跑马,把招婉殿拆了,改为跑马道,又在宫内饲养名鹰快犬。他任意挥霍钱财,每见钱就说:"以前想用你一文而不可得,今日能用你不?"武帝时库中积钱数亿万,金银布帛无数,不到一年,几乎花完。他赏赐亲信,动辄几十万几百万。为寻欢作乐,他让何后及宠姬取出宝器,互相投击,宝器都被击碎,萧昭业狂笑不止。武帝堂弟萧鸾当时总管尚书事,掌握实权,他早就有野心,就在隆昌元年(494年)杀萧昭业,另立其弟萧昭文,过了不久,又废杀萧昭文,自己称帝。他就是齐明帝。

齐明帝因自己不是正统的皇位继承人,就大杀高帝、武帝子孙,共杀了二十多人。

永泰元年(498年)明帝在位四年而死。太子萧宝卷继位,是为东昏侯。萧宝卷当太子时,就不喜欢读书,经常以捕鼠为乐,通宵达旦。明帝死后,他吩咐速葬,大臣劝说,才拖延了一个月。到了安葬明帝的那天,宝卷更加欢天喜地,纵乐不休。萧宝卷即位后常外出游玩,但又不欲人见之,所经过的道路,把居民都驱逐开,犯禁者格杀勿论。自万春门至东宫以东至于郊外,几十里内,屋室尽空。有一次到沈公城,一妇女临产不去,即命剖腹验胎,辨视男女。又到定林寺,一老僧病不能行,藏匿草间,即命左右把他射死。

萧宝卷生活奢侈荒淫。他大起宫殿,都穷极绮丽,刻画雕彩,麝香涂壁,锦幔珠帘。在阅武堂起芳乐苑,山石皆涂上五彩,楼观壁上画男女私亵之像。他宠爱潘贵妃。潘妃的服饰上需用珍宝,皇家库里不够用,用高

---

① 《资治通鉴》卷138武帝永明十一年。

价向民间购买，一个琥珀钏，值一百七十万。他命用金制成莲花贴在地上，让潘妃在上面行走，说是"步步生莲花"。他称潘妃父宝庆为阿丈，宝庆恃势作奸，乘机兼并田宅资财。

最高统治者荒淫无耻，穷奢极欲，地方官吏也同样搜刮聚敛，贪污受贿。当时地方官吏任期三年为一届，称为"小满"，实际调迁往往三年之制也不遵守。由于更代频繁，地方官多无长期打算，更是加紧搜刮。如王秀之"出为晋平太守，至郡期年，谓人曰：'此邦丰壤，禄俸常充；吾山资已足，岂可久留以妨贤路。'上表请代，时人谓之王晋平恐富求归"①。王秀之自感搜刮已足，要让别人也搜刮一下。他的话赤裸裸地说出了地方官轮流搜刮的心态。又如谢朏为吴兴太守，"居郡每不理，常务聚敛"②，他把鸡蛋交给农民，到期要交鸡一只，共收鸡数千只。

当时地方上以荆、雍、广、梁、益等州最为肥缺，这些地区的刺史往往收益丰厚。荆、雍是上游军事重镇。豫章王嶷任荆州刺史，后返建康，"斋库失火，烧荆州还资，评直三千余万"③。曹虎任雍州刺史，"善于诱纳……晚节好货贿，吝啬，在雍州得见钱五千万"④。广州最富庶，它"西南二江，川源深远，别置督护，专征讨之（任）。卷握之资（搜刮致富），富兼十世"⑤。"南土沃实，在任者常致巨万，世云'广州刺史但经城门一过，便得三千万'也"⑥。梁、益二州在宋时已很富庶。梁、益二州，物产丰富，前后刺史莫不聚蓄，多至万金。齐刘悛任益州刺史。"宾客闺房，供费奢广……在蜀作金浴盆，余金物称是"⑦。崔慧景为梁、南秦二州刺史，"在州蓄聚，多获珍宝"⑧。清河崔庆绪为梁州刺史，"家财千万"⑨。

当时的官吏们尽情搜刮，除了满足自己的侈靡生活外，还要向朝廷献

---

① 《南齐书》卷46《王秀之传》。
② 《南史》卷20《谢弘微传附朏传》。
③ 《南齐书》卷22《豫章王嶷传》。
④ 《南齐书》卷30《曹虎传》。
⑤ 《南齐书》卷14《州郡志》。
⑥ 《南齐书》卷32《王琨传》。
⑦ 《南齐书》卷37《刘悛传》。
⑧ 《南齐书》卷51《崔慧景传》。
⑨ 《南齐书》卷52《崔慰祖传》。

纳。这种风气自宋孝武帝时已经形成。刘悛"罢广、司二州,倾资贡
献"①。齐时崔慧景"每罢州,辄(倾)资献奉,动数百万,世祖以此嘉之"。
萧惠休出为广州刺史,罢任,倾资献奉齐武帝。有时,皇帝为了得到臣下
的财物,甚至诬其有罪,加以处死。东昏侯因"疑(曹)虎旧将,兼利其财,
新除未及拜。见杀"②。鬱林王时,"(刘)悛奉献减少,鬱林知之,讽有司
收悛付廷尉"③。明帝时,到撝"资籍豪富,厚自奉养,宅宇山池,京师第
一,妓妾姿艺,皆穷上品。才调流赡,善纳交游,庖厨丰腆,多致宾客。爱
妓陈玉珠,明帝遣求,不与,逼夺之,撝颇怨望。帝令有司诬奏撝罪,付廷
尉"④,明帝除了看中到撝爱妓外,对他的财产恐怕更感兴趣。

　　萧齐和刘宋一样,任用寒人典掌机要,这些人官位虽不高,但权力极
大,而且多贪污受贿。

　　齐武帝永明二年(484年),封中书舍人茹法亮为望蔡男爵位。"时中
书舍人四人,各住一省,谓之'四户',以法亮及临海吕文显等为之;既总
重权,势倾朝廷,守宰数迁换去来,四方饷遗,岁数百万。法亮尝于众中语
人曰:'何须求外禄! 此一户中,年办百万。'盖约言之也。"就是这个中书
舍人的位置一年可收受贿赂百万以上。太尉王俭常对人说:"我虽有大
位,权寄岂及茹公邪!"⑤茹法亮挥霍无度,大造豪华住宅。他的一座府第
叫"杉斋",其豪华可与齐武帝的"中斋"——延昌殿比美。住房后面有大
花园,园中有鱼池、钓鱼台,还有很多楼台馆舍,仅长廊就有一里多长,至
于奇花异木,更是皇帝苑囿所望尘莫及。

　　纪僧真出身寒微,后来当了中书舍人,齐武帝说:"人生何必计门户,
纪僧真堂堂,贵人所不及也。"⑥鬱林王时宠幸中书舍人綦母珍之、朱隆之
等人。"珍之所论荐,事无不允,内外要职,皆先论价,旬月之间,家累千

---

①　《南齐书》卷37《刘悛传》。
②　《南齐书》卷30《曹虎传》。
③　《南齐书》卷37《刘悛传》。
④　《南齐书》卷37《到撝传》。
⑤　《资治通鉴》卷136武帝永明三年。
⑥　《南史》卷77《纪僧真传》。

金;擅取官物及役作,不俟诏旨。有司至相语云:'宁拒至尊敕,不可违舍人命。'"①

控制军权的制局监也往往由寒人担任。齐武帝时,吕文度控制制局监,掌握殿内及外镇的发兵权。吕文度受到宠任后,大受贿赂,广修第宅园囿,园中有许多奇花异木怪石,还有不少珍禽异兽。他的后房妻妾成群,连王侯之家也无法相比。

典签虽然出身低微,但"威行州郡,权重藩君"。他们贪污发财的机会更多。南兖州刺史、西阳王萧子明的典签何益孙、刘道济,先后受贿赃物均在百万以上。

齐统治集团,无论是帝王,还是中央和地方的官吏,都竞相聚敛,过着穷奢极欲的生活,到公元502年终于被萧衍取代;仅存在二十三年,成为南朝最短命的一个朝代。

四、梁朝贪污之风与贺琛上疏

(一) 梁初吏治

梁朝是一个粗安的时代。梁武帝建立梁朝后,在政治、经济各方面都有一些积极措施。如注意人才的选拔,派使者到各地"访贤举滞"。对于庶族寒门,也要让他们参加政权,"随才试吏,勿有遗隔"。他规定"每简长吏,务选廉平,皆召之于前,勖以政道"。又下令"小县令有能,迁大县,大县有能,迁二千石(刺史)"②。他注意听取民间意见,在公车府肺石旁设置一箱子,叫"肺石函",接受老百姓申冤。另设"榜木函",接受布衣之士议论朝政的各种意见。他重视发展农业生产,屡次下诏减免"三调"。梁武帝统治时期,文化教育也有很大的发展。

梁武帝本人生活俭朴,也很勤奋。"虽万机多务,犹卷不辍手,燃烛侧光,常至戊夜。""每至冬月,四更竟,即敕把烛看事,执笔触寒,手为皲

---

① 《资治通鉴》卷139明帝建武元年。
② 《资治通鉴》卷145武帝天监元年。

裂。""日止一食,膳无鲜腴,惟豆羹粝食而已……身衣布衣,木绵皂帐,一冠三载,一被二年"。①

梁初宰相范云、徐勉以及周捨等人,也多为不治产业的清廉官员。徐勉官至吏部尚书、侍中,"不营产业,家无蓄积",对人说:"人遗子孙以财,我遗之以清白。子孙才也,则自致辎辇;如其不才,终为他有。"他在给儿子徐崧的书信中引古人话说"遗子黄金满籝,不如一经",有个门客向他求官,他答道:"今夕止可谈风月,不宜及公事","故时人咸服其无私"。②范云曾劝梁武帝不要纳齐东昏侯余妃,"及居选官,任守隆重,书牍盈案,宾客满门,云应对如流,无所壅滞,官曹文墨,发摘若神,时人咸服其明赡"③。周捨为中书通事舍人,"日夜侍上,预机密,二十余年未尝离左右。捨素辩给,与人泛论谈谑,终日不绝口,而竟无一言漏泄机事,众尤叹服之。性俭素,衣服器用,居处床席,如布衣之贫者"。"历掌机密,清贞自居。食不重味,身靡兼衣。终亡之日,内无妻妾,外无田宅,两儿单贫,有过古烈"④。

由于梁朝前期政治比较清明,使社会经济有所发展,南朝是南方长江及珠江流域经济发展的重要时期,而其在梁时的发展均超过了南朝其他几个朝代。

(二) 梁中后期的腐败

到了梁中后期,政治上变得腐败起来。梁武帝看到宋、齐两朝都是由于皇族之间互相残杀而最后失去政权,因而对自己的亲族格外宽容,想用骨肉恩爱来改变宋齐的骨肉相残。他对宗室诸王不但给以实权,而且犯法只用"家教"。由此,这些人贪婪成性,尽情搜刮。梁武帝六弟临川王萧宏王府后面有百余间仓库,钱三亿余,布、绢、丝、绵、漆、蜜以及各种杂货无法计算。梁武帝听人揭发说萧宏私藏武器,很是紧张,亲自去查看。

---

① 《梁书》卷 3《武帝下》。
② 《梁书》卷 25《徐勉传》。
③ 《梁书》卷 13《范云传》。
④ 《梁书》卷 25《周捨传》。

后来一看都是钱物,十分高兴,对萧宏说:"阿六,汝生计大可!"接着与他一起痛饮到深夜才回宫。从此,贪污成为合法。又如对萧正德投奔北魏,又逃回建康,梁武帝并不处罪,只是边哭边教育他,还恢复了他的封爵。豫章王萧综在普通六年(525年)梁与北魏战争时,作为统帅投降北魏,使梁军大败。梁武帝后来还恢复了他的爵位。邵陵王纶,是梁武帝的第六子,他摄南徐州事。"在州喜怒不恒,肆行非法。"他一次游逛市里,问卖鲑者曰:"刺史何如?"对曰:"躁虐。"萧纶大怒,"令吞鲑而死。"①这事本应处罪,由于萧统求情,梁武帝还是免去了他的刑。梁武帝只讲宽容、仁慈,不讲法治,最终只能是姑息养奸,造成更大的祸乱。

梁武帝还利用佛教作为思想统治的工具。由于他的提倡鼓励,佛教风靡一时。建康内外寺院五百余所,一座连着一座,崇楼峻阁,高台宝塔,耸入云天。仅建康城内的僧尼就有十余万人,全国更是不计其数。僧尼养女蓄婢都不登记入籍,由此全国户口减少了一半,大大影响政府收入。大通元年(527年),梁武帝在建康建立一座同泰寺(今南京鸡鸣寺),早晚都去拜佛念经,后来,他先后四次舍身同泰寺,就是把身体舍给佛爷为奴。但国家不能没有皇帝,于是大臣就每次花一亿钱,共花了四亿钱把他赎回来。上行下效。在梁朝,太子、诸王公贵族及百官,大多奉佛。佛教的兴盛,浪费了大量社会财富,人民生活更贫穷困难了。荀济上书"谏上崇信佛法、为塔寺奢费",梁武帝大怒,"欲集朝众斩之"②。后来荀济逃到了东魏。

梁武帝纵容宗室贵族为非作歹。上行下效,官吏们也多贪污成风。鱼弘历任南谯、盱眙、竟陵太守,常对人说:"我为郡,所谓四尽:水中鱼鳖尽,山中獐鹿尽,田中米谷尽,村里民庶尽。丈夫生世,如轻尘栖弱草,白驹之过隙。人生欢乐富贵几何时!"他"恣意酣赏,侍妾百余人,不胜金翠,服玩车马,皆穷一时之绝"。③ 普通五年(524年),朱异代周捨掌机密,"方镇改换,朝仪国典,诏诰敕书,并兼掌之"。"异居权要三十余年,

① 《资治通鉴》卷150武帝普通六年。
② 《资治通鉴》卷160武帝太清元年。
③ 《梁书》卷28《鱼弘传》。

善窥人主意曲,能阿谀以承上旨,故特被宠任"。"异及诸子潮沟列宅至青溪,其中有台池玩好,每暇日与宾客游焉。四方所馈,财货充积……厨下珍羞腐烂,每月常弃十数车"①。梁武帝接纳侯景,朱异在旁怂恿,起了很大作用。梁地方官贪污事例也不少:济阳江禄(江敩子),出为武宁太守,大事搜刮,"积钱于壁,壁为之倒"②。王筠出为临海太守,"在郡侵刻,还资有芒履两舫(船),他物称是"③。邓元起任益州刺史,大事聚敛,"财富山积,金玉珍帛为一室,名曰内藏;绮縠锦罽为一室,号曰外府"④。刺史所携的宾客也同样大肆搜刮。梁武帝侄萧恪为雍州刺史,委政群下,"百姓每通一辞,数处输钱,方得闻彻。宾客有江仲举、蔡薳、王台卿、庾仲容四人,俱被接遇,并有蓄积,故人间歌曰:'江千万,蔡五百(万),王新车,庾大宅。'"⑤梁代当官搜刮的钱财除了满足自己侈靡生活外,还要奉献于君主。"(萧)衍所部刺史牧守,初至官者,皆责其上献,献物多者,便云称职;所贡微少,言为弱惰。故其牧守在官,皆竞事聚敛,劫剥细民,以自封殖,多伎姜粱肉金绮。百姓怨苦,咸不聊生。"

侯景之乱发生后,朱异给他写信,劝其投降,侯景回信并告城中士民:"梁自近岁以来,权倖用事,割剥齐民,以供嗜欲。如曰不然,公等试观:今日国家池苑,王公第宅,僧尼寺塔;及在位庶僚,姬妾百室,仆从数千,不耕不织,锦衣玉食;不夺百姓,从何得之!"⑥后来又在"陈帝十失"中指出:"建康宫室崇侈,陛下唯与主书参断万机,政以贿成,诸阉豪盛,众僧殷实。皇太子珠玉是好,酒色是耽……"⑦侯景所述,确是事实。

(三) 贺琛上疏

对于梁后期社会的腐败,大同十一年(545 年),有一个正直的大臣散

① 《梁书》卷38《朱异传》。
② 《南史》卷36《江夷传附禄传》。
③ 《南史》卷22《王昙首附筠传》。
④ 《南史》卷51《梁长沙宣武王懿传附藻传》。
⑤ 《南史》卷52《梁南平元襄王伟传附恪传》。
⑥ 《资治通鉴》卷161武帝太清二年。
⑦ 《资治通鉴》卷162武帝太清三年。

骑常侍贺琛实在看不过去,上了一个奏章,提出四条意见:(1)现在天下户口减少,郡县官只管征敛,民不堪命,到处流亡。"天下户口减落,诚当今之急务……郡不堪州之控总,县不堪郡之衰削,更相呼扰,莫得治其政术,惟以应赴征敛为事。百姓不能堪命,各事流移,或依于大姓,或聚于屯封,盖不获已而窜亡,非乐之也……民失安居,宁非牧守之过?"(2)官吏贪残,穷奢极欲,浪费严重。"今天下宰守所以皆尚贪残,罕有廉白者,良由风俗侈靡,使之然也。淫奢之弊,其事多端,粗举二条,言其尤者……今之燕(宴)喜,相竞夸豪,积果如山岳,列肴同绮绣……未及下堂,已同臭腐。又歌姬舞女,本有品制……今畜伎之夫,无有等秩,虽复庶贱微人,皆盛姬姜,务在贪污,争饰罗绮。故为吏牧民者,竞为剥削,虽致赀巨亿,罢归之日,不支数年,便已消散……乃更追恨向所取之少,今所费之多。如复傅翼,增其搏噬……欲使人守廉隅,吏尚清白,安可得邪!"(3)权臣百官,作威作福,陷害好人。百官"既得伏奏帷扆,便欲诡竞求进","但务吹毛求疵……以深刻为能,以绳逐为务,迹虽似于奉公,事更成其威福。犯罪者多,巧避滋甚,旷官废职,长弊增奸,实由于此"。(4)朝廷大兴土木,没完没了,百姓服役不停。"国弊则省其事而息其费","凡京师治、署、邸、肆应所为,或十条宜省其五,或三条宜除其一","应四方屯、传、邸、治,或旧有,或无益,或妨民,有所宜除,除之;有所宜减,减之……不息费,则无以聚财,不休民,则无以聚力"。①

贺琛所述,主要是官吏追求奢侈,就必然贪污,欺压剥削百姓。这些都是事实,且切中时弊,梁武帝如能接受,对治国定大有益。但梁武帝这时已经年老昏庸,听不进正确意见。他见到贺琛的奏章后,大怒,召主书于前,口授敕责备贺琛,逐条加以驳斥。他说:卿云"民失安居,牧守之过"。"尧为圣主,四凶在朝,况乎朕也,能无恶人?但大泽之中,有龙有蛇,纵不尽善,不容皆恶。卿可分明显出:某刺史横暴,某太守贪残,某官长凶虐;尚书、兰台、主书、舍人,某人奸猾,某人取与,明言其事,得以黜陟"。卿又云"守宰贪残,皆由滋味过度"。"若以此指朝廷,我无此事。

————————

① 《梁书》卷38《贺琛传》。

昔之牲牢,久不宰杀,朝中会同,菜蔬而已。”“功德之事,亦无多费,变一瓜为数十种,食一菜为数十味……我自除公宴,不食国家之食,多历年稔,乃至宫人,亦不食国家之食,积累岁月”。卿云“宜导之以节俭”,“此言大善……朕绝房室三十余年,无有淫佚。朕颇自计,不与女人同屋而寝,亦三十余年。至于居处不过一床之地,雕饰之物不入于宫,此亦人所共知。受生不饮酒,受生不好音声,所以朝中曲宴,未尝奏乐,此群贤之所观见。朕三更出理事,随事多少,事少或中前得竟,或事多至日昃方得就食。日常一食,若昼若夜,无有定时。疾苦之日,或亦再食。昔要腹过于十围,今之瘦削裁二尺余,旧带犹存,非为妄说”。卿又云“百司莫不奏事,诡竞求进”。“此又是谁? 何者复是诡事? 今不使外人呈事……谁尸其任?”卿云“吹毛求疵”,“复是何人所吹之疵?”“又云‘治、署、邸、肆’,何者宜除? 何者宜省? ‘国容戎备’,何者宜省? 何者未须? ‘四方屯传’,何者无益? 何者妨民? 何处兴造而是役民? 何处费财而是非急? ……静息之方复何者? 宜各出其事,具以奏闻。”“诚如卿言,终须出其事,不得空作漫语……富国强兵之术,急民省役之宜,号令远近之法,并宜具列。若不具列,则是欺罔朝廷,空示颊舌。”[1]

贺琛见到梁武帝这道敕,只得不断叩头谢罪,不敢再说什么。从此朝廷上谁也不敢直言进谏。梁武帝对贺琛的批驳,实际上是无力的。他举出自己生活俭朴为理由,但它并不能否定梁朝官场上贪污奢侈风气的蔓延;梁武帝文过饰非,拒绝正确批评,恰恰证明他已无力改变梁末腐败的现状。这样,梁朝也就在不久后发生的侯景之乱中走向了灭亡。

五、陈朝吏治及其覆亡

（一）陈朝吏治与反贪

陈是南朝最后一个王朝,国土最小。陈开国皇帝陈霸先在梁末侯景之乱中崛起,在击杀王僧辩后于太平二年(557 年)代梁做了皇帝,他即是

---

① 《梁书》卷 38《贺琛传》。

陈武帝。

陈霸先做皇帝不到三年,于永定三年(559年)病死,他在位时"恒崇宽政,爱育为本",非军旅急需,不轻易向人民征发。他生活也很俭朴,"常膳不过数品,私飨曲宴,皆瓦器蚌盘,肴核庶羞,裁令充足而已,不为虚费……子女玉帛,皆班将士。其充闺房者,衣不重彩,饰无金翠,哥钟女乐,不列于前"①。他建立的陈王朝,使遭到大破坏的南朝经济文化得到了恢复和发展。

陈初吏治也较好。永定二年(558年),孔奂任晋陵(治所在今江苏常州)太守。"晋陵自宋、齐以来,旧为大郡,虽经寇扰,犹为全实,前后二千石多行侵暴,奂清白自守,妻子并不之官,唯以单舫临郡,所得秩俸,随即分赡孤寡,郡中大悦,号曰'神君'。"曲阿富人殷绮,送他一套衣服和一条毡被,孔奂说:"太守身居美禄,何为不能办此。但民有未周,不容独享温饱耳。"②拒绝收受。中书令沈众,穿得特别差,"每于朝会之中,衣裳破裂,或躬提冠履",永定二年(558年),兼任起部尚书,监造太极殿,"恒服布袍芒屩,以麻绳为带,又携干鱼、蔬菜饭独噉之"③。这虽是个有怪僻的特例,但也可见陈初崇尚节俭的风气。

陈霸先死后,其侄陈蒨即位,即陈文帝。陈文帝"起自艰难,知百姓疾苦。国家资用,务从俭约"。"恭俭以御身,勤劳以济物"④。继续贯彻勤俭的方针。他多次下诏减免租税,劝课农桑,天嘉元年(560年)三月下诏:"兵戈静戢,息肩方在,思俾余黎,陶此宽赋……守宰明加劝课,务急农桑。"⑤八月又诏"守宰亲临劝课,务使及时"。他大力革除梁朝奢丽之风。"雕镂淫饰,非兵器及国容所须,金银珠玉,衣服杂玩,悉皆禁断"⑥。

陈文帝承梁末宽政之后,留心刑政,亲临刑狱。对百官犯罪处理很严,即使功臣也不宽贷。侯安都在他即位过程中起了重要作用,后又与侯

①　《陈书》卷2《高祖纪下》。
②　《陈书》卷21《孔奂传》。
③　《陈书》卷18《沈众传》。
④　《陈书》卷3《世祖纪》。
⑤　《陈书》卷3《世祖纪》。
⑥　《陈书》卷3《世祖纪》。

瑱一起平定王琳,任侍中、司空高职,但他恃功骄横,其部下大多不遵守国法军令,遭官府缉拿,就逃到侯府躲避。天嘉四年(563 年),文帝终于把他处死。

蔡景历在文帝即位时有大功,任秘书监、中书通事舍人,累迁散骑常侍。天嘉六年(565 年)蔡妻兄刘洽依仗蔡的权势,"前后奸讹,并受欧阳武威饷绢百匹"。为此,蔡景历被罢官。

文帝还十分重视监察工作。孔奂任晋陵太守时有善政,就任命为御史中丞。"奂性刚直,善持理,多所纠劾,朝廷甚敬惮之。深达治体,每所敷奏,上未尝不称善,百司滞事,皆付奂决之。"①

天嘉六年(565 年),徐陵任御史中丞。当时文帝弟安成王顼为司空,"以帝弟之尊,势倾朝野"。直兵鲍僧叡假安成王权威,"抑塞辞讼,大臣莫敢言者"。徐陵得知后,弹劾安成王顼。他率领御史台一些官吏,奉了奏章入朝,文帝见他"服章严肃,若不可犯,为敛容正坐"。徐陵进读奏版时,安成王顼在一旁侍立,仰视文帝,汗流浃背。徐陵命殿中御史把他带下殿,后终于罢去了他侍中、中书监职务。"自此朝廷肃然"②。

文帝时还很重视选拔人才。天康元年(566 年),徐陵任吏部尚书,他以为梁末以来,"选授多失其所",于是提出选人要名实相符。当时"冒进求官,喧竞不已"。徐陵写了一封公开信答复说:"自古吏部尚书者,品藻人伦,简其才能,寻其门胄,逐其大小,量其官爵。梁元帝承侯景之凶荒,王太尉接荆州之祸败,尔时丧乱,无复典章,故使官方,穷此纷杂。永定(557—560 年)之时,圣朝草创,干戈未息,亦无条序。府库空虚,赏赐悬乏,白银难得,黄札易营,权以官阶,代于钱绢,义存抚接,无计多少。至令员外、常侍路上比肩,咨议、参军市中无数,岂是朝章,应其如此? 今衣冠礼乐,日富年华,何可犹作旧意,非理望也。"③意思是梁末及陈初因为战乱,使选举没有典章,特别是陈初因经济困难只能暂时用官位换取白银,现在社会安定,应该按制度选拔人才。大家都非常佩服他的主张,把他比

<hr/>

① 《陈书》卷 21《孔奂传》。
② 《陈书》卷 26《徐陵传》。
③ 《陈书》卷 26《徐陵传》。

作三国魏时的毛玠。

文帝死后三年，政权落到陈项手中，太建元年（569年），他登基称帝，即宣帝。宣帝在位十四年，是陈朝在位时间最长的一位皇帝。

陈宣帝即位后继续对贪污受贿官吏加以惩治。宣帝任宗元饶为御史中丞，当时合州刺史陈衰"赃污狼藉，遣使就渚敛鱼，又于六郡乞米，百姓甚苦之"。元饶劾奏他"擅行赋敛，专肆贪取"①，终于使他免官。吴兴太守、武陵王伯礼，是文帝第十子，他"在郡恣行暴掠，驱录民下，逼夺财货，前后委积，百姓患之"。也被弹劾，后终于被免官。② 豫章内史、南康嗣王方泰是武帝之孙，"在郡不修民事，秩满之际，屡放部曲为劫，又纵火延烧邑居，因行暴掠，驱录富人，征求财贿"。被宗元饶弹劾，"免官，以王还第"。后来他又被任为散骑常侍，"微服往民间，淫人妻，为州所录。又率人仗抗拒，伤禁司，为有司所奏。上大怒，下方泰狱"③。

宣帝时另一御史中丞袁宪也敢于严格执法，惩治贪污。"时豫章王叔英不奉法度，逼取人马，宪依事劾奏，叔英由是坐免黜，自是朝野皆严惮焉"④。

由于宣帝能重视吏治，严惩贪污，因此这一时期出现不少清廉官吏。孔奂任寻阳太守，行江州事。"在职清俭，多所规正，高宗（宣帝）嘉之，赐米五百斛，并累降敕书殷勤劳问。"太建六年（574年）任吏部尚书，他"性耿介，绝请托，虽储副之尊，公侯之重，溺情相及，终不为屈"⑤。中书令、侍中张种，"任恣寡欲，虽历居显位，而家产屡空，终日晏然，不以为病"⑥。王劢任晋陵太守，"在郡甚有威惠，郡人表请立碑，颂励政绩。"⑦褚玠"廉俭有干用"，任山阴令，"县民张次的、王休达等与诸猾吏赂贿通奸，全丁大户，类多隐没"。褚玠逮捕了张次的，宣帝"手敕慰劳，并遣使助玠搜

---

① 《陈书》卷29《宗元饶传》。
② 《陈书》卷28《武陵王伯礼传》。
③ 《陈书》卷14《南康愍王昙朗传附子方泰传》。
④ 《陈书》卷24《袁宪传》。
⑤ 《陈书》卷21《孔奂传》。
⑥ 《陈书》卷21《张种传》。
⑦ 《陈书》卷17《王通传附劢传》。

括,所出军民八百余户"①。

宣帝本人生活也较节俭。太建七年(575 年),"陈桃根又表上织成罗又锦被各二百首,诏于云龙门外焚之"②。太建十年(578 年),宣帝下诏说:"应御府堂署所营造礼乐仪服军器之外,其余悉皆停息;掖庭常供、王侯妃主诸有俸恤,并各量减。"十一年(579 年)又下诏:"并勒内外文武车马宅舍,皆循俭约,勿尚奢华。"③宣帝也重视对贪污受贿的处理。十一年下诏:"旧律以枉法受财为坐虽重,直法容贿其制甚轻,岂不长彼贪残,生其舞弄?事陟货财,宁不尤切?今可改不枉法受财者,科同正盗。"④

(二) 陈后主杀谏臣

太建十四年(582 年)陈宣帝死,长子叔宝登上帝位,即陈后主。

陈后主是有名的荒淫无道的君主。他喜爱女色。后宫有张贵妃、孔贵嫔、龚贵嫔等人。张贵妃名丽华,本兵家女,姿色超群。发长七尺,其光可鉴,聪明伶俐,又善奉迎,对陈叔宝百般献媚,深受宠爱。陈叔宝不视朝政。所有百官奏折,都由宦官蔡脱儿、李善度奏请。叔宝坐在细软的"隐囊"中,把张丽华抱在膝上,共同决定可否。李、蔡记不起的事,张贵妃都能一一回答,由此擅权,援引宗戚,横行不法。

陈叔宝又大造宫室。在光昭殿前盖起临春阁、结绮阁、望仙阁。各高楼十丈,连屋数十间,其窗户、门槛都用沉香木制成,上饰金珠、玉翠。屋内有宝床、宝帐,微风吹过,香闻数里,旭日映照,光彻后庭。阁下有假山石、水池,种了不少奇花异草。陈叔宝自居临春阁,张贵妃住结绮阁,龚、孔二贵嫔住望仙阁。三阁并有复道,可互相往来。

仆射江总,虽身为宰辅,但不亲政务。常与都管尚书孔范、散骑常侍王瑳等十余人,入阁侍宴,称为"狎客"。每一宴会,各位妃、嫔、女学士与狎客等共同赋诗,互相酬答。其中艳丽的诗句,谱成歌曲。选宫女

---

① 《陈书》卷 34《褚玠传》。
② 《陈书》卷 5《宣帝纪》。
③ 《陈书》卷 5《宣帝纪》。
④ 《陈书》卷 5《宣帝纪》。

百余人学习新声,按歌度曲,载歌载舞,歌曲有《玉树后庭花》《临春乐》等名目。君臣酣歌痛饮,通宵达旦。唐诗人杜牧写诗讽刺道:"商女不知亡国恨,隔江犹唱《后庭花》。"把陈后主后宫的靡靡之音喻为亡国之音。

后主荒于酒色,不恤政事,"阉宦便佞之徒,内外交结,转相引进,贿赂公行"①,引起朝中正直之士的不满,侍中、吏部尚书毛喜屡次谏诤,被中书通事舍人司马申谮毁,逐出朝廷,去任永嘉内史。秘书监傅𬘯对施文庆、沈客卿专制朝纲不满,施文庆就诬陷傅𬘯收受高丽使者的贿赂,后主收傅𬘯下狱,傅𬘯刚直,在狱中愤而上书。书曰:

> 夫君人者,恭事上帝,子爱下民,省嗜欲,远谄佞,未明求衣,日昃忘食,是以泽被区宇,庆流子孙。陛下顷来酒色过度,不虔郊庙之神,专媚淫昏之鬼;小人在侧,宦竖弄权,恶忠直若仇雠,视生民如草芥,后宫曳绮绣,厩马余菽粟,百姓流离,僵尸蔽野;货贿公行,帑藏损耗,神怒民怨,众叛亲离。恐东南王气,自斯而尽。

书上奏后,后主大怒。过后,他稍稍息怒,派人对傅𬘯说:"我欲赦卿,卿能改过不?"傅𬘯答道:"臣心如面,臣面可改,则臣心可改。"②后主就把他杀了。

不久,任大市令的吴兴人章华又上书进谏。他说:"陛下即位,于今五年,不思先帝之艰难,不知天命之可畏,溺于嬖宠,惑于酒色,祠七庙而不出,拜妃嫔而临轩,老臣宿将,弃之草莽,谄佞谗邪,升之朝廷。今疆场日蹙,隋军压境,陛下如不改弦易张,臣见麋鹿复游于姑苏台矣。"③后主见书,大怒,当天就下令把章华杀了。

陈朝统治者日益沉溺腐败,众叛亲离,终于在开皇九年(589年),被北方隋朝所灭。元朝胡三省在注《资治通鉴》时说:"'杀谏臣者必亡其国',岂不信哉!"

---

① 《陈书》卷7"史臣云"。
② 《陈书》卷30《傅𬘯传》。
③ 《陈书》卷30《章华传》。

第四节　北　　朝

一、北朝监察制度

北朝包括北魏(386—534 年)、东魏(534—550 年)、北齐(550—577年)、西魏(535—556 年)、北周(557—581 年),历时共达 196 年。北朝由于是鲜卑族建立的国家,进入中原后又受到汉族制度文化的影响,所以北朝监察制度呈现出胡汉融合的特点。

(一) 北魏前期的候官

北魏建国初,道武帝拓跋珪在设置百官时,也建立起监察机构,外朝有御史台(兰台)、尚书左丞、司隶校尉等监察机构和官吏,如崔逞曾任御史中丞;贾彝、张蒲等曾任尚书左丞;拓跋顺等曾任司隶校尉。但当时真正能发挥监察作用的,却是内朝的候官。天兴四年(401 年)九月"罢外兰台御史,总属内省"①。《魏书·官氏志》载:

> 初,帝欲法古纯质,每于制定官号,多不依周汉旧名,或取诸身,或取诸物,或以民事,皆拟远古云鸟之义。诸曹走使谓之凫鸭,取飞之迅疾;以伺察者为候官,谓之白鹭,取其延颈远望。自余之官,义皆类此,咸有比况。

候官称为"白鹭",因其伺察时像白鹭的伸长头颈远望。这带有鲜卑族较原始的习俗。候官权力很大,监察京城内外的众多官吏。其伺察的手段也很多,甚至穿了便衣混在官府中,观察官吏的过失。《魏书·刑罚志》说:候官"至有微服杂乱于府寺间,以求百官疵失"。如庾岳"衣服鲜

---

① 《魏书》卷 113《官氏志》。

丽,行止风采,拟仪人君"①,被侯官告发,结果正好碰上道武帝生病多猜忌,就因此被诛杀。由于北魏初内外矛盾尖锐,客观上造成需要加强监察,所以侯官数急剧膨胀。太安四年(458 年)"增设内外侯官,伺察诸曹外部州镇",到太和初(477 年)内外侯官多达一千多人。

侯官设置太多太滥,带来了严重的不良后果,"奸巧弄威,重罪受赇不列,细过吹毛而举"②。监察者本身不正,对重罪者受贿后则轻轻放过,对轻罪者吹毛求疵,从而造成滥用职权,冤狱遍地。有鉴于此,孝文帝在太和三年(479 年)将所任侯官全部撤职,重新选择了几百名忠厚谨直者,让他们在街道上巡逻,制止喧闹斗殴。史称"吏民始得安业"③。

(二) 御史台

作为内官的侯官退出历史舞台后,外朝的御史台才真正发挥了监察职能。

御史台是沿袭魏晋的汉族监察机构。北魏前期鲜卑贵族中主张汉化和反对汉化的两派势力斗争激烈,反映到监察制度上也是胡汉混杂,御史台时置时废。早先虽然设置御史台,但有名无实,到天兴四年(401 年)废去,归属于内朝的侯官曹。不久,又复置御史台。明元帝时陆俟"典选部、兰台事",兰台,即御史台。但此时御史台作用仍然不大,往往有职无权,史书上也少见他们有突出的政绩。直到献文帝时,御史台官员才敢于发挥监察作用。高谧为兰台御史,又迁治书侍御史,"弹纠非法,当官而行,无所畏避,甚见称赏"④。他敢于弹劾非法官员,并受到称赞,说明皇帝重视和支持御史台的工作。到孝文帝罢侯官曹后,御史台更成为国家唯一的权威的监察机构。

北魏御史台也称"南台",其最高长官为御史中尉,官秩第三品上(后改为从三品),其官品虽不高,但因是中央监察机关首脑,声势显赫。《通

---

① 《魏书》卷 28《庚业延传》。
② 《魏书》卷 111《刑罚志》。
③ 《资治通鉴》卷 135 高帝建元元年。
④ 《魏书》卷 32《高湖传附谧传》。

典·职官六》曰:

> 后魏为御史中尉督司百僚,其出入千步清道,与皇太子分路,王公百辟咸使逊避,其余百僚下马驰车止路旁,其违缓者以棒棒之。其后洛阳令得以分道。

御史中尉外出时,王公百僚都要下马停车在路旁,违者可用棒击之;而且有专道,与皇太子分路,其威风显赫达到空前。孝庄帝时,帝妹寿阳公主出行犯了清路之规,被御史中丞高道穆的士卒以棒击破了车,后孝庄帝还主动向高道穆道歉。皇帝这样做,都是为了维护御史中尉的权威地位。

御史中尉的属官有:

治书侍御史,五品上(后改为六品上),"掌纠禁内,朝会失时,服章违错,飨宴会见,悉所监之。"①

侍御史,八人,从五品(后改为第八品下)。

殿中御史,十四人,从五品中(后改从八品)。

侍御史与殿中御史,"昼则外台受事,夜则番直内台",殿中御史还掌管宫殿宿卫禁兵。

检校御史十二人,从八品,专门负责外朝和地方的监察。

东魏北齐御史台机构多沿袭北魏,北齐御史台仍称南台,改御史中尉为御史中丞,从三品。北齐初,废除了御史中尉的"清道制",但在武成帝时,因其子琅玡王俨兼御史中丞,为加强其威严,又恢复此制。"俨出北官,凡京畿之步骑领军之官属,中丞之威仪,司徒之卤簿,莫不毕备"②。

北齐中丞的属官有:治书御史二人,侍御史八人,殿中御史十二人,检校御史十二人等。

北周改御史台为司宪,列入秋官府,改御史中丞为司宪中大夫,二人,正五命。其属官有,司宪上士二人,正三命,相当治书侍御史;司宪中士,正三命,同侍御史;司宪旅下士八人,正一命,同检校御史。

---

① 《文献通考》卷53《职官七》。
② 《通典·职官六》。

除了御史台外,北朝(北周除外)还在尚书省内设尚书左丞,掌监察。如孝明帝时,尚书左丞卢同劾奏康生违制加征百姓调赋,"同乃举按康生度外征调。书奏,诏科康生之罪,兼褒同在公之绩"①。又如东魏时尚书左丞宋游道劾太师咸阳王坦、太保孙腾、司徒高隆之等人。此外,北朝尚书令也掌弹纠,"见事与御史中丞更相廉察"②。

北魏初,设司隶校尉统司州,后改为司州牧。东魏、北齐也设此官,北周改称雍州牧。这是京师所在一州的行政长官兼监察官,主要监察属郡长吏,不再监察在京行马外的中央百官。

孝文帝是一位有作为的君主,他实行了以汉化为中心的一系列改革。他重视南朝来的王肃的意见,仿照南朝制度,实行官制改革,基本上取消了内官系统,加重门下省的权力。在监察制度方面,也使御史从内朝移到了外朝。御史权限日益扩大和加强。如李彪为御史,"多所劾纠,远近畏之,豪右屏气。高祖常呼彪为李生。于是从容谓群臣曰:'吾之有李生,犹汉之有汲黯。'"③薛聪,"迁(治)书侍御史,凡所弹劾,不避强御,孝文或欲宽贷者,聪辄争之。帝每云:'朕见薛聪,不能不惮,何况诸人也?'自是贵戚敛手"④。

由于御史位尊权重,所以受到人们的重视。孝明帝熙平初(516年),"中尉、东平王匡博召辞人,以充御史,同时射策者八百余人,(温)子升与卢仲宣、孙搴等二十四人为高第。于时预选者争相引决,匡使子升当之,皆受屈而去。搴谓人曰:'朝来靡旗乱辙者,皆子升逐北。'遂补御史"⑤。为充任御史,参加竞争者竟有八百多人,可见御史一职地位之高,也说明御史选任十分严格。

但是到北魏后期,由于政治腐败,监察制度也不能正常发挥作用,一些御史举劾弹奏后甚至受到打击报复。如孝明帝时,李世哲为相州刺史,

---

① 《魏书》卷76《卢同传》。
② 《通典·职官四》。
③ 《魏书》卷62《李彪传》。
④ 《北史》卷36《薛辩传附聪传》。
⑤ 《魏书》卷85《温子升传》。

"斥逐细人,迁徙佛寺,逼买其地,广兴第宅,百姓患之"①。被御史高道穆所劾,后李世哲弟李神轨掌权,正好道穆兄高谦之家奴上诉高家"压良为奴",李神轨就收捕高谦之。当时即将发布大赦,李神轨就先把高谦之处死。又如《水经注》作者郦道元曾任御史中尉,"素有严猛之称"。他因弹劾汝南王元悦,受报复。元悦奏遣郦道元去巡察南朝投来的已有反意的萧宝夤,结果被宝夤杀害。在这种状况下,越来越多的御史中丞怕受报复而畏缩不前,如甄琛"俛眉畏避,不能绳纠贵游,凡所劾治,率多下吏"②。崔亮"外虽方正,内亦承候时情"③。裴延儁"守职而已,不能有所裁断直绳"④。

东魏初,为改变北魏后期腐败局面,高欢父子重视监察,任用崔暹等为御史中尉,弹劾权贵。北齐初,为求政治清明,仍重视对百官的监察,但到北齐幼主高恒时,又出现了十分腐败的局面。

西魏宇文泰实行一系列改革,对改善吏治起了一定的作用。但御史中丞或是长期空缺,或是受遣带兵出征,使西魏监察制度不能发挥应有作用,到北周武帝时,实行改革,修订法律,加强了对地方的监察。

综上所述,北朝由于社会矛盾和民族矛盾的特殊性,其监察制度呈现出自己的特点,其前期监察制度不完备,效果比较差,孝文帝改革后,御史发挥了较大的作用,此后由于政治腐败,监察也不能发挥应有的作用,东西魏分裂后,在个别时期,监察工作还是有一定的成效的。

二、北魏前期官无俸禄下的吏治状况

北魏前期,百官没有俸禄,这与鲜卑拓跋部早期社会发展状况有关。从拓跋珪建立北魏以后,拓跋部虽然已进入了封建制阶段,但还残存着浓厚的奴隶制残余;特别是制度方面,落后的因素更多。百官没有俸禄正是

---

① 《魏书》卷66《李崇传附李世哲传》。
② 《魏书》卷68《甄琛传》。
③ 《魏书》卷66《崔亮传》。
④ 《魏书》卷69《裴延儁传》。

过去以游牧经济为主,处于奴隶制阶段的反映之一。不独拓跋部如此,在十六国时期许多少数民族政权也是如此。

由于没有确立俸禄制,一部分官吏生活清贫。拓跋珪时吏部尚书崔玄伯,"俭约自守,不营产业,家徒四壁,出无车乘"。拓跋珪知道后,"益重之,厚加馈赐"①。中书令高允"历事五帝,出入三省,五十余年"。"时百官无禄,允常使诸子樵采自给","家贫布衣,妻子不立","惟草屋数间,布被缊袍,厨中盐菜而已"②,文成帝赐以帛五百匹、粟千斛。济州刺史张蒲"清贫,妻子衣食不给"③。尚书左丞崔亮"虽历显任,其妻不免亲事舂簸"④。鲁郡太守张应,"妻子樵采以自供"⑤。巨鹿太守吕罗汉,"清身奉公,务存赡恤,妻子不免饥寒"⑥。相州刺史陆馥,"在州七年,家至贫约"⑦,等等。当然,衣食发生困难、家属要参加劳动的官吏毕竟是极少数的,且大多为文官和汉人,有些皇帝得知还给予了赏赐。而更多的官吏则通过各种途径来获取财富。其来源主要有:

(1)赏赐。北魏前期,由于不断对周边各少数民族和南朝发动战争,掠夺到了大量牲畜、人口、财物。每次战争后都要论功行赏,"班赏(赐)各有差"。在拓跋珪时班赏约十二三次;拓跋嗣时十二次;拓跋焘时十九次。如拓跋珪登国六年(391年)破刘卫辰部,获马三十余万匹、牛羊四百余万头,"班赐大臣各有差"⑧。拓跋嗣天兴五年(413年)破高车越勤倍泥部,"赐征还将士牛、马、奴婢各有差"⑨。拓跋焘始光四年(427年)破赫连昌,获马三十余万匹、牛数千万头,"以昌宫人及生口、金银、珍玩、布帛班赍将士各有差"⑩。受到这类赏赐的将领很多。如张济受赐奴婢百

---

① 《魏书》卷24《崔玄伯传》。
② 《魏书》卷48《高允传》。
③ 《魏书》卷33《张蒲传》。
④ 《魏书》卷66《崔亮传》。
⑤ 《魏书》卷88《张应传》。
⑥ 《魏书》卷51《吕罗汉传》。
⑦ 《魏书》卷40《陆俟传附馥传》。
⑧ 《魏书》卷2《太祖纪》。
⑨ 《魏书》卷3《太宗纪》。
⑩ 《魏书》卷4《世祖纪》。

口、马牛数百、羊二十余口。卢鲁元受赐僮隶数百人,布帛以万计。赏赐的对象首先是从征的将吏,后又扩大到留台的百官。如登国二年(387年)"班赐功臣长孙嵩等七十三人各有差"。七年(392年),"班赐诸官马牛羊各有差"①。崔浩为汉士族首领,官至司徒,"与参大谋,赏获丰厚,牛羊益泽,赀累巨万"②。赏赐的物质财富以马牛羊牲畜为主,也有布帛;人口以奴婢为主,还有杂户或隶户。

"班赐各有差"的政策是一种比较原始的统治者瓜分财富的方式。它对鼓励将士作战,促进军事力量发展起了很大的作用,同时,也增强了将领们的实力,发展了奴隶经济。拓跋焘统一北方后,战争减少,这种原始的分配财富的方式也愈来愈不适应新的形势而显著地减少了。

(2)掠夺。在以游牧经济为主,生产与作战合一的部落兵制阶段,战争被当作掠夺财富的手段。北魏前期在战争过程中,将士们也任意掠夺。拓跋焘平定赫连昌,"引诸将帅入其府藏,各令任意取金玉。诸将取之盈怀"③。崔浩上书拓跋焘说:"在朝群臣及西北守将,从陛下征讨,西灭赫连,北破蠕蠕,多获美女珍宝,马畜成群。南镇诸将,闻而生羡,亦欲南抄,以取资财。"④

(3)搜刮。北魏前期地方官对人民任意征发徭役,侵夺财产。地方刺史的任务是负责征收租调,只要上缴定额租调,就可以在地方上任意搜刮。为了限制地方官的搜刮,北魏皇帝多次下诏。神端元年(414年),"诏使者巡行诸州,校阅守宰资财,非自家所赍,悉簿为赃"⑤。太平真君四年(443年)诏曰:"牧守令宰不能助朕宣扬恩德,勤恤民隐,至乃侵夺其产,加以残虐,非所以为治也",以后"不听妄有征发"。⑥ 太安五年(459年)诏书说:"收守苽民,侵食百姓,以营家业,王赋不充,虽岁满去职,应

①　《魏书》卷2《太祖纪》。
②　《魏书》卷35《崔浩传》。
③　《魏书》卷33《公孙表传附轨传》。
④　《魏书》卷35《崔浩传》。
⑤　《魏书》卷3《太宗纪》。
⑥　《魏书》卷4《世祖纪》。

计前逋,正其刑罪。"①和平四年(463年)诏曰:"今内外诸司、州镇守宰,侵使兵民,劳役非一。自今擅有召役,逼雇不程,皆论同枉法。"②

地方官侵夺人民的具体事例也不少。王斤镇长安,"调役百姓,民不堪之,南奔汉川者数千家"③。梁郡太守程灵虬,"贪财为事,虐政残民,寇盗并起"④。各地镇将多为鲜卑贵族担任,比州郡守宰更为贪暴。虎牢镇将公孙轨"其初来,单马执鞭,返去,从车百两,载物而南"⑤。

(4)受贿。官吏搜刮除了强制榨取外,还有收受贿赂。如陕城镇将崔宽"招致礼遗,大有受取"⑥。乐陵太守张纂"在郡多所受纳"⑦。李宣茂在正平郡"受乡人财货"⑧。翟黑子"奉使并州,受布千匹"⑨。李䜣为相州刺史,"受纳民财"⑩。这类收取物,称为"义赃"。

(5)贪污。有些地方官利用职权贪污盗窃官库里的财物。如安屈在拓跋嗣时"典太仓事,盗官粳米数石"⑪。羊祉为司空令辅国长史,"侵盗公资,私营居宅"⑫。因而文成帝在太安四年(458年)诏书中说:"牧守百里,不能宣扬恩意,求欲无厌,断截官物以入于己,使课调悬少……非在职之官绥导失所,贪秽过度,谁使之致?"⑬

(6)经商。北魏前期,普通商业不够发达,官僚经商却很发达。这种状况正反映了社会经济的不发展。马克思说:"资本作为商人资本而具有独立的、优先的发展,意味着生产还没有从属于资本……因此,商人资

---

① 《魏书》卷5《高宗纪》。
② 《魏书》卷5《高宗纪》。
③ 《魏书》卷30《王建传附斤传》。
④ 《魏书》卷16《元鉴传》。
⑤ 《魏书》卷33《公孙表传附轨传》。
⑥ 《魏书》卷24《崔玄伯传附宽传》。
⑦ 《魏书》卷68《甄琛传附张纂传》。
⑧ 《魏书》卷49《李灵传附宣茂传》。
⑨ 《魏书》卷48《高允传》。
⑩ 《魏书》卷46《李䜣传》。
⑪ 《魏书》卷30《安同传》。
⑫ 《魏书》卷89《羊祉传》。
⑬ 《魏书》卷5《高宗纪》。

本的独立发展,是与社会的一般经济发展成反比例的。"①这种商业,"到处都代表着一种掠夺制度"②。拓跋焘的儿子恭宗拓跋晃与左右亲信"畜养鸡犬,乃至贩酤市廛,与民争利"③。据《南齐书·魏虏传》记载,北魏的妃妾,有婢使千人,她们织绫锦、酤酒、养猪羊牛马、种蔬菜,贩卖谋利,以供主人。皇室如此,一般官吏更是经商谋利。文成帝时,"牧守之官,颇为货利"④。官吏经商往往和商人联合。商人财力雄厚,又是营利能手,与官吏相勾结,为之出谋划策,狼狈为奸。有的商人直接隶属官府(北魏官制中有"商贾部二曹令"⑤),名为市买以供官用,实则经商中饱私囊。官吏经商的具体事例不少,如河内太守赵柔与其子以数百枚铧"鬻之于市"⑥,价为绢二十匹。西兖州刺史郑羲"多所受纳,政以贿成。性又啬吝,民有礼饷者,皆不与杯酒脔肉,西门受羊酒,东门酤卖之"⑦。崔宽为陕城镇将,"弘农出漆蜡竹木之饶,路与南通,贩贸来往,家产丰富"⑧。文成帝和平二年(461年)下诏说:"刺史牧民,为百里之表。自顷每因发调,逼民假贷,大商富贾,要射时利,旬日之间,增赢十倍。上下通同,分以润屋。故编户之家,困于冻馁,豪富之门,日有兼积。"⑨地方官与富商大贾勾结,不仅利用职权经商积累了大量财富,而且趁农民交纳租调时,青黄不接,放高利贷,重利盘剥。

在官吏没有俸禄的情况下,北魏前期吏治十分腐败。为此,皇帝一再下诏惩治不法官吏,拓跋珪天兴三年(400年)"分命诸官循行州郡,观民风俗,察举不法"。拓跋嗣永兴三年(411年)派安同等循行并州、定州,"察举守宰不法"。泰常二年(417年),"遣使者巡行天下……察守宰治

---

① 马克思:《资本论》第3卷,第366页。
② 马克思:《资本论》第3卷,第370页。
③ 《魏书》卷48《高允传》。
④ 《魏书》卷110《食货志》。
⑤ 《魏书》卷44《弗于传》。
⑥ 《魏书》卷52《赵柔传》。
⑦ 《魏书》卷56《郑羲传》。
⑧ 《魏书》卷24《崔玄伯传附宽传》。
⑨ 《魏书》卷5《高宗纪》。

行"①。拓跋焘始光四年(427 年)"行幸中山,守宰贪污免者十数人"。神䴥元年(428 年),"以天下守令多行非法,精选忠良悉代之"②。太延三年(437 年),"诏天下吏民,得举告牧守之不法"③。文成帝太安元年(455 年)派尚书穆伏真等三十人巡行州郡,观察风俗。对于"昏于政"者,"黜而戮之"④。文成帝在位十三年,发布整饬官吏的诏书六道。

吏治败坏造成的后果是严重的。一是社会阶级矛盾尖锐,由于"诸州刺史……纵奸纳赂,背公缘私,致令贼盗并兴,侵劫兹甚"⑤。北魏前期,各族人民起义不断,孝文帝即位后,农民起义更是日益频繁。二是官吏贪污受贿,盗窃官物,严重影响了国家的财政收入。三是官吏假公济私,经商谋利,影响败坏了社会风气。所有这些,都威胁到北魏政权的巩固。

三、孝文帝班行俸禄与整顿吏治

吏治败坏造成社会矛盾的激化,使北魏统治者必须实行改革。而要实行改革其前提条件又必须有一个较好的吏治状况,因为政策制定后,要靠官吏们去贯彻执行。王莽改制失败的一个重要原因就是吏治腐败,他任用富商大贾去执掌五均六管的大权。这个历史教训可能使北魏统治者把班行俸禄整顿吏治作为改革的前提。这一措施也有利于北魏皇帝更严密地控制各级官吏,以加强中央集权。

(一) 班行俸禄

在孝文帝正式班行俸禄前,北魏朝廷中已有人提出过班禄的问题。

孝文帝父亲献文帝是一位年轻有为的皇帝。他"刑政严明,显拔清

---

① 《魏书》卷 3《太宗纪》。
② 《魏书》卷 4《世祖纪》。
③ 《魏书》卷 111《刑罚志》。
④ 《魏书》卷 5《高宗纪》。
⑤ 《魏书》卷 7《高祖纪》。

节,沙汰贪鄙"。皇兴四年(470年)前后,他下诏严惩贪污,规定受贿羊一头、酒一斛者,大辟;参与者以从坐论处。告发尚书以下的官吏,就以被告者官位授之。这条诏书下达后,雍州刺史张白泽上表进谏。他说:"伏见诏书,禁尚书以下受礼者刑身,纠之者代职……且周之下士,尚有代耕,况皇朝贵仕,而服勤无报,岂所谓祖袭尧舜,宪章文武者乎?羊酒之罚,若行不已,臣恐奸人窥望,忠臣懈节……如臣愚量,请依律令旧法,稽同前典,班禄酬廉,首去乱群,常刑无赦。苟能如此,则升平之轨,期月可望,刑措之风,三年必致矣。"①张白泽的上疏代表了要求改革鲜卑旧俗的汉人官僚的意见。他认为官吏贪污的根本原因是百官无俸禄;官吏的升降不能靠揭发纠代,而要靠考课。张白泽的意见提出后,献文帝表示同意,即废除了受羊一只、酒一斛即处大辟的刑罚。但由于当时内外多事,"班禄酬廉"的事尚未来得及实行。

过了十四年,到孝文帝时这个问题又重新提了出来。这时时机已经成熟,当时由于孝文帝年幼实际由冯太后掌权的北魏政府终于正式决定实行俸禄制。

太和八年(484年),孝文帝下诏实行俸禄制:

> 置官班禄,行之尚矣。《周礼》有食禄之典,二汉著受俸之秩。逮于魏晋,莫不聿稽往宪,以经纶治道。自中原丧乱,兹制中绝,先朝因循,未遑厘改。朕永鉴四方,求民之瘼,夙兴昧旦,至于忧勤。故宪章旧典,始班俸禄。罢诸商人,以简民事。户增调三匹、谷二斛九斗,以为官司之禄。均预调为二匹之赋,即兼商用。虽有一时之烦,终克永逸之益。禄行之后,赃满一匹者死。变法改度,宜为更始,其大赦天下,与之惟新。②

这条班禄诏书主要内容是:(1)班行俸禄是"宪章旧典",即恢复周秦到两汉魏晋的俸禄制;十六国时期废除俸禄制是特殊情况。说明重新实行俸禄制是按汉族传统的办法;这也是"变法"的措施。(2)实行俸禄制

---

① 《魏书》卷24《张衮传附白泽传》。
② 《魏书》卷7《高祖纪》。

后,每户要增收帛三匹、谷二斛九斗,作为官吏的俸禄,北魏前期实行宗主督护制,三十五十家为一户,所以租赋额很大,每户为粟二十石、帛二匹、絮二斤、丝一斤。(3)罢去商人,以精简机构。北魏前期官吏与商人合作取利,现在既然已经班禄,不再需要官吏经商,所以要实行"罢诸商人,以简民事"。为此,增加二匹作为预调,作为废除商人的费用。(4)班禄后加重对贪污罪的处罚,"赃满一匹者死"。

班禄既然是一项改革,必须要触动一部分人的利益,就不可能一帆风顺。在班禄后半年,在北魏朝廷上就对这项改革发生了一场争论。

在一些守旧的鲜卑贵族看来,班禄是对他们的一种"约束""限制"。因为在此以前,他们可以掠夺、贪污、盗窃、经商等,为所欲为。因此他们反对班行俸禄。鲜卑旧贵族的代表人物淮南王他,是道武帝的孙子,官至侍中、司徒,他向朝廷上奏"依旧断禄"。冯太后令大臣讨论。尚书、中书监高闾表示反对,其理由是:(1)君主治理国家必须依靠官吏,而官吏要做好工作必须保证生活来源。"下者俸足以代耕,上者禄足以行义"。(2)班行俸禄是杜绝贪污的根本措施。"饥寒切身,慈母不保其子,家给人足,礼让可得而生","君班其俸,垂惠则厚,臣受其禄,感恩则深。于是贪残之心止,竭效之诚笃"。"若不班禄,则贪者肆其奸情,清者不能自保"。(3)中国古代早已实行俸禄制,这是"经世之明典,为治之至术"。魏晋以后,天下分裂,民户耗减,国用不足,俸禄遂废。这是"事出临时之宜,良非长久之道"。(4)俸禄制实行后收到了好的效果。"置立邻党,班宣俸禄,事设令行,于今已久,苛慝不生,上下无怨,奸巧革虑,窥觎绝心"。高闾最后说:"难易之验,灼然可知,如何一朝便欲去俸?淮南之议,不亦谬乎?"①

冯太后和孝文帝都支持高闾。最后淮南王他的建议被否定。"诏从闾议"。

太和九年、十年。北魏在经济上实行了重大改革,即推行了三长制、均田制和新的租调制。于是对官吏俸禄又有了新的规定。

---

① 《魏书》卷 54《高闾传》。

新的租调制是一夫一妇纳帛一匹、粟二石。百官俸禄提取地方租调总收入的百分之三十。俸禄每三个月发放一次,以每年十月开始。

新的办法使官吏俸禄的多少与当地户口多寡、租调多少成正比。太和十年,"议定州郡县官依户给俸"①。其他州郡也当如此。由于各地郡县户数相差悬殊,大郡有几千户,小郡只有几百户,甚至数十户,这使俸禄多寡很不平均。徐州刺史薛虎子上书说:"且臣所居,与南连接……其小郡太守,数户而已。一请止六尺绢,岁不满匹。既委边捍,取其必死,邀之士重,何吝君轻……忧责之地,敢不尽言。"书奏后,冯太后令曰:"俸禄已行,不可以小有不平,便亏通式"②。

均田制推行后,官吏有公田,可收地租,这也是俸禄的一部分。均田令规定官吏的公田是:刺史十五顷,太守十顷,治中、别驾各八顷,县令、郡丞六顷。公田可以出租收取租粟,但不准买卖。期满移交下任官吏。

官吏还可以役使"吏"和"干"。这些人身份类似农奴,在"公田"上劳动,收获物归官吏。这称为"干禄"。裴聿自著作佐郎出任北中府长史,孝文帝因其清贫,"欲以干禄优之"③,让他兼任野王县令。

(二) 整顿吏治

俸禄制推行后,北魏政府大张旗鼓地惩治贪污、整顿吏治。

在班禄前,北魏政府规定对官吏贪赃的处罚为"枉法十匹,义赃二百匹大辟"。"枉法"即贪污,"义赃"即受贿。班禄后,新法规定:"义赃一匹,枉法无多少皆死。"④对官吏贪污的处罚大大加重。

班禄后,孝文帝惩治贪官十分坚决,即使是亲戚也不讲情面。秦益二州刺史李洪之,是献文帝之舅,算是外戚显贵。但他"素非廉清,每多受纳。时高祖始建禄制,法禁严峻,司察所闻,无不穷纠"。于是把李洪之押送到平城,孝文帝在太华殿上,面对群官责备他,然后令他自杀。"亲

---

① 《魏书》卷7《高祖纪》。
② 《魏书》卷44《薛野䐗传附虎子传》。
③ 《魏书》卷69《裴延俊传附聿传》。
④ 《魏书》卷111《刑罚志》。

临数之,以其大臣,听在家自裁"①。班禄这一年秋天,孝文帝"遣使者巡行天下,纠守宰之不法,坐赃死者四十余人,食禄者踢蹐,赇谒之路殆绝"②。由于法严,官吏个个小心谨慎,贪赃受贿几乎绝迹。

这以后,孝文帝继续整顿吏治,严惩贪污。

孝文帝对廉洁奉公的官吏加以奖励。定州刺史赵黑,"克己清俭",有人向他贿赂。他说:"高官禄厚,足以自给,卖官营私,本非情愿。"③孝文帝知道后,赐给帛五百匹,谷一千五百石。郢州刺史韦珍,"在州有声绩"④,受到嘉奖,迁龙骧将军,赐骅骝二匹,帛五十匹,谷三百斛。南颍川太守韦崇,因治理有方,"郡中大治",孝文帝"闻而嘉赏,赐帛二百匹"⑤。给事黄门侍郎陆凯"在枢要十余年,以忠厚见称,希言屡中,高祖嘉之"⑥。内都坐令崔衡,"善折狱,高祖嘉之"⑦。

孝文帝不仅奖励好的官吏,而且对推荐好官有功者,也加以嘉奖。汾州刺史穆罴推荐的吐京太守刘升,"在郡甚有威惠……罴既频荐升等,所部守令,咸自砥砺,威化在行,百姓安之……高祖以罴政和民悦,增秩延限。"⑧

孝文帝对于弄虚作假,诬告别人的官吏则加以惩处。

并州刺史王袭,知道孝文帝要到来,让百姓在大路边上立碑歌颂他的政绩,"虚相称美"⑨。孝文帝查实后,当面责备他,并给以降职的处分。沛郡太守邵安等诬告薛虎子与南朝通谋,查实属虚,被处死。孝文帝在诏书中说:"君臣体合,则功业可兴;上下猜惧,则治道替矣。"⑩

对于贪污官吏,孝文帝加以严厉惩办。幽州刺史张赦提因"贪虐",

① 《魏书》卷89《李洪之传》。
② 《魏书》卷111《刑罚志》。
③ 《魏书》卷94《赵黑传》。此事在班禄前。
④ 《魏书》卷45《韦阆传附珍传》。
⑤ 《魏书》卷45《韦阆传附崇传》。
⑥ 《魏书》卷40《陆俟传附凯传》。
⑦ 《魏书》卷24《崔玄伯传附衡传》。
⑧ 《魏书》卷27《穆崇传附罴传》。
⑨ 《魏书》卷93《王睿传附袭传》。
⑩ 《魏书》卷44《薛野睹传附虎子传》。

"多有受纳"①,被处死。齐州刺史高遵因"贪酷""多所取纳""虐于刑法",被"赐死"②。

对违法的宗室亲王,孝文帝也加以惩办。

太和十二年(488年),梁州刺史、临淮王提因"贪纵"被削官爵,发配到北方边镇。

太和十三年,孝文帝叔伯父章武王彬,在任统万镇大将、夏州刺史时,因"贪惏"③,被削除官爵。

同年,孝文帝叔祖父、怀朔镇将、汝阴王天赐因"贪残"当死;长安镇都大将、雍州刺史、南安王桢因"聚敛肆情"当死,冯太后、孝文帝在皇信堂让王公大臣讨论。群臣都称二王宜加宽恕,孝文帝说:过去任命南安王桢为雍州刺史时曾告诫他:"所宜慎者,略有三事:一者,持亲骄矜,违礼僭度;二者,傲慢贪奢,不恤政事;三者,饮酒游逸,不择交友。三者不去,患祸将生。"但他"不能洁己奉公,助宣皇度,方肆贪欲,殖货私庭",所以"实在难恕"④,遂处以削除封爵,以庶人归第,禁锢终身。汝阴王天赐也"削除官爵"⑤。

太和十四年,孝文帝叔伯父、长安镇大将、京兆王太兴,因"黩货"⑥,被免除官爵。

太和十五年,孝文帝叔伯父、徐州刺史、济阴王郁,"以黩货赐死"⑦。

迁都洛阳后,孝文帝命弟赵郡王幹为冀州刺史,后又晋为司州牧。但他"贪淫不遵典法"⑧,被孝文帝杖一百,免除官爵。

孝文帝对吏治的重要性有深刻的认识。他在授予宗室子弟官职时,总要教训一番。他认为当官应注意三点:一是以身作则。他任命弟高阳

---

①　《魏书》卷89《张赦提传》。
②　《魏书》卷89《高遵传》。
③　《魏书》卷19下《章武王太洛传附彬传》。
④　《魏书》卷19下《南安王桢传》。
⑤　《魏书》卷19上《汝阴王天赐传》。
⑥　《魏书》卷19上《京兆王子推传附太兴传》。
⑦　《魏书》卷19上《济阴王小新成传附郁传》。
⑧　《魏书》卷21上《赵郡王幹传》。

王雍为相州刺史时告诫说:"为牧之道,亦难亦易。其身正,不令而行,故便是易;其身不正,虽令不从,故便是难。"①二是不能骄傲。他对弟咸阳王禧说:"周文王小心翼翼,聿怀多福。如有周公之才,使骄且吝,其余不足观。汝等宜小心畏慎,勿自骄怠。"②对赵郡王幹说,要"临深履薄"。三是不可奢侈。他告诫南安王桢不可"饮酒游逸""违礼僭度"。这些思想反映出孝文帝渴望他的官吏能够公正和清廉。

班行俸禄是孝文帝改革中的一件大事,与班禄相联系的整顿吏治、惩办贪污也是孝文帝改革中的一项重要内容。这些措施是有重大意义的:它使整个改革有一个良好的开端,保证了改革的顺利进行。孝文帝改革首先从这方面入手,是抓住了问题的要害。事实证明,只有在整顿吏治的基础上,有了一个比较好的稳定的政治局面,才有可能进行其他一系列的改革,孝文帝时代"肃明纲纪,赏罚必行,肇革旧轨,时多奉法"③。孝文帝不断整顿吏治,是其各项改革能取得成效的一个重要原因。

(三) 官吏的考绩

官吏的考绩是加强吏治的重要环节。它既可以识别官吏的忠佞善恶,又是对官吏进行赏罚升降的主要依据。孝文帝十分注重区别官吏的忠佞,"恒惧忠贞见毁,佞人便进,寤寐思此,如有隐忧"④。他曾与大臣讨论如何区别忠佞。游明根说:"三载考绩,然后忠佞可明。"三年考核,三考然后升降,这是中国古代的考核制度。北魏仍继续实行,孝文帝时并有所改革。

北魏早在太武帝时就实行官吏考绩。太延元年十二月诏书中说:"太守复检能否,核其殿最,列言属州。刺史明考优劣,抑退奸吏,升进贞良,岁尽举课上台。"⑤这是对地方官的考绩。文成帝太安五年(459年)

---

① 《魏书》卷 21 上《高阳王雍传》。
② 《魏书》卷 21 上《咸阳王禧传》。
③ 《魏书》卷 88《良吏传序》。
④ 《魏书》卷 54《高闾传》。
⑤ 《魏书》卷 4 上《世祖纪》。

下诏说:"自今诸迁代者,仰列在职殿最,案制治罪。克举者加以爵宠,有愆者肆之刑戮,使能否殊贯,刑赏不差。主者明为条制,以为常楷。"①规定对官吏考核要制定具体条文。孝文帝时,对官吏考核更为重视,也更制度化。延兴二年(472 年)下诏:"自今牧守温仁清俭,克己奉公者,可久于其任。岁积有成,迁位一级。其有贪残非道、侵削黎庶者,虽在官甫尔,必加黜罚。著之于令,永为彝准。"太和五年(481 年)三月,孝文帝巡视至肆州,"考察守宰,加以黜陟"②。

太和十五年(491 年),孝文帝在"大定官品"的同时,"考诸牧守"③。其考核的办法是:"外考令文,每岁终,州镇列牧守治状。及至再考,随其品第,以彰黜陟。"④就是每年年终,对地方官政绩进行考核,写出功状,及至三年后大考时,就依据每年的政绩,进行升降。这是对地方官普遍进行了考核。京官也同样实行。广陵王羽在奏疏中说:"去十五年中,在京百僚,尽已经考为三等。"

太和十八年(494 年),孝文帝又大考百官。这一年春夏之际,广陵王羽上奏,太和十五年在京百官考为三等后,至今已是三载,"虽外有成令,而内令未班。内外考察,理应同等。臣辄推准外考,以定京官治行"。孝文帝下诏说:"虽内考未宣,绩已久著⋯⋯尚书三载殿最之义,此之考内,已为明矣。但论考之事,理在不轻,问绩之方,应关朕听,辄尔轻发,殊为躁也。每考之义,应在年终,既云此年,何得春初也! 今始维夏,且待至秋后。"后孝文帝临朝堂,对群臣说:"卿等皆是朝贤国彦,匡弼是寄,各率乃心,以旌考绩之义。如乖忠正,国有常刑。贤者虽疏必进,不肖者虽亲必黜。"又对广陵王羽说:"上下二等,可为三品,中等但为一品。所以然者,上下是黜陟之科,故旌丝发之美,中等守本,事可大通。"⑤这一年九月,孝文帝下诏说:"三载考绩,自古通经;三考黜陟,以彰能否。今若待三考然

①　《魏书》卷 5《高宗纪》。
②　《魏书》卷 7《高祖纪》。
③　《魏书》卷 7《高祖纪》。
④　《魏书》卷 21 上《广陵王羽传》。
⑤　《魏书》卷 21 上《广陵王羽传》。

后黜陟，可黜者不足为迟，可进者大成赊缓。是以朕今三载一考，考即黜陟，欲令愚滞无妨于贤者，才能不壅于下位。各令当曹考其优劣，为三等。六品以下，尚书重问；五品以上，朕将亲与公卿论其善恶。上上者迁之，下下者黜之，中中者守其本任。"①

由此可见，孝文帝对官吏的考核，有以下几项改革：（1）由三年一考，三考后升降，改为三年一考，考后即行升降。（2）五品以上大官由皇帝亲自考核，六品以下官吏由尚书令、仆考处。（3）过去被考核官吏评定为三等九级，现上下二等仍各为三级，中等只有一级，即实行七品之制，这是为了突出升降。

诏书发布后，孝文帝"临朝堂，亲加黜陟"，大考百官。其考察、考核的方式多样。孝文帝曾责备尚书们说："尚书之任，枢机是司，岂惟总括百揆、缉和人务而已；朕之得失，实在于斯。自卿等在任，年垂二周，未尝言朕之一失，献可否之片规，又不尝进一贤而退一不肖，此二事罪之大者。"孝文帝对录尚书事、广陵王羽说："汝既是宸极之弟，而居枢端之任。汝自在职以来，功勤之绩，不闻于朝；阿党之音，频干朕听。汝之过失，已备积于前，不复能别叙。今黜汝录尚书、廷尉，但居特进、太保。"孝文帝对谏议大夫李彦说："卿虽处谏议之官，实人不称职，可去谏议，退为元士。"对他们作出了贬官的决定。

他还对中庶子游肇等说："自建承华，已经一稔，然东宫之官，无直言之士，虽未经三载，事须考黜。肇及中舍人李平识学可观，可为中；安乐王诠可为下中，解东华之任，退为员外散骑常侍；冯夙可为下下，免中庶子，免爵两任，员外常侍如故；中舍人闾贤保可为下下，退为武骑常侍。"对上述诸人作出考评决定，有的则削禄降官。孝文帝对左仆射元赞说："卿夙德老成，久居机要，不能光赞物务，奖励同僚，贼人之谓，岂不在卿！计叔翻之黜，卿应大辟，但以咎归一人，不复相罪。又为少师，今允所授，今解卿少师之任，削禄一周。"对长兼尚书于果说："卿履历卑浅，超升名任，不能勤谨夙夜，数辞以疾。长兼之职，位亚正员，今解卿长兼，可光禄大夫、

---

① 《魏书》卷7《高祖纪》。

守尚书,削禄一周。"又对守尚书尉羽说:"卿在集书,殊无忧存左史之事,今降为长兼常侍,亦削禄一周。"又对守尚书卢渊说:"卿始为守尚书,未合考绩。然卿在集书,虽非高功,为一省文学之士,尝不以左史在意,如此之咎,罪无所归。今降卿长兼王师,守常侍、尚书如故,夺常侍禄一周。"

孝文帝对左丞公孙良、右丞乞伏义受说:"二丞之任,所以协赞尚书,光宣出纳,而卿等不能正心直言,规佐尚书,论卿之罪,应合大辟。但以尚书之失,事踵叔翻,故不能别致贬责。二丞可以白衣守本官,冠服禄恤,尽皆削夺。若三年有成,还复本任;如其无成,则永归南亩。"①对上述两人则加以警告,即察看三年,以观后效。

太和十九年(495年),孝文帝又"诏诸州牧精品属官,考其得失,为三等之科以闻,将亲览而升降焉"②。

可见,孝文帝对官吏的考绩十分认真,亲自在朝堂上公开论其善恶,加以黜陟。其考绩的内容,无非是德行优劣、才能高低、政绩大小。政绩上主要是抓好生产、户口增减、垦田多少、推荐人才、贯彻法令等。考绩后评出殿最。殿为下等,最为上等,然后进行黜陟,即贬黜和升陟。孝文帝一再强调考绩要公正,他要求主持考绩的大臣"各率乃心,以旌考绩之义。如乖忠正,国有常刑"。他又说:"凡为人君,患于不均,不能推诚御物,苟能均诚,胡越之人亦可亲如兄弟。"③他又强调考绩要实事求是,不允许弄虚作假。对于毁誉要分析,看其是否符合实际。"人言恶者未必是恶,言善者不必是善"④。正因为孝文帝对官吏能进行认真、严格、公正的考绩,所以取得了较好的效果,贤能善治的人得到了提拔、政绩差的受到降免,从而激发了官吏们的积极性。

孝文帝考绩官吏与整顿吏治相结合,使吏治比较清明,这成为他不断推进改革的保证。

---

① 《魏书》卷21上《广陵王羽传》。
② 《魏书》卷7《高祖纪》。
③ 《魏书》卷7《高祖纪》。
④ 《魏书》卷21上《广陵王羽传》。

四、北魏后期贪污盛行与腐败之风

(一)贪污盛行、吏治败坏

孝文帝是个有作为的改革家,但他后继无人。他以后的皇帝不能继续推行孝文帝的改革,而是热衷于享乐和内部斗争,因此北魏后期政局动荡、吏治败坏、贪污盛行。《魏书·良吏传序》云:"高祖肃明纲纪,赏罚必行,肇革旧轨,时多奉法。世宗优游而治,宽政遂往,太和之风,颇以陵替。肃宗驭运,天下淆然……"《魏书·尔朱荣传》末史臣曰:"高祖以文德革天下。世宗之后,政道颇亏。及明皇幼冲,女主南面。始则于忠专恣,继以元义权重,握赏罚之柄,擅生杀之威,荣悴在亲疏,贵贱由离合,附会者结之以子女,进趋者要之以金帛。且佞谀用事,功勤不赏,居官肆其聚敛,乘势极其陵暴。于是四海嚣然。"

太和二十三年(499年),孝文帝死,子元恪即位,即宣武帝。年十六。帝母高氏被追尊为文昭皇后,后兄高肇被封为平原公,专擅政权。宣武帝身边还有佞臣茹皓、赵修等人,也很得势。高肇专政,政治昏暗。他"颇结朋党,附之者旬月超升,背之者陷以大罪。以北海王详位居其上,构杀之……又潜杀彭城王勰,由是朝野侧目,咸畏恶之。因此专权,与夺任己"①。茹皓"潜自经营,阴有纳受,货产盈积。起宅宫西,朝贵弗之及也"。"皓贵宠日升,关与政事。太傅、北海王详以下咸祗惮附之"②。赵修"起自贱伍,暴致富贵,奢傲无礼","广增宅舍,多所并兼,洞门高堂,房庑周博,崇丽拟于诸王"。③

延昌四年(515年),宣武帝死,子元诩即位,即孝明帝,年仅六岁,其母胡太后临朝听政。她重用于忠,"忠既居门下,又总禁卫,遂秉朝政,权倾一时","诏命生杀,皆出于忠"。正光元年(520年),侍中、领军将军元

---

① 《魏书》卷83《高肇传》。
② 《魏书》卷93《茹皓传》。
③ 《魏书》卷93《赵修传》。

叉与卫将军、仪同三司刘腾联合,幽禁胡太后,于是又出现了元叉、刘腾擅权。"叉为外御,腾为内防,常直禁省,共裁刑赏,政无巨细,决于二人,威振内外,百僚重迹。"①元叉、刘腾专权达五年(520—525 年),政治更加黑暗。"生杀之威,决于叉、腾之手。八坐九卿,且造腾宅,参其颜色,然后方赴省府,亦有历日不能见者。公私属请,唯在财货。舟车之利,水陆无遗;山泽之饶,所在固护;剥削六镇,交通互市。岁入利息以巨万计。又颇役嫔御,时有征求,妇女器物,公然受纳。逼夺邻居,广开室宇。天下咸患苦之。"②"赏罚之诏,一出于叉,名藩重地,皆其亲党,京官要任,必其心腹。"③"轻薄趣势之徒,以酒色事之,姑姊妇女,朋淫无别。政事怠惰,纲纪不举,州镇守宰,多非其人。"④刘腾、元叉都大肆受贿。河间王琛"赂腾金宝巨万计"⑤,结果被任为兼都官尚书,出为秦州刺史。元叉收受扬州刺史李崇送的五车货物、相州刺史杨钧送的银食具、柔然主阿那瓖送的金百斤。元叉父京兆王元继也很贪婪。他"晚更贪婪,聚敛无已。牧守令长新除赴官,无不受纳货贿,以相托付。妻子各别请属,至乃郡县微吏,亦不得平心选举。凭叉威势,法官不敢纠摘,天下患之"⑥。

　　北魏后期,吏部公开卖官。元晖任吏部尚书,"纳货用官,皆有定价,大郡二千匹,次郡一千匹,下郡五百匹,其余官职各有差,天下号曰'市曹'"⑦。出钱买来的官,在任内就要竭力搜刮,捞回本钱。郑云行贿刘腾紫缬四百匹,做了安州刺史,一上任马上向人打听,那里可做什么买卖。⑧元诞为齐州刺史,有个和尚为他采药归来,元诞问百姓对他有何看法? 和尚答:"唯闻王贪,愿王早代。"元诞说:"齐州七万户,吾至来,一家未得三十钱,何得言贪?"⑨对于一些贪如豺狼的官吏如元晖、卢昶,"时人号曰

① 《资治通鉴》卷 149 武帝普通元年。
② 《魏书》卷 94《刘腾传》。
③ 《魏书》卷 60《韩麒麟传附子熙传》。
④ 《魏书》卷 16《京兆王黎传附义传》。
⑤ 《资治通鉴》卷 148 武帝天监十七年。
⑥ 《魏书》卷 16《京兆王黎传附继传》。
⑦ 《魏书》卷 15《常山王元遵传附晖传》。
⑧ 《魏书》卷 32《封回传》。
⑨ 《魏书》卷 19 上《济阴王小新成传附诞传》。

'饿虎将军'、'饥鹰侍中'"①。

边境上的镇将官吏也大多是"专事聚敛"的人。当时"边任益轻,唯底滞凡才,出为镇将,转相模习,专事聚敛。或有诸方奸吏,犯罪配边,为之指踪,过弄官府,政以贿立,莫能自改。咸言奸吏为此,无不切齿憎怒"②。如沃野镇将于祚,"颇有受纳"。怀朔镇将元尼须,"贪秽狼藉",沃野镇(今内蒙古乌拉特前旗南)并不大,但自镇将以下官吏有八百多人,这些人都骑在边民头上作威作福。所以起义发生后,镇民们十分愤恨,对镇将们狠狠打击。怀荒镇将于景,早先任高平镇将时就"贪残受纳",当然本性难移,因此"镇民不胜其忿,遂反叛。执缚景及其妻,拘守别室,皆去其衣服,令景着皮裘,妻着故绛袄。其被毁辱如此,月余,乃杀之"③。北方镇将如此,南方的镇将也同样贪污成性。他们"不识字民温恤之方,唯知重役残忍之法。广开戍逻,多置帅领,或用其左右姻亲,或受人货财请属,皆无防寇御贼之心,唯有通商聚敛之意"④。所以辛雄在上疏中说:"华夷之民相聚为乱,岂有余憾哉?正以守令不得其人,百姓不堪其命故也。"⑤

北魏后期在选拔官吏的制度上也十分腐败。由于求官的人多,吏部没有办法,神龟二年(519年)实行了"停年格"的办法。"选曹唯取年劳,不简能否,义均行雁,次若贯鱼"⑥。"不问士之贤愚,专以停解日月为断,沈滞者皆称其能"⑦。这就是完全不管才能,只问资历。这种办法,使官吏在任内更是加紧搜刮。

(二)奢侈腐化、佞佛成风

北魏孝文帝改革后,社会经济恢复和发展,出现了一段时期的繁荣局

① 《魏书》卷15《常山王遵传附晖传》。
② 《魏书》卷18《广阳王元深传》。
③ 《魏书》卷31《于栗磾传附景传》。
④ 《魏书》卷69《袁翻传》。
⑤ 《资治通鉴》卷151武帝普通七年。
⑥ 《资治通鉴》卷149武帝天监十八年。
⑦ 《资治通鉴》卷149武帝天监十八年。

面。宣武帝时"承升平之业,四疆清晏,远迩来同"。《洛阳伽蓝记》卷 4
记载说:"于时国家殷富,库藏盈溢,钱绢露积于廊者,不可较数。"但是,
封建社会生产的发展和经济的繁荣,又往往加速了统治阶级的腐朽和
衰颓。

孝文帝时正式建立了门阀制度,按先世官爵和当代官爵严格确立门
阀等级。门阀贵族具有世代做官、免除赋役、逍遥法外等种种政治经济特
权,他们子弟可以不费力气平步青云,这就加速了他们的腐败。

北魏后期门阀贵族广占土地,又经营工商业,攫取大量财富。均田制
规定奴婢可以授田,这就有利于占有大量奴婢的世族地主广占土地。咸
阳王元禧"奴婢千数,田业盐铁遍于远近"①。高阳王元雍有僮仆六千,尚
书令李崇有僮仆千人。这些人都占有大量土地。除合法占有外,还用各
种非法手段占有土地。弘农大族杨播在华州任刺史时,"至州借民田"。
他的儿子杨侃说:"苟有良田,何忧晚岁!"②其弟杨椿任太仆卿时,"招引
细人,盗种牧田三百四十顷"③。杨播家族,男女百口,"荷内外之任,公卿
牧守,荣赫累朝,所谓门生故吏遍于天下"④。从这个典型可以看出世家
大族广占土地和奴役大量依附人口。

这些世家大族往往是大地主、大官僚、大商人三位一体,因此其具有
经营工商业的有利条件。他们的剥削不仅靠贵卖贱买,往往还靠掠夺,从
而为他们积累起巨额财富。咸阳王元禧的盐铁业"遍于远近,臣吏僮隶,
相继经营"⑤。北海王元详"贪冒无厌,多所取纳,公私营贩,侵剥远
近"⑥。尚书令李崇"性好财货,贩肆聚敛,家资巨万,营求不息"⑦。大官
僚刘腾,"舟车之利,水陆无遗;山泽之饶,所在固护;剥削六镇,交通互

---

① 《魏书》卷 21《咸阳王禧传》。
② 《魏书》卷 58《杨播传》。
③ 《魏书》卷 58《杨播传附椿传》。
④ 《魏书》卷 58《杨播传附椿传》。
⑤ 《魏书》卷 21 上《咸阳王禧传》。
⑥ 《魏书》卷 21 上《北海王详传》。
⑦ 《魏书》卷 66《李崇传》。

市。岁入利息以巨万计。"①他们剥削来的巨额财富,为其奢侈生活创造了条件。

北魏门阀贵族生活上的奢侈腐朽不亚于西晋。《洛阳伽蓝记》卷4记载:"帝族王室,外戚公主,擅山海之富,居川林之饶,争修园宅,互相夸竞,崇门丰室,洞户连房,飞馆生风,重楼起雾,高台芳榭,家家而筑,花林曲池,园园而有。"

高阳王元雍"岁禄万余,粟至四万,伎侍盈房,诸子玙珌,荣贵之盛,昆弟莫及焉"②。他"贵极人臣,富兼山海,居止第宅,匹于帝宫"。"僮仆六千,妓女五百","雍嗜口味,厚自奉养,一日必以数万钱为限,海陆珍羞,方丈于前","自汉晋以来,诸王豪侈未之有也"。③

咸阳王元禧,"性骄奢,贪淫财色,姬妾数十,意尚不已,衣被绣绮,车乘鲜丽,犹远有简娉,以恣其情"④。

河间王元琛,"最为豪首","妓女三百人,尽皆国色"。"遣使向西域求名马,远至波斯国,得千里马……以银为槽,金为锁环"。至于各种金银、珍宝、器皿、钱绢和名贵织物,不可胜计。他曾对章武王元融说:"不恨我不见石崇,恨石崇不见我!"说明他比西晋著名的豪富石崇是有过之而无不及。他大量财富是搜刮而来的。在任秦州刺史时,"在州聚敛,百姓吁嗟",为将则"求欲无厌,百姓患害,有甚虎狼"。当他任定州刺史期满回洛阳时,由于他在州"多所受纳,贪惏之极",胡太后也气愤地说:"琛在定州,惟不将中山宫来,自余无所不致,何可更复叙用!"⑤"性尤贪暴"的元融"素以富自负",见他这般豪侈,又叹羡,又忌妒,"归而惋叹三日"⑥。

北魏后期统治阶级的腐化还表现在佞佛成风。在孝文帝以前统治阶

---

① 《魏书》卷94《刘腾传》。
② 《魏书》卷21上《高阳王雍传》。
③ 《洛阳伽蓝记》卷3。
④ 《魏书》卷21上《咸阳王禧传》。
⑤ 《魏书》卷20《河间王琛传》。
⑥ 《资治通鉴》卷149武帝天监十八年。

级礼佛,多重修禅持戒的宗教修行,孝文帝又重视讲经、研究义理。到北魏后期,随着统治集团政治上的腐朽和生活上的堕落,礼佛逐渐变成了佞佛,成为统治阶级豪侈生活的组成部分和精神空虚的标志。

孝文帝太和元年(477年),平城有寺约百所,僧尼二千余人,全国寺6478所,僧尼77258人。到宣武帝延昌(512—515年)年间,全国寺庙已达13727所,到北魏末年"所在编民,相与人道,假募沙门,实避调役,猥滥之极,自中国之有佛法,未之有也。略而计之,僧尼大众二百万矣,其寺三万有余"①。首都洛阳在神龟元年(518年)有佛寺五百余所,另据《洛阳伽蓝记》卷5载,到534年,洛阳有寺1367所。可见北魏后期佛教发展的迅速。

寺院的规模与奢侈豪华也是前所未有。

景明寺。"其寺东西南北方五百步",有堂、观一千余间,"青台紫阁,浮道相通,虽外有四时,而内无寒暑"②。

瑶光寺。这是一所贵族尼寺,北魏皇后出家为尼住到瑶光寺的有孝文废皇后冯氏、宣武皇后高氏、孝明皇后胡氏。这寺"有五层浮图一所,去地五十丈……尼房五百余间,绮疏连亘,户牖相通,珍木香草,不可胜言"③。

永宁寺。高四十余丈,共有九层,在城外百里已能望见。内有一座高一丈八金像,十座中人高金像,二座玉像。九级塔上有金铎一百二十枚,风起时,声闻十余里。"殚土木之功,穷造形之巧……绣柱金铺,骇人心目"④。

如此豪华的佛寺,洛阳竟有一千多所。真可谓"招提栉比,宝塔骈罗,争写天上之姿,竞模山中之影。金刹与灵台比高,广殿共阿房等壮"⑤。

---

① 《魏书》卷114《释老志》。
② 《洛阳伽蓝记》卷3《城南》。
③ 《洛阳伽蓝记》卷1《城内》。
④ 《洛阳伽蓝记》卷1《城内》。
⑤ 《洛阳伽蓝记·序》。

统治者的佞佛浪费了大量人力物力财力,这些最终都转嫁到人民头上,加重人民的负担。神龟元年(518年)元澄在上疏中就指出:"自迁都已来,年逾二纪,寺夺民居,三分且一","非但京邑如此,天下州、镇僧寺亦然。侵夺细民,广占田宅"①。在这种情况下,"百姓疲于土木之功,金银之价为之踊上"②。

北魏后期政治昏暗,统治者贪污腐化,奢侈浪费,而监察工作则软弱无力,有些监察官如高道穆、郦道元还受到打击报复,有些大臣提出正确的意见,朝廷又不能采纳。在这种状况下,社会矛盾越来越激化,终于爆发了各族人民联合大起义,而北魏王朝也终于葬身于人民起义的烈火之中。

五、东魏北齐的贪污腐败和反贪活动

(一) 高欢惩治贪污

建立东魏(534—550年)的高欢本是怀朔镇(今内蒙古固阳西北)的小军官,他所依靠的主要是怀朔镇的中下级军官和六镇流民。这些人中除了他的岳父娄家亲戚如段荣、窦泰外,还有怀朔镇户曹史孙腾、外兵史侯景,以及司马子如、刘贵、贾显智等人,组成了一个怀朔豪强集团,也就是东魏新的勋贵集团。由于这些人帮助高欢夺取了政权,高欢又要获得他们的支持,所以他总是竭力纵容他们,满足他们的要求。

汉人官吏杜弼是个直言之臣。天平四年(537年),他因为"文武在位,罕有廉洁",建议高欢惩治勋贵贪污。但高欢并不愿这样做。他对杜弼说:"弼来,我语尔。天下浊乱,习俗已久。今督将家属,多在关西,黑獭(宇文泰)常相招诱,人情去留未定。江东复有一吴儿老翁萧衍者,专事衣冠礼乐,中原士大夫望之以为正朔所在。我若急作法网,不相饶借,恐督将尽投黑獭,士子悉奔萧衍,则人物流散,何以为国? 尔宜少待,吾不

---

① 《魏书》卷114《释老志》。
② 《魏书》卷19中《任城王澄传》。

忘之。"高欢认为在与西魏、南朝梁三方对峙中,主要矛盾是争取文武官员的支持,以巩固政权。因此,不能过分限制约束他们。惩治贪污的事只能以后再说。这一年,东魏与西魏发生沙苑之战。杜弼又提出要先清除"内贼"。高欢问他:"内贼是谁?"杜弼答:"诸勋贵掠夺万民者皆是。"高欢没有回答,命令士兵举刀拉弓站成夹道,然后要杜弼在中间穿过去。杜弼见头上亮晃晃的刀吓得心惊胆战,汗流浃背。然后高欢对他说:"箭虽注不射,刀虽举不击,矟虽按不刺,尔犹顿丧魂胆。诸勋人身触锋刃,百死一生,纵其贪鄙,所取处大,不可同之循常例也。"杜弼大为恐慌,连连叩头,说:"愚痴无智,不识至理,今蒙开晓,始见圣达之心。"①

高欢挖空心思,自编自导了一场戏,再次告诫杜弼,贪污是小事,对付西魏和南朝梁是大事。对于作战的勋贵们,只能满足他们的要求以换取他们的支持。

在高欢这种思想指导下,东魏的勋贵们为所欲为,公开贪污聚敛。如孙腾"求纳财贿,不知纪极,生官死赠,非货不行"②。娄叡任光州刺史,"在任贪纵","以外戚贵幸,纵情财色"。后任瀛州刺史,"聚敛无厌"③。尉景是高欢姊夫,任冀州刺史时,"大纳贿"。高欢实在看不过去,"命优者石董桶戏之,董桶剥景衣,曰:'公剥百姓,董桶何为不剥公?'"高欢告诫尉景说:"可以无贪也。"尉景回答道:我不过在几个老百姓身上打点主意,比不上你把天子的赋调都占为己有。高欢无话可答,只能让他肆无忌惮地贪污聚敛。

高欢知道,光依靠鲜卑贵族还不能巩固统治,因此他在满足鲜卑贵族利益的同时,也拉拢汉族世家大族。他到山东地区,就认有名的高门大族高乾为族叔,此外,对赵郡大族李元忠也竭力拉拢。东魏政权就是建立在鲜卑贵族和汉族高门大族相互联合的基础上。

沙苑之战后,战争逐渐减少,东魏向南朝梁王朝不断派遣使者,与西

---

① 《北齐书》卷 24《杜弼传》。
② 《北齐书》卷 18《孙腾传》。
③ 《北齐书》卷 15《娄叡传》。

魏在兴和三年(541年)也在"汾晋之间遂通庆吊"①。随着政局的稳定,高欢在内政方面也要有所建设。元象元年(538年),高欢任长子高澄为吏部尚书,高澄改变了北魏末年论资排辈的"停年格"的用人制度,"铨擢贤能;又沙汰尚书郎,妙选人地以充之……士大夫以是称之"②。兴和元年(539年),高欢奖励清官徐州刺史房谟、广平太守羊敦、广宗太守窦瑗、平原太守许惇,因为他们"有政绩清能",高欢"与诸刺史书,褒称谟等以劝之"③。这一年,高欢又组织十万人修筑了邺城新宫。兴和三年,高欢让封隆之等在麟趾阁议定法律条文,称为《麟趾格》,加强了法制建设。高欢又统一度量衡,规定绢长每匹四十尺,不许额外勒索。

由于社会开始安定,又采取了一些措施,使国家赋役收入有所增加,社会经济得到恢复和发展。"仓廪充实","频岁大穰,谷斛至九钱"④,"山东之民稍复苏息矣"⑤。

武定元年(543年),东魏与西魏发生了一次邙山(洛阳北)之战,东魏军大胜,俘斩西魏督将以下三万余人。

由于外部威胁逐渐解除,在内政方面要加强改革和建设,再说鲜卑勋贵们的权力无限膨胀也为高欢所不容。所以,高欢决定整顿吏治,特别是对勋贵们有所抑制。兴和四年(542年)四月,高欢从晋阳到了邺城,"司徒孙腾坐事免"。太尉尉景是高欢姊夫,因"贪纵不法,为有司所劾,系狱;欢三诣阙泣请,乃得免死",降为骠骑大将军、开府仪同三司。高欢去看他,尉景躺着不起来,说:"要杀我了吗?"高欢安抚了他。

在惩治权贵上,高欢也很讲策略。他让儿子高澄出面,自己在幕后,必要时出来缓和冲突。武定二年(544年),高澄被任为大将军,领中书监,"文武赏罚,皆禀于澄"。当时孙腾已恢复职务,任太保,他与尚书令司马子如、司徒高隆之及高岳四人,都是与高欢一起打天下的,在邺城

① 《资治通鉴》卷158武帝大同七年。
② 《资治通鉴》卷158武帝大同四年。
③ 《资治通鉴》卷158武帝大同五年。
④ 《隋书》卷24《食货志》。
⑤ 《资治通鉴》卷158武帝大同七年。

"权势熏灼中外,率多专恣骄贪"①,被称为"邺中四贵"。高欢决定要惩治他们。高澄奏请崔暹为御史中尉,宋游道为尚书左丞。高澄对二人说:"卿一人处南台,一人处北省,当使天下肃然。"②崔暹前后弹劾尚书令司马子如、尚书元羡、雍州刺史慕容猷、太师咸阳王元坦、并州刺史可朱浑元,"罪状极笔,并免官,其余死黜者甚众"③。宋游道也弹劾咸阳王元坦、太保孙腾、司徒高隆之、司空侯景、录尚书元弼、尚书令司马子如等人。高澄把司马子如关进监狱。司马子如一夜头发变白。高欢在晋阳写信给邺下的勋贵们说:"咸阳王、司马令,并是吾对门布衣之旧,尊贵亲昵,无过二人,同时获罪,吾不能救,诸君其慎之。"④要邺城的权贵们小心。经过这一次惩治,邺城的鲜卑贵族果然有所收敛,不敢再放纵和为非作歹。

高欢惩治制裁权贵们的放纵贪污收到了成效。他拉着崔暹的手感谢慰劳他说:"往前朝廷岂无法官,而天下贪婪,莫肯纠劾。中尉尽心为国,不避豪强,遂使远迩肃清,群公奉法。冲锋陷阵,大有人在。当官正色,今始见之。今荣华富贵,直是中尉自取。"⑤当即赏给他良马一匹。后来在华林园,孝静帝还亲自给崔暹赐酒。

其他一些贪官污吏,同样受到惩处。瀛州刺史韩轨,是高欢亲戚,"在州聚敛,为御史所劾,削除官爵"。⑥南青州刺史郑伯猷,"在州贪惏……专为聚敛,货贿公行","为御史纠劾,死罪数十条。遇赦免,因以顿废"。⑦

(二) 北齐王朝的腐败

武定五年(547年)高欢死,七年(549年)高澄遇刺身亡,弟高洋代之。天保元年(550年),高洋废孝静帝,建立起北齐。高洋即文宣帝。高洋掌握朝政时,为做皇帝,就拉拢鲜卑贵族,把崔暹、崔季舒各鞭打二百,

① 《资治通鉴》卷158武帝大同十年。
② 《北齐书》卷47《宋游道传》。
③ 《北齐书》卷30《崔暹传》。
④ 《北齐书》卷30《崔暹传》。
⑤ 《北齐书》卷30《崔暹传》。
⑥ 《北齐书》卷15《韩轨传》。
⑦ 《魏书》卷56《郑羲传附伯猷传》。

发配到北方边境充军。但高洋即位后,还是任用弘农(今河南灵宝北)大族杨愔为尚书右仆射,在杨愔等汉族地主辅佐下,高洋前期能"励精为治"①,"留心政术,务存简靖,坦于任使,人得尽力。又能以法驭下,或有违犯,不容勋戚,内外莫不肃然"②。但大致从天保七年(556年)起,高洋"以功业自矜,遂嗜酒淫佚,肆行狂暴"③。他或者和女妃一起歌舞,通宵达旦,或者披头散发,袒露身体,涂脂抹粉。或者在烈日下赤身露体,或者在隆冬赤膊驰骋。他嫌宫室太小,征发工匠三十余万在邺修筑三台,殿高二十七丈,两栋相距二百余尺。工匠系带在上修筑。又造长城,东西三千里。他生性淫恣。其兄高澄死后,就霸占其嫂。"高氏妇女,不问亲疏,多与之乱,或以赐左右",又作大镬、长锯、剉、碓之类,陈列在朝廷上,"每醉,辄手杀人,以为戏乐"④。

高洋死,子高殷继位;不久,洋弟高演、高湛在鲜卑勋贵高归彦、斛律光等人的拥戴下,杀大臣杨愔、燕子献、宋钦道等人,汉人士族势力再次受到打击。由于高殷母李太后是汉人,所以鲜卑勋贵把高殷废了,另立高演为帝,两年后高演死,长广王高湛继位,即武成帝。

武成帝也十分淫侈。他逼嫂李氏(高洋皇后)淫乱,说"若不从,当杀你儿"。李氏被迫从之。侍中、尚书右仆射和士开对高湛说:"自古帝王,尽为灰土,尧舜、桀纣,竟复何异! 陛下宜及少壮,极意为乐,纵横行之。一日取快,可敌千年。国事尽付大臣,何虑不办,无为自勤约也。"⑤高湛十分高兴,更加荒淫。他为胡后造真珠裙,所费无法计算。胡后也十分淫乱,她与和士开奸通。武成帝死后,又与沙门昙献奸通。

后主高纬更是历史上有名的昏聩皇帝。他口吃,却爱弹琵琶,整天自弹自唱《无愁曲》,人称"无愁天子"。他为了享乐,驱使成千上万的宫匠为他建造宫殿和寺院。在晋阳建十二院,比邺宫殿更加富丽。有的宫殿

---

① 《资治通鉴》卷163简文帝大宝元年。
② 《资治通鉴》卷166敬帝太平元年。
③ 《资治通鉴》卷166敬帝太平元年。
④ 《资治通鉴》卷166敬帝太平元年。
⑤ 《资治通鉴》卷169文帝天嘉四年。

建得不称心,多次拆了再造。百工不得休息,夜晚燃火照作,十分悲惨。他为穆皇后造太宝林寺,运石填泉,人牛死了无数。后宫个个锦衣玉食,一裙万钱,一镜台千金。马、狗都封了"仪同""郡君"之号。马的食物有十余种,狗则饲以粱米。

后主时北齐政权更加腐败。他信用鲜卑人和士开,"富商大贾朝夕填门,朝士不知廉耻者多相附会"[1]。不久,汉人祖挺为侍中、尚书右仆射。他想改革,但结果被鲜卑贵族穆提婆、高阿那肱、韩长鸾等排挤。穆提婆等大杀汉族文官。这些人掌权后,内外亲信都授官爵,"官由财进,狱以贿成","庶姓封王者百数","开府千余,仪同无数"。贵族官僚的狗、马、鹰都加封官号,享受俸禄。国库空竭了,高纬干脆让他的宠臣卖官。"乃赐诸佞幸卖官,或得郡两三,或得县六七,各分州郡,下逮乡官……于是州县职司,多出富商大贾,竞为贪纵,人不聊生。"[2]

当北齐王朝日益腐朽衰落时,西边的北周却日益强大起来。公元577年,北齐终于被北周所灭。

六、西魏北周的改革与吏治

当东魏北齐日益腐败衰落时,在关陇地区宇文泰所建立的西魏及以后的北周却不断进行改革,逐渐强大起来。

宇文泰所控制的关陇地区,土狭人少,国力无法与东魏北齐相比。宇文泰要立住脚跟,与东魏北齐相对抗,只有不断进行改革,以巩固自己的统治。

宇文泰的改革集中在兵制和政权建设上。在兵制上,他建立了府兵制,在政权建设上,他除了调和鲜卑族的武川军官与汉族关陇及河东地区世家大族之间的利益和矛盾,组成关陇集团外,还特别注意廉政建设,擢用廉吏。

---

① 《北齐书》卷50《和士开传》。
② 《北齐书》卷8《后主纪》。

宇文泰早在讨伐侯莫陈悦的军事行动中,就自己做出了榜样。他"入上邦,收悦府库,财物山积,皆以赏士卒,毫厘无所取。左右窃一银镂瓮以归,太祖知而罪之,即[剖]赐将士,众大悦"①。大统三年(537年)八月,他率李弼、独孤信等十二将东伐,在潼关誓师说:"无贪财以轻敌,无暴民以作威。用命则有赏,不用命则有戮。"②

大统元年(535年),"太祖(宇文泰)以戎役屡兴,民吏劳弊,乃命所司斟酌今古,参考变通,可以益国利民便时适治者,为二十四条新制,奏魏帝行之"③。七年(541年),"太祖奏行十二条制,恐百官不勉于职事,又下令申明之"④。宇文泰在制定这些新制时,主要任用者是谋士苏绰。苏绰,字令绰,关中武功(今属陕西)人,出身关中地区世家大族,他"少好学,博览群书","惟俭素,不治产业,家无余财。以海内未平,常以天下为己任"。⑤ 宇文泰最初任他为行台郎中,后来与他讨论"天地造化之始,历代兴亡之迹",苏绰应对如流。就留下来深谈。"绰于是指陈帝王之道,兼述申韩之要",宇文泰越听越觉得有道理,不觉天明。于是拜大行台左丞,参典机密。宇文泰"方欲革易时政,务弘强国富民之道,故绰得尽其智能,赞成其事。减官员,置二长,并置屯田以资军国。又为六条诏书,奏施行之"⑥。

苏绰提出的六条诏书,宇文泰十分重视,把它作为施政纲领。"其牧守令长,非通六条及计帐者,不得居官"。宇文泰自己也把它作为座右铭,"常置诸座右"。

六条诏书的内容是:

(1)"先治心"。这是思想政治教育。苏绰认为"前世帝王,每称共治天下者,唯良宰守耳"。"其治民之本,莫若宰守之最重也。凡治民之体,先当治心。心者,一身之主,百行之本。心不清净,则思虑妄生。思虑妄生,则见理不明。见理不明,则是非谬乱。是非谬乱,则一身不能自治,安

① 《周书》卷1《文帝纪上》。
② 《周书》卷2《文帝纪下》。
③ 《周书》卷2《文帝纪下》。
④ 《周书》卷2《文帝纪下》。
⑤ 《周书》卷23《苏绰传》。
⑥ 《周书》卷23《苏绰传》。

能治民也！是以治民之要,在清心而已"。所谓清心,除了不贪财货外,还要心气清和,志意端静。这样"邪僻之虑,无因而作"。其次,要治身,作出表率,因为"表不正,不可求直影"。强调躬行仁义、孝悌、忠信、礼让、廉平、俭约、无倦、明察,"行此八者,以训其民。是以其人畏而爱之,则而象之"。

（2）"敦教化"。这是针对二十年来战乱频繁,"民不见德,唯兵革是闻;上无教化,唯刑罚是用"的现实而发的。要教民慈爱、和睦、敬让。"慈爱则不遗其亲,和睦则无怨于人,敬让则不竞于物"。"诸牧守令长,宜洗心革意,上承朝旨,下宣教化"。

（3）"尽地利"。这是要发展农业生产,而"地利所以尽者,由于劝课有方。主此教者,在乎牧守令长而已"。"为政不欲过碎,碎则民烦;劝课亦不容太简,简则民怠"。所以关键是要有负责廉洁的地方官。

（4）"擢贤良"。这是强调选择良好官吏的重要性。"置臣得贤则治,失贤则乱"。批评"自昔以来,州郡大吏,但取门资,多不择贤良",认为"今之选举者,当不限资荫,唯在得人"。这是否定门阀制度下的用人路线。还特别重视地方官的选择。"党族闾里正长之职,皆当审择,各得一乡之选,以相监统。夫正长者,治民之基。基不倾者,上必安。"

（5）"恤狱讼"。断狱判刑公正与否关系到政权的存亡。"赏罚得中,则恶止而善劝;赏罚不中,则民无所措手足。民无所措手足,则怨叛之心生。"因此,"治狱之官,精心悉意,推究事源"。"宰守……当率至公之心,去阿枉之志,务求曲直,念尽平当"。"一夫吁嗟,王道为之倾覆……凡百宰守,可不慎乎"。

（6）"均赋役"。赋役要平均。不能"舍豪强而征贫弱","纵奸巧而困愚拙"。这些关键在地方官。"斟酌贫富,差次先后,皆事起于正长,而系之于守令"。如"守令……不存恤民之心,皆王政之罪人也"。①

六条诏书从政治、经济、法律、思想教育各方面提出一些改革的指导原则,而其中贯穿了强调吏治的重要性。因为只有公正廉洁的官吏才能

---

① 《周书》卷23《苏绰传》。

贯彻各项改革。

大统十年(544 年)七月,宇文泰命苏绰把二十四条并新制十二条,总为三十六条,重新加以修订,成为定文。"方为中兴永式,乃命尚书苏绰更损益之,总为五卷,班于天下。于是搜简贤才,以为牧守令长,皆依新制而遣焉。数年之间,百姓便之"①。这三十六条新制,共有五卷,说明有十分详尽的条文,其精神一定是与苏绰的六条诏书相一致。可惜这个新制没有流传下来。

大统十二年(546 年),苏绰去世,但他的思想却贯彻到西魏的改革中。宇文泰搜罗贤才去当地方官,取得成效,受到百姓的拥护,西魏经济取得了很大的发展。

在宇文泰执政时期始终重视廉政建设,擢用廉吏,惩治贪污。所以在西魏北周时期出现不少廉吏。

裴侠任河北郡守,"躬履俭素,爱民如子,所食唯菽麦盐菜而已。吏民莫不怀之。"郡中一直有三十名渔猎夫以供郡守。裴侠说:"以口腹役人,吾所不为也。"故全部取消。又有三十名壮丁供郡守役使,裴侠也收了他们的庸直(钱)交给公家。裴侠"去职之日,一无所取"。民歌之曰:"肥鲜不食,丁庸不取,裴公贞惠,为世规矩。"有一次宇文泰接见地方官,他命裴侠站出来,然后对众多牧守说:"裴侠清慎奉公,为天下之最,今众中有如侠者,可与之俱立。"②大家都默不作声。宇文泰就赏赐给裴侠许多财物。后来,大家称裴侠为"独立君"。从这件事,可见宇文泰很懂得用典型事例教育群官。

宇文测任大都督、行汾州事,"政存简惠,颇得民和"。他"性仁恕,好施与,衣食之外,家无蓄积。在洛阳之日,曾被窃盗,所失物,即其妻阳平公主之衣服也。"③其弟宇文深任大都督、东雍州刺史,"为政严明,示民以信,抑挫豪右,吏民怀之"④。后任吏部中大夫,"在选曹,颇获时誉"。兄

---

① 《周书》卷 2《文帝纪下》。
② 《周书》卷 35《裴侠传》。
③ 《周书》卷 27《宇文测传》。
④ 《周书》卷 27《宇文测传附深传》。

弟俩都以廉洁著称,史书说他们是"当时之良臣"。

申徽任瓜州刺史,"在州五稔,俭约率下,边人乐而安之"。后出为襄州刺史,"旧俗,官人皆通饷遗。徽性廉慎,乃画杨震像于寝室以自戒。及代还,人吏送者数十里不绝"①。

韩褒任西凉州刺史,"羌胡之俗,轻贫弱,尚豪富。豪富之家,侵渔小民,同于仆隶。故贫者日削,豪者益富。褒乃悉募贫人,以充兵士,优复其家,蠲免徭赋。又调富人财物以振给之。每西域商货至,又先尽贫者市之。于是贫富渐均,户口殷实"②。

王子直任大都督、行瓜州事。"性清静,务以德政化民,西土悦附"③。

皇甫璠任陇右总管府长史,"璠性平和,小心奉法,安分守志,恒以清白自处。当时号为善人"④。

韦瑱任瓜州刺史,"州通西域,蕃夷往来,前后刺史,多受赂遗……瑱雅性清俭,兼有武略。蕃夷赠遗,一无所受。胡人畏威,不敢为寇。公私安静,夷夏怀之"⑤。

柳敏曾与苏绰等"修撰新制,为朝廷政典",后出为郢州刺史,"甚得物情。及将还朝,夷夏士人感其惠政,并赍酒肴及土产候之于路。敏乃从他道而还"⑥。

唐瑾任吏部尚书时,"铨综衡流,雅有人伦之鉴"。宇文泰平江陵,瑾为元帅府长史。"及军还,诸将多因房掠,大获财物。瑾一无所取,唯得书两车,载之以归"。有人告发说:"唐瑾大有辎重,悉是梁朝珍玩。"宇文泰派人去查看,只见都是书籍,叹道:"孤知此人来二十许年,明其不以利干义。向若不令检视,恐常人有投杼之疑,所以益明之耳。凡受人委任,当如此也。"乃晋爵为公。唐瑾"家无余财,所得禄赐,常散之宗族。其尤

---

① 《周书》卷32《申徽传》。
② 《周书》卷37《韩褒传》。
③ 《周书》卷39《王子直传》。
④ 《周书》卷39《皇甫璠传》。
⑤ 《周书》卷39《韦瑱传》。
⑥ 《周书》卷32《柳敏传》。

贫者,又割膏腴田宇以赈之。所留遗子孙者,并垅埆之地"①。

王悦,京兆蓝田(今属陕西)人。宇文泰初定关中,他率募乡里从军,屡有战功。后侯景攻洛阳,宇文泰率军赴援,王悦又率乡亲千余人,从军至洛阳。作战前夕,"悦罄其行资,市牛飨战士"。后任京兆郡守,迁大行台尚书。"悦性俭约,不营生业,虽出入荣显,家徒四壁而已"②。

薛端,本名沙隐,世代为河东大族。他为人耿直,"每有奏请,不避权贵",宇文泰嘉奖他,赐名端,"欲令名质相副"。他任吏部郎中,"自居选曹,先尽贤能,虽贵游子弟,才劣行薄者,未尝升擢之"。他常对宇文泰说:"设官分职,本康时务,苟非其人,不如旷职。"宇文泰十分赞同。后进授吏部尚书,赐姓宇文氏。"端久处选曹,雅有人伦之鉴,其所擢用,咸得其才。"③

宇文泰奖励重用廉吏,对贪污却严加惩处,即使是亲属,也不姑息。秦州刺史王超世,是宇文泰的内兄(妻兄),"骄而黩货,泰奏请加法,诏赐死"④。在朝廷内外引起了很大震动。

宇文泰死后,经过宇文护专权,到武成二年(560年)周武帝即位,建德元年(572年)他亲政,北周进入了一个新的发展时期。周武帝是一位有作为的君主,他实行了一系列改革,如废佛、释放奴婢、改革府兵制,最后灭北齐统一北方。周武帝"克己励精,听览不怠。用法严正……身衣布袍,寝布被,无金宝之饰,诸宫殿华绮者,皆撤毁之,改为土阶数尺,不施栌栱。其雕文刻镂,锦绣纂组,一皆禁断。后宫嫔御,不过十余人。劳谦接下,自强不息"⑤。史书评论他"劳役为士卒之先,居处同匹夫之俭,修富民之政,务强兵之术"。

周武帝在惩治贪污方面也采取了一些措施。建德六年(577年),颁布《刑书要制》,规定执武器盗一匹以上,不执武器盗五匹以上处死;"监临主掌自盗二十匹以上,小盗及诈伪请官物三十匹以上;正长隐五户及十

① 《周书》卷32《唐瑾传》。
② 《周书》卷33《王悦传》。
③ 《周书》卷35《薛端传》。
④ 《资治通鉴》卷157武帝大同元年。
⑤ 《周书》卷6《武帝纪下》。

丁以上,隐地三顷以上者,至死"①。对于官吏自盗及隐瞒户口土地者都作了严厉的处罚规定,这对打击贪官、革除弊政是有作用的。史称"由是浇诈颇息焉"②。

到周宣帝即位的宣政元年(578年)八月,又对地方州郡宣布了九条,其内容是:"一曰决狱科罪,皆准律文;二曰母族绝服外者,听婚;三曰以杖决罚,悉令依法;四曰郡县当境贼盗不擒获者,并仰录奏;五曰孝子顺孙义夫节妇,表其门闾,才堪任用者,即宜申荐;六曰或昔经驱使,名位未达,或沉沦蓬荜,文武可施,宜并采访,具以名奏;七曰伪齐七品以上,已敕收用,八品以下,爰及流外,若欲入仕,皆听预选,降二等授官;八曰州举高才博学者为秀才,郡举经明行修者为孝廉,上州、上郡岁一人,下州、下郡三岁一人;九曰年七十以上,依式授官,鳏寡困乏不能自存者,并加禀恤。"与此同时,"遣大使巡察诸州"③。

这九条是要求地方官严格依法办事,选拔人才,宣扬儒家道德,镇压盗贼,体现了政府对地方官察举并重、奖惩结合的特点。

西魏宇文泰掌权二十二年,在苏绰等人辅佐下,发展经济,任用廉吏,使西魏对抗了强大的东魏,又攻伐萧纪于蜀,征讨南朝梁攻下江陵,为周武帝宇文邕的改革创造了条件。周武帝继续改革,加强法治,使国力更加强大,终于灭掉北齐,统一北方。周武帝死后十一年,新建的隋王朝统一了全国。

第五节　魏晋南北朝反贪的启示

一、贪污与门阀特权

魏晋南北朝是门阀制度盛行的时代。所谓门阀制度就是按门户等级

---

① 《周书》卷6《武帝纪下》。
② 《隋书》卷25《刑法志》。
③ 《周书》卷7《宣帝纪》。

严格区别士族与庶族在政治、经济、社会和文化上不同地位，以维护高门士族特权的等级制度。门阀贵族有许多特权，在政治上可以凭借父兄官位而做官，即"计资入仕"，在经济上可按官品占田和免除本人及家族中各类人的赋役，在法律上犯法可以减刑、免刑，逍遥法外。门阀制度在魏晋之间形成，东晋时达到鼎盛，东晋末和南朝逐渐衰落；在北朝，孝文帝时按先世官爵和当代官爵制定姓族，建立起等级森严的门阀制度，加强和巩固了胡汉门阀贵族的联合统治。

门阀士族为了追求腐朽的享乐生活，就要利用权力大肆贪污受贿。而皇帝既然把他们作为统治基础，要依靠他们，也就放纵他们，这就使他们贪污腐败本性更加恶性膨胀。西晋时代官场普遍盛行贪贿之风，许多官吏"求纳受贿，不知纪极，生官死赠，非货不行"。以至出现了《钱神论》这样的讥世之作。从刘毅的《论九品有八损疏》及王沈的《释时论》，更加可以看到贵势们居高位，士子们趋炎附势，以及一桩桩肮脏的幕后交易。东晋完全沿袭了西晋的弊政，以送故迎新和"恤贫"等种种名目容忍门阀贵族的贪污行为。王谢桓庾等大族哪一家不是追求财富和生活享乐。南朝虽出现了"寒人掌机要"的历史现象，但对门阀贵族仍给予照顾。他们在任官期内仍可大肆聚敛。北朝后期门阀贵族的贪婪和奢侈完全可以与西晋相提并论。可以说，魏晋南北朝时代比较严重的贪污现象与门阀制度是分不开的；它是贪污的社会根源。

在南朝出现的"寒人掌机要"虽然在一定程度上冲击了门阀制度，但这些寒人文化素质差，他们仅凭九品中正制是不可能把持大权的，而主要通过接近皇帝而受到宠幸，成为恩倖，才被委以重任。他们是一群暴发户。当他们一朝大权在手，便拼命聚敛挥霍，无论是在中央当中书舍人，或在地方上做典签，都是如此。

由此可见，不受或少受制约的特权是贪污腐败的根源，一个社会的贪污程度往往是和其特权受制约程度成反比的。要抑制贪污，一定要有对官吏权力有所制约的切实制度和措施。

二、反贪和改革

魏晋南北朝的历史证明,反贪活动和社会改革往往是相互联系、相辅相成的。改革需要有一个良好的前提环境。一方面,一切改革都要靠人去执行。改革的成败不仅决定于其改革措施正确与否,而且决定于执行改革的人的素质。中国历史上众多改革中,有些改革其内容并没什么问题,但由于执行改革的人素质差,最终造成了严重的不良后果,例如王莽改革中的五均、赊贷及六管措施,王安石变法中也有类似情况。

但是另一方面,只有坚持改革的领导者,才能比较坚决地反贪。因为改革家一般都是有作为的政治家,他们往往把廉政作为其改革的一项重要内容,决不会容忍贪污腐败行为的肆虐。曹操是个具有革新精神的政治家,他就十分重视整饬吏治,对敢于打击豪强的地方官如司马芝、杨沛、满宠等都加以鼓励和支持。由于曹操的提倡,"天下之士,莫不以廉节自励"。十六国中的后赵石勒以张宾为谋主,多方改革,在他统治时期,吏治也比较清明。前秦苻坚在王猛辅佐下,实行改革,抑制豪强,加强法治,其御史中丞执法不避亲贵,制裁贪污官吏,从而很快地澄清了吏治,达到了"兵强国富"的效果。西魏宇文泰在苏绰辅佐下,实行改革,推行"六条诏书",奖励清官,惩治贪污;周武帝继续实行改革,颁布《刑书要制》,打击贪官,从而使西魏北周日益强大,终于把地广人多的北齐灭掉。魏孝文帝改革更是比较典型的事例。他在班行俸禄后,规定不准官吏再经商谋利,官吏贪污绢一匹,就处死刑。他大张旗鼓地整顿吏治,严格执法惩治贪污,即使亲戚也不讲情面。班禄这一年秋天,刺史以下官吏有四十多人因贪赃被处死,结果使"贪禄者跼蹐,赇谒之路息绝"[1]。即官吏们小心谨慎,贪赃现象几乎绝迹。由此可见,改革需要以廉政反贪为前提,否则改革就会失败;反之,只有作为改革家的领导者才能在实践中把反贪工作贯彻下去,把反贪倡廉作为改革的重要组成部分,并取得较好的成效。

---

① 《魏书》卷 111《刑罚志》。

三、贪污与政权存亡

　　一个政权的吏治清明与否关系到它的兴衰存亡,这是已经被古今中外的历史多次证明了的真理。魏晋南北朝的历史再次证明了这一真理。

　　西晋从公元 280 年统一全国,到 316 年灭亡,历时仅三十六年。西晋短期而亡不是偶然的,不能完全归结为外族入侵,其主要原因是内部腐败。晋武帝一上台就贪婪奢侈,追求荒淫的生活。上行下效,其臣下也竞相贪污聚敛。西晋初年出现的袁毅行贿案充分反映了官场的贪贿之风。与贪贿之风相连的是奢靡之风、任人唯亲之风。事物发展的根本原因是内因。正是这些腐败之风加速了西晋的灭亡。建立北魏的鲜卑拓跋部早年军事力量强大,从道武帝拓跋珪到太武帝拓跋焘,经过多年征战,终于结束了十六国混乱局面,统一了北方,可谓赫赫武功。但是从孝文帝迁都洛阳后,特别是从宣武帝时期起,门阀贵族们在安逸的生活中迅速腐败下去,贪污盛行,吏治败坏,奢侈腐化,佞佛成风。官吏们被号称为"饥鹰""饿虎",出现了与西晋一样的"比富"丑剧。终于经过二十多年,自己走向了灭亡。东魏北齐和西魏北周的不同命运也证明了这一点。西魏北周因改革、擢用廉吏而强大起来。相反东魏北齐因贪污现象不能遏制,统治阶级奢侈腐化而衰败下去,最终被北周所灭。南朝宋齐梁陈四个小朝廷,在其前期都因统治者有所作为,提倡节俭廉政,反对贪污受贿,从而出现了如"元嘉之治""永明之治"等社会安定繁荣局面。而到后期,统治者都荒淫昏聩,如宋前废帝、后废帝,齐萧宝卷,梁武帝后期,陈后主陈叔宝等时期,社会普遍地贿赂公行、吏治败坏,终于走向了覆灭。《左传》早就说过:"国家之败,由官邪也。"反贪的确是关系到一个政权治乱兴衰的大问题。

第 四 章

隋 唐 时 期

第一节　隋唐时期的贪污

一、隋代的贪污

公元580年，北周宣帝宇文赟暴殂，其子静帝宇文阐，年仅八岁，不能亲理政事，于是外戚杨坚在内史上大夫郑译、御正大夫刘昉等人的拥戴下，入宫辅政，总揽军政大权。然而杨坚的摄政却遭到北周宗室诸王和部分地方军政长官的坚决反对，相州总管尉迟迥首先发难，接着，郧州总管司马消难和益州总管王谦也相继起兵。杨坚一方面以千金公主将嫁往突厥为借口，将分封在外的诸王召至京城加以监视，另一方面则利用三方叛乱各怀私心异志，缺乏协调的机会，采取各个击破的策略，首先集中兵力打击尉迟迥及其盟友。经过几次短暂而激烈的战斗，尉迟迥最终兵败自杀。不久，司马消难也因战败而逃往南方的陈朝，王谦则被梁睿擒斩于成都。在取得军事胜利后，杨坚又对北周宗室进行残酷清洗，几乎所有宗室子孙都被先后处死。

581年，杨坚废黜北周静帝宇文阐，自立为帝，改国号为隋，改元开皇,由此建立起隋朝。杨坚就是隋朝的开国皇帝隋文帝。隋朝建立后,隋文帝于开皇七年(587年)出兵占领位于今湖北省的傀儡国家后梁。开皇九年(589年),发兵五十余万,消灭以建康为都城的陈朝。至此,南北分裂长达二百余年的中国,重新归于统一。

隋朝的建立,不仅结束了中国长期分裂的局面,而且还重新确立起以皇权为核心的中央集权体制,南北朝时期门阀士族的世袭政治特权则被进一步削弱。在这新旧政治体制交替的时代,作为专制政权痼疾之一的贪污腐败,也以新的表现形式展现在世人面前。

隋文帝建立隋朝后,为加强中央集权,先后对中央和地方的行政机构进行改革。其中对中央机构的改革,主要是废除北周模仿《周礼》设置的六官,改设以三省六部为核心的中央机构。三省即尚书省、门下省和内史省(后改为内书省),六部即尚书省下属的吏部、礼部、兵部、都官(后改为刑部)、度支(后改为民部)和工部。对地方机构的改革,主要是废除郡一级建置,只设州、县两级地方行政单位。同时取消州刺史任命僚属的权力,地方官吏全部由中央任命。这些改革措施,目的是强化中央权力,革除大分裂时代的弊端。然而机构改革能否取得实效,关键还在于要有与之相适应的用人制度。在这方面,隋文帝沿用北周的做法,不再按照家族的世系和门第高下选拔人才。同时,为进一步削弱门阀士族的政治特权,还废除九品中正制,将选举人才的权力集中到中央的吏部,并且开始试行一种新的人才选拔方式,这就是对后世影响深远的科举制度。用人制度的改革,从理论上讲,既可以加强中央的权力,又可以将更多的精英人物吸纳到官僚集团之中。问题在于什么样的人才是政府所需要的精英,这就涉及任用官员的标准。由于隋文帝倾向于法家思想,故对儒家的政治道德和用人标准不以为然。他在仁寿元年(601年)下令关闭全国绝大多数学校的诏书中,就表露出对儒学培养政治人才的不满:"儒学之道,训教生人,识父子君臣之义,知尊卑长幼之序,升之于朝,任之以职,故能赞理时务,弘益风范。朕抚临天下,思弘德教,延集学徒,崇建庠序,开进仕之路,佇贤隽之人。而国学胄子,垂将千数,州县诸生,成亦不少。徒有名录,空度岁时,未有德为代范，才任国用。"①正是由于认为儒学培养的政治人才不堪任用，所以隋文帝很少依据儒家提倡的任人唯贤的标准去选拔人才。他所任用的高级官员，主要是政治上追随他的武将、文吏、同乡或亲属，其中多数人的籍贯是在关陇地区，地方官员则大多是武将，这既与隋文帝改革府兵制有关，也和当时"武夫参选，多授文职"②的选举制度有直接联系。总的来看，由于隋文帝具有强烈的猜忌之心，加之素无学术，以文法自矜，因此他对官吏的选用，基本上只有两条主要标准，一是政治上的忠诚，二是具有办事能力。至于儒学所提倡的政治道德和政治才能，很少作为任用官员的标准。因此隋文帝时期的官吏，特别是中高级官员，或者是剽悍的武将，或者是熟悉行政事务的文官，大多擅长处理具体事务，但是普遍缺乏儒学所提倡的政治道德，廉洁自律。这种人一旦大权在握，或者条件成熟，往往就要为追求私利而贪污受贿。

在隋文帝"入宫辅政"的过程中，郑译和刘昉起到了关键性的作用，当时的人形象地比喻为"刘昉牵前，郑译推后"③。他们也因此受到隋文帝的重用，显赫一时。但是这两个北周宣帝的佞臣，一朝身居要职，便显露出贪婪的本性。郑译"性轻险，不亲职务，而赃货狼藉"，以至"鬻狱卖官，沸腾盈耳"④。刘昉则是"性粗疏，溺于财货，富商大贾朝夕盈门"⑤。继郑译、刘昉之后，高颎、杨素、苏威、李德林又成为隋文帝时期最有权势的大臣。然而这四位权臣也是良莠不齐。高颎作为行政长官和经济政策的主要制定者，据说是一位公平正直的人。而隋文帝最信任的军事指挥官杨素，则是一个恃权骄横、贪财好利之徒，"负冒财货，营求产业，东、西二京，居宅侈丽，朝毁夕复，营缮无已，爰及诸方都会处，邸店、水硙并利田宅以千百数"⑥。苏威是隋文帝的主要谋士，不仅具有野心，同时也相当贪婪，当时的人就认为，苏威诈为清俭，实则家累千金。曾经担任过内史

①《隋书》卷2《高祖纪》。
②《通典》卷14《选举二》。
③《隋书》卷38《刘昉传》。
④《隋书》卷38《郑译传》。
⑤《隋书》卷38《刘昉传》。
⑥《隋书》卷48《杨素传》。

令的李德林也是如此,他曾奏取叛臣高阿那肱在卫国县强夺民地建造的市店,租赁收利,据说"此店收利如食千户"①。后因隋文帝到晋阳视察,店人上表申诉,此事才被发觉。

　　隋文帝时期最有权势的大臣,尚且如此溺于财货,其他地位较低的官员,也就很难做到廉洁奉公。尤其是一些军人,贪污受贿,以及滥用职权谋取私利,特别突出。曾担任益州总管的梁睿,本是北周旧臣,在平定前任益州总管王谦的叛乱后,威振西川。他自以威名太盛,为了消除隋文帝对他的猜忌,"遂大受金贿以自秽。由是勋簿多以不实,诣朝堂称屈者,前后百数"②。行军总管史万岁,在平定南宁夷爨翫之后,"爨翫阴有二心,不欲诣阙,因贿万岁以金宝,万岁于是舍翫而还。蜀王时在益州,知其受贿,遣使将索之。万岁闻而悉以所得金宝沉之于江,索无所获"③。卢贲是隋文帝的开国元勋之一,曾负责宿卫,后因不满高颎、苏威共掌朝政,阴谋夺权而被废黜。当他再次被起用担任齐州刺史时,利用粮食歉收,"民饥,谷米踊贵"④的机会,进行粮食投机。幽州总管燕荣,贪暴放纵,赃秽狼藉。营州总管韦艺,"大治产业,与北狄贸易,家资巨万,颇为清议所讥"⑤。行军总管于仲文,在征讨江南高智惠等人的叛乱时,"三军乏食,米谷踊贵,仲文私粜军粮"⑥。番州总管赵纳,贪婪残暴,大受赃贿,以致"诸俚僚多有亡叛"⑦。青州总管张威,"颇治产业,遣家奴于民间鬻芦菔根,其奴缘此侵扰百姓"⑧。除武将之外,文官亦不乏贪赃枉法之徒。不过总的来看,隋文帝时期的文官,似乎比武将更能洁身自好。

　　隋文帝时期,除了军事职务之外,多数州刺史也是由武将担任,而这些武将完全缺乏行政经验,因此普遍不称职。"暗于职务,政由群小,贿

---

① 《隋书》卷42《李德林传》。
② 《隋书》卷37《梁睿传》。
③ 《隋书》卷53《史万岁传》。
④ 《隋书》卷38《卢贲传》。
⑤ 《隋书》卷47《韦艺传》。
⑥ 《隋书》卷60《于仲文传》。
⑦ 《隋书》卷80《谯国夫人传》。
⑧ 《隋书》卷55《张威传》。

赂公行,百姓吁嗟"①。至于县令的任命,在取消州刺史自辟僚属的权力后,全部改由中央的吏部直接掌管。然而吏部在任用人才方面,存在诸多问题。李德林在反对设置乡正时,曾经指出:"且今时吏部,总选人物,天下不过数百县,于六七百万户内,诠简数百县令,犹不能称其才,乃欲于一乡之内,选一人能治五百家者,必恐难得。"②正是由于任用的州刺史和县令多数都不称职,贪污受贿也就在所难免,这在一些偏远地区尤为突出。"岭南刺史、县令多贪鄙,蛮夷怨叛"③。而乡正的设置,更是为贪污受贿开了方便之门。开皇十年(590年),虞庆则等人奉使巡省关东诸道后回到京城,就向隋文帝报告说:"乡正专理词讼,党与爱憎,公行货贿,不便于民。"④

虽然隋文帝时期,中央和地方均不同程度地存在着官吏贪污受贿的现象,但因隋文帝本人极为节俭,对贪污腐化深恶痛绝,惩治贪官也非常严厉,因此多数官员,特别是中下级官吏,还有所顾忌,尚不敢肆无忌惮地进行贪污。然而到隋炀帝时期,情况就发生了很大变化。

隋炀帝杨广,是隋文帝杨坚的次子,开皇元年(581年)封为晋王。隋文帝平定陈朝后,因江南发生高智惠等人的叛乱,杨广被任命为扬州总管,驻防江州(今江苏扬州)。其后,太子杨勇因生活不检点而引起皇后的不满,杨广乘机与其心腹策划阴谋,以促成太子的垮台。由于得到杨素的支持,杨广最终取代他的长兄成为皇太子。隋文帝死后,杨广即位,改元大业。杨广就是隋朝的末代皇帝隋炀帝。

隋炀帝是一个擅于伪装的人。在文帝时期,他以生活节俭、不好声色而博得文帝夫妻的喜爱。开皇九年(589年),他作为平定陈朝的统帅,又因"封府库,资财无所取,天下称贤"⑤。然而当他称帝之后,则一改往日清心寡欲的面目,不断追求奢侈与豪华,从而成为中国历代帝王中骄奢淫

---

① 《隋书》卷62《柳彧传》。
② 《隋书》卷42《李德林传》。
③ 《隋书》卷55《侯莫陈颖传》。
④ 《资治通鉴》卷177 隋文帝开皇十年四月。
⑤ 《隋书》卷3《炀帝纪》。

逸的代表。大业元年(605 年)五月,隋炀帝下令在洛阳西郊修建周围有二百里的西苑,"其内为海,周十余里;为蓬莱、方丈、瀛洲诸山,高山水百余尺,台观殿阁,罗络山上,向背如神。北有龙鳞渠,萦纡注海内。缘渠作十六院,门皆临渠,每院以四品夫人主之,堂殿楼观,穷极华丽。宫树秋冬凋落,则剪彩为华叶,缀于枝条,色渝则易以新者,常如阳春。沼内亦剪彩为荷芰菱芡,乘舆游幸,则去冰而布之。十六院竞以殽羞精丽相高,求市恩宠"①。同时开工的还有显仁宫,"南接皂涧,北跨洛滨。发大江之南、五岭以北奇材石,输之洛阳;又求海内嘉木异草,珍禽奇兽,以实园苑"②。同年八月,隋炀帝首次巡游江都,所乘龙舟有四层,"高四十五尺,长二百丈。上重有正殿、内殿、东西朝堂,中二重有百二十房,皆饰以金玉,下重内侍处之。皇后乘翔螭,制度差小,而装饰无异。别有浮景九艘,三重,皆水殿也。又有漾彩、朱雀、苍螭、白虎、玄武、飞羽、青凫、凌波、五楼、道场、玄坛、板舸、黄篾等数千艘,后宫、诸王、公主、百官、僧尼、道士、蕃客乘之,及载内外百司供奉之物,共用挽船士八万余人,其挽漾彩以上者九千余人,谓之殿脚,皆以锦彩为袍。又有平乘、青龙、艨艟、艚艒、八棹、艇舸等数千艘,并十二卫兵乘之,并载兵器帐幕,兵士自引,不给夫。舳舻相接二百余里,照耀川陆,骑兵翊两岸而行,旌旗蔽野。所过州县,五百里内皆令献食,多者一州至百轝,极水陆珍奇;后宫厌饫,将发之际,多弃埋之"③。其后,又有第二次、第三次的江都之游,而其挥霍浪费,一点也不亚于第一次。大业二年(606 年),隋炀帝下令制作新的舆服,"课天下州县,凡骨角、齿牙、皮革、毛羽可饰器用,堪为氅眊者,皆责焉。征发仓卒,朝命夕办。百姓求捕,网罟遍野,水陆禽兽殆尽,犹不能给"④。总计"役工十余万人,用金银钱物巨亿计"⑤。同年,又下令天下的乐工子弟和擅长音乐的人,全部集中在洛阳的西苑进行表演,"课京兆、河南制其衣,两京锦彩

---

① 《资治通鉴》卷 180 炀帝大业元年五月。
② 《资治通鉴》卷 180 炀帝大业元年三月。
③ 《资治通鉴》卷 180 炀帝大业元年八月。
④ 《隋书》卷 24《食货志》。
⑤ 《隋书》卷 68《何稠传》。

为之空竭"①。大业三年(607年),隋炀帝率领大队人马北巡,为向突厥夸耀威仪和富庶,极尽铺张浪费之能事。大业四年(608年),隋炀帝亲自选定在汾州以北的汾水之源,建造汾阳宫。据说隋炀帝虽然在两京和江都建有许多苑囿亭殿,但是久而生厌,于是亲自阅览天下的山川之图,选求胜地建造宫苑。汾阳宫就是在这种情况下被选定的。其后,隋炀帝又令毗陵郡通守路道德,集十郡兵数万人,在郡城东南修建豪华的宫苑。大业五年(609年),隋炀帝亲征吐谷浑,经过大斗拔谷时,突遇暴风雪,士卒冻死大半,马驴死者十之八九。大业六年(610年),"诸夷大献方物。突厥启民以下,皆国主亲来朝贺。乃于天津桥盛陈百戏,自海内凡有奇伎,无不总萃。崇侈器玩,盛饰衣服,皆用珠翠金银,锦罽绮绣。其营费巨亿万。关西以安德王总之,东都以齐王暕总之,金石匏革之声,闻数十里外。弹弦管以上,一万八千人。大列炬火,光烛天地,百戏之盛,振古无比。自是每年以为常焉"②。大业七年(611年)以后,隋炀帝又三次出兵征讨高丽,而其灾难性的后果,终于激起民众的反叛。总的来说,喜好巡游,任性放纵,追求奢侈与豪华,是隋炀帝个人生活的突出特点。而为了满足个人欲望,横征暴敛,无节制地滥用民力,最终导致社会矛盾激化,天下大溃,隋朝也就在遍及全国的反叛中覆灭。

隋炀帝与他父亲截然不同的生活方式,使得在隋文帝时期被抑制的贪污腐化在整个官僚集团中不断扩大。隋炀帝最宠信的大臣中,宇文述"性贪鄙,知人有珍异之物,必求取之。富商大贾及陇右诸胡子弟,述皆接以恩意,呼之为儿。由是竞加馈遗,金宝累积"③。其子宇文化及,更是生性凶险,不循法度。早在隋文帝时期,就因不断受贿而被多次免官,但他仍不思悔改,"见人子女狗马珍玩,必请托求之。常与屠贩者游,以规其利。炀帝即位,拜太仆少卿,益恃旧恩,贪冒尤甚"④。与宇文述等人共掌朝政,并专典机密的虞世基,在负责选拔官吏时,"受纳贿赂,多者超越

① 《资治通鉴》卷180炀帝大业二年十二月。
② 《隋书》卷15《音乐志下》。
③ 《隋书》卷61《宇文述传》。
④ 《隋书》卷85《宇文化及传》。

等伦,无者注色而已"①。其妻孙氏,"性骄淫,世基惑之,恣其奢靡。雕饰器物,无复素士之风。孙复携前夫子夏侯俨入世基舍,而顽鄙无赖,为其聚敛。鬻官卖狱,贿赂公行,其门如市,金宝盈积"②。至于苏威、裴蕴、裴矩等人,"受诏参掌选事,多纳贿赂,士流嗟怨"③。事实上,当时的中央官员,绝大多数都有贪污受贿行为,"于时朝政渐乱浊,货贿公行,凡当枢要之职,无问贵贱,并家累千金。天下士大夫莫不变节"④。

朝廷中的官员如此贪污受贿,地方官吏自然不甘落后。"于时政刑日紊,长吏多赃污"⑤。一些原在隋文帝时期并无贪污行为的官吏,在此污浊的环境中,也"颇改旧节,受纳货秽"⑥。由于隋炀帝对内大兴土木,广建宫苑,巡游无度,对外穷兵黩武,三征高丽,因而赋役繁重,地方官吏也就乘机从中谋取私利,"每急徭卒赋,有所征求,长吏必先贱买之,然后宣下,乃贵卖与人,旦暮之间,价盈数倍,褒刻征敛,取办一时"⑦。不仅长官如此,即使一般官吏也是利用职权,"因缘侵渔,百姓穷困,财力俱竭,安居则不胜冻馁,死期交急,剽掠则犹得延生,于是始相聚为群盗"⑧。

隋炀帝的横征暴敛,官吏肆无忌惮的贪污受贿,给整个社会造成灾难性后果,正如杨玄感给樊子盖的书信中所说:"今上纂承宝历,宜固洪基,乃自绝于天,殄民败德。频年肆眚,盗贼于是滋多,所在修治,民力为之凋尽。荒淫酒色,子女必被其侵,耽玩鹰犬,禽兽皆离其毒。朋党相扇,货贿公行,纳邪佞之言,杜正直之口。加以转输不息,徭役无期,士卒填沟壑,骸骨蔽原野。黄河之北,则千里无烟,江淮之间,则鞠为茂草。"⑨在这样的情况下,反叛也就成为不可避免的事情。大业七年(611年),山东王薄

---

① 《资治通鉴》卷180炀帝大业二年七月。
② 《隋书》卷67《虞世基传》。
③ 《旧唐书》卷62《杨恭仁传》。
④ 《隋书》卷39《阴寿传附阴骨仪传》。
⑤ 《隋书》卷71《陈孝意传》。
⑥ 《隋书》卷65《王仁恭传》。
⑦ 《隋书》卷24《食货志》。
⑧ 《资治通鉴》卷181隋炀帝大业七年十二月。
⑨ 《隋书》卷70《杨玄感传》。

首倡义师。此后,各地风起云涌,义旗遍于大江南北,隋朝也就在义军的不断打击下土崩瓦解。

二、唐代前期的贪污

隋炀帝骄奢淫逸的生活,劳民伤财地发动对高丽的征伐,不仅引起广大民众的反叛,同时也导致统治集团内部发生分裂。大业十三年(617年),担任太原留守的唐国公李渊,在经过精心策划和准备后,起兵反隋。他率领军队由太原南下,击溃隋将宋老生和屈突通的抵抗,迅速进入关中地区,攻占隋朝的都城长安,立隋炀帝年幼的孙子杨侑为傀儡皇帝,改元义宁。龟缩在江都的隋炀帝,则被遥奉为太上皇。

618年,江都发生兵变,隋炀帝被杀死。兵变的首领,正是隋炀帝最信任的将领宇文述之子宇文化及,他同时也是隋朝所取代的北周皇室后裔。隋炀帝被杀的消息传到长安后,李渊随即废黜傀儡皇帝杨侑,自立为帝,改国号为唐,改元武德,由此建立起唐朝。李渊就是唐朝的开国皇帝唐高祖。唐朝建立后,唐军逐渐消灭各地的割据势力。武德七年(624年),盘踞在今河北北部的高开道被部将张金树所杀,其地归于唐。据有江南之地的辅公祏也被荡平。至此,唐朝基本统一全国,唐高祖也为此大赦天下。

唐高祖完成了重新统一全国的大业,他损益隋代制度而重建的政治、军事、经济制度,也为后来唐王朝的强盛奠定了基础。但是他在对付官吏的贪污腐化方面,却未能取得引人瞩目的成绩。究其原因,首先是他委以重任的文臣,似乎并不得力。唐高祖最宠信的大臣裴寂,原为隋炀帝的晋阳宫副监,与他私交甚好。据说当李渊的次子李世民暗中策划起兵反隋时,为获得父亲的支持,出私钱数百万贿赂裴寂,请他将此事转告李渊。裴寂受贿后,即劝说李渊起兵反隋,他也因此成为唐朝的开国元勋之一。入唐以后,裴寂受到唐高祖的重用,先后担任尚书右仆射、左仆射。然而裴寂是一个既胆怯又无能力的人,不仅带兵作战经常吃败仗,即使行政管理也相当糟糕,正如后来唐太宗李世民指责他所说:"计公勋庸,不致于此,徒以恩信,特居第一。武德时,政刑纰缪,官方弛紊,职公之由。徒以旧情,不能极法。"①另一位唐高祖时期的重臣是官至中书令的封伦。据说他很有行政才能,但他曾依附隋炀帝的宠臣虞世基,"密为指画,宣行诏命,谄顺主心;外有表疏如忤意者,皆寝而不奏;决断刑法,多峻文深诬;策勋行赏,必抑削之。故世基之宠日隆,而隋政日坏,皆伦所为也"②。这样一个以其擅长行政管理的才能去败坏朝政的奸佞之徒,投降唐高祖之后,因献"密策"而被委以重任。但是封伦既无政治道德又十分虚伪,"外谨顺,居处衣服陋素,而交宫府,贿赠狼藉"③。与封伦同时投降唐高祖的宇文士及,是隋炀帝的女婿,也是杀死隋炀帝的宇文化及之弟。他因其妹为唐高祖的昭仪而逐渐受到重用,官至侍中。宇文士及为人谨密,但却保持着隋炀帝时期的遗风,喜好阿谀奉承人主,又热衷于追求奢侈豪华的生活,"厚自封植,衣食服玩必极奢侈"④。这些聚集在唐高祖身边的隋朝旧臣,显然不可能去有效地抑制隋末以来甚为猖獗的贪污腐化之风。此外,唐高祖在统一全国的过程中,对归顺的隋朝官吏和豪强、武装集团首领,大肆进行赏赐,封官赐爵,并让他们之中的多数人,在其实际控制的地区担任军事或行政长官。由于封赏太滥,到唐高祖在位晚年,全国州县数目,已经是隋朝的两倍多。唐高祖的这种怀柔政策,有利于分化瓦解敌对势力,扩大自己的力量,从而加快全国统一的进程。然而,让大批隋朝官吏继续担任地方军政长官,却也不利于消除隋末地方官吏中盛行的贪污受贿。唐太宗认为,他父亲在位期间,政刑纰缪,官方弛紊,应当符合当时的实际情况。

唐高祖时期的贪污受贿,除了官吏非法谋取私利之外,因政治斗争的需要而行贿受贿,也是相当的盛行。唐高祖的第二个儿子李世民,在统一全国的过程中,战功显赫,声望日隆,权力不断扩大,从而威胁到长兄李建成的太子地位。为了保住自己的既得利益,太子李建成遂与三弟齐王李

① 《旧唐书》卷57《裴寂传》。
② 《旧唐书》卷63《封伦传》。
③ 《新唐书》卷100《封伦传》。
④ 《旧唐书》卷63《宇文士及传》。

元吉结成同盟,反对当时被封为秦王的李世民。唐高祖曾努力缓和太子与秦王之间日趋紧张的关系,但在双方精心策划的阴谋影响下,他对两个儿子中,究竟应该选择哪一个作为太子,摇摆不定。为了获得父王的支持,削减对方的力量,扩大自己的势力,对立双方都大肆进行政治贿赂。由于唐高祖易于偏听后宫嫔妃的闲言碎语,对皇亲国戚管束不严,太子与齐王便尽量讨好高祖的嫔妃,并相互勾结,"复与诸公主及六宫亲戚骄恣纵横,并兼田宅,侵夺犬马。同恶相济,掩蔽聪明,苟行己志,惟以甘言诱辞承候颜色"①。同时,"又厚贿中书令封伦,以为党助"②。为了削弱秦王的力量,太子建成还以重金收买秦王府的将领尉迟敬德、段志玄等人。秦王李世民对太子与齐王的所作所为,自然不会视若无睹,他一方面让妻子长孙氏周旋于高祖及其嫔妃之间,"尽力弥缝,以存内助"③。另一方面,则以恩信结纳自己麾下的骁将谋士,给予他们丰厚的赏赐。同时还派秦府的车骑将军张亮等人到洛阳,"阴结纳山东豪杰以俟变,多出金帛,恣其所用"④。此外,秦王李世民也对一些重要人物进行收买,其中被贿买的驻防玄武门禁军将领常何,在后来李世民杀死太子和齐王的玄武门之变中,起到关键性作用。这类因政治目的而进行的贿赂和收买,在唐高祖时期太子与秦王争夺权力的斗争中,几乎成为公开的秘密。

唐高祖两个儿子争夺太子地位的斗争,最终演变为兵戎相见。武德九年(627年)六月四日,秦王李世民发动兵变,在皇宫进出口的玄武门设伏,袭杀长兄建成、三弟元吉。事隔三天,李世民就被立为皇太子。两个月以后,唐高祖又被迫将皇位传给太子,自己则成为毫无权力的太上皇,在太安宫内默默无闻地生活了九年,于唐太宗贞观九年(635年)去世。

继唐高祖之后称帝的李世民,就是中国历史上著名的唐太宗。他在即位初期,以隋朝的覆亡为鉴戒,关心民众疾苦,提倡节俭,反对奢侈浪费。同时他还认为,官吏的良莠,直接关系着国家的治乱。为此,他逐渐

---

① 《旧唐书》卷64《隐太子建成传》。
② 《旧唐书》卷64《巢王元吉传》。
③ 《旧唐书》卷51《太宗文德皇后长孙氏传》。
④ 《资治通鉴》卷191高祖武德九年六月。

罢免高祖时期无能的大臣,斥退大多数担任高级官员的皇亲国戚,起用有才能的人担任重要职务,而不去计较他们过去的经历和政治背景,并且也不对有才能的人责全求备。他认为:"明主之任人,如巧匠之制木。直者以为辕,屈者以为轮,长者以为栋梁,短者以为栱桷。无屈直长短,各有所施。明主之任人犹是也。智者取其谋,愚者取其力,勇者取其威,怯者取其慎。无智愚勇怯兼而用之。故良匠无弃材,明君无弃士。"①这种唯才是用的择官思想,唐太宗曾对他最信任的大臣长孙无忌说得再明白不过:"朕之授官,必择才行。若才行不至,纵朕至亲,亦不虚授,襄邑王神符是也;若才有所适,虽怨雠而不弃,魏徵等是也。朕若以无忌居后兄之爱,当多遗子女金帛,何须委以重官,盖是取其才行耳。"②正因为如此,唐太宗在他的身边集中了一大批优秀的大臣,如房玄龄、杜如晦、魏徵、王珪、戴胄、李靖等人。除朝廷重臣之外,唐太宗对地方官的任用也非常重视。他曾对侍臣说:"朕每夜恒思百姓间事,或至夜半不寐,唯恐都督、刺史,堪养百姓否?故于屏风上录其姓名,坐卧恒看,在官如有善事,亦具列于名下。朕居深宫之中,视听不能及远,所委者唯都督、刺史,此辈实理乱所系,尤须得人。"③对地方官吏,唐太宗认为除了才能之外,还应特别注意他们的德行:"比见吏部择人,唯取其言辞刀笔,不悉其景行。数年之后,恶迹始彰,虽加刑戮,而百姓已受其弊。"④为此,他一方面对现任地方官不断进行大规模考察,其中贞观二十年(646年)的考察,刺史县令以下的地方官,上千人因政绩不佳而受到惩处,七人因犯罪被处死,二十人受到提拔。另一方面,他不断亲自过问刺史的人选,下令中央官员推荐新人担任县令。同时,唐太宗还提倡儒学,扩大科举,培养和选拔具有儒家思想的人才。通过不懈的努力,太宗时期的各级官吏,总的来看,绝大多数都能遵循法纪,廉洁自律。其间虽然也有一些官吏贪污受贿,但是始终只是个别现象。吴兢在《贞观政要》一书中,曾这样评价说:太宗自即位之始,

---

① 《帝范》卷2。
② 《旧唐书》卷65《长孙无忌传》。
③ 《贞观政要》卷3《论择官》。
④ 《贞观政要》卷3《论择官》。

"志在忧人,锐精为政,崇尚节俭,大布恩德……加以从谏如流,雅好儒学,孜孜求士,务在择官,改革旧弊,兴复制度,每因一事,触类为善……深恶官人贪浊,有枉法贪财者,必无赦免。在京流外有犯赃者,皆遣执奏,随其所犯,置以重法。由是官吏多自清谨。制驭王公妃主之家,大姓豪猾之伍,皆畏威屏迹,无敢侵欺细民"。唐太宗在位期间,可以说是整个隋唐时期政治最清明、贪污腐化最为收敛的时代。

唐太宗晚年,太子承乾和魏王李泰爆发了一场争夺继承权的斗争,结果太子承乾被废为庶人,魏王李泰也遭废黜,太宗第九子,年幼的晋王李治在长孙无忌、房玄龄、褚遂良和李世勣等大臣的有力支持下成为皇太子。贞观二十三年(649年),唐太宗去世,李治便继位为皇帝,是为唐高宗。

唐高宗即位初期,在太宗为他精心安排的顾命大臣辅佐下,继续执行唐太宗时期的政策,提倡节约,关心百姓疾苦,抑制贪污腐化,因此被认为有贞观遗风。然而唐高宗是一个懦弱无能的皇帝,即使在他即位的初期,官吏的贪污受贿也有所抬头。永徽元年(650年),中书令褚遂良强行压价购买一位下属翻译的田地。这件事在当时就被认为具有以权谋私的性质。一些皇族成员也开始明目张胆地敛聚财产,其中滕王元婴和蒋王恽最为突出。而当时的官吏,在处理公务时,往往也要互相关照,不能秉公办事。高宗为此向宰相征求处理意见,作为顾命大臣的长孙无忌却回答说:"此岂敢言无,然肆情曲法,实亦不敢。至于小小收取人情,恐陛下亦不能免。"①曾经是唐太宗最亲信大臣的长孙无忌,此时可能已经忘记了太宗谆谆教导的防微杜渐。以后,随着大权逐渐落入武曌的手中,政治相对清明的时代便归于结束,官吏的贪污腐化又开始猖獗起来。

武曌是唐朝开国功臣武士彟的女儿,唐太宗将她召入宫内,立为才人。高宗即位后,又将她立为昭仪。不久,武曌就为高宗生儿育女,而高宗的王皇后却始终没有生育。武曌为了取代王皇后的地位,施展一系列阴谋诡计,甚至不惜亲手扼杀自己的女儿以诬陷王皇后。在武曌的蛊惑

---

① 《资治通鉴》卷199高宗永徽二年九月。

下,高宗决定立武曌为皇后。为了得到大臣的支持,高宗首先去争取长孙无忌。为此,封他的三个儿子为朝散大夫,并和武曌带着十车金宝缯锦去见他,希望能够以此得到他的赞同。但是长孙无忌收取了贿赂,却不支持立武曌为皇后。另一位顾命大臣褚遂良也坚决反对废黜王皇后。在这种情况下,武曌转而寻求中级官员的支持,以便与那些位高权重的大臣相抗衡。于是李义府、许敬宗、崔义玄、袁公瑜、王德俭和侯善业等人,先后投靠武曌,朝臣也因此分为对立的两派。由于得到高宗的坚决支持,武曌最终如愿以偿地成为皇后,多数反对武曌的大臣先后遭到清洗和贬斥,而支持武曌的官员则大多升官晋爵,并成为支持武曌掌权的政治势力。然而这些拥立武曌的官员,当他们与武曌互为表里,把持朝政以后,便有恃无恐地胡作非为,贪污受贿也就在他们之中盛行起来,其中最为典型的是许敬宗与李义府两位宰相。

许敬宗出生于杭州新城县,是隋朝的秀才,以擅长文学著称。唐太宗时期,曾参加国史和实录的编修工作。高宗即位后,因赞成立武曌为皇后,又参与诬陷长孙无忌等大臣,于是被越级提拔为宰相,并负责编修国史。事实证明,许敬宗是一个腐败的宰相,他不仅好色无度,而且为子女择婚,也是唯财是求。他因贪图钱财,将自己的一个女儿嫁给南方少数民族首领的儿子。为此他曾遭到弹劾,并且被贬为郑州刺史。可是许敬宗并未以此为戒,以后嫁女娶妇,仍然是贪婪地索取财贿。他在编修国史的过程中,同样收受贿赂,记事阿曲,"敬宗嫁女与左监门大将军钱九陇,本皇家隶人,敬宗贪财与婚,乃为九陇曲叙门阀,妄加功绩,并升与刘文静、长孙顺德同卷。敬宗为子娶尉迟宝琳孙女为妻,多得赂遗,及作宝琳父敬德传,悉为隐诸过咎。白州人庞孝泰,蛮酋凡品,率兵从征高丽,贼知其懦,袭破之。敬宗又纳其宝货,称孝泰频破贼徒,斩获数万"①。不过许敬宗与同为武曌死党的李义府相比较,在贪赃枉法方面,又显得是小巫见大巫。李义府,出生于梓州永泰县。唐太宗时期,以善于属文,对策擢第,屡迁至太子舍人。高宗嗣位,迁中书舍人。后因依附武曌而被提升为宰相。

① 《旧唐书》卷82《许敬宗传》。

李义府"貌状温恭,与人语必嬉怡微笑,而褊忌阴贼。既处权要,欲人附己,微忤意者,辄加倾陷。故时人言义府笑中有刀,又以其柔而害物,亦谓之'李猫'"①。笑里藏刀这个成语,就是由此而来。李义府当上宰相后,依仗武曌的支持,违法乱纪,贪污受贿,无所不为,"诸子孩抱者,并列清贵。而义府贪冒无厌,母、妻及诸子、女婿,卖官鬻爵,其门如市,多树朋党,倾动朝野"②。当高宗风闻李义府一家人专以卖官为事,铨序失次,人多怨,遂"从容诫义府云:'闻卿儿子、女婿皆不谨慎,多作罪过,我亦为卿掩覆,未即公言。卿可诫勖,勿令如此。'义府勃然变色,腮颈俱起,徐曰:'谁向陛下道此?'上曰:'但我言如是,何须问我所从得耶!'义府睆然,殊不引咎,缓步而去,上亦优容之"③。如此昏庸的皇帝,如此跋扈的宰相,由此产生的政治腐败,以及伴随政治腐败而大量出现的贪污受贿,也就不足为奇了。

唐高宗麟德元年(664年),武曌粉碎了上官仪等人企图将她废黜的阴谋,大批朝臣遭到清洗。此后,武曌完全控制了朝政,"自是上每视事,则后垂帘于后,政无大小,皆与闻之。天下大权,悉归中宫,黜陟杀生,决于其口,天子拱手而已,中外谓之二圣"④。唐高宗死后,大权在握的武曌又轻而易举地发动一场宫廷政变,将继位仅两个月的中宗皇帝赶下台,另立中宗的弟弟李旦为傀儡皇帝,自己则临朝称制。但是武曌的这种做法,立即为一群不满分子所利用。唐代著名军事家李世勣的孙子李敬业,纠集一批因各种原因被贬职和罢官的同伙,以恢复中宗的皇位为托词,在扬州起兵反对武曌的统治。虽然这场叛乱不到三个月就被平定,但是武曌却由此产生极其强烈的不安全感,认为李唐宗室、朝廷大臣,乃至天下大多数的人都在反对自己。于是她重用索元礼、周兴、来俊臣等酷吏,大开告密之门,任意罗织莫须有的罪状,肆意杀戮。当时任麟台正字的陈子昂在给武曌的奏疏中就指出:"执事者疾徐敬业首乱唱祸,将息奸源,穷其

① 《旧唐书》卷82《李义府传》。
② 《资治通鉴》卷200高宗显庆三年十月。
③ 《旧唐书》卷82《李义府传》。
④ 《资治通鉴》卷201高宗麟德元年十月。

党与,遂使陛下大开诏狱,重设严刑,有迹涉嫌疑,辞相逮引,莫不穷捕考按。至有奸人荧惑,乘险相诬,纠告疑似,冀图爵赏,恐非伐罪吊人之意也。臣窃观当今天下,百姓思安久也,故扬州构逆,殆有五旬,而海内晏然,纤尘不动。陛下不务玄默以救疲人,而反任威刑以失其望,臣愚暗昧,窃有大惑。伏见诸方告密,囚累百千辈,及其穷竟,百无一实。陛下仁恕,又屈法容之,遂使奸恶之党,快意相雠,睚眦之嫌,即称有密。一人被讼,百人满狱,使者推捕,冠盖如市。或谓陛下爱一人而害百人,天下喁喁,莫知宁所。"①690 年,武曌称帝,改国号为周,从而成为中国历史上唯一正式称帝的女皇。十五年后,一场宫廷政变又将武周政权推翻,李唐王朝得以重新恢复。由于武曌死后被追尊为则天皇太后,所以通常称她为武则天。

在武则天长达四十年的实际统治期间,贪污受贿始终是一个相当突出的问题。早在唐高宗在位后期,地方官吏就已经贪污成风,所以武则天在高宗去世的第二年,即 684 年颁布改元光宅的大赦令中就说,由于州县未能澄肃,因此要成立右肃政御史台,专门按察诸州。同时宣布,"官人枉法受财,监临主守自盗所监临"②,均不在大赦的范围内。就在这一年,广州都督路元叡,因僚属恣横,敲诈勒索到广州贸易的胡商,"商胡诉于元叡,元叡索枷,欲系治之。群胡怒,有昆仑袖剑直登听事,杀元叡及左右十余人而去"③。其后,武则天重用酷吏,对整个官僚集团进行血腥清洗。这些操有生杀大权的酷吏,不仅凶暴残忍,而且大多贪赃枉法,无恶不作。最早为武则天重用的酷吏索元礼,在负责推案制狱期间,就曾收受贿赂。继索元礼之后的来俊臣,更是肆无忌惮地收受贿赂,甚至依仗权势,任意勒索钱财。他曾"求金于左卫大将军泉献诚,不得,诬以谋反,下狱,乙亥,缢杀之"④。后因收受贿赂,勒索商人钱财,"为御史纪履忠所劾,下狱当死。后忠其上变,得不诛,免为民。长寿中,还授殿中丞,坐赃贬同州参

---

① 《资治通鉴》卷 203 则天后垂拱二年三月。
② 《文苑英华》卷 463《改元光宅赦》。
③ 《资治通鉴》卷 203 则天后光宅元年七月。
④ 《资治通鉴》卷 205 则天后长寿元年正月。

军事,暴纵自如,夺同僚妻,又辱其母。俄召为合宫尉,擢洛阳令,进司仆少卿,赐司农奴婢十人"①。来俊臣复出之后,依然贪暴纵横,正如另一个酷吏吉顼对武则天所说:"俊臣聚结不逞,诬构良善,赃贿如山,冤魂塞路,国之贼也。"②就在酷吏横行的时候,武则天的面首张易之、张昌宗兄弟,也因得到武则天的宠爱,权倾一时。他们同样贪污腐化,收受贿赂,甚至强市人田。张氏亲属也依仗二张权势,作威作福。司礼少卿张同休、卞州刺史张昌期、尚方少监张昌仪,皆贪污受贿,赃款多达四千余缗。至于武则天的亲属武三思、武攸宁,在其执掌朝政期间,更是"置句使,苛取民赀财,毁族者凡十七八,呼天自冤。筑大库百余舍,聚所得财"③。朝臣之中,贪污受贿之徒,亦不在少数。宰相张锡,赃满数万;夏官侍郎、同凤阁鸾台三品李迥秀,据说既有才干又风流,而且还以孝敬母亲著称,但他却取媚于张易之兄弟,同时也贪赃受贿;宰相宗楚客,与其兄宗秦客、其弟宗晋卿,皆贪赃枉法。中央的达官贵人如此贪鄙,地方官员当然也就要以此为"楷模"。陈子昂在圣历元年(698 年)向武则天呈奏的《上蜀川安危事》中就指出,在今四川地区,有三万多户百姓逃往山林之中,不属州县管辖。究其原因,"蜀中诸州百姓所以逃亡者,实缘官人贪暴,不奉国法,典吏游容,因此侵渔。剥夺既深,人不堪命;百姓失业,因即逃亡。凶险之徒,聚为劫贼。今国家若不清官人,虽杀获贼终无益"④。虽然蜀中官吏在武则天时代以贪暴著称,"久缺良守,弊于侵渔,政以贿成,人无措足"⑤。但是地方官吏贪赃枉法,却不仅限于蜀中诸州。就在陈子昂表奏《上蜀川安危事》的同一一年,河北道安抚大使狄仁杰也上奏说:"山东雄猛,由来重气,一顾之势,至死不回。近缘军机,调发伤重,家道悉破,或至逃亡。拆屋卖田,人不为售;内顾生计,四壁皆空。重以官典侵渔,因事而起,取其髓脑,曾无愧心。"⑥对于地方官吏的违法乱纪,贪污受贿,武则天

---

① 《新唐书》卷 209《来俊臣传》。

② 《资治通鉴》卷 206 则天后神功元年六月。

③ 《新唐书》卷 206《外戚传》。

④ 《全唐文》卷 211。

⑤ 《旧唐书》卷 89《姚璹传》。

⑥ 《全唐文》卷 169 狄仁杰《请曲赦河北诸州疏》。

其实也是相当清楚的,她"尝与宰臣议及州县官吏。纳言李峤、夏官尚书唐休璟等奏曰:'臣等谬膺大任,不能使兵革止息,仓府殷盈,户口尚有逋逃,官人未免贪浊,使陛下临朝轸叹,屡以为言,夙夜惭惶,不知启处。伏思当今要务,莫过富国安人,富国安人之方,在择刺史。窃见朝廷物议,莫不重内官、轻外职,每除授牧伯,皆再三披诉。比来所遣外任,多是贬累之人,风俗不澄,实由于此。'"①虽然武则天为改变这种状况,也选用一些朝廷重臣以本官检校诸州刺史。但在武则天滥以禄位收天下之心的基本政策指导下,要想从根本上改变地方官吏的贪污腐败,几乎是不可能的事情。事实上,在武周后期,由于赋役繁重、官吏贪暴而造成的全国性人口逃亡,已经成为严重的社会问题。

704 年,以张柬之、崔玄晖、桓彦范、敬晖和袁恕己等五人为首的朝臣,利用武则天生病的机会,成功地发动一场政变,囚禁武则天,拥立唐中宗复辟,从而结束了武则天长达四十余年的统治。

唐中宗是唐高宗和武则天的第三子,曾在高宗去世后当过两个月的皇帝,随即被他的母亲武则天废黜,长期流放于房州。直到圣历元年(698 年),武则天才将他从流放地召回洛阳,重新立为太子。在 704 年的政变中,因被张柬之等人拥戴,重新登上皇位。然而,唐中宗是一个非常昏庸无能的人。他登基之后,面对外戚、皇室成员与朝廷大臣争夺权力的斗争,完全无力控制,其结果是政治局势比武则天时代更为混乱,贪污腐化也更加猖獗。中宗的皇后韦氏,既淫荡又有政治野心。她和武则天的侄子武三思勾搭成奸,于是支持武三思排斥异己,控制朝政。同时,韦后也大树私党,卖官鬻爵,贪污受贿,无所不为。中宗与韦后的女儿安乐公主,更是"恃宠骄恣,卖官鬻狱,势倾朝野。或自为制敕,掩其文,令上署之,上笑而从之,竟不视也"②。在当时,皇后、公主和她们所信任的人,组成了一个小集团,专门出售官吏委任状,从中谋取私利,"安乐、长宁公主,及皇后妹郕国夫人、上官婕妤、婕妤母沛国夫人郑氏、尚宫柴氏、贺娄

---

① 《旧唐书》卷 88《韦思谦传》。
② 《资治通鉴》卷 208 中宗神龙二年十二月。

氏、女巫第五英儿、陇西夫人赵氏,皆依势用事,请谒受赇,虽屠夫臧获,用钱三十万,则别降墨敕除官,斜封付中书,时人谓之'斜封官';钱三万则度为僧尼。其员外、同正、试、摄、检校、判、知官,凡数千人。西京、东都各置两吏部侍郎,为四铨,选者岁数万人"①。而吏部侍郎李峤,为了谋取宰相职位,曲行私惠,也奏置员外官数千人。当时政治的腐败,酸枣县尉袁楚客在给宰相魏元忠的信中说得再清楚不过:"主上新服厥命,惟新厥德,当进君子、退小人以兴大化,岂可安其容宠,循默而已!今不早建太子,择师傅而辅之,一失也。公主开府置僚属,二失也。崇长缁衣,使游走权门,借势纳贿,三失也。俳优小人,盗窃品秩,四失也。有司选进贤才,皆以货取势求,五失也。宠进宦者,殆满千人,为长乱之阶,六失也。王公贵戚,赏赐无度,竞为侈靡,七失也。……左道之人,荧惑主听,盗窃禄位,十失也。"②这"十失",确实道出了唐中宗时期的主要政治弊端。

710年,唐中宗被韦皇后和安乐公主毒死,韦皇后临朝摄政,企图步武则天的后尘,执掌政权。然而历史并未重演,韦后当政仅十六天,武则天的女儿太平公主与她的侄子李隆基就发动政变,杀死韦后和安乐公主,拥立李隆基的父亲李旦为皇帝,是为唐睿宗,李隆基则被立为皇太子。唐睿宗李旦是唐高宗的第八子,唐中宗的弟弟。他在位只有两年,就因体弱多病,将皇位传给太子李隆基,这就是唐朝在位时间最长的玄宗皇帝。

唐玄宗即位初期,面对着一个强大的政治对手,那就是他的姑母太平公主。太平公主是唐高宗与武则天的女儿,因擅长阴谋活动,深受武则天的喜爱。在武则天当政时期,经常参与武则天的各种密谋策划。不过此时的太平公主,对她的母亲武则天尚存畏惧之心,不敢招揽权势,只是尽量过着豪华而奢侈的生活。武周末年,太平公主积极参与策划拥立中宗复辟的政变,因此当中宗重新登基后,给予她大量的赏赐,并允许设置公主府。而当时干预朝政的韦皇后、上官婉儿、安乐公主等人,皆以智谋不及太平公主,对她深感畏惧,于是太平公主日益豪横,颇干朝政,进达朝

① 《资治通鉴》卷209中宗景龙二年七月。
② 《资治通鉴》卷208中宗神龙二年三月。

士,多至大官。中宗中毒身亡后,太平公主又与李隆基策划反对韦皇后掌权的政变,当她的哥哥李旦重新登上皇位后,因其立有大功,对她言听计从,太平公主的权势也就由此达到顶峰。凡是军国大政,事必参决。若无她的同意,几乎任何政令都不能施行;宰相以下官员的任命和贬斥,完全在于她的一句话。伴随着权力的膨胀,政治腐败和贪污腐化也就不期而至,"公主由是滋骄,田园遍于近甸膏腴,而市易造作器物,吴、蜀、岭南供送,相属于路。绮疏宝帐,音乐舆乘,同于宫掖。侍儿披罗绮,常数百人,苍头监妪,必盈千数。外州供狗马玩好滋味,不可纪极。有胡僧惠范,家富于财宝,善事权贵,公主与之私,奏为圣善寺主,加三品,封公,殖货流于江剑。公主惧玄宗英武,乃连接将相,专谋异计。其时宰相七人,五出公主门,常元楷、李慈掌禁兵,常私谒公主"①。依附于太平公主的宰相中,崔湜一直有贪污受贿的劣迹,早在中宗时期,他作为吏部侍郎,与"太常少卿郑愔、大理少卿李允恭分掌选事,皆以赃货闻"②。萧至忠则是一个伪君子,他始终将自己打扮成是一个廉洁奉公的人,但是后来被抄家的时候,却发现他家中藏有大量来路不明的财帛,"由此顿绝声望矣"③。窦怀贞是一个只知道结交权贵以谋取高官厚禄的佞臣,他因阿谀奉承韦后并依附安乐公主而臭名昭著。只有岑羲以廉洁正直而知名于当时。这些聚集在太平公主身边的人,与之密谋策划,企图废黜玄宗。他们最初打算毒死玄宗,未获成功后,决定发动政变,但因宰相魏知古的告发,玄宗抢先采取行动,粉碎了政变阴谋,太平公主及其党羽数十人,皆被处死。太平公主多年敛聚的巨大财富,也被没收,"籍其家,财货山积,珍奇宝物,侔于御府,马牧羊牧田园质库,数年征敛不尽"④。此外,与太平公主通奸的僧人惠范,也有数十万贯的家产。

　　玄宗在消灭了以太平公主为首的政治集团之后,睿宗也宣布放弃他所保留的权力。至此,玄宗才成为真正拥有实权的皇帝,从而开始了长达

---

① 《旧唐书》卷183《外戚传》。
② 《旧唐书》卷70《岑文本传附岑羲传》。
③ 《旧唐书》卷92《萧至忠传》。
④ 《旧唐书》卷183《外戚传》。

四十四年的统治。玄宗在位初期，励精图治，任用姚崇、宋璟等人为宰相，推行改革，加强吏治，从而使武周以来的贪污腐化，逐渐得到有效控制，唐王朝也因此进入了鼎盛时期。然而随着时间的推移，玄宗逐渐放弃了早期提倡的节俭，转而沉溺于声色犬马，对于朝政也趋于懈怠。开元二十二年（734年），李林甫被任命为宰相。此人特别擅长政治权术，他通过精心策划的阴谋和大规模的清洗，确立了自己对朝政的完全控制。在他专权的十余年中，贪污腐化逐渐开始蔓延。李林甫本人就不是一个廉洁的人，他溺于声妓，姬侍盈房，舆马被服，颇极鲜华，"京城邸第，田园水硙，利尽上腴"①。同时，他还大量贿赂宦官、后宫嫔妃及其亲属，以便了解玄宗的动静。李林甫的同党王鉷，负责财政工作，以善于搜刮民脂民膏而闻名。他利用职权，贪污自肥，当他因牵连到一桩谋反案而被赐死后，"有司籍第舍，数日不能遍，至以宝钿为井干，引泉水激雷，号'自雨亭'，其奢侈类如此"②。天宝十一载（752年），李林甫病死，接替他掌握朝廷大权的宰相杨国忠，是玄宗宠妃杨玉环的远房亲戚。他在掌权之后，先后收受各级官员以馈赠的名义送来的贿赂三千万匹缣。同时，他还纵容手下的胥吏贪赃枉法，以致贿赂公行。其党羽"翰林学士张渐、窦华、中书舍人宋昱、吏部郎中郑昂等，凭国忠之势，招来赂遗，车马盈门，财货山积"③。不仅朝廷大臣贪污受贿，玄宗宠信的宦官高力士等人，也大量收受贿赂，"当是时，宇文融、李林甫、盖嘉运、韦坚、杨慎矜、王鉷、杨国忠、安禄山、安思顺、高仙芝等，虽以才宠进，然皆厚结力士，故能踵至将相，自余承风附会不可计，皆得所欲。中人若黎敬仁、林昭隐、尹凤翔、韩庄、牛仙童、刘奉廷、王承恩、张道斌、李大宜、朱光辉、郭全、边令诚等，并内供奉，或外监节度军，修功德，市鸟兽，皆为之使。使还，所衷获，动巨万计。京师甲第池园、良田美产，占者什六"④。这股贪污腐化之风也吹到了地方官吏那里，

① 《旧唐书》卷106《李林甫传》。
② 《新唐书》卷134《王鉷传》。
③ 《旧唐书》卷106《杨国忠传》。
④ 《新唐书》卷207《宦官传上》。

所谓"政既宽弛,胥吏多因缘为奸,贿赂大行"①,正是唐玄宗在位后期的一种相当普遍的现象。

三、唐代后期的贪污

唐玄宗天宝十四载(755年),平卢节度使安禄山,率领十五万军队,以讨伐宰相杨国忠为借口,发动叛乱。其后,安禄山被他的儿子安庆绪所杀,安禄山的大将史思明又杀死安庆绪,并成为叛军的首领,所以这场叛乱通常被称为安史之乱。

安史之乱延续了八年,直到唐代宗广德元年(763年)才被最终平定。然而自此以后,唐王朝的权力结构却发生重大变化。中央权力遭到削减,以节度使为代表的地方势力不断膨胀,加之宦官作为一股政治势力,逐渐控制朝政,由此形成权力的多极化。虽然各种政治势力在争夺权力的斗争中,互有消长,但是这种分权的状况一直延续到唐王朝最终覆亡。权力结构的多元化,不仅赋予贪污受贿以新的内涵,而且其表现方式也有别于唐代前期。

安史之乱是在唐王朝完全缺乏准备的情况下爆发的,所以叛军初期的进攻,大多能够取得胜利,仅七个月时间,就先后攻占东都洛阳和京师长安,唐玄宗仓皇逃往成都,皇太子李亨则逃到灵武,自立为皇帝,改元至德,是为唐肃宗。

肃宗即位初期,灵武朝廷的处境十分困难,为了筹措军费,宰相裴冕建议卖官鬻爵,出售尼僧道士度牒,以解燃眉之急。在获得肃宗的同意后,首先在肃宗驻跸的彭原郡实施。至德二年(757年),又令前往江淮地区征税的侍御史郑叔清,售卖官爵,以裨国用。最初规定,凡是僧尼道士,可以通过纳钱,将度牒转让给其他人,也可捐献十分之三的财产,换取合法拥有其余财产的权利;一般庶民,可根据文化程度,用不同数额的钱,购买明经出身;已有官品的人,可以出钱购买免除课税的权利;商人捐献十

---

① 《旧唐书》卷113《苗晋卿传》。

分之四的资财,可以终身免税。这种卖官鬻爵的方法,纳钱太多,实惠甚少,没有人愿意购买,所以郑叔清干脆实行摊派,强行推销,同时也降低售价。肃宗在收复长安和洛阳后,又在关辅诸州,出售僧尼道士度牒上万道。此后,每当政府出现财政困难,往往就要卖官鬻爵,或者出售僧尼道士度牒。这种在唐代前期大多属于个别权贵谋取私利的违法行为,也就由此成为官府合法敛财的一种方法。而在军队中,则是大量滥发委任状,"是时府库无蓄积,朝廷专以官爵赏功,诸将出征,皆给空名告身,自开府、特进、列卿、大将军,下至中郎、郎将,听临事注名。其后又听以信牒授人官爵,有至异姓王者。诸军但以职任相统摄,不复计官爵高下。及清渠之败,复以官爵收散卒,由是官爵轻而货重,大将军告身一通,才易一醉。凡应募入军者,一切衣金紫,至有朝士僮仆衣金紫,称大官,而执贱役者。名器之滥,至是而极焉"①。这种用滥发委任状来收买军心的办法,在肃宗以后,也是屡见不鲜。至于为谋取个人私利的贪污受贿,在当时全国处于战争和混乱的状况下,更是成为相当普遍的现象。肃宗任命的宰相中,裴冕性本侈靡,好财嗜利。房琯纵容门客董庭兰"大召纳货贿,奸赃颇甚"②。此外,东京留守李巨,"于城市桥梁税出入车牛等钱,以供国用,颇有干没,士庶怨"③。御史中丞李铣,贪暴不法。宦官马上言,收受贿赂,为人求官于兵部侍郎吕谔,而吕谔也就为之补官。甚至肃宗派往各地祭祀名山大川的宦官和女巫,也大肆贪赃收贿。由于多数官吏都有贪赃枉法的行为,肃宗晚年不得不宣布大赦,"官吏听纳赃免罪"④。此外,军队的管理,也开始出现问题。当时朝廷为了防止军队叛逃,对军人的管束,相当松弛,由此造成武将跋扈,士卒骄横。如名将郭子仪,"其麾下皆朔方蕃汉劲卒,恃功怙将,多为不法,子仪每事优容之,行师用兵,倚以辑事"⑤。有些将领甚至发展到纵容士兵进行抢劫。肃宗上元元年(760

① 《资治通鉴》卷219肃宗至德二载五月。
② 《旧唐书》卷110《房琯传》。
③ 《旧唐书》卷112《李巨传》。
④ 《新唐书》卷6《肃宗纪》。
⑤ 《旧唐书》卷121《仆固怀恩传》。

年），平卢兵马使田神功率兵前往江淮，平定刘展之乱，"入扬州，遂大掠居人赀财，发屋剔窌，杀商胡波斯数千人"①。至楚州，亦大掠，为了搜索居民窖藏的财物，"城中地穿掘略尽"②。进杭州，又纵兵大掠十余日。剑南西川节度使崔光远，在平定剑南东川兵马使段子璋的叛乱时，攻入绵州，"将士肆其剽劫，妇女有金银臂钏，兵士皆断其腕以取之，乱杀数千人"③。这些在唐代前期被认为是严重犯罪的事情，自肃宗以后，往往受到宽容。

762 年，唐肃宗去世，太子李豫在宦官李辅国、程元振等人的辅佐下，登上皇位，是为唐代宗。第二年，史朝义兵败自杀。通常以此作为安史之乱结束的标志。然而安史之乱的结束，并没有使唐王朝重新恢复中央集权。鱼朝恩、骆奉先等宦官把持着朝廷大权，官僚集团维持着行政机构的运转，地方军政大权则被 34 个节度使所控制，这些节度使有时也被称为藩镇。权力的这种再分配，使得依附于权力的贪污受贿也随之发生变化。

宦官在唐代前期，基本上只是皇宫中的奴仆。虽然自武则天以后，宦官逐渐成为皇帝和朝臣之间的中间人，传达诏旨或口谕，有时也按照皇帝的指示收集情报，担任一些临时性的军政职务。但是他们在政治上的作用极其有限。唯一的例外是玄宗宠信的宦官高力士。安史之乱给唐王朝造成的危机，为宦官在政治上的崛起，提供了机会。肃宗宠信的宦官李辅国，已经开始干预朝政，并在肃宗去世后，挫败张皇后的阴谋，拥立代宗为皇帝。但是这个时候宦官的权力，还取决于皇帝对他们的宠信程度。代宗时期，宦官逐渐控制了京畿的兵权，并掌握着皇帝的禁军神策军。此后，随着宦官掌管神策军的制度化，以及由宦官担任监军使的普遍推行，取得兵权的宦官集团便基本上脱离皇帝的有效控制，成为一股令人生畏的政治势力。而权力的膨胀，又导致宦官的腐败。加之"代宗优宠宦官，奉使四方，不禁其求取。尝遣中使赐妃族，还，问所得颇少。代宗不悦，以为轻我命。妃惧，遽以私物偿之。由是中使公求赂遗，无所忌惮。宰相尝

---

① 《新唐书》卷 144《田神功传》。
② 《资治通鉴》卷 221 肃宗上元元年十二月。
③ 《旧唐书》卷 111《崔光远传》。

贮钱于阁中,每赐一物,宣一旨,无徒还者。出使所历州县,移文取货,与赋税同,皆重载而归"①。其中刘忠翼、董秀等人,尤为贪纵,掊冒财赂,资产巨万。同时,宦官还纵容依附于他们的官吏,肆无忌惮地掠夺他人财产。神策都虞候刘希暹,在北军之中设置监狱,"阴纵恶少年横捕富人付吏考讯,因中以法,录赀产入之军,皆诬服冤死,故市人号'入地牢'。又,万年吏贾明观,依朝恩捕搏恣行,积财巨万,人不敢发其奸"②。在代宗的纵容下,宦官的贪赃枉法,相当突出。

代宗时期,不仅宦官贪污受贿,敛聚资财,朝廷大臣同样肆无忌惮地进行贪污受贿。其中宰相元载最为典型。元载,凤翔岐山人,本姓景,后冒姓元,自幼好学,唐玄宗天宝年间,科举入第。肃宗时,依附宦官李辅国,擢升宰相。代宗即位后,又贿赂内侍董秀,窥探代宗动向,遂助代宗擒杀跋扈的宦官鱼朝恩,权倾一时,"谓己有除恶之功,是非前贤,以为文武才略,莫己之若。外委胥吏,内听妇言。城中开二甲第,室宇宏丽,冠绝当时。又于近郊起亭榭,所至之处,帷帐什器,皆于宿设,储不改供。城南膏腴别墅,连疆接畛,凡数十所。婢仆曳罗绮一百余人。恣为不法,侈僭无度。江淮方面,京辇要司,皆排去忠良,引用贪猥。士有求进者,不结子弟,则谒主书,货贿公行,近年以来,未有其比。与王缙同列,缙方务聚财,遂睦于载,二人相得甚欢……妻以凶戾闻,恣其子伯和等为。伯和恃父威势,唯以聚敛财货,征求音乐为事。载在相位多年,权倾四海,外方珍异,皆集其门,资货不可胜计,故伯和、仲武等得肆其志。轻浮之士,奔其门者,如恐不及。名姝乐,禁中无者有之"③。此外,与元载同知政事的王缙,"性贪冒,纵亲戚尼咄招纳财赂,猥屑相稽,若市贾然"④。两次出任京兆尹的黎幹,以擅长行政管理出名,但是"性贪暴,既复用,不暇念治,专徇财色,附会嬖近,挟左道希主恩,帝甚惑之"⑤。代宗时期,官吏

① 《资治通鉴》卷225代宗大历十四年六月。
② 《新唐书》卷207《宦官传上》。
③ 《旧唐书》卷118《元载传》。
④ 《新唐书》卷145《王缙传》。
⑤ 《新唐书》卷145《黎幹传》。

的严重腐化,与当时财政管理混乱,对官吏缺乏严格监督,有着直接的关系,"大历以前,赋敛、出纳、俸给,皆无法,长吏得专之;重以元、王秉政,货贿公行,天下不按赃吏者殆二十年"①。在这种情况下,官吏的贪赃枉法,也就所在难免。

至于把持地方军政大权的节度使,代宗基本上是采取宽容和羁縻政策,因而各地的节度使,或者敛聚私财,厚自奉养,或者行贿权贵,谋取更多的权益,或者二者兼而有之。剑南节度使严武,因"蜀土颇饶珍宝,武穷极奢靡,赏赐无度,或由一言赏至百万。蜀方闾里以征敛殆至匮竭"②。稍后担任剑南西川节度使的崔宁,也是"见蜀地险,饶于财,而朝廷不甚有纪,乃痛诛敛。使弟宽居京师,以赂厚谢权贵,深结元载父子,故宽骤擢御史中丞,宽兄审至给事中。宁在蜀久,兵浸强,而肆侈穷欲,将吏妻妾多为污逼,朝廷阴忍,不能诘。累加尚书左仆射"③。陈少游,"十余年间,三总大藩,皆天下殷厚处也。以故征求贸易,且无虚日,敛集财宝,累巨亿万,多赂遗权贵,视文雅清流之士,蔑如也。初结元载,每年馈金帛约十万贯,又多纳赂于用事中官骆奉先、刘清潭、吴承倩等,由是美声达于中禁"④。岭南节度使徐浩,贪而佞,倾南方珍货以贿赂元载,由此升任吏部侍郎。类似的贪污行贿例子,实在是不胜枚举。

继代宗之后的唐德宗,即位初期,采取一系列措施,企图扭转他父亲在位十七年积累下来的弊病。接着,他又着手削弱地方节度使的权力。然而讨伐叛乱诸镇的战争,却以失败告终。兴元元年(784年),德宗下罪己诏,赦免反叛的节度使。此后,叛乱逐渐平息。然而这次失败,却对德宗以后二十年的统治产生了深远影响。他对藩镇转而采取姑息态度,以求得暂时的安宁。同时变得越来越贪婪,想尽办法敛聚财货,甚至鼓励地方官吏以各种名目向他进贡,"初,上以奉天窘乏,故还宫以来,尤专意聚敛。藩镇多以进奉市恩,皆云'税外方圆',亦云'用度羡余',其实或割留

---

① 《资治通鉴》卷 226 德宗建中元年九月。
② 《旧唐书》卷 117《严武传》。
③ 《新唐书》卷 144《崔宁传》。
④ 《旧唐书》卷 128《陈少游传》。

常赋，或增敛百姓，或减刻利禄，或贩鬻蔬果，往往私自入，所进才什一二。李兼在江西有月进，韦皋在西川有日进。其后，常州刺史济源裴肃，以进奉迁浙东观察使，刺史进奉自肃始。及刘赞卒，判官严绶掌留务，竭府库以进奉，征为刑部员外郎，幕僚进奉自绶始"①。这种进奉，实际上是官吏为求取政治上的权益而向皇帝纳贿。而德宗敛聚的财物，也不是送交国库，而是藏在内库之中，成为皇帝的私财。唐代的国库和内库是有所不同的。唐代前期，国库由太府寺掌管，下设京都四市、左右藏、平准、常平等署。玄宗天宝四载（745年），王鉷为户口色役使，探知后宫赏赐无度，玄宗又不愿频繁地从左、右藏取给，于是进钱宝百亿万，以供玄宗私人宴会赏赐之用，贮于禁中新建的百丈、大盈库，统称内库，即皇帝的私库。天宝十五载（756年），玄宗避安禄山之乱，逃往成都，乱民入长安抢劫，火烧内库。肃宗收复长安，复置琼林、大盈二库。代宗广德二年（764年），第五琦为度支盐铁使，因京师豪将求取无度，遂将全国上供的租赋送入大盈库，由皇帝自行处理，并改由宦官负责保管和出纳；贡献给皇帝私人的财货，则入于琼林库。德宗建中元年（780年），宰相杨炎奏请天下财赋仍归有司掌管，于是国家财赋又归左藏，但每年要从国家财赋中提取数十万钱入于大盈库，供皇帝个人支配，琼林库则仍为皇帝的私库。至此，国库和内库再次分开。国库由官吏管理，其钱财供政府使用；内库由宦官管理，财物属皇帝私有。地方官员给德宗的进奉，皆入内库，属皇帝私人财产。官吏通过进奉的方式向皇帝行贿，在德宗以后，始终程度不同地存在。

德宗的贪婪，使得在他即位初期一度受到抑制的贪污腐化，再次猖獗起来。宦官杨志廉、孙荣义分别担任左、右神策护军中尉，"怙宠骄恣，贪利冒宠之徒，利其纳贿，多附丽之"②。而当时最受朝臣抨击的事情，则是宦官主持的宫市。"时宦者主宫中市买，谓之宫市。抑买人物，稍不如本估。末年不复行文书，置白望数十百人，于两市及要闹坊曲，阅人所卖物，但称宫市，则敛手付与，真伪不复可辨，无敢问所从来。及论价之高下者，

---

①　《资治通鉴》卷235德宗贞元十二年六月。

②　《旧唐书》卷184《宦官传》。

率用直百钱物,买人直数千物,仍索进奉门户及脚价银。人将物诣市,至有空手而归者。名为宫市,其实夺也。尝有农夫以驴驮柴,宦者市之,与绢数尺,又就索门户,仍邀驴送柴至内。农夫啼泣,以所得绢与之,不肯受,曰:'须得尔驴。'农夫曰:'我有父母妻子,待此而后食;今与汝柴,而不敢取直而归,汝尚不肯,我有死而已。'遂殴宦者。街使擒之以闻,乃黜宦者,赐农夫绢十匹。然宫市不为之改。谏官御史表疏论列,皆不听。"①此外,又有宣徽院的五坊小使,每到秋季就在京郊放鹰犬,所到之处,官吏必须厚邀供饷,稍不如意,就要任意勒索,百姓畏之如寇盗。德宗"贞元末,此辈暴横尤甚,乃至张网罗于民家门及井,不令出入汲水,曰:'惊我供奉鸟雀。'又群聚于卖酒食家,肆情饮啖。将去,留蛇一箧,诫之曰:'吾以此蛇致供奉鸟雀,可善饲养,无使饥渴。'主人贿赂而谢之,方肯携蛇箧而去"②。朝臣之中,掌管财政事务的官员,往往都有贪污受贿的行为。领度支盐铁转运使的宰相窦参,"任情好恶,恃权贪利,不知纪极"③。他的族子窦申,则通过事先泄露中央决定的人事任命,招权纳贿,当时的人因此给他取了一个绰号叫"喜鹊"。判度支事务的裴延龄,以苛刻剥下附上为功,同时又大量侵吞官物。由于对财政事务不甚了解,裴延龄便依靠度支老吏为他出谋划策,这些胥吏也就乘机进行贪污。当胥吏贪污之事被发觉后,裴延龄又为胥吏求情,请御史中丞穆赞曲法出之,在遭到拒绝后,反诬穆赞处理不公,将他贬为饶州别驾。至于节度使,在德宗姑息方镇的政策下,更是肆无忌惮地贪赃枉法。山南东道节度使于頔,"公然聚敛,恣意虐杀,专以凌上威下为务"④。剑南西川节度使韦皋,"在蜀二十一年,重加赋敛,丰贡献以结主恩"⑤。李锜行贿数十万,由常州刺史升为浙西观察使兼诸道盐铁转运使,"执天下利权,以贡献固主恩,以馈遗结权贵,恃此骄纵,无所忌惮,盗取县官财,所部官属无罪受戮者相继。浙西

---

① 《旧唐书》卷 140《张建封传》。
② 《旧唐书》卷 170《裴度传》。
③ 《旧唐书》卷 136《窦参传》。
④ 《旧唐书》卷 156《于頔传》。
⑤ 《资治通鉴》卷 236 顺宗永贞元年八月。

布衣崔善贞,诣阙上封事,言宫市、进奉及盐铁之弊,因言锜不法事,上览之,不悦,令械送锜。锜闻其将至,先凿坑于道旁;己亥,善贞至,并锁械内坑中,生瘗之"①。岭南节度使王锷,"以两税钱上贡时进及供奉外,余皆自入。西南大海中诸国舶至,则尽没其利,由是锷家财富于公藏"②。而基层的州县官吏,一方面利用两税法的不完善,违法聚敛;一方面以进奉为借口,横征暴敛,从中贪污肥己。

德宗宠信宦官,疑忌大臣,姑息方镇的做法,引起许多官员的不满。以王伾和王叔文为首的一小批不满现状的官员,聚集在皇太子身边,针砭时弊,讨论改革措施。他们的这种做法,得到皇太子的支持。

805 年,德宗去世,因中风不能说话的皇太子即位,是为唐顺宗。以二王为首的小集团,随即开始实施他们计划已久的改革措施。然而二王中的王伾,胸无大志,唯召贿赂,"与叔文及诸朋党之门,车马填凑,而伾门尤盛,珍玩赂遗,岁时不绝。室中为无门大柜,唯开一窍,足以受物,以藏金宝,其妻或寝卧其上"③。二王推行的改革,触动了许多既得利益者,因而遭到宦官、大臣和部分节度使的强烈反对,很快便以失败告终,顺宗也被迫传位于太子李纯,这就是唐代著名的中兴之主唐宪宗。

唐宪宗在位期间,加强中央集权,以武力制服桀骜不驯的方镇。同时,对财经制度进行务实的改革和调整,并改善君臣之间的关系。这一切,使得朝廷的权威得到极大的提高,唐宪宗也被认为是继太宗、玄宗之后,最有作为的皇帝。尽管如此,贪污腐化却依然存在。宪宗时期,因枢密院的设立,宦官的权力得到进一步巩固。贿赂宦官以谋取高级职务,在当时已经相当普遍。淮南节度使王锷入朝,贿赂宦官,求取宰相职位;右金吾大将军伊慎,以钱三万缗,贿赂右军中尉第五从直,求河中节度使;羽林大将军孙涛,出钱二万缗,贿赂弓箭库使刘希光,求为方镇;户部侍郎判度支皇甫镈,厚赂宦官吐突承璀,求得宰相职务。宦官除了收受贿赂之外,还大量发放高利贷,从中牟取暴利。举债人因还不出高利贷而遭到宦

① 《资治通鉴》卷 236 德宗贞元十七年六月。
② 《旧唐书》卷 151《王锷传》。
③ 《旧唐书》卷 135《王叔文传附王伾传》。

官及神策军的拘禁、拷打,乃至杀害的事情,时有发生。而宪宗则认为,这些都是小事,甚至不值得官吏去处理。至于地方官员,除了继续存在非法谋取私利的贪污受贿之外,宪宗的财政改革,允许节度使和州刺史,通过留使、留州钱帛,合法占有一定数额的国家赋税,从而将以前假借政府名义的非法敛聚,转变成合法的化公为私。

唐宪宗四十三岁之时,忽然去世。通常认为,他是被宦官陈弘志所杀。宪宗的第三子李恒继位,史称唐穆宗。这是一个沉湎于声色犬马的无能皇帝,在他四年统治期间,政治腐败和贪污腐化有进一步的发展。长庆四年(824年),穆宗饵金石之药,暴卒,年仅三十,其子敬宗继位。唐敬宗,乳臭小儿,与他父亲一样,耽于游乐,又喜好深夜自捕狐狸,在位二年,为宦官刘克明等人所杀,时年十八岁。在宦官的干预下,敬宗的异母弟李昂继承皇位,是为唐文宗。他为了扭转日趋严重的政治腐败,企图打击把持朝政的宦官,并摧毁官僚集团内部的朋党。然而文宗在这两个方面的努力,均以失败告终。尤其不幸的是,他重用李训、郑注,准备用武力消灭宦官,结果在最后一刻,事情败露,宦官招来神策军,大杀朝臣,死者上千人,族灭十余家。这次事变,被称为“甘露之变”。此后,宦官完全控制了朝廷,文宗也在宦官的严密控制下,凄凉地与醇酒为伴,五年之后,年仅三十岁的唐文宗,与世长辞。接下来的皇帝是唐武宗、唐宣宗、唐懿宗、唐僖宗、唐昭宗和末代皇帝唐哀帝。虽然每个皇帝在其不到二十年的短暂统治期间,都有自己的独特风格,但是总的来看,除了傀儡皇帝唐哀帝之外,政治格局没有什么大的变化,政治腐败和贪污受贿一直在宦官、朝臣、节度使和拥有各种权力的官吏之间盛行。而贪污的程度,大体上取决于各个政治集团势力的消长和个人权力的大小。

宦官专权是唐代后期的一大政治特点。宪宗以后,他们往往操纵皇帝的废立,而帮助新皇帝上台的宦官,大多受到重用,权倾一时。这些大权在握的宦官以及其爪牙,通常也是最肆无忌惮进行贪污受贿的人。《旧唐书·宦官传》对德宗贞元年间以后的宦官擅权,有这样一段概括的说明:“自贞元以后,威权日炽,兰锜将臣,率皆子蓄,藩方戎帅,必以贿成,万机之与夺任情,九重之废立由己。元和之际,毒被乘舆。长庆缵隆,

徒忧枕干之愤;临轩暇逸,旋忘涂地之冤。而易月未除,滔天尽怒。甲第
名园之赐,莫非伶官;朱袍紫衣之授,无非巷伯。是时,高品白身之数,四
千六百一十八人,内则参秉戎权,外则监临藩岳。"唐文宗时,权倾人主,
杀二王、一妃、四宰相的宦官仇士良,贪酷二十余年。他在告老还乡之时,
曾对送行的宦官说:"天子不可令闲暇,暇必观书,见儒臣,则又纳谏,智
深虑远,减玩好,省游幸,吾属恩且薄而权轻矣。为诸君计,莫若殖货财,
盛鹰犬,日以球猎声色蛊其心,极侈靡,使悦不知息,则必斥经术,暗外事,
万机在我,恩泽权力欲焉往哉?"①不过在武宗和宣宗时期,宦官的权势,
在一定程度上受到官僚集团的抑制,他们也很少像以前那样肆无忌惮地
贪赃枉法。然而自懿宗以后,宦官的权力又恶性膨胀。僖宗时,权阉田令
孜,"贩鬻官爵,除拜不待旨,假赐绯紫不以闻。百度崩弛,内外垢玩"②。
唐昭宗时,宰相崔胤勾结宣武镇节度使朱全忠,大杀宦官七百余人,派到
诸镇担任监军使的宦官,也被就地处死。同时,由宦官把持的机构,全部
被裁撤。至此,宦官作为一股政治势力,从唐末的政治舞台上消失,有关
宦官贪污受贿的记载,也不复见诸史籍。

　　唐宪宗以后的官僚集团,发生严重分裂,先后形成以牛僧孺、李德裕
为首的两大对立政治派别,相互争权夺利,史称"牛李党争"。这场争权
夺利的斗争,始于唐宪宗元和三年(808 年)的科场作弊,大体上结束于唐
宣宗大中元年(847 年),历时四十年。在此期间,高级官员的贪污受贿,
受党争的抑制,似乎并不严重,虽然其中一些人过着奢侈的生活,并且向
宦官大量行贿,但是却没有史料说明这些来历不明的财产是出自贪污。
事实上,这个时期的贪污受贿,主要发生在基层官吏之中。为了增加中央
财政收入,唐王朝实行盐、茶、酒专卖,对商品的征税也明显增加。为此,
在全国各地成立了许多以征税为主要工作的机关,其中度支、盐铁、转运、
两税等使职的下属机构,通常称为"分巡院"。这些分巡院一般不受地方
行政机构的管理。一旦担任使职的长官不能有效地进行监督,这在当时

---

① 《新唐书》卷 207《宦官传上》。
② 《新唐书》卷 208《宦官传下》。

是很常见的事情,税收机关的官吏,往往就要作奸犯科,贪污受贿。由此引发的反抗,也不在少数。宣宗时,官僚集团内的牛李党争结束,然而高级官员的贪污腐化却随之变得猖獗起来。在宣宗时期当了十年宰相的令狐绹,纵容其子令狐滈,"骄纵不法,日事游宴,货贿盈门,中外为之侧目"①。懿宗时,"曹确、杨收、徐商、路岩同秉政,外有嘲之曰:确确无余事,钱财忽被收,商人都不管,货贿几时休"②。这几个宰相实际上都有经济问题,只是程度不同而已。僖宗以后,随着王仙芝和黄巢的起事,李唐王朝四分五裂,权力转移到节度使手中,朝廷再也不是政治权力的中心。原本属于中央的财政收入,大多为节度使截留,为生存而挣扎的朝臣,已经找不到什么钱财可供他们贪污了。

唐宪宗时期遭到沉重打击的藩镇,因为唐穆宗采取姑息政策,又变得猖狂起来,"上于驭军之道,未得其要,常云宜姑息戎臣。故即位之初,倾府库颁赏之,长行所获,人至巨万,非时赐与,不可胜纪。故军旅益骄,法令益弛,战则不克,国祚日危"③。长庆二年(822 年),他又颁发优待军人的诏令,结果为贪污受贿大开方便之门,"于是商贾、胥吏争赂藩镇,牒补列将而荐之,即升朝籍"④。不仅如此,由于处置失当,宪宗时期已经归顺朝廷的河北诸镇,又重新割据一方,只是在名义上接受中央的领导。对于其他地方的节度使,朝廷逐渐推行文官化政策,多数高级将领被安排在神策军中任职,而由文官出任地方节度使,以便加强对地方的控制。在唐末,文官节度使的人数,实际上已经超过职业军人。虽然节度使的构成发生了变化,但是节度使作为地方军政长官,大权在握,无论军人还是文官,都可以在这个职务上敛聚财物。由于节度使职务是个肥缺,许多想要获得这个职务的人,通常都用重金贿赂有权势的宦官。贿赂的金额虽然很高,但是据估计,一个任期就可以获得三倍以上的回报。其中担任宣武节度使,按照惯例,到任之时,就可以获得二百万贯作为私钱。虽然朝廷一

① 《旧唐书》卷 172《令狐滈传》。
② 《南部新书》甲卷。
③ 《旧唐书》卷 18《穆宗纪》。
④ 《资治通鉴》卷 242 穆宗长庆二年三月。

直关注地方官吏的贪赃枉法问题,有时也要审理犯法的人,但是节度使本人却很少受到严惩,这就导致节度使的贪污受贿,始终无法杜绝。唐末,各地的节度使都在向着割据的方向前进,他们实际上已经拥有控制地区的全部财富,但是很少有人把这种行为看成是贪污。

第二节　隋唐时期的反贪机制

一、法 律 监 督

隋文帝立国后,于开皇元年(581 年)制定出新法典。开皇三年(583年),对新法典的条款进行改定,由此形成《开皇律》。该法典采用南北朝时期的北齐法律结构,汲取魏、晋和南北朝时期的南齐、南梁法律内容,共计十二卷,五百条法律条款,刑罚分为死刑、流刑、徒刑、杖刑和笞刑。《开皇律》保持了古法中官、民有别的法则,明确规定官员享有一定程度的法律特权:凡属议亲、议故、议贤、议能、议功、议贵、议勤、议宾等"八议"范围的人,以及七品以上的官员,犯法皆减一等治罪;九品以上官员犯法,允许以铜赎罪,同时也可以用官品来抵当徒刑和流刑。由于废除了肉刑和枭首、车裂等酷刑,并大幅度减轻流刑、徒刑的惩罚程度,通常认为《开皇律》比前朝的法律宽厚。但是在司法实践中,《开皇律》并未得到认真的贯彻执行,特别是文帝晚年,喜怒无常,用法严峻,往往不按法律规定办案。隋炀帝即位后,认为文帝的刑罚过于严苛,于是下令重编律令。大业三年(607 年),新律编成,称为《大业律》。该法律基本遵循《开皇律》的模式,只是刑罚有所减轻。然而,自征伐高丽失败而出现社会危机后,实际刑罚又由宽大转为严酷,甚至允许地方官不经审理就可处决犯人。唐高祖起兵太原时,为了表示反对隋炀帝实施的严刑峻法,颁布了宽和的法令,以此招揽人心。攻占长安后,又公布只有十二条的简易法令,表示新政权的宽厚。不过这些简易的临时法令并未长期实行,唐朝建立的第二年就颁布五十三条新法令,同时开始编纂唐王朝自己的法典。武德七年(624年),新法典编成,称为《武德律》,随即颁布实施。该法典是在《开皇律》的基础上,加入唐初的五十三条新法令,并对流刑、徒刑的判罚略有修改,其余则完全沿袭《开皇律》而无所改动。唐太宗即位,又对《武德律》进行修订,贞观十一年(637年),完成新法律的编修,是为《贞观律》。该法典仍然为十二卷,五百条律文,只是大量减少判处死刑和流刑的罪名,同时废除刖刑和连坐俱死的法律规定。唐高宗即位后,按照太宗遗训,再次修订法律,并对律文进行统一解释。永徽四年(653年),新编成的法律,以及对法律条文作出解释的"疏议",同时颁行,称为《永徽律疏》(元代以后称其为《唐律疏议》)。自《永徽律疏》颁行之后,唐代的法律基本上就没有太大的变动,以后所做的工作,主要是汇编法律文书,以及制定行政法规。其中唐代最后一次系统整理法律文书是在唐玄宗开元二十二年(734年)。在这次整理工作中,删去无关紧要的条款1324条,修订2180条,未作改动的有3594条,总计编成律十二卷、律疏三十卷、令三十卷、式二十卷、开元新格十卷。这些法律文书呈奏玄宗后,于开元二十五年(737年)颁行天下。近代在敦煌发现的《唐律疏议》残卷,即为开元二十五年颁行的刊定本,除个别地方有所修订外,基本上与《永徽律疏》相同。至于令、式、格等行政法规的制订,则断断续续地一直延续到唐末。

　　隋唐时期的法律,虽然经过多次编修,但是立法精神基本相同。对于官吏的法律监督,重点都是防范和惩治职务犯罪。为此,按照官吏的职责,从法律上将其分为两大类:一类是具有管辖权力的官吏,包括各级职司的长官和负责处理具体事务的官员,州、县、镇、戍等地方军政机关的判官以上官员,负责具体事务或管理仓储、狱囚、杂物之类的官吏,以及能够对主管官员施加影响使"主司畏惧不敢乖违"的"势要"①官吏。这类官吏在法律上统称为监临、主守。另一类是没有具体职掌的普通官吏,称为"在官非监临主守"。如果普通官吏具体经办事务,包括临时被派遣去负

① 《唐律疏议》卷2《名例》。

责某项工作,就属于有权处理事务的官吏,即为监临主守。而在名义上具有管辖权,实际并不管理具体事务,即使是尚书省这样的中央最高行政机构,对于州、府等地方行政机构,也不能一概视为监临。因此,监临主守与非监临主守只是相对的法律概念,二者之间的主要区别就在于官吏是否具有实际管辖权力。由于职务犯罪多数与监临主守有关,所以法律对监临主守的监督也特别严格。凡是具有监临主守身份的官吏犯罪,通常都要从严惩处,量刑标准也往往重于普通官吏或一般百姓。同时,还专门针对监临主守制定一些特别的法律条款,用以防止和惩罚以权谋私。将官吏明确划分为监临主守和与非监临主守两大类,并将防止和惩罚官吏犯罪的重点集中于监临主守,这是隋唐时期对官吏进行法律监督的突出特点。

在官吏的职务犯罪中,利用职权和官势进行经济犯罪,始终是非常突出的问题,为整肃吏治,严明法纪,打击经济犯罪,隋唐时期的法律,将主要经济犯罪分为六种:受财枉法、受财不枉法、强盗、窃盗、监临官受所监临财物、非监临官因事接受他人财物,合称"六赃"。其他经济犯罪,通常都是比照"六赃"的判刑标准进行处理。对于"六赃"的适用范围与刑事责任,法律也有详细而明确的规定。

受财枉法与受财不枉法,是指非法收受当事人的财物,违法或不违法处理有关事务。这两种赃罪,在法律上都是属于收受贿赂的请求罪,只是枉法与不枉法的违法程度有所不同,刑罚也有所区别。按照法律规定,当事人请求主管理部门曲法处断,属于"请求"罪,要处以笞刑,即使用荆条捶打背部、臀部或腿部的刑罚。若请求被接受,并付诸实施,就要对当事人处以杖刑,也就是使用比笞杖更大的荆条捶打背部、臀部或腿部;接受请求的主管官吏,与有所请求的人同罪,如果主管官吏的曲法处断属于严重枉法,就要比照"出入人"罪处置,最高刑罚为死刑。触犯请求罪的官吏,都是没有接受当事人的财物而为之曲法处断。若官吏接受当事人的财物而为之请求,无论事前或事后接受,皆为受贿,法律上称为"受有事人财",属于从重惩处的犯罪行为。但是在具体量刑中,对于受财枉法与受财不枉法,受贿官吏是否为监临主守,也加以区别,刑罚也有所不同。

普通官吏,也就是从法律上认定属于非监临主守的人,若虚假答应为当事人办事,由此接受钱财,但实际上并不办理,属于诈骗财物罪,比照盗窃罪量刑,最高刑罚为流刑,即遣送到指定的边远地区并强制服劳役;若接受财物,答应为当事人向有关官吏请求,但是尚未办理就被发觉,以贪赃罪论处,最高刑罚为三年徒刑,即强制服劳役三年;已经向有关官吏提出请求,就要比照贪赃罪,加二等从重惩处。接受财物的官吏,同样按贪赃罪处理。若受贿官吏将接受的财物分给其他官吏,除直接受贿者要按贪赃罪判刑之外,所有接受财物的官吏也都要按照所受财物的数额,分别予以惩处。策划或预谋接受当事人财物的官吏,即使没有实收财物,也要视其情节轻重进行惩罚。监临主守触犯请求罪,刑罚比普通官吏更重:凡是为人请求曲法处断的监临官,无论是否办理,也不论请求是否被接受,皆处以杖刑;若主管官吏接受监临官的请求,严重枉法处断,为人请求的监临官与主管官吏同罪,主管官吏的最高刑罚为死刑,监临官则为减死一等判刑。如果监临官是接受当事人的财物而向有关主司提出请求,就要按贪赃罪加二等从重惩处;若尚未办理就被发觉,则比照"受所监临财物"罪论处,最高刑罚为流刑。如果监临主守是在职权范围内接受当事人的财物,则按照受财之后是否枉法论处。属于受财枉法,就要按枉法罪论处,赃物价值达到十五匹绢就要处以死刑;受财而没有枉法,最高处以流刑。即使当时处断公正,但事后接受当事人的财物,也要按"受所监临财物"罪论处。

强盗和窃盗,均属于盗罪。法律对盗罪的定义是,公开或秘密地取得并实际占有他人财物。其中强盗是指使用暴力或以暴力相威胁,掠夺他人财产。凡属强盗行为,掠夺财物的价值达到十匹绢,或者有伤人、杀人等犯罪情节,皆判处死刑。窃盗,是指采用秘密的方式,将他人财物据为己有。一般窃盗行为,根据窃得财物的价值定罪,最高刑罚为流刑,但是监临主守盗窃自己管理的官有财物,以及盗窃管辖范围内的私人财物,即监临主守自盗与盗所监临财物,则要按普通窃盗罪加二等从重惩处,盗窃财物的价值达到三十匹绢,就要处以死刑。此外,许多不属于盗窃行为的经济犯罪,也要按窃盗罪惩处:利用职务之便,以私人物品调换官物,称为

"贸易官物"罪,无论是否等价交换,皆按窃盗罪判刑;官员将职分官田调换私人田地,也属于"贸易官物"罪,同样按窃盗罪论处,若官吏是依仗权势侵夺百姓私田,则视其情节轻重,分别处以杖刑、徒刑;监临主守擅自将自己管辖的官物借贷给他人,无论出于什么原因,也不论是否留有文案可查,均按窃盗罪论处,只是立有文案或者留有借贷凭证,可以从轻发落;官员因公出使国外期间,擅自与外国人交易,按窃盗罪惩处;官吏依仗权势,擅自在官有或私人田园中吃食瓜果,属贪赃罪,拿走瓜果以窃盗罪论处,若是强行拿走就要按强盗罪判刑;擅自使用公费吃喝,与擅自吃食瓜果同罪,若主司擅自给予瓜果、酒食,则罪加一等;官员因家有吉凶而借用官物,事毕之后,逾期不还,处以笞刑,若有丢失,应主动申报,并予赔偿,如不申报,以丢失官物论罪,比照窃盗罪惩处。

监临官受所监临财物,是指监临官不因公事而收受管辖范围内官吏、士庶的财物。这是专门针对监临官设置的法律条款,用以防止和惩罚监临官利用职权在其监管范围内谋取私利。若监临官接受财主自愿赠送的财物,按"受所监临财物"罪判刑,最高刑罚为流刑。如果监临官索要财物,就要罪加一等,若是依仗权势,以威胁、恐吓等方式强行索取财物,则以枉法罪从重惩处。此外,监临官在管辖范围内的许多以权谋私行为,也都要按照或比照"受所监临财物"罪惩处:监临官在管辖范围内借贷钱物,不论原因与性质,一律按贪赃罪处理,同时还要在一百天内清偿债务,若不按期偿债,就要以"受所监临财物"罪,加重处罚,若监临官是以威胁恐吓等方式强行借贷,则罪加二等;监临官在辖区内进行买卖以获利,私自役使所部之人,以及借用奴婢、牲畜、车船、碾硙、邸店之类,皆属"受所监临财物"罪;在管辖范围内搜刮财物馈赠他人,即使自己没有得财,也要按照"受所监临财物"罪判刑;监临官的亲属在监临官的辖区内受财乞物、借贷钱物、役使部人、买卖求利,都要比照"受所监临财物"罪惩处,而监临官无论是否知情,同样要受到法律制裁,只是知情与不知情的量刑标准有所不同而已。非监临官及其家人触犯"受所监临财物"罪,比照监临官及其家人所犯同样罪行,减一等判刑。此外,官员出使,无论在路途或在出使地区接受馈赠及索取财物,一律按照监临官"受所监临财物"罪惩处。

非监临官因事接受他人财物，法律上称为"坐赃致罪"，亦称"坐赃"。这是一项涉及范围十分广泛的贪污罪，不仅适用于非监临官，有时也包括监临主守在内：凡是依仗官势，索取财物，无论乞取或强要，皆属"因官挟势乞索"罪，以坐赃论处；官员调离本职，接受下属官吏，以及管辖范围内士庶的馈赠，包括乞取、借贷等等，比照官员在职期间所犯同样罪行的刑罚，减三等治罪，其中索取财物要按"因官挟势乞索"罪惩处；管理官物出纳的官吏，提前给官员发放俸禄，或者库存物资与账面数额有出入，无论多出或短缺，皆以坐赃罪论处，主管官员知情不报，也要以坐赃罪减二等处置；因遗失文簿、账册而造成库存物资差错，即使没有贪污盗窃，也要按差错数额，比照坐赃罪，分别处以笞刑、徒刑；浪费官物，法律上称为"放散官物"，根据浪费数额，比照坐赃罪惩处；官吏承包租税、课物的运输，属犯罪行为，要以坐赃罪论处；官吏利用职权，私自借贷管辖的官有物资，无论是擅自借出或自己借用，均处以笞刑，借出的官物超过十天尚未归还，则按坐赃罪论处；因管理不善，造成官物损失，从州县长官到监、署，都要追究刑事责任，以坐赃罪判刑；监临官在管辖范围内接受酒肉瓜果等食品的馈赠，一律以坐赃罪处置，若是强行索要，就要按枉法罪从重惩罚，若接受的馈赠是畜产及粮食，则按"受所监临财物"罪判刑；官吏违法征收赋税，属犯罪行为，若非法征敛的财物交给官府，以坐赃罪论处，若没有交官，无论是否私自侵吞，均按枉法罪从重惩处。

官吏除了直接经济犯罪要受到法律制裁之外，有些属于非经济性质的犯罪，如果产生了经济问题，也要根据涉及经济问题的性质，追加刑事责任。例如，官吏非法或擅自兴造各种工程，征发徭役，皆以坐赃罪论处；官吏隐瞒、谎报自然灾害，或者查验自然灾害不实，由此造成国家赋税损失，情节严重，可比照坐赃罪处置；州县官吏在管辖范围内，有意脱漏户口或篡改户籍上的年龄，以此增加或减少课税、徭役，若涉及经济问题，所得财物交官，以坐赃罪惩处，私吞财物则按枉法罪判刑；不执行法令关于免除课税徭役的规定，应该免除课税徭役的不予免除，而不应免除课税徭役的却擅自免除，若涉及经济问题，财物交官，以坐赃罪惩处，私吞财物，按枉法罪惩治,为人请求免除课税徭役,则比照请求罪判刑;官吏失职,未能做好防洪工作,由此造成直接经济损失,比照坐赃罪,追究刑事责任。

对于官吏经济犯罪中的赃款赃物处理,法律也有具体规定。凡是属于"六赃"罪的赃款赃物,统称为"正赃"。若当事双方皆因赃罪判刑,如受财枉法、受财不枉法、受所监临财物,正赃予以没收充官;若当事一方是使用恐吓、欺诈、强市、索取和强行征收等方式非法获取财物,并且因赃获罪,那么查获的正赃就要全部归还原主。正赃原本属于官物,就要归还官家,原属私有,则归还私人。用正赃购买或交换的物品,以及由这些物品生产蓄息所得,也按正赃处理。若正赃是奴婢和牲畜,辗转贩卖,经历数家,而买家知道是赃婢、赃畜,那么奴婢所生子女,以及牲畜所产幼畜,皆视为正赃,要是买家不知情,就只归还正赃本身。对于犯有盗罪的人,除追缴正赃外,还要按照正赃的价值,加倍赔偿,称为"倍赃"。属于惩罚性质的倍赃,归官府所得。至于已经被耗用的正赃,除判处死刑和实处流刑的罪犯之外,一律要按其价值,予以赔偿,加倍惩处的罚金,也要交纳。遇有大赦,犯有盗罪、诈骗罪和枉法罪的人,仍然要偿还耗用的正赃,只是对犯有盗罪的人,免除征收倍赃的惩罚。因大赦而免除死刑和流刑的罪犯,要追缴耗用的赃款赃物,并征收同等价值的罚金。赃物的估价,一律按照获得赃物地区当时官方所定物价为准。若因使用人力、牲畜、车船、碾硙、邸店之类,获取非法收益,则按照法定工资标准,或者当时实际租赁价格计赃,但是最高数额不得超过使用物品本身的价格。

隋唐时期的法律,是"正刑定罪"的依据,也就是刑法。而执行法律的机构,属于中央的有尚书省刑部,九寺之一的大理寺,以及监察机关御史台。地方执法,则隶属于行政机关。在县一级行政机关,设有司法佐、典狱等吏职,由县尉具体管理,承担一般司法工作。州一级行政建置,设有司法参军事,负责鞠狱定刑,督捕盗贼,也就是掌管全州的司法与治安。中央的尚书省刑部,掌管天下刑法,按照唐太宗贞观年间刑部侍郎韩洄的说法,"刑部掌律令、定刑名,按覆大理及诸州应奏之事"[①]。其主要职责,

---

① 《新唐书》卷56《刑法志》。

就是依据有关法律规定,审批报来的案件。大理寺是中央最高审判机关,负责审理中央官员的犯罪案件,重审刑部转来的州县死刑案件。而重大疑难案件,则由大理寺会同刑部、御史台组成"三司",联合审理。大理寺判决的笞刑、杖刑,可以立即执行;判决的流刑、徒刑,要送刑部复核,涉及大案要案的判决,还得交中书门下详覆;判决的死刑,必须奏报皇帝批准。御史台是监察机关,最初只审理皇帝交办的案件,即"制狱"。由于对刑狱具有监察职权,从而逐渐成为凌驾于大理寺、刑部之上的司法机关,凡是大理寺和刑部判决的案件,都要呈报御史台。不过御史台并没有发展成纯粹的司法机构,而是具有监察、起诉、审判等权力的监察机关。有关御史台的详细情况,将在以下"监察制度"中详细论述。

隋唐时期的法律,大同小异,都是以隋文帝制定的《开皇律》为范本,略加修订而成。然而执法情况,却有极大的差别。尤其是对官吏经济犯罪的执法,实际上有多重标准。隋文帝制定《开皇律》,废除了旧律中的许多苛残之法,并对官吏犯罪的刑罚作出了明确的法律规定。可是在司法过程中,往往并不按法律规定进行处置。据《隋书》卷25《刑法志》记载,由于隋文帝有很强的猜忌之心,经常派人探查内外官员,只要发现小有过失,就加以重罪。"又患令史赃污,因私使人以钱帛遗之,得犯立斩。"开皇十六年(596年),合川仓的主典盗窃官粟五千石,文帝命人驰驿斩之,没其家为奴婢,鬻粟以填之。自此以后,凡是盗边粮一升以上,皆判死刑,家口没官。这些处置,显然比法律规定更为严酷。然而在严厉惩罚低级官吏贪污盗窃的同时,隋文帝对高级官员却较为宽容,如赃污狼藉的郑译,在饥荒年间进行粮食投机的齐州刺史卢贲,皆能"屈法申私"①,宽大处理。隋炀帝虽然制定有《大业律》,可是对官吏的监督,却明显不如隋文帝时期严厉。不仅高级官员如杨素、宇文述、虞世基之流,肆意贪污腐化而不受法律制裁,就是地方官吏也利用朝廷不断加重的赋役,违反法律规定,贪赃枉法,从中谋取私利,以至"宪章遐弃,贿赂公行,穷人无告,

---

① 《隋书》卷38《卢贲传》。

聚为盗贼"①。而炀帝也违反《大业律》的有关规定,另立酷刑,用以对付民众的反叛。先是规定犯有窃盗以上罪行的人,无论罪行轻重,不必闻奏,一律处斩。以后又规定,凡属盗贼,籍没其家。其结果,不仅未能阻止民众的反叛,反而加速隋朝的覆灭。唐高祖立国后,于武德二年(619年)颁布新格五十三条,务在宽简,取便于时。不过对低级官吏的监督却有所加强,新格规定:凡是吏受贿、犯盗、诈冒府库物,赦不原。以后这些规定又写入《武德律》,成为正式的法律条款。然而,这些法律条款似乎对高级官员没有什么约束力,据说高祖时期,朝廷大臣受贿已成为众所周知的弊病。继高祖之后的唐太宗李世民,在法制建设和依法对官吏实施监督方面,皆称楷模。不仅低级官吏受到法律的严格监督,即使是高级官员、亲属故旧,一旦犯法,同样依法惩处。出于对官吏贪污盗窃的痛恨,往往还超出了法律的有关规定,实施严惩。据说太宗因发怒处死一名受贿不多的府史,事后深感后悔,认为自己超出法律规定的惩罚是思之不慎,于是下令进一步严格死刑的审批制度。尽管唐太宗是隋唐时期最为严格按照法律规定对官吏实施监督的君主,可是也有例外的时候。据《新唐书》卷56《刑法志》记载,广州都督党仁弘犯赃罪,按法律规定应当处死,太宗认为党仁弘曾经率领乡兵帮助高祖,立有功劳,而且现在年事已高,于是免其死罪,贷为庶人。不过为了防止这种法外开恩成为执法依据,太宗也采取了补救措施,他召集五品以上官员,对他们说:"赏罚所以代天行法,今朕宽仁弘死,是自弄法以负天也。人臣有罪,请罪于君,君有过,宜请罪于天。其令有司设藁席于南郊三日,朕将请罪。"以房玄龄为首的大臣认为,宽大处理党仁弘不是出于私心,而是因为他有功,所以没有必要谴责自己,太宗也就不再请罪于天。唐太宗一直重视法律建设,在遗诏中还吩咐继位的高宗再次修订法典。唐高宗虽然按照太宗的遗嘱组织并完成《永徽律疏》的编纂,使其成为唐代最重要的法律文献。在执法方面,也遵循太宗时期的既定政策,尽量减轻刑罚。可是他的懦弱和无能,使武则天得以执掌政权,并最终篡夺皇位。在武则天统治时期,仅修改律令二十

---

① 《隋书》卷24《食货志》。

四条,其余法律条款,基本沿袭《永徽律》而无所改动。然而武则天时代的法律,形同虚设,滥用刑罚才是执法的时尚。由于武则天在篡夺政权的过程中,主要受到来自高级官员的反对,因此她对官吏的监督,重点就是前朝的大臣、贵族世家和唐朝的宗室。凡是有可能妨碍她掌权的人,都遭到清洗。其手法之残酷,在隋唐时期是绝无仅有的。然而对于支持自己的官员,有利用价值的酷吏,宠幸的面首,则任其贪污盗窃、卖官鬻爵。按照政治斗争的需要,对官吏采用完全不同的执法标准,这是武则天时代法律监督的突出特点。唐中宗复辟后,朝廷内部的权力斗争,使得对官吏的法律监督,根本无法实施。这种状况一直延续到唐玄宗继位。在唐玄宗统治的前期,即开元年间,逐步恢复并完善对官吏的法律监督,执法也基本遵循法律的规定。在其统治后期,主要是天宝年间,法治秩序遭到破坏,掌管财政的大臣如王鉷之流,执政的宰相如李林甫、杨国忠之辈,皆为贪污腐化分子。而以高力士为首的宦官,亦收受贿赂,广置资产,据说京城内外的邸第田园,有一半以上属于宦官所有。由于不能对高级官员、边镇的节度使、宦官实行有效的监督,政治腐败不断加剧。而中低级官员,也因承平日久,法律趋于松弛,贪污受贿日益增多。安史之乱爆发后,唐王朝面临生死存亡的战争,对于官吏的监督,主要是确保他们对朝廷的忠诚。因此,对叛臣的惩处,相当严厉,肃宗曾将投降安禄山的大臣陈希烈等四十余人处死。而支持朝廷对安史叛军作战的军将,则很少受到法律的监督。同时,朝廷采取卖官鬻爵,出售委任状,操纵通货等权宜的敛财措施,也使得对官吏贪污盗窃的认定和惩处变得十分困难。代宗继位后,认为肃宗用刑太严,改而推行宽大政策,以致"谏者常讽帝政宽,故朝廷不肃。帝笑曰:'艰难时无以逮下,顾刑法峻急,有威无恩,朕不忍也。'"①在这种情况下,完全谈不上对官吏的法律监督。唐德宗时期,不仅在反叛的节度使管辖范围内,不存在按唐律对官吏进行法律监督,即使是朝廷能够控制的节度使,也很少对他们实施法律监督。唐宪宗因平定藩镇之乱而被誉为"中兴之主",他在法制建设中,曾作出部分废除死刑的决定:

---

① 《新唐书》卷56《刑法志》。

"两京、关内、河东、河北、淮南、山南东、西道死罪,十恶,杀人,铸钱,造印,若强盗执杖劫京兆界中,及它盗赃逾三匹者,论如故。其余死罪,皆流天德五城,父祖子孙欲随者,勿禁。"①对司法机关,鉴于当时普遍存在案件久拖不办的现象,要求大理寺审判案件不得超过二十天,刑部审批不得超过十天;如果刑部对判决有异议,驳回大理寺重审,时间不得超过十五天,刑部量覆不得超过七天。然而,对于当时普遍存在的官吏贪污盗窃,却没有采取任何加强法律监督的措施。宪宗以后,随着朝政的进一步败坏,对官吏的法律监督,逐渐成为政治斗争的工具,掌权的宦官或大臣在争夺权力的朋党斗争中,往往以贪污盗窃为口实,打击政敌。而真正违法乱纪的凶徒,却得不到法律应有的惩治。"文宗好治,躬自谨畏,然阉宦肆孽不能制。至诛杀大臣,夷灭其族,滥及者不可胜数,心知其冤,为之饮恨流涕而莫能救止"②。在这种情况下,依靠法律来监督官吏,完全是不可能做到的事情。其后,唐武宗曾制订一项严惩盗窃的规定:凡是犯盗窃罪,赃满千钱就要处以死刑。不过这条规定,据说主要是针对贫民而非官吏。对于犯贪赃罪的官员,仅仅是"准刑部奏,犯赃官五品已上,合抵死刑,请准狱官令赐死于家者,伏请永为定格"③,从之。至唐宣宗时,又废除武宗规定的盗窃财物一贯以上就要处死的规定。同时,据说宣宗自喜刑名,常常说:"犯我法,虽子弟不宥也。"④不过从当时的情况看,贪污盗窃横行,似乎也没有多少官吏因贪污盗窃而受到法律制裁。唐末,全国分崩离析,对官吏进行监督的法律规定,实际上只是具文而已,完全不能对官吏的贪污盗窃起到抑制或惩罚的作用。

二、监　察　制　度

隋唐时期的监察机关是御史台。作为皇帝的耳目之司,御史台是

---

① 《新唐书》卷56《刑法志》。
② 《新唐书》卷56《刑法志》。
③ 《旧唐书》卷56《刑法志》。
④ 《新唐书》卷56《刑法志》。

"治官"而不直接治民的机构。在反对官吏贪污的斗争中,御史台发挥着十分重要的作用。

隋文帝开国后,沿袭北魏制度,设置御史台。隋炀帝大业三年(607年),增设偈者、司隶二台,与御史台共掌监察职权。御史台负责纠察中央官员,司隶台负责监察地方官员,偈者台则奉诏出使,持节按察。不久,炀帝废司隶台,改为临时选派中央官员,挂着司隶从事的头衔,外出巡察郡县。唐高祖又废偈者台,仅设御史台作为中央监察机关。唐高宗一度改御史台为宪台。武则天时代称为肃政台,分成左、右两台。左肃政台最初只是专管设在京城的中央机关,并负责监察军队,但不久又兼管地方州县的按察工作。而右肃政台则一直是按察京城以外的文武官僚。唐中宗复辟后,改左、右肃政台为左、右御史台。其中右御史台几经兴废,最终于唐玄宗即位之后予以裁撤,左御史台也随之改称御史台。此后,直到唐朝覆亡,御史台始终是中央唯一的监察机关。

除了在京师长安设置的御史台之外,由于唐高宗、武则天和唐玄宗在位前期,多次移居东都洛阳,中央机关也随之东迁。玄宗朝后期,以及玄宗以后的唐代皇帝,都定居长安,但是留守洛阳的中央机关却一直予以保留,其中留守东都洛阳的御史台称为东都留台,简称东台、留台。安史之乱以后,地方节度使权力膨胀,度支、盐铁、转运使也是掌管财政大权的重臣,因此节度使的僚属,度支、盐铁、转运使下属各巡院的官员,通常都带有御史的官衔,并行使监察职责。这些兼有各种御史头衔的地方官,包括中央机构派驻地方并带有御史头衔的官员,统称为外台。

隋唐时期的御史台,均设御史大夫一人作为长官,副职在隋代称为治书侍御史,唐高宗李治登基后,因避讳而改称御史中丞。由于御史大夫持掌国家刑宪典章,肃政朝廷,权重秩崇,因此唐代后期一般不实授此职,而是以御史中丞作为御史台的实际长官,唐武宗在会昌二年十二月的敕文中就说得非常清楚:"中丞为大夫之贰,缘大夫秩崇,官不常置,中丞为宪台长。"①御史台内部,设有三个重要的职能部门,即台院、殿院和察院,合

---

① 《旧唐书》卷44《职官志三》。

称三院。这三个职能部门的职权范围,前后变化颇大,也互有交叉和重叠,不过大体而言,台院是由侍御史主持,主要负责管理御史台内部事务,弹劾官员,处理案件;殿院由殿中侍御史主持,主要负责朝廷供奉仪式,巡察京城内外不法之事,监督国库出纳;察院由监察御史主持,主要负责监察尚书省所属六部的工作,巡察地方州县。虽然三院各有分工,但是一些重要工作,如弹劾官员,出使巡察,则是三院御史都可以担任的。

御史台的职责是依据国家的刑宪典章,对各级政府机构和官吏进行监督,也就是肃正朝廷纲纪,纠察百司紊失,弹劾邪佞官吏。虽然御史台拥有很大的权力,但是要真正做到对官吏进行有效的监督,在很大程度上还要取决于当时的政治环境。

隋文帝是通过宫廷政变而篡夺北周政权,从中央到地方,大量充斥着原北周旧臣。为了保证这些官吏对新政权的忠诚,隋文帝就利用御史台,对各级官吏进行全面监督,不仅查访官吏的公务,而且也了解他们的私生活。这就使得当时的御史能够充分行使职权,"察举无所回避,弹奏无所屈挠"[1]。一些重大的贪污案,也是经御史弹劾而被揭发出来的。然而在隋炀帝时期,情况就发生了变化。担任御史大夫的裴蕴,善于揣摩炀帝的心意,凡是炀帝不满意的人,他就曲法诬陷,锻成其罪。炀帝打算宽恕的人,他就附从轻典,因而释之。由此深得炀帝的信任,遂将司法权也交给裴蕴。大权在握的裴蕴,不仅滥用职权,用法严酷,而且大肆扩展自己的权势,"令虞世基奏罢司隶刺史以下官属,增置御史百余人。于是引致奸黠,共为朋党,郡县有不附者,阴中之。于时军国多务,凡是兴师动众,京都留守,及与诸蕃互市,皆令御史监之。宾客附隶,遍于郡国,侵扰百姓,帝弗之知也"[2]。御史台权力的扩大,不是更有效地监督百官,而是使监察机关成为紊乱朝政,违法乱纪的渊薮。隋炀帝时期普遍存在的贪污腐化,与御史台的变质,有着直接的关系。

唐高祖立国后,似乎对御史台的监察作用,并不特别重视。在他看

---

① 《北堂书抄》卷62。
② 《隋书》卷67《裴蕴传》。

来,御史只是清要的职务而已。加之他在位前期,国家还处于分裂状态,当国家统一后,又发生太子和秦王争夺权力的斗争,朝廷大臣也因此发生分裂,在这种情况下,御史台也不太可能发挥对朝政的监督作用。真正让御史台发挥作用是在唐太宗时期,"大唐自贞观初,以法理天下,尤重宪官,故御史复为雄要。其将除拜,皆吏部与台长官、宰相议定,然后依选例补奏,其内诏别拜者不在此限"①。唐太宗不仅重视对御史的选用,而且还汲取隋炀帝时期御史滥用职权的教训,强调监察工作的透明度,规定御史弹劾官员,必须在朝堂公开宣读弹文。贞观二十二年(648 年),御史台又开始设置自己的监狱,即"台狱"。唐太宗在建立健全御史台制度的同时,还鼓励御史能够犯颜直谏,他曾对御史大夫杜淹说:"孔子称从父之命,未为孝子。故父有争子,国有争臣。若以主之无道,何为仍仕其世?既食其禄,岂得不匡其罪。"②在太宗的大力支持下,当时的御史台,无论是纠正朝政得失,还是弹劾违法乱纪的官吏,都作出显著成绩。

唐高宗即位初期,御史台仍然发挥着有力的监察作用。一个突出的例证就是永徽元年(650 年),监察御史韦思谦弹劾中书令褚遂良强行压价购买一位下属的田地,虽然褚遂良是顾命大臣,作为司法部门负责人的大理少卿张叡,也认为这件事不算犯法,但在韦思谦的坚持下,褚遂良和张叡都被贬为外州刺史。但是,随着是否赞成立武曌为皇后而引发的朝臣分裂,御史台便卷入官僚集团内部的斗争,特别是御史大夫崔玄义、中丞袁公瑜投靠武曌后,御史台实际上成为武曌排斥异己的工具。同时,御史也不再公开进行弹劾,而是改为秘密弹奏。武周时期,又允许御史以风闻为依据进行弹奏,御史台内部也可以相互纠弹,由此造成御史之间的倾轧。然而御史台在武则天统治时期的最大变化,则是成为武则天进行政治清洗的工具。《新唐书·酷吏传》所记载的武则天时代著名酷吏,如来俊臣、来子珣、侯思止、王弘义、郭弘霸等人,都是以御史的职务,审理武则天交办的案件,即通常所说的"制狱",并采取严刑逼供、伪造证据等方

---

① 《通典》卷 24《侍御史》。
② 《旧唐书》卷 66《杜淹传》。

式,罗织罪状,大规模制造冤假错案。

　　唐中宗复辟后,御史台在朝臣、外戚、皇室成员之间争夺权力的斗争中,明显发生分裂,一些御史变成了打手,如御史大夫李承嘉依附武三思,诬陷拥立中宗复辟的功臣敬晖、桓彦范等人;御史中丞周利用、侍御史冉祖雍、监察御史甘元柬,则是武三思的耳目,被当时的人称之为狗。当武三思被太子李重俊杀死之后,这些打手又大多投靠安乐公主和宗楚客,诬陷太平公主和后来的睿宗皇帝,以及宰相魏元忠。但是也有一些御史敢于伸张正义,弹劾贪赃枉法的官员。僧人惠范,深受中宗和韦后的宠信,被封为上庸公,势倾内外,无敢指目者,但是侍御史魏传弓却敢于揭发他贪赃四十余万,并要求将他处以极刑。中宗打算从宽处理,魏传弓却说:"刑赏国之大事,陛下赏以枉加,岂宜刑所不及。"[①]惠范最终被废黜。其后,又有监察御史崔琬,弹劾兵部尚书宗楚客、侍中纪处讷,潜通突骑施,"纳货取资,公引顽凶,受贿无限"[②]。结果中宗不去追查此事,反而命令崔琬与宗楚客结为兄弟以和解之,当时的人因此称中宗是"和事天子"。监察御史李尚隐、李怀让,联名弹劾宰相崔湜、郑愔主执铨选,赃贿狼藉。虽然在安乐公主的干预下,崔、郑二人免死,但都被贬到外地。然而少数御史所作出的反贪努力,并不能改变当时盛行的贪污腐化风气。

　　唐玄宗即位后,逐步对御史台进行改革,使其能够较为正常地对官吏进行监督。开元元年(713年),最终废除右御史台,使御史台重新成为单一的监察机关。开元五年(717年),恢复唐太宗时期御史公开弹奏的制度,规定:除了确实需要保密的事情外,一切事务都要在朝堂上公开奏闻。开元十四年(726年),废除御史台设置的监狱,需要暂时拘捕的人,依旧寄押在大理寺。其后,改由御史台的诸院寄禁。同时,设置受事御史制度,规定每天由一名御史负责当天的弹劾,以此杜绝御史相互推诿,拒绝受理检举词状。对于御史台内部,则改变过去长官不得干预下属进行弹劾的惯例,规定御史弹奏,须由大夫或中丞署名押奏。至于御史台对地方

① 《资治通鉴》卷208中宗景龙元年九月。
② 《唐会要》卷61《弹劾》。

州县的监察工作,自开元二十二年(734年)设置十五道按察使后,逐渐由各道的大州刺史或大都督府长史所取代。经过一系列改革,御史台的组织和职责更为规范,基本上能够正常发挥对朝政的补偏救弊,以及对官吏的监督作用。

安史之乱后,唐朝的权力结构发生很大变化,中央权力严重削弱,地方节度使的权力急剧膨胀,由此使得御史台对地方官员的系统监督逐渐弛废。而宦官势力的兴起,官僚集团内部的党争,又使得御史台难以对中央直接管理的军队和官僚进行有效监察。唐宪宗时期,先后平定剑南、浙西、淮西等节度使的反叛,唐室中兴,御史台对地方官员的监察亦随之得到加强。但宪宗以后,御史台的监察职责又急剧萎缩,主要负责监督尚书省所属六部的工作,处理各级机构上报的材料,受理个人上访。并逐渐发展到公私债务,婚姻、田产的纠纷,也都告到御史台处理。应当指出,在唐代后期,御史台一直拥有进谏和弹劾的权力,只是随着皇权的式微,作为皇帝耳目之司的御史台,才不能正常发挥制度上赋予它的监察职权。

三、官吏管理制度

隋唐时期,在官吏的选拔、任用、考核、奖惩等方面,逐步建立起较为完备的管理制度,使官吏从入仕直到退休,一直受到制度的约束。这对防止官吏滥用职权、贪污腐化,起到不同程度的抑制作用。

官吏的选拔,首先是选拔人才,使其取得做官的资格,也就是"入仕"的资格。隋唐时期的入仕途径,主要有:科举、门荫、流外和军功。科举是指分科取人,其渊源可以追溯到汉代,然而直到隋文帝时期才成为一种选拔人才的制度。隋代的科举分为两种,一种是固定的考试科目,有秀才、明经、进士;另一种是临时提出的科目,如隋文帝曾经以志行修谨、清平干济二科举人,隋炀帝则有十科举人和四科举人。唐代继承了隋朝的科举制度,并使其更加完备。唐代的科举,仍然分为固定的考试科目和临时的考试科目。固定的考试科目称为常科,除因战争或灾荒年暂时停止考试之外,每年举行,科目有十多种,最重要的是进士科和明经科。考生有两个来源,一是国子监和弘文馆、崇文馆的学生,二是全国各州推荐的考生。考试内容因科目不同而有所区别,如进士科的考试项目为时务策、帖经和诗赋,而明经科主要考"九经"。直接主持考试的官员,最初是吏部的考功员外郎,由于考功员外郎的职位较低,唐玄宗开元二十四年(736年)以后,改由礼部侍郎主考。临时的考试科目称为制科,不定期举行,科目也不固定,徐松《登科记考》收录的科目就有近百种,比较常见的科目有:贤良方正直言极谏,详明政术可以理人,博通故典达于教化。制科的应试人可以是前任官员,也可以是普通百姓。考试通常在殿廷上进行,皇帝亲临考场。凡是参加科举考试的人,无论是常科或制科,一旦被录取,也就是及第,便获得出身,即取得做官的资格。门荫是指皇亲国戚和五品以上高级官员的子孙,通过担任宿卫、斋郎、挽郎等工作而获得入仕资格。此外,六品以下文武官员之子,勋官及三至五品勋官之子,也可以通过担任职役或纳钱而获得入仕资格。流外是指担任流外官职的胥吏、诸生等等,工作一定年限,经考核合格而获得入仕资格。军功是指军人通过军功获得勋官,或补授低级军职,由此获得入仕资格,这种情况在唐代后期较为常见。

取得入仕资格的人,只有极少数是经特授而直接做官,绝大多数还要通过铨选,才能担任官职。铨选是指量才授官,分为流内官的铨选和流外官的铨选。流内官的铨选是任命流内九品以上的职事官,其中五品以上的官员,由皇帝任命;六品到九品的官员,文官由吏部任命,武官由兵部任命。只有具备出身、前官资等"官资"的人,才有资格参加流内铨选。出身是指通过科举、门荫、流外、军功而获得入仕资格,前官资是指曾经担任过职事官,因任职期满或其他原因需要重新任命的人。对于六品以下流内官的任命,每年都要进行,通常是从上年十月开始,至本年三月结束。开始进行铨选工作之前,首先向全国各府州下达选格,即参加本次铨选的人应该具备的资格细则,所在府州予以公布。具备铨选资格的人,前资官在原任职所在的府州报名应选,只有出身的人在原籍所在的府州报名应选,称为投状。府州则根据选人的投状出具解送状,呈报尚书省,再分转吏部或兵部。参加铨选的人必须在十月到达京城,接受吏部或兵部的资格审查。经审查合格的选人,参加由吏部尚书或兵部尚书主持的铨选。

吏部铨选文官的内容有四项:身材魁梧、能言善辩、书法遒美、文理优长;兵部铨选武将的内容有五项:立定射箭、骑马射箭、步行射箭、骑马使枪、口试言词;考试之后,还要考察选人是否骁勇、材用,或者可为统帅之用。吏部和兵部在铨选结束后,要向选人公布留、放人的名单,留下的人,将依据铨选时的文书考核成绩、出身、官资等条件,授予官职;属于被放者,只能等待下届铨选。吏部和兵部拟定的授官名册和有关材料,还要送尚书省的都省进行审查,再由都省将授官名册送交门下省复审。通过后,由中书省起草委任状,即告身。最后由吏部和兵部正式授官。五品以上高级官员的任命,由中书门下根据五品以上官员任命范围内的官员档案材料,即"具员簿",提出候选人,呈奏皇帝,获得批准后,下达制敕,正式授官。大约在唐德宗时期,又形成一种冬荐制度:每年冬季,由常参官和五品以上在职官员推荐已经任职期满的常参官、五品以上外官正员,罢使郎官、御史,以及不适宜参加吏部铨选的其他五品以上官员。只有经过推荐并且考试合格的任职期满官员,才有可能被重新任职。这个规定在唐宪宗以后又多次得到重申,从而成为唐代后期任命五品以上高级官员的一种方法。流外官吏的铨选,由吏部郎中主持。铨选对象,都是未入仕的人,主要有流内六品至九品官员之子、州县佐史。此外,普通百姓也可以参加流外选。对于流外官吏的选用,有三条标准:工于书写、工于会计、了解时务。获得流外吏职的流外官,工作一定年限,并且考核合格,就可以入流,取得参加六品以下流内官的铨选资格。除了通过铨选任命职事官吏之外,隋唐时期也采取举荐、辟署等多种方式,不论资历地任命官员,其中辟署在唐代后期还是一种相当重要的做官途径。辟署是指开府的长官可以自行任命僚属。隋文帝曾取消州县长官辟署的权力,改由吏部统一任命官吏。一般地说,推荐只是选官制度的补充,而且大多是非制度化的措施。不过在唐代后期,推荐则有制度化的倾向。

隋唐时期的官吏,在其任职期间,一直受到吏部的管理,正如隋代的刘炫所说:"大小之官,悉由吏部,纤介之迹,皆属考功。"[1]其中对官吏的

---

① 《隋书》卷75《刘炫传》。

考核,称为考课。每年进行的考课叫小考,用以评定当年政绩的优劣。对整个任职期内的政绩作出鉴定,称为大考。中央各部门的长官,谏官、御史、翰林学士,地方各府州的尹、刺史、都督,以及唐代后期的节度使,由皇帝亲自考课,或者派人进行考评,称为内考。其余官吏的考课,由所在部门长官考核其功过,再由吏部确定考核等级。每届考课,先由被考者出具自我鉴定,然后由所在部门或府州长官当众宣读,议其优劣,定出考第。设在京城的机关,直接将本单位的考核结果送交尚书省;地方官的考课簿由朝集使入京述职时带至京城,送交尚书省。具体负责考课的尚书省吏部考功司,对送来的材料进行评审,分别定出等第。同时,还不定期派出高级官员担任校考使、监考使,对考功司的评审工作进行监督,以保证考课的公平。考课结束后,要给被考的官吏发给考牒,作为凭据。

唐代的考课标准,对一般职事官的要求是四善、二十七最。四善是指:德义有闻,清慎明著,公平可称,恪勤匪懈。二十七最是根据二十四种不同职责分别提出的不同原则要求:献可替否,拾遗补缺,为近侍之最;铨衡人物,擢尽才良,为选司之最;扬清激浊,褒贬必当,为考校之最;礼制仪式,动合经典,为礼官之最;音律克谐,不失节奏,为乐官之最;决断不滞,与夺合理,为判事之最;都统有方,警守无失,为宿卫之最;兵士调习,戎装充备,为督领之最;推鞫得情,处断平允,为法官之最;雠校精审,明为刊定,为校正之最;承旨敷奏,吐纳明敏,为宣纳之最;训导有方,生徒充业,为学官之最;赏罚严明,攻战必胜,为军校之最;礼仪兴行,肃清所部,为政教之最;详录典正,辞理兼举,为文史之最;访察精审,弹举必当,为纠正之最;明于勘覆,稽失无隐,为勾检之最;职事修理,供承强济,为监掌之最;功绩皆充,丁匠无怨,为役使之最;耕耨以时,收获成课,为屯官之最;谨于盖藏,明于出纳,为仓库之最;推步盈虚,究理精密,为历官之最;占候医卜,效验居多,为方术之最;讥察有方,行旅无壅,为关津之最;市廛不扰,奸滥不作,为市司之最;牧养肥硕,蕃息孳多,为牧官之最;边境肃清,城隍修理,为镇防之最。除了这些原则规定之外,还有若干实施细则。根据这些考课标准,将官员的考第分为九等,即上上、上中、上下、中上、中中、中下、下上、下中、下下,每个等第都有具体的奖惩办法,对于流外官吏,则按行能功过分为四等:清谨勤公为上,执事无私为中,不勤其职为下,贪浊有状为下下。

俸禄是官员从国家那里领取的收入。唐代官员的俸禄由实物与货币两部分组成。实物包括职分田收入与禄米两项,货币收入称为俸料。职分田是属于国家所有的官田,在职的职事官按官品高低分得一定数量职分田的使用权,用以出租,其收入归职事官所有,这就是白居易在《问议百官职田》中所说的"依品而授地,计田而出租"。按照唐代法令的规定,京官中的一品官,可以分得十二顷职分田,二品十顷、三品九顷、四品七顷、五品六顷、六品四顷、七品三顷、八品二顷五十亩、九品二顷。外官中的州县官员分得的职分田,略高于同品级的京官;镇戍官员分得的职分田,略低于同品的京官。官员分得的职分田,通常是按每亩收取六升的租率,召人佃种。由于职分田属国家所有,因此职事官在离任时,必须将职分田移交给接任的官员。禄米是政府按官员的散官品级发给的实物。唐高祖时,只给京官发放禄米,其标准是:一品七百石、从一品六百石,依次递减,至正九品为四十石、从九品为三十石。唐太宗始定外官禄,数额略低于京官,每年分春秋两季给付,无粟则以盐代之。官员考课获得上等,增发禄米作为奖励。但是唐代给官员的禄米具有一定弹性,在财政困难或发生水旱等灾害时,往往减半给禄,甚至停发禄米。俸料是官员获得的货币收入。唐初是按散官本品给付,唐高宗和唐玄宗曾改为按职事品发放。安史之乱后,京官大体是按职事官的官品,以及职事官工作是否繁重,确定各级职事官的俸料数额。外官的俸料,唐代前期是按职事官任职的级别,分别依照一定的比例,分配作为俸料的公廨钱利息。大体上是:州县少尹、长史、司马、丞的俸料钱,分别为长官俸料的一半,判司、主簿、县尉各为长官的三分之一,参军、博士各为长官的五分之一。由于各州公廨本钱数额不同,利息收入有较大差异,因此同样职务的官员,在不同州县实际领取的俸料也是不同的。安史之乱后,对官员俸料的支付重新作出规定,基本按以前的分配比例,具体定出实际支付的钱额。不过自唐德宗实行两税法之后,地方财政包干,有的州县官的实际俸料收入远远超过规定的数额,而有些边远州县则无俸可发。

第三节 反 贪 实 践

一、隋代反贪污

贪污作为一种社会现象,由来已久。贪污对社会稳定造成的破坏作用,人所共知。隋文帝立国后,为巩固新王朝的统治,采取一系列措施,打击贪污犯罪。

他首先制定出《开皇律》,希望能够对官吏的贪污受贿起到抑制作用。正如他在颁布《开皇律》的诏书中所告诫的那样:"先施法令,欲人无犯之心,国有常刑,诛而不怒之义。措而不用,庶或非远,万方百辟,知吾此怀。"①为了使新法律得到贯彻实施,并且防止官吏玩弄法律,隋文帝又下诏,要求各级官吏秉公办案。同时规定,有冤屈而县级官吏不予受理,可依次经州到尚书省,越级申诉,若仍不受理,则可直接向皇帝申诉;认为案件处理不当,可以击打登闻鼓,陈述理由,有关机构必须将其陈述记录在案,并上奏皇帝。同时,隋文帝也直接干预司法工作。据说他每个季度都要亲自审理囚犯,在秋季处决死刑犯人之前,还要省阅诸州上报的犯人罪状。开皇三年(583年)重新修订《开皇律》之后,又下令在大理寺设置律博士,在尚书省刑部设置明法,地方州县设置律生,重大案件的审判,首先由这些掌管法律的官吏提出适用的法律条款,确定罪名,再根据罪名判刑。然而在开皇五年(585年),侍官慕容天远揭发都督田元冒请义仓,事情属实,而始平县律生辅恩,舞文弄法,陷害慕容天远,反以诬告田元罪,判处慕容天远反坐。隋文帝得知这一情况,认为由专业的法律官吏确定适用法律条款,易生弊端,遂将大理司、尚书省刑部和州县的法律官吏全部裁撤。自此以后,适用法律条款的认定,改由主管机构自行确认,但是

① 《隋书》卷25《刑法志》。

要将定罪的法律条款原文抄下来,附在案卷中。为了提高地方官员依法办事的能力,隋文帝在开皇六年(586 年)下令,行参军以上的州一级官员,必须学习法律,并且在他们到京城汇报工作时,进行法律考核。与此同时,隋文帝还注意加强中央对司法工作的控制,尚书省的吏部是依据法律条款进行判决的最高司法机关,由高级官员和法律专家组成的大理司是最高审判机关,御史台则负责调查、起诉官吏严重犯罪。鉴于各级司法部门对犯罪性质的认定存在差异,往往出现相同的罪行却有不同的判罚,隋文帝在开皇十二年(592 年)作出规定,诸州对判处死刑的犯人,不得擅自执行死刑,必须将案件移交大理寺复审,最后还要上奏皇帝,由他本人作出最后裁决。开皇十五年(596 年)又规定,判处死刑必须上奏三次,然后才能执行。

除了进行法制建设之外,隋文帝还加强对官吏的管理。在地方行政机构,取消州刺史任命僚属的权力,改由中央统一任命。其中六品以下官吏的任免,由吏部掌管,五品以上的高级官员,由吏部提可供选择的名单,交由皇帝选定。鉴于官员在一个地区长期任职,容易出现以权谋私,因而规定刺史和县令的任期为三年(后改为四年),低级官员的任期为四年,任满之后必须调离原任职地区。不仅如此,官吏在任职期间,还要接受吏部每年的政绩考核。政绩特别突出的官员,往往受到隋文帝的嘉奖:汴州刺史令狐熙,考绩为天下第一,隋文帝赐帛三百匹,并布告天下;岐州刺史梁彦光,甚有惠政,隋文帝巡视岐州,对其政绩非常满意,于是下诏:"赏以劝善,义兼训物。彦光操履平直,识用凝远,布政岐下,威惠在人,廉慎之誉,闻于天下。三载之后,自当迁陟,恐其匮乏,且宜旌善。可赐粟五百石、物三百段、御伞一枚,庶使有感朕心,日增其美。四海之内,凡日官人,慕高山而仰止,闻清风而自励。"[1]不久又赐钱五万;相州刺史樊叔略,政绩为当时第一,隋文帝下诏褒奖,同时赐绢三百匹、粟五百石,班示天下;齐州别驾赵轨,连续四年考绩都是最上等,隋文帝除了嘉奖之外,也是赐绢三百匹、米三百石。此外,隋文帝还建立朝集使制度,即州一级地方政

_____

① 《隋书》卷 73《梁彦光传》。

府每年都要选派官员作为朝集使,到京师汇报工作,接受工作考核,并了解朝廷对地方政府的要求。在朝集使汇报工作期间,往往要对政绩突出的官员进行表彰,树为楷模:新丰县令房恭懿,政绩为三辅之最,隋文帝下令嘉奖,并先后赐绢四百匹、米三百石。其后出任德州司马,政绩又为天下之最,隋文帝不仅赐绢百匹,而且还对诸州朝集使说:"房恭懿志存体国,爱养我百姓,此乃上天宗庙之所祐助,岂朕寡薄能致之乎!朕即拜为刺史,岂止为一州而已,当令天下模范之,卿等宜师学也。"又说:"房恭懿所在之处,百姓视之如父母,朕若置之而不赏,上天宗庙其当责我。内外官人宜知我意。"[1]于是将房恭懿越级提拔为海州刺史。据说在表彰房恭懿以后,大多数州县官吏都变得很称职,百姓也因此富庶起来。

当然,长期存在的贪污受贿,不可能仅仅依靠法律监督,以及对清廉而政绩优异的官吏进行褒奖就销声匿迹。因此,对贪污受贿的官吏进行打击,势在必行。隋文帝虽然制定有《开皇律》,并且公开声称,要依法惩处贪官污吏,但事实并非如此。由于隋文帝是一个生活非常节俭的皇帝,对奢侈浪费极为反感,加之他对官吏的要求又极其严厉,这就使得他对官吏贪污受贿的惩罚,往往超出法律的规定。据说隋文帝经常派遣亲信对内外官吏进行明察暗访,即使发现很小的过失,也要严加惩处。官员独孤师只因接受蕃客赠送的鹦鹉,就被处以死刑。左领军府长史因考校不公平,也被处决。为了防止令史等低级官吏贪污受贿,隋文帝还暗中派人向他们赠送钱帛,凡是接受馈赠的令史,一律斩首。开皇十六年(596年),发生合川仓主典盗窃官粮事件,不仅犯罪的主典被斩,家人没为奴婢,而且自此以后,凡是盗窃边粮一升以上,皆处以死刑,家人则籍没为官奴婢。同时,隋文帝还由此认为,典吏久居其职,必然肆情为奸,于是规定,州县佐史,三年一换,已经在某州县担任过佐史的人,不得在该州县再次出任佐史。开皇十七年(597年),屈突通在陇西检覆群牧,发现隐匿马二万多匹,隋文帝大怒,打算把太仆卿慕容悉达和诸监官吏一千五百人全部处斩,幸得屈突通以死相谏,这批人才以减死论罪。虽然隋文帝用法严峻,

---

① 《隋书》卷73《房恭懿传》。

但是他基本上能够坚持一条基本的执法原则:在法律面前人人平等。这在处理杨俊贪污案件中,表现得尤为突出。杨俊是隋文帝的第三个儿子,封为秦王,在担任并州总管期间,违反制度,强行发放高利贷,牟取暴利,吏民苦之,同时还非法挪用公款,建造极其豪华的宫室。隋文帝以其奢纵,免去他的官职。左武卫将军刘升为此进谏:"秦王非有他过,但费官物营廨舍而已,臣谓可容。"隋文帝的回答是:"法不可违。"此后,权臣杨素又进谏:"秦王之过,不应至此,愿陛下详之。"隋文帝则说:"我是五儿之父,若如公意,何不别制天子儿律!以周公之为人,尚诛管、蔡,我诚不及周公远矣,安能亏法乎。"①最终拒绝恢复秦王俊的官职。此外,一批高级官员也因贪污受贿,或以权谋私而受到惩罚。开皇十年(590年),番州总管赵纳,因贪赃受贿被法办。开皇十三年(593年),晋州刺史、南阳郡公贾悉达,隰州总管、抚宁郡公韩延等人,因贿赂罪被处决。开皇十四年(594年),齐州刺史卢贲,因灾荒年间进行粮食投机,被除名为民。仁寿三年(603年),幽州总管燕荣,因赃秽狼藉被隋文帝赐死。

由于隋文帝经常采取超出法律规定的严酷手段,惩治贪污受贿。上行下效,一批被称为"酷吏"的官员,也采用非法手段打击贪污受贿。隋文帝时期任贝州刺史的厍狄士文,孤傲刚直,清廉若水,家无余财,对下级官吏管束极严,小有过错,必定想方设法严加惩处。官吏贪污,即使只有一尺布、一升粟,也决不宽容。由此揭发的贪官污吏有一千多人,隋文帝将他们全部发配到岭南。这些发配到岭南的贪官污吏因患疟疾,十之八九病死,他们的亲属就找到厍狄士文哭闹,还编了一首歌谣,说刺史是实行罗刹一样的恶魔政策。隋文帝得知此事,认为厍狄士文处理官吏贪污过于严酷,于是将他免职。不久,又任命他为雍州刺史。厍狄士文认为自己一向用法严峻,也不会奉承权贵,必定死于此官。然而他到任后,仍然执法严正,不避权贵,由此得罪豪门,最终被人借其他事情进行弹劾,被捕入狱,愤恚而死。虽然厍狄士文采取舞文弄法的手段严惩贪官污吏,从法制的观点来看,并不可取,可是他廉洁自律,疾贪如仇,却也有可以借鉴的

———————————
① 《资治通鉴》卷178文帝开皇十七年七月。

地方。而隋文帝时期出任襄州总管的田式则不同,此人完全是为了树立个人威信而滥用刑罚。对于犯有贪污盗窃的官吏,不问轻重,一律囚禁在地牢中,并想尽办法将他们折磨至死,否则决不会放出来。每当有赦书送到时,田式首先召集狱卒杀死重囚犯,然后才宣读赦书。由于过分残暴,隋文帝将他除名为民。田式因惭恚而绝食,隋文帝又认为这表明他对自己的过错已有深刻反省,于是恢复他的官爵,并任命为广州总管。类似于田式的酷吏还有幽州总管燕荣、石州刺史赵仲卿、华州刺史崔弘度,以及继燕荣之后掌管幽州的元弘嗣。这些官员都是采取严酷的方法对待僚属,然而他们自身却不一定廉洁,例如燕荣,最终就是因赃秽狼藉而被隋文帝赐死。

隋文帝厉行节俭,严惩贪官污吏,故当时的吏治,尚属清明。正如唐代史臣对他的评价:"躬节俭,平徭赋,仓廪实,法令行,君子咸乐其身,小人各安其业,强无陵弱,众不暴寡,人物殷阜,朝野欢娱,二十年间,天下无事,区宇之内晏如也。"[①]然而隋文帝猜忌苛刻,又以文法自矜,过分干预司法工作,使得对官吏的监督和惩罚逐渐背离法治的轨道。由于隋文帝认为,官吏之间不相敬惮,多所宽纵,即使犯有过错,按照法律条款进行处理也太轻,不能达到整肃的目的,于是在开皇十七年(597年)下令,各级机构的官吏,只要犯有过错,准许在法律规定的惩罚之外,酌情加判杖刑。由此造成上下相驱,迭行棰楚,以残暴为能干,以守法为懦弱。隋文帝晚年,刑罚尤为严酷,一些猾吏也因此而滥用职权。据《隋书》卷25《刑法志》记载,当时的大理寺丞杨远、刘子通等人,"性爱深文,每随牙奏狱,能承顺帝旨。帝大悦,并遣于殿廷三品行中供奉,每有诏狱,专使主之。候帝所不快,则案以重抵,无殊罪而死者,不可胜原。远又能附杨素,每于涂中接候,而以囚名白之,皆随素所为轻重。其临终赴市者,莫不涂中呼枉,仰天而哭"。然而对于杨素侮弄朝权,隋文帝却不能知晓。

隋炀帝即位后,认为隋文帝所执行的刑罚过于严酷,于是修改《开皇律》。大业三年(607年),新律颁布实施,是为《大业律》。由于《大业律》

---

① 《隋书》卷2《高祖纪下》。

对于枷杖、决罚、讯囚的规定,皆轻于《开皇律》,五刑的判罚也明显减轻,因而受到广泛的欢迎。隋炀帝在减轻刑罚的同时,也加强了对官吏的监督,他增设谒者、司隶二台,与御史台共同掌管监察工作,其中御史台负责监察中央官员;谒者台负责奉诏出使,持节按察;司隶台负责巡察京畿和郡县,按照六条标准考察地方官员,这六条标准是:一察品官以上理政能不;二察官人贪残害政;三察豪强奸猾,侵害下人,及田宅逾制,官司不能禁止者;四察水旱虫灾,不以实言,枉征赋役,及无灾妄蠲免者;五察部内贼盗,不能穷逐,隐而不申者;六察德行孝悌,茂才异行,隐而不贡者。同时,隋炀帝还下诏,允许百姓直接向他检举官吏:"听采舆颂,谋及庶民,故能审政刑之得失。是知昧旦思治,欲使幽枉必达,彝伦有章。而牧宰任称朝委,苟为徼幸以求考课,虚立殿最,不存治实,纲纪于是弗理,冤屈所以莫申。……其民下有知州县官人政理苛刻,侵害百姓,背公徇私,不便于民者,宜听诣朝堂封奏,庶乎四聪以达,天下无冤。"[1]此外,隋炀帝还认为,以军功获得官职的武夫,没有处理行政事务的能力,而且这些人,"是非暗于在己,威福专于下吏,贪冒货贿,不知纪极,蠹政害民,实由于此"[2],因此在大业八年(612年)下诏,禁止任用勋官担任文武职事。对于清廉而政绩突出的官员,隋炀帝则沿用隋文帝的做法,公开进行表彰:弘化太守柳俭,廉洁清苦,清名为天下第一,在郡国朝集使齐集京师时,隋炀帝不仅赐给他二百匹帛,还命令天下朝集使送他回到郡邸,以此表彰他廉洁奉公的行为;临颍县令刘旷,清名善政,为天下第一,隋炀帝也优诏褒奖,并越级提拔他为莒州刺史。

隋炀帝是一位爱好巡行的皇帝,他认为巡行各地,不仅符合古代天子的巡狩之礼,而且可以了解地方情况,并加强与百姓的联系。他的这种生活习惯,使得他不可能像隋文帝那样亲自管理政务,只能依靠大臣处理朝政。然而隋炀帝所倚重的大臣,如杨素、宇文述、虞世基、苏威等人,均贪婪成性,随着权力的扩大,以及隋炀帝对政务的懈怠,贪污受贿首先在中

---

[1] 《隋书》卷3《炀帝纪上》。
[2] 《隋书》卷4《炀帝纪下》。

央官员中间蔓延。大业六年(610年)以后,隋炀帝又全力关注于征服高丽国。为了筹集战争物资和军费,大肆横征暴敛,地方官吏则乘机以权谋私,"每急徭卒赋,有所征求,长吏必先贱买之,然后宣下,乃贵卖与人,旦暮之间,价盈数倍,衰刻征敛,取办一时。强者聚而为盗,弱者自卖为奴婢"①。为了镇压聚众为盗的百姓,隋炀帝规定,凡属盗贼,"罪无轻重,不待闻奏,皆斩"②。其结果是地方官员得以各专威福,生杀任情。地方官吏权力的恶性膨胀,加之隋炀帝所宠信的大臣裴蕴,滥用刑罚,最终使得隋朝的宪章法规荡然无存,贪污受贿,公行无碍。这种状况一直延续到隋朝覆灭。

二、唐代前期的反贪实践

唐高祖李渊在起兵反隋的时候,就曾表明了自己反对贪官污吏的态度。武德二年(619年)颁布的五十三条新法令,也强调要严惩官吏贪污受贿,并且明确规定,凡属盗窃和诈骗府库物资的人,即使遇有大赦,也不会减免他们的刑罚。这些规定,以后又成为《武德律》的法律条款。武德七年(624年),全国基本统一,在大赦天下的同时,《武德律》也颁布实施,同时颁行的还有一套行政法规及其实施细则。唐高祖希望这些新律令能够成为新王朝治理国家的准则,正如他在颁行新律令的诏书中所说:"永垂宪则,贻范后昆。"③除了确立治国准则和规范政府行为的律令之外,唐高祖也采取一些具体的措施,提倡廉洁奉公,打击贪污受贿。他曾下令撤毁隋朝修建的离宫游幸之所,拒绝接受西突厥曷娑那可汗馈赠的珍宝,处决在并州赃贿狼藉的真乡公李仲文,选派皇甫无逸、韦仁寿等廉洁奉公的官员,取代贪官污吏。然而唐高祖身边的大臣,多为阿谀奉承之徒,不能匡正时弊,正如高祖对裴寂所说:"隋氏以主骄臣谄亡天下,朕即位以来,每虚心求谏,然惟李纲差尽忠款,孙伏伽可谓诚直,余人犹踵弊

---

① 《隋书》卷24《食货志》。
② 《隋书》卷25《刑法志》。
③ 《唐大诏令集》卷82。

风。俛眉而已,岂朕所望哉!"①加之太子与秦王争权夺利所造成的混乱和政出多门,也使得唐高祖难以有效地打击贪官污吏。

唐太宗通过政变上台后,立即采取措施,打击官吏的贪污受贿,"太宗初即位,务止奸吏,或闻诸曹案典,多有受贿者,乃遣人以财物试之。有司门令史受馈绢一匹,太宗怒,将杀之"②。然而太宗的这种做法,立即遭到朝臣的反对,民部尚书裴矩对太宗说:"为吏受贿,罪诚当死,但陛下使人遗之而受,乃陷人于法,恐非所谓'道之以德,齐之以礼'。"③太宗接受了他的意见,并召集五品以上的文武官员,公开表扬裴矩能够据理力争。此后,太宗在处理长孙顺德受贿事件时,曾试图采取了一种更加符合儒家精神的方式,即当众赐给长孙顺德数十匹绢,使他蒙受耻辱,以便能够改过自新,正如他对大理少卿胡演所说:"人生性灵,得绢甚于刑戮,如不知愧,一禽兽耳,杀之何益。"④当右卫大将军陈万福违法索取驿站数石麦麸时,太宗也采取类似的方法进行惩罚,即将麦麸赐给他,并让他自己背回去,以此羞辱他。同时,太宗也反复告诫大臣,不要贪污受贿。贞观元年(627年),他对侍臣说:"人有明珠,莫不贵重,若以弹雀,岂非可惜?况人之性命甚于明珠,见金银钱帛不惧刑网,径即受纳,乃是不惜性命。明珠是身外之物,尚不可弹雀,何况性命之重,乃以博财物邪?群臣若能备尽忠直,益国利民,则官爵立至。皆不能以此求荣,遂妄受钱物。赃贿既露,其身亦殒,实为可笑。"贞观二年(628年),他又对侍臣说:"朕尝谓贪人不解爱财也。至如内外官五品以上,禄秩优厚,一年所得,其数自多。若受人财贿,不过数万,一朝彰露,禄秩削夺,此岂是解爱财物?规小得而大失者也。"贞观四年(630年),他对公卿说:"朕终日孜孜,非但忧怜百姓,亦欲使卿等长守富贵。天非不高,地非不厚,朕常兢兢业业,以畏天地。卿等若能小心奉法,常如朕畏天地,非但百姓安守,自身常得欢乐。古人云:'贤者多财损其志,愚者多财生其过。'此言可以为深诫。若徇私贪

① 《资治通鉴》卷187高祖武德二年闰月。
② 《旧唐书》卷63《裴矩传》。
③ 《资治通鉴》卷192高祖武德九年十二月。
④ 《旧唐书》卷58《长孙顺德传》。

浊,非止坏公法,损百姓,纵事未发闻,中心岂不恒恐惧？恐惧既多,亦有因而致死。大丈夫岂得苟贪财物,以害身命,使子孙每怀愧耻耶？卿等宜深思此言。"贞观十六年（642年）,太宗对侍臣说："古人云：'鸟栖于林,犹恐其不高,覆巢于木末；鱼藏于泉,犹恐其不深,覆穴于窟下。然后为人所获者,皆由贪饵故也。'今人臣受任,居高位,食厚禄,当须履忠正,蹈公清,则无灾害,长守富贵矣。古人云：'祸福无门,惟人所召。'然陷其身者,皆为贪冒财利,与夫鱼鸟何以异哉？卿等宜思此语为鉴诫。"①

除了正面教诲,以及用羞辱的方法使贪官悔过自新之外,太宗也采取行政措施,防止官吏的贪污受贿。他认为,官吏之所以贪污,与官吏素质不高有很大关系,"比见吏部择人,唯取其言辞刀笔,不悉其景行。数年之后,恶迹始彰,而百姓已受其弊"②。为此,太宗首先从教育入手,在京师建成由国子监领导的学校体系,分别吸纳皇族、官僚和平民子弟入学,接受儒学或书学、律学教育。同时,频繁地开科取士,以便将学业优异的精英,吸纳到官僚集团之中。对于官吏的任命,太宗特别注意地方官吏中都督、刺史的人选,按照他的说法,是因为"朕居深宫之中,视听不能及远,所委者唯都督、刺史,此辈实理乱所系,尤须得人"③。他甚至把都督、刺史的名字和每个人的政绩都写在屏风上,以便进行黜陟。贞观十一年（637年）,侍御史马周上疏称："百姓所以治安,唯在刺史、县令,苟选用得人,则陛下可以端拱无为。今朝廷唯重内官而轻州县之选,刺史多用武人,或京官不称职始补外任,边远之处,用人更轻。所以百姓未安,殆由于此。"④据此,太宗作出决定,刺史由他本人亲自选定,县令则由中央官员推荐。与此同时,太宗还不定期地派出朝廷大臣,分道前往各地,对州县官吏进行全面而严格的考察,其中贞观二十年（646年）的考核,"刺史、县令以下,多所贬黜,其人诣阙称冤者,前后相属。上命褚遂良类状以闻,上

① 《贞观政要》卷6《论贪鄙》。
② 《贞观政要》卷3《论择官》。
③ 《贞观政要》卷3《论择官》。
④ 《资治通鉴》卷195太宗贞观十一年八月。

亲临决,以能进擢者二十人,以罪死者七人,流以下除免者数百千人"①。除了严加管束之外,根据中书舍人高季辅的意见:"外官卑品,犹未得禄。饥寒切身,难保清白,今仓廪浸实,宜量加优给,然后可责以不贪,严设科禁。"②于贞观八年(634年)开始扩大地方官吏的俸禄发放范围,用以养廉。至于对官吏贪污受贿的惩罚,太宗也远不只是进行羞辱而已,事实上,大多数贪官污吏都受到法律的严厉制裁,诚如吴兢在《贞观政要》卷2《论政体》中所说,太宗"深恶官人贪浊,有枉法受财者,必无赦免。在京流外有犯赃者,皆遣执奏,随其所犯,置以重法。由是官吏多自清谨"。

太宗晚年,逐渐放弃他曾经大力提倡的节俭,生活趋于奢侈,同时对臣下的批评意见也开始听不进去,以致很少有人敢犯颜直谏。在这种情况下,一些王公贵戚也开始违法敛聚资财。

唐高宗即位后,为了表明自己提倡节俭,下令禁止京城及外州贡献鹰隼和犬马,宣布免去宫廷奢侈的宴会,削减宫殿的兴建。对于骄奢纵逸、喜好敛聚的滕王元婴、蒋王恽,高宗也模仿太宗的做法,送给他们两车麻作为钱贯,以此羞辱他们。同时,对于贪污盗窃的官员,也予以严惩。因此在高宗初期,贪污腐化现象还不多见。然而,随着武曌在政治上的兴起,情况就开始发生变化,贪污腐化首先在依附于武曌的大臣中间蔓延,其中先后担任宰相的许敬宗、李义府就是典型的贪污腐化分子。不久,贪污腐化之风就由中央吹到地方,加之高宗频繁对外用兵,赋役繁重,这也给地方官吏营私舞弊提供了机会。地方官吏的贪赃枉法,在武周时期已经造成严重的社会问题,武则天除了不停地更换地方官之外,似乎也找不出更好的解决办法。至于武周时期的朝廷,在酷吏横行,武氏亲属掌权,武曌面首干政的情况下,完全不谈惩治腐败,或者说,一个官员只有在政治上出了问题,他的贪污腐化才会构成罪行。

唐玄宗即位后,面对严重的贪污腐化,逐步建立起反贪制度。他首先对御史台进行改组,使其能够发挥对朝政和官吏的监督作用。同时,为了

---

① 《资治通鉴》卷198太宗贞观二十年正月。
② 《资治通鉴》卷194太宗贞观八年十二月。

进一步加强对地方官吏的监督,于开元二年(714年)恢复十道按察使。开元二十一年(733年),又将全国划分为十五道,"各置采访使,以六条检察非法;两畿以中丞领之。余皆择贤刺史领之。非官有迁免,则使无废更。惟变革旧章,乃须报可。自余听便宜从事,先行后闻"①。由常设的采访使,负责监察地方行政机构及其官吏的制度,一直实施到玄宗退位。为了改变当时重京官轻外职的现象,玄宗规定:"选京官有才识者,除都督、刺史;都督、刺史有政迹者,除京官。使出入常均,永为恒式。"②这一制度在实施过程中,不断地充实和完善,使其在提高地方官员素质,激励地方官员廉洁奉公等诸多方面,都发挥着积极作用。此外,玄宗对法律的修订,恢复了武则天统治以前所确立的司法原则,而通过重编令、格、式所新建的行政法规,则减少了官吏舞文弄法的可能性;对科举制度的改革,使州县应试者能够更加平等地与京畿考生进行竞争,有利于选拔人才,而削弱吏部对选举的垄断,更是有利于防止主考官的营私舞弊;财政制度、税收和户籍制度、运输制度等多方面的经济改革,也有利于防止官吏的贪污受贿。玄宗在建立健全各种规章制度的同时,多次颁布反对奢侈的诏令,甚至将宫内的珠玉锦绣等服玩,全部集中在正殿前公开焚毁,以表示厉行节俭的决心。他也多次颁布实施反对贪赃枉法的诏令,并对贪官污吏实施严厉打击。玄宗的这些所作所为,终于使武则天统治以来长期猖獗的贪污腐化,在玄宗朝前期,基本上得到控制。

玄宗在位后期,生活日趋奢靡,怠于政务,先后在李林甫、杨国忠把持下的朝政,也渐趋紊乱,贪污腐化又开始在各级官吏中蔓延,最终促成安史之乱的发生。

三、唐代后期的反贪实践

安史之乱的爆发,使唐王朝受到沉重打击,京师长安也被叛军占领,

① 《资治通鉴》卷213玄宗开元二十一年。
② 《资治通鉴》卷211玄宗开元二年正月。

玄宗逃往成都避难,皇太子李亨则跑到灵武自立为帝,是为唐肃宗。在肃宗短暂的七年统治期间,国家一直处于混乱之中,他对军人和宦官的违法乱纪行为,往往持宽容态度,但是为了维持朝纲,肃宗对贪污行为也有选择地予以惩罚。宰相房琯,因门客董廷兰招纳货贿而被解除职务;东京留守李巨,因侵吞征收的过桥税,被贬为遂州刺史;宦官马上言受贿,为人求官于宰相吕諲,事发之后,马上言被乱棍打死,吕諲则被贬为太子宾客;郑国公李遵,贪赃数百万,肃宗以勋旧舍之,只是取消他宗正卿的职务。但是肃宗时期最突出的问题是军费开支浩大,财政收入不敷支出。为了增加收入,肃宗卖官鬻爵,出售僧尼道士度牒,乱征商税,甚至没收富商豪族的财产。为了配合增加收入这项重要工作,当时主要的反贪机构御史台,也在反贪的名义下,敛聚财物。监察御史毛若虚,向肃宗献策,要求将所有犯人的家财,一律没收充公。在得到肃宗的认可后,他就滥用职权,征剥财货,"每推一人,未鞫,即先收其家资,以定赃数,不满望,即摊征乡里近亲,峻其威权,人皆惧死,输纳不差晷刻"[1]。这样一个佞邪之徒,因为每天都有进奉而受到肃宗的赏识,最后被提升为御史中丞。监察御史敬羽,捕逐钱货,不亚于毛若虚,而其滥用酷刑,则又在毛若虚之上。胡人康谦,资产亿万计,肃宗任命他为试鸿胪卿,负责管理山南东路的驿站,因其富有而被人诬告暗通安史叛军,敬羽遂严刑逼供,二日之间,康谦鬓发皆秃,膝盖被打碎,人也完全变形,看见他的人都以为是鬼物而非人类,最后还是被敬羽所杀,资财也被全部没收。代宗即位后,捕杀敬羽,而敬羽在临刑时,"袖中执州县官吏犯赃私状数纸,曰:'有人通此状,恨不得推究其事。主州政者,无宜寝也。'"[2]大概他始终认为,惩治贪官污吏,将其财产全部没收充公,并无过错。反对贪污受贿,不是为了整饬吏治,而是以敛聚财货为目的,这正是肃宗时期反贪工作的最大特点。

代宗时期,曾下诏禁止奢侈,"纂组文绣,正害女红。今师旅未息,黎元空虚,岂可使淫巧之风,有亏常制。其绫锦花文所织盘龙、对凤、麒麟、

---

① 《旧唐书》卷186下《毛若虚传》。
② 《旧唐书》卷186下《敬羽传》。

狮子、天马、辟邪、孔雀、仙鹤、芝草、万字、双胜、透背，及大繝绵、竭凿、六破已上，并宜禁断"①。并下令查禁钿作珠翠。同时，代宗也在诏令中一再指责官吏"贪猾纵欲，而动逾宪章，作威以虐下，厚敛以润己"，要求所有官吏"履清白之道，还淳素之风，率是黎元，归于仁寿，君臣一德，何以尚兹"②。然而，代宗企图通过不断发布诏令的方式来遏制贪污腐化，但又不采取具体措施，实际上对当时严重的贪污腐化没有起到任何抑制作用。一道道包含反贪内容的诏令，不过是一些空文而已。

德宗即位后，立即采取措施，反对贪污腐化。他在短短的几个月内，发布十几道诏令，停止新罗、渤海岁贡鹰鹞，邕府岁贡奴婢，剑南岁贡春酒，扬州岁贡江心镜，幽州岁贡麝香；天下进献，除了郊祀陵庙所需物品外，全部停止；诏禁天下不得贡珍禽异兽，银器勿以金饰；又"诏王公卿士不得与民争利，诸节度观察使于扬州置回易邸，并罢之"③。代宗时贮于内库的公赋，由宦官管理，"皆蚕食其中，蟠结根据，牢不可动"④，经杨炎提议，德宗下诏，将全部财赋依旧归于左藏，由官吏管理。德宗还宣布，废除酒类专卖，停止对僧尼和寺庙的财政支持，限制高级官员的奢侈浪费。这些诏令与代宗时期空话连篇的诏书不同，它们完全是针对各种贪污腐化的具体措施。与此同时，德宗还开始惩治贪污分子，大批代宗时期的高级官员被撤职或强迫退休，兵部侍郎黎幹和特进刘忠翼则被处死。当得知中官邵光超在给淮西节度使送旌节时接受了节度使李希烈馈赠的七百匹绢，立即将邵光超杖打六十，流放到边远地方。据说自此以后，宦官再也不敢接受贿赂。然而德宗最重要的措施，还是在建中元年（780 年）颁布实施的两税法。在这里，有必要简单回顾唐代赋税制度的演变。在唐代前期，赋税制度是以人丁为本的租庸调法，安史之乱爆发后，朝廷失去有效控制户口的能力，加之军费开支浩大，各地军政长官任意用各种名目征税，而朝廷又不能检查，由此造成赋税制度的混乱。编户大批脱籍逃

① 《旧唐书》卷 11《代宗纪》。
② 《旧唐书》卷 11《代宗纪》。
③ 《旧唐书》卷 12《德宗纪上》。
④ 《资治通鉴》卷 226 代宗大历十四年十二月。

亡,中央财政收入减少,而各地的节度使却厚自奉养,权臣奸吏则恣意贪污。大历十四年(779年)五月,德宗即位,随即任命杨炎为宰相。杨炎担任宰相后,向德宗呈递《请行两税法奏》,建议对赋税制度进行全面改革。杨炎提出的两税法,完全废除以丁身为本的租庸调,改为按财产多少和田亩数量征税。具体办法是:编造户籍不再区分土户与客户,只要在当地有财产和田亩,一律编入户籍纳税;征税不考虑纳税人是否成年,而是按贫富的等级,征收财产税和田亩税;两税的征收和管理,由度支使统管,但是不制订全国统一的税率,而是由各州县将大历十四年征收的正税、杂税、杂徭合并为一个总数,作为当地征收两税的数额。这个数额分为两部分,一是以斛斗计算的粮食,按民户的垦田面积摊征;一是以贯文计算的税钱,按民户的户等高下摊征。民户每年分两次纳税,夏税不超过六月,秋税不超过十一月,个别地方可以分三次纳税。无固定居处的商人,由所在州县按其收入的三十分之一征税。停止征收租、庸、杂徭,但户籍上仍然要记载丁额,以便临时征发力役时有所依据。杨炎提出的两税法,为德宗采纳,建中元年(780年)正月,以赦诏的形式颁行。二月,德宗派出十一名黜陟使,分巡全国,与各地的节度使、州刺史共同确定民户的户等,具体实施两税法。此后,两税法一直实行到唐末。两税法的实施,改变了自肃宗以来赋役混乱,"权臣猾吏,因缘为奸,或公托进献,私为赃盗者动万万计"的严重贪污状态,使得"贪吏不诫而奸无所取"[1]。从而减少了官吏通过乱收税费而从中贪污的可能性。德宗贞元二年(786年),宰相崔造又对两税钱物的管理进行改革,罢免各种分管财政事务的专使,将财经大权收归中央,地方财政事务则由观察使和刺史负责。但是崔造的改革,因遭到财政界既得利益者的坚决反对而以失败告终。

德宗晚年对个人财产的迷恋和执着追求,使得贪污腐化再度猖獗起来,而他对宦官的纵容,更使得普通民众深受其害。因此,当顺宗即位后,便支持以王叔文、王伾为首的小集团进行改革。二王首先将残暴搒敛的京兆尹李实贬为通州长史,消息传出后,市井欢呼,皆袖藏瓦砾,遮道等

---

① 《旧唐书》卷118《杨炎传》。

候,欲痛击之,李实绕道而行,才得以逃脱百姓的惩罚。接着,顺宗在颁布的即位赦诏中宣布,除两税正税外,"不得擅有诸色榷税;常贡外,不得别进钱物"①。包括盐铁使月贡钱在内的各种进奉,都被取消。因欺诈勒索而引起公愤的宫市、五坊小儿也全部罢去,由此"人情大悦"②。然而二王的改革,不到一年就以失败告终。

　　唐宪宗即位后,相继讨平剑南西川节度使刘辟、浙西节度使李锜、淮西叛将吴元济、淄青节度使李师道,长期处于半独立状态的河北诸镇,也归顺朝廷。随着朝廷权威的提高,宪宗采取一系列措施,加强中央集权。他取消节度使兼领度支营田使,以便限制节度使通过屯田或者组织民户营田来增加收入;限制节度使的兵权,节度使的军队,分别由州刺史统领;两税的征管,由中央委派的两税使负责,同时还整顿两税的分配,划定上交中央财政的"上供",与留作地方财政的"留使""留州"的比例;盐、茶的专卖和收入,由中央委派的专使负责,原则上不允许地方官吏插手;罢除官员在离任时将节余的公款以进奉的名义上交,禁止诸道在两税之外擅自征税;加强御史对地方官吏的监察,元和七年(812年)闰七月诏敕就规定:"今后应出使郎官御史,所历州县,其长官政俗,闾阎疾苦,水旱灾伤,并一一条录奏闻,郎官宜委左右丞勾当,并限朝见后五日内闻奏,并申中书门下,如所奏不实,必议惩责。"③这些措施,不仅有利于削弱节度使的权力,同时也减少了地方官吏营私舞弊、中饱私囊的可能性。在惩治贪官污吏方面,宪宗也有所作为。元和四年(809年),御史中丞李夷简弹劾京兆尹杨凭在其担任江西观察使期间,贪污僭侈。贬杨凭为临贺县尉。同年,监察御史元稹出使剑南,弹劾故剑南东川节度使严砺等人违制擅赋,中饱私囊,严砺虽死,其属部七州刺史,皆坐责罚。元和五年(810年),右金吾大将军伊慎贿赂右军中尉第五从直,求为河中节度使,第五从直恐事泄,遂向宪宗告发,贬伊慎为右卫将军,与此事有牵连的三个人被处死。元和六年(811年),前行营料粮使于皋谟、董溪,贪污数千缗,被

---

①　《唐大诏令集》卷2《顺宗即位赦》。
②　《顺宗实录》卷2。
③　《唐会要》卷62《御史台·出使》。

人告发,赐死。取受成德节度使王承宗钱物的宦官王伯恭,杖死。元和八年(813年),宰相杜黄裳生前受贿卖官的事情,被御史台揭发:"前永乐令吴凭,为僧鉴虚受托,与故司空杜黄裳,于故州邠宁节度使高崇文处,纳贿四万五千贯,并付黄裳男载,按问引伏。"①僧鉴虚被处死,吴凭配流昭州,杜黄裳、高崇文则受到宪宗的宽大处理,免予追究,杜载也予以释放。元和十二年(817年),京兆尹窦易直贪赃枉法,贬为金州刺史。

唐宪宗以后,朋党政治的形成,使得反对贪污的斗争,完全变质。穆宗长庆元年(821年),段文昌、元稹、李绅、李德裕等人,将一场普通的科场舞弊扩大为政治事件,借以打击政治对手李宗闵等人,这次事件也就成为牛李党争的直接导因,"自是德裕、宗闵各分朋党,更相倾轧,垂四十年"②。在这将近四十年的倾轧中,不乏假借贪污受贿打击对手的事例。而权力日益增大的宦官,为寻求政治上的盟友,也介入官僚集团内部的斗争,其结果,使得反贪斗争更加举步维艰。牛李党争结束后,宦官仍然与政界保持着密切的关系,特别是懿宗时期,宦官更为直接地干预朝政,四名宦官的头面人物,即两名枢密使和两名宣徽使,在当时被称为"四相",而朝廷在高级官员争夺权力的斗争中则是四分五裂,由此导致法纪荡然,包括御史台在内的一些政府机构,已经改变了职能,在这种情况下,反贪斗争也就不可能取得任何实效。僖宗以后,在黄巢起义的打击下,唐王朝实际上已经分崩离析,为生存而苦苦挣扎的皇帝和朝臣,再也没有可能开展反对贪污腐化的斗争。

第四节　反　贪　文　化

贪污作为专制政权的痼疾之一,由来已久。贪污对社会稳定所造成

---

① 《旧唐书》卷147《杜黄裳传》。
② 《资治通鉴》卷241穆宗长庆元年三月。

的破坏作用,有目共睹。隋唐时期,上自皇帝,下至庶民,通过各种方式,表达对贪污腐化的反对,由此形成一种反贪文化。

一、反贪诏令

官吏的贪污,是对国家利益的非法侵占。在以皇权为核心的专制政权下,贪污也就是对皇权的损害,因此在隋唐时期,几乎所有的帝王都表示反对贪污受贿。

隋文帝在惩处贪官郑译的诏书中说,郑译"嘉谋良策,寂尔无闻,鬻狱卖官,沸腾盈耳。若留之于世,在人为不道之臣,戮之于朝,入地为不孝之鬼。有累幽显,无以置之,宜赐以《孝经》,令其熟读"①。隋文帝开皇十七年(597年)又下诏说:"分职设官,共理时务,班位高下,各有等差。若所在官人不相敬惮,多自宽纵,事难克举。诸有殿失,虽备科条,或据律乃轻,论情则重,不即决罪,无以惩肃。其诸司论属官,若有愆犯,听于律外斟酌决杖。"②

隋炀帝即位后,于大业元年(605年)正月,发八使巡省风俗,为此下诏,凡是州县,"有蠹政害人,不便于时者,使还之日,具录奏闻"③。同年三月又下诏说:"听采舆颂,谋及庶民,故能审政刑之得失。是知昧旦思治,欲使幽枉必达,彝伦有章。而牧宰任称朝委,苟以侥幸以求考课,虚立殿最,不存治实。纲纪于是弗理,冤屈所以莫申。关河重阻,无由自达。朕故建立东都,躬亲存问。今将巡历淮海,观省风俗,眷求谠言,徒繁词翰,而乡校之内,阙尔无闻。惕然夕惕,用劳兴寝。其民下有知州县官人政理苛刻,侵害百姓,背公徇私,不便于民者,宜听诣朝堂封奏,庶乎四聪以达,天下无冤。"④大业八年(612年)九月,还下诏禁止勋官出任文武职事官:"自三方未一,四海交争,不遑文教,唯尚武功。设官分职,罕以才

---

① 《隋书》卷38《郑译传》。
② 《隋书》卷2《高祖纪》。
③ 《隋书》卷3《炀帝纪》。
④ 《隋书》卷3《炀帝纪》。

授,班朝治人,乃由勋叙,莫非拔足行伍,出自勇夫,敩学之道,既所不习,政事之方,故亦无取。是非暗于在己,威福专于下吏,贪冒货贿,不知纪极,蠹政害民,实由于此。自今已后,诸授勋官,并不得回授文武职事。庶遵彼更张,取类于调瑟,求诸名制,不伤于美锦。若吏部辄拟用者,御史即宜纠弹。"①此外,隋炀帝下诏褒奖廉洁奉公的官员。如大业三年(607年),下诏褒奖武威太守樊子盖:"设官之道,必在用贤,安人之术,莫如善政。龚、汲振德化于前,张、杜垂清风于后,共治天下,实资良守。子盖干局通敏,操履清洁,自剖符西服,爱惠为先,抚道有方,宽猛得所,处脂膏不润其质,酌贪泉岂渝其性,故能治绩克彰,课最之首。凡厥在位,莫非王臣,若能人思奉职,各展其效,朕将冕旒垂拱,何忧不治哉!"②樊子盖由此进位金紫光禄大夫,赐绢一千匹,仍然担任武威太守。

唐高祖立国后,在武德二年(619年)颁布的五十三条新法令中,明确规定,胥吏贪污受贿、盗窃和诈骗国有资产,即使大赦,也不能免罪。

自太宗以后的唐代诸帝,大多颁布有反对贪赃枉法或惩治贪官污吏的诏书,今略举数例,以见一斑。

唐高宗永徽五年(654年)三月制:"州胥吏犯赃一匹以上,先决一百,然后准法。"③

武则天改元光宅(684年)诏:"其犯十恶、官人枉法受财、临临主守自盗及常赦所不免者,并不在赦例。"④

唐殇帝唐隆元年(710年)敕:"诸州县官,有不因选序,别犯赃贿,非时除受官等,皆依倚形势,恣行侵剥。如有此色,仰州长官、录事参军,速勘责闻奏讫。宜停务待进止。仍委吏部、兵部速勘责处分。"⑤

唐睿宗景云三年(712年)四月制:"比者赃贿不息,渝滥公行,放心未宁,禁犯无惧。此焉暂革,期于承平,遂割小慈,以崇大体。自今已后,造

---

① 《隋书》卷3《炀帝纪》。
② 《隋书》卷63《樊子盖传》。
③ 《唐会要》卷41《杂记》。
④ 《唐大诏令集》卷3《改元光宅诏》。
⑤ 《文苑英华》卷465《诫励风俗敕》。

伪头首者斩,仍没一房资财,同用荫者并停夺。非头首者绞。其承前造伪人,限十日内首使尽。官典主司枉法受赃一匹已上,先决杖一百,其缘赃及恶状被解及与替者,非选时不得辄入京城。纵家贯在京,不得辄至朝堂,妄有披诉。如有此色,并决杖,仍加贬斥。其先在京城者,限三日内勒还。上下官僚辄缘私情相嘱者,其受嘱人宜封状奏闻。成器已下,朕自决罚。其余王公已下,并解现任官,三五年间不须齿录。其进状人别加褒赏,御史宜令分察诸司。"①

唐玄宗先天二年(713 年)九月制:"门下,法之所设,本以惩非,令之必行,期于禁止。致理为要,何莫由斯。至如官典受赃,国有常法,承前虽有处分,在外多未遵奉。且不戒视成为暴,不令而罚为虐,岂含容之自久,将训导之未明欤?朕情存划一,过欲不贰,恐愚人陷罪,莫识堤防,奸吏徇私,自婴徽缠,永言于此,明发兴怀。今日已前,既往不咎,从今已后,有犯必绳,朕不食言。"②

唐玄宗开元十年(722 年)三月诏:"自今内外官有犯赃至解免已上,纵逢赦免,并终身勿齿。"③

唐玄宗天宝元年(742 年)二月敕:"官吏准律应枉法赃十五匹合绞者,自今已后,特宜加至二十四。仍即编诸律,著为不刊。"④

唐玄宗天宝六载(747 年)四月敕:"若负欠官物,应征正赃及赎物无财,以备官役折庸。其物虽多,止限三年。一人一日折绢四尺。若会恩旨,其物合免者,停役。"⑤

唐肃宗至德元年(756 年)即位诏:"官吏犯枉法赃,终身勿齿。"⑥

唐肃宗上元二年(761 年)正月敕:"《名例律》,平赃者,皆据犯处当时物价,及上绢估评功庸者。计一人一日为绢三尺,牛、马、驴、骡、车亦同。其船及碾砑、邸店之类,各依当时赁直,庸虽多,不得过其本价。自今

① 《旧唐书》卷 7《睿宗纪》。
② 《唐大诏令集》卷 11《诫励官僚制》。
③ 《旧唐书》卷 8《玄宗纪》。
④ 《唐会要》卷 40《君上慎恤》。
⑤ 《唐会要》卷 40《定赃估》。
⑥ 《唐大诏令集》卷 3《肃宗即位诏》。

已后,应定赃数,宜约当时绢估,并准实钱。"①

唐代宗大历四年(769年)三月诏:"今连岁治戎,天下凋瘵,京师近甸,烦苦尤重,比屋流散,念之恻然。人寡吏多,困于供费,欲其苏息不可得也。设令廉耻守分,以奉科条,犹有禄廪之烦,役使之弊;而况贪猾纵欲,而动逾典章,作威以虐下,厚敛以润己者乎!"②为此,减京畿各县官吏员额。

唐德宗贞元六年(790年)十一月敕:"自今以后,太守、县令有犯赃者,宜令加常式一等。"③

唐宪宗元和三年(808年)正月敕:"今后应坐赃及他罪当赎者,诸道委观察判官一人专勾当,及时申报。如蔽匿不申者,节级科贬,如罪不系,奏官长量情处置者,其赃但准前申送御史台,充本色给用。仍差御史一人,专知赃赎,不得以赃罚为名。如罪名未正,妄罚其财,亦委观察判官勾当,差定后先,具名闻奏。"④

唐宪宗元和四年(809年),御史中丞李夷简弹劾京兆尹杨凭在担任江西观察使期间,犯有贪赃罪和其他不法事,于是宪宗下诏:"杨凭顷在先朝,委以藩镇,累更选用,位列大官。近者宪司奏劾,暴扬前事,计钱累万,曾不报闻,蒙蔽之罪,于何逃责?又营建居室,制度过差,侈靡之风,伤我俭德。以其自尹京邑,人颇怀之,将议刑书,是加愍恻。宜从遐遣,以诫百僚,可守贺州临贺县尉同正,仍驰驿发遣。"⑤

唐穆宗长庆元年(821年)即位诏:"自元和十五年二月五日昧爽已前,大辟罪已下,罪无轻重,咸赦除之。唯官典犯赃及故杀人者,不在免限。"⑥

唐穆宗长庆二年(822年)九月敕:"应犯赃罪,今后不得以散、试官

① 《唐会要》卷40《定赃估》。
② 《旧唐书》卷11《代宗纪》。
③ 《唐会要》卷41《杂记》。
④ 《唐会要》卷40《定赃估》。
⑤ 《旧唐书》卷148《杨凭传》。
⑥ 《唐大诏令集》卷3《穆宗即位诏》。

当罪。"①

唐文宗开成二年(837 年)三月诏:"天下死罪降从流,流以下并释放,唯故杀人、官典犯赃、主掌钱谷贼盗,不在此限。"②

唐文宗开成三年(838 年)十一月诏:"应京城诸道见系囚,自十二月八日已前,死罪降流已下,递减一等,十恶大逆、杀人劫盗、官典犯赃,不在此限。"③

唐武宗会昌元年(841 年)十二月敕:"朝廷施令,所贵必行,合于事情,方可经久。自今已后,窃盗计赃至钱一贯以上,处极法。抵罪者便准法处分,不得以收禁为名。"④

唐宣宗大中五年(851 年)九月敕:"条疏刺史交代,须一一交割公事与知州官,方得离任。准会昌元年敕,刺史只禁科率官吏、抑配人户,至于使州公廨及杂利润,天下州府皆有规制,不敢违越。缘未有明敕处分,多被无良人吏致使恐吓,或致言讼。起今后,应刺史下担什物,及除替后资送钱物,但不率敛官吏,不科配百姓,一任各守州县旧例色目支给。如无公廨,不在资送之限。若辄有率配,以入己赃论。"⑤

唐宣宗大中五年十月敕:"今后有官典犯赃,及诸色取受,但是全未发觉已前,能经陈首,即准律文与减等。如知事发,已有萌兆,虽未被追捕勘问,亦不许陈首之限。"⑥

唐懿宗咸通十年(869 年)六月诏:"应京城天下诸州府见禁囚徒,除十恶忤逆、官典犯赃、故意杀人、合造毒药、放火持仗、开劫坟墓及关连徐州逆党外,并宜量罪轻重,速令决遣,无久系留。"⑦

唐僖宗乾符二年(866 年)诏:"自今已后,如有人入钱买官,纳银求职,败露之后,言告之初,取与同罪,卜射无舍。其钱物等并令没官,送御

---

① 《唐会要》卷 41《杂记》。
② 《旧唐书》卷 17 下《文宗纪》。
③ 《旧唐书》卷 17 下《文宗纪》。
④ 《唐会要》卷 39《议刑轻重》。
⑤ 《旧唐书》卷 18 下《宣宗纪》。
⑥ 《唐会要》卷 39《议刑轻重》。
⑦ 《旧唐书》卷 19 上《懿宗纪》。

史台以赃罚收管。如是波斯番人钱,亦准此处分。其柜坊人户,明知事情,不来陈告,所有物业,并不纳官,严加惩断,决流边远,庶绝此类。"①

二、反贪奏议

隋唐时期的官僚集团和士大夫,他们的政治权益依附于皇权,损害皇权的权益,也就是对他们"正当"权益的损害,加之对君主必须忠诚的传统政治观念,以及个人对贪污腐化的愤恨和对其危害的认识,许多官员也上书朝廷,或者表示反对贪污受贿,或者揭发贪官污吏,或者提出惩治贪污的具体办法与措施。

隋文帝开皇十年(590年)四月,虞庆则等人奉诏出使,巡省关东诸道,回朝奏称:"五百家乡正,专理辞讼,不便于民。党与爱憎,公行货贿。"②据此,隋文帝下令废除乡正。隋文帝时,雍州别驾元肇奏称:"有一州吏,受人馈钱三百文,依律合杖一百。然臣下车之始,与其为约。此吏故违,请加徒一年。"检校治书侍御史刘行本驳斥道:"律令之行,并发明诏,与民约束。今肇乃敢重其教令,轻忽宪章。欲申己言之必行,忘朝廷之大信,亏法取威,非人臣之礼。"③隋文帝认为刘行本所言极是,于是赐给他一百匹绢,作为奖励。

隋文帝时期,州刺史多为武将,这些人通常都不称职,于是治书侍御史柳彧上表曰:"方今天下太平,四海清谧,共治百姓,须任其才。昔汉光武一代明哲,起自布衣,备知情伪,与二十八将,披荆棘,定天下,及功成之后,无所职任。伏见诏书以上柱国和千子为杞州刺史,其人年垂八十,钟鸣漏尽。前任赵州,暗于职任,政由群小,贿赂公行,百姓吁嗟,歌谣满道。乃云:'老禾不早杀,余种秽良田。'古人有云:'耕当问奴,织当问婢。'此言各有所能也。千子弓马武用,是其所长,治民莅职,非其所解。至尊思治,无忘寝兴,如谓优老尚年,自可厚赐金帛,若令刺举,所损殊大。臣死

① 《唐大诏令集》卷72《乾符二年南郊赦》。
② 《隋书》卷42《李德林传》。
③ 《隋书》卷62《刘行本传》。

而后已,敢不竭诚。"①隋文帝为此将和千子撤职。

唐太宗即位后,为打击官吏贪污受贿,曾暗中派遣左右亲信向官吏行贿。有一司门令史,受绢一匹,太宗打算将他处死,民部尚书裴矩进谏道:"为吏受贿,罪诚当死,但陛下使人遗之而受,乃陷人于法也,恐非所谓'道之以德,齐之以礼'。"太宗不仅接受裴矩的进谏,而且还召集五品以上的文武官员,当众表扬他:"裴矩能当官力争,不为面从,倘每事皆然,何忧不治。"②

唐高宗永徽二年(651年),华州刺史萧龄之在前任广州都督期间接受当地少数民族首领赠送金银、奴婢的事情被揭发,高宗下令群臣集议此事。当群臣将议论结果上奏时,高宗大怒,命令将萧龄之在朝堂处死,于是御史大夫唐临奏称:"臣闻国之大典,在于赏刑,古先圣王,惟刑是恤。《虞书》曰:'罪疑惟轻,功疑惟重,与其杀弗辜,宁失弗经。'《周礼》:'刑平国用中典,刑乱国用重典。'天下太平,应用尧舜之典。比来有司多行重法,叙勋必须刻削,论罪务从重科。非是憎恶前人,止欲自为身计。今议萧龄之事,有轻有重,重者流死,轻者请除名。以龄之受委大藩,赃罪狼藉,原情取事,死有余辜。然既遣详议,终须近法。窃惟议事群官,未尽识议刑本意。法律有八议,并依《周礼》旧文,矜其异于众臣,所以特制议法。礼:王族刑于隐者,所以议亲;刑不上大夫,所以议贵。知重其亲贵,议欲缓刑,非为嫉其贤能,谋致深法。今既许议,而加重刑,是与尧舜相反,不可为万代法。"③高宗接受了唐临的意见,改判萧龄之流放岭南。九月,左武候引驾卢文操,翻墙盗窃左库藏物品被查获,高宗下令将他处死,谏议大夫萧钧奏称:"文操所犯,情实难原,然准诸常法,罪未至死。今致之极刑,将恐天下闻之,必谓陛下轻法律,贱人命,任喜怒,贵财物。"高宗接受了萧钧的意见,并对他说:"卿职在司谏,遂能尽规,特为卿免其死。"④

———————

①　《隋书》卷62《柳彧传》。
②　《资治通鉴》卷192 高祖武德九年十二月。
③　《旧唐书》卷85《唐临传》。
④　《唐会要》卷55《谏议大夫》。

武则天证圣元年(695年),获嘉县主簿刘知幾上表:"自皇家受命,赦宥之泽可谓多矣,近则一年再降,远则每岁无遗。至如违法悖礼之徒,无赖不仁之辈,编户则敖攘为业,当官则赃贿是求。莫不公然故犯,了无疑惮。设使身婴桎梏,迹窘狴牢,而元日之朝,指期天泽;重阳之节,伫降皇恩。如其忖度,咸果释免。且下愚不移,习性难改,虽频繁肆眚,每放自新,而见利忘义,终焉不易。用使俗多顽悖,时罕廉隅,为善者不沐恩光,作恶者独承侥幸。"[1]

武则天万岁通天元年(696年)五月,监察御史纪履忠劾奏御史中丞来俊臣犯有五条罪状:"一、专擅国权,二、谋害良善,三、赃贿贪浊,四、失义背礼,五、淫昏狼戾。论兹五罪,合至万死,请下狱治罪。"[2]

唐玄宗开元十年(722年),唐朝开国元勋裴寂的孙子、当时任武强县令的裴景仙,因贪赃价值五千匹绢的钱物,事发逃走。玄宗大怒,将其捕获,下令当众处死。大理卿李朝隐奏称:"伏见武强县令裴景仙,犯乞取赃至五千匹,事发逃走,奉敕令集众杀却。伏以景仙缘乞取犯赃,罪不至死。又,其曾祖故司空寂,往属缔构,首预元勋。载初年中,家陷非罪,凡其兄弟皆被诛夷,惟景仙独存,今见承嫡。据赃未当死坐,虽犯犹入请条;十代宥贤,功实宜录;一门绝祀,情或可哀。愿宽暴市之刑,俾就投荒之役,则旧勋不弃,平典斯允。"玄宗见此表,不同意免除裴景仙的死刑,只是改当众处死为杖杀。于是李朝隐又上表奏称:"有断自天,处之极法。生杀之柄,人主合专。轻重有条,臣下当守。枉法者,枉理而取,十五匹便抵死刑;乞取者,因乞为赃,数千匹止当流坐。今若乞取得罪,便处斩刑,后有枉法当科,欲加何辟?所以为国惜法,期守律文,非敢以法随人,曲矜仙命。"玄宗在看了李朝隐的第二表后,终于免除了裴景仙的死罪,并为此下制:"罪不在大,本乎情;罚在必行,不在重。朕垂范作训,庶动植咸若,岂严刑逞戮,使手足无措者哉?裴景仙幸藉绪余,超升令宰,轻我宪法,蠹我风猷,不慎畏知之金,讵识无贪之宝,家盈黩货,身乃逃亡。殊

---

[1] 《唐会要》卷40《论赦宥》。
[2] 《唐会要》卷61《御史台·弹劾》。

不知天孽可违，自愆难逭，所以不从本法，加以殊刑，冀惩贪暴之流，以塞侵渔之路。然以其祖父昔预经纶，佐命有功，缔构斯重，缅怀赏延之义，俾协政宽之典，宜舍其极法，以宵遐荒。仍决杖一百，流岭南恶处。"①

唐玄宗开元十六年（728年）五月，御史中丞李林甫奏称："天下定赃估，互有高下。如山南绢贱，河南绢贵，贱处计赃不至三百即入死刑，贵处至七百已上方至死刑。即轻重不侔，刑典安寄？请天下定赃估，绢每匹计五百五十价为限。"玄宗下诏，准此确定赃估，同时强调："其应征赃入公私，依常式。"②

唐肃宗乾元元年（758年），刑部奏："准《名例律法》云：'狱成，谓赃、状露验，及尚书省断讫未奏。'疏曰：'赃，谓所犯之赃，见获本物；状，谓杀人之类，得状为验。虽在州县，并为狱成。若尚书省断讫未奏，即刑部覆讫未奏，亦为狱成。'今法官商量，若款自承伏，已经闻奏，及有敕付法，刑名更无可移者，谓同狱成。臣今与法官审加详议，将为稳便，如天恩允许，仍永为常式。"③肃宗下诏，准此办理。自此以后，只要承认贪赃，即使没有查获赃物，也可以定罪。

唐肃宗宝应元年（762年），京兆尹魏少游奏称："令长职在亲民，丞、簿、尉有犯，无不委悉。比来各相蒙蔽，悉徇人情，百姓艰辛，职由于此。自今以后，丞、簿、尉有犯赃私，连坐县令，其罪减所犯官二等，冀迭相管辖，不得为非。"敕旨："依。天下诸州准此。"④

唐德宗时期，曾经担任宰相的陆贽，多次上书德宗，要求改革弊政，其中《奉天请罢琼林大盈二库状》《论两税之弊应有厘革》《论裴延龄奸蠹书》等奏议，对官吏贪污，以及助长贪污的弊政，多有揭露。

唐宪宗元和元年（806年），剑南西川节度使刘辟叛乱，高崇文、严砺等人率兵讨平，以高崇文为剑南西川节度使，严砺为剑南东川节度使。严砺在位贪残，士民不堪其苦。元和四年（809）三月，严砺死，当时奉使按

① 《旧唐书》卷100《李朝隐传》。
② 《唐会要》卷40《定赃估》。
③ 《唐会要》卷39《议刑轻重》。
④ 《唐会要》卷41《杂文》。

察剑南东西两川的御史元稹于是上表弹劾严砺：

　　故剑南东川节度观察处置等使严砺在任日，擅没管内将士官吏百姓及前资寄住等庄宅、奴婢，今于两税外加配钱米及草等，谨件如后：

　　严砺擅籍没管内将士官吏百姓及前资寄住涂山甫等八十八户庄宅共一百二十二所、奴婢共二十七人，并在诸州项内分析。

　　右。臣伏准前后制敕，令出使御史所在访察不法，具状奏闻。臣昨奉三月一日敕令，往剑南东川详覆泸川监官任敬仲赃犯，于彼访闻严砺在任之日，擅籍没前件庄宅奴婢等。至今月十七日，详覆事毕，追得所没庄宅奴婢，文案及执行案典耿琚、马元亮等检勘得实。据严砺元和二年正月十八日举牒称，管内诸州应经逆贼刘辟重围内，并贼军到处，所有应接及投事西川军将，州县官所由典正前资寄住等，所犯虽经霈泽，庄田须有所归，其有庄宅奴婢桑柘钱物斛斗邸店碾硙等，悉皆搜检。得涂山甫等八十八户，案内并不经验问虚实，亦不具事贼职名，便收家产没官。其时都不闻奏，所有资财奴婢，悉皆货卖破用，及配充作坊驱使。其庄宅桑田，元和二年、三年租课，严砺并已征收支用讫。臣伏准元和元年十月五日制，西川诸州诸镇刺史大将，及参佐官吏将健百姓等，应被胁从补署职官，一切不问。又准元和二年正月三日赦文，自今日已前，反逆缘坐，并与洗涤。况前件人等，悉是东川将吏百姓及寄住衣冠，与逆党素无管属，贼军奄至，暂被胁从，狂寇既平，再蒙恩荡。严砺公违诏命，苟利资财，擅破八十余家，曾无一字闻奏，岂惟剥下，实谓欺天。其庄宅等，至今见被使司收管。臣访闻本主并在侧近，控告无路，渐至流亡。伏乞圣慈，勒本道长吏及诸州刺史，招缉疲人，一切却还产业，庶使孤穷有托，编户再安。其本判官及所管刺史，仍乞重加贬责，以惩奸欺。

　　严砺又于管内诸州元和二年两税钱外，加配百姓草共四十一万四千八百六十七束，每束重一十一斤。

　　右。臣伏准前后制敕及每岁旨条，两税留州留使钱外，加率一钱一物，州县长吏并同枉法计赃，仍令出使御史访察闻奏。又准元和三年赦文,大辟罪已下,蒙恩涤荡,惟官典犯赃,不在此限。臣又闻严砺加配前件草,准前月日追得文案及执行案典姚孚,检勘得实。据严砺元和二年七月二十一日举牒称,管内邮驿要草,于诸州秋税钱上,每贯加配一束。至三年秋税,又准前加配。计当上件草。臣伏准每年旨条,馆驿并有正科,不合于两税钱外擅有加征。况严砺元和三年举牒,已云准二年旧例征收。必恐自此相承,永使疲人重困。伏乞勒本道长吏严加禁断,本判官及刺史等,仍乞准前科责,以息诛求。

严砺又于梓、遂两州元和二年两税外,加征钱共七千贯文,米共五千石。

右。臣伏准前月日,追得文案及执行案典赵明之,检勘得实。据严砺元和二年六月举牒称,绵、剑两州供元和元年北军顿递,费用倍多,量于梓、遂两州秋税外,加配上件钱米,添填绵、剑两州顿递费用者。臣又牒勘绵州,得报称,元和二年军资钱米,悉准旧额征收,尽送使讫,并不曾交领得梓、遂两州钱米,添填顿递,亦无克折当州钱米处者。臣又牒勘剑州,得报称,元和元年所供顿递,侵用百姓腹内两年夏税钱四千二十三贯三文,使司令于其年军资钱内克下讫,其米即用元和元年米充,并不侵用二年军资钱米数。使司亦不曾支梓州、遂州米充填者。臣伏念绵、剑两州供顿,自合准敕优矜,梓、遂百姓何辜,擅令倍出租赋。况所征钱米数内,准克下剑州军资钱四千二十三贯三文,其余钱米,并是严砺加征,别有支用。其本判官及梓州、遂州刺史,悉合科处,以例将来。擅收没涂山甫等庄宅、奴婢及于两税外加配钱米草等,本判官及诸州刺史名衔,并所收色目,谨具如后:

擅收没奴婢庄宅等,元举牒判官、度支副使、检校尚书刑部员外郎兼侍御史、赐绯鱼袋崔廷:都计诸州擅没庄共六十三所、宅四十八所、奴一十人、婢一十七人。

于管内诸州元和二年、三年秋税钱外随贯加配草,元举牒判官、观察判官、典中侍御史、内供奉卢诩:都计诸州共加配草四十一万四千八百六十七束。

加征梓、遂两州元和二年秋税外钱及米,元举牒判官、摄节度判官、监察御史里行裴裥：计两州加征钱共七千贯文、米共五千石。

梓州刺史、检校尚书左仆射兼御史大夫严砺，元和四年三月八日身亡：擅收涂山甫等庄二十九所、宅四十一所、奴九人、婢一十七人，加征钱三千贯文、米二千石、草七万五千九百五十二束（元和二年三万一千七百九十二束，元和三年四万四千一百六十束）。

遂州刺史柳蒙：擅收没李简等庄八所、宅四所、奴一人，加征钱四千贯文、米三千石、草四万九千五百三十五束（元和二年二万四千五百三束，元和三年二万五千四百八十二束）。

绵州刺史陶锽：擅收没文怀进等庄二十所、宅十三所，加征草八万八千六百八十八束（元和二年三万八千九十三束，元和三年五万五百九十五束）。

剑州刺史崔实成（元和二年十一月五日改授邛州刺史）：擅收没邓琮等庄六所，加征草二万一千八百七十七束（元和二年九千三十九束，元和三年一万二千七百七十九束）。

普州刺史李忿：元和二年加征草六千束，三年加征草九千四百五十束。

合州刺史张平：元和二年加配草三千四百六十二束，三年加征草五千六百五束。

荣州刺史陈当：元和二年加征草九千四百三束，三年加征草五千四百二十七束。

渝州刺史邵膺：元和二年加征草二千六百一十四束，三年加征草三千七百二十七束。

泸州刺史兼御史刘文翼：元和二年加征草三千八百五十三束，三年加征草三千八百五十一束。

资州元和二年加征草一万五千七百九十八束，三年一万六千二百二十五束。

简州元和二年加征草二万四千一百四束，三年二万三千一百一十八束。

陵州元和二年加征草二万四千六百六束，三年二万三千八百六十一束。

龙州元和二年加征草八百九十一束,三年八百一十一束。

右。已上本判官及刺史等名衔,并所征收名目,谨具如前。其资、简等四州刺史,或缘割属西川,或缘停替迁授,伏乞委本道长史,各据征收年月,具勘名衔闻奏。

以前件状如前。伏以圣慈轸念,切在苍生。临御五年,三布赦令,殷勤晓谕,优惠困穷。似涉扰人,频加禁断。况严砺本是梓州百姓,素无才行可称,久在兵间,过蒙奖拔。陛下录其微效,移镇东川,仗节还乡,宠光无比。固合抚绥黎庶,上副天心,蠲减征徭,内荣乡里。而乃横征暴赋,不奉典常,擅破人家,自丰私室。访闻管内产业,阡陌相连,僮仆资财,动以万计。虽则没身谢谷,而犹遗患在人。谓宜谥以丑名,削其褒赠,用惩不法,以警将来。其本判官及诸州刺史等,或苟务容躯,竟谋侵削;或分忧列郡,莫顾诏条,但受节将指挥,不惧朝廷典宪,共为蒙蔽,皆合痛绳。臣职在触邪,不胜其愤,谨录奏闻,伏听敕旨。①

宪宗览表,下诏追缴严砺生前贪污的价值数十万的赃物,涉及此案的七州刺史也都受到责罚。

唐宪宗元和十五年(799年),江西观察使裴堪上奏,称处州刺史李将顺犯有贪污罪,朝廷不予查证核实,就将李将顺贬为道州司户。尚书左丞吕元膺认为:"廉使奏刺史赃状,不覆验即谪去,纵堪之词足信,而亦不可为天下法。"②于是封还贬谪李将顺的诏书,请派遣御史按问此事,然后再作处理。

唐敬宗宝历元年(825年),舒元褒在"贤良方正直言极谏"策对中写道:"臣所谓大弊者,在法吏之舞文,权臣之弄柄,朋党连结,货贿公行。以高权重位出入,迁居名器,轻于粪土。公侯遍于顽驽,恣行威福,苟伤残暴。谏官不敢论,御史不敢纠。虽陛下有天下之名,而此辈乃害天下之

---

① 《文苑英华》卷649元稹《弹剑南东川节度观察处置等使严砺文》。
② 《唐会要》卷58《尚书省诸司·左右丞》。

实。此弊不去,生人未安。"①

唐文宗大和二年(828年)二月,刑部奏:"伏准今年正月三日制,刑狱之内,官吏用情,推断不平,因成冤滥者,无问有赃无赃,并不在原免之限。又准律文,出入人罪,合当坐者,不言有赃无赃,今请准律科本罪,不得原免。"②文宗下诏,依其所请。

唐文宗大和二年,进士刘蕡在"贤良方正直言极谏"的策对中指出:"陛下亲近贵悻,分曹补署,建除卒吏,召致宾客。因其货贿,假其气势,大者统藩方,小者为牧守。居上无清惠之政,而有饕餮之害;居下无忠诚之节,而有奸欺之罪。故人之于上也,畏之如豺狼,恶之如雠敌。今海内困穷,处处流散,饥者不得食,寒者不得衣,鳏寡孤独者不得存,老幼疾病者不得养。加之国之权柄,专在左右,贪臣聚敛以固宠,奸吏因缘而弄法。冤痛之声,上达于九天,下流于九泉,鬼神怨怒,阴阳为之愆错。君门万里而不得告诉,士人无所归化,百姓无所归命。官贪人贫,盗贼并起,土崩之势,忧在旦夕。"③这篇策对在当时产生极大反响,并广为流传,读其文者,甚至相对垂泣,谏官御史则扼腕愤发。然而由于宦官当政,考策官不敢录取刘蕡,虽然登科人李郃请求以授给自己的官让给刘蕡,最终还是为执政之臣所拒绝。

唐文宗大和三年(829年),华州刺史宇文鼎、户部员外郎卢中允,皆犯贪赃罪。文宗愤怒,准备将他们处死,侍御史卢宏贞奏称:"鼎为近辅刺史,以赃污闻,死固恒典。但取受之首,罪在允中监司之责,鼎当连坐。"④文宗认为卢宏贞区别对待的意见很正确,于是下令,宇文鼎减三等治罪。

唐文宗大和四年(830年),刑部员外郎张讽、大理少卿崔圮,上奏关于议亲、议贵之事。在议亲的条陈中说:"近者,绛州刺史裴锐,所犯赃罪至深,陛下以太皇太后之亲,下尚书省集议。此乃陛下知刑赏之理重,与

---

① 《文苑英华》卷490苏元褒《贤良方正直言极谏策对》。
② 《唐会要》卷40《君上慎恤》。
③ 《旧唐书》卷190下《刘蕡传》。
④ 《唐会要》卷60《御史台·侍御史》。

众共之。伏请今后亲有任刺史、监临、主守,犯赃罪得蒙减死者,必重其过,直以赃罪为污类。定刑流、决外,其后子孙,并不得任理人官,及为监临、主守,庶得家知其耻,人革非心。"在议贵的条陈中建议:"今后刺史非在朝文武职事三品官任者,于所部犯赃抵死罪,并不得以刺史品秩议贵,征司议条,免所犯罪。如先任在朝三品,合在议条者,即准议亲条决流外,子孙并未得任理人官及监临、主守。如有法官及本官推官,不详官品,妄有引议,请科违敕罪。其功勋宾故等,有犯赃罪同者,并请准亲、贵之法。"然而文宗认为:"官必任亲贤,贵无宜轻授,罚不及嗣,经训具有明文,若坐子孙,虑伤事理。此一节且仍旧,余依。"①即只同意缩小"八议"对犯赃罪者的减刑,不同意父祖犯赃罪而牵累子孙。

唐文宗大和九年(835年)十月,大理丞周太玄奏称:"准制条云,杂物依上估绢结赃,所犯若干匹,并无估定计折字者。伏依监利物与两税物,好恶有殊,一例科决,虑忧有屈。今请盗换两税绸绫绢等物,请依元盗换匹数,结罪科断,更不估定。如盗换监利物,杂麻布、焦葛、匹段、丝棉、纸,及诸色进贡物,不是两税匹段等,请准法式,估定数依上绢结赃科断。"②

唐文宗开成三年(838年),刑部奏:"准今年二月八日赦书,官典犯罪,不在此限者。伏以律载赃名,其数有六,官典有犯,并列科则。其间有入己者,罪即悬别。今请监临、主守将官物私自贷用,并借贷人及百端欺诈等,不在赦限;如将官物还充公用,文记分明者,并请原免。"③文宗敕旨,依此办理。

唐宣宗大中六年(852年)十月,中书门下奏:"其犯赃人,平赃定估等,其外州府,比者虽准律文,取当处上估绢,定赃平估。或有不出土绢处,纵有出处,亦虑结狱之时,须为勘估,因其贵贱,便生异端。兼以州府绢价,除果、阆州外,无贵于宋、亳州。上估绢者,则外州府不计有土绢及无土绢处,并一例取宋、亳州上绢估,每匹九百文结计。若所取得者已费使,及不记得当时州土色目,即请取犯处市肆见货当处中估绢价平之。如

---

① 《唐会要》卷39《议刑轻重》。
② 《唐会要》卷40《定赃估》。
③ 《唐会要》卷39《议刑轻重》。

不出绢处,亦请以当处见货杂州中估绢价平之。庶推劾有准,断覆无疑。"①宣宗下诏,从其所请。

唐僖宗时,朝政败坏,官吏贪残,翰林学士刘允章愤而上书,直言不讳:"今天下食禄之家,凡有八入,臣请为陛下数之:节度使奏改,一入也;用钱买官,二入也;诸色功优,三入也;从武入文,四入也;虚衔入仕,五入也;改伪为真,六入也;媚道求进,七入也;无功受赏,八入也。国有九破,陛下知之乎? 终年聚兵,一破也;蛮夷炽兴,二破也;权豪奢僭,三破也;大将不朝,四破也;广造佛寺,五破也;贿赂公行,六破也;长吏残暴,七破也;赋役不等,八破也;食禄人多,输税人少,九破也。今天下苍生,凡有八苦,陛下知之乎? 官吏苛刻,一苦也;私债征夺,二苦也;赋税繁多,三苦也;所由乞敛,四苦也;替逃人差科,五苦也;冤不得理,屈不得伸,六苦也;冻无衣,饥无食,七苦也;病不得医,死不得葬,八苦也。仍有五去,势力侵夺,一去也;奸吏隐欺,二去也;破丁作兵,三去也;降之为客,四去也;避役出家,五去也。人有五去而无一归,人有八苦而无一乐,国有九破而无一成,官有八入而无一出,凡有三十余条,上古以来,未之有也。天下百姓,哀号于道路,逃窜于山泽,夫妻不相活,父子不相救。百姓有冤诉于州县,州县不理;诉于宰相,宰相不理;诉于陛下,陛下不理。何以归哉!"②刘允章的一份奏疏,自然不能改变当时已经完全腐烂的政治,因此后来当黄巢军队攻克洛阳时,刘允章就率官吏投降于黄巢。

三、反贪言论、民谣和文学作品

隋炀帝时期,朝政败坏,官吏多赃贿,司隶从事李文博,贞介鲠直,好学不倦,治政得失,了如指掌,他曾对房玄龄说:"夫清其流者必洁其源,正其末者须端其本。今治源混乱,虽日免十贪守,亦何所益。"③房玄龄的父亲房彦谦是隋代名士,他也对房玄龄说:"人皆因禄富,我独以官贫。

---

① 《唐会要》卷40《定赃估》。
② 《全唐文》卷804刘允章《直谏书》。
③ 《隋书》卷58《李文博传》。

所遗子孙,在于清白耳!"①

大业九年(613年),礼部尚书杨玄感,起兵反对隋炀帝,他在给民部尚书樊子盖的信中写道:"今上纂承宝历,宜固洪基,乃自绝于天,殄民败德。频年肆眚,盗贼于是滋多;所在修治,民力为之凋尽;荒淫酒色,子女必被其侵;耽玩鹰犬,禽兽皆离其毒。朋党相扇,货贿公行,纳邪佞之言,杜正直之口。加以转输不息,徭役无期,士卒填沟壑,骸骨蔽原野。黄海之北,则千里无烟,江淮之间,则鞠为茂草!"②其后,起兵反隋的瓦岗义军首领李密,也斥责当时卖官鬻狱,腐败成风:"设官分职,贵在铨衡,察狱问刑,无闻贩鬻。而钱神起论,铜臭为公。梁冀受黄金之蛇,孟佗荐葡萄之酒,遂使彝伦攸斁,政以贿成,君子在野,小人在位。"③

在唐代大量的反贪言论中,最著名的应当是唐太宗对臣下的告诫。唐太宗即位不久,就对侍臣说:"人有明珠,莫不贵重,若以弹雀,岂非可惜?况人之性命,甚于明珠。见金银钱帛不惧刑网,径往受纳,乃是不惜性命。明珠是身外之物,尚不可弹雀,何况性命之重,乃以博财物耶!群臣若能备尽忠直,益国利人,则官爵立至。皆不能以此道求荣,遂妄受财物,赃贿既露,其身亦殒,实为可笑。"贞观二年(628年),太宗又对侍臣说:"朕尝谓贪人不解爱财也。至如内外官五品以上,禄秩优厚,一年所得,其数自多。若受人财贿,不过数万,一朝彰露,禄秩削夺,此岂是解爱财物?规小得而大失者也。昔公仪休性嗜鱼,而不受人鱼,其鱼长存。且为主贪,必丧其国;为臣贪,必亡其身。诗云:'大风有隧,贪人败类。'固非谬言也。昔秦惠王欲伐蜀,不知其径,乃刻五石牛,置金其后。蜀人见之,以为牛能便金,蜀王使五丁拖牛入蜀。道成,秦师随而伐之,蜀国遂亡。汉大司农田延年,赃贿三千万,事觉自死。如此之流,何可胜记!朕今以蜀王为元龟,卿等亦须以延年为覆辙也。"贞观四年(630年),唐太宗对公卿说:"朕终日孜孜,非但忧怜百姓,亦欲使卿等长守富贵。天非不

---

① 《隋书》卷68《房彦谦传》。
② 《隋书》卷70《杨玄感传》。
③ 《旧唐书》卷53《李密传》。

高,地非不厚,朕常兢兢业业,以畏天地。卿等若能小心奉法,常如朕畏天地,非但百姓安守,自身常得欢乐。古人云:'贤者多财损其志,愚者多财生其过。'此言可谓深诫。若徇私贪浊,非止坏公法,损百姓,纵事未发闻,中心岂不恒恐惧?恐惧既多,亦有因而致死。大丈夫岂得苟贪财物,以害身命,使子孙每怀愧耻耶?卿等宜深思此言。"贞观十六年(642年),唐太宗对侍臣说:"古人云:'鸟栖于林,犹恐其不高,覆巢于木末;鱼藏于水,犹恐其不深,覆穴于窟下。然而为人所获者,皆由贪饵故也。'今人臣受任,居高位,食厚禄,当须履忠正,蹈公清,则无灾害,长守富贵矣。古人云:'祸福无门,惟人所召。'然陷其身者,皆为贪冒财利,与夫鱼鸟何以异哉?卿等宜思此语为鉴诫。"①

隋唐时期的民间谚语和文学作品,也有不少反对贪污的内容。

隋文帝时期,赵州刺史和子千,年近八十,暗于职任,政由群小,贿赂公行,百姓吁嗟,于是编成歌谣唱道:"老禾不早杀,余种秽良田。"

唐代讽刺和揭露贪官污吏的民谣更多。唐初,泽州都督府掌管刑狱的法曹王熊贪赃枉法,胡乱判案,而他的前任尹正义,却办案公平,于是泽州人编了一首《王法曹歌》:"前得尹佛子,后得王癫獭。判事驴咬瓜,唤人牛嚼沫。见钱满面喜,无镪从头喝。常逢饿夜叉,百姓不可活。"②唐玄宗天宝年间,又有《两京童谣》唱道:"不怕上蓝单,惟愁答辩难。无钱求案典,生死都由官。"③代宗时期,元载专权,贪污受贿,重用贪官。继元载之后担任宰相的常衮,虽然不再按贿赂的多少任命官员,但常衮刚愎自用,又不善于识别良莠,结果依然是用人不当,于是在京城出现民谣:"常无分别元好钱,贤者愚而愚者贤。"④

在唐人写下的大量诗歌中,也有不少抨击和揭露贪官污吏的作品。特别是在唐代后期,贪污受贿现象严重,反对贪污受贿的诗篇也特别多。如白居易的《重赋》诗,就揭露官吏在两税之外的横征暴敛:"厚地植桑

---

① 《贞观政要》卷6《论贪鄙》。
② 《朝野佥载》卷上。
③ 《古谣谚》卷67引《广神异录》。
④ 《杜阳杂编》卷上。

麻,所要济生民。生民理布帛,所求活一身。身外充征赋,上以奉君亲。国家定两税,本意在爱人。厥初防其淫,明敕内外臣:税外加一物,皆以枉法论。奈何岁月久,贪吏得因循,浚我以求宠,敛索无冬春。织绢未成匹,缫丝未盈斤,里胥迫我纳,不许暂逡巡。岁暮天地闭,阴风生破村,夜深烟火尽,霰雪白纷纷。幼者形不蔽,老者体无温,悲喘与寒气,并入鼻中辛。昨日输残税,因窥官库门,缯帛如山积,丝絮如云屯,号为羡余物,随月献至尊。夺我身上煖,卖尔眼前恩,进入琼林库,岁久化为尘。"①皮日休写的《正乐府十篇》,主要就是揭露唐末政治腐败,其中《橡媪叹》中写道:"狡吏不畏刑,贪官不避赃";《贪官冤》则说,当时的贪官,"大者或宰邑,小者皆尉吏。愚者若混沌,毒者如雄虺。"②

在唐人的文集中,同样有许多褒扬廉洁自律、揭发官吏贪污的记载。武则天在颁布的《臣轨》一书中写道:"君子虽富贵,不以养伤身;虽贫贱,不以利毁廉。知为吏者,奉法以利人;不知为吏者,枉法以侵人。理官莫如平,临财莫如廉。廉平之德,吏之宝也。非其路行之,虽劳不至;非其有而求之,虽强不得。知者不为非其事,廉者不求非其有。是以远害而名彰也。故君子行廉以全其真,守清以保其身。"《大唐新语》则记载有隋代和唐代前期的李袭誉、郑善果、冯立、裴炎、冯履谦、卢怀慎等人为官清廉的事迹。《杜阳杂编》在抨击宰相元载骄奢淫逸的时候指出,当时将贿赂称为"关节"。唐末宋初的人孙光宪,在其撰写的《北梦琐言》一书中,也记载有许多唐代贪官污吏的事情。其中卷六记有唐宣宗的宰相令狐绹,纵容子弟收受贿赂,又利用权势,让儿子不经举荐就考试入第,为此遭到中书舍人刘蜕的弹劾。令狐绹为了报复,派亲信伪装成书吏,前去为刘蜕工作,结果发现刘蜕也收受贿赂。经书吏告发,刘蜕遭到贬斥。作者由此感叹道,欲以法律约束他人,自己首先应该廉洁自律,怎么可能自己贪污受贿,却去揭发别人贪污。

---

① 《全唐诗》卷425。
② 《全唐诗》卷609。

第五节　反贪启示录

　　隋唐时期的反贪活动,很重视法制建设。自隋文帝颁行《开皇律》之后,隋炀帝和唐代诸帝,一直重视法典的编制工作。不仅隋炀帝在《开皇律》的基础上编成《大业律》,而且唐代也以《开皇律》为样本,编成唐代法律,并且不断加以完善。同时,唐代还大量编制各种行政法规,形成律、令、格、式的法律体系。这个法律体系,既确定了国家的刑法原则并规范各级政府的行为,同时也是认定和惩处违法乱纪、贪污受贿的依据。这个法律体系还具有相当的严肃性,即使皇帝违反法律的规定,按照个人好恶处置贪官污吏,往往也要受到臣僚的反对。事实上,在隋唐时期,几乎没有哪个皇帝公开否定法律而一意孤行,即使要法外开恩,也要像隋文帝那样,申明自己是屈法申私;或者如唐太宗,既要寻找法外施恩的理由,还要申明不得引以为例。这在一定程度上或者说至少是形式上体现了法律面前人人平等的原则,同时也限制了帝王滥用权力,明代的王夫之在《读通鉴论》中曾指出:"今之律,其大略皆隋裴政之所定也,政之泽远矣。千余年间,非无暴君酷吏,而不能逞其淫虐,法定故矣。"

　　法律法规的制定和不断补充完善,只是反贪斗争的第一步。要使这些法律法规得以贯彻实施,建立健全执法机构是必不可少的。隋唐时期,中央和地方都设有执法机构,而主要的执法权力则集中在中央的刑部、大理寺和御史台。其中御史台在反贪斗争中起到特别重要的作用。

　　反对贪污,首先是防止贪污。由于贪污是官吏利用职权去从事经济犯罪。因此,防止贪污必须从监督官吏和完善经济管理两个方面着手。隋唐时期,监督官吏的常设机构就是御史台,此外,官吏的考核、任免、任期、回避、奖惩等多项制度的建立。也从不同的方面制约着官吏,减少其滥用职权的可能性。在经济管理方面,作为正赋,无论是隋代的租调力役,或是唐代前期的租庸调,唐代后期的两税法,制度都比较严密,官吏营私舞弊的可能性较小。即使出现问题,也能很快得到解决,例如两税法实施后,由于税额是以钱计算,而民户通常是交纳实物,因此要将纳税的实物进行折价,但税法中又没有规定折价的标准,所以各级官吏乘机在折换率上做手脚,中饱私囊,将损失转嫁给纳税户,使纳税户深受其害。但问题一经发现,通过确定官方的折价率,问题基本得到解决。经济管理的主要问题出在各种苛捐杂税和临时性的征调。由于缺乏严密的制度,管理困难,官吏往往欺上瞒下,中饱私囊,隋炀帝时期是如此,唐肃宗、代宗时期也是这样。对付这个问题,通常采用两种方法,一是取消这类征税,如两税法就是将各种杂税合并到正税之中;一是将其制度化,如唐代后期开征的盐、茶税。从隋唐时期的情况来看,经济管理的规范化和制度化,对于防止官吏以权谋私、贪污腐化,起着相当重要的作用。

防止贪污是反对贪污的重要组成部分,但对于胆敢以身试法的贪污分子,显然应该予以打击。在隋唐时期,对犯有贪污罪的低级官吏,通常都能做到依法查处,但是对于高级官员和有特殊背景的皇室成员、外戚乃至宦官的贪污,能否予以惩处,在很大程度上取决于皇帝的态度。有时候,对这类人的惩处超过法律的规定,但是大多数都低于法律规定的量刑标准,甚至在皇帝的同意下,免于惩处。对贪官污吏的惩处实行双重标准,是隋唐时期贪污屡禁不止的重要原因。

权力的分配也是影响隋唐时期反贪斗争的重要因素。在隋文帝和唐代前期的大部分时间里,权力集中在中央,朝廷大臣虽有个人恩怨,但是并没有形成对立的政治集团,无论贪污如何猖獗,只要中央下定决心反对贪污,一般都能够收到实效,这在唐太宗和唐玄宗前期尤为明显。然而在隋炀帝时期,朝廷大权被宇文述、虞世基、裴蕴等人把持,而他们的权力又不受任何监督和制约,因此能够肆无忌惮地滥用职权,结党营私,贪污受贿。唐代后期,政治权力逐渐为宦官、朝臣和地方节度使瓜分,并且形成若干利益集团,朋党斗争激烈。在这种权力趋于分散的状况下,不仅各个政治集团把反对贪污作为相互攻讦的武器,而且当反贪斗争触动政治集团的既得利益时,往往举步维艰,甚至以不了了之收场。唐代后期贪污腐化长期得不到有效控制,权力的分散和朋党斗争的发展,是其主要原因。

第 五 章
五代十国时期

第一节　五代十国时期的贪污概述

一、五代十国的更替线索

五代十国时期，是指自唐末开始至北宋初年，先后或同时在中国北方出现的五个朝代和在南方并立的十个政权，其存续时间大致是公元907年至960年，前后有六十余年的历史。具体而言，唐天祐四年（907年），唐末农民起义军叛将朱温灭唐称帝，国号梁，史称后梁（907—923年），辖有中国北方大部分地区，此后相继出现后唐（923—936年）、后晋（936—946年）、后汉（946—950年）、后周（950—960年），称为五代。欧阳修云，五代"五十三年之间，易五姓十三君，而亡国被弑者八，长者不过十余岁，甚者三、四岁而亡"①。同一时期，在中国南方和山西地区，前后出现或同时并存有吴（902—937年）、前蜀（903—925年）、吴越（907—978年）、楚（907—951年）、闽（909—945年）、南汉（917—971年）、荆南（一

---

① 《欧阳文忠公文集》卷59《本论》。

名南平,924—963 年)、南唐(937—975 年)、北汉(951—979 年)等政权,称为十国。建隆元年(960 年),后周大将殿前都点检赵匡胤代后周称帝,建立宋王朝,是为太祖。宋先后平定南唐、吴越、南汉、后蜀、荆南等割据势力,至 979 年灭北汉,结束了五代十国的分裂局面。

二、五代时期的贪污状况

　　自唐末至宋初的几十年间,在我国地处黄河流域中下游的北方地区,是相继而立的五代王朝。当时,这里政权更迭频仍,战乱纷争不已,军阀混战,弱肉强食。在这兵荒马乱的年代,除后周世宗时期史治状况稍有好转外,其他时期,都是贪官污吏横行于世之际,上自皇帝、宰相,下至县丞、小吏,多成为大大小小的各类贪官。他们凭借权力,依靠武力,肆意巧取豪夺,鱼肉百姓,贪污自肥,中饱私囊。据文献记载统计,在五代近六十年的时间内,约十之八九的绝大部分官吏都是贪污腐败之徒,从而使这一历史时期成为中国历史上贪风最为盛行的腐败时期之一。换句话说,政治上黑暗腐败、军事上分裂割据、社会秩序混乱不堪的五代,正是贪官污吏大显身手的良机。

　　五代时,奢侈一直是皇帝的爱好,贪婪始终是皇帝的本性,他们自然也多成为最大的贪官。史载,在五代的十多位皇帝中,其多数为贪污腐败者。如后唐庄宗李存勖立国前为晋王时,其贪污腐化、奢侈淫糜的本性就暴露无遗。魏州(治今河北大名)为唐军集聚之地,赋税繁重,加上乱军游匪明目张胆地抢掠勒索,百姓无力缴纳,常有逋欠。李存勖以民间多逋欠,曾假惺惺地责问魏州官吏赵季良,赵季良反问他道:"殿下何时当平河南(代指后梁都城开封等河南地)?"李存勖为树其威,申斥说:"汝职在督税,职之有修,何敢预我军事!"赵季良知其底细,反而顶撞说:"殿下方谋攻取,而不爱百姓,一旦百姓离心,恐河北非殿下之有矣!"①这番话一针见血,切中要害,李存勖同样是一个不管百姓死活的贪婪之徒。进洛阳

———————
① 《十国春秋》卷 51《后蜀·赵季良传》。

后,庄宗李存勖夫妇为中饱私囊,幸临当时首富张全义家,刘后竟恬不知耻地说:"妾幼失父母,见老者辄思之,请父事全义。"①张全义诚惶诚恐,认了这位义女,献出大批财货做见面礼,"自是后与全义日遣使往来,问遗不绝",故保住了荣华富贵。这位刘皇后,简直"有钱便是爹"了,还有什么事干不出来呢!她贪婪极甚,至"庄宗自灭梁,志意骄殆……又好聚敛,分遣人为商贾,至于市肆之间,薪刍果茹,皆称中宫所卖。四方贡献,必分为二,一以上天子,一以入中宫,宫中货贿山积"②。

帝、后贪污肥私,臣僚们自然上行下效。孔谦之流的贪官们更是喜不自胜,放胆掠夺了。为了搜刮财物以求媚于帝、后,孔谦更是"曲事嬖幸,夺宰相权,专以聚敛为意,剥削万端"③。他升任租庸使之后,又变本加厉,假借为国聚敛,大肆搜刮民财,横征暴敛,酷害百姓,"凡赦文所蠲者,谦复征之。自是每有诏令,人皆不信,百姓愁怨"④。宋人曾记载,孔谦"为租庸使,峻法以剥下,厚敛以奉上,民产虽竭,军食尚亏,加之以兵革,因之以饥馑,不三四年,以致颠殒。其义无他,盖赋役重而寰区失望故也"⑤。皇帝、朝臣如此贪婪,州县官吏遂群起效尤,并且各显神通,层层加码,以致贪官越来越多。

从五代贪官的手段看,贪污腐败的形式主要有贪赃枉法、行贿受贿、克扣军饷、强取民财与违法经商获利等。当时,除孔谦外,在朝臣、大将与地方官中,著名的贪官主要还有朱友能(朱全忠之侄)、赵岩、袁象先、孔循、段凝、赵在礼、杜重威、王守恩、苏逢吉、史弘肇、王章、杨邠、董温琪、刘景岩、杨乙、白再荣、张允、刘铢等。

后梁时期,末帝即位不久,皇族惠王朱友能任宋滑二州留后、陈州刺史,"所至为不法",自恃亲贵,肆行横暴,贪污受贿,无所不用其极;"奸人多依倚之",所属官员鱼肉百姓,更是无所顾忌,以致民怨沸腾,被迫揭竿

---

① 《资治通鉴》卷273后唐庄宗同光二年十二月。
② 《新五代史》卷14《皇后刘氏传》。
③ 《北梦琐言》卷18《明宗诛诸凶》。
④ 《资治通鉴》卷273后唐庄宗同光二年二月。
⑤ 《容斋三笔》卷10《朱梁轻赋》。

而起。后梁忠武军节度使赵犨之子赵岩，起自军界，"连典禁军"，末帝朱友贞时迁为租庸使、任户部尚书，"岩自以有功于梁，又尚公主，闻唐驸马杜悰位至将相，自奉甚丰，耻其不及。乃占天下良田大宅，衰刻商旅，其门如市，租庸之物，半入其私，岩饮食必费万钱"①；或说其"天下良田美宅，可有千计"②。后梁灭亡时，许多权贵以贿赂得免其罪，且仍居显官者不乏其人。如袁象先、段凝等人，即是这类惯贪善贿的赃官。就是贪赃枉法、盗掘唐室陵寝、攫取陪葬宝物的温韬，也竟然"因请以私第为佛寺，为后荐福"免于治罪，以贿赂取得显要之位。这表明，当时不仅后梁的君臣贪婪，而且后唐的帝王、皇后与将相也具有一脉相承的贪婪本性。

其实，前述贪婪暴吏的孔谦，在后唐未建之际，就得到李存勖的赏识。李存勖灭梁为帝后，贪官暴吏皆普遍受到重用。贪浊谄佞的孔循、段凝，以财货贿赂，颇受宠用。后梁末帝的表兄袁象先素以谄佞贪婪著称，"在宋州十余年，诛敛其民，积货千万。庄宗灭梁，象先来朝洛阳，輂其资数十万，赂唐将相、伶官、宦者及刘皇后等，由是内外翕然称其为人。庄宗待之甚厚，赐姓名为李绍安"③。其恩宠之隆异，以致"旬日中外争誉之"。不久，庄宗下诏，后梁节度、防御、团练使、刺史及诸将校一概留任，后唐将校官吏先降后梁者，不论大贪还是小贪，一概不问，复其原职。于是，受贿的皇帝与这些贪赃行贿之徒，成为一丘之貉，沆瀣一气。庄宗平定梁室，这样用人，不但赏罚混乱，尤其是纠聚了各种贪暴势力，非但不能改变后梁相沿成习的弊政，反而变本加厉，贪污腐败之风由此更为盛行。有的为了满足他们的贪欲，甚至想方设法，对百姓敲骨吮髓，无所不至。如"老益贪"的"礼部尚书崔贻孙，年过八十，求进不休。囊橐之资，素有贮积。性好干人，喜得小惠。左降之后，二子争财，甘旨医药，咸不供侍"④，被人传为笑料，或认为，这是贪夫应有的下场。而"张虔钊多贪，镇沧州日，因亢旱民饥，发廪赈之。方上闻，帝甚嘉奖。他日秋成，倍斗征敛"，黩货无

---

① 《新五代史》卷 42《赵犨传附子赵岩传》。
② 《册府元龟》卷 511《邦计部·贪污》。
③ 《新五代史》卷 45《袁象先传》。
④ 《北梦琐言》卷 19《老益贪》。

厌,百姓因此怨声载道,"朝论鄙之"①。

后晋代后唐后,其贪污腐败之风可谓有过之而无不及。当时,朝廷于大灾之年,兴兵于严重春荒之际,横征暴敛,肆行搜刮,地方州县官吏更是因缘为奸,鱼肉百姓,贪污肥私。开运元年(944年)秋,石重贵在颁发的"罪己诏"中就自供说:

> 向者,频年灾沴,稼穑不登,万姓饥荒,道殣相望……仓廪不足,则辍人之粮食;帑藏不足,则率人之资财;兵士不足,则取人之丁中;战骑不足,则假人之乘马。……致使甲兵不暇休息,军旅有征战之苦,人民有飞挽之劳,疲瘵未苏,科徭尚急。②

可见,当时贪官污吏多如牛毛,贪贿勒索,其手段花样百出,可谓无所不用其极;以致百姓穷困潦倒,身心俱疲,甚至遍体鳞伤,性命难保。著名贪官杜重威更不堪言:"先是,重威于州内括借钱帛,吏民大被其苦";"至镇(州),复重敛于民,税外加赋,境内苦之";结果,其所辖"境内凋敝,十室九空";③此后,他"久镇恒州,性贪残,自恃贵戚,多不法。每以备边为名,敛吏民钱帛以充私藏,富室有珍货或名姝、骏马,皆虏取之,或诬以罪杀之,籍没其家"④。

后晋延州节度使刘景岩,贪污掠夺,占有"良田甲第僮仆甚盛"⑤;苏逢吉"尤贪财货,无所顾避,求进之士稍有物力者,即遣人微露风旨,许以美秩";更爱奢侈,腐化堕落,"好鲜衣美食,中书供膳,鄙而不食,私庖供馔,务尽甘珍";曾在私第宴请权贵,一次就"所费千余缗"⑥,实为贪污所得的民脂民膏。史弘肇是个行伍出身的无知军人,心狠手辣,自牙校以功擢至亲军主将。他兼领归德节度使,"其府属公利,委亲吏杨乙就府检校,贪戾凶暴,负势生事,吏民畏之,副戎已下,望风展敬,聚敛刻剥,无所

---

① 《北梦琐言》卷19《明宗不乐进马》。
② 《旧五代史》卷83《晋少帝纪》。
③ 《旧五代史》卷109《杜重威传》。
④ 《资治通鉴》卷284后晋齐王开运二年五月。
⑤ 《新五代史》卷47《刘景岩传》。
⑥ 《旧五代史》卷108《苏逢吉传》。

不至,月率万缗,以输弘肇"。如此贪污剥民,自然上行下效,于是,"遂使贪吏得以报复私怨,谗夫得以肆其虚诞";"巡司军吏,因缘为奸,嫁祸胁人,不可胜纪"①。"成德节度使董温琪贪暴,积货巨万"②。原任义成节度使白再荣,在任内"为政贪虐难状",时人认为他和辽将麻答一样贪暴酷虐,称他为"白麻答";移镇滑州,"箕敛诛求,民不聊生";罢任之后,搜刮所得巨万,虏至汴京。结果,不久成为后周军士的刀下鬼。③ 吏部侍郎张允,因贪赃所得,家资以万贯计。但他吝啬异常,连妻子也不许经管钥匙,总是自己挂在身上,走起来叮当作响,像环珮一样;至后周兵入汴时,被"军士掠其衣,遂以冻卒"④。

更有甚者,此时还有亘古未有的以"拔钉钱""鼠雀耗""省陌""牛皮钱""过桥税"、农具税等名目的明目张胆的贪污勒索。据欧阳修载,后晋"出帝时,以(赵)在礼为北面行营马步都虞候,以击契丹,未尝有战功。在礼在宋州,人尤苦之;已而罢去,宋人喜而相谓曰:'眼中拔钉,岂不乐哉!'既而复受诏居职,乃籍管内,口率钱一千,自号'拔钉钱'"⑤。在《旧五代史》中,有关"拔钉钱"的记载更为详细:

> 赵在礼之在宋州也,所为不法,百姓苦之。一旦下制移镇永兴,百姓欣然相贺,曰:"此人若去,可为眼中拔钉子,何快哉!"在礼闻之怒,欲报"拔钉"之谤,遽上表更求宋州一年,时朝廷姑息勋臣,诏许之。在礼于是命吏籍管内户口,不论主客,每岁一千,纳之于家,号曰"拔钉钱",莫不公行督责,有不如约,则加之鞭扑,虽租赋之不若也。是岁获钱百万。⑥

后汉王章,任都孔目官,主管理财,专委钱谷,然惟事暴敛,堪与赵在礼相匹。其传载:

> 专于权利,剥下过当……旧制:夏秋苗租,民税一斛,别输二升,

---

① 《旧五代史》卷107《史弘肇传》。
② 《资治通鉴》卷280后晋高祖天福元年十二月。
③ 《旧五代史》卷106《白再荣传》。
④ 《资治通鉴》卷289后汉隐帝乾祐三年十一月。
⑤ 《新五代史》卷46《赵在礼传》。
⑥ 《旧五代史》卷90《赵在礼传》注引《五代史补》。

谓之"雀鼠耗";乾祐中,输一斛者,别令输二斗,目之为"省耗",百姓苦之。又,官库出纳缗钱,皆以八十为陌,至是民输者如旧,官给者以七十七为陌,遂为常式。……章急于财赋,峻于刑法,民有犯盐、矾、酒麹之令,虽丝毫滴沥,尽处极刑,民不堪命。①

上梁不正下梁歪,朝臣贪污,地方官自然也不甘落后。于是,各方镇、州、县官,无不竞以贪暴苛掠为能事。青州节度使刘铢贪浊异常,横征暴敛,其手段花样迭出。"在任擅行赋敛,每秋苗一亩率钱三千,夏苗一亩钱二千,以备公用。部内畏之,胁肩重迹"②。另据当时谏官李元懿揭发,青州一道,"夏秋苗上每亩麻、农具等钱,省司元定钱十六。及刘铢到任,每亩上加四十五(文钱),每顷配柴五围、炭三秤;省余之外,严刑立使限征";"又放丝三万两配织绢五十匹,管内七县,大抵如是"。这类搜刮民脂民膏的暴敛强夺,当时并非青州一镇、刘铢一人而已,而是见怪不怪、在各地相当普遍的一种贪赃枉法现象。正如李元懿疏中所说:"臣窃闻诸道,亦有如刘铢配处。"③尤有甚者,西京留守王守恩,在洛阳"专事聚敛,丧车非输钱不得出城,下至抒厕、行乞之人,不免课率;或纵麾下,令盗人财"④。运死尸的枢车要买路钱,税涉抒厕,敛及乞丐,乃至诬人为盗,收取赃财,穷凶极恶,敲骨吸髓,无恶不作,真可谓前无古人,还有何甚于此乎?

除贪赃枉法、行贿受贿、强取民财之外,五代贪官污吏还违法经商,牟取暴利,且文臣武将,多有此嗜好。当时,青州进士司马都,以二万钱交给淄青节度使王师范部下军将,入股贩丝求利。经年之后,司马都股本货利全被军将侵吞,结果偷鸡不成,反蚀米本。

三、十国时期的贪污腐败

在唐末至宋初的南方与河东地区,十国割据势力的君臣将相、文武官

---

① 《旧五代史》卷 107《王章传》。
② 《旧五代史》卷 107《刘铢传》。
③ 《册府元龟》卷 547《谏诤·直谏》。
④ 《资治通鉴》卷 288 后汉隐帝乾祐二年七月。

吏与五代政权中的同类相比,在贪污腐败方面,许多人毫不逊色,甚或有过之而无不及。

南汉刘岩即位后,建昭阳殿,用金作屋顶,银作地面,竭尽岭南民脂民膏广建离宫别苑,终日游幸,不思政务。他"广聚南海珠玑,西通黔、蜀,得其珍玩,穷奢极侈,娱僭一方,与岭北诸藩,岁时交聘"①。前蜀王建在位十二年,"虽仓库充溢,而聚敛不已";及至病危时,精神失常,对近侍说:"我见百姓无数,列于床前,诉我曰:'重赋厚敛,以至我灾害而死,今已得诉于帝矣!'"②为此,惊悸惶恐,病日重而死。楚王马希声,本以母宠得立,但其凶恶贪婪,骇人听闻。"海商有鬻犀带者,直数百万,昼夜有光,洞照一室",他居然杀死海商,夺得犀带。③闽王昶贪婪残忍,挥霍侈靡,财用不足,于是便问吏部尚书判三司蔡守蒙:"闻有司除官皆受赂,有诸?"蔡守蒙对曰:"浮议无足信也。"王昶却公然说:"朕知之久矣,今以委卿,择贤而授,不肖及罔冒者勿拒,第令纳赂,藉而献之。""守蒙素廉,以为不可;闽主怒,守蒙惧而从之"。皇帝公然诏令臣下卖官鬻爵,如此一来,闽地任官便以纳财多少为差了。不仅如此,他"又以空名堂牒使医工陈究卖官于外,专务聚敛,无有盈厌"④。另派亲信分赴诸州,伺人阴私,敲诈勒索,甚至劫夺财物。种种暴敛,重重苛法,使境内上下嗟怨。王昶在位,还命"诸州各计日算钱,谓之身丁钱,民年十六(起征),至六十免放。后漳、泉二州折米五斗(折宋斗为七斗三升),凡江湖陂塘皆有赋"⑤。并"诏民有隐年者杖背,隐口者死,逃亡者族,果菜鸡豚,皆重征之"⑥。王曦继位以后,恣行贪暴,比王昶更甚,可谓贪得无厌,暴敛成性。史载:"曦淫侈无度,资用不给,谋于国计使南安陈匡范,匡范请日进万金;曦悦,加匡范礼部侍郎,匡范增算商贾数倍。曦宴群臣,举酒属匡范曰:'明珠美玉,求之可得;如匡范人中之宝,不可得也。'未几,商贾之算不能足

① 《旧五代史》卷135《刘䶮传》。
② 《说郛》卷64《五国故事·前蜀王氏》。
③ 《十国春秋》卷68《楚·衡阳王世家》。
④ 《资治通鉴》卷281后晋高祖天福二年六月。
⑤ 《十国春秋》卷91《闽·康宗本纪》。
⑥ 《资治通鉴》卷281后晋高祖天福二年六月。

日进,贷诸省务钱以足之。"陈匡范感到这样搪塞下去总会败露而难保身家性命,于是忧悸而死。王曦新命连江人黄绍颇为国计使,黄绍颇献计说,"令欲仕者,自非荫补,皆听输钱即授之,以资望高下及州县户口多寡定其值,自百缗至千缗"。王曦于是诏行其言。不仅如此,他还"度民为僧,民避重赋多为僧,凡度万一千人"。① 此外,他还毫无廉耻、明目张胆地索贿受贿。泉州刺史余廷英贪贿不法,"掠人女子,诈称受诏采择以备后宫。事觉,曦遣御史按之。廷英惧,诣福州自归,曦诘责,将以属吏;廷英退,献买宴钱万缗。曦悦,明日召见,谓曰:'宴已买矣,皇后贡物安在?'廷英复献钱于李后,乃遣归泉州;自是诸州皆别贡皇后物"②。

不久,余廷英居然还因此擢升为宰相。

南唐烈祖李昇是五代十国时期杰出的政治家之一,南方诸国创业之君无出其右者。然而,在他执掌吴政时,滥用汪台符之策,"括定田赋,每正苗一斛,别输三升"③。宋人陈恭说:"窃见五季暴政所兴,江东西酿酒则有麹引钱,食盐则输盐米,供军须则有鞋钱,入仓库则有蘼钱。"④由于经商可获厚利,有些帝、后或其贵戚还参与商业,牟取暴利。如前蜀后主徐太后姊姊竟于"通都大邑起邸店,以夺民利"⑤。而后蜀后主孟昶,起初还曾有些求治之志,但不久也渐渐与臣下"务为奢侈以自娱,至于溺器,皆以七宝为之"⑥。

帝、后、诸侯如此贪婪无耻,奢侈无度,将帅臣僚自然不甘示弱落伍。他们欺压百姓、贪贿勒索、强占土地、掠取财物的事例比比皆是,其罪行罄竹难书。从中国古代官吏贪污的发展历史来看,国家分裂割据之际,社会动荡不安之时,多是贪官污吏横行的良机。在这种情况下,贪赃枉法之徒自然肆意妄为,无恶不作。而五代十国,正是我国历史上这样一段社会最黑暗、政治最腐朽的时期。因此,这一时期的贪官污吏,多绞尽脑汁,挖空

① 《资治通鉴》卷282后晋高祖天福五年七月。
② 《资治通鉴》卷283后晋高祖天福七年九月。
③ 《文献通考》卷4《田赋考》。
④ 《文献通考》卷4《田赋考》。
⑤ 《新五代史》卷63《前蜀世家》。
⑥ 《新五代史》卷64《后世蜀家》。

心思,其所作所为之龌龊,其贪污丑剧之离奇,多为我国历史上前所未闻。

平心而论,当时南方的十国统治者,在唐末乱世中割据自立后,为了巩固其统治,有些君臣也能在一定时期内实行保境安民、休养生息的政策。但是,就官吏队伍的整体而言,不贪而持廉者,可谓凤毛麟角,少之又少;而绝大多数官吏,都是贪赃枉法之辈、无耻聚敛之徒。被吴人谓之南唐"五鬼"①的贪官冯延巳、冯延鲁、陈觉、魏岑、查文徽等五人,就是其中的典型。他们相互勾结,狼狈为奸,把持朝政,贪污不法,损公肥私,其贪赃之罪,乃举不胜举。又如,李彦真镇寿春,"惟务聚敛,不知纪极,列肆百业,尽收其利。古安丰塘溉田万顷,寿阳赖之。彦真托浚濠为名,决塘以涨濠,濠满塘竭,遂不复筑。民田皆涸,无以供舆赋,尽卖之而去。彦真选上腴,贱价以市之。买足,再壅塘以蓄水,岁积百亿"②。至于权臣宣徽南院使刘延朗,更是明目张胆地受贿,"诸方镇、刺史自外入者,必先赂延朗,后议贡献,赂厚者先,得内地;赂薄者晚,得边陲"③。南唐官员贪浊虐民如虎,罄竹难书。吉州刺史徐玠治郡贪猥不治,"老而益贪鄙,所至人患苦之"④。

侍中周宗贪财好货,家资巨万,仍事贩易。刘彦贞"专为贪暴,积财巨亿,以赂权要"⑤;陈守元"受贿请托,言无不从,其门如市"⑥。马令《南唐书》载:当时"州县吏胥因以为奸,百姓大扰"。这些贪赃枉法之举,无度暴敛之行,使江淮生灵涂炭,百姓如牛负重。

在当时的四川地区,前后蜀官吏,同样多为贪贿之徒。孟昶即位后,一批勋旧目无幼主,骄恣不法,为所欲为。在这些勋旧宿将中,以赵庭隐、张业、李仁罕、李肇最为嚣张。

赵庭隐因"久居大镇,积金帛巨万,穷极奢侈,不为制限,营构台榭,

①　《新五代史》卷62《南唐世家·李景》。
②　《玉壶清话》卷10《江南遗事》。
③　《资治通鉴》卷279后唐潞王清泰二年九月。
④　《十国春秋》卷21《南唐·徐玠传》。
⑤　《资治通鉴》卷292后周世宗显德三年正月。
⑥　《资治通鉴》卷279后唐潞王清泰二年十二月。

役徒日数千计"①。张业掌禁兵，任宰相，兼判度支，"新收征税多为主吏干没，业作盗税法，犯者十倍征之，民不堪命"；"业多视事私第中，宰相之门被桎梏者常满"。②《十国春秋》亦载，他们"事后主益骄蹇不法，务广第宅，夺人良田，发其坟墓，而仁罕及张业尤甚。仁罕在高祖时已恣为奢豪，前蜀主宫嫔有国色，欲娶之，惧为高祖所责，至是渐有跋扈之志，颇恃功"，且贪得无厌。③ 更有甚者，眉州刺史申贵，"贪鄙残虐，所在聚敛财货，民不胜其弊"。有一次，他还恬不知耻地指着狱门对左右说："此我家钱炉！"④简州刺史安重霸贪赃枉法，黩货无厌，"州民有油客邓生者，能弈棋，家颇饶"，安重霸想对他敲诈勒索，故意召令其入府内下棋，"终朝傍侍，每落一子，辄命退立西北牖下，俟其算路进子，竟日不过下十数子。邓生倦立，且饥甚，殆不可堪。次日复召如前"。至此，周围人乘间隙告诉他说："刺史嗜贿，本不为棋也，何不进赂求退？"结果，他"竟献金十铤乃免"⑤。后蜀宰相李昊"秉利权资货，岁入无算"⑥；王处回，"既恃定策勋，位隆使相，遂专权贪纵"⑦。据建州的王延政，暴敛尤甚，宠信户部尚书杨思恭，擢为仆射录国事，他"增田亩山泽之税，至于鱼盐蔬果，无不倍征，国人谓之'杨剥皮'"⑧。

更有甚者，同北方五代政权一样，南方各割据小朝廷也有身丁钱、牛皮钱等贪污勒索之名，并新创有"渠伊钱""捋须钱"等敲骨吸髓的盘剥之目。史载，当时吴越所征之身丁钱，为"每身钱三百六十"。至于楚之身丁钱，后梁龙德二年（922年），"始取永、道、郴诸州民丁钱绢米麦"；《宋会要辑稿·食货》并载："湖南身丁米，由马氏科民间采木，不以贫富，计丁取数。"南汉等则有贪官在其所辖之地强征的"丁赋"之算。同时，后蜀

① 《九国志》卷7《赵庭隐传》。
② 《九国志》卷7《张业传》。
③ 《十国春秋》卷51《李仁罕传》。
④ 《九国志》卷7《申贵传》。
⑤ 《十国春秋》卷46《后蜀·安重霸传》。
⑥ 《十国春秋》卷53《后蜀·李昊传》。
⑦ 《十国春秋》卷52《后蜀·王处回传》。
⑧ 《资治通鉴》卷283后晋齐王天福八年二月。

规定:"牛驴死者,革尽输官";楚地等也有额外的税外科徭、牛革之剥。更令人不可思议的是,吴国贪官还新创了"渠伊钱""捋须钱"的名目,公然贪污勒索。庐州观察使张崇以苛敛出名,好为不法,士庶苦之,百姓怨恨,人们痛恨至极,当他入朝时,大家相互庆贺说:渠伊一定不回来了。不久,张崇归而闻之,令计口征收"渠伊钱",以泄私愤。继而,张崇次年又入朝,"州人不敢交语,唯道路相目,捋须为庆而已"。张崇回州,又征"捋须钱"。故史书上说,张崇"在庐州,厚以货结权要,由是常得还镇(指庐州),为民患者二十余年"①。南汉后主刘𬬮时,花样翻新,"邕民入城者,人输一钱"②。向其辖区邕州百姓征收入城钱,真是绝无仅有。其贪婪暴敛之法,可谓千奇百怪,前所未闻。十国时期,其贪污状况由此可见一斑。

第二节　五代十国时期的反贪机制与成效

一、五代十国时期的反贪制度

五代十国乱世,国家四分五裂,各地贪官污吏,遍布朝野,横行于世,张牙舞爪,以致政治黑暗如墨,腐败不堪。虽偶然有几个君主有志求治,企图整肃贪吏,巩固政权,振兴国威,但也往往不过是昙花一现而已。不过,在反贪制度方面,其监察机构与官吏的设置、官吏任免与升降管理条例的颁行、惩贪法律与奖廉措施的制订等,当时大致还是有所涉及。只是大多法律诏令形同虚设,徒具空文。因此,从总体上看,五代十国时期的反贪机制、措施等,基本上是流于形式;许多时候是统治者得过且过,而贪官污吏则是有空就钻,且贪贿无耻;数十年中,某些特定时候所取得的仅有的一些成效,也往往只是一些零敲碎打的零星事例,与当时老百姓的期

---

① 《十国春秋》卷9《张崇传》。
② 《十国春秋》卷60《后主本纪》。

盼与要求相比,其相距太远。

五代十国时期,因各国间战乱频繁,社会动荡不安,统治者要想在其摇摇欲坠的皇位上进行有效的反贪方面的体制建设,几乎是不可能的。但在中国古代浩如烟海的史料中,当时有关制约贪污腐败的监察制度、惩罚贪赃枉法的法律与官吏奖惩的规定等还是有迹可循的。

据《五代会要》记载,名义上,五代十国监察司法机构及其法律管理制度的设置一如唐朝。许多政权的御史台、大理寺、刑部分掌监察、司法权,只是在设官分职上稍有不同。一般而言,中央朝廷都设有御史大夫和御史中丞等官,以负责监察之职。但五代各朝除了后唐天成元年(926年)六月曾命李琪担任御史大夫以外,其他多只是在御史台设有御史中丞。这样,当时的御史中丞实际上是主要负责监察的御史台长官。其中,后梁虽未设此职,但新设有御史司宪一职。据《旧五代史》记载,薛廷珪、肖顷和崔沂在后梁都曾担任此官。史书上说,崔沂为"御史司宪,纠缪绳违,不避豪右"[1]。这表明,当时御史司宪的职守,相当于御史大夫或御史中丞等监察官吏。另外,因五代时依靠将众兵多而建立政权,为了对悍将乱兵贪贿扰民有所节制,故当时设有军巡院和侍卫司作为重要的监察、司法机关。据载:后梁于开平三年十月,置左右军巡使。王溥解释说:"时以迁都之始,凡吾河南尹侍卫诸军,虽合差人巡警,京都往往滥发,分曹异职,多扰于民。乃置左军巡管水北,右军巡管水南,各置巡院,罢诸军巡检人员,仍令判六军诸卫张宗奭都管辖。"[2]可见,军巡院这一机构是前所未有的。它隶属于六军诸卫司,主要职守是专门检察京都及其周围地区的军旅过失。后来,唐、晋、汉、周四代均承此制而不改。后唐天成二年(928年)三月有诏敕曰:"访闻京城坊市军营,有故犯条流……仰府县、军巡严加纠察,如得所犯人,准条科断。"[3]当时,后唐、后汉等各朝所设的军巡院,除检察京城军旅之职外,还负责检察京城地方政府百官的过恶,并且权力很大,有的甚至能掌握其所属官吏的生杀大权。如天成初,"河阳

---

① 《旧五代史》卷68《崔沂传》。
② 《五代会要》卷24《诸使杂录》。
③ 《五代会要》卷9《禁屠钓》。

帑吏窃财事发,诏军巡院鞫之。时军巡使尹训怙势纳赂,枉直相反"①。另外,五代之军巡院还有权检察和处理诸道官吏罪案。如天成三年(929年)十一月,"安州节度副使范延荣并男皆斩于军巡狱",就是因军巡院高学珪的奏劾所致。四年九月,唐明宗"诏诸道通勘两浙纲运进奉使,并下巡狱"。②后汉时,史弘肇为亲军都指挥使,"都辖禁军,警卫都邑,专行刑杀,略无顾避",且有时"不问罪之轻重,理之所在,但云有犯,便处极刑","军司孔目吏解晖,性狡而酷,凡有推劾,随意锻炼"③。这表明,亲军侍卫司同军巡院一样,兼有检察、司法权,并且,往往越俎代庖、滥施刑杀,权力很大。明宗时,军巡狱狱吏尹训断狱纳贿,御史台奏请逮捕他,安重诲却把他庇护起来,不交给御史台。按理说,检察百官过恶,应是御史台的职责,安重诲却以枢密使身份纠弹不法。从这些可知,当时的军巡院也包含有监察、弹劾贪赃枉法行为的职责,同时表明,枢密使也具有这方面的权限。而且,五代的监察司法制度还与唐宋有较大的差别,带有浓厚的军事管制色彩。不过,从五代监察制度对贪污腐败的遏制与打击的成效来看,有关史料的记载却很少见。至宋代以后,军巡院已由五代的监察机构改为文官机关。

在法制建设方面,因当时不少县令、尉不谙治理,难以贪赃枉法为能,加之考核制度隳坏,以致贪官污吏迅速增加。于是,梁太祖即刊定有《大梁新定格式律令》,这标志着后梁王朝在唐代法制的基础上完成了法律的修订工作,从而为惩处贪污、恢复和稳定封建秩序提供了一些有利的条件。至后晋时,鉴于县令犯赃者不能及时发现,遂对有关惩贪法律进行了一些修订。天福五年(940年),重申准唐大中二年(860年)敕令,县令犯赃,州府不举者连坐。以此加强对县令的监督和管束。史载,南唐初年,标榜法治,"多用法律经义取士"④。可见当时在法制建设方面是有些作为的。五代十国时期,更具有代表性的是后周的法制。周世宗柴荣改革

---

①　《旧五代史》卷92《吕琦传》。
②　《旧五代史》卷40《明宗本纪》。
③　《新五代史》卷56《吕琦传》。
④　陆游:《南唐书》卷5《徐楷传》。

的重要措施之一就是诏令改编刑律，以惩罚犯罪，防止滥法。他多次下诏
要求各地执法者必须依法行事，违法必纠，惩恶扬善，革除贪弊；同时做到
"狱讼无冤，刑戮不滥"。当时，后周在继承唐代法典的基础上，删繁改律
为21卷，命名为《大周刑统》，颁行全国；日后并且成为宋代法制《宋刑
统》的主要蓝本，其中包含有大量的惩贪除恶的法律条文。《大周刑统》
的制订与颁行，体现了周世宗的有关惩罚贪赃的法治思想。而且，在实际
执法的过程中，他常亲阅案卷，断罪量刑，严格掌握赏罚杀生之权，从而较
正常地发挥了刑律防止贪赃、惩罚犯罪与维护社会秩序以及巩固统治的
作用。

在中国古代，政治家们有以刑止乱之说，主张乱世要用重典。五代十
国是乱世，一些皇帝主张用重典止乱，所以对贪赃行为作出了一些严刑规
定。后唐长兴四年（933年）六月十四日，明宗诏令"准敕枉法赃十五匹
绞，准格加至二十匹"；很明显，这里有关枉法赃的绞刑规定较前为重。
为何要从重呢？因"自丧乱以来，廉耻者少，举律行令，诫人远财"。但在
实行重典之后，"国家常切好生，上下颇能知禁，犯既渐寡，法亦宜轻。起
今后犯枉法赃者，宜准格文处分"。即恢复至二十匹处以绞刑。后唐清
泰二年（935年），准御史台、刑部、大理寺同奏，仍改定枉法赃十五匹即准
律处以绞刑；不枉法赃准三十匹，加徒流；受所监临赃五十匹，流二
千里。①

在整顿吏治方面，后周柴荣在对官吏的考课管理方面也有所作为。
他不仅以法律作为整肃吏治的手段，而且不断地完善考核与选任官吏的
制度，把法治与行政措施紧密地结合在一起，使之更有利于发挥国家的组
织和管理职能。当时规定：地方官每三年考核一次，考核的主要内容就是
任职时期的主要课绩功过，并以此确定其去留升降。同时规定，州府不得
差遣代理官员替补通过考核的正式官吏。这种严格的考核规定，在一定
程度上起到了督促官吏勤于政事和保持公正廉洁的作用，有利于限制腐
败之风的蔓延。在选任官吏方面，柴荣从亲自主持考试、改革考试科目、

---

① 《五代会要》卷9《定赃》。

重用治世之才等几方面着手,以网罗、选任俊才,结果,许多"翘翘之楚,皎皎之驹",多被选用,从而,"大裨于国政,有益于时机",为防贪惩贪、治国安邦起到了重要的积极作用。

同时,后晋与前蜀等,也颁布了一些有关奖惩官吏的条文。天福八年(943年),晋对县令在任能招携户口或持廉者就规定可加阶、减选,把政绩与升迁联系起来。王建在即位时的赦文中,就制定了对州、县官员的奖惩原则。规定"若清廉可奖,课绩有闻,或就转官资,或超加任用,并举劝惩之名,以彰悔过之名"①。

二、五代十国时期的反贪成效

从总体上讲,五代十国是中国历史上政治最黑暗、贪风最盛行的时期,其反贪成效可谓微不足道,更谈不上有什么积极的建树。然而,平心而论,当时的一些君臣在某些特定的时候或领域,还是有一些作为的。如后周太祖郭威、世宗柴荣、后梁太祖朱温、后唐明宗李亶、大臣郭崇韬、楚主周行逢等人,即属此类。尽管他们也有这样那样的毛病或缺陷,但有时在惩贪倡廉等方面,也有一些值得称道之处。如后梁太祖朱温,在他治政之初,其所实施的诛宦官、肃吏治、重经济之举等,在历史上还是值得一提的。至于后周太祖郭威、世宗柴荣,其整肃吏治、反贪倡廉之功,更是有口皆碑,堪为这一时期的典型代表。

五代十国乱世,军将抢掠,官吏贪赃,皆习以为常,以致处处疮痍遍野,民不聊生。如何才能使自己的国家摆脱灾乱、称雄于世呢?恐怕那一时期的有志君主都曾思索过这个问题。然而,真正找到答案并拿出有力措施的只有郭威、柴荣等少数几个人。

郭威自幼家境贫寒,对百姓底层的生活有一定的了解与体验。因此,在他即位后,针对宫廷生活豪奢、官吏贪赃枉法的现象采取了一系列的整改措施。他以身作则,躬行节俭,并对文武百官说:朕起于寒微,备尝艰

---

① 《十国春秋》卷36《前蜀高祖纪》。

苦,遭受战乱。一旦成为帝王,怎能对自己厚加奉养,而使百姓愈为贫困呢?于是颁诏规定:宫廷所需悉从减损,禁止各地上贡奇珍异物。他还从宫中运出大批珠宝玉器,尽皆碎之于庭。与此同时,他着手进行惩治贪浊,澄清吏治的改革。唐州"方城县令陈守愚弃市,坐克留民户蚕盐一千五百斤入己也"①。"供奉官武怀赞弃市,坐盗马价入己也";不久,"左补阙王伸停任,坐检田于亳州,虚凭纽配故也"②,被郭威查知后,当即处斩。原莱州刺史叶仁鲁贪浊暴虐,滥杀无辜,为民所诉,也被郭威赐死;就连郭威的亲信二王,即王峻、王殷,当郭威知道他们有贪污腐化的行为后,也忍痛将他们二人革职并流放了。更有甚者,太祖显德元年(954年)"十月,甲辰,左羽林大将军孟汉卿坐纳蒿税,场官扰民,多取耗余,赐死。有司奏汉卿罪不至死;上曰:'朕知之,欲以惩众耳。'"③可见周太祖惩治贪浊,十分严厉,有乱世用重典之风。两浙吊祭使、左谏议大夫李知损奉命往江浙,"所经藩郡,皆强贷于侯伯,为青州知州张凝所奏",贬窜登州。④宋州节度使常思移镇青州,将"在宋州日放得丝四万一千四百两请征入官",太祖一面"诏宋州给还入户契券,其丝不征",同时诏令常思自此不得被重用。⑤《旧五代史》郭威本纪载,他为政"期月而弊政皆除",可见其治贪效果是明显的。

世宗即位,承太祖之制,严治贪赃渎职,屡载史书。显德四年(957年),亲军将领、战功卓著的韩令坤之父,即原任许州行军司马韩伦,就因贪赃追夺"在身官爵,配流沙门岛"⑥。其原因就是韩伦在年老解职后住韩令坤所领陈州节度使任所时,"在州干预郡政,掊敛之暴,公私患之",结果,为项州民武都等告发而被惩。不久,在重修永福殿期间,内供奉官孙延希克扣工食,虐待民工。世宗途经现场时,"见役夫有就瓦中啜饭,

①　《旧五代史》卷112《太祖本纪》。
②　《旧五代史》卷113《太祖本纪》。
③　《资治通鉴》卷292后周太祖显德元年十月。
④　《旧五代史》卷112《太祖本纪》。
⑤　《旧五代史》卷113《太祖本纪》。
⑥　《旧五代史》卷117《世宗本纪》。

以柿为匕者,大怒,斩延希而罢延勋"、张皓、卢继昇等三人官职。① 后来,楚州防御使张顺,因隐落榷税钱五十万、官丝绵二千两,随即被赐死。② 故史书上评价世宗说,其"禀性伤于太察,用刑失于太峻"③,因而有量刑失当之弊。如刑部员外郎陈渥,"为人清苦,临事有守",坐检齐州临邑县民田失实赐死,"以微累而当极刑,时论惜之";而起居郎陶文举本酷吏,征残租于宋州,"宋民被其刑者凡数千,冤号之声,闻于道路,有悼耄之辈,不胜其刑而死者数人,物议以为不允"④,然而,却被世宗所默许,以致逍遥法外。史家薛居正在其本纪中说,世宗"留心政事,朝夕不倦,摘伏辩奸,多得其理",但"逮至末年,渐用宽典",是基本符合史实的。

五代十国期间,除后周太祖、世宗以外,还有一些君臣在惩贪奖廉方面,也偶有一些值得称道之举。后梁太祖开平二年(908年)五月,李存勖继嗣晋王后,"命州县举贤才,黜贪残,宽租赋,抚孤穷,伸冤滥,禁奸盗,境内大治"⑤。后唐明宗时,还专门发布了《禁侵射入官店宅庄园敕》,规定"诸色人等,不度勋庸高下,不量事分浅深,相尚贪饕,竞谋侵射,惟利是视"者,不得继续作恶,须行止绝。而"诸色人稍立微功,朝廷必加懋赏",以惩恶劝善。⑥ 故明宗一即位,便令革除同光弊政,惩贪除恶,罢逐伶官,诛戮阉宦,剪除佞幸。其首行之事,就是立斩贪官孔谦,并籍没其家财,废除其苛敛之法。随后,一大批贪官污吏被依法惩处。邓州留后陶税外科配,勒索贪占,为乡县令成归仁所劾,被贬为岚州司马。亳州刺史李邺,以贪赃贿赂罪被赐自尽。汴州仓吏枉法犯赃案,内有史彦珣是旧将之子,又是明宗婿石敬瑭的亲戚,宿将王建立请求减刑,明宗说:"王法无私,岂可徇亲!"由是皆就戮,依法立斩了所有罪犯。⑦ 供奉官丁延徽"巧事权贵,人多拥护,监仓犯赃",侍卫使张从宾向明宗求情,明宗怒曰:"食

---

① 《旧五代史》卷117《世宗本纪》。
② 《旧五代史》卷119《世宗本纪》。
③ 《旧五代史》卷119《世宗本纪》。
④ 《旧五代史》卷115《世宗本纪》。
⑤ 《资治通鉴》卷266后梁太祖开平二年四月。
⑥ 《全唐文》卷110《后唐明宗·禁侵射入官店宅庄园敕》。
⑦ 《北梦琐言》卷18《明宗恶贪吏》。

我厚禄,偷我仓储,期于决死! 苏秦说吾不得,非但卿言!"随即,明宗毅然诏令处斩。① 不久,又斩盗掘唐陵的温韬和贪贿之徒段凝,以及在开封为恶最多的汴州麹务辛廷蔚等,以平民忿。对于伶官,诛其尤甚,放逐其大部。明宗惩治贪浊,整顿宫禁,颇为人称道。欧阳修就曾指出:"予闻长老为予言:'明宗虽出夷狄,而为人纯质,宽仁爱人。'于五代之君,有足称也。……吏有犯赃,辄置之死,曰:'此民之蠹也!'以诏书褒廉吏孙岳等,以风示天下。其爱人恤物,盖亦有意于治矣。"②史载,尽管后唐明宗所进行的整肃吏治的改革是极其有限的,但在惩贪上也收到了一定的效果。在位八九年间,疮痍粗复,兵戈罕用,民心稍安,"故天成、长兴间,比岁丰登,中原无事,言于五代,粗为小康"③。虽然称其"小康"有粉饰的意味,但较贪官污吏横行之时显然不可同日而语,或许当时已呈现出能够安居乐业的治世环境。

后晋开运时,棣州刺史慕容彦超"坐前任濮州擅出省仓麦及私卖官麹,准法处死",由于刘知远的营救,改为削夺官爵、房州安置。但毕竟受到了处罚。④ 楚王周行逢,史书上称他"为治严整,不徇私党,躬履俭约,以率群下,辟署官吏,必取廉介之士,条教简约,民甚便之"⑤。后蜀孟昶在位期间,由于张业等贪贿无耻,"务以酷法厚敛蜀人,蜀人大怨",于是,孟昶严厉地惩治了张业、李仁罕、赵庭隐等许多贪赃枉法的宿将重臣⑥,从而使后蜀统治集团中的贪浊风气有所收敛。

五代十国时,一些曾安贫乐道的权臣也对贪官污吏给予过不同程度的打击。在权臣将相中,郭崇韬、安重诲等表现得较为典型。郭崇韬忠直廉洁,在五代十国中较为少见。在当时上有贪鄙帝后、下有贪官如毛的情况下,尽管他最终与昏君暴臣同流合污,不能善终,但他毕竟曾有过许多惩戒贪官、保护廉士的举动。"崇韬素廉,自从入洛,始受四方赂遗,故人

① 《北梦琐言》卷19《戮丁延徽》。
② 《新五代史》卷6《明宗本纪》。
③ 《旧五代史》卷44《明宗本纪》注引《五代史阙文》。
④ 《旧五代史》卷84《后晋少帝纪》。
⑤ 《九国志》卷11《周行逢传》。
⑥ 《新五代史》卷64《后蜀世家》。

子弟或以为言,崇韬曰:'吾位兼将相,禄赐巨万,岂少此邪?今藩镇诸侯,多梁旧将,皆主上斩袪射钩之人也。今一切拒之,岂无反侧?且藏于私家,何异公帑?'明年,天子有事南郊,乃悉献其所藏,以佐赏给。……河南县令罗贯,为人强直,颇为崇韬所知。贯正身奉法,不受权豪请托,宦官、伶人有所求请,书积几案,一不以报,皆以示崇韬。崇韬数以为言,宦官、伶人由此切齿。河南自故唐时张全义为尹,县令多出其门,全义厮养畜之。及贯为之,奉全义不屈,县民恃全义为不法者,皆按诛之。"①武将安重诲,虽不学无术,专横跋扈,但他毕竟对后唐忠心无二、拒贿廉洁,非贪婪佞媚之辈。他曾在排斥异己的过程中,处罚了一大批贪官,就连愚悍贪婪的刘皇后携带珍宝逃到洛阳,想至太原出家为尼,也被捕获处死。虽其惩贪动机不纯,但其惩贪效果还是明显的。

尽管五代十国时期在反贪方面取得了一些成效,但从总体而言,与老百姓所期待的则有十分遥远的距离。正如肖希甫所奏言:"自兵乱相乘,王纲大坏,侵欺凌夺,有力者胜。凡略人之妻女,占人之田宅,奸赃之吏,刑狱之冤者,何可胜纪。而瓯函一出,投诉必多,至于功臣贵戚,有不得绳之以法者。"②其实,何止"有不得绳之以法者",从五代乱世来看,当时没有绳之以法的贪官实在是太多了。

第三节　五代十国时期的反贪文化

与中国历史上其他时期的反贪文化相比较,处于战乱不息的五代十国,其反贪文化要较反贪成效显著的唐宋等统一王朝治世时期逊色得多,且其表现既不明显,又缺乏相应的特色。稍值得一提的是:当时老百姓对贪官入木三分的嘲讽与极个别君臣对贪污危害的深刻反省,折射出了在

---

① 《新五代史》卷24《郭崇韬传》。
② 《新五代史》卷28《肖希甫传》。

中国古代传统的专制社会中,只要哪里有贪污腐败的现象存在,哪里就会有以不同形式出现的反贪文化与之顽强抗争。

如前所述,五代百姓有把贪官比作"眼中钉"的,对于拔除"眼中钉"感到由衷的高兴。然而,未曾预料到的是,结果"眼中钉"不仅没有被拔去,相反,留下的"眼中钉"还强征"拔钉钱",害人更惨。至于"国人谓之'杨剥皮'"的杨思恭,实为同一类货色。正因为如此,千百年来,在我国反贪史上,"眼中钉""杨剥皮"等即成为无耻贪官的代名词。更有讽刺意味的是,明目张胆的贪官、前蜀眉州刺史申贵,他曾得意地指着狱门对左右说:"此我家钱炉!"正是由于他把本应该惩罚贪赃枉法者的地方作为他生财的"钱炉",因此,史载他"贪鄙残虐,所在聚敛财货,民不胜其弊"①。从此,他贪婪的嘴脸一直被钉在历史的耻辱柱上。

这一时期,反贪文化的另一个方面,是广大百姓对其遭受贪官污吏的横征暴敛、刻剥勒索进行了大量的揭露与深刻的控诉。史载,当时百姓不堪诛求,贪官不仅要强征"拔钉钱""渠伊钱""捋须钱",到了南唐末年,甚至连鹅下双黄蛋、杨柳结絮,都要征税,以致丰歉、生死两难:"农家岁凶则死于流殍,岁丰则死于谷贱。"因此,冯道与唐明宗谈论政事时,言及民间疾苦,诵唐末平民进士聂夷中诗云:"二月卖新丝,五月粜新谷。医得眼下疮,剜却心头肉。"故史家评曰:此"语虽鄙俚,曲尽田家之情状"②。诗中既反映了当时农民的痛苦,也折射出贪官对百姓的祸害。唐末五代诗人、曾入梁得到朱全忠赏识的杜荀鹤《山中寡妇》与《乱后逢村叟》篇也云:

夫因兵死守蓬茅,麻苎衣衫鬓发焦。桑柘废来犹纳税,田园荒后尚征苗。时挑野菜和根煮,旋斫生柴带叶烧。任是柴山更深处,也应无计避征徭。

经乱衰翁居破村,村中何事不伤魂。因供寨木无桑柘,为点乡丁绝子孙。还似平宁征赋税,未尝州县略安存。至今鸡犬皆星散,日落

① 《九国志》卷7《申贵传》。
② 《资治通鉴》卷276后唐明宗天成四年九月。

前山独倚门。①

杜荀鹤的诗,真切、直率、勇敢地描述了民生疾苦以及他对人民的同情,故时人赞美他的诗为"壮言大语",能使"贪官廉,邪臣正",其讽时刺世,可谓入木三分。

有人认为,前蜀在短短的七十天中即被后唐所灭,"固然由于王衍淫奢无度和重臣、宦官的贪浊无能,而州县官吏贪暴虐民成风,更为前蜀速亡的重要原因"②。对此,时人咏诗讽刺说:

剑牙钉舌血毛腥,窥算劳心岂暂停？不与大朝除患难？惟于当路食生灵。从教户口资馋口,未委三丁税几丁？今日帝皇亲出狩,白云岩下好藏形。③

岩下年年自寝讹,生灵餐尽意如何？爪牙众后民随减,溪壑深来骨已多。天子纪纲犹被弄,客人穷独固难过。长途莫怪无人迹,尽被山王税杀他。④

或许,百姓的痛苦和时人的针砭,对一些统治者有所触动。故后蜀皇帝孟昶颁诏州县云:

朕念赤子,旰食宵衣；言之令长,抚养惠绥。政存三异,道在七丝。驱鸡为理,留犊为规；宽猛得所,风俗可移。无令侵削,无使疮痍。下民易虐,上天难欺。赋舆是切,军国是资。朕之赏罚,固不逾时。尔俸尔禄,民膏民脂,为民父母,莫不仁慈。勉尔为戒,体朕深意。⑤

在当时的条件下,这个诏书对止掠戒贪究竟能起多大作用,当然难说,但它至少反映了某些统治者对贪污勒索严重危害性的一些认识,而且也未必全为一纸空文。北宋太宗采其中"尔俸尔禄,民膏民脂,下民易虐,上天难欺"等八句,亲书颁赐州县,立于衙署南壁,称《戒石铭》。由此

① 《全唐诗》卷692《杜荀鹤》。
② 参见陶懋炳:《五代史略》,人民出版社1985年版,第159页。
③ 《太平广记》卷241《王承休》。
④ 《太平广记》卷241《王承休》。
⑤ 《容斋续笔》卷1《戒石铭》。

可见,孟昶诏书在当时多少起过一些作用,对后世影响甚大。宋人洪迈评价说,"昶区区爱民之心,在五季诸僭伪之君,为可称也"①,其论还算中肯。

另外,当时一些正直的知识分子怀着匡救时弊的抱负,在创造反贪文化的活动中,也做出了自己的贡献。他们一方面刻苦学习,进行自我修养,积极探寻社会、伦理问题,"以清苦名节"②自励;另一方面大造社会舆论,指斥贪污,并聚徒讲学,宣扬自己的学说。

第四节　五代十国时期的反贪启示

从五代十国的贪污与反贪污的历史来看,它给我们所提供的启示主要是:首先,要想治国安邦,必须严惩贪污腐败,否则,将失去民心,或乱邦亡国;其次,贪官污吏肆无忌惮的贪污行为,不仅祸国殃民,而且害己及家;再次,治国须以治贪为要务,对于贪赃枉法之举,必须严格依法治贪;又次,在以法治贪之际,还应辅以提倡廉耻之道以提高官吏的道德素质;最后,无论治乱之际,高薪虽然不能养廉,但给予官吏必要的俸禄以保证其基本生活,或许也是防止或减少贪污的一个重要措施。

后梁末,在晋王李存勖的辖区,"凡军府政事一委监军使张承业。承业劝课农桑,蓄积金谷,收市兵马,征租行法不宽贵戚,由是军城肃清,馈饷不乏"。尤为值得称道的是,张承业虽是宦官,但不爱钱财,能廉洁奉公,励精图治。晋王有时要国库钱赌博或赏赐伶人,承业拒不支付。存勖无奈,便打歪主意,"乃置酒钱库"作为他的私用,"令其子继岌为承业舞",赚取钱财。不料张承业竟分文不给,只用自己的宝带、良马、财物馈赠。存勖指着国库说:"和哥(继岌小名)乏钱,七哥宜以钱一积与之,带、

---

① 《容斋续笔》卷1《戒石铭》。
② 《十国春秋》卷97《闽·杨廷式传》。

马未为厚也。"承业回答说："郎君缠头皆出承业俸禄,此钱,大王所以养战士也,承业不敢以公物为私礼!"存勖不悦,借酒耍疯,口出恶言。承业说："仆老敕使耳!非为子孙计,惜此库钱,所以佐王成霸业也,不然王自取用之,何问仆为!不过财尽民散,一无所成耳。"存勖老羞成怒,向李绍荣索剑,欲行凶。承业起,挽王衣,哭诉说："仆受先王顾托之命,誓为国家诛汴贼,若以惜库物死于王手,仆下见先王无愧矣!今日就王请死!"[①]存勖母曹太夫人闻之,令人速召存勖,才使承业免除一死。然而,李存勖代梁立唐后,为了满足自己奢侈的生活需求,想方设法搜刮民财,任用孔谦为租庸使苛征暴敛,如狼似虎,以致百姓痛苦万分,甚至对国家大赦令中已经减免掉的租赋,孔谦仍旧催征不缓。这样,当朝廷再有类似的恩赦令颁布之时,老百姓根本不相信。李如此倒行逆施,忠廉奸贪不分,结果造成民心大失,自然导致走向衰亡。《旧五代史·食货志》将庄宗李存勖的迅速败亡归咎于贪官如虎、赋役苛重而丧失民心是颇有见地的。

五代乱世,官吏贪财,自然引起将帅劫财,兵匪杀人越货,结果,贪官将帅多自食其果,为财而亡。后唐末帝清泰年间,镇州节度使董温琪"在任贪暴,积镪巨万",腹心部将秘琼仰羡不已,"及温琪陷蕃,琼乃害温琪之家",悉夺其资财,"以藏其家"。石敬瑭入汴,令秘琼为齐州防御使赴任。秘琼力弱,不敢拒命,"寻囊其奇货,由邺中以赴任"。天雄军节度使范延光素恨他傲慢,又贪其财货,"闻琼过其境,密使精骑杀琼于夏津,以灭其口,一行金宝、侍妓,皆为延光所有"[②]。范延光据邺叛乱,兵败乞降,被俘至汴京。不久,请回河阳故邸养老,获准后,"延光携妻子,辇奇货从焉"[③];西京留守,河阳节度使杨光远曾讨平范延光叛乱,"利其奇货,且虑为子孙之仇",请求诛杀范延光。石敬瑭以曾颁给他免死铁券,还疑未决,杨光远于是先斩后奏,将他推入洛水溺死,尽夺其财货等物。杨光远较范延光更贪婪,"及赴任,仆从妓妾至千余骑,满盈僭侈,为方岳

---

① 《资治通鉴》卷 270 后梁均王贞明三年十月。
② 《旧五代史》卷 94《秘琼传》。
③ 《旧五代史》卷 97《范延光传》。

之最。下车之后,惟以刻剥为事"①。旋杨光远据青州叛乱,李守贞平叛入城,杀杨光远,遂得"光远财宝、名姬、善马"等物,置于帐下。② 随后,他又吞没犒军赏赐,所贪之财胜过了范延光。经过四次互相劫杀,财货五易其主,而且后来者财富都居前者之上。最后,李守贞据河中叛乱,兵败"城陷,举家蹈火而死",所贪财物不知下落。历时不及十年,因贪财五家尽死,这不能不使那些贪财劫富的武人胆战心惊,惶惶不可终日。

至于惩治贪污、依法治贪与倡导廉洁道德的必要性以及如何养廉等问题,本书中多有议论,此处不再赘述。值得一提的是,后世史家对五代十国的速亡尤其是贪污的危害多有精到的总结。司马光就曾指出:贪贿不仁、言行不信、违法不刑,是导致五代迅速亡国的主因。他认为:"仁以合众,信以行令,刑以惩奸;失此三者,何以守国?"③欧阳修也认为:"自古乱亡之国,必先坏其法制而后乱从之,此势之然也,五代之际是已。"对此,他还进一步指出:"五代,乱世也,其事无法而不合于理者多矣,皆不足道也。"④对于官吏道德问题,他认为:"礼义廉耻,国之四维;四维不张,国乃灭亡。……礼义,治人之大法;廉耻,立人之大节。盖不廉,则无所不取;不耻,则无所不为。人而如此,则祸乱败亡,亦无所不至,况为大臣而无所不取不为,则天下其有不乱,国家其有不亡者乎!"⑤可见,在他对五代的衰亡的认识中,认为讲求廉耻、持廉戒贪,于君臣官吏,都是十分重要的。

最后,在对五代十国历史兴衰的总结中,倡导史书应有资于治的作者司马光认为,由于朝廷机构重叠,官吏冗众,加上战乱,以致财赋不足以供应,因而,北汉小朝廷"宰相月俸止百缗,节度使止三十缗,自余薄有资给

① 《旧五代史》卷97《杨光远传》。
② 《旧五代史》卷109《李守贞传》。
③ 《资治通鉴》卷287后汉高祖天福十二年十一月。
④ 《新五代史》卷10《汉本纪》。
⑤ 《新五代史》卷54《杂传序》。

而已,故其国中少廉吏"①。这表明,在防贪肃贪的过程中,高薪虽然未必能够养廉,我国历史上也没有高薪养廉的先例,但保证给予官吏适当的薪俸收入,以能满足其基本的生活开支需要,或许也是国家整肃吏治,以维持官僚机构正常运转和官吏廉洁的必要手段之一。

---

① 《资治通鉴》卷290后周太祖广顺元年正月。

人民文库 第二辑

中国反贪史：
先秦—民国

（中　卷）

王春瑜｜主编

人民出版社

目 录

────── 中 卷 ──────

第一章 宋辽西夏金 …………………………………………………… 1

第一节 两宋时期的贪污腐败 ………………………………… 1

第二节 廉政与反贪机制 ……………………………………… 47

第三节 反贪实践与成效 ……………………………………… 89

第四节 反贪文化 ……………………………………………… 111

第五节 反贪启示录 …………………………………………… 130

第二章 元朝 ………………………………………………………… 144

第一节 大蒙古国时期的反贪污措施 ……………………… 144

第二节 元朝前期的贪污与反贪污斗争 …………………… 155

第三节 元朝中期的反贪斗争 ……………………………… 167

第四节 元朝后期的社会腐败 ……………………………… 177

第五节 反贪文化 …………………………………………… 191

第六节 元代的反贪启示 …………………………………… 201

第三章 明朝 ………………………………………………………… 212

第一节 明初反贪活动及反贪机制的建立 ………………… 212

第二节 明中后期反贪斗争的新形势 ……………………… 244

第三节　农民起义军的反贪倡廉 ………………………………… 305

第四节　贪污与反贪污在文学领域的反映 ……………………… 310

第五节　明代反贪斗争的启示 …………………………………… 331

第四章　清朝 ……………………………………………………… 333

第一节　清朝反贪概述 …………………………………………… 333

第二节　清朝反贪机制 …………………………………………… 346

第三节　清朝反贪文化 …………………………………………… 515

第四节　清朝反贪的启示 ………………………………………… 519

附录一　清朝贪污罪律例 ………………………………………… 521

附录二　清朝贿赂罪律例 ………………………………………… 523

附录三　关于律例的说明 ………………………………………… 530

第 一 章

宋辽西夏金

第一节　两宋时期的贪污腐败

一、王朝更替线索

按照历史学界相沿成习的传统,两宋时期是指当时中国境内宋、辽、西夏、金等多个政权先后或同时并存的一个历史阶段。其起止时间大致是指赵匡胤建国到元灭南宋共计三百二十年的历史。

显德七年(960年)正月元旦,后周禁军统帅赵匡胤发动"陈桥兵变",夺取了后周的政权,定国号为"宋",史称"北宋"。至靖康二年(1127年),女真贵族利用北宋王朝陷入内外交困的危机,再次率兵南下进入汴京,掠走包括徽、钦二帝在内的众多俘虏和财物,北宋王朝遭到覆灭。宋朝的旧臣拥立率兵在外的钦宗九弟赵构在同年五月即皇帝位于南京应天府(今河南商丘),后定都临安(今浙江杭州),史称"南宋"。祥兴二年(1279年),北方蒙古铁骑南侵,崖山之战一举攻灭南宋。至此,中国历史上长达三百余年的宋王朝两阶段宣告结束。

与此同时,与宋王朝并存的还有中国境内各兄弟民族建立的许多政权。其中,主要有居住在北方辽河上游的契丹人耶律阿保机于神册元年(916年)建立的契丹,时或改名辽国,历时达209年之久,至保大五年(1125年)为金人所灭。在西北地区,有党项人元昊于天授礼法延祚元年(1038年)建立的西夏政权,历时近一百九十年,至宝义二年(1227年)被成吉思汗所率蒙古军攻占其全部辖地而亡。当时,在西北、西南各地,我国疆域范围内还存在着高昌、大理、吐蕃等一些小王国。在辽朝即将灭亡之际,女真贵族首领完颜阿骨打于收国元年(1115年)建立金国,随之承辽统治着中国广大北方地区,历时近一百二十年,且辖区不断扩展。当中原地区宋金长期对峙、纷争不已的时候,散居中国北方草原的蒙古民族逐渐崛起于漠北高原。蒙古政权建立后,成吉思汗和他的继承者,在以后半个世纪左右的时间内,依次灭亡了西辽、高昌、西夏、金、大理、吐蕃等少数民族的政权,最后灭掉南宋,统一了全国。

二、贪污滋生的社会土壤

两宋时期,是中国数千年君主专制史上一个一脉相承的断代王朝。在这个王朝中,它与其他专制王朝一样,其以封建的土地私有制为基础而确立的经济制度和以君主专制为基本特征的政治体制,是贪污滋生的社会土壤,是造成无数贪官污吏和各种腐败现象出现的社会温床,是导致贪污腐败成风的祸害之源。具体而言,贪污现象的产生,尤其是贪污成风,是与封建土地私有制、君主专制、特权世袭、任人唯亲以及利欲横流等紧密联系在一起的。可以认为,贪污腐败正是传统的专制政治的一个遗传基因和专制社会的一大特色。

(一)封建土地私有制

在中国古代封建社会中,土地所有制的基本形式——土地私有制,可谓当时君主专制社会赖以生存的经济基础的基础。正是从这个意义上说,封建土地私有制度是当时贪污滋生的重要经济根源。

所谓封建土地私有制,就是封建地主阶级对土地的占有制度。其具体表现形式为：在封建地主阶级的统治下，少数地主占有大量的肥田沃土，而广大农民则只有很少的土地或者没有土地。"富者田连仟佰，贫者亡立锥之地"①；"富者有弥望之田，贫者无卓锥之地，有力者无田可种，有田者无力可耕"②，可谓当时土地占有状况的真实写照。而且，土地自由买卖及其所造成的土地兼并现象，更加剧了土地的集中，以致农民更加困苦不堪，故唐宋人指出："富者兼地数万亩，贫者无容足之居"③；"富者日以兼并，贫者日以困弱"④。而封建地主阶级的专制统治，正是依靠地主占有大量的土地建立起来的。这是因为，以土地为基础的农业是封建社会的主要生产部门，封建地主所占有的生产资料也主要是土地，而一定的土地占有方式，必然会形成一定的剥削方式以及整个的社会阶级关系。因此，作为一种特定历史阶段的封建制度，乃是由特定的土地制度决定的。或者说，土地私有制，是封建社会君主专制或地主阶级的统治赖以确立的经济基础。而在以地主占有大量土地为经济基础的社会条件下，其所形成的社会统治关系，必然是少数地主对广大农民的统治与专制；同时，以封建土地私有制为基础的地主制经济，为地主阶级为所欲为，包括加强剥削、贪污、受贿、买官卖官等，提供了一切可能与现实的条件。正是从土地所有制与社会制度的直接联系而言，土地私有制是地主阶级统治时期贪污腐败滋生的社会土壤或其主要根基。

（二）君主专制

在中国古代历史上，君主专制之所以成为当时社会贪污滋生的社会土壤，主要是由于君主专制社会的基本性质与主要特征所决定的。

两宋时期，当时社会同其他封建王朝一样，仍然是君主专制的"家天下"。在我国长达数千年的"家天下"社会里，其国家有如君主之家，以致从来都是"君国不分"和"君国难分"。"溥天之下，莫非王土；率土之滨，

---

① 《汉书》卷 24 上《食货志》。
② 《续资治通鉴长编》卷 27 雍熙三年七月丙午。
③ 陆贽：《陆宣公奏议全集》卷 4《均节赋税恤百姓》。
④ 《宋会要辑稿》《食货》6 之 36。

莫非王臣"①的记载,可谓中国历史上君主专制的最典型的概括。《资治通鉴》中也指出:"东都臣子率谓天子为国家";"国家谓天子也。自东汉以来皆然"。"汉有天下,号曰皇帝,自称朕"。君主(国王,或天子,或皇帝,或"朕",或"寡人"等)不仅是全国土地的所有者,是一切衣食之源的拥有者,而且是天下所有臣民的"家长",是凌驾于一切权力之上的最高统治者。"天子作民父母,以为天下王"②。君主是百姓万民的"父母"观念,其所体现的"朕即国家""君国不分"的社会性质特征,可以说是再典型不过了。

在君主专制社会,君主的权威、权力不仅表现在"君国不分"的传统观念中,而且更多地表现在实际的政治生活中。具体而言,君主是一个国家的最高主宰,他对国家的政治、经济、军事、文化等拥有至高无上的绝对权威;在传统习惯上,他通常集行政、立法、司法、监察等大权于一身,或者说,君主即是国家一切权力的化身,是国家一切法律意志的代表,是家庭"父权"的扩张与绝对化。

在君主专制社会里,君主的权力主要表现在:其一,君主享有其所辖范围内至高无上的一切权力,君权高于一切,君主凌驾于一切臣民之上,君主在法理、观念上拥有全国所有的土地和臣民,并可随意占有、处置其中的任何土地和臣民。因此,自古以来,"君要臣死,臣不得不死;父要子亡,子不得不亡"的观念同"溥天之下,莫非王土;率土之滨,莫非王臣"一样,长期盛行不衰。这种观念,既表现出君权的至高无上与绝对化,又反映出"朕即国家"的自私本质与专制统治的残酷。

其二,君主在实行专制统治的过程中,享有无所不包的各种权力,拥有近代政府之行政、立法、司法、监察及军事等最后的决定权力,或者说,君权可以主宰一切;君主的话就是法律;君主的言行,就是国家法律意志的体现。故君主可以按照自己个人的好恶与情绪,随心所欲地处理或决定有关国家的大事,正如史书所载:"天下之事无大小皆决于上。"③

---

① 《诗经·小雅·北山》。
② 《尚书·洪范》。
③ 《史记》卷6《秦始皇本纪》。

其三,君主还享有君位世袭的特权。君位世袭是以血缘为纽带维系君主专制的"万世一系"的政治制度,是君主实行专制制度的一个重要环节。在我国数千年的世袭制度下,其君位继承主要是遵循"父死子继""立嫡以长"的原则,以此确保君主皇位世袭的特权。在中国古代君主专制社会中,与君主世袭特权相联系的还有皇亲国戚、朝臣高官等福荫子孙的制度。两汉时期征辟、察举制与魏晋六朝时期的九品中正制等的弊端姑且不论,仅从宋代恩荫制度而言,不仅恩荫的名目繁多,而且恩荫范围广泛,外戚、宗室之家,或重臣之后,其恩荫子孙者,"多至一二十人,少不下五七人,不限才愚,尽居禄位,未离襁褓,已列簪绅"①,以至出现荫补入仕者时常多于通过科举入仕者的不正常现象。从君主到皇亲国戚以及一般的官吏臣僚,其世袭的特权自然助长了贪污风气的形成。

此外,君主还享有各种名号的尊称与受群臣朝贺的特权。据《汉书》注蔡邕《独断》篇云:"汉天子正号曰'皇帝'。自称曰'朕',臣民称之曰'陛下',其言曰'制诏',史官记事曰'上',车马衣服器械百物曰'乘舆',所在曰'行在所',所进曰'御',其命令一曰'策书',二曰'制书',三曰'诏书',四曰'戒书'。"②在《汉书·叔孙通传》中,还记载了君主受百官朝贺之隆盛威严、被人顶礼膜拜的状况,从另一个侧面反映出君主具有至高无上、主宰一切的权威。

从上述君主专制的本质及其所表现的主要特征看,君主专制体制是滋生贪污腐败的最直接的政治根源与社会肌体。正如王曾瑜先生所说:"中国传统政治的最大特色便是专制和腐败,专制必然滋生腐败,而腐败又必然依赖专制。这亦可谓是一对难舍难分、形影不离的传统政治遗传基因。"③

（三）任人唯亲

任人唯亲,既是中国古代数千年君主专制政治体制下的用人原则与

① 《续资治通鉴长编》卷132庆历元年五月壬戌。
② 《汉书》卷1《高帝纪》。
③ 王曾瑜:《城狐社鼠——宋高宗时的宦官与医官王继先》,载漆侠、胡昭曦主编《宋史研究论文集》,河北大学出版社1996年版,第16页。

基本特色，又是造成当时贪污成风、官吏腐败的重要原因之一。

如上所述，在中国古代君主专制的传统政治体制下，父死子继、皇位世袭的特权，可以说是在用人体制上实行任人唯亲的最主要的表现。至于宗室外戚与朝臣高官恩荫子孙的制度，可以说是对皇权世袭制的一个重要发展，从而使得任人唯亲的范围成几何级数地扩张，以至有限的监察机构及其职能形同虚设。在这样的社会体制运转过程中，其腐败风气与贪污行为的产生，自然"如鱼得水"，好似"水到渠成"。

在中国古代，任人唯亲出现的历史渊源，是自夏代以来出现并相沿成习的、以血缘关系为基础的世袭制度。随着世袭制的产生，世卿世禄、亲贵合一、任人唯亲的历时数千年的专制政治也就如影随形，且不断地发展、变化，甚至花样翻新。在中国封建社会，世袭制的变种即表现为任人唯亲的任子制和恩荫制。换句话说，在君主专制的社会条件下，世袭制的发展变化必然导致任人唯亲现象的广泛存在及其官僚体制的血缘关系网络化。具体而言，任人唯亲主要包含两方面的含义：其一，是选官任官唯血亲相近者是用；其二，是为官者凭借自己的感情、好恶以及对自己亲近（指一些特殊的非血亲关系）的程度选任官吏，以培植亲我势力，扩大自己的势力范围，巩固、强化自己的实力地位。正是由于任人唯亲所包含的基本内容，决定了中国古代各个王朝的官僚统治系统都是一个以血缘关系为基础的盘根错节的关系网。在这种关系复杂、利益均沾、一损俱损、一荣俱荣的网络中，官员们为了自己的切身利益，自然是官官相护，以捞取最大的私利为根本目的。事实上，宋代官员正是有了这种关系网的保护，肆无忌惮地贪污，明目张胆地受贿，以至官吏腐败之风日益盛行。当然，从根本上讲，这是当时的专制政体不可能具备真正制约腐败的机制的必然结果。

（四）利欲横流

在古代中国，贪污成风不仅在政治上与专制政体联系密切，而且在思想上与利欲横流息息相关。如果说，专制和腐败是一对双生子，专制政体必然产生腐败，而腐败也必然依赖专制政体，如果说专制为腐败的滋生提供了一切可靠条件的话,那么,利欲横行的时代则自然会借助这种条件使贪污腐败之风的现实变成一种肆虐的"强风暴",以至贪污腐败之风肆虐,贪官污吏大肆搜刮民脂民膏。可以认为,宋代之所以贪污腐败成风,正是社会上利欲横流推波助澜所造成的必然结果。在宋代,表明利欲横流的主要史实是:各个时期大量的官员贪赃枉法、贿赂公行。宋人王柏就曾一针见血地指出:"国家数十载以来,士大夫戕贼于利欲之途,良心熏染于贪浊之习,滔滔流荡,无所底止。其间能自拔于颓波之中者,盖不可以多数矣。"①真可谓"贪夫循利,廉耻道丧。宣以广田宅厚妻子为计,溪壑无厌,漫不忌惮,甚者掩公帑之积,私仓庾之赢,贼民剥下,浚其膏血"②。这些言论表明,当时的利欲之徒,贪无止境,无所不为,无恶不作。朱熹也曾指出:"当是之时,天下之人唯利是求,而不复知有仁义。"③今人"便是为利,如取解后又要得官,得官后又要改官,自少至老,自顶至踵,无非有利"④;"世之为士者,不知学之有本",一生所为,只是"钓声名、干利禄而已"⑤。朱熹的这些言论,可以说较典型地概括出了宋代甚至是整个中国古代专制社会中"官利一体化"的思想与时代特征。

事实上,宋代许多官员多半是些"身被命服,不顾廉耻","见利而已,不复知有他"的贪财黩货之徒⑥,他们一味崇尚"有钱可使鬼,无钱鬼挪揄"⑦的货币拜物教。就连宋初颇负盛名的大将曹彬也公然叫道:"好官亦不过多得钱尔。"⑧可见,"有官便有钱"⑨,当官无非是为了捞钱的想法和做法在宋代官员中是较为普遍的。中国古人为何形成了"官利一体化"的思想呢?这是因为,中国古代无数当官即发财的现实已明确无误地告诉了人们这一点。因此,长期以来,人们始终把"做官"与"发财"紧

---

① 王柏:《鲁斋集》卷7《上王右司书伯大》。
② 洪适:《盘州文集》卷12《戒戢赃吏诏》。
③ 朱熹:《孟子集注》卷1《梁惠王章句(上)》。
④ 《朱子年谱》卷2下。
⑤ 朱熹:《晦庵先生朱文公文集》(以下简称《朱文公文集》)卷80《福州州学经史阁记》。
⑥ 《宋文鉴》卷61。
⑦ 《陈与义集》卷3《书怀示友》。
⑧ 《续资治通鉴长编》卷17开宝九年二月庚戌。
⑨ 洪迈:《夷坚支志》丁集卷8《陈尧咨梦》。

密地联系在一起。为什么"做官"就能"发财"?无数事实证明,官员发财的手段就是凭借头上的官职与手中的权力贪污、受贿。简而言之,就是搞权钱交易,以权力谋取各种私利。王亚南在《中国官僚政治研究》一书中曾指出:中国仕宦的做官发财思想是中国特殊的官僚封建社会的产物。做官被看成发财的手段,做大官发大财,做小官发小财,不做官难发财。做官之所以能发财,从直接原因而言,是专制官僚统治缺乏实际监督的必然结果。而专制官僚统治一定要造出官、商、高利贷者与地主的"四位一体"的场面,又一定要造出集权的或官营的经济形态,更又一定要造出贪赃枉法的风气,而这三者又最可能是息息相关,相互影响的,它们连同作用起来,很快就使社会经济导向孟轲所预言到的"上下交征利,而国危矣"的衰亡局面。①

另外,两宋时期在思想、学术界始终存在的"天理人欲"之争和"义利之辩",可以说是当时社会上人们追逐财利、见利忘义,以致利欲横流的一个缩影。宋时,由于商品货币经济的迅速发展,人们的观念自然也随之发生相应的变化,传统的义利观与古老的伦理观必然受到现实的唯利是图、金钱至上观念的挑战,以致人们追求物利、财利、名利的欲望也随之膨胀起来。因此,许多人希望迅速发财、一夜暴富的心理通过形形色色为富不仁、贪赃枉法的行为表现出来。同时,少数有识之士也因此而痛心疾首,提倡"学者要寡欲"②,"公天下之利"③;或存义去利,存理灭欲;"以仁义为先,而不以功利为急"④;只有严辨义利,才能守住"天理之公",真正明晓"其效有兴亡之异"⑤的社会功能,因此,力主事无大小,皆要分清义利,凡事"取义",使之成为生活日用的规范准则。朱熹并且认为,绝对唯利是图的从私欲者属于少数人,大多数人乃义利兼含,对前者格除勿论,对大多数人则要加强教化,使之"将义利两字分个界限",自觉意识到人

① 王亚南:《中国官僚政治研究》,中国社会科学出版社1981年版,第122页。
② 张载:《经学理窟·学大原(上)》。
③ 张载:《横渠易说·上经》。
④ 《朱文公文集》卷75《送张仲隆序》。
⑤ 《朱子语类》卷41《论语二十三》。

心之"危",从而"心下令其分明,善理明之,恶念去之"①。只有这样,才能在复杂的社会生活中,使"天理人欲、义利、公私,分别得明白"②,从而"取义一边"③,以达到逐渐改变社会上见利忘义、唯利是图、利欲横流的状况。

三、贪污成风的直接原因

在中国古代各个王朝中,贪污腐败滋生的社会土壤是基本相似的,那么,为什么每一王朝中各个时期的政治清浊或贪廉状况又存在一定的差别呢? 从具体的比较分析可知,这是与当时的人治状况、立法、执法与监察制度等密切相关的。两宋时期,腐败政治的出现,除上述贪污滋生的社会土壤外,赃吏日多、贪污之风日盛的最主要的直接原因就是:专制统治者的姑息、放纵;有法不依、执法不严;恩赦制度的滥用以及胥吏制度的缺陷等。

(一) 姑息赃吏、放纵贪污

宋初太祖、太宗因出身于官宦破落之家,对于五代时期官吏的贪赃害民,多有了解或切肤之痛,因而当他们操掌权柄之后,对惩治赃吏较为重视,贪官污吏被杀者也时有所闻。

但是,专制统治者从其一姓之私利出发,他们最害怕的自然是自己的皇位被人夺走,至于贪污受贿,总以为是疥癣之疾,没有必要去对其大动干戈,花费精力。开宝五年十二月,宋太祖对宰相赵普说:"五代方镇残虐,民受其祸,朕今选儒臣干事者百余,分治大藩,纵皆贪浊,亦未及武臣一人也。"④这一语可谓道破了天机:武臣拥兵割据,才是对赵宋政权的最大威胁;文臣无兵,"纵皆贪浊",也不会危及自己的政权存亡。正是在这

---

① 《孟子或问》卷13。
② 《朱子语类》卷41《论语二十三》。
③ 《孟子集注》卷12《告子章句(下)》。
④ 《续资治通鉴长编》卷13开宝五年十二月乙卯。

种思想的指导下,宋代皇帝在政治上对武臣防范极严,对其企图割据之举多严惩不贷;相反,如果事涉文臣贪赃,太祖、太宗等人虽对疏远者时有严惩,但对亲近者则多姑息迁就,甚至枉法纵容。史家司马光就曾记载道:

> 太祖时,赵韩王普为相,车驾因出,忽幸其第。时两浙钱俶,方遣使致书及海物十瓶于韩王,置在左庑下。会车驾至,仓卒出迎,不及屏也。上顾见,问何物,韩王以实对。上曰:"此海物必佳。"即命启之,皆满贮瓜子金也。韩王皇恐……上笑曰:"但取之,无虑。彼谓国家事皆由汝书生耳。"因命韩王谢而受之。韩王东京宅,皆用此金所修也。①

据相关史书记载,宋太祖虽是考虑到其他的政治目的,尤其是赵普乃一介书生,他越是贪婪,越表明他在政治上更加"可靠",而不会有与朝廷分庭抗礼之心,因而允许赵普"取之"。但这毕竟是徇私枉法之举,它势必为后来的统治者所仿效,以致为后来贪污之风的盛行推波助澜。这是因为,从逻辑的因果关系上讲,无论大小官吏,他们的贪赃枉法是相互依存、互为条件、彼此影响的。皇帝对近臣的庇护,使大官无所顾忌,小吏必然仿而效之。上行下效,最终的结果只能是整个社会国家机器的腐败与贪官污吏的横行。正如南宋大臣杨万里在目睹了官场的腐败后所指出:

> 驭吏之难,莫难于禁赃吏……大吏不正而责小吏,法略于上而详于下,天下之不服固也。②

平心而论,太祖、太宗、神宗、孝宗等朝惩治贪污赃吏还是较为严厉而积极的,至于宋代其他各朝,由于种种原因,自然更加姑息赃吏、放纵贪污了。

真宗朝时,对于贪官污吏,一改前朝犯赃除名配诸州的规定,不仅可以放还,而且允许"叙理",分等进用。有时,真宗觉得这样做还不足以表现出对赃吏的迁就与宽容,大中祥符七年(1014年)三月,又下诏规定自今诸州官吏有罪,只要在败露前投牒自首,便可一切不问。③ 正是由于有

---

① 《涑水记闻》卷3。
② 《诚斋集》卷88《驭吏上》。
③ 《续资治通鉴长编》卷82大中祥符七年三月己亥。

朝廷的姑息纵容,因此,许多贪官污吏便更加有恃无恐。不久,真宗也承认:"数有人言官吏犯赃者多,盖朝廷缓于惩戒。"①仁宗时期,因数度对赃吏持宽宥之策,屡行宽典,故大小官吏,各尽其能,竞相贪污肥私。景祐四年(1037 年),侍御史知杂事庞籍上疏论吏治的弊端时就特别指出:"近年贪吏益众,盖由宽法所致。"②

在神宗、孝宗等朝以及"庆历新政"时期,由于神宗君臣企图革新变法、孝宗希望"励精图治"、范仲淹力主整顿吏治,因此,他们曾分别采取过一些惩贪措施以促进吏治的好转,但随着改革的失败,贪赃枉法现象多又恢复原状,有些贪官甚至变本加厉。北宋末年,吏治大坏,贪风日盛,"六贼"当道,大小官吏枉法贪污,可谓登峰造极。此后,南宋君臣偏安江南,苟且偷安,骄奢淫逸,过着醉生梦死的生活,对赃吏的姑息与对贪污的放纵更有甚于北宋。绍兴七年(1137 年)九月,浙东永嘉令李处谦坐赃当绞,高宗则诏令"特贷死,籍其赀,自是以为例"③。既然可以赃物、资财折抵其罪而无处死之患,从此,各地赃吏有恃无恐,想方设法贪赃,明目张胆受贿。有鉴于此,即位后希望励精图治的孝宗,曾针对日趋严重的贪污腐败行为,恢复了对"赃罪至死者"的刺配之法,取得了一些整顿吏治的效果,但无奈贪污之风久盛,积重难返。至南宋后期,贪赃枉法行为自然是愈演愈烈了。

总之,两宋朝廷对贪污赃吏虽屡颁禁令,严申敕法,但因在实际执行中多采取姑息、放纵之举,不仅对皇亲近臣加以回护。就是对中下级官吏,也越来越迁就、宽容,"虽有重律,仅同空文,贪猥之徒,殊无畏惮"④,从而成为宋代大多数时期赃吏禁而不治以致贪污成风的重要的直接原因。

(二) 有法不依、执法不严

有法不依,执法不严,也是造成宋代贪污之风盛行的重要的直接原因

① 《续资治通鉴长编》卷 85 大中祥符八年闰六月癸巳。
② 《历代名臣奏议》卷 187。
③ 李心传:《建炎以来系年要录》卷 114 绍兴十二年三月庚午。
④ 包拯:《包孝肃公奏议》卷 3《乞不用赃吏》。

之一。它与宋朝廷姑息赃吏、放纵贪污，可以说是一个问题的两个方面；或者说，姑息赃吏，放纵贪污，就是有法不依、执法不严的主要表现。除此之外，有法不依、执法不严，还表现在官吏之间相互勾结，彼此包庇；违法不纠，有罪不惩；或重罪轻罚，大事化小，小事化了；或曲法全礼，罪同而罚异，因官大小有别，按宗法亲疏有差，诸如此类，不一而足。

宋初，为除五代贪官恣横的积弊，在防范官吏违法贪污上采取了一系列较为严密的措施，但有些官吏并不因此而自守、自律，或洁身自好，而是在贪欲的驱使下，无视法规诏令而以身试法。对于各种贪污犯赃行为，宋廷又详定惩贪之法与治赃之罪，用律令刑罚进行制裁。但宋代惩治贪官赃吏的法律并不是始终如一，且在实际执行中发生了由严而宽、由重而轻的明显变化，并出现了许多违法不纠、有法不依、执法不严的状况，从而给宋代防治官吏贪污与惩贪治赃带来了严重的恶果，导致了大多数时期许多地方贪污之风的泛滥。

在宋代，官官相护，上行下效，以致有法不依、违法不纠、执法不严之事屡见不鲜。如真宗、仁宗时被称为"五鬼"的王钦若、丁谓、林特、陈彭年、刘承规与徽宗时被称为"六贼"的蔡京、王黼、童贯、梁师成、李彦、朱勔以及杨戬、高俅等人，他们相互勾结，罔上欺下，骄奢淫逸，贪污受贿，无恶不作，权倾一时。在相当长的时间内，他们都未受到法律的应有制裁。相反，一些对他们的违法贪污受贿的罪行进行检举、揭发的人，却受到了不应有的非法打击与迫害。又如，执法不严之事在宋代史书中也屡见记载。当时，宋王朝从官僚士大夫的整体尊严和荣辱观念出发，受"刑不上大夫"的传统思想影响，自仁宗朝始，逐渐改变了宋初严惩贪墨之罪的法律规定。其初，命官坐赃当死而可以钱财抵命。至天圣八年（1030 年），当监翰林司阁门副使郭承祐免真刺编管之后，命官犯罪更无黥杖之刑。同一时期，重罪轻罚、罪同而罚异者也不在少数。如宋太宗淳化二年（991 年），监察御史、知晋州祖吉和王维受赃枉法，赃额巨大，祖吉依法处死；而王维因系参知政事王沔母弟，只杖于私室，仍领定远主簿之职[1]。

---

[1] 《续资治通鉴长编》卷 32 淳化二年三月己巳。

绍兴二十七年(1157年),南宋知处州邹栩犯赃罪依法应处极刑,然邹栩因系哲宗朝名臣邹浩子孙,结果,却被枉法特免真决而编管。[1] 又如,南宋中期,著名思想家朱熹在任提举两浙东路常平茶盐公事时,曾六次"昧死奏闻"台州知府唐仲友"不公不法"之事种种,揭露他"差官非法估没人户财产""私收盐税""私卖公使库酒""妄行支用公库钱物""贪污淫虐""接受财物贿赂,不可胜计"等违法犯罪行为,然而,只因唐仲友与当朝宰相王淮为姻亲,结果,仅被暂时降职了事,而且不久又被易地升官[2]。

从上述事实可见,有法不依,违法不纠,或执法不严,是导致宋代贪风日盛的重要诱因。正如富弼所说:"祖宗朝,吏犯赃至死者未尝贷,是国有定法,而犯者绝少。近年臣僚受赇至死,幸蒙宽恕,是恩无极刑而犯者愈多,是法不足以禁贪墨也。"[3]庞籍也认为:"先帝深疾赃污,如法严戒,一经黜削,不复齿用。近年贪吏益众,盖由宽法所致。向来以赃废弃者,既获甄叙,又降敕不许按察之官召人告首,自此贪心益固,自谓得时。"[4]事实上,自北宋中期以后,由于对"不肖官吏之非法横取,盖已不甚深求",以致各级大小官吏,多损公肥私,贪财害民,甚至出现了"廉吏什一,赃吏什九"的危亡局面。

(三) 滥用恩赦

中国古代自秦汉以来,逐渐形成了恩赦的定制或传统习惯。其内容主要包括:国家每有庆典如登位、亲政、改元、建储、皇上婚典、立后、生太子、郊祀,或遇皇帝驾崩与重大灾异变乱时,朝廷常依例颁诏赐赦。宋代恩赦的种类主要有大赦、曲赦和德音。"大赦者,不以罪大小,皆原。其或某处有灾,或车驾行幸,则曰赦某郡以下,谓之曲赦,复有递减其罪,谓之德音者,比曲赦则恩及天下,比大赦则罪不尽除。"[5]此外,在皇上"录

---

① 《宋会要辑稿》《刑法》6 之 33。
② 《朱文公文集》卷 18、卷 19《按知台州唐仲友状》(1—6)。
③ 《太平宝训政事纪年》。
④ 《历代名臣奏议》卷 187。
⑤ 《玉海》卷 67《诏令·赦宥》。

囚"或遣使"虑囚"时,亦多有赦免。尤其值得一提的是,宋代一改汉唐时多年不定期的郊祀恩为三年一次的定制,从而使恩赦的种类和次数都大大超过了前代。"宋自祖宗以来,三岁遇郊则赦,此常制也。世谓三岁一赦,于古无有。"①据史载:"徽宗在位二十五年,而大赦二十六,曲赦十四,德音三十七。而南渡之后,绍熙岁至四赦,盖刑政紊而恩益滥矣。"②可见,自北宋至南宋,恩赦次数逐年增多。不仅如此,孝宗隆兴元年(1163年)四月下诏,还令把每年盛暑的"虑囚"范围由京师及其近郊扩大到全国各地,诸路州郡委提刑,偏远县地委守臣执行,且规定"自是岁著为例"③。宁宗开禧二年(1206年),又"令监司每岁十月下旬,躬诣巡历疏决,一遵盛夏五月下旬虑囚之法"④,即把一年一度的夏天"虑囚"之法在冬天又增加一次。这样,若再加上其他各种恩赦在内,有时违法犯罪者一年竟有数次减轻刑罚乃至免除诸罪的机会。

专制社会的恩赦之制,对于含冤披罪入狱的无辜百姓或愿意改过自新的偶犯者来说,虽不无积极作用,但对怙恶不悛的罪大恶极者和深知官场情伪、惯于逃脱法网的赃吏惯犯来说,既有利恶损善的消极作用,又有助纣为虐之乱法大患。宋初,虽有多次诏令"十恶、故劫杀及官吏受赃者不原"⑤,"官吏犯赃,勿以赦原"⑥的规定,但在实际中,随着时间的推移,宋代恩赦之制逐年愈滥,以至命官犯罪、赃吏贪污,只要不被处死,经过几次宽赦宥刑,便有卷土重来、变本加厉的可能。事实上,宋代有时对于犯赃罪的胥吏贪官惩罚判罪虽较重,但只要赦令一下,死罪即可减免,重罪得以轻判,决刺者也能放归,从而依然逍遥法外,甚至成为配吏,或重新异地为官。结果,造成法制废弛,纲纪败坏。正如宋人所指出:"败官之罚,不加严也。多赎数赦,不问有罪,而典刑之禁,不能行也。"⑦以至许多"猾

① 《宋史》卷201《刑法志》。
② 《宋史》卷201《刑法志》。
③ 《宋会要辑稿》《刑法》5之39。
④ 《宋会要辑稿》《刑法》5之46。
⑤ 《宋史》卷2《太祖本纪》。
⑥ 《九朝编年备要》卷7。
⑦ 《苏老泉集》卷9《上韩枢密书》。

吏贪纵,大为奸利,悍民暴横,侵侮善良,百千之中,败无一二。幸而发露,率皆亡匿。不过周岁,必遇赦降;则晏然自出,复为平人。往往指望,谓之热赦。使愿悫之民,愤邑惴恐;凶狡之群,志满气扬"①。

宋代许多司法实践表明,由于当时吏治腐败,虽然朝廷屡下赦令,但对于普通百姓而言,能不被无辜受冤已算万幸,至于因触犯刑律而获得赦宥的机会却几乎没有,他们往往尚未待到恩赦颁降,已死于非命,或备受酷刑,或倾家荡产。频繁的恩赦,只能给奸猾之徒尤其是那些关系网中的赃吏,以逃脱法网的可乘之机。

(四) 监司失察、背公自营

宋时,为强化中央集权,提高官僚统治机构的效能,防范官吏徇私舞弊,从中央到地方建立了较为完备的监察机构,制定了相对明确的督察责任,从而形成了较为完整的监察体系。叶适认为:"监司者,以法治下,以义举事者也";"奉行法度者,州郡也;治其不奉行法度者,监司也。故监司者,操制州郡者也。"②由此可见,监司是否依法行政,是关系到政治清明、吏治清廉与否的重要制约因素。

宋初,其监察机构多能发挥正常的作用。有宋一代,也不乏清廉正直的监察官员。如北宋中期以来,家喻户晓的清官包拯,在执法过程中所表现出的刚正不阿、公正无私,可谓有口皆碑,实为当时廉正官吏的典范。但在专制政治日益腐败、贪赃之风愈刮愈盛的宋代官场中,如果仅依靠屈指可数的几个正直自律、奉公执法的监察官员,是无力扭转其局势的。事实上也正是如此,至真宗、仁宗朝后,不仅大小官吏"托公徇私,诛求百姓"③,作为刺举官的监司,也"背公自营,倚令搔众"④了。监司既然自己枉法贪赃,对贪官污吏更是"坐视漫不省察"⑤。因此,吏治之腐败,贪官

_____

① 《温国文正司马公文集》卷5《论赦及疏决状》。
② 《水心文集》卷3《监司》。
③ 《宋会要辑稿》《刑法》2之92。
④ 《宋会要辑稿》《刑法》2之83。
⑤ 《宋会要辑稿》《刑法》2之82。

污吏之所为，也就可想而知了。

至南宋，朝廷虽屡申监司严赃吏之法，又以监司劾去赃吏多少为赏罚标准，但贪赃之风已成为一种具有巨大惯性的恶势力，不仅难以禁止，而且"权臣之末，货赂公行"①，惟"以惨刻聚敛为务"②，以至贪风更盛。按照宋人的分析与解释，造成监司不察甚至"背公自营"的主要原因：一是官吏贪赃枉法，即使被"监司、台谏按发，不过放罢。前之行遣既不究实，后之辨雪遂得有辞"③，因而导至监司缺乏对枉法行为纠察的积极性，不愿意检举贪官污吏，更不愿意因揭发贪污行为而引火烧身。二是朝廷设置羁绊，束缚监司手脚，以致监司难以依法履行职责。朝廷虽屡诏监司严禁赃吏，但"防监司之不暇，而监司何足以防州郡哉"④。"今也上之操制监司，又甚于监司之操制州郡，紧紧恐其擅权而自用，或非时不得巡历，或巡历不得过三日，所从之吏卒，所批之券食，所受之礼馈，皆有明禁。……且不责其大而姑禁其细。……故监司弛惰，人反以为宽大，上亦以为知体；监司之举职，人反以为侵权，上亦以为生事"⑤，以致监司执法艰难，法律因此徒具为文。三是"不以法治、不以义举之权付之，而使监司之所操者，在州郡之下矣"⑥。如"今转运司则以划刷州县之财赋，候伺其余羡，袞杂其逋欠，为一司岁计之常；提举司则督责茶盐，用法苛惨，至常平义仓、水利民田，则置而不顾；提刑司则以催趣经总制钱给僧道免丁由子为职，而刑狱冤滥、词诉繁滞，则或莫之省焉。是监司之不法不义反甚于州县。故今之为州县者相与聚而强笑监司之所为"⑦。四是监司从自身利益出发，凭借其监司的特殊地位与条件，为"求美迁"而枉法徇私。宋人就曾指出："监司既庇其守令，则并庇其胥"⑧，他们互相勾结，互相利用，

---

① 《宋季三朝政要》卷1。
② 《建炎以来系年要录》卷171绍兴二十六年二月己亥。
③ 《建炎以来朝野杂记》甲集卷6《监司郡守至官交割库金》。
④ 《水心文集》卷3《监司》。
⑤ 《水心文集》卷3《监司》。
⑥ 《水心文集》卷3《监司》。
⑦ 《水心文集》卷3《监司》。
⑧ 《诚斋集》卷89《民政》（中）。

互相包庇。正如杨万里所说:"监司守令,攘公盗民,以求美迁。"①如"某郡之首当为侍从也,则监司幸其复为侍从而有所求;某郡守当为台谏也,则监司惧其复为台谏而有所击,至于县令之与在朝某官有姻有旧者,皆不敢问"②。正是在这种复杂的关系网中,监司为了自身的利益,对州县守令枉法犯赃不愿过问或不敢过问是很自然的事。结果,"朝廷以监司为可信,安知其不可信"③。监司这种不负责任的犯罪行为,直接导致了贪官难治、赃弊不治等腐败政治现象像瘟疫一样地蔓延。

另外,从宋代监司在肃贪正吏中的作用看,有关"台谏急则监司警,监司警则郡县肃"④的记载也屡有所见。由此可知,监司官吏是否正直廉洁、尽职尽责,直接关系到政治的清明与吏治的好坏。

四、北宋的贪污状况

著名史家吴晗先生曾写道:在中国古代,"上下几千年,细读历史,政简刑清,官吏廉洁,生民乐业的时代简直是黄钟大吕之音,少得可怜"⑤。的确,从北宋的吏治状况来考察,也确实如此:贪官污吏,充斥朝野,贪污的行为和数额只有多少之别,而没有有无之分。北宋时期的贪官污吏,其贪污行为主要有贪污坐赃、行贿受贿、苞苴舞弊、违法经商以及肆意勒索、盘剥百姓等。

(一) 贪污肥私

从总体来看,北宋时期的贪污状况在太祖、太宗和真宗前期,贪污之举并不盛行,许多官吏受制于当时严刑峻法,还有所检点。至真宗后期,贪污之风愈刮愈盛。至北宋后期,尤其是北宋末年,贪污近乎成为一种普

---

① 《诚斋集》卷 89《民政》(上)。
② 《诚斋集》卷 89《民政》(中)。
③ 《诚斋集》卷 89《民政》(中)。
④ 《诚斋集》卷 89《民政》(中)。
⑤ 吴晗:《论贪污》,见《吴晗选集》,天津人民出版社 1988 年版,第 271 页。

遍的现象,朝廷内外,大小官吏,从昏君奸相,到州县胥吏,可以说是十官九贪,"多为奸赃"。

宋初四十年,太祖太宗之治,多被后代史家所称颂和肯定。其原因之一,应是当时贪官相对较少,贪污风气远不如宋末盛行。然仅据《续资治通鉴长编》与《宋史·太祖本纪》记载,宋太祖时发生的较大贪污案就有三十余起。其中,有的赃款数额巨大,"动辄巨万",延州通判胡德冲一次就"隐没官钱一百八十万",故当时这些贪赃枉法之徒多被处死。史载,宋初依法处死的第一个贪官是建隆二年(961 年)四月己未因"坐赃杖死"的商河县令李瑶。① 在这一贪污案中,"左赞善大夫申文纬,坐失觉察除籍"②。此后,因赃被弃市或杖死者屡有记载。

宋太宗时,在惩治贪官上亦承宋太祖所定严惩之制,即使遇朝廷"大赦,十恶、杀人、官吏受赃者不原"③。把官吏贪污受赃视同十恶、杀人不赦之罪,这反映出宋初对于贪赃枉法之徒的惩罚是相当严厉的。当时,许多贪官被处死的记载不绝于史。如太平兴国三年(978 年)夏四月"辛巳,侍御史赵承嗣坐监市征隐官钱,弃市"④。《续资治通鉴长编》也载:"斩侍御史赵承嗣,坐监郑州市征,与吏为奸,隐没官钱巨万计。人有告者,诏鞫之,得其实,有司言法当绞,上特命斩之,并吏七人皆斩于市。仍诏诸道转运使布告州县以儆群吏,揭于所居官舍之壁。"⑤同时重申:"诸职官以赃致罪者,虽会赦不得叙,永为定制。"⑥时人也赞赏说:"上注意治本,深惩赃吏。"⑦故相对北宋后期而言,当时的贪官还不算太多,一些贪官的贪污行为也有所收敛。不过,各个地方的官场风气不一,有的州县的贪官仍为数不少。太平兴国七年(982 年),权知相州、直史馆田锡在上疏中就曾指出,当时"封疆甚广,州县至多",各地州县吏治状况不一,以致有的州

① 《宋史》卷 1《太祖本纪》。
② 《宋史》卷 1《太祖本纪》。
③ 《宋史》卷 2《太祖本纪》。
④ 《宋史》卷 4《太宗本纪》。
⑤ 《续资治通鉴长编》卷 19 太宗太平兴国三年夏四月辛巳。
⑥ 《宋史》卷 4《太宗本纪》。
⑦ 《续资治通鉴长编》卷 19 太平兴国三年六月戊辰。

县"贪夫不少"①。

至北宋中期,官场中贪污之风广为蔓延,贪污肥私、损公枉法之徒日趋增多。仅以开封府一地而言,上自达官贵人,下至三班人吏,都有贪官污吏混迹于其中。随着社会风气的腐败,他们中多有人以贪污受赇中饱私囊。皇祐二年(1050年),仁宗在一道诏书中承认,"臣庶之家,贵近之列,交通请托,巧诈营为,阴致货赇,密输珍玩,寅缘结纳,侵挠权纲"②的现象非常严重,以致各种社会矛盾日趋尖锐。既然被称为辇毂之地的京师,其赃吏枉法已如此猖獗,州县情况更是可想而知。当时,遍布天下的贪吏,虎视眈眈于民脂民膏,利用一切机会蚕食小民。且一官之阙,率四五人守之,争夺纷纭,廉耻丧尽;中材小官,阙远食贫,到官之后,求取渔利,无所不为,"守令之贪者,盗官钱常至巨万。大胥小吏,亦莫不然,多者至数万缗,少者不下千百数。转运使巡按所过,郡县费百千缗以啖随行之吏,则为隐其失陷之数,转运使盖不能知也"③。可见,许多地方的贪污行为,习以成风;各类贪官,"唯违法以取钱",且肆无忌惮,急不可待。

至北宋后期,贪污腐败之风已积重难返。尤其是在北宋末年,由于宋徽宗蔡京集团的腐朽统治,贪污之风愈演愈烈,形成了"士或玩法贪污,遂致小大循习,货赂公行,莫之能禁。外则监司守令,内则公卿大夫,托公循私,诛求百姓,公然窃取,略无畏惮"④的局面。当时,最著名的贪官是受徽宗宠信而被时人称为"六贼"的蔡京、王黼、童贯、梁师成、李彦、朱勔以及杨戬、高俅等人。他们在职时,大肆贪污,各种损公肥私之巧,无所不用其极;生活上"享用侈糜""穷极富贵";即使如此,至他们罢官时,他们聚敛的赃物仍不计其数。史载,天下以"(蔡)京为六贼之首"⑤。"京既贵而贪益甚,已受仆射奉,复创取司空寄禄钱,如粟、豆、柴薪与傔从粮赐

① 《咸平集》卷1《上太宗条奏事宜》。
② 《宋会要辑稿》《刑法》2之30。
③ 《卢溪文集》卷27《与胡待制书》。
④ 《宋会要辑稿》《刑法》2之92。
⑤ 《宋史》卷472《蔡京传》。

如故,时皆折支,亦悉从真给"①,而且随意使用公款,"动以笔帖,于榷货务支赏给,有一纸至万缗者",以致"所侵私以千万计"②。故史家认为,蔡京"无复廉耻……见利忘义,至于兄弟为参商,父子如秦越。暮年即家为府,营进之徒,举集其门,输货僮隶得美官,弃纪纲法度为虚器。患失之心无所不至,根株结盘,牢不可脱。卒致宗社之祸,虽谴死道路,天下犹以不正典刑为恨"③。至于朱勔,"岁运花石纲,一石之费,民间至用三十万缗。奸吏旁缘,谋取无艺,民不胜弊"④。在他主办花石纲的过程中,他巧取豪夺,化公为私,"指取内帑如囊中物,每取以数十百万计"⑤,从国库里领来的巨额钱财几乎全部中饱私囊。与"六贼"相比,宋初贪官胡德冲之流,实属小巫见大巫。从而也反映出北宋时期各个历史阶段的贪污状况,在数额大小与官员多少等方面具有较大的差别。

(二) 行贿受贿

自古以来,行贿受贿一直为官场腐败之积弊。许多官员的行贿之举,多是为了达到受贿营私之目的。故人们多认为,行贿受贿,实为官员腐败贪污的主要的和具体表现之一。宋代吏治败坏,毫厘之事,非赂不行,受贿成风。"上自公府省寺,诸路监司,州县乡村,仓场库务之使,词讼追呼,租税徭役,出纳会计,凡有毫厘之事,关其手者,非赂遗则不行"⑥;或"举天下一塞之事,非金钱无以行之"⑦。

宋代官员的受贿之举,在宋初即有所闻,如前述赵普收取钱俶所贿"瓜子金"一事,即是较典型的例子。据各种史书记载,宋代贿赂之风,自中央朝廷至地方乡里,多盛行不衰,积重难返。如按当时规定:三司应对各地所上收支账籍进行审计。然"自治平中至熙宁初,凡四年账未钩考

① 《宋史》卷472《蔡京传》。
② 《宋史》卷179《食货志》。
③ 《宋史》卷472《蔡京传》。
④ 《宋史》卷179《食货志》。
⑤ 朱弁:《曲洧旧闻》卷10。
⑥ 《温国文正司马公文集》卷10《论财利疏》
⑦ 《苏轼文集》卷8《策别课百官三》。

者已逾十有二万,钱帛、刍粟积亏不可胜计"①。于是,三司按制"取天下所上账籍视之。至有到省三二十年不发其封者。盖州郡所发文账,随账皆有贿赂,各有常数;常数已足者,皆不发封,一有不足,即百端问难,常足而后已"②。

另据苏轼在掌管理欠司时之所见所闻记载,三司曹吏在钩考审计过程中,因未得到贿赂,竟然对一些稍有过失的官吏也定罪或不按诏赦免。这些主管财物运输、出纳、保管的官员中,"或管押竹木,风水之所漂;或主持粮斛,岁久之所坏;或布帛恶弱,估剥以为亏官;或糟滓溃烂,纽计以为实欠;或未输之赃,责于当时主典之吏;或败折之课,均于保任干系之家"。其中,有些过失往往是不可避免的,朝廷对这类案犯也经常颁布赦令,有的人甚至蒙赦六七次,"问其所以不得释之状,则皆曰:'吾无钱以与三司之曹吏。'以为不信,而考诸旧籍,则有事同而先释者矣。曰:'此有钱者也。'嗟夫,天下之人以为言出而莫敢逆者,莫若天子之诏书也。今诏书且已许之,而三司之曹吏独不许,是犹可忍邪?"③可见,当时行贿受贿之风,已成顽症痼疾。据苏轼统计,当时应该放免的案犯,"凡四十六条,二百二十五人,钱七万四百五十九千,粟米三千三百八十斛。其余炭铁、器用、材木、冗杂之物甚众。皆经监司选吏详定灼然可放者"④。这些按诏令可放的之所以不被释放,原因很简单,就是因为贿赂未送到。不管什么事情,贿赂一到,就可如愿以偿,"凡贿赂先至者,朝请而夕得;徒手而来者,终年而不获"⑤。甚至犯了大辟之死罪,也可用钱贿赂买免。"今也大辟之诛,输一石之金而免。贵人近戚之家,一石之金,不可胜数。是虽使朝杀一人而输一石之金,暮杀一人而输一石之金,金不可尽,身不可困。况以其官而除其罪,则一石之金,又不皆输焉,是恣其杀人也。且不笞不戮,彼已幸矣,而赎之又轻,是启奸也。夫罪固有疑,今有或诬以杀

① 《宋史》卷 163《职官志》。
② 《栾城集》卷 39《论户部乞收诸路帐状》。
③ 《苏轼文集》卷 48《上蔡省主论放欠书》。
④ 《苏轼文集》卷 48《上蔡省主论放欠书》。
⑤ 《苏轼文集》卷 8《策别课百官三》。

人，而不能自明者；有诚杀人，而官不能折以实者。"①贿赂公行，官吏贪残，吏治败坏，成为当时众所周知的公开秘密。

又如，乡里验灾减税，亦须贿赂才能如愿，否则，就要受贪官污吏弄虚作假之苦。宋时，按制规定，凡遭旱灾，必先检旱，然后减税。所谓检旱，常须民户自报，但县乡长吏却多借故不予受理，胥吏乘机攘臂其间，根本不知其地何在，仅根据贿赂多少办事，"与之金钱，则田虽熟而以为旱，苟无所予，虽荒而以为丰，其害一也；公家凭检而减租，必以分数为率，上户所减常多，而下户所减常无几，且如一户输绢一尺，输米一升，而婺源受纳之法，寸以尺输，合以升输。若减其半，其实则无所减，其害二也"②。贿赂公行，其害何止二端？上述王炎所述，虽然说的是他所处的孝宗乾道前后的状况，但他也明确指出，贿赂之害，亦乃北宋之积弊。

不仅如此，北宋时通过贿赂，还可买官得爵，"今天下之买爵者，缗钱五千，高得一尉"③。北宋末年的"六贼"，更是公开出卖官爵，官职各有定价。更有甚者，科举之途，即使是廷试，亦可行贿买通，如愿以偿。被都人目为"隐相"的宦官梁师成当道时，赴试者"益通贿谢，人士入钱数百万，以献颂上书为名，令赴廷试，唱第之日，侍于帝前，嗫嚅升降"④。

（三）违法经商

鉴于官吏经商，弊端颇多，故历朝多加禁止。然经商厚利，十分诱人，以致禁而不绝。据《续资治通鉴长编》记载：

> 五代藩镇多遣亲吏往诸道回图贩易，所过皆免其算，既多财则务为奢僭，养马至千余匹，童仆亦千余人。国初，大功臣数十人，犹袭旧风，太祖患之，未能止绝。于是诏中外臣僚，自今不得因乘传出入，赍轻货，邀厚利，并不得令人于诸处回图，与民争利，有不如诏者，州县

---

① 《苏老泉集》卷3《议法》。
② 《王双溪先生集》卷2《与徽许守书》。
③ 晁补之：《鸡肋集》卷24《上皇帝论北事书》。
④ 《宋史》卷468《梁师成传》。

长史以名奏闻。①

由于"自五代用兵,多姑息藩镇,颇恣部下贩鬻",以致"宋初功臣犹习旧事",大量违法经商牟利。正如北宋神宗时史官李清臣在《议官》一文中指出,宋代官吏"犯法冒禁,专利无厌","起而牟利,贾贩江湖","进则为官,退则为市人"。② 作为国家公职人员,竟然趋利如商人,上自宰相,下至胥吏,几乎无官不商。如宋初大将张永德"在太原,尝令亲吏贩茶规利,阑出徼外市羊"③;身任宰相的赵普,尽管当时"官禁私贩秦、陇大木",但他"尝遣亲吏诣市屋材,联巨筏至京师治第;吏因之窃货大木,冒称普市货鬻都下"④。在赵普经营、私贩木材的同时,不少"近臣戚里"参与了这类经商活动,以至"所过关渡矫称制免算",又"厚结有司,悉官市之,倍收其值"⑤。尽管此案被发现后受到了太祖的怒斥并下诏依制处罚,但官吏违法经商的歪风仍然盛行,一些贵戚高官依旧我行我素,贩鬻规利。当时,驸马都尉柴宗庆,"遣家僮自外州市炭,所过免算,至则尽鬻之"⑥。上梁不正下梁歪,"官小者贩鬻、乞丐,无所不为"⑦。这些贪官污吏还往往与奸商内外勾结,牟取暴利。欧阳修就曾指出:"诸豪大商,交结权贵,号为难治。"⑧官僚士大夫不仅自己经商,而且同商人勾结一起合伙做买卖,大肆偷税漏税,损公肥私,胡作非为,而且越是"把麾持节者",即大官们越是胆大包天,恣意妄为。史载:

> 今沿江场务所至萧条,较之往年所收,十不及四五。推原其由,皆士大夫之贪黩者为之,巨艘西下,舳舻相衔,稛载客货,安然如山,问之则无非士大夫之舟也。或自地所揽载,至夔门易舟,某月某日有某人出蜀。商旅探伺,争为奔趋,为士大夫者,从而要索重价,一舟所

① 《续资治通鉴长编》卷18太平兴国二年正月丙寅。
② 《宋文鉴》卷106。
③ 《宋史》卷255《张永德传》。
④ 《宋史》卷256《赵普传》。
⑤ 《宋史》卷257《王仁瞻传》。
⑥ 《宋史》卷463《外戚·柴宗庆传》。
⑦ 《临川先生文集》卷39《上仁宗皇帝言事书》。
⑧ 《欧阳文忠公先生文集》卷30《曾致尧神道碑》。

获几数千缗。经由场务，曲为覆护免税。怀刺纳谒，恳嘱干扰。往时不过蜀人之赴举者为之，既而蜀士之游官江湖、召赴中都者，或未免循习。其后东南士大夫之仕于蜀者，归途亦多效之，而把麾持节者抑又甚焉。①

不仅如此，一些市舶机构的官员或与市舶管理有关的官员，还与外商勾结，私自贸易。按宋制规定，市舶官既不得同外商一起经商，又"不得收买蕃商杂货及违禁物色。如违，当重置之法"②。所谓"重置之法"的规定，是"如有收买，其知、通诸色官员，并市舶司官并除名，使臣决配，所犯人亦决配"③。同时也不许将舶货寄存于官员吏人家中，"诸寄物于品官或蕃客及押判通事人（一应干办并随行人同）以匿税者杖九十，受寄者加一等，受财又加三等（蕃客并不坐）"④。法令虽然严密，但却难以遏制官吏们的贪婪。宋太宗至道元年（995年），就曾在诏令中指出，广州市舶司官吏"罔顾宪章，苟循货财，潜通交易，阑出徼外，私市掌握之珍，公行道中，靡虞薏苡之谤，永言贪冒，深蠹彝伦"⑤；"法掾吏干没市舶物，直数千万缗"；"郡当海货所聚，税入不赀，监者积习为奸，贪纵自如，至有八仙之目"。⑥ 泉州市舶司官贪污更甚，"舶商岁再至，一舶连二十艘，异货禁物如山，吏私与市者价什一二"，"遍一州吏争与市，唯守关咏与公（注：指杜纯）不买一毫"。⑦ 一州上下官吏，只有关咏、杜纯没有参与营私舞弊或贪污自肥。至于福建市舶官吏违法经商的贪污行为，更是比比皆是："提举福建市舶，舶司远朝廷而多奇货，吏鲜自洁，商人亦困于侵牟，公私两敝。"⑧市舶司官吏违法贪污，转运使也多不干净，有的"以市舶物代俸钱，其利三倍"⑨。

---

① 《宋会要辑稿》《食货》18 之 25。
② 《宋会要辑稿》《职官》44 之 3。
③ 《文献通考》卷 20《市籴考·互市舶法》。
④ 《庆元条法事类》卷 36。
⑤ 《宋会要辑稿》《职官》44 之 2。
⑥ 綦崇礼：《北海集》卷 35《季陵墓志铭》。
⑦ 晁补之：《鸡肋集》卷 62《杜纯行状》。
⑧ 张守：《毗陵集》卷 13《鲁詹墓志铭》。
⑨ 《欧阳文忠公先生文集》卷 29《尚书工部郎中欧阳公墓志铭》。

　　北宋时期,大官小吏的贪污手段除上述贪污、受贿、违法经商以外,还有苞苴馈送、假公济私、勒索平民百姓等多种行为。至于各个时期的贪官污吏数,可谓成百上千;至于有各种贪污行为的官吏,更是不计其数。其中,北宋先后出现的较大贪官有:李瑶、李继昭、郭颐、王训、李岳、成德钧、王治、郭坯、陈郾、石延祚、赵彦徽、桑进兴、王元吉、张穆、张恂、秦奭、吕鹄、赵承嗣、徐选、卜元幹、王著、丁渭、祖吉、盛梁、高清、蔡京、王黼、朱勔、梁师成、童贯、李彦、杨戬、高俅等。在这些贪官中,属于太祖、太宗朝者,事发后绝大多数被弃市或杖杀,只有个别贪官如赵彦徽,因"天怒人怨"而不待行法即已暴亡。史载,赵彦徽"不恤民事,专务聚敛,私帑所藏巨万,上闻之,始薄其为人。当疾革之际,有雷震其室,骇愕而终,人以为阴谴云"①。至于真宗朝及以后之贪官,大多仅被流放。如"屯田员外郎盛梁坐受赇枉法,流崖州"②;"著作佐郎高清以赃贿杖脊,配沙门岛"③。只有少数罪大恶极者被正法受斩。如曾巧取豪夺"四方水土珍异之物,悉苛取于民"④的王黼,曾假公济私,"截诸道粮饷纲,旁罗商船,揭所贡暴其上,篙工、柁师倚势贪横,陵轹州县,道路相视以目"⑤的朱勔,结果都被"戕之"或"斩之",且被查封家产。朱勔被杀后,"籍其赀财,田至三十万亩"⑥。至于"为六贼之首"的蔡京之流,尽管其贪贿手段更加恶劣,其所贪财物数额更加巨大,但因他久居相位,各种关系盘根错节,且多受皇上宠信,加上时局危如累卵,结果却还能至"年八十"而"谴死道路"。这一方面反映出当时法制的废弛,同时表明朝廷对贪风的盛行已见怪不怪了。

五、辽夏金的贪污状况

　　自五代至两宋时期,在我国北方,包括东北、西北的广大草原地区,先

---

① 《续资治通鉴长编》卷9开宝元年五月丙午。
② 《宋史》卷7《真宗本纪》。
③ 《宋史》卷8《真宗本纪》。
④ 《宋史》卷470《王黼传》。
⑤ 《宋史》卷470《朱勔传》。
⑥ 《宋史》卷470《朱勔传》。

后或同时并存着辽、西夏、金等少数民族政权。这些草原民族,起初,在相当长的时间里,多是"以畜牧、田渔为稼穑"①,过着"转徙随时,车马为家""逐寒暑,随水草畜牧"②的游牧生活,没有发达的赋税、财政收支等制度,财富的聚集主要依靠军事征战或劫掠,因此,当时见诸史料记载的有关官吏贪污的情况较少,现已知的一些相关史料,在时间上多发生在这些政权统治的后期。一般而言,这些政权随着其封建制度的确立和发展,官吏贪污、受贿的现象也随之出现并日益增多,从而同样成为这些政权走向衰亡的重要原因之一。

(一) 辽代的贪污状况

契丹族立国前后,一直保持着游牧生活的特点。辽太宗取得燕云之初,其国土包括长城以南的广大地区,但并没有改变其游牧草原、随水草迁徙的生活习惯。"辽国尽有大漠,浸包长城之境,因宜为治。秋冬违寒,春夏避暑,随水草就畋渔,岁以为常。四时各有行在之所,谓之'捺钵'。"③与这种制度相适应,辽代地方行政区划和其统治体系后来多以头下军州与州县制并行。契丹贵族、官吏依靠其骑兵与头下军州,在各地"以牧马为名,分番剽掠,谓之'打草谷'。丁壮毙于锋刃,老弱委于沟壑,自东西两畿及郑、滑、曹、濮,数百里间,财畜殆尽"④。又以犒赏军士为名,"括借都城市民钱帛,自将相以下皆不免。又分遣使者诣诸州括借,皆迫以严诛,人不聊生"⑤。因此,辽太宗曾在总结其南侵的教训时说:"朕此行有三失:纵兵掠刍粟,一也;括民私财,二也;不遽遣诸节度使还镇,三也。"⑥在这所谓"三失"中,一方面充分地暴露了契丹贵族南下后掠夺搜刮的暴行;另一方面反映出当时契丹贵族、官吏或军将聚敛财富主要是通过军事掠夺,而不是贪污来攫取。或许正因为如此,史籍中有关这一

① 《辽史》卷48《百官志》。
② 《隋书》卷48《契丹传》。
③ 《辽史》卷32《营卫志》。
④ 《资治通鉴》卷286高祖天福十二年。
⑤ 《资治通鉴》卷286高祖天福十二年。
⑥ 《辽史》卷4《太宗纪》。

时期契丹贵族、官吏贪污的现象几乎没有。同时，留居草原地区的契丹贵族、官吏仍然按传统以马、羊及其所属的部众作为财富的象征，且辽政权还没有建立相应的赋税敛财制度与仓储制度等，因此，契丹立国之初，其贵族、官吏还没有多少国财可贪。

随着契丹封建制的形成和发展，有关契丹官吏贪污的史实及其记载也日益增多。据《辽史》等载，契丹官吏贪污的手段主要有贪污、受贿、经商肥私、放债营利等。辽圣宗即位之初，有鉴于契丹吏治败坏，"大小职官有贪暴残民者"与"内族外戚多恃恩行贿"①等行为，遂在内政方面采取了一项重要的措施，就是整顿吏治，从而使过去的"蠹弊"在一定程度上有所改变。然而，好景不长，不久即出现了"上下相蒙，积弊成风"②的状况。正如宋朝使臣苏辙当时看到辽朝的这种情况后所说："法令不明，受赇鬻狱，习以为常。"③其中，辽代有名的贪官有耶律乙辛、张孝杰、萧图古辞等。如耶律乙辛当权期间，道宗"诏四方有军旅，许以便宜从事，势震中外，门下馈赂不绝。凡阿顺者蒙荐擢，忠直者被斥窜"④。更有甚者，当时的大贪官、宰相张孝杰明目张胆地贪赃枉法。史载，他"久在相位，贪货无厌。时与亲戚会饮，尝曰：'无百万两黄金，不足为宰相家。'"⑤至于萧图古辞，"为人奸佞有余，好聚敛"⑥。朝廷大臣如此，中小官吏也多效法而行，胡作非为，贪污受贿，高利放债取息，甚至有过之而无不及。正因为如此，辽朝中央曾多次规定："禁职官于部内假货贸易"；"禁外官部内贷钱取息及使者馆于民家"⑦；并下诏"察贪酷"，禁"受贿作弊"⑧。契丹政权一再申令禁止官吏的违法乱纪，正好说明禁而无效，其吏治败坏、贪污成风，屡禁而不止。

---

① 《辽史》卷 13《圣宗纪》，又见《辽史》卷 61《刑法志》。
② 《辽史》卷 90《肖陶隗传》。
③ 《栾城集》卷 41《论北朝政事大略》。
④ 《辽史》卷 111《耶律乙辛传》。
⑤ 《辽史》卷 110《张孝杰传》。
⑥ 《辽史》卷 111《萧图古辞传》。
⑦ 《辽史》卷 24《道宗纪》。
⑧ 《辽史》卷 13《圣宗纪》。

(二) 西夏的贪污状况

宋时,我国西北草原党项民族政权西夏同契丹政权一样,其官吏贪污主要发生在西夏王朝封建化的形成和发展过程当中。

从《西夏书事》与《天盛律令·贪状罪法门》等史料可知,西夏贵族、官吏贪污的手段也主要是贪污、受贿与违法经商等。

自元昊统治时期始,西夏官吏贪污的事例即通过当时有关贪污、受贿的处罚律令反映出来。但到目前为止,还没有发现这一时期有关贪官的姓名、犯案时间与地点以及贪占财物数额等具体的文献记载。直到西夏中后期,有关大贪官察哥的贪污活动的记载才较为详细和典型。

西夏崇宗统治时期,随着皇权统治的巩固和其控制区域的扩展,夏国贵族掠夺到大量的社会财富。他们在日趋封建化和接受汉文化的同时,也像汉族贵族与官僚地主那样,贪污腐化,过起骄奢淫逸的腐朽生活。崇宗庶弟、晋王"察哥为将贪,晚年货贿公行,威福自用。……年已七十余,犹姬妾充下陈,有园宅数处,皆攘之民间者"①;又载他"广起第宅,横征、多诛求,蕃、汉苦之"②。正因为如此,西夏法律曾规定:"以直接贪财,对祖帝之影像、地墓、殿堂等上动手盗毁,及盗窃隐藏毁官鬘金抄等,不分主从,以剑斩杀,自己妻子、同居子女等当连坐,迁往异地,当入牧农主中;畜、谷、宝物、地、人等当没收入官。"③至于各级地方官吏,无论"局分大小人受贿徇情,而使无理多领及刺史人受贿不弃虚杂,不巡察等时,计多领粮食之价,以偷盗法判断,受贿则与枉法贪赃罪比较,从重者判断"④。上述西夏惩贪的法律表明,尤其是西夏中后期,其贵族、官吏贪污、受贿的情况是较为严重的。

(三) 金朝的贪污状况

女真游牧民族兴起之初,在较长的一段时间里,女真贵族不是依靠土

---

① 《西夏书事》卷36。
② 《西夏书事》卷34。
③ 《天盛律令》卷1《失孝德礼门》。
④ 《天盛律令》卷15《纳领谷派遣计量小监门》。

地的多少去剥削农民和奴隶进而积累、占有财富,相反,而是依据占有奴隶和牲畜的多少来确立对土地的占有权,因而,奴隶和牲畜在当时即成为其财富的一种象征。基于这样的一种传统观念及其统治方式,所以,金初的文献中很少有关于当时贵族、官吏贪污、受贿的记载。同北方草原辽、西夏等政权一样,金朝官吏的贪污主要是从其封建化的过程中开始的。同时,由于金朝的封建化较辽、西夏彻底,加上统治中原地区的范围较广,时间较长,故金朝中后期官吏贪污腐化的现象更为严重。

据《建炎以来系年要录》《金史》等记载:"自金人入中原,凡官汉地者,皆置通事,高下轻重,悉出其手,得以舞文纳贿,人甚苦之。燕京留守尼楚赫以战多,贵而不知民政,有僧讼富民逋钱数万缗,通事受贿,诡言久旱不雨,僧欲焚身动天,以苏百姓。尼楚赫许之,僧呼号不能自明,竟以焚死。"①"国朝自大定通检后,十年一推物力,惟其贵简静而重劳民耳。……(如每岁)检括之时,县官不能家至户到,里胥得以暗通货赂,上下其手,虚为文具,转失其真。"②正如金宣宗时御史台令史刘炳所说:"今众庶已弊,官吏庸暗,无安利之才,贪暴昏乱,与奸为市,公有斗粟之赋,私有万钱之求,远近嚣嚣,无所控告。"③可见,金朝官吏中的贪污、受贿等腐败状况是相当严重的。

同宋朝相比较,金朝的贵族、官吏除同宋官吏一样贪污钱财粮外,他们还以马羊牛等牲畜为贪占对象,甚至强掠、隐占人口为奴。为此,金帝曾诏"毋令富者匿隐畜产,贫户或有不敢养马者。昔海陵时,拘括马畜,绝无等级,富者幸免,贫者尽拘入官"④。刘祁就曾记载:"时辽东路多世袭猛安谋克居焉。其人皆女真功臣子,骜亢奢纵不法,公(注:指王翛然)思有以治之。会郡民负一世袭猛安者钱,贫不能偿,猛安者大怒,率家僮辈强入其家,牵其牛以去。"⑤至于那些公然强占勒索、违法贪赃之事与

① 《建炎以来系年要录》卷18建炎二年十二月戊寅。
② 《金史》卷107《高汝砺传》。
③ 《金史》卷106《刘炳传》。
④ 《金史》卷46《食货志》。
⑤ 刘祁:《归潜志》卷8。

人,更是不计其数。

同时,金朝贪官污吏的受贿形式也是多种多样、千奇百怪的。其行贿受贿者,既有大小官吏,又有皇亲国戚,甚至皇妃也参与其中。受贿者虽多为贪财,但对于行贿者来说,其目的就各不相同了。不过,一言以蔽之,行贿者不是为了升官,就是为了发财,或是为了免罪。如章宗时,许多官吏以行贿的手段"托亲王、公主奴隶",以便于"占纲船、侵商旅及妄征钱债"①;有些则以金官府的名义,进行高利放债,损公肥私,"利息重者至五七分,或以利为本,小民苦之"②;有的或"以人身折还债责"。更有甚者,朝中大臣与皇妃之间也行贿受贿。如尚书右丞胥持国,章宗"初,李妃起微贱,得幸于上。持国久在太子宫,素知上好色,阴以秘术干之,又多赂遗妃左右用事人。妃亦自嫌门第薄,欲藉外廷为重,乃数称誉持国能,由是大为上所信任,与妃表里,管擅朝政"③。至于"州县官,往往以权势自居,喜怒自任,听讼之际,鲜克加审。但使译人往来传词,罪之轻重,成于其口,货赂公行,冤者至有三二十年不能正者"④。或许正因为如此,史载金末贪污、受贿、放债营息、"拘括地土牛具","括粟、阑籴,一切掊克之政靡不为之"⑤;官吏"中有腐败者,则责偿子民。岁既久,官吏囊橐为奸,民殊以为苦"⑥。从历史上看,贪污成风、政治腐败的结果,不仅害民,而且误国。

六、南宋的贪污状况

仅拥有半壁江山的南宋王朝,步北宋之后尘,但其腐败程度却有过之而无不及;官吏贪污、行贿受贿、苞苴馈送、违法经商,诸如此类,不一而足。自整个南宋一百五十余年的时间来看,除了孝宗在位的一段时间以

---

① 《金史》卷9《章宗纪》。
② 《金史》卷57《百官志》。
③ 《金史》卷129《胥持国传》。
④ 《金史》卷45《刑法志》。
⑤ 《金史》卷46《食货志》。
⑥ 《遗山文集》卷19《内翰冯公神道碑铭》。

外,其他时候官吏贪污之举,多是相沿成习,日盛一日。

(一) 贪污

北宋迅速灭亡的重要原因之一,即是官员贪污成风,吏治腐败透顶。南宋直接承北宋之衣钵,高宗年间,贪污现象就非常严重,贪官污吏仅载于史籍者,即不计其数。如著名的贪官秦桧、冯益、陈永锡、康谞、曾觌、龙大渊、王抃、张去为、王继先等即为其代表。故周必大说,当时"循良者十无二三,贪残昏谬者常居六七"①。理宗时,更是"贪吏布满天下"②。

以大贪污犯、医官王继先为例,高宗时,他贪污的财物多得无法计数。史载,王继先:

> 奸黠善佞。建炎初以医得幸,其后浸贵宠,世号"王医师"。……侍御史杜莘老劾其十罪,大略谓:"继先广造第宅,占民居数百家,都人谓之'快乐仙宫'……自金使来,日辇重宝之吴兴,为避走计……受富民金,荐为阁职;州县大狱,以赂解免……又于诸处佛寺建立生祠,凡名山大刹所有,太半入其家。此特举其大者,其余擢发未足数也。"③

正是由于王继先受宠期间,大肆贪污,肆意敛财,以致"富埒王室,子弟通朝籍,总戎寄,姻戚党与盘踞要途,数十年间,无能摇之者"④。结果,有人上书对其指斥说:

> 继先过恶,臣特举其尤者,余虽擢发,亦未可数。今市进之人,则怨其强夺妇女;商贩之民,则怨其侵渔财利;乡村之人,则怨其吞并田产;至于士大夫,则怨其扶持权势,请托无厌。合是数者之怨,皆恨不得食其肉,而寝处其皮。其罪恶贯盈,王法实不容恕。
>
> 臣愚伏望陛下特赐睿断,将王继先编管岭外,将本身及其子孙冒受官爵,尽行褫夺,其第宅、财物、田产,皆民之脂膏,及赃污货赂所

---

① 《周益国文忠公集》卷136《答选德殿圣问奏》
② 《松垣集》卷1《论取士法疏》。
③ 《宋史》卷470《王继先传》。
④ 《宋史》卷470《王继先传》。

积,乞委临安府及诸州所属,尽行检括,籍没入官,以赡军将。①

不久,尽管王继先已闻风转移了部分财产,但他倒台后,"放还良家子为奴婢者凡百余人。籍其赀以千万计,鬻其田园及金银,并隶御前激赏库。其海舟付李宝,天下称快"②。王继先因为御医获宠,主管翰林医官局,其所授官最高也仅为承宣使之类,然在南宋初年,其贪污受贿之额,却由此可见一斑。正如史书所载,当时"士大夫奉公者少,营私者多;徇国者希,谋身者众"③。

南宋后期,因有奸臣、贪官宰相丁大全、贾似道之流,以致朝廷上下,贪风更盛。史载,"大全奸回险狡,狠毒贪残,假陛下之刑威以箝天下之口,挟陛下之爵禄以笼天下之财"④。其部属、党羽也多仿而效之。"初,大全以袁玠为九江制置副使,玠贪且刻,逮系渔湖土豪,督促输钱甚急"⑤。"大全知淮西,总领郑羽富甲吴门",后因有隙,设计"籍其家",贪其财。⑥ 至于贾似道当权期间,"一时正人端士,为似道破坏殆尽。吏争纳赂求美职,其求为帅阃、监司、郡守者,贡献不可胜计。赵溍辈争献宝玉,陈奕至以兄事似道之玉工陈振民以求进,一时贪风大肆"⑦。朝廷如此,上行下效,"大胥小吏,亦莫不然,多者至数万缗,少者不下千百数"⑧。

(二) 受贿

南宋时,承北宋之弊政,贿赂公行,习以成风,"重以贪吏肆虐,政以贿成,监司牧守,更相馈遗,戎帅所驻,交贿尤腆,而诸司最多之处抑又甚焉"⑨。

---

① 《建炎以来系年要录》卷192绍兴三十一年八月辛亥。
② 《宋史》卷470《王继先传》。
③ 《三朝北盟会编》卷120。
④ 《宋史》卷474《丁大全传》。
⑤ 《宋史》卷474《丁大全传》。
⑥ 《宋史》卷474《丁大全传》。
⑦ 《宋史》卷474《贾似道传》。
⑧ 《卢溪文集》卷27《与胡待制书》。
⑨ 《絜斋集》卷3《论国家宜明政刑札子》。

　　南宋"政以贿成",既表现在行政、民政方面,又表现在军政与司法腐败等多个方面。据陆九渊亲身见闻:"婺女之行,道经上饶,往往闻说其守令无状,与临川大不相远,既而景明劾罢上饶、南康二守,方喜今时监司乃能有此,差强人意。刘文潜作漕江西,光前绝后,至其帅湖广,乃远不如在江西时,人才之难如此。某人始至,人甚望之,旧闻先兄称其议论,意其必不碌碌,乃大不然,明不足以得事之实,而奸黠得以肆其巧;公不足以遂其所知,而权势得以为之制。自用之果,反害正理,正士见疑,忠言不入,护吏而疾民,阳若不任吏,而实阴为所卖,奸猾之谋,无不得逞,贿赂所在,无不如志。"①各类官场政务,通过行贿受贿,即可如愿以偿。同时,他还进一步指出:"今风俗弊甚,狱讼繁多,吏奸为朋,民无所归命。曲直不分,以贿为胜负……吏人自食,而办公事,且乐为之,争为之者,利在焉故也。吏人之无良心,无公心,亦势使之然也。"②这就是说,当时各级官吏,以贪污受贿为常者飞黄腾达,不同流合污者,遭受排挤压抑。贪官污吏"牟贼其民,慢视厥职,弗以经意。而方絜之士,饬躬自将,挺然不徇流俗者,又沈滞下僚,壅于闻达,薰莸不同,反罹诋毁。部使者罔克闻知,奉诏宣化,如此岂不谬哉。方今国家少事,徭役不兴,兵革不作,而民多贫困失职,厥咎安在,是廉吏不兴,而贪吏未去也"③。由于贿赂公行,社会不复有公道,国家不复有法治,伦理混乱,纪纲废弛,民力竭,军政坏,"十余年来,无复公道,纪纲隳废,贿赂公行,仕者脧削民财以奉权臣,则美官可翘足而待;兵官克剥士卒以媚权臣,则将帅可计日而取,民力益竭,军政大坏,今籍其家资,数累巨万,皆出于鞭箠膏血之余"④。在贪污受贿中,官吏营私舞弊,损公肥私,而广大百姓则备受刻剥,痛苦不堪,且无法申诉冤狱。如"韩少师兵驻江西,半年费金谷仅二百万缗。朝廷初许通支诸吏财物,转运司执不与,密谕郡县,一切横敛惟务,取办急于星火,聚敛之吏,承望风旨,因缘生奸,百姓剥肤及髓,至坏室庐、卖瓦木以应;且一县科率

---

① 《象山文集》卷5《与徐子宜》。
② 《象山文集》卷8《与赵推书》。
③ 洪适:《盘州文集》卷25《令监司举廉吏诏》。
④ 《絜斋集》卷11《楼公行状》。

不下数十万，公吏邀丐，亦复称是；供军之余，浩浩入赃吏之家，用之如泥沙。不惜稍有败露，则纳以重贿，上下相影援。冤民叫号，无复雪冤"①。

南宋时期，许多贪官污吏不仅行贿受贿，而且大肆索贿。时人王之望就曾指出："方今郡县之间，为民之害者，莫大于公人、无赖不逞之徒。散出乡村，乘威恃势，恐喝良善，小邀酒食，大索货财，秋取稻禾，夏求丝麦，稍不如意，鞭笞随之。民之畏怖，甚于盗贼，而郡守、县令不严禁约戢。又征税场务，私人猥多，皆鲜衣美食，肤体充盈。"②真可谓"赂相浊乱，贪焰烁天，奸尹贪婪，聚敛成市"③。

（三）苞苴

苞苴，是南宋时期表现较为普遍的官吏贪污的一种新现象，当时又叫"馈送"。这种馈送，是官吏动用公款请客送礼，而并非是使用自己私人的钱财。朱熹把这种馈送视为"将官钱胡使"，"为自家私恩"。"有时这般官员过往，或十千，或五千……随其高下多少与之"④。官吏不必花自己的一文钱，便为自己买来了情面，织就了官场上的关系网。不仅如此，而且是官吏之间"互送"，小官送大官，下级送上级，送来送去，官吏们塞满了腰包，只是"多支公帑"，以致搜刮来的民脂民膏或国库财物，最终成为贪官污吏的私钱。

史载，北宋中期前后，即有苞苴现象。范仲淹即曾指出："今之县令，循例而授，多非清识之士，衰老者为子孙之计，则志在苞苴，动皆循己；少壮者耻州县之中，则政多苟且，举必近名。"⑤相比较而言，见诸记载的北宋的苞苴还是较少见的；南宋前期，苞苴渐趋普遍；至南宋中后期，苞苴则成为"成例"，各级官署几乎"皆例册外"另有一笔公款，"别立名目，以为馈送"⑥。朱熹就曾指出：

---

① 《卢溪文集》卷27《与宣谕刘御史书》。
② 《汉滨集》卷5《荆门军替回论禁约公人下乡奏议》。
③ 《历代名臣奏议》卷62。
④ 《朱子语类》卷106《外任》。
⑤ 《范文正公集》卷8《上执政书》。
⑥ 《宋会要辑稿》《食货》21之16。

　　某见人将官钱胡使,为之痛心! 两郡守皆承弊政之后,其所用官钱,并无分明。凡所送遗,并无定例,但随意所向为厚薄。……有时这般官员过往,或十千,或五千。……若过往官员,当随其高下多少与之……为自家私恩! 于是立为定例,看什么官员过此,便用什么例送与之,却得公溥。后来至于凡入广诸小官,如簿、尉之属,个个有五千之助,觉得意思尽好。①

　　尤其是韩侂胄用事之后,"贿赂盛行,四方馈遗,公至宰执台谏之门,人亦不以为讶"②。由此,许多人"私县官之赃以自入","公苞苴之赃以自富"③。

　　南宋官吏不仅"多为苞苴,遍遗权要"④,而且其手段花样翻新。官员之间,送往迎来有馈送,生辰忌日有馈送,甚至假设忌日、焚香以图馈送。南宋著名思想家朱熹,在从政时曾谈到官场上下视法令皆为闲事的问题时举例说:

　　　如不许州郡监司馈送,几番行下,而州郡监司亦复如前;但变换名目,多是做忌日,去寺中焚香,于是皆有折送,其数不薄。间有甚无廉耻者,本无忌日,乃设为忌日、焚香以图馈送者。朝廷诏令,事事都如此无纪纲,人人玩弛,可虑! 可虑!⑤

　　不仅如此,南宋官员苞苴之赃的数目也十分惊人,"计其所得,动辄万缗"⑥。据李心传在《建炎以来朝野杂记》中所载,当时扬州的苞苴专款,仅见于账上的便达十二万贯之多。至于其他苞苴事例,他还列举有:当时,江浙各州每年都要向中央各部门的官员送酒,一年送五六次,每次数千斤之多;淳熙年间,平江知府王仲行用公款请客,一桌席就花费了千多贯钱,而"成都三司互送,则一饭之费,计三千四百余缗"⑦。诸如此类,

----

① 《朱子语类》卷106《外任》。
② 《两朝纲目备要》卷8。
③ 《诚斋集》卷89《民政》(下)。
④ 《宋会要辑稿》《食货》72之7。
⑤ 《朱子语类》卷106《外任》。
⑥ 郑兴裔:《郑忠肃奏议遗集》卷2《请禁传馈疏》。
⑦ 《建炎以来朝野杂记》乙集卷12《御笔严监司互送之禁》。

不可胜数。至于南宋后期,尽管朝廷曾经申严"互送之禁",可是因吏治废弛,苞苴之风反倒越发严重,苞苴数额也更加惊人。正如当时地方官蒋重珍所指出:

> 苞苴有昔所未有之物,故吾民罹昔所未有之害;苞苴有不可胜穷之费,故吾民有不可胜穷之忧。①

(四) 违法经商

南宋时期,官吏违法经商牟利的现象较北宋更为严重。仅临安街上,即有"楼太丞药铺""徐官人幞头铺""杨将领药铺""傅官人刷牙铺""张官人诸史子文籍铺"等上百种。② 当时,上至宰相,"专以商贩为急务",甚至国戚皇亲,"或者托肺腑之亲,为市井之行;以公侯之贵,牟商贾之利。占田畴,擅山泽,甚者发舶舟,招蕃贾,贸易宝货,糜费金钱"③。至于小官胥吏,违法经商贩卖者,更是无奇不有。许多"远僻白屋士人,多是占户为商,趋利过海"④,到海外去一显身手了。

官吏违法经商赚钱,在南宋时,不仅有大量的文臣参与,而且许多武将也热衷于此道。不少理财官为国家理财无能,为自己发财却很有门道。南宋初年的户部尚书张悫就是其中的典型代表。他身为朝廷掌管财政的最高长官,居然"自设酒肆",并经营邸店,在街头卖酒营利⑤。当时,武将经商之风更甚,许多将领凭经商致富。他们既贩茶沽酒,又贩木卖炭,甚至派人经营海外贸易。史载,武将们往往"伐山为薪炭,聚木为簰筏,行商坐贾,开酒坊,解质库,名为赡军回易,而实役人以自利"⑥。在这些经商有术的将领中,当推曾任枢密使的南宋四大将之一的张俊"尤善治生"。史载,他役使士卒在杭州修建"酒肆名'太平楼'"⑦,又派人到海外

---

① 《宋史》卷411《蒋重珍传》。
② 《梦粱录》卷13《铺席》。
③ 《宋史》卷388《陈良祐传》。
④ 《宋会要辑稿》《刑法》2之57。
⑤ 俞文豹:《吹剑录》。
⑥ 《建炎以来系年要录》卷163绍兴二十二年九月癸卯。
⑦ 庄绰:《鸡肋编》卷下《铜脸铁脸》。

贸易,以致"获利几十倍"①。于是,张俊成为当时的一大富翁,其"家多银"②,但他役使军兵劳作,"既苦楚,又有费用,人皆怨之。加之营第宅房廊",卖酒贩药,搜集绫锦奇玩,甚至以美女回易海外,故人们称他为"钱眼内坐",给他取了个"铁脸"的绰号。军中戏曰:"张太尉铁脸。""世谓无廉耻、不畏人者为铁脸也。"③宋孝宗时,有的将领居然把大批官兵差派出外经商,走时借给本钱五千,"回日却要一十五千",官兵们"别无营运,只得贩茶,须往返三五次,方得钱足"④。如刘宝就将所卒士兵的半数以上用于回易经商,以至"入队者不及其半"⑤,从而造成了军纪的败坏与军队战斗力的减弱。

同时,南宋同北宋一样,不法商人交结权贵以牟暴利,贪官污吏勾结富商以图横财。南宋初,"责授黄州团练副使孟揆为令干当人作客人李俊名姓,于梧州买官盐"⑥。有的官员乘纲运之便,"附带回易,科差人船,民被其扰"⑦。孝宗时,台州知州唐仲友不仅"接受财物贿赂,不可胜计"⑧,而且还开彩帛铺、鱼鲞铺和书坊等,在彩帛铺中又设手工作坊,可以"机织、货卖";同时,他还"私卖公使库酒","关集刊字工匠,在小厅侧雕小字赋集,每集二千道,刊板既成,般运归本家书坊货卖"⑨。由此可知,某些官户不但经营商业,而且也经营手工业。此外,还有些官户经营高利贷。如孝宗时,福建路转运判官宗室赵师垂"依势作威,颐指州县,恐吓细民,强占其田,又强付钱本,以责利息"⑩。高利贷利息高得惊人,许多官商因此而暴富。袁采就曾指出:"典质之家至有月息十而取一者;江西有借钱约一年偿还而作合子立约者,谓借一贯文约还两贯文;衢之开

① 罗大经:《鹤林玉露》丙编卷2《老卒回易》。
② 洪迈:《夷坚支志》戊集卷4《张拱之银》。
③ 庄绰:《鸡肋编》卷下《铜脸铁脸》。
④ 《周益国文忠公集》卷137《论军政》。
⑤ 《建炎以来系年要录》卷193绍兴三十一年十月庚子。
⑥ 《宋会要辑稿》《食货》26之23。
⑦ 《宋会要辑稿》《职官》72之46。
⑧ 《朱文公文集》卷18—19《按知台州唐仲友状》(1—6)。
⑨ 《朱文公文集》卷18—19《按知台州唐仲友状》(1—6)。
⑩ 《宋会要辑稿》《职官》72之29。

化借一秤禾而取两秤，浙西上户借一石米而收一石八斗。"①官户经商，更可凭借权势，违法犯禁。如孝宗时周极"知秀州日，自带私家，坐船于本州酤卖私酒，为酒务辖下人所捕。极忿怒其人，诬以行劫，绷拷有至死者"②。理宗时，"有赵彦满者，载盐六巨艘，越采石径过，津吏方欲谁何，彦满即以竹枪戳伤军人，几死"③。至于前述宋代官员为经商者"曲为覆护免税"，"从而要索重价"，以致长江沿江商税宁宗时较往年"所收十不及四五，推原其由，皆士大夫之贪黩者为之"④，则更为典型。

此外，宋代官吏的贪污手段还有搜刮"羡余"，勒索下马钱、发路钱、折送钱、特送钱等。北宋初，即有一些地方贪官污吏将科配的物品作为"羡余"进献给朝廷，同时，不法官吏从中贪污肥私。如开宝八年（975年）五月，知桂阳监张侃揭发兵部郎中董枢、右赞善大夫孔璘和太子洗马赵瑜三人合谋"隐没羡银数十斤"⑤。故乾德年间太祖就曾诏云："诸路郡守不得非法聚敛，并缘申请妄进羡余，违者重置于罪，令御史台常切觉察。"⑥南宋时，进献"羡余"之风更为盛行。因此，孝宗多次申严"羡余"之禁，违者从重论罪。但是，腐败之风已积弊难返。朱熹就曾指出："是皆为将帅者，巧为名色，头会箕敛，阴夺取其粮赐以自封殖，而行货赂于近习以图进用。彼此既厌足矣，然后时以薄少，号为'羡余'，阴奉燕私之费。"⑦不仅如此，官吏贪污的手段时常花样翻新。南宋宁宗时的记载说，某些路一级的监司派属官"分布四出，唯利是图，馈遗既足，他皆不问，曰下马钱，曰发路钱，曰折送钱，曰特送钱，批胜既足，则又有夫脚钱"，"又有意外无厌之需，稍不满欲，多端罗织。其间或有不法事件，不过增加馈遗，虽有过愆，置而不言"⑧。可见，下马钱、发路钱、折送钱、特送钱等，已

① 《袁氏世范》卷3。
② 《宋会要辑稿》《职官》72之25。
③ 《清正存稿》卷1《九月朔有旨令伺候内引壬子入国门是日内引奏札》(4)。
④ 《宋会要辑稿》《食货》18之25。
⑤ 《续资治通鉴长编》卷16开宝八年五月壬申。
⑥ 《宋会要辑稿》《刑法》2之159。
⑦ 《朱文公先生文集》卷11《戊申封事》。
⑧ 《宋会要辑稿》《职官》79之24。

成为当时许多官吏贪污肥私、索贿受贿、苞苴馈送的一种"公例"了。史载,南宋权奸秦桧一贯"喜赃吏、恶廉士","贪墨无厌,监司、帅守到阙,例要珍宝,必数万贯乃得差遣。及其赃污不法,为民所讼,桧复力保之,故赃吏恣横,百姓愈困。腊月生日,州县献香送物为寿,岁数十万,其家富于左藏数倍"①。一个宰相之家,竟比国库的财物还要多,如果不贪污受贿、非法聚敛财物,按其正常的薪俸收入,是无论如何也积聚不了如此多的财富的。正是由于当时类似的贪官污吏无以数计,其枉法贪赃的手段千奇百怪,故朱熹指出:"古者刻剥之法,本朝皆备。"②

七、贪污腐败的危害

宋代官吏的贪赃枉法,从其危害性而言,主要是:其一,侵吞国家的财产或利益。官吏贪污,不论是以何种方式进行,如监守自盗,或合伙盗窃,或虚报冒领,或挪用隐占,或以贱换贵,或假公济私,或营私舞弊,或多受供馈,或隐产逃税,或少收租税,或以低价租赁官府财产,或大量役使官府人力、畜力,或以职权谋取其他各种私利等,其结果所侵占的都是国家的财物或经济利益。其二,侵犯臣民百姓的财物或利益。宋代的贪官污吏,绝大多数都是利用合法的身份对广大百姓进行非法的掠夺或侵占,如他们在执行公务时借故刁难勒索,或非法以次充好、强买强卖,或侵占、兼并土地,或打着官府的旗号和买科卖,或于籴粜之间舞弊坑人,或对无辜百姓肆意科罚,或对平民任意剥削,或强迫民众"馈送"钱物,或随意役使百姓人力、财物与畜力,或利用职权低价购买、贷借、租赁、雇用百姓的财物或人力,正如当时右谏议大夫、权御史中丞王化基所说:

> 夫贪吏临民,其损甚大,或则屈法,或则滥刑,或因公以逼私,或缘事以行虐,使民受弊甚于蠹焉。蠹盛则木空,吏贪则民弊。③

宋代官吏的贪污受贿、刻剥勒索等一直是普遍的严重的社会痼疾。

① 《建炎以来系年要录》卷169绍兴二十五年十月丙申。
② 《朱子语类》卷110《论兵》。
③ 《续资治通鉴长编》卷32淳化二年九月庚子。

"吏之所得,非官司欺弊,则掊民膏脂"①。国家与百姓利益的大量丧失,其结果自然是无数贪官污吏的营私自肥。在长达三百余年的时间内,大大小小的官吏唯利是图,唯赃是求,枉法徇私,给赵宋王朝带来了各种严重的危害。

首先,大量官吏的各种贪赃枉法之举,严重地危害着宋王朝的统治基础及其基本职能与效率。各级官吏贪污营私,或化公为私,或损公肥私,或侵占挪用,将国家大量的财税与实物收入归为己有,在本质上削弱了中央集权的统治基础。正如宋人苏辙所说:

> 诸道监司,自近岁以来,观望上下,无复励精之实,妄意朝廷以不亲细务为高,以不察奸吏为贤,于是巡历所至,或不入场务,不按有罪。郡县靡然承风,懦者颓弛,权归于吏,贪者纵恣,毒加于民,四方敖敖,几于无告……若夫两税、征商、酤榷,无故亏欠者,比比皆是。②

正是由于官吏贪污肥私,以致国家各种财政收入"亏欠者,比比皆是"。故王安石也认为,当时"政事所施,未可谓能合法度。官乱于上,民贫于下,风俗日以薄,才力日以困穷"③。司马光、苏轼等人也曾指出,近年以来,风俗颓弊,"是故下情弊而不上通,上恩壅而不下达……公私两困,盗贼已繁"④。甚至掌天下财政大权的三司人吏,也公开贪污受贿,"三司掌天下利柄,人吏公然作过,上下蒙昧,隐盗官物,其因事发觉者,百无一二"⑤。因而,大量的国家财物成了贪官污吏的私产,以至宋王朝"民贫财匮"⑥。官吏非法求赃,法外得利,使利不出于一孔,无异于取缔朝廷"以富兼人"的统治手段,不仅削弱了宋中央集权的向心力,而且导致其统治效率的不断降低。同时,官场行贿受贿、苞苴馈送成风,使贿赂变成了真正的"行政法","贪吏肆虐,政以贿成,监司牧守,更相馈遗,戎

---

① 《州县提纲》卷1《洁己》。
② 《栾城集》卷40《转对状》。
③ 《临川先生文集》卷39《上时政疏》。
④ 《温国文正司马公文集》卷31《乞开言路札子》。
⑤ 《清献公集》卷2《奏状乞移司勘结三司人吏犯赃》。
⑥ 《朱文公文集》卷11《戊申封事》。

帅所驻,交贿尤腆"①;"官员士庶,理诉公事,贿赂未至,则行遣迁回,问难不已,所求如欲,则虽不可行,亦必舞法"②;"公卿大臣不能究其详悉,而付之于胥吏,故凡贿赂先至者,朝请而夕得,徒手而来者,终年而不获。至于故常之事,人之所当得而无疑者,莫不务为留滞,以待请属。举天下一毫之事,非金钱无以行之"③。此外,贪官污吏对经商营利活动的向往,不能不使他们"旷废职事"、枉法牟利;他们为金钱所累,自然无暇顾及对职事的尽责与对朝廷的效忠。尤其是那些皇亲国戚、名门显贵、重臣大将,往往利用手中的职权贩买贩卖,以官府的名义从事盐、茶、酒等国家专卖品的经营,破坏税收法令,从中非法牟取巨额暴利。自古以来,"吏不廉则政治削"④,贪官污吏们的犯赃行为必将严重地削弱宋王朝的统治基础。

　　其次,贪污腐败,行贿受贿等导致宋王朝法制废弛,不仅官吏执法不公,有法不依,违法不纠,而且自身肆意执法犯法,违法犯赃,舞文弄法,甚至以贿额钱财代法,以致法制既滥且乱,弊端百出。当时,行法之人,多行不法。"措刑之效未逮于古者,盖由师帅之任,鲜或循良,昧者以胥吏为耳目,怠者以胥吏为精神,贪者以胥吏为鹰犬。案牍满前,漫不加省,狱情出入,动由此曹。故富民纳赂以买直,贫者不能自伸;强者劫持以求胜,弱者不能自免。所望以直其冤者,监司也,今监司按部,动以胥吏数十自随,所至州县,唯务诛求,苟满其欲,则狱事一切不问。"⑤至于官吏在履行其正常职责的过程中,也多枉法受贿索贿。苏轼就曾上书指出,朝廷恤民、抑制豪强的措施,皆难以推行,究其原因,是"州县吏人,因缘为奸,以市贿赂,故久而不决",以便他们从中"假以事权,济其威虐","以肆规求,待其充欲","徒使胥吏小人,缘而为奸,威逼平民……若官吏只循常法,何

---

① 《絜斋集》卷3《论国家宜明政刑札子》。
② 《建炎以来系年要录》卷200绍兴三十二年六月丙寅。
③ 《苏轼文集》卷8《策别课百官三》。
④ 《宋会要辑稿》《职官》57之11。
⑤ 《王忠文公文集》卷24《轮对札子》(三)。

缘索得"①。正可谓"人情法意,每每多失"。不仅如此,"其间有一执法守正者,动多拘谨,不敢容易"②,偶有一公正执法之官,则遭受排挤压抑,难防贪官污吏之害。正如宋人在揭露地方不法官吏的行为时所指出:

> 州县之吏,多是狡恶之人,窥伺官僚,探刺旨意,清白者必多方以误之,贪婪者则咭利以制之。然后析律舞文,鬻狱市令,上下其手,轻重厥刑,变诈奇邪,无所不作。苟或败露,立便逃亡;稍候事平,复出行案。设有强明牧宰,督察太严,则缔连诸曹,同日亡命。③

而且,还如朱熹所说:"贪污者必以廉介者为不是,趋竞者必以恬退者为不是。"④由此可见,贪官污吏的所作所为,不仅造成了法纪的废弛,而且破坏了法制,导致了当时法制与社会秩序的混乱,宋王朝的统治因此而更加腐败。

再次,贪官污吏的违法犯赃行为导致了宋王朝的财政亏空更加严重,使其财政危机有如火上浇油。本来,宋王朝的皇室之奢、兵众之费、冗官之禄、外患之忧与"赏赐"等早已使其入不敷出,官吏的贪污、挪用、受贿等则进一步使其财政收支捉襟见肘。据宋仁宗时苏舜钦记载:当时情况是"府库匮竭,民鲜盖藏,诛敛科率,殆无虚日。三司计度经费,二十倍于祖宗时,此用度不足也"⑤。三司户部使王嗣宗、度支使梁鼎等也曾指出:"国家经费甚繁,赋入渐少,加以冗食者众,尤为耗蠹",以致"重扰于民"。因此,王嗣宗严厉地处罚了"奸赃"官边肃,同时上书贬谪"侵渔众民,凌暴孤寡"的种放,在邠州捉杀"妖巫挟之为人祸福"的"数十狐","嗣宗尝言,徙种放、掘邠狐、按边肃,为去三害"⑥。贪官既是扰民的祸害,又是蠹害国家财物的蛀虫。正是由于无数蛀虫的蚕食,宋王朝因此日益腐朽与羸弱。故叶适曾经指出:"夫财之多少有无,非古人为国之所患,而今世

① 《苏轼文集》卷31《应诏论四事状》。
② 张九成:《横浦心传录》卷上。
③ 《苏子美集》卷3《五事》。
④ 《朱子语类》卷108《论治道》。
⑤ 《续资治通鉴长编》卷121宝元元年正月乙卯。
⑥ 《宋史》卷287《王嗣宗传》。

乃以为其患最大而不可拯救"①,以至于"财用大乏","天下之论扰扰,皆以财为虑矣"。②贪官污吏们不仅不依法向国家纳税,而且还走私逃税,侵占国家财税,盗窃府库财物,从而使国家的财政收入大为减少。不仅如此,官吏行贿受贿索贿,也往往使国家财税收入遭受重大损失。景德四年(1007 年)九月,福建巡抚、比部员外郎张令图言:"福建路诸寨棚巡兵,捕得私鬻茶盐人,多分其财物,纵初犯人逃逸。"③再如,在对外贸易港口泉州,"舶商岁再至,一舶连二十艘,异货禁物如山,吏私与市者,价什一二售,幸不谁何。遍一州吏争与市"④。至于受人贿而免其税者更是大有人在。如"曹州民王坦避水患,以其车载人货,取直至京师。都税院栏头甲绐之曰:'车无火印,匿税也。贿我则免。'民遽遗钱三百免"⑤。这样,国家税收大量减少,而贪官也因此自肥。"大抵吏胥献科敛之计者,其名为官,其实为私,官未得一二,而私获八九矣。比者数吏魁,田连阡陌,楼观苕峣,服食燕设,拟于贵近。"⑥前述贪官污吏接受大商巨贾们的贿赂而曲为免税,致使沿江场务商税"较之往年所收十不及四五"⑦,即是其典型事例之一。故欧阳修曾明确地指出:"天下公私匮乏者,殆非夷狄为患,全由官吏坏之。"⑧由此可以认为,当时有人已清楚地认识到贪赃现象与财政危机的因果关系。马端临在《文献通考》中也记载说:"靖康元年言者论:天下财用岁入有常,须会其数,宜量入为出。比年以来,有御前钱物、朝廷钱物、户部钱物,其措置裒敛取索各不相知,天下常赋多为禁中私财",或为官吏中饱私囊。⑨正因为如此,著名改革家王安石就曾提出,要缓和财政危机,以避免财政收支出现进一步的亏空,就不能不解决官吏犯

---

① 《水心文集》卷4《财总论一》。
② 《水心文集》卷4《财总论二》。
③ 《鸡肋集》卷62《朝散郎充集贤殿修撰提举西京嵩山崇福宫杜公行状》。
④ 《鸡肋集》卷62《朝散郎充集贤殿修撰提举西京嵩山崇福宫杜公行状》。
⑤ 《鸡肋集》卷62《朝散郎充集贤殿修撰提举西京嵩山崇福宫杜公行状》。
⑥ 《象山全集》卷4《与赵宰》。
⑦ 《宋会要辑稿》《食货》18 之 25。
⑧ 《欧阳文忠公先生文集》卷130《论乞止绝河北伐民桑柘札子》。
⑨ 《文献通考》卷24《国用考》。

赃的问题。"诚能御轻重敛散之权，而禁因缘之奸，则何患乎经人之不足。"①即使是臭名昭著的奸相、贪官"贾似道亦疏言，裕财之道，莫急于去赃吏"②。

又次，官吏贪赃使广大百姓生活更加贫困，从而使统治阶级与农民阶级的矛盾更加激化，以至宋代农民起义中明确地提出了"反贪官"的口号，继而直接威胁到赵宋王朝统治的稳定。如上所述，官吏贪赃枉法，不是侵吞国家的财产或利益，就是侵占、勒索广大百姓的利益或财物。正如宋人所说："贪吏临民，其损甚大"，"蠹盛则木空，吏贪则民贫"。③由于冗官众多，"实倍常数，意欲丰财厚利，尽入牢笼，其如蠹国耗民，转加残弊……今以朝官、诸色使臣及县令、簿、尉等所费，高卑相半，折而计之，一人月费不翅十千，以千人约之，岁计用十余万，更倍约之，万又过倍。此或皆是廉白之吏，止伤于公府之费尔。若或贪婪之吏，布于天下，则兼更取于民间者又数倍焉，祖吉之类是也。如此，则得非蠹国耗民乎？"④许多有识之士更是一针见血地指出："今贪人在官，民皆受苦。"⑤范仲淹就曾指出，由于贪风颇盛，今之县令等官，"志在苟且，动皆循己"，以至"胥吏不畏，徭役不均，刑罚不中，民利不作，民害不去……以一邑观之，则四方县政如此，十有七八焉"⑥。如此多的贪官污吏，自然给老百姓带来了无穷的祸害，官吏的刻剥掠夺，导致民不聊生。"官以未及期为办事，民当未及期而被虐，故常赋未入于官府，而横费已归于蠹吏矣。悍吏持尺牒走乡间，邀呼隳突，鸡犬不宁"⑦；"凡百姓所有，无一不征"，以至"民间贫困，十室九空"⑧；"今日吾民之困甚矣"⑨。朝廷为了摆脱财政危机，贪官污

---

① 《临川先生文集》卷49《诚励诸道转运使经画财利宽恤民力制》。
② 《廿二史札记》卷24《宋初严惩贪吏》，又见《宋史》卷42《理宗本纪》。
③ 《续资治通鉴长编》卷32淳化二年九月庚子。
④ 《续资治通鉴长编》卷32淳化二年九月庚子。
⑤ 《苏子美集》卷3《五事》。
⑥ 《范文正公集》卷8《上执政书》。
⑦ 《王忠文公文集》卷24《轮对札子》（三）。
⑧ 《温国文正司马公文集》卷25《论横山疏》。
⑨ 《絜斋集》卷3《论国家宜明政刑札子》。

吏为了满足其穷奢极欲,只有千方百计、想方设法勒索平民百姓,从而反映出"古者刻剥之法,本朝皆备"①。在这种刻剥状态下生活的农民,他们多在生死线上痛苦挣扎,"一岁之耕,供公仅足,而民食不过数月,甚者场功甫毕,簸糠麸而食秕稗,或采橡实蓄菜根以延冬春"②。司马光对此就曾指出,因天灾人祸,官吏盘剥,以至:

> 四民之中,惟农最苦。农夫寒耕热耘,沾体涂足,戴星而作,戴星而息。蚕妇育蚕治茧,绩麻纺纬,缕缕而积之,寸寸而成之,其勤极矣。而又水、旱、霜、雹、蝗、蜮,间为之灾,幸而收成,则公私之债交争互夺,谷未离场,帛未下机,已非己有矣。农夫蚕妇所食者糠粞而不足,所衣者绨褐而不完,直以世服田亩,不知舍此之外,更有可生之路。③

当朝廷利用官吏进行大肆搜刮的时候,贪官污吏借机"蓄聚私家之囊橐","每或科率一物……朝廷得其一分,奸吏取其十倍"。④ 朱熹也说:"今日有一件事最不好:州县多取于民,监司知之当禁止,却要分一分!此是何义理!"⑤真德秀在痛陈官吏的掠夺时明确指出:

> 权臣用事以来,戕贼元元,殆非一事。盖其始也,易楮币、易盐钞、颛用罔利之术,而峻绳下之刑,估没编隶,滥及无辜,而民怨;其中也,黜忠良而进贪刻,举赤子以付豺狼,远近嗷嗷,恬之不恤,而民益怨;其末也,廉耻道绝,货赂公行,以服食器用为未足,而责之以宝玉珠玑;以宝玉珠玑为不足,而责之以田宅契券,希指求进者,虽杀人于货亦所忍为,而民大怨矣。江湖、闽、广三衢之盗相挺而起,生灵荼毒几千万人,户口减少殆什七八。幸而无盗者,又以官吏争自为盗,田里荒寂,州县萧条,亦无异于绿林黑山蹢砾也,可胜叹哉!⑥

如果说朝廷的苛捐杂税是"竭生灵之膏血",那么,官吏的枉法勒索、

① 《朱子语类》卷110《论兵》。
② 《欧阳文忠公先生文集》卷59《原弊》。
③ 《司马文正公传家集》卷48《乞省览农民封事札子》。
④ 《历代名臣奏议》卷56。
⑤ 《朱子语类》卷111《论民》。
⑥ 《西山文集》卷13《召除户书内引札子》。

巧取豪夺则无异于敲骨吸髓。当"州县乏兴,鞭挞黎庶,鬻妻卖子"之际,"而钟鸣鼎食之家,苍头庐儿,浆酒藿肉;琳宫梵宇之流,安居暇食,优游死生"①。走投无路之际,受贪官污吏掠夺刻剥的农民只有举起反抗的旗帜,以求死里逃生,冒险改变其悲惨的命运。

从宋代农民起义的原因、过程及其斗争目标看,都直接与官吏们的贪赃枉法有着密切的联系。贪官污吏的犯赃刻剥往往是民众反抗的导火线。"亲民之官失于绥养,管榷之吏恣其诛求"②,使王小波、李顺起义青城;"花石纲"之勒索盘剥,使"方腊起,以诛勔为名"③;百姓含冤、官官相护,逼迫梁山好汉打出了"反贪官"的鲜明旗号;宋江就曾说他之所以参与造反,是"被滥官污吏逼得如此"。外忧内患,种粮者无食充饥,遂使钟相、杨么起义洞庭。在起义的过程中,各地的贪官污吏自然成为主要的打击对象。王小波、李顺起义中"官吏多被其害"④;"时吴中困于朱勔花石之扰"而起的农民军,在反抗斗争中,"凡得官吏,必断脔支体,探其肺肠,或熬以膏油,丛镝乱射,备尽楚毒,以偿怨心"⑤;在钟相、杨么起义中,其主要活动也是"焚官府,杀官吏"⑥。而且,当贪官污吏的各种枉法行为受到朝廷的袒护时,受盘剥勒索、被迫而起的百姓自然把对赃吏的仇恨、斗争转向中央朝廷,甚至是皇帝身上。杨简就曾向皇帝分析、揭示了这种利害:"民怨吏,卒怨官,遂怨及朝廷。……臣大惧中外积怨之久,一夫大呼,从之者如归市。"⑦这就是说,随着时间的推移,官吏的枉法犯赃,必然导致统治阶级与被统治阶级的矛盾由浅入深、日趋尖锐并激化。

最后,许多官吏的各种贪污受贿行为,还必然会引起整个吏治的败坏与腐败之风的蔓延,这也是不言而喻和毋庸置疑的。

---

① 《宋史》卷 174《食货志》。
② 《东都事略》卷 3《太宗本纪》。
③ 《宋史》卷 470《朱勔传》。
④ 《欧阳文忠公先生文集》卷 130《论乞止绝河北伐民桑柘札子》。
⑤ 《宋史》卷 468《方腊传》。
⑥ 《三朝北盟会编》卷 137。
⑦ 《历代名臣奏议》卷 60。

第二节　廉政与反贪机制

一、监察制度

为了防止官吏贪污受贿、枉法犯罪、胡作非为,以保持中央集权专制统治的稳定,宋王朝在继承隋唐五代官制的基础上,不仅设置了一系列的监察官吏的机构或担负监察职能的官吏,而且制订了一整套监察各级官吏的措施,从而在一定程度上发展、完善了当时的监察制度,对监察官吏违法犯赃、防止贪污、惩罚犯罪及倡导廉政等起到了一定的积极作用。

(一) 监察机构与官吏

宋代中央的监察机构主要设有御史台和谏院。御史台“掌纠察官邪,肃正纲纪。大事则廷辩,小事则奏弹”①,其属有三院,即台院、殿院和察院。在北宋前期,御史台的设官并不正式任命御史大夫,而只是作为一种加官,授予其他官员。元丰改革官制后,撤销了御史大夫这一官称。于是御史中丞变成了御史台的长官,俗称“台长”。副长官是侍御史知杂事。御史台正副长官的职责原则上总管对朝廷内外百官的监察与弹劾,但根据规定,其具体事务由所属三院负责。其中,台院设侍御史一名;殿院设殿中侍御史两名;察院设监察御史六名,以分工监督六部和各个机构,随事纠正,称为“六察”。官阶低而任殿中侍御史或监察御史者,称为“里行”。此外,还设推直官两员,专管监察、审理刑事案件。三院御史在履行监察、言事的过程中,必须先向御史中丞报告。至仁宗时刘筠任中丞后,御史言事始可不必预先请示本台长官。按照唐制,御史还可“风闻”论事,即使纯属捕风捉影,也不承担相应责任,可算合法。宋承唐制,也大

---

① 《宋史》卷164《职官志》。

致如此。

史载,防止、揭发、弹劾官吏的违法犯罪,包括贪污、受贿、苟且等犯赃行为,是御史台监察官吏的主要职责。其中,"监察御史六人,掌分察六曹及百司之事,纠其谬误,大事则奏劾,小事则举正。……凡六察之事,稽其多寡当否,岁终条具殿最,以诏黜陟"①。自宋而言,台官"论政事、击官邪"的职能是不断得到加强的。"崇宁二年(1103年),都省申明:'台官职在绳愆纠谬,自宰臣至百官,三省至百司,不循法守,有罪当劾,皆得纠正。'"②

在监察制度方面,宋代还设有谏院。不过,其设置、职能在不同时期多有差别。宋初门下省有谏院,但名存实亡。设有拾遗、补阙,又改为司谏、正言,但都不任谏职,或并不专管谏诤,或另有所任。后又一度设谏官,置谏院,如朝廷特令供职,才正式成为谏官。不久又名存实亡。仁宗明道元年(1032年),以门下省址设谏院置官,始成定制。其长官称"知谏院事",以司谏、正言充任。谏院主管规谏讽谕,凡朝政缺失,百官任非其人,各级官府办事违失,都可谏正。元丰官制改革,以左、右谏议大夫为谏院长官,左隶门下省,右隶中书省。建炎三年(1129年),另建官署。

按定制,宋前各代御史、谏官职责分明,御史主弹纠官邪,肃正纪纲,督察官吏;谏官掌规谏讽谕,献可替否,是监督君主的。宋朝时这一制度发生了变化。从宋真宗天禧二年(1017年)始,谏官可以论奏"官营涉私"③,弹劾百官。宋仁宗朝,谏官常与御史联合起来弹劾宰执等各署、各级官吏。故宋朝哲宗时王觌上疏说:"谏官职事,凡执政过举,政刑差谬,皆得弹奏。"④可见,谏官不仅在谏诤对象上,由皇帝转向大臣,而且也拥有对百官的监察权了。宋代谏官参预弹奏宰执百官,使中央监察队伍扩大。当时、台、谏官都以言事弹劾为责,其职权并无多大差别,这一状况导致其后出现台、谏合流的趋势。

---

① 《宋史》卷164《职官志》。
② 《宋史》卷164《职官志》。
③ 《宋会要辑稿》《职官》3之51。
④ 《续资治通鉴长编》卷389元祐元年十月壬辰。

自北宋中后期始,宋代中央的监察机构除御史台与谏院以外,尚书左、右司和宰执都可以监察百官。北宋元祐元年(1086年)三月,御史中丞梁焘就曾上疏说:"臣窃以左、右司之职掌,付十有二司之事,以举正稽违。"①南宋绍兴五年(1135年),高宗对宰相赵鼎等人说:"大臣朕之股肱,台谏朕之耳目,职任不同而事体均一,或有官非其人,所当罢黜者,卿等宜亟以告朕,不必专待台谏。"②宋代中央台、谏等监察机构及其职能的扩展,反映了当时的监察体制向多元化方向发展的特点。

宋代在地方路、州、县多设有监察机构或具有监察职能的官吏。宋朝在统一中国,收夺地方财、政、军权的同时,也将对地方官吏的监察权收归中央,并加强对地方的监察,设立路一级建置,在此上建立监司。皇帝通过监司,收州县之权归于监司,监司之权归于朝廷,"上下相维,轻重相制"③;有了诸路监司,朝廷只需掌握少量的监察官吏,而不必耗费过多的精力于众多的州县,皇帝即可端坐庙堂,收到如身使臂、如臂使指、擒纵如意的统治效果。

宋代地方监司,先后有转运司、提点刑狱司和提举常平司等。当时,《庆元条法事类》即明确记载道:"诸监司者,谓转运、提点刑狱、提举常平司。"④转运司的监察职能,按宋制规定,正如皇帝曾多次下诏要求的:"宜令诸路转运使察部下官吏,有罢软不胜任、怠惰不亲事及黩货扰民者,条其事状以闻。"⑤后又多次"诏诸路监司、帅臣各察守令臧否以闻"⑥。尤其是要担"禁暴戢奸""谨察苛吏"⑦之责。至于提点刑狱、提举常平也要"案督守令""掌按察官吏之事"⑧。

同时,宋代还在沿边之河北、河东、陕西、川陕等地设置走马承受公

①　《续资治通鉴长编》卷440元祐五年三月甲午。
②　《宋中兴两朝圣政》卷17绍兴五年正月丙辰。
③　《宋史》卷337《范镇传》。
④　《庆元条法事类》卷7。
⑤　《续资治通鉴长编》卷22太平兴国六年三月癸丑。
⑥　《宋史》卷33《孝宗本纪》。
⑦　《栾城集》卷27《傅尧俞御史中丞》。
⑧　《文献通考》卷67《职官考》。

事,以为皇帝之耳目,实司按察。政和中改名廉访使,其权力扩大,史载"其权与监司均敌,朝廷每有所为,辄为廉访使雌黄,枢密院藉以摇宰相"。靖康初年又复名走马承受。在皇帝的直接指挥下,遇边防有警,他们随时乘驿传飞报皇帝。而且,他们一度同御史之职,可以风闻言事。这类由皇帝亲近的三班使臣或内侍充任的走马承受,虽其地位不高,且非正式的监察官,但他们按察的官多事广,不仅监察将帅,能"预闻边要主帅机宜公事"①,而且监察地方行政事务,"民生之利病,法令之废举,吏治之清污、能否,凡郡邑之政"②,都要向皇帝报告。

在路所属的州县政区,宋代设通判一职,以监察地方事务。仁宗曾诏:"州郡设通判,本与知州同判一郡之事,知州有不法者,得举奏之。"③南宋赵彦卫认为:"今之州通判,盖秦郡监、隋郡通守之比。"④全面地看,整个宋代通判的职能是有变化的。宋初通判行监察之责,元丰改革官制后正式规定为地方副长官。"知州掌郡国之政令,通判为之贰。"⑤后来,又明确规定通判具有监察职能。"通判掌倅贰郡政,凡兵民、钱、谷、户口、赋役、狱讼听断之事,可否裁决,与守臣通签书施行。所部官有善否及职事修废,得刺举以闻。"⑥南宋时,规定通判"入则贰政,出则按县;有军旅之事,则专任钱粮之责,经制、总制钱额,与本郡协力拘催"⑦。可见,通判的职责又有所变化。南宋时,朝廷规定帅臣安抚使也握有监察地方官吏的部分权力。如绍兴三十二年十二月"丙寅,诏帅臣、监司具部内知州治行臧否以闻"⑧。后又多次"诏帅臣、监司岁终考察郡守臧否以闻"⑨,"岁以所属郡守臧否来上"⑩。

① 《续资治通鉴长编》卷191嘉祐五年二月壬午。
② 《宋大诏令集》卷212。
③ 《职官分纪》卷41。
④ 《云麓漫钞》卷5。
⑤ 《宋会要辑稿》《职官》47之11。
⑥ 《宋会要辑稿》《职官》47之62。
⑦ 《宋史》卷167《职官志·通判》。
⑧ 《宋史》卷33《孝宗本纪》。
⑨ 《宋史》卷37《宁宗本纪》。
⑩ 《建炎以来朝野杂记》甲集卷6《建炎至嘉泰申严赃吏之禁》。

此外,宋代在中央和地方的仓、库、场、务等一些保管财物的重要场所都设有"监当官",其职责是"掌茶、盐、酒税场务征输及冶铸之事","课其额之登耗以为刺举"。① 这是说,监当官对朝廷或上级负责,其所辖官吏枉法犯赃,如贪盗国家或官府财物,或行贿受贿,或索贿刻剥百姓等,监当官负有刺举、纠察、弹劾之责。

(二) 监察官吏的措施

宋代在设置各级各类监察机构与官吏的基础上,制订出了一套较系统的监察措施。有人认为,当时"严密的监督既表现在多种多样的监督方式上,又表现在形形色色的督察手段中。规定有关人员的监察责任及赋予臣民一定限度的告发权,形成了监督可能犯赃的官吏的庞大系统,也形成了多种多样的监督方式",并概括而具体地提出了其监察方式与手段。②

从监督、监察方式而言,一是监察官纠弹。"掌纠察官邪"的中央监察机构"台谏",不仅负有对京、朝官的监察责任,而且兼有对地方监察官的纠察之责。至于路一级的"监司",必须"每岁分上、下半年巡按州县,具平反冤讼、搜访利害及荐举循吏、按劾奸赃以闻",并具体规定,"岁行所部,检察储积,稽考账籍,凡吏蠹民瘼,悉条以上达,及专举刺官吏之事"③。至于州之通判及重要的财物管理场所的监当官等,更是要求"躬自检阅帐籍所列官物"及其他各类具体的监察事务,履行其所属监察、纠弹官吏的职责,以保证朝廷的监察系统职能的正常发挥。

二是关系人检举。当职官、干系人、同保人和长吏往往是其官署中官吏犯赃的知情人、见证人或其同谋。按宋律规定,这些关系人都负有检举之责。如转运使之职,依法"掌一路财赋之人,按岁额钱物斛斗之多寡,而察其稽违,督其欠负,以供于上,间诣所部,则财用之丰欠,民情之休戚,

---

① 《宋史》卷167《职官志·监当官》。
② 参见江必新《宋代"严贪墨之罪"述论》,《西南师大学报》1986年第2期。
③ 《宋史》卷167《职官志》。

官吏之勤惰,皆访问而奏陈之"①。

三是受害人户论诉。按宋律规定,如果平民百姓认为官吏侵害了他们的利益,可以依法上告论诉。"如论县许经州,论州经转运使,或论长吏及转运使,在职官僚,并言机密事,并许诣鼓司登闻进状。"②

四是遣亲事卒侦探。宋初,朝廷置武德司等机构,以其亲近或内侍遣亲事卒微服侦察臣民动静,或"刺守贪廉",以为皇帝耳目。太宗时,多"遣皇城卒变服觇逻";尤其是在《仓法》颁行以后,朝廷密诏皇城卒暗中监守仓库等国家财物保管的重要场所,探得犯赃枉法等事,直接"密具名闻"。"自江南平,岁漕米数百万石给京师,增广仓舍,命常参官掌其出纳,内侍副之。上犹恐吏概量不平,遣皇城卒变服觇逻,于是廉得永丰仓持量者张遇等凡八辈受赇为奸,庚辰,悉斩之。监仓右监门卫将军范从简等四人免官,同监内侍决杖。"③故当时有人指出:"皇城置逻卒,旁午察事,甚于周之监谤。"④

从宋代监察制度中的监察方式而言,如果一个官吏贪赃枉法,他就可能受到上下左右诸如监察官、关系人、受害人与"秘密侦探"等多种人的监督、揭发、弹劾或刑法惩治,不过,从宋代的吏治腐败状况来看,仅仅依靠多种监察方式尚不足以实现对各种贪官污吏的有效监督。因为有相当一部分负有监察、检举、侦刺之责的官吏官官相护,或庸懦苟且,得过且过;或受贿枉法、网开一面;或徇私舞弊、阳奉阴违。同时,受侵害人户也往往因惧怕贪官污吏伺机报复而反遭罗织陷害或受"讼累"而不敢告发。针对上述种种弊端,宋朝廷还采取了一系列与监察方式并行的监察手段,从而使有宋一代的监察措施显得更为完备。这些监察手段主要是:

其一为周防法,以利相互监察。宋王朝为了防止监察官与违法犯赃官吏串通作弊,规定各类官吏应依法互察与按察,从而使监察措施具有"周防"的性质。这样,不仅各级官吏受到监察官的监察,而且监察官本

---

① 《宋史》卷 167《职官志》。
② 《宋会要辑稿》《刑法》3 之 12。
③ 《续资治通鉴长编》卷 18 太平兴国二年七月戊寅。
④ 《王忠文公文集》卷 24《轮对札子》(三)。

身也受到监察。按宋制规定:御史言事可不受"台长"即御史台主要长官御史中丞的节制,台谏官员对所奏事项不得在事前相互通风报信或过问阻挠,很明显,这种封锁制度目的在于使台谏官员相互设防。同时,监司按制监督州县,台谏按制监督监司,尚书省依法可举劾台谏不职、台谏之责应论列尚书不法。在地方,宋代路一级政区的监司先后设有转运使、提点刑狱、提举常平等,他们既有分职之专,又有互察之责。此外,朝廷还常选派"强干廉明者"为特使,按察地方监司,有时特诏"坐监司不按赃吏罪"。有时甚至干脆由朝廷特使代行地方监司之职,"每有一事,朝廷辄自京师遣使往治之"①。如建炎元年(1127 年)八月"乙酉,遣兵部员外郎江端友等抚谕闽、浙、湖、广、江、淮、京东西诸路,及体访官吏贪廉、军民利病"②。

至于当时中央朝官之间、朝官与地方官之间以及地方官与地方官之间有关要求相互监察的记载,更是屡见于史。按宋制规定,对朝臣的监察,由台谏负责;对监察官御史的监察,由尚书省承担。神宗就曾诏"尚书都省弹奏六察御史纠劾不当事"③;不久,诏都司设置御史房"主行弹纠御史案察失职"④。尽管宋代台官权重,但皇帝又给予尚书省以弹奏御史失职之权,并且由专设机构都司御史房负责,这不仅使台、省相互牵制,而且使其牵制权最终掌握于皇帝手中。

同时,中央对地方官的监察也是如此。按宋制规定,对地方官吏的监察,由监司承担,不仅要求"诸路监司、帅臣按劾官吏之残民者"⑤,"按察官岁上所发摘赃吏姓名以为殿最"⑥,而且还诏令"监司、帅守察内外宗子病民害政者以闻"⑦。对各路监司官的监察,则主要由御史台负责。嘉祐二年(1057 年)四月丙寅诏令指出,转运使与提点刑狱失察郡守县令"悉

① 《宋史》卷 29《高宗本纪》。
② 《宋史》卷 24《高宗本纪》。
③ 《续资治通鉴长编》卷 321 元丰四年十二月丙申。
④ 《宋史》卷 161《职官志》。
⑤ 《宋史》卷 29《高宗本纪》。
⑥ 《宋史》卷 25《高宗本纪》。
⑦ 《宋史》卷 27《高宗本纪》。

罚无赦,仍令御史台常加采访弹奏以闻"①。不久,神宗"令御史台分案诸路监司职事"②;又诏"遣郎官或御史按察监司职事,至元丰八年立为著令"③。后来,高宗又诏:"应监司被旨体究公事,如敢迁延观望及循情灭裂,令御史台弹奏,重置典宪。"④与此同时,宋还严格规定监司互察。崇宁五年(1106年),徽宗曾下诏要求"见今诸路监司互相察举如法。或庇匿不举,以其罪罪之,仍令御史台弹劾以闻,朕当验实,重行黜责",并"著为令"⑤。此外,按宋制规定,对走马承受、通判等的监察,主要由监司、帅臣等负责。神宗曾明确诏令,走马承受"设有贪赃不法,监司自当具罪状闻奏,听旨送狱推勘"⑥。后钦宗、高宗又分别诏令,走马承受须"听监司觉察"⑦,或有违职事项,应"委帅臣奏劾"⑧。至于通判之职,除依法履行其责外,"无得因缘骚扰,仍令监司常切监察",如果监司"知而不问,亦坐失察之罪"⑨。可见,通判接受监司的监察是宋代的定制通例。

其二为考课法,以利定期监察。按宋制规定,宋文武官员实行磨勘之法,按制考核。其初,文武官三年或五年左右定期进行一次全面的考核,在考核的基础上决定其升降黜陟。元丰改制后,宋廷规定寄禄官迁转皆有定年,任内每年勘验考核其劳绩过失,吏部复查后决定迁转寄禄官阶。当时不论哪一种形式的考核,官吏是否枉法犯赃都是必须考课的重要项目。同时,对于监司、按察官等朝廷还特别规定:"诸监司、按察官每岁终,具发摘赃吏姓名置籍申尚书省";"经略、按抚、发运、监司属官,听逐互行按举"⑩;"按察官岁上所发摘赃吏姓名以为殿最"⑪。至于中央台

---

① 《宋大诏令集》卷193。
② 《宋史》卷16《神宗本纪》。
③ 《续资治通鉴长编》卷395元祐二年二月甲子。
④ 《宋会要辑稿》《职官》45之17。
⑤ 《宋会要辑稿》《职官》45之3。
⑥ 《续资治通鉴长编》卷310元丰三年十二月丙戌。
⑦ 《宋会要辑稿》《职官》41之135。
⑧ 《宋会要辑稿》《职官》41之135。
⑨ 《宋会要辑稿》《职官》47之71。
⑩ 《庆元条法事类》卷7。
⑪ 《宋史》卷25《高宗本纪》。

谏,其考核制度可谓更为严密。元丰七年(1084年),神宗就曾下诏要求"都司御史房置簿,以书御史、六曹官纠察之多寡当否为殿最,岁终取旨开黜"①。甚至规定"催辖司、太府寺、左藏库互相勾考,以绝奸弊",以加强对官吏的考核监督。② 朝廷这种利用考课法,把对官吏犯赃负有监察责任的人同其切身利害联系起来进行经常、定期的考核监察,有利于提高对贪官污吏的考核监察与弹劾、惩治效率。

其三为越诉法,以利民众监督。为了防止官吏相互勾结、共谋舞弊,宋制规定,被侵害人户可以越级上诉枉法犯赃官吏。宋时,通过赋予受侵害人或关系人上诉权、越诉权和悬赏告发等手段实现对犯赃官吏的社会、群众监督,从而在一定程度上扩大了对官吏的监督范围,有利于提高监督效果,发挥监督职能。宋立国之初,太祖就规定人户可以越诉告官,甚至以重赏诱使官吏的"近亲""奴婢""邻里"告发"因赂获荐"者。王安石变法期间,曾规定对枉法犯赃官吏实行普遍的募告法,"如手实、禁盐、牛皮之类,皆立重赏以劝告许者"。哲宗元祐六年(1091年),尚书省立"监临主司受乞役人财物枉法者罪赏法"③。徽宗时,还成倍地提高了这种募告的赏酬。南宋绍兴元年(1131年),高宗多次诏告:"官员犯入己赃,许人越诉,其监司不即究治并行黜责。"④宋律还规定:如果受诉官署论列不当,可以凭"断由"即法律文书逐级上诉。州府、监司、登闻鼓院、登闻检院、御史台、尚书省都应尽责接受"人户"的上诉状,并对案件进行重新审理;受害人户还可通过"邀车驾"的方式向皇帝鸣冤叫屈。为防止越诉人户遭到打击报复,宋律又规定"帅臣诸司州军受理词诉,不得辄委送所讼官司,违者许人越诉,违法官吏并取旨重行黜责"⑤。如果"被诉官司辄以他故捃撝追呼赴官者,杖八十,若加禁摇拷者,加三等"⑥处罚。"以他事

---

① 《宋史》卷161《职官志》。
② 《宋史》卷178《食货志》。
③ 《宋会要辑稿》《刑法》2之15。
④ 《宋会要辑稿》《刑法》3之26。
⑤ 《宋会要辑稿》《刑法》3之17。
⑥ 《宋会要辑稿》《刑法》3之27。

非理科罪","重作行遣"①。通过扩大受害人的上诉和越诉权,加强了对官吏犯赃行为的社会监督。这是宋代以前所不多见的。

其四为连坐法,以利依法监察。按宋制规定,上级官吏对本属官吏负有监督连带责任。凡负有监察和觉举责任的官吏,若本属官吏犯赃,主典官失觉察者受罚,知而不举者与之同罪,通谋作弊者如行贿受贿等加重处罚;即使毫不知情,如果所犯赃罪重大,也要依法惩处。南宋初,朝廷就再次"诏京官、知县并堂除,内外侍从各举可任县令者二人,犯赃连坐。自今不历县令者勿除监司、郎官,不历外任者勿除侍从,著为令"②。不久,又诏:"凡辟举官犯赃罪,罪及所举官。"③理宗时,又再次重申:"岁举廉吏或犯奸赃,保任同坐,监司守臣其申严觉察。"④《庆元条法事类》也载,如州县官吏借人户吉凶聚会、修造之机,"辄抑勒令买酒及引者徒一年,当职官不觉举与同罪",官吏审计财物账籍欺弊,"当职官失觉察,杖八十,犯人应配者,杖一百"⑤。从而,加强了当职官对本属官吏犯赃的监督、觉察责任。神宗时甚至规定:皇城卒"若十日不探到事,即决杖"⑥。

二、法 律 规 定

宋代在防止、处理官吏贪污违法方面,不仅制订了较严密的监察措施,而且制订了一系列的律令条格等法治措施,确定了官吏枉法犯赃的具体罪名和惩治条款。

(一) 惩贪律令

贪污,是指官吏利用职务上的便利非法地取得财物,侵占国家和他人

---

① 《宋会要辑稿》《刑法》3 之 28。
② 《宋史》卷 26《高宗本纪》。
③ 《宋史》卷 28《高宗本纪》。
④ 《宋史》卷 41《理宗本纪》。
⑤ 《庆元条法事类》卷 7。
⑥ 《续资治通鉴长编》卷 210 熙宁三年四月壬午。

的利益。宋朝对这种贪污行为有严格的禁止与违法惩治规定。对此,在《宋刑统》中有许多明确而具体的记载。

《宋刑统》中说:"赃罪正名,其数有六,谓受财枉法,不枉法,受所监临,强盗,窃盗并坐赃。"①其中,对于贪污官府或他人财物者,规定:"诸监临主司受财而枉法者,一尺杖一百,一匹加一等,十五匹绞。不枉法者一尺杖九十,二匹加一等,三十匹加役流。无禄者各减一等,枉法者二十匹绞,不枉法者四十匹加役流。"②至于"诸监临之官受所监临财物者,一尺笞四十,一匹加一等,八匹徒一年,八匹加一等,五十匹流二千里。与者减五等,罪止杖一百。乞取者加一等,强乞取者准枉法论"③。又有一种监守自盗罪,《宋刑统》缺载,《长编》载为:大中祥符八年(1015 年)以前,"监临主守自盗及盗所监临财物者","自五匹徒二年,递加至二十五匹流二千五百里,三十匹即入绞刑"。当年改为"三十匹为流三千里,三十五匹绞"④。可见,在贪污罪上监守自盗罪重于受所监临财物罪。

在宋律中,对于贪污罪有各种严格而具体的规定。凡因公事受财而曲法枉断,都属受财枉法罪。这种犯罪既坐赃又曲法,故属加重之罪名。其具体表现是:官吏因公事而率敛财物有所枉曲,强率敛人钱物入己,以威若力强乞取者,强买强卖而获利者,非法擅自赋敛入私者,甚至"诸有事先不许财,事过之后而受财者,事若枉"等,皆"以枉法论"。宋初,对枉法犯赃罪惩罚尤重,多以杖杀、弃市处死。真宗之后,对这种贪赃枉法罪的处罚才日渐宽弛。

至于受财不枉法、强盗、窃盗与坐赃等贪污罪,宋律也有明确的处罚规定。一般而言,宋代受财不枉法罪多依照受财枉法罪减等处罚;对于强盗、窃盗罪皆加重处罚;对于坐赃罪则分别按其赃数定等处罚。《宋刑统》载:"诸坐赃致罪者,一尺笞二十,一匹加一等,十匹徒一年,十匹加一

① 《宋刑统》卷 26《坐赃》。
② 《宋刑统》卷 11《枉法赃不枉法赃》。
③ 《宋刑统》卷 11《受所监临赃》。
④ 《续资治通鉴长编》卷 85 大中祥符八年六月癸巳。

等,罪止徒三年。"①其中规定,"诸受人财而为请求者,坐赃论,加二等,监临势要准枉法论。与财者坐赃论,减三等。若官人以所受之财分求余官,元受者并赃论,余各依已分法"②;"诸有事以财行求得枉法者,坐赃论,不枉法者减二等。即同事共与者,首则并赃论,从者各依已分法"③;"诸贷所监临财物者,坐赃论。若百日不还,以受所监临财物论,强贷者各加二等。若买卖有剩利者,计利以乞取监临财物论,强市者笞五十。有剩利者,计利准枉法论。即断契有数,违负不还,过五十日者,以受所监临财物论。即借衣服、器玩之属,经三十日不还者,坐赃论,罪止徒一年。"④宋律甚至还规定:"诸监临之官私役使所监临,及借奴婢、牛马驼骡驴、车船、碾磑、邸店之类,各计庸赁,以受所监临财物论。即役使非供己者,计庸坐赃论,罪止杖一百。其应供己驱使而收庸直者,罪如之。"⑤仅就其防贪、治贪的法律规定而言,宋代的法律是相当严密而严厉的。

(二)严惩贿赂法规

行贿、受贿、索贿等贿赂行为,是中国古代专制社会官场的通病。为了防止、惩治官吏利用职权收受、索取他人的财物,宋代颁布了一系列严惩贿赂之罪的法律诏令。

行贿罪,是指违法犯罪或企图升官发财者用财物贿赂官吏,使官吏利用职权曲法帮助行贿人达到为己谋利的行为。对此,《宋刑统·请求公事》"曲法受财请求"条等明确规定:行贿与受财同是犯罪主体,其行为双方都要受到法律的制裁。同时,由于行贿与受财双方的责任不同,且有数额多少、情节轻重不同的区别,所以律分条而刑有异,其处罚自笞五十至判死刑不等。宋律载:

> 诸有所请求者,笞五十(谓从主司请曲法之事,即为人请者与自

---

① 《宋刑统》卷26《坐赃》。
② 《宋刑统》卷11《请求公事》。
③ 《宋刑统》卷11《请求公事》。
④ 《宋刑统》卷11《受所监临赃》。
⑤ 《宋刑统》卷11《受所监临赃》。

请同），主司许者与同罪。已施行者，各杖一百。所枉罪重者，主司以出入人罪论。他人及亲属为请求者，减主司罪三等，自请求者加本罪一等。即监临、势要，为人嘱请者，杖一百，所枉重者，罪与主司同。至死者减一等。①

受人财而为请求者，谓非监临之官，坐赃论，加二等，即一尺以上答四十，一匹加一等，罪止流二千五百里。监临势要准枉法论，即一尺以上杖一百，一匹加一等，罪止流三千里，无禄者减一等。与财者坐赃论，减三等，罪止徒一年半。若受他人之财许为嘱请，未嘱事发者，止从坐赃之罪。②

至于"有官人初受有事家财物，后减所受之物转求余官，初受者并赃论，余官各依已分法。……其有共谋受财，分赃入己者，亦各依已分为首从之法。其中虽有造意及以预谋不受财者，事若枉法，止依曲法首从论，不合据赃为罪。如曲法罪轻，从知所部有犯法不举劾，减罪人罪三等科之"③。

同时，宋律还规定："有事之人用财行求而得枉法者，坐赃论。不枉法者，谓虽以财行求，官人不为曲判，减坐赃二等。即同事共与者，谓数人同犯一事，敛财共与，元谋敛者并赃为首，仍倍论，其从而出财者，各依已分为从。"④宋法中对行贿及其所带来的不同程度的违法后果而明确规定的法律责任，对防治官吏受财犯赃枉法是有积极意义的。

受贿罪，是官吏执法中利用职务之便接受他人财物贿赂的故意犯罪。在宋律中，对这种犯罪行为规定，不论贪赃官吏由此是否导致枉法，也不论行贿人所谋求的私利达到与否，都不影响官吏坐赃罪的性质，都须受到法律制裁。只是根据犯罪情节和后果，处罚的轻重不同而已。对于事先不许财，而事后受贿的官吏，则根据官吏处理相关问题的结果依法定罪，"官司推劾之时，有事者先不许物，事了之后而受财者，事若曲法，准前条

①　《宋刑统》卷11《请求公事》。
②　《宋刑统》卷11《请求公事》。
③　《宋刑统》卷11《请求公事》。
④　《宋刑统》卷11《请求公事》。

枉法科罪。既称准枉法,不在除免、加役流之例。若当时处断不违正理,事过之后而与之财者,即以受所监临财物论"①。至于"受有事人财而为曲法处断者",其惩罚则更为严厉。这些律令,有些已于前述。对于索贿罪,则较之受贿罪更重,其制裁也更为严厉。淳祐五年(1245 年)三月庚子,理宗就曾再次"诏严赃吏法,仍命有司举行彭大雅、程以升、吴淇、徐敏子纳贿之罪,准淳熙故事,戒吏贪虐、预借、抑配、重催、取赢"②。从当时来看,"预借、抑配、重催、取赢"等,都是官吏收受贿赂、勒索财物的手段或借口。因此,它们是受严格禁止的。如若有人犯禁,则须按淳熙律令处以笞杖直至徒、流、绞刑。"或有因官人之威,挟恃形势,及乡闾首望豪右之人,乞索财物者,累倍所乞之财,坐赃论,减一等。"③宋律甚至还规定:

> 诸监临之官受猪羊供馈,坐赃论。强取者依强取监临财物法,计赃准枉法论。其有酒食、瓜果之类而受者,亦同供馈之例,见在物征还主。若以畜产及米面之属馈饷者,自从受所监临财物法,其赃没官。诸率敛所监临财物馈遗人者,虽不入己,以受所监临财物论(率敛者,谓率人敛物,或以身率人以取财物馈遗人者。虽不入己,并倍以受所监临财物论。若自入者,同乞取法)。④

即使是"诸监临之官,家人于所部有受乞、借贷、役使、卖买有剩利之属,各减官人罪二等。官人知情与同罪,不知情者各减家人罪五等"⑤。

此外,宋代律令条格中对官吏所犯苞苴,收、贡"羡余",违法经商等贪赃枉法行为都制定了相应的法律制裁措施,应该说,这是有利于宋王朝防贪、治贪的。

三、廉 政 措 施

廉政措施,是宋代反贪机制中的一个重要组成部分。与监察制度、法

---

① 《宋刑统》卷 11《枉法赃不枉法赃》。
② 《宋史》卷 43《理宗本纪》。
③ 《宋刑统》卷 11《受所监临赃》。
④ 《宋刑统》卷 11《受所监临赃》。
⑤ 《宋刑统》卷 11《受所监临赃》。

律规定的制裁措施相比较,其反腐倡廉的积极意义是不言而喻的。

自古以来,廉政或廉正即有其自身的含义与特定的标准。据《周礼》记载:

> 以听官府之六计,弊群吏之治。一曰廉善,二曰廉能,三曰廉敬,四曰廉正,五曰廉法,六曰廉辨。①

文中明确指出,考察群吏的治绩,判断其优势,以"六廉"为标准。在中国历史发展的长河中,"既断以六事,又以廉为本"的廉吏六条标准形成以后,一直沿袭流传着。历代统治者多利用这"六廉",规范各级官吏,维护自己的根本利益。他们在推行的过程中,尽管其内容或有增减,其形式或有变更,其作用或有大小,甚至其名称也有"循吏""良吏""能吏""清官"等的不断变化,但"廉吏"所具有的"善、能、敬、正、法、辨"的原始含义和原则精神基本未变。至宋也是如此。当时,廉政的内容以及推行廉政的措施也大致同隋唐相似,只是在不同时期其效果有别而已。当然,宋代由于内外环境的变化,尤其是政治、经济、文化思想的发展,因此,其内容与措施也明确地表现出其自身的时代特色,如其官吏考课磨勘制、违法追究制、俸禄养廉制和社会舆论倡廉制等即是如此。

（一）官吏考课与奖惩

官吏考课,作为定期监察官吏的一种手段,在前文中已简述涉及。其实,宋代颇具特色的官吏考课制度尤其是磨勘定制,作为当时廉政措施的主体,不仅其内容系统、全面,而且其积极作用显而易见。在《宋史·选举志·考课》《文献通考·选举考·考课》《宋会要辑稿·职官·磨勘》《庆元条法事类·考课·考课格》《庆元条法事类·磨勘升改·考课式》《永乐大典·吏部条法·磨勘门》以及《续资治通鉴长编》等书中,都有大量关于宋代官吏考课制度的专门记载。

一般而言,以监督、法律措施预防、惩治犯赃枉法行为,多属于治标之举。一个社会,只有提高官僚队伍的素质,澄清吏治,才能从根本上较彻

---

① 《周礼·天官冢宰·小宰》。

底地消除犯赃隐患。宋代的统治者也深明其道,深谙其理。杨万里就曾指出:"用宽不若用法,用法不若先服其心,天下心服然后法可尽行,赃可尽禁也。"①宋代推行的全面而系统的官吏考课定制,就是希望从治本着手,以达到清除贪官污吏、实行廉政的一个重要举措。

宋王朝建国伊始,宋统治者就十分重视考核官吏的治绩,开始以"循名责实"为原则,逐步建立起具有宋代社会特色的考课制度,以利奖优罚劣,树立良好的吏治风气。

从宋初的考课制度看,太祖、太宗朝的考课法,多沿用唐、五代的令式,但考课对象以地方州县亲民官为主,考核任务以巩固其统治为根本目的,考核内容主要包括恢复、发展生产,户口损益,租税课绩,兵戈灾沴与官吏是否廉洁或其枉法轻重等,"并准《长定格》处分"②。

自太宗淳化三年(992年)始,宋置磨勘京朝官院、磨勘幕职州县官院,"自是考绩之司,各有条制矣"③。次年,其磨勘考课机构分别改为审官院与考课院(至道初并归流内铨)。凡内外之任,均发给印纸、历子,用以登记考任内政绩、过失与举主姓名,不得遗漏,候任满赴所隶铨曹磨勘,决定其考核等级而奖罚升黜。④ 史载:

> (宋)置审官院,考课中外职事。受代京朝官引对磨勘,非有劳绩不进秩。其后立法,文臣五年、武臣七年无赃私罪始得迁秩。曾犯赃罪,则文臣七年、武臣十年,中书、枢密院取旨。其七阶选人,则考第资历,无过犯或有劳绩者递迁,谓之"循资"。

> 太宗励精图治,遣官分行郡县,廉察官吏。河南府法曹参军高丕等,皆以不胜任免官。复诏诸道察举部内官,第其优劣为三等:"政绩尤异"为上,"职务粗治"为中,"临事弛慢所涖无状"者为下。岁终以闻。先是,诸州掾曹及县令、簿、尉,皆户部南曹给印纸、历子,俾州郡长吏书其绩用愆过,秩满,送有司差其殿最。……自是职事官依州

---

① 《历代名臣奏议》卷213。

② 《宋会要辑稿》《职官》59之1。

③ 《文献通考》卷39《选举考》。

④ 《太平治迹统类》卷29《官制沿革》。

县给南曹历子,天下知州、通判、京朝官厘务于外者,给以御前印纸,令书课绩。

(淳化)四年,始分置磨勘之司。审官院掌京朝官,考课院掌幕职、州县官,废差遣院,令审官总之。乃诏:"郡县有治行尤异、吏民畏服、居官廉恪、莅事明敏、斗讼衰息、仓廪盈羡、寇盗剪灭、部内清肃者,本道转运司各以名闻,当驿置赴阙,亲问其状加旌赏焉。其贪冒无状、淹延斗讼、逾越宪度、盗贼竞起、部内不治者,亦条其状以闻,当行贬斥。"①

从上述记载可知,宋代对官吏考课的机构原则、内容、目的、方式、过程与结果等,都有较明确而系统的规定。

磨勘法,系选人磨勘考官、文武官磨勘迁秩的制度,主要决定官员的寄禄官等级,它直接与官员俸禄、地位品第升降等相联系。有人认为,至宋真宗时日趋完善的磨勘法,就是"具有宋代特色的官员'考绩法'",它"既承继了唐、五代稽核官员任内功过的传统考课形式,又有侧重于按规定年限审查资历为主的新型考课方式"②。事实上,真宗主政时,的确曾多次下诏,从而充实、发展了宋代官员磨勘考课制,尤其是颁布了考核州县官吏的新标准,对于提高官吏素质、端正吏风,具有良好的导向作用。当时,考课的新标准是:

公勤廉干,文武可取,利益于国,惠及于民者为上;干事而无廉誉,清白而无治声者为次;畏懦而贪,漫公不治,赃状未露,滥声颇彰者为下。③

自仁宗朝始,宋代官员的考课制获得了进一步的发展;至哲宗朝时,"基本上形成了宋代考核制度的框架。这一时期确立的考核内容和标准,多被沿用至南宋"④。

当时,考课制的发展主要表现在:首先,对监司的考课内容更加详明。

① 《宋史》卷160《选举志·考课》。
② 参见龚延明:《宋代官吏的管理制度》,《历史研究》1991年第6期。
③ 《宋会要辑稿》《职官》59之6。
④ 参见苗书梅《宋代官员选任和管理制度》,河南大学出版社1996年版,第362页。

按宋制规定,考课院考课监司兼发运使以下至知州等外任京朝官。《嘉祐考绩新书》颁行后,遂改由御史中丞和翰林学士经常主持考课监司,以每年所上功状决定殿最,分上、中、下三等予以奖惩升降。① 至熙宁变法始,监司与知州、知府等的考课又改由中书门下负责,不久,考课院渐被废罢。这一时期,尽管其考课机构不断变化,但其考课内容则不断被充实和具体化。"案劾贪谬,修举政事";"按察部内赃罪";赋税征课贡纳数额以及"兴利除害"等,始终是官吏考核的主要内容。

其次,对守令的考课标准基本定型。宋真宗以前,对知州、通判、令录、簿尉等州县官的考课以劝课农桑、安定州县等内容为主,多以上、中、下三等加以区分,实行奖惩。自仁宗嘉祐年间开始,尤其是熙宁初年以后,以考课院提出的《考校知县县令课法》为代表的考课新标准,规定了以"德义、清谨、公平、恪勤"等"四善"为考课的主要内容,以"通取善最,分为三等,及七事为上,二事为中,余为下"的考课办法以及定期的时间限制等。至此,宋代地方官吏知州县令的考课标准基本定型。此后,历朝对其考课内容仅是略加损益而已。

再次,其他官吏考课法的确立与发展。宋中期以前,考课对象侧重于地方文官,对幕职州县官和京朝官担任州县亲民官的考课法尤为严密。自仁宗朝始,尤其是熙宁变法以后,对武臣、京官甚至朝廷大臣及其他官司官员的考课也日益重视。庆历五年(1045 年),仁宗即诏令对诸路兵马都监、监押、寨主等武人进行考课,定其劳绩。熙宁年间,神宗曾诏令分别对经略、安抚、钤辖、殿前、监牧等各司及其官吏予以考课,定其功过殿最。元丰改制后,对中央朝臣的考核也日趋规范化与制度化。元丰三年(1080 年)规定:"御史台六察按官,以所纠劾官司稽违失职事多寡为殿最,中书置簿,以时书之,任满取旨升黜。"② 不久,又规定"弹纠御史察按失职并六察殿最"③。《元丰考课令》颁行不久,"元祐尝立吏、户、刑三部郎官课。崇宁间,言者乞仿周制,岁终委省、寺、监六曹之长,各考其属,稽

① 《玉海》卷 118《考课》。
② 《宋史》卷 160《选举志・考课》。
③ 《宋会要辑稿》《职官》59 之 10。

其官成"，按其治状，分上中下三等，每等第其优劣，然后按年定期上报其考第情况。① 故史载："神宗即位，凡职皆有课，凡课皆责实。"②

自北宋末年至南宋时期，考课法在承前日趋规范化、程式化的基础上，其考课内容有不断突出考核官员德能功过尤其是廉洁与否的发展趋势。如徽宗、高宗、孝宗、光宗、宁宗直至度宗有关考课的许多诏令中，都把"能按赃吏""核其奸贪""察其贪刻"等作为考课各级各类官吏的重点。史载：

> 绍兴二年（1132 年），初诏监司、守臣举行考课之法。……守倅考县令，监司考知州，考功会其已成，较其优劣而赏罚之。……二十五年，以州县贪吏为虐，监司、郡守不诃察，遂命监司按郡守之纵容，台谏劾监司之失察，而每岁校其所按之多寡，以为殿最之课。……（淳熙二年）臧否分为三等：治效显著者为臧，贪刻庸缪者为否，无功无过者为平。……宁宗以郡国按刺，多徇私情，遂仿旧制，于御史台别立考课一司，岁终各以能否之实闻于上，以诏升黜。其贪墨、昏懦致台谏奏劾者，坐监司、郡守以容庇之罪。

> 度宗咸淳三年（1267 年），命参酌旧制，凡文武官一是以公勤、廉恪为主，而又职事修举，斯为上等；公勤、廉恪各有一长为中等；既无廉声又多缪政者考下等。其要则以御史台总帅阃、监司，监司总守倅，守倅总州县属官。余如戎司及屯军大垒，则总之制司；或无制司，则并各郡总管、钤辖并总于帅司，以逐路所部州郡多寡之数，分隶转运、提举、提刑三司。守倅月一考州县属官，监司会所隶守倅，制司会戎司、军垒，遵照旧制互用文移，会其兵甲、狱讼、金谷之数，及各司属官书拟公事、拘榷钱物、招军备器之数，次月置册，各申御史台上之课籍。俟之半年，类考较前三年定为三等，中者无所赏罚，上者或转官、或减磨勘，下者降官、展磨勘，各有等差。③

从上述宋代各个不同时期的官吏考课制度来看，其考课法的特点与

---

① 《宋史》卷 160《选举志·考课》。
② 《宋史》卷 160《选举志·考课》。
③ 《宋史》卷 160《选举志·考课》。

意义主要表现在:一是考课制较之前代有一定的发展与完善,不仅系统和全面,而且在内容上有所更新,并且在考课方式上日趋规范化和程式化。二是考课制融官员的德能治绩与磨勘法中注重岁月序迁为一体,既有助于保证各级官员较平稳地依次升迁,从而起到稳定官僚队伍、减少官员之间相互因升迁而产生的矛盾冲突;又有利于保证和提高官僚队伍的应有素质,尤其是把官员的治政功过、是否有贪赃枉法犯罪等纳入磨勘法规定的年制中,官员在差遣职任上有治绩者可以得到减磨勘年限的奖赏,凡有贪赃枉法行为,则受到展磨勘年限甚至是免官或刑法规定的处罚,从而能在一定程度上激励在职官员勤于职守,廉洁奉公,不徇私枉法、以权谋私。三是宋代考课制在其发展过程中,形成了以磨勘法为主要内容和形式的一种特殊的考课制度,从而以年限、课绩功过、治状、举主等为官员升转官阶的主导因素,有利于避免人情对官员升降黜陟的人为干扰。"考课之法,一依岁月为劳,而不以亲疏为异。"①结果,使社会各阶层出身的官员能够在相对平等的条件下获得晋升机会,有利于扩大赵宋政权的统治基础。四是考课法中把官员是否贪赃或廉洁作为考课的一个重点,同时以中下级官员尤其是亲民官为主要考课对象,有利于树立良好的吏风,从而密切官民关系,减少社会矛盾冲突,缓解阶级矛盾的激化。

(二) 俸禄制度

俸禄,是中国古代官员所任职务的主要收入,是其生活开支的基本经济来源。俸禄虽与官员廉洁与否没有必然的联系,但相对合理、适度的俸禄数量及其制度,对于保证官员勤于职守、奉公守法,还是具有重要的意义的。根据宋代官吏制度及其俸禄水平的变化,当时俸禄制度大体上可划分四个阶段:

第一阶段,北宋前期,即自宋建立至真宗景德年间的四十八年中,宋承唐、五代旧制,基本上沿用了按官品高低发放俸禄的定制。故《宋史·职官志》载:"唐令,定流内一品至九品,有正从上下阶之制。……宋初,

---

① 《栾城集》卷 27《皇兄令羽磨勘转遥图》。

并因其制。"只是在少数官吏的品级上有所变动而已。

宋初如何按品计发俸禄呢?《宋史·职官志》载:"唐贞元四年,定百官月俸。僖、昭乱离,国有窘缺,至天祐中,止给其半。梁天平三年,始令全给。后唐同光初,租庸使以军储不充,百官俸钱虽多,而折支非实,请减半数而支实钱。……宋初之制,大凡约后唐所定之数。"即是说,宋初官员的俸禄中,除俸钱一项按唐制减半支付外,余项多同唐制。而且太祖、太宗二朝,还多次发布增俸益禄的诏令,以提高当时官员的俸禄水平。

因缺乏宋初系统的俸禄制的资料,按宋初承唐、五代旧制,可以认为,唐代自武德至贞元年间多次变动而形成的俸禄定制,除月俸钱项减半外,也是宋初官员享受俸禄的基本标准。

据有关史料可知,唐、五代官员有职田、禄米、食料及月俸等多项收入,按其收入与宋初米价测算,北宋前期,从九品迪功郎或县主簿、尉俸禄收入年折米大致为一百六十七石左右。① 至于极少数四品以上的高官则享受相当优厚的俸禄。

第二阶段,北宋中期,即自真宗大中祥符元年重定百官俸禄至元丰三年改革官制及其俸禄制度的七十二年中,确立了以本官为主、从宰臣而下至岳渎庙令凡四十一等的俸禄发放制度。

这一时期,真宗在承太祖、太宗之策的同时,一方面改革俸禄发放制度,另一方面仍不断地执行增俸益禄之策,以至"三司估百官奉给折支直,率增数倍"②。并且规定,对地方官吏"俸给宜优"。大中祥符年间,又诏令文武官一并增加俸禄,制定文武职官月俸自三师三少一百二十贯至侍禁四贯分为二十二等发放。这一时期所定的百官俸禄,是宋代自太祖以来一次较大规模地增加官俸的定制。至仁宗时,又将自咸平以来尤其是乾兴以来之增俸数固定下来,从而确立了自枢密使带使相等为四百千、宰相三百千至下茶酒班殿侍一千,郢、唐、复州内品等三百千共四十一等

---

① 资料来源主要为:《唐会要》卷91《内外官料钱》;《旧唐书》卷55《食货志》;全汉昇:《宋物价的变动》,《历史语言研究所集刊》第 11 本;何忠礼:《关于北宋前期的粮价》,《中国史研究》1985 年第 1 期等。另见张全明《也论宋代官员的俸禄》,《历史研究》1997 年第 2 期。

② 《宋史》卷 171《职官志》。

的俸制。① 嘉祐二年(1057年)十月一日,由三司使张方平等新编的《嘉祐禄令》正式颁行天下。据《嘉祐禄令》等所载官员的俸禄收入及当时米价测算,北宋中期,地方县主簿、尉等最低一级官员年俸禄收入,包括月俸、职田、禄粟、杂项等折米为一百八十石左右。②

第三阶段,北宋后期,即自元丰三年(1080年)官制改革开始至北宋末年的四十八年中,俸禄制度发生了相应的变化。由于元丰官制中有本官等级与实职高低不一的差别,从而重新确立了一套官吏俸禄发放制度——《元丰寄禄格制》。

宋神宗元丰三年九月十六日,为与官吏体制的改革相适应,朝廷详定、颁行《元丰寄禄格制》,即指此。当时规定:文臣寄禄官为开府仪同三司至承务郎共二十五阶,称寄禄新格,用以确定官员等级、俸禄,而原寄禄官即改成职事官。在寄禄官中,通直郎以上统称为升朝官,宣德郎以下至承务郎统称为京官,此下为选人。政和年间,文臣寄禄官改增为三十七阶。同时,又定武阶官自太尉至下班祗应为五十三阶,不过,此时虽以官寄禄,但仍保留少数中央高官及地方大官依职事官等级,作为发俸的基本标准。而且,当时规定:职事官除按原阶官等级领取依阶官所定的俸禄外,还按其所担任的实职发给依职事官所定的职钱。从实质上看,元丰寄禄新格制是以寄禄官请给为本俸,实际任职所获的职钱为职务收入的双薪俸禄制。

按当时定制:职事官钱分"行、守、试"三等,以寄禄官官品高下为准,凡寄禄官比职事官高一品以上者为"行",低一品者为"守",低二品以下者为"试",同品者,不带"行、守、试"名,职钱与"行"同等。起于元丰官制改革而确定的寄禄制主体框架形成以后,在哲宗、徽宗等朝,仍屡被增改,沿用至北宋末始告完备。

元丰改制后的官员俸禄,当时除禄粟、元随傔人衣粮、杂项与地方官

---

① 《宋史》卷171《职官志》。

② 俸禄收入资料见《宋史》卷171—172《职官志》。米价资料见全汉昇《北宋物价的变动》,《历史语言研究所集刊》第11本;漆侠《宋代经济史》(下),上海人民出版社1988年版,第1087页等。

员的职田仍多沿《嘉祐禄令》发给外，主要是提高了俸钱，新加了职钱。据从九品主簿、尉所得本俸、职钱、职田、禄米等几项主要收入及当时米价测算，他们年收入折米合计为二百四十石左右。①

第四阶段，自宋高宗立都临安至南宋末年，其俸禄制度可谓杂糅北宋不同时期俸禄制度的混合体制。正如《宋史·职官志》载："建炎南渡以后，俸禄之制，参用嘉祐、元丰、政和之旧，少所增损。"②可见，这一时期的俸禄制度，是以元丰寄禄官为本俸，辅以职事官寄职钱，同时参用《嘉祐禄令》，政和之武选官、选人改名，稍加增减而成。故史载，"元丰定制，以官寄禄。南渡重加修定"③。

按照上述宋代各个时期官员的俸禄收入水平看，在北宋的大部分时间，一个下级官员从九品县主簿年均俸禄收入折米为一百八十石左右。假定一个从九品官为八口之家，按常人的消费量论，每人每天平均需食米1.25 升④，每年主食一项耗米 36.5 石。考虑到为官者家庭还有较常人为高的副食、衣物等消费大致为主食的两倍，每年约需米共计 110 石。若再考虑到为官者家庭较普通家庭人口多 3—5 口计，每年也只需有相当 165石米的收入，就能满足其一家老小一年的正常生活开支。如果以宋初的斗米价 30 文折钱⑤，一个官员的俸禄收入月达 4200 文左右即可维持一家人的日常生活开支费用，满足其基本的生活需要。故范仲淹认为：咸平（998—1003 年）以前，"当物价至贱之时，俸禄不辍，士人之家，无不自足"。而咸平以后，只是因原有官员"守选"或"待缺"各一二年间"而俸

---

　　①　俸禄收入资料见《宋史》卷 171—172《职官志》。米价资料见全汉昇《北宋物价的变动》，《历史语言研究所集刊》第 11 本；漆侠《宋代经济史》（下），上海人民出版社 1988 年版，第1087 页等。

　　②　《宋史》卷 172《职官志》。

　　③　《宋史》卷 172《职官志》。

　　④　《范文正公集》附文《建立义庄规矩·文正公初定规矩》载："逐房计口给米，（每日）每口一升，并支白米，如支糙米，即临时加折。男女五岁以上人数。"又《朱文公文集》卷 16《缴纳南康任满合奏稟事件状》载："……赈济饥民……大人一斗五升，小儿七升五合，足为半月之粮。"文中按此平均标准加 0.25 升计。

　　⑤　全汉昇：《北宋物价的变动》，《历史语言研究所集刊》第 11 本；漆侠：《宋代经济史》（下），上海人民出版社 1988 年版，第 1087—1088 页；刘益安：《略论北宋开封的物价》，《中州学刊》1983 年第 2 期等。

禄不继",加上"物贵",才导致原"士人家鲜不穷窘"。但待至重新任官享有俸禄,在恢复职田之制以后,又能"衣食得足",保持家庭生活的收支平衡,"使中常之士,自可守节,婚嫁以时,丧葬以礼"①。这段文字清楚地表明,人们在入仕任官期间,是收支平衡、出入相敷的。只是未当官或待缺期间,才又陷入"穷窘"。这正好表明,任官者的温饱是不用担忧的,而没有任官的人,生活才会收不抵支、入不敷出。

又如,《湘山野录》载:生活在北宋中期的石曼卿一日语僧秘演曰:"馆俸清薄,恨不得痛饮。"②官俸虽然清薄,但饭还是有得吃的,只不过喝酒不能随心所欲地喝个痛快罢了。王林也曾说:"国初,士大夫俸入甚微,簿尉月给三贯五百七十而已,县令不满十千。所幸物价甚廉,粗给妻孥,未至冻馁,然艰窘甚矣。"③一家妻儿老小,靠俸禄没有挨饿受冻,但生活却显得很艰窘。这无非是不能满足高标准的吃穿或没有结余罢了。如此看来,当时官员们的俸禄还是不低的,至少能保证其基本的生活开支需要,不至于缺衣少食、收不抵支。

对此,从苏轼当时所写的书信中也可得到印证。据苏轼《答秦太虚书》云:"初到黄州,廪入既绝(注:按宋制,因遭贬谪,'不得签书公事'。但贬降为团练副使者等,一般支半俸),人口不少,私甚忧之。但痛自节俭,日用不得过百五十。每月朔,便取四千五百钱断为三十块,挂屋梁上,平旦以画叉挑取一块,即藏去叉,仍以大竹筒别贮,用不尽者,以待宾客。"苏轼在文中虽未具体说明在黄州贬所的家庭人口数,但据其他相关资料可知,当时他家有妻、妾、儿媳、乳母各一和三子,共八人(另有妾生一子未满周岁而夭折),即使加上家仆和其他人员一至二人,也仅十人,且苏轼所生活的北宋后期的物价水平较宋初要高。即使如此,每天"百五十钱"就能维持一家的最低生活需要。如果"痛自节俭",还能略有节余的钱款以待客。同宋初比较,考虑到上述人口与不同时期的物价差别等因素的影响,可见,北宋各个时期的官员俸禄收入与支出是基本平衡

---

① 《范文正公政府奏议》卷上《答手诏条陈十事》。
② 文莹:《湘山野录》卷下《石曼卿谓馆职俸薄》。
③ 王林:《燕翼诒谋录》卷2《增百官俸》。

的,在大多数时间,有些官员还稍有节余,收略大于支。

南宋时期,如上所述,当时的俸禄制度是杂糅北宋不同时期的俸禄标准的混合型体制。只是当时由于战事颇多,为保证军费开支的需要,对官吏时有减支俸禄的权宜之策。不过,纵观南宋百余年间,大多数时期的官员俸禄是按规定实数发给的。按绍兴九年(1139年)颁布的《绍兴重修禄秩敕令格》的规定:各级官员在寄禄本俸之外,还给"内外官有添支料钱,职事官有职钱、厨食钱,职纂修者有折食钱,在京厘务官有添支钱、添支米,选人、使臣职田不及者有茶汤钱,其余禄粟、傔人,悉还畴昔"①。

从当时规定的俸禄标准看,南宋官员的俸禄收入,不仅其项目有所增加,而且其数量也有较大的增长。如当时规定:宰相、枢密使、三公、三少,每月料钱各为三百贯,职钱分别为二百贯、一百五十贯,月禄粟一百余石;另外还有春冬绫各二十匹,绢各三十匹,春罗一匹,冬绵一百至二百两及其他收入等。② 正如南宋史家所说:"中兴百年,虽非复升平之旧入,然国朝之待臣甚厚,养吏甚优,此士大夫一命以上,皆乐于为用,盖有以养其身而固其心也。"③洪迈甚至称,南宋宁宗朝时,俸禄已增长为北宋的七八倍。④ 此话虽然指的是部分官员的特殊情况,且带有夸张性,但据定量测算,南宋官员俸禄中所定俸禄的数额的确比北宋有较大的增加。如从九品小官的月俸料、职钱等年入累计高达二百余贯。不过,需要指出的是,当时所发俸钱多采折支的办法,而且南宋时的物价增长也特别快,仍以当时的基准物价粮价为例,南宋时斗米价多为一百文至六百文不等,许多地方米价大致保持在二百文至五百文左右,个别地方有时斗米价甚至高达三千四百文。⑤ 由于物价的居高不下,若全面衡量,南宋时期官员的实际俸禄收入增长还是十分有限的。从总体水平看,同北宋各个时期的官员俸禄标准相比较,南宋时期绝大部分官员的实际俸禄收入大致低于元丰

---

① 《宋史》卷172《职官志》。
② 《宋史》卷172《职官志》。
③ 谢维新:《古今合璧事类》(后集)卷6《俸禄》。
④ 洪迈:《容斋四笔》卷7《小官受俸》。
⑤ 《许国公奏议》卷3《经筵奏论救楮之策所关系者莫重于公私之籴》。

禄制,高于北宋初旧制,与嘉祐时期基本持平。至于宰相、枢密使等高官
享有极其优厚的俸禄,但那毕竟只是极少数,不能全面、准确地反映、评价
全体官员的俸禄状况,自然也不能系统地反映宋代官员俸禄与吏治的
关系。

就两宋时期官员俸禄水平的整体状况而言,当时不论是官员俸禄水
平相对较低的北宋初年,还是物价水平高涨的北宋末年或南宋时期,即使
是九品小官,也能够维持高于广大自耕农、半自耕农以及手工业者、小商
小贩的实际收支水平一倍以上,收支平衡或收略大于支的相对优适生活。
至于那些品第在九品之上,尤其是五品以上的各级官员,其俸禄多是九品
官的几倍,甚至十多倍,其收入明显地大于支出更是不言而喻的。

纵观两宋时期三百余年的俸禄制度及其变化,官员的俸禄水平总体
上相对平稳,且呈上升趋势。北宋初官员俸禄水平相对最为低下,元丰至
宣和年间官员的俸禄较高,从总体来看,其官员的俸禄水平大致处于中国
历朝的中上等水平。不同时期官员的俸禄水平存在着一定的差异,但不
论是哪一时期,绝大多数依靠俸禄为生的官员在整个社会中,都是处于相
对富裕水平的阶层。从而,为广大官员能够忠于职守,奉公守法,不贪赃
枉法、徇私牟利,提供了基本的保障。

四、舆 论 监 督

两宋时期,对官员们的舆论监督主要是通过官员、儒士与太学生等的
奏折、上书或学校、书院师生之间的评议等形式来表现的。这些对当时时
事、官场风气与官员治政行为等进行议论、品评甚至抨击的举动等所形成
的社会舆论监督氛围,在一定程度上是有利于遏制官员们竞相贪赃枉法、
唯利是图,从而确立追求清正廉洁、奉公守法、重义轻利的良好道德取
向的。

(一) 义利之辩

义利之辩,是中国古代传统伦理哲学中的一个重要课题,也是判断人

们价值取向的一个基本标准。自先秦思想家孔子提出"君子喻于义,小人喻于利"①;"不义而富且贵,于我于浮云"②以及"见利思义"等重视用道德来指导和决定物质利益、重视民利、强调个人的和局部的利益应该服从整体的全局的利益的观点以后,逐渐发展成为一种"重义轻利"的传统道德价值观。至汉,董仲舒充分发挥了孔孟提出的儒学中的义利观,认为"义则世治,不义则世乱"③。主张"为天下兴利","为天下除害"④,要"常以爱利天下为意"⑤,着重强调公利,反对自私自利,从而使重义轻利、尊义贱利等伦理道德观成为许多儒士自觉遵守的一种崇高的道德信念。

至宋,更多的官员、儒士等提出了自己对义利关系的见解,尤其是其中大量"知名人士"对处理义利关系所提出的"重义轻利"的主张与对"义利之辩"所进行的广泛讨论,既是对贪官污吏唯利是图之举的一种道德谴责,又是对官员们企图去义求利的一种舆论监督,同时还有利于形成重义轻利的吏风与民风。

宋前期,著名思想家李觏虽然反对孟轲、董仲舒在义利关系问题上的某些极端的言论,但他也认为,礼、义,是人道的准绳。他说:

　　夫礼,人道之准,世教之主也。圣人之所以治天下国家,修身正心,无他,一于礼而已矣。

　　尝闻之,礼、乐、刑、政,天下之大法也。仁、义、礼、智、信,天下之至行也。八者并用,传之者久矣,而吾子一本于礼,无乃不可乎?⑥

对此,他还解释说:"曰仁、曰义、曰智、曰信,礼之别名也。"⑦正是由于他同样地重视道德礼义,因此,他主张兴廉倡义,反对"苟取"财利。他指出:

　　兴廉让,则财不得苟取,位不得妄受矣。立谏诤,则不得讳其恶

---

①　《论语·里仁》。
②　《论语·述而》。
③　《春秋繁露·王道通》。
④　《春秋繁露·考功名》。
⑤　《春秋繁露·王道通》。
⑥　《李觏集》卷2《礼论第一》。
⑦　《李觏集》卷2《礼论第一》。

矣。设选举,则贤者不遗矣。正刑法,则有罪者必诛矣。此断决而从宜者也,义之道也。①

李觏的这种礼义与财利关系观,甚至认为"礼者,圣人之法制也"②,即把道德礼义看作具有法律意义的处理义利关系的基本原则,这对人们确立注重道义、不以财利害礼义的道德准绳是有积极意义的。尤其是他一生中主要担任由范仲淹推荐的太学助教(去世前一年升任直讲)一职,长期以教授为生(曾创建盱江书院,从学者常数十百人),其思想主张无疑在社会上产生过重大的影响,有利于推动人们树立正确的义利观。

此后,张载、王安石、二程等人都对"义利观"提出过自己的看法。张载认为,"义,公天下之利"③,即天下公利是义之所在,是善的表现。心怀天下公利,就能按义而行,择善而为。"心无私系,故能动必择义,善与人同者也"④。没有善的动机,是达不到义的,"有(私)意为善,利之也,假之也"。私利与仁义是对立的。并指出:"爱人以德,喻于义者常多,故罕及于利。"⑤"小人私己,利于不治;君子公物,利于治。"⑥王安石虽然力主变法为国家谋利,但同时也竭力反对私利,倡导仁义。他认为:"君子居必仁,行必义,反仁义而福,君子不有也,由仁义而祸,君子不屑也。"⑦且强调说,君子应该"修身以俟命,守道以任时"⑧;对于那种只求谋取私利而"羞利之不厚,恶利之不多,尽力乎利"的行为,他是坚决鄙弃的。⑨ 并且指出:"仁义礼信,天下之达道,而王、霸之所同也。"⑩同时主张以义理财,"理天下之财,不可以无义"⑪,反对聚敛之臣"尽财利于毫末之间"

---

① 《李觏集》卷2《礼论第三》。
② 《李觏集》卷2《礼论第四》。
③ 张载:《横渠易说·上经》
④ 张载:《横渠易说·上经》
⑤ 张载:《正蒙·三十》。
⑥ 张载:《正蒙·有司》。
⑦ 《临川先生文集》卷70《推命对》。
⑧ 《临川先生文集》卷70《推命对》。
⑨ 《临川先生文集》卷67《杨孟》。
⑩ 《临川先生文集》卷67《王霸》。
⑪ 《临川先生文集》卷70《乞制置三司条例》。

"务以求利为功"的错误做法。① 至于二程等人,更是全面地继承了孔孟的义利观,认为"欲利己者必损人,欲利财者必敛怨"②;"不独财利之利,凡有利心,便不可。如作一事,须寻自家稳便处,皆利心也"③。对于当时"兴利之臣日进,尚德之风浸衰"④的状况,他们感到忧心忡忡,故一再主张维护公利,重视道义,反对个人私利,且明确指出:"义与利,只是个公与私也。"⑤

南宋时,著名思想家朱熹更是认为,"义利之说,乃儒者第一义"⑥。他在发挥孔子"君子喻于义,小人喻于利"的思想时说:"义者,天理之所宜,凡事只看道理之所宜为,不顾己私。人情之所欲得,凡事只任私意,但取其便于己则为之,不复顾道理如何。""小人则只计较利害,如此则利,如此则害。"⑦在朱熹看来,义利是公私利害之别。同时,义利作为一种道德规范,包含有具体的道德原则与行为准则。"义者,心之制,事之宜也。"⑧比如,"如今做官,须是恁地廉勤。自君子为之,只是道做官合着如此"⑨。做官合当如此(即"廉勤"),便是做官合乎义。否则,若不能廉洁、勤政,自然就是不"义"。因此,他竭力主张重义轻利,尊义贱利,多次提出:"古圣贤之言治,必以仁义为先,而不以功利为急。"⑩更值得称道的是,朱熹等人在处理义利关系上并不是主张完全不要功利,而是要将功利纳入义的轨道,使利服从于义。他说:

> 正其义则利自在,明其道则功自在;专去计较利害,定未必有利,未必有功。⑪

① 《临川先生文集》卷70《论茶法》。
② 《二程集·河南程氏粹言》卷2《心性篇》。
③ 《二程集·河南程氏遗书》卷16《伊川先生语二》。
④ 《二程集·河南程氏遗书》卷1《二先生语一》。
⑤ 《二程集·河南程氏遗书》卷17《伊川先生语三》。
⑥ 《朱文公文集》卷24《与延平李先生书》。
⑦ 《朱子语类》卷27《君子喻于义章》。
⑧ 《孟子集注》卷10《梁惠王章句》(上)。
⑨ 《朱子语类》第27《君子喻于义章》。
⑩ 《朱文公文集》卷75《送张仲隆序》。
⑪ 《朱子语类》卷37《可与共学章》。

利是那义里面生出来底。凡事处制得合宜,利便随之,所以云"利者,义之和"。盖是义便兼得利。①

此外,即使是"功利学派"的代表陈亮、叶适等人,虽然他们主张功利之学,但是他们同样反对只讲个人的功利,包括封建帝王一家一姓的功利。在他们那里,功利既不是个人的功名富贵,也不是某一帝王的权势。功利与道德有相一致之处,但与富贵、权势、贪婪却是对立的。他说:"富贵不足以成道德,而终至于灭道德矣。"②并且指出,讲功利不是为自己谋私利,而是为他人、为百姓谋公利,"古者戒人君自作福、威、玉食,必也克己以惠下,敬身以敦俗"③;同时要求人们"非礼弗行,尽去私欲"④;主张"仁义道德,君子之忧也",且认为这是"自尧禹而降皆然"⑤。

诸如此类,宋人大量的有关处理义利关系的见解及其争论与宣传,尤其是提倡、崇尚道义,主张公利,反对私利的"义利观",对于人们确立重义轻利、不以私利害道义的伦理价值观,无疑是具有重大的积极意义的;对于鼓励人们追求崇高的道德理想,减少或去掉贪图利欲的私心,抑制处在为人为己岔路口上的官员们的企图牟利行为,也是具有重要的潜移默化作用与影响的。

(二) 道德谴责

对官员们的治政行为或违法举动等进行道德评判或道义上的谴责,也是宋代社会开展舆论监督的一种重要而有效的形式。

众所周知,中国古代历史上的道德命题与政治思想和政治制度具有重要的密切联系,存在着彼此相通的难解之缘,且形成了相沿成习的传统。伦理道德,在人们的眼中,既是道德问题,又具有政治意义。孔子强调要"为政以德",孟子要求以"不忍人之心",发而为"不忍人之政"。儒

---

① 《朱子语类》卷68《易四·乾上》。
② 叶适:《习学记言》卷4《周易》。
③ 叶适:《习学记言》卷5《尚书》。
④ 叶适:《习学记言》卷1《周易》。
⑤ 叶适:《习学记言》卷6《毛诗》。

学中倡导的"格物、致知、正心、诚意、修身、齐家、治国、平天下"的传统，都是伦理道德观念与政治行为融为一体的具体表现。历代的统治阶级，不仅给当时的政治披上一层道德哲学的外衣，而且还把他们的道德观念，赋予政治的地位和法律的权威，借用国家机器的暴力去推行，从而使道德评判的作用表现得更为强大。同时，加上历代儒士、学者们对伦理道德的鼓吹与宣扬，不仅强化了伦理道德对人们日常生活言行的影响，而且在政治领域对人们言行的规范作用也愈加明显和扩大。这样，就使得大量具有一定地位的官员或其他特殊人物，随时都要受到道德观念的约束，或受到道德评判体系的褒贬及其所形成的社会舆论的监督。从而，使他们的言行合乎一定的道德规范，以避免其受到道德的谴责，最终避免或减少其贪赃枉法等违法行为。

在宋代，人们不仅继承了中国历史上传统的道德内容，而且更注重发挥儒家的道德规范对人们的言行的影响作用。著名政治改革家、思想家王安石就曾认为，讲道德，无非就是讲仁义。"不知仁义之无以异于道德，此为不知道德也。"①他还指出，评价善恶的道德标准是仁义，合乎仁义的就是善，违反仁义的就是恶。在仁、义、礼、智、信这五个道德规范中，仁义，尤其是仁应该居于支配地位。他说：

> 道之在我者为德，德可据也。以德爱者为仁，仁譬则仁也，义譬则义也。德以仁为主，故君子在仁义之间，所当依者仁而已。②

王安石在阐述道德内容的同时，还十分强调道德的重要性，要求人们把自身的祸福置之度外而恪守仁义道德。他说："祸与福，君子置诸外焉。君子居必仁，行必义，反仁义而福，君子不有也，由仁义而祸，君子不屑也。"③他还认为，人的思想、言行，只有不顾自己的利益，才能有善的德行。故他说：

> 食言丧志，以顺命为悦而饕宠利者，臣之丑行。④

---

① 《临川先生文集》卷72《答韩求仁书》。
② 《临川先生文集》卷72《答韩求仁书》。
③ 《临川先生文集》卷70《推命对》。
④ 《临川先生文集》卷40《辞同修起居注状·第七状》。

正是由于他重视个人的道德行为的动机,注重道德,因而也重视道德教育。而道德教育与道德修养的最终目的,就在于化治天下。他说:

> 以仁义礼信修其身而移之政,则天下莫不化之也。①

相反,"弃道德,离仁义,略分守,慢形名"②必然引起贪恶肆虐,以致天下大乱。为此,他还认为,道德教育应与经济、刑法等手段结合起来,以强化道德的特殊作用。

李觏等人也认为,道德观念必然要渗透到政治、经济、法律等其他一些领域中去,并凭借着它们去发挥作用。他说:

> 有仁、义、智、信,然后有法制,法制者,礼、乐、刑、政也。……无法制,则不得以见仁、义、智、信。备其物,正其法,而后仁、义、智、信炳然而章矣。③

在李觏的道德思想中,他不仅把仁、义、智、信称为"礼之道",而且把乐、政、刑等称为"礼之用"。在他看来,伦理道德可以调节人们的物质与精神生活关系,调整人与人之间、人与社会之间的关系。遵循儒家的道德规范,贯彻传统的道德精神,对于为政、治国平天下有着重要的意义。同时,他还认为,道德发生作用是一个潜移默化的过程。他引用《礼记·经解》的话说:"礼之教化也微,其止邪也于未形,使人日徙善远罪而不自知也。"④这是说,道德使人在不知不觉中近善远恶,因而经常能起到刑罚所起不到的作用。

注重道德的作用,在张载、二程、朱熹等人的学说中表现得尤为突出。他们无论从政或讲学,都十分注重对传统伦理道德的研究和宣传,并且身体力行。《宋史·张载传》说他"政事以敦本善俗为先","与诸生讲学,每告以知礼成性变化气质之道,学必如圣人而后已。"

至于许多有识之士,不仅在遵循道德规范上躬践其实,而且敢冒弹劾、徒流甚至是杀头的危险,直面指陈皇上、大臣或其他官吏的不道德或

---

① 《临川先生文集》卷67《王霸》。
② 《临川先生文集》卷67《九变而赏罚可言》。
③ 《李觏集》卷2《礼论第五》。
④ 《李觏集》卷18《安民策第一》。

违法行为。如与欧阳修同年中进士的名流石介就曾指出，当时"国家平安无事，乃将乃相，尔公尔侯，贪荣取宠，不知休止；聚财积货，不知纪极"①，对此，他感到相当愤慨，并加以谴责。同时断言，"若有如孔子者出，则当以《春秋》乱臣同论矣"②。继而，他向朝廷提出，对当时"权要横暴则不禁，贿行于上则不禁，吏贪于下则不禁"的状况要明令严加禁止，否则，"权要横暴，则贫人困也；贿行于上，吏贪于下，则公道缺也"③。他还认为，"夫中国，道德之所治也，礼乐之所施也，五常之所被也"④。因此，他多次上书或撰文颂范仲淹之德，直斥夏竦等人性贪及其他缺德之举。据当时主持太学的北宋官员田况回忆说，石介任国子监直讲期间，"好议论都省时事，虽朝之权贵，皆誉訾之"⑤。史书也载他"笃学有志尚，乐善疾恶"，"著《唐鉴》以戒奸臣"、贪官污吏等，"指切当时，无所讳忌"。⑥

又如，苏辙认为："善治天下者，必明于天下之情，而后得御天下之术。术者，所谓'道'也。得其道而以智加焉，是故谓之'术'。"⑦因此，他要求皇帝"守道"而"有术"。而皇帝之道，就是不要"以一人之私好，而破天下之公义。则夫大臣者，犹不可为也"⑧。皇帝守道，巨僚更应如此。正是因为他主张皇帝臣僚都应守道，故对贪赃枉法者多次上书指斥弹劾，对"州郡所发文，随账皆有贿赂，各有常数，常数已足者皆不发封"的审计之事予以揭露。⑨并且指出，贪官污吏等"小人贪利忍耻，击之难去；君子洁身重义，知道之不行，必先引退"⑩，故对这类"小人"一定要穷追猛打，将其绳之以法，"天下共诛之"。至于包拯的《乞不用赃吏》等文，则更是

① 《徂徕石先生文集》卷8《责臣》。
② 《徂徕石先生文集》卷8《责臣》。
③ 《徂徕石先生文集》卷5《明禁》。
④ 《徂徕石先生文集》卷5《怪说上》。
⑤ 《儒林公议》卷上。
⑥ 《宋史》卷432《石介传》。
⑦ 《栾城应诏集》卷6《君术第一道》。
⑧ 《栾城应诏集》卷6《君术第四道》。
⑨ 《栾城集》卷39《论户部乞收诸路帐状》。
⑩ 《栾城集》卷42《再论分别邪正札子》。

对贪官污吏的违法或不道德行为的公开抨击与谴责。从而在一定程度上有效地遏制了贪污腐败之风的蔓延,有利于树立清廉的吏风。

此外,两宋时期不同政治势力集团之间的相互揭短或彼此指责,许多书院师生对时事与朝臣或地方当权者的褒贬、评议等,也在一定程度上或一定社会范围内起到舆论宣传和监督的作用。尤其是当时一些著名的书院,其师生所代表的多为一种传统的知识分子的典型。他们以传统的儒学思想为本,具有强烈的政治意识和社会责任感,既想在政治上有所作为,又不愿随波逐流。虽然他们随时准备投入仕途为朝廷和百姓服务,但在实际上,其崇高的理想与恶浊的腐败现实总是格格不入,于是每每自觉地在野形成一股清流的舆论力量,与腐败的官僚集团相对立,表现出一种拒绝同流合污的态度,从而构成一种对腐败的当权者的巨大心理压力和舆论监督氛围,以起到法律等措施所起不到的重要作用。可以认为,这是宋辽夏金时期廉政与反贪机制中的一个鲜明的特点。

总之,宋代人大量的有关处理义利关系的见解及其争论与宣传,不仅使道德的理论思维更为精巧和系统,而且对维护社会秩序的稳定、抑制官员们的私欲行为以及追求高尚的清官名声,是起过积极作用的。当时许多有识之士,包括部分官吏,一方面受到了传统的重义轻利观的熏陶,同时另一方面又受到了社会传统道德规范的约束,他们虽然维护封建制度,但能坚持民族大义;为了恪守传统的道德信念,实现自己的道德理想,不仅不计较个人的利害得失,鄙弃私利,而且重视为天下兴利,为天下除害,甚至为此作出了重大的自我牺牲,直至牺牲宝贵的生命。像力主"文臣不爱钱,武臣不惜死"的岳飞,高诵"道在光明照千古""留取丹心照汗青"的文天祥等文武大臣,其坚持民族大义、保持民族气节的英雄行为,是与中华民族传统道德的长期熏染有着密切的联系的。

五、辽夏金的廉政与反贪机制

与两宋同时先后并存的辽夏金政权,虽地处北方边境,但其政权存续都有百余年之久,且多受到唐宋汉文化的影响,因此,从现有的文献资料看,这些政权不仅有防止、制裁官员贪污受贿的反贪机制,而且还具有其少数民族政权实施廉政措施的特色。

（一）辽代的反贪机制

辽代实施反贪措施,从时间上讲,主要是在圣宗时期实行封建化的改革以后;从内容上看,主要是通过考核官吏、整顿吏治以及对官员实行监督监察或法律制裁来实现其目的。

圣宗即位之初,鉴于当时吏治的腐败状况,在承天后和韩德让等主持下,开始了对官吏的整顿与考课。统和元年(983年),"下诏谕三京左右相、左右平章事、副留守判官、诸道节度使判官、诸军事判官、录事参军等,当执公方,毋得阿顺。诸县令佐如遇州官及朝使非理征求,毋或畏徇。恒加采听,以为殿最"①。统和十二年(994年)六月,韩德让奏"三京诸鞫狱官吏,多因请托,曲加宽贷,或妄行榜掠,乞行禁止。上可其奏。又表请任贤去邪,太后喜曰:'进贤辅政,真大臣之职。'"②为此,辽政权在此前后还仿唐宋汉制建立并完善了管理、监督百官的制度,以防止、处罚官吏的贪赃行为。史载:

> 辽有北面朝官矣,既得燕、代十有六州,乃用唐制,复设南面三省、六部、台、院、寺、监、诸卫、东宫之官。③

其中,右谏院、左谏院、御史台等机构的设官与职掌一如唐宋汉制。可以认为,辽朝所设的南面官制中,其管理、监察、防范官吏的体制是相对健全的,对官吏的监督、考核内容也是明确的。太平六年十二月,圣宗就曾诏"北南诸部廉察州县及石烈、弥里之官,不治者罢之。诏大小职官有贪暴残民者,立罢之,终身不录;其不廉直,虽处重任,即代之;能清勤自持者,在卑位亦当荐拔;其内族受贿,事发,与常人所犯同科"④。除了对官吏的廉贪、治绩等内容进行考核的规定外,辽政权还具体规定了其考核、

① 《辽史》卷10《圣宗纪》。
② 《辽史》卷82《耶律隆运传》。
③ 《辽史》卷47《百官志》。
④ 《辽史》卷17《圣宗纪》。

奖惩的办法等。

据《契丹国志》记载,圣宗曾"诏汉儿公事皆体问南朝法度,不得造次举止"①。这是说,契丹的法律也承唐宋汉制。从《辽史·刑法志》看,其惩贪除赃的规定也是如此。太平六年(1026年),圣宗下诏曰:

> 朕以国家有契丹、汉人,故以南、北二院分治之,盖欲去贪枉,除烦扰也;若贵贱异法,则怨必生。夫小民犯罪,必不能动有司以达于朝,惟内族、外戚多恃恩行贿,以图苟免,如是则法废矣。自今贵戚以事被告,不以事之大小,并令所在官司按问,具申北、南院覆问得实以闻;其不按辄申,及受请托为奏言者,以本犯人罪罪之。②

据《辽史》等载,辽政权曾先后多次制定法律,其《制条》律令中即有太祖、太宗时制,穆宗时制,圣宗开泰律,兴宗重熙制,道宗咸雍制等。尤其是兴宗时之《新定条制》,即达"五百四十七条"。其中,对枉法贪赃行为有各种严厉的处罚规定:"诸职官私取官物者,以正盗论。""至于枉法受赇"等罪,依轻重处以徒、杖、黥、流,甚至死刑。其"死刑有绞、斩、凌迟之属,又有籍没之法"③。开泰年间前后,辽律规定,"以窃盗赃满十贯,为首者处死",后因"其法太重,故增至二十五贯,其首处死,从者决流"④。其后,一些契丹贵族皆因犯赃违法而被治罪,甚至"皆以情不可恕,论弃市"⑤。正是由于当时的这种立法、执法的"示训"作用,于是"国无幸民,纲纪修举,吏多奉职,人重犯法"⑥。此后,辽律虽多有更改,但对赃罪的处罚条令仍是严密的。"重熙元年(1032年),诏职事官公罪听赎,私罪各从本法;子弟及家人受赇,不知情者,止坐犯人";知情者依赃论罪,按律处罚。⑦

此外,辽也仿汉法行俸禄制,以保证官员的物质生活供给,以免贪国

① 《契丹国志》卷7《圣宗纪》。
② 《辽史》卷61《刑法志》。
③ 《辽史》卷61《刑法志》。
④ 《辽史》卷61《刑法志》。
⑤ 《辽史》卷61《刑法志》。
⑥ 《辽史》卷61《刑法志》。
⑦ 《辽史》卷62《刑法志》。

家之财,索百姓之物。同时,倡导儒学,崇尚仁义。史载辽兴宗耶律宗真
"好儒术"①;道宗耶律洪基"尝听侍臣讲《论语》"②;圣宗耶律隆绪"好读
唐《贞观事要》,至太宗、明皇《实录》……尝云:'五百年来,中国之英主,
远则唐太宗,次则后唐明宗,近则今宋太祖、太宗也。'"③唐宗宋祖,可谓
中国古代以儒术治国的典范。辽圣宗的崇儒尚义之论,反映出儒学对辽
国政治与其君臣伦理道德及其言行的影响。

(二) 西夏的反贪机制

西夏立国以后,西夏王朝先后仿宋制建立起了较系统的官吏管理、考
核、奖惩、监察与法律制度;同时兴学崇儒,倡导儒家的伦理道德。西夏政
权采取的这些措施,在一定程度上起到了防范贪污、惩治贪官的积极作用。

史载:"夏之境土,方二万余里,其设官之制,多与宋同"④。夏初,元
昊等即仿宋官制设有中书、枢密、三司、御史等中央重要官吏,其职责也多
与宋同。在地方,其州郡官吏也按宋制而设。据研究,西夏官吏的设置、
管理、考核、监察等职能或其程序等,也是模仿宋朝设立的。⑤ 也有人认
为,"西夏的官制仿唐、宋制,但并不是照搬,而是根据本国情况设置
的"⑥。在官吏管理、考课上,"西夏在政府机构职司中设置的职事官,以
其才能、业绩而定。职事官不仅有定员,而且有一定等次要求。……职事
官的任用,依据不同的等次要向上级职司报批或备案。西夏的职事官还
有定期考绩、迁转、奖赏、处罚的制度,其方法和程序十分细密"⑦。

据西夏《天盛律令》载,官吏坐赃有受财枉法、受所监临、强盗、盗窃、
坐赃等具体罪名。按规定:官员犯赃,枉法受贿自一百钱至四缗,主犯分

---

① 《辽史》卷18《兴宗纪》。
② 《契丹国志》卷9《道宗纪》。
③ 《契丹国志》卷7《圣宗纪》。
④ 《宋史》卷486《夏国传》。
⑤ 参见王天顺主编《西夏学概论》,甘肃文化出版社1995年版,第208页。
⑥ 李范文:《西夏文资料对研究西夏史的重要意义》,见《西夏研究论集》,宁夏人民出版
社1983年版。
⑦ 参见史金波《西夏的职官制度》,《历史研究》1994年第2期。

别判以十三杖至绞杀,从犯判十杖至十二年徒刑。不枉法受贿一百钱至八十缗以上,主犯处以八杖至十二年徒刑,从犯处以七杖至十年徒刑。所贪赃物若三年以内物属者追告,则当依法审问;已还,当给属者。若以审问得知,财物交官。① 至于其他贪污受贿等枉法犯赃行为,其"所贪赃物,亦当交官",藏于罚贼库。② 此外,受财不枉法或枉法贪赃等罪还有罚俸、罚钱、罚马、罚铁、没入或杖、徒、流、绞等处罚。③

在官吏考课和法律规定中,西夏政权不仅注重对违法官吏的惩治,而且还十分重视对有政绩和清廉官员的奖赏。按定制,官员任职期满后有各类考课奖赏。"诸司任职位人三年完毕,无住滞,不误入轻杂,则中书、枢密、经略等别计官赏,其余依次赐次中下末四等人得官赏:次等升一级,大锦一匹,十五两银,茶、绢十。中等……末等升一级,紧丝一匹,五两银,茶、绢二。中书、枢密都案依下等司正法则得官赏。"④

从倡廉反贪的客观效果上看,西夏政权在制定、实施官员的管理、监察、俸禄、考核与奖惩以及法律制度或措施的同时,还注重倡导汉文化中的儒学,以儒家学说、礼义道德来武装其官吏,以防患于未然。史载:

> 拓跋自得灵、夏以西,其间所生豪英,皆为其用;得中国土地,役中国人力,称中国位号,仿中国官属,任中国贤才,读中国书籍,用中国车服,行中国法令。⑤

> 西夏之盛,礼事孔子,极其尊亲,以帝庙祀,乃有儒臣,早究典谟,通经同文,教其国都,遂相其君,作服施采,顾瞻学官。⑥

宋臣张齐贤还曾指出,西夏李继迁时,就曾"潜设中官,全异羌夷之体;曲延儒士,渐行中国之风"⑦。西夏建国后,即明确地把儒学这种"有

---

① 《天盛律令》卷2《贪状罪法门》。
② 《天盛律令》卷17《库监派遣调换门》。
③ 《天盛律令》卷20《罪责不同门》;又见《天盛律令》卷10《失职宽限变告门》等。
④ 《天盛律令》卷10《续转赏门》。
⑤ 《续资治通鉴长编》卷150庆历四年六月戊午。
⑥ 虞集:《道园学古录》卷4《西夏斡公画像赞》。
⑦ 《续资治通鉴长编》卷50咸平四年十二月丁卯。

补治道"①的学说,作为其官方哲学②。至仁孝时期,御史中丞薛元礼上书再次强调:"士人之行,莫大乎孝廉,经国之模,莫重于儒学。"③正是由于儒学的传播与影响,当时在西北边陲,其崇儒尚礼、重义轻利的观念在士人学者中得到了广泛的传扬与推崇,从而在客观上有利于倡廉反贪风气的形成。

(三) 金朝的反贪机制

与南宋形成南北对峙的金朝,因其较之辽夏的汉化程度为高,而北方的少数民族特色却逐渐相对弱化,故较能体现汉文化传统内容的廉政措施与反贪机制如官吏考课制度、奖惩制度、俸禄制度、监察制度、法律制度以及思想文化方面涉及伦理道德的舆论监督等,在其统治体系中都有所反映,且对推行廉政、防治贪污、打击贪官等都起到了一定的积极作用。尤其是金章宗时,"欲跨辽、宋而比迹于汉、唐"④,这种施政原则与主张,既反映出金朝当时政治的特色,又表现出其政治的汉化倾向。

金朝官吏的管理、考课、奖惩等制度多仿唐宋制而设。其管理官吏的最高行政机关是吏部,它负责全国官吏的选授、考课、升迁、致仕等事务。金朝官名总共分为六类,即长官、佐贰官、幕职官、军职官、厘务官和监当官。这些官员也同唐宋制相似,有品、爵、勋、阶的设置与区别。官员根据其政绩、军功等决定其品、爵、勋、阶。⑤ 按金制:京府尹牧、留守、知州、县令、详稳、群牧为"长官";同知、签院、副使、少尹、通判、丞曰"佐贰官";判官、推官、掌书记、主簿、县尉为"幕职官";兵马司及其他司军者曰"军职官";警巡、市令、录事、司候、诸参军、知律、勘事、勘判为"厘务官";应管仓库院务者曰"监当官"。知事孔目以下行文书者为"吏"。⑥ 官员任职

① 《元史》卷 125《高智耀传》。
② 参见李蔚《略论西夏的儒学》,《兰州大学学报》1992 年第 3 期。
③ 《西夏书事》卷 31。
④ 《金史》卷 12《章宗纪》。
⑤ 《金史》卷 52《选举志》。
⑥ 《金史》卷 55《百官志》。

有期限,任期内无重大失误,则可获得升迁。"凡官资以三十月为考,职事官每任以三十月为满,群牧使及管课官以三周岁为满,防御使以四十月、三品以上官则以五十月、转任则以六十月为满。"①"其有犯公私罪赃污者",则须予以降、免职或法律处罚。②"凡内外官之政绩,所历之资考,更代之期,去就之故,秩满皆备陈于解由,吏部据以定能否。"③

金代官吏的考课内容,以承唐制中"四善二十七最"的规定为主,同时吸收宋制中的部分内容。尤其是注重官员品行德义、政绩勤恪、贤能公平、清慎明著等方面的表现。

金朝的官吏,按制都享有俸禄。所发俸禄有钱物,包括钱、粟、米麦口粮与制衣所用的绢绫罗绵等三大类。如"正一品:三师,钱粟三百贯石,面米麦各五十称石,春衣罗五十匹,秋衣绫五十匹,春秋绢各二百匹,绵千两。……从九品:朝官,钱粟一十贯石,麦二石,衣绢各五匹,绵三十两。外官,诸教授,钱粟一十二贯石,麦一石,衣绢各三匹,绵一十两,职田二顷"④。从当时的俸禄制度可知,金朝官员以其所享受的俸禄,是能维持其较高的生活支出需要的。

从监察制度看,金朝的监察制度相对健全、有效。其中央设御史台,地方设提刑司(后改设按察司),组成了中央和地方相联结的、各有专职专责的监察系统。按金制,台谏官吏的职责是:"自今百官有不法者,必当举劾,无惮权贵"⑤;"如国家利害,官吏邪正,极言无隐"⑥;"掌纠察内外非违,刷磨诸司察帐并监祭礼出使之事"⑦等。总之,"监察,人君耳目,风声弹事可也"⑧。当时,金朝中央具有监察职能、属于行政监察系统的机构还有登闻检院、登闻鼓院和审官院等。

---

① 《金史》卷 52《选举志》。
② 《金史》卷 52《选举志》。
③ 《金史》卷 55《百官志》。
④ 《金史》卷 58《百官志》。
⑤ 《金史》卷 5《海陵纪》。
⑥ 《金史》卷 10《章宗纪》。
⑦ 《金史》卷 55《百官志》。
⑧ 《金史》卷 96《梁襄传》。

金代御史台除监察朝臣、京官外,按制还应定期派官外出,廉察地方吏治。世宗就曾对御史台指出:

> 采察内外官吏,固系监察。然尔等有所闻知,亦当弹劾。况纠正非违,台官职也。①

并规定,监察御史定期出巡地方,以廉能和污滥两大标准各分等次考察地方官吏,然后将考察结果呈报尚书省或皇帝,继而根据其廉察报告决定官员升降。如大定三年(1163年),世宗诏"命廉到廉能官第一等进官一阶升一等,其次约量注授。污滥官第一等殿三年降二等;次二年,又次一年,皆降一等。诏廉问猛安谋克,廉能者第一等迁两官,其次迁一官。污滥者第一等决杖百,罢去,择其兄弟代之。第二等杖八十,第三等杖七十,皆令复职"②。不久,又诏:"凡廉能官,四品以下委官覆实,同则升擢。三品以上以闻,朕自处之。"③大定十二年(1172年),又诏尚书省:"赃污之官,已被廉问,若仍旧职,必复害民。其遣使诸道,即日罢之。"④至章宗时规定:"以所廉察则有清廉之声,而政绩则平常者,敕命不降注";若虽有清廉之声者,但有行事邀顺人情者,"则与公正廉能人不同,敕命降注。凡治绩平常者,夺元举官俸一月"⑤。

在监察过程中,金朝实行明察与暗访相结合,"暗察明访皆著政声,可第其政绩,各进官旌赏。其速议升除"⑥。同时,金对地方的监察还实行定期与临时相结合,经常有一些被派往地方的中央官员,担负着察访地方吏治等任务。世宗就曾规定:"自今朝臣出外,即令体访外任职官廉能者,及草莱之士可以助治者,具姓名以闻"⑦,并据以定"官吏臧否"⑧。此外,廉察制不仅实行于汉人州县地区,也实行于猛安谋克组织地区或其系

---

① 《金史》卷96《李晏传》。
② 《金史》卷54《选举志》。
③ 《金史》卷55《百官志》。
④ 《金史》卷7《世宗纪》。
⑤ 《金史》卷54《选举志》。
⑥ 《金史》卷7《世宗纪》。
⑦ 《金史》卷6《世宗纪》。
⑧ 《金史》卷7《世宗纪》。

统中,上述"诏廉问猛安谋克"等史实即是明证。

自章宗始,金朝还专设提刑司,作为中央政府监督地方行政的常设机构。史载:

> 章宗即位,初置九路提刑司,蒲带为北京临潢提刑使。诏曰:"朕初即位,忧劳万民,每念刑狱未平,农桑未勉,吏或不循法度,以隳吾治。朝廷遣使廉问,事难周悉。惟提刑劝农采访之官,自古有之。今分九路专设是职,尔其尽心,往懋乃事。"自熙宗时,遣使廉问吏治得失。世宗即位,凡数岁辄一遣黜陟之……是以世宗尝欲立提刑司而未果。章宗追述先朝,遂于即位之初行之。①

数年后,金提刑司改设为按察司,其察访官员的职能、程序与廉察制基本相同。"掌审察刑狱、照刷案牍,纠察滥官污吏豪猾之人、私盐酒曲并应禁之事,兼劝农桑,与副使、签事更出巡案"②。监察官吏将被察官吏的善恶、廉贪与污滥情况,依制呈报尚书省,尚书省据以决定任免或升降,并报皇帝最终定夺。

在法律方面,金朝承辽、宋法制,以防范、惩治贪官污吏。"金初,法制简易。……天会以来,渐从吏议,皇统颁制,兼用古律。厥后,正隆又有《续降制书》。大定有《权宜条理》,有《重修制条》。明昌之世,《律义》、《敕条》并修,品式浸备。既而《泰和律义》成书,宜无遗憾。"③这是说,金代法制,是从太宗始"用辽、宋法"④,而后逐步发展并加以完善的。从金律的具体内容看,其刑名与对各种犯罪予以处罚的详细规定,的确多同辽宋律令条格式的规定。尤其是在处罚贪官污吏的法律规定上,多承宋制,且对贪、黩之罪惩罚规定更严。金人认为:"既为职官,当先廉耻,既无廉耻,故以小人之罚罚之。"⑤所谓"小人之罚",即是对枉法犯赃官吏同样予以杖、徒、流、绞等重罚。大定十二年(1172年),金世宗就曾对内丘县令

---

① 《金史》卷73《宗雄传》。
② 《金史》卷57《百官志》。
③ 《金史》卷45《刑志》。
④ 《金史》卷45《刑志》。
⑤ 《金史》卷45《刑志》。

蒲察台补"罪当除名。今遇赦当叙,仍免征赃"事下诏说,内丘令"贪伪,
勿叙,且曰:'乞取之赃,若以赦原,予者何辜。自今可并追还其主。'"①
又如:

> 故咸平尹石抹阿没剌以赃死于狱,上谓其"不尸诸市已为厚幸。
> 贫穷而为盗贼,盖不得已。三品职官以赃至死,愚亦甚矣,其诸子可
> 皆除名"。②

同时,金律中对监察官的渎职与贪赃枉法行为也有严格的惩治规定。
"凡监察失纠劾者,从本法论。"③被察"官吏之罪即以状闻,失纠察者严加
惩断,不以黩论"④。

此外,金朝在推行"汉法"的过程中,对贪赃枉法官吏也有舆论监督
的约束。虽其声势、效果难以与宋相提并论,但金政权与士大夫们"于教
爱立廉之道"⑤,是积极而明确,且身体力行的。

第三节　反贪实践与成效

一、北宋时期的反贪状况

从总体而言,北宋时期的反贪活动是持续进行的,其反贪成效也较为
显著。但是,北宋不同时期的反贪成效是有较大差别的。

(一) 北宋前期"若犯吾法,惟有剑耳"

自北宋初建开始,太祖、太宗为除五代贪官恣横的积弊,凡官吏贪赃

---

① 《金史》卷45《刑志》。
② 《金史》卷45《刑志》。
③ 《金史》卷45《刑志》。
④ 《金史》卷45《刑志》。
⑤ 《金史》卷45《刑志》。

枉法,皆行重典。从宋太祖建隆二年(961年)"商河县令李瑶坐失赃杖死,左赞善大夫申文纬坐失觉察除籍"之后,"自是赃墨之吏,间有实极刑者"①。至太宗时,其惩贪"法令犹未弛",对贪官污吏,尤其是犯赃官吏诏令依律严惩。太平兴国二年(977年)诏曰:"诸库藏敢变权衡以取羡余者死。"②并规定:"凡左藏及诸库受纳诸州上供均输金银、丝帛暨他物,令监临官谨视之。欺而多取,主称、藏吏皆斩,监临官亦重置其罪。罢三司大将及军将主诸州榷课,命使臣分掌。掌务官吏亏课当罚,长吏以下分等连坐。"③自太平兴国三年(978年)泗州录事参军徐璧坐监仓受贿出虚券而弃市之后,官吏因犯赃而被杖杀或弃市者屡见不鲜。仅《宋史》太祖、太宗本纪与《续资治通鉴长编》中记载,有关宋初二朝贪官被严惩杖杀者即达数十人之多。其中主要有:

建隆二年(961年)四月,"商河县令李瑶坐赃杖死"。五月,"供奉官李继昭坐盗卖官船弃市"。八月,"大名府永济主簿郭颐坐赃弃市"。

建隆三年(962年)八月,"蔡河务纲官王训等四人坐以糠土杂军粮,磔于市"。

乾德二年(964年)五月,"知制诰高锡坐受藩镇赂,贬莱州司马"。"宗正卿赵砺坐赃杖、除籍"。

乾德三年四月,"职方员外郎李岳坐赃弃市"。八月,"殿直成德钧坐赃弃市"。十月,"太子中舍王治坐受赃杀人,弃市"。次年,又有"仓部员外郎陈鄩坐赃弃市"。

开宝年间(968—975年),贪官被严惩者主要有:"右领军卫将军石延祚坐监仓与吏为奸赃弃市";"右千牛卫大将军桑进兴坐赃弃市";"监察御史间丘舜卿坐前任盗用官钱,弃市";"太子洗马王元吉坐知英州受赃不法弃市";"殿中侍御史张穆坐赃弃市";"右拾遗张恂坐赃弃市";"左拾遗秦宣、太子中允吕鹄并坐赃,宥死,杖、除名";"太子中允徐昭文坐抑人售物,除籍";兵部郎中董枢、右赞善大夫孔璘因隐没羡银被杀,太

---

① 《九朝编年备要》卷1。
② 《宋史》卷4《太宗纪》。
③ 《宋史》卷179《食货志》。

子洗马赵瑜因同案被杖配海岛。

太宗继位之后,同样采取了严厉的治贪之策。太宗在位的二十余年间,许多贪官被严惩。例如:"泗州录事参军徐璧坐监仓受贿出虚券,弃市";"监海门戍、殿直武裕坐奸赃弃市";"侍御史赵承嗣坐监市征隐官钱,弃市";"詹事丞徐选坐赃,杖杀之";"监察御史张白坐知蔡州日假官钱籴籴,弃市";"忠州录事参军卜元幹坐受赇枉法,杖杀之";"殿前承旨王著坐监资州兵为奸赃,弃市";"监察御史祖吉坐知晋州日为奸赃,弃市"。并且多次规定,即使遇朝廷大赦,但"十恶、官吏犯赃至杀人者不赦"①。而且不论是主犯,还是从犯,多一律依法严惩。如太平兴国三年(978年),"泗州录事参军徐璧弃市,坐掌本州仓户民租。与牙校高贵为奸赃,取民贿而免其租入,以虚券给之。事发,璧及贵并抵法,支党皆杖脊配隶远恶处"②。至于执法犯赃者,更是被严惩"杖杀"。如同年七月,"中书令史李知古受赇,擅改刑部所定法,出罪人,为所诉,鞫得实,壬子,杖杀之。刑房吏孙甫坐免官"③。正如清代赵翼所述:

> 宋以忠厚开国,凡罪罚悉从轻减,独于治赃吏最严。盖宋祖亲见五代时贪吏恣横,民不聊生,故御极以后,用重法治之,所以塞浊乱之源也。按本纪,太祖建隆二年,大名府主簿郭颐坐赃弃市。……(开宝)六年,中允郭思齐,观察判官崔绚,录事参军马德林,俱坐赃弃市。此太祖时法令也。太宗太平兴国三年,泗州录事参军徐璧坐监仓受贿,出虚券,弃市。……汴河主粮吏夺漕军粮,断其腕,徇河干三日,斩之。是太宗法令犹未弛。④

从上述太祖、太宗时的反贪实践可知,北宋前期对贪官的惩罚是相当严厉的,也是颇有成效的。正如太祖所说,立邦治国,要以法律严格约束"无厌之求"者,否则,"若犯吾法,惟有剑耳"⑤。

---

① 《宋史》卷5《太宗纪》。
② 《续资治通鉴长编》卷18太平兴国三年二月丙寅。
③ 《续资治通鉴长编》卷18太平兴国三年七月庚戌。
④ 赵翼:《廿二史札记》卷24《宋初严惩赃吏》。
⑤ 《续资治通鉴长编》卷12开宝四年十一月壬戌。

（二）北宋中后期"命官犯赃""姑息成风"

宋真宗即位之初，宋王朝仍能坚持严惩贪官污吏，且多次重申严赃吏之法。大中祥符元年(1008年)诏曰："官吏犯赃，勿以赦原。"①但随着宋政权的日益稳固与腐败的滋生，官吏枉法犯赃者，其处罚渐趋从轻。其中，坐赃当死者，皆被特贷，仅以"杖脊、黥面、配沙门岛"，或流远恶州军牢城。更有甚者，一改过去"京朝、幕职、州县官犯赃除名配诸州"之赃吏"纵逢恩赦，所在不得放还，已放还者，有司不得叙用"②的规定，不仅可以违法放还，而且有时允许"叙理"，重新钻入仕途。甚至那些"赃重及情理蠹害者"，也可"授诸州参军，余授判司，京朝官、幕职、令录簿尉，等第甄叙"③。此后，真宗有时觉得这样做还不足以表现出对某些赃吏的宽宥之情，于是下诏规定，自今诸州官吏有罪，包括枉法犯赃者，只要在败露前投牒自首，便可一切不问。④ 从此，许多赃吏有了这道诏书作护身符，便更加有恃无恐，肆意枉法贪赃。后来，真宗也对此有所觉察，认为："数有人言官吏犯赃者多，盖朝廷缓于惩戒"⑤。

仁宗治政数十年间，枉法犯赃当死官吏中虽偶有刺配者，但命官免受杖黥者越来越多。天圣八年(1030年)，监翰林司阁门副使郭承祐，坐监主自盗，依法应予重惩。但宋仁宗特诏宽容，法外施治，"免决刺，除名，配岳州衙前编管"⑥，即不受黥刺而流。从此，外流"编管"成为许多命官犯赃死罪的法定代用刑。至于较死罪为轻的赃吏，则更加放纵，法外施恩，屡行宽宥，弊端百出。景祐四年(1037年)，侍御史知杂事庞籍上疏论吏治偷惰、弄法枉法的弊病时就指出："近年贪吏益众，盖由宽法所致。"⑦

神宗朝时，虽曾"重禄重法"，尤其是"诏三司，始立《诸仓丐取法》"，

① 《九朝编年备要》卷7。
② 《续资治通鉴长编》卷19太平兴国三年六月己巳。
③ 《续资治通鉴长编》卷80大中祥符六年正月丁未。
④ 《续资治通鉴长编》卷82大中祥符七年三月己亥。
⑤ 《续资治通鉴长编》卷85大中祥符八年闰六月癸巳。
⑥ 《宋会要辑稿》《刑法》6之12。
⑦ 《历代名臣奏议》卷187。

制定了加强库藏财物出纳管理的专门法典,规定:凡采用克扣等非法手段侵盗库藏财物者,按其情节轻重予以严惩。"凡丐取不满百钱,徒一年,每百钱则加一等;千钱流二千里,每千钱则加一等,罪止流三千里"①。对库藏出纳之法式,也规定:"诸出纳官物,给受有违者,计所欠剩坐赃论。"②然而,实际上,当时对贪官赃吏的处罚已渐趋从轻。不仅对犯赃官吏处死者无,而且予以杖、黥之刑者也少见,甚至"武臣犯赃,经赦叙复后,更立年考升迁。帝曰:'若此,何以戒贪吏?'"③就连一直主张宽法施恩的神宗也认为对贪吏过于放纵,以致认为当时难以行法禁贪。可见,神宗熙、丰年间的反贪活动与实效是大打折扣的。至哲宗制定命官犯罪不死、不杖、不黥的"三免法"④之后,贪官污吏非法横取者,盖多不予深究。

至于"绍圣以来,连起党狱,忠良屏斥,国以空虚。徽宗嗣位,外事耳目之玩,内穷声色之欲,征发亡度,号令靡常。于是蔡京、王黼之属,得以诬上行私,变乱法制。……由是吏因缘为奸,用法巧文浸深,无复祖宗忠厚之志。穷极奢侈,以竭民力,自速祸机。靖康虽知悔悟,稍诛奸恶,而谋国匪人,终亦未如之何矣"⑤。细查史书,徽、钦年间,不仅对贪官赃吏的处罚极为有限,而且正是由于当时对贪官赃吏的一味放纵宽容,以致贪官蔡京等"六贼"当政,结果导致国难频生,国库空虚,民怨沸腾,民不聊生。所有这些表明,至北宋中后期,反贪治贪之举,渐趋徒具空文,有名无实。正如绍圣三年(1096年)刑部侍郎邢恕等言:"艺祖初定天下,主典自盗、赃满者往往抵死。仁祖之初,尚不废也。其后用法稍宽,官吏犯自盗,罪至极法,率多贷死。然甚者犹决刺配岛……比朝廷用法益宽,主典人吏军司有犯,例各贷死,略无差别。"⑥亦如清代史家赵翼在评析宋代治贪状况时所说:

　　　　宋以忠厚开国,凡罪罚悉从轻减,独于治赃吏最严。……至真宗

---

① 《宋史》卷199《刑法志》。
② 《宋刑统》卷15《输课税逗留湿恶》。
③ 《宋史》卷199《刑法志》。
④ 俞文豹:《吹剑录外集》。
⑤ 《宋史》卷200《刑法志》。
⑥ 《宋史》卷201《刑法志》。

时,弃市之法不复见,惟杖流海岛。如员外郎盛梁受赃,流崖州。著作郎高清以赃杖脊,配沙门岛。盖比国初已弛纵矣。《仁宗本纪》则并杖流之例亦不复见。《苏颂传》,知金州张仲宣坐枉法赃应死,法官援李希辅例,杖脊黥配海岛,颂奏仲宣赃少应减,神宗曰:"免杖而黥之可乎?"颂引"刑不上大夫"为对,遂免黥,永为定制。自是宋代命官犯赃抵死者,例不加刑,当时论者谓颂一言而除黥刺,以为仁人之言其利溥。益可见姑息成风,反以庇奸养贪为善政,其于不肖官吏之非法横取,盖已不甚深求。继以青苗、免役之掊克,花石纲之攘夺,遂致民怨沸腾……方腊之乱,凡得官吏,必恣行杀戮,断截肢体,探取肺肝,或熬以鼎油,或射以劲矢,备极惨毒,以泄其愤。陈遘疏所谓贪污嗜利之人,倚法侵牟,不知纪极,怨痛结于民心,故至此也。①

上述邢恕、赵翼之言,可谓时人、后人对北宋中后期惩治贪官赃吏所作的历史结论。平心而论,这些对北宋当时反贪活动及其成效的分析与概括,是基本符合历史实际的。

二、南宋时期的反贪状况

与北宋相比较而言,南宋当权者多是昏君奸相。自宋高宗始,南宋统治集团偏安江南一隅,上下偷安,骄奢淫佚,他们大肆搜刮民脂民膏,过着醉生梦死的腐朽生活。由于奸臣当道,且他们多是当时朝廷中最大的贪官,故对其他贪官赃吏的姑息、放纵更有甚于北宋。在南宋王朝的一百五十余年中,除孝宗朝曾一度整肃吏治、惩处贪官以外,其他时期贪浊之风,一如从前,或较之更甚。

南宋初,高宗对官吏坐赃抵死者,仍行贷命、除名、勒停、编管之法,对重罪者只是增加了"追纳赃钱入官"而已。史载:

> 当建绍间……至待贪吏则极严:应受赃者,不许堂除及亲民;犯枉法自盗者,籍其名中书,罪至徒即不叙,至死者,籍其赀。诸文臣寄

①　赵翼:《廿二史札记》卷24《宋初严惩赃吏》。

禄官并带"左"、"右"字,赃罪人则去之。是年,申严真决赃吏法。令三省取具祖宗故事,有以旧法弃市事上者,帝曰:"何至尔耶? 但断遣之足矣。贪吏害民,杂用刑威,有不得已,然岂忍置缙绅于死地邪?"①

绍兴七年(1137 年)九月,永嘉令李处谦坐赃当绞,诏"特贷死,籍其赀,自是以为例"②。既然用赀可以抵罪,从此就再无赃吏被处死了。上述有关高宗时的反贪记载表明,所谓"至待贪吏""极严",其实是极为有限的。

孝宗朝时,针对渐趋严重的赃吏问题,为整顿姑息官吏犯赃起见,惩治赃吏之律多循名责实,甚至还恢复了以前对"赃罪至死者"的刺配之法。隆兴二年(1164 年)九月诏"严赃吏法","今后命官自盗枉法赃罪抵死,除籍没家财外,依祖宗旧制决配"③。当时,赃吏虽无极刑之人,但因赃坐死特贷官吏被追毁出身以来文字、除名、勒停、杖脊、刺面、配牢城者明显增多。史载当时"吏治风气亦为之一变",出现了"有位于朝者以馈赂及门为耻,受任于外者以苞苴入都为耻"④的局面。

但好景不长,光宗即位之后,虽严赃吏连坐之法,但因始终没有认真执行,对显贵重臣,固然处处加以回护,就是对一般官吏,也越来越宽容,以致吏治废弛,贪风又炽。加上当时政治更加腐败,经济日益困窘,故贪赃之风又甚于从前。尤其是韩侂胄当权之后,"贿赂盛行,四方馈遗,公至宰执台谏之门,人亦不以为讶"⑤。即使贪官犯赃逾万,危害四方日久,也只是投闲数月,便可祠禄,照样荣华富贵,享乐人生。

宋理宗时,鉴于当时政治腐败,贪赃横行,国弱民穷,于是,宋王朝不得不"申严戒饬赃吏之制","诏饬监司严禁赃吏"⑥,规定:"岁举廉吏或

① 《宋史》卷 200《刑法志》。
② 《建炎以来系年要录》卷 114 绍兴七年九月辛酉。
③ 《建炎以来朝野杂记》甲集卷 16《建炎至嘉泰申严赃吏之禁》。
④ 赵翼:《廿二史札记》卷 24《宋初严惩赃吏》。
⑤ 《两朝纲目备要》卷 8。
⑥ 《宋季三朝政要》卷 3。

犯奸赃,保任同坐,监司守臣其申严觉察。"①并诏:"监司率半岁具劾去赃吏之数来上,视多寡为殿最,行赏罚。守臣助监司所不及,以一岁为殿最,定赏罚。本路、州无所劾,而台谏论列,则监司守臣皆以殿定罚。有治状廉声者,摭实以闻。"②就连大贪官、奸臣贾似道也认为:"裕财之道,莫急于去赃吏,艺祖治赃吏,杖杀朝堂,孝宗真决刺面,今日行之,则财自裕。"③或许正因为如此,理宗多次"诏戒贪吏"④,"诏严赃吏法,仍命有司举行彭大雅、程以升、吴淇、徐敏子纳贿之罪。准淳熙故事,戒吏贪虐、预借、抑配、重催、取赢"⑤。因此,当时贪官污吏受惩罚者也偶有记载。如绍定六年(1233年),"差提举千秋鸿禧观梁成大暴狠贪婪,苟贱无耻,诏夺成大祠禄⑥;宝祐元年(1253年),"陈垓贪赃不法,窜潮州"⑦;不久,"诏前福建漕臣高斯得已夺职镌官,其赃百余万严限征偿,以惩贪吏"⑧。景定五年(1264年),"马天骥以台臣劾其贪赃,夺职罢祠,其子时楸削一秩,罢新任"⑨;稍顷,又有"内侍李忠辅以台臣劾其贪肆欺罔,削两秩放罢"⑩。然理宗当政近四十年间,所惩贪赃之徒历历可数,许多贪污贿赂之案,大多不了了之,故当时名臣真德秀道:"乾道、淳熙间,有位于朝者以馈及门为耻,受任于外者以包苴入都为羞。今馈赂公行,薰染成风,恬不知怪。"⑪正因为如此,人们在评价当时的吏治状况时认为是昏君奸相当道,以致"廉吏什一,贪吏什九"。其贪官之多,吏风之坏,由此可见一斑了。清代著名史家赵翼在评价南宋吏治官风时指出:

南渡后,高宗虽有诏,按察官岁上所发摘赃吏姓名以为殿最,然

---

① 《宋史》卷41《理宗纪》。
② 《宋史》卷45《理宗纪》。
③ 《宋史》卷42《理宗纪》。
④ 《宋史》卷41《理宗纪》。
⑤ 《宋史》卷43《理宗纪》。
⑥ 《宋史》卷41《理宗纪》。
⑦ 《宋史》卷43《理宗纪》。
⑧ 《宋史》卷44《理宗纪》。
⑨ 《宋史》卷45《理宗纪》。
⑩ 《宋史》卷45《理宗纪》。
⑪ 《宋史》卷437《真德秀传》。

本纪未见治罪之人。惟孝宗时，上元县李允开犯赃，贷死，杖脊刺面，配惠州牢城，籍其赀，失察上司俱降黜。广东提刑石敦义犯赃，刺面配柳州，籍其家。知潮州曾造犯赃，贷死，南雄编管，籍其家。参知政事钱良臣以失举赃吏，夺三官。是时法令虽比国初稍轻，而从积玩之后有此整饬，风气亦为之一变。真德秀所谓乾道、淳熙间，有位于朝者以馈赂及门为耻，受任于外者以苞苴入都为耻，皆孝宗之遗烈也。理宗虽亦诏监司以半岁将劾去赃吏之数来上，视多寡为殿最，守臣助监司所不及则以一岁为殿最，是亦颇能留意综核者，然是时汤㸗疏言，苞苴有昔所未有之物，故民罹昔所未有之害。苞苴有不可胜穷之费，故民有不可胜穷之忧。则知庙堂之诏已为具文，而官吏之朘削如故也。①

上述历史事实表明，史家赵翼的分析与评价是基本符合史实的。南宋百余年间，朝廷虽然屡诏申严赃吏之法，常令戒饬监司举劾赃吏，但在高宗年间，尤其是光宗以后，实际被杖、黥的贪赃事例却不多见，以致难以惩贪禁墨。因此，尽管当时惩赃之法虽密，治贪之令虽多，但也无力扭转官吏贪污受贿之风，更难以惩治众多赃吏。

三、辽夏金的反贪实践与成效

两宋时期，偏居我国北方草原的少数民族政权——辽、西夏与金，因在其建国后的相当一段历史时期内，多保留有少数民族的各种遗风旧俗，如鼓励掳掠，规定在征战中所获得的财物可归将士拥有等，因而，有关史籍中很少有关于官吏贪污及其处罚的具体记载。即使有一些相关的零散材料，也多是这些政权在其封建化后模仿唐宋法律制度的产物。

（一）辽代的反贪实践与成效

如前所述，辽"太祖初年，庶事草创，犯罪者量轻重决之。其后……

----

① 《廿二史札记》卷24《宋初严惩赃吏》。

权宜立法"①,但数十年间,一直未见有专门的治贪律令。仅曾诏"大臣定治契丹及诸夷之法,汉人则断以律令……至太宗时,治渤海人一依汉法,余无改焉"②。直到圣宗乾亨元年(982年)嗣位,辽制渐趋汉化。统和元年(983年),诏谕三京大小官员临事"当执公方,毋得阿顺。诸县令佐如遇州官及朝使非理征求,毋或畏徇"③。不久,韩德让奏"三京诸鞫狱官吏,多因请托,曲加宽贷,或妄行搒掠,乞行禁止。上可其奏"④。"帝壮,益习国事,锐意于治",于是在原有的法制基础上,专门制定了惩治贪污犯赃的律令条文。"开泰八年(1019年),以窃盗赃满十贯,为首者处死,其法太重,故增至二十五贯,其首处死,从者决流。"⑤至太平六年(1026年)又下诏曰:

> 大小职官有贪暴残民者,立罢之,终身不录;其不廉直,虽处重任,即代之;能清勤自持者,在卑位亦当荐拔;其内族受赂,事发,与常人所犯同科。⑥

同时还规定:"诸道举才行,察贪酷,抚高年,禁奢僭。"⑦即使是"内外官,因事受赇,事觉而称子孙仆从者",亦"禁之"⑧。史载,当时盗赃之罪,"皆以情不可恕,论弃市"⑨。正是由于当时能严格执法、违法必纠,"于是国无幸民,纲纪修举,吏多奉职,人重犯法。故统和中,南京及易、平二州以狱空闻。至开泰五年(1016年),诸道皆狱空,有刑措之风焉"⑩。从诸多史籍记载来看,圣宗"践阼四十九年,理冤滞,举才行,察贪残,抑奢僭"⑪,以及在惩治贪污、处罚赃官等方面是有成就的。尤其是经过整顿

---

① 《辽史》卷61《刑法志》。
② 《辽史》卷61《刑法志》。
③ 《辽史》卷10《圣宗纪》。
④ 《辽史》卷82《耶律隆运传》。
⑤ 《辽史》卷61《刑法志》。
⑥ 《辽史》卷17《圣宗纪》。
⑦ 《辽史》卷13《圣宗纪》。
⑧ 《辽史》卷16《圣宗纪》。
⑨ 《辽史》卷61《刑法志》。
⑩ 《辽史》卷61《刑法志》。
⑪ 《辽史》卷17《圣宗纪》。

后的吏治,过去的"蠹弊"大大有所改变,用人多能"任贤去邪"①,形成了"法度修明,朝无异议"的局面。

兴宗即位以后,辽廷在惩治贪污犯赃方面还能承继圣宗时的一些既定国策。故"重熙元年(1032 年),诏职事官公罪听赎,私罪各从本法;子弟及家人受赇,不知情者,只坐犯人"②。可见,当时对违法犯赃者还能给予一定的惩治。然此后至道宗、天祚帝统治的七八十年间,尽管多次修改刑法,"新定《条制》",或"更定《条制》",规定"诸职官私取官物者,以正盗论",但"至于枉法受赇,诈敕走递……例皆免死"③,即使是被流、杖者,也少见记载。且"时校定官即重熙旧制,更窃盗赃二十五贯处死一条,增至五十贯处死"④。在惩治条律放宽以后,《辽史》中依法治赃的具体事例却还是难以寻觅。相反,"犯法者众,吏得因缘为奸""朝廷上下,无复纪律""如耶律挞不也、萧达鲁古等,党人之尤凶狡者,皆以赂免"⑤的记载却屡见不鲜。当时,如耶律乙辛当权,"势震中外,门下馈赂不绝。凡阿顺者蒙荐擢,忠直者被斥窜"⑥;至于张孝杰,更是臭名昭著的贪官,"久在相位,贪货无厌"⑦,然却未得惩治,且老"死于乡"。朝廷宰相如此,其他官吏,更是胡作非为,损公肥私,贪赃枉法,以致辽后期社会更趋黑暗,政治日益腐败,贿赂公行,贪污成风。惩贪律令,自然徒具空文。至天祚帝时,弄得国用不给,"上下穷困,府库无余积"⑧。

(二)西夏的反贪实践与成效

从现已知的西夏文献看,西夏惩治贪污犯赃的具体史实几乎未见记载。但如前述,西夏建国以后,为了维护其封建统治秩序,在不断吸取唐、

---

① 《辽史》卷 82《耶律隆运传》。
② 《辽史》卷 62《刑法志》。
③ 《辽史》卷 62《刑法志》。
④ 《辽史》卷 62《刑法志》。
⑤ 《辽史》卷 62《刑法志》。
⑥ 《辽史》卷 110《耶律乙辛传》。
⑦ 《辽史》卷 110《张孝杰传》。
⑧ 《辽史》卷 60《食货志》。

宋法律定制的基础上,西夏的法律制度也日趋完备。在黑水城(今内蒙古额济纳旗东)出土的西夏文献中,便有《天盛年改旧新定律令》《猪年新法》与《新法》等。仅《天盛律令》中,即有专门的"贪状罪法",详细规定了对各种贪赃枉法行为的处罚。

西夏惩贪律令承唐宋制,规定:官员犯赃分为受财枉法、不枉法、受所监临、强盗、盗窃、坐赃等罪。并按罪类的轻重予以绞、徒、杖、流以及罚没等各种不同的处罚。同时,各类官员在执行公务中收受贿赂,或利用职权违法摊派,或徇情多支官物等,都应依法受惩。《天盛律令》载:"无官方谕文,不许擅自于租户家主收取钱物、红花、麻皮等种种及摊派杂事。若违律摊派时,已纳官库内,则以纳租法判断,自食之则与枉法贪赃罪比较,从重判断。"①在仓库财物出纳管理中,必须有相关的出纳谕文,然后由地方长吏或其派遣的巡察人"依数分派,所予为谁,分用几何,当行升册。完毕时,现本册当送刺史处磨勘,同时令库局分、巡察者等当一并只关。未有虚杂,谕文、本册等相同无疑,则当还监军司,并告出谕文之局分处,以索注销。若局分大小人受贿徇情而使无理多领及刺史人受贿不弃虚杂,不巡察等时,计多领粮食之价,以偷盗法判断,受贿则与枉法贪赃罪比较,从重者判断"②。若手续不全或出纳超期等,都须依律处以三个月至一年不等的徒刑。③ 为此,西夏中央还专门设有一个与仓政有关的审查机构——都磨勘司,以负责官吏的考绩与迁转磨勘,从京师到地方各类仓库官吏的迁转磨勘与考绩,最后也由它来负责。"边中诸司人于自己所辖库局分已磨勘,来到京师诸司及经略等所管辖处时,已妥未妥,当再一番细细磨勘。"其中,若查出有违法出纳者,当依律论罪处罚。④ 可见,西夏的反贪治贪法制是较为完备的。

然而,由于文献缺乏等原因,西夏惩治贪污犯罪的详细史实多不得而知。仅见的只有晋王"察哥为将贪,晚年货贿公行",其大量财富多为搜

---

① 《天盛律令》卷15《收纳租门》。
② 《天盛律令》卷15《纳领谷派遣计量小监门》。
③ 《天盛律令》卷17《供给交还门》。
④ 《天盛律令》卷17《库监派遣调换门》。

刮民财而得。① 另见有"国家以奸臣贪得,不恤邻好,遂至于此(注:指西夏鄜延地区被金占领事)。贪利之臣,何国无之,岂意夏国躬蹈覆辙"②。但是,这些贪官污吏是怎样受处罚的,以及受了什么样的处罚,却未见记载。因此,有关西夏的反贪实践与成效,我们只能从上述西夏有关惩治贪污犯赃、枉法违律等的一些规定中寻找到一些蛛丝马迹,推测出西夏王朝反贪污的实践与成效。

(三) 金代的反贪实践与成效

从现有的史料可知,金代大量的反贪活动主要集中在世宗时期,其成效也最为显著。其次是章宗时期,惩治贪赃之事也常见记载,而且也取得了一定的成效。此前熙宗、太祖时,反贪之事仅偶有所见。至于海陵王完颜亮等昏君当道时,虽见贪官污吏猖獗,枉法犯赃之事不绝于史,但有效的反贪活动却难觅踪迹。

仅据《金史·世宗纪》载,世宗曾多次诏令,"自三公以下,官僚善恶邪正,当审察之";然后"第职官,廉能、污滥、不职各为三等而黜陟之";至于"吏犯赃罪,虽会赦不叙"。③ 不久,又"戒谕官吏贪墨,诏中外"④。规定"顾廉耻无行之人则教戒之,不悛者则加惩罚"⑤。他认为:"凡在官者,但当取其贪污与清白之尤者数人黜陟之,则人自知惩劝矣。"⑥因此,他"巡幸所至,必令体访官吏臧否"⑦。又"定职官犯赃同职相纠察法",且经常遣使纠察、廉问各地。如大定十二年(1172年)三月诏尚书省道:"赃污之官,已被廉问,若仍旧职,必复害民",故令赃污官吏,不得再叙用。⑧且应按律论罪,依其赃之轻重处罚。因此,仅其本纪中即有多例惩治贪赃

① 《西夏书事》卷36;又见《西夏书事》卷34。
② 《宋史》卷486《夏国传》。
③ 《金史》卷6《世宗纪》。
④ 《金史》卷6《世宗纪》。
⑤ 《金史》卷8《世宗纪》。
⑥ 《金史》卷7《世宗纪》。
⑦ 《金史》卷8《世宗纪》。
⑧ 《金史》卷7《世宗纪》。

枉法的记载。

大定六年(1166 年)九月,"泽州刺史刘德裕等以盗用官钱伏诛"①;七年九月,"右三部检法官韩赞以捕蝗受赂,除名",并再次重申:"吏人但犯赃罪,虽会赦,非特旨不叙。"②十月,又"闻蠡州同知移剌延寿在官污滥",结果,这个女真人同样被依法治罪。③ "十一月乙丑朔,上谓宰相曰:'闻县令多非其人,其令吏部察其善恶,明加黜陟。'"④而且还规定:"制职官犯公罪,在官已承伏者,虽去官犹论。"⑤大定十年"二月甲午,安化军节度使徒单子温、副使老君奴以赃罪,伏诛"⑥。十一年正月"戊戌,尚书省奏汾阳军节度副使牛信昌生日受馈献,法当夺官。上曰:'朝廷行事苟不自正,何以正天下。尚书省、枢密院生日节辰馈献不少,此而不问,小官馈献即加按劾,岂正天下之道。自今宰执枢密馈献亦宜罢去。'"⑦此后,各类以馈献之名而实为行贿受贿事例,多被依律论罪。四月,"大理卿李昌图以廉问真定尹徒单贞、咸平尹石抹阿没剌受赃不法,既得罪状,不即黜罢,杖之四十",枉法受赃官吏同时被依法制裁。⑧ 十二年二月,"户部尚书高德基滥支朝官俸钱四十万贯,杖八十"。并规定:"自今官长不法,其僚佐不能纠正又不言上者,并坐之。"⑨四月乙丑,"大名尹荆王文以赃罪夺王爵";"十二月乙未朔,以济南尹刘蕚在定武军贪墨不道,命大理少卿张九思鞫之",不久,即被依法严惩。⑩ 继而,世宗再次重申:"台臣纠察吏治之能否,务去其扰民,且冀其得贤也。"⑪大定十九年三月乙丑,"尚书省奏,亏课院务官颜葵等六十八人,各合削官一阶",结果,大多还被严

---

① 《金史》卷 6《世宗纪》。
② 《金史》卷 6《世宗纪》。
③ 《金史》卷 6《世宗纪》。
④ 《金史》卷 6《世宗纪》。
⑤ 《金史》卷 6《世宗纪》。
⑥ 《金史》卷 6《世宗纪》。
⑦ 《金史》卷 6《世宗纪》。
⑧ 《金史》卷 6《世宗纪》。
⑨ 《金史》卷 7《世宗纪》。
⑩ 《金史》卷 7《世宗纪》。
⑪ 《金史》卷 7《世宗纪》。

惩。"十月辛卯,西南路招讨使哲典以赃罪,伏诛"①。二十一年三月,上谓宰臣曰:"近闻宗州节度使阿思懑行事多不法,通州刺史完颜守能既与招讨职事,犹不守廉。达官贵要多行非理,监察未尝举劾",结果,"不称者,大则降罚,小则决责",皆被依法定罪。②"五月戊子,西北路招讨使完颜守能以赃罪,杖二百,除名。"③对此,除依法治赃外,世宗还从其他方面着手,以图根除贪官污吏的进用。他认为:"夫儒者操行清洁,非礼不行。以吏出身者,自幼为吏,习其贪墨,至于为官,习性不能迁改。政道兴废,实由于此。"④并且多次诏谕:"亲军虽不识字,亦令依例出职,若涉赃贿,必痛绳之";"朕于女直人未尝不知优恤。然涉于赃罪,虽朕子弟亦不能恕",并强调,在犯贪赃枉法问题上,决不能"姑息女直人耳"⑤。正是由于世宗具有这种严格依法治赃,而不是以族别论赃犯人罪的正确认识,因此,在他当政期间,金王朝的反贪实践不仅有声有色,而且取得了较好的实效。故史载:

> 世宗久典外郡,明祸乱之故,知吏治之得失。……躬节俭,崇孝弟,信赏罚,重农桑,慎守令之选,严廉察之责,却任得敬分国之请,拒赵位宠郡县之献,孳孳为治,夜以继日,可谓得为君之道矣。当此之时,群臣守职,上下相安,家给人足,仓廪有余,刑部岁断死罪,或十七人,或二十人,号称"小尧舜",此其效验也。⑥

不仅如此,世宗的反贪实践与成效还对章宗等朝产生了积极的影响。

四、反贪成效的不平衡性与不稳定性

两宋时期,不论是以正统王朝自居的赵宋,还是偏踞北方的辽夏金政

---

① 《金史》卷7《世宗纪》。
② 《金史》卷8《世宗纪》。
③ 《金史》卷8《世宗纪》。
④ 《金史》卷8《世宗纪》。
⑤ 《金史》卷8《世宗纪》。
⑥ 《金史》卷8《世宗纪》。

权,虽然在整顿吏治、反对贪污、惩治赃罪等方面都采取了一定的措施,进行了各种各样的反贪活动,而且还取得了较好的反贪成效,但是,其反贪成效都不同程度地表现出了不平衡性与不稳定性的基本特点。

当时,反贪成效的不平衡性与不稳定性主要表现在因人、因时、因地而异。自"因人"而言,就是在一些企图有所作为,实际上也能励精图治的君主当政时期,如北宋太祖、太宗、真宗初年与仁宗、神宗革新时期,南宋孝宗在位期间,辽圣宗与金世宗整顿吏治期间,其反贪治赃活动等就取得了较好的成效,吏治状况由此大为改观,甚至出现了"百官奉职,吏无残贱""太平之治""君明臣良"①"绳赃吏重法,以塞浊乱之源"②的状况。相反,在一些昏君奸相当政期间,如北宋徽宗,南宋高宗、理宗,辽天祚帝与金海陵王等在位时,则多是贿赂公行、贪污成风之际,以至"廉吏什一,贪吏什九"③。

"因时"而言,由于中国古代专制社会是一个典型的"人治"政体,故其反贪成效多在时间上与当时君主的贤明与昏庸状况基本相一致。具体来说,即是在能固守传统君道且又贤明勤能的君主统治时期,往往在推行法治、惩罚贪污、整顿吏治等方面能取得较好的预期效果。如北宋前期太祖、太宗励精图治的四十年间,真宗即位初年,仁宗庆历新政时期,神宗王安石变法期间,以及南宋孝宗"锐意图治"期间等即是如此。相反,北宋末年、南宋前后期,由于昏君当权,奸臣贪相势力甚嚣尘上,自然上行下效,贪风不止,贪官污吏,充斥朝野。

"因地"而言,从本质上讲,仍是"因人""因时"而治的反映。这是因为,不同地区的反贪成效所表现出的不平衡性与不稳定性,与当地主要官员的素质、贪廉品德以及当时官场的风气密切相关。一般来说,某一政区路或州、府、县的转运使或知州、知府、知县等主要官员的政治素质与能力等,直接影响到其所辖区域内的社会风气与吏治作风。如果某一地区主要官员为政清廉、依法兴治、违法必纠、重典治赃,那么,这一地区的吏治

---

① 《东都事略》卷4《真宗纪》。
② 《宋史》卷3《太祖纪》。
③ 《历代名臣奏议》卷43。

官风自然以廉洁勤能为主,歪风邪气也必然会受到打击与遏制。如北宋太宗雍熙年间吴元载知秦州、寇准知巴东等地,仁宗时范仲淹知永兴军,改陕西都转运使,包拯知端州、任职开封府,以及南宋孝宗时朱熹知南康与任职浙东等地即是如此。史载"孝宗闻(张)栻治行,诏特进秩……改知江陵府,安抚本路。一日去贪吏十四人"①。故时人对江陵反贪之成效,可谓有口皆碑。相反,真宗后期丁谓、王钦若、林特、陈彭年和刘承规"五鬼"欺上罔下之时,北宋末年蔡京、童贯、王黼、朱勔、梁师成、李彦"六贼"弄权之际,他们无恶不作,公然贪污肥私,得四方贿赂,不可胜数。尤其是他们及其亲信、党徒所在州县,更是肆意搜刮,"凡百姓之物,无一不征","中外各钱皆许擅用,竭天下财力以供费。官吏承望风旨,凡四方水土珍异之物,悉苛取于民,进帝所者不能什一,余皆入其家"②,真可谓"凡天下之财,无一不贪"了。至于被搜刮尤苛的东南江浙地区,官府中到处充斥着贪官酷吏,故史载当时因贿赂而为贪官者"遍满天下,一州一县无处无之"③。史载,政和间朱勔主办"花石纲","置应奉局于苏,指取内帑如囊中物,每取以数十百万计。延福宫、艮岳成,奇卉异植充牣其中,勔擢至防御使,东南部刺史、郡守多出其门。徐铸、应安道、王仲闳等济其恶,竭县官经常以为奉。所贡物,豪夺渔取于民,毛发不少偿。……截诸道粮饷纲,旁罗商船,揭所贡暴其上,篙工、柂师倚势贪横,陵轹州县,道路相视以目"④。不仅如此,朱勔自己更是想方设法,鱼肉百姓,横行州县,掠夺民财,中饱私囊,其"所居直苏市中孙老桥,忽称诏,凡桥东西四至壤地室庐悉买赐予己,合数百家,期五日尽徙,郡吏逼逐,民嗟哭于路"⑤。其僚属也不甘落后,贪官"赵霖建三十六浦牐","志在媚勔,益加苛虐,吴、越不胜其苦。徽州卢宗原竭库钱遗之,引为发运使,公肆掊克。……子汝贤等召呼乡州官寮,颐指目摄,皆奔走听命,流毒州郡者二十年"⑥。从上述

---

① 《宋史》卷 429《张栻传》。
② 《宋史》卷 470《王黼传》。
③ 《宋会要辑稿》《职官》55 之 39。
④ 《宋史》卷 470《朱勔传》。
⑤ 《宋史》卷 470《朱勔传》。
⑥ 《宋史》卷 470《朱勔传》。

朱勔任职东南部刺史可知，其贪赃枉法行为，不仅导致"吴、越不胜其苦"，而且与地方僚属沆瀣一气，相互勾结，竞赛贪污，"流毒州郡者二十年"。东南百姓不堪忍受其贪横勒索，于是以诛杀朱勔为名，被逼迫举行起义。当时东南地区的贪污之风，由此可见一斑。与仁宗天圣年间范仲淹知苏州相比，这一地区不同时期官吏的贪廉可谓有天壤之别。事实上，北宋末年以苏、浙为中心的东南地区，皆是贪官横行，加上当时朝野内外，政治腐败，自然谈不上有任何的反贪实践，更谈不上有任何的反贪成效。

如上所述，两宋时期反贪成效的不平衡性与不稳定性的特点是明显的。具体而言，北宋前期或其他时期整顿吏治期间，其反贪成效是相当显著的。这种显著的成效主要表现为：

其一，当时的吏治得到了一定的整饬，从而为巩固中央集权奠定了基础。北宋前期，经过太祖、太宗等人数十年的励精图治，当时的官风吏治较之五代大有好转。自北宋创立始，伴随着宋太祖"尤严贪墨之罪"等法制的确立与实施，尤其是随着重惩赃吏、奖励廉正官员措施的推行，逐渐出现了州县官吏大多廉洁奉公、忠于职守的良好局面。正如史书所载：

> 建隆以来，释藩镇兵权，绳赃吏重法，以塞浊乱之源，州郡司牧，下至令录、幕职，躬自引对，务农兴学，慎罚薄敛，与世休息，迄于丕平……遂使三代而降，考论声明文物之治，道德仁义之风，宋于汉、唐，盖无让焉。①

太宗即位以后，在治赃惩贪方面继承了太祖时期的既定国策，尽管"干戈不息，天灾方行，俘馘日至，而民不知兵；水旱螟蝗，殆遍天下，而民不思乱"②。其"治功"成效一如既往。史称"帝之功德，炳焕史牒，号称贤君"③。此后，真宗、仁宗都曾效法前贤，相继颁布《诫告贪污诏》，其良苦用心是不言而喻的。这些诏令，作为刑法中严治贪赃的重要补充，其积极作用是可想而知的。至于南宋孝宗时期，其治贪惩赃的效果虽较太祖、太宗时逊色，但整顿吏治、巩固赵宋王朝的统治的基本目的仍是达到了

---

① 《宋史》卷3《太祖纪》。
② 《宋史》卷5《太宗纪》。
③ 《宋史》卷5《太宗纪》。

的。故史称"是时法令虽比国初稍轻,而从积玩之后有此整饬,风气亦为之一变"①;"孝宗之贤,聪明英毅,卓然为南渡诸帝之称首"②。这些记载与评论,虽然不免有溢美之嫌,但也并不是毫无根据。宋代各个时期对贪污的打击与对赃官的重惩,的确有利于遏制贪污腐败之风的蔓延,树立良好的吏德官风,从而在一定程度上巩固、强化了中央集权的基础,稳定了当时的封建统治秩序。

其二,重典惩赃,使许多官吏畏法惧贪。宋太祖登基不久,虽有优遇士大夫之名,但他"尤严贪墨之罪","独于治赃吏最严"。严贪墨之罪的刑事政策与措施,使相当一部分官吏不敢违禁犯赃。太宗承前执行的不赦赃罪之策,又使部分官吏的贪欲有所收敛。此后,尤其是仁宗、神宗时相继推行的庆历新政、熙宁变法与元丰官制改革中的重禄重法等相关的整顿吏治措施,使中小官吏犯赃活动大为减少。为了名誉、地位和相对优厚的俸禄收入,他们多不愿、也不敢以身试法犯赃。一个开封府吏曾谈到他对重禄重法的感受为:"向时遇事,且思如何可以取钱,又思如何可以欺罔官员,实无心推究人枉直,自今诚恐有暇及此。"③可以认为,这种实行"重禄重法"前后两种心理状态的自我表白,代表了当时相当一部分官员的实际状况。它生动地反映了"重禄重法"对部分官吏企图犯赃的抑制作用。宋神宗曾与王安石谈到治贪惩盗的《诸仓丐取法》与《告捕获仓法给赏条》等实行以后,在"新法关防犹未尽"的情况下,被断罪的相关官吏从每年七百减到每年二百。④ 这个数字虽不能说十分准确,但它所反映的犯赃罪的比例下降却是毋庸置疑的。

其三,惩贪赏廉,使部分官员的拒贪兴廉素质有所提高。自宋初始,宋王朝对犯赃官吏施以重典,宋太祖下令处死的贪官,仅见于记载的就达二十余人。同时,一批廉洁之士先后得到奖赏。太祖时即诏,对敢于积极举报官吏中隐匿、收受、贪污国家财物之人,赏钱三十万,或"以百千赏以

① 《廿二史札记》卷24《宋初严惩赃吏》。
② 《宋史》卷35《孝宗纪》。
③ 《续资治通鉴长编》卷233熙宁五年五月乙巳。
④ 《续资治通鉴长编》卷233熙宁五年五月乙巳。

十之一,至五千贯者迁其职"①的标准奖励。这种依法赏罚,不仅使得到赏赐的人从中受到鼓励,使受惩治的人因此自责改过,而且自然会影响到其他众多官吏的价值观念与价值选择,加上儒学思想中重义轻利等伦理思想的长期熏陶,部分官吏的廉洁素质因此有所提高。或者说,在守法与枉法所带来的利害得失面前,他们宁愿选择守法拒贪以保持其已有的名誉、地位和既得的其他利益,而不愿选择枉法贪赃可能所带来的利益损失或将要受到的法律严惩。正如南宋罗大经所说:"士大夫若爱一文,不直一文。陈简斋诗云:'从来有名士,不用无名钱。'杨伯子尝为余言:'士大夫清廉,便是七分人了。'"②包拯在《家训》中更是明确地指出:"后世子孙仕宦,有犯赃者,不得放归本家;死不得葬大茔中。不从吾志,非吾子若孙也。"③官吏士大夫能以家规家训来告诫子孙后人不得犯赃贪污,从而充分地反映出部分官吏廉洁素质的提高。再如前述、南宋孝宗"乾道、淳熙间,有位于朝者以馈及门为耻,受任于外者以包苴入都为羞"④。在古代专制社会,一些官吏能如此自重,或者说能在道德修养上达到如此程度,平心而论,这的确是难能可贵的。

其四,对贪赃的惩治及其所带来的对贪风的遏制,使赵宋王朝所拥有的国家财产损失大为减少。由于宋初数朝多坚持重典惩赃、尤严贪墨之罪,以致相当一部分官吏不敢轻易染指官府财物。据载,乾德初年,"王全斌入蜀,贪恣杀降,虽有大功,即加贬绌"⑤。因此,对普通官吏产生了巨大的震慑作用。此后,有些地方官吏"邻郡(馈送)酒,皆归之公帑,换易答之,一瓶不敢自饮"⑥。宋中期的一位官员在奏折中说,由于朝廷重惩贪官,严厉打击犯赃枉法之罪,致使有的州县官吏心有余悸,连官库中的箭弓弩机都"不敢擅自修治",以致部分军用物资"十损四五"。另据苏

---

① 《宋史》卷179《食货志》。
② 《鹤林玉露》甲编卷4《清廉》。
③ 《宋史》卷316《包拯传》。
④ 《宋史》卷437《真德秀传》。
⑤ 《宋史》卷3《太祖纪》。
⑥ 王林:《燕翼诒谋录》卷3《公使库不得私用》。

辙记载,"昔无重法重禄,吏通赇赂",以致地方州县仓库财物损失严重,
"今行重法,给重禄,赇赂比旧为少"①。但后来新法废弛,"仓法"等重法
也被罢而不用,结果地方州县仓库的财物损失较行"仓法"时又大量增
加。可见,严格执法、重惩赃吏,对保护封建国家的财产具有一定的积极
作用。

其五,宋王朝禁贪惩赃法律的颁布与实施,尤其是严格禁止官吏贪污
勒索、横征暴敛之策的推行,在一定程度上限制了贪官污吏对百姓的巧取
豪夺,使宋初太祖制定的"与民休息"的"仁政"能得到较好的贯彻,从而
缓和了社会矛盾,在一定程度上调节了被统治阶级与统治阶级之间在经
济利益上的利害冲突,有利于发挥普通劳动者的生产积极性,促进了宋代
社会经济的恢复和发展,推动了社会历史的不断进步。而且,吏治状况较
好、吏风相对廉正的时期或地区,往往多是社会秩序较为稳定,经济发展
较为迅速的时期。如北宋前期、王安石变法期间的江浙地区等即是如此。
史载:"宋承唐、五季之后,太祖兴,削平诸国,除藩镇留州之法,而粟帛钱
币咸聚王畿,严守令劝农之条,而稻、粱、桑、枲务尽地力。至于太宗,国用
殷实,轻赋薄敛之制,日与群臣讲求而行之。"②可以说,北宋前期之所以
能"粟帛钱币咸聚王畿","国用殷实",其原因除当时推行直接的发展生
产的措施外,与这一时期严惩贪赃之策也是密不可分的。有人认为,"熙
宁变法期间,对诸路监司、州县之官,要求甚严,行为不端,或手面不净,不
是贬点,就是勒停",从而对当时"封建经济的高度发展"与"财政上有极
大的赢余"产生了重要的积累推动作用。③据《朱熹传》载,孝宗乾道、淳
熙年间,朱熹先后知南康军、提举浙东常平茶盐公事。上任后,他针对
"邪佞充塞,货赂公行,兵愁民怨,盗贼间作,灾异数见"之状,一方面积极
救荒,对"有不便于民者,悉厘而革之",另一方面大力整顿吏治,并六次
上书弹劾赃吏,即当朝宰相王淮之姻家——知台州唐仲友,最后迫使朝廷
免职查办。结果,"郡县官吏惮其风采,至自引去,所部肃然",吏风因此

① 苏辙:《龙川略志》卷5《议定吏额》。
② 《宋史》卷173《食货志》。
③ 参见漆侠《宋代经济史》(上),上海人民出版社1987年版,第513页。

为之一变;而且,其救荒成效也相当显著,灾民既能安居乐业,当地的生产也获得了一定的恢复和发展,故"上谓王淮曰:'朱熹政事却有可观。'"①可见,吏治的好坏的确直接影响着社会风气与经济发展。

从两宋时期的反贪成效所表现出的不平衡性与不稳定性的另外一面看,当时"严贪墨之罪"的成效还仅仅是差强人意。在某些时候或在某一时期的某个地区,贪污现象还相当严重,或贪官污吏仍胆大妄为、胡作非为,肆意枉法犯赃。如前所述,蔡京等"六贼"把持朝政时,"贿赂公行""贪污成风","廉吏什一,贪吏什九"②;理宗时贾似道专权,"赂相浊乱,贪焰烁天,奸尹贪焚,聚敛成市"③,出现了"达官贵人,赃以万计"的严重局面。辽宠臣张孝杰更是"久在相位,贪货无厌",甚至在与亲友宴饮时恬不知耻自称:"无百万两黄金,不足为宰相家。"④有这样明目张胆地大肆贪污的大贪官把持朝政,至于一般官吏,其贪赃枉法之状,就可想而知了。

两宋王朝不同时期、不同地区在反贪成效上的不平衡性与不稳定性,既反映了惩治贪赃、打击贪官的法律内容与方法本身的局限性和不彻底性,同时也反映出执法实践的非连续性与不一致性。宋辽夏金的反贪实践及其成效表明:对贪官污吏的犯赃行为,朝廷往往是"纵而复抑,抑而复纵",或"一张一弛",随心所欲,故史载太宗"是时已有徇法曲纵者"⑤。这在"惩创贪吏可谓上下一心"的宋初即是如此,至于其他时期之曲法宽纵更是不绝于史了。然而,这正好表明,这种状态正是中国古代专制政体的必然结果。事实上,贪赃枉法正是寄生在专制政体上的一个难以割除的毒瘤。中国传统政治的最大特色便是个人专制和腐败贪污,专制必然滋生腐败,而腐败又必然依赖专制。要想真正地解决官吏贪污腐败问题,只有彻底地铲除专制的官僚政体。然而,这在当时恰恰是根本不可能做到的。

---

① 《宋史》卷429《朱熹传》。
② 《历代名臣奏议》卷43。
③ 《历代名臣奏议》卷62。
④ 《辽史》卷110《张孝杰传》。
⑤ 《廿二史札记》卷24《宋初严惩赃吏》。

第四节 反 贪 文 化

一、官 员 上 书

在中国古代专制社会,贪污与反贪污、腐败与反腐败,从来就是一对孪生子。正是由于有了形形色色的贪污腐败现象,才催生了禁止贪污、惩治贪污、防范贪污等内容丰富、形式多样的反贪污文化。在两宋时期大量朝野官员的上书中,就包含了许许多多弹劾贪官、抨击贪污、主张惩治贪赃等反贪污的内容。而且,这类上书差不多成为当时社会中所有具备正义感的大小官员都曾有过的一种经历,或曾承担过的一种责任,或曾为之付出过的一种代价,或曾为其树立起的一种信念……因而,官员为反贪的上书就自然地成为一种较普遍的社会现象。可以认为,这种社会现象就是反贪文化的一种表现。

从目前已知的史籍看,宋人文集虽然已经散失了许多,但流传下来的仍有很大数量。据《四库全书》统计,仅其《别集类》著录的就有三百八十八部(其中有四人有两部文集),五千余万字;再加上《四库全书》列入其他类的以及未著录的,为数肯定更多。而这些文集中所载官员上书或奏折,绝大部分涉及反贪文化的内容。

具体而言,在现存的宋人文集中,约占98%的文集中都反映出作者先后担任过大小不同的官吏。而在这些官吏的文集中,又约有95%的文集包含有弹劾贪官、抨击贪污,或要求完善反贪法制、严格执法、严惩贪官污吏等内容。当然,在宋人文集中,也有个别官员的文集内包含有为个人或他人贪赃行为辩诬与阐明其事情原委的上书。据现今常用的古籍,由中华书局辑印的《四部备要》统计,其三百三十六种古代文献中有宋人文集二十多种,在这些宋人的文集中,几乎全部都有涉及反贪文化的上书、奏折与评论文章等。另据近人张元济辑、由商务印书馆影印流传的《四部丛刊》初编、续编、三编共五百二十余种古代文献统计,有宋人文集四十余种,这些宋人文集同《四部备要》中所收录的宋人文集一样(其中有些文集本来就是同一作者的),也是几乎全部都有关于反贪文化的内容。正因为如此,我们认为,当时大量官员给皇帝上呈的奏折,或给宰相等大臣的上书,其相关内容是宋代反贪文化的一个重要组成部分。其中,最具有代表性的文集有《范文正公集》《包孝肃公奏议》《温国文正司马公文集》《栾城集》《临川先生文集》《止斋文集》《水心集》等多种。尤其是范仲淹、包拯、王安石、朱熹等人的文集中,有大量揭露贪污、弹劾贪官、惩治贪赃以及抨击枉法贪污之害的奏折与上书等。

在宋代官员反贪的上书中,包拯的上书可谓最为典型。一部《包孝肃公奏议》,几乎全是揭露、举报、抨击贪官污吏,弹劾贪官,要求惩治贪污腐败及其他违法犯罪行为的奏折,故名为《包孝肃公奏议》。有人根据《包孝肃公奏议》详细统计,全集 187 篇(注:其不同版本中篇目数量有别)文章中,有 55 篇为明确、直言举报贪官污吏之文。其中被指名道姓弹劾、抨击的枉法、贪赃的官吏有 64 人之多。[①] 在这些违法犯罪的官吏中,虽有部分是属于渎职、犯上作乱、无耻求进或才不堪用者,但大部分是属于贪赃受贿、贪图荣禄、损公肥私、违法经商、蠹政害民、诛求财利、素无廉洁之徒。因此,当包拯了解、调查了这些贪官污吏枉法犯赃的事实后,就理所当然地加以举报、抨击、弹劾,或要求朝廷严格依法惩治,不可加恩赦宥。

如被包拯抨击、弹劾的贪官污吏中,主要有王涣、阎士良、张可久、周景、胡可观、魏兼、范宗杰、任弁、石待举、郭承祐、张若谷、刘兼济、王逵、张尧佐等。其中,王涣"其人赋性贪回,用心狡狯"。早知巨野县日,"曾犯赃罪,除名编管。自后改除班行勾当作坊之时,又犯赃罪去官"。然而,他仍不思悔改,继续用欺骗伎俩,隐瞒赃罪,获得监榷货务的任命。这是一个经常与商人交往的税务管理机构,"其任至要,所系甚重,施设出纳,最须得人"。王涣贪缘此职,用心十分明显。包拯上奏认为,"岂可使赃

---

① 参见杨国宜《略论包拯反腐败》(未刊稿)。

污之余,妄居是职?"然而,王涣"公然肆志、无所顾忌"的贪赃枉法行为,终于导致"商旅喧而上诉"。故包拯历数其罪,要求朝廷依法重置典刑。①

又如,蔡州都监阎士良"强买骡马牛羊及乞取钱物",平民百姓被逼无奈,群起控告达八十七状。于是,包拯上奏,请依法勘断其罪。②

再如,淮南转运按察使司勋郎中张可久"在任日于部下兴贩私盐",违法经商,破坏官纪,影响极坏。同时,还长期"巧图财利,冒犯禁宪"。对此,包拯上书认为,"前后职司臣僚,或有以赃滥获罪,然未有如可久之甚者。此而可恕,孰不可容?"因此,包拯要求朝廷,依法断罪,以使"贪猥之辈,稍知警惧"③。

另外,军巡院官吏周景与杂买务监当官胡可观,内外勾结,沆瀣一气,长期贪盗官府财物;淮南转运使、工部郎中魏兼"不顾朝章,自为非法","在任日子部内置买物业,并剩量过职田斛斗等罪";④身任禁盐职官的范宗杰不准商人贩卖,自己却差役士兵及百姓置场、贩卖私盐,违法经营专卖品;知汾州任弁"所犯罪名至多,除轻罪外",还"私役兵士"一百一十六人,"织造驼毛、段子及打三黄锁",较贪赃更甚;⑤保州通判石待举"残虐屯兵,刻削虞食",侵吞兵俸,以致造成保州兵变;自恃皇亲的郭承祐,"恣逞奸慝,渎乱国经","残民害政",损公肥私,聚敛财物⑥;龙图阁直学士、兵部侍郎知洪州张若谷"年近八十"仍企图继续占据要位,"殉禄贪荣,颇伤清议",御史台请他按规定致仕养老,可是他"未能引退,尚此冒居,人之寡廉,一至于是"⑦;"新差知雄州刘兼济,材庸识暗,素无廉洁,当此边寄,中外之议,共以为不可"⑧,因而,诸如此类,都理所当然地受到了包拯的检举揭发与弹劾,有些还多次上书要求依法严惩,"欲去贪残之吏,抚

---

① 《包孝肃公奏议》卷6《请罢王涣榷货务》。
② 《包孝肃公奏议》卷6《请勘阎士良》。
③ 《包孝肃公奏议》卷4《请重断张可久》。
④ 《包孝肃公奏议》卷4《请法外断魏兼》。
⑤ 《包孝肃公奏议》卷6《请追任弁官》。
⑥ 《包孝肃公奏议》卷6《弹郭承祐》。
⑦ 《包孝肃公奏议》卷6《弹张若谷》。
⑧ 《包孝肃公奏议》卷6《请罢知雄州刘兼济》。

疲瘵之俗"①。并且认为,"若不痛绳以法,斯则漏彼吞舟,使包藏祸乱之人,何以戒惧而自戢哉"②。甚至颇有名望的三司使张方平,因"身主大计,而乘势贱买所监临富民邸舍"之事,也被包拯斥为"无廉耻",而且要求朝廷严肃法纪,严厉惩治这种以权谋私的贪赃行为。③

尤其值得称道的是,包拯曾先后七次上书弹劾贪赃枉法之徒王逵、六次上奏折怒责面劾"国丈"张尧佐。王逵,是当时臭名远扬的贪官恶吏。他曾先后任荆湖南路、江南西路、淮南路转运使与池州、福州、扬州、光州、徐州知州等职。在为官期间,他"行事任性,不顾条制,苛政暴敛,殊无畏惮"。他"先任荆湖之日,以非理配率钱物","后累任皆以惨虐不法","酷法诛求财利,苟图进擢,民被杀者,罔知其数",而且,其各地"在任赃滥不法事件,俱有实状"④。据此,他发挥了范仲淹"一家哭何如一路哭邪"⑤的语意,认为:"若命酷吏为之职司,而令一路之民独受其患,是一夫之幸,而一路之不幸也。"当再次上书要求严惩王逵未达目的时,包拯又一次上书弹劾王逵,并直接指责仁宗说:"今乃不恤人言,固用酷吏,于一王逵则幸矣,如一路不幸何!"由于包拯连章弹劾不止,且有真凭实据,故言辞激烈,以致舆论汹汹,朝野深为震动。最后,仁宗无可奈何,终于同意诏令依法惩治王逵。⑥ 至于张尧佐,是仁宗张贵妃的伯父,自称"国丈"。他出身进士,同时又因有侄女张贵妃的关系,不几年,屡越正常资序升迁,从知县、知州直至跃居加龙图阁直学士,权知开封府,后又荣任为三司使。包拯虽多次与他共事有些交情,但也深知他的品行和才能。于是,包拯据理力争,犯颜直谏,多次上书认为张尧佐作为三司使"不可专任此人,久居是职","以免失天下之望,误天下之事"⑦。不久,包拯又谏阻仁宗授给其宣徽南院使等职,并且上朝谏诤时言辞激烈,口若悬河,竟将唾沫星子

---

① 《包孝肃公奏议》卷4《请不用苛虐之人充监司》。
② 《包孝肃公奏议》卷6《弹郭承祐》。
③ 《续资治通鉴长编》卷189 嘉祐四年三月己亥。
④ 《包孝肃公奏议》卷6《弹王逵》。
⑤ 《宋史纪事本末》卷29《庆历谠议》。
⑥ 《包孝肃公奏议》卷6《弹王逵》。
⑦ 《包孝肃公奏议》卷3《请选内外计臣》。

喷了仁宗满脸。加上其他台谏官员也合力论奏,最后终于迫使仁宗改变主意,收回任命。

除弹劾贪官的大量上书外,包拯还有许多抨击贪赃、谴责贪污的奏疏。如《请赃吏该恩未得叙用》《请不用苛虐之人充监司》《请罢天下科率》《论冗官财用等》《请选用提转长吏等》《请选内外计臣》《论江西和买绢》等。尤其是《乞不用赃吏》一文,可谓一篇极为难得的抨击贪赃、要求严惩贪污的战斗檄文,其中,既有对贪赃危害的愤慨,又有对贪官污吏的极端憎恨,同时还提出了严惩贪官的正义要求,陈述了依法惩治贪污的积极作用。文中载道:

> 臣闻廉者,民之表也;贪者,民之贼也。今天下郡县至广,官吏至众。而赃污摘发,无日无之,洎具案来上。或横贷以全其生,或推恩以除其衅。虽有重律,仅同空文。贪猥之徒,殊无畏惮。昔两汉以赃私致罪者,皆禁锢子孙,矧自犯之乎!太宗朝尝有臣僚数人犯罪,并配少府监隶役,及该赦宥,谓近臣曰:"此辈既犯赃滥,只可放令逐便,不可复以官爵。"其责贪残,慎名器如此。皆先朝令典,固可遵行。欲乞今后应臣僚犯赃抵罪,不从轻贷,并依条施行。纵遇大赦,更不录用。或所犯若轻者,只得授副使上佐。如此,则廉吏知所劝,贪夫知所惧矣。①

与此同时,一代贤相范仲淹的文集中《答手诏条陈十事疏》,名相王安石的文集中《上皇帝万言书》、名公司马光的文集中《进修心治国之要札子》等上书中都有要求整顿吏治、惩治贪官墨吏的反贪内容。如范仲淹在其要求变法革新的《十事疏》中就指出要"明黜陟""抑侥幸""精贡举""择长官""均公田"②等,以改革吏治的腐败状况。故他主持庆历新政之始,便"以天下为己任,裁削幸滥,考复官吏,日夜谋虑兴致太平"③,不遗余力。在任免奖惩官吏时,他在考核表上看到庸碌无能、贪财败政的转运使,便大笔一挥,勾而去之。富弼曾担心地对他说:"一笔勾之甚易,

---

① 《包孝肃公奏议》卷3《乞不用赃吏》。

② 《范文正公政府奏议》卷上《答手诏条陈十事疏》。

③ 《宋史》卷314《范仲淹传》。

焉知一家哭矣!"范仲淹答道:"一家哭何如一路哭邪!"①可见其反贪倡廉的坚决。故史书载他"每感激论天下事,奋不顾身,一时士大夫矫厉尚风节,自仲淹倡之"②。不仅如此,一代名儒李觏、石介、朱熹等在为官时也有许多有关反贪的上书,如《寄上孙安抚书》《上范中丞书》《戊申封事》等。

二、儒 士 清 议

在中国古代传统社会中,儒生、士大夫作为一个相对独立的社会阶层,是一支不可忽视的重要的政治力量。尤其是在宋代,由于"重文轻武"国策的确立,"不得杀士大夫及上书言事人"③,差不多成为有宋一代历朝皇帝多自觉遵守的成规,加上当时传统儒学的勃兴和发展,因此,宋代儒士在社会政治生活中的作用以及相对独立的人格精神表现得更加明显,更具有影响力。

两宋时期,儒士在社会政治生活中的作用与影响主要是通过其舆论工具及其对舆论的导向功能表现出来。一般而言,当儒士们崇高的政治理想与现实生活中恶浊的社会现实格格不入时,他们会每每自觉地在野形成一股清流的舆论力量,一方面与当权的既得利益集团相对立,以此来维护自己所坚持的理想;另一方面无情地揭露现实社会中的黑暗政治与腐败罪恶,抨击、谴责贪官污吏所犯下的各种贪赃枉法的丑恶行为,以表现出一种拒绝同流合污的态度,从而以此左右社会舆论,对贪官污吏或贪赃枉法行为形成一种无形的巨大压力。这种舆论力量虽然不同于法制的作用那样强化而直接,但它同样能对官僚政体和法制领域起渗透和影响作用。因此,儒士们对贪官污吏的抨击与对贪赃枉法行为的谴责及其所形成的社会舆论,同样构成了当时反贪文化的一个重要方面。

当时,儒士们对贪官或贪赃行为的抨击与谴责,在他们的文章中都有

---

① 《宋史纪事本末》卷29《庆历谠议》。
② 《宋史》卷314《范仲淹传》。
③ 陆游:《避暑漫抄》卷2。

记载,而且其中有许多人通过其传世的文集或相关记录与史书等保留下来。在这些具有代表性的、且多具有科举功名的儒士中,如李觏、范仲淹、欧阳修、王安石、曾巩、石介、包拯、苏轼、苏辙、程颢、程颐、叶梦得、李纲、张栻、朱熹、黄榦、真德秀、叶适、陆游、晁补之、苏洵、秦观、张守、王之望、毕仲游、陆九渊、司马光、唐介、赵抃、欧阳守道、王炎、吕陶、袁燮、高登、尹洙、王庭珪、孙应时、宋庠、唐庚、高斯得、范浚、洪适、王柏、文同、杨时、杨万里、魏了翁、刘敞等,虽然他们在世时也有这样那样的缺点或不足,但都留下了抨击贪赃、谴责贪官的反贪宏论或华章。尤其是欧阳修的《论按察官吏札子》,赵抃的《奏状乞移司勘结三司人吏犯赃》《奏状乞取问王拱展进纳赃珠》,吕陶的《议官》三篇,苏轼的《策别课百官》六篇,朱熹的《按知台州唐仲友第一状》至《按唐仲友第六状》,袁燮的《论立国宜正本札子》《论国家宜明政刑札子》,洪适的《戒戢赃吏诏》《令监司举廉吏诏》以及前述包拯等人的《乞不用赃吏》《请赃吏该恩未得叙用》等文,不仅多指名道姓地检举了大小不等的贪官,而且深入地论列了贪赃枉法所带来的各种危害。

　　如朱熹在其连续六次的上书中,不遗余力地检举、揭发知台州唐仲友的"不公不法"之贪赃事件等。按朱熹的调查,唐仲友凭借其与当朝宰相王淮有姻亲关系,在知台州任上,犯下了各种贪污犯赃之罪:"关入公库,巧作名色,支破私用";"尽用贱价粜米,高价纳官,一郡皆以为苦";"违法收私盐税钱,岁计一二万缗入公使库,以资妄用,遂致盐课不登,不免科抑为害特甚;又抑勒人户卖公使库酒,催督严峻,以使臣姚舜卿,人吏郑臻、马澄、陆侃为腹心,妄行支用;至于馈送亲知、刊印书籍、染造匹帛、制造器皿、打造细甲,其数非一";"交通关节,受纳财赂","招权纳赂";与"胥吏同谋作弊,逐时于公库以犒赏为名支钱","遗赂权贵,岁至二三千缗,其妄用钱物,甚于泥沙";"曲法诉讼,接受财物,方得签押,无钱竟不得通","取受货赂,不可胜计","凶暴贪婪,全无忌惮","靡所不至,全无廉耻";甚至"藏匿伪造官会人","遣军兵远出禁地,以捉酒为名,掠其所有财物";还有"贪污淫虐,蓄养亡命事状数件"等。故朱熹多次上书,认为"仲友贪墨无耻,素乏廉称",继而强烈要求朝廷"先将仲友早赐罢黜,付之典狱,根勘行遣,以谢台州之民"。① 据史记载,朱熹不畏权贵、连续六次上书弹劾贪官唐仲友,在当时朝中引起了不小的震动,最后终于迫使宰相"王淮、吏部尚书郑丙、侍御史张大经交荐"的唐仲友被罢职受惩。②

另外,朱熹在书院讲学,或与学生切磋学问,或与朋友来往的书信中,也多次对贪官污吏与贪赃枉法之事进行抨击和谴责。他曾说:"某见人将官钱胡使,为之痛心!"③因此,他对这种损公肥私、贪赃枉法的无耻行为痛恨不已:"士人先要识个廉退之节。礼义廉耻,是谓四维。若寡廉鲜耻,虽能文要何用! 某虽不肖,深为诸君耻之!"④同时,他还提醒人们,要注意防范"贪污者必以廉介者为不是,趋竞者必以恬退者为不是"⑤的现象。针对当时各种贪赃枉法的表现,如"朝廷之上,忠邪杂进,刑赏不分;士夫之间,志趣卑污,廉耻废坏";"今宫省之间,禁密之地,而天下不公之道,不正之人,顾乃得以窟穴盘据于其间,而陛下目见耳闻,无非不公不正之事……且如顷年方伯连帅,尝以有赃污不法闻者矣";"甚者以金珠为脯醢,以契券为诗文,宰相可啖则啖宰相,近习可通则通近习,惟得之求,无复廉耻。"由于宽法恩赦,"且以为虽或如此,亦未至甚害于事,而不知其败坏纲纪,使中外闻之,腹非巷议,皆有轻侮朝廷之心;奸赃之吏,则皆鼓舞相贺,不复畏陛下之法令",于是,"其所用者,皆庸缪憸巧之人","而所行者,皆阿私苟且之政"。这些贪官污吏,"惟有作奸欺、植党与、纳货赂","巧为名色,头会箕敛,阴夺取其粮赐以自封殖,而行货赂于近习以图进用。彼此既厌足矣,然后时以薄少,号为'羡余',阴奉燕私之费",以至"日往月来,养成祸本,而贻燕之谋未远,辅相之职不修,纲纪坏于上,风俗坏于下,民愁兵怨,国势日卑"。对此,他认为,造成这种局面的原因"是以监司、郡守多不得人",贪官污吏太多。因此,他一再要求整肃吏治,严明纲纪,严格法制,严厉惩治贪赃枉法之徒。同时提出,"天下官

① 《朱文公文集》卷18—19《按唐仲友第三状》《按唐仲友第四状》等。
② 《宋史》卷429《朱熹传》。
③ 《朱子语类》卷106《外任》。
④ 《朱子语类》卷106《外任》。
⑤ 《朱子语类》卷108《论治道》。

吏"应该"不拘荐举之有无,不限资格之高下",在治政的实践中察其才能与廉否,"果有治绩则优而进之,不胜其任则黜而退之",如此方可"革去弊政,去其污吏","修明政事"。① 朱熹的这些上书和议论,包括大量的奏折和廷对,由于切中时弊,抓住了要害,且多为揭露权贵之恶行,因此,不仅引起了朝中许多正直大臣的共鸣,而且受到了无数有正义感的儒生、学者、弟子等的赞扬与支持,有的奏议甚至得到了"锐意为治"的孝宗皇帝的欣赏,故其"疏入,夜漏下七刻,上已就寝,亟起秉烛,读之终篇"②。加上朱熹在当时社会上,尤其是儒士或读书人之间的影响,因此,其抨击贪赃、谴责贪污、弹劾贪官的檄文、宏论,有时在社会上形成了一股强大的舆论力量,像一发发重型炮弹,对贪官污吏是一个有力的打击或无形的钳制。因而,类似这样的儒士清议成为当时反贪文化中的一个重要组成部分。

在抨击贪赃、谴责贪污的议论中,儒士洪适的《戒戢赃吏诏》,与前述包拯的《乞不用赃吏》一文,有异曲同工之妙。其文载道:

> 朕闻先王之时,人有士君子之行,在位者皆节俭廉清,冰霜其操,《羔羊》《素丝》之诗,所为作也。今则不然,贪夫徇利,廉耻道丧,亶以广田宅、厚妻子为计,溪壑无厌,漫不忌惮。甚者掩公帑之积,私仓庾之赢,贼民剥下,浚其膏血。呜呼,岂设官之意哉? 朕自临御以来,崇俭德、蠲浮费,庶几乎风厉天下,奸赃之吏未有闻而不治。然速罪相继,何耶? 是朕德不能化、罚不能惧也。古者刑不上大夫,唐虞画衣冠而民不犯。孰谓缙绅之士心无愧耻,不若古之齐民欤? 夫先甲后庚,申饬教告,而抵冒不已。至于用法,岂得已哉? 凡我诸臣,其洒心迁善,励淳白之节,副总核之政,以长保其禄位。无或不悛,奸我重辟,播告中外,使明知朕意。③

文中不仅列举了贪赃的各种方式与危害,而且分析了贪风盛行的原

---

① 《朱文公文集》卷11《戊申封事》。另参见张全明《论朱熹的改革理论》,《华中师范大学学报》1988年第4期。
② 《宋史》卷429《朱熹传》。
③ 《盘州文集》卷12《戒戢赃吏诏》。

因,即皇上"德不能化,罚不能惧"之故。同时,对贪官提出了告诫:"无或不悛,奸我重辟",并告示中外,要求朝野内外官吏"皆节俭廉清","洒心迁善",遵守法度,"以长保其禄位",否则,若犯奸赃,将行重辟。

宋辽夏金时,除在野儒士对贪赃的抨击与谴责外,许多通过科举入朝的进士官吏尤其是原出身贫寒的台谏御史监察官吏,他们由朝廷赋予的对百官风闻弹劾的监察职能以及对贪赃行为的抨击与谴责,也是对贪赃枉法行为的一种制约,对贪官污吏企图胡作非为的一种遏制。如长期任台谏官职且能除贪倡廉的包拯、唐介、赵抃、吴奎等即是如此。史载,包拯多次"请重门下封驳之制,及废锢赃吏","数论斥权幸大臣","又上言天子当明听纳,辨朋党,惜人才","请去刻薄,抑侥幸,正刑明禁,戒兴作,禁妖妄。朝廷多施行之"。史书还载,"拯性峭直,恶吏苛刻,务敦厚,虽甚嫉恶,而未尝不推以忠恕也。与人不苟合,不伪辞色悦人";其"立朝刚毅,贵戚宦官为之敛手,闻者皆惮之"。①

至于唐介,"为人简伉,以敢言见惮"。上朝直陈时政与官吏缺失,"其言无所避"。仁宗有次受其顶撞,声言将其远窜重谪。唐介无所讳避,慨然道:"臣忠愤所激,鼎镬不避,何辞于谪?"②于是,继续弹"劾宰相文彦博守蜀日造间金奇锦,缘阉侍通宫掖,以得执政"事与仁宗袒护张尧佐越级升迁之任,"帝怒益甚",令枢密副使梁适驱逐唐介下殿,"介立殿上不去,犹争益切"③,其刚正之气,闻于天下,正如史书所载:"由是直声动天下,士大夫称真御史。"④赵抃"弹劾不避权幸,声称凛然,京师目为'铁面御史'"⑤。吴奎"名望清重""豪猾畏敛","喜奖廉善,有所知辄言之,言之不从,不止也"⑥。可见,这些带职儒士对贪赃枉法的抨击,对贪官污吏更具有威慑力。

---

① 《宋史》卷316《包拯传》。
② 《宋史》卷316《唐介传》。
③ 王珪:《华阳集》卷37《唐介墓志铭》。
④ 《宋史》卷316《唐介传》。
⑤ 《宋史》卷316《赵抃传》。
⑥ 《宋史》卷316《吴奎传》。

三、史 书 方 志

编撰史书,既是中国文化的一个传统,又是弘扬中国传统文化的一个重要手段。宋辽夏金元时期,不仅继承和发展了编撰史书的文化传统,而且在编撰史书的内容上,同样表现了反贪文化的素材与特色。

从司马迁编写《史记》开始,史书中就专门列有反贪文化的内容:即分列《循吏列传》与《酷吏列传》,或名《良吏传》《廉吏传》《能吏传》《忠义传》与《奸臣传》《佞幸传》《逆臣传》等。其中,《循吏列传》《良吏传》等,多是对当朝正直、廉洁、忠诚、贤能类官员的记载与表彰,以使其青史留名。故曰:循吏,"谓本法循理之吏也"。司马迁认为:"法令所以导民也,刑罚所以禁奸也。文武不备,良民惧然身修者,官未曾乱也。奉职循理,亦可以为治,何必威严哉?"①此后,人们更加懂得了"奉职循理,为政之先"的道理,故"良史述焉",以彰其清廉。② 当然,这里的"廉",其意较广。正如《周礼》所说:"以听官府之六计,弊群吏之治。一曰廉善,二曰廉能,三曰廉敬,四曰廉正,五曰廉法,六曰廉辨。"③这是说,考察大小官吏的治绩虽包括善、能、敬、正、法、辨等六个方面,但皆以廉为本,然后计其功过多少来判断其优劣。然而这六个方面,都必须体现"廉"的基本精神。如果为官治政能保持廉的本质,做到处事公正、公平、不苟取,为人正直、清白、不奢华,应该说,就是体现了"廉"的基本精神与特色。因此,历代史家多把这类具有代表性的廉正官员收入史书,以使其清廉之芳名,永垂史册。宋元人承史学传统所撰的新旧《唐书》《东都事略》《宋史》《金史》中的《循吏传》《良吏传》,《辽史》中的《能吏传》等,就是对廉吏的赞颂,对贪官的鞭挞。尤其是宋代费枢,有鉴于徽宗时贪官污吏横行的状况,专门写有《廉吏传》一书,其倡廉反贪之目的,更为明显。

---

① 《史记》卷 119《循吏列传》。
② 《史记》卷 119《循吏列传》附《索引述赞》。
③ 《周礼·天官冢宰·小宰》。

廉,是与贪相对的。有廉即有贪。孟子说:"可以取,可以无取,取伤廉。"①这是说,为官者不取身外之财,或不义之财,即为廉;相反,若取了身外不义之财,就是伤害了廉,伤害了廉,就是贪。自古以来,人们不仅愤恨贪污,更恨贪官,故又称贪污为贪墨、贪赃,把贪官叫作贪墨之徒,或名赃官、奸臣、逆臣等。由于贪官污吏历来心黑如墨,贪婪成性,甚至不择手段,陷害忠良;同时,有些贪官虽然贪赃枉法、心狠手辣,但表面上却一本正经,俨然一尘不染,实际上,就像鹭鸶一样,"飞来疑似鹤,下处却寻鱼"②。因此,历代史家们多在史书中撰有《酷吏传》《奸臣传》《佞幸传》《逆臣传》等,以揭露形形色色的贪污腐败行为,鞭挞各种各样的贪官污吏,使其遗臭万年,以诫后世。故司马迁就曾指出:"其廉者足以为仪表,其污者足以为戒,方略教导,禁奸止邪,一切亦皆彬彬质有其文武焉。"③

另外,需要说明的是,历代正史《酷吏传》《佞幸传》或《逆臣传》中所列人物,并不一定个个都是有名的贪官,就像前述《能吏传》《忠义传》中所列人物并非个个都是清官的典型一样,其中也有极个别的清官或曾有贪赃枉法行为者。但是,《循吏传》与《良吏传》中都是清官,《奸臣传》中都是贪官,则是毋庸置疑的。

在《宋史·循吏传》中,编撰者为陈靖、张纶、邵晔、崔立、鲁有开、张逸、吴遵路、赵尚宽、高赋、程师孟、韩晋卿、叶康直等十二人写有传记,并附有简评。史载:

> 宋法有可以得循吏者三:太祖之世,牧守令录,躬自召见,问以政事,然后遣行,简择之道精矣;监司察郡守,郡守察县令,各以时上其殿最,又命朝臣专督治之,考课之方密矣;吏犯赃遇赦不原,防闲之令严矣。

> 承平之世,州县吏谨守法度以修其职业者,实多其人。其间必有绝异之绩,然后别于赏令,或自州县善最,他日遂为名臣,则抚字之长

---

① 《孟子·离娄下》。

② 转引自颜古鹤等编译《中国历代贪官传》,国际文化出版公司 1992 年版,第 1 页王春瑜《序》。

③ 《史记》卷 122《酷吏列传》。

又不足以尽其平生，故始终三百余年，循吏载诸简策者十二人。作《循吏传》。①

细读循吏各传，他们的确名不虚传，不仅勤政爱民，"所至兴利除害"②，而且为官清廉，皆"有古循吏风"③。如"师孟累领剧镇，为政简而严，罪非死者不以属吏。发隐擿伏如神，得豪恶不逞跌宕者必痛惩艾之，至剿绝乃已，所部肃然"④。吴遵路"为政简易不为声威，立朝敢言，无所阿倚。平居廉俭无他好，既没，室无长物，其友范仲淹分奉赒其家"⑤，因而，多被称为当朝"良吏"⑥。

在《辽史·能吏传》中，史家为大公鼎、萧文、马人望、耶律铎鲁斡、杨遵勖、王棠等立有传记。在《辽史·卓行传》中，史家为萧札剌、耶律官奴、萧蒲离不等立有传记。据《辽史·能吏传》与《辽史·卓行传》载：

汉以玺书赐二千石，唐疏刺史、县令于屏，以示奖率，故二史有《循吏》、《良吏》之传。

辽自太祖创业，太宗抚有燕、蓟，任贤使能之道亦略备矣。然惟朝廷参置国官，吏州县者多遵唐制。历世既久，选举益严。时又分遣重臣巡行境内，察贤否而进退之。是以治民、理财、决狱、弭盗，各有其人。考其德政，虽未足以与诸循、良之列，抑亦可谓能吏矣。作《能吏传》。⑦

辽之共国任事，耶律、萧二族而已。二族之中，有退然自足，不淫于富贵，不诎于声利，可以振颓风，激薄俗，亦足嘉尚者，得三人焉。作《卓行传》。⑧

---

① 《宋史》卷 426《循吏传》。
② 《宋史》卷 426《张纶传》。
③ 《宋史》卷 426《鲁有开传》。
④ 《宋史》卷 426《程师孟传》。
⑤ 《宋史》卷 426《吴遵路传》。
⑥ 《宋史》卷 426《张逸传》。
⑦ 《辽史》卷 105《能吏传》。
⑧ 《辽史》卷 106《卓行传》。

在上述能吏或卓行者中,他们多"淡泊自适","甘于肥遁,不犹愈于求富贵利达"①;有的为政间"悉去旧弊,务农桑,崇礼教,民皆化之"②;有的"治不扰,吏民畏爱","有操守……未尝附丽求进","人不敢干以私,用人必公议所当与者";③有的"廉约重义","当以裕国安民为事";④或"练达朝政,临事不怠,在政府修明法度,有声"⑤;或"决事如流,真能吏哉"⑥。

在《金史·循吏传》中,史家为卢克忠、牛德昌、范承吉、王政、张奕等二十多名官吏立有传记,并载:

> 金自太祖命三百户为谋克,十谋克为猛安,一如郡县置吏之法。太宗既有中原,申画封疆,分建守令。熙宗遣廉察之使循行四方。世宗承海陵彫劋之余,休养生息,迄于明昌、承安之间,民物滋殖,循吏迭出焉。泰和用兵,郡县多故,吏治衰矣。宣宗尚刀笔之习,严考核之法,能吏不乏,而岂弟之政罕见称述焉。金百余年吏治始终可考,于是作《循吏传》。⑦

在所述循吏中,金史中之循吏多同前述宋辽循吏相似,他们不仅"所在有善政,民丝毫无所犯"⑧,而且"皆清慎才敏,极一时之选",可谓"吏得其人";⑨同时,都有"廉慎"或"廉正""廉察""廉白"等德行及其所受到的赞誉与褒奖。⑩

相反,在《宋史》《辽史》与《金史》之《奸臣传》《佞幸传》《酷吏传》《逆臣传》等目中的人物,几乎都是清一色的贪官污吏,或贪赃枉法之徒。如列入《宋史·奸臣传》中的蔡京父子、秦桧、黄潜善、汪伯彦、万俟卨、贾似道、张邦昌等,列入《宋史·佞幸传》中的王黼、朱勔、王继先、曾觌、王

---

① 《辽史》卷106《萧札剌传》。
② 《辽史》卷105《萧文传》。
③ 《辽史》卷105《马人望传》。
④ 《辽史》卷105《耶律铎鲁斡传》。
⑤ 《辽史》卷105《王棠传》。
⑥ 《辽史》卷105《杨遵勖传》。
⑦ 《金史》卷128《循吏传》。
⑧ 《金史》卷128《王浩传》。
⑨ 《金史》卷128《循吏传·论》。
⑩ 《金史》卷128《刘焕传》。

抃等,以及辽金史这类传中的耶律乙辛、张孝杰、耶律燕哥、萧十三、萧图古辞、高间山、李通、高怀贞、胥持国等,都是臭名昭著的大贪官。

两宋时期,一些府、州、县、乡志书中,也开始在其名人传中载有当地历史上具有特殊成就的名人传记。在这些名人传记中,有许多即是为政清廉或颇有治绩的官员。在少数地方志书中,甚至为了告诫后人,还载有当地贪官污吏的恶行。宋代出现的这种方志写作体例,在元明清三代还得到了一定的继承和发展。

历史是一部教科书。写清官专史,无非是通过这些典型,使之起到教育、激励、垂范来者的作用。北宋末年费枢撰写的《廉吏传》,可谓当时"清官"史的代表作。它既反映了我国史学的传统,又表现出了宋代反贪文化的一大特色。同时,在史书中将贪官污吏的种种丑行、罪恶历史公之于众,把他们永远钉在历史的耻辱柱上,可以起到"人从宋后少名桧,我到坟前愧姓秦"的警示与自律作用。

四、民 间 谚 语

民谣谚语,是人们世世代代的生活经验的高度总结与思想智慧的卓越积淀,有着极为丰富、深厚的内涵,是极富特色的传统民间文化的形式之一。它是普通老百姓口头创作的短篇韵文作品。其别名俗称很多,如"风谣""谚语""谣辞""民谣""百姓谣"等。

一个时代的民谣谚语,正如鲁迅先生所说,是"现实世界的神髓",反映了当时广大民众的意志和情感。两宋时期的许多民间谣谚,就反映了人们对清官廉政的美好期望与赞颂;同时也表现出人们对贪官污吏的严厉谴责与憎恨;而且有的还揭露了社会的黑暗,官场的腐败;控诉了贪赃者的罪恶,贪污行为的无耻;反映了广大民众遭受掠夺与勒索的痛苦和辛酸;从而,成为传统的反贪文化内容之一。

(一) 倡廉颂廉

两宋时期的民间谣谚中,有大量的倡导廉洁、颂扬廉政的内容。宋人认为："莅官之要,曰廉曰勤。"①岳飞更是直率地指出："文臣不爱钱,武臣不惜死,天下太平矣。"②至于名相范仲淹,则其境界更高。他提出："先天下之忧而忧,后天下之乐而乐","不以物喜,不以己悲"③,"清心做官,莫营私利"④。这些至理名言,后多成为人们的口头禅,转化为歌谣民谚。事实上,范仲淹"少有志操","为政尚忠厚","泛爱乐善,士多出其门下,虽里巷之人,皆能道其名字。死之日,四方闻者,皆为叹息"。⑤

据《宋史》记载,建州人叶康直,擢进士第后,知光化县。"凡政皆务以利民。时丰稷为谷城令,亦以治迹显,人歌之曰:'叶光化,丰谷城,清如水,平如衡。'"⑥这首民歌谣谚,把叶、丰二县令的清廉、公正,作了很形象的反映与歌颂。

另据朱熹记载:"王詹事守泉。初到任,会七邑宰,劝酒,历告之以爱民之意。出一绝云:'九重天子爱民深,令尹宜怀恻怛心。今日黄堂一杯酒,使君端为庶民斟!'七邑宰皆为之感动。"⑦此后,王氏的确勤政爱民,廉洁公正,故当地百姓以此歌颂之,传之久远。文献载道:"其为政甚严,而能以至诚感动人心,故吏民无不畏爱。去之日,父老儿童攀辕者不计其数,公亦为之垂泪。至今泉人犹怀之如父母。"⑧这类特殊的颂廉歌谣,在宋代很多,且流传甚广。

另外,当时还有劝廉、守廉的民谣。例如:"世常羞贫贱,贫贱非我羞"⑨;"只有盱江守,怜民不爱官"⑩;"吾家泰山徂徕间,浓岚泼翠粘衣冠。君来访我茅屋下,正值山色含春寒。……临行再拜殷勤别,请我一言披心肝。吾贫无钱以赠君,门前峨峨横两山。愿君节似两山高,眼看富贵

①　胡太初:《昼帘绪论》卷2《尽己篇》。
②　《宋史》卷365《岳飞传》。
③　《范文正公集》卷7《岳阳楼记》。
④　《范文正公尺牍》卷上。
⑤　《宋史》卷314《范仲淹传》。
⑥　《宋史》卷426《叶康直传》。
⑦　《朱子语类》卷132《本朝·中兴至今日人物》。
⑧　《朱子语类》卷132《本朝·中兴至今日人物》。
⑨　《李觏集》卷35《感叹二首》。
⑩　《李觏集》卷36《感事》。

如鸿毛。"①"人人为官莫敛财"②;"住世一日,则做一日好人;居官一日,则做一日好事"③。否则"尔俸尔禄,民膏民脂,下民易虐,上天难欺"④。这些或诗或歌的民谣,代表了广大民众希望官场廉洁、官员廉正,不奢华、莫敛财的良好愿望。

据传,当时民歌谣谚中还广为流传着宋真宗写的《劝学诗》:"富家不用买良田,书中自有千钟粟。安房不用架高梁,书中自有黄金屋。娶妻莫恨无良媒,书中自有颜如玉。出门莫恨无随人,书中车马多如簇。男儿欲遂平生志,六经勤向窗前读。"诗歌中既有劝人勤学苦读的用意,也将读书、做官、发财之间的关系写得清楚明白。但不论怎么说,学而优则仕,总比不学无术,只顾投机钻营、贪赃枉法要好。⑤ 因此,时人又唱道:"谁不爱,黄金屋;谁不羡,千钟粟";但他们也深知"儿孙自有儿孙福",何必为官去贪污;且"富贵有余乐,贫贱不堪忧"⑥。

（二）斥贪反贪

两宋时期,大量的民谣谚语表达了人们对贪官污吏的愤恨,尤其是对北宋末年童贯、蔡京、朱勔等人的切齿之恨。如贪官朱勔受宠,仅家奴即有百余人封官赐爵。其中受金带者至有数十人。当时民谣说:"金腰带,银腰带,赵家世界,朱家坏!"⑦具有讽刺意味的是,这些以贪污勒索的钱财而换取的腰带到手后,又被高价转卖,从而大获其利。因此,人们对贪赃枉法之徒愤慨至极,认为"打破筒(指童贯),泼了菜(指蔡京),便是人间好世界"⑧。

有些诗歌民谚还揭露了贪官污吏的罪恶与崇拜金钱的无耻嘴脸。南

① 《徂徕石先生文集》卷3《送范曙赴天雄李太尉辞命》。
② 转引自张迎胜主编《西夏文化概论》,甘肃文化出版社1995年版,第89页。
③ 罗大经:《鹤林玉露》甲编卷2《好人好事》。
④ 洪迈:《容斋续笔》卷1《戒石铭》。
⑤ 《绘图解人颐》卷1。
⑥ 罗大经:《鹤林玉露》甲编卷4《朱文公词》。
⑦ 《古今谭概·口碑部》第31。
⑧ 吴曾:《能改斋漫录》卷12《记事》。

宋初,因大将张俊所领士兵"择率少壮长大者,自臀而下,文刺至足",故有"花腿军"之名。然而,这些花腿军成了他的私仆。他役使这些花腿"搬运花石",在杭州为他修盖太平楼。当时民谣道:"张家寨里没由来,使他花腿抬石头,二圣犹自救不得,行在盖起太平楼。"①不仅如此,他还派人到海外各国贸易,"获利几十倍"②。于是,张俊成了当时的一大富翁,仅"岁收租米六十万缗"③,而且"家多银,每以千两铸一毬,目为'没奈何'"④。但"人皆怨之",把他叫作"钱眼内坐",给他取了个"铁脸"的绰号。"铁脸"者,"无廉耻,不畏人"之谓也。⑤

贪官污吏无耻,他们崇尚"欲得富,须胡做"⑥之道。甚至认为"钱如蜜,一滴也甜"⑦,"有钱可使鬼,无钱鬼揶揄"⑧。故老百姓嘲讽他们是"身被命服,不顾廉耻"⑨;"夏取麦兮秋取粟,笞匹红兮杖匹紫。酒臭瓮兮肉烂床,马余粱兮犬余饩。雀腹鼠肠容几何,虎噬狼贪胡无已"⑩。同时,人们还揭露了贪官污吏行贿受贿、卖官鬻爵的恶劣行径。其中,王黼尤为突出,他公然把各种官职按不同等级定价出售。于是,人们为他编了顺口溜:"三千索,直秘阁;五百贯,擢通判。"⑪他们"将官钱胡使","为自家市恩"⑫,过着奢侈腐朽醉生梦死的生活。正如宋人所说:"山外青山楼外楼,西湖歌舞几时休?暖风吹得游人醉,直把杭州作汴州!"⑬为此,他们不择手段,"今者官大者往往交赂遗、营赀产,以负贪污之毁,官小者贩鬻

---

① 《鸡肋编》卷下《铜脸铁脸》。
② 罗大经:《鹤林玉露》丙编卷2《老卒回易》。
③ 《建炎以来系年要录》卷135绍兴十年五月壬寅。
④ 《夷坚支戊志》卷4《张拱之银》。
⑤ 《鸡肋编》卷下《铜脸铁脸》。
⑥ 《三朝北盟会编》卷140。
⑦ 释惠洪:《冷斋夜话》卷8。
⑧ 《陈与义集》卷3《书怀示友》。
⑨ 《宋文鉴》卷61。
⑩ 《徂徕石先生文集》卷3《彼县吏》。
⑪ 朱弁:《曲洧旧闻》卷10。
⑫ 《朱子语类》卷106《外任》。
⑬ 林升:《题临安邸》,见《宋诗一百首》,上海古籍出版社1978年版,第108页。

乞丐无所不为"①,以致大官大贪,小官小贪,甚至无官不贪。官吏贪污,实同盗贼,正如宋海盗郑广于投降后做官的《上众官诗》所云:"郑广有诗上众官,文武看来总一般。众官做官却做贼,郑广做贼却做官。"②一语道破了宋代社会大小官僚的真相:贪官与盗贼本质上是相同的。前述包拯就曾指出:"廉者,民之表也;贪者,民之贼也。"③有时,贪官为害甚至倍过于贼。对此,民间谣谚中有大量的反映与控诉。

梅尧臣的《田家语》载:"谁道田家乐？春税秋未足！里胥扣我门,日夕苦煎促。……州符今又严,老吏持鞭朴;搜索稚与艾,惟存跛无目。田间敢怨嗟？父子各悲哭。"④尤袤的《淮民谣》也道:"流离重流离,忍冻复忍饥;谁谓天地宽,一身无所依!"⑤范成大的《催租行》,更是把广大百姓遭受贪官污吏的横征暴敛、刻剥勒索之状暴露无遗:

　　输租得钞官更催,踉跄里正敲门来。

　　手持文书杂嗔喜:"我亦来营醉归尔!"

　　床头悭囊大如拳,扑破正有三百钱:

　　"不堪与君成一醉,聊复偿君草鞋费。"⑥

从当时官吏巧立名目的"草鞋费"来看,其敲诈勒索之状可想而知。更有甚者:"馈诸吏,则谓之参役钱;及其既满也,又谢诸吏,则谓之辞役钱;知县迎送傔夫脚,则谓之地里钱;节朔参贺,则谓之节料钱;官员下乡,则谓之过都钱;月认醋额,则谓之醋昔钱","如此之类,不可悉数"。⑦

在西夏的反贪文化中,同样有许多哲理性、思想性、文学性三者兼具的民谣谚语。如对贪官污吏追逐升官发财、贪婪成性、唯求享受的寄生生活抨击道:"又穿服,又贮财宝,不用借债;官爵已升,宫室已成,不缺用品。""户户紫衣不缫丝,人人为官莫敛财!""疥癞宜用膏药贴,贪嘴须把

---

①　《临川先生文集》卷 39《上仁宗皇帝言事书》。

②　岳珂:《桯史》卷 4《郑广斌诗》。

③　《包孝肃公奏议》卷 3《乞不用赃吏》。

④　《宛陵先生集》卷 7《田家语》。

⑤　《梁溪遗稿》卷 2《淮民谣》。

⑥　《范石湖集》卷 3《催租行》。

⑦　《宋会要辑稿》《食货》14 之 40。

嚼铁放。""无德致富天上云,非道敛财草头露。"其中,既有控诉,也有讽刺,还有劝善戒恶民谣。"世上正事三件:畜牧、耕作和商贩;天下坏事三件:骗盗、贪索和赌钱";"罪过一大,必累近亲;大水一涨,必漫浅滩"。①

第五节　反贪启示录

一、"吏不廉则政治削"

一个朝代政治的治乱,一个时期社会风气的好坏,往往与吏治有着密切的关系。从两宋时期的反贪污历史来看,吏廉则治。"吏不廉则政治削"②。

如前所述,贪吏临民,其损甚大。他们通过侵吞国家的财产或利益,损公肥私,从而给国家与社会带来一系列的祸害。其具体表现为:官吏的贪赃枉法,严重地危害着赵宋王朝的统治基础及其基本的组织、管理职能与效率,不仅伤害了封建国家统治的政治基础,而且削弱了中央集权赖以生存和稳定的经济物质基础。"蠹盛则木空"③,可谓宋人对贪赃危害性的高度概括。

同时,贪污腐败,行贿受贿,还易导致官吏之间结党营私,法制废弛,以致贪官污吏执法不公,有法不依,违法不究,甚至自己肆意践踏法律、贪赃枉法,"或则屈法,或则滥刑,或因公以逼私,或缘事以行虐,使民受弊甚于蠹焉"④。

另外,官吏贪赃,勒索刻剥于民,必然使广大百姓更加贫困,有如雪上加霜,伤口撒盐,从而使统治阶级与被统治阶级的矛盾更加激化,以致直

---

① 转引自张迎胜主编《西夏文化概论》,甘肃文化出版社 1995 年版,第 89、92 页。
② 《宋会要辑稿》《职官》57 之 11。
③ 《续资治通鉴长编》卷 32 淳化二年九月庚子。
④ 《续资治通鉴长编》卷 32 淳化二年九月庚子。

接威胁到赵宋王朝统治的稳定。故宋人指出："今贪人在官,民皆受苦。"①"郡县长吏鲜得其人,或遇非次配率,竞效苛刻;贪官猾吏,缘以为奸,乘衅诛求,不知纪极。转运、提刑又不能察其臧否,各徇颜情而已。且民者,国之本也,财用所出,安危所系,当务安之为急。安之在精择郡守、县令,及渐绝无名科率尔。若乃横敛不已,人怀危虑,或因岁之饥馑,以吏之残酷,相应而起,涂炭海内,此乃心腹之患。"②可见,贪污之害,既为国家之患,又乃民之贼也。许月卿也曾指出:"是以艺祖,最恶羡余,谓羡余者,掊克得诸。太宗亦云,外则侯臣,戕我黎民,恣其掊克;内则权幸,货赂无极。每念百姓,寒耕热耘。……真宗有诏,谓法禁密,笼取遗利,民何以息。赋增迭年,以多为额。人喜羡余,帝则禁黜。仁宗圣训,聚敛之臣,过于盗贼,为朕结怨,孰云有益。"③

正是因为朝廷看到了"聚敛之臣,过于盗贼,为朕结怨"的祸患,因此,"朝廷之于百官,贵其廉而贱其贪者,欲天下之吏皆廉也"④。宋太祖主张"削除蠹弊,禁止贪婪","尤严贪墨之罪"⑤,是因为他深知"吏不廉则政治削"的严重后果。包拯也曾多次指出:官吏贪污受贿,"此弊不去,为患浸深"⑥。杨简也曾向皇上揭示贪赃枉法官吏的危害:"民怨吏,卒怨官,遂怨及朝廷……臣大惧中外积怨之久,一夫大呼,从之者如归市。"⑦"官吏贪残,自肆于法律之外,虐我黎庶,邦本倾摇。"⑧很明显,官吏贪赃枉法,就必然会引起百姓怨恨与政治混乱,以致政局不稳,邦倾本摇。史载,开宝四年(971年),宋太祖就曾明确指出:"吏不廉则政治削,禄不充则饥寒迫,所以渔夺小利,蠹耗下民,徭兹而作矣。"⑨

---

① 《苏子美集》卷3《五事》。
② 《包孝肃公奏议》卷7《请罢天下科举》。
③ 许月卿:《百官箴·尚书户部箴》。转引自王瑞明《宋代政治史概要》,华中师范大学出版社1989年版,第100页。
④ 《净德集》卷20《议官》(中)。
⑤ 《宋史》卷200《刑法志》。
⑥ 《包孝肃公奏议》卷4《请不用苛虐之人充监司》。
⑦ 《历代名臣奏议》卷60。
⑧ 《絜斋集》卷3《论国家宜明政刑札子》。
⑨ 《宋会要辑稿》《职官》57之11。

正是贪污犯赃官吏如此严重的现实危害,不时地逼迫着赵宋统治者严贪墨之罪,以免政削国亡。

二、"严贪墨之罪"

如前所述,两宋时期因曾推行了严贪墨之罪的措施,故在一定时期或某些地区取得了较好的反贪成效。其主要表现为:首先,北宋前期、南宋中期与金世宗在位等时期,贪官污吏受到了严重的打击,使原有的腐败吏治得到了有效的整饬,为巩固中央集权,尤其是为稳定北宋初年赵宋王朝的统治奠定了基础。宋太祖曾指出:"朕今抚养士卒,固不吝惜爵赏,若犯吾法,惟有剑耳。"①事实上,宋初"绳赃吏重法,以塞浊乱之源"②,其效果是明显的。然至仁宗以后,因法制废弛,贪官处罚日轻,以致贪赃枉法风气又盛行不衰。故王安石上奏指出:"故今官大者往往交赂遗、营赀产,以负贪污之毁,官小者贩鬻、乞丐,无所不为。"③结果,吏治虽因整顿而有所好转,但随着变法革新的失败,腐败之风又蔓延朝野,最后陷于灭顶之灾。南宋高宗时期,虽重申"惟于赃罪则不贷,盖以赃罪害及众,不可不治"④。但权奸秦桧"喜赃吏,恶廉士","贪墨无厌,监司、帅守到阙,例要珍宝,必数万贯乃得差遣。及其赃污不法,为民所讼,桧复力保之,故赃吏恣横,百姓愈困"⑤。继而,"容情请托,贿赂公行,玩习既久"⑥。至孝宗即位,力图锐意为治,于是,"申严真决赃吏法",以至"吏治风气亦为之一变"。但光宗、宁宗以后,"贪吏布满天下"⑦。理宗嘉熙四年(1240年)诏书言:"比岁以来,贪浊成风,椎剥滋甚,民穷而溪壑不厌,国匮而囊

---

① 《续资治通鉴长编》卷12开宝四年十一月壬戌。
② 《宋史》卷3《太祖纪》。
③ 《临川先生文集》卷39《上仁宗皇帝言事书》。
④ 《建炎以来系年要录》卷174绍兴二十六年八月戊寅。
⑤ 《建炎以来系年要录》卷169绍兴二十五年十月丙申。
⑥ 《建炎以来系年要录》卷178绍兴二十七年十月丙申。
⑦ 《松垣集》卷1《论取士法疏》。

橐自丰。"①连诏书也讲"贪浊成风",可见贪风之盛。上述不同时期不同的吏治状况及其所带来的不同利害更加清楚地表明:治国必须治贪;对待贪污受贿等腐败行为,不仅要惩治,而且更要严治,要绳之重法,塞祸乱之源。

其次,重典惩赃,可使许多官吏畏法惧贪。毋庸讳言,两宋时期推行的严贪墨之罪的措施,其积极作用是明显的。宋初姑且不论,就是宋中期在惩贪上有"纵而复抑,抑而复纵"的情况下,有时也能取得一定的治贪效果。苏辙就曾指出:神宗时,"昔无重法重禄,吏通赇赂","今行重法,给重禄,赇赂比旧为少"。② 李心传在《建炎至嘉泰申严赃吏之禁》条中也载道:"请自今以贪墨闻者,虽未欲送狱根勘,亦合差官究实惩治,庶几大赃治而小赃惩。"③自古以来,吏风多上行下效,大官少贪,小官也必然有所收敛。只要重法治赃,官吏必然有所畏法惧贪。否则,若宽法纵滥,只能收效甚微,越禁越贪。对此,富弼就曾清楚地指出:"祖宗朝,吏犯赃至死者未尝贷,是国有定法,而犯者绝少。近年臣僚受赇至死,率蒙宽恕,是恩无极刑而犯者愈多,是法不足以禁贪墨也。"④可见,严贪墨之罪法,对贪官污吏是有威慑作用的。

再次,严贪墨之罪,使部分官员的拒贪守廉、反贪倡廉的素质有所提高,从而在一定程度上减少了当时贪污现象的发生。一般而言,只有提高官僚队伍的素质,才能较好地防患于未然,减少或消除犯赃隐患。赵宋王朝的统治者也深谙此理。杨万里就曾指出:"用宽不若用法,用法不若先服其心,天下心服然后法可尽行,赃可尽禁也。"⑤叶适也认为,严肃法纪,严贪墨之罪,可使"士人顾惜终身,畏法尚义,受财鬻狱,必大减少。吏曹清则庶务举。……吏曹清则诸司州县之吏蠹亦必少异于今日"⑥。

---

① 《宋史全文》卷33。
② 《龙川略志》卷5《议定吏额》。
③ 《建炎以来朝野杂记》甲集卷六《建炎至嘉泰申严赃吏之禁》。
④ 《太平宝训政事纪年》。转引自郭东旭《论宋代防治官吏经济犯罪》,载漆侠、胡昭曦主编《宋史研究论文集》,河北大学出版社1996年版。
⑤ 《历代名臣奏议》卷213。
⑥ 《水心文集》卷3《吏胥》。

又次，严贪墨之罪及其所带来的对贪风的遏制，使封建国家所拥有的财产损失大为减少。从宋初的反贪史可见，因太祖、太宗等朝治贪严厉，许多贪官被弃市或下狱，以致宋代相当一部分官吏不敢轻易贪赃枉法而染指官府财物。

最后，严贪墨之罪还在一定程度上限制了贪官污吏对百姓的巧取豪夺。这不仅有利于缓和阶级矛盾，而且有利于促进社会经济的恢复和发展。总之，尽管宋代严贪墨之罪所取得的成效及其所表现的积极作用还不尽如人意，但当时的反贪历史表明：要想立国安民，治世兴邦，必须坚持严贪墨之罪。

三、"王者禁人为非，莫先于法令"

打击贪污，惩治贪赃，必须要以法律为准绳。法律，是立国治政不可缺少的工具，是国家机器赖以运转的润滑剂。只有以法治国，国家才能达到大治的目的。宋代反贪的法律理论与实践告诉我们："王者禁人为非，莫先于法令。"①法制建设，是兴邦治国必须依赖的基本条件。

在中国古代社会，君主建国立邦、驭臣安民，都离不开法律。就像人们横渡江河，必须凭借舟船；就像登山翻越高峰，必须要有双腿。国家产生之初，即有法律；历代治世，法制也多较完善，就是这个道理。对此，宋太祖曾多次指出："王者禁人为非，乃设法令。"②司马光也认为："王者所以治天下，惟在法令"，若治国无法，"虽尧舜不能以致治也"。③ 包拯更是强调："臣闻法令者，人主之大柄，而国家治乱安危之所系焉。……朝廷法令行则易治。诚哉！治道之要，无大于此。……法令既行，纪律自正，则无不治之国，无不化之民。"④叶适更是明确主张："国家以法为本。"⑤

---

① 《宋会要辑稿》《刑法》2 之 63。
② 《宋史》卷 199《刑法志》。
③ 《温国文正司马公文集》卷 33《乞不贷故斗杀札子》。
④ 《包孝肃公奏议》卷 1《上殿札子》。
⑤ 《水心文集》卷 1《上孝宗皇帝札子》。

在中国历史上，许多主张以法治国的人，就曾精辟地分析了法律对于治国的具体作用。韩非子等人认为，立法就是要分辨公私，以公废私。"夫立法令者，以废私也，法令行而私道废矣。私者，所以乱法也。"①并且指出，立法是为了行法，行法也就是不以私害公。"能去私曲就公法者，民安而国治。能去私而行公法者，则兵强而敌弱。"②朱熹也曾指出："法者，天下之大公"，行法，应"不以私恩废天下之公法也"。③

不仅如此，法律的作用还在于"定分止争"，即作为是非的标准，可以平乱致治。故管子云："法者，所以兴功惧暴也；律者，所以定分止争也；令者，所以令人知事也。法律政令者，吏民规矩绳墨也。"④这说明，法律即代表了公开、公正与公平。有了这样的法律，人们就会知道，该做什么，不该做什么；就会区别是非，不至于无所适从。包拯云："法存划一，国有常格。"⑤其理亦同。叶适也曾指出："国家以法为本，以例为要。其官虽贵也，其人虽贤也，然而非法无决也，非例无行也。"⑥王安石也认为，治国革弊，应"约之以礼，裁之以法"⑦。

另外，法律还是实行奖惩的基本依据。司马光等人认为，法律"所以能明，在于至公"。根据公正法律尺度，"有功则赏，有罪则罚，其人苟贤能，虽仇必用。其人苟庸愚，虽亲必弃。赏必有所劝，罚必有所惩；赏不以喜，罚不以怒；赏不厚于所爱，罚不重于所憎，必与一国之人同其好恶。是以古者爵人于朝，与士共之；刑人于市，与众弃之"⑧。陈亮也认为，治政兴国，须"简法重令以澄其源，崇礼立制以齐其习……严政条以核名实，惩吏好以明赏罚"⑨。金世宗也曾强调，治国应依法"信赏罚"，"赏罚不滥，即是宽政"，所谓"赏罚不滥"，就是"若涉赃贿，必痛绳之。……涉于

---

① 《韩非子·诡使》。
② 《韩非子·有度》。
③ 《朱文公文集》卷73《温公疑孟》。
④ 《管子·七臣七主》。
⑤ 《包孝肃公奏议》卷2《论诏令数改易》。
⑥ 《水心文集》卷1《上孝宗皇帝札子》。
⑦ 《临川先生文集》卷39《上仁宗皇帝言事书》。
⑧ 《温国文正司马公文集》卷31《进修心治国之要札子》。
⑨ 《陈亮集》卷2《中兴论》。

赃罪，虽朕子弟亦不能恕"。① 宋太祖更是明确指出："惩劝，国之常典，无可辞也。"②

正是由于宋人对法律的各种作用，尤其是分辨公廉私贪、奖廉惩贪等有较清醒的认识，因此，宋代在防止贪污、打击贪赃的过程中十分注重法制建设。早在太祖建隆四年（963年），就制定了宋代的基本法典——《宋刑统》。此后，各帝王又皆修有编敕，以作为对法律的修改和补充。收录于《玉海》卷66及《宋史·艺文志三》中的编敕，就有三十余部。每部编敕，少则十余卷，多的达到七百余卷。"其余一司、一路、一州、一县敕，前后时有增损，不可胜纪。"③至于其他法律文书条、令、格、式等则更多。这类法律文书，是宋孝宗淳熙年间创立的一种新的法律汇编。它将有关法律条文依敕、令、格、式为序，随事分门，纂成一书，名曰"条法事类"。继《淳熙条法事类》后，宁宗、理宗时又分别修定了《庆元条法事类》和《淳祐条法事类》。这些法典，分门别类，内容具体、详密，涉及名例律和各种犯罪的处罚规定。有关贪赃罪的职制律、厩库律、贼盗律与杂律等既多又严，且相当具体。故王安石说："今朝廷法严令具，无所不有。"④司马光也说："近岁法令尤为繁多。"⑤叶适也认为："本朝所以立国定制，维持人心，期于永存而不可动者，皆以惩创五季而矫唐末之失策为言，细者愈细，密者愈密，摇手举足，辄有法禁。"⑥这些言论，有些虽带有夸张的成分，但宋代法律日趋细密、严格，法制不断革新、完善，却是客观存在的。

与此同时，宋代还多注重法律实践。朱熹曾指出："号令既明，刑罚亦不可弛。苟不用刑罚，则号令徒挂墙壁尔。与其不遵以梗吾治，曷若惩其一以戒百？与其核实检察于其终，曷若严其始而使之无犯？……（为政）须是令行禁止。若日令不行，禁不止，而以是为宽，则非也。古人为

① 《金史》卷8《世宗纪》。
② 《续资治通鉴长编》卷8乾德五年正月丁巳。
③ 《宋史》卷199《刑法志》。
④ 《临川先生文集》卷39《上仁宗皇帝言事书》。
⑤ 《温国文正司马公文集》卷40《乞令六曹删减条贯白札子》。
⑥ 《水心文集》卷3《法度总论二》。

政,一本于宽,今必须反之以严。盖必如是矫之而后有以得其当。今人为宽,至于事无统纪,缓急予夺之权,皆不在我,下梢却是奸蒙得志,平民既不蒙其惠,又反受其殃矣。"①朱熹对严法之利与宽法之害的比较分析,代表了有宋一代相当一批有识之士主张严惩犯罪的观点,尤其是力主严惩贪赃枉法。事实上,宋代在许多时候也的确是严格执法的。"先帝深疾赃污,如法严戒,一经黜削,不复齿用。"②甚至许多贪官被杀头弃市,"自是赃墨之吏,间有实极刑者"③。

四、强化监督,防治并举

两宋时期,之所以有时在反贪方面取得了较好的成效,是与其能对各级官吏实行有效的监督密切相关的。宋王朝不仅继承了中国古代监督体制的良好传统,而且较系统地发展了中国古代的各项监察措施,在一定条件下正常发挥了监察系统的职能。宋代广布的监察之网,在反贪实践中对贪官污吏的重治深究,既反映出了宋代监察系统的周密特色,更表现出了宋代监督机制作用的强化。如前所述,宋代与惩治贪官污吏有关的机构有刑部、大理寺、审刑院、御史台等,由皇帝直接控制司法及其监督权。在地方,则由转运使司、提点刑狱司负责揭发处理官吏的贪赃行为。而且法律规定:职官、干系人、同保人及长吏都有"觉察"赃吏之责,实行连坐制,故一官犯赃,受牵连追究的往往有一批人,因而加大了对贪赃行为的监督力度。如宋太祖建隆三年(962年)三月,令各级官员荐举人才,同时规定:"异时贪浊畏懦,职务旷废者,举主坐之。"④宋太宗雍熙二年(985年)正月也诏荐官员,规定"所举人若强明清白,当旌举主;如犯赃贿及疲弱不理,亦当连坐"⑤;宋真宗天禧二年(1018年)四月诏"自今命官犯赃,

---

① 《朱子语类》卷108《论治道》。
② 《历代名臣奏议》卷187。
③ 《九朝编年备要》卷1。
④ 《宋会要辑稿》《选举》25之11。
⑤ 《宋会要辑稿》《选举》27之4。

不以轻重,并劾举主"①;金朝也一再强调,赃污之官不复叙用,原荐举者连坐。②

与此同时,宋代监察制度还出现了监察官选任已摆脱了宰相干预、监察权相对独立、体制相对完备的特点。这不仅表现在台谏官职能侧重于监察宰执百官,而且监察人选要求有政治实践经验和刚正不阿、不畏权贵的品格与较高的能力素质以及实行回避法等。如当时对担任监察官的人选作了四项规定:一是"政治尤异","忠厚淳直,通世务,明治体";二是"自来别无赃滥";三是具有"刚明果敢""公忠鲠切""沉默、端正、守节""安道守贫,刚而不屈"等品质;四是具备"贤能""高才"等基本素质。这些措施的实行,使宋代监察官吏的政治品德和能力素质在整体上有较大的提高。如包拯、赵汴、唐介、吴奎等都是著名的监察官员。史载,包拯"观其敷奏详明,谏诤剀切,举刺不避乎权势,犯颜不畏乎逆鳞;明当世之务,务引其君于当道,词气森严,确乎不拔,百世之下,使人读之,奋迅其精神,发扬其志节,炳炳琅琅,光前振后,焕乎其不可掩也"③。吴奎为他作的《墓志铭》评价道:"峻节高志,凌乎青云。人或曲随,我直其为。人或善容,我抗其辞,自始及终,言行必一。……惟令名之皎洁,与淮水而悠长!"④欧阳修称他"清节美行,著自贫贱,谠言正论,闻于朝廷"⑤。

此外,宋代监察制度在一定条件下发挥了正常的作用。如在维护封建统治秩序的相对稳定,防范封建政治的腐败,制约君权和相权,协调统治阶级内部关系,减少决策失误等方面都起到了重要作用。叶适就曾指出:

> 州郡众而监司寡,谓州郡之事难尽察也,故置监司以察之。谓州郡之官难尽择也,故止于择监司亦足以寄之。……奉行法度者,州郡也;治其不奉行法度者,监司也。故监司者,操制州郡者也。使之操

---

① 《续资治通鉴长编》卷91天禧二年四月丙申。
② 《金史》卷9《章宗纪》。
③ 《包孝肃公奏议·(明)胡俨序》。
④ 吴奎:《包公墓志铭》。
⑤ 《欧阳文忠公先生文集》卷110《再论水灾状》。

制州郡则必无,又从而操制之,此则今世所以置监司之体统,当如是矣。①

在宋代,甚至出现了监察大臣要求匡正君主行为的上书,认为皇帝也应置于监察系统的监察之中。当时,中央监察官不仅敢于规谏皇帝"以私害公,以恩挠法"的行为,而且有的甚至公开喊出了"非陛下之天下"的呼声。如前述包拯"反复数百言,音吐愤激,唾溅帝面",即是对君主的错误行为进行谏诤与匡正的典型例证。包拯还在《论诏令数改易》中反对皇帝朝令夕改。他说:"臣窃见朝廷凡降诏令,行之未久,即有改张,故外议纷纭,深恐于体不便。且诏令人主之大柄,而国家治乱安危之所系焉,可无慎乎!缘累年以来,此弊尤甚;制敕才下,未逾月而辄更;请奏方行,又随时而追改。民知命令之不足信,则赏罚何以沮劝乎?臣欲乞令后朝廷凡处事宜,申明制度,不可不慎重。"这样,才能"法存划一,国有常格"②。再如,南宋初监察御史方庭实在反对宋高宗对金朝议和的规谏疏中写道:

> 呜呼!谁为陛下谋此也?天下者,中国之天下,祖宗之天下,群臣、万姓、三军之天下,非陛下之天下……陛下纵未能率励诸将,克复神州,尚可保守江左,何遽欲屈膝于敌乎?陛下纵忍为此,其如中国何?其如先王之礼何?其如百姓之心何?③

其字里行间,还真有点近代民主思想的意味和色彩。

朱熹也曾明确指出,君主的重要职责,是选用、监察宰相;而宰相的职责,就是匡正皇帝的错误,监察其治国的言行。"臣闻人主以论相为职,宰相以正君为职,二者各得其职,然后体统正而朝廷尊。天下之政,必出于一而无多门之弊。苟当论相者,求其适己而不求其正己,取其可爱而不取其可畏,则人主失其职矣。当正君者,不以献可替否为事,而以趋和承意为能;不以经世宰物为心,而以容身固宠为术,则宰相失其职矣。二者交失其职,是以体统不正,纲纪不立,而左右近习,皆得以窃弄威权,卖官

---

① 《水心文集》卷3《监司》。
② 《包孝肃公奏议》卷2《论诏令数改易》。
③ 《宋中兴两朝圣政》卷24绍兴八年十二月癸酉。

鬻狱,使政体日乱,国势日卑。"因此,帝、相应各行其职,各负其责。而且还要"公选天下直谅敢言之士,使为台谏、给舍,以参其议论。使吾腹心耳目之寄,常在于贤士大夫,而不在于群小;陟罚臧否之柄,常在于廊庙,而不出于私门"[1],从而使"君正""纲举""国强""民裕""政修""刑清",充分发挥监察职能的作用。

又如,绍熙四年(1193年),监察御史黄度规谏宋光宗说:"夫人主有过,公卿大夫谏而改,则过不彰,庶人奚议焉;惟谏而不改,失不可,盖使闾巷小人皆得妄议,纷然乱生,故胜、广、黄巢之流议于下,国皆随以亡;今天下无不议圣德者,臣窃危之。"[2]宋代皇帝接受监察官规谏的制度,反映出当时监督范围与职能的扩大,有利于调整地主阶级的总代表与其他官僚地主之间的关系,防范贪赃枉法和腐败政治的蔓延,是封建社会监察体制发展、强化的一种重要表现。

古今中外的反贪历史表明,缺乏任何监督的政体,是最腐败的政体。只有实现全面的监督,强化监督力度,才能防止和减少贪污与腐败的发生。

五、反对"贪利禄而不贪道义", 提倡"做好人而不做贵人"

在一个世风日下、吏治败坏的社会,主要的任务是教育官员,反对"贪利禄而不贪道义",提倡"做好人而不做贵人",培养其道德素质,提高其循矩、守法、持廉的自觉性,从根本上杜绝贪欲的滋生、铲除贪污腐败的思想根源。这是反省、总结宋代反贪文化给我们提供的又一个重要的启示。

从两宋时期的反贪历史看,倡导廉政,惩治贪污腐败,反对"贪利禄而不贪道义",提倡"做好人而不做贵人",主要有三个方面的含义:一是

---

① 《朱文公文集》卷12《己酉拟上封事》。
② 《宋史》卷393《黄度传》。

反对贪图利禄,不是否定利禄,更不是不要利禄,只是不要一味地追求利禄,唯利是图。至于正当的利禄,国家则应保障其供给。正因为如此,宋朝廷一直注重官吏俸禄的发放和禄制的完善,以保证官员及其家庭正常的生活与礼仪等开支的需要。宋太祖就曾指出:"吏员猥多,难以求其治,俸禄鲜薄,未可责以廉。与其冗员而重费,不若省官而益俸。"①于是,重新确立了官吏的俸禄标准,从而为保证广大官吏勤于职守、保持廉洁提供了基本的物质生活条件。此后,宋代还多次随着社会经济的发展与物价的波动调整了俸禄发放水平,使宋代数百年间,绝大多数单纯依靠俸禄为生的官吏其收入略大于支出,在整个社会生活中始终是一个处于相对富裕的阶层。从而"足以养廉耻,而离于贪鄙之行"②。

不过,需要说明的是:反贪倡廉,求治兴邦,裁冗省官可行,但仅依靠增加俸禄,毕竟是治标之举;正确的方法应该是标本兼治,双管齐下,在提高官吏素质上狠下功夫。事实上,从宋代禄制水平与吏治状况的关系看,俸禄相对低微并不一定导致贪污盛行;相反,高薪也并不一定就能够养廉止贪。所以,宋代既有"寡嗜欲""泊然不知富贵味""居官自常奉外,一介不取"的廉士,③也有于双俸高禄之外贪得无厌的赃官。④ 如前所述,北宋初年官员的俸禄水平是最低的,但吏风却相对清廉。史载,范质"循规矩,重名器,持廉节",故宋太祖感叹道:"朕闻范质居第之外,不植资产,真宰相也。"⑤北宋末年的官员俸禄水平是最高的,但却贪风蔓延,而"良吏实寡,赇取如故"⑥。蔡京、王黼、朱勔、童贯等贪官污吏充斥朝野。

二是主张重义轻利,反对重利轻义,注重儒家传统道德的培养,努力提高其克己、制私、戒贪、崇道、尚俭、持廉的基本素质,以利从根本上防止和杜绝私欲贪念的产生,铲除贪污腐败的思想根源。王安石就曾指出:"仁义礼信,天下之达道,而王霸之所同也。……以仁义礼信修其身而移

① 《续资治通鉴长编》卷11开宝三年六月壬子。
② 《临川先生文集》卷39《上仁宗皇帝言事书》。
③ 《宋史》卷424《赵逢龙传》。
④ 《宋史》卷172《职官志》。
⑤ 《续资治通鉴长编》卷5乾德二年九月辛丑。
⑥ 《宋史》卷179《食货志》。

之政，则天下莫不化之也。"①对此，宋人多认为，"天下之患，莫大于士大夫无耻"②；为人做官，要讲求礼义廉耻，持廉戒贪，否则，"士大夫若爱一文，不直一文"③。他们并指出，管子之"礼、义、廉、耻，是谓四维；四维不张，国乃灭亡"的言论是明道知治之举。④ 只有强化道德宣传与约束，讲求荣辱廉耻观念，提高官吏的基本素质，才能从根本上防贪止贪。宋仁宗时，蔡襄就上奏说："臣自少入仕，于今三十年矣。当时仕宦之人粗有节行者，皆以营利为耻。虽有逐锥刀之资者，莫不避人而为之，犹知耻也。"⑤可见，讲求廉耻、"寡于私欲"的人，是不愿辱名谋利、无耻贪污的。

三是不做贪利禄的"贵人"，而要做守道义的"好人"。要做到这点，宋朝思想家的代表朱熹认为，须从以下两方面着手：其一，为人治学，做官为仕，须修身立志。所谓立志，就是要立志于道义。"唯有志不立，直是无着力处。只如而今贪利禄而不贪道义，要作贵人而不要作好人，皆志不立之病。直须反复思量，究见病痛起处，勇猛奋跃，不复作此等人。"⑥其二，是要正确处理好富贵、贫贱与道义的关系。朱熹不仅十分欣赏孔子之"富与贵是人之所欲也，不以其道得之，不处也；贫与贱是人之所恶也，不以其道得之，不去也"⑦的观点，而且对其进行了发挥，认为："不以其道得之，谓不当得而得之。然于富贵则不处，于贫贱则不去，君子之审富贵而安贫贱也如此。"⑧对于"不义之富贵"，应"如浮云之无有，漠然无所动于其中"。⑨ 尽管富贵是人们所希望得到的，贫贱是人们所厌恶的，但君子对于财富和贫贱所持的标准，是"道义"；于道不当富贵，则应视富贵轻如浮云，不为所动，即使富贵也不处，因为这是不应得而得之的；反之，假

---

① 《临川先生文集》卷67《王霸》。
② 《宋文鉴》卷61。
③ 《鹤林玉露》甲编卷4《清廉》。
④ 《朱文公文集》卷12《己酉拟上封事》（其中管子语见《管子·牧民》）。
⑤ 《蔡忠惠公集》卷18《国论要目·废贪赃》。
⑥ 《朱文公文集》卷74《又谕学者》。
⑦ 《论语·里仁》。
⑧ 《四书章句集注·论语集注》卷2《里仁》。
⑨ 《四书章句集注·论语集注》卷4《述而》。

若为求道义当贫贱,则应安贫乐贱,于贫贱不去。这是做好人所必须具备的重要品德。所以朱熹说:"君子所以为君子,以其仁也,若贪富贵而厌贫贱,则是自离其仁,而无君子之实矣。"①"仁"就是做好人应遵守的基本道义。只有守道义,做好人而不追求做贵人,才能戒贪欲,不以非道去求富贵。为官者若具备了这种品德素质,自然就会抛弃贪图利禄之念,而坚守道义,坚持做守道义的"好人",而不做贪利禄的"贵人",保持廉洁品格,努力为政清廉。

总之,对于如何提高官员的素质、保持官员的廉洁,如何选拔和任免官员,正如王安石所说:"所谓陶冶而成之者何也? 亦教之、养之、取之、任之有其道而已。所谓教之之道何也?"就是要他们学习"朝廷礼乐、刑政之事",明白"先王之法言德行治天下之意"。"所谓养之之道何也?"就是要"饶之以财,约之以礼,裁之以法"。即使其"在官者,其禄已足以代其耕矣。由此等而上之,每有加焉,使其足以养廉耻,而离于贪鄙之行。先王于天下之士,教之以道艺矣,不帅教而待之以屏弃远方终身不齿之法。约之以礼也,不循礼则待之以流、杀之法"。同时,注重选择"众人推其所谓贤能",对"诚贤能也,然后随其德之大小,才之高下而官使之"。继而,对"久其任而待之以考绩之法",根据其功过劳绩,决定其去留升降或奖惩。② 从而,以保证官吏队伍的纯洁,减少或杜绝贪污腐败现象的发生。

---

① 《四书章句集注·论语集注》卷 2《里仁》。
② 《临川先生文集》卷 39《上仁宗皇帝言事书》。

第 二 章

元　　朝

第一节　大蒙古国时期的反贪污措施

一、耶律楚材的反贪措施

（一）便宜一十八事

公元 13 世纪初,蒙古人崛起于漠北。1206 年,铁木真统一漠北各部,建立了大蒙古国。大蒙古国建立后,铁木真被尊称为成吉思汗。为了巩固新政权,维护社会秩序,成吉思汗重新颁布了"札撒"(蒙古语,法规之意),对军纪、职守、杀人、抢劫、保护贵族利益等方面作出了一些规定。当时的蒙古社会主要在漠北地区,社会治安并不复杂,札撒内容虽然比较简单,但在巩固政权、维护贵族利益和社会治安方面还是起了一定的作用。

不久,成吉思汗就开始南下进攻西夏和金国。几年之内,蒙古军队连续攻下河北、山西、山东、辽西、辽东的许多城镇。1215 年五月,蒙古军队攻占了金朝的中都(今北京)。成吉思汗听说辽朝皇族后裔中有一位叫耶律楚材的能人,就下诏叫耶律楚材到漠北的大斡耳朵(蒙古语,营帐之意)来见他。随后,他就命大将木华黎为太师、国王,继续向金朝发动进攻,自己则全力准备西征。

1218年,耶律楚材来到漠北怯绿连河(今克鲁伦河)的大斡耳朵觐见成吉思汗。耶律楚材身长八尺,美髯垂胸,声音洪亮,很受成吉思汗赏识。从此,成吉思汗呼他为"吾图撒合里",意思为"长胡子"。耶律楚材随成吉思汗西征,劝他不要屠城,军队不要抢掠,并建议成吉思汗结束西征。

耶律楚材真正受到重用是在元太宗窝阔台时期。随着蒙古国统治地区的扩大,特别是占领华北地区后,社会治安等问题日益突出。当时州郡官吏贪暴,富豪任意兼并土地,地痞流氓杀人越货等现象十分严重。在这种情况下,耶律楚材提出了《便宜一十八事》作为临时法律,对地方官吏擅自科差、商人侵吞官物、蒙古色目贵族不纳税收、贪污官物、死刑判决等作出了具体规定。这些规定对于抑制官吏枉法、豪强兼并,以及安定社会秩序是有作用的。《便宜一十八事》的主要内容如下:

> 郡宜置长吏牧民,设万户总军,使势均力敌,以遏骄横。中原之地,财用所出,宜存恤其民,州县非奉上令,敢擅行科差者罪之。贸易借贷官物者罪之。蒙古、回鹘、河西诸人,种地不纳税者死。监主自盗官物者死。应犯死罪者,具由申奏待报,然后行刑。贡献礼物,为害非轻,深宜禁断。

这些建议,窝阔台一一采纳了,只有禁止贡献一事不准。自从成吉思汗南下征金以来,盛行"撒花"(波斯语,意为礼物),也就是借"奉献"的名义,向民间搜刮财物。所以窝阔台说:"彼自愿馈献者,宜听之。"耶律楚材说:"蠹害之端,必由于此。"窝阔台还是听不进去,反而说:"凡卿所奏,无不从者,卿不能从朕一事耶?"耶律楚材无奈。①

(二) 设置各级官府

在耶律楚材等人的帮助下,行政管理制度开始逐步建设。蒙古国建

---

① 《元史》卷146《耶律楚材传》。

立后,置万户、千户、百户等统率军队和蒙古牧民,但随着蒙古统治地区的扩大,这种状况已不能适应社会现实。成吉思汗时,攻下汉地城邑后置兵戍守。后来北方汉族地主和金朝官吏纷纷投降,也只是用金朝原来的官职像行省、元帅等封给他们。耶律楚材注意到这个问题,在《便宜一十八事》中提出:"郡宜置长吏牧民,设万户总军,使势均力敌,以遏骄横。"

1231 年,窝阔台决定设立中书省,以耶律楚材为中书令、女真人粘合重山为右丞相、克烈部人镇海为左丞相。[①] 但这时的中书省并不是全国最高行政机构,它只是大汗侍从官中主管文书的必阇赤(蒙古语,书史之意)班子。蒙古国最高行政长官是大断事官(蒙古语为也可·札鲁忽赤),当时担任此职的仍是成吉思汗的义弟失吉忽秃忽。不过,中书省虽然只是秘书处一类的班子,但因它关系到发放文书、处理文件等重要事务,实际权力还是很大的。耶律楚材主管行于汉人、契丹、女真地方的汉字文书,镇海主管回回文书。

1234 年,窝阔台命失吉忽秃忽为中州断事官,主治汉民,治所设在燕京。这个机构称为燕京行尚书省,是蒙古统治中原汉地的最高行政机构。1241 年,窝阔台将牙剌瓦赤从中亚河中地区调来,任大札鲁忽赤。汉人刘敏任燕京行尚书省长官,与牙剌瓦赤同治汉民。

(三) 制定赋税,严禁贪暴

蒙古开始向外扩张时,目的是为了掠夺。因此,每到一地后,总是把财产掠夺一空,把掳来的人民、工匠充作奴隶,然后按功大小分赐给诸王贵族、将领,而大汗则从中各取得一份。这时,他们简直不知道有赋税这回事。所以这种以掠夺为主的剥削方式对社会生产力的破坏是极其严重的。耕地荒芜,人口死亡,王公贵族占地为牧场的情景,比比皆是。这种状况对蒙古政权的巩固是很不利的。

窝阔台即位后注意到这种抢掠对社会生产破坏的严重性,于是下令

---

① 《元史》卷 2《太宗纪》。

对已征服地区不许肆行抢掠和破坏。但随意向人民征取财物、索要贡献却十分普遍，诸王、将领、官吏每到一地总要强迫人民送"撒花"，而且用这种方式搜刮来的财物不必交给政府。至于如何能使农民安于农业生产，使国家有稳定的财政收入，则有着不同的见解。大臣别迭提出："汉人无补于国，可悉空其人以为牧地。"耶律楚材却对窝阔台说："陛下将南伐，军需宜有所资，诚均定中原地税、商税、盐、酒、铁冶、山泽之利，岁可得银五十万两、帛八万匹、粟四十余万石，足以供给，何谓无补哉？"窝阔台说："卿试为朕行之。"耶律楚材奏请设立了燕京等十路征收课税使。不久，十路征收课税使把征收到的金帛和记录仓库收藏谷物等的簿籍交给窝阔台。窝阔台十分高兴地对耶律楚材说："汝不去朕左右，而能使国用充足，南国之臣，复有如卿者乎？"①

耶律楚材设立的十路课税使是一种临时的收税措施。当时，在中原的燕京、宣德、西京、太原、平阳、真定、东平、北京、平州、济南等十路设征收税课所，每路置正副课税使二员，专掌钱谷，不受地方官管辖。根据1230年征税的结果其效益是十分明显的，当时的办法是汉民以户为单位负担地税，标准是每户纳粟两石（后来增加到四石），另加户调。

由于耶律楚材在中原征税取得成功，窝阔台为了扩大征税地区，保证国家有更多的财政收入，迫切需要掌握更多的中原汉地民户的数目。1233年，窝阔台即开始派人检括中原民户，得到七十三万多户的数字。1235年灭亡金朝后，又派大断事官失吉忽秃忽负责大规模括户。1236年，失吉忽秃忽完成户口的检括，总共一百一十余万户。这次括户的结果，失吉忽秃忽在窝阔台的批准下，实行"裂土分民"的办法。耶律楚材没有权力改变这种状况，不得不建议实行"五户丝制"，其具体办法是：每两户出丝一斤，随路输于官府；每五户出丝一斤，随路输于得到封地的诸王贵族。这种办法虽不能阻止分封制度，但对受封的诸王贵族是一种限制，使他们不能任意搜刮，同时也保证了政府对民户的征税，使国库有稳定的收入。因此，"五户税制"有一定的进步意义。

---

① 《元史》卷146《耶律楚材传》。

二、乃马贞氏称制时期的贪污之风

(一) 乃马贞氏称制

窝阔台嗜酒,晚年多病。1241 年 11 月,窝阔台出猎,奥都剌合蛮同行,入晚,奥都剌合蛮进酒,欢饮至极夜,明晨卒。五皇后木哥哈敦继守斡耳朵发布号令。1242 年春,木哥哈敦卒。六皇后乃马贞氏脱列哥那哈敦称制摄政。

脱列哥那原是篾儿乞部酋长脱脱之子忽都的妻子,1204 年铁木真败篾儿乞部时被俘,遂赏于窝阔台为妻。1206 年生子贵由。窝阔台汗生前有遗言,汗位传与三子阔出之子失烈门。"脱列哥那哈敦原来是一个非常机智和能干的女人……当木格哈敦不久步入合罕(指窝阔台)的后尘后,用巧妙和狡猾的手腕,她控制了一切朝政,并且施给各种小恩小惠,请客送礼,赢得了她的族人的欢心。就大多数说,外姓和亲属、家人和军队,都倾向于她,顺从她和愉快地听她的吩咐和指令,而且接受她的统治。"①在她称制期间,一切重大事件和官员的进退,大都是围绕着立汗这一中心事件而进行的。

窝阔台汗晚年因起用奥都剌合蛮"扑买",耶律楚材竭力对抗,但奥都剌合蛮有强有力的靠山脱列哥那,耶律楚材已渐渐失去权力。脱列哥那意欲背弃窝阔台遗诏立贵由为汗,奥都剌合蛮自然是全力支持的,而耶律楚材却持明显的反对态度:"癸卯(1243 年),后以储嗣问公。公曰:'此非外姓臣所当议。自有先帝遗诏在,遵之,则社稷幸甚。'"②另两位大臣,牙剌瓦赤已潜逃至二太子阔端处,而镇海似乎也不支持立贵由,也投依阔端。③ 耶律楚材于 1244 年去世,粘合重山则早在窝阔台时已去世。诸大臣或走或死,故《元史》说脱列哥那称制"庶政紊乱"。虽有杨惟中、刘敏分别继任耶律楚材主管汉字文书和汉地公事,但威望远不如楚材了。

---

① 志费尼:《世界征服者史》上册,内蒙古人民出版社 1980 年版,第 282—283 页。
② 宋子贞:《中书令耶律公神道碑》,《元文类》卷 57。
③ 参见蔡美彪《脱列哥那后史事考辨》,《蒙古史研究》第 3 辑。

（二）奥都剌合蛮擅权

从窝阔台晚年开始，由于奥都剌合蛮得到重用，蒙古统治出现了新的危机。奥都剌合蛮之所以得到重用，与法迪玛这个女人有关。1222 年成吉思汗西征时，命拖雷攻占徒思城（今伊朗马什哈德西北），法迪玛被俘，掠至漠北，后来在和林（今蒙古乌兰巴托西南）市场上充当中间人。她阴险狡诈，诡计多端，能言善辩。她通过不断接近脱列哥那皇后（乃马贞氏）的办法，受到恩宠。于是她"变成机密的参与者，秘务的知情人，大臣不能干预朝政，她却任意发号施令。贵人从四方去求她的保护，特别是呼罗珊的贵人。神庙的一些赛夷（先圣穆罕默德后裔）也去找她，因为她称是大赛夷的同族"①。她在脱列哥那手下有巨大的权势，"所有的朝政都委付给她的主意和才智"②。这时，适有回回译史安天合因未被耶律楚材重用，遂改投镇海，并百般论事，引荐回回商人奥都剌合蛮至镇海处。奥都剌合蛮能够被重用还存在着其他一些原因。首先是窝阔台晚年嗜酒尤甚，"颇怠于政事"③，使脱列哥那逐渐掌握了实权；二是原来治国的重臣年龄老化，失吉忽秃忽时已年近七十，而耶律楚材也已过了五十，耶律楚材失去失吉忽秃忽和窝阔台的支持，也就寸步难行；三是奥都剌合蛮提出的"扑买"中原银课达 4.4 万锭，比原课额高出一倍，具有极大的诱惑力和欺骗性，因而大受窝阔台赞赏。1240 年正月，窝阔台正式任命奥都剌合蛮充提领诸路课税所官，使之控制了蒙古国的财政大权。

所谓"扑买"，即由扑买者承包某一地区或某一项目的赋税。关键在于从权贵处取得承包权。早在金朝时就曾实行过扑买，因此，奥都剌合蛮并不是扑买的发明者。蒙古灭金后，屡屡有人争要扑买权。如燕京刘忽笃忽，阴结权贵，以银五十万两扑买天下差发；涉猎发丁以银二十五万两扑买天下系官廊房地基、水利、猪鸡；刘廷玉以银五万两扑买天下盐课；又有扑买天下河泊桥梁渡口者。这些扑买者都因当时还握有某些权力的耶

① 《世界征服者史》上册，第 288 页。
② 《世界征服者史》上册，第 285 页。
③ 宋子贞：《中书令耶律公神道碑》，《元文类》卷 57。

律楚材的反对而未遂。耶律楚材说："此皆奸人欺下罔上，为害甚大。"①

奥都剌合蛮的背景决不是刘忽笃忽之辈所能比拟的。他是法迪玛提拔的，扑买课税得到了镇海首肯，而最大的支持者是脱列哥那皇后。"近侍左右，皆为所啗，上（指窝阔台）亦颇惑众议，欲令试行之"。耶律楚材反复争议，诉说扑买虽取四十四万亦不可得，"不过严设法禁，夺民利耳！民穷为盗，非国之福"。耶律楚材终因势单力薄，无法阻止，叹息说："扑买之利既兴，必有蹑迹而纂其后者，民之穷困，将自此始。"②

奥都剌合蛮上台后，一种叫"斡脱"的高利贷也兴盛起来。"斡脱"（Ortoq）是突厥语的音译，本意为同僚、同伴。回回商人从事长途贩运贸易，往返于草原和城镇之间，所以往往结成商帮，结队而行，故自称"斡脱"。回回商人投靠蒙古后，蒙古上自大汗，下至诸王、公主、后妃等将掠夺来的银子交给他们去经商或放高利贷，收取利息。回回商人发放的高利贷就叫"斡脱钱"，其年息高达百分之百，次年转息为本，又生利息，一锭银十年后本利达到1024锭。这种高利贷又叫"羊羔儿息"。借贷者除一般百姓外，还有地方官府等。许多人因借了"斡脱钱"倾家荡产，造成严重的社会问题。窝阔台感到事态严重，下令以官物代为偿还，仅1240年一年官府就代偿还7.6万锭，又下令借贷斡脱钱时间长久，不得转息为本。但终究制止不了斡脱钱的猖獗，而且愈益盛行。

1241年，窝阔台可能出于使政权内部平衡的目的，从河中把牙剌瓦赤召来，任命为燕京行省大断事官，接替年迈的失吉忽秃忽。如果窝阔台不是当年就去世，牙剌瓦赤、耶律楚材、镇海三大臣联手也许能牵制奥都剌合蛮，然而，由于窝阔台的去世和脱列哥那称制，权力牢牢地控制在脱列哥那—法迪玛—奥都剌合蛮手中。"在合罕活着期间，在她心中已经积存了对几个廷臣的仇怨，这个创痛日益加深。一旦她被委与朝政……她就决定立即行动……向这些人一个个报复以消除她的心头恨"。牙剌瓦赤、镇海两个先后逃到凉州（今甘肃武威）阔端太子处去避难了。③

① 宋子贞：《中书令耶律公神道碑》，《元文类》卷57。
② 宋子贞：《中书令耶律公神道碑》，《元文类》卷57。
③ 《世界征服者史》上册，第283页。

脱列哥那称制后,奥都剌合蛮益发肆无忌惮,他继续担任提领储路课税所官,执政者多阿附他,但他惧怕耶律楚材沮其事,于是用银五万两行贿,遭拒绝。皇后将盖有御宝的空白纸,授以奥都剌合蛮随意填写。耶律楚材坚决抵制。皇后下令:"令史若不书填,则断其手!"耶律楚材"死且不避",皇后无奈。未几,楚材忧郁而卒,奥都剌合蛮才拔除了眼中钉。

(三)贵由汗处死奥都剌合蛮

1246 年春,脱列哥那皇后召集忽里台大会,在阔端的支持下,是年七月贵由登上汗位,是为定宗。贵由在位不足两年,他主要精力用于处理统治集团内部的矛盾,主要措施有:

第一,处死法迪玛和奥都剌合蛮。贵由汗深知法迪玛—奥都剌合蛮是皇后脱列哥那的佞臣,他们的倒行逆施,促使统治集团内部矛盾重重,如果不清除这两人,政权也会动荡不安的。因此,他一直在寻找机会对这两人下手。而贵由虽然登基称汗了,但朝政仍控制在脱列哥那—法迪玛—奥都剌合蛮手里,不清除他们,他就不能成为真正的大汗。

贵由弟阔端原本体弱多病,有个名失剌的侍从出来揭发法迪玛,说她用巫术蛊害阔端,使阔端多病。阔端参加忽里台大会后返回驻地后病势益重,并遣使告知贵由,要贵由为他报仇。阔端死后,重新被起用的镇海,提醒贵由为阔端报仇的事。贵由逼他母亲交出法迪玛,对法迪玛进行严刑拷打,"她的上下孔都被缝上,然后她被裹在一张毡子中,给扔进河里"。贵由对待奥都剌合蛮,先是命他与刘敏同行燕京省事,不久亦处死。

第二,重新起用镇海、牙剌瓦赤。据《柏朗嘉宾行纪》载,1246 年贵由继汗位之前,镇海已从阔端处回到漠北汗庭,贵由即位后仍任命为燕京行尚书省的丞相。

牙剌瓦赤逃依阔端后,据《世界征服者史》载,脱列哥那曾派使臣到阔端处取牙剌瓦赤和镇海,而阔端推说到忽里台大会召开时,送交大会处理。侯贵由即位后,牙剌瓦赤官复原职。[①]

---

① 拉施特:《史集》第 2 卷,商务印书馆 1985 年版,第 221 页。

贵由汗虽然清除了奥都剌合蛮的势力,但他"大部分日子里昼夜纵情酒色。由于纵情酒色成习,致使他的疾病加重"。他还"毫无限制地慷慨、挥霍"。[①] 因而谈不上有什么治理国家的举措,故社会矛盾相当严重。《元史·定宗纪》说:"是岁大旱,河水尽涸,野草自焚,牛马十死八九,人不聊生。诸王及各部又遣使于燕京迤南诸郡,征求货财、弓矢、鞍辔之物,或于西域回鹘索取珠玑,或于海东楼鹰鹘,驲骑络绎,昼夜不绝,民力益困。然自壬寅(1242年)以来,法度不一,内外离心,而太宗之政衰矣!"

三、蒙哥汗的反贪措施

(一) 加强政权建设

贵由汗去世后,由其妻斡兀立海迷失称制。这时,窝阔台系内部很不团结,贵由的两个儿子忽察和脑忽,年轻任性,互不服气,又与阔出之子失烈门失和。而术赤系,拔都拥有强大的兵力,内部稳定。拖雷系,由于唆鲁和帖尼别吉的苦心经营,加上她的才智,颇有人望,四个儿子蒙哥、忽必烈、旭烈兀、阿里不哥也是才能出众。术赤、拖雷两系已结成联盟,终于在术赤系的支持下,蒙哥夺得汗位,是为宪宗。

蒙哥汗任命忙哥撒儿为断事官(札鲁忽赤);孛鲁合掌宣发号令、朝觐贡献及内外闻奏诸事;以晃兀儿留守和林宫阙、帑藏,阿兰答儿副之。这些任命,意在加强中央政权。同时,把蒙古国所统辖的土地分成燕京等处行尚书省、别失八里等处行尚书省、阿母河等处行尚书省三大行政区。

燕京行尚书省,牙剌瓦赤、不只儿、斡鲁不、睹答儿等主其事,赛典赤、匿咎马丁佐之。当时制度未备,中央行政机构未能完善,燕京行尚书省为汉地的最高行政机构,负责民政、财政等事务。牙剌瓦赤秉承蒙哥汗意旨,在治理国政时颇有章法:"凡朝廷及诸王滥发牌印、诏旨、宣命,尽收之;诸王驰驿,许乘三马,远行亦不过四;诸王不得擅招民户;诸官属不得

以朝觐为名赋敛民财;民粮远输者,许于近仓输之。"①但这时,牙剌瓦赤年岁已迈,大约不久即谢世,行省事由塔剌浑、赛典赤主持。后赛典赤迁燕京路总管,蒙哥汗南征,赛典赤主馈饷。

蒙哥汗以牙剌瓦赤子马思忽惕为别失八里行尚书省事,另起用暗都剌兀尊、阿合马、也们沙三名佐之。到忽必烈时期,别失八里常遭战乱破坏,行省名存实亡。马思忽惕回到河中,曾在察合台汗国阿鲁忽时任相。

蒙哥汗仍命阿儿浑为阿母河等处行中书省事,法合鲁丁、匿只马丁佐之。阿儿浑曾参加 1251 年七月蒙哥汗的登基大典,"皇帝命令对土地和百姓的情况进行调查……异密阿儿浑对起因于非法课赋连续不绝,苛虐额勒索及税使川流不息而赋入不敷和财政混乱状况,作了一个口头报告;并招承和供认因动乱时局而引起的缺点,它依次由时间的条件所造成。因为他对施政中失职的供状和对此解释,有显而易见的例证作补充。世界皇帝表示赞同,没有忘记异密阿儿浑过去提供的劳役,因此对他恩宠有加,同时,极为宽宏仁爱地,擢升他于所有他的同僚和同辈"②。后来旭烈兀西征建立伊利汗国,阿儿浑交出了权力。

(二) 括户与包银

在贵由汗和海迷失后执政时期,由于赋税差役混乱,人民不堪负担,纷纷逃亡。蒙哥即位之后,就急于重新编集户口,以保证政府的收入。

早在窝阔台汗时,曾于乙未年(1235 年)对汉地进行过一次检括户籍,史称"乙未括户",并在此基础上对诸王进行过一次分封,即"乙未分封"。这次检括之后,"差役甚大,加以军马调发,使臣烦扰,官吏乞取,民不能当,是以逃窜"③。到 1238 年,"初籍天下户得一百四万,至是逃亡者什四五,而赋仍旧,天下病之"④。而诸王投下却又大量招收逃亡人口,使政府损失大量赋税收入。蒙哥汗于壬子年(1252 年)遣使籍汉地民户,对

---

① 《元史》卷 3《宪宗纪》。
② 《世界征服者史》下册,第 614 页。
③ 《元史》卷 157《刘秉忠传》。
④ 宋子贞:《中书令耶律公神道碑》,《元文类》卷 57。

乙未分封之投下户数,重新核对,均以现居登记入籍,与本地民户一体当差;重申"诸王、公主、驸马并诸投下不得擅行文字,招收户计"。这次括户,比乙未年增加了二十余万户。"壬子括户"之后,蒙哥汗按窝阔台汗的老办法,先后多次分封诸王贵族。

金朝灭亡前后,河北、山东等地的军阀对人民恣意掠夺,赋税名目繁多,蒙古官员对中原汉人也是随时要索,真定史天泽为避免这种混乱现象,订出某一地区一年所索的大概数目,向当地人民征收,谓之"包银"。蒙哥即位后,牙剌瓦赤等人倡言把包银改为正式税收,每户银子六两,后因汉地官员提出异议,改为四两,并许一半折输他物。包银是人们的额外负担,人民缺少银两,不得不向西域商人借贷斡脱钱以应付官府,以致许多人民负债累累,破产逃亡。

(三) 命忽必烈治理汉地

蒙哥汗即位后,将漠南汉地军国庶事委托给其弟忽必烈掌管。当时,牙剌瓦赤虽为燕京行尚书省长官,但不久就不复用[1],"汉地不治"的情况十分严重。后来蒙哥汗把关中和河南怀孟地区赐给他作封地。忽必烈在汉地的治理取得了明显的成效。

邢州(今河北邢台)地处交通要道,在战乱中人口由原来的一万多户下降到七百户,忽必烈所派张耕、刘肃等"兴铁冶以足公用,造楮币以通民货。车编甲乙,受顾而传;马给圈户,恒养而驿;官舍既修,宾馆得所。川梁仓庾,簿书期会,群吏茲守惟谨"[2]。不久,流亡者复归,户口因此增加十倍。[3]

河南情况也有好转。金亡后,当地官僚、军阀贪鄙残暴,"民无所悖,差役急迫,流离者多,军无纪律,暴掠平民,莫敢谁何。"[4]忽必烈派杨惟中、史天泽到任后,惩治豪强酷吏,取得了明显的成效,号称"大治"。

陕西屡遭兵祸,京兆"八州十三县户不满万,皆惊忧无聊"。忽必烈先

---

① 《元史》卷159《赵璧传》。
② 《元朝名臣事略》卷10《尚书刘文公献公》。
③ 李谦:《张文谦神道碑》,《元文类》卷58。
④ 《元朝名臣事略》卷7《丞相史公武王》。

命杨惟中、高挺治之,他们整顿吏治,奖励农桑,减轻赋税,初见成效。廉希宪继任后,进一步了解民瘼,兴办学校,抑止高利贷剥削,情况大有改观。

忽必烈对三地的治理,声名大著。姚枢在后来追述这段经历时说:"陛下(忽必烈)天资仁圣,自昔在潜邸,坚与诸老成日讲治道。如邢州、河南、陕西皆不治之甚者,为置安抚、经略、宣抚三司。其法:选人以居职,颁俸以养廉,去污以清政,劝农桑以富民。不及三年,号称大治。诸路之民,望陛下之治,已如赤子之求母。"①但也引起了蒙哥汗的疑虑,宗亲们乘间挑拨,造成蒙哥汗采取一系列措施削弱忽必烈的权力。

首先,忽必烈南征大理胜利归来不久,蒙哥汗于1257年解除忽必烈兵权。其次,派亲信大臣阿蓝答儿、刘太平等到陕西、河南钩考钱谷(即清理财务),同时任命阿蓝答儿为陕西行省丞相、刘太平为参知政事。他们大开告讦,罗织罪名,被酷刑致死的官员达二十余人,其目的是从忽必烈手中夺回陕西、河南等地的财政大权。

这几项针对忽必烈的措施,迫使忽必烈交出河南、陕西、邢州等地权力,撤出各地藩府人员,撤销安抚、经略、宣抚三司所属机构,以让步取得自身的安全。然而,忽必烈夺取政权的决心更大了。

第二节　元朝前期的贪污与反贪污斗争

一、世祖朝的法制建设和监察制度

(一) 法制建设

1259年夏,宪宗蒙哥在四川合州钓鱼城宋蒙战争的前线病死,其弟忽必烈乘机夺取政权,并正式按中国封建社会的传统,建年号中统,都城从和林(今蒙古乌兰巴托西南)移到大都(今北京)。至元八年(1271年)

---

① 《牧庵集》卷15《姚枢神道碑》。

正式改国号为"大元"。忽必烈决定以中国封建王朝的规模、体制,建设大元王朝。

忽必烈即位后,很重视法制建设。

至元八年(1271年)以前,中原汉地断理狱讼,基本上参用金泰和律定罪,再按一定的折代关系量刑,曾颁布过《中统条格》《至元新立条格》等法规。至元八年十一月,元朝建立后,忽必烈下令禁用泰和律。以后曾数次修律,但都没有完成。判狱量刑,主要根据已断案例,类推解释,比附定刑,与其他封建王朝相比,司法的随意性较显著。其他方面的立法行政,也都以诏制、条格(经皇帝亲自裁定或直接由中书省等中央机关颁发给下属部门的各式政令)为依据。因此,元朝的法制体系,主要是由因时立制、临事制宜而陆续颁发的各种单行法构成的。政府下令,凡在朝及地方各衙门均应分别类编先后颁发的各种格例,使官吏有所遵循。当时"内而省部,外而郡府,抄写条格,至数十册。遇事有难决,则检寻旧例,或中所无载,则施行比拟"。条格和断例岁增月积,繁杂重出,互相抵牾。元政府有时将历年所颁降的某一方面的条例重加"分拣""斟酌",厘定"等第",形成新的法律文字,作为"通例"公布。同时,对国家的政制法程,也几次召集老臣,从以往颁发的政府文书中选出"可著为令者,类集折衷,以示所司"。

元朝法律大体上遵循前代"同类自相犯者,各从本俗法"的原则。"五刑"的刑罚体系与前代相比发生了某些变化。同时,由杀人者向被害家属偿付烧埋银,以及将刺字断放的前科罪人发付原籍,由官司籍记充"警迹人",交由村坊邻右监督等规定,从元朝开始制度化。对伤害罪,规定由加害者交付给受害者一定数量的"赡养之资""医药之资",对加害者所判处的实刑则比前代相应减轻。元朝法律有明显的阶级压迫和民族压迫性质,法律规定地主与佃户、驱口,蒙古人、色目人与汉人、南人在法律上是不平等的。

(二)监察制度

元朝监察机构有许多特点,首先是御史台地位的提高,其次是监察机构自成体系。

1. 御史台

御史台,是元代的中央监察机构,即中央御史台,亦称中台或内台。

元初蒙古贵族缺乏管理统一大国的经验和能力,进入高度发展的中原封建社会以后,用人行政,多不知所措。忽必烈向汉臣张雄飞、江孝卿等说:"今任职者多非材,政事废弛,譬之大厦将倾,非良工不能扶,卿辈能任此乎?"雄飞建议说:"古有御史台,为天子耳目,凡政事得失,民间疾苦,皆得言;百官奸邪贪秽不职者,即纠劾之。如此,则纲纪举、天下治矣。"①忽必烈采纳了张雄飞的意见,即于至元五年(1268 年)建立御史台,以前丞相塔察儿为御史大夫,张雄飞为侍御史。并告诫他们说:"卿等既为台官,职在直言,朕为汝君,苟所行未善,亦当极谏,况百官乎! 汝宜知朕意。人虽嫉妒汝,朕能为汝地也。"②

元朝的御史台,沿袭唐宋,但地位大大提高,并自成体系。其职权为"掌纠察百官善恶、政治得失"。其主要机构有:

(1)中央御史台下设台院(内台)。内台官员有:

御史大夫,元代恢复唐制,设左右御史大夫二人为台长,均为从一品。由于元代尊右,以右御史大夫为首,俗称"头大夫"。

御史中丞,二人,为副台长,均为正二品。

侍御史,二人,均为从二品。

治书侍御史,二人,均为正三品。

(2)殿中司。元朝改唐宋的殿院为殿中司,设殿中侍御史二人,均为正四品。"凡大朝会,百官班序,其失仪失列,则纠罚之;在京百官到任假告事故,出三日不报者,则纠举之;大臣入内奏事,则随以入,凡不可与闻之人,则纠避之。"③其职掌在维护皇帝的尊严地位。

(3)察院。元朝尤重监察御史,在察院设监察御史三十二员,正七

① 《元史》卷 163《张雄飞传》。
② 《元史》卷 163《张雄飞传》。
③ 《元史》卷 86《百官志》2。

品。其职责是"司耳目之寄,任刺举之事"①。初以汉人为之,后来参用蒙古人,至元二十二年(1285年),始参用南儒二人。负责纠察各级官吏。

2. 行御史台(行台)

元朝为了加强对地方的监察,除京都附近地区由御史台直接监察外,把全国分为两大监察区,设江南和陕西行御史台,简称行台,是御史台的派出机关,也是地方最高监察机关。

江南诸道行御史台简称南行台或南台,设官品秩同内台(御史台)。世祖至元十四年(1277年)始置江南行御史台于扬州,寻徙杭州,又徙江州(今江西九江),至元二十三年(1286年),迁于建康(今江苏南京),以监临东南诸省,统制各道宪司,而总隶于御史台。元成宗大德元年(1297年),改为江南诸道行御史台。监察江浙、江西、湖广三省,统江东、江西、浙东、浙西、湖南、湖北、广东、广西、福建、海南十道。并设察院,品秩如内台(御史台)察院。

陕西诸道行御史台简称西行台或西台,设官品秩同内台。世祖至元二十七年(1290年),始置云南诸道行御史台,大德元年(1297年),移云南行台于京兆(今陕西西安),亦由御史台统领,监察陕西、甘肃、四川和云南四个行中书省,并统汉中、陇北、四川、云南四道。设察院,品秩同内台察院。

中书省的腹里之地,以及河南、辽阳等行省的监察,由中央御史台直接管领,并统制山东、山西、河北、河南、淮东、淮西、山南和辽东八道。

3. 诸道肃政廉访司

肃政廉访司,国初称为提刑按察司,至元二十八年(1291年),改提刑按察司为肃政廉访司,后共定为二十二道。每道设廉访使二人。其中内道八,隶御史台;江南十道,隶江南行台;陕西四道,隶陕西行台。

元朝建国之初,立中书省以总庶务,立枢密院以掌兵要,立御史台以纠弹百司。正如明人叶子奇在《草木子》中所说:"世祖尝言:'中书朕左

---

① 《元史》卷86《百官志》2。

手,枢密朕右手,御史台是朕医两手的。'"①元世祖忽必烈在皇帝统制下中枢三大府并立;使之互相制约,为己所用的构想和实施,大大提高了御史台及其属官御史的地位。御史台官由皇帝直接任免,对皇帝直接负责。世祖至元五年(1268年)七月立御史台,以前丞相塔察儿为御史大夫,诏谕说:"台官职在直言,朕或有未当,其极言无隐,毋惮他人,朕当尔主。"同年十月,"敕中书省、枢密院,凡有事与御史台官同奏。"②至元七年(1270年)冬十月,又"敕两省以已奏事报御史台"③。这里,忽必烈诏谕御史台官,要求台官恪尽职守,极言敢谏,别怕他人,皇帝为他们做主。同时,还命令中书省、枢密院,有事要与御史台同奏,命令两省已奏过的事情还要报告御史台。可见在元世祖忽必烈的心目中,御史台的地位是很高的。

元朝以前,我国在地方未曾建立过正规的、独立的监察机构。宋朝的监司和通判,也都有其他兼职。到了元朝,才在地方建立了正规的、独立的监察机构,组成了从中央到地方独立、系统的监察体系。元朝在中央设立御史台,作为中央的最高监察机构,还在地方建立二十二个肃政廉访司作中央御史台的直属机构,同时,还在地方建立江南和陕西两个行御史台,作为中央御史台的派出机构。这样,就在全国形成了三个大的监察区,即京城附近地区、江南行御史台和陕西行御史台,分统全国的二十二个肃政廉访,也即二十二个"道"。行御史台的组织机构和官员设置,类同中央御史台,也下设察院,所不同者,除人员较少外,不设殿中司。这样就形成了御史台、行御史台、肃政廉访司等从中央到地方、正规的独立的自成系统的监察体系,形成了一个严密的监察网。全国的各族各级官员,都处在这监察网的严密监察和管理下。因此,元代从中央到地方所建立的严密的监察机构,便从组织上保证了对各级官员实行有效的监察。

---

①　叶子奇:《草木子》卷3下《杂制篇》。

②　《元史》卷6《世祖纪》3。

③　《元史》卷7《世祖纪》4。

二、阿合马事件

阿合马是中亚费尔干那盆地忽阐河（今锡尔河）畔费那喀忒城（今乌兹别克斯坦塔什干西南）人，初隶蒙古弘吉剌部按陈那颜，以世祖察必哈屯（顺圣皇后）媵臣服务于忽必烈潜邸。阿里不哥之乱时，忽必烈急需军资供应，他以才能得进。中统二年（1261 年）以开平同知计点燕京万亿库诸色物货。三年，领中书左右部兼诸路转运使。世祖"专以财赋之任委之"。阿合马兴钧州、徐州铁冶；又以礼部尚书马月合乃兼领已括户三千，兴煽铁冶，岁输铁一百零三万七千斤，铸造农器二十万件，易粟输官粮四万石；自至元元年（1264 年）起，山西盐税岁课增加五千两。这些措使元朝国库收入增加很快，忽必烈大喜，是年超拜阿合马为中书平章政事。三年，立制国用使司，阿合马兼领使。七年，立尚书省，罢制国有使司，阿合马改尚书省平章。"阿合马为人多智巧言，以功利成效自负，众咸称其能。世祖急于富国，试以行事，颇有成绩。又见其与丞相线真、史天泽等争辩，屡有以诎之，由是奇其才，授以政柄，言无不从，而不知其专愎益甚矣。"[①]此后，阿合马恃宠日益骄横，"挟宰相权，为商贾，以网罗天下大利"，任用亲属，"一门悉处要津"，朝臣和御史们屡次上奏严劾，世祖不以为然，反而百般庇护。忽必烈甚至说："中，阿合马才任宰相。"阿合马在忽必烈庇护下愈益走向反面。

阿合马理财是在世祖即位后面临阿里不哥争位、李璮叛乱、西北诸王之乱的背景下开始的，随后南征南宋，战争规模扩大，政府对财政的要求与日俱增。阿合马在如此严峻的财政形势下，敢于挑起重担，如果没有一点"奇才"和勇气，是绝不可能担当此任的。其实，阿合马理财的方法并不是所谓"回回法"，而是中国历史上传统的盐铁专利法；阿合马集团的人并不都是，而是有相当数量的汉人。阿合马从钧、徐二州兴鼓铸之利和增加太原盐课开始颇见成效，忽必烈"授以政柄"，阿合马变本加厉，敛财

---

① 《元史》卷 205《阿合马传》。

愈急,忽必烈愈加信任,统治集团内分裂愈益明显,终于导致恶性循环。我们不妨先分析一下阿合马的理财措施:

一是官营牟利。主要有兴煽铁冶:如中统四年钧、徐二州铁冶,马月合乃兴煽铁冶、铸造农具,至元二十年"鼓铸铁器,官为局卖"等;专卖药材:如至元十二年于南京(今河南开封)、卫辉(今河南沁阳)等路籍括药材,进行专卖;垄断和市:"阿合马方用事,置总库于其家,以收四方之利,号曰和市"①,是以官营之名而私利。所以,官营本身是增加政府财政收入的好办法,问题是出在以权谋私上,而且愈演愈烈,右丞相安童指责他们:"阿合马、张惠,挟宰相权,为商贾,以网罗天下大利,厚毒黎民。"②有权有势者成为"官商""官倒",这是最容易激起民愤的。阿合马之罪此为一。

二是增加税课。通过税收以保证国家财政收入,这是任何时代政府的主要职能,阿合马用增税的办法来增加政府的收入也在常理之中,问题是增税的限度和方法。以江南为例,时人程钜夫在至元二十一年(1284年)左右的奏章中说:"茶、盐、酒、醋等税,近来节次增添,比附初归附的十倍以上。"③而其使用的方法,近乎奥都剌合蛮的"扑买"。至元十二年(1275年),以军兴国用不足,阿合马请复立诸路转运司十一所,以亦必烈金、扎马剌丁、张昷、富珪、蔡德润、纥石烈亨、阿里和者、完颜迪、姜毅、阿老瓦丁、倒剌沙等为使。其后又陆续分置榷茶、运盐、宣课等司。于是办课官吏往往以多括增课为能事,阿合马也以增课作为升黜标准,如至元十六年(1279年)九月,安西王府官赵炳云:"陕西课程岁办万九千锭,所司若果尽心措办,可得四万锭。"阿合马即命赵炳负责总办。④到十八年九月,京兆等路岁办课额果然自一万九千锭增至五万四千锭。⑤这种做法,等于是把一个地区的税收包给承办者,使当地的税课成倍增长,也培育了

① 《元史》卷168《何荣祖传》。
② 《元史》卷205《阿合马传》。
③ 程钜夫:《雪楼文集》卷10《江南诸色课程多虚额妄增宜与蠲减》。
④ 《元史》卷10《世祖纪》7。
⑤ 《元史》卷11《世祖纪》8。

一批似同狼虎的恶吏。

三是屡兴理算。理算也称钩考、根刷、打勘,意为检查、审核诸官府出纳财物。中国历代封建王朝常用此法考核官吏、清理财务。大蒙古国时也常常实行钩考。阿合马屡兴理算,次数之多,实属罕见。至元二十二年(1285 年)十月,参知政事郭佑上言:"自平江南,十年之间,凡钱粮事八经理算。"①如此频繁地进行经理,反映了阿合马敛财心切,而真正受害的还是普通百姓。

四是增发纸币。元世祖忽必烈即位后,发行全国统一的交钞。中统元年(1260 年)七月,发行中统丝钞,以丝为本。十月,发行"中统元宝交钞",不限年月,与银并行流通。其法以银为本,法定比价中统钞二贯(两)同白银一两。自中统三年世祖"专以财赋之事委之"阿合马后,钞法的完善与发行主要由阿合马负责。在阿合马主持财赋的二十年间,钞法的施行经历了两个阶段:至元十二年(1275 年)前处于完善阶段,基本上做到"以银为本,虚实相权",储备金是充足的,至元元年(1264 年)设立平准库,各地设行用库,有严格的管理,纸币信誉甚高,发行量也有限制,虽有增加,但数量不大。至元十二年后,由于征宋战争开始,交钞发行量猛增,纸币贬值,物价飞涨。

阿合马也是动用纸币准备金的第一人,他"将随路平准库金银,尽数起赴大都,以要功能"②。所以,世祖中期后钞法变坏,阿合马是有责任的。

阿合马理财近二十年,其敛财手段残酷,变成苛政,加之以权谋私,乘机大发横财,打击迫害异己,任用私党,朝内朝外恨之入骨。

至元十九年(1282 年)三月,益都千户王著与高和尚等利用世祖、真金太子人在上都的机会,诈称真金太子还京做佛事,矫皇太子令旨,命枢密副使张易发兵,于当晚会集东宫前。王著驰见阿合马,令他集中书省官员齐往东宫前迎接。入夜,伪太子一行到宫前,王著将阿合马用铜锤击

---

① 《元史》卷 13《世祖纪》10。
② 《元史新编》卷 87《食货志·钞法》。

死。事泄,王著、高和尚、张易先后被捕杀害。世祖后来得知阿合马之罪恶,始大怒曰:"王著杀之,诚是也。"乃命发墓剖棺,戮尸于通玄门外。子忽辛、抹速忽、阿散、忻都等亦被杀。至是年五月,"沙汰省部官,阿合马党人七百十四人,已革者百三十三人,余五百八十一人并黜之"①。

三、卢世荣事件

皇太子真金曾从学于名儒姚枢、窦默,至元十年(1273年)正式册立为皇太子,兼中书令,判枢密院事。真金十分重视汉文化,提倡蒙古贵族子弟学习汉人文字,收揽汉儒,朝夕咨访,主张以儒术治天下,因而深受汉人官僚拥戴,"时阿合马擅国重柄,太子恶其奸恶,未尝少假颜色"。阿合马被刺后,主汉法的和礼霍孙任右丞相,受到真金支持,尝曰:"阿合马死于盗手,汝任中书,诚有便国利民者,毋惮更张。苟或阻挠,我当力持之。"②和礼霍孙执政两年多,追查阿合马党羽;起用藩府旧臣如耶律铸、张文谦、商挺、董文用等,又召用汉儒郭佑、杨荣懿、何荣祖等;减轻赋税,整顿盐法、钞法、沙汰江南匠户等。但忽必烈面对江南各族人民风起云涌的反元斗争,又急欲发动侵略缅国、安南、交趾等国的战争,对和礼霍孙施政十分不满。急欲敛财的忽必烈于至元二十一年(1284年)十一月,改任安童为右丞相,擢前江西榷茶运使卢世荣为右丞,专以卢世荣理财。

卢世荣,大名(今河北大名南)汉人,阿合马执政时以贿得授江西茶运使,"其于任所,靡有不为,所犯赃私,动以万计"③,被罢职。阿合马死后,"朝廷之臣讳言财利事,皆无以副世祖裕国足民之意"。总制院使桑哥"荐世荣有才术,谓能救钞法,增课额,上可裕国,下不损民"。世祖召见,命与中书省官廷辩,卢世荣以"强词"胜右丞相和礼霍孙等,遭致和礼霍孙、右丞麦术丁、参政张雄飞、温迪罕等皆被罢官。④ 安童组阁后,卢世

---

① 《元史》卷12《世祖纪》10。
② 《元史》卷115《裕宗传》。
③ 陈天祥:《论卢世荣奸邪状》,《元文类》卷14。
④ 《元史》卷205《卢世荣传》。

荣为右丞,并荐史枢为左丞、不鲁迷失海牙、撒的迷失为参政,朝政实际上控在卢世荣手中。卢世荣虽不是色目人,但他是色目人所推荐并多用色目人施政。

卢世荣曾夸口使国家财政立竿见影,迅速好转。为了快速达到目的,虽然废弃了许多阿合马的苛政,但同时也推行不少急功近利的措施,如钞法上,铸至元钱使与钞参行;外贸上实行"官本般"制,禁民间私入海,民间所蓄宝货官买之,加强垄断,大办官营企业,如设诸路常平盐铁坑冶都转运司,实行官府点炉鼓铸,官营酿酒、粮食、牛马等。

但卢世荣主财政仅数月,监察御史陈天祥上章劾之,言其"苛刻谋求,为国敛怨,将见民间凋耗,天下空虚。考其所行与所言者,已不相副:始言能令钞法如旧,弊今愈甚;始言能令百物自贱,今百物愈贵;始言课程增至三百万锭,不取于民,今迫胁诸路,勒令如数虚认而已;始言令民快乐,今所为无非扰民之事。若不早为更张,待其自败,正犹蠹虽除而木已病矣"①。右丞相安童也指责:"世荣昔奏,能不取于民岁办钞三百万锭,令钞复实,诸物悉贱,民得休息,数月即有成效。今已四阅月,所行不符所言,钱谷出者多于所入,引用憸人,紊乱选法。"②在群起而攻之的情况下,忽必烈将卢世荣投入监狱,当年十一月被杀。卢世荣主管财政不过四个月,许多措施根本未及实施,自然难以"立竿见影"。所以,他的被杀,究其真正原因乃是统治集团内部的派系斗争。忽必烈曾问江浙行省平章忽刺出曰:"汝于卢世荣有何言?"对曰:"近汉人新居中书者,言世荣款伏,罪无遗者,狱已竟矣,犹日养之,徒费廪食。"③看来,"汉人新居中书者"的攻击起了关键作用。

卢世荣被捕后,汉人官僚又有得势之感,他们期望真金太子早日登基,可以有强有力的靠山。时有江南行台监察御史上章,以世祖年高体弱,请禅位于皇太子,并建言南必皇后(察必皇后去世后纳为正后)不宜

---

① 《元史》卷205《卢世荣传》。
② 《元史》卷205《卢世荣传》。
③ 《元史》卷205《卢世荣传》。

于预政事。"太子闻之惧,中台秘其章不发"①。阿合马余党答即古、阿散等闻知,请收内外百司吏案,大索天下埋没钱粮,企图从御史台中搜得这份奏章。御史台都事尚文留秘章不与,答即古闻于帝,命宗正薛彻干取其章。御史大夫被迫将秘章之事禀告忽必烈,"世祖怒甚,太子愈益惧,未几,遂薨"②。真金太子是朝廷中最能遏制阿合马、桑哥等色目贵族的强有力的人物,"阿合马所畏惮者,独太子尔",卢世荣被捕,"桑哥素主世荣,闻太子有言,讫箝口不敢救"③。真金太子一死,色目贵族的势力又上升起来。

四、桑 哥 擅 权

至元二十二年十二月,真金去世。明年七月,忽必烈命"桑哥具省臣姓名以进,廷中有所建置,人才进退,桑哥咸与闻焉"④。

桑哥是吐蕃人,国师胆巴的弟子,能通诸国言语,"为人狡猾豪横,好言财利事,世祖喜之。……至元中,擢为总制院使"⑤。世祖为摆脱中书省,放手让桑哥理财,于至元二十四年闰二月,复置尚书省,命桑哥与铁木儿并为尚书平章政事,阿鲁浑撒里为尚书右丞,南人叶李为尚书左丞,马绍、忻都为尚书参知政事,改中书六部为尚书六部。十一月,升桑哥为尚书右丞相兼总制院使、领功德使司事(总制院后改为宣政院)。中书省渐成虚设,权力归尚书省,实际操纵在桑哥手中。

桑哥上台后,立即改行钞法。这是解决当时财政困难最为快捷的一招。其法是另造至元宝钞,中统钞通行如故,每至元钞一贯当中统钞五贯,使"子母相权,要在新者无冗,旧者无废"。并强化元代原有钞法制度,如"依中统之初,随路设立官库,贸易金银,平准钞法"。对伪造钞者

---

① 《元史》卷 170《尚文传》。
② 《元史》卷 115《裕宗传》。
③ 《元史》卷 115《裕宗传》。
④ 《元史》卷 205《桑哥传》。
⑤ 《元史》卷 205《桑哥传》。

处死。一时颇见成效，故称"其法为最善"①。

接着大肆钩考钱谷。二十四年三月，桑哥奉旨检核中书省事，校出亏欠钞四千七百七十锭，昏钞一千二百三十四锭。这一行动的目的实际上是为打击中书省臣，平章麦术丁引罪自伏，参政杨居宽、郭佑被杀。二十五年九月，桑哥又奏请设置征理司，专事追查钱谷，凡仓库诸司，无不钩考。又遣官到江淮、江西、福建、四川、甘肃、安西等六省理算钱谷，"衔命江南，理算积久逋赋，期限严急，胥卒追逮，半于道路，民至嫁妻卖女，殃及亲邻，维扬、钱唐受害最惨，无故而殒其生五百余人"②。但钩考难以无止境维持下去，桑哥又提出增加商税，腹里增为二十万锭，江南二十五万锭；盐课每引由中统钞三十贯增为一锭，茶每引由五贯增为十贯，酒醋税课江南增额为十万锭，内地为五万锭；十八万协济户由半赋增为全赋；又创设浙东、江东、江西、湖广、福建木棉提举司，对棉布征税，责民岁输木棉十万匹；又在江南清理户口、田税，以增税额。总而言之，桑哥为了填补政府每岁亏空百余万锭，用钩考天下财谷征补之；但此法难以持久，又想方设法增加商税和其他税收，以满足忽必烈对经费的需求。

桑哥还设行泉府司，专掌海运，增置上海、福州二万户府，合至元二十年所置，共四万府。二十五年，设漕运司二，负责接运南来粮食物资。同年十月，桑哥请开凿会通河。从此，北运粮食、物资激增，大大缓解了大都粮食供应状况。

桑哥理财一时颇有成效，又受到忽必烈赞赏。一些谀佞之徒为桑哥立《王公辅政之碑》于尚书省前，为其歌功颂德。桑哥"阻抑台纲，杜言者之口，又尝捶挞御史"，益加骄横，甚至公然"以刑爵而贩之，咸走其门，入贵价以买所欲。贵价入，则当刑者脱，求爵者得，纲纪大坏，人心骇愕"。这时，蒙古大臣也里审班、也先帖木儿、彻里等劾奏桑哥专权黩货。世祖问康里人不忽木，不忽木对曰："桑哥壅蔽聪明，紊乱政事，有言者即诬以他罪而杀之。今百姓失业，盗贼蜂起，召乱在旦夕，非亟诛之，恐为陛下

---

① 《元史》卷93《食货志一》。
② 《元史》卷173《崔彧传》。

忧。"①遂将桑哥下狱究问。二十八年(1291年)七月,桑哥被诛。桑哥被杀前,有人告发他家中藏有"一大堆珍珠和珍饰",后来从他家中抄来一对箱子,"打开箱子,其中有无与伦比的珍珠和贵重物品"②。《元史·博尔忽传》说,桑哥伏诛,世祖以博尔忽子月赤察儿"口伐大奸,发其蒙蔽,乃以没入桑哥黄金四百两、白金三千五百两,及水田、水碾、别墅赏其清强"。可见桑哥贪赃得来的财物有多么多!

第三节　元朝中期的反贪斗争

一、成宗朝的贪赃之风与反贪斗争

至元三十一年(1294年)世祖忽必烈病逝,其孙铁穆耳继承皇位,是为成宗。

成宗铁穆耳曾受命平乃颜余党合丹。至元三十年,统军镇守漠北。他嗜酒,多病,不亲政务,"凡国家政事,内则决于宫壸,外则委于宰臣"③。皇后卜鲁罕,伯牙吾氏,"成宗多疾,后居中用事,信任相臣哈剌哈孙,大德之政,人称平允,皆后处决"④。成宗先以老臣完泽为右丞相,其后哈剌哈孙继之。成宗即位之初,财政状况依然入不敷出。至元二十九年(1292年)中书右丞相完泽上奏曰:"一岁天下所入,凡二百九十七万八千三百五锭,今岁已办者才一百八十九万三千九百九十三锭,其中有未至京而在道者,有就给军旅及织造物料馆传俸禄者,自春至今,凡出三百六十三万八千五百四十三锭,出数已逾入数六十六万二百三十八锭矣。"⑤由

① 《元史》卷205《桑哥传》。
② 《史集》第2卷,第349页。
③ 《元史》卷21《成宗纪四》。
④ 《元史》卷14《后妃传一》。
⑤ 《元史》卷17《世祖纪十四》。

此可见,该年财政赤字已达六十六万零二百三十八锭,竟占全年财政收入的22%强。实际上,财政入不敷出的状况已经持续多年,桑哥等虽企图用滥发纸币等办法来解决矛盾,但结果却适得其反。桑哥被诛后,忽必烈不得不寻觅新的理财之臣。

赛典赤·伯颜原名阿不·别克儿,他是赛典赤·赡思丁之孙、纳速剌丁之长子。纳速剌丁在世时,"就被派去当了剌桐城的长官"[①]。剌桐即福建泉州,剌桐长官即福建等处行中书省的长官。后来先后担任江西行省、河南江北行省长官。由于伯颜在担任行省长官时显示的理财才能,很快得到忽必烈的赞赏。至元三十年十一月,忽必烈把伯颜调到中央,任中书平章政事,位在不忽木等人之上。

成宗即位后,伯颜继续担任中书平章政事。如果说,世祖忽必烈时伯颜受到重用,但还没真正做到"秉政",成宗时伯颜在中书省中的地位则更加巩固。他联合汉人梁暗都剌主持朝政。梁暗都剌,本名德珪,字伯温,大兴良乡(今属北京)人,通晓蒙古语、西域法,谙熟行政法规,也是一位理财高手,他"在省日久,凡钱谷出纳之制,铨选进退之宜,诸藩赐予之节,命有骤至,不暇阅简牍,同列莫知措辞,德珪数语即定;问遇疑事,则曰某事当如某律,某年尝有此旨,验之皆然"[②]。梁暗都剌于成宗即位后升中书左丞,大德二年(1298年)拜平章政事。

赛、梁秉政的中心是理财,其主要措施是清理户籍、劝成宗减少赏赐、增加岁课等。赛、梁秉政虽缓解了成宗朝的财政恶化问题,却不能解决成宗朝吏治的败坏。

自从世祖朝后期以来,元朝的政治危机逐渐凸显出来,机构臃肿,法制败坏,官贪吏污,军队无能,赏罚不明,冤案迭起,奢侈浪费,灾异频仍,流民四起,吏治败坏尤其突出。大德年间,布衣郑介夫在上奏《一纲二十目》中写道:

今中外百官,悉出于吏,观其进身之初,不辨贤愚,不问齿德,贪

---

① 《史集》第2卷,第340页。
② 《元史》卷170《梁德珪传》。

缘势援，互相梯引。有力者趋前，无力者居后。口方脱乳，已入公门；目不识丁，即亲案牍。区区簿书期会之末尚不通习，其视内圣外王之学为何物，治国平天下之道为何事？苟图俸考，争先品级，以致临政懵无所知。①

郑介夫所言真实地反映了当时吏治败坏的社会现实。众所周知，元代入仕之途多为由怯薛进、由吏员选。元代实行四等人制，蒙古、色目贵族属"根脚人"，时人权衡说："元朝之法，取士用人，惟论根脚。其余图大政为相者，皆根脚人也；居纠弹之首者，又根脚人也；莅百民事之长者，亦根脚人也。"②时人叶子奇也说："天下治平之时，台、省、要官皆北人为之，汉人、南人万中无一二；其得为者，不过州、县卑秩，盖亦仅有而绝无者也。"③这些通过承荫、怯薛为官的大小蒙古、色目贵族，大多不懂汉文，有的连执笔画押也不能；④有的闹笑话，"北人不识字，使之为长官或缺正官，要题判署事及写日子，七字钩不从右七而从左乚转，见者为笑"⑤。如此为官，其办公能力可想而知。所以时人李翀说："国朝故事，以蒙古、色目不谙政事，必以汉人佐之。"⑥不少汉人、南人吏员因此而常常操纵实权。

汉人、南人入仕，有的凭引荐，有的由吏员升任。由吏员入仕者数量极大，"自木华黎王等四怯薛大根脚出身分任省台外，其余多是吏员"⑦，另有"纳粟获功二途，富者往往以此求进"⑧。一旦权力在手，就贪赃不法，与地方豪强狼狈为奸。大德十一年（1307年）杭州路达鲁花赤扎忽儿歹说道：

　　　　把持官府之人处处有之，其把持者杭州为最。每遇官员到任，百计钻刺，或求其亲识引荐，或赂其左右吹嘘，既得进具，即中其奸。始以口味相遗，继以追贺馈送，窥其所好，渐以苞苴，爱声色者献之美

①　《历代名臣奏议》卷67。
②　权衡：《庚申外史》。
③　《草木子》卷3上《克谨篇》。
④　陶宗仪《南村辍耕录》卷2《刻名印》："今蒙古色目人之为官者，多不能执笔画押，例以象牙或木刻而印之。"
⑤　《草木子》卷4下《杂俎篇》。
⑥　李翀：《日闻录》卷6。
⑦　《草木子》卷4下《杂俎篇》。
⑧　《草木子》卷3上《克谨篇》。

妇,贪财利者赂之玉帛,好奇异者与之玩器。日渐一日,交结已深,不问其贤不肖,序齿为兄弟,同席饮宴者有之,下棋打双陆者有之,并无忌惮;彼此家人妻妾,不避其嫌疑,又结为姊妹通家,往还至甚稠密。街坊人民见其如此,遇有公事,无问大小,悉皆投奔嘱托关节,俗号"猫儿头",又曰"定门"。贪官污吏吞其钩饵,惟命是听,欲行即行,欲止则止;稍有相违,发言告诉,被其揭勒,拱手俯听,是非颠倒,曲直不分,民之冤仰,无所申诉。①

在这样的社会风气下,终于发生了朱清、张瑄大案。此案把当时中书省的长官赛典赤·伯颜和梁暗都剌也牵涉进去。

朱清、张瑄本是长江口崇明一带的海盗。宋末聚众抄略海上,其舟北至今山东沿海的文登、夷维诸山、高丽水口,甚至远抵渤海湾,"往来若风与鬼,影迹不可得"②。至元十三年(1276年),元军统帅伯颜下南宋首都临安(今浙江杭州),取南宋库藏及图籍,准备北运大都,但两淮之地仍为宋军所有,不能从运河或陆上北运,于是招朱清、张瑄从崇明岛入海道运往直沽,转运至大都。这是元朝海运之始。

元朝统一全国后,每年需从江南运粮至大都,而运河由于年久失修,淤塞严重,加之本不畅通,需水陆联运,极其劳民伤财。至元十九年(1282年)伯颜提出海运粮食的建议,命上海总管罗璧与朱清、张瑄等造平底海船六十艘,从海道运粮四万六千石到达京师。次年,元立万户府二,以朱清为中万户,张瑄为千户,忙兀觯为万户府达鲁花赤,专事海运。朱清、张瑄多次开辟海运路线,一次比一次便捷,海运粮食逐年增加,从起初的四万多石至大德年间的六七十万石,为解决大都的粮食问题立下了功劳。

随着功劳的增加,朱张二人也日益"气意自得"。陶宗仪说:"二人者,父子致位宰相,弟侄甥婿皆大官,田园宅馆遍天下,库藏仓庚相望,巨舻大船帆交番夷中,舆骑塞隘门巷,左右仆从皆佩於菟金符,为万户千户,累爵积赀,气意自得。"③归纳起来其罪行有:居功自傲,亲属皆大官,仆从

---

① 《元典章》卷57《扎忽儿歹陈言二件》。
② 《南村辍耕录》卷5《朱张》。
③ 《南村辍耕录》卷5《朱张》。

亦佩通行无阻的金虎符;以权谋利,自家经营海上贸易,"巨艘大船帆交番夷中";财富迅速积聚,"田园宅馆遍天下,库藏仓庾相望"。终于在大德六年(1304 年)冬事发,"二人者,既满盈,父子同时夷戮殆尽,没赀产县官,党与家破禁锢"①。

朱清、张瑄为何得以如此高官厚禄、以权谋利? 对当权者行贿是其主要手段。据载,大德七年(1305 年)二月,监察御史杜肯构揭露太傅右丞相完泽曾受朱清、张瑄贿赂,但"不报";当年三月,江浙行省平章脱脱遣发朱清、张瑄家属,"其家以金珠重赂之",脱脱未敢收受,事告皇帝,受成宗嘉奖,"赐以黄金五十两"。同月,以"中书平章伯颜、梁德珪、段贞、阿里浑撒里,右丞八都马辛,左丞月古不花,参政迷而火者、张斯立等,受朱清、张瑄贿赂,治罪有差,诏皆罢之"。成宗命洪君祥为中书右丞,监察御史"言其曩居宥密,以贪贿罢黜,乞别选贤能代之"。虽然没有被采纳,但足见当时朝廷内掀起了一股反贪之风。在这种反贪压力下,成宗"诏定赃罪为十二章",加强了反贪措施。② 大德十年,监察御史杜肯构再上奏章抨击赛典赤·伯颜等:

> 伯颜等树党受赇,谪戍远方,道路相庆。……天下之人,目伯颜、梁德珪、八都马辛为三凶,三凶不诛,无以谢天下。又况迷而火者、阿里等,与之同恶相济,浊乱朝纲,是以比年灾异屡见。……乞将群凶或斥或诛,明正其罪。③

然而,成宗对此也未采纳。

二、仁宗之治与铁木迭儿之奸

(一) 仁宗之治

大德十一年(1307 年)成宗病死,经过一番帝位争夺后,真金第二子

---

① 《南村辍耕录》卷 5《朱张》。
② 以上均见《元史》卷 21《成宗纪四》。
③ 《续资治通鉴》卷 195。

答剌麻八剌之子海山夺得帝位,是为武宗。

武宗海山上台后,对拥戴他上台的蒙古贵族、大臣大肆赏赐,以致"帑藏空虚"。为解决财政危机,效法世祖朝时阿合马、桑哥设置尚书省的办法,再立尚书省。至大二年(1309年)八月,立尚书省,以乞台普济为右丞相,脱虎脱为左丞相,三宝奴、乐实为平章政事,保八为右丞,忙哥铁木儿为左丞,王罴为参知政事,中书左丞刘楫为尚书左丞、商议尚书省事。改各地行中书省为行尚书省。以"旧事从中书,新政从尚书",实际上是理财事统归尚书省。在尚书省领导下,所行理财活动主要有发行至大银钞,废中统钞;定税课法,增加税收;增加盐、茶等税收等。

武宗议立尚书省时,许多朝官表示反对。尚书省立,监察御史张养浩批评为"变法乱政,将祸天下"。又疏时政万余言:"一曰赏赐太侈,二曰刑禁太疏,三曰名爵太轻,四曰台纲太弱,五曰土木太盛,六曰号令太浮,七曰幸门太多,八曰风俗太靡,九曰异端太横,十曰取相之术太宽。言皆切直,当国者不能容。"①武宗朝的政治是相当腐败与黑暗的。

"惟曲蘖是沉,姬嫔是好"的武宗在位不足四年,于至大四年(1311年)正月病死。其弟爱育黎拔力八达以"皇太子"继位,是为仁宗。

成宗时,爱育黎拔力八达随母居怀州(今河南沁阳),从师布衣李孟习儒学。"有暇,则就孟讲论古先帝王得失成败,及君君臣臣父父子子之义。孟特善论事,忠爱恳恻,言之不厌,而治天下之大经大法,深切明白"②,为仁宗日后以儒术治天下打下了思想基础。

仁宗即位后,力图改变武宗时政制混乱、财政枯竭的状况,从整顿朝政入手,全面推行"汉法"。其施政措施主要有:(1)铲除武宗旧臣,废除武宗旧政;(2)重用汉儒及回回官员;(3)推崇儒学,实行科举(即"延祐科举");(4)经理田粮(即"延祐经理")。仁宗在位九年,朝政和吏治有明显的好转。延祐七年(1320年)正月,仁宗病卒。史称:"仁宗天性慈孝,聪明恭俭,通达儒术,妙悟释典……平居服御质素,澹然无欲,不事游

① 《元史》卷175《张养浩传》。
② 《元史》卷175《李孟传》。

畋,不喜征伐,不崇货利。……其孜孜为治,一遵世祖之成宪云。"①

(二) 铁木迭儿之奸

仁宗虽然在朝政上有所建树,但他过分迁就太后答己,后党铁木迭儿长期担任中书右丞相,虽"怙势贪虐,凶秽滋盛",仁宗不敢深究,仅予罢相。原来武宗海山与仁宗爱育黎拔力八达之间有"兄终弟及,叔侄相承"的成约。武宗死,仁宗继位;仁宗死,武宗子继位。但仁宗出于私心,在太后答己支持下不立武宗长子和世㻋为皇太子,封和世㻋为周王出镇云南,引起武宗旧臣愤愤不平,造成陕西行省丞相阿思罕等举兵叛乱,和世㻋西走阿尔泰山之西。延祐四年(1317 年)三月,仁宗立其子硕德八剌为皇太子。

铁木迭儿出身蒙古贵族,祖父卜邻吉带为宪宗时之大将,父木儿火赤亦为武将。成宗大德年间,铁木迭儿任同知宣徽院事,兼通政院使。武宗即位后任宣徽使。至大元年(1308 年)由江西行省平章政事拜云南行省左丞相。两年后,擅离职守,自行返回京师,受到尚书省诘问,但太后予以包庇。武宗卒,皇太后召铁木迭儿为中书右丞相。仁宗即位,不得不承认既成事实。不久,铁木迭儿因病去职,仁宗起用合散为右丞相,合散以非世勋族姓,不宜为右丞相,请复擢铁木迭儿为右丞相。仁宗再度起用铁木迭儿。

但"铁木迭儿既再入中书,居首相,怙势贪虐,凶秽滋甚"。仁宗为牵制其势,命御史中丞萧拜住为中书平章,侍御史杨朵儿只拜御史中丞,两人慨然以纠劾其罪为己任,成为铁木迭儿之眼中钉。当时上都富商张弼杀人被逮捕入狱,铁木迭儿收受其贿,使家奴胁迫留守贺伯颜放人,贺伯颜坚持不放。杨朵儿只掌握证据后与萧拜住、贺伯颜上奏曰:

> 内外监察御史,凡四十余人,共劾铁木迭儿桀黠奸贪,阴贼险狠,蒙上罔下,蠹政害民,布置爪牙,威詟朝野,凡可以诬陷善人、要功利己者,靡所不至。取晋王田千余亩、兴教寺后墙园地三十亩、卫兵牧

---

① 《元史》卷 26《仁宗纪三》。

地二十余亩。窃食郊庙供祀马。受诸王合儿班答使人钞十四万贯……受杭州永兴寺僧章自福赂金一百五十两。取杀人囚张弼钞五万贯。且既已位极人臣,又领宣政院事,以其子八里吉思为之使。诸子无功于国,尽居贵显。纵家奴陵虐官府,为害百端。以致阴阳不和,山移地震,灾异数见,百姓流亡,己乃恬然略无省悔。私家之富,又在阿合马、桑哥之上。四海疾怨已久,咸愿车裂斩首,以快其心。如蒙早加显戮,以示天下,庶使后之为臣者,知所警戒。①

奏既上,仁宗大为震怒。但铁木迭儿逃到兴圣宫近侍之家藏匿不出。仁宗终因太后之故,仅罢其相位而已。

铁木迭儿罢相后不足一年,又起为太子太师,“中外闻之,莫不惊骇”。御史中丞赵世延率诸御史论其不法数十事,而内外御史论其不可辅东宫者又四十余人。但在皇太后庇护下,终不能明正其罪。

延祐七年(1320 年)正月,仁宗病卒后四天,皇太后令铁木迭儿复为中书右丞相。他以太后旨,召萧拜住、杨朵儿只至徽政院,“责以前违太后旨”,将两人杀害。英宗硕德八剌即位后,他依然横行不法。是年五月,英宗在上都,铁木迭儿奏称上都留守贺伯颜“便服迎诏为不敬”,逮捕杀之。又遣人逮捕时已改任四川行省平章政事的赵世延,奏世延当处死罪,英宗不允。“铁木迭儿恃其权宠,乘间肆毒,睚眦之私,无有不报。”②其罪行渐被英宗察觉,一场反贪斗争即将展开。

三、英宗新政与南坡之变

(一) 英宗新政

仁宗死后,年仅十七岁的英宗硕德八剌即位。他是一个自幼受儒学教育、熟读汉儒著作的蒙古贵族,与答己、铁木迭儿的政治主张很不一致。他针对答己等人的活动采取了一系列措施:任命功臣木华黎的后代、有

---

① 《元史》卷 205《铁木迭儿传》。
② 《元史》卷 205《铁木迭儿传》。

"蒙古儒者"之称的拜住为左丞相;千方百计限制铁木迭儿的权力。元朝统治集团内部两派的斗争日益尖锐。

英宗决心进一步铲除答己—铁木迭儿一派势力。拜住上台前几天,即延祐七年(1320 年)五月,英宗将左丞相合散罢为岭北行省平章政事,任命拜住为中书左丞相。几天后,以合散与中书平章黑驴、御史大夫脱忒哈、徽政使失列门等与故要束谋妻亦列失八谋废立为名,全部诛杀,并籍其家。此案显然是预谋已久的。贬合散、用拜住,杀合散等人,前后不过十天时间,以闪电般的速度,把后党打得措手不及。这批被杀的官员中,亦列失八是黑驴之母,是答己的女幸臣;失列门等则是答己的幸臣。"英宗立,群幸伏诛,而后势焰顿息焉"①,由于合散在仁宗朝地位显赫,与铁木迭儿共事多年,成了后党中的重要人物,自然成了英宗和拜住开刀的对象。

双方矛盾正在进一步发展时,铁木迭儿和答己太后都在至治二年(1322 年)相继死去。这时水旱灾荒连年发生,各族人民不断起义,社会矛盾十分尖锐。英宗深深感到再不调整原有的统治政策,将会发生统治危机。他在拜住的协助下实施了一系列新政,如选用汉儒,充实省、台及翰林、六部官职;压缩机构,罢汰冗员;减轻农民负担,实行"助役法",而最主要的新政就是制定《大元通制》,颁行天下。

至元二十八年(1291 年)世祖忽必烈曾命何荣祖编修《至元新格》作为当时的新律,但《至元新格》过于简略,造成依法的困难。从成宗大德年间开始,就不断有人建议再修一部比较完整和详细的律令,故成宗、仁宗时都曾反复修改过,到英宗时,下令将仁宗时未能最后审定完毕的律令继续进行纂修,遂命中书平章张珪率枢密副使完颜纳丹、侍御史曹伯启、判宗正府普颜、集贤学士钦察、翰林直学士曹元用等共同补充、审定,名之《大元通制》。全书凡 2539 条,内断例 717 条,条格 1151 条,诏赦 94 条,令类 577 条,全书共 88 卷。②《大元通制》承袭了唐、宋、金诸朝法典的基

---

① 《元史》卷 116《后妃传二》。
② 《元史》卷 28《英宗纪》2;焦竑:《国史经籍志》卷 3《史类·故事》。

本精神,其特点是:"其于古律,暗用而明不用,名废而实不废。"①《大元通制》是元代法典的代表,前后执行了约四十年。

英宗新政是针对元朝中期暴露的种种社会问题而采取的挽救时局措施,英宗和拜住比较强调遵守世祖创制的各项制度,对于安定社会秩序,抑制权臣枉法,保持元朝政权久治长安是有作用的。但其措施并不得力,特别是统治集团内部反对势力依然十分强劲有力,终于导致新政遭到夭折。

(二) 南坡之变

英宗和拜住虽然给后党以致命的打击,却没有彻底清除后党的余党。朝廷内形成了以铁木迭儿义子、御史大夫铁失为首的政变集团。

至治三年(1323年),英宗下令追查铁木迭儿的贪污案,并处死了一批有牵连的官员,同时追夺铁木迭儿官爵,抄没其家产。铁木迭儿的余党十分恐慌,铁失及其党羽加紧策划政变阴谋。他们与晋王也孙铁木儿的心腹、王府内史倒剌沙"深相要结"。倒剌沙是政变集团与晋王之间穿针引线的人物。"〔晋〕王内史倒剌沙得幸于帝,常侦伺朝廷事机,以其子哈散事丞相拜住,且入宿卫。久之,哈散归,言御史大夫铁失与拜住相忤,欲倾害之。至治三年三月,宣徽使探忒来王邸,为倒剌沙言:'主上将不容于晋王,汝盍思之。'于是倒剌沙与探忒深相要结。八月二日,晋王猎于秃剌之地,铁失密遣斡罗思来告曰:'我与哈散、也先铁木儿、失秃儿谋已定,事定,推立王为皇帝。'又命斡罗思以其事告倒剌沙,且言:'汝与马速忽知之,勿令旭迈杰得闻也。'"②

八月五日晚,铁失与枢密院事也先铁木儿、大司农失秃儿、前平章政事赤斤铁木儿、前云南行省平章政事完者、铁木迭儿子前治书侍御史锁南、铁失弟宣徽使锁南、典瑞院使脱火赤、枢密院副使阿散、金书枢密院事章台、卫士秃满及诸王按梯不花、孛罗、月鲁铁木儿、曲吕不花、兀鲁思不

---

① 吴澄:《吴文正公集》卷11《大原通制条例纲目后序》。
② 《元史》卷29《泰定帝纪一》。

花等发动政变,在英宗与拜住自上都(今内蒙古正蓝旗东)南返至离上都三十里的南坡驻跸时,将英宗、拜住杀害,史称"南坡之变"。政变集团派诸王按梯不花、知枢密院事也先铁木儿奉皇帝玺绶,北迎晋王。九月初四日,早已觊觎皇位的真金太子之长子甘麻剌的长子、晋王也孙铁木儿不费吹灰之力,在龙居河(今克鲁伦河)即皇帝位,是为泰定帝。

第四节 元朝后期的社会腐败

一、燕铁木儿和伯颜的擅权

(一) 燕铁木儿擅权

致和元年(1328 年)七月,泰定帝卒于上都,当时留守大都的武宗旧臣、钦察人燕铁木儿任金书枢密院事,即与西安王阿剌忒纳失里等谋立武宗海山之子,遂发动政变,于八月初四日命在京百官集兴圣宫,声言立武宗之子,逮捕平章政事乌伯都剌等。派人去江陵迎武宗次子怀王图帖睦尔抵京。不久爆发两都之战,上都以左丞相倒剌沙为首的泰定帝势力兵败投降。

为了号令天下,政变者先立怀王图帖睦尔为帝,是为文宗。两都之战后,文宗遣使迎其兄周王和世瓎来大都即位。天历二年(1329 年)正月,周王和世瓎即位于和林之北,是为明宗。同年八月,明宗南下至王忽察都(今河北张北)与图帖睦尔在此会面,年方三十的明宗突然暴死,燕铁木儿立即以皇后命奉皇帝玺宝授文宗,文宗在上都立即复位。

元朝皇帝对权臣的报答莫过于文宗之于燕铁木儿。燕铁木儿是钦察功臣土土哈的后代,海山在北边时,他"备宿卫十余年,特爱幸之",海山即位,拜同知宣徽院事;仁宗时袭左卫亲军都指挥使;泰定帝时晋金书枢密院事。出于报答主子海山的"宠拔之恩",更为了自己日后能擅权固宠,燕铁木儿乘泰定帝卒于上都之机于大都发动政变。誓众曰:"祖宗正统属在武皇帝之子,敢有不顺者斩!"以后迎图帖睦尔至京,敦促文宗即位,击溃上都之军,谋害明宗和世㻋,其功无与伦比。文宗感恩戴德,大封其三代,又命文学家马祖常制文立石于京师北郊。至顺元年(1330)五月,"帝又以屡颁宠数未足以报大勋,下诏命独为丞相以尊异之。略曰:'燕铁木儿勋劳惟旧,忠勇多谋,奋大义以成功,致治平于期月,宣专独运,以重秉钧。授以开府仪同三司、上柱国、太师、太平王、答剌罕、中书右丞相、录军国重事、监修国史、提调燕王宫相府事、大都督、领龙翊亲军都指挥使司事。凡号令、刑名、选法、钱粮、造作,一切中书政务,悉听总裁。诸王、公主、驸马、近侍人员,大小诸衙门官员人等,敢有隔越闻奏,以违制论。'"①这大概是蒙古建国以来给功臣头衔最多(计53字)、权力最大的一次。"燕铁木儿自秉大权以来,挟震主之威,肆意无忌。"②其荒淫程度在诸权臣中亦居榜首,"至是荒淫日甚,体羸溺血而薨"③。

在燕铁木儿专权下,元朝政治进一步走向黑暗的深渊。一方面是财政状况进一步恶化,天历二年(1329年)二月,中书省臣言:"国家钱谷,岁入有额,而所费浩繁,是以不足。"④到至顺年间,经费竟短缺二百三十九万余锭。⑤另一方面则官贪吏污更加严重,元代著名理学家吴澄说:"数十年来风俗大坏,居官者习于贪,无异盗贼,已不以为耻,人亦不以为怪。其间颇能自守者,千百不一二焉。"⑥

(二) 伯颜擅权

妥懽帖睦尔即位时,燕铁木儿已死,故即位后命伯颜为太师、中书右丞相,封秦王;燕铁木儿弟撒敦为太傅、左丞相,封荣王;燕铁木儿子唐其势为御史大夫,袭父封为太平王。由伯颜、撒敦专理国家大事,统百官,总

---

① 《元史》卷138《燕铁木儿传》。
② 《元史》卷138《燕铁木儿传》。
③ 《元史》卷138《燕铁木儿传》。
④ 《元史》卷35《文宗纪四》。
⑤ 《元史》卷184《陈恩谦传》。
⑥ 吴澄:《吴文正公文集》卷14《赠史敏中侍亲还家序》。

庶政。明宗亲臣阿鲁辉帖木儿对妥懽帖睦尔说:"天下事重,宜委宰相决之,庶可责其成功;若躬自听断,则必负恶名。"妥懽帖睦尔信之,"由是深居宫中,每事无所专焉"①。伯颜的地位正好代替了燕铁木儿,皇帝深居宫中,为他专权独断开了绿灯。

伯颜是蒙古篾儿乞人。十五岁时为海山侍从,从海山北征海都,立有战功。海山为怀宁王,赐伯颜号为"拔都儿"(蒙古语,勇士之意)。武宗即位,拜吏部尚书,官至尚书平章政事,领右卫阿速亲军都指挥使司达鲁花赤。仁宗即位后,伯颜为周王和世瓎常侍府常侍,后累迁为河南行省平章政事。致和元年(1328年)泰定帝卒,燕铁木儿发动政变,他积极支持。文宗即位后,以翊戴之功,拜御史大夫、中政院使。明宗即位,改太子詹事、太保,仍居皇太子左右。文宗复位,以中书左丞相加储政院使,改知枢密事,进封浚宁王,拜太傅,加徽政使。② 由此可见,伯颜是文宗夺位的第二号大功臣,其地位仅次于燕铁木儿。

至元元年(1335年)撒敦去世,唐其势虽升为中书左丞相,燕铁木儿家族势力有所减弱,伯颜则独揽大权。唐其势不胜愤慨:"天下本我家天下也,伯颜何人而位居吾上。"遂与撒敦弟答里等策划发动兵变,事泄兵败被杀。

伯颜自诛杀唐其势之后,"独秉国钧,专权自恣,变乱祖宗成宪,虐害天下,渐有奸谋"③。妥懽帖睦尔对其所请则百依百顺,以致官衔加起来总共达到246字,比之燕铁木儿53字又多了193字,其官衔为:元德上辅广忠宣义正节振武佐运功臣,太师,开府仪同三司,秦王,答剌罕,中书右丞相,上柱国,录军国重事、监修国史、兼徽政院侍正,昭功万户府都总使,虎符威武阿速亲军都指挥使司达鲁花赤,忠翊侍卫亲军都指挥使,奎章阁大学士,领学士院知经筵事、太史院、宣政院事,也可千户哈必陈千户达鲁花赤,宣忠斡罗思扈卫亲军都指挥使司达鲁花赤,提调回回汉人司天监、群牧监、广惠司、内史府、左都威卫使司事,铁察亲军都指挥司事,宫相都

---

① 《庚申外史》;《元史》卷114《后妃传一》。
② 《元史》卷138《伯颜传》。
③ 《元史》卷138《伯颜传》。

总管府领太禧宗禋院兼都典制神御殿事、中政院事,宣政侍卫亲军都指挥使司达鲁花赤,提调宗人蒙古侍卫亲军都指挥使司事,提调哈剌赤也不干察儿,领隆详使司事。"当其擅政之日,前后左右,无非阴邪小辈,惟恐献陷进佞之不至",更有甚者,有人上奏曰:"'薛禅'二字,人皆可以为名,自世祖皇帝庙号之后,遂不敢用。今太师伯颜功高德重,可以'薛禅'名字与之。"薛禅乃蒙古语,贤者之意,世祖忽必烈称薛禅皇帝。此议一经提出,翰林学士沙剌班上奏:"万一曲从所请,关系非轻。"妥懽帖睦尔不得不请翰林学士欧阳玄、监丞揭傒斯商量,终于用"元德上辅"四字代替。①

皇帝赏赐给伯颜的田地、黄金、白金、币帛也是不可胜计的。仅赐田一项,泰定帝赐河南田五千顷,妥懽帖睦尔又赐田五千顷,另又赐蓟州宝坻县田若干,加起来达一万多顷。伯颜还大肆聚敛钱财,过着骄侈淫逸的生活。所以时人说:"天下贡赋多入伯颜家。"②

在伯颜统治下,吏治败坏,纪纲荡然。时人叶子奇写道:"自秦王伯颜专政,台宪官皆谐价而得,往往至数千缗。及其分巡,竞以事势相渔猎,而偿其直。……于是有司承风,上下贿赂,公行如市,荡然无复纪纲矣。肃政廉访司官所至州县,各带库子检钞秤银,殆同市道矣!"③

二、脱脱"更化"与三相治国

（一）脱脱"更化"

正当伯颜专权日恣、势焰熏天之时,其侄脱脱深感事态严重,于是一场以家族内部斗争为形式、关系到政权易人的政变正在酝酿着。脱脱,字大用,幼养于伯父伯颜家中,稍长,就学于老儒吴直方,习儒家书,善书画,曾立下"日记古人嘉言善行,服之终身"④的志向。伯颜擅权时,脱脱已升至御史大夫。他的政变预谋得到其父马札儿台、其师吴直方和顺帝妥懽

① 《南村辍耕录》卷2《权臣擅权》。
② 《庚申外史》。
③ 《草木子》卷4下《杂俎篇》。
④ 《元史》卷138《脱脱传》。

帖睦尔的支持。至元六年(1340年)二月,伯颜去柳林打猎,脱脱下令收京城门钥,由亲信列布城门下,顺帝下诏指责伯颜"专权自恣","变乱祖宗成宪,虐害天下",免其中书右丞相之职,命出为河南行省左丞相。三月,又命徙伯颜于南恩州阳春县(今属广东)安置,行至龙兴路(今江西南昌)病卒。驱逐伯颜得到朝野一致称赞,人们称此举为"拔去大憨,如剔朽蠹"①。

伯颜被逐后,妥懽帖睦尔命脱脱之父,太保马札儿台为太师、中书右丞相,太尉塔失海牙为太傅,知枢密院事塔马赤为太保,脱脱为知枢密院事,汪家奴为中书平章政事,脱脱弟也先帖木儿为御史大夫。马札儿台上台仅半年,于通州置榻坊,开酒馆、糟坊,日至万石,又贩运长芦淮南盐,热衷于经商敛财。脱脱让参政佛嘉问向皇帝告了一状,迫使马札儿台辞职,"养疾私第",仍为太师。是年十一月,脱脱出任中书右丞相。

脱脱一上台,即大刀阔斧地废除伯颜"旧政",推行一系列新政,史称"更化"②。当时"天子图治之意甚切"③,把国家大事交给脱脱处理,给予信任和支持。而脱脱的老师吴直方在帮助脱脱决策上仍然起着重要作用,"国有大事、上命,必定于公,公亦慨然以泽被斯民为己任,有知无不言,言之丞相无不行,天下翕然,比后至元之治于前至元,公之功居多。"④既然直方"言之丞相无不行",那么,脱脱更化与"儒术治天下"就产生了必然的联系。

脱脱推行的更化政策主要有恢复科举取士;置宣文阁,开经筵,遴选儒臣选讲;恢复太庙四时祭;调整蒙古贵族内部关系,为受伯颜迫害致死的郯王昭雪,召宣让王、威顺王返回领地;开马禁、减盐额、蠲负逋,减轻人民负担;修撰辽金宋三史。

自从脱脱在妥懽帖睦尔支持下推行新政以来,元朝统治集团的主要人物,作风大有改变。首先是妥懽帖睦尔,过去那种不问政事、深居宫中的情况有所改变,用功攻读圣贤之书,留心前言往事,颇有"励精图治之意",想干出一番事业来。甚至采纳监察御史的建言,裁减宫女和宦官,走出厚载门耕种田地,体会一下稼穑之艰辛,种粮之不易,因而略知节俭。广大汉族和其他民族的知识分子精神亦为之一振。复科举、开经筵、行太庙四时祭,都离不开儒生,特别是奎章阁改为宣文阁之后,皇帝每天到阁中听取宰臣奏请,商议国事,作风大有改变,朝政为之一新,一班文人兴奋不已,苏天爵"知无不言,言无顾忌,夙夜谋画,须发尽白",巙巙、王沂、周伯琦、郑深等都是宣文阁里的主要人物,所以欧阳玄情不自禁地写道:

> 至正郡兴郡国贤,威仪重见甲寅①前;
>
> 杏园花发当三月,桂苑香销又七年。
>
> 豹隐山中文泽雾,鹏搏海上翼垂天;
>
> 明时礼乐须奇俊,莫道儒生自圣颠。②

这时社会也出现了少有的安定。水旱灾荒虽时有发生,但赈济蠲免比较及时,农民起义亦常有爆发,但规模不是很大。

(二) 三相治国

脱脱推行新政后,朝政大为改观,"中外翕然称为贤相"。但到至正四年(1344年)五月,脱脱辞去相位,阿鲁图出任中书右丞相,至七年正月去位;别儿怯不花继任,未几辞职,四月复命为中书右丞相,五月再罢;十二月,朵儿只任右丞相,至九年七月罢;闰七月,脱脱复相。其间共五年多,妥懽帖睦尔虽仍有励精图治之志,也曾推出一些新政,但从整体来说,元朝政治腐败已不可挽救。加之天灾频仍,农民起义和少数民族起义愈益强烈,社会矛盾进一步激化。

三相治国期间,他们秉承妥懽帖睦尔之意继承推行以廉政建设为中心的一系列政策,但效果却越来越差。

第一,颁行《至正条格》。

---

① 指仁宗延祐元年,是年首次开科。
② 欧阳玄:《圭斋集》卷2《试院倡唱》。

　　法制建设是确保国家秩序安定的重要措施。元代自世祖忽必烈统一全国后,始定新律,即《至元新格》;仁宗时,又以格例条画有关于风纪者,类集成书,即《风宪宏纲》;至英宗时,命宰执儒臣取前书加以增删,成《大元通制》。以后二十余年间,一直未有修订。后至元间,苏天爵上《乞续编通制》曰:

　　　　我国家自太祖皇帝戡定中夏,法尚宽简,世祖皇帝混一海宇,肇立制度。列圣相承,日图政治。虽律令之未行,皆因事以立法。岁月既久,条例滋多。英宗皇帝始命中书定为《通制》,颁行多方,官吏遵守。然自延祐至今,又几二十年矣。夫人情万状,岂一例之能拘? 加以一时官曹,材识有高下之异,以致诸人罪状,议拟有轻重之殊。自以烦条碎目,与日俱增。每罚一事,或断一事,有司引用,不能遍举。若不类编,颁示中外,诚恐远方之民,或不识而误犯,奸贪之吏,独习知而舞文。事至于斯,深为不便。宜从都省早为奏闻,精选文臣学通经术、明于治体、练达民政者,圜坐听读,定拟去取,续为《通制》,刻板颁行。……庶几列圣之制度,合为一代之宪章。民知所避,吏有所守,刑政肃清,治化熙洽矣![1]

　　之后,妥懽帖睦尔命平章政事阿吉剌监修。至正五年(1345年)十一月书成,赐名《至正条格》,六年四月颁行天下。内中制诏150条,条格1700条,断例1059条,共2909条,系增删《至元新格》《大元通制》而成。

　　第二,定荐举守令法。

　　至正六年十二月,"命选天下郡守,各于之官日,陛辞听旨"。妥懽帖睦尔谕之曰:"汝守令之职,如牧羊然,饥也与之草,渴也与之水,饥饱劳逸,无失其时,则羊蕃息矣。汝为我牧此民,无使之失所而有饥渴之患,则为良牧守矣。"当时妥懽帖睦尔确想选拔一些清廉之士为地方官,凡选转某人为官,他都亲自过问,予以审查,问道:"此人以前行过事迹,果然一一皆善否,为我悉陈之可也。"[2]

---

　① 苏天爵:《滋溪文稿》卷26《乞续编通制》。
　② 《庚申外史》。

第三,遣奉使巡行天下。

至正五年十月,遣奉使宣抚巡行天下。下诏曰:

> 朕自践祚以来,至今十有余年,托身亿兆之上,端居九重之中,耳目所及,岂能周知。故虽夙夜忧勤,觊安黎庶,而和气未臻,灾眚时作,声教未洽,风俗未淳,吏弊未袪,民瘼滋甚。岂承宣之寄,纠劾之司,奉行有所未至欤?若稽先朝成宪,遣官分道奉使宣抚,布朕德意,询民疾苦,疏涤冤滞,蠲除烦苛。体察官吏贤否,明加黜陟,有罪者,四品以上停职申请,五品以下就便处决。民间一切兴利除害之事,悉听举行。①

于是命江西行省左丞忽都不丁、吏部尚书何执礼巡两浙江东道;前云南行省右丞散散、将作院使王士弘巡江西福建道;大都路达鲁花赤拔实、江浙行省参知政事秦从德巡江南湖广道;吏部尚书定僧、宣政金院魏景道巡河南江北道;资政院使蛮子、兵部尚书李献巡燕南山东道;兵部尚书不花、枢密院判官勒义巡河东陕西道;宣政院同知伯家奴、宣徽金院王也速迭儿巡山北辽东道;荆湖北道宣慰使阿乞剌、两淮运使杜德远巡云南省;上都留守阿牙赤、陕西行省左丞王绅巡甘肃永昌道;大都留守答尔麻失里、河南行省参知政事王守诚巡四川省;前西台中丞定定、集贤侍讲学士苏天爵巡京畿道;平江路达鲁花赤左答纳失里、都水监贾惟贞巡海北海南广东道。此举,妥懽帖睦尔决心可谓不小,动作不可谓不大,其意图就在改变官贪吏污的状况,开创廉政建设新局面。"然奉使者,类皆脂韦贪浊,多非其人。惟四川一道,得王士熙(即王守诚)、武子秦(即武祺),稍振纪纲,余皆鼓吹而已"②。王守诚在四川平反了宣使苏伯延案、重庆铜梁县尹张文德案等百余起,查出受贿、占田等贪官一批。又有说:"时诸道奉使,皆与台宪互相掩蔽,惟定定、苏天爵、湖广道拔实纠举无避。"③

然而,脱脱更化也好,三相治国也罢,元朝的大厦将倾,谁都无法支撑这座被蠹虫蛀空了的大厦。

① 《元史》卷41《顺帝纪四》。
② 《庚申外史》。
③ 《元史类编》卷10《顺帝纪》。

三、元朝最黑暗的岁月

（一）奸臣贪官比比皆是

元朝末年国家机器的败坏已经到了不可救药的地步。脱脱行新政时,顺帝妥懽帖睦尔颇有励精图治之意,脱脱离相后,顺帝用三相治国,但逐渐怠于政事,并开始重用奸臣哈麻、雪雪兄弟。

哈麻是康里人,因其母为宁宗乳母,故与雪雪同为宿卫,为顺帝所宠信,提拔为殿中侍御史,雪雪为集贤学士。从此"奸佞当权",留下了祸根。于是朝政进一步昏暗,贪污、贿赂之风发展到了登峰造极的地步。奸臣哈麻因受到顺帝妥懽帖睦尔宠信,办事需要走他的门路,因而"自藩王戚里,皆遗赂之"①。地方官吏更是天高皇帝远,为所欲为,至正四年"令民入粟补官"后,又添了一批豺狼。"其问人讨钱,各有名目:所属始参曰'拜见钱',无事白要曰'撒花钱',逢节曰'追节钱',管事而索曰'常例钱',送迎曰'人情钱',拘追曰'赍发钱',论诉曰'公事钱',觅得钱多曰'得手',除得州美曰'好地分',补得职近曰'好窠窟'。漫不知忠君爱民之为何事也"②。就是号称清廉的廉访司官员,也是声名狼藉。至正八年十月,御史台承认:"近年以来,江南各道廉访司书史奏差,间有不务守慎,恣尚贪饕……滋长奸恶,废坏纪纲。若不严为立法,无以效劝将来。"③甚至连妥懽帖睦尔也觉察到"比者(廉访司官)往往轻听浮言,不加询访,以致毁誉失真,淑慝难辨,今后须要据实呈报,如蹈前非,并依旧制黜退"④。民间甚至作诗嘲笑廉访司官:"解贼一金并一鼓,迎官两鼓一声锣。金鼓看来都一样,官人与贼不争多。"叶子奇说:"及元之将乱,上下诸司,其滥愈甚。"⑤后来朱元璋概括元末统治集团腐败时说:"近睹有

① 《元史》卷 205《哈麻传》。
② 《草木子》卷 4 下《杂俎篇》。
③ 《南台备要》,《永乐大典》卷 2610。
④ 《南台备要》,《永乐大典》卷 2610。
⑤ 《草木子》卷 4 上《谈薮篇》。

元之末,主居深宫,臣操威福,官以贿求,罪以情免,台宪举亲而劾仇,有司差贫而优富。"①他的观察是十分深刻的。

至于武备和军队,也是荒弛不堪。"民间有弓箭兵器以重刑,将官用势袭其子孙,自饮酒食肉,手不能操矛戟。是以中原一旦横溃,盗贼蜂起,焚劫郡县,如入无人之境,厥后买民丁,望敌先溃。"②有人甚至说:"吾观夫将之贤者千百人中不获一二焉。"③

(二) 元顺帝的堕落

至正九年(1349年)闰九月,脱脱复任中书右丞相。他上任后,慨然以天下为己任,下决心收拾这疮痍满目的社会。变更钞法和贾鲁治河就是他上台后做的两件大事。但社会效益却适得其反,不仅没有解决当时的财政问题,反倒加剧了社会矛盾的激化。至正十一年五月,元末农民大起义终于爆发。

脱脱视农民起义为心腹之患,亲自率军镇压了徐州芝麻李起义军,对各路起义军进行血腥镇压,使农民起义一度转入低潮,以顺帝妥懽帖睦尔为首的元朝统治者忘乎所以,为脱脱建生祠于徐州,立平徐勋德碑,各有功将帅,弹冠相庆,行功请赏,又忙着立皇子爱猷识理达腊为皇太子、中书令、枢密使……正是在一片至正中兴、天下太平的假象之下,妥懽帖睦尔堕落了。

哈麻既为宣政院使,与妥懽帖睦尔接触的机会增多了,他善于媚上,深得宠幸。于是偷偷引进西天僧教妥懽帖睦尔运气术。哈麻的妹婿集贤大学士秃鲁帖木儿也有宠于帝,妥懽帖睦尔对他言听计从,亦荐西蕃僧伽璘真,所教者名"演揲儿",汉语"大喜乐"。大喜乐有宗教含义,是一种宗教舞蹈;又名双修法,男女双修气功。秃鲁帖木儿则使之修成房中之术,而且诱导妥懽帖睦尔进行淫乐:"陛下虽尊居万乘,富有四海,亦不过保有现世而已。人生能几何,当受此秘密大喜乐禅定。"妥懽帖睦尔习之。

---

① 吴宽:《平吴录》。

② 《农田余话》卷上。

③ 陈高:《不系舟渔集》卷11《赠周元帅序》。

秃鲁帖木儿又荐老的沙、八郎、答剌马古的、波迪、哇儿祃、脱懽、纳哈出、速哥帖木儿、薛答里麻等十人，号称"倚纳"。这些倚纳用高丽宫女为耳目，专门刺探公卿贵人家的命妇，市井街坊的良家妇女，引入宫中，供妥懽帖睦尔和这些倚纳淫乐。妥懽帖睦尔全然不顾皇帝尊严，与这些男女相与亵狎，甚至男女赤身裸体，寻欢作乐。据说其淫乐的密室即筑于宣文阁之旁，称之为"皆即兀该"，汉语"事事无碍"的意思。上都修穆清阁，有房间数百，"千门万户，取妇女实之，为大喜乐故也"①。"君臣宣淫，而群僧出入禁中，无所禁止，丑声秽行，著闻于外，虽市井之人，亦恶闻之"②。皇太子爱猷识理达腊已渐长成，对秃鲁帖木儿所为亦深恶痛绝。

正当红巾军处于劣势，遭受暂时失败之时，至正十三年（1353 年）正月，泰州白驹场（今属江苏大丰）盐贩张士诚等起兵反元。四月，攻破泰州，拥众万余。不久攻占高邮。十四年正月，张士诚自称诚王，国号大周，改元天祐，设官分职，把截要冲，南北梗塞。九月，妥懽帖睦尔命脱脱出师高邮。脱脱总制诸王各爱马、诸省各翼军马，董督总兵、领兵大小官将，号称百万，连"西域西蕃皆发兵来助，旌旗累千里，金鼓震野，出师之盛，未有过之者"③。十一月，元军抵高邮，双方战于高邮城外，士诚大败，退入城中不出。元军分兵破六合、盐城、兴化等地。

在京城里，哈麻乘也先帖木儿患病在家之机，让妥懽帖睦尔命他出任中书平章政事。十二月，由监察御史袁赛因不花出面，奏劾脱脱和也先帖木儿罪恶，其奏章称："脱脱出师三月，略无寸功，倾国家之财为己用，半朝廷之官以为随。又其弟也先帖木儿庸材鄙器，玷污清台，纲纪之政不修，贪淫之心益著。"章三上，妥懽帖睦尔诏收也先帖木儿御史台印，命汪家奴出任御史大夫。不久，妥懽帖睦尔轻信谗言，下诏削脱脱兵权。皇帝诏书未到之前，哈麻已遣人先至军中，说："诏书且至，不即散者当族诛！"故诏书一到，"大军百万，一时四散。"脱脱先安置于淮安路，十五年三月，诏流于云南大理宣慰司镇西路（今云南腾冲西），流也先帖木儿于四川碉

---

① 《庚申外史》。
② 《元史》卷 205《哈麻传》。
③ 《元史》卷 138《脱脱传》。

门。十二月,哈麻矫旨遣使鸩死脱脱于云南贬所。

高邮战役是元末农民战争的一个转折点。百万元军不战而溃,从此一蹶不振。

自至正十五年脱脱被害后,至二十八年(1368)退出大都为止,妥懽帖睦尔为溺于声色,厌于朝政,十余年间,起用右、左丞相凡十余人,或为奸佞小人,或为军阀武夫,或为无能之辈,结果都祸国殃民,加速了元朝的灭亡。

哈麻既得相位,自以前所进西番僧宣淫一事为耻,恐为当世及后人所非议。于是寻找借口,杖所荐西番僧,流放甘州;又欲清除其妹夫秃鲁帖木儿,反被秃鲁帖木儿抢先到顺帝处揭发哈麻谋立皇太子为帝。顺帝决定除去哈麻、雪雪兄弟,使御史大夫搠思监、右丞相定住、平章政事桑哥失里交相纠劾哈麻兄弟罪恶。妥懽帖睦尔念其旧情,且其母为宁宗乳母,将两人分别贬于惠州和肇州。因人们对他们兄弟俩痛恨无比,途中皆被杖死。①

哈麻兄弟死后,秃鲁帖木儿等十倚纳益加放肆。"是时,天下多故,日已甚,外则军旅烦兴,疆宇日蹙;内则帑藏空虚,用度不给;而帝方溺于娱乐,不恤政务。"②妥懽帖睦尔与倚纳们"行大喜乐,法帽带金玉佛,手执数珠,又有宫女十六人,首垂发数辫,戴象牙冠,身披缨络大红销金长短裙袄,云裙合袖天衣,绶带鞋袜。唱《金字经》,舞雁儿舞,名十六天魔舞。又有美女百人,亦皆缨络,各执加巴刺般之器,内一人执铃杵奏乐。又宫女十一人,练槌髻,勒帕,常服,或用唐帽、窄衫。所奏乐器,用龙笛、头管、小鼓、筝䇶、琵琶、笙、胡琴、响板、拍板。以宦者长安不花领之,每遇宫中赞佛,则按舞奏乐。宦官非受秘密戒者不得预"③。

(三)陈祖仁、李国凤弹劾奸臣

妥懽帖睦尔仍用定住为右丞相。定住多病,屡辞不允,实为左丞相搠

---

① 《元史》卷205《哈麻传》。
② 《元史》卷205《搠思监传》。
③ 《庚中外史》。

思监主政。至正十七年(1357年)五月,搠思监晋右丞相,贺太平为左丞相。搠思监救国无方,而"公受贿赂,贪声著闻,物议喧然"。这位善于发国难财的右丞相,其至任用私人朵列及姜弟崔完者帖木儿印造伪钞。事将外泄,令朵列自杀灭口。十八年冬,监察御史燕赤不花将此事上奏,加以弹劾,昏庸的妥懽帖睦尔不予判罪,只令其罢职。

高丽人朴不花与顺帝之奇皇后同乡里,以阉人入侍皇后多年,深受爱幸。妥懽帖睦尔怠于政事,而皇太子爱猷识理达腊"春秋日盛,军国之事,皆其临决"①。至正十六年时,哈麻谋内禅未成,反被妥懽帖睦尔、秃鲁帖木儿除去。事隔三年,奇皇后与皇太子再谋内禅,使朴不花喻当时主政的贺太平,太平不支持,并辞去相位,后被劾自杀身亡。二十年二月,搠思监再度为右丞相,他独为丞相达三年之久。"[朴]不花乘间用事,与搠思监相为表里,四方警报、将臣功状,皆抑而不闻,内外解体,然根株盘固,气焰薰灼,内外百官趋附之者什九。又宣政院使脱欢,与之同恶相济,为国大蠹。"②朴不花专横弄权,引起了朝野不满,监察御史也先帖木儿等劾奏朴不花内恃皇太子、外结丞相搠思监,骄恣不法。御史大夫老的沙以其事上闻。侍御史陈祖仁、李国凤交相上奏揭露朴不花,指责皇太子,批评当今皇帝,两人均被外迁。

先是至正二十三年十二月,监察御史也先帖木儿、孟也先不花、傅公让等劾奏朴不花与脱欢,内恃皇太子,外结丞相搠思监,骄恣不法,御史大夫老的沙以其事上闻,但皇太子和奇皇后百般庇护朴不花、脱欢,劾奏的诸监察御史均被外迁。这时治书侍御史陈祖仁冒着外迁的危险上书皇太子:

> 御史纠劾橐驼(即脱欢)、不花奸邪等事,此非御史之私言,乃天下之公论,台臣审问尤悉,故以上启。今殿下未赐详察,辄加沮抑,摈斥御史,诘责台臣,使奸臣蠹政之情,不得达于君父,则亦过矣。夫天下者,祖宗之天下,台谏者,祖宗之所建立,以二竖之微,而于天下之

---

① 《元史》卷204《朴不花传》。
② 《元史》卷204《朴不花传》。

重、台谏之言,一切不恤,独不念祖宗乎!且殿下职分,止于监国抚军,问安视膳而已,此外予夺赏罚之权,自在君父,今方毓德春宫,而使谏臣结舌,凶人肆志,岂惟君父徒拥虚器,而天下苍生,亦将奚望!

祖仁对皇太子毫不客气,对其越权行为严加指责。

皇太子阅后不禁勃然大怒,让老的沙转告祖仁:"台臣所言虽是,但橐驩等俱无是事,御史纠言不实,已与美除。昔裕宗为皇太子,兼中书令、枢密使,凡军国重事合奏闻者,乃许上闻,非独我今日如是也。"

对于皇太子的辩解,祖仁毫不示弱,再上书曰:

御史所劾,得于田野之间,殿下所询,不出宫墙之外,所以全此二人者,止缘不见其奸。昔唐德宗云:"人言卢杞奸邪,朕殊不觉。"使德宗早觉,杞安得相,是杞之奸邪,当时知之,独德宗不知尔。今此二人,亦皆奸邪,举朝知之,在野知之,天下知之,独殿下未知耳。且裕宗既领军国重事,理宜先阅其纲。若至台谏封章,自是御前开拆,假使必皆往由东宫,君父或有差失,谏臣有言,太子将使之闻奏乎,不使之闻奏乎?使之闻奏,则伤其父心,不使闻奏,则陷父于恶,殿下将安所处!如知此说,则今日纠劾之章,不宜阻矣,御史不宜斥矣,斥其人而美其除,不知御史所言,为天下国家乎,为一身官爵乎?斥者去,来者言,言者无穷,而美除有限,殿下又安所处?

祖仁随即辞职,自御史以下至吏员也纷纷辞职。皇太子不得不告知其父,妥懽帖睦尔令朴不花、脱欢辞退。

祖仁又上书皇帝曰:

祖宗以天下传之陛下,今乃坏乱不可救药,虽曰天运使然,亦陛下刑赏不明之所致也。且区区二竖,犹不能除,况于大者!愿陛下俯从台谏之言,摈斥此二人,不令其以辞退为名,成其奸计,使海内皆知陛下信赏必罚自二人始,则将士孰不效力,天下可全,而有以还祖宗之旧。若犹优柔不断,则臣宁有饿死于家,誓不与之同朝,牵联及祸,以待后世正人同罪。①

————————

① 以上引文均为《元史》卷186《陈祖仁传》。

妥懽帖睦尔阅罢大怒,使祖仁出为甘肃行省参知政事。

无独有偶。另有一个不怕死的侍御史李国凤,亦上书皇太子:

> 不花骄恣无上,招权纳赂,奔竞之徒,皆出其门,骎骎有赵高、张让、田令孜之风,渐不可长,众人所共知之,独主上与殿下未之知耳。自古宦者,近君亲上,使少得志,未有不为国家祸者。望殿下思履霜坚冰之戒,早赐奏闻,投之西夷,以快众心,则纪纲可振。纪纲振,则天下之公论为可畏,法度为不可犯,政治修而百废举矣。①

妥懽帖睦尔又是大怒一阵,命国凤外迁。

国之将亡,竟然还出了两个不怕死的谏臣,他们不仅指责了皇太子,还敢于批评当今皇帝。可惜,他们的一片忠君爱国之心既不能使妥懽帖睦尔父子改恶从善,又不能挽救行将灭亡的腐朽朝廷。经过扩廓帖木儿与孛罗帖木儿长达八年的军阀内战,元朝在内耗中更加虚弱,朱元璋从容备战,削平南方群雄,最后挥师北伐,于至正二十八年(1368 年)八月占领大都,推翻元朝。

第五节 反 贪 文 化

一、邓牧的反贪杂文

邓牧(1247—1306),字牧心,浙江钱塘(今杭州)人。出生于破落的知识分子家庭。南宋灭亡后,他"视名利薄之;遍游方外,历览名山。逢寓止,辄杜门危坐,昼夜惟一食"。他自称"三教外人",不列入佛、道、儒中,采取与元朝不合作态度。大德九年(1305 年)元廷派当时的玄教大师吴全节到邓牧隐居的余杭大涤山洞霄宫,请邓牧出山做官,被拒绝。

邓牧著有《伯牙琴》一书,其中所写《君道》《吏道》和《二戒——学柳

---

① 《元史》卷 204《朴不花传》。

河东》诸篇是他反对专制统治,反对贪赃掠夺最杰出的杂文。在这些杂文中,表达了他以下三方面的思想:

第一,他看到秦以后的君主,都是贪得无厌的剥削者和掠夺者,"竭天下之财以自奉","惴惴然若匹夫怀一金,惧人之夺其后"。天下之乱,原因就在于此。邓牧写道:

> 天生民而立之君,非为君也;奈何以四海之广,足一夫之用邪?……彼所谓君者,非有四目两喙,鳞头而羽臂也;状貌咸与人同,则夫人固可为也。今夺人之所好,聚人之所争,慢藏诲盗,冶容诲淫,欲长治久安,得乎!

> 嘻!天下何常之有!败则盗贼,成则帝王。若刘汉中、李晋阳,乱世则治主,治世则乱民也。有国有家,不思所以捄之,智鄙相笼,强弱相陵,天下之乱,何时而已乎![1]

邓牧虽然只举了刘邦、李渊两个,但元朝皇帝何尝不是"治世则乱民"呢?只因为他们是当代皇帝,邓牧不便直说。"天下之乱,何时而已",实际上包括了元朝当前的现实。

第二,他认为吏是君主的走狗、爪牙,"小大之吏布于天下,取民愈广,害民愈深"。他们是"民害"。南宋统治下是如此,元朝统治下也是如此。邓牧说:

> 今一吏,大者至食邑数万,小者虽无禄养,则亦并缘为食,以代其耕,数十农夫,力有不能奉者。使不肖游手,往往入于其间。率虎狼牧羊豕,而望其蕃息,岂可得也![2]

在元朝统治下,皇帝赏赐给贵族、功臣大量土地、财物,确是"食邑至数万"。以贵族弘吉剌氏为例,1236年一次赏赐就有济宁路及洛、兖、单三州,巨野、郓城、金乡、虞城、砀山、丰县、肥城、任城、鱼台、沛县、单父、嘉祥、磁阳、宁阳、曲阜、泗水十六县作为其分邑;至元十三年(1276年),又赐福建汀州路长汀、宁化、清流、武平、上杭、连城六县。至大元年(1308

---

① 《伯牙琴·君道》。
② 《伯牙琴·吏道》。

年)、二年又有很多增赐。"其五户丝金钞之数,则丙申岁(1296)所赐济宁路之三万户,至元十八年(1281)所赐汀洲路之四万户,丝以斤寄者,岁二千二百有寄,钞以锭计者,岁一千六百有寄。"①即使一般普通的官吏,也确是"数十农夫,力不能奉者"。邓牧愤怒地道出:这种官吏"与虎豹蛇虺均为民害耶"! 他写道:

> 天之生斯民也,为业不同,皆所以食力也。今之为民不能自食,以日夜窃人货殖,搂而取之,不亦盗贼之心乎! 盗贼害民,随起随仆,不至甚焉者,有避忌故也。吏无避忌,白昼肆行,使天下敢怒而不敢言,敢怒而不敢诛;岂上天不仁,崇淫长奸,使与虎豹蛇虺均为民害邪!②

《二戒——学柳河东》是邓牧用寓言形式写的两篇杂文,两文通过对"狗"和"楚佞鬼"的揭露,影射了元朝官吏的贪得无厌:

越 人 与 狗

> 越人道上遇狗,狗下首摇尾人言曰:"我善猎,与若中分。"越人喜,引而俱归,食以粱肉,待之礼以人。狗得盛礼,日益倨;猎得兽,必尽啖乃已。或嗤越人曰:"尔饮食之;得兽,狗辄尽啖,将奚以狗为?"越人悟,因与分肉,多自与。狗怒,龁其首,断领足,走而去之。夫以家人豢狗,而与狗争食,几何不败也。

楚 佞 鬼

> 楚佞鬼。有鬼降于楚曰:"天帝命我治若土,余良威福而人。"众愕然,共命唯谨。祀之庙,旦旦荐血食,跪而进之,将币。市井亡赖附鬼益众,以身若婢妾然;不厌,及其妻若女。鬼气所入,言语动作与鬼无不类,乃益倚气势,骄齐民;凡不附鬼者,必谮使之祸。齐民由是重困。

---

① 《元史》卷118《特薛禅传》。
② 《伯牙琴·吏道》。

天神闻而下之,忿且笑曰:"若妖也,而庙食于此,作威福不已!"为兴疾霆,碎其庙,震亡赖以死。楚祸遂息。彼以鬼气势可常倚哉!

第三,邓牧对人民造反表示同情。他认为"人之乱也,由夺其食;人之危也,由竭其力"。这种见解是带有人民性的。

元朝建立后,南方各地爆发了风起云涌的武装起义,"遍游方外"的邓牧是耳闻目睹的,他认为人民起来"作乱"的原因是:

> 天下非甚愚,岂有厌治思乱、忧安乐危者哉! 宜若可以常治安矣,乃至有乱与危,何也? 夫夺其食,不得不怒;竭其力,不得不怨。人之乱也,由夺其食;人之危也,由竭其力。而号为理民者,竭之而使危,夺之而使乱![1]

他认为,这轰轰烈烈的人民起义都是官府逼出来的,他们的斗争是合理的。

邓牧对人民的同情在寓言《楚佞鬼》中也有所表露。这个寓言描写了冒充"神"的"楚鬼"和依附于他的"市井亡赖"对"齐民"的欺压,后来"天神"闻知,灭了"楚鬼",震死"亡赖","齐民"得安。

二、元人笔下的反贪诗

掌握政权的蒙古统治者推行四等人制,汉族士人受到种族歧视,有的甘愿隐居不仕,虽有少数士人跻身官僚阶层,大多数士人处于中下层,比较了解现实社会,不满贪官污吏,同情民间疾苦,因此在他们的诗作中,多有反对贪赃的诗作。

元朝进入中后期后,社会矛盾日益尖锐,诗人揭露社会丑恶现象的作品大量涌现。尹廷高、朱德润、胡祗遹、萨都剌、廼贤等人的诗尤其切中时弊。

尹廷高的《车中作古乐府》,通过一位车夫赶车的喘汗与鞭朴,揭露"世上利名心未足"的贪官污吏,当了一阵官以后是怎样"人生富贵归故

① 《伯牙琴·吏道》。

乡"的。诗中写道：

> 铃丁当,铃丁当,大车小车摆作行。
> 问渠捆载有何物? 云是官满非经商。
> 蟠螭金函五色毯,钿螺椅小象牙床。
> 美人娇娇如海棠,面帘半染尘土黄。
> 迎门软脚闹亲旧,提擎酪甕封肥羊。
> 人生富贵归故乡,铃丁当,铃丁当,
> 老夫北行书满箱。①

明明是为官一任,捞足了,捞够了,"富贵归故乡"了,却还要"婊子立牌坊",让当地官民立一块"德政碑","留芳百世"。君不见当年桑哥当政,尽管贪赃所得可与国库相比,不也是立一块"王公辅政碑"? 对此,诗人朱德润在《德政碑》一诗中作了淋漓尽致的讽刺:

> 德政碑,路傍立石高巍巍,
> 传是郡中贤太守,三年秩满人颂之。
> 刻石道旁纪德政,傍人见者或觑歆。
> 借问觑歆者谁子,云是西家镌石儿。
> 去年官差镌此石,官司督土限十日。
> 上户敛钱支半工,每年准备遭驱责。
> 城中书生无学俸,但得钱多作好颂。
> 岂知太守贤不贤,但喜豪民来馈送。
> 德政碑,磨不去,劝君改作桥梁柱。
> 乞与行人济不通,免使后来观者疑其故。②

朱德润还在《官买田》这首诗中揭露仁宗延祐年间,官吏乘经理田粮之机,掠夺民间腴田。诗人在最后写道:

> 官买田,台不谏,省不言,
> 不知尧汤水旱日,曾课民粮几千石?③

---

① 《元诗选》初集甲集《玉井樵唱》。
② 《元诗选》初集己集《存复斋集》。
③ 《元诗选》初集己集《存复斋集》。

"台不谏,省不言"就是官官相护。尤其是作为地方监察机构的行御史台,如果失去了监察功能,就等于是摆设。

许多元代诗人的笔下揭露了酷吏的罪恶,胡祗遹写道:

人生莫作小民身,千种饥寒万苦辛。

逃屋银粮幸蠲免,不堪酷吏笔如神。

破屋逃亡人未还,征粮县帖下柴关。

恩威究竟谁为主? 劝课农桑亦厚颜![1]

诗人顾瑛也写道:

官籴粮,官籴粮。

东吴之民日遑遑,去年今年来侍郎。

凛凛六月生秋霜,官钱未给先取将。

今朝十万上官仓,明朝十万就船装。

小斛较斛斗斛量,吏弊百出那可当。

输钱索物要酒浆,磨牙吮血如虎狼。

满身鞭箠成痍疮,郡侯视之泗滂滂。

忍使吾民罹厥殃,实欲止之无计张。[2]

元朝官贪吏污,豪强不法,农民生活在水深火热之中。哈剌鲁诗人迺贤、浙东诗人王冕、湖南茶陵诗人陈泰均有描述农民悲惨生活、官府地主剥削沉重的诗篇。如迺贤的《新堤谣》《颖州老翁歌》,王冕的《江南民》《江南妇》《伤亭户》,陈泰的《集民谣二首》,都是这方面的代表作。《伤亭户》描写的是盐民在酷吏欺压下家破人亡的情景:

课额日以增,官吏日以酷。

不以公所干,惟务私所欲。

田园供给尽,醝数屡不足。

前夜总催焉,昨日场胥督。

今朝分运米,鞭笞更残毒。

---

① 《紫山集》卷7《肥城官吏擅科逃户县俸秋税有感而作二首》。

② 顾瑛:《玉山璞稿》。

灶下无尺草,瓮中无粒粟。

旦夕不可度,久世亦可福。

夜永声语冷,幽咽向古木。

天明风启门,僵尸挂荒屋。①

三、民歌中的反贪谣

元代民歌十分丰富多彩,流传至今的民歌多达一百多首。这些民歌如实地反映了元代劳动人民的悲惨处境和社会的黑暗。这些无名作者们,以愤懑、仇视和充满对旧制度的憎恨,以淳朴、真挚和富有战斗的词语来歌颂揭竿而起的农民起义军。这些优秀作品是我国文学史上的宝贵财富。

反贪歌谣是元代民歌重要的组成部分。这些歌谣直接讽刺了贪官污吏。设立肃政廉访司本是世祖忽必烈加强监察和廉政的重要措施之一,但久而久之,廉访司的官员与地方上的贪官、豪强互相勾结,赃污狼藉。正如前文所说,元末时台宪官也可论价购得,乘分巡的机会,大肆掠夺,各带库子检钞秤银,如同做生意一般,"上下贿赂,公行如市,荡然无复纪纲矣"。按照元朝的惯例,廉访司官员巡视州县时用金鼓迎送,其音节是二声鼓一声锣;起解杀人盗,也用金鼓,其音节是一声鼓一声锣,都有锣鼓开道。但在老百姓看来,号称清廉的廉访司官员与盗贼都是一路货,所以民谣唱道:

解贼一金并一鼓,迎官两鼓一声锣;

金鼓看来都一样,官人与贼不争多。②

伯颜是一个贪得无厌的权臣,不仅拥有一万多顷田地,而且有数不清的浮财。伯颜贬死后,朝廷籍没其家,数月清算不尽,米糠数房,烧饼至一房,民间有人题诗于壁云:

---

① 王冕:《竹斋诗集》卷 1。
② 《草木子》卷 4 上《谈薮篇》。

　　　百千万锭犹嫌少,垛积金银北斗边。

　　　可惜太师无运智,不将些子到黄泉。①

　　用讽刺挖苦的语言把贪婪的本性淋漓尽致地刻画了出来。伯颜与太皇太后卜答失里私通,"数往太皇太后宫,或通宵不出"。京师里有民谣曰:

　　　上把君欺,下把民虐,倚恃着太皇太后。②

　　至正九年(1349年)闰九月,脱脱复相后抓了两件大事:一是变更钞法,即印造"至正交钞",实际上是用旧的中统交钞加盖"至正交钞"字样,使至正交钞比中统交钞提高一倍,专置宝泉提举司,"每日印造,不可计数";又发行"至正通宝钱",与历代旧钱通行,形成钱钞并用,并以钱来实钞。结果,"行之未久,物价腾涌,价逾十倍。"二是贾鲁开河,即采用贾鲁"疏塞并举,挽河东行,使复故道"的方案,自至正十一年四月二十二日开工至当年十一月十一日完工,疏浚从黄陵岗哈只口的黄河故道和凹里村到杨青村的减水河,堵塞黄河故道下游上段各决口、豁口,修筑北岸堤防,然后堵塞白茅决口。工程进展是顺利的。总而言之,变钞与开河,前者失败,后者成功。但由于政府腐败,社会矛盾尖锐,黄河决口,治与不治,成功与否,农民起义总要爆发。在老百姓看来,失去民心的政府,每干一件事都是坏事,因而把变钞开河与农民起义联系在一起是十分正常的。当时民间有诗嘲曰:

　　　丞相造假钞,舍人做强盗。

　　　贾鲁要开河,搅得天下闹。③

　　又有《醉太平小令》一首:

　　　堂堂大元,奸佞专权,开河变钞祸根源,惹红巾万千。官法滥,刑法重,黎民怨。人吃人,钞买钞,何曾见?贼做官,官做贼,混贤愚,哀哉可怜!④

---

① 《南村辍耕录》卷27《讥伯颜太师》。

② 《庚申外史》。

③ 《草木子》卷4上《谈薮篇》。

④ 《南村辍耕录》卷23《醉太平小令》。

民谣也是农民领袖用来动员群众的宣传工具。众所周知的"莫道石人一只眼,此物一出天下反"的民谣,就是韩山童、刘福通等农民领袖在大起义前在民间散布的。同年,徐州芝麻李起义于徐州,也散布"挖了石佛眼,当年木子反"①的歌谣。

大起义爆发后,人民群众又通过歌谣来表达他们对起义军的热爱和对贪官污吏的痛恨。至正十六年(1356年)松江流行的一首歌谣极其形象地描绘了起义军占领松江时人民群众的欢欣鼓舞的心情和贪官污吏狼狈逃窜的情景:

> 满城都是火,府官四散躲;
>
> 城里无一人,红军府上坐。②

四、元杂剧中的反贪戏

元曲以它高度的艺术性和强烈的现实性与人民性,堪称我国古典文学中的一枝灿烂绚丽的花朵。

反贪戏在元杂剧中最富有现实性。杂剧作家长期生活在人民群众中,最了解官府的黑暗,最了解人民的疾苦。伟大的剧作家关汉卿以他丰富的社会经历和舞台经验,创作了《窦娥冤》等具有浓厚生活气息和现实主义的反贪剧。

《窦娥冤》描述了窦娥一生的悲惨命运。她七岁当童养媳,后来与丈夫成亲,不幸丈夫病故。她侍奉婆婆蔡氏,守节终身。不料因偶然机会救过蔡婆婆的恶棍张驴儿,企图毒杀蔡婆婆未果反将自己的父亲毒死,并要挟窦娥,要么嫁他,要么被诬陷杀人。窦娥相信州官"明如镜,清如水",毫不犹豫地走入衙门。岂料州官桃杌是个贪官,将她屈打成招,判了死刑。窦娥在法场上终于勇敢地抨击了"王法""刑宪"和贪官污吏,唱道:

【正宫端正好】没来由犯王法,不提防遭刑宪,叫声屈动地惊天!

———————————

① 钱谦益:《国初群雄事略》卷1《宋小明王》。
② 《南村辍耕录》卷9《松江官号》。

顷刻间游魂先赴森罗殿,怎不将天地也生埋怨。

【滚绣球】有日月朝暮悬,有鬼神掌着生死权。天地也,只合地清浊分辨,可怎生糊突了盗跖颜渊:为善的受贫穷更命短,造恶的享富贵又寿延。天地也,做得个怕硬欺软,却元来也这般顺水推船。地也,你不分好歹何为地? 天也,你错勘贤愚枉做天! 哎,只落得两泪涟涟。

后来,做了鬼魂的窦娥又唱道:

【收江南】呀,这的是衙门从古向南开,就中无个不冤哉! ……

【鸳鸯煞尾】从今后把金牌势剑从头摆,将滥官污吏都杀坏,与天子分忧,万民除害。

元代反贪剧中把宋代的包拯塑造成理想人物,他是贪官恶霸的死对头。现存元杂剧中著名的包公戏有《包待制陈州粜米》《包龙图智赚合同文字》《包待制三勘蝴蝶梦》《包待制智斩鲁斋郎》《包龙图智勘后庭花》《包待制智赚灰阑记》《包待制智赚生金阁》等。在这些杂剧中,包公作为廉洁奉公、为民伸张正义的清官,使普通百姓对他这样一类清官寄予很大的希望。

元代杂剧中,除了包公戏以外,一个普通小吏张鼎成为廉洁奉公的模范人物。杂剧《魔合罗》比较完整地描写了他破案的经过。亳州人孟汉卿的《魔合罗》故事梗概如下:商人李德昌回家途中病倒在古庙,请一卖魔合罗的老汉高山送信回家。李德昌的堂弟李文道闻讯后抢先赶到古庙,毒死李德昌,夺走钱物,反诬嫂嫂刘玉娘害死亲夫。官府受贿,判玉娘死罪。六案都孔目张鼎重新查访,从老汉送信时留在李家的一个魔合罗这一细节中找到线索,惩治了真正的凶手。

剧中贪官、庸官的自我表白,是元朝地方官的缩影。县令张千的自我表白:"我做官人单爱钞,不问原被都只要。若是上司来刷卷,厅上打的鸡儿叫。小官是河南府的县令是也。"府尹完颜氏的自我表白:"滥官肥马紫丝缰,猾吏春衫簌地长。稼穑不知谁坏却,可数风雨损农桑。老夫完颜女直人氏。……这河南府官浊吏弊,往往陷害良民。"由此可见,在元代的官场中,一类是"单爱钞"的贪官,一类是明知"官浊吏弊"而束手无策的庸官,贪官和庸官是造成社会黑暗的重要原因。

现存元杂剧中,还有孙仲章的《勘头巾》也是描写张鼎破案的故事。杂剧《还牢末》、邓学可套数《端正好》中出现过张鼎的名字,可见张鼎的名字在元代流传甚广。

第六节 元代的反贪启示

一、元朝皇帝是最大的掠夺者和挥霍者

元朝是蒙古贵族联合各族上层贵族建立的封建王朝。王朝的最高统治者是大汗(元朝建立后称皇帝),由成吉思汗和他的继承者所充任。这个王朝既有中国历代封建王朝的共性,又有它自身的特点。

蒙古社会进入十二世纪后,氏族社会开始解体,十三世纪初成吉思汗统一蒙古各部,建立了大蒙古国。大蒙古国是一个游牧奴隶制政权,以成吉思汗为首的蒙古贵族,他们观念里掠夺是最光荣的。成吉思汗曾对他们的儿子们说:

> 世界广大,江河众多。使你们攻占外国,去各自分配,扩大各自的牧地。①

在这种思想指导下,蒙古统治者发动了一次又一次战争,掠夺就是他们的宗旨。各国的国库贮藏、宫廷的宝物、工匠、妇女儿童、土地和牲口都是战利品,战利品除大汗一份外,黄金家族的成员、眷属、功臣、大大小小的将领,各有一份。

在大蒙古国时期,蒙古统治者进入中原汉地后,仍然用游牧奴隶制一套来管理汉地,他们不知设官守城,也不知赋税纳捐。在耶律楚材等人帮

---

① 《元朝秘史》第 255 节,原文为"天下地面尽阔,教恁各守封国。"此处用达木丁苏隆编译《蒙古秘史》,谢再善中译本。

助下,统治方式和剥削方式始有转变。忽必烈采用"汉法",建立元朝,使封建统治方式开始确立,这是一大进步。

但是游牧奴隶制统治的残余观念在元朝统治者心目中很难抹去。统治集团中围绕着"汉法"与"反汉法"的斗争始终没有停止过,世祖忽必烈所制定的各项制度屡屡受到破坏,元朝财政状况急遽恶化的根本原因就在于此。

世祖时依靠阿合马、卢世荣、桑哥等不断敛财,史称"世祖朝量入为出,恒务撙节,故仓库充牣"①,尚能使国库充实;到大德年间就已出现"犹不足于用"的情况,丞相完泽曾说:"岁入之数,金一万九千两,银六万两,钞三百六十万锭,然犹不足于用,又于至元钞本中借二十万锭矣"②,已是"府库渐虚"③了。大体上,大德年间常赋岁钞合计约四百万锭,除各省备用外,输入京师者约二百八十万锭,常年计划开支二百七十余万锭,④实际使用已有赤字,故从至元钞本中借支以弥补亏空。武宗海山即位不足半年,竟开支了四百二十万锭,又有诸王贵族求赏赐而未支者一百万锭。⑤ 到至大二年(1309年)时,年度开支已增至五百万锭,即位以来两年光景已借支钞本一千零六十万零三千一百余锭。⑥ 于是发行至大银钞,使之五倍于至元宝钞,以此来解决财政危机。武宗死后,给仁宗留下了一个烂摊子,当时一年支钞六百余万锭,土木营缮百余处,用费数百万锭,赏赐用三百余万锭,北边军用六七百万锭,国库储备只存下十一万余锭。中书平章李孟建议立即罢一切不急浮费,为仁宗所采纳。⑦ 至元、大德以后,"除税粮、科差二者以外,凡课之入,日增月益。至于天历之际,视至元、大德之数,盖增二十倍矣,而朝廷未尝有一日之蓄,则以其不能量

---

① 《元史》卷24《仁宗纪一》。
② 《元史》卷93《食货志一》。
③ 《元史》卷20《成宗纪三》。
④ 《元史》卷23《武宗纪二》。
⑤ 《元史》卷22《武宗纪一》。
⑥ 《元史》卷23《武宗纪二》。
⑦ 《元史》卷93《食货志一》。

入为出故也。"①天历二年(1329年)二月,中书省臣言:"国家钱谷,岁入有额,而所费浩繁,是以不足。"②到至顺年间,经费竟短缺二百三十九万余锭。③

是什么原因造成元代中期国库如此空虚的呢?归结起来,主要有三:

一是宫廷挥霍浪费。大都的皇宫始建于至元四年(1267年),其规模之宏大,设计之精美,建筑之华丽,当时堪称世界无双④。然而,忽必烈的继承者们犹嫌不足,如至大二年(1309年)武宗下令建皇城角楼。中央省臣言:"今农事正殷,蝗蝻遍野,百姓艰食,乞依前旨罢其役。"武宗怒道:"皇城若无角楼何以壮观!先毕其功,余者缓之。"⑤宫廷衣食用具力求精美,京师有大小局院三百一十多个,工匠四十二万以上,设金银局、石牙金局、玛瑙玉局、温犀玳瑁局、绣局、纹绵总院等,为皇室制造奢侈品。元朝帝王喜爱珍禽奇兽,仅宫中饲养鹰、鹘、狮、豹之食所费肉价,天历二年(1329年)时已由二百余锭增至一万三千八百锭。⑥此外,宫廷宴会、巡幸、购珠宝等费用也很惊人。后宫开支与皇帝无异,文宗时,"皇后日用所需,钞十万锭,币五万匹,绵五千斤"⑦。

二是赏赐额大过滥。元代对诸王勋臣等赏赐之优厚、范围之广、次数之多,为我国历史上所罕见。其赏赐之对象有诸王、后妃、公主、勋臣、卫士、寺院等;赏赐之物有土地、人户、金、银、币、帛、布、绵、驱口、奴婢、宅第、水碾、别墅、土产、芦场、荡山、园池、邸舍、矿冶、宝器等。以赐田为例,平江路(治今江苏苏州)田地素称肥沃,武宗至大年间到文宗至顺年间(1308—1332年)见于记载的赐诸王、公主、大臣的平江田竟达四千七百八十余顷之多,其中鲁国大长公主得二千顷,权臣燕铁木儿得五百余顷。赐田数量有达万顷的,如权臣伯颜泰定三年(1326年)得田五千顷,后至

---

① 《元史》卷93《食货志一》。
② 《元史》卷35《文宗纪四》。
③ 《元史》卷184《陈思谦传》。
④ 《南村辍耕录》卷21《宫阙制度》。
⑤ 《元史》卷23《武宗纪二》。
⑥ 《元史》卷33《文宗纪二》。
⑦ 《元史》卷33《文宗纪二》。

元元年(1335 年)又得田五千顷。武宗即位大朝会赏赐用去四百二十万锭,尚应支而未支一百万锭;仁宗即位大朝会,普赐金三万九千六百五十两、银一百八十四万九千零五十两、钞二十二万三千二百七十九锭、币帛四十七万二千四百八十八匹;①英宗即位大朝会,用去金五千两、银七十八万两、钞一百二十一万一千贯、币五万七千三百六十四匹、帛四万九千三百二十二匹、绵九万二千六百七十二匹、布二万三千三百九十八匹以及衣、鞍勒、弓矢不等;②泰定帝即位,大赐赏用去金七百余锭、银三万三千锭,以及钱、币帛不等;③文宗即位时,因帑藏空虚,已无力支付这笔巨款,只得递减数额。④

三是佛事岁费无度。元代皇帝信奉喇嘛教,每年用于佛事之费不可胜计。修建佛寺不计工本,如大承天护圣寺,建于大都玉泉山,文宗天历二年(1329 年)兴工,到至顺二年(1331 年)始告落成,时人用"半空碧瓦浮晶莹""刻镂精巧多殊形"等句加以描述;⑤寺院财产令人吃惊,大都大护国仁王寺拥有水地四万二千三百一十四顷又五十一亩,陆地六万四千二百一十九顷又九十一亩,内外人户三万七千零五十九,赋役者一万七千九百八十八人,殿宇一百七十五间,房舍二千零六十五间,另有山林、河泊、鱼、竹等场、矿产十五处,等等。⑥内廷佛事耗费尤其惊人,至元三十年(1293 年)佛事一百零二项,大德七年(1303 年)增至五百余项。天历二年(1329 年)佛事岁费,比过去增多金一千一百五十两、银六千二百两、钞五万六千二百锭、币帛三万四千余匹。⑦故时人说:"今国家财富,半入西番"⑧;"国家经费,三分为率,僧居二焉"⑨。清人赵翼在评论延祐五年

---

① 《元史》卷 24《仁宗纪一》。
② 《元史》卷 27《英宗纪一》。
③ 《元史》卷 19《泰定帝纪一》。
④ 《元史》卷 32《文宗纪一》。
⑤ 吴师道:《吴正传文集》卷 5《游西山玉泉遂至香山》。
⑥ 程钜夫:《雪楼集》卷 9《大护国仁王寺恒产之碑》。
⑦ 《元史》卷 33《文宗纪二》。
⑧ 郑介夫:《一纲二十目》,《历代名臣奏议》卷 67。
⑨ 张养浩:《归田类稿》卷 2《时政书》。

（1318 年）各寺做佛事日羊万头时说："此供养之费，虽官俸兵饷不及也。"①

此外，军费开支庞大，官俸有增无减，等等，都是造成元廷财政空虚的原因，但比之上述三项，数额虽亦不小，却并不特殊。宫廷浪费、赏赐过滥、佛事无度是造成元朝中期以来财政空虚的特殊原因。

二、权臣必然贪赃

元代权臣之多，权力之大，在中国历史上是仅见的。而权臣与贪赃枉法又必然地联系在一起。

权臣之所以有权，是因为他们受到皇帝或皇后的宠信，其权力是皇帝或皇后赋予的，所以他们可以为所欲为，而不受限制。成吉思汗时，因为大汗自己有至高无上的权威，而且大权始终掌握在自己的手里，因而难以出现后来那样的权臣。窝阔台汗晚期，沉湎于曲酒，大权逐渐落入受到脱列哥那皇后宠信的奥都剌合蛮之手，奥都剌合蛮用四万四千万锭"扑买"中原银课，比原课额高出一倍，遭到耶律楚材反对，他惧怕耶律楚材阻其事，用五万两银行贿，遭到楚材拒绝。后来脱列哥那称制后，皇后授以盖有御宝的空白纸，供奥都剌合蛮随意填写，楚材坚决抵制，皇后下令："令史若不书填，则断其手！"楚材"死且不避"，暂时得到制止，楚材忧郁而卒，奥都剌合蛮便益发肆无忌惮了，通过"扑买"和随意填写空白御书，奥都剌合蛮究竟从中原搜刮了多少税金，从国库中攫取了多少公款，恐怕已无法统计了。

世祖忽必烈为了敛财，起用阿合马执掌财政达十九年之久。世祖"奇其才，授以政柄"，他敛财手段残酷，"益肆贪横"，乘机大发横财，从增加税课、屡兴理算、经营外贸中不知攫取了多少钱财，而"民有附郭美田，辄取为己有。内通货贿，外示威刑，廷中相视，无敢论列"②。所以阿合马

---

① 赵翼：《陔余丛考》卷 18《元时崇奉释教之滥》。
② 《元史》卷 205《阿合马传》。

也是个大贪污犯。

桑哥也是从"理财"中大肆中饱的,不过他因为控制了尚书省,官员升迁均由他决定,"桑哥既专政,凡铨调内外官,皆由于己,而其宣敕,尚由中书,桑哥以为言,世祖乃命自今宣敕并付尚书省。由是刑爵为货而贩之,咸走其门,入贵价以买所欲。贵价入,则当刑者脱,求爵者得,纲纪大坏,人心骇愕。"①古往今来,卖官鬻爵都是无本经营,聚财之多之快是难以想象的。所以当忽必烈从他家中抄出"无与伦比的珍珠和贵重物品"时,桑哥羞愧地说道:"大食达官贵人们可以作证,这都是他们给我的。他们每个人都是某一地区的长官。"②看来,这些长官都是靠钱买来官位的。这就是桑哥贪赃的特点。至于大德年间赛、梁秉政,赛典赤·伯颜和梁都珪两人都因收受朱清、张瑄的贿赂而罢官。

从奥都刺合蛮到赛典赤·伯颜,他们都是理财的回回权臣,他们因不同的方式受贿或行贿,或以权谋利,经商致富;或假公济私,从税收中大肆中饱。

另一些蒙古色目权臣与理财的回回权臣则不尽相同。他们之中,像铁木迭儿是靠受宠于答己太后而横行不法的;燕铁木儿、伯颜则因有拥戴之功,被拥戴的皇帝就让他们权倾天下,恨不得把天下的大权都归于他们一人,把朝廷最高官衔、封爵都戴在他们头上;哈麻、雪雪兄弟因母为宁宗的乳母,又充任宿卫,故出入宫廷,受宠于顺帝,以致可以进谗言,陷害大臣;搠思监利用顺帝"溺于娱乐,不恤政务",谋得相位,"居相位久,无所匡救,而又公受贿赂,贪声著闻,物议喧然"③。他们都不是理财专家,但却都是以玩弄政治权术起家,并切切实实掌握了大权的人,但无一不是贪赃枉法的家伙。铁木迭儿夺取田地、收受贿赂,与多起大案有关;伯颜贪赃得来的财产数月清算不尽;哈麻"声势日盛,自藩王戚里,皆遗赂之",走他后门的大大小小官吏贿赂的钱财他用不完。"哈麻既死,仍籍其家

①　《元史》卷 205《桑哥传》。
②　《史集》第 2 卷,第 349 页。
③　《元史》卷 205《搠思监传》。

财,也先帖木儿所封之库藏,其封识固未尝启也。"①也先帖木儿是脱脱的弟弟,被哈麻诬陷致贬死,他的家资人口被顺帝赐于哈麻。搠思监的贪赃更加明目张胆,"任用私人朵列及妾弟崔完者帖木儿印造伪钞"②。位居相位的最高行政长官竟亲自印造伪钞,赤裸裸地掠夺财富已达到登峰造极的地步。

元代各种类型的权臣,殊途同归于一个"贪"字,这就给了我们一个重要的启示:钱权交易古已有之。有权就有钱,有权不用、过期作废,自古以来就是贪官的信条。只要权力得不到有效的监督,权力永远可以用来换取钱财,权钱交易就会永远继续下去。

三、"元亡于吏"

元朝末年,有一位叫孔齐的文人在他的《至正直记》中写道:

> 世祖能大一统天下者,用真儒也。用真儒以得天下,而不用真儒以治天下,八十余年,一旦祸起,皆由小吏用事。自京师至于遐方,大而省院台部,小而路府州县以及百司,莫不皆然。纵使一儒者为政,焉能格其弊乎? 况无真儒之为治者乎? 故吾谓坏天下国家者,吏人之罪也。③

"元亡于吏",这是元代许多士大夫的共同见解。元朝的吏在官僚政治中具有特殊地位,吏治败坏是造成元朝统治的黑暗重要原因之一。

蒙古入主中原以来,科举取士这一自隋唐以来中国封建社会入仕之途中断了。元朝入仕之途主要有二:蒙古色目贵族除了靠战功、子弟靠荫恩承袭外,主要由怯薛(宿卫)入仕;汉人、南人由吏出职(升官)是最广泛的入仕之途。到延祐开科后,虽然蒙古人、色目人、汉人、南人通过考试都有入仕机会,但与由吏入官这条途径相比,是微不足道的。因此,吏员队伍素质的高低,关系着"吏治"好坏。

---

① 《元史》卷 205《哈麻传》。
② 《元史》卷 205《搠思监传》。
③ 《至正直记》卷 3《世祖一统》。

由于元代迟迟不实行科举，各级学校教育质量十分低下。"科场既罢，士各散去，经师老宿，槁死山林。"①学生入学仅仅为了学习吏业，踏入吏途而已，于是学风极坏，中途辍者、入而不学者比比皆是。"中州小民粗识字能说文书者得入台阁，供笔札。累日积月，皆可以致通显。"②吏员乃至省臣官员水平极差，"江淮行省至重，而省臣无一人通文墨者"③。州县基层官更差，"州县三四员，字不辨王张"④。甚至中书省的书佐也是"不解文义"⑤。

吏员文化水平的低下导致人品素质的低下。儒家主张以德修身，以德治国。《论语》中有云："其身正，不令而行；其身不正，虽令不从。"元代许多吏员不读圣贤之书，不注重修身克己，"刀笔以簿书期会为务，不知政体"⑥。甚至"怙尊贵之势，肆然于上。贪而无艺，欲而无厌，国计民瘼，了不为念"⑦。因而随着权力的扩大，危害程度也随之增大。

元代各级官府由官、吏、见习吏员三层组成。一般基层官府中，司吏处于吏职之首，掌管案牍，担负着封建衙门最主要的公务，在很多事情上掌握着实际的决定权。时人徐一夔说："今之吏于郡者，立乎黄堂之上，与守倅相可否。司县而下受事于庭者，惟夷所指画，唯唯不敢一语。"⑧时人徐明善也说："前代千里之生杀予夺系乎守。……今则官与吏参决。"⑨

掌地方监察的肃政廉访司，书吏的权力更大，他们是"宪司之耳目也"⑩。专管廉访司案牍、刷磨郡县文案，威势尤他吏所不及，"宪府掾吏，秩虽卑，而其谋谟赞画能与宪府官相可否"⑪。行省乃至中书六部情况类

---

① 陆文圭：《墙东类稿》卷 12《中大夫江东肃政廉访使孙公墓志铭》。
② 余阙：《青阳集》卷 4《杨君显明诗集序》。
③ 《元史》卷 173《崔斌传》。
④ 胡祇遹：《紫山集》卷 1。
⑤ 黄溍：《黄金华集》卷 38《陈君墓志铭》。
⑥ 胡翰：《胡仲子集》卷 4《送徐文昭序》。
⑦ 荣肇：《荣祭酒遗文·惩吏》。
⑧ 徐一夔：《始丰稿》卷 6《周处士小传》。
⑨ 徐明善：《茅谷集》卷 2《送董仲镇序》。
⑩ 王礼：《麟原集》卷 5《送王录判补宪掾序》。
⑪ 李祁：《云阳集》卷 4《送陈元善赴海北宪掾》。

似。造成吏员权力扩大的原因是官僚的腐败,上级官僚中有些是目不识丁的蒙古色目贵族,有些是不负责任的汉族官僚,他们"高坐堂上,大小事务一切付之于吏,可否施行,漫不省录。事权之重,虽欲不归之于吏,不可得也。为吏者,虽欲避之亦不可得也"①。吏员有了权,就拼命敲诈勒索,遇到讼事,"事事不为断决。至于两词屈直,显然明白,故为稽迟。轻则数月,甚则一年二年。至本官任终,本土司吏更换数人而不决断。元告被论,两家公共贿赂,又不决断。岁月既久,随衙困苦,破产坏产,废失农务。岁计不免商和。商和之心本非得已,皆出于奸吏指勒延迟之计。两家贿赂钱多者胜。以屈为直,以直为屈,不胜偏倍"②。此类事例不胜枚举。所以《窦娥冤》里窦娥唱出了"衙门从古向南开,就中无个不冤哉"的历史真相。

杂剧《魔合罗》里的孔目张鼎不过是县衙里掌文书的小吏,他主持正义所奉的宗旨也只是"人命事关天关地,非同小可""掌刑君子当以审求"这些很普通的职业道德,就凭这些,元代的老百姓就把他看成是理想的"清官",受到人们的歌颂。由此可见,在那个缺乏公理的社会里,有良心的、有道德的官吏实在太少了。浙东台温地区流行的一首民谣唱道:

> 天高皇帝远,民少相公多;
> 一日三遍打,不反待如何。③

贪官污吏欺压百姓,逼得人民起来造反。从这个角度看,"元亡于吏"是有一定道理的。

四、世祖、英宗的廉政措施值得肯定

大凡有远见的封建帝王都懂得"长治久安"的道理。一个政权要长久地维持下去,必须摆正君与民的关系,要"轻徭薄赋""养鸡取蛋",不可"杀鸡取蛋","激民造反"。历史上有远见的帝王总是制定"一代成宪",

---

① 许有壬:《至正集》卷75《风宪十事》。
② 《紫山集》卷21《官吏稽迟情弊》。
③ 黄溥:《闲中今古录摘抄》。

其中包括监察制度,容不得贪官污吏破坏法制,激起民变。

我国自汉唐以来,监察制度日益完备,而且比较行之有效。元世祖忽必烈即位以来,十分重视监察制度的建设,作为一位蒙古族出身的贵族,这是十分难能可贵的。这不但是因为他能审时度势,心坚而确地采用中国传统的行之有效的法规,而且还在于他能根据实际状况,改进和完善这种传统的法规。

至元五年(1268年),忽必烈在建立御史台的同时,又制定了御史台的"风纪条章",即"台纲三十六条",或《台宪格例》。这是我国一部完整的中央监察法规。第二年,忽必烈又制定《察司体察等例》三十条;至元十四年(1277年),又制定行御史台职能的《行台体察条例》三十条;二十一年,制定《禁治察司等例》十二条;二十四年制定《台察咨禀等事》;二十五年制定《察司合察事理》七条等。这一系列从中央到地方系统完备的监察法规,是元世祖听取了一批有治国经验的"真儒"的建议后设置的。"世祖尝言:'中书朕左手,枢密朕右手,御史台是朕医两手的。'此其立台之旨,历世遵其道不变,持国正论,谓之台纲。"[①]

元朝除沿袭前代御史台制度外,还创立了行御史台和诸道肃政廉访司,形成了从中央到地方的、独立的、自成体系的监察体系,组成了严密的监察网络。同时还制定了一系列从中央到地方的监察法规,对监察机构的职能、监察机构与其他行政机构的关系、监察机构内部的关系、监察官员的纪律等,都作了具体规定。曾任监察御史和陕西行台御史中丞的张养浩,还专门写了《风宪忠告》一书,总结秦汉以来历代监察制度的得失,揭露了监察机构和官僚体系中普遍存在的弊端,提出了监察官所应遵循的行为准则和工作方法,是影响深远的研讨监察思想的专著。

世祖忽必烈之后,值得推崇的元朝皇帝应是英宗硕德八剌。即位时他虽然年仅十七岁,但由于目睹元朝官僚制度的腐败,铁木迭儿等权臣的贪赃枉法,在拜住和汉儒张珪、虞集等帮助下,制定了《大元通制》,这是继世祖忽必烈之后元朝法制建设的重要成果。

---

① 《草木子》卷3下《杂制篇》。

世祖忽必烈虽然制定了完整系统的监察制度,但终不能为他的继承者所贯彻。叶子奇很有感慨地说:

> 后世渐徇私情,谓非亲不举,非仇不弹,执此之论,反谓当然。而国论遂大不正矣。自庚申帝(即顺帝妥懽帖睦尔——引者)御极,太平王燕帖木儿为相,即用其弟买里古思为御史大夫。太平既败,继用秦王伯颜为相,亦用其兄子脱脱为御史大夫,幸脱脱听其馆客吴行可(即吴直方——引者)之说,发其逆谋。秦王贬死,遂以功命脱脱为相,亦用其弟野先不花(即也先帖木儿——引者)为御史大夫。及脱脱见贬,答麻(即哈麻——引者)矫诏鸩之,遂以答麻为相,即用其弟雪雪为御史大夫,当时国事已去矣。嗟呼! 世祖设是官,本以防权奸胶固党与盘结之患,使之有所防范,击刺以正国势。及其末世,台省要任,乃皆萃于一门,殊失养猫捕鼠、畜狗防奸之意,幸其才智短拙,谋不逮心,旋致败灭。向使莽、操、懿、温之伦居之,元之为元,已不迨顺帝而后宗社为墟也。

此段议论颇为深刻。

由此可见,一项较好的制度需要好的执行者,假若用人不当,或被奸佞之人把持,任何好的制度都会被糟蹋。世祖设廉访使,本为监察地方之用,至元末所用多为贪赃之徒,故民间视为与贼人一个样;设御史台本为医治中书省、枢密院之用,权臣则以己之心腹任御史大夫,"殊失养猫捕鼠、畜狗防奸之意",这是世祖万万没有想到的。

第 三 章

明　　朝

第一节　明初反贪活动及反贪机制的建立

一、洪武时期的反贪风暴

（一）元末明初的贪风

元朝末年，贪污贿赂之风盛行，史载："仕进者多贿赂权要、邀买名爵。下至州县簿书小吏，非财赂亦莫得而进。及至临事辄蠹政鬻狱，大为民害。"[①]政府也公开卖官鬻爵，"高下有定价"，这些靠金钱买来的官上台后拼命搜刮钱财，搜刮的名目极其繁多，"所属始参曰拜见钱，无事白要曰撒花钱，逢节曰追节钱，生辰曰生日钱，管事而索曰常例钱，送迎曰人情钱，勾追曰赍发钱，论讼曰公事钱。觅得钱多曰得手，除得州美曰好地分，补得近职曰好窠窟"[②]。肃政廉访司官员本来是职掌"纠察百官善恶、政治得失"，但他们同样是"虐如虎狼"，"所至州县，各带库子检钞秤银，殆

---

① 《明太祖实录》卷69。
② 叶子奇：《草木子》卷4《杂俎篇》。

同市道"。真可谓"罔然不知廉耻之为何物!"根据《元史·成宗纪》的记载,仅 1303 年,受处分的贪官污吏就达一万八千人,赃银四万五千多锭。① 贪污腐败之严重由此可见。正是在这种吏治败坏,贪污腐化盛行的政治风气下,农民揭竿而起,元朝的统治岌岌可危。

在农民起义风起云涌之际,朱元璋参加并领导了农民战争,推翻了元朝的统治,建立了大明王朝。

早在发动农民起义和扫灭群雄的角逐中,朱元璋就非常注意保持良好的纪律,他经常告诫部下,"克城勿妄杀人,勿夺民财,勿毁民居,勿废农具,勿掠子女"②。由于这时尚处于创业阶段,将士也大都能保持廉洁自律,因此朱元璋的队伍所过之处"号令严肃、秋毫无犯",例如在攻入太平时,"城中肃然"③,取镇江时,竟然"民不知有兵"④。这样的军队当然处处受到备受元朝贪官酷吏压迫的农民的欢迎。正因为如此,朱元璋才能在天下大乱、群雄纷争中立于不败之地,最终夺取了政权,建立了明朝。

在中国封建社会,农民起义队伍的成分相当复杂,其中不乏一些流氓无赖阶层,他们把参加起义队伍作为政治赌注,希望在起义胜利后能够在新生的政权中占据一席之位,从而过上花天酒地、舒适安逸的生活。明朝建立后,伴随着社会经济的恢复和发展,在许多开国功臣中滋生了居功自傲、贪图富贵的享乐主义思想。另外,在明初官僚机构中有许多元朝归附的旧吏,元末的贪污之风也被他们带到了官场中。因此,洪武初年的吏治较之元末并未有多大改善,各级官吏贪赃枉法,地方豪强横行无忌。在中央,洪武十八年(1385)的郭桓贪污秋粮案就是当时骇人听闻的贪污事件,兵部侍郎王志"为勾捕逃军等事受赃二十二万(贯)"⑤,宝钞提举司官员造钞六百九十余万锭,隐匿一百四十三万余锭中饱私囊,⑥连中央派

---

① 《元史》卷 21《成宗纪四》。
② 《明太祖实录》卷 21。
③ 《明太祖实录》卷 3;谈迁:《国榷》卷 1。
④ 《明太祖实录》卷 4。
⑤ 《大诰·谕官毋作非为第四十三》。
⑥ 《大诰续编·钞库作弊第三十二》。

往各地的监察御史也"假御史之名,扬威胁众,恣肆贪淫"①。地方官的贪污受贿行为也丝毫不比中央官吏逊色,他们利用征收钱粮等机会肆意侵渔百姓,如"浙西所在有司,凡征收害民之奸甚如虎狼。且如折收秋粮,府州县官发放,每米一石官折钞二贯,巧立名色,取要水角钱一百文,车脚钱三百文,口食钱一百文。库子又要辨验钱一百文,蒲篓钱一百文,竹篓钱一百文,沿江神佛钱一百文"②。额外索取达九百文之多,比正税增加了近一倍。府州县衙门的吏员也经常"出入市村,虐民甚如虎狼",真是"赃吏贪婪如蝇蚋之趋腐朽,蝼蚁之慕腥膻"③。

(二) 朱元璋的廉政思想

朱元璋出生于一个贫苦的农民家庭,十七岁时父母和兄长相继死于灾荒饥疫,从此他无依无靠,过着以乞讨为生、孤苦伶仃的生活。正是这样的生活经历使朱元璋备知民间疾苦和贪官污吏之危害,对劳动人民非常同情,对贪官污吏则恨之入骨,称帝后他经常对臣下说:"昔在民间时,见州县官多不恤民,往往贪财好色,饮酒废事,凡民间疾苦视之漠然,心实怒之。"④可见朱元璋早就对贪官污吏的危害有着深刻的思想认识。

明朝建立之初,经过连年战乱,封建经济遭到了严重破坏,人民生活困苦不堪,阶级矛盾依然非常尖锐。因此新生的明王朝面临着迅速恢复和发展经济、缓和阶级矛盾,以巩固政权的艰巨任务。而要完成这一任务,必须实行"休养生息"政策,解决明初的贪污受贿问题。因此,朱元璋称帝后更加注意倡廉肃贪,从思想上予以高度重视,概括起来,其廉政思想主要表现在以下几个方面:

第一,官吏廉洁与否关系民心向背和国之存亡。朱元璋认为王朝的兴亡取决于民心向背,而民心向背则取决于官吏的廉贪,"民数扰必困,

---

① 《大诰三编·朝臣蹈恶第五十》。
② 《大诰·折粮科敛第四十一》。
③ 叶盛:《水东日记摘抄三》。
④ 《明太祖实录》卷33。

民困则乱生"①,民之贫困在于"徭役之重及吏民因缘为奸"②。朱元璋还认为元朝的灭亡乃由于政奢官贪,即如他对臣下所说,"元季君臣,耽于逸乐,循至沦亡,其失在纵弛"③,"人皆苦元政,不恤其下也"④。正是由于汲取了元朝灭亡的教训,他特别注意倡廉肃贪,以此收拾民心。

第二,政奢官贪会加剧统治阶级内部矛盾,导致统治机能的丧失。首先,朱元璋提出了主奢臣贪、主荒臣专的思想,他认为"人君主宰天下,辨邪正,察是非"⑤,若人君奢侈腐化、贪婪成性,必然导致政事荒怠、纪纲紊乱,大臣跋扈、奸贪横行。他说:"当元之季,君则宴安,臣则跋扈,国用不经,征敛无艺,天怒人怨,盗贼蜂起……向使元君克畏天命,不自暇逸,其臣各尽乃职,罔敢骄奢,天下豪杰虽欲乘之,其可得乎?"⑥"元氏(指元朝)主荒臣专,今宜鉴之。"⑦其次,朱元璋认为:官吏贪墨,则"法出而奸生,令下而诈起"⑧,"吏诈则政蠹,政蠹则民病"⑨,"惟廉者能约己而利人,贪者必腹人而厚己,有才敏者或尼于私,善柔者或昧于欲,此皆不廉致之也。"⑩只有廉洁奉公、恪尽职守,国家机器才能正常有效运转;否则国家机能必将丧失,统治秩序必将紊乱。

由上可见,朱元璋把官吏廉洁与否提高到了事关国之存亡的高度,立下了"杀尽贪官"的决心,采取了强有力的措施。

（三）洪武时期的反贪措施

第一,朱元璋颁布了许多劝勉官吏的文书和诰谕,如《祖训录》《臣戒录》《醒贪简要录》《彰善瘅恶录》等,他亲自组织编写的《大诰》《大诰续

① 《明通鉴》卷11。
② 《明通鉴》卷8。
③ 《明史纪事本末》卷14。
④ 《明史纪事本末》卷4。
⑤ 《明通鉴》卷14。
⑥ 《明通鉴》卷3。
⑦ 《明史纪事本末》卷14。
⑧ 《明史》卷139《叶伯巨传》。
⑨ 《明通鉴》卷6。
⑩ 《明史纪事本末》卷14。

编》《大诰三编》(以下多总称《大诰》)和《大诰武臣》是其中最重要的几种。《大诰》三编选录了当时全国刑事案件中的官民事例,编选在前,《大诰武臣》编选在后。《大诰》三编及《大诰武臣》共236个条目,其中有150个条目是属于惩治贪官污吏的,因此《大诰》三编和《大诰武臣》实际上就是以惩治贪污为主的法规汇编。朱元璋要求全体臣民"户户有此一本,若犯笞杖徒流罪名,每减一等,无者每加一等,所在臣民,熟观为戒"①。他还把《大明律》和《大诰》三编作为学生的必修课程,并把它们列为科举考试内容,就连农村最基层的单位里也要"置塾师教之"。在朱元璋的倡导下,《大诰》风行全国,人人读之,人人讲之,至洪武三十年(1397年)出现了"天下讲读《大诰》师生来朝者凡十九万三千四百余人"的空前景象。② 另外,朱元璋还规定每县乃至里都要建"申明亭",把贪官污吏的名字及其罪状列于其上,让人人皆知,以示警诫。

第二,朱元璋认为"吾治乱世,刑不得不重"③,其对贪污的惩治尤其严厉。前面所说的《大诰》就是重典治吏特别是重典惩贪思想的反映。《大诰》并不是法律条文和量刑标准,而是一种"法外之法",把"法外用刑"合法化。《大诰》中的许多酷刑如族诛、凌迟、极刑、枭令、墨面文身、挑筋去指、挑筋去膝盖、剁指、断手、刖足、阉割为奴、斩趾枷令、枷项游历等三十余种都为《大明律》所未设。同一犯罪,尤其是贪污罪,《大诰》的处罚规定要比《大明律》大大加重。朱元璋还创立了"剥皮实草"之刑,规定贪污六十两银子以上者"枭首示众,仍剥皮实草"④,并将之挂于官府公座两旁,使官吏一见便触目惊心。明初对贪官用刑之酷是历史上罕见的,对此,赵翼评论说:"明祖惩元季纵弛,特用重典驭下,稍有触犯,刀锯随之。"⑤

第三,对于贪官污吏,即便是功臣宗亲,朱元璋也一律严惩不贷。永

---

① 《御制大诰·颁行大诰》卷74。
② 《明太祖实录》卷253。
③ 《明史》卷93《刑法志一》。
④ 赵翼:《廿二史札记》卷33《重惩贪吏》。
⑤ 赵翼:《廿二史札记》卷32《明祖晚年去严刑》。

嘉侯朱亮祖出镇广东,收受贿赂、贪赃枉法,强迫番禺知县道同释放被捕的犯法土豪和亲戚,并诬告道同致死,朱元璋得知此事后,将朱亮祖及其儿子朱暹依法处死。①

第四,查办大案。最为有名的两桩大案是“空印案”和“郭桓案”。

当时按照规定,每年布政司和府、州、县衙都得派计吏到户部报告钱粮、军需等财政收支项目,经过户部审核数目完全符合者,才准许报销。如果钱谷数字有分、毫、升合不上,整个报销册便被驳回,重新填造。布政司离京师远的有六七千里,近的也有千里上下,所以为了减少来回奔走的麻烦,上计吏习惯上都带有预备好的盖过官印的空白文册,“遇部驳即改”②。洪武十五年③,朱元璋发现了这一情况,认为其中一定有贪污舞弊行为,决定严加查办,自尚书至守令皆被处死,其他被判处杖刑并发配边关者不计其数,这就是历史上有名的“空印案”。“空印案”只是朱元璋怀疑其中有诈,未有贪污之确证,但“预持空白文书,遇部驳即改”毕竟不符合财政审查制度,无疑为贪污分子大开方便之门,久而久之,到户部核钱粮、军需之差也必定会成为贪污受贿的渊薮。因此“空印案”是朱元璋打击贪官污吏的重大举措。

继“空印案”之后,洪武十八年,朱元璋又查处了一件侵吞秋粮的特大贪污案件——“郭桓案”。郭桓是户部侍郎,他利用职权,和北平二司官吏和其他地方官吏互相勾结,大肆侵吞秋粮。由郭桓经手的浙西秋粮共四百五十万石,但他只上交了二百六十余万石,其余一百九十余万石为他及其他官吏贪污,结果被人告发,朱元璋大为震惊,亲自审理此案。经多方查证,发现郭桓等人除贪污秋粮外,还侵吞了大量金银和宝钞,折合成米二千二百余万石,连秋粮共计二千四百余万石。案件了结后,朱元璋怕如此巨额的贪污会令世人不相信,因此对外只公布郭桓等人贪污秋粮七百万石。此案还牵连到各布政司的官吏和许多地方豪强,“自六部左、

---

① 《明史》卷132、卷140。
② 《明史》卷94《刑法志二》。
③ 或说洪武九年,或说洪武八年。

右侍郎以下皆处死","核赃所寄遍天下,民中人之家大抵皆破"。①

"空印案"与"郭桓案"共杀了八万人之多,规模之大可想而知。

第五,在反贪运动中,朱元璋规定百姓可以将贪官污吏"绑缚赴京治罪","虽无文引",关津也要"即时放行,毋得阻挡","其正官首领及一切人等,敢有阻挡者,其家族诛"。② 又鼓励人民加强对官吏的监督,规定"自布政司至于府州县吏,若非朝廷号令,私下巧立名目,害民取财,许境内诸耆宿人等遍处乡村市井,连名赴京状奏,备陈有司不才,明指实迹,以凭议罪,更育贤民"③。在朱元璋的号召下,常熟县陈寿六等三人曾把贪残害民的官吏顾英绑缚至京面奏,朱元璋当即赏陈寿六钞三十锭,三人衣各二件,还免除了他三年的杂泛差役,并警告地方官吏:胆敢对陈寿六打击报复者,一律族诛。④

第六,大力表彰廉吏。奖廉与惩贪是相辅相成的,也是反贪运动的重要内容之一,朱元璋对此也给予了高度的重视,大胆破格提拔著名的廉吏,如知金华县事王兴宗"以治行闻,累迁怀庆、苏州知府"⑤,后又擢升为河南布政使。朱元璋还多次亲自召见或旌表廉能卓异者,如洪武八年(1375年),因济宁知府方克勤为官清廉,所辖之地"吏不得为奸,野以日辟……一郡饶足",朱元璋亲自召见并"嘉其绩";⑥嘉兴府布衣王升写信给其子平凉知县王轸,劝勉他"凡事须清心洁己,以廉自守","慎勿以富贵为念",朱元璋发现这封信后,立即派人到王升家予以奖励,还亲自撰写诏书旌表,并将之与王升的家信公布于全国,以为典范。⑦ 综观朱元璋的整个帝王生涯,一手抓惩贪,一手抓倡廉是他一贯的反贪措施。

---

① 《明史》卷94《刑法志二》。
② 《大诰三编·民拿害民该吏第三十四》。
③ 《大诰·民陈有司贤否第三十六》。
④ 《大诰续编·如诰擒恶受赏第十》。
⑤ 《明通鉴》卷6。
⑥ 《明史》卷281《循吏传》。
⑦ 叶盛:《水东日记》卷11,其中"升"字阙,据《明太祖实录》卷63补正,《明太祖实录》所记子名为"王瑱",今从《水东日记》。

（四）朱元璋反贪运动的特点、局限和历史意义

朱元璋所进行的反贪运动,其规模之大、持续时间之长、用刑之酷及深入彻底程度,都是史无前例的。认真总结这次反贪运动的经验教训,对于后人反腐倡廉具有重要的借鉴意义。

洪武时期的反贪运动有以下两个显著的特点:

第一,坚持超前预防与事后预防并举、社会舆论导向与依法惩处相协调的原则。超前预防是指在犯罪行为发生前即运用各种预防机制,采取各种措施,减少引发犯罪的可能性,将犯罪的苗头消灭于萌芽状态;事后预防是指在犯罪行为发生后,针对暴露出来的某些问题,制定整改措施,以防止今后犯罪行为的再次发生。朱元璋把法制教育和宣传寓于整个反贪运动中的做法就具有超前预防的意义,起到了防患于未然的积极作用。他颁布《大诰》则具有事后预防的性质,有惩前毖后之功效。朱元璋并不是一味迷信酷刑,而是注重宣传教育和依法制裁相结合;他颁布《大诰》、建申明亭,在舆论导向上下功夫,确实起到了酷刑所起不到的作用。

第二,坚持专门机构办案与发动群众相结合的原则。朱元璋发动群众监督甚至逮治贪官污吏赴京是依靠群众同贪污犯罪分子作斗争的大胆有益的探索和尝试,堪称难能可贵。

朱元璋反贪运动的上述两个特点是后人应当继承的宝贵的历史经验。当然,作为一个封建帝王,朱元璋所进行的反贪运动不可避免地有一定的局限性,主要表现如下:

第一,农民小生产者的急躁冒进心理使朱元璋在反贪斗争中态度过于偏激,犯了反贪斗争扩大化的错误。元末吏治的极端腐败和自己青少年时期的苦难经历使朱元璋对贪官污吏深恶痛绝,为朱元璋称帝后进行大规模的反贪运动奠定了思想基础。但也正是这种经历使朱元璋产生了一种片面、狭隘的看法,认为"人皆贪"①,"谕人为善,从者罕焉"②。这种

---

① 《高皇帝御制文集》卷2《谕福建参政诏》。
② 《云南机务抄黄》洪武二十年三月二十五日谕。

认识上的片面性导致了反贪斗争的扩大化。如"空印案"中被惩治者虽必有一部分系贪污舞弊分子,但不分青红皂白,凡与核钱粮、军需诸事有关的人员皆治罪,不免冤枉了一些清正廉洁的官吏;"郭桓案"发生后,"自六部左右侍郎以下皆处死""民中人之家大抵皆破"也犯了严重扩大化的错误,著名的清官方克勤就是在这次大案中被诬告致死的。

第二,在反贪运动中,朱元璋往往独断专行,凭感情用事。明初虽制定了《大明律》、颁布了《大诰》,但朱元璋经常既不以《大诰》、更不以《大明律》定刑,而是任情行事,如有一次,朱元璋见犯赃者特别多,便下令说:"今后犯赃者,不分轻重皆诛之。"①他还亲自参加刑狱的审判,往往刻意追求查出的贪赃案件之多和数目之大,对此,时人叶伯巨曾上疏指出其弊端,说:

> 用刑之际,多出圣衷,致使治狱之吏,务从深刻,以趋承上意。深刻者多获功,平允者多得罪,或至以赃罪多寡为殿最。欲求治狱之平允,岂易得哉?②

不求平允,但求"深刻",甚至以"赃罪多寡"而考核吏之贤否,这样势必会制造出许多冤假错案,把反贪斗争引入歧途。

反贪斗争的扩大化必然会导致紧张和恐怖的政治气氛。在朱元璋"重典治吏"政策下,郡县官吏善终者寡、刑戮者多。大小官吏整日提心吊胆,甚至出现了"人不愿仕"的现象,如被征编《孟子节文》的钱宰发出了"何时得遂田园乐,睡到人间饭熟时"③的感慨,上海人郁惟正被征为官时,装疯卖傻,唱道:"上海入京郁惟正,现患四支风湿病,皇帝若还可怜儿,饶了一条穷性命。"④更为悲惨的是有些儒士竟"断指不仕"⑤。

虽然洪武年间的反贪运动存在上述局限性,但我们不能以此抹杀朱元璋对明初吏治的贡献。正是由于朱元璋大刀阔斧地进行了反贪运动,

---

① 刘辰:《国初事迹》。
② 陈子壮:《昭代经济言》卷1。
③ 叶盛:《水东日记摘抄二》。
④ 李延昱:《南吴旧话录》卷13。
⑤ 《大诰续编·断指诽谤第九十九》。

明朝前期一百年中政治比较清明,社会比较安定,史载:"一时守令畏法,洁己爱民,以当上指,吏治焕然丕变矣。下逮仁宣,抚循休息,民人安乐,吏治澄清者百余年。"①无疑这对于明初阶级矛盾的缓和和社会经济的发展具有极其重要的意义。

二、明初反贪机制的建立

在任何社会,要制止贪污腐化现象的发生,仅依靠决策者反贪斗争的决心是远远不够的,还必须建立一套行之有效、便捷灵活的反贪机制。这项工作早在朱元璋称帝前就已开始了,但是由于这时全国仍处于混乱状态,明政权尚未建立,还未有充足的时间和精力从事制度建设,因此这时的反贪机制还很不完备。明朝建立后,随着全国的统一和社会经济的恢复和发展,各项制度的建设日益提上日程,反贪机制也亟待完备,在这种情况下,朱元璋顺应时代之要求,从各方面加强了反贪机制的建设。

（一）加强立法

早在洪武元年(1368年),朱元璋就命左丞相李善长为议律官,"定律以绳顽",制定了《律令》,后来又加以修订,于洪武七年(1374年)制成《大明律》颁行天下,此后又屡经修改,至三十年正式颁布。《大明律》中包含着大量惩治贪官污吏的条文,规定"凡官吏受财,计赃科断",如受有事人财物而曲法科断者,"一贯以下杖七十",至"八十贯绞"。②

《大明律》只有对官民犯罪如何惩治的法律条文,这无疑对官吏能发挥警诫和威慑作用,而活生生的现实和具体的案例则会更有惩前毖后之功效。为此,朱元璋又先后制定并颁布了《大诰》《大诰续编》《大诰三编》和《大诰武臣》。《大诰》三编和《大诰武臣》是以惩治贪官污吏为主的案例汇编,这一点在第一节中已有论述,现仅就第一节未涉及的问题作些补充。

① 《明史》卷281《循吏传》。
② 《大明律》卷23《刑律》。

除了公布贪官污吏的罪行及处罚外,朱元璋还在《大诰》三编和《大诰武臣》中制定了一系列防范官吏贪污的措施。

第一,严明官吏职守,防范其伺机贪污。《大诰三编·农吏第二十七》(以下省去"大诰")规定:"今后诸衙门官,凡有公事,能书者,务必唤首领官于前,或亲口声说,首领官着笔,或亲笔自稿,照行移格式为之,然后农吏誊真,署押发放。……凡百公事,若吏无赃私,一切字样差讹,与稿不同,乃吏誊真之罪。设若与稿相同,主意乖违,罪做官长,吏并不干。"《续编·民拿经该不解物第五十五》规定:"凡在官之物起解之际,须差监临主守者。若是布政司、府、州、县不差监临主守,故差市乡良民起解诸物,因而卖富差贫……族诛之。"《续编·钱钞贯文第五十八》规定:"钞法之行,皆云贯锭,铜钱之行,皆云万千百文",其"故生刁诈、广衍数目,意在昏乱掌钞者",即"治以重罪"。《续编·关隘骗民第六十五》规定:"各处关隘把截去处,巡检、弓兵将逃军逃囚一概受财,纵令逃去。及至拿住赃盗,不行火速解官,却乃教唆诬指平民。拿获私盐,尤其骗诈民甚。此等不才,《诰》布之后,仍前为事不公,事发到官,治以重罪。"

第二,严禁官吏下乡扰民,不许有司呼唤下级、里甲人等亲诣衙门听事。《续编·民拿下乡官吏第十八》规定:官吏中"贪婪之徒,往往不畏死罪,违旨下乡,动扰于民。今后敢有如此,许民间高年有德耆民,率精壮拿赴来京。"《续编·有司不许听事第十一》规定:"凡诸司衙门,如十二布政使司,不许教府州县官吏听事,府不许教州官吏听事,州不许教县官吏听事,县不许教民间里甲听事。呜呼!听事之名,实贪赃之巨祸,所以民误生理,官废公务。敢有如此,许民赴京面奏。"

第三,对官吏犯贪赃罪者,要层层追查,彻底挖出有关案犯。"如六部有犯赃罪,必究赃自何而至。若布政司贿于部,则拘布政司至,问斯赃尔自何得,必指于府。府亦拘至,问赃何来,必指于州。州亦拘至,必指于县。县亦拘至,必指于民。……其令斯出,诸法司必如朕命,奸臣何逃之有哉。"[①]"天下仓廒并库藏等处,官攒斗级人等有犯赃私,问赃自何而

_____

① 《大诰·问赃缘由第二十七》。

得……凭招勾纳户到官,加倍追赔。当该法司不行如敕究问追征,罪如犯者。"①

第四,设重法防范官吏贪赃害民。《大诰·官民犯罪第二十九》规定:官吏"贿赂出入,致令冤者不伸,枉者不理,虽笞亦坐以死"。《大诰·冒解罪人第四十》规定:"所在有司官吏,上司着令勾解罪人,往往卖放正身,将同姓名良善解发。今后若此,该吏处以重刑。"《三编·官吏长押卖囚第十九》规定:"卖放囚徒者,本身处以极刑,籍没家产,人口迁于化外。"《续编·路费则例第六十一》规定:"每岁有司官赴京,进纳诸色钱钞并朝觐之节,朕已定下各官路费脚力矣。若向后再指此名头科民钞锭脚力物件,官吏重罪。"《续编·庆节和买第七十六》规定:有司"指以庆节为由,和买民物……不还民钱……拿赴来京,斩首以除民患。"《续编·造作买办第七十七》规定:承办朝廷诸色造作,"指名要物,实不与价……将该吏斩首。"《三编·巡阑害民第二十》规定:"为巡阑者,倚恃官威,剥尽民财……本人凌迟。"

第五,禁止"官民勾结"。《续编·闲民同恶第六十二》规定:"今后敢有一切闲民,信从有司……私下擅称名色,与不才官吏同恶相济,虐害吾民者,族诛。……有司凌迟处死。"

（二）监察制度

法律的制定只能做到有法可依,但是能否有法必依、执法必严、违法必究,则在很大程度上取决于监察制度的完善程度和合理与否。严密的监察制度能使吏治清明、官吏廉洁守法,反之,则会出现吏治腐败、贪污盛行的社会风气。

明朝建立后,朱元璋汲取元朝吏贪将弱的教训,初步建立了一套包括都察院、六科和提刑按察司在内的监察制度,经过其后继者不断完善,形成了一个渗透到中央、地方各个领域、运转灵活、成效显著的监察体系,为明朝尤其是明初的廉政建设提供了制度上的保障。

---

① 《大诰·仓库虚出实收第三十四》。

1. 都察院

早在吴元年(1367 年),朱元璋就已仿元制设立了御史台,设左、右御史大夫各一人,从一品,御史中丞一人,正二品,另有侍御史、治书御史、殿中侍御史、监察御史等官。朱元璋设御史台的目的是整饬吏治,这从他对御史中丞刘基的敕谕中可看出:"国家设立三大府,中书总政事,都督掌军旅,御史掌纠察。……而台察之任尤清要。卿等当正己以率下,忠勤以事上,毋委靡因循以纵奸,毋假公济私以害物。"①洪武十三年(1380 年),朱元璋在废除中书省的同时,将御史台也一并撤去。到洪武十五年(1382 年),又置都察院,都察院设左、右都御史各一人,正二品,左右副都御史各一人,正三品,左右佥都御史各一人,正四品,其属官有经历、司务、照磨、司狱等。又设隶属于都察院的监察御史,以后几经增罢,至宣德十年,定为十三道监察御史,共为一百一十余人。都察院作为全国的最高监察机构,总揽监察事务,是皇帝的耳目风纪之司,不仅对中央机关的官吏实施纠察,还监督京城以外的各级地方政府,主管十三道监察御史等。都察院的最高长官都御史还负责同吏部考核官员,进退官吏,与刑部、大理寺共同审理重大案件,奉旨出巡外省等。

隶属于都察院的十三道监察御史,官秩仅正七品,但其权力极大,其主要职责是纠察内外百司官吏、监督仓场、内库、茶马、盐课、钞关、屯田,遇有军事行动则监军纪功,监临科举考试,审理疑难大案等。仓场、内库、茶马、盐课、钞关和屯田等方面的官吏,职衔虽低,但却属于"美差",大有油水可捞,常常成为贪污之渊薮,而科举考试的各级主考官利用手中的权力向士子收受贿赂更是屡见不鲜,监察御史监察的重点放在这些事务上,主要是为了杜绝和减少贪污受贿现象的发生,防止国家财产流向私人腰包。

要对地方官吏实施有效的监督,高高在上是不行的,必须亲历地方询访民间,御史巡按制度就是适应这一要求而产生的。

早在洪武年间,朱元璋就多次派御史出巡,但此时御史巡按尚属临时

---

① 《明史》卷 73《职官志二》。

派遣性质,还未制度化。永乐时,"遣御史分巡天下,为定制"①。这标志着御史巡按制度的正式确立。

御史巡按自永乐年间形成定制后,历经洪熙、宣德和正统几朝的完善,形成了一套非常严密的制度,概括起来主要包括以下几项内容。

第一,点差。点差就是御史的选派,具体做法是:先由都察院拟定两名监察御史做候选人,都御史在朝会时将二人引至御前,由皇帝亲自点差其中一员。明代御史出巡根据责任的轻重、事务的繁简和道里的远近,分为大、中、小三等。御史出巡必须先任小差,然后中差,再大差。

第二,巡察事项。巡按御史"代天子巡狩,所按藩服大臣、府州县官诸考察,举劾尤专,大事奏裁,小事立断。按临所至,必先审录罪囚,吊刷案卷,有故出入者理辩之。诸祭祀坛场,省其墙宇祭器。存恤孤老,巡视仓库,查算钱粮,勉励学校,表扬善类,翦除豪蠹,以正风俗,振纪纲"②。可见巡按御史的权力很大,职责也很广泛,但其主要职责还是考察和举劾官吏,正如宣德五年(1430年)五月上谕所云:"御史出巡,须先考察官吏。"③永乐时也曾对巡按御史说:"尔等为朝廷耳目侍从之臣……凡事与内官、锦衣卫协议,遇害民及奸贪不法者就执问如律,重事奏闻。"④明代对官员的考核分为考满和考察两种,这两种考核办法都是定期进行的,而巡按御史对官吏随时都有考察之权。洪武二十六年(1393年)规定御史巡按"凡至所在,体知有司等官,守法奉法廉能昭著者,随即举奏,其奸贪废事蠹政害民者,究问如律"⑤。永乐元年(1403年),"令府州县官到任半年以上者,巡按御史、按察司察其能否廉贪实迹具奏"⑥。宣宗时又规定:"九载而后黜陟,籍使所任非人,民受其弊多矣。今在外有司,从巡按御史及按察司官考察,贪婪不律者即纠举之,最为良法。"⑦巡按御史的这

①　《明史》卷6《成祖本纪二》。
②　《明史》卷73《职官志二》。
③　《明宣宗实录》卷66。
④　《明太宗实录》卷21。
⑤　《明会典》卷210。
⑥　《明会典》卷13。
⑦　《明宣宗实录》卷13。

种随时考察之权是对考满和考察的补充，能使官吏时时有所警诫，减少了贪污腐化事件的发生。

第三，巡按期限。御史巡按的期限一般为一年，即所谓"岁一更代"。这种规定是为了防止时间长了监察官有可能与地方官吏相勾结，做出贪赃枉法之事，对此顾炎武有过精辟的评论："又其善者在于一年一代。夫守令之官不可以不久也，监临之任不可以久也。久则情亲而弊生，望轻而法玩。"①对于政绩卓著的巡按御史则不拘泥于"岁一更代"的规定，而是期满后再延长一至二年，这样既防止了因御史任期太长而有可能带来的贪赃枉法之弊端，又克服了"岁一更代"的局限性。

第四，出巡注意事项。为防止巡按御史贪污受贿，朝廷对御史出巡的注意事项作了规定，这就是正统四年颁布中外的《宪纲》。《宪纲》规定："监察御史巡历去处不许出廓迎接"，"凡监察御史、各道按察司出巡、审囚、刷卷，必须遍历，不拘期限"，"监察御史巡历去处，如有陈告不公等事，须要亲行追问"，"巡按所至博采诸司官吏行止，廉能公谨者，礼待之，荐举之。污滥奸佞者，戒饬之，纠劾之"，"分巡所至，不许多用导从，饮食供帐只宜从简"。② 此外还规定巡按御史所巡之处，须用防闲，未处理公事之前，不得接见任何闲杂人员。分巡所至不得打听地方官此地有何特产，不得令官府人员代购货物，不得大张筵席、邀请亲朋好友。所有这些规定都有助于防止地方有司和御史之间行贿受贿、贪赃枉法，有助于保证御史监察职能的发挥，诚如嘉靖年间南京都察院右都御史张琮所说："御史寡交游，则无私谒；少宴会，则无请托。"③

第五，回道考察。御史巡按期满回京，要接受都察院考核，考核称职者回道管事，不称职者则奏请罢黜，称为回道考察。御史巡按期间如果贪赃枉法，要加重处罚，即所谓"风宪官吏受财，及于所按治去处，求索借贷人财物，若买卖多取价利，及受馈送之类，各加其余官吏罪二等"④。

---

① 顾炎武：《日知录》卷9《部刺史》。
② 《天府广记》卷23。
③ 徐学聚：《国朝典汇》卷53。
④ 《明会典》卷170。

2. 六科

明代中央监察机构除都察院外,还有六科给事中。洪武六年(1373年),为直接有效地对分管全国各类政务的六部实行监察,朱元璋将给事中按六部分为六科,每科设给事中二人,品秩定为正七品。洪武二十四年(1391年),明太祖更定科员,每科设都给事中一人,正八品,左右给事中二人,从八品,给事中各科四至十人不等,共四十人,俱从九品。六科一度曾隶承敕监和通政使司,以后又独立自成机构。建文元年(1399年),改都给事中正七品,给事中从七品,不置左右给事中,增设拾遗、补阙。成祖初,革拾遗、补阙,仍置左右给事中,仍从七品。此后,各科给事中的人数基本确定下来。

明朝以前,给事中属于言谏之官,掌侍从规谏和封驳制诏,无纠举官邪、监察百官之权。明朝建立后,给事中不仅具有规谏和封驳职能,还拥有了监察百官之权,而且以监察权为主,监察权中又以纠举弹劾贪官污吏为其一项重要职责。六科给事中还实行对口监察:吏科给事中参与地方官吏的考选,奉旨出任地方官的官吏要先在吏科给事中处登记,内外官在对自身政绩做出鉴定后,吏科给事中与其他各科给事中一起对官吏进行考察,纠其不称职者;户科给事中负责监督光禄寺每年的金银及谷物收入、钱粮杂物,纠察私占田产等;礼科给事中监督制定礼仪制度,记录大臣纠劾贪官事迹,作为奖赏升迁的依据;兵科给事中监督、考察武将;刑科给事中在每年二月下旬,根据司法机构报告将罪犯的数目上奏皇帝等;工科给事中巡阅军器局,巡视节慎库,稽查宝源局等。

由上可见,明代六科不仅纠察从中央到地方的各级官署和大小官员,而且对六部实行对口监察,六部日常行政事务,不论巨细,皆须经由本科,或监察,或检验,或鉴署,如有贪赃枉法,即指实参奏,因此大大提高了监察的效能,有效地控制了贪污腐化现象的发生。

3. 按察司

明初在建立和完善中央监察机构的同时,也加强了地方监察机构的建设。明朝建国初期,沿袭元朝旧制,在地方上建立行省,总管一省行政、军事和司法监察事务。这种政治体制既不利于监察机关独立自主地行使自己的权力,也不利于中央对地方的控制。有鉴于此,朱元璋进行了改革,于洪武九年废除行中书省,设立三司:承宣布政使司、提刑按察使司和都指挥使司。这样司法机关就从行政和军事机关中独立出来,能够有效地行使监察权。明初,按察司职专权重,与都察院内外均权,有"外台"之称。洪武十年(1377年),朱元璋对来朝的按察司官说:"朕以天下之大,民之奸宄者多,牧民官不能悉知其贤否,故设风宪官为朕耳目,激扬浊清,绳愆纠谬,此其职也。"①从这里可以看出:虽然按察司的职责包括司法和监察两个方面,但以监察为主,按察司官"总理各道,肃清郡县","凡贪官污吏,蠹政害民,及一切兴利除害之事,有益地方者,务在举行。"②按察司在明初的倡廉肃贪运动中同样发挥着重要的作用。

从上文可以看出,明代监察制度具有双重性。在中央,六科与都察院互相独立又相为表里,共同监督;在地方,按察司与巡按御史各行其政,又互相配合,都负监察之责。非唯如此,各监察机构之间亦互相监察纠劾,同一监察机构内部上下同样互相监督,这些对有效地打击和预防贪官污吏,防止监察官的腐败,从而保证监察机关有效地发挥监察职能无疑具有重要作用。

明朝的各监察机关在明初的反贪运动中起了积极的作用,中央的御史和六科给事中通过京察和大计弹劾、罢免贪官污吏,而派往各地的巡按御史更是承担了同地方官吏作斗争的艰巨任务。这一时期出现了一批铁面无私的巡按御史,如宣德中,御史黄润玉"出按湖广,斥两司以下不职者至百有二十人"③。御史陈宪巡视江西时,江西吉安守御千户臧清贪淫酷虐,杀人破家,殆不可胜纪,都司受其贿赂,常曲意庇护。陈宪不和地方都司同流合污,毅然将臧清械送京师,"一郡晏然,舞忭于道"。④ 明初吏治的澄清在很大程度上得力于体系完备、运作灵活的监察机制,直到成化

---

① 《明会要》卷40《职官》2。
② 《明会要》卷40《职官》2。
③ 《明史》卷161《黄润玉传》。
④ 《明宣宗实录》卷49。

时,吏部尚书王恕还说:"天下贪官污吏强军豪民所忌惮者,惟御史耳。"①
监察官员尤其是巡按御史在明初倡廉肃贪中的作用由此可见。

（三）官吏的铨选、考核和回避制度

法律的制定,监察机构的完善只是为倡廉肃贪提供了制度上的保障,
但是要真正维持一支清正廉洁、奉公守法的官僚队伍,还必须把好官吏选
拔这道关口,同时加强对官吏的考核,此外,也须实行回避制度等有效措
施。在这些方面,明初统治者也作了许多努力。

1. 明初官吏的铨选制度

明初在选举官吏方面,荐举、学校和科举三途并用。不论哪种方法,
都把德行作为选任官员的首要条件。洪武六年(1373 年),朱元璋下诏要
求有司荐举贤才时说:"山林之士德行文艺可称者,有司保举,备礼遣送
至京,朕将任用之,以图至治。"同年,他又下令有司察举贤才必须"以德
行为本,而文艺次之"②。建国之初,国子监也是官吏的重要来源,史载:
"府、州、县学诸生入国学者,乃可得官,不入者不能得也。"③因此国子监
就成为明初培养官员的重要基地。朱元璋特别强调以儒家思想培养监生
的道德品行,他还把孔子的言论作为学校守则,要求教师和学生都要以儒
家思想作为修身养性的根据。明初科举制度于洪武三年(1370 年)正式
建立,科举更是注重以儒家思想作为选拔人才的标准,儒家经义是考试的
主要内容。

由于明初选拔官吏时注重道德品行,总体看来,当时的官吏道德素质
较高。虽然仍有很多贪官污吏,但大部分贪官都是元朝归附的旧吏和开
国功臣及其子弟。严把官吏选拔关的做法无疑对当时吏治的澄清具有积
极作用。

2. 官吏的考核制度

明初建立了一套严格的考核制度,考核由吏部负责,"(吏部)尚书掌

① 《国朝献征录》卷 65。
② 《明史》卷 71《选举志三》。
③ 《明史》卷 69《选举志一》。

天下官吏选授、封勋、考课之政令,以甄别人才,赞天子之治"①。其对官吏的考核主要分考满和考察两种。考满是对每个官吏分别进行的专门考核,具体办法是官吏任职满三年为一考,三考为满,即三年为初考,六年为再考,九年为通考。考核结果分为称职、平常、不称职三等,以此作为官吏升降的依据;考察是对全体官吏一起进行的统一考核,"其目有八:曰贪,曰酷,曰浮躁,曰不及,曰老,曰病,曰罢,曰不谨"②。考察又分为京察和大计两种。京察是对京官的考核,六年一次,四品以上者自陈以取上裁,五品以下由吏部尚书和都察院负责,在考察前,吏科给事中咨访调查被察官员的政绩,为考察提供依据。大计是对地方官吏的考察,三年举行一次,地方官吏朝觐时,命吏部负责其事。但是并非所有的地方官吏都三年一考,如仓场库官,三年一考则时间太长,容易发生监守自盗现象,因此规定一年一考。教官属于清水衙门,贪赃枉法现象相对较少,因此规定九年一考。除定期的考满和考察外,中央派往地方的巡按御史则可以随时考察官吏(这在前文已经述及)。

明初,为政是否清廉是评定殿最和确定赏罚的重要内容,"广布耳目,访察廉贪,以明黜陟"③,"旌廉能,黜贪酷"④。

明朝考核制度之完备和严密为前代所不及。明初通过考核制度的认真贯彻和执行,惩处了一大批贪官污吏,同时提拔了一批清正廉洁之士,在明初的倡廉反贪中具有重要作用。

3. 回避制度

在封建社会,官吏往往利用职务关系、亲属关系和地域关系,营私舞弊、贪赃枉法,严重侵蚀着国家政权的肌体,为防止这种弊端,明初继续实行官吏的回避制度。

在各种回避制度中,最重要的是官吏任用中的回避制度。明初,朱元璋为防止大臣亲属把持科道监察机构,规定大臣子弟亲属不得任监察官,

---

① 《明史》卷72《职官志一》。
② 《明史》卷71《选举志三》。
③ 《明通鉴》卷10。
④ 《明太祖实录》卷257。

如有这种情况,应"对品改调"①。朱元璋还规定凡父子、兄弟、叔侄在同一机构或同一系统机构中任职有上下级关系者,应根据官职品级的高低,按照小官避大官的原则,调小官到其他机构中任职。在任职地区上,洪武十三年(1380年)正月,确定南北更调用人之法:"命吏部以北平、山西、陕西、河南、四川之人,于浙江、江西、湖广、直隶有司用之。浙江、江西、湖广、直隶之人,于北平、山西、陕西、河南、四川有司用之。广西、广东、福建之人,亦于山东、山西、陕西、河南、四川有司用之。"②这种任职地区的回避,有效地防止了官吏利用本籍亲族关系图谋私利、贪赃枉法的弊端。官吏即使不在本地做官,任职太久也易于和地方势力拉帮结派,通同作弊,贪赃枉法,为此明廷又规定府州县的长官在某一地方的任期以三年为限,三年后另调其他府州县,对于经管钱粮等财物的官吏,回避期限更短,有的为一年,有的甚至仅三个月,如"户科,监光禄寺岁入金谷,甲字等十库钱钞杂物,与各科兼莅之,皆三月而代"③。

为防止司法和监察机关滥用权力、贪赃枉法,明朝对司法监察中的回避事宜也作了具体规定。在司法方面规定:"凡官吏于讼诉人内,关有服亲及婚姻之家,若得受业之师及旧有仇嫌之人,并听移文回避,违者笞四十。"④监察机关的回避更为具体,除如前所述规定"大臣之族不得任科道"⑤之外,还规定巡按御史应回避原籍和按临之人与自己有仇隙者,正统四年(1439年)又进一步规定"先曾历任寓居处所,并须回避"⑥,就是说先前做过官或居住过的地方也要回避。"监临乡、会试及武举"⑦是监察御史的一项重要职责,但是如果有兄弟子侄亲属应试,应回避出任监视官。

除了官吏的任用和司法监察中的回避制度外,明代科举考试官的回

---

① 《正德会典》卷2《吏部》1。
② 《明太祖实录》卷129。
③ 《明史》卷74《职官志三》。
④ 《明律》卷22《刑律·听讼回避》。
⑤ 《明史》卷72《职官志一》。
⑥ 《明会典》卷210《都察院》2。
⑦ 《明史》卷73《职官志二》。

避也相当严格。洪武十七年(1383年)颁布科举条令,规定:"凡试官不得将弟男子侄亲属入试徇私取中,违者许指实陈告。"①后来又规定:"凡内外帘入场官,有宗族子弟及翁婿入试者,皆应回避。"②明朝还规定士子必须按籍贯所在地到本省省城应试,不许冒籍到他省应试,否则取消录取资格,甚至"终身不许入试"③。

(四) 明初的财政制度与防贪

官吏贪污的手段很多,但归纳起来不外乎收受贿赂和利用各种制度的漏洞及职务之便侵吞国家财产两种方式。其中利用制度漏洞中又以利用财政漏洞为主,因此加强财政制度的建设对预防贪污具有重要的意义。明初在财政制度方面的反贪机制主要有以下两个方面。

1. 赋役制度

明朝建国之初,地主豪强与地方官吏互相勾结,抢占田地,逃避赋役。针对时弊,朱元璋建立和完善了赋役制度。洪武元年(1368年),朱元璋"以国立之初,经营兴作,恐役及贫民,及议验田出夫"④,确定役法,编成《均工夫图册》。同年他还遣周铸等一百六十四人往浙西核实田亩,确定税额,以防止"过制以病吾民"和官吏对地方百姓"有所妄扰"。⑤ 洪武十四年(1381年),朱元璋又下诏编制赋役黄册作为征收赋役的根据。为此,朱元璋还颁布了关于户籍统计的法规,规定:凡攒造黄册,必须按规定填写,若官吏通同里甲隐瞒人户者,连同家长一并处死;各处户口每岁必须取勘明白,分豁旧管、新收、开除、实在总数,县报于州,州类总报于府,府类总报之于布政司,最后再由布政司汇总送交户部,凡违反编报程序者,依律处死;凡私受财物、偷抄、洗改黄册者,比照盗制书一款惩处,不分

---

① 《正德会典》卷77《礼部》36。

② 傅维麟:《明书》卷64《选举》3。

③ 沈德符:《万历野获编》卷11《京闱冒籍》。

④ 《明通鉴》卷1。

⑤ 《明史纪事本末》卷14。

首从者皆斩。① 黄册每十年更定一次,并"岁命户科给事中一人、御史二人、户部主事四人厘校讹舛"②。洪武三十年(1397 年),又派国子生于淳等到各地丈田绘制鱼鳞图册,凡田亩方圆、四周界至、土地肥瘠悉书于册。政府征收赋役时以鱼鳞图册为经、黄册为纬,如果有司作弊、贪赃枉法,放富差贫,则给以法律处分。

明初在田赋征收手续上也进行了改革。洪武初年,明廷规定税粮由州县官吏直接征收,纳粮人家则"亲赴州县所在交纳"③。在征收过程中,官吏大肆贪污,同时许多农民不堪运粮劳苦,往往委托别人去州县代纳,于是产生了"揽纳户",揽纳户多系地方无赖,他们不仅向粮户索取很重的手续费,还将税粮"不行赴各该仓库纳足,隐匿入己"。为了革除官吏的贪污和揽纳户对税粮的侵吞,洪武四年(1371 年),朱元璋建立了粮长制度,"命户部令有司料民土田,以万石为率,其中田多者为粮长,督其乡之赋税",以为"此以良民治良民,必无侵渔之患"。④ 粮长除了征收田赋外,还须负责解运。朱元璋还禁止粮长以任何借口向纳户勒索。

赋役制度的制定虽然是为了保证国家有固定的财政收入,但是对整齐制度,堵塞漏洞,防止各级官吏巧立名目、贪污侵吞国家税收无疑具有积极的意义。

2. 财政统计制度

明初继承唐宋的上计制度,每岁终在逐级汇总上报的基础上,由各布政司及府州县委派计吏到户部送审统计报告,奏销一年的钱粮军需诸事,由户部集中审核。经户部审核无误后,便书写回批,加盖印鉴,准予报销;否则予以驳回。如发现贪污舞弊问题,即交都察院惩处;如属于计算或编报错误,则退回重编。上计吏得到户部审理回批,归报其主管官员后,一年来的财政统计工作始告结束。明朝的这种统计报告,官方通称之为

---

① 见故宫博物院明清部所藏明清档案 0049,转引自李惠林《中国统计史》(中国统计出版社 1993 年版)。
② 《明史》卷 77《食货志一》。
③ 《大诰·设立粮长第六十五》。
④ 《明太祖实录》卷 68。

"钱粮账簿",这种账簿必须按"旧管、新收、开除、实在"四柱格式编制,并发展成为定期编制的统计报告,统计报告的重点放在钱粮支出部门,计有月报、二月报、季报、半年报、年报和三年报等。这种财政统计制度对官吏贪污舞弊同样起到了有效的防止作用。

三、永乐、仁宣时期反贪斗争的继续

洪武时期,朱元璋采用严刑酷法惩治和屠杀贪官污吏的政策,确实起到了澄清吏治的作用。但是,封建社会不可能根除贪污,官吏行贿受贿、贪赃枉法的现象继续存在。朱元璋晚年也认识到严刑峻法并不能根除贪官污吏。洪武二十三年(1390年),他告谕大臣说:"愚民犯法,如咶饮食,嗜之而不知止,设法而防其犯,而犯者益多,推恕以行吾仁,而仁或可济。"①洪武二十八年(1395年),他又特别下了一道手谕说:"朕自起兵至今四十余年,亲理天下庶务,人情善恶真伪,无不涉历,其中奸顽刁诈之徒,情犯深重,灼然无疑者,特令法外加刑,意在使人知所警惧,不敢轻易犯法。然此特权时处置,顿挫奸顽,非守成之君所用常法。以后嗣君统理天下,止守律与《大诰》,并不许用黥、刺、劓、剕、阉割之刑。……臣下敢有奏用此刑者,文武群臣即时劾奏,处以重刑。"②这道手谕标志着重典治吏政策的改变,但这并不意味着反贪运动的结束,朱元璋的后继者成祖、仁宗和宣宗等仍继续坚持倡廉肃贪。

(一) 明成祖的倡廉肃贪

洪武三十一年(1398年),朱元璋去世,皇太孙朱允炆继位,这就是建文帝。建文元年(1399年)便发生了"靖难之役",建文四年(1402年),建文帝兵败,朱棣夺取了政权。建文帝在位的四年,由于忙于"削藩"和与靖难军作战,根本无暇顾及反贪倡廉问题。因此这时的倡廉反贪斗争基

① 《明太祖实录》卷206。
② 《明太祖实录》卷239。

本上陷于停顿状态。但是,通过"靖难之役"上台的明成祖继续开展反贪倡廉。

明成祖对官吏是有贪必惩,决不姑息。永乐五年(1407年),广西布政司右参议吴翔在龙州"受民货贿",广西按察司将此案上报明成祖,明成祖立刻批示,"参议方岳之臣,不廉何以率下,命都察院鞫之"①。山东布政司左参政何濼"贪淫不律",也被下于天牢治罪。为了刹住贪污之风,朱棣还采取其父朱元璋的做法,把贪官污吏的罪行"榜示天下,俾牧民者,知所警惧"②。派遣巡按御史和大臣分巡各地,也是朱棣严惩贪污的办法之一。如前所述,御史分巡各地的制度正是在朱棣在位期间形成定制的。永乐十九年(1421年),朱棣派遣位高权重的吏部尚书蹇义等二十六人分巡天下,进行全国性的吏治大整顿。③这些大臣和巡按御史确实能不负成祖所望,他们所到之处,兴利除弊,旌廉黜贪。如永乐十九年蹇义等人分巡各地时,右都御史王彰与给事中王励巡视河南,奏黜贪官酷吏一百多人。④这时还出现了许多敢于弹劾权要的御史,其中周新最具典型性,他不畏权贵,敢于直言,贵戚莫不震惧,目之为"冷面寒铁"⑤。为了有力地打击贪污,朱棣不仅严惩贪官污吏,对知情不举者也严加惩办,如云南布政司右参政姚肇私受商人贿赂,"坏乱盐法",左布政使周敖、右参议濮铭"坐视不举",被逮捕问罪。⑥

由于明成祖能够发扬乃父的作风,廉洁自律,在全国范围内倡廉反贪,因此这时的吏治比较清明,涌现出了大批廉吏。如户部尚书夏原吉,虽位高望重,掌握全国最高财政大权,但他一生廉洁奉公、勤政爱民。永乐十九年,由于夏原吉在御驾亲征蒙古问题上向明成祖进谏而得罪了明成祖,被判入狱,并籍没其家产,这位掌握全国财政大权达二十年之久的

---

① 《明太宗实录》卷73。
② 《明太宗实录》卷97。
③ 《明通鉴》卷17。
④ 《明史》卷160《王彰传》。
⑤ 《明史》卷161《周新传》。
⑥ 《明太宗实录》卷188。

户部尚书竟然家中"惟布衣瓦器"。① 这一时期像夏原吉这样的廉洁之士还很多,吏部侍郎师逵,在吏部二十余年,不置产业,官俸及皇帝的赏赐也都用来救济宗族中的贫困户,连自己的八个儿子都"无以自赡"②。钱塘知县黄信中、青田知县谢子襄和开化知县夏升平素生活俭朴,洁己爱民,考满后列为上等,例当升调,但"其部民相率诉于上官,乞再任"③。诸如此类的廉吏不胜枚举。

明成祖雷厉风行进行反贪倡廉的斗争,这无疑是政治上有见识的表现,但由于他以藩王夺位登基,许多官吏尤其是建文旧臣心怀不满,因此明成祖对他们心存疑忌,利用反贪倡廉的旗帜打击政敌,就成为他的政治手腕,这就势必造成反贪斗争的扩大化。这一时期因系建文旧臣或触犯明成祖而被以贪污罪名处死的官吏不少,如北京刑部尚书雒金因上书指责永乐帝"今所信者,率藩邸旧臣,非公至之道","朝廷宜新旧兼任",而为御史所弹劾,结果被以"贪婪暴虐,擅作威福,又纵妻笞辱属县官吏,逼索财物,强买货物于市"等罪名处死。④ 更有甚者,有些官吏为迎合明成祖打击政敌的心理,大兴告讦之风。都察院左都御史陈瑛就非常热衷于告讦,被他弹劾而获罪的官吏竟达数十人,雒金就是被他弹劾而获罪至死的。朱棣还大设厂卫等特务机构,广派耳目,给当时的政治生活蒙上了一层恐怖的阴影。但这些在反贪过程中毕竟居于次要地位。

(二)仁宣时期的反贪斗争及其特点

洪武时,帝国初建,人心未稳;永乐时,朱棣以"篡弑"得位,人心不服,加之当时尚处于创业阶段,阶级矛盾和统治阶级内部矛盾都非常尖锐,因此政治形势极为严峻,两帝为缓和阶级矛盾和消除政治隐患,都采取了非常措施,稳定了政局。到了仁宣时期,经济有了很大发展,阶级矛盾和统治阶级内部矛盾有所缓和,政治形势日趋平稳。古人云:"生于忧

---

① 《明史》卷149《夏原吉传》。
② 《明史》卷150《师逵传》。
③ 《明史》卷281《循吏传》。
④ 《明太宗实录》卷39。

患,死于安乐。"如何在形势较好的情况下免遭死于安乐的结局,这是此时摆在明王朝统治者面前的一项新的政治课题,这项课题的关键在于继续进行倡廉反贪。继永乐之后的仁宗和宣宗,没有固守在祖宗建立的基业上而止步不前,而是锐意进取,把明初的反贪事业继续向前推进。

仁宗生性淳厚,多行仁政,但对贪赃官吏却严惩不贷,认为"国家恤民,必自去赃吏始"①。另外,惩贪与倡廉是一对孪生兄弟,清明的吏治仅靠惩贪是不够的,还必须奖廉,以劝勉官吏廉洁奉公。仁宗也特别注意表彰和升擢廉吏,灵璧县丞田诚,居官廉能,在任九年考满,百姓诣阙恳求留任,于是仁宗让其继续留在灵璧县任职,特升为州判官。仁宗的倡廉思想及举措对于明王朝在形势较好时期继续保持吏治清明具有重要作用,只可惜他即位仅十个月后便去世了,许多关于反贪倡廉的谕令和措施都没来得及实施,幸而新继位的宣宗能继承其父遗志,继续倡廉肃贪。

宣宗有许多大力惩治贪污分子的典型事例。宣德元年(1426年)七月,浙江布政使参议王和、袁昱和陕西按察司主事韩善犯有贪赃罪,时值大赦天下,吏部奏拟还职,宣宗不同意对贪污分子的宽大,他说:"士大夫首重廉耻,人而无耻,何事不可为;贪污之吏岂可复任方面!"②于是三人皆被削职为民。宣宗反贪斗争突出的特点是将其重点放在监察机构上。在任何社会,维持一支清正廉洁、奉公守法的监察队伍对于倡廉肃贪都至关重要。对此,明宣宗有着深刻的认识,他说:"都察院受朝廷耳目之寄,掌国家纪纲之任,用得其人,则庶政清平,群僚警肃;用非其人,则百职怠弛,小人横恣。必尽廉公,乃称斯职。"③他告诫监察官员说:"以法治人,先当自治其身,违法何以责人。"④基于这样的认识,他决定在监察官员中大力开展反贪,将矛头首先指向了左都御史刘观集团。

刘观是五朝元老,洪武末年曾担任过左佥都御史。宣德时,他不仅任左都御史掌都察院事,还加太子少保衔。但是就是这位资历颇深的元老

---

① 《明宣宗实录》卷63。
② 《明宣宗实录》卷56。
③ 《明宣宗实录》卷45。
④ 《明宣宗实录》卷81。

旧臣竟然成了一个贪赃集团的大头子。早在洪熙年间,刘观贪污的劣迹就已开始显露,当时他任嘉兴知府,郡内富豪大户"咸通货贿"。升至都御史后,他继续包庇和纵容嘉兴一郡豪强。豪民冯本、张谨及常州王昶、松江蔡琳、陈庄等人盗窃官粮,强夺民家妻女,甚至行凶杀人,本应依法处分,但刘观收受其贿赂白银数千两,罗绮不可数计,弄权枉法,或援引轻例论赎,或纵其逃匿免于刑戮。刘观不仅自己贪污受贿,还与刑部郎中许惟、御史严皑、李纶及办事官姚景彰、杨大旺等狼狈为奸,上下其手贪赃枉法。其子刘辐更是贪婪无耻,他与严皑相为表里,各道御史都仰其鼻息。浙江奸民伍辰、顾宗淳等犯死罪,因向刘辐贿赂白银数百两得免死。刘辐还盗用官府器物,又开设酒肆,与监察御史严皑、方晰,户部主事汪润等挟妓宴饮,"恣意淫佚"①。刘观利用手中的监察大权,控制了各道御史,贪污巨额金银,庇护许多重犯,形成了一个以其父子为首,以严皑、方晰、吴杰等人为骨干,从中央到地方,上下左右互为网络的贪污集团。

刘观集团的罪行虽然早已暴露,但由于他资格老、势力大,且把持整个监察机构,如果轻易对他弹劾和惩治,不但会打草惊蛇,还可能引发政治动荡,因此明宣宗对此非常慎重。他采用缓兵之计,先于宣德三年(1428年)六月,令刘观巡视河道,"调虎离山",使与都察院相脱离。随后,他又将素有清正廉洁之名的通政使顾佐提拔为都察院右都御史。在人事方面布置停当之后,他赐给顾佐一道敕令,要求顾佐明确御史职责的重大,并对刘观的罪行及其恶果进行了指责,命令顾佐"其各道见任御史,宜审择之,凡廉勤公正,老成惇厚者,俱留在职。其不达政体,不谙文移,贪淫无耻及犯赃罪者,悉送吏部降黜。公差给假丁忧者亦如之。务尽至公之道,所阙御史即行吏部慎选,自今不许滥授"②。在宣宗的支持下,顾佐对所有监察御史进行了一次大考察。这时各道御史共一百一十人,这一次考察共降黜三十人,其中十九人与贪赃有关,被发往辽东各卫充吏终身。明宣宗还命令对"耽溺酒色,旷废职务,又不朝参"的监察御史严

① 《明宣宗实录》卷47。
② 《明宣宗实录》卷45。

皑、方晰、吴杰等人枷项示众,经法司审讯,判决杖刑,降三等录用。这样,刘观的党羽被剪除,对罪魁祸首刘观的惩治条件已经成熟,于是,明宣宗开始向刘观开刀,首先是河南道御史张循等起而劾奏刘观,继而宣宗又命令诸大臣合议,吏部尚书蹇义等一致认为,对刘观"宜正其罚,以清宪刚"。刑部即派人将刘观捉拿至京,刘观初至京师时,还死不认罪,百般狡辩,但最后在事实面前只得供认不讳,刘观被下锦衣卫狱,后来又同其子一起谪放辽东充军。经过明宣宗周密部署,刘观贪赃集团终于全军覆没,"公议称快"①。

刘观集团覆灭后,明宣宗又着手对南京都察院进行整顿,这项工作由宣德三年(1428年)十一月末被任命为南京都察院左副都御史的邵玘具体负责。宣德四年二月整顿完毕,结果三十名御史中三人贪淫无耻,六人不谙政体,三人不谙文移,一人曾犯赃罪,都被降黜。

宣宗还亲自判决监察官员的贪污案件,对监察官员贪赃枉法从重论处。广东道监察御史沈润因贪赃枉法而被司法机关审讯论罪,依律应绞,但由于事在赦前而判处"应杖",宣宗不同意这一判决,亲自判处发配充军辽东。② 枣强县典吏周宗本"挟私乘醉杖杀皂隶",按律当斩,但监察御史任祖寿因收其贿赂马一匹而将其判为徒罪。结果都察院按照"风宪官吏受财罪加二等"的原则将其流放,宣宗立即予以批准。③ 明宣宗还规定监察官员犯贪赃罪,决不能再留在监察系统,如监察院右副都御史胡廙在往四川为朝廷采木时,私役官军,巧取豪夺,还把为朝廷采购的东西据为己有。事发后,宣宗将其判决"谪辽东安置"④。不久"会恩例,得罚役复职",吏部奏闻,宣宗坚决不允,他说:"都御史受赃,罪当加。罪人岂可复入风宪。但以恤刑例,不欲失信,姑从轻减,降外任使自新。"结果被降为福建布政司右参政。⑤ 再如监察御史王琏巡按辽东时,贪赃枉法,都察院

① 《明宣宗实录》卷56。
② 《明宣宗实录》卷56。
③ 《明宣宗实录》卷76。
④ 《明宣宗实录》卷79。
⑤ 《明宣宗实录》卷83。

判决"杖一百,运砖赎罪还职",宣宗不同意,说:"怙势作威,以枉为直,岂可复任御史,其谪边卫充吏。"①在封建社会,每逢皇帝登基、皇子诞生等重大喜庆活动都要大赦天下罪犯,但在宣德时,贪赃枉法的监察官常常无此"待遇",如江西按察司佥事高第贪赃,时逢大赦,"例应改调",但明宣宗认为:"为风宪尚受赃,使居他职,岂不尤为甚。"因此将其"罢为民"。②

明宣宗在严厉打击监察官员贪赃枉法行为的同时,还注重奖励廉洁奉公的监察官员,并提拔一些年轻的进士、监生和有学行的教官担任监察官员。宣宗认为奖惩制度运用得好,"则能者益劝,中才亦将自勉",因此,他经常破格提升廉洁的监察官员,有的一下由正七品的御史提升为正三品的侍郎。按照常例,官吏必须任满九年才能决定升黜,但是风宪官往往因政绩卓著,任职未满九年即予以升迁,如王来担任监察御史仅四年就被提升为山西布政司左参政。宣德朝年轻的进士、监生及教官是监察官的重要来源。顾佐担任都察院右都御史后,在罢免了三十名监察御史的第二天就上奏要求将"志操端谨"的监生程富等十一人、听选教官端方等二十人任命为监察御史,明宣宗在对这些人试用了一段时期后,将其大部分授为此职。据统计,自宣德三年(1428年)十一月末至九年(1434年)末的六年多中,各类人士担任监察御史的人数是:进士七十人,监生六十三人,教官二十九人,其他十一人,共一百七十四人,其中进士、监生、教官共一百六十二人,占总数的93%。③

宣德时期由于把反贪斗争的重点放在监察机构上,"风纪为之一清",为整个倡廉反贪运动提供了保障,宣德时期"吏称其职,政得其平,纲纪修明,仓庾充羡,闾阎乐业,岁不能灾"④,这在很大程度上归功于明宣宗对监察机构的治理和整顿。

洪武时期因政治形势严峻而导致反贪斗争扩大化和政治气氛的恐怖。永乐时期,明成祖也曾把反贪斗争作为打击政敌的手段,而仁宣时期

① 《明宣宗实录》卷68。
② 《明宣宗实录》卷57。
③ 参见孙与常《明宣宗对监察官的考核与黜陟》,《社会科学战线》1989年第1期。
④ 《明史》卷9《宣宗本纪》。

统治阶级内部矛盾日趋缓和,政局比较稳定,因此这时的反贪斗争比较稳健,既避免了扩大化的倾向,又减少了集团斗争的色彩。

四、正统年间贪风复燃

(一) 正统初年的廉政建设

宣宗十年(1435 年)正月,明宣宗朱瞻基病死,由九岁的皇太子朱祁镇继位,是为英宗,年号正统。太皇太后张氏委任三杨(按:指杨荣、杨士奇、杨溥,皆重臣,四朝元老)、胡濙、张辅等五大臣主持政务。正统初年,由于三杨辅政,因此能够继承仁宣时期的反贪倡廉事业,吏治仍比较清明,史载:"朝纲整饬,海内晏安。"①

正统前期,很重视对官吏的考察。正统元年(1436 年)四月,命吏部和都察院考察布、按二司及府州县官的廉能。在整顿吏治上,对监察职能的加强尤为重视,英宗曾说:"朝廷以纪纲为首,御史职纪纲之任,不可不慎择也。"②为了使风宪官廉洁自律、奉公守法,从而真正发挥倡廉黜贪的作用,正统四年(1439 年)颁布了《宪纲》,它是所有监察官员必须遵守的大纲。关于《宪纲》的规定及其内容前文已有所述。由于注重对监察职能的加强,这时出现了一批素质较高的监察官,他们在倡廉反贪中发挥了重要作用。如御史韩雍巡按江西,罢黜贪墨官吏五十七人。③ 鲁穆由御史迁为福建佥事,为人刚正廉洁,理冤绝奸,执法无私,人称"鲁铁面",后来又为佥都御史,身死之后,家无余财,靠亲友的资助才得以安葬。④

正统前期,对官吏的贪赃罪惩处很重。指挥佥事鹿麟,受赃枉法,卖放操军三十余名,事发后,以百斤大枷枷于教场,并发配辽东铁岭卫充军,还规定今后有犯者,悉照此例惩处。"尚膳监内使王彰、章叁等盗用椒果

---

① 李贽:《续藏书》卷 10《太师杨文定公》引《尘谈录》语。
② 余继登:《典故纪闻》卷 11。
③ 《明史》卷 178《韩雍传》。
④ 《明史》卷 158《鲁穆传》。

等物,事觉,枷号于光禄寺门示众。"①

(二) 王振专权和贪风大炽

正统初年,虽有张氏和三杨主持政务,"天下清平,朝无失政"。② 但以王振为首的宦官势力也开始抬头。早在宣德年间,王振就深得明宣宗信用,被派侍奉皇太子(即英宗朱祁镇)读书。宣宗死后不久,王振被任命为司礼监太监。正统三年(1438年),王振唆使英宗惩治不阿附自己的大臣,户部尚书刘中敏、刑部尚书魏源、礼部尚书胡濙都曾被其陷害入狱。他还以"周公辅成王"自许,干预朝政,史载:"时上倾心向振,公侯勋戚咸呼振曰'翁父'。工部郎中王佑以谄事振,骤擢本部侍郎;都御史王文、陈镒,俱跪门俯首;兵部侍郎徐晞屈膝,寻擢尚书。一时士大夫廉耻道丧,相与恬然。"③不过这时由于英宗还未亲政,政权掌握在张太后和三杨等人手里,因此王振还有所顾忌,并在张氏和三杨面前摆出一副忠心耿耿的样子。如有一次英宗与小宦官在宫廷内击球,"振至而止"。第二天,英宗至内阁,王振跪奏说:"先帝为一球子,几误天下,陛下复蹈其好,如社稷何!"④三杨为王振的伪装所欺骗,以至于发出了"宦官中宁有是人"⑤的感叹。

正统六年(1441年)十一月,英宗宣告亲政,太后和三杨主持政务的时代结束。在此前后,三杨和张太后也相继去世。王振权势日益膨胀,遂大搞"顺我者昌,逆我者亡"。为建立个人淫威,王振开始残酷迫害不肯摧眉折腰事权阉的正直大臣。著名儒臣、国子监祭酒李时勉,大理寺卿、著名理学家薛瑄,监察御史李俨都遭其迫害,被罢职还乡,侍讲刘球也因不肯趋奉而被杀于狱中,甚至连皇家的乘龙快婿驸马都尉焦敬也因待王振不稍屈礼而被"荷校长安门"⑥。在疯狂迫害异己的同时,对趋炎附势、

---

① 《明史》卷148《杨溥传》。
② 《明史》卷148《杨溥传》。
③ 夏燮:《明通鉴》卷23。
④ 查继佐:《罪惟录》列传卷29《王振传》。
⑤ 查继佐:《罪惟录》列传卷29《王振传》。
⑥ 《明史》卷12《英宗后纪》。

纷纷拜倒在其门下的鹰犬则委以高官厚禄。王佑谄事王振,王振矫旨将其由工部郎中破格提升为侍郎。据说有一天王佑私谒王振,王振见其美而无须,问道:"王侍郎何无须?"王佑回答道:"老爷所无,儿安敢有。"①其奴颜婢膝的丑态由此可见。其他如兵部尚书徐晞、都御史王文也都成为王振的走狗。

王振擅权后,一手遮天,公开卖官鬻爵,收受贿赂。江苏江阴县有个富家子弟徐颐,胸无点墨,花重金买通王振的关节,当上了中书舍人,京师人们称之为"金中书"②。朝廷府部院诸大臣及文武百官,也无不争相献媚,纷纷向王振进献礼品。地方官入京朝觐必备厚礼,史载:"每觐期,振不问何品官,能具礼者多至千金,少则百,悉能达,然必千金始得一醉饱而出,门昼夜不得合。"③明代朝觐本是为对地方官吏进行考察,奖廉黜贪,而在王振专权下,朝觐却成为百官向其送礼的"节日",考察形同虚设,"由是以廉者为贪,以贪者为能"④。

更有甚者,王振为满足自己的贪欲,竟里通明朝境外势力,进行军用物资的走私,结果养虎遗患。王振令其死党、镇守太同的太监郭敬每年私造箭镞数十瓮送给瓦剌,瓦剌赠王振以良马作为回报。这无疑是开门揖盗,使敌强我弱。正统十四年(1449年),瓦剌大举进攻明朝,王振怂恿英宗御驾亲征,希图侥幸获胜,冒滥边功。然而,土木之战,明军全军覆没,英宗被俘。玩火者必自焚,早就对王振恨之入骨的护卫军樊忠冲上去一锤将其砸死,怒声喝道:"吾为天下诛此贼!"⑤

王振专权达七年之久。明景帝时,查抄其家产,共抄出金银六十余库,玉盘一百余面,七尺高的珊瑚树二十余株,每株均价值连城,其他珠玉珍宝不可胜记。⑥ 这个肆虐专权的大宦官同时也是一个最大的贪污犯。

王振擅权使朝廷纪纲扫地,整个官场贪墨之风甚炽。就以全国各府

① 《明史纪事本末》卷29《王振用事》。
② 王锜:《寓园杂记》卷10《以财得官》。
③ 焦竑:《国朝献征录》卷117《王振本末》。
④ 李贤:《古穰集》卷30《杂录》。
⑤ 《明史纪事本末》卷29《王振用事》。
⑥ 《明史》卷304《宦官传·王振》。

县贡彩缎来说,在正统以前,经工部检验合格,方送内库收藏,公事公办,手续简明,无贿赂请托、包揽等弊,而彩缎皆精美鲜明,足供实用。但这时有司与工匠通同作弊、侵盗易换;及解送至京师,所在部门及仓库吏人,又公开索求贿赂,一得财贿,便不分美恶,不辨质量,悉送内库,徒见其虚耗民力财力,而缎匹质量败坏,多不堪使用。英宗敕谕工部会同监察御史严加检查,"敢有漫不知省,仍蹈前弊者,一律治以重罪"①。但圣谕如同一纸空文,贪贿风气愈演愈烈,朝中大员、地方小吏,一有机会就营私舞弊,百般索求。正统时由太祖、成祖开创的倡廉反贪的传统被中断了,明朝开始由吏治清明的鼎盛时期走向纪纲扫地、贪污成风的衰落时期。

第二节 明中后期反贪斗争的新形势

一、商品经济的发展和社会风气的变化

(一) 商品经济空前繁荣

经过明初近一百年的发展,到明中后期,农业和手工业都达到前所未有的水平,在此基础上,商品经济空前繁荣。在一些经济作物种植广泛和手工业发达的地区,人民对市场的依赖性越来越大,江南的三吴地区,人民多以养蚕治丝为业,由于产品精美,吸引了各地商贾纷纷前来采购,时有"吴丝衣天下"之美称。松江府的小农以织布作为家庭副业,日成一匹,投入市场的棉布竟是"日以万计"②。浙江嘉善"地产木棉甚少,而纺之为纱,织之为布者,家户习为恒业,不止乡落,虽城中亦然。其衣食全赖此"③。为此商人们从别的地区贩来棉花卖给这儿的机户,当时有"买不

---

① 余继登:《典故纪闻》卷11。
② 宋如林:《松江府志》卷5《疆域志·风俗》。
③ 李卫:《浙江通志》卷102。

尽的松江布,收不尽的魏塘纱"①之谣。无锡"乡民食于田者唯冬二月",一到春天就阖户纺织,抱布易米,"一岁所交易,不下数十万"②。中原一些地方也出现了不少以丝绸为业者,如"鲁山、密县之取丝绸,南阳、镇平之入丝绸,俱派专人采办,运汴销售"③。其他农业、手工业产品如粮食、生丝、绸缎、甘蔗、烟草、纸张、木材、铜器、铁器、瓷器以及各种工艺品,也都大量涌进市场。连西北边疆地区,也出现了以畜牧业为主的商品生产,时人张瀚论道:"西北之利,莫大于绒褐毡裘,而关中为最。有张姓者,世以畜牧为业,以万羊称,其畜牧为西北饶,富甲于秦。"④

商业性经营现象的增多和产品商品化程度的提高,促进了地域分工的发展,加强了各地区的相互依赖和商业联系。有些地区农民以种植经济作物为主,粮食为辅,如江南湖州农民大部分种桑养蚕,山东、河南许多农民种植棉花。另一些地区则以种粮为主,如湖广。种植经济作物为主地区的粮食,就要依赖种粮地区,而手工业产品地所需要的原料又仰给于经济作物种植区,如丝织业发达的苏州、福州所需蚕丝要取给于湖州。松江地区的棉花不足本地织布业的需要,大部分要从山东、河南运来。"北土广树艺而昧于织,南土精织纴而寡于艺,故棉则方舟而鬻于南,布则方舟而鬻诸北。"⑤在这种情况下,粮食、经济作物和手工业产品都互为商品,促进了各地之间的商品交换。

明中后期商品经济的发展还表现在流通领域的活跃上。产品商品化和地域分工的发展,迫切要求扩大市场,加快商品流通。从而促进商业的繁荣与发达。明中后期的商业,其品种之多、规模之大、地域之广、资本之雄厚,是以往任何历史时期都无法比拟的。这一时期,"燕、赵、秦、晋、齐、梁、江淮之货,日夜商贩而北"⑥。商业种类从王公勋戚、官僚地主所

---

① 万历《嘉善县志》,据雍正《浙江通志》卷102《物产》转引。
② 黄印:《锡金识小录》卷1《备参》上《力作之利》。
③ 民国《武安县志》卷10《实业志》。
④ 张瀚:《松窗梦语》卷4。
⑤ 《元明事类钞》卷24引王象晋《木棉谱序》。
⑥ 《李长卿集》卷19。

用的奢侈品到手工业原料、粮食和劳动人民的日常生活用品,应有尽有,数不胜数,适应加快商品流通和扩大市场的需要。这时出现了许多挟资数万乃至百万、声势显赫的富商大贾,有的还结成帮伙,组成商帮,如徽商、晋商、江右商、闽商、粤商、吴越商、关陕商等,其中徽商和晋商尤为著名,他们的足迹遍布大江南北,甚至连穷乡僻壤都留下了他们商业活动的足迹。

　　明中后期手工业和商业的发展促进了城市经济的繁荣和市镇的兴起。这时全国各地出现了许多商业发达的城市。南北两京是全国最大的都市,"四方财货骈集","南北商贾争赴"。① 苏州自"吴阊至枫桥,列市二十里"②,绫罗绸缎、日用诸物,都可以"从其所欲"③,在这里买到。杭州"内外衢巷绵亘数十里",商贩人来人往。④ 地处运河的临清,总计"城周匝逾三十里","一城之中,无论南北货财,即绅士商民,近百万口"。⑤ 其他诸如德州、济宁、扬州、宁波、福州、漳州、西安、成都等也都是商业繁荣的城市。由于受商品经济的冲击,明中后期还兴起了许多商业性的市镇,在经济发达的江南地区这种市镇尤多。正德《姑苏志》所载该府市镇多达七十三个,万历《湖州府志》所载该府市镇,也有二十多个,这些市镇大都是在明代兴起的,如苏州的盛泽镇在明初只是一个小村庄,由于当地丝织业的发展,至明中叶发展成为一个繁荣的市镇。吴江县的震泽镇"元时村市萧条",居民只有几十家,到明成化时则增至三四百家,"嘉靖间倍之而又过焉"⑥。这些市镇大都"物阜民殷,商贾辐辏",是当地农村商业中心。另外,这时还出现了众多的集市和庙会,这是定期举行的交换场所,从首都到州县乡镇都有。城市、市镇和集市同时又是娱乐中心,如苏州除了琳琅满目的商品外,还有"戏园、游船、酒肆、茶店"⑦等。山东武城县每逢集市"歌舞剧戏之徒,各呈其技于要街,众且观且市,远近毕至,

---

①　张瀚:《松窗梦语》卷4《商贾纪》。
②　康熙《松江府志》卷54《遗事下》。
③　黄汴:《一统路程图记》,《江南水路》卷7。
④　万历《杭州府志》卷34《衢巷市镇》。
⑤　《明清史料》甲编第10本,第923页。
⑥　乾隆《震泽县志》卷4《镇市村》。
⑦　顾公燮:《消夏闲记摘抄》上。

喧声沸腾"。"人无有不喜者"。① 丰富的日用品,华贵的奢侈品和活跃的游乐场所是明代商品经济繁荣的重要表现。

(二) 社会风气的变化

明中后期商品经济的发展冲击了传统的价值观念。中国的传统价值观,在义利关系上是"重义轻利""君子言义不言利",表现在理欲关系上是"存天理,灭人欲",这种价值观是违背和压抑人性的。商品经济的发展刺激了人们的思想,而"社会大动荡"则使久被压抑的人性毫无克制地表现出来,如同洪水猛兽一般,势不可挡:礼义廉耻丧尽,人欲横流,社会失范现象严重。具体地说,其时社会风气的变化主要表现在以下几个方面。

1. 崇尚奢侈

丰富的商品刺激着人们的欲望。人们不再崇尚节俭,而是追求现实的享乐;不再满足于糊口度日,而是向往奢侈腐化的生活。不仅诸富室巨豪崇尚奢侈华丽,"贫乏者"也"强饰华丽,扬扬矜诩,为富贵容"②。人们在衣食住行、婚丧嫁娶以及各种公共场合,无不夸富逞强,攀比之风盛行。明中后期由俭变奢的生活方式在许多方面都有所表现,如在服饰方面,安徽歙县、休宁等地,"数十年前,虽富贵家,女妆只重金宝,今乃制巧样,金宝却束之不用,别用珠翠珊瑚奇巧等物"③;在房屋建筑方面,明初规定庶民住宅"不过三间、五架","不许用斗拱、饰彩色"④;家具方面,"不许僭用金酒爵,其椅桌木器亦不许朱红金饰"⑤。明中后期,这些禁令已如一纸空文,"嘉靖末年,士大夫家不必言,至于百姓有三间客厅费千金者,金碧辉煌,高耸过倍,往往重檐兽脊如官衙然,园囿僭拟公侯。下至勾阑之中,亦多画屋矣"⑥。屋内摆设也是"隆万以来,虽奴隶快甲,皆用细

---

① 乾隆《武城县志》卷14《艺文》下张君锡《兴集记》。
② 张翰:《松窗梦语》卷7《风俗记》。
③ 《歙风闲谈》第18册《歙风俗礼教考》。
④ 《明史》卷68《舆服志》。
⑤ 《明史》卷68《舆服志》。
⑥ 《客座赘语》卷5"建业风俗论"条。

器"①。在交通工具上,正德以前,官员还骑驴骑马,但嘉靖、隆庆以后,连秀才百姓都"人人皆小舆,无人骑马者"②,甚至优伶戏子之类的"贱民"也"竟有乘轩赴演者"③。

2. 拜金主义盛行

因为对市场依赖性的增强和奢侈之风的盛行,金钱的地位越来越高,拜金主义盛行。人们开始大胆地言利,拼命地追求金钱,一切向钱看成为人们的生活准则,正如诗人薛论道在《林石逸兴》卷5的《题钱》讽刺诗中所说:

人为你东奔西走,人为你跨马行舟,人为你一世忙,人为你双眉皱。细思量多少闲愁,铜臭明知是祸由,每日家蝇营狗苟。

人为你招惹麻烦,人为你梦忧魂劳,人为你易大节,人为你伤名教。细思量多少英雄,铜臭明知是祸由,一个个因它丧了。

这首诗生动地刻画了明中后期人们放纵地追求金钱的情形。在当时,人们笑贫不笑娼。原来作为四等公民的商人的地位也骤然提高,开始被人尊重。在金钱至上观念的冲击下,传统的门当户对的婚姻观念也受到了挑战,史载:"今世流品,可谓混淆之极,婚姻之家,惟论财势耳,有起自奴隶,骤得富贵,无不结姻高门,缔眷华胄者。"④这就是说人们的择婚标准不再是门第的高低,而是金钱的多少。这时婚姻索取财礼的现象也很严重,正如《名山藏》卷102《货殖记》中所说:"当时(即嘉靖以前)婚娶,但论门阀,媒妁定言,两不求备。今女家许聘,辄索财礼男家,既醮,乃论资装,稍不如意,非过期不归,则妇归见斥矣。"金钱地位的提高也冲淡了传统的人际关系,出现了许多不依名教的现象,在许多地区,"矜严礼法之家"已为数不多⑤,而是"人多轻薄习,乡无谦厚之风,长幼失序"⑥。人际交往中的功利主义色彩增强,人们不再单凭血缘关系和感情来确定

---

① 范濂:《云间据目钞》卷2《记风俗》。
② 《客座赘语》卷7"舆马"条。
③ 《巢林笔谈》卷4。
④ 谢肇淛:《五杂俎》卷14。
⑤ 李诩:《戒庵老人漫笔》卷3。
⑥ 《古今图书集成·明伦汇编·交谊典》卷26《乡里部》。

亲疏远近,而是"渐加以货币,遂至视多寡为厚薄"①。

(三) 教育思想背离传统的儒家学说

明中叶以前,学校、家长无不把"修身、齐家、治国、平天下"的儒家匡世济民思想灌输给学生。以这种思想培养出来的官吏,很大一部分能够洁己爱民,纵然有贪污腐化分子,也总是遮遮掩掩,为大多数士大夫所唾弃。但明中叶后,教育思想与传统的儒家思想发生背离,"千钟粟""黄金屋"之类的逐利思想不胫而走,当时师长之教导,朋友之规劝,妻子亲人之期望,莫不以逐利为目的。谢肇淛曾说:"今之教子读书,不过取科第,其于立己不问也。故子弟往往有登庑仕而贪虐恣睢者,彼其以为幼之受苦楚,正为今日耳。志得意满,不快其欲不止也。"②黄省曾也认为:"今之人也,操觚以试,竞先以取,莫不群然思高其家者也。"③万历时期的内阁大学士沈鲤认为:由于逐利思想作祟,"以故后学小生,当其蒙养未雕未琢,已先以富贵利达,荣身饱家之计薰渍其心胸肺腑,由斯以往,何所不至"④。王世贞更是直言不讳,认为当时的士子"莫不以仕为贾"⑤。由于教育思想的背离,为官发财似乎已成为天经地义之事,贪的财物多便为同事所羡慕、赞叹;偶遇清正廉洁之士则"以迂腐诮之"⑥。

二、明中后期贪污受贿面面观

明中后期社会风气的变化,影响了当时的官场风气。明初,官场风气还比较淳厚,纵有贪秽行径,也是"暮夜而行,潜灭其迹,犹恐人知"⑦。但明中后期,尤其是嘉靖以后,情况就截然不同了。当时"仕途如市,入仕

---

① 《古今图书集成·明伦汇编·交谊典》卷3《交谊部》。
② 谢肇淛:《五杂俎》卷13。
③ 黄省曾:《客问》。
④ 沈鲤:《亦玉堂集》卷6《沈氏家训序》。
⑤ 王世贞:《觚不觚录》。
⑥ 冯从吾:《少墟集》卷17《大参李公》。
⑦ 王廷相:《浚川奏议集》卷9《天变自陈疏》。

者如往市中贸易,计美恶,计大小,计贫富,计迟速"①。为保住官位和谋求升迁,下级对上级极尽阿谀奉承之能事,官场中的吃喝风愈演愈烈,上下级官员之间"具糖席,张嬉乐,具宾主纵饮,夜分而罢"②。明人谢肇淛在记述当时官场吃喝风时说:官吏和富豪巨室"穷山之珍,竭水之错,南方之蛎房,北方之熊掌,东海之鳆炙,西域之马奶,真昔人所谓富有小四海者,一筵之费,竭中家之产不能办也"③。送礼行贿,公然进行,所谓"纳贿受赂,公行无忌"④,"无官不赂遗","无守不盗窃"⑤。万历年间的除夕时节,南京城中给兵马司送礼的人竟然挤满了道路,以致"食盒塞道,至不得行"⑥。明中后期的官场已彻底成为贪污的渊薮,腐败的巢穴。为了进一步了解明中后期贪贿风气之全貌,我们有必要对各类官吏的受贿贪污状况以及行贿者的"伎俩"等再作分别论列。

(一) 贪得无厌的皇帝

在封建社会,皇帝拥有至高无上的权力,但是在财政上,明代皇室的财政开支一般由内承运库供应,同户部太仓库、光禄寺库等国库分开。明中后期的皇帝大都是贪得无厌之徒,他们不满足于内承运库的巨额钱财,常常勒取国库银两。如隆庆帝就经常把贪婪之手伸向国库,隆庆三年(1569年),他要求户部"取太仓银三十万两进内用"⑦,户部尚书、内阁首辅等朝臣纷纷上疏反对,最后隆庆帝不得不让步,但仍"取十万两以济急用"⑧。以后他又连续几次攫取太仓库和光禄寺库的银两,户部尚书刘体乾还曾因未能按额解进隆庆帝所索取银两而被勒令致仕。⑨ 明神宗更是

---

① 《周忠介公烬余集》卷2《与朱德升孝廉书》。
② 王世贞:《觚不觚录》(四库全书本)。
③ 谢肇淛:《五杂俎》卷11。
④ 王廷相:《浚川奏议集》卷9《天变自陈疏》。
⑤ 《日知录》卷13"名教"条。
⑥ 何良俊:《四友斋丛说》卷12。
⑦ 《明穆宗实录》卷31。
⑧ 《明穆宗实录》卷31。
⑨ 《明史》卷214《刘体乾传》。

爱财如命,史载他"惟利是图,视金钱珠玉为命脉"①。为满足自己的贪欲,明神宗多次向太仓库、光禄寺库和太仆寺库索取帑金。万历六年,他以采办大婚珠宝为名,令户部太仓库增进二十万两给宫廷内库,并视之为定额,令太仓库每年照例进上。② 万历十二年八月谕兵部取"太仆寺马价银十万两应用"③。万历十六年,以"圣节阅陵,赐赏繁多,内库不给"为由,"令太仓银二十万进用",户部尚书宋勋以"帑银缺乏"要求免进,神宗没有答应。④ 由于神宗贪得无厌地攫取国库银两,加之宁夏、朝鲜、播州先后用兵花去大量军费,致使太仓、光禄寺、太仆寺银括取几尽,国家财政陷入绝境,被迫加征加派。更为荒唐的是,作为富有四海的皇帝竟干起索贿受贿的勾当。正德时,武宗听信刘瑾之言,收取中官贿赂,"将天下镇守(太监)取回,新用者论地方大小,借贷银两进献,即得差用","内官韦兴、齐玄等皆先朝犯赃问发,亦贪缘差出分守",这些新用镇守太监因向皇帝送了贿赂,"所至剥削民财,全无顾忌"。⑤ 万历时,东厂太监张鲸因横行无忌、作恶多端而被朝臣弹劾,张鲸便用大批财宝贿赂神宗,结果张鲸不但未受到惩处,而且仍掌东厂,继续为恶。给事中李沂大为不满,再次弹劾张鲸,并将神宗受贿枉法的丑闻全盘揭了出来,结果受杖责并革职为民。对此大理寺评事雒于仁上疏予以揭露,说神宗"传索帑金,括取布帛,甚至拷问宦官,有献则已,无则谴怒,李沂之疮痍未平,而张鲸之赀贿复入,此其病在贪财也"⑥。从此奏疏中我们还可知道神宗经常向身边的宦官索取钱财。著名明清史专家孟森先生曾这样评论明神宗的贪财:"帝王之奇贪,从古无若帝者。"⑦从以上材料可知,这种评论是恰当的。

---

①　《明史》卷 267。
②　《明神宗实录》卷 153。
③　《明神宗实录》卷 152。
④　《明神宗实录》卷 202。
⑤　陈洪谟:《继世纪闻》卷 1。
⑥　《明史》卷 234。
⑦　孟森:《明清史讲义》《神宗之荒怠》。

(二) 赃贿惊人的内阁大员

明英宗之后,阁权渐重,尤其是嘉靖、隆庆和万历前期,内阁首辅的权力凌驾于六部之上,较之过去的宰相有过之而无不及。随着吏治的败坏,内阁首辅往往利用手中的权力大肆贪污受贿。他们或是干预六部事务,卖官鬻爵、贪赃枉法、侵吞公款、收受贿赂,或是纵容家人霸占官民田地,种种手段不一而足。

严嵩可以说是利用首辅之权大肆贪污的典型。严嵩,字惟中,号介溪,江西分宜人,弘治十八年(1505 年)进士。他善于柔媚奉迎,深得嘉靖帝宠信,因此仕途通达。嘉靖二十一年(1542 年)八月,严嵩击败自己的政敌夏言,入直文渊阁,并于二十三年成为内阁首辅。他位踞要津二十多年,唯知一意媚上,招权纳贿无孔不入。史载"严嵩之纳贿,实自古权奸所未有"①。他倒台后,籍没其家产,得金三万二千九百六十两,银二十六万五千五百两,其他珍宝玉器无数,超过了皇室珍藏。这些家产大部分是贪污受贿而来。关于严嵩籍没时的家产在隆庆年间田艺蘅的《留青日札》中有翔实的记载,清人也根据嘉靖年间的"严嵩籍没册"残本重录成帙,成为一本长达数十页,题名为《天水冰山录》的专著。现将严嵩贪污受贿分类述之。

1. 卖官鬻爵

早在任礼部尚书期间,严嵩就利用考选译字生的权力,向考生索取贿赂,只有按价纳贿方能选中,最初所定价格不高,后来见行贿者特别多,就提高了价格,着实发了一笔大财②。交城王朱枫死后无子继承,从弟辅国将军朱柵图谋承袭其爵,于是派人向严嵩贿赂白银三千两,又买通了礼部仪制司令史徐旭等人,遂得以袭位。永寿王朱秉榥死,王位本应由其嫡孙怀墥承袭,但其庶子惟熼以白金三千两贿赂严嵩,抢得了王位继承权。后来,朱秉榥之母上诉告严氏贪赃枉法,御史叶经亦上疏弹劾,但严嵩已得到嘉靖帝的宠爱庇护,安然无恙。③ 这就更助长了其贪欲。严嵩担任首

① 赵翼:《廿二史札记》卷 35《明代宦官》。
② 《明史纪事本末》卷 54《严嵩用事》。
③ 《明史纪事本末》卷 54《严嵩用事》。

辅后更是肆无忌惮地卖官鬻爵,他先是攫取官吏选授大权,牢牢地控制了吏、兵二部,"以吏兵二曹为外府,稍不当意,或诛或斥,二曹事之如椽吏之对官长,奉行文书而已"①。吏部尚书李本、吴鹏、欧阳必进等皆仰严嵩及其子严世蕃之鼻息,兵部尚书许论"一切将帅黜陟、兵机进止,悉听世蕃指挥"②。更有甚者,"吏兵二部选官,各持簿任嵩填发,俗名文选郎万寀为'文管家',武选职方方祥为'武管家'"③,控制了吏、兵二部,便为严嵩父子卖官鬻爵铺好了道路。当时"官无大小,皆有定价"④:州判三百两,通判五百两;指挥三百两,都指挥七百两;御史、给事中分别为五百两和八百两,也有增至千两者⑤。吏部掌握人事任免升黜大权,故价格最高,吏部郎中、主事三千两,后增至一万二三千两⑥。严世蕃"熟谙中外官饶瘠险易,责贿多寡,毫发不能匿"⑦。上至朝廷要员,下至地方大小文武百官的选授和升迁,不论贤否廉贪,唯以行贿的多寡而定高低。贿金多者,"择官选地,取如探囊,朝求暮获,捷若应响"⑧。官吏的买卖也受供求关系影响并引入了竞争机制,如某官众人竞相购买,价格会陡增,严氏收入自然也会大大增加。当时"不肖者奔走其门,筐篚相望于道"⑨,"副封苞苴,辐辏其户外"⑩,替他"交通赃贿,为之关节者不下百余人"⑪。只要行贿足够,立时即获升迁。项治原向严世蕃行贿一万三千两,立即由刑部主事转为吏部主事;⑫举人潘鸿业以二千二百两白银得山东临清州知州;⑬武臣仇鸾因贪虐被革职,以重金贿赂严嵩父子,重新被起用,"复太

① 沈德符:《万历野获编》卷9"阁部轻重"条。
② 《明史》卷186《许论传》。
③ 吕毖:《明朝小史》卷12《嘉靖纪》"文武管家"条。
④ 于慎行:《谷山笔麈》卷5《臣品》。
⑤ 沈元:《皇明从信录》卷32。
⑥ 王世贞:《嘉靖以来内阁首辅传》卷4《严嵩传》。
⑦ 《明史》卷308《严嵩传》。
⑧ 《明世宗实录》卷513。
⑨ 《明史》卷308《严嵩传》。
⑩ 《明史纪事本末》卷54《严嵩用事》。
⑪ 《明经世文编》卷329邹应龙《贪横荫臣欺君蠹国疏》。
⑫ 《明经世文编》卷329邹应龙《贪横荫臣欺君蠹国疏》。
⑬ 《明经世文编》卷329邹应龙《贪横荫臣欺君蠹国疏》。

子太保,镇守大同"①;已被罢职的李凤鸣贿银二千两,复得起用,出任蓟州总兵;②总兵郭琮因年老无能被罢免,向严嵩行贿白银三千两,得到负责漕运的美差。③

2. 贪赃枉法

严嵩还收受罪臣贿赂,干预司法事务,庇护罪犯。只要向严氏行贿,无功可受赏,有罪可免罚。伊王朱典楧肆虐不法,阴谋作乱,言官屡屡弹劾,要求依法严惩,伊王见大祸临头,便向严嵩父子行贿白银十万两,得其庇护。④ 王汝孝犯法,贿银三千两得免死。⑤ 就连抗倭名将俞大猷都曾因被诬陷战事失职下锦衣卫狱,借银三千两贿赂严嵩得免死罪。⑥ 对于遭其陷害的大臣,严嵩是既要他钱财,又要他性命。夏言妻父苏纲被逮后,严嵩父子向苏纲之子勒索白银一万二千两和庄房一处;⑦江南总督张经被逮后,向其行贿五千两,但结果都未能保住性命,落得人财两空。由于首辅严嵩的贪赃卖法,致使朝廷内外是非混淆,法纪荡然。

3. 侵吞军饷

严嵩还把魔爪伸向了边饷军费。严嵩贪污军费的数额之巨令人瞠目。史载户部所发粮饷"朝出度支之门,暮入奸臣之府,输边者四,馈嵩者六"⑧,边军岁饷百万"强半赂嵩"⑨,致使内府所藏"不足支诸边一年之费",而严氏所积"可支数年"⑩。严嵩侵吞军饷主要是通过军官的贿赂,当时大小军官都克扣银两,多者巨万,少者数千,名为"买命"。军费开支在当时成了一个无底洞。军费被大量侵吞,不仅使军事支出大为增加,而且严重地败坏了边防。

---

① 《明通鉴》卷59。
② 《明通鉴》卷59。
③ 《明通鉴》卷59。
④ 王世贞:《弇州史料后集》卷36《纳伊王贿》。
⑤ 《明史纪事本末》卷54《严嵩用事》。
⑥ 《明史纪事本末》卷54《严嵩用事》。
⑦ 夏言:《夏桂州文集》卷14《秦辩奸邪大臣明谋诬陷欺罔疏》。
⑧ 《明史》卷210《张翀传》。
⑨ 《明史》卷210《董传策传》。
⑩ 赵翼:《廿二史札记》卷35《明代宦官》。

严嵩积累起巨额的财富,"富甲天下"。就连其家奴严年家资都达数十万。严年生性黠狡,被严世蕃委以腹心,严世蕃卖官鬻爵,严年专管收钱,十取其一。[①] 因此他的家资也是贪污而来。严嵩父子利用搜刮来的钱财尽情挥霍,奢侈无度,过着荒淫无耻的生活。严氏"以为不若是则权不足以胁人,富不足以甲众"[②]。严世蕃的两个儿子严鹄、严邵康"一年尽费二万金,尚苦多藏无可用处"[③]。严氏"凡穷海之错,极陆之毛,绝域之所产,人间之所无,罔不毕至,以供宴饮"[④]。他们睡象牙之床,围金丝之帐。严世蕃有姬妾三十多人,奴婢更是不可胜数,整日纵情声色。

徐阶、高拱、张居正是地主阶级的改革派,应该说是比较有远见的,但他们也同样有不同程度的贪贿劣迹。如徐阶"大治产业,黩货无厌,越数千里开辅店于京师,其子揽侵起解钱粮,财货将等于内帑,势焰熏灼于天下"[⑤]。高拱也曾经把世宗西苑里的器具窃出,而"其门生、亲串颇以贿闻"[⑥]。张居正在辽王被废之后,将其府第占为己有。先后任湖广巡抚的汪道昆、赵贤等为讨好他,用公款为之营建私第,张居正也欣然接受。《明史》说张居正"自夺情后益偏恣,其所黜陟,多由爱憎、左右用事之人,多通贿赂"[⑦]。张居正家产被籍没时,折价约金银 19.58 万两,另有良田八万余顷。[⑧] 其家产虽不及大贪官严嵩,但也相当可观,其贪贿之状由此可见。此后的内阁大学士在贪赃方面更是有恃无恐。如大学士张位据《万历邸抄》载,"黩货如蝇,每次讨缺不下数十,多者千金,少者数百金";沈一贯也以纳贿闻名朝野,家中"货财如山,金玉堆积";朱赓更是贪婪,贪污受贿使其暴富,以至于"富至八百万"[⑨]。御史钱一本说:"以远臣为

---

① 《明经世文编》卷 329 林润《贪横荫臣欺君蠹国疏》。
② 佚名:《天水冰山录·序》。
③ 田艺蘅:《留青日札》卷 35《严嵩》。
④ 《明经世文编》卷 296 王宗茂《纠劾误国辅臣疏》。
⑤ 高拱:《高文襄公文集》卷 26。
⑥ 《明史》卷 213《高拱传》。
⑦ 《明史》卷 213《张居正传》。
⑧ 参见佚名《天山冰水录》附录《籍没张居正数》。
⑨ 陈鼎:《东林列传》。

近臣府库,又合远近臣为内阁府库,开门受贿自执政始。"①所谓"远臣"当指地方上各级官吏;"近臣"则指京师各衙门官吏,他们都向内阁大学士行贿。由此可见内阁大学士受贿的机会最多,范围最广,首辅是全国官僚贪污集团的核心。

(三) 京官、地方官贪赃种种

明制规定,地方官三年一次进京朝觐,向中央汇报工作,并接受考察。这时是京官们发财的大好时机,各地方官吏纷纷向他们行贿,因此明人把朝觐之年称为"京官收租之年"②。新官上任也要向京官行贿。由于当时贿赂之风的盛行,京城竟出现了一批专门向新任和朝觐官吏放债的高利贷者,时人称之为"京债"。如某州新太守上任时,"只身而来,有京债十人随入衙中"③。利用地方官朝觐和新官上任收取贿赂是大部分京官通行的敛财手段。除此之外,各部还有自己独特的贪污纳贿方式。吏部利用对官吏的人事任免和考核大权大肆收受贿赂,官吏的升迁降黜经常不是取决于政绩的优劣,而是行贿的多寡,如正德时的吏部尚书张綵以不时考察内外官,多方纠摘的办法,大力索贿,"变乱旧格,贿赂肆行,海内金帛奇货相望涂巷间"④。天启年间的吏部尚书周应秋公然按官职大小索价,整日忙着"与文选郎李夔龙鬻官分贿"⑤,据说每天可得贿银一万两,人称"周日万"⑥。崇祯元年吏科给事中韩一良的奏疏充分而生动地反映了吏部官员的贪赃和腐败:

> 臣所闻见,督抚也,非五六千金不得;道府之美缺,非二三千金不得;以至州县并佐贰之求缺,各有定价;举监及吏承之优选,俱以贿成,而吏部之始进可知也。至科道亦半以此得之,馆选亦然。⑦

---

① 《明史》卷 231《钱一本传》。
② 《海瑞集·兴革条例》。
③ 杨士聪:《玉堂荟记》。
④ 《明史》卷 306《张綵传》。
⑤ 《明史》卷 306《周应秋传》。
⑥ 文秉:《先拨志始》。
⑦ 谈迁:《国榷》卷 89。

这些花钱买官的士人并没有点金之术，要把行贿的钱捞回来，必然在其任职期间横征暴敛，贪污受贿。兵部尚书梁廷栋的上疏就反映了官员的这种心态和行为："今日闾左虽穷，然不穷于辽饷也。一岁中，阴为加派，不知其数。如朝觐、考满、行取、推升，少者费五六千金。合海内计之，国家选一番守令，天下加派数百万。"①户部掌管全国最高财政大权，吃钱粮回扣，而且大小官吏互相勾结，通过多收少纳、虚报支出数额、涂抹册籍、窜改账目、埋没侵欺等手段捞取钱财。崇祯年间，户部仅将辽盐每年引价四万余两尽数瓜分一项，"计二十余年，诳匿可百万金"②。礼部素称"清水衙门"，但礼部掌握着科举和部分外交大权，他们除利用科举考试收受贿赂，徇情舞弊外，还利用外交大权，把贪婪之手伸向国外。成化七年（1471 年），礼部郎中彭彦允向朝鲜使者"求请人参十斤"③。嘉靖十七年，朝鲜的圣节使许宽出使明朝，明朝的礼部郎中白悦、吴希孟等人向其"又求见砚面、刀子、铜器等物，欲送价买之"④。这里虽说是"欲送价买之"，实际上是冠冕堂皇之语，这从朝鲜使者的话中也可看出："臣（按：指许宽）处置为难，以臣所持砚五面、弓四张、行器刀子送于吴天使。"⑤退一步说即使真的是向朝鲜使节购买物品，在多数情况下也是强行低价购买，在《朝鲜李朝实录》中有许多关于中方使者强行买卖的记载。为获得更多的赏赐或是使两国外交问题顺利解决，朝鲜使者还经常主动向礼部及其他有关官员行贿，否则，礼部便会多方设置障碍，甚至连"一睹圣颜"的机会都没有，更谈不上得到赏赐了。由于中朝交往频繁，朝鲜使者对明后期的贪污腐败之风也有着深刻的了解，如嘉靖十八年，朝鲜进贺使柳仁毅回国后向其国王说："……今时皇帝如此，朝廷又无廉耻之士，故求请如此，岂无识者非之？……凡求请公然，少无廉耻，以此见之，朝廷无纪纲，士风尽坠矣。"⑥礼部官员及不法使者的贪污受贿行为，损害了明朝"天朝

① 《明史》卷 257《梁廷栋传》。
② 李清：《三垣笔记》附识中。
③ 吴晗辑：《朝鲜李朝实录中的中国史料》卷 9。
④ 吴晗辑：《朝鲜李朝实录中的中国史料》卷 20。
⑤ 吴晗辑：《朝鲜李朝实录中的中国史料》卷 20。
⑥ 吴晗辑：《朝鲜李朝实录中的中国史料》卷 21。

大国"的形象,是中外交往史上的一个污点。兵部掌管全国军政,负责武官的选授、升迁和考核及兵器的制造和管理。在武官的任用方面,也是"未用一官,先行贿赂,文武俱是一般"①。刑部掌握着全国最高司法刑狱大权,贪赃枉法,吞没赎款是其敛财的重要手段。工部更是大有油水可捞,他们或冒报工役人数、虚报工期、克扣工匠,或利用兴建工程从中渔利,如正德年间的工部侍郎赵经督乾清宫工,"干没帑金数十万"②。正德十年(1515年)七月建太素殿,参与其事的"中外(官)因缘为利,权奸奄人所建庄园、祠墓及香火寺观皆取给于此"③,这些官员大部分是工部或工部派遣的官吏。嘉靖年间,工部尚书赵文华将建造西苑新阁的工部大木,半为自己建宅,以致新阁"不以时告成"④。"代天子巡狩"的巡按御史本来负有纠举惩治贪墨的职责,明中后期却成为贪污受贿的一支主力军。史载"使者所至,有司公行贿赂,剥上媚下,有同贸易",他们对于"民间疾苦不问一声,邑政长短不谈一语"⑤,"所荐者大贪大恶,而其所劾者小贪小过"⑥。万历四十二年(1614年),两淮巡盐御史竟"赃私计数十万"⑦。

上行下效,地方官吏也都大肆贪贿。督抚和布按二司之类的大僚主要是收受州县官吏的贿赂。贪污钱粮是州县官吏敛财的主要手段。明代地方财库中都有"存余考积",即一地岁粮中除起运、存留外,剩余米若干、银若干,作为当地的储存,以留待额外的派征。除此之外,地方还有羡余银(即加耗粮或加耗银)、部分赃罚银和契约银等,所有这些都成为地方上的"小金库",由府州县自由安排使用,属于地方政府的机动资金。明初,由于吏治清明,这部分资金一般都能得到合理的使用,如"存余考积"除留待额外派征外,"如仍有存余则归入下年度纳粮数内,偶遇减征

---

① 孙承泽:《春明梦余录》卷48。

② 《明史》卷307《钱宁传》。

③ 《明通鉴》卷46。

④ 《明史》卷308《赵文华传》。

⑤ 吕坤:《实政录》卷1《守巡道之职》。

⑥ 张萱:《西园闻见录》卷93《巡按》。

⑦ 《明神宗实录》卷520。

之类,以此补足"①。但明中后期随着吏治的腐败,州县官吏明目张胆地把这部分资财据为己有。为了能攫取更多的财货,贪官污吏肆意增加税额,"指一科十",增加的这部分完全落入他们的腰包。一条鞭法实行后,虽然简化了赋税征收手续,有利于防止粮长和胥吏的贪污,但地方官吏的加耗更重了,"有一两而加二三钱者。贫民粮少,无不加倍,或父子不许合封,所得尤多。故有司鲜不立富者"②。有的官吏还直接窃取官府帑金,如万历年间的山东邑昌令孙鸣凤"居官贪鄙,窃取帑金"③。当某地发生灾荒时,朝廷一般要蠲免部分或全部税粮,或发放救济物资,但有些州县官吏仍照原额征收,甚至侵吞救灾物资。如万历年间,三吴地区发生灾荒,朝廷派人携内帑万余金前往救济,但"民不沾实惠,却被有司里长干没了"④。明代预备仓所储米粮本属备荒备灾物资,粮米来源主要是劝纳粮入仓、赃赎得粮入仓或是官钱籴粮入仓等。明中后期,预备仓也成为地方官吏侵吞的对象,当罪犯纳赎上仓时,"官吏斗级留难,以营分例"⑤,嘉靖十二年,户部尚书许瓒也说:"郡县赎锾引税多干没无稽。"当政府出资籴粮时,大小官吏也乘机贪赃舞弊,"而折半平籴,半归无有,充贪吏之囊橐,供猾胥之渔猎"⑥。在司法处理方面,州县官吏是大肆收受贿赂,贪赃枉法,如荆州府推官魏钊,"尝往夷陵州检尸……受贿四百金,使死者含冤之极"⑦。云南定远县一富翁死,"其妻掌家,所遗数万金尽匿不与",富翁之弟上告,并密嘱县吏狄某说:"追得若干,愿与中分。"结果狄某为贪财而将富翁之妻"酷刑拷讯,至以铁钉钉足,滚汤浇乳"⑧。贪残之极由此可见。明中期连为人师表的教官也贪赃受贿,如正德年间,归安人林克正做某县教谕时,"通关节,得贿甚多",沛县教官王名辅,"所积俸赀并诸生

---

① 《明史》卷78《食货志二·赋役》注。
② 《春明梦余录》卷48。
③ 于慎行:《谷山笔麈》卷10《明刑》。
④ 李乐:《见闻杂记》卷3。
⑤ 俞林:《义仓考》,《守山阁丛书·史部荒政丛书》卷9。
⑥ 王道纯:《积谷疏》,《古今图书集成·经济汇编·食货典》。
⑦ 陈良谟:《见闻纪训》卷下。
⑧ 陈良谟:《见闻纪训》卷下;潘士藻:《闇然堂类纂》卷5。

馈遗亦有六百金",而他还算是清廉之士,因此为时人陈良谟所称道。①

(四)胥吏之贪

在中国封建社会里,官僚系统中除具有行政决策权的官员外,还有负责承办具体事务的吏员,或称胥吏。明代吏员名目繁多,有"掾史、令史、书吏、司吏、典吏,后又设提控、都吏、人吏、胥吏、狱典、攒典"②。元代吏员舞弊现象严重,虽然明初的反贪风暴使胥吏有所收敛,但不可能改变胥吏贪赃舞弊之积习,至明后期更为严重,甚至把持官府,无恶不作。沈德符说户部胥吏"视官长犹木偶"③,朱国桢说吏员"甚者,把持官长,代送苞苴"④,足见一斑。在经济事务中,胥吏利用造册和征收钱粮、管理仓库等便利,收受贿赂、放富差贫、窜改赋税征收簿、贪污税粮,或是监守自盗。如每当十年一度的大造黄册时,户房吏和驾阁吏往往"飞洒欺隐,百端做弊",他们收受士豪贿赂,将其二三十丁报作四五丁,从而把赋役转到贫户头上,正如《新乐县志》所载:"至于土豪武断之徒,有密嘱奸胥、私为藏免者,若而村每差使骤至,官员据吏之票西抹东涂。"⑤各里社在造完黄册后要交户房和架阁库,户房吏和驾阁吏便乘机索贿,不遂则百般刁难,甚至将册籍退回重造。为了避免刁难,各里社皆要贿赂吏典,久而久之,这项贿赂便成为一项常例。征解钱粮时,吏员又往往巧立名目,擅增赋税,又有"大产狡猾者,辄贿嘱吏书,如名下应完银百两,止将十两应比,余悉皆诡匿不登簿案"⑥。胥吏还"假提堪合,盗支料价银",如成化、弘治年间,华亭县吏潘祯等人就通过这种手段,"通同松江府吏诸昂、书手黄棠等盗支官银陆百余两"⑦。养济院本来是明代抚恤孤老残疾之人的福利机构,胥吏也染指其间,他们虚报冒领,肆意克扣养济院钱粮。如嘉靖年

---

① 陈良谟:《见闻纪训》卷下。
② 《明会典》卷7《吏部》6。
③ 《万历野获编·补遗》卷3。
④ 朱国桢:《涌幢小品》卷11"禁入试"条。
⑤ 万历《新乐县志》卷8《续贡赋志》。
⑥ 《明经世文编》卷397《赵文毅文集·议平江南粮役疏》。
⑦ 《明条法事类纂》下卷第18页。

间,浙江武康县养济院,"凡给衣与粮也,有不及数而莫尽其惠者焉,半杂糠秕,虽惠无实也"①。武进县养济院被收人员中,"有家资百数金者,有父子俱在者,有子孙并居者,有夫妻同处者,有人死而名实存者,即前后销名,有以一人而当二人者,有以一名而销三名者"②。

在行政事务中,吏员僭权越位,把持官府,伺机收受贿赂。如朝觐考察时,"专论考语,密封投递","风宪不能以自知也,而惟取之委官,委官不能以自知也,而复凭之吏卒,毁誉多出于爱憎之口,伪妄緣于事体之疏,贿赂可以潜通,贤否竟至淆乱"。③ 可见考察大权实际上已为胥吏们所掌握,他们完全以行贿多少来决定官吏的升降去留。

在司法事务中,吏员也和州县官吏一样,贪赃枉法、草菅人命。如天顺八年(1464 年)五月,直隶全椒县人宋绶侵欺料价银二百四十余两,被御史拿送本县收监,结果刑房吏典王纲收受宋绶一百六十贯贿赂而将其卖放。④ 负责管理囚卒的吏员还对囚犯百般刁难,以榨取贿赂,"囚犯初入狱,驱之湿秽地,索钱,不得钱不与燥地"⑤。由于州县官吏在审案时唯知行刑逼供,"民间词讼左证干连之人,一问失对,辄用夹棍",于是行刑的皂隶便向受刑之人索钱。史载:"皂隶索杖钱,稍不如意,遂以夹棍之短而硬者,横其足而夹之,往往成跛折残废。"⑥更有丧尽天良之辈,接受狱囚仇家的贿赂,将狱囚"谬以疾申,不数日辄报死,实杀之也"⑦。

总之,明中后期的吏员已廉耻丧尽,他们"每以得利为夸,惟以得利为夸"⑧,"朝穿青衣而入,暮各持金而回"⑨。无怪乎时人说:"未有三代读书而不发科第者,未有三代为吏而不问充军者。"⑩

① 嘉靖《武康县志》卷 5《艺文》上《惠鲜厅记》。
② 万历《武进县志》卷 3。
③ 《明经世文编》卷 251 王邦直《陈愚衷以恤民穷以隆圣治事》。
④ 《明条法事类纂》卷下"置簿查考词状以革吏弊"。
⑤ 郑瑄辑:《昨非菴日纂二集》卷 2《种德》。
⑥ 叶权:《博贤编》,第 31 页。
⑦ 《涌幢小品》卷 12《申文鬼杀》。
⑧ 《海瑞集·兴革条例》。
⑨ 李乐:《见闻杂记》卷 5。
⑩ 李乐:《见闻杂记》卷 11。

（五）军官贪污纳贿的方式

概括起来，军官将领的贪污纳贿主要有以下几种方式：

侵吞军饷。嘉靖年间，户部所拨军饷大部分被将领贪污。山西行都司同知黄镇侵盗库银达千两以上。① 除克扣士兵粮饷、侵盗库银外，将官还冒领军饷。明代军人的地位非常低下，因此经常发生士兵逃亡现象，明中后期，随着军屯的破坏，士兵逃亡现象更为严重。士兵逃亡或死亡后，将官都不及时上报，即将其粮饷，据为己有，这种现象又叫坐吃"空饷"。天启年间，毛文龙在皮岛时就通过这种方式冒领"饷银数十万"②。有的将官为冒领更多的军饷，竟然故意放纵士兵逃亡。

侵占屯田。明中叶后，军屯日益破坏，大小军官都大肆侵占屯田。陕西榆林地区的管屯官"侵夺屯田，隐占为业，祖孙相继，盘踞自如，凡应纳屯粮，悉置诸度外"③。英宗时指挥田礼等"侵占屯地四千一百二十七顷有奇，递年不输子粒"④。

收受贿赂。下级军官的升迁在很大程度上取决于上级军官，为此在军政腐败的明代中后期要谋求升迁必须贿赂上级军官。此外，军官还有一项经常性贿赂收入——"买闲"，即每个军士月给将官纳二百余钱，便可不操不点，名正言顺地去干其他营生。就连马匹也可以"买闲"，即每匹马月纳三百余钱，便可拉去搞运输营利。明中后期"买闲"银已成为军官的一项常例。负责缉捕私盐贩子的军官，还可收受商人贿赂，包庇甚至纵容帮助盐贩子。史籍有很多军官"往往受财故纵"⑤，"往往接受盐徒财物，护送私盐出境"⑥之类的记载。

占役。士兵本是为国家服兵役的军事人员，但明中后期，军队将官及其他各衙门官员都私自役使军士，称为"占役"。景泰年间，内官弓胜经

① 《明世宗实录》卷112。
② 《崇祯长编》卷22。
③ 《明经世文编》卷359庞尚鹏《清理延绥屯田疏》。
④ 《明英宗实录》卷123。
⑤ 《明宪宗实录》卷44成化三年七月壬午条。
⑥ 《明条法事类纂》。

常让将官给他调拨军士管庄屯田,①将官平时盖房治第、营缮运输也都役使士卒。

除上述种种贪污手段外,各级军官还利用职权侵吞其他军用物资。如天启年间,山海关"营房每间价六金,镇将侵克费不五六钱;马料苇克,十扣其半"②。掌管军器制造的官员则侵吞料价银,致使造出的兵器不合格,"(甲)中不掩心,下不遮脐,叶多不坚,袖长压肩,全不合式";"盔太重";"弓力不过一二斗,矢长不过七八把,平昔尚不能射远,加以披甲在身,手不能举"。"射只不过数十步而止","刀尤短小,亦无锋刃"。③

(六) 宦官贪污纳贿的状况

明代还有一个特殊的官僚群体——宦官。他们寄生在封建皇权肌体之上,是封建官僚中最腐朽的势力。加之其权势已延伸到政治、经济、军事、外交等各个领域,因此在贪污纳贿方面不仅较之一般官吏更为恶劣,与其他封建王朝相比也是有过之而无不及。下面对明代中后期宦官的贪贿状况,略加叙述。

武宗即位之初,就亲信以刘瑾为首的宦官势力,刘瑾和谷大用、魏彬、张永、邱聚、罗祥等八大太监专权用事,时人谓之"八虎"。"八虎"之中刘瑾最得皇帝宠信。早在武宗为太子时,刘瑾就侍奉东宫,深得宠信。武宗即位后不久,以刘健、谢迁和李东阳为首的正直官僚为剪除宦官势力,发动科道官对其进行弹劾,并与九卿诸大臣一起上疏要求对以刘瑾为首的宦官"明正典刑"④,但与太监素有勾结的吏部尚书焦芳告密,使刘瑾等以"哭泣外交"打动明武宗,并反咬一口,陷害正直的宦官王岳。结果这次弹劾和上疏非但未能处掉"八虎",刘瑾反而被任命为司礼监太监,马永、谷大用分掌东厂、西厂,刘健和谢迁被迫"致仕"。刘瑾任司礼监太监后,进一步党同伐异,提拔亲信,排斥异己。他任命焦芳为文渊阁大学士,入

---

① 《明臣奏议》卷 3 叶盛《劾内官弓胜疏》。
② 《国榷》卷 86。
③ 《明臣奏议》卷 8 马文升《修饬武备疏》。
④ 《明通鉴》卷 41。

阁预机务,又提拔刘宇为兵部尚书。为打击正直派官吏,刘瑾还以皇帝的名义颁旨,将刘健、谢迁、韩文等五十六人列为"奸党",强他们致仕或将其削职为民①。对其他异己者,刘瑾也决不放过。如翰林院修撰何塘"独亢直不附(刘)瑾",于是刘瑾将其降为开封府同知。② 前南京右副都御史雍泰是刘瑾的同乡,刘瑾授意吏部尚书许进将雍泰"复起原职,提督操江",后又升为南京户部尚书,但是他不阿附刘瑾,于是被强迫致仕。③ 为进一步窃取大权,刘瑾还千方百计引导武宗寻欢作乐,又故意在武宗玩得上瘾时将一大堆公文章疏摆到他跟前,这时,武宗便厌烦地说:"吾用尔何为?乃一一烦朕耶!""自是(刘)瑾不复奏,事无大小,任意剖断,悉传旨行之,上多不之知也。"④通过种种手段,刘瑾掌握了朝中大权,时人呼之为"立地皇帝"⑤。

刘瑾擅权后,大肆收受贿赂,贪赃枉法,无恶不作。在司法事务中,由于刘瑾的干预,秉公执法者往往遭其迫害,这类例子俯拾皆是。魏国公徐俌抢占无锡百姓田地,百姓诉至官府。右副都御史、南京巡抚艾璞不避权贵,秉公执法,把田地判归百姓,但是徐俌不肯罢休,以重金贿赂刘瑾以图翻案。刘瑾派其私党刑部侍郎王佐、大理寺少卿王鼎重新审理,又将田地判给徐俌,并参劾艾璞判案不公,将其逮捕拷问,艾璞宁死不屈,厉声说:"实民田地",结果被"杖五十,全家徙海南"⑥。而王佐和王鼎则因秉承刘瑾旨意而升俸一级。晋王府镇国将军朱楱要求加封郡王,礼部尚书李杰依例不许。朱楱便向刘瑾行贿,结果刘瑾矫旨准其加封,并将李杰罢免。⑦ 隆平侯张佑死后无子,兄弟和侄子争着袭封,刘瑾得了贿赂,嘱托刑部郎中张嵿判归行贿者,张嵿秉公不从。正德三年(1508)张嵿出任兴化知府,"郡人戴大宾弱冠登第,(刘)瑾欲夺其旧聘,以弟女妻之",嘱托

---

① 《明通鉴》卷42。
② 《明通鉴》卷42。
③ 《明通鉴》卷42。
④ 《明通鉴》卷42。
⑤ 《明书》卷159《宦官传二·刘瑾》。
⑥ 谭希思:《明大政纂要》卷41。
⑦ 《明史纪事本末》卷43《刘瑾用事》。

张嵿出面为其说亲,又遭张嵿反对。刘瑾二怨并发,将张嵿诬告罢官。①
宁王朱宸濠图谋不轨,请求恢复先前被革去的护卫,向刘瑾行重贿,刘瑾
"矫诏与之"②。对锐意惩贪的官员,刘瑾更是肆意迫害。巡按御史王时
中"出巡宣大,黜贪污者甚众,(刘)瑾谓其酷刻,命以重枷系之院门",后
又将其"谪戍铁岭卫"③。御史涂祯巡盐长芦时,对宦官毕真等人"托取海
物,侵夺商利"的奸贪不法行为"据法裁之",结果刘瑾将其"矫旨下诏
狱","杖三十,论戍肃州,创重,竟死狱中"。④

　　刘瑾还公开向官吏索贿,如果不如数交纳,便要惨遭迫害。如正德三
年(1508 年),天下诸司赴京朝觐,刘瑾令每布政司送银两万两方准放回,
于是各地官吏皆向京师富室巨豪借贷,等回任所后,再加倍搜刮民财以偿
还借款,"又有荆州知府王绶、武昌知府陈晦,俱在黜列,乃广赂瑾,复留,
绶、晦皆升参政,仍掌府事,如此者尚多"⑤。正德朝京官奉命外出勘事,
回京后都要向刘瑾献财礼,这已形成惯例。正德五年,给事中邵天和出京
查盘海东盐课,因他比较正直,不善敛财,回京时两手空空,但他又害怕刘
瑾索贿,于是四处借贷,筹集了一万八千三百两白银送与刘瑾,这才算渡
过难关。⑥ 有些官吏因无钱向刘瑾行贿,害怕被治罪,竟自杀身死,如兵
科给事中周钥勘淮安回,无钱送礼,借贷无门,计无所出,乃自刭而死。⑦
许多官吏因不肯向刘氏行贿而被罢免官职或治罪。如刘瑾听说学士吴俨
家财富裕便"遣人求金,啗以美官",结果被吴俨严词拒绝,刘瑾怀恨在
心,到考核官员时将其罢免。⑧ 副都御史邵宝总督漕运,刘瑾向其索贿,
邵宝不与,结果邵宝被迫离官退休。⑨ 平江伯陈熊在总督漕运期间,"刘

---

① 《明史纪事本末》卷 43《刘瑾用事》。
② 《明史纪事本末》卷 43《刘瑾用事》。
③ 《明通鉴》卷 42。
④ 《明通鉴》卷 42。
⑤ 陈洪谟:《继世纪闻》卷 2。
⑥ 《明武宗实录》卷 62。
⑦ 《明通鉴》卷 42。
⑧ 《明通鉴》卷 42。
⑨ 《明通鉴》卷 43。

瑾横索金钱，不应"，刘瑾便将其"谪海南卫，夺其诰券"①。南京都御史张泰为官清廉，有事赴京，仅以土葛送刘瑾，如此微薄之礼，怎能满足刘瑾的贪欲，因此刘瑾大为不满，强迫他退休。② 刘瑾在开始纳贿时，只不过百金之数，但随着权势的增长，他的胃口越来越大，刘宇第一个以万金送礼给刘瑾，刘瑾大喜道："刘先生何厚我！"立刻将其提拔为兵部尚书。③ 正德五年八月，刘瑾被凌迟处死，籍没其家产时，得金二十四万锭又五万余两，元宝五百万锭又百余万两，宝石二斗，其他珠玉金银器皿无数。④ 贪赃之巨，由此可见。

　　神宗时被派往各地充当矿监税使的宦官如狼似虎，疯狂地贪污掠夺。他们将搜刮所得财物的一小部分进献给皇帝，大部分则据为己有。万历二十七年四月，大学士赵志皋谈及矿监税使时，说他们"挟官剥民，欺公肥己，所得进上者十之一二，暗入私橐者十之八九"⑤。万历三十年（1602年），给事中宋一韩上疏抨击税使李凤，说他"征多解少，入己者至五十一万七千有奇。珍宝如猫睛、祖母绿、夜明珠、走盘珠，与夫异石异盂、异乐异器亦复称是，总之不下百万"⑥。万历三十一年，山西巡抚白希绣上疏揭发"山西每年额解正税粮四万五千二百余两，俱已尽数解纳，乃税监孙朝止进银一万六千八百两，余银侵匿不进，假称拖欠"⑦。被派往山东的"税监马堂每年抽取各项税银不下二十五六万两，而一岁所进才七万八千两耳，约计七年内之所隐匿税银一百三十余万"⑧。矿监税使通过大肆贪污，大都聚集了惊人的财富。太监赵钦在陕西开矿，贪污掊克无以数计，回京之日所抢财物除了"牛负马驮"之外，另外箱九十六抬，每抬用夫

　　① 《明史纪事本末》卷43《刘瑾用事》。
　　② 《明通鉴》卷42。
　　③ 《明史》卷306《刘宇传》。
　　④ 高岱：《鸿猷录》卷12《刘瑾之变》。
　　⑤ 《明神宗实录》卷333。
　　⑥ 《定陵注略》卷4。
　　⑦ 《明神宗实录》卷416。
　　⑧ 《明神宗实录》卷418。

四名,尚"颠踣不起"①。万历三十四年,陕西税使梁永从陕西私向北京运送财宝,总计大皮包十三包,银鞘九抬,重扛三十三抬,共由一百六十八名民夫肩抬,五十五匹骡马驮运。万历二十九年,陈奉回京,在众兵护送下,将搜掠的金银财宝全部运走,"舟车相衔数里不绝"。

明熹宗时,宦官专权达到了登峰造极的地步,魏忠贤是当时最大的太监,也是最大的贪污犯。他勾结皇帝的乳母客氏,左右了整个朝廷的政局,招权纳贿,无恶不作。其贪污手段主要有:(1)盗窃库藏。天启年间,魏忠贤任用爪牙涂文辅总督太仓银库、书慎库,崔文升、李明道总督漕运、河道,核京师、通州诸仓,这实际上是把国家的一切仓库都掌握在自己手中,以便盗窃国家资财。不仅如此,对京城外面唯一颇藏金银珠宝的南京内库,魏忠贤也不放过,仍"矫旨取进,盗窃一空"②。(2)受贿。如以边将向其进贡名马为例,史载:"逆贤(魏忠贤)有名马千余,骡数百,皆边弁梁注朝、杨国柱、马世龙、满桂、侯世禄、尤世威及督臣王象乾、阎鸣泰、刘诏等送之……凡所送之马鞍辔精美,每具何止百余金,不过剥军饷、占军匠以办之。"③数年之中,魏忠贤所敛资财"籍还太府,可裕九边数年之饷"④。崇祯登基,铲除阉党集团,魏忠贤被抄家追赃,达七百万锭(银元宝)之多。⑤

魏忠贤为了收揽兵权,"令其同类尽镇蓟、辽、山西、宣大诸扼要地"⑥。另外,崇祯皇帝猜忌朝臣,大起宦官监军、监纪、督催粮草等事务。于是明末这个时期,监军太监、镇守太监泛滥成灾。这些宦官多半缺乏必要的修养和教育,一旦奉派出京,大权在握,肆意乱为,克扣军费,贪污中饱。崇祯年间,尚宝少卿黄正宾说:"臣戍大同,内臣克减马价,各军鼓躁,毁官署,劫典铺,将吏叩头求免,此时抚按怯内镇之威,莫敢奏闻,边防

---

① 《明通鉴》卷72。
② 《明史》卷79。
③ 刘若愚:《酌中志》卷14。
④ 《明史》卷233《樊玉衡传》。
⑤ 褚人获:《坚瓠广集》卷4"刘魏合辙"。
⑥ 《明史》卷305。

尽坏，一镇可推各镇。故阉宦者，天下祸之本也。"①崇祯十一年（1638年），真定巡按御史李模上疏揭露太监陈镇夷"贪婪暴虐"，败坏军务的情况说：陈镇夷上任伊始，"旧相识郭名扬先往保定迎接，馈银三百两，因得而为心腹，大凡关通贿赂、本章批判，均出自其手。把总何起龙送银二百两，求管关税，每日抽钱二三千文，即使是单身过关，也得留买路钱。营兵每月饷银二两二钱，便每名扣四钱、七钱不等。令郭名扬向每将官索贿三千，火器营将领王振仲不肯应承，即整天加以呵责。王无奈送银炉、银如意各一件，罗缎、潞绸各十匹，马二匹。尚嫌不足……遇上生日，还逼地方官馈献银铸寿星、垆爵杯盘等物，恣意摧辱士类"，其时派出的这类监军太监皆"在在播恶，不独陈镇夷"。② 他们凭借权势贪污勒索相当普遍。更有甚者，收受"北虏"贿赂，纵敌逃亡。如崇祯年间，总监内臣邓希诏"受敌驼马之赠，实与敌通"，结果"失守封疆"；分监内臣孙茂霖及部下皆受"北虏"重贿，"凡一人出，率予五两，乃不发炮而俾之逃"③。靠这样的宦官监军，明军在战事中焉能不败？

有权有势的太监能够贪污中饱，招权纳贿，一般的宦官也有自己的财源和生财之道。明代宫廷中设有许多内库，"专受四方任土之贡"，以满足宫廷对丝、绵、香、蜡、铜、锡、油漆等各种物料的需要。这些土贡"岁有定数"，由各地方解送至京入库。皇家的各个内库都由宦官所掌握。各省解送给皇室的实物，必须经过检验，认为质量合格才能入库，否则就被拒绝接受，解送实物的人员就会长期滞留在北京而不能完成任务。这时的质量是个抽象的概念，并无确定的规格和标准，可以由宦官随心所欲规定，于是这些宦官就有了生财之道。地方上输送这些土贡的人员要想顺利完差入库，就必须贿赂这些宦官。此外，宦官还可以用其他种种名目肆意勒索，史载："甲字、供用等库，各处官解进纳，一应钱粮被各库各门内官、内使等人指以铺垫为名，需索面茶果、门单种种使用，致解户身家倾

① 《国榷》卷88。
② 《烈皇小识》卷5。
③ 李清：《三垣笔记》上《崇祯》。

毙。"①万历年间,有大臣综述内库供应有四大弊:"其征也有逋负之弊,其解也有侵剋之弊,其至京也有营揽之弊,其进门而入库也有铺垫需求之弊。四者之中,前三或可法绳之,惟入库所需则非有宫中府中俱为一体之义,固未易言也。"②可见四弊中就有各库各门宦官勒索受贿,而且这一弊端也是最难断绝的。

宫中一般宦官还可以利用宫中典礼、土木建筑工程举行之机冒领或克扣费用以饱其私囊。时人沈德符曾指出:"天家(指皇家)营建,比民间(用费)加数百倍。曾闻乾清宫窗槅一扇,稍损欲修,估价至五千金,而内珰犹未满志也。盖内府之侵削,部吏之扣除,与夫匠头之破冒,及至实充经费,所余亦无多矣。"③这里既有工部官吏的"扣除",也有宦官的"侵削"。万历二十八年,工部尚书杨一魁揭发说:"(景陵)插补桃梅,所需不过千数上下,而内官监揭开物料数,约费二万有奇,夫匠工食之费犹不与焉。"④明末宫廷皇室人员的婚丧册封等典礼都极其奢侈,花费巨万,这也肥了宫内的宦官们。万历四十年(1612年),工科给事中马从龙曾上疏揭露:"臣每见朝廷有重大典礼,中人群小视为金穴,实用百无一二,余尽耗蠹于若辈之手。"⑤由于这些宦官们深居皇宫大内,很少受外廷官员的监督和约束,故贪污更为隐蔽和方便。

明朝中后期,宦官在外交领域的贪赃活动也十分猖獗。明代曾屡派宦官出使其藩属国,特别是朝鲜,这些宦官大都求索无厌,强买强卖。如嘉靖二十四年,皇帝派司礼监太监郭玙出使朝鲜,"求请之物如皮币、铜银、鞍马、服食器用之类,不可胜数"⑥。其后,派往朝鲜的太监张奉更是横行无忌,他所求请之物,朝鲜"虽倾其国用,难以一一应之",他还强行朝鲜开市贸易,"索高价之资",致使朝鲜"市人皆闷泣",由于宦官求

---

① 《万历会计录》卷30。
② 《万历会计录》卷30。
③ 《万历野获编》卷19。
④ 《明神宗实录》卷345。
⑤ 《明神宗实录》卷492。
⑥ 吴晗辑:《朝鲜李朝实录中的中国史料》上编卷22。

索之物太多,朝鲜"国储已竭",不得不"出内帑以应之",以至于"内帑亦几荡尽"。①

(七) 掩盖贪秽的隐语

从以上所述明中后期各级官吏的贪污受贿现象可以看出,其贪污受贿的手段大体有以下几种:(1)卖官鬻爵;(2)贪赃枉法;(3)借端勒索;(4)监守自盗;(5)涂改勘合册籍;(6)侵吞国库;(7)出卖科举考题;(8)贪污军饷;(9)卖闲;(10)占役;(11)侵占屯田;(12)勒索属国财物;(13)收贿纵敌;(14)纵使亲属敛财;等等。无论采取哪种手段都离不开手中的"权"字。在以"人治"为主的封建社会,权力与贪污是一对孪生姐妹,一朝权在手,便使有限的权力发挥最大的作用,获取最大的经济利益。权大者大贪,权小者小贪,无权者只能忍受统治者的敲诈勒索,或是铤而走险,走上武装反抗之路。然而权力虽然是贪官污吏获取经济利益的法宝,但是他们的权力不是绝对的,一旦政治上失势,就会被追究其贪污罪行。而且在政治比较清明的时期,贪污受贿也往往是政治失势的主要原因,有鉴于此,贪官污吏们无不讲究掩盖受贿贪污的"技巧",创造出若干隐语,即其"技巧"之一。

明代的许多大贪官立有纳贿账簿,上面写的往往都是隐语。如成化、弘治年间的太监李广是个大贪污犯,"四方争纳贿赂""专盐利巨万",后畏罪自杀。孝宗皇帝"疑广有异书,使使即其家索之,得赂籍以进,多文武大臣名,馈黄白米各千百石。帝惊曰:'广食几何? 乃受米如许。'左右曰:'隐语耳,黄者金,白者银也。'"②孝宗这位"中兴之令主"当然不明白"黄米""白米"之奥妙,倒是他左右之臣深谙此隐语之意,可见他们也都精于此道。武宗时,宦官刘瑾专权,行贿受贿之隐语又有变化,史载:"凡有干谒者,云馈一干,即一千之谓;云一方,即一万之谓。"③后又有称

---

① 吴晗辑:《朝鲜李朝实录中的中国史料》上编卷22。
② 《明史》卷304《宦官》一《李广传》。
③ 陈洪谟:《继世纪闻》卷2。

— 270 —

黄金为"黄精"、白银为"白蜡"之隐语。①

（八）行贿手段层出不穷

与贪贿现象严重相伴随的,是行贿的手段多种多样,不断翻新,这从另一个侧面反映了明中后期贪贿现象的恶性发展。其时的行贿手段主要有:

第一,送书帕。在馈遗金银珠宝时,必先送以书帕,一匣珍本,新版书籍,内附黄金若干,白银若干,珠宝几许。这样既附庸风雅,又能掩人耳目,实为贪污受贿史上一大"高招"。

第二,投受贿者之所好。如嘉靖年间,有一吏部文选郎中,生性嗜鳖,当时有一人善烹鳖,经常以此谄媚讨好这位郎中,后来竟因此被擢入吏部。② 严嵩特别嗜好书画和古董,其走狗赵文华、胡宗宪和鄢懋卿等人便极尽搜刮之能事,将《清明上河图》《越王宫殿图》《文会图》等稀世珍画献给严嵩。严嵩走狗对书画古玩的搜求,使许多藏有这些珍品的富室巨宦"至有破家殒命者",蓟辽总督王忬就是因此事而自杀。严嵩之子严世蕃乃好色之徒,赵文华等人便向其进献美女,更有卑鄙下流之徒竟向其献上八宝溺器,"溺器皆用金银铸成妇人,而空其中,粉面彩衣,以阴受溺"③,只要讨好权贵,这些人任何卑鄙下流的事都干得出。

第三,抓住一切可以利用的"时机",使行贿行得有"理"。初见上司,送"见面礼"、节日送"节日礼"、生日送"生日礼",上司有喜庆之事,如结婚、生子、升官、乔迁等等都可送"贺礼",葬事则送"葬礼",上司或其家属身体偶有不适,可送"问安礼"。对于这种送礼现象,万历时的士人张涛在谈知县一年的应酬时说:"上司初任一见,有事商量再见,无妨矣。乃年节一见,端午一见,中秋、重阳、辞年又数数见。生日一见,考满一见,上司凡有家庆,自己欲效殷勤,又常常时见。近者犹可频频往来,尚有远在

① 伍袁萃:《林居漫录畸集》卷3。
② 伍袁萃:《林居漫录畸集》卷1。
③ 冯梦龙:《古今谭概·汰侈·严氏溺器》。

一二千里外者,往返或二日,或一月,或半月……其见时之馈送,又不可问也。"①

三、明中后期反贪机制的逐渐破坏

明中后期,一方面是贪污受贿现象愈演愈烈,另一方面是伴随着政治的腐败,明初朱元璋及其后继者苦心经营起来的反贪机制逐渐破坏直至全面瘫痪,基本上失去了防贪反贪的作用。主要表现在以下几个方面:

(一)法网的废弛

明初,朱元璋采用重刑严惩贪官污吏,使吏治为之一清。但明中叶后,不仅《大诰》三编因用刑太酷而退出历史舞台,连《大明律》也不为执法官员所认真遵守。早在宣德时,刘观贪赃虽受到了谪放辽东充军的处分,但较《大明律》中官吏受赃财至八十贯处绞刑的规定相去甚远。② 另外,明中后期还经常实行纳粮或纳银赎刑,如景泰四年(1453 年)令问刑衙门责有力囚犯于缺粮州县仓纳米备赈,规定"杂犯死罪六十石,流徒三年四十石,徒二年半三十五石,徒一年半二十五石,徒一年二十石,杖罪每一十一石,笞罪每一十五斗"③。宪宗时也曾敕谕罪犯纳米入预备仓赎罪。明朝统治者甚至把以钱赎罪作为充实国库的一项重要手段。据《明史》载,明中后期"实边、足储、振荒、官府颁给诸大费,往往取于赃赎二者"④。明中后期法网的废弛还突出表现在《问刑条例》的颁行上。《问刑条例》是革除明朝建立以来因事起例、轻重失宜和冗琐难行的弊端而颁布的一部"立例以辅律"的法典。《问刑条例》在弘治年间制定并颁行,嘉靖、万历年间三次修订,使刑事条例基本上达到了整齐划一,对维护当时社会的稳定和明王朝的统治起了重要作用,但《问刑条例》对贪赃者的

① 《西园闻见录》卷96《政术》。
② 《大明律》卷23《刑律》6。
③ 王圻:《续文献通考》卷41。
④ 《明史》卷93《刑法志一》。

处罚较《大明律》大为减轻,如弘治《问刑条例》将官吏受财赃至八十贯绞刑的规定改为"罪止发附近卫所充军"①。《问刑条例》还扩大了赎刑的范围。虽然《大明律》中也有赎刑,但只适用于一些轻微或过失犯罪,如官吏犯公罪该笞者,符合"存留养守"条件者、妇人和工匠犯徒流者、诬告非死罪、过失伤人者及老少废疾流罪以下者;而对贪赃罪则是严惩不贷。到宣德年间赎刑的范围有所扩大,"官吏纳米百石若五十石,得赎杂犯死罪",但仍"独严赃吏之罚,命文职犯赃者俱依律科断"②。《问刑条例》则规定:除极少数真犯死罪外(如盗乘舆服御物者),其余的罪行包括贪赃均可以赎代替。《问刑条例》中还有许多以行政处分代替刑罚和免除附加刑的规定。应予注意的还有。即使是《问刑条例》中有关处罚贪赃分子的规定也往往很难执行,因为执法者本身往往就是贪赃枉法之徒,他们害怕"拔出萝卜带出泥",对贪赃分子受处罚常有兔死狐悲之感,因此对贪赃者动辄曲意庇护,使之重罪轻罚,甚至得以逍遥法外。万历间大学士于慎行指出:"本朝姑息之政甚于宋世,败军之将可以不死,赃吏巨万仅得罢官","近世赃吏受赃五百以上方遣戍,其泛指赃数不可核实者,即至千万,不过罢免……盖今之人情似刻而实纵,今之法纪似密而实疏也"③。泰昌元年(1620年)十一月,湖广道御史方震孺更是一针见血地指出:"百姓之日穷也,以天下贪吏多而惩贪之法弛也。"④惩贪之法之所以废弛还由于皇帝怠政、朋党之争、宦官专权等政治上的腐败所造成。天启年间,魏忠贤专权,他利用司礼监"批红"的权力,成为"口含天宪,手握王爵"的皇权代言人。这时惩贪的有关规定,对于魏忠贤及其爪牙这些货真价实的赃私狼藉分子完全失去了作用,被放在一边,相反,清正廉洁的东林党官员,却因与魏忠贤政见对立,而被诬为贪墨,受到残酷迫害。如魏忠贤及其爪牙欲借汪文言之狱,把东林党领袖杨涟、左光斗等牵连进来,一网打尽,时又值熊廷弼经辽失事被罢官下狱,魏忠贤向其索贿不得,必欲杀

---

① 弘治:《问刑条例》单刻本第239条。
② 《明史》卷94。
③ 于慎行:《谷山笔麈》卷10。
④ 《明熹宗实录》卷3。

之而后快,于是诬熊廷弼向杨涟、左光斗等东林党人行贿,杨涟、左光斗被各坐贿银二万两,周朝瑞一万两,顾大章四万两,袁化中六千两,魏大中三千两,从而使之被杀害。在拷审汪文言时,汪文言虽受刑不过,但仍愤愤不平地仰天大呼:"世岂有贪赃之杨大洪(即杨涟)哉!"复及左光斗时,汪文言蹶然起曰:"以此蔑清廉之士,有死不承。"①熊廷弼最后也被杀害并传首九边,史称熊廷弼"有辽事以来,再任经略,不取一金银"②。遵化守备副使耿如杞先是不屑为魏忠贤建祠,祠成又是"半揖而出",魏忠贤立即下令将其"逮下诏狱,坐赃六千三百,论死"③。贪赃之官飞扬跋扈,逍遥法外,而清正廉洁之士反惨遭屠戮杀害,黑白颠倒,莫此为甚,这从另一角度反映出其时惩贪法律的废弛。

(二) 监察机制的衰落和瘫痪

明初统治者建立了一套从中央到地方的双重监察体制,监察机关对官吏的选拔、使用和考察实行了广泛而切实的监督,在明初的倡廉肃贪中发挥了重要作用。但是明代的监察体制存在着许多弊端,如监察机关尤其是巡按御史的权力过大;双重的监察体制虽利于各监察机构之间的互相监督和牵制,但同时也造成了机构重叠,职权混淆的弊端。且科道双方极易形成互相对峙、党同伐异、沦为党争工具的局面。另外,在君主专制统治下,皇权至高无上,御史的弹劾、给事中的规谏等必须符合皇帝的旨意,否则就有丢掉乌纱帽甚至生命的危险。这种只对臣,不对君的监察机制显然是不科学的。明初,由于统治者大都勤于政事、励精图治,监察体制的弊端还未完全暴露出来。但明中叶以后,伴随着皇帝的昏庸、朝政的腐败,监察机制逐渐被破坏,直至瘫痪,监察制度的各种弊端也日益暴露出来。

第一,监察官员自身日益腐败。监察官员的腐败首先是从巡按御史开始的。明初,巡按御史与按察司在权力上互相抗衡,彼此互相监督。但

① 《明史》卷306。
② 《国榷》卷87。
③ 《明史》卷248。

中叶以后,巡按御史的权力越来越大,渐非按察司可比。巡按御史权力的扩大首先表现在对布、按二司的考察权上。明初对布、按二司的考察一般由吏部和都察院直接负责,巡按御史还不能参预此事,但明中叶后,考察制度发生了变化,早在正统十一年,吏部就规定"布按司官从御史举劾"①。景泰七年(1456 年)又令"布政司、按察司悉听巡抚同巡按一体考察,具奏罢黜"②。弘治六年(1493 年)将巡按御史参预考察地方官吏进一步制度化,规定:"今后朝觐之年,先期行文布、按二司考合属,抚按考方面,年终具奏,行各该衙门立案,待来朝之日,详审考察。"③弘治八年又规定:如无巡抚,巡按可以对布、按二司"自行考察"④,就是说巡按御史甚至单独掌握了对布、按二司的考察大权。这样,从弘治以后,巡按就获得了对布、按二司官的考察、举劾大权,布、按二司的前程在很大程度上为巡按所掌握。按察司地位相对下降,这就使原来地方按察司和巡按御史的双重监察体制逐渐破坏。非唯如此,弘治以后,巡按御史还侵取了许多监察之外的行政、军事权力。行政方面,本来"布政使掌一省之政",但是"凡有大兴革及诸事务",布政司必须"请于(巡)抚(巡)按若总督"⑤。巡按还可不经奏请就自行改革赋役制度,甚至连一些诸如修路、筑桥之类纯属地方官的分内之事,巡按也要干涉。在军事方面,地方战守事宜,征剿盗贼诸事,巡按都参与谋议,甚至亲自指挥,如正德年间,刘六、刘七起义,巡按御史张璿"至则檄下诸郡县,治城池,练兵士,严诘察,为守御计"⑥。嘉靖年间,唐继禄巡按湖广,"会兴山盗起……郡守徐学谟上状,继禄即日下雕剿令"⑦。总之,明中叶以后,巡按御史的权力日益膨胀。而随着权力的增长,巡按御史自身日益腐败。他们所到之处,颐指气使,收受贿赂。本来《宪纲》对御史出巡注意事项都有规定,但此时这些规定成为一

① 《明英宗实录》卷 140。
② 《明英宗实录》卷 266。
③ 《明会典》卷 13。
④ 《国朝典汇》卷 39。
⑤ 《明史》卷 75《职官志四》。
⑥ 《国朝献征录》卷 63。
⑦ 《国朝献征录》卷 59。

纸空文。正德时李承勋对此评论道:"比来守令不问贤与不肖,惟以奉承为臧否。跪拜频仍,送迎逾境者,虽知为过礼而内喜,内喜则忘其恶;自处不诏不渎者,虽知其为正而不悦,不悦则顿忘其善。或争一跪伏之末节而构成大诏,又于是从而媒孽其短,假耳目以求其瑕疵,植心腹以伺其阴私。甚而大张无稽之谤,指廉为贪,以正为邪,而论劾公排,考语私丑矣。朝廷见其罗织之词,以为去之犹有余辜,而岂能尽知其中不能无屈者乎?或未必遽去而迁就为之所,使有道之士不得行其志,而又蒙其污,故有高飞深逝之想,而不乐就其职,亦势之所必至者耳。流俗之见,乃谓某官之贤如彼,近被挟私一劾,遂致如此,况吾曹众人可不曲意依阿乎!"①由于御史掌握着弹劾和举荐大权,一些贪官污吏为免于弹劾纷纷向御史行贿,对巡按百般巴结,"东方明矣,卑词而候于门,屏斥盖舆,摒弃锦绣,雁行避影,鹄立临厕,伛偻唯诺,口呐呐如有吞。则大官莫不皆然,况小官乎!何者?祈举而免劾也"②。有一县官为向巡按献媚竟以貂皮饰溺器,以茵褥铺厕中,而按臣竟"受而安之"③。官吏的丑态由此可见。对于地方官员的贿赂,巡按御史多是来者不拒,多多益善。嘉靖末年,陈志先巡按江西,收贿"不下数万"④,万历间,御史苏酂"按滇贪肆,赃盈巨万"⑤。天启、崇祯年间,巡按御史更加肆无忌惮,如天启年间的崔呈秀巡按淮扬时,"淮扬士民无不谓自来巡方御史,未尝有如呈秀之贪污者",贪赃必然枉法,崔呈秀对于"地方之大害"的强盗,"每名得贿三千金辄放",对于"地方之大恶"的访犯,"得贿千金辄放","不肖有司应劾者,反以贿得荐,应荐者,多以不贿止"⑥。崇祯年间的史堊"巡按淮扬,括库中赃罚银十余万入己橐。摄巡盐,又掩取前官张锡命贮库银二十余万"⑦。这时,按察司的权力相对御史来说虽有所削弱,但其腐败却同御史无甚差别,为保住自己的既得

---

① 《明经世文编》卷 100 李承勋《重守令疏》。
② 《明经世文编》卷 366 叶春及《审举劾疏》。
③ 《明经世文编》卷 399 管志道《直陈紧切重大事务疏》。
④ 《万历野获编》补遗卷《御史贪墨》。
⑤ 《万历野获编》补遗卷《御史贪墨》。
⑥ 孙承泽:《春明梦余录》卷 48。
⑦ 《明史》卷 253。

权力,他们攀结权贵,颠倒黑白,官报私仇。己身不正,焉能正人? 监察官员自身的严重腐败,反而使得地方贪官污吏更加肆无忌惮。

第二,腐败的专制皇权使监察机构无法行使反贪的职能。明中后期,虽然监察机构从整体上讲日益腐败,但毕竟还有一些出淤泥而不染的清正廉洁之士,他们继承了明初监察官员刚正不阿的作风,敢于弹劾贪官污吏。这些清正廉洁的监察官员应有一定的反贪能力。然而由于皇帝昏庸、佞臣当道,被弹劾的大贪官污吏往往是皇帝的佞臣,在这种情况下,监察官员的弹劾也就变得软弱无力了。成化时,内阁大学士刘吉是一个贪婪无耻之徒,经常为科道官所弹劾,但因他善于投机,巴结权贵,奉迎讨好皇帝,因此一直为宪宗所庇护,屡遭弹劾却不失官位,"人目之为'刘绵花',以其耐弹也"①。明中后期监察官员对贪官的弹劾不仅起不到应起的作用,而且弹劾者本身还往往受到迫害,甚至监察官员被大批削减,这更使其无法行使反贪职能。嘉靖年间,严嵩专权,贪污受贿,卖官鬻爵,给事中吴时来、御史王宗茂等科道官相继对他进行了弹劾,但明世宗却一味袒护,弹劾者反遭迫害。王宗茂的上疏达通政司后,赵文华"密以示嵩,留数日始上,由是嵩得预为地"。王宗茂竟然被以"诬诋大臣"之罪而贬为平阳县丞。严嵩仍"无以释憾",又在明世宗的支持下"夺其父桥官"②。大贪官严嵩竟成了"不倒翁"。万历时,明神宗刚愎自用,听不进逆耳之言,经常迫害科道官。万历二十年(1592年),户部都给事中孟养浩等十一人为表示不满,并申救因立储进言被贬官的御史李献可而奏上本章,神宗恼羞成怒,以"疑君惑众,殊可痛恶"的罪名将他们或革职,或痛加廷杖,或发配充军,"一怒而斥谏官十一人,朝士莫不骇叹"③。他还对科道官的政治建言"留中"不批,致使无论他们的建言怎样切中时弊都无法对政局产生影响。最后明神宗干脆把监察机构砍得残缺不全,监察官员屡缺不补,史载"(神宗)怠荒日甚,官缺多不补。旧制:给事中五十余员,御史百余员。至是六科止四人,而五科印无所属;十三道止五人,一

① 《明史》卷168《刘吉传》。
② 《明史》卷210《王宗茂传》。
③ 《明史》卷233。

人领数职,在外巡按率不得代。都御史数年空署"①。科道官的奇缺使监察机构陷于瘫痪状态。崇祯时,明思宗对待监察官员之残酷毫不逊让乃祖,动辄廷杖、下狱,甚至杀戮。崇祯七年,山西提学袁继咸上疏批评崇祯说:"养凤欲鸣,养鹰欲击。今鸣而箝其舌,击而缒其羽,朝廷之于言官,何以异此? 使言官括囊无咎,而大臣终无一人议其后,大臣所甚利,忠臣所深尤。"②肉体上的肆意摧残,人格尊严的无情践踏,使许多监察官员变得唯唯诺诺、尸位素餐而忘掉自己的职责,反贪职能越发不能发挥了。

第三,监察官员卷入党争的旋涡。明末党争之激烈,时间延续之久,在中国历史上是颇为著名的。明朝的党争始于嘉靖年间,盛行于明末,当时朝内除了顾宪成、高攀龙为首的东林党之外,还有宣城人汤宾尹和昆山人顾天竣为首的"宣昆党";山东人亓诗教为首的"齐党";湖北官应震为首的"楚党";浙江姚宗文、沈一贯为首的浙党和后来魏忠贤为首的阉党。天启以前,党争主要表现为邪恶的齐、楚、浙三党和正直的东林党相争,天启以后则表现为臭名昭著的阉党与东林党的斗争。在党争愈演愈烈的情况下,大多数监察官员也卷入其中,他们一切以门户为转移,根本忘掉自己的职业道德,一方面,打击异己,个人贪赃枉法,另一方面把反贪的职能完全放弃。史载,天启年间,魏忠贤专权,一些在党争中处于劣势的科道官置名节于不顾,奔走魏忠贤门下,甘当鹰犬,与魏氏狼狈为奸,形成"权珰报复,反借言官以伸;言官声势,反借权珰以重"的局面。③

(三) 官吏铨选和考核制度的破坏

1. 铨选制度的破坏

明中叶以后,官吏的铨选制度也日益破坏,主要表现在以下几个方面。

第一,三途并重破坏,选官渠道变窄。明初由于选拔官吏不拘资格,

---

① 赵翼:《廿二史札记》卷 35。
② 《明史纪事本末》卷 72《崇祯治乱》。
③ 《明史》卷 245。

"惟务仁贤"①,三途并重,因此官吏进取心强,素质较高,但是明中叶后,三途并重的选官制度逐渐破坏,选官唯重科举,吏员和监生虽仍可步入仕途,但备受歧视,升迁特别困难,大多只能做到未入流之官。嘉靖时掾吏郭文通清正廉洁、富有才干而被升为肇庆同知②,这已属破格提拔了。正如明末归有光所论"本朝资格,吏员崇者,止于七品,多用为掾幕、监当、筦库之职,非保荐,不得为州郡"③。实际上明中后期科举被视为仕宦的唯一正途。三途并重制度的破坏,不仅使选官渠道变窄,贤路壅塞,而且吏员因升迁无望,备受歧视,从而不思进取,唯知上下勾结,敛财受贿,这是明代吏治败坏、贪风盛行的一个重要原因。

第二,大开捐纳之风。明中后期还实行捐纳充吏或授官的制度。成化六年(1470 年)"令在外军民子弟愿充吏者,纳米六十石,定拨原告衙门,遇缺收参。又令凤阳、淮安、扬州三府军民舍余人等,纳米预备赈济者,二百石给与正九品散官;二百五十石,正八品;三百石,正七品"④。十二年(1476 年)又进一步规定:"民间无碍子弟有愿纳米参充吏典者,都布按三司一百石,各府并运司七十石,司府经历司、理问所、断事司、各县并有品级文职衙门五十石,杂职衙门三十石,俱先查勘考试,相应于缺粮仓分纳米,完日需次拨充,俟丰年有积则止。"⑤嘉靖时,又实行纳银或纳米授官,规定:"若有仗义出谷二十石、银二十两者,给与冠带;三十石、三十两者,授正九品散官;四十石、四十两者,正八品;五十石、五十两者,正七品。俱免杂泛差役,出至五百石、五百两者,除给予冠带外,有司仍于本家竖立坊牌以彰尚义。"⑥万历时又规定:"出粟三千石者,予两殿中书;千石者予署丞及两司幕官,仍令有司旌其门。"⑦捐纳之风愈演愈烈。捐纳制度实际上是政府实行的公开卖官鬻爵。通过捐纳上台的官吏大都素质较

---

① 《明经世文编》卷 366 叶春及《决资格策》。
② 《涌幢小品》卷 11《天下第一》。
③ 归有光:《归川先生文集》卷 2《三途并用议》。
④ 万历修《大明会典》卷 22《户部》9。
⑤ 《明宪宗实录》卷 160。
⑥ 王圻:《续文献通考》卷 41。
⑦ 刘觐:《张氏赈饥记》,见《古今图书集成·经济汇编食货典》卷 101。

低,他们买官的目的便是发财,明中后期的士大夫叶权所经历的一件事颇能反映这种心态,他在其著作《贤博编》中写道:

> 余相识一监生,故富家。拜余姚县丞,缘事罢归,居常怏怏。余戏而劝之曰:"公白丁,以赀官八品,与明府分庭,一旦解官,家又不贫,身计已了,何不乐也?"丞以情告曰:"自吾营入泮官,至上纳约费金千两,意为官当得数倍。今归不够本,虽妻子亦怨矣。"

既然把买官看作发财致富的途径,必然是大肆贪污纳贿,侵渔百姓、蠹耗社会,无怪乎叶权惊呼:"呜呼!以够本获赢之心为民父母,是以商贾之道临之也。卖爵之弊,何可言哉!"①

第三,科场舞弊之风盛行。如前所述,明中后期,科举考试被视为唯一的入仕正途。在封建社会,抛开科举考试的内容来讲,应该说科举是一项比较公平的选官制度。但随着政治的腐朽,官场上的贪赃之风也吹进了考场,"贿买钻营,怀挟请代,割卷传递,顶名冒籍,弊端百出,不可穷究,而关节为甚"②。一些大臣以权谋私,为其子弟登第而多方奔走周旋。明代有许多大臣子弟科考舞弊、连连中试一类的事件,如在嘉靖二十二年(1543年)的顺天乡试中,考官为了讨好内阁首辅翟銮,将考题卖给他的两个儿子——汝俭和汝孝,结果二人皆中举,在次年的会试中,考官又将汝俭、汝孝与其师崔奇勋、姻亲焦靖四人安排在同一号内,结果又同登进士。③ 张居正也凭借权势,使自己三个儿子考中进士,④他还曾因自己的长子落榜而下令停止一科的"馆选"。

明中叶铨选制度的破坏使大量素质低劣之辈步入官场,他们抵挡不住商品经济的冲击和金钱的诱惑,纷纷以权谋私,贪污受贿。

2. 考核制度名存实亡

明中后期考核官吏的制度遭到严重的破坏,已至名存实亡的程度。其表现有三:

---

① 叶权:《贤博编》。
② 《明史》卷70《选举志二》。
③ 《明史》卷193《翟銮传》。
④ 《明史》卷213《张居正传》。

第一,巡按御史考核不实。如前所述,明中后期吏部、都察院对地方官的考察完全依赖抚按,尤其是巡按御史。巡按任满,要将所属大小官员的政绩填注考语揭帖呈送吏部。但由于巡按自身的腐败,考语多有不实之处,其往往不亲自巡历,而假手胥吏,这也导致考语与本人政绩大相径庭。与考察不实相联的是举劾不公。有司贪酷者,按臣却徇情滥举,而清正廉洁者,"或以刚直见忤,或以悃幅启侮,多置之下等"①。巡按在举劾中举大劾小、举多劾少的弊端也很突出。嘉靖初年,唐顺之指出:"其所举者不问而知,其必藩臬方面大官也;其所劾者不问而知,其必通判、县丞小官也。其所举者不问而知,其必牵朋连伍不数十人不止也;其所劾者不问而知,其必寂寥乎才三两人也。""举大而劾小者,无乃大官则足以树恩,而小官无伤于任怨也欤! 又无乃势弱者易凌,而根固者难拔也欤!"②

第二,对吏员实行了纳粮免考的制度。如成化时规定:"凡一应听考吏典,纳米五十石,免其考试,给与冠带办事;在外两考起送到部,未拨办事吏典,纳米一百石;在京各衙门见办事吏典,一年以下纳米八十石,二年以下纳米六十石,三年以下纳米五十石,免其考试,就便实拨,当该满日,俱冠带办事,各照资格挨次选用。"③这就相当于完全放弃了对吏员的考察。

第三,明末,伴随着政治的极端腐败和党争的日益激烈,作为考核制度重要内容的京察和大计完全沦为党争的工具,各党派往往利用其来结党固权、排斥异己和打击政敌。尤其是邪恶的党派掌握京察和大计的大权时,更是纷纷以党派的利益以及所考官吏馈遗的多寡和交结的深浅为依据,德行和才能的原则变为考察的幌子,考核制度完全失去了整肃吏治、惩治贪墨的意义。东林党人杨涟曾激烈地抨击这种时弊说:"凡讲一人,先不论贤与不肖,便问是那一路人,亦不问能为用否,又问其走那人路,如其为那路,但谓之邪党,更不问作何邪事。"④

① 《明经世文编》卷399管志道《直陈紧切重大机务疏》。
② 《明经世文编》卷261《答李中谿论举劾疏》。
③ 《大明会典》卷22。
④ 杨涟:《杨大洪文集》卷下《寄梅长公》。

(四) 混乱不堪的财政制度

明中后期,各项财政制度日趋混乱,不仅无法防范贪污受贿的发生,而且为其大开方便之门。

1. 黄册制度弊端丛生

黄册制度刚推行时,有些负责黄册编制和管理的人员就曾搞过贪赃舞弊。如陕西省的王廉、苏良等人"害民无厌,恬不为畏,造册科敛于民"①。但是当时黄册制度尚在初创阶段,加之朱元璋"重典治吏"、严惩贪官,因此贪污舞弊现象并不普遍,这一制度基本上得到了较好的贯彻执行,发挥了防止官吏巧立名目、贪污侵吞的重要作用。但是明中叶以后,黄册制度日益混乱,弊端丛生,反而成为贪污受贿的一大机会。

明代各地编制黄册的具体工作由里长、甲首及衙门的吏员书手算手等执行。明中叶后,他们在政治日趋腐败的大环境下利用工作之便,经常受贿营私,任意科敛,通同作弊。如海瑞论里长说:"凭势作威,当大役而有重丁之重派,应卯酉而有连累之诛求,或混挟甲首以显售其奸诡之谋,或妄开甲以阴行其贿赂之求。有钱者遍为回护,善柔者不行扶持。事兼利己,则同甲首作弊以欺府县;事止利己,则假府县名色而剥甲首。百计取钱,无心抚恤……"②书手在编制黄册时管抄录誊写,算手负责计算事产和税粮,两者总称里书。他们由于常常参与黄册的编制工作,对其烦琐的程序非常熟悉,因此作起弊来也"驾轻就熟",花样颇多。或受别人的贿托,代为诡寄田地,飞洒钱粮;或代人假作分家析产,隐漏财产;或虚报死亡,少算丁口,以求脱免差徭;或改换户籍,埋没军伍匠役;或将应该轮充差役的人户挪前挪后,把自己应承担的赋役转嫁到贫苦大众头上;或捏甲作乙,以为有无;或捏造情况,妄报灾荒。时人孟习孔指责当时的书手、算手舞弊的情形说:"查里书当审户之年,增减丈量,权握在手,索诈多方,贿赂公行,穷书立富。而遐陬之民,悉来听审,盘费颇多。又求托求除

---

① 《明大诰》初编《造册科敛》。
② 《海瑞集·里长参评》。

者,不惜数十金以乞一书。其县前酒饭店指此为一年肥润之计,此一审而邑所费不下万金。"①里书除收受贿赂为人捣鬼外,还巧立各种名目,向人民肆意科敛。造册伊始,先收所谓纸札费,册刚造完,又收衙门使用费及预征驳费;送解黄册之前,再收解差盘缠费;及至黄册被后湖黄册库驳回后,还可借口前征驳费不足或已移充别用,再搜刮一次。

在里长、甲首、书手、算手等的操纵下,明中后期的黄册变得绝不可信,已完全不能当作合理分摊赋役的根据。随着黄册制度的破坏,地方上渐渐出现一种代替黄册、专供州县衙门实际应用而又并不向上解送的册籍,即实征文册,又叫白册。白册所载比黄册要较符合实际,但和黄册并无本质的差别,埋没土地、隐脱人丁的现象也十分严重,这就造成赋役极为不均的局面。"富者田连阡陌,坐享兼并之利,无公家丝粒之需;贫者无立锥之地,而税额如故"②。明中叶以后的赋役制度已到了山穷水尽的地步。

2. 粮长制度变为人民的祸害

洪武年间刚设粮长时,也曾发生勒索粮户、征多解少的现象,例如洪武中嘉定县粮长金仲芳等"巧立名色凡一十有八:一定船钱,一包纳运米,一临运钱,一造册钱,一车脚钱,一使用钱,一络麻钱,一铁炭钱,一申明旌善亭钱,一修理仓廒钱,一占船钱,一馆驿房舍钱,一供状户口钱,一认役钱,一黄粮钱,一修墩钱,一盐票钱,一出由子钱"③。有的还将征收来的税粮干没入己,故意抵赖,迁延不纳官府。④ 但是在明初"重典治吏"的政策下,大多数粮长毕竟不敢以身试法。而且那时,为了使粮长能够忠实地为朱明政权服务,明太祖还给粮长以优厚的政治待遇,破格提拔忠于职守、及时运粮至京师者,甚至有的被置至七卿之高位,如严震直,"以富民择粮长,岁部粮万石至京师,无后期,帝才之。二十三年特授通政司参

① 孟习孔:《陈时弊十二款》,《天下郡国利病书》卷39。
② 《大诰续编·粮长金仲芳科敛第二十一》。
③ 《大诰续编·粮长金仲芳科敛第二十一》。
④ 《大诰三编·拖欠秋粮第四十一》。

议,再迁为工部侍郎。二十六年六月进尚书"①。再如浦江郑氏家族,多
由粮长入仕,其中的郑沂"自白衣擢礼部尚书"②。这种诱人的政治待遇
对那些热衷于仕途的粮长来说也有一定的激励作用,这也使此时的粮长
虽有贪污现象,但不至于为祸太烈。但明太祖以后,尤其是明中叶以后,
"重典治吏"的时代已经过去,粮长进入仕途的道路也被阻塞,因此,粮长
的表现渐不如前。他们已不是"以良民治良民,必无侵渔之患",而是不
仅征多解少,而且还利用控制的大批粮食作为资本,经商牟利:许多粮长
"征收粮既讫,不起运,辗转为贸易,至起家累巨万"③。

　　洪武四年初设粮长时,任期没有明确规定。洪武末年,实行轮充制,
规定正副粮长轮流充当。到宣德后又实行永充制,粮长一当便是几十年,
且有子孙相承、兄弟更替,数代不易者。永充制使粮长的权力进一步扩
大,使其更便于作恶。他们利用权力串通官吏,团局造册、虚出实收、就仓
盗卖、巧立名目、飞洒粮差、贪赃受贿、包揽词讼、吊打佃民,简直是无恶不
作。正德时,粮长改为朋充,即由三四户或八九户共同充当一个粮长。此
后,随着明朝政治的日益腐朽,土地兼并日趋激烈和优免人户的不断增
加,从而造成田赋逋负越来越大,而政府一味责令粮长追缴赔纳,因此粮
长变成苦差。嘉靖初年的俞弁曾论及此时人们畏当粮长的情形说:"近
年以来,田多者为上户,即金为粮长,应役当一二年,家业鲜有不为之废坠
者,由是人惩其累,皆不肯置田,其价顿贱。"④在江西"凡人遇金当粮长,
大小对泣,亲戚相吊,至有'宁充军,毋充粮长'之谣"⑤。许多大户为摆脱
粮长之职,纷纷贿赂地方官吏,这份苦差便落到了中下层农民身上。地方
官吏也利用所掌握的粮长编审权,收受贿赂,"差贫放富"。明代中后期,
无论从粮长肆虐为害的角度讲还是从粮长使中小户破产的角度讲,粮长
都已成为人民的祸害,成为地方官吏收贿营私的又一渊薮。

① 《明史》卷151《严震直传》。
② 《明史》卷296《郑濂传》。
③ 《明书》卷68《赋役志》。
④ 俞弁:《山樵暇语》卷8。
⑤ 陈子壮:《昭代经济言》卷3。

3. 税制日趋混乱

明代中后期财政制度的混乱还表现在加派、预征、带征纷至沓来。

加派是明政府解决财政亏空的一贯办法。早在正德年间，为建乾清宫，武宗就下令"加天下赋一百万两"①。嘉靖中后期，"东南被倭，南畿、浙、闽多额外提编，江南至四十万。提编者，加派之别名也"②。万历四十六年以前的加派还只是在个别地区执行，属权宜之计。万历四十六年后，加派便在全国范围内施行，为应付对后金的战争，仅万历四十六年至四十八年，明神宗就搞了三次加派。第一次在万历四十六年九月，除贵州因"有苗患"不加派外，"浙江十二省，南北直隶照万历六年会计录所定田亩总计七百余万顷，每亩权加三厘五毫"，"总计实派额银二百万三十两四钱三分八毫零"。③ 次年十二月，应吏科给事中姚宗文之请，"再于直省田地按亩加派"，每亩"复加三厘五毫"，共"增二百万有奇"。④ 万历四十八年三月，应兵、工二部之请，又搞了第三次加派，"命各直省田地每亩再加派二厘"⑤，以上三次加派合在一起，"凡五百二十万有奇"⑥。至崇祯初年(1628年)，辽东战事急剧恶化，加派仍然继续，崇祯三年九月，毅宗朱由检下诏在前三次辽饷的基础上再加派三厘，这就是第四次辽饷加派，总数高至一千零二十九万九千六百零二两。⑦ 除辽饷外，崇祯年间还有剿饷和练饷之加派，两者都是为了镇压农民起义而增。前者为银二百八十万两，后者为七百三十万两。在宣布征剿饷时，朱由检还声称只征一次，"暂累吾民一年"，但由于起义仍在继续，朱由检只得下令再征，⑧直至崇祯十六年(1643年)。除三饷外，又有所谓黔饷、芜饷等等，地方上的加派更多，如天启年间，"粤自正饷外，还有鸭饷、牛饷、禾虫等饷"⑨。

---

① 《明史》卷16《武宗本纪》。
② 《明会要》卷54《食货》2。
③ 《明神宗实录》卷574。
④ 《明神宗实录》卷589。
⑤ 《明神宗实录》卷592。
⑥ 《明神宗实录》卷592。
⑦ 《崇祯长编》卷38;《明史》卷256《毕自严传》。
⑧ 《明史》卷252《杨嗣昌传》。
⑨ 《明熹宗实录》卷60。

明末名目繁多的加派使税制陷于混乱,赋税的征收日益复杂化,不法官吏乘机上下勾结、弄虚作假、明增暗添、贪污中饱,对此弊政,崇祯年间的南京户部尚书郑三俊有着深刻的认识,他在《言池州利弊书》中说:

> ……自国家多事,加派纷出,一年中无艺之征,不下数十种,有奉旨者,有原未奉旨者;有奉文者,有全未奉文者;有先后旨不一,随奉随派,后虽酌并,而先派之数,销归无著者;有因事起派,事停当止,有十余年征派如故者;有一事异名而此项派,彼项又派者;有行少派多,有派多解少,无可穷诘者;有院道无行,但凭府催,上下通同,银或未解,而批回已到,或不许批收而径自分派者;有前解已完,故匿批卷,再催再派,竟落奸蠹者;以故应解不解,应存不存,应抵不抵,不应派者亦派,鞭扑缧绁,不死且贫……今日加派苦民,私派害民,官扛已益,私扛尤重,由票久绝,小票泫行……抑派多端,皆非往额。如援师援道有派,因粮输饷、剿饷、采饷、芜饷、乡勇饷、禁米、皖米、练米、大师经临米豆草束有派,陵工、白土、人夫、北运扛银、修仓、修理衙舍、周恤夫马有派,饷部恤部各院经临、阁部院皖抚供办等项有派,以至有司助饷,耿科倍征,鞭银扛解,凡此皆眼前催征,其他各色尚有不可知者。[1]

不仅大小行政官吏趁加派而贪污舞弊,而且由于军饷管理不善,各级将官也乘乱大肆贪污。由于军官的贪污,虽屡屡加派,而士兵依然无饷可用,以至于有些地区的士兵“全无衣甲器械,惟有张空拳以当白刃”[2]。

明中后期税收中的“带征”是指“将累年拖欠搭配分数与见年钱粮一并催征”[3],最迟在嘉靖年间即已出现,如嘉靖四十二年(1563年)规定:“其四十二年分并带征三十六年分钱粮,完者起解,未完者严催,候一年满日通算,约以十分为率,未完四分者布政司掌印管粮官俱降俸二级,移咨吏部不许推升,追征完日,准照旧支俸;未完六分者,俱照不及事例,降

---

① 郑三俊:《言池州利弊疏》,康熙《建德县志》卷5《食货志》。
② 《明熹宗实录》卷7。
③ 郑瑄辑:《昨非菴日纂三集》(四库存目本)卷1《宦泽》。

一级起送吏部调用；未完八分以上者，俱革职为民。"①万历六年（1578年），又"令各州县见征起运钱粮俱要当年完报，先年拖欠带征者，每年限完二分。总计以十分为率，未完二分以上，往俸督催；未完四分以上，降俸二级督催，虽遇行取，升迁俱不准起送，候完至九分以上，方准开复原俸；未完六分以上，降二级调用；八分以上革职为民"②。"预征"是指除了责令完纳当年赋税及火耗外，还要提前征收来年的部分钱粮。预征最早出现在嘉靖年间，嘉靖三十四年（1555年），由于"京边岁费日增"，要求各司府编派均徭银接济，"内除顺天、应天、苏（州）、松（江）、常（州）、镇（江）等府免编外，其余司府县俱予（预）编一年"③。实际上是预征均徭银。天启六年（1626年），明朝又开始实行辽饷预征制，规定：每年十月开始预征第二年辽饷的3/10，而解部期限，"最近者正月内，稍远者限二月中旬，极远者二月末旬"④。带征制和预征制使本来就混乱不堪的税收制度更加复杂，为贪官污吏的胡作非为增加机会。张居正曾对带征制做过批评，他说：

> ……有司规避罪责，往往将见年所征那（挪）作带征之数，名为完旧欠，实则减新收也。今岁所减又是将来之带征。况头绪繁多，年分混杂，征贾四出，呼役沓至，愚民竭脂膏以供输，未知结新旧之课；里胥指交纳以欺瞒，适足增沟壑之欲，甚至不才官吏因猎取侵渔者往往有之……⑤

四、明中后期统治集团内部的反贪人物

明中后期，整个官场已经变成了权钱交易、权权交易的市场，明朝的衰颓已是无可挽回了，这是明朝之所以于1644年最后被农民起义军推翻

---

① （万历）《大明会典》卷29《征收》。
② （万历）《大明会典》卷29《征收》。
③ 《明世宗实录》卷422。
④ 毕自严：《度支奏议》新饷司卷2《循例预征辽饷疏》。
⑤ 郑瑄辑：《昨非菴日纂三集》卷1《宦泽》。

的重要原因之一。然而在中华民族历史上,无论时势多么艰难,即使在统治阶级内部,总有一些勇于抗争,"知不可为而为之"的正直人士。在明中后期也有这样一批人,他们胸怀强烈的正义感,面对日甚一日的贪风,勇猛战斗,反贪不止。另外也有不少统治集团的人物从维护朱明王朝的长远统治出发,力主惩贪倡廉。上述反贪力量因总量相对较小,而未能改变其时的吏治败坏的总局面,但也起到了局部的或暂时的作用,功不可没。这些力量中的典型人物有反对贪官严嵩的沈炼等,以及海瑞、张居正、东林党人、崇祯皇帝等。

(一) 沈炼等人对严嵩的弹劾

对严嵩的奸贪不法行为,正直朝臣纷纷上疏反对,前后弹劾严嵩父子的,除上文提及的吴时来、王宗茂等科道官外,还有谢瑜、叶经、童汉臣、赵锦、何维柏、王晔、陈垲、厉汝进、沈炼、徐学诗、杨继盛、周钦、张翀、董传策、邹应龙、林润等人,其中沈炼、杨继盛尤享盛名。

沈炼乃嘉靖十七年进士,历任溧阳、茌平、清丰知县,后又为锦衣卫经历。他疾恶如仇,不畏权贵,很早对严嵩父子专权贪残的行径切齿痛恨。庚戌之变后,对于严嵩贪残误国的行为有了更加深刻的认识,于是上《早正奸臣误国以决征虏大策》,弹劾严嵩。该疏先是从贪贿、擅权、结党三个方面揭露了严嵩父子的罪恶行径,奏疏中说:

> 辅臣严嵩受国重任,视如鸿毛;贪婪之性,疾入膏肓;愚鄙之心,顽于铁石。……纳贿以鬻官吏也,已成常例,则心知其过而不能回;开筵以结士夫也,用市虚文,则外惧其显而不能止。原其所以纳贿者,以为既得其财,而又可以制其心;既得其心,又可以资其力……边将非多用黄金不可以得官,彼何肯奋身却敌,以钱而买死?守臣非累通书币不可以致誉,彼何肯忘己爱民,以私而为公?及考察之时,又其父子获利之日矣。朝廷赏一人,则曰"由我赏之";罚一人,则曰"由我罚之",于是人人皆思所以计严嵩父子之爱憎,而不复知有朝廷之恩威矣。

接着,沈炼又揭露了严氏父子的"十大罪状",大都与贪贿有关:

纳将官之贿以开边陲之衅,罪之一也。

受诸王馈遗令宗藩失职,罪之二也。

揽吏部之权,奸赃狼藉,至于驿丞小吏亦无所遗,官常不立,风纪大坏,罪之三也。

索抚按之常例,奔走书使,络绎其门,以致有司科敛,而百姓之财日削,教化不行,罪之四也。

阴制科道官,俾不敢言,罪之五也。

妒贤忌能,中伤善类,一忤其意,必挤之死地而后已,使人为国之心顿然消沮,罪之六也。

纵子受财,以敛怨天下,罪之七也。

日月搬移财货,骚动道路,民穷财尽,国之元气大亏,罪之八也。

为内阁久而奸贪日甚,无一善状,罪之九也。

不能协谋天讨以舒君父之忧,罪之十也。

在奏疏中,沈炼还对"少有骨鲠之风"的吏部尚书夏邦谟进行了有力的鞭挞。指出他"名为公室之臣,实为私门之吏,大事面白严嵩而后敢行,小事书通严世蕃而后敢发……"由于夏邦谟"始也因贿而得官,既也因官而得财",这样的吏部尚书"如之何其察天下之官吏也?"因此各级官吏也都竞相效法,即所谓"内阁、吏部要钱,吾党守清无益"。于是"内外远近相视习以成风,廉耻不行,盗贼蜂起"。要求皇帝下诏,"将此三人详议其罪,应诛而诛,应斥而斥"。①

沈炼的上疏表达了废除奸贪,重振朝纲的思想,但是昏庸的明世宗以"出位恣肆狂言,排陷大臣,计取直名"之罪,将沈炼杖责数十而流放。②后又被严嵩及其党羽诬以"谋叛"罪处死。

严嵩将反对者或贬或罢甚至处死,企图以此来钳制百官之口,树立个人淫威。然而正直官员并没有被其淫威所吓倒,依然前仆后继。嘉靖三十二年正月,兵部武选司员外郎杨继盛又呈上《请诛贼臣疏》,痛斥严嵩

---

① 《明经世文编》卷296沈炼《早正奸臣误国以决征虏大策疏》。
② 《明世宗实录》卷369。

"十罪""五奸"。在这篇奏疏中,杨继盛列举了严嵩各种专权误国的罪恶行径,尤其是对其侵府部之权、贪财卖官的丑行,进行了严厉的抨击,指出:"吏兵二部,大利所在,尤其所专主者。文武官之迁升,不论人之贤否,惟论银之多寡;各官之任,亦通不以报效皇上为心,惟日以纳贿贼嵩为事。将官纳贿于嵩,不得不剥乎军士,多至失所,而边方为甚;有司既纳贿于嵩,不得不滥取于百姓,所以百姓多至流离,而北方之民为甚。一人专权,天下受害,怨恨满道,含冤无伸,人人思乱,皆欲食嵩之肉。"对严嵩专权误国所造成的贪风日炽的恶果,杨继盛更是做了一针见血的揭露,指出严嵩任首辅以来,"诏谀以欺乎上,贪污以率其下。通贿殷勤者,虽贪如盗跖而亦荐用,奔竞疏拙者,虽廉如夷齐而亦罢黜。一人贪戾,天下成风。守法度者以为固滞,巧弥缝者以为有才;励廉介者以为矫激,善奔走者以为练事。卑污成套,牢不可破,虽英雄豪杰,亦入套中。从古风俗之坏,未有甚于此时者"。在揭露了严嵩的"十罪""五奸"之后,杨继盛请求皇上对严嵩"重则置以专权重罪,以正国法;轻则谕以致仕归家,以全国体"。认为这样"内奸既去,朝政可清矣"①。杨继盛的奏疏上后,昏庸的明世宗竟将其"下狱",后来严嵩又将其牵连到张经、李天宠"案件"中,处以死刑。

沈炼、杨继盛虽被严嵩害死,其反贪活动以失败而告终,但其英勇无畏的精神却是永照史册的。

(二) 刚正不阿的"海青天"

海瑞,字汝贤,号刚峰,生于正德八年(1513 年),嘉靖二十五年(1546年)中举,后又两次会试不第,嘉靖三十二年(1553 年)被任命为福建省南平县教谕,后又历任淳安知县、兴国知县、户部主事、尚宝司丞、南京通政司右通政、都察院右佥都御史、南京右都御史等职,其间曾因得罪权贵而两度罢官,还曾因上疏批评皇帝而下狱。海瑞在从政期间,廉洁奉公、严惩奸贪、大力倡廉,被老百姓称为"海青天"。

---

① 《明经世文编》卷 293 杨继盛《请诛贼臣疏》。

　　海瑞认为造成"国病民冤""民间困苦日甚一日"的原因,"第一是官吏贪污"。因此主张对贪赃枉法者处以重刑。他反对万历皇帝把贪赃改为杂犯,允许赎免的做法,指出之所以"治化之不臻者,贪吏之刑轻也"①。因此提出要恢复明初"毫发侵渔者加惨刑"和"八十贯赃绞罪之律"②,甚至对朱元璋的"剥皮实草"之法津津乐道。为同奸贪官吏作斗争,他不畏权贵,正气凛然。在任淳安知县时,严嵩的爪牙、有名的贪官巡盐御史鄢懋卿到江南进行视察,实际上是来搜刮和掠夺江南人民。淳安县是其计划经过之地,并事先给海瑞发出了揭帖。海瑞知道鄢懋卿的宪牌上冠冕堂皇地写着"素性简朴,不喜逢迎"之类的话,因此回复道:"传闻所至与宪牌异。欲从宪牌,则惧招尤;欲从传闻,则恐违宪意。下邑疲敝,未知所从。"③给鄢氏一个软钉子,鄢懋卿只得绕道淳安和严州府而过。就这样,使淳安百姓免遭一场浩劫。为整顿吏治、提倡廉政,海瑞在从政期间还颁布了许多行政法规和告示,其中有《兴革条例》《参评》《禁约》《督抚条约》《续行条约册式》《禁馈送告示》等。《兴革条例》和《禁馈送告示》是海瑞任淳安县知县时制定的,前者对知县、县丞、里长及县中吏、户、礼、兵、刑、工各房的职责和考核标准都一一作了规定,如规定知县报到或旧官离任,不许送迎,不许"滥受缎席,逾制劳人"。《禁馈送告示》规定:"今后凡有送薪送菜入县门者,以财嘱治罪。虽乡宦礼物,把门皂隶先禀明后许放入,其以他物装载,把门人误不搜检者,重责枷号。"又规定:"接受所部内馈送土宜礼物,受笞四十,与者减一等。"《督抚条约》是海瑞在应天巡抚任上为革除吏弊、整顿风纪而制定的又一行政法规,共三十五款。在革除吏弊方面,规定:"吏书索常例,并驿递官听而与之",则"入并论罪";凡"官吏坐赃"必行问罪;对贿赂书吏的官吏,"其刑罪比书吏门必重数倍";对"多纸赎以掩己贪,夺民财以为己绩"的"刻而贪"之官,"虽已离任"也"必行追究"。海瑞还以身作则,规定:"本院凡巡历,所在县驿俱不许铺毡结彩","不用鼓乐";"本院经过并住札,俱不用铺陈";"本院到处

　　① 《海瑞集》下册《赠喻邃川奖劝序》。
　　② 《海瑞集》上册《督抚条约》。
　　③ 王国宪辑:《海忠介公年谱》,《海瑞集》下册附录。

下程,止鸡、肉、鱼、小瓶酒等件,不用鹅及金酒。物价贵地方银费不过三钱,物价贱地方费银二钱,烛柴俱在内"。

学校是人才的摇篮,其风气如何,对于将来的吏治影响极大,所以海瑞在担任南平县教谕后,还曾制定《教约》十六条。此《教约》规定生员不得虚报年龄、冒名顶替;不准请客送礼;不准私自包揽讼诉;生员见官要有礼节法度;在校见上司要有礼节法度,不准下跪;等等。

由于海瑞在为政期间,既能剔除官场积弊、惩治奸贪,又能加强法规建设,使官吏有章可循,从而使所辖地区的廉政建设取得了很大成效。如《督抚条约》和《续行条约册式》颁布后,"郡县官吏凛凛竞饬,贪污者望风解印绶而去。权豪势宦,敛迹屏息,至移他省避之。有显者朱丹其门以居,闻公明日将至,一夜遂易而黝。监造中官费某,素骄横侈纵,出入肩舆八人,驺从甚众。一日见公,即内愧贬损,不能自安,所用肩舆人遂减其半。其政治精明严厉成效如此"①。不过,海瑞毕竟只在地方上任职,其反贪活动的影响因而受到了局限。

(三) 张居正的反贪举措

张居正的从政生涯中,自己有不少贪贿劣迹。但作为一个首辅,从封建王朝长治久安的大局出发,他也曾经搞过一系列的惩贪倡廉的活动,甚至有时自己还能作出若干清廉自律的表示,他的若干改革措施对澄清吏治、抑制贪风也有一定的作用。

1. 严惩贪官污吏,奖励廉能官员

张居正对明中叶以来贪污腐败之风及其危害有着深刻的认识,他说:"自嘉靖以来,当国者政以贿成,吏腹民膏以媚权门,而继秉国者又务一切姑息之政,为逋负渊薮,以成兼并之私。私家日富,公室日贫。国匮民穷,病实在此。"②这段话是对明中叶以来吏治腐败现象的最好概括。针对这种情况,张居正当国后,决定严惩贪污腐败,规定:"其贪污显著者,

---

① 王国宪辑:《海忠介公年谱》,《海瑞集》下册附录。
② 《明经世文编》卷327《答应天巡抚宋阳山论均粮足民》。

严限追赃,押发各边,自行输纳,完日发遣发落。"①万历四年十月,山东昌邑知县孙鸣凤贪污勒索案发,皇帝大怒,要派人逮捕,张居正非常赞成,而且力主严加审讯,依法治罪。在严惩贪官污吏的同时,张居正又大力提倡奖廉,在他的建议下,恢复了明初皇帝接见并奖励廉能官员的制度,使惩贪与奖廉并举。万历二年,神宗亲自召见廉能官员,赐宴并加以奖励,同时对"贪酷异常者"则打入法司问罪。万历五年正月"令廉能卓异者纪录擢用。贪酷异常者,各巡按御史提问,追赃具奏"②,并再次召见廉能官员。十一月,又贬斥了在赋税征收中贪污舞弊的户部员外郎贾实等八十四人。这种倡廉与惩贪并举的举措,既能使贪者有所警诫,又能激发一般官员的进取心。

2. 有利于惩贪防贪的官制及财政制度改革

张居正清醒地认识到贪污之根源乃在于"纪纲不肃、法度不行"③,因此在严厉打击贪污犯罪活动的同时,致力于对惩贪防贪有积极作用的官制及财政制度的改革,其中包括完善考课制度、实行考成法、选贤任能、实行一条鞭法、整顿驿递等。如前所述,明中叶后,考课制度流于形式,考语不实、赏罚不明,甚至连期限都不能遵守。在这种情况下,必然造成官吏玩忽职守,办事效率低下,极易滋生贪污腐化分子。为此张居正一方面整顿和完善原有的考核制度,一方面又创立"立限考事,以事责人"的考成法。

在整顿和完善原有的考课制度方面,规定必须按期考满。明代官吏任满,应由吏部办理考满手续,其中京堂官由皇帝亲自考核,定出等级。但明中叶后,皇帝为图清闲,规定要等若干名官员任满后才能成批奏请皇帝考核,这就势必造成称职者不能及时提升,不称职者不能及时淘汰的弊病。为此张居正规定必须定期考核,"令大臣考满俱面引单奏,遵照旧规行"④。明代还规定京官外出办事,即公差期间不考,完差才予考满,这也

① 《明经世文编》卷 324 张居正《陈六事疏》。
② 《明会典》卷 13。
③ 《明经世文编》卷 324《陈六事疏》。
④ 《明会典》卷 12。

影响了出公差京官的正常升迁,致使官员不愿出公差或者是只图敷衍了事,早日完差。针对这种情况,张居正规定公差人员也按期考察,不必待完差后考。针对考语不实的弊端,张居正规定考核时"惟以安静宜民者为最。其沿袭旧套、虚心矫饰者,虽浮誉素隆,亦列下考"①。实行考成法是为扫除官吏办事拖沓、相互推诿的弊端,提高办事效率,从而减少贪污舞弊而创立的一种随事考成的制度。具体做法是六部和都察院把所属官员应办之事,酌量道路远近、事情的缓急,规定出完成期限。然后分别登记在三个账簿上,一本由部、院留作底簿,一本送六科,一本送内阁。六部和都察院分别按照底簿登记,对所属官员承办之事逐日检查,完成一件注销一件。如未按期完成,必须如实申报,否则以违制罪论处。六科根据账簿登记,稽查六部的执行情况,每半年上报一次,并对违限事例进行议处。内阁亦根据账簿登记稽查六科,并对欺隐事例进行惩处。这样月有考,岁有稽,内阁综其成。考成法的实行使责任制度得以建立,改变了嘉隆以来因循守旧、姑息苟安的官场风气,大大提高了行政效率,有利于防止贪污腐化现象的发生。正如当时的户科给事中石应岳所说:"自考成之法一立,数十年废弛丛积之政,渐次修举。"②《明史》作者对此也大加称赞,称"自是,一切不敢饰非,政体为肃","虽万里外,朝下而夕奉行"。③

如前所述,明中叶后,官吏选拔只问出身和资历,不看真才实学,这成为吏治败坏的一个重要原因。张居正对任人唯资的弊病有着深刻的认识,他说:"良吏不专在甲科,甲科未必皆良吏。"④因此决定改革官吏任用和选拔制度,实行不拘资格、唯重实绩的选官方针。在这一方针指导下,大批具有真才实学的文臣武将得到重用。张居正还大胆提拔吏员出身的官吏,万历三年九月,山东郯城、费县两地知县出缺,张居正打破吏员不能担任正官的惯例,将精明强干,"能肩繁巨"⑤的同知杨果和判官赵蛟由代

① 张居正:《张太岳集》卷46《请择有司蠲逋赋以安民生疏》。
② 《明神宗实录》卷71。
③ 《明史》卷213《张居正传》。
④ 《张太岳集》卷21《答两广李蟠峰》。
⑤ 《万历野获编》卷11。

理改为实授知县。在处理这一问题时,张居正答复要求委派知县的山东巡抚说:"杨果、赵蛟既才堪治民,可升知县,何拘资格也?"①再如江西弋阳人黄清为吏员出身,但他"才智四出,应变无穷"②,且为官清廉,政绩卓著,张居正将其破格提拔为两淮盐运司同知,主持高宝内堤的修筑工程,黄清果不负张居正所望,只用两年时间就完成了这一艰巨任务。

源清才能流清,源浊则流必浊,张居正改革官吏铨选制度,严把官吏选拔关,对澄清明中叶以后的腐败吏治起了积极作用。

明中叶以来,赋税制度混乱,黄册制度徒具虚文,致使赋役负担不均,国家财政收入大为减少,得利者只有贪官污吏和豪强地主。为解决这一问题,张居正下令改革赋役制度,在全国范围内推行一条鞭法。其主要内容为:(1)"总括一州县之赋役",把田赋、徭役和杂税合并在一起征收。(2)"量地计丁",取消按户丁派役的办法,改为按地丁或丁粮派役。(3)田赋折银,废除力差,无论田赋和徭役一律折银征收。(4)"官为金募",即赋役的催征、收纳与解运皆由官府承办。一条鞭法的实施和推广,简化了赋税征收手续,避免了贪官污吏从中巧立名目,敲诈勒索,同时由于量地计丁,在一定程度上抑制了宗室和豪强地主隐产瞒丁、逃避赋役之弊端,从而减轻了贫苦农民"产去税存"的现象,增加了国家的收入。

针对明中叶以来官吏及其亲属随便乘驿传、肆意科索的弊端,张居正决心整顿驿递制度。规定官员非奉公差,不得使用驿站;各地官员不许托故远行参谒,轻扰驿递,违者参究;州县不得借驿递科敛百姓;凡内外官丁忧、起复、给由、升转、改调、到任等项,皆不得享受驿传等;驿站按朝廷规定的标准供应饮食用品和交通工具,若遇官员勒索,可向有关方面反映;抚按负责对破坏规章的官员进行弹劾。通过这次整顿,驿递供亿之繁大大减少。既节省了国家开支,又防止了官吏的贪污勒索。

张居正在明王朝日益衰颓的紧急关头,勇于改革,兴利除弊,使明中叶以来趋于瘫痪的反贪机制重新焕发生机,给明王朝注入了一针强心剂。

---

① 《国榷》卷69。
② 《万历野获编》卷11。

但此时的明王朝已大厦将倾,任何改革措施都只能奏效一时,而不可能挽救明朝的灭亡。更何况张居正作为一个封建土大夫,其领导的改革尚有许多局限性,而且自己也未能身体力行,他虽然曾带头拒绝受贿,但那不过是摆摆样子,装饰门面,他也曾多次接受官员的贿赂。张居正死后,其所实行的各项改革措施或被废止,或大打折扣,各种弊端又死灰复燃,贪贿之风于是又日甚一日起来。

(四) 东林党人的反贪倡廉

"东林"原是江苏无锡县一个书院的名称,乃宋朝大儒杨龟山讲道传授理学的地方。万历二十二年(1594年),吏部郎中顾宪成罢官回到家乡无锡县,与其弟顾允成在常州知府欧阳东凤和无锡知县林宰的资助下,重修了东林书院并偕同高攀龙、钱一本、薛敷教、史孟麟、于孔廉等人在其地聚众讲学,讽议朝政,裁量人物。他们忧国忧民、关心时政的言论吸引了大批政治上不得志,怀有政治抱负的士大夫们,使之纷纷响应,到东林书院来讲学,逐渐使东林书院形成一个舆论中心。顾宪成等人提出要整顿吏治,要求政治改良,朝内正直派官员互相呼应而得到他们有力的支持。从此,"东林"名声大噪。朝廷内外的正直派士大夫便逐渐被政敌称为"东林党"。东林党人大都是中小地主出身的知识分子,他们反对贵族大地主阶级的腐朽统治,一旦有机会入仕掌握了权力,便为实现整顿吏治的政治抱负而努力。

1. 以身作则,倡导廉洁自律

总的来看,东林党人多数比较正直,居官比较清廉。他们从整顿吏治的政治抱负出发,以身作则,倡导为官廉洁自律,希望官场贪污之风有所遏制,吏治有所修明。顾宪成曾说:"善驭民者,不专求诸民也,当从驭吏始","善驭吏者,不专求诸吏也,当从驭身为"。[1] 赵南星在主持京察中说:"能自察者而后可以察人……察人者而即以自察。"[2]东林党人不仅是

---

[1] 顾宪成:《泾皋藏稿》卷11。
[2] 《两朝丛信录》卷16。

这样倡导的,自身也是这样做的。据《明史》记载:赵南星,"万历二年进士,除汝宁推官,治行廉平,稍迁户部主事"。陈道亨,万历十四年进士,为南京吏部郎中,"同里邓以讚、衷贞吉亦官南都,人称'江右三清'。由居家自参政至尚书,所至不私一钱"①。周起元,天启三年(1623年)以右佥都御史巡抚苏、松十府,"公廉爱民,丝粟无所取"②。他们的廉洁自律,还表现在主持京察时,不眷私爱,秉公澄汰。万历二十一年吏部尚书孙陇和考功郎中赵南星主持京察,文选员外郎吕胤昌是孙陇的外甥,都给事中王三余是赵南星的亲家,但两人因有不妥之处,皆被斥黜。可见他们倡导的廉洁自律不是一句空话,而是先从自身做起。崇祯元年翰林院编修倪元璐曾上言这样盛赞东林党人:"东林自邹元标、王纪、高攀龙、杨涟外,如顾宪成、赵南星、冯从吾、陈大受、周顺昌、魏大中、周起元、周宇建等真理学、真骨力、真气节、真情操、真吏治。"③东林党人不屑与操守不洁的人为伍,这也从另一个侧面说明了东林党人倡导正直廉洁地为官。史称崔呈秀"天启初,擢御史,巡按淮扬。卑污狡狯,不修士行。见东林势方盛,将出都,力荐李三才,求入其党,东林拒不纳"④。天启间内阁大学士魏广微是赵南星好友魏允贞的儿子,但依媚于魏忠贤,"尝三至南星门,拒勿见。又尝叹曰:'见泉无子',见泉,允贞别号也"⑤。在当时官场贪污受贿普遍盛行,广大下层劳动人民群众痛恨贪官污吏的情况下,东林党官员能得到老百姓的爱戴和拥护,这比什么都更说明了他们为官能做到廉洁自律。天启五年(1625年),杨涟被逮之日,"士民数万人拥道攀号。所历村市,悉焚香建醮,祈佑涟生还"。在左光斗被逮之日,"父老子弟拥马首号哭,声震原野,缇骑亦为震涕"⑥。天启六年,魏阉再害东林党人,终于引起了市民暴动,苏州、常州等地发生了市民暴动。三月十八日,苏州市民以颜佩韦、杨念如等五人为首为抗击缇骑索拿周顺昌而发动民变,击毙、

①　《明史》卷241《陈道亨传》。

②　《明史》卷245《周起元传》。

③　《明史纪事本末》卷66《东林党议》。

④　《明史》卷306《崔呈秀传》。

⑤　《明史》卷243《赵南星传》。

⑥　《明史》卷244《杨涟传》《左光斗传》。

击伤缇骑数人,巡抚毛一鹭吓得藏进了厕所。事后五人被杀时,大义凛然,说是"为清官死,死有余荣"①。

2. 主持京察大计,勇于惩贪选廉

京察是对官吏考察的重要形式,逢东林党人主持京察时,往往把它看作提拔贤能、罢黜贪残的好机会。赵南星就曾明确指出"惩贪是察吏第一义"②。万历三十二年(1604年),吏部侍郎杨时乔和左都御史温纯主持乙巳京察。据历史记载,杨时乔署吏部事"绝请谒,谢交游,止宿公署,苞苴不及门"③;温纯"清白奉公,五主南北考察,澄汰悉当,肃百僚,振风纪。时称名臣"④。二人在京察时,不畏强权,力主排除首辅沈一贯包庇的贪官污吏刑科给事中钱梦皋和御史张似道、于永清等人。其中于永清在巡按陕西时就有严重的贪赃行为,"取赎锾数万金"⑤,在乙巳京察前就被温纯弹劾过。万历三十九年(1611年),吏部尚书孙丕扬等主持辛亥京察。他"挺劲不挠,百官无敢以私干者"⑥,在京察中大刀阔斧,处理了许多贪官污吏,如陕西道御史金明时、刑部山西司主事秦聚奎等,更"斥昆宣党魁七人",如汤宾尹、顾天竣等人。史称"今岁京察于权相之渠魁,奸党之元恶,并物议凤腾应逐者,俱一旦去之,不可谓不公"⑦。秦聚奎"官在绩溪,则贪酷,御史李云鹄、孙居相几经拟劾,赖同年张推官救解,调吴江,则剥削,民冤无告"⑧。汤宾尹更是以贪残而著名,不但操纵朝政,广纳贿赂,而且是宣城一霸。曾因霸占生员之妻而引起宣城民变。在万历三十八年庚戌会试中又接受太学生韩敬的贿赂而舞弊。可见这次京察的主流是惩治贪残。天启三年(1623年),主持癸亥京察的是吏部尚书周嘉谟和左都御史赵南星。《明史》载周嘉谟"惟才是举",并要求根据吏治的

---

① 《北行日谱》。
② 《两朝丛信录》卷19。
③ 《明史》卷224《杨时乔传》。
④ 《明史》卷220《温纯传》。
⑤ 《明神宗实录》卷372。
⑥ 《明史》卷224《孙丕扬传》。
⑦ 《明神宗实录》卷483。
⑧ 《明神宗实录》卷482。

弊坏责成各地(巡)抚(巡)按监司。赵南星东山再起,年已七旬,"慨然以
整齐天下为己任,锐意不减当年",在这次癸亥京察中,著《四凶论》,黜斥
了万历后期败坏朝政的三党首领亓诗教、赵兴邦、官应震、吴亮嗣,而对其
他贪赃枉法之官也"一如考功时"加以斥退,无所遗漏。① 对于贪污之风,
赵南星在做考功郎时就曾揭露说:"今士道衰颓,士风浊秽,贪官甚多,有
一人赃至十数万者。"②并提出要刹住官场贪污之风,"以后秽迹昭彰者,
抚、按先行究问确实,而后具奏追赃"。他分析追赃的好处,认为追赃既
可以补充国家财政的匮乏,"省加派",又可以消除百姓对官吏的憎恶。
癸亥京察后不久,赵南星便调任吏部尚书,更是披肝沥胆,革除时弊,整齐
铨政。当时"干进"之风盛行,士大夫们为了仕途升迁,用剥削贪污来的钱
财大行贿赂,公开求官乞爵。赵南星坚决抵制,史载"当是时,人务奔竞,苟
且恣行,言路横尤甚。每文选郎出,辄邀之半道,为人求官,不则加以恶声,
或逐之去。选郎即公正无如何,尚书太息而已。南星素疾其弊,锐意澄清,
独行己志,政府及中贵亦不得有何干请,诸人惮其刚严不敢犯"③。

　　惩贪的另一面是选廉。对此东林党人很清楚,所以他们在利用京察、
大计惩贪的同时,还努力选廉。吏部尚书孙丕扬"万历三十八年大计外
吏,黜陟咸当。又奏举廉吏布政使汪可受、王佐、张偲等二十余人,诏不次
擢用",并"请立约束颁行天下,奖廉抑贪,共励官箴"。④ 天启初年,赵南
星任吏部尚书"盖搜举遗佚,布之庶位,高攀龙、杨涟、左光斗秉宪;李腾
芳、陈于廷佐铨;魏大中、袁化中长科道;郑三俊、李邦华、孙居相、饶伸、王
之寀辈悉置卿贰。而四司之属,邹维琏、夏嘉遇、张光前、程国祥、刘廷谏
亦皆民誉。中外沂沂望治"⑤。由于明朝末期政治已腐败透顶,病入膏
肓,注定他们的惩贪奖廉、整顿吏治的收效甚微,但确实是作出了最大的
努力,尽了自己的责任。

① 《明史》卷 243《赵南星传》。
② 赵南星:《味檗斋文集》卷 2。
③ 《明史》卷 243《赵南星传》。
④ 《明史》卷 224《孙丕扬传》。
⑤ 《明史》卷 243《赵南星传》。

(五) 崇祯皇帝的惩贪倡廉

纵观崇祯帝朱由检十七年的皇帝生涯,应该说他算是一个励精图治、慨然有为的皇帝。登位伊始,就力图凭借皇帝至高无上的权威和个人的勤政,通过严惩贪污、整饬吏治的努力以挽救明王朝将倾之大厦并实现中兴之夙愿。可面对着当时主客观条件的限制,理想与现实的巨大反差,他的努力便显得是那样的苍白和无力,最后以失败而告终。

1. 铲除当时全国最大的贪污官僚集团——阉党

以魏忠贤为首的阉党集团是崇祯帝即位前统治阶级集团中最腐败的一群,这首先表现在其成员的贪污受贿上。魏忠贤本人及其死党大都是声名狼藉的贪官污吏。且不说魏忠贤,就是其爪牙崔呈秀、周应秋、田尔耕等也都是当时全国数得上号的大贪污犯,关于他们贪赃的情况,前已述及。熹宗的驾崩,崇祯的登位,使阉党集团失去了皇权的保障,也就失去了赖以作威作福的最大资本。朱由检不动声色,潜移默夺,步步为营,表现出其在政治生涯中少有的老辣和熟练,使魏忠贤苦心经营的阉党集团,不久便宣告瓦解。天启七年(1627年)十一月,崇祯皇帝在一切准备妥当以后,以迅雷不及掩耳之势铲除了魏阉集团。先是以"忠贤等不止窥攘名器,紊乱刑章,将我祖宗蓄积贮库传国珍奇异宝金银等朋比侵盗几空"的罪名将魏忠贤贬至凤阳守祖陵,其同党客氏则被送到浣衣局收管。[①]接着又传谕锦衣卫擒拿魏忠贤至京,结果魏自缢于旅舍,并将客氏笞死在浣衣局。崔呈秀闻信便"列姬妾,罗珍宝,呼酒痛饮。尽一卮即掷坏之。饮已自缢"[②]。崇祯帝先后处死或罢免、削籍、降用魏忠贤的大批党羽和爪牙。《钦定逆案》的颁示,标志着基本上达到了消灭阉党的目的。在处理这些从逆犯的过程中,如有赃私罪行的,还要严加追赃。如魏忠贤的"谋主"崔呈秀被抄没的赃私计有白银七万多两,黄金三百多两,另有箱柜三百多件,房产二十六所七百四十九间。又原阉党户部尚书张我续,于

---

① 谈迁:《国榷》卷88。
② 《御定资治通鉴纲目三编》卷33。

崇祯六年被"追赃十八万有奇"论死。① 从中可知阉党集团的贪婪。端掉这样一个大的贪污集团，无疑有益于国家的吏治民生。史称崇祯帝即位后，驱逐魏忠贤归第，"长安(指京师)一时欢声雷动"②，上边提到的阉党户部尚书张我续归籍，"百姓恨极，群邀会齐，欲拦其轿而毁其面"③，阉党内阁大学士顾秉谦削籍回乡，"昆山民积怨秉谦，聚众焚掠其家。秉谦年八十，仓皇窜渔舟得免。乃献窖藏银四万于朝，寄居他县以死"④。诸如此类的行动表现出了广大劳动群众对贪官污吏的痛恨和唾弃，也以实际行动表示了对国家惩贪活动的拥护和支持。

2. 注重用严刑峻法惩治贪污、考核官吏

崇祯皇帝锐意求治，决定用严刑峻法约束和考察官吏。他三令五申地诫谕百官要遵纪守法。登位之初便强调"三尺俱在，断不尔贷"。他认为抚按官员是惩治贪污的主要力量，所以抚按官的贤否，对吏治是否清明至关重要。他一再谕令要严肃考选抚按官员，崇祯五年(1632年)谕吏部"严纠贪墨，慎选抚按"⑤。四年召左都御史闵洪学说："巡按贤则守臣皆贤，若巡按不肖，其误不小。屡饬回道严核，何近日不称职多也？"⑥对都察院考核不力，提出了严厉的批评。同在这年，召谕百官提出警告，要求他们"正己率属，爱养百姓"，并说："用命显擢，不则罚随之。"⑦对于贪官污吏，无论是位极人臣的内阁大学士，还是独当一面的封疆大吏，用刑都极为严酷。崇祯十六年(1643年)，给事中郝昌上疏弹劾吏部文选郎吴昌时和内阁首辅周延儒表里为奸，招权纳贿，卖官鬻爵。随后御史蒋振宸也弹劾吴昌时与周延儒的幕僚董延献贪赃枉法，主持乡试，收受贿赂，结果吴昌时被弃市，周延儒被赐死，史称"辅臣戮死，自世庙(即嘉靖帝)夏言

① 谈迁：《国榷》卷92。
② 佚名：《快世忠言》中册，见王天有《东林党议》，上海古籍出版社1994年版。
③ 佚名：《快世忠言》中册，见王天有《东林党议》，上海古籍出版社1994年版。
④ 《明史》卷306《顾秉谦传》。
⑤ 谈迁：《国榷》卷89。
⑥ 《明史纪事本末》卷72《崇祯治乱》。
⑦ 《明史纪事本末》卷72《崇祯治乱》。

后,此再见也"①。蓟镇巡抚王应豸,因查办军士哗变不力且有克扣巨额军饷之实,论死。宣府巡抚李养冲致仕家居,同侵盗抚赏银七万两而论死②。这类因贪污而被杀的重臣还有很多。御史刘宗周曾说崇祯帝"严赃吏之诛,自执政以下坐重典者十余人"③。并且崇祯年间,恢复举保连坐之法,被举保之官如犯赃违法,举保人将被株连。崇祯帝用严刑峻法约束官吏、惩治贪污的出发点是好的,目的无非是让各级官吏清正廉洁,忠于职守,提高行政效率。但过于急于求成,加之他性格多疑,刚愎自用,一意重典驭下,滥用刑罚,导致了当时政治生活的极不正常,也制造了许多冤假错案。执法官吏为迎合他重典绳下的心理,竟故意轻罪重罚。史称甄于淑于崇祯十二年至十三年任刑部尚书,为迎合崇祯,"但将应拟杖者拟徒,应拟徒者拟戍,应拟戍者拟辟",于是"一时诸司官无不以残刻为事"。④ 这样的形势使官员们做官如履薄冰,战战兢兢,不敢有所作为,唯知顺从皇帝的颐指气使。大学士魏德藻曾说官员们"因功令太严,恩威莫测,恐一干圣怒,则无功有罪,是以畏首畏尾,俱不敢做,即举用一人,则恐有受人营求,为人复官之嫌,所以蓄缩耳"⑤。结果反而大大地降低了行政效率,这是崇祯帝始料所未及的。

五、明代中后期反贪思想的新发展

明代中后期,由于贪贿风气的盛行,在统治集团内部不仅出现了不少坚决反贪的人物,而且产生了反贪的新思想,其中主要的是惩贪要以高官为重点以及去奢止贪的思想。

(一) 惩贪要以高官为重点

"上梁不正下梁歪",在"一切惟君""一切惟上"的封建社会,高层官

---

① 《国榷》卷99。
② 《国榷》卷90。
③ 《明史纪事本末》卷72《崇祯治乱》。
④ 李清:《三垣笔记》上。
⑤ 《三垣笔记》附识中。

吏的价值观念、生活和政治作风对整个官场乃至整个社会具有范导效应。因此,高层官吏贪污纳贿行为必然为中下层官吏纷纷效法。明代中后期正是严嵩等高官纳贿行为导致了整个士风的大坏。面对这种现实状况,明代中后期的思想家渐渐体会到了高官的行为与吏治好坏的密切关系,纷纷提出了惩贪要以高官为重点的主张。如吕坤认为:世风大坏的责任"不是宦官宫妾,不是农工商贾,不是衙门市井,不是夷狄"①,而是贵者、贤者,"贵者、贤者为教化风俗之大蠹也"②。张居正认为吏治的本源在总督、巡抚、巡按以及朝政内阁、部院,即"一方之本在抚按,天下之本在政府",整顿吏治必须从中央到地方高官大僚抓起。王廷相认为"大臣法,小臣廉","大臣贪浊而日在高位,则小臣得干观感之下者,将无不惟利是图矣。京官贪浊而安处无事,则外官被其鼓动之者,亦无不惟利是图矣"。③刘宗周也认为"大臣法,小臣廉",都察院的职责在正己以正百僚,振肃纪纲,"而责成巡方其首务也。巡方得人,则吏治清,民生遂"。④

在君主专制的封建社会,惩贪以高官为重点往往能起到杀一儆百之效,不失为一项高明的主张。但在明中期,高层官吏除极个别外,大都是贪婪成性的大贪官,如果以他们为重点,可以说"杀不胜杀",更何况他们是掌权者,不可能公而忘私、向自己开刀。因此这一思想当时并未能很好地付诸实践。

（二）"去奢止贪"的思想

如前所述,明中后期奢侈之风席卷全国,加速了政治的腐败,因此明中后期的许多政治家和思想家几乎众口一词地把贪污腐败归罪于"奢侈之风",并由此提出了"去奢止贪"的思想,但提出"去奢止贪"主张的思想家往往进而又重弹"重本抑末"的陈词滥调。正德年间的王铉认为:"风俗莫善于俭约,莫不善于奢侈,居官者奢侈则必贪,为士者奢侈则必

---

① 吕坤:《呻吟语》卷4《世运》。
② 吕坤:《呻吟语》卷5《治道》。
③ 王廷相:《浚川奏议集》卷9《天变自陈录》。
④ 《明史》卷225《刘宗周传》。

淫……风俗之弊惟奢侈为甚。"①因此他上疏说："夫奢之为害,不止贪而已也,官之贪民,民之为盗,上之虐下,下之慢上,礼义之风熄,廉耻之道丧,皆自奢侈为之。"劝皇上"颁圣训,列为条目,敕谕部院,刊布天下,将使天下之民重本抑末,去恶迁善,以成礼义廉耻之风"。② 嘉靖年间的万表认为:"大凡贪淫之过未有不生于奢侈者,俭则不贪不淫,是可以养德也……奢则妄取苟求,志气卑辱,一从俭约,则于人无求,于己无愧,是可以养气也。"③同一时期的海瑞不仅主张去奢止贪,而且毕生都在以自己的行动倡导"敦厚俭朴"的社会风气。他平时穿布衣,吃粗粮,母亲过生日才买二斤肉。作为一县之长,其家老仆还要在衙中空地种菜,家僮要上山砍柴。他在任应天巡抚期间颁布的《督抚条例》,其中心思想也是"去奢止贪"。海瑞认为贪污腐化和民风刁顽是由于奢侈之风盛行,而奢侈之风盛行又是由于"民之舍本趋末",因此禁止民间制造奢侈品,认为百姓"一归本业,必返真纯"④。万历年间的吏部尚书张瀚也认为"理人之道,当防淫佚之源,抑末业而开本业。今也,散敦朴之风,成侈靡之俗,本修则人懿。懿则财用足,侈则饥寒生,二者相去径庭矣"⑤。这个祖上靠工商起家的知识分子竟丝毫没有为工商业辩护,而是大唱反调,认为商业和手工业乃"淫佚之原",极力主张"重本抑末"。王世贞在谈到明中后期的奢侈之风时也发出了"若此将何以教廉"的感慨。

上述思想家已敏锐地觉察到了在他们生活的时代,商品经济所带来的社会风气的变化以及由此而来的日益严重的贪污腐化之风,他们在一定程度上把握了时代的脉搏,应该说这是难能可贵的。他们把奢侈与贪贿连在一起,认为其间有因果关系,这也是正确的。但贪污行贿并非商品经济独有的现象,为了避免产生贪贿而主张重本抑末、限制商品经济是因噎废食的愚蠢主张,并且商品经济的发展,不仅是社会进步的表现,而且

① 《西园闻见录》卷93"巡按"。
② 《皇明疏钞》卷49《钦遵圣训严禁奢侈疏》。
③ 万表辑:《灼艾集》卷上。
④ 《海瑞集·督抚条约》。
⑤ 《松窗梦语》卷4《百工记》。

是不可阻止的。因此,他们的"重本抑末"主张在实践上只能是到处碰壁。

第三节　农民起义军的反贪倡廉

农民是封建社会贪污受贿的最大受害者,这不仅是因为他们被压在社会最底层,常常是贪官污吏直接勒索的对象,也不仅是因为贪污受贿所吞噬的财富,最终必然是主要出自他们之身,而且还因为行贿受贿现象的一个重要后果是导致执法不公、颠倒黑白、混淆是非,而受害最深的,仍是这些无权无势的农民群众。在一般的情况下,由于受封建秩序的约束,农民只能是沉默的大多数。但到了农民大起义发生时,他们挣脱锁链,成为封建社会里最激烈的反贪力量。在明末农民大起义中,展开了如火如荼的反贪斗争。

一、鲜明的反贪态度

明代农民起义军在反对官吏贪污上,态度极为鲜明。李自成在讨伐封建官府的檄文中,即明确地写进了反贪的内容。《明季北略》卷20"李自成伪檄"条记载说:

(崇祯十七年二月)初六日乙丑,贼(指李自成起义军——引者注)围太原。时(总督)余应桂初闻平阳破,诸将皆遁,太原无一兵守城。贼围三日,以数人上城,开门而入。贼移檄远近,有云:"君非甚暗,孤立而炀蔽恒多;臣尽营私,比党而公忠绝少。甚至贿通宫府,朝廷之威福日移;利入缙绅,闾左之脂膏尽竭。"又云:"公侯皆食肉纨袴,而倚为腹心;宦官悉龁糠犬豕,而借其耳目。狱囚累累,士无报礼之恩;征敛重重,尽有偕亡之恨。"人读之多为扼腕,而朝臣若处梦中,惟荐某人营某缺,门户苞苴是务,有识之士,无不寒心。

明代的农民起义军中,有的还特别把贪官污吏定作打击对象,而对清廉有节的士大夫则不予打扰,甚至表现出与之合作的态度,这更说明了起义军与贪贿现象的势不两立。如正德年间,河南有两个大官,一个是钧州人马文升,官至兵部尚书,"有文武才,长于应变,朝端大议往往待之决,功在边镇,外国皆闻其名,尤重气节,厉廉隅,直道而行"①。另一个是泌阳人焦芳,官至大学士,充当刘瑾的爪牙,"每过瑾,言必称千岁,自称曰门下。裁阅章奏,一阿瑾意,四方赂瑾者先赂芳"②,其子焦黄中也与之狼狈为奸。对于马、焦这两个廉、贪相反的官僚,其时的起义军首领赵镱等,就采取了截然不同的态度,《明史》卷182《马文升传》记载:

　　(马文升)卒后数年,大盗赵镱等剽河南,至钧州,以文升家在,舍之去。攻泌阳,毁焦芳家,束草若芳像裂之。

《明史》卷306《焦芳传》记载:

　　(焦)芳居第宏丽,治作劳数郡。大盗赵镱入泌阳,火之。发窖多得其藏金。乃尽掘其先人冢墓,杂烧以牛马骨,求芳父子不得,取芳衣冠被庭树,拔剑斫其首,使群盗糜之,曰:"吾为天下诛此贼。"镱后临刑叹曰:"吾不能手刃焦芳父子以谢天下,死有余恨。"

再如正统、景泰之际,浙江人杨信民在广东任地方官,因"清操绝俗"、多惠政,当黄萧养起义发生后,他就得到起义军的合作,《明史》卷172《杨信民传》记载:

　　会广东贼黄萧养围广州急,岭南人乞(杨)信民,乃以为右佥都御史巡抚其地。士民闻而相庆曰:"杨公来矣。"时广州被围久,将士辄败,禁民出入,樵采绝,而乡民避贼来者拒不纳,多为贼所害,民益愁苦归贼。信民至,开城门,发仓廪,刻木锲给民,得出入。贼见木锲曰,"此杨公所给也",不敢伤。避贼者悉收保,民若更生。信民益厉甲兵,多方招抚,降者日至。乃使使持檄入贼营,谕以恩信。萧养曰:"得杨公一言,死不恨。"克日请见。信民单车诣之,隔濠与语。贼党

　　① 《明史》卷182《马文升传》。
　　② 《明史》卷306《焦芳传》。

望见，欢曰："果杨公也。"争罗拜，有泣下者。贼以大鱼献，信民受之
不疑。萧养且降，而都督董兴大军至，贼忽中变。夜有大星陨城外，
七日而信民暴疾卒。时景泰元年三月乙卯也。军民骤哭，城中皆缟
素。贼闻之，亦泣曰："杨公死，吾属无归路矣。"未几，兴平贼，所过
村聚多杀掠。民仰天号曰："杨公在，岂使吾曹至是！"

明代农民起义军在反对官吏贪污上，之所以态度极为鲜明，从客观条
件看，无疑是因为明代（特别是其中后期）贪贿盛行的缘故，其时农民之
所以发动起义，官吏贪污过甚乃其重要原因之一。如天启年间徐鸿儒领
导的白莲教起义爆发后，时人论述其爆发原因说：

此辈（白莲教）之起，皆因近年有司贪肆，百姓穷苦，故妖人得乘
机以富贵快活之说鼓动之。若能常绝贿赂之门，清选举升陟之路，公
卿抚按以身率有司，有司不挠害百姓，则逆首之说，自不能行，此盖其
根本也。①

又如崇祯年间发生的明末农民大起义，据《明季北略》卷4《钱文俊激
变》条记载，其最初起事的直接原因，乃是由于陕西西安府长安县富林村
的富室钱文俊，通过贿赂省城总兵官王国兴，迫害王国兴的家丁吴荣等
人，使之被下狱，从而激起了众家丁的不满，众家丁劫狱，出城结营于东
山，得到饥民的拥戴。这就是说，崇祯年间发生的明末农民大起义之开
端，也与其时盛行的贪贿风气有关。

二、追 赃 助 饷

所谓追赃助饷，是指向各级士绅征收资财以充军费。因为征收所得
是用以解决军费问题，因此称为"助饷"；又因为起义军认为"卿相所有，
非盗上，则剥下，皆赃也"②，"衣冠所畜皆赃耳"③，因而向各级士绅征收
资财的活动又有"追赃"的说法。

---

① 《国朝内阁名臣事略》卷7吴伯与《徐文贞公年谱》上。
② 《怀陵流寇始终录》卷18。
③ 冯梦龙：《甲申记闻》（《玄览堂丛书》本）。

早在崇祯十六年(1643 年)进入关中时,李自成起义军就已经要求"巨室助饷",如渭南乡绅南氏曾被责"饷百六十万"。① 及进入北京,这项活动继续进行,而且越搞越激烈。它始于崇祯十七年(1644 年)三月二十七日。"在京各官,不论用与不用","俱责输纳",所派之数大体是"内阁十万金,京卿、锦衣七万,或五、三万,给事、御史、吏部、翰林五万至一万有差,部曹数千","勋戚之家无定额,人财两尽而后已"。这些官吏视财如命,被派出钱,自然不会顺利缴出,于是起义军就用关押、严刑来逼迫,"如云不办,即严拷勒"②。当时起义军总负责此事的是刘宗敏和李过。③刘宗敏为了便于行刑,共造夹棍"五千副"。行刑地点,或在刘宗敏住处,或在其他监押所,或在路边。被刑的人数,约占总数的十分之三。④ 起初追赃的对象仅是官吏,后来"各处搜求渐密,贩鬻之家稍有赀产,则逮而夹之"。由于追赃助饷搞得过于激烈,引起许多人的不满。四月七日,李自成到刘宗敏家中,要他酌情释放被关押追赃的人员。四月八日,大部分被关押者得到释放,不过继续关押的还有"百十人中"之"一二"。⑤ 据统计,起义军在京追赃所得银子共"七千万"两,其中得之勋戚者十之三,"内侍十之三,百官十之二,商贾十之二"。⑥

李自成起义军的追赃助饷活动,除上面提及的关中、北京外,在起义军所控制的其他省区也照行不误。如《豫变纪略》记载:"(归德)府属一州八县,并管河通判,一时伪官贾士美等十人来上任……下车即追比助饷,凡有身家,莫不破碎,衣冠之类,骚扰不得安生,甚则具五刑而死者比比也。初犹谓贾令之虐则然,既而闻各州县皆然。"⑦《再生纪略》记载:"伪(济宁)州牧王某、伪防御史张向行,俱于(永昌元年五月)初五日到任,出示索饷,乡绅位至八座(尚书级官吏)者十万,抚按五万,府县三万,

---

① 《烈皇小识》卷 8;《明史》卷 264《南居益传》。
② 《甲申核真略》;赵士锦:《甲申纪事》;《国榷》卷 100;《明史》卷 253《魏德藻传》。
③ 《怀陵流寇始终录》卷 18。
④ 《甲申核真略》;赵士锦:《甲申纪事》;《明史》卷 265。
⑤ 《甲申核真略》;赵士锦:《甲申纪事》;《国榷》卷 101。
⑥ 《怀陵流寇始终录》卷 18;《国榷》卷 101。
⑦ 《豫变纪略》卷 7。

翰林二万,道部司官一二万不等,举监生员富民千百不等。乞哀求免,立置重刑。"①《平寇志》记载:"畿内、山东、河南诸伪官,单骑之任,士民胁不敢动,恣意行虐,首勒绅衿助饷。"②一个明朝武官的塘报记载:"(李自成起义军在秦晋)凡破一处,定要拷取乡绅并富民金银,或要十万两,或要五万两,地方罄劫一空。"③

　　追赃助饷实质上是对各级士绅资产的一次普遍剥夺。但它确实又是一次反贪活动,称之为"追赃"不为牵强,因为各级士绅的资产中诚然有很大部分出于"盗上"(即贪污)或"剥下"(其中受贿占有一定比例)。追赃助饷的活动,既针对各级士绅,又行之于所控制的全部地区,这说明这次反贪活动以全体士绅为对象,具有极大的广泛性,对贪贿现象是一次极为严重的打击。追赃助饷活动的动机在于筹措军饷,这便使这次反贪活动与解决军费以保障起义事业的继续进行联系了起来,这在反贪史上是前所未有的。

　　当然,各级士绅的资产除很大部分为贪贿所得外,还有一部分应属士绅为管理社会而付出的劳动所得,这一部分在其资产中所占比例尽管不大,而将之混入"赃"中不加区别一律追索,显然不妥。另外,士绅中也还有廉介之士,将之不加区别地与其他士绅一起追赃,更显属扩大化,导致整个士绅集团都站在了起义军的对立面。起义军在执行这一扩大化的反贪政策时酷刑相逼的做法更加速了这一后果的出现,这是明末农民大起义的失败原因之一。

三、起义军内部的反贪倡廉

　　李自成行军打仗时,军中不得私藏金银,银以五十两为率,令厮养小卒代携,除妻子外不得携带其他妇人。李自成起义军还制定了严格的法令,不许私征滥派,严厉禁止赋税征收中的贪赃行为。对于选用的明朝旧

① 《玄览堂丛书》本。
② 《平寇志》卷10。
③ 《甲申纪事》附录《副总兵刘世昌塘报》,中华书局1959年版。

官吏,大顺军士告诫他们:"不要如前朝要钱,我主立法森严,贪官污吏,便要枭首。"①光绪《定兴县志》转引旧志说:"时'贼'法严,吏不敢舞文,民不敢犯禁……履任二十余日,邑甚安之。"《甲申传信录》也说,李自成"号令严切,所遣守土之吏,无敢暴民,亦旬日之雄也"。这样就大大减轻了老百姓的负担。大西大顺二年(1645年)春,张献忠重申严禁大西将士贪污受贿,凡私贪金银一两者斩,要求各部队制足禁约,刻石广布。

明末农民起义军在内部反贪倡廉上虽然做出了一定的成绩,可悲的是,在较大区域取得控制权后,腐化贪贿的现象也发生起来。李自成进京后,刘宗敏等权要,掌握追赃事宜,往往借赃自肥,生活腐化。一般下级首领和起义军战士便不再执行私人不得藏金银的规定,"其囊中多者五六百金,少者亦二三百金"②。撤出北京后,他们"腰皆有黄金瑰宝,饮村人酒,掷金与之,或手给珠一握,无所吝"③。反贪倡廉在起义军内部之不能贯彻到底,严重影响了起义军的斗争意志和战斗力。

第四节　贪污与反贪污在文学领域的反映

文学是一面镜子,一定时期的文学总是直接或间接地反映那个时期的社会现实。明代,尤其中后期贪污腐化、贿赂成风的黑暗现实在许多文学作品中都有反映。许多具有社会责任感的文学家用小说、戏曲和诗歌作为锐利的武器,猛烈抨击腐朽的黑暗社会,对贪官污吏进行有力鞭挞,对反贪斗争进行歌颂,甚至连市民百姓、村老野夫也将贪官污吏的劣迹和反贪斗士的风采编成歌谣,加以讽刺或赞扬。在小说、戏曲作品中,有的以明代为背景描写故事,直接反映明代的贪污与反贪污;有的更描写明代

---

① 《再生纪略》(《昭代丛书》本丁集新编补)。
② 《甲申核真略》。
③ 《绥寇纪略》卷9。

的大贪官,更为强烈地指斥明代的贪贿风气,也有的借言往代故事,以较为隐蔽的手法,对明代贪污受贿现象表示鞭挞。

一、明代故事中的贪污与反贪污

(一) 有关贪污受贿状况的概述

明中后期描写明代故事的许多小说对当时的贪污受贿状况做了概括性的描写,如《西湖二集》第 34 回中的海盗王直说道:"如今都是纱帽财主的世界!我们受了冤枉那里去叫屈?况且糊涂贪赃的官府多,清廉爱百姓的官府少。他中了一个进士,受了朝廷多少恩惠,大俸大禄享用了,还只是一味贪赃,不肯做好人,一味害民,不肯行公道。所以梁山泊那一班专一杀的是贪官污吏。"这段话表明了当时"一味贪赃害民"的官吏数量甚多的状况。《醉醒石》中也有许多对明中后期吏治的概括性描写,如第 11 回写道:"到了仕宦,打骂得人,驱使得人,势做得开,露了一点贪心,便有一干来承迎勾诱,不可底止。借名巧剥,加耗增征,削高堆,重纸赎。明里鞭敲得来固恶,暗中高下染指最凶。节礼、生辰礼、犀杯金爵、彩轴锦屏、古画古瓶、名帖名玩,他岂甘心馈遗,毕竟明送暗取。"当时士人"一戴纱帽,便坐派一日银子。捐俸积谷,助饷助工,买马进家资,一献两献⋯⋯但只是与其得罪士庶,无宁得罪要津。与其抱歉衾影,无宁抱歉礼节"。这两段话对当时行贿受贿之风及其加剧贪污的危害作了深刻的揭露。在这两段话中,作者还插入了一首诗:"馈遗朝朝进,鞭笞日日闻。坐交闾阎下,十室九如焚。"这是当时贪官污吏贪污受贿、残酷压榨勒索人民的真实写照。《初刻拍案惊奇》(以下简称《初刻》)卷 11 对当时无官不贪的丑恶现象指责道:"如今为官做吏的人,爱的是钱财,奉承的是富贵,把那'正直公平'四字却抛东洋大海。明知这事无可宽容,也将来轻轻放过;明知这事有些尴尬,也将来草草问成。"明末的赋税日重,加派日增,大小官吏也都趁机捞取钱财,正如《醉醒石》第 2 回所说:"只是明季做官的,朝廷增一分,他便乘势增加一分;朝廷征五分,他便加征十分。带征加征,预征火耗,夹打得人心怨愤。"由于贪官污吏穷凶极恶、肆意搜刮掠夺,许多故事都将他们比作"大盗",如《初刻》卷8说:"假如有一等做官的,误国欺君,侵剥百姓,虽然官高禄厚,难道不是大盗?"《二刻拍案惊奇》(以下简称《二刻》)卷39更是认为贪官不如盗贼,江洋大盗有"侠义"之气,"反比那面是背非,临财苟得,见利忘义,一班峨冠博带的不同"。市民大众对贪官污吏的痛恨由此可见。

(二) 对地方贪官污吏的揭露

在明代及明末清初的一些文艺作品中,有关地方官吏贪污纳贿的内容比比皆是。

先看巡按御史,《二刻》卷26中的李御史半年之内便为其"恩师"高愚溪弄到"足有二千余两白物","其余土产货物尺头礼仪之类甚多"。这些金银及土产货物从何而来?故事中没有正面交代,但是细心的读者不难看出这些财物乃贪贿而来,因为李御史刚上任,外边见他对高愚溪"如此绸缪",因此"府县官多来拜送下程,尽力奉承,大小官吏多来掇臀捧屁,希求看觑,把一个老教官抬在半天里。因而有求荐奖的,有求免参论的,有求免赃的,多来钻他分上。察院(指李御史——引者注)密传意思,教且离了所巡境地,或在省下,或游武夷,已叮嘱了心腹府县,其有所托之事,钉好书札,附寄公文封筒进来,无有不依"。从这段话我们不仅看出这些财物是贪贿而来,而且看出李御史贪贿之"高招",他为掩人耳目,让高愚溪"离了所巡境地",又"叮嘱了心腹府县,其有所托之事,钉好书札,附寄公文封筒进来"。

再看巡道及府州县官。《二刻》卷4中描写的杨巡道,"又贪又酷;恼着他性子,眼里不认得人","除了银子再无药医的"。由于赃贿狼藉,在朝觐考察时,杨巡道被"著了不谨项头,冠带闲住"。他还"一向养着剧盗三十余人,在外庄所用。但是掠得来的,与他平分。若有一二处做将出来,他就出身包揽遮护"。他居官时曾收受张廪生五百两贿赂,结果"不曾替他完事,就坏官回家了",后来张廪生去讨还五百两银子,被他勾结强盗害死。戏剧《南柯梦》中的录事官是个典型的贪污分子,他有一曲

【字字双】作自我介绍：

> 为官只是赌身强,板障。文书批点不成行,混帐。权官掌印坐黄堂,旺相。勾他纸赎与钱粮,一抢。

他手下的吏则是"吏巾儿糊得翅帮帮,官样。飞天过海几桩桩,蛮放。下乡油得嘴光光,销矿"。这位吏员强抢蛮夺,不分巨细,"捞得两只小鸡,母的宰了,公的送爷(指录事官——引者注)报晓"。录事官得鸡后,这一官一吏还有一段极幽默的对话,直接取笑《大明律》。

丑[录事官跪扶吏起介]：我从来衙里,没有本《大明律》,可要他不要?

吏：可有,可无。

丑：问词讼要钱子不要?

吏：可有可无。

丑[恼介]：不要银子,做官么?

吏：爷既要银子,怎不买本《大明律》看? 书底有黄金。

《大明律》竟成了官吏捞取银子的工具,其法律意义已"可有,可无"。《醉醒石》第7回中的仪真知县在任期间,"送礼只回盘盒;征钱粮、兑头火耗,准准只加一五。问词讼,原被干证,个个一两三,买食用,一两也给三四钱,还要领他一载。给钱粮,十两定除一二两,何妨预借一年。拿着强盗,是他生意到了。今日扳一个,明日扳一个,得钱就松。遇访土豪,是他诈钱桩儿,这边拿一个,那边拿一个,有物便歇,奉承乡绅,听他说人情,替他追债负,不顾百姓遭殃。……待衙门,非重礼不与差委,非重赈不与批词,个个都为挣子。待吏胥,曾打合便多承行,善缉访便多差使,人人尽是用神,上司贪的与钱,不贪的便寻分上……"他把贪污搜刮来的钱财,"三分结识人,七分收入己。上台礼仪不缺,京中书帕不少"。因此不但保住了自己的乌纱帽,还屡获升迁,后又"用了个分上,谋得个九江抽分"。《二刻》卷20中的武进县知县,也是贪婪无耻之徒,他见有人告发陈定,是个富户,遂心怀叵测,"要在他身上设处些"。在金钱至上、贪贿成风的政治环境下,想保持廉洁的本性都很难,如《醉醒石》第11回中的魏推官本来想公正执法,拿到强盗陈篾,"立个名",但是他的夫人贪婪成性,擅自收受了陈簏的六百两银子,并对魏推官说:"图名不如图利。你今日说做官好,明日说做官好,如今弄得还京债尚不够。有这一主银子,还了他不成?"魏推官还要坚持己见,对夫人说:"官久自富,奶奶不要如此。"其夫人又反驳道:"官久自富!已两年进士,一年推官,只得这样,见钱不抢,到老不长,任你怎么,我只要这宗银子。"结果,魏推官抵不过夫人的吵吵闹闹,对"盗贼"一案"只是照前问拟",就这样魏推官不自觉地进入了"贪"氏宗谱。

最后再来看府州县所属衙门官员及吏役。明中后期,大小官吏无不极尽贪污受贿之能事,就连小小的驿丞也充分利用自己的权力,公开搜刮往来过客。《鼓掌绝尘》中描写的张秀,为桃园驿丞,一日一洛阳囚犯路过,张秀问道:"你这囚徒,既是洛阳人,也该晓一些事体,怎么拜见礼儿也没有一些送我老爷。"当囚犯告诉张秀自己一文钱也没有时,张秀大怒道:"这囚养的,好不知世事!你晓得管山吃山,管水吃水?我老爷管着你这些徒犯,也就靠着你们身上食用,都似你这样拜见礼儿也没有,终不然叫老爷我在这里喝着西北风过日子?"[1]大小胥吏更是厚颜无耻,《型世言》第30回写道:"(胥吏)初进衙门,胆小怕打,毕竟小心,不过与轿夫几分押保认保钱,与监生员递呈求见的,骗他个包儿,也不坏事……起初还假我的威势骗人,后来竟盗我的威势弄我,卖牌批状,浸至过龙、撞木钟,无所不至……""不知这衙门中,书吏、皂甲极会钻,我用主文,他就钻主文,我用家人,他就钻家人。"本篇中的门子张继良,"人上告照呈子,他竟袖下,要钱才发。好状子他要袖下,不经承发房挂号,竟与相知。""他又乖觉,这公事值五百,他定要五百;值三百,定要三百。他里边自去半价儿,要何知县行。其余小事儿,他拿得定,便不与何知县,临审时三言两语一点掇,都也依他。……把一个何知县竟做了一个傀儡。"何知县"只凭了一个张继良,不能为民辩明冤枉",因此乡绅、百姓都"揭他的恶"。张继良又心生一计,改名换姓,让何知县把他送给了巡按御史做吏员,他为何知县免于被劾,竟盗了巡按的官印,真乃何其毒也。

<hr>

① 《鼓掌绝尘·月集》第32回。

（三）对卖官鬻爵的揭露

《清夜钟》对当时的卖官鬻爵的腐败现象斥责道："至保边材都是情面，保贤良尽是贿赂。先是怕累举主，还举些虚名之士，老疾不能得出之人塞责。后来科道论千，部属论百，现一半赊一半，你道有才的肯钻营？钻营的是真才吗？"《醒世姻缘传》中的晁思孝考满后就是用三千两银子通过王振的两个门人——刘锦衣和苏锦衣买了一个通州知府的"肥缺"。当两个戏子拿了晁思孝的二千两银子向刘、苏二锦衣行贿时，刘锦衣道："这通州是五千两的缺，叫他再拿一千两来，看在两个外甥分上，让他三千两便宜，不然叫他别处去做。"（第5回）这里描写的各官皆有定价，金钱成了仕途的开路先锋，人情成为仕途畅通的后盾，是完全符合明朝中后期的实际情况的。《醉醒石》中的吕主事也是"用了千金，讨得一个仪真知县"。明代中后期通过行贿而当官者，总要在当官后加倍受贿，以求"保本增利"，正如计六奇在《明季北略》中所说："然今之世，何处非用钱之地，何官非爱钱之人？向以钱进，安得不以钱偿。"①《醒世姻缘传》第17回写道："也先又拥皇上犯边挟赏，发了一百万内帑，散在北直隶一带州县，储积草豆，以备征剿，不许科扰百姓……通州也派了一万多的银子。晁老儿（指晁思孝）却听了户部书办的奉承，将那朝廷的内帑一万金运的运，搬的搬，都抬进衙里边，把些草豆加倍的俱派在四乡各里，三日一小比，五日一大比。"明中后期实行的"纳粟入监"，即纳贡，实际上是一种变相的卖官鬻爵，通过此途而当官者也是加倍贪掠，如《鼓掌绝尘》中的那个知县"是个纳贡出身"，"到任来不曾行得一件好事，只要剥虐下民"，见了银子"就如见血的苍蝇，两眼通红"。②

（四）对司法领域贪赃卖法的揭露

随着明中后期讼诉之风的盛行，司法领域贪赃枉法的现象越来越普

---

① 《明季北略》卷4。
② 《鼓掌绝尘·月集》第32回。

遍,对此,文学作品中有充分的反映。如《醒世姻缘传》中的姚思孝贪污内帑之事被监察御史弹劾后,便"拿出银子来,上下打点",结果"止坐了个不谨、冠带闲住",这个结交权贵、搜刮民脂民膏的大贪官竟然逍遥法外,仍旧"衣锦还乡""满载而归"。《鼓掌绝尘》中,张秀打死妓女李琼琼后,另一无赖李篾为榨取钱财,便去县衙告张秀和李妈儿私合人命,由于杨员外的刻有自己名字的银子为张秀所盗,因此也被牵连在此案内。当公差到杨员外家时,杨员外先用五两银子贿赂他们,问道:"公差大哥,这事如何分解?"公差笑道:"老员外,你这样财主,人家莫说干连人命,便是活活打死一个人在这里,也不用着忙……你晓得我们老爷,一味朦胧,又是不肯做清官的,再将百十两银子,托一个心腹衙役,着内一摁,强如去讨人情,不是一件天大的事脱得干干净净!"于是杨员外先用元宝买通了典史,又通过典史将二百两银子送与知县。由于行了贿,最后杨员外果真"脱得干干净净"①。从这里可以看出,小民百姓一旦被牵连到讼诉案中,从公差到典史,再到知县,每一关节都需用金钱打通,否则,纵然无辜,也必将遭受迫害。有些贪官污吏为榨取钱财,还公然制造"公案",如《二刻》卷1中的柳太守听说洞庭山寺中藏有价值千金的《金刚经》,便声称此寺是盗贼赃窝,将其住持拿出追逼。柳太守私下训示差役道:"你悄悄对那徒弟说:'可速回寺中去取那本《金刚经》来,救你师父,便得无事;若稍迟几日,就讨绝单了。'"《型世言》第21回中,徐铭和爱姐杀死奶娘后,知县为勒索钱财,把总甲及左邻右舍都牵连在内,并声称:"这是邻里见他做亲甚齐备,朋谋杀人劫财也是有的。"结果这些邻舍"没奈何,怕做人命干连,五斗一石,加上些船儿钱、管家包儿、小包儿、值衙管门包儿,都去求放,抹下名字","里长道他不行救护,该十四石,直诈到三两才歇"。该书第6回池州贵池县唐贵梅丧夫,因寡妇婆婆逼她从徽商汪函宇,不肯,被诬告"打婆婆"。汪函宇"打听得县官是个掌印通判,姓毛,极是湖涂,又且手长。寻了他一个过龙书手(指专收贿赂的书吏)陈爱泉,送一名水手(一种行贿的名目),说道此妇泼悍,要求重处"。这通判贪心不足,还

---

① 《鼓掌绝尘·月集》第32回。

嫌贿赂太少，汪函宇只得"又添一名，又与水手三两"。结果，毛通判将唐贵梅折磨一番后，"发了女监"。下了女监后，"汪函宇又用了钱，叫众人挫折他……到得天明，禁子又来索钱……"负责验尸的仵作也贪赃枉法，《型世言》第13回中的富尔谷为置姚居仁兄弟于死地，把自己的家僮打死，诬蔑姚氏兄弟所害，用了一百两银子买通仵作，到审讯时，"知县取出相验，此时仵作已得了钱，报伤道：'额是方木伤，身上有拳、踢诸伤。'"使姚氏蒙冤入狱。在封建司法的天平上，金钱成了唯一的砝码，正直公平完全失去了重量。

（五）对学校和科举中贪贿现象的揭露

明代中后期，学校也不再是一片净土，这在许多文学作品中也有反映。《醒世姻缘传》中的南阳府学教授单于民就是一个典型的贪贿分子，该书第25回写道："虽是冰冷的教官衙门，他贪酷起来，人也就当他不起。缺了教授，该轮他署印。那时新进了些秀才，往时该送一两的，如今，三两也打发他不下来。他要堂上的常规，又要自己斋里的旧例，家人又要小包，儿子又要梯己，逼得些秀才叫苦连天，典田卖地。内中一个程生，叫程法汤，从幼无了父母，入赘在一个寡妇丈母家内，巴结叫他读书，因府考没有了银子寻分上，每次不得进道，这一次不知怎得闯进道去，高高的进了第二。这单于民狠狠问他要钱，上了比较，一五一十打了几遭，把丈母媳妇的首饰也烧化了，几件衣服也典卖了，丈母还有几亩地，算计卖来送他，连女婿的两家人口却吃什么？待不卖了送去，恐被他捉住便打个臭死。"府学考试进了第二，本是件光宗耀祖之事，然而在吏治腐败、贪风盛行的情况下，却成了贪官榨取钱财的借口。在查点秀才之时，单于民又让程法汤跪下，说道："那忘（王）八的头目也有个色长，强盗的头目也有个大王，难道你这秀才就便没个头目？看山的也就要烧那山里的柴，管河的也就要吃那河里的水，都像你这个畜生，进了一场学，只送我两数银子，就要拱手，我没的是管忘八的乐工哩！"这哪里是府学教授，简直就是强盗，结果程法汤被活活打死。

明中后期，作为官吏选拔主要渠道的科举也沦为商品交易活动，《型世言》第 23 回对这种现象批判道:"读书的萤窗雪案,朝吟暮呻,巴得县取,又怕府间数窄分上多;府间取了,又怕道间遗弃。巴得一进学,侥幸考了前列,得帮补,又兢兢持持守了二三十年,没些停降。然后保全出学门,还只选教职、县佐贰,希有遇恩遴选,得选知县通判。一个秀才贡生,何等烦难!不料银子作祸,一窍不通,才丢锄头、匾桃,有了一百三十两,便衣巾拜客。就是生员,身子还在那厢经商,有了六百,门前便高钉'贡元'匾额,扯上两面大旗,偏做的又是运副、运判、通判、州同、三司首领,银带绣补,就夹在乡绅中出分子、请官,岂不可羡,岂不要银子?"该书第 15 回大财主的儿子沈刚的伴读花纹也常对沈刚说:"哥,有了三百两,怕不是秀才?讨这等苦!"《醉醒石》第 7 回中的吕主事,当亲友劝他请良师教五个儿子读书时,他仰天大笑道:"读什么书,读什么书!只要有银子,凭着我的银子,三百两就买个秀才,四百是个监生,三千是个举人,一万是个进士。如今哪一个考官,不卖秀才,不听分上?监生是直头输钱的了,乡试大主考要卖,房考用作内帘是巡按,这分上也要五百。定入内外帘是方伯,无耻的也索千金……"买通考官后,还可以找人代考,《鼓掌绝尘》中的陈珍县试时先生代考,府试时先生又替他请托,他对陈珍说:"我与你讲,有个门路,却是府尊的座师,又是宗师的同年,只要三百两银子,就包到了两处。"结果"两次卷子,单单写一行题目,这也是人情到了,府里有了名字,院里也有了名字"①。在请托盛行、舞弊成风的科举制面前,即便有真才实学,如无银子,也只能望科举而兴叹,《型世言》第 32 回中的任天挺勤学好问,沉心读书,"满望得名科举,或者还望一个中。不期遇了一个酒糊涂,考试也是胡乱。……倒剩下真才,任天挺早已剩在里边"。亏他父亲在世时的一个朋友对他说:"官人,如今时势只论银子,那(哪)论文才,州中断要分上。若靠文字,便是锦绣般,他只不看,怎处!这还不该文财两靠。"任天挺只得把父亲遗留下来的龙纹鼎当了银子,结果"六两银子取了一等,到道里取了一名遗才。"第 18 回中的李实甫也是位饱学之士,但也要靠请托才能进学,因此,他的岳丈王太守"知他力学,也暗中

---

① 《鼓掌绝尘·月集》第 35 回。

为他请托。县中取了十名,府中也取在前列,道中取在第八名进学"。

(六) 对敲诈勒索商人的揭露

明代中后期,随着商品经济的发展,商税成了国家一项重要财政收入,司榷官员敲诈勒索商人的现象极为盛行,这在描写明代故事的文学作品中也有大量反映。《醉醒石》卷 7 中的吕主事在"谋得个九江抽分"后,养了许多包揽的光棍,连同差役、家人勒索过往客商,"弄得大商个个称冤,小贾人人叫屈"。更为歹毒的是,他为榨取钱财,竟置商人船家的性命于不顾,"长江风水大,他要留难诈钱。把这大船千百炼住,阻在关口,每遇风狂,彼此相撞。曾一日淹住客船,忽然大风,锚缆都管不住,至于相撞碎船,死者数百余,只为他贪利诈钱"。在九江抽分一年,吕主事就贪污勒索白银达十余万两。

(七) 对贪贿细节的描写

明代故事中有许多描写贪贿细节的片段。《在醒世姻缘传》中,当两个公差示意晁源向县官行贿时,"晁大舍道:'我晓得这意思了,却是怎么进去?'(公差)伍小川道:'有我两人怕他什么东西进不去?'"由此可见县官收受贿赂时通常由心腹公差出面。两个公差拿了晁源的七百两银子后,自己留下二百两,将五百两送与县官。公差先是写了一个帖子:"快手小的伍圣道、邵强仁叩禀老爷台下:监生晁源一起人犯拘齐,见在听审。"帖子"上面写了七月,下面写了个日字,中间该标判所在,却小小写'五百'二字。这是那武城县近日过付的暗号。若是官准了,却在那'五百'二字上面浓浓的使朱笔标一个日子,发将出来,那过付的人自有妙法,人不知,鬼不觉,交得里面。若官看了嫌少,把那丢在一边,不发出去;那讲事的自然会了意,从新另讲"。(第 10 回)行贿者和受贿者之间有中间人,过付时有"暗号",这实为后人难以知晓的"妙法"。前述《鼓掌绝尘》中的知县收受贿赂时也是由一个心腹衙役做中间人。《型世言》中把这种行贿受贿的中间人称"过龙书手"(第 6 回),更是令局外人难以知晓。明代故事中这些对贪贿细节的描写,是后人深入了解明中后期贪贿状况的宝贵资料。

二、文学作品中对明代著名大贪官的指斥

明代中后期,许多有正义感的文学家还直接以著名的大贪官的劣迹为素材进行创作,直斥其人其事。如对王振利用生日大肆收受贿赂,《醒世姻缘传》第5回进行了精彩的描写:

> 到了十三日,王振的生日,苏刘二锦衣各备了几件稀奇古怪的物件,约齐了同去上寿。只见门上人海人山的拥挤不透,都是三阁下、六部五府、大小九卿、内府二十四监官员,伺候拜寿……苏刘二人……将上寿的礼物,自己端着,捧到王振跟前。

内阁六部、大小九卿都为王振祝寿,"门上人海人山",场面何其壮观!然而这壮观的场面实质上是行贿受贿的勾当,王振收受百官礼物实际上是变相的受贿,大小百官都来送礼祝寿,各自怀着不可告人的目的,苏刘二人更是利用拜寿的大好时机送上重礼,为其卖官鬻爵寻求门路。描写严嵩、魏忠贤及其集团的文学作品数量更多,下面我们分别论述。

(一) 对严嵩集团的鞭挞

《型世言》和《喻世名言》中都有对大贪官严嵩的指斥。《型世言》第7回中的旗牌华荨去劝降海盗徐海时,徐海笑道:"我想那严嵩专权,只论钱财,管甚功罪? 连你那胡宗宪还保不得自己,怎保得住我?"《喻世名言》第40卷《沈小霞相会出师表》写道:"他(指严嵩)父子济恶,招权纳贿、卖官鬻爵。官员求富贵者,以重贿献之,拜他门下做干儿子,即得超迁显位。由是不肖之人,奔走如市,科道衙门,皆其心腹爪牙。"对于严嵩父子的罪行,许多正直之士奋起抗争,小说中的主人公沈小霞的父亲沈炼便是典型的代表,他写就表章,上奏弹劾严嵩父子,"表上备说严嵩父子招权纳贿、穷凶极恶、欺君误国十大罪,乞诛之以谢天下",结果沈炼一家惨遭陷害。但是这个罪恶昭著的大贪官最终得到了应有的惩罚,后来,"严世蕃即时处斩,抄没家财,严嵩发养济院终老。被害诸臣尽行昭雪"。作

者以一首诗作为小说的结尾,诗曰:"生前忠义骨犹香,魂魄为神万古扬,料得奸魂沉地狱,皇天果报自昭彰。"虽然宣扬了因果报应思想,但也寄托了人民褒扬忠直、诛除奸贪、扬善惩恶的美好愿望。

严嵩父子倒台后,以其为题财的戏剧作品不断出现,我们姑且称之为"严嵩戏",其中最为著名的当属王世贞的《鸣凤记》和李玉的《一捧雪》。《鸣凤记》中的人物全都是与严嵩同时代的真实人物,都以真实姓名出现,故事情节也基本上符合历史事实,艺术地再现了嘉靖年间朝野围绕严嵩集团的奸贪误国、专权乱政而展开的惊心动魄的斗争,现仅就与贪贿有关的情节略述如下。

剧本中《严嵩庆寿》一出赵文华的一段独白生动地刻画了他利用为严嵩祝寿,以重礼向其行贿而费尽心思的奴颜婢膝的丑态:

　　……访得今日是他(指严嵩)生日,预差人浇成一对寿烛,外用金皮包裹,雕刻成五彩龙凤,内用奇方制度,暗藏外国异香。点上烛时,百鸟皆来,香火结成"福寿"二字,岂非无价之宝?又访得他新造一座万花楼,极其华彩,止少一条五彩大绒单,铺在他楼上,实为曲尽人情。那严东楼岂无所爱?又将上好荆金,打一个溺器,用珊瑚宝玉镶嵌,妆点奇异春画,私奉与他。咦!不说严东楼,就是泥人也要欢喜起来。

为重贿讨好严嵩父子,赵文华可谓挖空心思。《世蕃奸计》一出则揭露了严氏卖官鬻爵的罪恶:

　　我严世蕃荷皇上之恩,藉家君之势,威权第一,宠幸无双,家有敌国之资,朝无抗颜之士。人生至此,富贵极矣。只是俗谣云:"儿多尽惜,财多尽要"……为此设个卖官鬻爵之计,不拘大小官员,要选美职者,上等要他二三千两,下等也要八九百金;若不求我者,置他苦寒地面。昨已寻听事吏去寻几个富家主儿,且待他回报,联名送去吏部便了。

严世蕃凭借父亲权势、控制吏部、卖官鬻爵,其丑恶嘴脸在这里暴露无遗。其他像《灯前修本》《杨公劾奸》《夫妇节死》等出则歌颂了杨继盛等正直派人士"不翦奸雄死不休"的豪迈气概,表现了作者倡廉肃贪的思想。

《鸣凤记》自问世到现在一直受到广大人民的喜爱,反映了人民憎恨奸贪、渴望忠廉的美好愿望。

《一捧雪》是又一部揭露严氏父子贪婪残暴的作品。剧情的梗概是:严氏蕃强索太仆寺卿莫怀古的祖传稀世之宝玉杯"一捧雪",莫怀古以赝品相送,严世蕃发现后,对其横加迫害,必欲杀之而后快。许多戏剧评论家和史学家都认为莫怀古乃蓟辽总督王忬之托名,玉杯"一捧雪"则指名画《清明上河图》。剧本第六出《婪贿》描绘了严世蕃贪赃枉法的情节,今摘录如下:

> 杂:戴总兵方才差人来送礼单,求爷宽处。
>
> 净(严世蕃):救一条性命,不是些小,送甚么的?
>
> 杂:[出单介]
>
> 净[念介]:赤金元宝十个,五百两金子也,值得三千五百两银子。[又念介]走盘珠一千颗,五两一颗,值得五千两银子。五色宝一百对,二百粒,实值多少银子?
>
> 杂:多是鸦青、桃花蜡、祖母绿、猫儿眼,算来也值万把两银子。……
>
> 净:汉玉杯一只。咦!玉杯值多少?
>
> 杂:一只雪白古玉杯,他说无价之宝。
>
> 净:既如此,饶他斩首便了。
>
> 杂:他送几万两银子的礼,说要求爷保他前程哩。
>
> 净:忒便宜了他。[写介]……戴纶本该重处,因念久饬边防,姑与原官,立功候调。[掷介]本已票完,请内官过来。

戴纶本来犯了斩首之罪,但贿赂严世蕃几万两银子和许多珍宝后,不仅免于斩首,而且保全了前程。严世蕃贪赃枉法的丑恶行径得到了艺术的再现。

(二) 对魏忠贤及其集团的揭露

魏忠贤及其走狗崔呈秀等人是继严嵩集团之后又一大贪污腐化集

团。《鼓掌绝尘·月集》第 36 回写魏忠贤生日时,"崔呈秀备下无数稀奇礼物,绣一件五彩蟒衣,送于魏太监上寿"。为了讨好魏忠贤,崔呈秀竟把自己的姓名镌在金便壶上,送给魏忠贤,并问魏忠贤道:"前日孩儿铸一个金便壶送上殿爷,还中用的么?"魏太监笑道:"若不是孩儿讲起,咱爷儿险些儿倒忘了? 怎么一个撒溺的东西,也把崔呈秀三字镌在上面,可不把名儿污秽了?"崔呈秀答道:"孩儿只要殿爷中意,即便心下欢喜,就在污秽些何妨!"崔呈秀奴颜婢膝之丑态在这里表现得活灵活现。

明末陆人龙著的《魏忠贤小说斥奸书》是一部专门描写魏忠贤及其集团专权误国、贪污受贿、迫害直臣的长篇小说,这部小说不仅是文学作品,也是一部史书,因为作者写这部书时,曾参阅万历十八年(1590 年)至崇祯元年(1628 年)的邸报及朝野之史书凡数十种,另外还有作者本人见闻,因此该书对研究明史特别是魏忠贤及其集团具有重要的参考价值,这里仅就其中有关贪贿方面的内容作些介绍。

小说中的御史崔呈秀巡按淮扬时,"酷搜羡余,赃罚未追在官的,尽行支取",迫使"有司只得那(挪)移","且所至每府,辄出死罪犯人数名",得财卖放。任满回院后,清廉正直的左都御史高攀龙决定究治,"题请要问充军"。崔呈秀"连忙央人请托",但无济于事,遂决定投靠魏忠贤。他先向魏忠贤门下王掌家行贿,贿礼"都是苏杭异巧的玩器,精细的缎定"。接着又通过王掌家向魏忠贤行贿,见魏忠贤后,"呈上礼单,五彩剪绒的蟒二套,正面坐龙玉带一围,祖母绿帽顶一件,青绿文王鼎一枚,金杯六对,玉器四对,金盏银台二十四付,银酒壶二把,南京花绌绉纱、苏州彭缎线绒、杭州绫罗各二十件,都摆列在堂下"。魏忠贤收了崔吾秀的重贿,"将高左都本留中不下","反把他升了京卿",为结党营私,他还将崔呈秀收为干儿子。(第 9、10 回)魏忠贤又利用生日大肆收受礼物,在他生日之前,"各省直的内臣,及与他一脉的官员,都差心腹人,各处采访。道某家有好玉带,某家有好古董,某家织得好缎定,某家打得好器皿,都发银置造,写成异常阿谀奉承的禀启,差心腹先期送进。其余各抚按司道府州县官,也只得随常备些尺头银两,各省镇总兵参游,都各备些金银酒器、缎匹,差人解进。到生日那天,大小百官皆来拜贺,人山人海,尚有人不相见,要送私礼,要那掌家开报",掌家就乘机诈钱。为了魏忠贤的生日,大小百官竟忙了"一月有余"。(第27回)魏忠贤的六十大寿庆祝活动,实质上是一次全国性的大规模的贪污搜刮。

小说中描写的魏忠贤手下的走狗也无不贪赃成性。崔呈秀做了魏忠贤的干儿后,更加肆无忌惮地贪污掠夺,"大开着门,受人贿赂","凡一应京堂会推,监司迁转,他都在里边拿班做势诈人钱财。况又有因着推迁坏官的人,一发来寻他。至于文武两班急选大选,都去讨分上。有那遭人弹劾,求他解救的;有那选了外官,问他讨书吹嘘的,他都不推辞,但是厚礼送他,无有个不领纳的。轮到他迁转、生辰、节序,哪一个不趁此机括来馈送?他也哪一个的不收?弄得个司空府也不似司空府,是个广积库;总宪堂不是个总宪堂,是个九货摊"。(第29回)其他走狗像田尔耕、李永贞、刘若愚等人也都贪赃枉法。

小说中还描写魏忠贤及其集团虽然自己赃私狼藉,但却诬陷正直官员贪污,借"反贪"将他们驱出政坛或迫害致死。他们借汪文言之狱,百般罗织,"道是文言原以访犯,逃入京师……杨涟、左光斗、魏大中、毛士龙、袁化中、缪昌期等交通贿赂。邹维琏改迁吏部,得伊银千两,金壶一支;李若升推甘肃巡抚,得银五千五百两;邓渼推蓟州巡抚,得伊银二千两,俱代为送于赵南星。又杨镐、熊廷弼失守封疆,杨涟得银一万两,周朝瑞得银二千两,为伊请托。通政司参议黄龙光,得杨镐、熊廷弼银四万两,为请停刑。刑部郎中顾大章,得杨镐、熊廷弼银二万两,为改入矜疑。杨涟、左光斗、魏大中、袁化中亦乘机得银一万两。李三才营谋起用,袁化中、毛士龙得分银八千两,皆文言过付……"(第11回)遵化兵道耿如杞、守道胡士容因不阿附魏忠贤,也被诬陷为贪赃罪:耿如杞"克减军粮六千三百两",胡士容"多起夫马折干,多支廪给,也坐了二千余两"。(第26回)

三、往代故事中反映的贪污与反贪污

在明中后期,除部分文学家在其作品中直斥时事,谴责贪污贿赂、褒扬清正廉洁外,由于政治环境的严酷,还有许多文学家采取了较为隐蔽的斗争形式:或是隐名埋姓,或是借言往代故事影射现实。如《金瓶梅》的作者就托名"兰陵笑笑生",其所写故事也托言宋代,但其反映的却是严嵩专权贪贿的现实。其他许多作品,如汤显祖的《紫钗记》《邯郸梦》《牡丹亭》等也是如此,笔下无不涉及贪污腐败。

对明中后期的贪贿之风,许多托言往代故事的文学作品都做了概括性的影射。《金瓶梅》第 34 回写道:"那时……天下失政,奸臣当道,谗佞盈朝。高、杨、童、蔡四个奸党在朝中卖官鬻爵,贿赂公行,悬秤升官,指方补价。黉引钻刺者,骤升美任;贤能廉直者,经岁不除。以致风俗颓败,赃官污吏,遍满天下。"《西湖二集》卷 29 中的祖真夫常常说道:"我见做官的人,不过做了一篇括帖策论,骗了一个黄榜进士,一味只是做害民贼,掘地皮,将这些民脂民膏回来,造高堂大厦,置妖姬美妾,广置庄园,以为姬妾游逸之地,收畜龙阳、戏子、女乐,何曾有一毫为国为民之心,还要诈害邻里,夺人田产,倚势欺人,这样的人狗也不值!"该书第 7 回还说贪官污吏"太平之时嫌官小,离乱之时怕出征","这一种人不过是骗这顶纱帽戴,及至纱帽上头之时,不过是要广其田而大其宅,多其金而满其银,标其姬而美其妾,借这一顶纱帽,只当作一番生意,有甚为国为民之心。……所以做官时不过是'害民贼'三字。"《初刻》卷 22 中的郭七郎更是一针见血,他说:"做了官,怕少钱财? 而今哪个做官的家里不是千万百万,连地皮多卷了归家的?"

关于中央和地方大僚卖官鬻爵的贪贿状况,在托言往代故事的文学作品中也有许多反映。《金瓶梅》中的蔡京,过生日之时,大肆收受贿赂,西门庆因多次送去金银财宝,蔡京便将他任命为提刑副千户,从一个恶棍流氓一下变成掌握地方刑政大权的朝廷命官。后来蔡京又认西门庆做干儿子,并提升他做理刑正千户。一人得道,鸡犬升天,西门庆的伙计吴恩典、奴仆来保也因"解献生辰礼物,多有辛苦",被安置为清河县驿丞和郓王府校尉。(第 30 回)《初刻》卷 22 写道:"包大说起朝廷用兵紧急,缺少钱粮,纳了些银子,就有官做,官职大小,只看银子多少",不过"如今朝廷昏浊,正正经经纳钱,就是得官,也只有数,不能够十分大的",若把"数百万钱拿去买嘱了主爵的官人，好歹也有个刺史做"。包大还进一步说道："而今的世界，有甚么正经？有了钱百事可做。岂不闻崔烈五百万买了个司徒么？而今空名大将军告身，只换得一醉。刺史也不难做的。只要通得关节，我包你做得来便是。"一席话"说得郭七郎动了火"，于是用了五千缗买了个刺史。《金瓶梅》中的山东巡按宋乔年多次接受西门庆贿赂，差满时举劾地方官员，要西门庆推荐人才，结果西门庆乘机推举了送过二百两银子给他的荆都监和自己的妻兄吴铠。（第76、77回）

托言往代故事的作品中关于官吏贪赃枉法之事的描写也很多。《二刻》卷16中，"夏主簿与富民林氏共出本钱买扑官酒坊地店，做那沽拍的生理"，夏家出资多，加上获利该得二千两，但林家"不肯付还"，夏主簿到州里告状，州官收了林家二百两贿赂，"哪管青红皂白，竟断道：夏家欠林家二千两，把夏主簿收监追比"。在《金瓶梅》中，朝中奸臣杨戬触霉头，要办的亲党名单中有西门庆的名字，西门庆得知后，立即通过蔡京之子的关系找到当朝右相、资政殿大学士兼礼部尚书李邦彦，向其送了五百两银子的厚礼，李邦彦见是"蔡大爷分上"，又"见五百两银子只买一个名字，如何不见分上？即令左右抬书案过来，取笔将文卷上'西门庆'名字改为'贾庆'"，就这样，一场朝廷处理的案子一笔勾销。（第17回）杀人犯苗青，为图谋财产杀害了主人性命，案发后被告到清河县提刑院，西门庆收了苗青一千两银子，将其释放。（第47回）扬州盐商王四峰，因走私而坐监，"许银二千两"央西门庆转托蔡太师人情以求释放，西门庆便乘送生辰礼之机送上揭帖，"把礼物收进去，交付明白"，蔡京即吩咐：不要写书，马上把王四峰等一十二名寄监者"尽行释放"。诸如此类的事例不胜枚举。正如该书中所说："火到猪头烂，钱到公事办。"金钱完全成了主宰法律的主人。

关于科举中的贪污舞弊，在托言往代故事的文学作品中也有很多反映。《邯郸梦》中的卢生在科考之前，妻子就替他安排下朝中权贵的门路，并对卢生说："奴家再着一家兄相帮引进，取状元如反掌耳！"而且无论到哪里，"有家兄打圆就方，非奴家数白论黄。少他呵，紫金阁门路渺茫，上天梯有了他气长"。这个"家兄"就是金钱！果然，卢生"尽把所赠金资引动权贵",文字变得"字字珠玉",被"御笔题名",高中状元。《石点头》中的吾爱陶进京廷试时,"将《缙绅便览》细细一查,凡关中人物任京官的,不论爵位大小,俱写个门生的帖儿拜谒,请求荐场看觑,希冀廷试拔在前列"。由于有金钱开路,吾爱陶"廷试果然高等"。(第8卷)

关于商税征收中官吏的敲诈和贪贿,托言往代故事的文学作品中同样有大量描写。《石点头》卷8中的吾爱陶做了税官之后,"若遇大货商人,吹毛求疵,寻出事端,额外加罚,纳下税银,每日送入私衙,逐封亲自验拆,丝毫没得零落",对于吏书门皂,他"连工食也不肯给发"。卖鸡鸭、鱼鲜、果品、小菜,并山柴稻草之类的小贩,他都要"十抽其一",甚至过往行人都要征税,规定:"自今人载船,不论男女,每人要纳银五分。十五岁以下,小厮丫头,止约三分。"由于吾爱陶贪酷异常,地方上将其名字改为"吾爱钱","又唤做吾剥皮",这一故事虽是托言宋代,但却是明代司榷官员对商人敲诈勒索的现实的反映。明中后期,由于商税官的勒索,商人一路上"不知几犯虎狼,几割肌肉",但是许多有钱有势的大商人却通过贿赂司榷官员,不仅免于勒索,还大肆偷税漏税,这在《金瓶梅》中的西门庆身上有充分的反映。西门庆的货船在过钞关之时,派人拿了五十两银子送于钞关上的钱老爹,"叫他过税之时,青目一二",结果十大车货"只纳了三十两五钱银子",西门庆满心欢喜,说道:"到明日少不得重重买一份礼,谢了那钱老爹。"(第58、59回)诸如此类的情节在《金瓶梅》中至少有四五处。

对贪污受贿、徇私舞弊的细节,许多明人所写的托言往代故事的文学作品都进行了细致的刻画。其实,这都是以明代的生活实际为根据的。如《金瓶梅》第18回描写西门庆为杨戬触霉头而受牵连时,向李邦彦行贿的礼单上即写着"白米五百石",第67回写荆都监求西门庆在宋巡按处提拔时,礼单上也写着"白米二百石",根据小说本身的交代,这些所谓白米若干石,实际上就是指的若干两白银,这不禁使我们想起本书前面叙述过的太监李广的赂籍中所载的完全相同的内容。《金瓶梅》中还多次提到送礼的"书帕",第36回写道:"蔡状元即日封了一端绢帕、一部书、一双云履。安进士亦是书帕二事,四袋芽茶,四柄杭扇,各具宫袍乌帽,先投拜帖进去,西门庆冠冕迎至厅上。"第34回也写道西门庆房中有"送礼的书帕",这又不禁使我们想起本书前面叙述的明代为附庸风雅和掩人耳目而以书帕为副的历史事实。

明中后期托言往代故事的作品对宦官的贪污纳贿、敲诈勒索的丑恶进行了鞭挞,这同样是以明代的生活实际为根据的。如《紫钗记》中的卢太尉是宦官特务头子,他依仗权势,吩咐礼部"凡天下中式士子,都要参谒太尉府,方许注选";《邯郸梦》中的高力士,是个卖官鬻爵、贪得无厌的大权阉。很清楚,这些实际上是在讽刺魏忠贤的专权贪贿。

四、诗歌、民谣中的贪污与反贪污

明代中后期,许多愤世嫉俗的诗人以诗歌为武器,抨击腐朽的社会,声讨贪官,呼唤廉吏。王世贞在《袁江流钤山冈当庐江小吏行》一诗中写道:"九边十二镇,诸王三十国,中外美达官,大小员数百,各各黄金铸,一一千金直。南海明月珠,于阗夜光玉,猫精鸦鹘石,酒黄祖母绿,红紫青赪鞯,大者如拳蕨。蔷薇古刺水,伽南及阿速,瑞脑真龙涎,十里为香馥。古法书名画,何止千百轴……凡我民膏脂,无非相公有……"此诗尖锐地揭露了严嵩父子通过贪污和收受大小百官,甚至是诸王和外国的贿赂,拥有所有的珍宝。严嵩被御史邹应龙弹劾后,立即将赃私散匿寄藏,对此诗中写道:"船舻三十艘,满载金珠行,相公坐船头,谁敢问讥征。"严世蕃虽被判决充军雷州,但潜回原籍,仍旧怙恶不悛,诗中斥责道:"司空不之戍,还复称司空。广征诸山村,起第象紫宫。募卒为家卫,日夜声凶凶。"对严嵩"我死不负国"之语,诗中驳斥道:"谁纳庶僚贿,谁腞诸边储?谁僇直谏臣,谁为开佞谀?"这首数百句的诗,将严嵩父子揭露得体无完肤。

王世贞在《太保歌》一诗中还对严嵩党羽贪污勒索行径给予了无情揭露:"太保(指陆炳)入朝门,缇骑若云屯。进见中贵人,人人若昆弟。太保从东来,一步一风雷。行者阒入室,居者额其颜,太保赐颜色,黄金立四壁。一言忤太保,中堂朱荆棘。……御史给事中,不惜称门生。……称诏籍家财,金宝尽流离。"《将军行》一诗则揭露了仇鸾通虏误国、贪污勒索的罪行,"娄猪何为龙,头角故不分,贪狼长百兽,那不食其群。"寥寥数语勾画出了他无能而又贪婪成性,勾通敌人、谋害同胞的丑恶嘴脸。王世贞的其他诗歌也大都指斥时事,鞭挞奸贪,如《钧州变》和《恭悯王》都叙述了诸王的贪婪不法行径及其败亡的历史事实。

利用征收赋税对人民敲诈勒索是地方贪官污吏敛财的主要方式之一,这在明代许多诗歌中都有反映。于谦的《田舍翁》《农舍耕夫》都是这类体裁的作品。《田舍翁》中的农民年年不辞劳苦地耕作,唯一的希望便是"但愿公家无负租,免使儿孙受凌辱。吏不敲门犬不惊,老稚团栾贫亦足",可见当时官吏对农民敲诈勒索是司空见惯之事。于谦在诗的末两句写道:"暗中朘剥民膏脂,人虽不语天自知。"对百姓疾苦的同情和对贪官污吏的痛恨跃然纸上。其《农舍耕夫》更是道尽了贪官污吏对人民敲骨吸髓式的掠夺和百姓的愁苦:"倚门皓首老耕夫,辛苦年年叹未苏。桩木运来桑柘尽,民丁抽后子孙无。典余田宅因供役,卖绝鸡豚为了逋。安得岁丰输赋早,免教俗吏横催租。"于谦还经常在同一首诗中既写贪官,又写廉吏,以寄托自己的倡廉反贪思想,《无题》一诗就是这类作品,该诗写道:"名节重泰山,利欲轻鸿毛。所以古志士,终身甘缊袍。胡椒八百斛,千载遗腥臊。一钱付江水,死后有余褒。苟图身富贵,朘剥民脂膏。国法纵未及,公论安所逃。作诗寄深意,感慨心忉忉。"诗中"胡椒八百斛"是指唐朝宰相元载贪污奢华,被抄家时,家中仅胡椒一项即达八百斛之多;"一钱付江水"则指后汉会稽太守廉洁爱民,后被调任,郡中五六个老翁送给刘宠一百文钱,刘宠只收一个大钱,还投到江中,一贪一廉,对比何等鲜明。

明代,许多小说和戏剧中也有不少讽刺贪官污吏的诗歌。《醉醒石》第7回讽刺贪官仪真知县道:"共叹天无眼,群惊地少皮,狼贪兼虎暴,全邑受灾危。"当他通过纳贿钻营谋得吏部差使后,又有诗道:"金多誉重,财望升官,排门入闼,只能是钻。"当他最终被罢官为民后,又有诗道:"家资共山高,民怨似山积,一黜谢苍生,犹恨不诛殛。"《醉醒石》第9回对"内臣衙门,有钱生,无钱死"的黑暗现实也有诗歌进行了无情揭露:"官法惨如荼,胥恶毒如虎,通神无十万,何以免棰楚。"《醒世姻缘传》中同样有不少鞭挞贪官污吏的诗歌,该书第 5 回"儒门莫信便书香,白昼骄人仗孔方","催科勒耗苛于虎,课赎征镪狠似狼"几句诗,揭露了"钱能通神"和贪官污吏猛毒如虎的黑暗现实。第 10 回"官有三长,清居首美。恪守四知,方成君子。枉法受赃,寡廉鲜耻。罔顾人非,茫昧天理。"更是倡廉惩贪的警句。汤显祖的《邯郸梦》中"开元天子重贤才,开元通宝是钱财,若道文章空使得,状元曾值几文来"①。则是对金钱主宰科举制这一黑暗现实的控诉。

嘉靖年间,严嵩父子专权乱政、贪污纳贿,于是人民群众便编出许多歌谣予以痛骂。

可恨严介溪,做事忒心欺,常将冷眼观螃蟹,看你横行得几时?

可恨严介溪,作事太心欺,善恶到头终有报,只争来早与来迟。②

可恨严介溪,金银如山积,刀锯信手施,尝将冷眼观螃蟹,看你横行得几时?③

介溪介溪,好不知己,祸福到头终有报,只争来早与来迟。④

"臊子"在门前,宰相也要钱。⑤

此时父子两阁老,他日一家尽狱囚。⑥

嘉靖年间的御史刘锡贪残横暴,他清军南直隶时,"每清一军,不问果否逃回及有无家属,辄先穷治该图里排",敲诈勒索,"里排死杖下者无数",因此直隶人有民谣称他"刘剥皮"。⑦ 天启年间,魏忠贤专权,其心腹御史李蕃、兵科给事中李鲁生和礼科给事中李恒茂三人,每日奔走于吏、兵二部,交通请托,时人将此事编为歌谣曰:"官要起,问三李。"⑧崇祯时,虽严惩贪污,但已积重难返,贪赃枉法、卖官鬻爵的现象依然十分盛行,因此又有民谣讽

---

① 《邯郸梦·赠试》。

② 《万历野获编》卷 26《借蟹讽权贵》。

③ 朱国桢:《涌幢小品》卷 9《夏贵溪》。

④ 《明经世文编》卷 296 王宗茂《纠劾误国辅臣疏》。

⑤ 《明经世文编》卷 296 王宗茂《纠劾误国辅臣疏》。

⑥ 《杨忠愍公全集》卷 1。

⑦ 叶权:《贤博编》。

⑧ 《明史》卷 306《阉党传·李恒茂》。

刺这种积弊说:"督抚连车载,京堂上斗量。好官昏夜考,美缺袖中商。"①

　　以上民谣所言大都是京官,地方官对百姓如狼似虎的掠夺在民谣中有更多的反映。曾任苏州地方官的刘珝,"性苛而贪",当地人称之为"白面虎",他在管理浒墅钞关时,大肆贪污钞关钞钱,被其仇人巡按御史张淮侦知惩治,于是苏州有"白面虎遇张猎户"之谣。② 洪武时,福建布政使薛大方贪暴,为按察使陶垕仲所劾,薛大方反咬一口,诬告垕仲,二人同被逮至京师,结果,陶垕仲还官,大方被治罪,于是有民谣唱道:"陶使再来天有眼,薛公不去地无皮。"③既颂扬了廉吏,又讽刺了奸贪。苏州有一曹太守,任职期间肆意搜刮民脂民膏,他从民间买物,一般由铺户答应,十分的东西只给一分,因此当时有"曹平分,傅白夺"之谣。成化年间,刘通(又号刘千斤)领导荆襄流民起义,这一地区有一姓姚的地方官,赃私狼藉,于是有民谣曰:"反贼刘千斤,赃官姚万两。"④地方州县官吏贪贿所得,大部分为自己所挥霍,但他们还必须拿出一部分来"孝敬"上司,一般是"三分应酬,七分处橐"⑤,因此当时流传着这样一首民谣:"知县是扫帚,太守是畚斗,布政是叉口,都将去京里抖。"⑥

　　明中后期,随着政治的日益腐败,明王朝的种种反贪措施都显得苍白无力,在这种情况下,讽刺和控诉贪官污吏的民谣日益勃兴,预示着激烈的反抗即将兴起。

第五节　明代反贪斗争的启示

　　第一,封建君主专制是封建社会贪污现象存在的重要原因。在以

---

① 孙承泽:《春明梦余录》卷48。
② 《明宪宗实录》卷196。
③ 郑瑄辑:《昨非庵日纂》卷2《永操》。
④ 郭子章辑:《六语》卷7《谚语》。
⑤ 《熹宗实录》卷41。
⑥ 戴冠:《濯缨亭笔记》卷3。

"人治"为主的君主专制制度下,各级官吏只要"忠"于皇帝,"忠"于自己的上司,纵有贪污受贿行为,仍可逍遥法外。严嵩、魏忠贤这些大贪官,为什么会出现? 还不是由于他们通过某种手段,取得了皇帝的信任,从而使之虽有贪污行为,也能得到包庇,以致贪污行为愈演愈烈,成为特号大贪官。

第二,在商品经济发达的社会环境下,更容易诱发贪污行为。明代,尤其是中后期,商品经济空前繁荣。商品经济的繁荣一方面助长了奢侈腐化之风的蔓延。另一方面加剧了贫富分化,使官僚士大夫在财大气粗的商人面前显得颇为寒酸,产生了不平衡心理。这两方面都是诱发贪污受贿的重要因素。

第三,为抑制贪污现象的发生,必须敢于重拳出击,决不能姑息迁就。明初,实行"重典治吏",严厉打击贪污分子,于是赢得了一百多年吏治清明的安定局面。而明中后期,对贪污分子的打击力度大大减弱,甚至姑息迁就,结果造成了赃官污吏遍天下的混乱政局。

第四,加强宣传教育。明初通过建申明亭、颁布《大诰》三编等手段加强宣传和教育,对造就一批清正廉洁的官吏发挥了重要作用,明中后期,做官发财的观念被普遍接受,"千钟粟""黄金屋"之类的思想成为当时流行的教育思想,于是官吏不再以贪污为耻。反以贪的多钱财为荣,贪污之风于是日甚一日。

第 四 章

清　　朝

第一节　清朝反贪概述

满族入主中原,1644年在北京建立起全国性的政权,顺治元年福临入主北京,举行登基大典,揭开了清朝为期二百六十七年统治的序幕。鉴于前明失民亡国的教训,清朝历代统治者都将反贪作为整饬吏治的一项重要内容,从法律、行政、监察等方面建立了一整套防范、严惩官吏侵贪的措施。为加强封建中央集权专治皇权的统治,发挥了重要作用。

一、顺治朝反贪概况

崇德八年(1643年)八月九日,清太宗皇太极病逝。八月二十六日,其第九子,年仅六岁的福临继位。翌年改元顺治,是为清世祖。顺治登极之初,实龄只有六岁,由其叔父睿亲王多尔衮以摄政王的名义主持国政,直到顺治七年(1650年)末,因多尔衮猝逝,才由他本人亲政。虽然顺治与多尔衮之间存在着以权力归属问题为核心的矛盾,导致恩仇中变。但两者在主政之始的方针政策上,特别在整肃吏治方面,具有高度的共识,其所执行的政策有很强的连续性。

顺治元年(1644 年)七月初八日,多尔衮以摄政王令旨的形式谕示全国官吏军民,对明朝政府的横征暴敛,尤其是对"三饷"加派,文武官吏的昏愦贪酷加以谴责,宣布除苛革虐,与民更始的政治主张:

> 至于前朝弊政,厉民最甚者,莫如加派辽饷,以致民穷盗起,而复加剿饷,再为各边抽练,而复加练饷。惟此三饷,数倍正供,苦累小民,剥脂刮髓,远者二十年,近者十余年。天下嗷嗷,朝不及夕。……自顺治元年为始,凡正额之外,一切加派,如辽饷、剿饷、练饷及召买米豆尽行蠲免。各该抚、按即行所属各道、府、州、县、军卫衙门,大张榜示晓谕通知,如有官吏通同朦胧弊混暗派者,察实纠参,必杀无赦。倘纵容不举,即与同坐。各巡按御史作速叱驭登途,亲自问民疾苦。凡境内贪官污吏加耗受贿等事,朝闻夕奏,不得少稽。若从前委理刑官查盘,委府、州、县访恶,纯是科索纸赎,挖取赃罚,名为除害,实以害民。今一切禁绝不行。州、县仓库钱粮,只许道、府时时亲核。衙蠹豪恶,只许告发重治。总不容假公济私,浚民肥己,有负朝廷惠养黎元之至意。①

严禁加派增耗,是当时朝野瞩目的焦点,多尔衮不受"旧例"的约束,三令五申派员检查纠正。严饬各地方官深入到辖区内各道、府、州、县衙门,以各该地存放的明朝崇祯十五年(1643 年)人丁地租及赋役征派簿册与清顺治元、二年的新册相对比,如发现仍有照前明加征三饷及重耗以追征钱粮的,立即撤职查办,并奏请处刑。

清朝与历史上的其他封建王朝一样,经常颁布一些赦罪施惠的"恩诏",在大赦天下的命令中,别的罪过往往被赦免,唯有贪污行贿之罪,不在大赦之例。顺治元年(1644 年)十月初十日,颁即位诏书于天下,其中专列一条对贪官的处理。诏书称:朝廷高爵厚禄,优养臣僚,原欲其尽忠为国,国之安危,全系官僚之贪廉。官若忠廉,则贤才向用,功绩获彰,庶务皆得其理,天下何患不治;官吏奸贪,则贿赂肆行,庸恶悻进,无功冒赏,

---

① 《明清档案》第 1 册,第 15 页。

巨憝得以漏网,良善必至蒙冤。规定:自本年五月初一日以后,凡在京大小衙门,以及在外抚按司道、各府州县、镇协营路军卫等官,并书吏、班皂、通事、拨什库、粮长、十季、夜不收等役,但有贪贿枉法,剥削小民者,照常治罪,不在赦例。

贪官污吏,罪不在赦,对于久处于明朝官贪吏虐,宦官厂卫横行敲剥的庶民来说,不啻一服清凉药剂,使新朝缔造者的威望得以提高,争取了民心。

顺治帝亲政后,继承和发展了多尔衮重惩贪官污吏的正确方针,进一步将惩贪的量刑标准加重。他认为"朝廷治国安民,首在严惩贪官",鉴于明朝旧律例对无禄人犯罪概从轻判,使贪官往往将罪责推卸衙役,"官既以赃少诖死,役止坐无禄轻条",均逃避制裁的教训。顺治帝认为,必须降低计赃的起点,而且不再考虑是否枉法,但以有否受赃并以受赃多少作为量刑的依据,用以加大法律制裁的打击力度。故此严谕:

> 谕刑部:贪官蠹国害民,最为可恨,向因法度太轻,虽经革职拟罪,犹得享用赃资,以至贪风不息。今后内外大小官员,凡受赃至十两以上,除依律定罪外,不分枉法不枉法,俱籍没家产入官,著载入律例。特谕。①

按照清律,籍没家资是指没收案犯所有的财产,并不限于所得赃款的数额。在法律上,籍没是远比追赃更为严厉的判决。顺治帝以经济上的这种最严厉的措施,用以震慑官吏的违法行为,遏制其贪欲,使其有所收敛,借以澄清官场积弊。

为了更好地贯彻执行惩贪安民方针,顺治帝恢复了派遣御史巡按各省的制度,以便更好地了解民情,纠参惩办贪官污吏。

顺治帝生性倔强,他一向赞赏明太祖,要仿效前君,狠刹贪风。在"安民之本,首在惩贪"的思想指导下,身体力行,严厉督促廷臣痛治贪官,凡有奏劾婪臣者,他都立予批处。从顺治八年(1651 年)至顺治十七

---

① 《明清档案》第 29 册,第 16400 页。

年(1660 年)中,亲自批处官员侵贪案共四十四起。① 其中以道、府以下的中低级官员居多,其中也不乏省一级的督抚大吏。顺治八年(1651年),查出江宁巡抚土国宝私行加派,又支使亲属贩卖私盐,先后受赃数万两,顺治帝严谕其"徇庇、贪污、诸不法事"革职严讯,土国宝为此畏罪自杀。顺治九年(1652 年)八月,恭顺侯、太子太保、原任漕运总督吴惟华"婪赃误漕"得赃银一万一千余两,谕命逮捕鞠问,革职削爵,追赃入官,仅因其投诚较早,且随军征战立有军功,才特贷一死。十六年(1659 年)闰三月,又查出原山东巡抚耿焞"贪婪昭著",利用职权索取婪赃六千余两,三法司议定将之斩立决,仅因尚未伏法即病故于狱,才得免于弃市。但顺治帝仍指示将其家产籍没入官。此后顺治帝降旨规定,今后一切贪官污吏被判处斩绞,应立决的迅予立决;应监候秋后处决的亦应如期正法,不得以各种借口缓决。

顺治年间,贪婪官员遭受惩办最为严厉者,莫过于被处以凌迟极刑的江南按察使卢慎言。顺治十五年(1658 年)十一月二十七日,江宁巡按卫贞元上疏,参劾卢慎言"婪赃数万,其父傅与弟二济恶实迹,并私馈贞元银八千两",列其罪状上奏。顺治帝批令革其职,连其父卢傅、其弟卢二及携带赃物,"严拿来京,审拟具奏"②。到京后刑部审拟,卢慎言顽抗狡赖,并诬陷反咬卫贞元及承问官员,经刑部审拟"卢慎言贪酷诸不法事,鞠审皆实,且诬噬原参承问各官,理合严惩,以示炯戒。卢慎言应即凌迟处死,家产妻子籍没入官"。顺治以安民为重,痛恨贪酷,降旨批准此议,于是曾经威震江南的司法最高官僚卢慎言就因"奇贪异酷"而被处罕见的极刑。

清初顺治年间,从多尔衮的严禁加派增耗,和对贪官的"必杀无赦"的政策,到顺治帝亲政后的严刑惩贪措施,两代主政者均坚持"安民之本,首在惩贪",不断地严惩贪官污吏,在改朝换代之际,诸多体制和规章不健全之际,狠刹贪风,使吏治有所改观,稳定了清朝统治的基础,为清朝

① 周远廉:《顺治帝》,第 134 页。
② 《清世祖实录》卷 121。

的统治创造了良好的条件。

二、康熙朝反贪概况

康熙初年,鳌拜等辅政大臣把持朝政,不仅放弃了顺治年间严惩贪官的做法,而且带头"党比营私",公行贪贿,官场中贪风又炽。康熙八年(1669年)五月,经过周密的筹划,康熙擒获了权臣鳌拜,从此真正掌握了国家政权。他历数鳌拜"通同结党""闭塞言路""欺朕专权""贪聚贿赂"等罪行,下令将其革职籍没,并清除其党羽。康熙亲政初期,整饬官吏,主要不在反墨贪,而在清除鳌拜集团的影响。接着由于当时阶级矛盾、民族矛盾十分尖锐,"三藩"、河务、漕运又使他"夙夜廑念",使他不得不把主要精力用于协调统治阶级内部矛盾,以解燃眉之急。其惩贪的重点主要放在重申政令、宣传教育方面。他重申严禁加派克扣,杜绝上下馈赠;要求各级官员要对属下、同僚的操守负责;他深知官员的贪污腐化必将激化社会矛盾,不利于封建统治,倡导"居官者以清廉为尚",特别重视对京中大臣的榜样力量,"大法则小廉,源清则流洁",大臣廉洁自律,"小臣自有所顾畏,不敢妄行"。其"治国莫要于惩贪","治天下以惩贪奖廉为要务"为后世统治者所推崇。

康熙二十年(1681年)延续八年之久的"三藩之乱"被平定,两年后台湾又得统一。清朝在全国的统治逐步稳固。康熙帝则将主要精力放在"察吏安民"之上,开始惩治贪污,严厉惩处贪官污吏,大力提拔清官廉吏。为了揭发官吏,特别是高官的贪婪行为,康熙下令广开言路,恢复清初以来一直禁用的"风闻言事"之例,即允许言官等以风闻之事入告参劾。

康熙二十三年(1684年)、康熙二十五年(1686年)先后处理了侍郎宜昌阿、湖广总督蔡毓荣侵没尚可信、吴三桂逆产案。宜昌阿侵没逆产仅白银一项就达八十九万两,被拟立斩。蔡毓荣被籍没家产,枷号三月,鞭一百,并将其子发往黑龙江。康熙朝被惩处的大案以"借机科派、行贿受贿"的大案居多,有山西巡抚穆尔赛多加火耗、苛索属礼案;湖北巡抚张汧等勒索属员、派收盐商银案,陕西按察使索尔逊得枉法赃银案,福建布政使张永茂加派火耗案,吏部主事朱敦厚前任知县时婪赃银两案,康熙二十九年(1690年)福建巡抚张仲举侵蚀库帑案。

在重惩贪官的同时,康熙大力倡廉,不遗余力地提拔清官廉吏。他多次下令臣下举荐清廉官吏,并利用巡幸的机会,到各地巡访,以求发现清官。对于发现的清官还大力加以重用提拔。两江总督于成龙、两江总督傅拉塔、河道总督于成龙(小)、两江总督张鹏翮、广东巡抚彭鹏、湖广总督郭琇等皆以清廉而由县令等低级官吏"洊历部院封疆"。清官廉吏的提拔重用及宣传效果,使大小官员有了学习的榜样,涌现了一大批清官廉吏,贪官污吏明显减少。

康熙五十岁以后,一改中期严厉惩贪的政策,不再严禁科派贿赂,允许官吏有"纤毫"的侵蚀,以维持官员居官日常用度。并放宽了对揭出的贪污大案的处理,比较典型的有,噶礼贪污案、希福纳贪污案、蓝理贪污案等。他还要求督抚等官放松对属下贪污的追究:"若一概从苛纠摘,则属吏不胜参矣"。①

康熙对清廉的提倡,对廉官的表彰、提拔、保全也一改前辙,他不再倡导把清官廉吏作为百官楷模,并重新给廉吏下定义:"所谓廉吏者,亦非一文不取之谓也。"②不仅如此,他还屡屡指斥自己提拔重用的清官,将他们操守自许,并严格要求下属的行为斥为"为人苛刻";将其关心地方百姓疾苦,兴利除弊的举动斥为"性喜多事";将清官官位低微时的"不检之处"也大加指摘,认为他们是一些空有其名的清官。客观上纵容和鼓励了贪污。

奖廉惩贪,作为封建统治者控制官吏的一种手段,以政治需要为转移。康熙帝虽然为惩贪作出了巨大努力,但后期他确实认识到贪污难以禁绝,为减少统治阶级的内部矛盾,维护统治者的根本利益,他放弃了奖廉惩贪初衷,恢复了以"宽厚"为政的做法,致使吏治迅速败坏,贪官横行无忌。

---

① 《清圣祖实录》卷239。
② 《清圣祖实录》卷239。

三、雍正朝反贪概况

　　康熙后期,吏治废弛,贪污成风,以至"库帑亏绌,日不暇给"①。雍正继位后的第四天,即降旨申饬"内外仓库不无亏空",并严谕"限三年补足,逾限治罪"。②早在雍正正式继位前,内阁官员草拟登极恩诏,按照惯例,开列了豁免官员亏空一条,雍正认为这样做是助长贪官的侥幸心理,继续侵占钱粮,当即不准开载,表示他对官员贪婪不法的深恶痛绝的态度。他充分认识到官员亏空钱粮的危害,各级官吏"毫无畏惧,恣意亏空,动辄盈千累万,督抚明知其弊,曲相容隐,及至万难掩饰,往往改侵欺为挪移,勒限追补,视为故事,而全完者绝少,迁延数载,但存追比虚名,究竟全无着落。新任之人,上司逼受前任交盘,彼既畏大吏之势,虽有亏空,不得不受,又因以启效尤之心,遂借此挟制上司不得不为之隐讳,任意侵蚀,辗转相因,亏空愈甚"③。在清查过程中,雍正明确规定了清理的方针,以及注意事项:"其亏空之项,除被上司勒索及因公挪移者,分别处分外,其实在侵欺入己者,确审具奏,即行正法。倘仍徇私容隐,或经朕访闻得实,或被科道纠参,将督抚一并从重治罪。即如山东藩库亏空至数十万,虽以俸工补足为名,实不能不取之民间额外加派。山东如此,他省可知,以小民之膏血,为官府之补苴,地方安得不重困乎?既亏国帑,复累民生,大负皇考爱养元元之至意,此朕所断断不能姑容者。"④

　　为了解决钱粮奏销中的弊端,雍正元年(1723年)下谕在中央设立会考府,稽核奏销钱粮,以杜绝"部费"陋规。在此之前钱粮奏销中,主要看其有无"部费",若无部费就是正常的开支,计算也清楚,户部也不准奏销,而一有部费,即使靡费百万,亦准奏销。雍正将此事交由怡亲王允祥、舅舅隆科多等来办理,所有钱粮奏销事务,无论哪一部门,都由新设立的

---

①　昭梿:《啸亭杂录》卷1。
②　《清史稿·世宗本纪》。
③　《清世宗实录》卷2康熙六十一年十二月。
④　《上谕内阁》康熙六十一年十二月。

会考府清厘"出入之数"。会考府成立不到三年，办理部院钱粮奏销事件五百五十件，其中被驳回改正的有九十六件。并查出户部亏空库银二百五十万两，雍正责命户部历任堂官、司官及部吏赔偿一百五十五万两，另一百万两由户部逐年弥补。① 清查过程中对贵族高官也不宽贷。履亲王允裪曾管过内务府事，追索其亏空，他无奈将器皿摆在大街上出卖，以便赔偿；敦郡王允祆因赔银不足数，最后被抄家抵赔。

对于地方上的清查亏空，雍正一改以往革职留任催追的办法，改用革职查封家产的办法，"嗣后亏空钱粮各官，即行革职，著落伊身勒限追还"。当年被革职查封家产的官员有湖广布政使张圣弼、粮储道许大完、湖南按察使张安世、广西按察使李继谟、原直隶巡道宋师曾、江苏巡抚吴存礼、布政使李世仁、江安粮道王舜、前江南粮道李玉堂、山西巡抚苏克济、原河道总督赵世显、苏州织造李煦等。清查亏空中，如贪官将赃物分藏在亲友家，则将其亲友家产一同抄没。并严禁地方官民代为清偿。畏罪自杀的贪官，仍令其亲属负责赔偿。

在清查亏空的同时，遇有新的贪赃劣迹，严惩不贷。雍正五年（1727年），原礼科给事中、山西学政陈沂震，退职后回原籍吴江县，被人告发放考时收钱，查实后雍正命其出资一二十万两助修水利。② 雍正十年（1732年），河南学政俞鸿图被告"纳贿营私"，资财累万，被处斩刑。

通过清查亏空，清廷财政和吏治有了改观，"国用充足"，"贪冒之徒莫不望风革面"。但是钱粮的亏空，着落于赃官及其亲友追赔，另一途径只有用耗羡银来弥补。地方官加在农民头上的诸多杂派中，以耗羡（亦称火耗，即是官府征收田赋时附加的损耗）为重，有的每两加至三四钱，有的加至五六钱，甚至"税轻耗重，数倍于正额者有之"③。为防止地方官滥征耗羡，针对不合理的低俸制度和地方财政制度所带来的弊病，雍正大力提倡养廉银制度。

养廉银制度包括两部分内容：一是将原来全部被地方官吏侵贪的耗

---

① 《雍正朝起居注》第 1 册。

② 《上谕内阁》五年闰三月十七日。

③ 《皇朝经世文编》卷 27。

羡银两提解归公、上交藩库;二是把各省归公之后的耗羡银两的大部分拨给各级官员养赡家口之用,称之为养廉银。雍正帝认为:"州县火耗,原非应有之项,因通省公费及各官养廉有不得不取给于此者,然非可以公言也。朕非不愿天下州县丝毫不取于民,而其势有所不能。且历来火耗,皆在州县,而加派横征,侵蚀国帑,亏空之数不下数百余万。原其所由,州县征收火耗,分送上司,各上司日用之资皆取给于州县,以致耗羡之外,种种馈送,名色繁多,故州县有所借口而肆其贪婪,上司有所瞻徇而不肯参奏,此从来之积弊,所当剔除者也。"①雍正帝认为实施养廉银的好处是"上不误公,下不累民,无偏多偏少之弊,无苛索横征之扰,实通权达变之善策"。将其作为整顿吏治和财政的突破口,毅然谕令"通行天下"。

清查亏空,严惩贪官,耗羡归公,实施养廉银制度,在雍正帝一系列改革措施的配合下,在打击贪官污吏,整肃日益腐败的吏治,整顿财政,减轻农民负担,缓和社会矛盾等方面为清政权的进一步巩固和发展开创了新的局面。

四、乾隆朝反贪概况

乾隆中叶以后,清朝国势从鼎盛转入中衰,由官吏侵贪而导致吏治迅速腐败是最直接最重要的原因。其中又以督抚侵贪,尤为引人瞩目,构成了具有特点的一代侵贪现象。

乾隆朝督抚侵贪案件,其数量之多是空前的,根据清代档案粗略统计,顺治、康熙、雍正三朝共十余件,而乾隆一朝即达二十九件之多。若以乾隆四十五年为界,前四十四年共发案十七件,后期十六年共发案十二件。这些案件有:侵挪国帑、婪索盐规、克扣书吏饭银、勒索规银、矿主贿赂、收回应扣养廉、借办贡之名勒逼属员、偷盗抄家赃物、侵蚀灾赈银粮、贪污关税银两等,而以勒派受贿最为突出。其侵贪款额巨大,动辄几万几十万两;手段多种多样,公开勒索肆无忌惮,假手于首府首县或家人;乾隆

---

① 《上谕内阁》雍正二年七月初六日。

后期督抚侵贪往往带有集团侵贪的性质,以乾隆四十六年甘肃折监冒赈案为例,通省从总督到县丞,参与侵贪官犯共一百二十余人,案发后被陆续正法者共五十六人,其中总督、巡抚、布政使各一人,知府、道员五人,同知、知州八人,通判二人,知县三十五人,县丞三人。其余各犯均被免死发遣、革职查抄家产、杖流追罚银两。首犯原甘肃布政使王亶望被立即处斩,家产被查抄入官,估值银"三百余万(两)之多",故有"乾隆季年,诸贪吏首亶望"之说。

清前期历代帝王对侵贪问题十分重视,将对侵贪的防范和惩办作为巩固政权、加强统治的一项基本政策。顺治强调"以惩贪为弊吏之本";康熙认为"治国莫要于惩贪";雍正则在严惩侵贪官吏的同时,从财赋、俸禄制度入手,实施"耗羡归公"与养廉银制度,希望杜绝侵贪。乾隆基本上继承了前辈的政策,认为"侵贪之弊,尤不可不急为整饬"。面对当时经济的发展,奢侈之风盛行,督抚大吏私欲的膨胀与贪风日盛,营私牟利已经成为做官为政的唯一目标。乾隆采取了以下措施:首先,调整和完善对督抚养廉银制度,使其趋向于合理和平衡;其次加强了惩贪的法制,明确宣布将雍正三年所定的"侵亏入己者限内完赃之例永行停止",使"侵盗钱粮入己数满一千两以上者"难逃极刑。同时又宣布停止"缓决重犯捐赎例",认为如此"则犯死罪者贫富一律,不得幸逃法纪"。再次,为加强对侵贪官吏及有关人犯的经济处罚,修改了属员侵亏著上司分赔条例,又新增了侵贪之案,父死子赔例。

加强立法的同时,宣布若干禁令:饬直省督抚杜部书需索;停止督抚贡献金器;禁止督抚收受属员馈送土宜物件;杜绝各省会首县代上司备办署中支应;严禁直省大吏设立管门家人;杜绝收受门包银;严禁上司借留请属员用膳勒索"押席银两"。多数禁令年终都要奏报自查结果。这样来避免督抚勒索下属收受贿赂,致滋官官相护之弊。在具体的用人政策上强调"人臣之所最尚者惟廉",常用儒家思想教育其臣下,培养他们的节操。并注意从具有一定儒学修养科举出身的士大夫中选拔督抚大吏。

在改善督抚物质生活,加强法制纪律和用儒家思想培养其节操的条件下,对被揭发的督抚侵贪案件,乾隆均亲自严厉查处。清代二品以上大员,因侵贪或因侵贪与另罪并罚而被处斩、处绞、令其自尽官员共四十一人,而乾隆朝则有二十七人之多,其中因侵贪而被处以极刑的督抚有十七人。乾隆鼓励举劾贪官,并利用一切机会询问督抚大吏的节操,一经听说或风闻督抚不贤,立刻下旨派员查办,并以革职抄家继之,常常令将首要之犯解京"廷鞫"。一旦查实其罪,严惩不贷,籍没资财入官,并株连子孙。

乾隆朝六十年仍堪称有清一代立法惩贪最为严厉,也最有建树的一段时期,但由于历史的普遍原因和封建官僚政治制度的缺陷,以及所处的文化环境,官吏侵贪已经不是一种简单的历史现象,它非人治社会的严酷刑法所能根除,也非专制条件下的讽谕说教所能阻止,皇帝的英明所能做到的只能是清王朝短暂的"清明"。嘉庆四年(1799年)正月"嘉庆新政"大丧之日诛和珅,清王朝的"清明"神话又被打破。

五、嘉庆朝反贪概况

嘉庆元年(1796年)正月元旦,颙琰嗣位,嘉庆四年(1799年)正月亲政。他成为清王朝入主中原后的第五代皇帝。这时清王朝确立在全国的统治已经有一个半世纪之久,封建社会长期积累的矛盾不断激化,显现出封建社会末期的时代特征,封建生产关系可以调节的余地越来越小,解决矛盾的难度加大,清朝中衰的势头愈来愈明显。湘、黔苗民起义的烽烟未熄;川、楚、陕白莲教大起义的战火又起,呈现出一个内创累累、积重难返的疲败之局。

大力整饬内政,是嘉庆帝亲政后挽救颓败之势的重要举措,大丧之日立诛和珅以肃纲纪,促"军剿"、安民心,缓和阶级矛盾,为其整饬内政在思想上、组织上扫除了一大障碍,也显示了他对吏治腐败的严重性和整饬吏治迫切性的清醒认识。

整饬吏治,嘉庆帝做的第二件事就是"禁呈宝物"。他认为"盖人君一身,为臣民表率,使天下可法可则"①。清代习俗,凡外省督抚级大员进

---

① 《清仁宗御制诗文初集》卷1。

京觐见，或皇帝寿辰等大典节庆，必进献贡物，冀邀宠眷。其后各官争相效尤，加之乾隆帝竞尚奢华，进贡之风愈盛，各种贡品争奇斗艳，献媚于上而朘削于下，和珅等权佞上下其手，从中渔利肥己，成了官场的一大积弊。嘉庆帝知道："试思列省备办玉铜瓷书画插屏挂屏等件，岂皆自己出资，必下而取之州县，而州县又必取之百姓，稍不足数，敲扑随之，以间阎有限之脂膏，供官吏无穷之朘削，民何以堪。"①嘉庆视呈进贡品为粪土，谕令嗣后概不许呈进，如有违制，决不稍贷。他将贡品与官风、民生联系在一起，是对乾隆陋政的一大更张。对于违例呈进方物的福州将军，给予"革职留任"的处分。嘉庆五年（1800 年）三月，肃亲王永锡，因三阿哥绵恺于本月十八日入上书房上学，备进玉器陈设等物，未经奏明，擅令本府太监转交皇后饭房太监递进。嘉庆帝知悉后，将永锡职位悉尽革去，并"传集各亲王、郡王，将永锡所进物件，当面掷还"②。此后，贡品之风暂息，嘉庆十四年（1809 年）十月，时逢嘉庆帝五十大寿，"准各恭递如意一柄"。此后宫中所进贡物，仅各省例进土贡方物一项。嘉庆帝禁呈宝物，是他厉行崇俭黜奢、整饬内政、革除积弊的措施之一。对防止地方官员侵贪起到了实效。

嘉庆帝在位二十五年，共查处官员侵贪案件十余起，除和珅案外，还有：湖南布政使郑源琦勒索属员，加扣平余案；湖北郧襄道胡齐仑贪污军需案；云贵总督富纲姿意贪婪索银案；贵州巡抚伊桑阿勒令属员帮贴案；江苏山阳知县王伸汉毒杀查赈委员李毓昌案；宝坻县知县借灾冒赈案；刑部侍郎广兴摊派差费案；巡漕御史英纶勒索帮银案；吏部满尚书办理参务私派侵蚀银两案；盛住万年吉地工程贪银案等。处决首犯九人，其中总督一人，巡抚一人，吏部满尚书一人，布政使一人，刑部侍郎一人，道员一人，巡漕御史一人，知县二人。以嘉庆十四年（1809 年）惩办贪污案最集中。

嘉庆帝对于吏治的腐败和整饬吏治的迫切性十分清楚，他亲政速诛和珅重要目的之一就是要想解决这个问题，他深知"官逼民反"的深意，

---

① 《清仁宗实录》卷 37。
② 《清仁宗实录》卷 59。

并深知百姓之所以"不顾身家性命,铤而走险,总缘亲民之吏多方婪取,竭尽膏脂"所致。他一方身体力行崇俭,禁呈宝物以截侵贪之源,一方面确实也惩处了一批贪官污吏。但总的来说仍然是失之过宽,瞻前顾后,这在处理和坤案时就有所表现,多次反复强调只罪和珅一人,同案中原拟论斩的福长安,不久即行恩赦,赏还家产,后累迁至正黄旗满洲副都统。在处理具体贪污大案中劝诫多而惩戒少,往往以"事属既往,姑不深究",屡谕"下不为例"虚声恫吓。对于积习成性的贪劣官员来说早已失去了震慑力而变得无济于事,所以无论嘉庆如何"舌敝唇焦""随笔泪洒"也难收敛他们唯利是图的本性。正如洪亮吉所言,嘉庆朝"吏治欲肃而未肃",惩办侵贪官吏宽纵当是主要原因之一。

六、道光朝以后的反贪概况

道光十九年(1839年)以后的清朝,封建专制的肌体已是病入膏肓,政治腐败,社会矛盾激化,吏治败坏,清政府的昏庸腐朽,也达到了空前的地步。殖民主义者的入侵,又加深了民族危机,中国沦为半殖民地半封建社会。清政府在政治、经济上逐渐丧失独立性,成为依附于洋人的朝廷,仰殖民主义者的鼻息而苟延残喘。清王朝国家机器的统治力,在殖民主义者的炮舰、洋货面前,已无能为力,走到了尽头。

惩贪作为封建专制权力的象征,已经失去了威严,但为了维持即将崩溃的王朝,偶尔也惩办一两个贪官,但已经没有往日的气势,惩办贪官已经很难成为整饬吏治的重要内容。虽然"整顿科场舞弊"而将大学士柏葰处斩;同治二年(1863年)将"骄恣欺罔,讳败为胜,纳贿渔色"的钦差大臣胜保赐令自尽。但仅因为贪婪罹罪的大员已经很少。

为了增加财政收入,应付浩大的军费开支,道光帝厉行节俭,力戒宫廷浮华、削减地方贡物、查贪罚赔官项;咸丰帝整顿财政,开源节流,推广捐例,实行"七五折收捐"并令各省广开捐例,使本来就庞大的官僚队伍处于失控状态,"市侩无赖滥厕其间",他们想尽办法地捞钱。龚自珍把清政府这种用大开捐纳解决财政困难的办法比作是"割臀以肥脑,自啖自肉,无受代者"①。

清末慈禧专权时期较长,同治帝多病,光绪帝对慈禧太后的独断专横逆来顺受的软弱性格,皇权与皇位分离,国家最高权力,包括行政权力和司法权力的行使也发生了变化,戊戌后光绪见臣下凡数百次,只两句话:"外间安静否? 年岁丰熟否?"同、光两朝秋审"每逢勾到,命大学士一人捧单入阁恭代",虽然还是以皇帝的名义出令,但真正的权力已经不在皇帝手中。

惩贪作为封建法制的重要内容,作为皇权控制官员的工具已经失去往日的辉煌。

第二节　清朝反贪机制

一、民本主义与清朝封建皇权

中国封建社会的国家权力,是管理封建社会的公共权力,清代这个公共权力被以满族贵族为主的地主阶级所占有,成为统治农民阶级的工具。

民本主义,即以民为国之本,从而产生爱民护民之举,这种封建家长式的君民关系,成为维系封建社会统治的基础。封建统治者明白以民众为本,天下才能太平,国家才能强盛。而封建社会中的贪官污吏,总是以攫取更多的社会财富为目的,利用手中的权力,敲诈勒索民众,侵蚀国帑。开明的君主对其惩治、防范。清官协助君主与之抗争,无论其形式如何,大体上都在民本主义的范畴之内。所以,民本主义是封建社会反腐败斗争的思想武器与理论基础。

清朝是中国封建社会末期的最后一个封建王朝,它以满族贵族为主体,在清中前期近两百年的统治实践经验中,既总结继承了以前各朝代的

---

① 《龚自珍全集》上《西域置行省议》。

经验和教训,同时又有新的提高。在强化中央专制主义集权皇权的基础上,整饬吏治,从法律、行政、监察等方面建立了一整套防范、处置、惩办官吏侵贪的机制,打击贪官污吏,"朝廷治国安民,首在严惩贪官",把严惩贪官列为治国安民的头等大事。历经康熙、雍正、乾隆三朝的不懈努力,使早在明中叶已经危机四伏的封建专制主义制度,经过明清之际的政治大变动,到清初又显露了某种转机,并出现了像"康乾盛世"那样一个封建社会晚期的新高峰。

(一)"政治行于上,民风成于下"

官风的好坏是统治的前提,康熙帝认为"崇高清节乃国家为治之要务,为官者皆清则百姓自然得遂其生"①。而乾隆帝在总结治国之策时认为"民足以为教化之本",欲教化百姓,稳定民心,应先足民食,欲足民食,应先端大官之风。雍正自己从巩固统治的现实利益出发,以严猛手段惩治贪官蠹役之朘削,严肃官僚政纪,为广大百姓提供了一个相对宽舒的社会生活环境。"(朕)爱我百姓,实怀父母保赤之心,思勤恻恒出于至诚,若有一毫不便于民之处,立即措置,务使万民安家乐业,无一夫不获其所。故地方一有不肖官员,不法奸民,定加惩治,盖奸邪一日不去,良善一日不安。"②乾隆帝认为:"政治行于上,民风成于下",与雍正观点完全一致,即社会风气的好坏与统治者及政府大员的品行、文化素养,有直接的关系,其直接或间接地影响民心,进而导致社会价值观的变化。

(二)"端己率属",对官吏的要求

清代满洲贵族封建统治阶级提出的高官守"仪型"立标准的理论,阐明了封建国家治国安邦,吏治不清,人心不古,社会风气败坏的根源在于高官大吏。

---

① 《清初史料丛编》"圣祖仁皇帝起居注残稿"。
② 《雍正朝起居注册》第 2 册。

康熙认为:"朝廷致治,惟在端本澄源,臣子服官,首崇奉公杜弊,大臣为小臣表率,京官乃外吏之观型,大法则小廉,源清则流洁,此从来不易之理。如大臣果能精白乃心,恪遵法纪,勤修职业,公尔忘私,小臣自有所顾畏,不敢妄行在外。"①由于督抚藩臬治理一方,职责重大,康熙尤其重其人品政德,任督抚时"必详加察访",到任后又时时以"大官廉则小官守"相告诫,屡次申言督抚为一省之大吏,惟以奉公秉法,洁己爱民为要。对一批才学优长、品行廉洁官僚渐获重用,如直隶巡抚于成龙(汉军)、两江总督傅拉塔,以及格尔古德、范承勋,被康熙称为"清廉总督"的闽浙总督王骘等,都是名著一时的清廉大臣。清官是官僚队伍的精英,对整饬官风、保证封建政治正常运行具有十分重要的作用。雍正帝则充分发挥奏折制度的作用和功能,监督各级官僚居心行止,利用官僚互相监督,强化控制,严肃官僚政纪。大小官僚日日耳闻公诚之训谕,眼见"悖逆"之败亡,身感"天威之恐惧,人人自危,诚惶诚恐",纷纷以敬慎清廉自励。针对官僚队伍中逢迎请托之风,雍正屡加训斥,尝谕诫官员:"若不夤缘孝敬人,操守自然容易。"②乾隆帝反复告诫臣下,宽不可恃,清廉才是保全富贵之方。元年十月谕:"以贪而致富又能长久保守者其谁耶?且不至于连旧有之资皆倾弃者又几人耶?独此惩贪一节,朕实时时欲效法皇考者也,汝其识之。"③对于督抚侵贪日益严重的局面,乾隆帝严惩不贷。清代二品以上大员,因侵贪或因侵贪与另罪并罚而被处斩、处绞、令其自尽官员共四十一人,而乾隆朝则有二十七人之多,其中因侵贪而被处以极刑的督抚就有十七人。

"端己率属"作为最高统治者对高官大吏的要求,为了铲除社会腐败现象,在吏治方面采取的对策。康熙、雍正、乾隆三帝不断地加以强化,根据不同历史时期的不同要求,具体地加以实施,为保证封建王朝国家机器有效地运转发挥了重要作用。

---

①　《康熙御制诗文集》一集卷10。

②　《雍正朝汉文朱批奏折汇编》第4册,第818页。

③　中国第一历史档案馆藏朱批奏折·内政类。

二、反 贪 立 法

（一）入关前的禁令

清起于满洲,初称后金,公元 1636 年始改号为清。其太祖爱新觉罗·努尔哈赤本系金的后裔,统一女真部落后建立金国。努尔哈赤时代法制的建设先于后金政权的建立,是在定国政的过程中开始的。据《清太祖武皇帝实录》记载:明万历十五年(1587 年)筑费阿拉城,"筑城三层,启建楼台"。"六月二十四日,定国政,凡作乱窃盗欺诈,悉行严禁。"①《清太祖高皇帝实录》记载:"夏六月……壬午,上始定国政……法制以立。"可见"定国政"和"法制以立"②是同时进行的,其目的是禁"乱""窃盗""欺诈"。在清代文献记载中,大都以此为满洲立法之始。但法律的具体形式和内容都已不见记载,按当时的实际状况其所谓法制,不过是一些口头宣布的"禁令""定例"而已。这些禁令、定例均以谕令的方式发布,成为最重要的法律形式。

天命八年(1623 年)二月,努尔哈赤命令:"诸申、尼堪、蒙古的官员们,不论谁只准收汗给的赏赐,不准接受尼堪送的东西。……要给尼堪发告示,不能送任何东西来。如果送来,送的人治罪。如果接受,接受的人治罪。"③不久,努尔哈赤又对上述法令作了补充说明:"汉人官员,各所分管之汉人若有馈赠,可受其鱼、野鸡、野鸭、果子等,勿受牛、羊、山羊、猪、钱财、银两、粮草,受即罪之。"④这是行贿罪和受贿罪的认定,可以看出,只有特定的赠品并达到相当的数目,才构成行贿和受贿罪。而对于隐藏从战争中掠夺来的财物,要按"常例"治罪,根据情节轻重,或处鞭刑,或处死刑,或革去官职,并允许奴仆就此告发其主。崇德七年(1642 年),有镶黄旗鄂木齐等人,往征瓦尔喀部,将获得的貂皮等战利品,私自隐藏,被

---

① 《清太祖武皇帝实录》卷1,第 8 页。
② 《清太祖武皇帝实录》卷2。
③ 《满文老档·太祖》第 45 册天命八年二月十九日。
④ 《满文老档·太祖》第 48 册天命八年三月二十八日。

告发审实后,"罢牛录领催"职务。这也基本上是对贪污行为的认定和处置。

(二)《大清律例》中的反贪律例及其他

清世祖爱新觉罗·福临于公元1644年入关,迁都北京,改元顺治,揭开了清朝为期二百六十七年统治的序幕。福临是清太宗皇太极的第九个儿子,崇德八年(1643年),因皇太极去世,由八旗王公大臣议定,立他为新君,时年仅六岁,国政由其叔父睿亲王多尔衮以摄政王的名义主持。主政之始,多尔衮总结前明失民亡国的教训,基于清初阶级矛盾和民族矛盾的交错复杂及日益加深的形势,他力主改变旧制"以依明律治罪",逐步走上严刑峻法的道路。改变入关前法无成典,刑无成文,"俗淳政简,所著为令,鞭扑斩决而已"的刑罚格局。根据当时形势的需要,以李悝《法经》为指导,确定了"弭盗安民,乃为治之首务"的立法原则,以《明律》为蓝本,参照金满旧制,于顺治三年(1646年)五月制定《大清律》,定名为《大清律集解附例》颁布天下:

> 朕惟太祖、太宗创业东方,民淳法简,大辟之外,惟有鞭笞。朕仰荷天休,抚临中夏,人民既众,情伪多端,每遇奏谳,轻重出入,颇烦拟议。律例未定,有司无所禀承。爰敕法司官,广集廷议,详译明律,参以国制,增损剂量,期于平允。书成奏进,朕再三复阅。仍命内院诸臣校订妥确,乃允刊布,名曰《大清律集解附例》。尔内外有司官吏,敬此成宪,勿得任意低昂,务使百官万民畏名义而重犯法,冀几刑措之风,以昭我祖宗好生之德。子孙臣民,其世世守之。①

清朝统治者认为民畏义重法,万世不移,希望这部律例万世遵守,不许任意改动,但所谓不准任意改动,实际上仅限于律的本文,至光绪末年,都无变动。篇目条项,多因《明律》。康熙二十八年(1689年),将康熙十八年纂修的《现行律例》附入《大清律》。雍正元年(1723年)续修,三年后书成,雍正五年颁布。乾隆五年(1740年)更名为《大清律例》。《大清

———————
① 马建石等:《大清律例通考校注》,第2页。

律例》中大体相当于今天贪污罪的罪名是"监守自盗仓库钱粮";相当于今天贿赂罪的罪名是"官吏受赃"。分为正律十一条:"官吏受财""坐赃致罪""事后受财""官吏听许财物""有事以财请求""在官求索借贷人财物""家人求索""风宪官吏犯赃""因公科敛""克留盗赃""私受公侯财物"各条(这些律例的详细内容见本章附录一、二)。

清朝的反贪立法和其他立法一样,其渊源均来自皇帝一人,律和例均由其敕定。清朝的"监守自盗罪",最高处刑——斩刑的拟定,并没有依照《明律》中沿用律文的规定,而是根据雍正三年五月所奉上谕而定。谕曰:"仓库钱谷肆行侵欺,欲使畏惧,莫如法在必行。亏空案内,皆将多数挪移,少数作为侵欺,今定以先完挪移,后完侵欺。但以三百两即斩之例似乎太严。量其数目多寡以定罪名之轻重,着九卿、詹事、科道详议具奏。钦此。"①嗣后,凡侵盗钱粮入己,自一千两以下者,仍照监守自盗拟斩律准徒五年,数满一千两以上者,拟斩监候。遇赦不准援免。乾隆朝,监守自盗钱粮数满千两拟斩则作为"正例"直至清末相沿不替。

《大清律例》贿赂罪的罪名分"枉法赃"和"不枉法赃"两种,在《刑律·受赃·官吏受财》中规定:"凡官吏(因枉法、不枉法事)受财者,计赃科断,无禄人各减一等。官追夺除名,吏罢役(赃止一两)俱不叙用。"②律文中的所谓"枉法"与"不枉法",区别在于收受有事人财物之后是否曲法,曲法者定为枉法,否则为不枉法。凡枉法赃各主者,通算全科,即收受十人财,一时事发,通算作一处,全科其罪;不枉法赃,各主者,通算折半科罪。即"虽受有事人财,判断不为曲法者,如受十人财,时事发,通算作一处,折半科罪。一主者,亦折半科罪"③。枉法赃、不枉法赃最高刑为绞刑,枉法赃至八十两即绞,不枉法赃则一百二十两处绞,由于"折半科罪",实际上二百四十两以上才处以最高刑。

清朝对侵贪刑罚包括了清朝的正刑,即笞、杖、徒、流、死五刑。惩贪的刑罚最重的是死罪,即判处死刑:拟斩(绞),如果立即执行,则称之为

---

① 马建石等:《大清律例通考校注》,第671页。
② 马建石等:《大清律例通考校注》,第905页。
③ 马建石等:《大清律例通考校注》,第906页。

斩(绞)立决或拟斩(绞)即行正法,在行刑时,为了顾全有的大臣的颜面,皇帝则赐令其自尽。另外缓刑有拟斩(绞)监候,俟秋审、朝审后,再分别情实、缓决、可矜、承祀留养,进册恭候皇帝勾决。其次是流罪。流终身不得返回,各依人犯本籍,按《三流道里表》内的规定,由该省督抚酌量州县大小远近,在配人犯多寡,均匀派发。起解时如法锁镣,于批载内叙事由,开明年貌、疤痣、箕斗。接递官应按批验明,于批内证明"锁镣全完"字样,钤盖印信,然后转递前途。侵贪流罪以流三千里为限。比流罪稍轻的是徒罪,侵贪犯被判徒罪有徒二至五年不等,所谓徒罪,即令发本省驿递充徒,在京徒罪由顺天府尹于离京师五百里的州县定地充配,外省徒罪由督抚于本省州县内核计道里远近,酌量人数多寡,均匀拨派。不论有无驿站,犯人皆交各州县严加管束,徒限期满,即可释放回原籍。另外还有杖刑,即用大竹板打,六十杖至一百杖不等。最轻的刑罚是笞刑,即用小竹板打,侵贪之犯一般二十至五十次不等。以上是惩贪刑罚的正刑,除此之外还有一些非正刑,涉及惩贪犯罪的非正刑有:发边充军(或烟瘴地方充军)、枷号、刺字、戮尸等。康熙二十五年二月,步军统领汪合齐"以恣意贪婪肆行,被判处斩,因在监禁时毙命,故被戮尸"。清朝官员侵贪,只要被揭参,首先就是被革职,查出端倪之后即被抄家,抄家即"籍没家产",在清朝惩贪时,被作为一种附加刑被广泛地采用。而在行政处罚上对一些失察侵贪的官员,或参与侵贪而涉足不深的官员,则采用革职、停升、分赔、注销议叙免加级等行政处罚。清朝的惩贪刑罚,由正刑、非正刑、行政处罚交织在一起,构建了清朝反贪的行政司法体系。乾隆时期,这一体系被发挥到极致,大大地遏制了侵贪犯罪的猖獗。

(三) 乾隆皇帝对反贪立法的贡献

乾隆皇帝对贪婪大员严惩不贷。"完赃减等"例文的删除,使侵贪数额巨大的官员难逃死罪的处罚,遏制了侵贪的泛滥,从立法上增大了对侵贪官员的处罚力度。

"完赃减等"源于雍正三年定例:"凡侵盗挪移等赃,一年内全完,将死罪人犯比免死减等例再减一等发落;军、流、徒罪等犯免罪,追完三百两

以上者,承追每案纪录一次,督催知府、直隶知州每三案,道员五案、督抚、
布、按十案,各纪录一次。若不完,承追官罚俸一年,督催知府、直隶知州
罚俸六个月,司道、督抚罚俸三个月,俱带罪督促人犯,督停治罪,再限一
年追赔,完者,死罪人犯免死减等发落,军、流、徒罪犯亦减等发落。若不
完,流、徒罪犯即行充配,死罪照原拟监追。承追官降一级留任,督催知
府、直隶州知州各罚俸一年,司道、督抚各罚俸六个月,再限一年著犯人妻
未分家之子追赔。限内照数能完,承追所降之级开复;不完,承追官照所
降级调用,督催知府、直隶州知州各降一级留任,司道、督抚各罚俸一年。
其接任承追督催等官照到任之时扣限,如果家产尽绝,正犯身死,及妻子
不能赔补,该地方官取具印甘各结申报督抚,保题豁免结案。"①对三年限
内未完赃如何处理,例文中没有明确规定,法司俱按死罪照原拟监追的惯
例掌握,是否拟入情实,拟入情实是否予勾,全在皇帝全权处置,而法司则
揣摩皇帝惩贪的意向,时严时宽,畸轻畸重,亦无一定。雍正皇帝锐意整
肃吏治,其在位时,历届秋、朝审案内,侵盗、贪婪各犯拟入情实奉旨勾决
有八案,拟入情实未经勾决者亦有八案,此外未待秋审因贪婪即行正法者
亦有二案。可见,雍正三年条例虽有完赃减等发落的内容,却无保其侵贪
之犯永无被正法之日的明文规定。

　　在受赃罪中,凡因事受财中枉法赃和不枉法赃律文后,也附有"完赃
免死减等"的条例,具体规定为:"若官吏因事受财,贪婪入己,审明不枉
法及律载准枉法、不枉法等论赃,果于一年限内全完,死罪照原拟减一等
流,军流以下,各减一等发落。倘限内不完,死罪仍照原拟监追。流罪以
下,即行发落,其应追赃物,照例勒追完结。"②此条规定与监守自盗罪完
赃免死减等发落的条例并无二致,反映出清朝统治者轻国法而重帑项,
"当治平无事之暇日,必使仓库充足,期可有备无患"的主旨。然而在客
观上"完赃减等"对贪官墨吏的姑息和放纵。

　　乾隆即位之初,继承了顺治、康熙、雍正三朝反贪律例的体系,对雍正

① 马建石等:《大清律例通考校注》,第672页。
② 马建石等:《大清律例通考校注》,第910页。

朝新定的反贪条例虽略有删减,其总的趋势是由严渐宽,清除了雍正朝严猛统治所造成的弊端,这无疑适应了当时政治形势演变的客观要求。但雍正时期已经得到遏制的贪污腐败现象,在乾隆初年又重新出现。乾隆六年(1744年)四月,乾隆帝赐收受贿赂的兵部尚书、步军统领鄂善自尽,这是乾隆继位之后处死的第一个因贪污而判死罪的二品大员。不仅如此,地方府库的亏空案更是越来越多,乾隆帝多次指出在官僚中"迩年以来,故智又将复萌,岂见朕诸事宽大,遂藉足以行其私"。鉴于侵贪案件日渐增多,而犯案官犯只要限内完赃,俱可减等发落。乾隆还逐渐认识到,均如此办理"殊不足以惩儆"。遂降旨将乾隆元年以来侵贪各案人员实系贪婪入己,情罪较重者,"发往军台效力,以为黩货营私者戒"。乾隆十二年(1747年)九月,又降旨命嗣后"凡二限已满,照原拟监追之犯,九卿于秋审时核其情罪,应入情实者,限入于情实,以彰国法"。该谕旨称:"因例内载有分年减等,逾限不交,仍照原拟监追之语,至秋审时概入缓决,外而督抚,内为九卿法司,习为当然。初不计二限已满,即入秋审,自当处以本罪,岂有虚拟罪名,必应缓决之理?即在本犯,亦恃其断不拟入情实,永无正法之日,以致心无顾忌。不知立法减等,原属法外之仁,至限满不完,则是明知不死,更欲保其身家。此等藐法无耻之徒,即应照原拟明正其罪。"可见乾隆皇帝被完赃减等的"法外之仁"束缚了手脚,贪婪官犯也恃其"永无正法之日"而有恃无恐。乾隆皇帝以此向无力完赃和有力完赃而因故拖延的侵贪官犯发出严重的警告,同时为了让其明白说话算数,乾隆十四年(1749年)秋审时,乾隆下旨将拟斩监候的戴朝冠、刘樵、朱江三名侵亏人犯即行正法。

在宣布处决戴朝冠等人的明发谕旨中,乾隆明示天下臣工:"权不改勒限之例,若后来侵贪者多,必然照此旨办理。"[①]作为掌握最高立法权的皇帝深知"完赃免死减等"条例对吏治的严重危害,深知这个条例"是视帑项为重,而弼教为轻也"。无奈只有遵循"祖上成法"不可轻易变动遗训,这样他"明知其弊"只能"曲相容隐"。尔后,发生了在秋审时将完赃

① 《清高宗实录》卷349,第16页。

减等官犯混入缓决之事。原湖南布政使杨灏,因在任时侵扣粮价银三千余两,于乾隆二十一年(1756 年)九月,被判拟斩监候,入于情实,已勾秋后处决。但秋审时乾隆审阅湖南官犯册时,发现上被判拟斩的杨灏,被以限内完赃,归入缓决。乾隆至此,不胜"手战愤栗",遂令将原拟之湖南巡抚革职抄家,并解京交部治罪,三法司及参与审之九卿、科道等一律交部议处,命将杨灏于湖南即行正法。接着下旨斥责此条例对吏治的危害:"藩司大吏狼藉至此,犹得以限内完赃,概从末减,则凡督抚大吏,皆可视婪赃亏帑为寻常事,侵渔克扣,肆无忌惮,幸而不经发觉,竟可安然无恙,即或一旦败露,亦不过于限内完赃,仍得保其首领,其何以饬官方而肃法纪耶?"①在乾隆看来,限内完赃"姑从末减在微员犹或可言",而藩司则为阖省表率,方岳大员,其婪赃累累如此,其肥囊橐者乃民之脂膏也,而"遽以限内完赃欲贷其死",是没有任何道理可以通融的;这是乾隆从吏治的大局而论。再者,更严重的问题则在于,封疆大吏借"完赃免死减等"之例,暗中蚕食了皇帝"能生死人"的生杀权柄,无怪乎乾隆帝叹道:"朕临御二十二年,试问在朝诸臣,有敢窃弄威福能生死人者为谁乎?"②翌年九月,乾隆帝为整肃吏治,为使对地方大吏的生杀权牢牢地控制在手中,决定将"侵亏入己完赃减等例"永行停止。乾隆二十三年九月,原任道员昌钮嗣,坐台期满,查出该犯以方面大员侵亏库项入己数至一万余两,按律例问拟斩监候,因限内完赃例减等发往军台效力。乾隆知道此事后,更加坚定了他要删除"完赃减等"的决心。九月二十五日内阁奉上谕:"……此虽向例,但思侵亏仓库钱粮入己限内完赃准予减等之例,实属未协。苟其因公挪移尚可曲谅,若监守自盗,肆行无忌,则寡廉鲜耻,败乱官方已甚。岂可以其赃完限内遂从末减耶?且律令之设,原以防奸,非以计帑,或谓不予减等则孰肯完赃?是视帑项为重而弼教为轻也。且此未必不出于文吏之口,有是迁就之辞,益肆无忌之行,使人果知犯法在所不赦,孰肯以身试法? 其所全者当更多耳。""嗣后除因公挪移及仓谷霉湿情有可原

①　中国第一历史档案馆藏上谕档乾隆二十二年。
②　中国第一历史档案馆藏上谕档乾隆二十二年。

等案仍照旧例外,所有实系侵亏入己者,限内完赃减等之例,著永行停止。"①法司遵旨将旧例删除,在"刑律贼盗上、监守自盗仓库钱粮"本律律文之后,新添附例例文:"凡亏空钱粮,除因公挪移及仓谷霉泡等案,仍照本例办理外,其实系亏空入己者,虽于限内完赃,俱不准减等。"②两年之后,又将"所有例内枉法赃全完减等之条永行停止",使"立法惩贪之道以归划一"。③ 至此,历经二十年之久曲折反复,乾隆终于克服各种阻力,将纵容、姑息贪污贿赂,助长吏治腐败的"完赃减等"条例,正式从《大清律例》中予以删除,代之以"完赃不能减等"的新例,实现了其"明刑弼教"的宿愿。此后的几十年中他坚持己见,不为浮议所动,始终使"完赃减等"旧例未能复立。"完赃不能减等"条例的实施,致使乾隆中叶以后众多的贪婪大吏难逃罪责,被判处死罪的大吏高官数目居清朝之首。

嘉庆六年(1801年),刑部员外郎金光悌奏请恢复"完赃减等"旧例,得到嘉庆皇帝的赞同,其例文为:"监守自盗仓库钱粮,除审非入己者,各照挪移本条律例定拟外,其入己数在……一千两以上者,拟斩监候。勒限一年追完,如限内全完,死罪减二等发落,流徒以下免罪。若不完再限一年勒追,全完者,死罪及流徒以下各减一等发落。如不完,流徒以下,即行发配,死罪人犯监禁。均再限一年,著落犯人及未分家之子名下追赔。三年限外不完,死罪人犯永远监禁,全完者,奏明请旨,均照二年全完减罪一等之例办理。至本犯身死,实无家产可以完交者,照例取结豁免。其完赃减免之犯如再犯赃,俱在本罪上加一等治罪。"④"完赃减等"例文,从雍正三年(1726年)定例,乾隆二十三年(1758年)删除,嘉庆六年(1801年)又复旧例,但从例文的实际内容上看,雍正三年(1726年)条例虽有完赃免死减等发落的内容,却无使贪婪之犯永无正法之日的明文规定。当时,三年限内未完赃,只要法司拟入情实,有些罪犯也难逃被处斩的命运;乾隆二十三年(1758年)删除"完赃减等"之条,震慑了贪婪之官,将贪污官

① 马建石等:《大清律例通考校注》,第674页。
② 马建石等:《大清律例通考校注》,第674页。
③ 《清高宗实录》卷609,第24页。
④ 《大清律例汇辑便览》(8),第2969页。

吏的生杀大权从立法的角度上,牢牢地掌握在皇帝手中,侵贪钱粮超过律例规定的数额,就会被判死罪,只有极少数的人能被皇帝特恩赦免其死;然而,嘉庆六年(1801年)修并的新例,不但可以在三年限内完赃免死减等,即使"三年限内不完者,死罪人犯永远监禁"。这实际上明文规定贪污罪的最高刑为无期徒刑,这样就使"侵盗钱粮入己数在一千两以上者拟斩监候"的正例成了虚文。正因为如此,谙熟清律沿革的薛允升评价嘉庆初年修并的条例时指出"乾隆年间,侵贪正法者不少,此例定后,绝无此等案件,而户律'虚出通关'各律例俱有名无实,亦刑典中一大关键也"。至此以后到清末,因侵贪一罪而被处斩的官犯极少,便是明证。

三、清朝惩贪案举要

(一) 乾隆朝甘省折监冒赈案

"乾隆季年,诸贪吏首宣望"。此案始于乾隆三十九年(1774年)初,陕甘总督勒尔谨以"仓储究不能全行足额"为由,奏请"重开口内外捐监例",经乾隆帝允准。从此甘省上下大小官员借捐监冒赈集体贪婪达七年之久,乾隆四十六年(1781年)案发,经查所属八十个厅州县半数以上各官均参与,藩司王宣望主持捐监而擅改折色,并与知府蒋全迪将通省历年灾赈捏开分数,各州县上下串通一气,分报开销,侵吞赈银,王廷赞继之,并将收捐改归首府办理。乾隆称此案为"从未有之奇贪异事",其贪污时间之长,参与人数之多,手段之恶劣,在清朝实属罕见,甚至在中国的整个封建社会也屈指可数。此案乾隆皇帝虽"早有风闻,因案情重大,徘徊迟疑者已阅数年",最后因无人举发,乾隆帝只得采用"层层质询"的办法,才使其"显露端倪",使得军机大臣阿桂等人"亦知事难掩复,遂合盘托出"。结案后,罹罪官员共一百九十四人,主犯总督勒尔谨赐令自尽,王宣望、蒋全迪被处斩立决,被处斩官员达五十二人,发遣共五十一人,革职查抄家产二十人,查抄家产十五人,杖流五人,革职留用、追罚银两二十八人,身故、罚银共十七人,只有一人因举供有功而从宽留用。

甘省冒赈一案缘于折监,清代捐纳监生始于顺治六年(1649年),康熙四年(1665年)定例:"民间俊秀子弟捐米一千石,可送监读书,其谷收入库内,存储待济。"①乾隆十年(1745年)又"恩减一五",生俊捐谷一百七十石就可以得到监生的资格,即取得一次参加乡试或会试的资格。监粮和常平仓谷是清代前期储粮的主要形式,捐监除了解决清代地方财政的困难局面外,更重要的功能就在于它为社会各个阶层和利益集团提供了一条上升到较高社会阶层的社会流动渠道,扩大了其政权的统治基础。

甘省地瘠民贫,民食全赖官仓接济,而官仓积贮之法仅靠部拨帑银采买及捐监两项。乾隆三十一年(1766年)大学士舒赫德奏请"因收捐监粮常平缺额借资弥补,日久弊生",著奉旨停捐。此后,节年多有偏灾,朝廷蠲赈频施,"所用米谷多至百万石,以致每年拨补采买帑金不下一百五六十万",但还是面临"仓储缺额尚多,不能如数筹补"。乾隆三十九年(1774年)二月十六日,陕甘总督勒尔谨以"仓储究不能全行足额"为由奏请重开口内外捐监例:"甘省农民全借籴粮为生,尔年来岁屡丰,米粮价值平减,若非皇上鸿恩,准令官为采买,则民间必有谷贱伤农之虑。第每岁必用银百余万两,而仓储究不能全行补额",况且"经费有常,岁出岁入究不得不通盘熟计,目下近省库项各有支用,难以动拨,必待远省接济,或请拨部帑长途远涉,未免挽运维艰。今若乘此有秋,准复捐监旧例,听闾阎自为输纳,在商贾人等子弟既有进身之路,而小民售卖余粮得赡其家,诚为两便"②。经乾隆批户部议准,同意"以本色报捐,仍饬该管上司核实稽查,勿使滋弊"。乾隆三十九年(1774年)三月十六日,当时任山东布政使的王亶望,被乾隆调补甘肃布政使,受皇帝之命,亲自主持捐监,乾隆认为"外省开捐究非善事,而一切经理稽查乃藩司专责,如果藩司得人,自不致滋生诸弊,诚恐尹嘉铨才识拘迂不能妥协,特调王亶望前往实力董司,冀可得有实济"③。王亶望于八月到甘肃顶替尹嘉铨接任甘肃布政使,协助总督勒尔谨操办甘肃捐监事。十月他向乾隆奏报捐监情况称:

① 《六部则例·铺户例·捐叙》。
② 《乾隆朝宫中朱批奏折》第34辑,第580页。
③ 中国第一历史档案馆藏上谕档乾隆三十九年七月十七日。

"现在收捐之安西州、肃州及口外各属扣至九月底止,检查册档共捐监生一万九千十七名,共收各色粮八十二万七千五百六十八石,除动用粮二十万六千四百二十八石零,实贮各色粮六十二万一千一百五十七石。"①开捐不足半年,王亶望主持其事不足三月,所收捐的粮石就超过了通省每年岁额征收的地丁粮五十余万石的额定。兴奋的皇帝看到王亶望的奏折后,在其折尾批道:"好! 实力为之,勿始勤终怠可也。"高兴之余,精明的乾隆也产生了疑问。当年十一月,他下旨询问勒尔谨:"甘肃人民艰窘者多,安得有二万人捐监。若系外省商民就彼报捐,则京城现有捐监之例,众人为何舍近求远……本地民人食用尚且不敷,安得有如许余粮供人采买。若云商贾等从他处搬运至边地上捐,则沿途脚价所费不赀,商人利析秋毫,岂肯为此重费捐纳。若收自近地,则边户素无储蓄,又何以忽尔丰赢? ……况以半年收之监粮多至八十余万,若合一岁而计,应有一百六十余万,若年复一年,积聚日多,势必须添设仓厫收贮,而陈陈相因,更不免滋霉泡之虞。且各处尚有常平仓谷统计数复不少,似此经久陈红,每年作何动用? ……若云每春间出借籽种粮需费甚多,设无捐项,势不得不藉采买,约岁需价百万余金,然此项究系购自民间,与其敛余粟归之于官,复行出借,何如多留米谷于间阎,听其自为流传乎? 或以盖藏之内多系富户,而出借种粮皆属贫民,贫富未必相通,不得不官为经理,则又何如春时多方劝谕,富户减价平粜以利贫民,转需多此一层转折乎? 其不可解四也……"②显然,乾隆对短期内捐监人数陡增,监粮积聚日多产生了忧虑,随之也疑惑不解,令总督勒尔谨明白回奏。勒尔谨以王亶望奏报时未将开捐之年月叙明为由加以搪塞,并保证"现在捐者多系外省商民,以卖货之银就近买粮捐监",而粮源"实系本地富户之余粮"。并认为即使这样多的人数捐监,与甘省额储常平仓粮五百一十九万石的数目相比较"尚属不敷"③。同时在奏报中也提示乾隆"臣检阅旧案,甘省历年采买借粜及赈济等项为数甚多,自三十一年停捐以后至三十七年,共请拨协济银一

---

① 中国第一历史档案馆藏宫中朱批奏折·财政·仓储。
② 中国第一历史档案馆藏上谕档乾隆三十九年十一月十九日。
③ 中国第一历史档案馆藏军机处录副奏折·财政·仓储713。

千三百七十六万两……国家经费有常,亦须加意熟筹,以节糜费。是以捐监粮以富民之有余,济穷黎之不足,每岁可省百十万千金,似与公私两便"①。甘省连年的灾赈使朝廷财政负担不断加重,使乾隆陷入了进退两难的境地,即使担心地方官借此捐监折色(即捐监不收粮,而折成银两收捐)、浮收、包捐、侵渔、勒收从中渔利,中饱私囊,但无奈宠大的军费开支,不断臃肿的官僚机构开支和官员俸禄的增长,以及迭免全国钱粮漕粮的后果,使中央财政严重拮据,而邻省地方"库项各有支用,难以动拨"。这样仅靠中央财政部拨款项,地方财政协拨,已经无法弥补甘省日益严重的"仓储缺额",如遇边隅用兵或灾赈,对朝廷说来都是致命的打击。乾隆心里是很清楚明白的,他在勒尔谨的奏折后批上了这样两句话:"尔等既身任其事,勉力妥为之可也。"②这对身任其事的总督、布政使说来是一种暗示,使他们消除了后顾之忧。

乾隆四十一年(1776年)五月,王亶望奏报甘省收捐情况:"上年(乾隆四十年)闰十月间,统查自开捐起至四十年十月底,共收捐生五万七千五十七名,收各色粮二百六十五万四千五百石零,除两年各属动用外,实存贮各色粮一百二十万二千石零……上年闰十月起截止本年四月底,通计口内外八十厅州县共续收监生二万五千五百三十七名,共收各色粮一百一十二万九千八百石零,连前共存粮二百三十三万一千石零,除动用出借籽种口粮,估拨兵马粮料以及灾赈、平粜、供支等项,共用粮一百三十二万一千石零,现在实存粮一百一万五百石零,均实贮在仓,并无亏缺以及虚收诸弊。"③这样看来,甘肃捐监开例后,大大地缓解了边地仓储亏缺的局面,使其"即可无庸采买",王亶望功不可没,作为回报,下半年,王亶望奉旨升任浙江巡抚。上任之时,有人向乾隆汇报,见其任所家财"有数百头骡驼载"而去,乾隆则不以为意。

其实,王亶望的"妥办"和乾隆期望的相反,王亶望到任之后,看到报捐的人数不多,就和总督勒尔谨商议改收折色,勒尔谨表示赞同。即按每

①　中国第一历史档案馆藏军机处录副奏折·财政·仓储713。
②　中国第一历史档案馆藏军机处录副奏折·财政·仓储713。
③　中国第一历史档案馆藏军机处录副奏折·财政·库储。

名捐监生应收粮石(四十三石)折收银两,另加收仓费银三至四两不等,交到藩库,加收"余银"自然归州县官所有。捐监生的数额控制在布政使手中,由其决定派给名额。准报灾赈开销的银(粮)数,则由"总督与藩司面为商定厚薄,因人而施多寡,惟意所欲"。正如王亶望后来招供时所说:"谁对我好些,我就准他多报一些。"州县各官不断地以各种名目给他送银子,送物品,无偿地替他买办物品,为他盖房,作为回报,他明知州县官捏灾多报重报分数冒赈"开销银两",他都准销;谎称"添建仓厫"存粮之银他也准销;"虚开领赈人名捏结"多领银两他也照放,上下"私相授受,办理甚巧",通省大小各官联为一气,冒赈分肥。王廷赞接任甘肃布政使后,仍收折色,并将折收监粮之事归首县府办理,规定每名捐监生交银定数为五十五两,首府收捐的"捐监粮仍照各州县报捐数目将银两交给各府领去,发给各州县买足监粮后按季申报"。从乾隆四十二年(1777年)六月至四十六年(1781年)初,共收"监粮"五百多万石,收捐监生十二万余名。

乾隆四十二年(1777年)八月,王亶望母亲邓氏年逾八旬,乾隆帝下旨"加恩赏给御书匾额,并大缎二疋、貂皮四张"。乾隆四十五年(1780年)三月王亶望丁母忧,恳恩于治丧百日后自备资斧在海坛专办工程,乾隆恩准其"驰驿回籍料理葬事,百日后即赴浙江办理塘工"[①]。十一月浙江巡抚李质颖奏参王亶望有家眷不回原籍守孝等事,乾隆以其"忘亲越礼"之咎将其革职留海塘工程效力,李质颖还不肯作罢,进京陛见时又面奏皇帝王亶望有"欲将留工各员派署地方印务及欲令商人造办海船接受商捐事"[②]等弊。经乾隆派令阿桂查清实系"伊二人意见龃龉所致,王亶望尚无情弊"。

乾隆四十六年(1781年)正月,钦差大臣大学士阿桂等奏参浙江杭嘉湖道王燧贪纵不法一案,因王亶望当时为浙江巡抚,王燧为其素所信用之人,乾隆四十五年(1780年)乾隆帝南巡,王亶望将西湖等处修葺工程、陈

① 中国第一历史档案馆藏上谕档乾隆四十五年三月十三日。
② 中国第一历史档案馆藏上谕档乾隆四十五年十一月二十二日。

设交王亶望承办。二月乾隆接报命将"王亶望与王燧有无交通情事"留心查访。王亶望初闻风声,预感大难即将临头,急忙呈请罚银五十万两,以充修建海塘公费之用。约定本年缴银二十万两,其余三十万两每年变卖家产措缴银六万两,分作五年缴完。乾隆允准其缴银,但还是催督阿桂严切访查王燧与王亶望办差时有无染指情弊。阿桂率司道等将王燧一案各犯反复究诘,"实无得其切实凭据",乾隆则断定其"断无无有之理",只因无证据,只得"亦只可如此了局"。乾隆允了王亶望的认罚银,怀疑其银的来路,但又查不出两人交通染指的实据,也不能贸然下旨查王亶望,只有作罢。

乾隆四十六年(1781年)三月,甘肃循化厅穆斯林"新教"和"旧教"发生械斗,新教首领苏四十三、韩二等攻占了旧教各庄,造成大规模流血事件。清朝地方官为旧教撑腰,派兵镇压新教,从而使新旧教的冲突转化为反清斗争。在苏四十三的领导下,他们杀死了不少前来弹压的官兵,官府立即将各地新教代表人物逮捕入狱,将新教创始人马明心捕至兰州城杀害。苏四十三率领起义的穆斯林围住兰州城,攻城愈急,清廷不得不用兵征讨,总督勒尔谨请止,并保证半月可平息起义。半月之后,勒尔谨不但没有成功镇压起义,反被困坐衙署,一筹未展,起义军士气旺盛。乾隆帝下旨命和珅督战失利,又命阿桂率兵两千征讨。总督勒尔谨因此事"办理不善,屡次办理错谬,其罪甚大,革职拿交刑部",并令查抄其家产。抄家时任所及京中资财仅值银七千余两,而其家奴曹禄家中则查出银子二万余两,"其久历外任,而京中竟无所有,殊难凭信"。乾隆怀疑勒尔谨"恐有隐匿寄顿或有贪黩营私款迹",令阿桂留心密访,据实参奏①。藩司王廷赞虽守城有功,但见"勒尔谨如此错误,而伊竟随同观望,迁延误事,如此行为恐尚有不可信之事"②,降旨将福崧调补甘肃藩司,王廷赞来京陛见,并传谕阿桂,将其在任所办之事"详细确查"。为摆脱困境,争取主动,五月初,王廷赞奏请自认缴银:"臣情愿将历年积存廉俸银四万两,缴

---

① 中国第一历史档案馆藏宫中朱批·民族·840。
② 中国第一历史档案馆藏上谕档乾隆四十六年四月二十九日。

贮甘省藩库,以资兵饷"①。和坤知道此事,面见皇帝时又进言道:"其家计充裕,即再加数倍亦属从容"。从乾隆三十九年至乾隆四十六年七年时间内,甘肃前后两任藩司,一个为捐办海塘工程缴银五十万两,一个为资兵饷缴银四万两。缴银的原因乾隆帝心里全明白,但这些银两从何处来,两人均在甘肃先后操持捐监后调任他处,均无"声名不好之处",想来不会有"勒索属员以肥己橐"之举,特别是王亶望,如果在浙江巡抚任内有此劣迹,早就会有人奏参,所以乾隆帝断定,两人所积资财一定是在甘肃任内所得,"因思甘肃收捐监粮其中必有私收折色多得平余情弊"②。乾隆帝开始怀疑甘肃捐监有违规之举,但对甘肃开捐以来的实际状况他虽有疑窦,但没有细究。他一直认为,甘肃收捐监粮一直收的是本色,即粮食,如果是这样是没法多得盈余的;要想得平余费就只能收现银,报捐费用就与在京户部报捐一样,那么捐监者为何还要舍近求远跑到甘肃这样一个边远地方去报捐监,而且听报捐的人说在甘肃报捐监的费用比户部报捐便宜。如果事实确实如此,那么甘肃捐监一事地方官员肯定有"染指情弊或另有巧取之处",乾隆帝即命阿桂等人"严密访查,不可稍涉瞻徇"。③ 阿桂和李侍尧严密访查,经查实"王亶望开捐之始,一面奏立条规,一面公然折色包捐"。王廷赞供出接任藩司后,和总督勒尔谨商量,经其同意后仍收折色银两,并将王亶望在任时归各州县办理的捐监银划归首府办理,并商酌规定每各报捐监生收银五十五两。首府将捐监银按各州县的报捐数目发给各州县买粮还仓,按季申报,有结为凭。王廷赞将收折色的责任推到了总督勒尔谨的身上,并暗示如有冒赈情弊,均为道府、首县各官所为。乾隆帝接到阿桂等人的奏报,大惑不解:"若云甘省粮贱,五十五两已符定额,足敷采买,则该处收成自必丰稔,何以每年又俱需灾赈;如灾赈属实,粮价必昂,五十五两之数又断不敷采买,二者均不可解,所供尽属支离,其中恐有意不买粮虚开赈济冒赈情弊。"④由此,乾隆

① 中国第一历史档案馆藏随手登记档乾隆四十六年五月二十一日。
② 中国第一历史档案馆藏剿灭逆番档乾隆四十六年五月十六日。
③ 中国第一历史档案馆藏剿灭逆番档乾隆四十六年五月二十四日。
④ 中国第一历史档案馆藏剿灭逆番档乾隆四十六年六月初十日。

帝终于对长达七年之久的甘肃捐监的弊端有了一个清楚的认识,六月十七日,乾隆接到阿桂的一个折子,折中所奏报的甘肃沿途的天气状况,进一步证实了乾隆帝的判断:"本月初六日,大雨竟夜,势甚霭霈,初七、初八连绵不止,直至初九日始晴。"和近几年来甘省"俱报雨少被旱,岁需赈恤,今年和坤赴甘时,一入首站即遇阴雨,今阿桂又屡称雨势连绵霭霈且至数日之久",显然"从前所云常旱之言全系谎捏,该地方官竟以折收监粮一事年年假报旱灾,上下一气冒赈作弊已属显然"。① 乾隆帝命将到热河来陛见的王廷赞拿解刑部与勒尔谨一起令留京办事王大臣和刑部堂官一起讯问,并将王亶望速从塘工拿解刑部质对。

至此,甘肃折捐冒赈案初见端倪,在清军镇压苏四十三农民起义的同时,清廷在甘肃历任地方官员中追查冒赈婪赃案件,一桩乾隆中叶重大的折监冒赈案终于在乾隆帝的"层层质询"之下被揭出初端。虽然此案与苏四十三农民起义并无直接联系,但可以看出,清军镇压苏四十三农民起义的失利,则是揭出这桩贪污案的主要诱因。

乾隆四十六年(1781年)六月中旬,勒尔谨、王亶望、王廷赞分别被解到刑部大堂审讯、对质。勒尔谨以"一时糊涂"搪塞;王亶望则以"捐多谷多以为能事"承认折收监粮是因"报捐者少"而不得以而为之,概不承认借此分肥;王廷赞则以折收有"结报为凭",企图将冒赈的罪责往道府身上推卸。乾隆帝也自知此案前后相延七年,"本系年积弊窦,上下蒙隐不肯实说",虽然其中情弊已有端倪,但缺乏的是冒赈分肥的凭据,他知道要取得证据的难度十分大,虽然"传说者必出自不能分肥各官之口"。但通省大小官员联为一气冒赈分肥,使得"上下通同一气无人举发"。面对此情此景,乾隆帝下令:首先指实奏参各历任道府;其次,告诫查办此案的军机大臣阿桂、新任陕甘总督李侍尧,命其查办此案"不得存好人之见",否则"为人代担干系"。再者敕令王廷赞逐款据实供出甘省历年上下通同舞弊实情,乾隆帝亲自朱笔传谕王廷赞,"伊之生死总在此番实供与否"。李侍尧一一遵旨照办。他审讯王廷赞只供出"办灾以少报多,以轻

① 中国第一历史档案馆藏剿灭逆番档乾隆四十六年六月十七日。

报重难保必无,而于一切情弊始终不肯吐供"。

　　六月二十一日,阿桂将甘省历年捐监数目比较,查出乾隆四十一年(1776年),王亶望藩司任内收捐监生共六万三千余名,而是年赈恤案内动用粮数至一百七十余万石,即动用赈济粮数又超过了其他年份,"其中情弊王亶望自属百喙难逃"。虽然如是说,但还是没有找到王亶望冒赈的"确实凭据"。六月二十七日,阿桂等人"严究审讯"被参革历任各道员。原任平庆道道员福宁,在阿桂等人的"严切究讯"下,终于受不住煎熬,道出了折监冒赈的详情:"开捐之始即收折色,并未交粮。其时王亶望将实收总交兰州府存贮,给发各州县或多或少俱系藩司主政"。而各州县领回的"监粮",并"未见买补归仓,盘查结报皆系具文",放赈时"各属报灾分数俱由藩司议定具奏补行取结,并未亲往验看,放赈亦不监视"。① 按当时清朝救灾放赈的常规,地方受灾后,地方官首先要向朝廷报灾,即受灾后地方官根据灾民呈诉,逐级向上报告灾情,报灾期限准夏灾不过七月中,秋灾于十月中必须奏报。在灾情发生后,州县官必须在四十天内报告上司,上司接报后五日内必须上报,否则将受到罚俸的处理;其次是勘灾,即地方官要查勘核实田亩受灾程度,确定成灾分数。清代规定:受灾六分至十分者为成灾,五分以下不成灾。勘灾的具体做法是,各州县先刊就简明呈式,首行开列灾户姓名,所在村庄,次行列被灾田亩若干,坐落某区某图或某村某庄,又次行刊列男妇大几口、小几口等等。其姓名、田数、区图村庄、大小口数俱留空格,后开年月,由报灾地区地方乡保转给灾户,令自行照单填报,然后交地方官与粮册核对。若开报属实,方可将其作为勘灾底册。查灾委员执底册按田踏勘,将勘实被灾分数田亩即于册内注明。如有多余少报以及原系版荒坑坎无粮废地,又只种麦不种秋禾各为一熟之地者,逐一注明扣除,其勘不成灾收成歉薄者,亦登明册内。如果原册无名,临勘报到者,勘明被灾果实,亦注明灾分,附定本庄册后。待全部勘完,将原册缴县汇报,州县官核造总册,注明应否蠲缓上报,并将本邑地舆绘出全图,分注村庄,将被灾之处,水用清色,旱用赤

---

　　① 中国第一历史档案馆藏朱批奏折·法律·贪污·阿桂等折。

色渲染清楚,随折递送,以便核查。对勘灾不实及随意删减成灾分数的地方官吏,要严加惩处。放赈亦称发赈,即按照赈票所列数目将赈米或赈银发到灾民手中,这是办理赈务的最后一道也是最关键的一道程序。清廷规定:发赈时有司官必须亲临,毋得假手胥役里甲。部差司官,每府一人,协同地方官亲验给放。每日放赈完毕,印上该员印记,俟全行放毕之日,再于册首册尾结总书名,通册加钤监赈官骑缝印记,备上司抽查。又将赈过银米数目、户口、姓名、月日刊示晓谕,以杜胥吏中饱。

王亶望则和兰州知府蒋全迪商议,议定被灾的轻重,自定发给实收银的数量,所有报灾、勘灾、监放规定均视为一纸虚文,更有甚者,明知州县官捏报灾情也听之任之,"其为侵蚀浮销已无疑"。州县报灾散赈必有书吏经手,阿桂随将皋兰县民户房等人提到,隔别研鞫,并加刑讯,户房无法忍受,供出还留有散赈点名清册,这几册散赈点名清册是皋兰县知县程栋于乾隆四十年(1775年)散赈点名后被散赈书吏户房有意留下的。当散赈后,这些清册均被知县命人烧毁。剩下的这几册是被程栋遗忘后留下的。清册虽然残缺不全,但零星地记载当时放赈时的实放数目,经抽查与上报的奏销册相比较,册内所开户口与奏销册所开户口名数悬殊,且奏销赈数系八分本色二分折色,点名册内则全放折色。按当时的粮价相比较,"每粮一石合计折银一两,是其捐监时多收捐生之银,放赈时则按部价折给百姓,而实放之户又与奏销之户不相符,浮冒已无疑义"①。

乾隆四十六年(1781年)六月二十九日,王亶望被押解到京即刻被解往热河行宫,乾隆帝廷鞫讯问,终于供出了他任甘肃藩司时折监冒赈,从中渔利的犯罪事实。

勒尔谨奏请开捐之后王亶望被调甘肃藩司之任,当时王亶望见报捐人甚少,和勒尔谨商议,王亶望认为:"捐多则谷多,于仓储有益,若令其交纳本色,甘省地瘠民贫,买谷甚难,未免人惮于报捐,改令各州县俱收折色,将此项银两发给各州县令其买谷还仓。"其实,各州县开捐之始有的收银,有的收粮,王亶望到任后俱令各州县全收折色银两,各州县全以收

---

① 《乾隆朝惩办贪污档案选编》第 2 册,第 1237 页。

银抵粮,领回的银也不买粮还仓,但添建仓厫的银照旧申领,王亶望明知添设厫座明系各州县官借添建为名目侵蚀公项,但只要各州县详请添建他俱准,从乾隆三十九年起各州县奏请添建仓厫共二十六起,共报销银十几万两。在散赈时,他明知州县官冒赈报销银两,但他的标准只有一个:"有州县待我好的我就叫他把灾分报多些,有些州县待我平常的我就不准他多报"①。后来他和兰州知府蒋全迪商量"竟定分数开单派各州县照单开报"②。目的就是使各州县官多给他送银、送物品。皋兰县知县程栋每年给他送银二万两,供王亶望"署中一切用度"之费;王亶望要盖造房屋,为赶在上冻时建好房屋,程栋令工匠用热水和泥,计费银二万两。作为对程栋"供应"的回报,每年灾赈报销时,王亶望令程栋多报一二万石赈济粮银。各州县官转相效法,送银的名目繁多,节礼银、盘费银少则几百两,多则上千两。乾隆四十一年(1776年)邱大英在金县知县任内,送王亶望银四千两,系将银两放在食物中送进,加之王亶望派令邱大英为他买物不给银两,以及王亶望升任浙江巡抚时邱大英送他盘费银等项,邱大英任内共被王亶望勒索银一万一千四百两;西宁县知县詹耀璘,在乾隆四十一年任内,两次送过王亶望银共四千两,系其亲将银放在竹篓内,王亶望派人来取走。为勒索下属和派买(办)物件方便,王亶望和蒋全迪商定,"令设各州县坐省长随,遇有需索,即令人向坐省长随通知,以便送信给各州县"③送来。乾隆四十年(1775年)王亶望的亲戚李宪宜要捐官,他派令固原州知州郭昌泰办八百两银送上,郭昌泰只有遵命从之。平番县知县何汝楠,实收捐生七千五百余名,冒开赈银五万余两,王亶望共向其勒要银一万八千余两。巩昌知府潘时选,乾隆四十二年王亶望升任巡抚时,送银一千两给王亶望作为盘费。被王亶望勒索的州县各官不计其数,名目之多,数量之大,王亶望本人供认,我得过属员银两甚多,所以外人编个口号(民谣、顺口溜)"一千见面,两千便饭,三千射箭"。事实确如所言,没有银子,要见其面都难,乾隆四十二年三月,巩昌府知府潘时选赴

---

① 《乾隆朝惩办贪污档案选编》第 2 册,第 1236 页。
② 《乾隆朝惩办贪污档案选编》第 2 册,第 1236 页。
③ 《乾隆朝惩办贪污档案选编》第 2 册,第 1343 页。

藩司衙门要见王亶望未果,后送银一千两递进,才见到王亶望。至于勒要属员物品,让属员代买皮张、衣服、古董等等他从来就不给价。他署中随从的很多亲属报捐监生,他从来不交银子,只叫属员填给实收,银子就算在了属员的账上。他供认,在甘藩司三年任内,送银送物给他的人多得连他也记不清。正如他的下属常常议论"王亶望无人不向娄索"。作为藩司,他还将每年本应发给各州县用于运粮赈灾的"脚价银两"三万二千两,装入自己的口袋,并心安理得地认为是"属员对他的孝敬"。他升任浙江巡抚时,其古董、皮张、衣服等物不计其数,起身时"囊橐捆负,数百骡驮,满载而去"①。他自知罪孽深重,求将其"凌迟处死"。

王亶望本人家财均被查抄入官,"估值银三百余万两"。

六月二十八日,乾隆帝命将王亶望所有家资查抄入官。王亶望家资分为原籍临汾家产,任所浙江资财,和置于各处的房地田亩以及营运资财。

王亶望原籍阳曲、临汾二县查抄各项银两、地亩、房屋、铺面并一切器具、衣物、奴婢、牲畜等共估值银九万八千五百四十八两五钱。

王亶望任所资财由闽浙总督陈辉祖派人查抄,其任所共抄出现银九万八百五十一两,金叶九两三钱、金器二千九百五十九两,银器一千三百六十四两零,金珠宝玉衣物等共五百六十箱。其中金珠玉器等项解交内务府,其余衣服器皿等件,则交崇文门估价出卖,银交内务府。粗重物件诸如家具、日常生活用具、旧衣服衣料及王亶望于四十三年假借他人名字买下的杭州城内中正巷房一所共估值银一万四百两。其任所处抄出的御制诗章墨宝等项花翎、荷包、貂皮、缎匹各物,均派员赍送军机处恭缴。

年底,王亶望任所资财陆续解到京城,其中金珠玉器古玩等项都要由内务府开单呈览,有的还要让皇帝过目,第二年春,乾隆帝见到了王亶望任所这些被查抄的物品,感到其"查抄物品甚属平常",疑有抽换情弊。当时,正值前任浙江盐道陈淮来京陛见,乾隆帝当面询问其事,只见陈淮"词色甚属闪烁",乾隆帝立刻命盛住留心查访,盛住将查抄底册与解京

---

① 《乾隆朝惩办贪污档案选编》第 2 册,第 1264 页。

交内务府的进呈册相对比,发现底册内有金叶、金锭、金条等共四千七百八十四两,而进呈册中并无此项,而多列银七万三千五百九十四两;底册内有玉山子、玉瓶等件,而进呈册内则无,并多载入了一些底册内所没有的朝珠、玉器等项,向皇帝报称,陈辉祖查抄王亶望任所资财"显有抽换挪掩情弊",但乾隆帝无法断定谁是始作俑者,遂派喀宁阿、福长安前往查实。经查闽浙总督陈辉祖确有商同属员隐匿抽换王亶望入官财物劣迹。其一,陈辉祖向藩司国栋假称王亶望曾向其说过查抄金子太多恐致碍眼,求其与他兑换银子,从查抄王亶望名下存于藩库的金子中提出八百两,陈辉祖将其换成银子一万二千余,因金子成色尚好,而且陈辉祖短发兑价,从中得到了一千六百余两的好处。其二,对王亶望任所被查抄的珍宝古玩,陈辉祖则以提吊验看的名义让属员送到他衙署内,第二日令其取回,陈辉祖命家人将自己相中的字画、玉器等留下,用自己家中所存的平常字画玉器补上送出,先后抽匿、抵换玉器十件、字画十三件:"玉松梅瓶一件、玉方龙觥一件、白玉梅瓶一件、玉蕉花觚一件、小玉磬一件、玉太平有象一件、玉煖手一件、玉碗一件、玉提梁凫一件;自鸣钟二架;刘松年山水手卷一件、苏东坡归去来辞册一本、贯休白描罗汉一件、米字手卷一件、冷枚麻姑图一轴、董其昌兰草一卷、唐寅山水一轴、明人泥金佛经一册、王蒙巨区林屋图一轴、宋旭山水一卷、刘松年宫蚕图一件、苏东坡佛经一本、马湘兰兰草一轴。"①其属员藩司国栋等不但听任其营私舞弊,而且迎合陈辉祖,擅自改动估定册中物品的名称及数量,私行侵用官物。乾隆四十七年十二月初二日内阁奉上谕:"陈辉祖于地方诸务不能实心实力,随事整饬,于查抄入官之物复又侵吞抽换,行同鼠窃,其昧良丧耻固属罪无可逭……陈辉祖只一盗耳,其罪究非朘剥小民以致贻误官方吏治可比,著从宽改为应斩监候秋后处决。"②乾隆四十八年(1783年)二月初三日,陈辉祖被以"平日一味营私牟利,隐匿回护贻误地方种种情弊"宣谕监视赐令自尽。

----

① 《乾隆朝惩办贪污档案选编》第2册,第1241页。
② 中国第一历史档案馆藏上谕档乾隆四十七年十二月初二日。

　　王亶望家财中营运资财主要以自开当铺出借资金赢利为主,其当铺、商号分布于原籍、京城、苏州、扬州等地。原籍临汾城内恩裕当铺一座,本银八千两,先后寄出银往扬州生息共五万八千两,本处生息银九千三百两,查抄时现存银一万七百五十三两;查出王亶望在扬州交张和衷营运现银十九万五千一百三十六两九钱八分,各商所还本利银十万四千四百八十三两,两项共银二十九万九千六百二十两。查抄后委员"装鞘雇船填给批文由水路解赴内务府交收"。另外,王亶望在扬州用价银十一万七千余两置买盐引根窝一万九千五百道,查抄时共实价九七色平砝银十二万五百八十五两,酌议分给各商领买,扣除已卖朱单银三万九千五百两俟山西追解外,其余价银八万一千五百八十两,统限年内缴齐"俟明岁春融附饷船解交内务府"。王亶望在苏州开有永和号绸店,由同乡张际云代管,乾隆四十四年(1779年)两次从王亶望处领本银十万六千两,张际云于九月在苏州娄门内租赁周姓房屋开设绸庄,置买货物运京交王亶望永和局在京发卖获利。乾隆四十五年(1780年)王亶望又添给本银九万四千两,两年来共得利银一万六千三百十七两,除运货至京尚未卖银寄回应存京局本银十六万五千二百六两零,王亶望先后提用利银一万六千两。又店内历年伙食、盘费、房租等银四万七千一百四十九两,查抄时,店内存贮市平丝现银三万五千八百七十二两,又绸缎等货计原买价银一万一千二百七十七两;王亶望京城营运资财主要有,与其兄王孙武、弟王季光在京城合伙开设银号、绸庄、油盐铺、首饰楼、杂粮店,并购买京中房产铺面。京中聚华楼银号,王亶望入本银三千两;陆续放出本银共四万两,查抄时一并入官。在前门外萧公堂王亶望开设永和局缎绸铺。王孙武为王亶望在京开设九华楼银号,本银一万四千九百两,开勤余号油盐铺一座,本银七千两。王季光为王亶望胞弟,其在京开设大成号绸缎铺,查抄时查出王亶望永和局运交大成号本银二十万两,永和号欠永和局银二千零十两,大成号存银六千四百两。京城孙公园房屋一所,价值银七千两;京城八角井房屋价值银三千两;京城首饰楼、杂粮店、酱房铺面价值银三万两。京城店铺五座,本银及一切金银钱文借出账目共核计值银七万八千二百五十余两。

查抄王亶望名下资财,除珠宝玉器衣服及田产等项不计外,所有查出金银数目及铺面估值变价银数"共银一百零八万七千四百四十八两二钱"①。王亶望承认"我自己家资本来不多,所有现查出的银物大半都是娄索得来的"。

乾隆四十六年(1781年)七月,刑部等衙门遵旨严审定拟如下:"王亶望于是年调任甘肃藩司即起意私收折色,借图侵蚀饱其欲壑,随明目张胆公然授意各州县俱收折色,与兰州知府蒋全迪勾通一气,所有给发实收及报灾分数俱由王亶望与首府蒋全迪预先派定,而所收折色银两即借灾赈任意开销,凡遇属员之善于逢迎者即多发实收,并令多报灾分。是以各属多捐者赈恤必多,其无灾赈地方则报捐亦少。王亶望仍勒令道府申送甘结,预为异日诿卸之地,而各州县所收折色亦并不买谷还仓,到散赈时不过将银抵粮。王亶望又任听属员多开户口,上下分肥,致将历年赈恤之帑项悉供王亶望一人之侵渔,即如现在抄出该犯金银已有一百余万之多,据供得自甘省者十之八九,是其肆意贪娄憨不畏死,实可骇人听闻。且王亶望署每年用度计不下二万余两,俱派首县供应,甚至藩司署内添盖房屋适遇天寒,辄用热水和泥,滥行花费至二万余两之多,俱系皋兰县知县程栋支应,而王亶望即以多发实收,多报灾分暗行补偿,维时各州县亦皆效尤馈送,如陆玮、宗开煌、陈善、杨惠言、闵鹗元等共送过王亶望银四万四千余两,朱家庆一人送王亶望银就超过万两,其余各州县馈送银两俱不计其数。王亶望又于实收公费外每张议添杂费银一两以充公用,借此取悦众人,以塞其口。他将各州县应领运粮脚价揹不给发,每年又约计三万二千余两。至署中又代伊亲友捐监即勒令属员填给实收,并不发给价值……查例载:侵盗仓库钱粮数在一千两以上者拟斩监候等语。今王亶望身任藩司,不思洁己报效,乃于收捐监粮辄起意娄赃肥己,主令各属私收折色。复公然捏报灾赈,肆意开销,得赃不可胜计,致该省灾黎不得均沾实惠,是其负恩蔑法,侵帑殃民,实为从来未有。且勒索属员,馈送银两盈千累万,亦属罪不容诛。王亶望应照侵盗仓库钱粮入己数在一千两以上例拟斩请

---

① 中国第一历史档案馆藏上谕档乾隆四十六年七月二十七日。

旨即行正法,以昭国宪而快人心。"①

乾隆四十六年(1781年)七月三十日,内阁奉上谕:"王亶望竟敢借赈灾恤民之举为肥身利己之图,即从前恒文、方世俊、良卿、高朴、钱度等,俱以婪赃枉法,先后伏诛,然未至侵蚀灾粮冒销国帑,肥己数至数十万金如王亶望之明目张胆,肆无忌惮者。王亶望由知县经朕加恩用至藩司、巡抚,乃敢负恩丧心以至于此,自应即正典刑,以彰国宪,王亶望著即处斩。"其子嗣共十一人,均应发往伊犁自备资斧充当苦差。王亶望长子王裘、次子王棨、王焯立即饬捉起解。另外,王祐、王绅、王晋、王越、王瑶、王钰、王庚管、王海管八人年岁均在六岁以下,乾隆帝念其"年尚幼小,若即行发遣,朕心尚有不忍",著加恩将其严束,待年至十二岁再遵旨陆续发往伊犁。

总督勒尔谨则闻王亶望有婪赃情弊,并不严查确情立时参奏,总虑其"怕得不是",反而任其肆行无忌,视同膜外,并借端以帮供的名义每年收受皋兰县知县程栋帮贡银或三千两或二千两不等。令属员代买皮张等物,虽称其给价银,但听任家人扣存不发毫无察觉。乾隆帝认为,勒尔谨本为"一庸懦无能之人。因其平日尚属小心谨慎,用为总督。从前逆回一事原因彼筹画帮同办理,勒尔谨失机贻误本即应正法,然彼时朕尚从宽改为监候。今又于王亶望私收折色冒赈婪赃一案全无察觉,且己亦收属员代办物件,一任家人从中影射侵肥,种种昏庸贻误,罪更难逭。但朕究以用人不当自引为愧,未肯即令肆市,勒尔谨著加恩赐令自尽"②。

藩司王廷赞从乾隆四十二年(1777年)接任藩司,任内并不将折色之弊革除;而且于收捐监生每名加收杂费银一两,据王廷赞供称作为藩司衙门心红纸张之用;发案之初,奉朱笔谕旨令其将甘省捏灾冒赈情弊从实吐供,即可免一死,而王廷赞始终不肯将王亶望私收折色冒赈开销之处尽情吐实。帝谕:"王廷赞以微末之员擢至藩司,受恩甚重,乃于接任王亶望交待时不惟不据实参奏,且效尤作弊,并加收心红纸张银两之事,其罪亦

① 《乾隆朝惩办贪污档案选编》第2册,第1347页。
② 《乾隆朝惩办贪污档案选编》第2册,第1423页。

难未减。况从前令留京办事王大臣及刑部堂官审讯时,令其将此案冒赈私收及王亶望婪赃等款详悉吐供,并朱笔传谕王廷赞,伊之生死总在此番实供与否,令伊自定,朕不食言,乃竟始终匿饰不吐实情,岂非自取其死。但究念兰州守城微劳,免其立决,王廷赞著加恩改为应绞监候秋后处决。”①

乾隆四十六年(1781 年)八月二十四日,阿桂奏报,查明甘省赈恤案内向有适中地方散给赈粮脚价一项,此为给散本色粮石而设,甘省自收监粮以后,从王亶望到王廷赞二任藩司,均积弊相沿,折收捐监,捏灾冒赈,即使给散灾民,据各该员所供俱以折色银两支给,但适中脚价银仍按例开销,王亶望令知县等具印领取,但从不发给他们,全成了王亶望的囊中之物。王廷赞也如此效法,任藩司二年,共经手乾隆四十二年、四十三年两年适中脚价银二万八千六百九十余两,也未发给州县各官,命杨士玑收存,作为“办公之用”。九月九日,乾隆帝得知此事,谕曰:“目下已届官犯勾到之期,王廷赞情实,著即行处绞。”②

兰州知府蒋全迪,安徽歙县人。由捐纳知县历任甘肃皋兰县题升肃州知州,于乾隆三十八年捐升知府,虽离任时值乾隆三十九年(1774 年)总督勒尔谨奏请开捐,王亶望奉调藩司任,即将蒋全迪奏留甘省,题补兰州首府,专办捐监事务。

甘省开捐之始即收折色,但尚未敢明目张胆,自王亶望到任后,即与蒋全迪商定,令各州县公然俱收折色,希图上下分肥。蒋全迪这位捐纳出身的官看到捞银的机会已到,极力怂恿王亶望行令各属遵照办理,而所收银两可以借救灾散赈任意开销。蒋全迪与王亶望商议,各州县报灾的轻重及给发实收多寡俱由藩司衙门主政,酌定分数,开单发给各属令其照单开报。其中有善于逢迎王亶望的人即多发给实收,并令多报灾分;其不善于逢迎王亶望的人即少发给实收,令其少报灾分。这样多捐者赈恤给得愈多,其无灾赈地方报捐的就愈少。蒋全迪见各属报灾分数俱由他与王

①　《乾隆朝惩办贪污档案选编》第 2 册,第 1423 页。
②　中国第一历史档案馆藏上谕档乾隆四十六年九月初九日。

亶望主持,遂借此勒要各州县官银两,其中皋兰县知县陆玮,因办灾送蒋全迪银四千两,郑陈善送给蒋全迪银六千两;灵州知州黎珠送银九百两,宁州知州韦之瑗送银二百两,又送皮统二件值银二百八十两。另外,蒋全迪与王亶望商议设立坐省长随,凡各州县馈送银两、物品俱令坐省长随送进。此举,蒋全迪也沾不少光,如礼县知县福明代蒋全迪买狐皮,用过银八百两,蒋全迪收了狐皮并不给银;又河州知州谢桓代蒋全迪买皮货、绸缎等物共花费银一千三百余两,蒋全迪收物后也不给还银。又平番县知县陈江敦则主动送蒋全迪程仪银五百两,皋兰县知县陆玮送给蒋全迪盘费银二千两。郑陈善以公帮银的名义送给蒋全迪银二千两。知县程栋捐升员外郎离任时,蒋全迪向其索要银一万二千两,程栋也只好如数奉上。蒋全迪任兰州知府期间,对下属各员采用勒要、接受馈赠、代买物品不发价,或收受物品的方法共贪污银两三万二千九百余两,这仅仅是按供有据可考的统计而言,实际上蒋全迪贪污的银两远不止此数。

乾隆四十一年(1776年)他出本银四万二千余两,在扬州托谢美代行盐斤;乾隆四十三年(1778年)他出资三千四百两在扬州宝应县开设"永大"字号布店,又在苏州城内开设"余庆堂"典铺一座,投入本银四万余两;开设南湾庆丰货栈一个,查抄时虽已歇业,乃抄出未取货物银一千余两。他原籍歙县,乾隆四十四年(1779年)丁忧离任,全家寓居苏州吴县阊门外,乾隆四十一年至乾隆四十四年间,分三次在苏州购得居住房、铺面房共计一百六十三间,用银一万一千四百余两,并在长洲县置买田荡二百四十七亩,用银二千八百八十两。他原籍家中虽有分得薄产,于乾隆二十七年(1762年)收拾资本赴京捐官,被选往甘肃赴任,十几年后升至兰州知府,官秩四品。特别是甘肃任内这几年,用勒索属下的银子经商营运,赚下了一份不小的家业,他自己也认可这全得益于甘肃折监冒赈。原籍家产虽不及任所处多,但也被查抄估变入官;原籍歙县蒋全迪名下分得田房租谷及己田租谷家伙什物等项共估变银二千五百四十九两;休宁县田地租谷共估变银一百一十八两;太平县田房租谷共估变银一千四百九十两。

刑部奏拟:蒋全迪身为首府大员,不思洁己奉公,乃与王亶望朋比为奸,主令各属私收折色,复公然酌定报灾分数及给发实收多寡,开单派定各属照单开报,肆意冒销,将办赈银两婪索入己。此外,复收各属馈送盈千累万,以亿万姓之脂膏供一人之囊橐,其党恶藐法,侵帑殃民莫此为甚。蒋全迪应照侵盗仓库钱粮入己数在一千两以上者例拟斩请旨即行正法,以为贪吏害民者戒。乾隆四十六年(1781 年)八月十八日奉旨:"蒋全迪著即处斩,余依议,钦此。"①

经查实乾隆四十年(1775 年)至乾隆四十五年(1780 年)间,在甘肃任内的各道府州具各官,假结报之道府及直隶州各官五十三员;捐监报灾之州县各官一百二十员,只办捐监而未办灾赈之州县官有四十六员。此案甘肃通省大小各员将灾赈监粮侵吞。上下联为一气。乾隆帝叹道:"今甘省积弊竟至已甚,不可因罚不及众仍存姑息。"所有开单捏报各道府、直隶州知州,内除按察使福宁首先供出,且经手事件较多暂行留任外,其现任各员俟简放分发人员到甘即传旨革职归案;已离甘各员俱革职交留京办事王大臣及任所原籍各督抚将各该员提讯取供具奏。按《大清律例》规定:"侵盗仓库钱粮入己数在一千两以上者例拟斩请旨即行正法。"甘肃折监冒赈案内先后查出侵冒银数一千两以上者道府州县各员共一百一十九人,除十六人身故、自缢外,其余均可按律"问拟斩决",但乾隆帝言称:"此案大小各员勾通侵蚀自应按律问拟以彰国宪而警贪婪,但人数较多,若概予骈诛,朕心有所不忍,自当其赃私之多寡以别情罪之重轻。"②于是,乾隆帝传谕阿桂,将本案内侵冒银在二万两以上者俱当问拟斩决;侵冒银在二万两以下者问拟应斩监候入于情实;侵冒银在一万两以下者亦问拟斩候请旨定夺,候朕酌核罪情轻重分别办理。

九月,大学士阿桂起程赴河南督办河工,三品顶戴管理陕甘总督李侍尧奉旨戴罪继办此案。九月十四日,李侍尧按乾隆帝所规定的特殊量刑办法,查明侵蚀银数在一千两以上的六十五员人犯中仅有二十人因侵蚀银在二万两以上,故按旨意拟斩请旨即行正法;有十三人犯因侵蚀银数在

---

① 《乾隆朝惩办贪污档案选编》第 2 册,第 1426 页。
② 《乾隆朝惩办贪污档案选编》第 2 册,第 1423 页。

一万两以上二万两以下,被拟斩监候入于本年秋审情实;有三十员犯因侵蚀银在一万两以下被拟斩监候,秋后处决;侵蚀银在一千两以下者三犯,拟杖一百流三千里。其中闵焴元等十三犯、韦之瑗等三十犯因为既有冒赈之弊,又有请销建仓廒侵蚀公项情节,诚如圣谕其罪更重,均应从重办理。再加审核又发现在前请旨即行正法各犯内,杨德言等六犯都曾冒请建仓,但既已拟斩无可复加,而陈韶等二犯前面已拟斩监候入于本年秋审情实,该犯都曾冒请建仓,浮销银在二千余两至七千余两不等,应从重改拟斩决,请旨即行正法。钱成钧等四犯,前拟斩监候秋后处决,该犯亦因冒请添建仓廒,浮销银一万八千两至二千余两不等,应从重改拟斩监候入于本年秋审情实办理;此处还有只捐监生并未冒赈,却详请添建仓廒之员,亦应从重定拟。经查现甘省西和县知县邵维贤请建仓廒二十间,浮销银九百九十余两,三岔州州判赵明旭请建仓十一间,浮销银七百余两,该二犯按照侵蚀银一千两以下拟流不足蔽辜,应从重改发新疆充当苦差。

李侍尧这份根据皇帝量刑旨意拟定的奏折递到行在后,乾隆帝在其折后批道:"军机大臣会同该部议奏。"军机大臣遵旨会同行在大学士九卿核议,并交留京办事王大臣会同在京大学士九卿科道再行详加复核,共同认为案内各犯实属"情真罪当,法无可贷"。并按例定拟具奏,其量刑幅度与李侍尧的看法基本吻合。只根据阿桂等人的意见附加了严厉的追缴财产的处罚,即查抄家产外再追缴赔款。按行在大学士三宝等议,据各该员所供,合计冒赈银数约占总数的十分之二,但该犯通同舞弊,侵贪害民情节可恶,应照所供加倍追出,以示惩儆。所有应追银两应按办过赈银的十分之四核算,这笔款项应在冒赈各员名下追缴三成,其一成于各上司名下追赔,如查封备抵尚有不敷,于本人及家属名下著追,现在总督藩司均已治罪并查抄家产,应于该管假捏出结之道府、直隶州分赔,此内道员所属较多,应追赔一成之四,知府、直隶州应追赔一成之六。在京办事王大臣以为三宝所议极是,大学士阿桂所请分作四成及在本人各家属名下追赔的建议,也毋庸再议。

乾隆四十六年(1781年)九月十五日,乾隆帝下旨,正式宣布对犯罪事实已经清楚的六十六员人犯的判决:州县为亲民之官,平时固宜洁己奉公,廉隅自砺,若遇有灾祲,尤当极力抚绥穷黎,共沾实惠。至于借赈之名为侵渔之地,实为从来所未有,朕亦不忍以此疑人,乃甘省各州县朋比侵吞,毫无忌惮,且有于捏赈开销之外复冒请建仓,设法以肥私橐,其奇贪肆黩真有出于意想之外者。此案始由王亶望、蒋全迪等首先舞弊勾通上下,狼狈为奸,但各州县遇有上司押令报荒勒索银两之事,原许其直揭部科,朕可简派大臣按问,何数年以来各该州县视侵帑为故常,竟无一庸中佼佼者。再阅各犯供内有将侵吞银两为义举,即地方此等事件各州县捐廉,为惠济施及贫民,亦职分所应,何处无之,又安得复于事后借口开销,希图弥减乎。又有称为驿站贴补者,从来驿站为州县之利薮,且各省皆有驿站,谁肯破产贴补。现在此案爰书已定,王大臣科道等复加核拟,人无异词,则此等侵帑殃民恣法营私之吏固不能复为曲贷。所有案内侵冒赈银二万两以上之程栋、陆玮、那礼善、杨德言、郑陈善、蒋重熹、宋学淳、李光春、王臣、许山斗、詹耀璘、陈鸿文、黎珠、伍葆光、舒攀桂、邱大英、陈澍、伯衡、孟衍泗、万人凤等二十犯。又冒赈不及二万两,而任内有侵欺建仓银两之徐树楠、陈韶二犯,若均照拟一例予以斩决,转与王亶望、蒋全迪等首恶罪名无以稍示区别。程栋等著加为应斩监候入于本年勾到情实官犯内办理。今各省官犯已经勾决,著派刑部侍郎阿扬阿驰驿前往甘省会同该督李侍尧旨晓谕,监视行刑。

其侵冒银一万两以上之闵鹓元、林昂霄、舒玉龙、王万年、杜耕书、杨有澳、李本楠、彭永和、谢桓、周兆熊、福明等十一犯;又冒赈不及一万,而任内有侵欺建仓银两之钱成均、王旭、陈金宣、宗开煌等四犯,据王大臣科道等核拟斩监候即入本年秋审情实。闵鹓元等亦从宽免其即入本年秋审,乃牢固监候。其侵冒银自九千至一千两以上之韦之瑗、尤永清、万邦英、丁愈、赵元德、顾汝衡、宋树谷、黄道煛、蒲兰馨、章汝楠、侯作吴、董熙、沈泰、墨尔更额、善达、华廷飏、贾若琳、庞坛、史堂、觉罗承志、李弼、申宁吉、谢廷庸、叶观海、麻宸、张毓林等二十六犯,俱依拟应斩监候,统俟明年情实官犯勾到时,刑部声明请旨分别办理。其余拟流各犯除夏恒一犯另有谕旨解部审讯外,余俱著照所议完结。前经降旨,朕于办理此案不得不为已甚,今酌核诸人情罪,仍不忍令其骈首受诛,就其中情节最重之程栋等二十二犯先予勾决,所谓不为已甚去已甚,实因吏治民生关系重大,不得不办之苦心。所有办理此案前后所降谕旨,著该督抚李侍尧明白宣谕各属,俾触目警心,共知侵贪之吏天理所不容,即国法所难宥,庶几辟以止辟,所全者多也。①

同时,按清律株连之法,相关各犯之子嗣均应受到牵连。乾隆帝传谕:前因王廷赞、杨士玑、程栋、陆玮、那礼善、杨德言、郑陈善等七犯侵贪不法,经降旨查明该犯等人之子,均应革去官职,俱发往伊犁充当苦差。今阅阿桂查奏各犯赃数单内,蒋重熹侵冒银四万七千四百两;宋学淳侵冒银四万七千二百两;又詹耀璘侵冒银三万四千五百六十两,此外又开销添建仓廒银六千二百五十两;陈澍侵银二万五千三百两,另外又开销添建仓廒银一万八千四百六十两。核其侵冒银数均在四万两以上,伊等之子亦应照王廷赞等人之子一律办理,著交刑部查明该四犯之子,如有官职者即行革去,并著发往伊犁充当苦差,以示惩儆。

十月初一日,刑部侍郎阿扬阿奉旨率同司员等行抵兰州省城,初二日黎明时分,将现押在省城监禁之程栋等十九名提到,当堂将所奉明发谕旨敬详细宣读,以示皇上法外之仁,随后将各犯逐加绑缚,督率司员及司道等官将官犯押赴市曹,将程栋等十九名人犯监视行刑。初三日,又将解到宋学淳、黎珠二名正法,只有万人凤一犯距离省城较远,李侍尧派妥员迎催,于十月初六日解到,即日传旨晓谕绑缚市曹正法。

随后又续查出,陈常、朱家庆、王万年、周兆熊、赵杭林、崧柱、何汝楠、王汝地、郑捷科九人,侵蚀银两在二万两以上,"著照程栋等各犯之例补行予勾"决。原哈密通判经方"经手库项任意亏空至十二万余两之多,实非寻常侵贪可比,经方著即处斩,伊子重庆著销去旗籍发往伊犁给厄鲁特人为奴"②。

本案案发近一年,乾隆四十七年(1782年)三月初九日,李侍尧奏报,查明皋兰等三十四厅州县亏空仓库确数,共少银八十八万八千九百九十

---

① 《乾隆朝惩办贪污档案选编》第2册,第1575页。
② 《乾隆朝惩办贪污档案选编》第3册,第2200页。

余两,又亏空仓粮七十四万一百一十余石,及草束四百五万一千有零。乾隆帝接报,谕令将侵冒银二万两以下解部各犯详加核查,续查出闵鹗元等十一人任内亏缺银粮草束各项,最多者达五万九千余两,而少则亦有数千两之多。闵鹗元、杜耕书、杨有澳、觉罗福明、林昂霄、王瑶、顾汝衡、墨尔更额、赵元德、庞垇、沈泰合计前后侵冒、亏缺银数已在二万两以上,其罪实无可复逭,著即处斩。各犯被刑部侍郎姜晟、穆精阿等进署监提,逐一绑赴市曹,聆听谕旨,俱"各俯首涕零,口称我等捏灾冒赈,蒙皇上鸿慈不即在甘正法,已属恩施格外,今亏空事发,复又查出侵蚀各项,累万盈千,实系罪无可逭"①。遂处斩于市。

至此,甘肃冒赈案已处决官犯达四十二人。

八月,刑部将甘案内侵冒银数在二万两以下各犯,问拟斩候情实入于本年勾决各犯分别请旨办理。乾隆帝回想起其中的几个人曾于办理兰州苏四十三起义之时曾经出力,阿桂当年亦曾声叙,乾隆帝翻阅《兰州记略》,其中记载了苏四十三于上年在甘肃"肆逆"时,谢桓、宗开煌、万邦英、董熙、黄道煛五犯或前往其巢擒获多犯,或于"逆匪"滋扰兰州时,整夜在城督率民夫防守,或在安定县拿获教首马明心。乾隆帝念及这五人从前曾有微劳,"于万无可宽之中求其一线生路"②,传谕命留京办事王大臣会同刑部堂官,将现在拟斩监候各犯逐一通查,如果原案各犯确有似谢桓等人战时有功,曾经阿桂于折内声叙出力者,许其自行陈诉,一并交军机大臣核办。

在押各犯共五十三人,借此生机纷纷表白"剿逆"之功,以求贷免一死。据留京王大臣和刑部堂官复奏,除谢桓等五犯外,其余麻宸、申宁吉等二十八犯供称,有的称其在兰州道随同守城,有的称拿获余党,有的称协办军粮。军机大臣通阅各犯"表白"遵旨进行核查,然而大多数"表白"并没被阿桂在折中叙明,这或许是因各犯随同效力,而并非出色之员,军机大臣请旨将确查以上二十八犯是否有"剿逆"微劳之事,交李侍尧再行

① 《乾隆朝惩办贪污档案选编》第3册,第1943页。
② 《乾隆朝惩办贪污档案选编》第2册,第1999页。

详晰查明具奏。

经李侍尧将各犯原供拿与甘省臬司福崧阅看，并询问有关各员"剿逆"微劳之事，确认舒玉龙、彭永和、麻宸、张毓林、朱兰五犯于"逆匪"滋扰兰州时，昼夜随同在城防守，迨后委办军需及查拿"贼党"等事俱属勇往，实为出力。韦之瑗、贾若琳、丁愈、李本楠、承志五犯，其该管地方逼近"贼匪"后路，派令督率夫役防守要隘，并查拿窜逸"贼党"亦属出力。申吉宁、章汝楠等十三犯，据供曾经应付兵差，巡防本境及运送军需等项，虽非虚捏，但系伊等职分应办之事。告病在省之蒲兰馨、闵焜、王旭三犯，据供随同王廷赞等守城，但系告病之员，大兵齐集时别无委派。尤永清、史堂二犯，据供随同臬司福宁前往伏羌及委赴循化查拿"逆犯"，彼时福崧奉委前往河州，记忆不清，无法确认。以上情形经李侍尧确核具奏，"情事均属约略相同"。只有闵焜一犯查核"以久经告病离甘之员，竟敢捏称守城，希图幸逃法网"。乾隆帝认为，不必论其侵蚀银两多寡，就此冒功欺罔一节，即当立正典刑，著刑部堂官将闵焜一犯提出，宣谕押赴市曹处斩。八月二十二日内阁奉上谕：舒玉龙等二十四犯亦可从宽免死，发往黑龙江充当苦差，仍照万邦英等之例，虽遇大赦不得援照省释，该犯等所生亲子亦不准应试出仕，以示惩儆。二十四日，旗人善达、承志二犯因查有协同守城派防要隘微劳，著免死，发往烟瘴地方。

乾隆帝在本案内侵冒银在二万两以下俱问拟斩候各犯中，以"查明逆匪滋事曾有微劳"予以一线生路，共赦免了三十一人的死罪。接着又"因于万无可宽之中曲贷一死"免去了侵冒银在五千两以上周人杰、奇明等五犯，侵冒银在五千两以下顾芝等七犯，及捏结收受馈送之陈之铨等三犯，共十五人的死罪，其中奇明等五人发往极边烟瘴地方，虽遇大赦不得援照宽释，所生亲子著交该旗存记，除亲军、护军、披甲等差使准其充当，其有顶带职分概不准挑补。汉人周人杰等十犯著照万邦英等之例发往黑龙江充当苦差。

侵冒银在一万两以上，又无守城劳绩之陈起拠等五犯，法无可贷予以勾决。宁翔合水县知县成德、环县知县陈严祖两犯，侵冒银虽在五千两以下，按理也应在赦免死罪之列，但乾隆帝认为二人尤非他人可比，其原因即成德系两江总督高晋之子、协办大学士、吏部尚书书麟之弟,陈严祖系协办大学士、吏部尚书、军机大臣陈大受之子,闽浙总督陈辉祖之弟,该二犯世受国恩,身为大员子弟,尤当洁己奉公,以图报效,见有通省贪婪舞弊情事,若能直揭部科,朕必优加奖擢,乃亦憨不畏法,随同侵帑。成德冒赈入己银四千三百余两,陈严祖冒赈入己银三千七百余两,并侵蚀捐监盈余银一千两。该二犯冒赈银数虽在五千两以下,但"系大臣子弟昧良负恩情罪尤重是予勾,俾大臣子弟等知所儆惧,即为大臣者亦当引以为鉴严教子弟"①。而巴彦岱一犯收受馈送,并代属员担承亏空,尚属甘省故习,及情事败露,又瞻徇隐匿,有心袒护,是以予勾。

本案仅赦免罪官犯三人。平庆道道员福宁,"因在甘肃冒赈案内滥冒出结,本有应得之罪,因其首先陈出实情,且搜捕'贼党'甚为出力,是以加恩仍留甘肃臬司之任"②。每年廉俸加恩准其支领二千两,其余仍行坐扣赔军需项下滥行动用银两。兰州府知府杨士玑,于苏四十三"肆逆"时前往查办在白庄被害。署河州知州周植因城失守自缢身死。"因思该犯于捏灾冒赈案内俱侵蚀银在四万两以上,例应斩决发遣子嗣,若其身尚在,自应按例正法,将伊子发遣,但念杨士玑被贼戕害,周植城亡与亡,究系殁于王事"③。该二犯之子已经发遣者著释回原籍,其年未及岁现在监禁者亦一并释放。

本案至此,陆续正法者共五十六犯,其中总督、巡抚、布政使各一人,知府、道员五人,同知、知州八人,通判二人,知县三十五人,县丞三人。免死发遣者共四十六人,以知县居多。其余假捏结报、捐监各犯共四十犯,有的被革职查抄家产,有的被杖流并追罚银两。另外二十九犯,因只办理捐监,未办灾赈,被革职留用,八年无过方准开复,并追赔缴银,即每捐监生一名,应赔银八两,共追赔缴银十六万八千四百余两。案内各犯任所原籍并各省借欠田房什物人口估变银数目及赔缴补捐名数共计银二百八十

---

① 《乾隆朝惩办贪污档案选编》第2册,第2049页。
② 《乾隆朝惩办贪污档案选编》第2册,第2079页。
③ 中国第一历史档案馆藏朱改上谕乾隆四十七年十一月初三日。

一万一千三百五十余两。① 虽然乾隆帝反复声明办理此案"非真借锱铢籍没之财抵偿官项"②。但实际效果则是国帑并没有多大损失,相反那些在七余年时间内,歇法营私、朋比为奸的甘肃地方官吏均倾家荡产,身败名裂,无一人幸免。

这件发生在乾隆三十九年至四十六年的集体众贪大案,震惊朝野,在封建社会反贪史中屈指可数。折监是此案的诱因,冒赈是其必然结果。乾隆帝查办此案正如他所承认实出于无奈而不得不办,办理过程中也不忍大办,但毕竟他办了。然而他又自叹:"朕既不能道之以德,不得不齐之以刑,而无耻之徒方且仍冀其自危也,世道人心浇薄至此,朕甚愧之。"③此案"内外大臣无人不知,竟无一人举发陈奏,朕实为之寒心"④。看来甘肃冒赈案深深地触动了这位以盛世明君自居的皇帝。后人评论:乾隆执法之严为前代所罕见,然"诛殛愈众,而贪风愈甚"。大清江山衰败的事实已无可挽回,甘肃折监冒赈案则是清朝盛世中衰的一个征兆。

(二) 乾隆朝云贵总督李侍尧贪纵营私案

乾隆四十五年(1780年)正月,原云南粮储道海宁来京陛见,作为惯例,皇帝都要面询一些地方官的情况。海宁在乾隆帝召其面询时,不断地夸奖李侍尧颇能办事。而私下又议论李侍尧在滇的婪赃劣迹,乾隆帝风闻此事传谕将海宁交军机大臣严讯。十五日,乾隆帝开始了他一生中的第五次南巡。

李侍尧,八旗勋旧大臣之后,其四世祖李永芳,明代辽东铁岭人,万历四十一年(1613年)"官游击,守抚顺所",为抚顺地方最高长官。

万历四十六年(1618年)正月十五日,努尔哈赤在袭破抚顺关,兵临城下,旋即派捕获的汉人入城,送信给李永芳"以禄位相诱降",又以屠城相威胁,迫使李永芳放下武器。"李永芳览毕,衣冠立南城上言纳降事"。

---

① 《乾隆朝惩办贪污档案选编》第2册,第1231页。
② 中国第一历史档案馆藏上谕档乾隆四十六年九月初一日。
③ 中国第一历史档案馆藏上谕档乾隆四十六年九月初一日。
④ 中国第一历史档案馆藏上谕档朝隆四十六年十二月初五日。

在八旗兵丁登城之后,李永芳穿上官服,乘马出城投降了努尔哈赤。努尔哈赤则以重礼回报他的功劳,"编降民千户,迁之赫图阿拉,命依明制,设大小官属,授永芳三等副将辖其从"。并将孙女许配给他,尊称"抚顺额附"。自此以后,李永芳谨慎为官,为后金政权招降纳叛,出谋划策,并派人刺探明朝的军情,为后金政权征粮,并镇压辽民的反抗,协助后金政权制定法律,立下了汗马功劳。

李侍尧之父李元亮,官至户部尚书。乾隆初年,李侍尧以荫生授印务章京。乾隆十四年(1749年)乾隆帝初见李侍尧,即夸其"天下奇才",立擢副都统。部臣以违例谏劝,帝曰:"李永芳孙,安可以他汉军比。"李侍尧从擢副都统起,转工部侍郎,调户部,署广州将军。乾隆二十一年(1756年)便署两广总督,至乾隆二十四年(1759年)实授,乾隆二十六年(1761年)被召入京师,授户部尚书、正红旗汉军都统,袭勋旧佐领。乾隆二十八年(1763年)授湖广总督,第二年调两广总督,以丁忧还京师署工部尚书。乾隆三十二年(1767年)回两广总督任,袭二等昭信伯。乾隆三十八年(1773年),升任武英殿大学士,仍留总督任,乾隆四十二年(1777)年,调任云贵总督,官至从二品。

军机大臣遵旨严审海宁,万般无奈之下,海宁终于供出了李侍尧的婪赃情形:

其一,李侍尧派孙允恭赴苏置办物件进贡,借此收受汪圻、庄肇奎、索尔方阿银共一万六千余两。

其二,李侍尧派人修缮自家房屋,勒要属员银共一万余两。

正月二十六日,乾隆帝在灵岩行宫接到军机大臣说片,立刻下谕派侍郎和珅、喀宁阿驰驿前往贵州省查办事件。为防止走漏消息,谕贵州巡抚李湖,于该省来往经由首站派干员严密稽查,如有私骑驿马由北往南者,严行截拿,审讯来历,据实具奏。

当日,正随銮南巡的户部右侍郎和珅、刑部侍郎喀宁阿自山东灵岩起程,日行二百余里,驰驿往贵州而去。上谕中并没有明指查办何人,当和珅打开随封交来的军机大臣询问海宁说片,和珅一切都明白了,查办云贵总督李侍尧。

李侍尧在为官二十多年的时间里,以进贡见长而备受众人瞩目,乾隆帝也不得不承认,他和山东巡抚国泰的贡品在同僚中最优。①

进贡是中国古代社会的一个传统。贡品成为天子与诸侯间政治经济联系的纽带,也是臣工取悦皇帝的主要手段之一。进贡主要有三种形式,一是朝贡,二是地方向朝廷进献的常贡、例贡,其特点是岁有定额,并有固定的进献方式。三是地方、中央个人向皇帝的进贡,此类进贡设有定制,其随意性很大,常取决于吏治状况、皇帝个人的喜好等因素。

清代个人进贡制度在康熙朝已具雏形,经雍正朝的发展到乾隆时期已经成熟并达到了有清一代最高峰。

清代,并不是每个人都有资格向皇帝进贡,具有进贡的资格是社会地位和权力的象征。乾隆时期,有资格向皇帝进贡的人主要有六类:一是皇室亲贵,即亲王、郡王、贝勒;二是中央各部院大臣,包括大学士、尚书、左都御史、都统;三是地方大吏,有总督、巡抚、将军、提督;四是织造、盐政、关差;五是致仕大臣;六是衍圣公。另外还有一些特殊身份的人,例如达赖、班禅等宗教领袖,内务府人员,来华西洋人等。

李侍尧从乾隆十八年(1753年)任热河副都统起至乾隆四十五年(1780年),进贡次数有档可查的达一百二十多次,据有的学者统计,李侍尧一年之中进贡次数最多达九次。

乾隆十八年(1753年)八月二十三日,热河副都统李侍尧恭进"仙鹤一对,画眉四笼,梅鹿三只","奉旨著交总管阿敏尔图,鹿三只著人送往香山。"这是李侍尧进贡的最早记载。按例热河副都统的贡品并没有列入进献方物的常例,但乾隆喜欢,就收下了并没有计较。贡品中,以万寿贡为最,而万寿贡中以两广总督进贡为最,两广总督中以李侍尧进献为最。乾隆三十六年(1771年)八月十三日,乾隆帝生日。七月,任两广总督的李侍尧进万寿贡品:镶金洋表金万年如意一柄……共三十种,其中二十一种在广州、苏州采办,有九种为舶来品。十一月,皇太后八旬万寿,李侍尧备置贡品九十种进献。土贡为常贡、例贡,主要为地方土特产。一般

---

① 《乾隆朝上谕档》第11册,第261页。

说来品种、数量、规格均有定数,李侍尧进土贡,往往增加品种或数量。乾隆四十二年(1777年),李侍尧调任云贵总督,按例云贵总督进土贡仅有九项:普洱大茶一百元,普洱中茶一百元,普洱小茶四百元,普洱女茶一千元,普洱芽茶一百瓶,普洱芯茶一百瓶,普洱茶膏一百匣,普洱蕊茶一千元,白铜手炉十个,而李侍尧到任后增加象牙二对,茯苓二对,琥珀根朝珠二十盘,玛瑙朝珠二十盘,孔雀膀一千二百披。自此遂成定例。

　　端午贡、万寿贡、年贡是进贡的常例,另外上元、中秋、冬至等节亦有贡献。督抚例贡按例只有年节三贡,但李侍尧的进贡次数和名目远远超出,显得十分特殊,其名目有迎銮贡、木兰贡、谢恩贡、传办贡等,有的贡连名目都没有。乾隆四十一年(1776年)大小金川之战宣告藏事,三月二十四日,李侍尧进万年如意一柄,此贡为贺捷贡。乾隆四十五年正月,乾隆帝南巡途中,李侍尧派家人千里迢迢地进献迎銮贡品一份,其贡品均为上等玉器共十项,有吉祥如意一柄,手串一盘,旧玉太平有象成件等共四十多件。传办贡即皇帝亲自传谕按自己的意见办贡进献,其承办人主要是织造、盐务、关差等皇帝的亲信,获此殊荣的外官极少,而李侍尧则不止一次地获此殊荣:乾隆二十二年十二月十一日,粤海关总督李永标、广州将军李侍尧进贡,计开:"紫檀楠木宝座一尊,紫檀镶楠木御案一张,紫檀楠木屏风一座,紫檀天香几二对,镶玻璃洋自鸣乐钟一座,镀金洋景表亭一座,镶玛瑙时辰表二元,黄猩猩毡五匹。"乾隆帝看过贡品,传谕李永标、李侍尧:"此次所进镀金洋景表亭一座甚好,嗣后似此样好得多觅几件,再有此大而好者亦觅几件,不必惜价,如觅得时于端阳贡几样来。钦此。"乾隆帝不但喜欢表亭,而且命不惜花银子再做大一些,限定几个月的时间做好送来。李侍尧专办此事,准时进献皇上:"大小自鸣钟十三架,金镶洋景钟一座。"并言明所进大小自鸣钟等系特旨传办之项。另外,李侍尧等又为皇帝各进了几种式样新奇的物品:"洋漆盒一个,推钟一匣计七员,表一匣计七员,洋规矩一匣计六件,洋烟壶盒一匣计八个,珍珠计大小颗。"总之李侍尧千方百计地满足了皇帝的好奇心。在李侍尧的贡品中以玉器居多,他知道乾隆帝喜玉成癖,特别是古玉,如今在故宫所存玉器文物中,以乾隆时期贡入宫中的居多,其中也不难发现李侍尧置办的玉器。李侍尧进贡不但贡项全、贡品多,而且以进献精品著称于世。如今在故宫博物院珍藏的文物精品中也不难发现当年李侍尧进贡的踪迹。相隔几百年,世事沧桑,可以想象李侍尧当年进献的贡品之多,贡品的质地之精,遗留至今自然就是情理之中的事了。

故宫博物院现存"广州金工紫檀框嵌金丹桂挂屏"和"紫檀框嵌金鹤鹿挂屏"各一幅,系李侍尧为两广总督时进献,在"月桂挂屏"左上角嵌刻有李侍尧亲笔抄录的御制诗一首,留名题款。两幅挂屏上松柏、石坡、鹤鹿、月桂均锤鋶隐起,细部纹饰均经錾刻,显示出制作工艺的考究、细腻。在挂屏上,松柏间透出的绿意——烧点绿色透明珐琅,则是借用外来技术的做法,使画面增色不少,此类挂屏目前存留的并不多,这可能与清廷经常销毁前朝金器以铸新器的做法有关。如果不是挂屏新奇的效果和所表现出的巴洛克风格型制图图案深深地吸引着一代代的清朝皇帝,那这两幅挂屏就难以存留至今。

在今天故宫博物院钦安殿御座前,立有一对錾胎珐琅太平有象香熏驮于象背之上,其通高 174 厘米,长 102 厘米,錾工极精,珐琅鲜艳如初,是广州錾胎珐琅的代表作之一,其鞍鞯前后的云蝠纹和鞍垫左右的云龙纹均用掐丝珐琅制成。此对香熏为李侍尧乾隆四十一年(1776 年)的进贡物品之一,至今还立于殿上熠熠生辉。

督抚进贡是清代常例,则备贡就成了督抚们的"要务"。李侍尧进贡物品少则一件多则上百件,方物土贡好办,但各种金银制品、玉器、古玩、书画、瓷器、陈设物品、绸缎织物、皮张、洋货等等,就不是一时可以觅得并立即可以进献的。为此李侍尧颇费一番心思,和别的官员一样,或派亲信家人于广东、广西、苏州、扬州等地携银采买定做,置办妥后运回府中,或直接运京陆续凑用。

乾隆四十二年(1777 年),初任云贵总督的李侍尧派把总带银三千两,送交粤海关役满经承章兆麟在粤代购宫灯、宫扇等物,购齐后,由便船顺带进京交给李侍尧家人,实用银三千零八十二两六钱四分。

乾隆四十二年十一月,云南东川府知府陈孝升丁忧回原籍苏州守制,李侍尧交给其银五千八百七十一两,令其置办玉器等物。第二年九月,又差派孙允恭领银二万三千八百七十一两,往苏州采办古玩、玉器等物。孙允恭将物品分三次解往云南让李侍尧过目。第一次用银一万一千六百两,买得玉器、瓷器等共七十件,李侍尧看中其中十二件留下,其余退回。第二次孙允恭买下玉器、铜器、瓷器共一百三十四件,共用银一万四千三百零四两,交巡检李兆裕带回云南,李侍尧选出其中的二十二件留下,命云南师宗县知县屠绅将剩下的一百一十二件物品装成两箱,带回苏州交给孙允恭退还铺商。第三次孙允恭购得玉器、铜器、瓷器等共四十七件运滇,共计价银四千九百九十两,此次没有退回。李侍尧进贡用的龙袍也在苏州定做。乾隆四十三年(1778年)三月,咨补临安府河西县典史顾廷煊还未到任,李侍尧知道他是苏州人,派给他的第一件公差就是到苏州置办龙袍、龙褂。顾廷煊按照其吩咐兼程赶往苏州,定做龙袍、龙褂共九套:洋金龙袍褂三套,计银一千零八十两;顾绣龙袍褂三套,计银四百八十两;缂丝龙袍褂三套,计银四百五十两。

两年之内,李侍尧在苏州置办古玩、玉器、龙袍等物,共用银二万三千多两。

乾隆四十三年至乾隆四十四年间,李侍尧三次托人带银往粤,让广东知府李天培等帮办金器等物,共送去银一万两,作为工费银和购物银。从云南送去金一千二百二十五两九钱五分。李天培用上述金银为李侍尧置办:

造金塔一座,用金四百六十六两零七分;造金挂屏二扇,用金三百五十三两八钱;造金花瓶一对,用金三百八十两;共用工银七百四十两。

造金塔、金花瓶景泰座各件工料银九十五两。

紫檀匠包办塔座屏架、内外箱装潢各件一应在内,共支银一百九十六两零七分。

买塔顶珍珠六串,计一百八十颗,共支银三百六十两。

定织大彩二十疋有金边,共支银八百三十六两。

定织洋金缎二十疋,共支银八百八十八两。

定织洋锦二十疋,共支银五百七十六两。

……

以上所办物品于乾隆四十四年(1779年)八月运京交李侍尧家人备贡。

李侍尧在广东置办的贡品则以硬木木制家具为大宗,即用进口的紫檀木、花梨木、鸿鹣木和红木为基本材料在粤加工制作成宫廷家具进贡。李侍尧任两广总督时,曾专办紫檀木家具一批进贡:紫檀雕花宝座一尊,紫檀雕花御案一张,紫檀镶玻璃三屏风一座,紫檀雕花炕几一对,紫檀雕花宝椅十二张,紫檀雕云龙大柜一对,紫檀镶玻璃衣镜一对,紫檀雕花大案一对,紫檀雕花天香几一对,共九种紫檀木宫廷家具。这批家具从订制到完工花了二年多时间,工银花费自然不菲,其紫檀木原料均是以"轻重论价"用银子换来的。在置办贡品时花银费心对总督李侍尧来说是一项不轻的公务,但他的努力并没白费,从李侍尧每年进呈贡品的单子中可以看出,他所呈上的贡品,颇受乾隆帝的喜欢,被驳回的数量极少,无怪乎乾隆帝夸他的"贡优"。

对于这样一个"贡优奇才"、宦门之后的封疆大吏,乾隆帝相信了储粮道海宁的告发,令钦差大臣驰驿往滇查办,海宁为前任总督明山之子,虽然其告发不能使乾隆帝全信,但很显然乾隆帝已对李侍尧借办贡为名有肥己之嫌是肯定的。

正月二十七日,在上谕发出的当天,京中户部尚书英廉也得到口传谕旨,令将李侍尧在京家产查封。李侍尧在京家产只有住房三所,共一百四十多间,其东西两所为儿子冠军使毓灵、三等侍卫毓秀所住。毓灵、毓秀当时正随乾隆帝南巡在途,只有家眷留住在京。中间一所为李侍尧自留房,正拆盖修理,李侍尧家眷人口均随李侍尧在云南任所。家中财产及事务均托家人连国雄、八十五二人经管。八十五于正月初九日到李侍尧之弟、松江提督李奉尧处办事未归。李侍尧名下共查出现银五千余两,查出驳回贡品若干,以及家具什物等。

第二天讯问连国雄等有无寄顿情弊,连国雄矢口否认,英廉奏请将八十五拿解审讯,并请求在南巡途中传讯李奉尧及毓灵、毓秀。二月初四日,军机大臣遵旨传讯李奉尧、毓灵、毓秀,将海宁控告李侍尧各款让他们三人分别阅看。三人立即叩头回话:"我家世受国恩至优极渥,而近年

来,父子兄弟仰沐圣恩尤无伦比,举家感戴,实属沦肌浃髓。至李侍尧平
时素知谨慎,久在圣明洞鉴之中,且家信内每以我等均属年幼,未经历练,
叮咛告诫,各当小心谨慎,仰极殊恩。以此想来似不应有此等辜负天恩之
事,如果海宁所告属实,不但李侍尧罪无可逭,即将我等一并治罪亦属分
所应得。至海宁所控各款,我等实在毫无闻见,若有风闻,今蒙传谕询问,
岂敢复行隐讳,致干重戾。"①当日,乾隆帝在郊子花园引见官员,当皇帝
出来时,李奉尧、毓秀、毓灵跑上前去,摘了各自的帽子磕头,神色悽惨万
分。在宫门外桥上,正站着奉李侍尧之命来此递送奏折的督标千总陈连
升。此情此景他疑惑不解,第二天早晨,陈连升到宫门口桥上等候进折,
遇见旧识相好崔二,崔二曾在云南臬司汪圻处当过长随,如今随南巡队伍
做杂役,崔二告诉他"如今云南有事了,你不知道吗? 李中堂被海大人参
了,说他在云南要人钱银,并从钱局中捞取好处。上月底皇上派钦差和大
人、喀大人、颜大人往云南查办去了。听说李中堂京中的家产都被查封
了"。陈连升疑惑顿解,急忙递折、等待接折,准备立刻就起身赶回云南。
次日晚上,陈连升乘原雇骡子从龙泉庄启程,二月十九日到达襄阳,一路
上不敢怠慢,不停地往前赶,跑瘸了骡子也没钱再雇,只有持马牌到驿站
借马。二十三日陈连升在澧州顺林首站被截获,李湖将其严讯,陈连升对
所知情形供认不讳。李湖将审讯情形奏报皇帝,谕令将其解京质审。

　　二月初十日,盐道纪淑曾等在常德府河截拿到由京回滇的折差刘凤
翼、张曜等人,李湖命将其解长沙审讯。据供:刘凤翼于上年十一月二十
七日自滇赍折进京;张曜等于上年十一月奉李侍尧之命送银五千二百余
两并玉器十件回京,并管门家人张永受亦托带银七千余两回京,搜查二人
随身物品和回信,查出了李侍尧管门家人张永受曾托带银七千两回家的
实据。李湖认为,张永受乃"奴隶贱役",何致积银如许之多,其中殊有关
系。乾隆得知此信也颇有同感,命和珅等在滇严讯张永受,并将其解京交
英廉质审。

　　二月初八日,李侍尧家人八十五自投到案,经英廉审讯,八十五供出,

_____

① 《乾隆朝惩办贪污档案选编》第1册,第941页。

正月初间张永受寄来李侍尧名下银五千两,只字未提张永受托带银两之事。李侍尧差人带京银五千余两,并玉器十件,张永受亦带银七千余两,这些银来自何处,做何之用,现存何处,均是本案应立即弄清的事,乾隆帝断定其中"显有隐匿情事",令将刘凤翼、张永受解京,与八十五、连国雄等质对。

三月初三日,英廉严审连国雄、八十五,基本弄清了带京银两和玉器的情况。

李侍尧托带银五千二百两:

张曜于正月到京,将李侍尧银五千二百两交与连国雄收存,为其修理京中住房用。张永受托带己资银七千两,则交张永受妻弟郭全收存。因张永受去年在京修房时,曾挪用李侍尧处存银二千三百两,郭全照张永受吩咐补还,将银二千三百两送到连国雄处。故李侍尧名下实存银七千三百两。查抄李侍尧家产时,只报出存现银五千余两,另有二千三百两、八百余两银下落不明。据连国雄、八十五质对供出,正月二十七日,查封李侍尧京中家产之时,连国雄另在外间居住,当时他已睡宿,有素好之民人穆七隔墙送信与他,他立即起意隐藏银两,将郭全送还银二千三百两银中抽出一千五百两交给穆七托他帮隐匿。穆七应诺,立即带走了一千五百两。回家途中,他将一千三百两藏在民人杨大的碓房中,自带银二百两回家。次日他向杨大索讨,杨大只认穆七存他碓房中银只有七百两,杨大自将银六百两截留隐藏。穆七害怕杨大告发,不敢与其计较,只好作罢。穆七将取回银七百两托张大收存。杨大则将截留银六百两交其弟都察院书吏杨成本三百五十七两,自留银二百四十三两。查抄时,杨成本名下起出银二百六十九两,尚少银八十八两;杨大名下起出银七十三两,尚少银一百七十两,所少银均被二人用去无存。另外穆七交张大银七百两,只起出银六百三十一两,尚少银六十九两,亦系张大用去,穆七所带回家中银二百两全数起出。这样连国雄寄顿银一千五百两,共查起银一千一百七十三两,尚短银三百二十七两,为各犯侵分用去。再有银八百两,据连国雄供,伊主所存地租内应存银八百余两,因上年张永受曾令连国雄、八十五将李侍尧家坟茔内房屋修理。连国雄、八十五动用地租银置买木料、砖瓦,共花去银四百二十两,后李侍尧告知不令收拾,只将坟房大门修理即可,所以购买木料等项银四百二十两不能开销。另外,八十五将剩余的地租银借给民人郑永泰等三百七十两,又八十五去江南李奉尧处办事借用盘费银五十两,通共亏空地租银八百余两。当查封之时,连国雄将此二千三百两中寄藏一千五百两,余银八百两即用以抵亏缺地租银数,希图掩饰。

所带京玉器十件:

寄来玉器十件只有六项,加上珊瑚朝珠、洋表珐琅带板、碧霞玺带头等四项共十件。照李侍尧吩咐,将玉玩器二件一盒、珊瑚朝珠一盘、洋表二个、珐琅带板一副,此四件俱交八十五送往江南交李侍尧之弟李奉尧备贡用。另外玉器四件贮四匣,送给诚亲王。鼻烟壶一个、碧霞玺带头一块送给总管内务府大臣、四库馆副总裁金简。

张永受托带银七千两:

郭全供,今年正月十七日,我收到八十五差人送来的银子七千两。因张永受去年来京修房时,曾挪用李侍尧处银二千三百两。照张永受吩咐补还。郭全将银二千三百两送到连国雄处。其余银四千七百两,因张永受去年在京置办其女出阁妆奁各项用度所欠下的账。即所欠银号、绸缎荷包铺银二千四百两;还民妇杨氏银九百两;又买旗人孟克房一所,先付价银二百两;又还连国雄本人银一百一十两。郭全代张永受还置房用银、还账用银共三千六百一十两,其余银一千零九十两,郭全用来还账使用。英廉随即传讯收银之铺户商人等,并将其铺户内账目全部搜到,逐一查对收银账簿,与郭全供相符。其借欠张永受银两的欠户均被传讯,供认借欠银数属实。

英廉认为,张永受等人银两均是倚主之势勒索诈骗而得,例应尽数入官,虽然郭全已代张永受归还铺户,但仍应由各铺商名下照数追出入官。

乾隆帝命将李侍尧家人资财全部查抄入官,其中张永受一人借郭全之名在京所置田房所放账目“其值约万金有余”①。问其来源张永受承认“蒙主儿派在门上(收受门包银)并曾经(随主人)在粤海关收税赚的”②。

① 中国第一历史档案馆藏军机处录副奏折·法律·贪污,英廉折。
② 中国第一历史档案馆藏军机处录副奏折·法律·贪污,和珅折。

后又在其原籍易州查出张永受历年寄银回家置买的大量房地田亩。连国雄、八十五、郭全等随身资财及置买房地均被查抄入官。

二月二十六日,和珅、喀宁阿等抵昆明府,即密提张永受审讯,并抄了他的随身物品。当夜严讯,张永受熬不住,遂供出了李侍尧命他承收官员馈送的详情:

乾隆四十二年,李侍尧调任云贵总督,到任后檄令通省委署各员掣回本任,有鲁甸通判素尔方阿得回本任,管理乐马银厂。李侍尧于该通判进见时即面谕道:尔后你既然管厂,需要帮我些银子,每月一二千两也不多,素尔方阿应允。乾隆四十三年九月,李侍尧差家人张永受进京修理房屋,其下属各员闻讯,素尔方阿备银五千两,临安府知府德起备银五千两,各俱差家人送到李侍尧家人张永受手中。但离李侍尧交代带京的银数相差甚远,在李侍尧的授意下,张永受从署中领出珍珠两颗,将其中一颗卖给同知方洛,索要价银二千两,方洛无奈,只得应允,许其银分两次交清。张永受又将另一颗珍珠卖给昆明县知县杨奋,索要价银三千两,杨奋不同意,他认为李侍尧署中用度一年来均是我出银在供应,花费银达一万余两,其修房之事还不放过我似乎不近情理,进一步探问,方知是李侍尧之意,勉强同意给银一千五百两,而且还故意推诿没有现银,让张永受帮着想个办法。张永受同意想办法,条件只有一个:仍要索价银三千,在杨奋买办的账上每月扣抵。方洛、杨奋明知总督假手家人借此勒银,均不敢将珍珠留下,将其作为礼品又送还了李侍尧。张永受将属下奉送银和"卖珍珠银"及署中领出银凑足二万三千两,奉命派人送京修理李侍尧京中的住房。

云南钱局由臬司汪圻经管,共设铸钱炉二十座,每年定额铸铜钱八万九千余串,其中八万四千余串用来搭放兵饷,五千四百余串作为铸钱工匠的工食费用和铸钱的炭火开支,向来此份钱称之为外耗钱。汪圻曾亲自查验过其中的兵饷钱文,每串重七斤八两,外耗钱文,每串重七斤二三两不等。而且外耗铜钱的外形残缺,厚薄不均,究其原因,据炉匠们称,每罐铜熔化后灌入沙板,上下厚薄多有残缺,按理说应将这些残缺的铜钱挑出重铸,但用这些残缺的铜钱作为外耗钱来发放炭火工食钱,每月可以多余出铜钱三四十串,拿这些多余的铜钱来作为添赏司监狱卒及修理房局的费用,绰绰有余。此项盈余,虽然违例,但作为公共费用,只要总督不追究就无事。李侍尧到任后,对钱局铸钱之事显得特别关心,常常亲自过问钱局的事情,当众以钱局应有出息为由责难汪圻。汪圻知道其中原委,立备三柄金如意送给李侍尧。李侍尧并不满意,命家人张永受传下话来,每年必须奉上例银五千两。一日议论滇铜额运事,汪圻与李侍尧意见不合,为发泄对汪圻的不满,李侍尧命人将汪圻送与他的三柄金如意当堂掷还汪圻,把汪圻弄得十分难堪。乾隆四十四年二月,李侍尧差人前赴苏州置办贡品,李侍尧将此事对道员庄肇奎说明,庄肇奎立刻明白了李侍尧的用意,立即传话给同僚。汪圻得知此事后,马上将三柄金如意变卖,凑银五千两送上;昭通通判索尔方阿,上次因李侍尧派人进京修房时他曾送银五千两,此次他也不敢怠慢,又送银三千两;临安府知府德起、署东川府知府张珑,知李侍尧"素性傲戾,不讲情理,若不依从便有祸患",看见别的官员都送银给李侍尧办贡,德起也连忙筹措银二千两,张珑措银四千两交给道员庄肇奎。庄肇奎将他们交来的银子凑齐,离李侍尧交代的数还欠二千两,为避免再惹麻烦,他不动声色地拿了二千两银补足了一万六千两之数,准时如数地将银子交给了佐杂孙允恭带赴苏州办贡。

三月初七日,和珅、喀宁阿查审李侍尧,遵奉上谕,其婪赃各款查审得实即革职拿问。李侍尧对张永受所供各情供认不讳,遂即革职拿问。乾隆帝认为:"李侍尧由将军用至总督,历任各省前后二十余年。因其才具尚优,办事明干,在督抚中最为出色,遂用为大学士。李侍尧具有天良,自应感激朕恩,奉公洁己,以图报效……乃负恩婪索盈千累万,甚至向属员变卖珠子,赃私狼藉。如此不堪,实朕梦想所不到,不特朕用人颜面攸关,即各省督抚闻之谅无不惭愧痛恨矣。"①乾隆帝令和珅将李侍尧解京质审,并将送银各员亦一并革职严审定拟。

随后,李侍尧任所资财被查抄,其金银、珠宝、洋货等共九百零一项。各类珍珠(东珠)十项,共二千余颗,其中有苍龙训子大东珠一颗;宝石及宝石料共一百四十多块,其中一块重达三百五十四两。金器十三项,其中

① 中国第一历史档案馆藏上谕档乾隆四十五年三月十八日。

有金如意二十四柄,共重二千三十二两一钱六分,金瓶、金炉等共重一千七百七十九两五分;金锞、金条、金叶共重一千五百四十三两二钱;碎金、金带环共重一百九两五钱。所有金器共重五千四百六十三两九钱一分。朝珠六十余盘,珠身、佛头、记念若干。舶来品共四十四项,其中有自鸣钟三架,金烧珐琅推钟一对,洋三针表十三个,洋大时辰表九个,洋银壳表三个,洋转花表一对,洋镶钻石表二对,洋桃式表一对,洋桃式自打钟表一对,洋珐琅小表一对,洋金烧珐琅錾花表一对,洋金珐琅表一对,洋小金表一对,洋金珐琅嵌钻石表一对,洋金一把连表一对,洋珐琅花面表一对,洋海棠式推钟一对,洋珐琅小表一对,洋蓝面汉字表一个,小表镶嵌一个,表锁十二把,洋镶表箱一对,洋玛瑙嵌表矩箱一对,洋水法人物箱一对……玉器二十一项,共一千余件。各类名人手卷、画轴、墨迹共二百余个(轴、册)。其中不乏李成、李公麟、郭熙山、倪云林、刘松年、黄居寀、王蒙、李晞古、唐寅、燕文贵、李从训、黄石谷、文徵明、文休承、仇英、恽寿平、赵伯驹、黄荃、苏东坡、祝枝山等人的作品。

以上物品,是和珅从查抄李侍尧任所家产中精心挑出的物品,结案后由和珅亲自押解进京,进呈乾隆帝过目,乾隆帝阅过呈上的清单和其中的一些物品后,在清单上批下"传旨著留内"五个字。随后又将其任所中所抄出的衣物、用器等物分两次解京,第一次共二十一项,第二次六十九项,遵旨交崇文门变卖,所得银两交内务府广储司库收。李侍尧京中房产,遵旨将其中一所共一百四十三间查抄入官,赏给和珅,作为十公主府第。馈送李侍尧银两各员原籍、任所家资均被查抄解京入官,或就地变价出卖,将银交内务府。

四月初三日,和珅、喀宁阿等将审拟李侍尧等婪赃各款奏报皇帝,拟将"李侍尧除挟势求索罪止满流,办理案件将承审官具呈供词任意删改,以致轻重失实,各轻罪不议外,按侵盗钱粮一千两以上例拟斩监候"[1]。十四日乾隆帝在奏折后批道:"大学士九卿核拟具奏。"

五月初七日,大学士九卿核议奏拟从重改拟斩决:

① 《乾隆朝惩办贪污档案选编》第1册,第1108页。

"李侍尧身为总督不思洁己奉公,于所属内营私网利,任意贪婪,甚至将珠子卖与同知方洛、知县杨奎,勒令征银二三千两不等,又复将珠子收回。臬司汪圻馈送金如意三柄,旋复发还售卖银五千两送进收受。通判素尔方阿管理乐马厂,逼勒送银八千两,陆续交收。种种赃迹实为臣僚所共骇愤,若仅照侵盗钱粮入己数在一千两以上斩监候例拟斩监候,尚觉罪浮于法,查从前鄂善、恒文、良卿等俱因贪墨败露,比照监候从重正法。李侍尧历任封疆,用为大学士,数十年来沐恩最重,乃败检丧心,婪赃至盈千累万,较鄂善等受恩更优,婪赃更甚,自应速正典章,以彰国宪。相应请旨,将李侍尧即行正法,以为大臣负恩贪婪者戒。"①案内其他各犯,臬司汪圻身为大员,有奏事之责,于李侍尧贪婪不法既不据实陈奏,又复逢迎馈送银两至数千两,若照求索所部财物与受同罪律问拟杖流,不足示儆,应将革职臬司汪圻发往伊犁自备资斧永远充当苦差。素尔方阿管理银厂,虽于应解课银无亏,但既抽得盈余,例应尽收尽解,乃因畏惧总督,将所余银两馈送八千两之多,应如所奏,素尔方阿照税务官隐瞒侵欺计赃,依侵盗银粮一千两以上斩监候例拟斩监候秋后处决。庄肇奎身任道员,逢迎馈送,亦应发往伊犁自备资斧充当苦差。革职知府张珑、同知方洛、知县杨奎各馈送李侍尧银物数千两,未便照例问拟,均应发往乌鲁木齐自备资斧效力。德起业经病故应毋庸议。

精明的皇帝并不想杀李侍尧,原因虽然很多,但乾隆看中的是李侍尧的才干。再说,李侍尧婪赃,大多与办贡有关。而乾隆让和珅来办理李侍尧案似乎要借此遏制督抚以进贡为名而肥己的贪婪劣迹,一方面为皇帝纳贡正名,另一方面制止督抚贪婪日盛的势头。连续不断地揭参出来的督抚贪污案件,致使吏治衰败,动摇着清朝封建统治的基础,乾隆被一种不祥之兆所驱使。一般说来皇帝交大学士九卿核议的事,均以依议而行的居多。李侍尧案经大学士九卿核议具奏后,乾隆并没有批依议,也没有对此提出不同意见驳回重拟,而采取了一种特殊的办法,这也是他一生中仅使用过一次的办法,即他命由各省督抚大臣议论,以决定这个封疆大臣

① 《乾隆朝惩办贪污档案选编》第 1 册,第 1123 页。

的命运。

五月初七日,乾隆帝发上谕一道:"大学士九卿核议尚书和珅等审拟李侍尧贪纵营私各款,将原拟斩监候之处从重改为斩决一折。李侍尧历任封疆,在总督中最为出色,是以简用为大学士,数十年来受朕倚任深恩,乃不意其贪黩营私婪索财物盈千累万,甚至将珠子卖与属员,勒令缴价复将珠子收回。又厂员调回本任,勒索银两至八千余两之多,现在直省督抚中令属员购买物件短发价值及竟不发价者不能保其必无。至李侍尧之赃私累累逾闲荡检,实朕意所想不到,今李侍尧既有此等败露之案,天下督抚又何能使朕深信乎?朕因此案实深惭懑。近又闻杨景素有声名亦甚狼藉,但此人已死,若至今存,未必不为又一李侍尧也。各督抚须痛自猛省,毋谓查办不及幸逃法网,辄自以为得计。总之,有则改之无则加勉。触目警心,天良具在,人人以李侍尧为炯戒,则李侍尧之事未必非各督抚之福也。所有此案核拟原折,即著发交各督抚阅看,将和珅照例原拟之斩候及大学士九卿从重改拟斩决之处酌理准情各抒己见定拟具题,毋得游移两可。"①

乾隆帝要让各督抚以此为戒,并对此案发表各自的意见,不许游移两可。

正定,五月十四日,押解进京途中,喀宁阿遵旨将谕旨和九卿审拟折拿给李侍尧看,李侍尧跪读谕旨后俯首涕零,口口声声称自己福薄运尽,不能仰承厚恩,以致天夺其魄,为人所愚,悔恨之极,只求速正典刑。

督抚们遵照皇帝的旨意,纷纷用奏折或题本直陈其看法,大多数督抚认为大学士九卿从重改拟斩立决的定案"洵属平允",只有这样"更足以惩一儆百,为诸臣之炯戒"。一致赞成将李侍尧从重请旨即行正法。这当中也包括了李侍尧的族叔李本,为了逃避嫌疑,他也违心地同意将李侍尧置于死地;其亲戚云贵总督福康安,起初缄默不语,后来也不得不同意处死李侍尧。

有的督抚则采取两面派手法。

---

① 中国第一历史档案馆藏上谕档乾隆四十五年五月初七日。

两广总督富勒浑,乾隆帝南巡时,在行宫召见他,他因与李侍尧共事多年,当皇帝告知李侍尧有婪赃劣迹时,富勒浑奏道:李侍尧历任封疆多年,历来实心体国,办事认真,是督抚中不可多得的人才,眼下虽然晚节不保,但还是可以弃瑕录用,不应加以重罪。但当乾隆帝下旨令各督抚核拟其罪名,各抒己见具题奏报时,富勒浑又具题请旨即行正法,要求处死李侍尧。

江南河道总督陈辉祖,则在奏折中与和珅的意见一致,但他不明确表示,只以"可否仍由尚书和珅会同九卿复加研讯,详核犯案情由确定划一罪名"。乾隆认为揆其意乃主张监候,但并不直说,转而做游移两可的姿态。

乾隆帝认为陈辉祖、富勒浑的做法都有不同程度的欺君嫌疑,均有应得之咎。其后富勒浑因"自异其说"被交部严加议处;陈辉祖因"游移其辞"亦被交部察议。

众督抚中,只有安徽巡抚闵鹗元算是真正揣摩到皇帝用意的唯一督抚。他直抒己见,极力主张留李侍尧一条活路。

首先他借乾隆帝的话说出了第一条理由:

"李侍尧既有败露之案,而杨景素复有狼藉声名,凡属臣工箴篆不饬之事,诚如圣谕不能保其必无。再者,李侍尧历任封疆,其办事之勤干有为,实中外所推服。设庸碌者以善于掩盖而幸逃法网,勤能者以猝经败露而不待时,其情似稍有可悯。查八议条内有议勤、议能之文,是国家慎重刑章,原有功过相权之典。今李侍尧晚节有亏,而勤劳久著,可否稍宽一线,不立予处决,出自皇上天恩。"①

所谓"八议"来源于周代"八辟",汉代改为"八议",三国时列入法典一直沿用到清代,即统治者为了确定等级身份和调整内部关系所定减轻刑罚的八种条件:一曰议亲,即皇亲国戚;二曰议故,即侍奉过皇帝的旧友故交;三曰议贤,即有德行之贤臣名士;四曰议能,即能治国治军之杰出人才;五曰议功,即功勋卓越者;六曰议贵,即贵族和大官僚;七曰议勤,即公

---

① 中国第一历史档案馆藏宫中朱批·法律·贪污45。

务勤谨者;八曰议宾,即前朝之王公大臣。凡符合上述八项条件的人犯了死罪,十恶者除外,可以考虑减刑或免刑。具体操作为:法司先行奏报,奉旨方可勾问,但不得拟罪,只能将事由奏报,由皇帝裁夺,一般均予免死。流罪以下照例予以减刑,并可纳银赎罪或以官品抵消刑罪。

闵鹗元认为李侍尧"勤劳久著"这一点正是与乾隆帝想到了一起,也正因为如此,李侍尧得以被免死。乾隆帝也能在众臣僚面前洗去由李侍尧进奉见长加恩从宽的嫌疑。乾隆四十五年(1780年)十月初三日,乾隆帝依闵鹗元的意见下谕,留下了李侍尧的一条性命:"闵鹗元以李侍尧历任封疆,勤干有为,为中外所推服,请援议勤、议能之文稍宽一线具奏。是李侍尧一生之功罪原属众所共知,诸臣中既有仍请从宽者,则罪疑惟轻,朕亦不肯为已甚之事,况今年虽遇停勾,至明年朝审时九卿自必拟以情实,朕亦断不能曲法姑容,是今虽稍示从宽,实非量予末减,李侍尧著即定为应斩监候秋后处决,余著照大学士九卿原拟行。"[①]

乾隆四十六年(1781年)初,甘肃苏四十三回民起义,乾隆帝以"军务倥偬,一时不得其人弃瑕录用",派李侍尧署陕甘总督镇压回民起义。五月任命其为陕甘总督查办甘肃折监冒赈案。"伊身获重谴,经朕加恩录用,诸事尤宜实心查办,以赎前愆,更不当稍有瞻徇"。李侍尧感恩不尽,效力则不在话下。

乾隆五十二年(1787年),乾隆帝调补李侍尧为闽浙总督,受命为镇压台湾林爽文领导的农民起义的清军督运粮秣军需,因办理奋勉,著加恩赏还所袭伯爵。乾隆五十三年(1788年)八月,乾隆帝谕令建福康安等先祠于台湾,李侍尧位居福康安、海兰察之后。又命将李侍尧的画像挂在紫光阁,列入二十四功臣,赐御制诗赞曰:

以恒入觐,命往闽疆。

不误军储,其绩孔臧。

当年十月,李侍尧生病,乾隆帝命其子前往探视,当月去世,赐祭葬,谥号恭毅。

---

① 中国第一历史档案馆藏朱改上谕乾隆四十五年十月初三日。

　　七年后,云贵总督福康安奏报,今云贵小钱充斥,皆系前局偷减所致。"李侍尧是朕深知能办事之人,乃与局员上下通同牟利,偷减钱法滋弊",乾隆帝得知此事后承认"使其身尚在,必当从重治罪"。没有别的办法,只有将其长子毓秀所袭世职褫去。

　　可见,当年乾隆帝留了贪官李侍尧的一条活路,也算是对其一生勤于贡献的报答。

(三) 嘉庆帝立诛和珅案

　　和珅为清代第一大贪官,和珅被诛案为清代第一惩贪大案,和珅也是清代被以"贪鄙成性,怙势营私,僭妄专擅"而被诛杀的职位最高的官员。

　　嘉庆四年(1799年)正月初三日乾隆皇帝病逝。

　　和珅在正月初三日的哀诏中排列于诸王之下群臣之首,委办丧事,这对和珅来说无疑是吃了一颗定心丸,据说和珅为此"窃自喜依然如故"。

　　初三日,根据中国第一历史档案馆军机处"随手登记档"的记载,除发布太上皇帝遗诰和宣谕中外哀诏外,当日共发布上谕五道,其内容分别为:谕敬行三年之丧,谕拟尊谥,谕各省督抚不必来京谒梓宫,谕朱珪来京供职,谕刘墉、陈万金、达椿、万承风留尚书房。前三道谕旨为丧事例行颁谕,后二道谕旨则为人事变动,大丧之日,嘉庆帝急调六十八岁的安徽巡抚朱珪来京供职,留用年近八十的刘墉,其中必有文章。朱珪,大兴(今属北京)人,十八岁中进士,历任翰林院编修,曾充上书房师傅,教授颙琰,即嘉庆帝的老师,官至两广总督。其不仅学识渊博,又具良吏之才,备受乾隆帝与嘉庆帝的宠信,他与两位皇帝之间存在着一种真挚的墨翰情结,朱珪多次与乾隆帝赋诗唱和,并为高宗御著作注。嘉庆帝将其早年教育归功于朱珪,并感谢其授予自己的为君之道和帝王宏图。据说颙琰在藩邸时,朱珪在外省任职之际,曾致书朱珪多达一百三十九件。朱珪在仕途上曾受和珅的阻挠未能出任大学士,后因其对广东海盗捕缉不力,被贬安徽巡抚。刘墉曾因在清朝奢靡最甚之时的乾隆朝中后期巧妙而直率地反对和珅而名著于世。两人的被重用,实际已经证明了和珅的被冷落。无须讳言,哀诏中和珅名字的出现只不过是一种稳住对方的策略。据传言第二日,即正月初四日,"既褫和珅军机大臣、九门提督等职,仍命福长安昼夜守直殡殿,不得任自出入"①。至今在清代档案中尚未发现和珅被革职的上谕,但从一些有关的上谕记载中可以发现,嘉庆大丧之日要诛和珅,并非一时兴起,而是经过长期酝酿准备的。从正月初四日嘉庆帝为镇压白莲教起义而发的一条上谕中能找出一些原因。嘉庆四年正月初四日奉上谕:"我皇考临御六十年,天威远震,武功十全,凡出师征讨,即荒征部落,无不立奏荡平。若内地'乱民'如王伦、田五等,偶作不靖,不过数月之间,即就殄灭,从未有经历数年之久縻饷至数千万两之多而尚未藏功者。总由带兵大臣及将领等全不以军务为事,惟思玩兵养寇,借以冒功升赏,寡廉鲜耻②,营私肥橐,即如在京诣达、侍卫、章京等,遇有军务,无不营求前往。其自军营回者,即平日穷乏之员,家计顿臻饶裕,往往托词请假,并非有祭祖省墓之事,不过以所蓄之资回籍置产,此皆朕所深知。可见各路带兵大员等有意稽延,皆蹈此借端牟利之积弊。试思此项肥橐之资,皆娄索地方所得,而地方官吏,又必取之百姓。小民脂膏有几,岂能供无厌之求?此等'教匪'滋事,皆由平日地方官激成。若再加之朘削,势必去而从贼,即累次奏报所擒戮者,皆朕之赤子,无奈为贼所胁者③。是原有之贼未平,转驱民以益其党,无怪乎贼匪日多,辗转追捕,迄无藏事之期也。

"自用兵以来,皇考焦劳军务,寝膳靡宁。即大渐之前,犹问捷报,迨至弥留,并未别奉遗训。仰窥圣意,自以国家付托有人,他无可谕。惟军务未竣,不免深留遗憾。朕躬膺宗社之重,若军务一日不竣,朕一日负不孝之疚。内而军机大臣,外而领兵诸臣④,同为不忠之辈,何以仰对皇考在天之灵。伊等即不顾身家,宁忍陷朕于不孝,自列于不忠耶?! 况国家经费有常,岂可任伊等虚縻坐耗,日复一日,何以为继?又岂有加赋病民之理耶?近年皇考圣寿日高,诸事多从宽厚,凡军中奏报,小有胜仗,即优加赏赐,其或贻误军务,亦不过革翎申饬。一有微劳,旋经赏复。虽屡次

---

① 吴晗辑:《朝鲜李朝实录中的中国史料》第12册,第4979页。
② 朱圈为嘉庆帝御笔所加。
③ 朱圈为嘉庆帝御笔所加。
④ 朱圈为嘉庆帝御笔所加。

饬催,奉有革职治罪严旨,亦未惩办一人。即如数年之中,惟永保曾经交部治罪,逾年仍行释放。其实各路纵贼窜逸者,何止一次,亦何止永保一人乎? 且伊等每次奏报打仗情形,小有斩获,即铺叙战功,纵有挫衄,亦皆粉饰其辞,并不据实陈奏。伊等之意,自以皇考年高,惟吉祥之语入告。但军务关系紧要,不容稍有隐饰。伊等节次奏报,杀贼数千至数百名不等,有何证验? 亦不过任意虚捏。若有失利,尤当据实奏明,以便指示机宜。似此掩败为胜,岂不贻误重事? 军营积弊,已非一日。朕综理庶务,诸期核实,止以时和年丰,平贼安民为上端。而于军旅之事,信赏必罚,尤不肯稍从假借。特此明白宣谕:各路带兵大小各员,均当涤虑洗心,力图振奋,全我满洲之体,务于春令一律办剿完竣,绥靖地方。若仍蹈欺饰,怠玩故辙,再逾此定限,惟按军律从事。言出法随,勿谓幼主可欺也。将此六百里加紧各传谕知之。钦此。遵旨寄信前来。"[1]

此谕是针对川楚白莲教事而发,与同日遗诰相比可以看出,遗诰中称此事"藏功在即",谕旨则是"经历数年之久,糜饷至数千而未藏功",而带兵大员掩饰虚捏,借此冒功升赏,营私肥橐。而太上皇则被"吉祥之语"所包围,况且"圣寿日高,诸事多从宽厚",已经没有精力来顾及此事。嘉庆一面为乾隆开脱,这样镇压白莲教起义所反映出的积习流弊,其直接责任非和珅莫属。正如其在另外的上谕中所言:"军营带兵大员皆以和珅可恃,止图迎合钻营,并不以事为重,虚报功级,坐冒空粮,其弊不一而足。"[2]嘉庆对于这份由顾命大臣起草,经和珅等敲定的遗诰持否定态度,其原因是对遗诰中关于川楚白莲教一节中报喜不报忧,无视现实,欺骗皇帝的做法表示愤懑。至今,遗诰明文载于《朝鲜李朝实录》,但官书《清实录》《东华录》诸书却不载。清宫档案中也只以上谕的形式发布,而内容完全一致。

此时的嘉庆帝年已四十,且嗣位已有三载,对于和珅长期专擅和种种不法之举,嘉庆早在皇子时代即有所闻,"当珅出入宫中时,伺高宗喜怒,所言必听,虽诸皇子亦惮畏之。珅益骄纵,尝晚出,以手旋其所佩剔牙杖,

---

① 中国第一历史档案馆藏剿捕档嘉庆四年正月初四日。
② 中国第一历史档案馆藏剿捕档嘉庆四年正月初九日。

且行且语曰:今日上震怒某哥,当杖几十。睿宗为皇子,必屡受其侮辱,故在谅闇中即愤,而出此不能再容忍矣"①。不仅如此,颙琰在即将嗣位时,和珅则自恃出纳帝命之近臣,自作聪明,竟在恩命宣谕之前通过递进如意预为泄露,借此以邀拥戴之功。可是稍后又"密取仁宗贺诗白高宗,指为市恩"②,使颙琰继位险遭变故。三年训政,嘉庆对和珅的人品领教颇深,对清乾隆朝中后期,国家财力耗竭,吏治衰败的政局深有所悟。要整饬内政,挽救危机,必须尽早诛除和珅,尽管嘉庆自称"皇考大事"自己"五内昏乱",但在早诛和珅这点上,嘉庆帝是比较清醒的,即使是大孝在身,对于诛除和珅这样一个前朝重臣也在所不惜。

和珅,字致斋,姓钮祜禄氏,生于乾隆十五年(1750年),满洲正红旗人。出身于一个中等武官之家,其五世祖尼雅哈纳巴图鲁在清军入关的战争中以军功获三等轻车都尉世职。父亲常保除袭世职外,曾任福建副都统,因其堂叔阿哈硕色随康熙皇帝亲征准噶尔阵亡,追叙军功,赠予一等云骑尉世职。

和珅童年时期曾在家中与其弟和琳一起接受私塾先生的启蒙教育,十岁左右被选入咸安宫官学读书。咸安宫官学坐落在皇宫西华门内,与武英殿相邻。这所开办于雍正六年的官学起初是为培养内务府官员的子弟而开设的,到乾隆年间,则大量招收八旗官员优秀子第入学,其教师均由翰林充任,所设课程主要有满、汉、蒙古语文及经史等文化课,此外还教授骑射和习用火器等课程,是当时官学中的佼佼者。和珅在此学习期间,博闻强记,不仅能将四书五经倒背如流,而且他的满、汉文字水平提高得很快,此间他学习了蒙古文和藏文,为日后通晓汉、满、蒙古、藏四种语言打下了坚实的基础。和珅的书法、诗词、绘画水平也有不同程度的提高。在众多的八旗子弟同学中,和珅是一个出类拔萃的学生。

和珅踏上仕途是在乾隆三十四年(1769年)。这一年和珅二十岁,承袭三等轻车都尉,但当时这个职位已经不显要了。第二年他参加乡试,没

---

① 《清代稗史》第五种。
② 《清史稿》第319卷,第10755页。

有中举。二十三岁时被授为三等侍卫,挑补黏竿处,即上虞备用处,负责皇帝出巡等一切仪仗事宜。不久他被调到銮仪卫充当侍卫,开始有了接近皇帝的机会。

乾隆四十年(1775年),三等侍卫和珅被擢为乾清门御前侍卫,兼副都统。据说,这是他第一次亲眼见到乾隆皇帝,而就这一次,就以"奏答甚合上意"给皇帝留下了深刻的印象,从此便飞黄腾达。第二年正月,和珅二十七岁,乾隆帝便任命他为户部右侍郎;当年三月,擢升为军机大臣,这是和珅步入中枢政务的开始;四月他兼内务府总管;八月,调任镶黄旗副都统;十一月,充国史馆副总裁,赏戴一品朝冠;十二月,管内务府三旗官兵事务,赐紫禁城骑马,全家旗籍从正红旗抬入正黄旗。和珅的被重用和快速提升,在清朝官吏中是个罕见的例子,虽然正史没有载其原因,但有一点可以肯定,这与他在一个特定的历史条件下,由于他所特有的素质和人品,偶然的机遇受到了乾隆皇帝的宠幸。而野史传闻其受宠的原因颇多,归纳后大致有如下几种说法:

《清朝野史大观》记载:"当雍正时,世宗有一妃,貌姣艳。高宗年将冠,以事入宫,过妃侧,见妃对镜理发,遽自后以两手掩其目,盖与之戏耳。妃不知为太子,大惊,遂梳向后击之,中高宗额,遂舍去。翌日月朔,高宗往谒后,后瞥见其额有伤痕。问之,隐不言。严诘之,始具以对。后大怒,疑妃子调太子也,立赐妃死。高宗大骇,欲白其冤,逡巡不敢发。乃亟近书斋,筹思再三,不得策。乃以小指染朱,迅返妃所,则妃已缳帛,气垂绝。乃乘间以指朱印妃颈。且曰:'我害尔矣!魂而有灵,俟二十年后,其复与吾相聚乎。'言已,惨伤而返。迨乾隆中叶,和珅以满洲官学生,在銮仪卫选舁御舆。一日驾将出,仓猝求黄盖不得,高宗云:'是谁之过欤?'和珅应声曰:'典守者不得辞其责。'高宗闻而视之,则似曾相识。骤思之,于何处相遇,竟不可得,然心终不能忘也。回宫后,追忆自幼至壮事,恍然于和珅之貌,与妃相似。因密召珅入,令跪近御座,俯视其颈,指痕宛在。因默认珅为妃之身后,倍加怜惜。"①此条史料说和珅长相酷似那个被赐

① 《清朝野史大观》卷1。

死的妃子，遂得乾隆帝宠爱。是否真有其事暂且不论，但和珅长得五官端正，文弱可爱，说起话来声音清亮倒是事实。乾隆帝挑选近侍，其相貌和言谈举止必须是他喜欢的。

陈康祺在《郎潜纪闻》中记载："一日警跸出宫，上偶于舆中阅边报，有奏要犯脱逃者，上微怒，诵《论语》'虎兕出于柙'三语，扈从校尉及期羽林之属咸愕眙，互询天子云何？和珅独曰：'爷谓典守者不能辞其责耳。'上为霁颜，问：'汝读《论语》乎？'对曰：'然。'又问家世年岁，奏对皆称旨，自是恩礼日隆。"①这则传说的真实性难以考定，但和珅为人机警，善于揣测主子心思，办事干练，是和珅取宠于乾隆帝的主要原因。

陈焯在《归云室见闻杂记》中曾记道：和珅做銮仪侍卫时，扈从乾隆帝临幸山东，乾隆帝喜欢乘小辇，常将小辇驾在骡马上行十里一更换，其快如飞。一天，轮到和珅侍辇旁随行。乾隆便与他拉起了家常，问他功名出身，和珅答为"生员"，乾隆帝问他是否登过科场，和珅说曾在庚寅科（乾隆十三年）应赴乡试未中。接着乾隆帝又问起试题，并让和珅复述当年的答卷。于是和珅一边走，一边背，其"矫捷异常"。乾隆帝听完后，当即赞许说："汝文亦可得中也！"

陈焯由此得出结论："其知遇实于此。比驾旋时，迁其官。未几，躐居卿贰，派以军机，凡朝廷大政俱得以闻，朝夕论思，悉得上意。"

乾隆四十二年（1777年）五月，乾隆帝下谕命令和珅、英廉、梁治国和刘墉等人负责修改《明史》中关于蒙古人名、地名音译未真之处。令其"将原本逐一考核添修，务令首尾详明，辞义精当"②。六月，命和珅任吏部左侍郎，兼署右侍郎。十月，兼步军统领。

乾隆四十三年（1778年）初，兼任崇文门税务总督，总管行营事务，补镶蓝旗满洲都统。六月，授正白旗都统，领侍卫内大臣。

乾隆四十四年（1779年）八月，和珅命在御前大臣上学习行走。

乾隆四十五年（1780年）正月，和珅被封为钦差大臣，与喀宁阿一起

① 陈康祺：《郎潜纪闻》三笔卷1，第661页。
② 《清高宗实录》乾隆四十五年五月。

被派往云南查办云贵总督李侍尧贪赃枉法案。李侍尧为名宦之后,历任封疆大吏,也是乾隆皇帝心目中的能臣,朝野皆知他与国泰两人"精于进贡",但和珅从没有从他处捞到过好处,李侍尧也从未将和珅放在眼中,从感情上讲,正可以借此除掉李侍尧。但和珅准确地揣测到了乾隆帝的用意,将个人的恩怨放在一边,到云南不久,就从李侍尧家人张永受的口中得到了李侍尧借"进贡"之名敛财肥己的证据,办理"得体",让乾隆帝十分高兴,虽然乾隆帝最后还是以"八议"为由留下了李侍尧的一条命,并再委重任,但通过此事乾隆帝对和珅的办事能力大加赞赏,巡幸途中的乾隆帝在金山行宫传谕,由和珅补授户郎尚书。由侍郎升为尚书,这是和珅人生的一个重大转折。待和珅回京后又授御前大臣兼都统、正白旗领侍卫内大臣、议政王大臣。五月,乾隆帝特下谕旨,赐和珅长子名为丰绅殷德(丰绅二字为满语,即福泽之意),指为最心爱的年仅六岁的小女儿和孝固伦公主额驸,赏戴红绒结顶、双眼孔雀翎,穿金线花褂,待及岁时举行婚礼,这样和珅从此与皇帝结成了儿女亲家,这足以使那些王公显贵以及列朝文武为之侧目。六月,奉旨:"所有李侍尧入官中所房屋一处,著赏给和珅作为十公主府第。"①

至此,和珅在朝廷中的地位已经巩固,为他日后弄权提供了极为有利的条件,但是这时的和珅官阶和职事仍在不断地提高和增多。

乾隆四十五年(1780年)十月,和珅充任四库全书馆正总裁,兼任理藩院尚书。

乾隆四十六年(1781年),和珅奉命赴兰州办理镇压甘肃回民苏四十三起义,被召回京师后又兼署兵部尚书和管理户部三库及方略馆总裁。

乾隆四十七年(1782年),和珅以原衔充经筵讲官,封太子太保,充任《钦定日下旧闻考》总裁。

乾隆四十八年(1783年),乾隆帝赏和珅戴双眼花翎,任国史馆正总裁,文渊阁提举事、清字经馆总裁、理藩院尚书,并因平定甘肃回民起义之功晋一等男爵。

---

① 《乾隆朝惩办贪污档案选编》第1册,第246页。

中国反贪史（先秦—民国）

乾隆四十九年（1784年）七月，乾隆帝再授和珅轻车都尉世职，并任命他为吏部尚书、协办大学士兼管户部如故。是年兼任正白旗都统和镶蓝旗满洲都统。

乾隆五十一年（1786年）七月，授文华殿大学士，仍兼吏部事，并管户部事。

乾隆五十三年（1788年）二月，台湾林爽文起义被镇压，和珅被晋封为三等忠襄伯，赐紫缰。

乾隆五十四年（1789年）四月，和珅充任殿试读卷官。五月，充教习庶吉士。十一月二十七日，和珅的长子丰绅殷德与年满十五岁的和孝固伦公主完婚，即被封为固伦额驸，授御前大臣。未久，又擢护军统领和内务府总管大臣，总理行营事务。丰绅殷德仰仗和珅的权势也显贵起来。和珅也将自己的女儿许配给皇族，成了贝勒永鋆的福晋，永鋆则是康熙皇帝的玄孙。

乾隆五十五年（1790年），和珅被赏赐黄带四开襟衫。乾隆五十六年（1791年），和珅兼任刻《石经》的正总裁。此时的和珅在朝中的地位仅次于领班军机大臣、武英殿大学士、一等诚谋英勇公阿桂。因其时奉外任督师，勘治河工，查案诸务，其间盖由和珅代其领班之任，实际上他已是掌握实权的第一人。正如朝鲜使臣所言："户部尚书和珅，贵幸用事。阁老阿桂之属，充位而已。"①

嘉庆元年（1796年），领班大学士阿桂年届八十，请求休致，皇帝恩准，从此和珅继任首席军机大臣。嘉庆三年（1798年）正月，乾隆帝临终前晋封和珅为一等嘉勇公。

和珅从乾隆四十一年至嘉庆四年的二十三年时间里，担任军机大臣长达二十三年；以军机大臣又兼步军统领二十二年；以军机大臣、步军统领又兼管户部尚书长达十五年之久。和珅从御前侍卫擢升为军机大臣、御前大臣、领侍卫内大臣、大学士，在宫廷事务方面，他掌管内务府、圆明园、茶膳房、造办处、上驷院、太医院及御药房等事务；在经济上他除了担

① 吴晗辑：《朝鲜李朝实录中的中国史料》下编卷1。

任户部尚书外还将崇文门税务监督牢牢地控制在手中;在军事上,他虽然对军事一窍不通,但常出任领军委以钦差,镇压农民起义。他长期担任京师步军统领等职,并控制着健锐营和火器营;文化上他曾担任《四库全书》正总裁,以及《钦定热河志》《钦定大清一统志》清《三通》《清字经馆》《石经》《日下旧闻考》等书的正总裁、总裁。他担任经筵讲官、教习庶吉士、殿试读卷官、日讲起居注官、翰林院掌院学士等职。

和珅于乾隆四十一年(1776 年)入值军机处,当时和珅二十七岁,乾隆皇帝六十六岁,至此以后步入暮年,精力和体力大不如前,乾隆帝曾有左耳重听的毛病,左眼视力又欠佳。此时的皇帝因臂痛而一度不能弯弓射箭。尔后乾隆四十八年、四十九年的上辛郊祀大典,他则因气滞畏寒派皇子代行。乾隆四十九年(1784 年)最后一次南巡归来,乾隆帝的记忆力明显衰退,夜里常常失眠,乾隆五十九年(1794 年),八十五岁的乾隆帝竟衰老健忘到“早膳已供,而不过霎时,又索早膳”的程度。作为一国之君,如此衰弱的体力,纷繁复杂的国家政务对他说来是力不从心的,乾隆帝需要有才干的人来帮助他。

在封建专制体制之下,大臣的进退,唯皇帝的个人意志是举。封建帝王用人的标准均以“忠君”为第一标准,和珅的言行举止正合符这条标准。据《朝鲜李朝实录》的记载:和珅对乾隆“言不称臣,必曰奴才,随旨随令,殆同皂隶”。即使是后来位居大学士之位后,和珅仍像当年做御前侍卫那样恭谨用命,“皇帝若有咳唾之时,和珅以溺器进之”,与那些正人君子的大臣相比,古稀之年的皇帝自然更喜欢和珅这样殷勤周到的奴才,自觉不自觉地将其视如知己。晚年的乾隆帝眼里只看到自己文治武功的业绩,蒸蒸日上的盛世,加之其好大喜功的性格特点,耳中只能听歌功颂德、粉饰太平的声音。和珅也尽其所能,大事化小,“惟将吉祥之语入告”,即使是像镇压白莲教起义这样的大事,和珅明知道是乾隆帝的一块心病,但从未将实情相告,而以“蒇功在即”①蒙蔽皇帝。将“经历数年之

---

① 中国第一历史档案馆藏上谕档嘉庆四年正月初三日。

久,糜饷至数千万而未蒇功"①的实情相瞒。和珅正是抓住了乾隆帝暮年"喜谀而恶直"心理变化,投其所好,一切让皇帝高兴为是,博得了皇帝的欢心。

乾隆皇帝是个才气横溢、精明能干的君主,他的臣下除能忠心侍奉他外,其能力上也不应是一个平庸之辈。和珅以他精明的才干、善于理财的本领和敛财的神通令乾隆帝折服。

和珅于乾隆四十五年任户部尚书,后又任内务府大臣和崇文门税务监督,实际操持着清政府的收支大权。晚年的乾隆帝为了实现其十全武功的梦想,不惜穷兵黩武,耗费民财,国家财力耗竭。但是,乾隆帝为满足其生活的豪奢,不惜大兴土木,在圆明园中修建杭州三潭印月、花港观鱼、柳浪闻莺等西湖十景;在海宁、杭州、苏州、南京等地修建江南四大名园;在万寿寺边修建苏州街,在同乐园设买卖街。其兴建工程之多,建筑规格亦愈加华丽,朝鲜贡使目睹当时情形时写道:"皇城内楼台之穷极华丽,不可殚数。而以臣等所见言之,则宫城内紫禁城之间有太液池,环池左右前后,寺院佛塔横亘连络,殆至眩目。而五龙亭后又营一大刹,工役之费不啻百万,而皆出内帑云。领赏归路,逶迤作行,欲见其基址,而门禁者不得深入。只见五龙亭挟宫墙数里之间,左右堆集者,无非太湖石,石皆奇古,而玲珑嵌空,大小不一,一块非一车可运,问诸彼人,则皆是新造寺观所装点之物,而趁皇帝五月初五日圆明园回銮之前当完讫云。为游观之娱,役民兴作如此,而以帑储厚给工费,故民不为怨云。"②大兴土木工程,严重消耗政府的财力。乾隆帝本人兴趣爱好颇多,其爱玉如癖,对珍宝文物古玩有着浓厚的兴趣,他自认为督抚"身膺重寄,养廉丰厚",用其养廉"赢余备物申悃","以联上下之情"。③ 对于督抚们源源进献的贡品,乾隆帝认为"势难概斥,伊既奏进,自不得不量存一二"。况且"各省方物不逾柑茗香蒻之属,以备赏予,此则伊古有之,不在禁例"。而督抚们所进的贡品,决不是"柑茗香蒻之属",乾隆帝晚年,宫中大量的金银、古玩、珍

---

① 中国第一历史档案馆藏剿捕档嘉庆四年正月初四日。
② 吴晗辑:《朝鲜李朝实录中的中国史料》第 11 册,第 4686 页。
③ 中国第一历史档案馆藏上谕档乾隆四十七年七月初九日。

宝及舶来之物收藏已极丰盛,无所不有。嘉庆帝亲政后,检阅收藏:"内府所存陈设物件,充牣骈罗,现在几乎无可收贮之处。"①乾隆帝曾以班禅额尔德尼将要来京朝觐祝寿,于热河建造扎什伦布庙需用金两为由,对各督抚呈进的金器"量加赏收"。② 乾隆帝不但令督抚们进献美玉,而且还四处收求古玉,目前故宫收藏的上万件古玉多数是在乾隆时期由各省督抚一级的官员进呈的。至今,从督抚们的贡单中也不难看出,当时的贡品中古玉是非常重要的一项。督抚们想尽一切办法来满足皇帝的这一癖好。福崧到浙江巡抚任时,派令盐运使柴桢代办"玉器、朝珠、手卷、端砚、八音钟等件,共用银九万余两"③。这些备办的贡品花费银两之多,远远地超出了督抚一年的养廉银,有时一件贡品就值上千两银子,督抚们乐于此道而不疲,其原因就是可以"借此名色向属员勒索",进贡就成了贪婪督抚大饱私囊的借口。他们采用帮贡的名义向下属派办物件而不发价,或直接勒索属员银两大肆贪污,闽浙总督伍拉纳供:"我们并不自己出资买办物件,乃娄索多银肥囊橐。"④伍拉纳京中家产被查抄时,仅就如意一项就有一百余柄,乾隆帝本人也为之惊叹道:"此与唐元载查藉家财胡椒至八百斛何异。"⑤乾隆一生多次出巡,六次南巡,四次去盛京,五次西巡,有人统计他出巡达一百五十多次。每次出巡,所经地方、修葺道路、亭、台、楼阁不说,沿途各省督抚以及提镇、盐政、织造均要"恭进"衣料、金锭、朝珠、洋刀、佩刀等大量物品。其每次出巡,对督抚及各地方官们都是一次负担。

乾隆帝这种喜好奢侈、讲究排场的性格,至死都没有改变,虽然他多次斥责群臣在南巡时踵事增华,也发上谕"停进金皿""饬禁珠玉宝玩之属"。但仅说说而已,对大小臣工备进的贡品,对南巡沿途臣工极力的操办他则赞叹不已。要维持他的这种奢华,则需要大量的银子,国家岁入有

---

① 《清仁宗实录》卷37。

② 中国第一历史档案馆藏上谕档乾隆四十七年十二月初二日。

③ 中国第一历史档案馆藏军机处录副奏折·法律·贪污,3—1316—31。

④ 中国第一历史档案馆藏上谕档乾隆六十年十月初七日。

⑤ 中国第一历史档案馆藏上谕档乾隆六十年十月初七日。

常,在和珅担任内务府大臣之前,这个主管皇宫事务的机构经常是入不敷出,自和珅接任以后竟出现了盈余。昭梿在《啸亭杂录》中谈到内务府定制时说道:"其初,本府进项不敷用时,檄取户部库银以为接济。乾隆中,上亲为裁定,汰去冗费若干,岁支用六十余万两。其后岁为盈积,反充外府之用。"内务府由入不敷出到可充外府之用则主要在和珅主管内务府期间。

为了增收,和珅对崇文门税关的控制十分严格。崇文门税关设于明朝,当时京城内城九门均设有关卡,向过往客商、官员以及进京举子收取课税。清承明制,但做了一些改动,将原来的九门征税改为由崇文门统一征税。乾隆时期,为加强对这一税关的管理,特设正副监督各一人。本来崇文门税务监督一职应由内务府包衣出身的官员担任,但乾隆帝常将这一肥缺委任他的亲信。和珅被委派这一任职长达八年。其税关名义上隶属于户部,实际上由内务府控制,是皇家内府的进财机构。和珅任职期间,对来京城的客商、进京官员与赴试士子等一律征税。"凡外吏入都,官职愈尊,则需索愈重,大臣展觐,亦从无与较者。吴江陆中丞以山东布政使陛见,关吏所需过奢,公实不能与,乃置衣被于外,携一仆前行曰:'我有身耳,何税为?'既入,从故人借衾褥,事竣还之而去。"[1]朝廷命官尚且如此,百姓小民就更不堪设想。按当时的规定,凡小商贩携带的箕筐、扫帚、鞋袜、米面、布匹、菜蔬瓜果可以免税入城。但实际上照征不误。据说当时京畿一带的商民百姓入城时,均在帽沿边上插两文钱,走到城门口由税吏自行拿取,彼此免去搭话之景,成了惯例,如偶遇商贩不照办,税关的营弁巡丁就要将所带货物扣下,商贩则敢怒不敢言。崇文门税关是全国户部所属的三十个权关之一,其索要苛刻位居全国第四。和珅倒台后,核减户部所属税关盈余数目时,崇文门税关定额为每年17.32万两,仅次于商贾云集的粤海关、九江关和浒墅关。[2]

崇文门监督对获罪官员的解京物品及京中不动产负责变卖。清代王

---

① 陈康祺:《郎潜纪闻》三笔卷2,第681页。
② 姚元之:《竹叶亭杂记》卷2。

公大臣和各级官员犯罪,其家产多被查抄入官。抄家作为当时对官吏犯罪的一种附加刑,常常被广泛采用,其目的是剥夺财产以抵赃或抵赔过失,"不令其子孙坐享富厚之资"。另外,查抄家产作为收集罪证的手段,用以扩大株连。

犯罪官员的财产除动产,房、田地、铺户、商号等均于当地估价变卖,"银交内务府广储司",而其他的资财能运出的均要整理分类登册,交运抵京,其中金银、珠玉、古玩、绸缎等贵重物品均应开具清单,"恭呈御览",留于宫中陈设或交内务府查收;其一般物品如家具、衣物、陈设物品等项解京后均交崇文门变卖,银交内务府广储司。另外,交崇文门变卖的最大宗是各级官员在京置买的房屋和所开设的商号、银号、当铺等。如乾隆时期原甘肃布政使王亶望因任内冒赈折监一案被诛,其在京开设的当铺、商号、银号,均被"交崇文门召商交价认领开设"①,价银交内务府广储司。

和珅敛财最有效的方法是清代乾隆朝中叶以后出现的罚"议罪银"。其数额巨大,涉及过失、犯罪官员之多,对当时内廷收支和吏治影响之深是前所未有的。从现有的研究成果看来,和珅主持宫廷财政,特别是内务府的收支与"议罪银"的出现有密切联系。

议罪银又称"自行议罪银""议罪银""罚银""罚款",是乾隆中叶逐渐形成的一种对重要官员,多为督抚一级官员,因犯渎职、违例、徇庇、侵贪等"过误",自议缴银,或有过失需要"开复处分",有的则根本无过,但随便找个借口,你也得认缴巨额银两,"贿买平安",以免被革职问罪参处。其与原有的罚俸、罚廉相似但又不同,罚缴议罪银是因过误而自认缴银,当时比较普遍,缴银数额巨大;罚廉、罚俸则是因"有过失"而被罚,或被停支养廉银、俸银,银数有限。乾隆中叶后,议罚银的罚缴逐渐制度化,督抚们缴纳的"议罚银"少则万两,多则几十万两,均分限交纳。银两一般解交内务府广储司,也有一些作为南巡差务的开支,很少一部分奉旨留河工、海塘和军需之用。中国第一历史档案馆保存有一份乾隆年间的

---

① 中国第一历史档案馆藏上谕档乾隆四十六年九月十一日。

《密记档》①,其中记载了乾隆五十一年、五十二年,内务府广储司库收到各大臣分限缴纳的入官银两登记,其中以议罪银居多,摘登如下:

巴延三因辖区内民人谭老贵自缢身亡一案奏缴自行议罪银八万两。

巴延三因盐务事奏并未分年分,福康安代奏巴延三自行议罪银十万两。

西宁因"办理不善,商人拖欠甚多请限八年缴纳"自行议罪银八万两。

和珅代李天培因"遣犯脱逃,重囚监毙"奏缴议罪银四万两。

伊龄阿因参奏窦光鼐不实,自认"错谬",奏缴议罪银三万两。

明兴因"历城县监犯越狱"之事而奏缴议罪银三万两。

特成额因汉阳县民人余方得自缢一案,奏缴议罪银二万两。

富勒浑代运司张万选因"船只缺少不能筹画添补"奏自行议罪银三万两。

三宝奏缴自行议罪银共十一万两。

李质颖奏缴自行议罪银共十四万两。

文绶名下共奏缴议罪银八万两。

徵瑞代奏范清济自议缴银八万两。

福康安代奏尚安自行议罪银四万两。

姚成烈因"余子美顶凶之案"奏缴自行议罪银三万两。②

皇帝独掌议罚权柄,原浙江巡抚王亶望,于"王燧办差惟言是听",其中有"借名浮开价值,不行参奏"之咎。阿桂到浙查办,王亶望"自知罪重,自认罚银五十万两"。乾隆帝恩准"只可如此"③,不加深究,使王亶望躲过了一劫。闽浙总督陈辉祖,因胞弟陈严祖在甘肃冒赈案内参与贪污,其有"不能预为教诫"之过,"情愿罚缴银三万两,解交内务府"。④ 乾隆

---

① 中国第一历史档案馆藏军机处簿册 148 号。
② 中国第一历史档案馆藏军机处簿册 148 号。
③ 中国第一历史档案馆藏宫中朱批奏折·法律·贪污 45—48。
④ 中国第一历史档案馆藏上谕档乾隆四十六年九月十一日。

帝不但免除了他"自议缴部治罪"的请求,而仍令其留任闽浙总督。乾隆帝认为这些督抚"养廉丰厚",犯了过失之后"革职留任不足以蔽辜",只有令他们自议缴银才能"以示惩儆"。和珅是议罪银缴纳的重要参与者,在议罪银的缴纳过程中起着特殊作用,其一,他负责根据皇帝的意图起草上谕或谕各官,令其自议缴银。江苏巡抚闵鹗元之弟闵鹓元,因在甘肃同知任内有折收冒赈情弊"侵蚀公帑至一万九千八百两之多",而闵鹗元请将其交部治罪,不想缴议罪银两,和珅看出了他的用意,经述旨后,在起草的上谕中借皇帝的口用反问的语气问道:"试想交吏部乎?仰革职。交刑部乎,罪不至此。则交吏部后不过议以革职,仍可邀恩留任,是止以一奏塞责,其谁欺乎?"令其将弟侵蚀公帑之数"令闵鹗元以十倍罚出",共需缴银十九万两。乾隆四十七年八月,和珅奉命传谕旨给西宁,因其在"长芦盐政多年,办理不善,以致商人拖欠甚多,著西宁自行议罪"。西宁立即领会了和珅所传谕旨的意图,立即"自议缴银八万两,请限八年"缴完,并约定"每年按季缴纳"。西宁将家中所有房屋地亩及衣物等项"尽力变抵",连续四年内共缴银五万余两,还欠三万余两未缴,而家中所剩住房地亩仅值银六千余两,无奈西宁向胞侄书麟求援,书麟允诺将自己总督任内养廉每年借西宁六千两。为此西宁"呈请中堂(和珅)据情代奏""恳恩赏限一年"以完应缴之项,每年于十月内缴一千五百两,四年内缴纳全完。

其二,和珅承担代奏议罪银作用。清代官员,能有奏事资格的官员仅有"在京宗室王公,文职京堂以上……在外省,文职按察使以上",另外"如特旨派往外省查办事件,及任学政织造、关监督并科道及抽查者,亦得递奏折"[①]。在缴议罪银的过程中,即使是有权上奏的官员,因为戴罪在身或其他原因,往往也由其他大臣代奏,特别是皇帝身边的近臣。在《密记档》中,和珅、福康安等人往往充当这种角色。乾隆五十八年(1793年)八月初八日,和珅、福长安代雅德因"浙江税各缺少"奏自行缴议罪银六万两;乾隆四十七年(1782年),和珅代原任巡抚杨魁之子杨超铮等代父缴议罪银五万两;乾隆四十九年(1784年),和珅代奏李天培因"遣犯脱逃,重囚监毙"自行缴议罪银四万两。乾隆五十一年(1786年),和珅代福崧名下共应缴银二十万两;和珅代布政使郑源璹因"承审谭体元控案不实,请自认罚银三万两解缴海坛备用"。乾隆五十一年(1786年),刘峨因"大名逆犯"自行议罪银三万两,请和珅代奏。和珅以其特殊的身份,为一些没有资格上奏的官员代奏缴银,而更多的则是有资格上奏的官员亦求其代奏,其事前肯定要征得和珅的同意,缴多少,缴与否,能否抵除过失,总想通过和珅等人得到指点,和珅的敛财手段得到了充分的发挥。

其三,和珅掌握着议罪银的收缴具体事宜。

议罪银基本上由内务府广储司库按限查收,司库每将收到何项银两,数目若干,并收到日期,按月呈报军机处。"所有密记银两交圆明园广储司、造办处银库。嗣后将收到何项银两,数目若干,并收到日期,按月呈报军机处,以备查核汇奏。"[①]军机处的密记处则专办议罪银两事宜。按和珅的要求,无论内务府三库收到何项银两,每日都必须向密记处呈报在案,例如"四月十六日,片一件,广储司银库呈报三月份收过明兴议罪银一万两。交密记处笔帖式和宁领讫"[②]。不仅如此,对一些不能自己缴纳,或不能按限缴纳的官员,和珅替其在皇上面前求情。原内务府总管西宁,因不能依限完缴"呈请中堂(和珅)据情代奏","恳恩由其胞侄代缴"并"恳恩赏限一年"。和珅算是帮了西宁的大忙,"宁不胜惶悚激切之至"。[③] 可见和珅在议罪银缴纳过程中的作用非同一般。

议罪银的收缴,使内务府的进项大增,使入不敷出的内务府,在和珅的管理下,"岁为充盈积,反充外府之用"。但议罪银对吏治的影响也日趋明显,以缴银代替行政处分和逃避法律制裁,使清代法纪败坏,大多数官吏的失职和不法行为得到包庇。再者,巨额议罪银的缴纳,不仅有悖于养廉银制度的本意,成了督抚等官勒派下属的借口。乾隆四十六年(1781年),山东巡抚国泰因其父云贵总督文绶在任期间办理"啯匪"一

---

① 《密记档》,《文献丛编》第25辑。

② 中国第一历史档案馆藏军机处簿册148号,乾隆五十一年。

③ 《密记档》,《文献丛编》第25辑。

案获罪发往新疆效力,国泰请捐廉八万两为其父赎罪,结果"恩准缴银四万两",他借口"因资财变价不及"①,共勒下属各员帮银八万余两,使历城等州县亏空达数万两之多。乾隆五十五年(1790 年),内阁学士兼礼部侍郎尹壮图切中议罪银之弊害:"其桀骜之督抚藉口以快饕餮之私,即清廉自矢者不得不望属员之资助,日后遇有亏空营私重案不容不为庇护……请永停罚银之例。"②乾隆帝认为其意见"固属不为无见",下令"嗣后各督抚有咎应行议罚者,著自行停支养廉,不必另行议罪"。③ 但是直至乾隆末年,议罪银的缴纳就从未停止过。乾隆六十年十二月初八日,两广总督长麟因查办福建亏空一案"迁延观望"被革职,"赏副都统职衔令往叶尔羌自备资斧办事",他谢帝恩,"情愿认罚银四万两,先交一万两"。④

和珅不仅是善于理财和敛财的能手,由于其语言的天赋和其勤奋的学习,他一人能通晓汉、满、蒙古、藏四种语言,在处理民族事务方面有着独特的优势,其"承训书谕,兼通满汉",在处理具体事务时他能直接禀承乾隆之旨,亲自处理,"去岁用兵之际,所有指示机宜,每兼用清、汉文。此分颁给达赖喇嘛及传谕廓尔喀敕书,并兼用蒙古、西番字。臣工中通晓西番字者,殊难其人,惟和珅承旨书谕,俱能办理秩如"⑤。和珅从乾隆四十五年(1780 年)起兼任理藩院尚书,加之时时陪伴于乾隆帝身边,每年乾隆帝到热河避暑山庄,并参加在围场的"木兰秋狝"。此间,乾隆帝在此接见各少数民族的王公贵族及其他上层集团分子。他多次帮助乾隆帝处理过西藏、新疆以及西南地区少数民族问题。乾隆四十五年(1780 年)六月和珅参与了接待六世班禅觐见事务。班禅觐朝之事,早在清康熙年间就有所议及,当时康熙皇帝多次敦请五世班禅取道蒙古草原来京会面,五世班禅亦很情愿,康熙帝此时正在漠南漠北蒙古地方与噶尔丹作战,他很想利用蒙古人对班禅的崇拜,达到稳定蒙古草原,争取蒙民支持,统一

---

① 中国第一历史档案馆藏军机处录副奏折·法律·贪污 3—1311—15。
② 中国第一历史档案馆藏上谕档乾隆五十一年十一月。
③ 《清高宗实录》卷 1429。
④ 中国第一历史档案馆藏上谕档乾隆六十年十二月初八日。
⑤ 《八旗通志》卷首六。

西北的目的。但当时由于第巴桑嘉措从中阻挠,五世班禅终于未能成行。乾隆二年(1737年)七月,五世班禅患病圆寂,之前众僧将其放置于法座之上,使之面向东方,扶其做跏趺坐状。乾隆四十三年十二月,乾隆帝再邀六世班禅进京,六世班禅欣然同意于乾隆四十五年(1780年)亲往,恭祝乾隆帝七十大寿:

> 小僧自三四岁伊始,即仰承文殊菩萨大皇帝恤养之恩不可胜数,无与伦比。小僧乃一出家人,无以报称,虽然每日祈祷文殊菩萨大皇帝金莲座坚固万万世,令各寺庙众喇嘛等亦唪经祈祷,但时时企望觐见文殊菩萨大皇帝……①

乾隆帝遂命在热河建庙,以备六世班禅来京时居住,和珅亲自参与筹办,具体负责将"热河各庙及新建须弥福寿庙仪仗换新"②。乾隆四十四年(1779年)六月,六世班禅从扎什伦布启程,四十五年(1780年)七月到达承德,七月二十一日,乾隆帝在避暑山庄澹泊敬诚殿接见六世班禅,班禅跪请圣安,恭祝万寿。尔后几日,乾隆帝与班禅会晤讲经、赐印颁敕、筵宴赏赐、送丹书克祝寿、拈香熬茶、开光诵经、授戒摩顶、欣赏戏舞、观看焰火、跳布什等,交流频繁。九月初,班禅回到京师,乾隆帝准备为班禅贺寿大事,孰料十月二十八日班禅病倒,乾隆帝十分关心,派员问候,还派御医为其治病,并亲自前往黄寺探视,不幸十一月初二日六世班禅圆寂。班禅圆寂后,乾隆帝亲自前往凭吊,处理一切善后,和珅成了他的得力助手:"亲自安排护送班禅灵榇";在班禅圆寂处"建造塔院"等善后事宜。

乾隆四十五年(1780年)以后,和珅曾先后多次负责接待朝鲜、英国、安南(今越南)、暹罗(今泰国)、缅甸、琉球(今日本冲绳)和南掌(今老挝)等国的使臣,负责全权处理与朝鲜及英国的外交事务。乾隆五十八年(1793年)英使马戛尔尼来华谒见乾隆皇帝,军机大臣和珅秉旨负责办理所有事宜。

18世纪后期,英国率先开始了产业革命,在棉纺业中采用了机器生

---

① 《六世班禅朝觐档案选编》,第33页。
② 《六世班禅朝觐档案选编》,第67页。

产,蒸汽机的普遍应用,技术革命扩及工业生产的各个领域,生产力发生了突飞猛进的发展。产业革命推动了资本主义的发展,完全代表工商业主利益的英国资产阶级政府积极地推行对外扩张的政策,为英国的工商企业寻求廉价的原料基地和开拓商品市场,古老的中华帝国因其地大物博、人口众多便成了英国人首选的目标。

乾隆五十二年(1787年),英国曾派遣卡思卡特中校为来华使节,因其在来华途中病死,使团与船队被迫返航。乾隆五十七年(1792年),英国又派遣了有丰富外交经验的英国驻孟加拉国总督马戛尔尼勋爵担任使团正使,为完成英国国王和政府的使命,在中国"取得以往各国未能用计谋或武力获致的商务利益和外交权利","设法增加我们对中国的输出,以及经常运送其它为中国人所喜爱的大不列颠及我们印度领地的产品和制造品"。① 马戛尔尼邀请好友斯当东为副使,并配备了精于军事及精通科学与技术的人员共七百余人,分乘海军军舰"狮子号"、商船"印度斯坦号"和供给船"豺狼号"于乾隆五十七年八月十一日(1792年9月26日)从英国的朴次茅斯港启航,随船携带了各种天文地理仪器、乐器、钟表、毯毡、车辆、武器、船只模型等各种礼品。事先,英国东印度公司派专人到广州通知清朝官员,但并未透露其真正意图,清朝地方及中央政府都将这个使团误认为是向乾隆皇帝来恭祝万寿的"贡使"。乾隆帝谕令"至接待远人之道,贵于丰俭适中,不卑不亢"。

马戛尔尼使团于乾隆五十八年六月十八日(1793年7月25日)到达天津大沽,于七月十九日(8月25日)到达北京,由于此时乾隆皇帝正在热河行宫避暑,特令徵瑞护送使团赴热河谒见乾隆帝。使团在京稍事休息,除留一部分人在圆明园安装所"进贡"之仪器及其他部分礼品外,主要成员均赴热河。由于英国使团巧妙地掩饰了来华的真正意图,使清政府一直认为英国使团是"诚心向化"为祝寿进贡而来。正因为如此,清朝官员与英国使团在觐见皇帝的礼节谈判中陷入了僵局。清朝依照贡使觐见皇帝的礼仪,觐见时贡使必须行"三跪九叩"之礼,英使则拒绝行这种

---

① 《东印度公司对华贸易编年史》第2卷,第555页。

礼节,而准备以谒见英王陛下的单腿下跪礼代之,或双方对等行礼。此时双方都不肯让步,谈判几乎破裂。乾隆帝对此极为不满,他指责"贡使""似此妄自骄矜,朕意甚为不惬,已令减其供给。所有格外赏赐,此间不复颁给……外夷入觐,如果诚心恭顺,必加以恩待,用示怀柔,若稍涉骄矜,则是伊无福承受恩典,亦即减其接待之礼,以示体制,此驾驭外藩之道宜然"①。实际上已近于下逐客令。和珅与英国特使进行了艰苦的谈判交涉,迫使其作出让步,同意按清廷礼仪行礼,在英国特使眼中和珅"保持了他尊严的身份……态度和蔼可亲,对问题的认识尖锐深刻,不愧是一位成熟的政治家"②。和珅奏报皇帝,并拟定了觐见仪程:"臣和珅奏:窃照英吉利国贡使到时,是日寅刻,丽正门内陈设卤簿大驾。王公、大臣、九卿俱穿蟒袍补褂齐集。其应行入座之王公大臣等,各带本人座褥至澹泊敬诚殿铺设毕,仍退出。卯初,请皇上御龙袍褂升宝座。御前大臣、蒙古额驸、侍卫,仍照例在殿内两翼侍立。乾清门行走、蒙古王公侍卫亦照例在殿外分两翼。侍卫内大臣带领豹尾枪长靶刀侍卫,亦分两班站立。其随从之王大臣、九卿、讲官照例于院内站班。臣和珅同礼部堂官率钦天监监副索德超,带领英吉利国正副使臣等恭送表文,由避暑山庄宫门右边门进呈殿前阶下,向上跪捧恭递。御前大臣福长安恭接,转呈御览。臣等即令该贡使等向前行三跪九叩头礼,毕。其应入座之王公大臣以次入座。带领该贡使于西边二排之末,令其随同叩头入座。俟皇上进茶时,均于座次行一叩礼。随令侍卫照例赐茶,毕。各于本座站立,恭皇上出殿升舆。臣等将该贡使领出,于清音阁外边伺候。所有初次应行例赏该国王及贡使各物,预先设立于清音阁前院内。候皇上升座,臣等带领贡使,再行瞻觐。颁赏后,令其向上行谢恩礼,毕。再令随班入座。谨奏。奉旨:知道了。钦此。"③八月十三日(9月17日)即乾隆皇帝八十三岁生日的当天,在热河避暑山庄澹泊敬诚殿举行庆寿典礼,英使马戛尔尼在庆典上呈递

① 中国第一历史档案馆藏上谕档乾隆五十八年八月初六日。
② 斯当东:《英使谒见乾隆纪实》,第363页。
③ 《英使马戛尔尼访华史料汇编》,第48页(秦国经《从清宫档案看英使马戛尔尼访华历史事实》)。

了国书和礼品清单,乾隆帝接受了国书,并向英国国王和使团正副使臣回赠了礼物,随后赐宴,和珅陪同使臣游览了避暑山庄。

当英国国王向乾隆帝祝寿的表文译出之后,和珅立即向皇帝汇报英王有"遣使留住京师"之意。乾隆帝答复道:"现在译出英吉利表文内,有恳请派人留京居住一节,虽以照料买卖,学习教化为辞,但伊等贸易远在澳门,即留人在京,岂能照料数千里之外。至于天朝礼法与该国风俗迥不相同,即使留人观习,伊亦岂能效法。且向来西洋人惟有情愿来京当差者,方准留京,遵用天朝服饰,安置堂内,永远不准回国。今伊等既不能如此办理,异言异服逗留京城,即非天朝体制,于该国亦殊属无谓。或其心怀窥测,其事断不可行。"①其实在此之前,英使马戛尔尼就试图说服和珅,他先将表文的副本交与和珅,并要求与和珅进行一次"暂短的会晤",但马戛尔尼发现和珅"虽然和蔼可亲,谦虚有礼,我对他毫无办法,他为不能答应我的要求而表示歉意"②。乾隆万寿庆典当天,和珅陪同马戛尔尼游览避暑山庄东部时,马戛尔尼千方百计想把谈话引入正题,但始终不能如愿,马戛尔尼后来回忆道:"我对中堂(和珅)的机智不能不深表钦佩。那天,我绞尽脑汁要求他讨论正题。他却总是竭力回避;每当有可能与我谈及正题时,他立即巧妙地躲闪过去,设法把我的注意力引向周围的景物,请我欣赏湖光山色,向我们讲解秀丽的山庄和亭台楼阁。"③

八月二十六日(9月26日)使团回到北京,八月二十九日(10月2日)和珅接见马戛尔尼,马戛尔尼以英王的名义,将使团来华目的的几个要点提出:④

(1)英国商人在舟山或宁波港,以及在天津,像在广州一样经商;他们必须服从中国的法律和习俗,并安分守规矩。

(2)英国商人有权按俄国从前在中国通商之例,在北京设立一所货

①　中国第一历史档案馆藏上谕档乾隆五十八年八月十九日。
②　《英使马戛尔尼访华档案史料汇编》,第135页(戴廷杰《兼听则明——马戛尔尼访华再探》)。
③　《英使马戛尔尼访华档案史料汇编》,第135页(戴廷杰《兼听则明——马戛尔尼访华再探》)。
④　《东印度公司对华贸易编年史》第2卷,第542页。

栈,以便出售商品。

(3)英国商人可以在舟山附近拥有一个小岛或一小块空地,以保存他们未能卖掉的商品。在那里他们将尽可能与中国人分开以避免任何争端或纠纷。英国人不要求设立像澳门那样的防御工事,也不要求派驻军队,而只是一块对他们自身及其财产安全可靠的地方。

(4)同样,他们希望在广州附近获准拥有一块同样性质、用于同一目的地方;或至少被允许在需要时可长年住在广州。另外,在广州和澳门居住期间,他们应有骑马、从事他们喜爱的体育运动和为健康进行锻炼的自由——他们将注意在得到准许后将不打扰中国人的生活。

(5)对航行在广州和澳门之间或在珠江上航行的英国商人不必征收任何关税或捐税——至少不要比1782年前征收的税高。

(6)对英国商品或船只不征收任何关税或捐税,除非皇帝签署的文件有所规定,这时应给英国商人副本,让他们明确知道他们必须支付什么税项,以避免向他们征收得过多。

另外允许英国人自由在中国传教。

这时的和珅以"其惯常的机敏,规避就我费尽心机向他提出的这几点进行讨论,他把话题引向我的健康状况,并向我解释,皇上命我立即启程,是出于对我健康的关心,不然的话,皇上很乐意让我再住一些日子"①。同时和珅将英国人的要求立即报告乾隆皇帝,乾隆帝认为,英国人的要求"皆系更张定制,不便准行"。其原因是:"天朝物产丰盈,无所不有,原不藉外夷货物,以通有无。特因天朝所产茶叶、瓷器、丝斤为西洋各国及尔国必需之物,是以加恩体恤,在澳门开放洋行,俾得日用有资,并沾余润。今尔国使臣于定例之外多有陈乞,大乖仰体天朝加惠远人抚育四夷之道。且天朝统驭万国,一视同仁,即在广东贸易者,亦不仅尔英吉利一国,若俱纷纷效尤,以难行之事,妄行干渎,岂能曲徇所请。"第二天,和珅再次会见马戛尔尼,"中堂大人惯常的客气踪影全无,他摆出一副毫

---

① 《英使马戛尔尼访华档案史料汇编》,第135页(戴廷杰《兼听则明——马戛尔尼访华再探》)。

不掩饰的持重和冷漠的神态"。马戛尔尼又一次直接提起昨天的要求，中堂以不给对方留下任何指望的口气,让他写成文书呈来。

八月三十日,乾隆帝敕谕,对英国人的要求逐条批驳,并发出廷寄上谕一道,认为英国人"递呈禀有越分妄请施恩之事",马戛尔尼的行为是"无知"之举,这就是清政府在这次外交活动中的认识和收获。

九月初三日中午,马戛尔尼向和珅辞行,登程前往通州。中英首次正式外交接触就在清政府墨守成规,沉湎于"天朝上国"的自我陶醉中结束。马戛尔尼使团此行受到了清政府"最礼貌的迎接,最殷勤的款待,最警惕的监视,最文明的驱逐"。他们与清政府建立外交与商贸联系和侵略扩张的落脚点的双重使命未能实现。但他们通过实地观察和与中国官员的接触,获取了大量的信息和情报,得出了大清帝国"好比是一艘破烂不堪的头等战舰,它之所以在过去一百五十年没有沉没,仅仅是由于一帮幸运的、能干而警觉的军官们的支撑"。和珅在这场外交接触中处于关键位置,他秉承旨意与英使谈判,给英国人留下了很好的印象,备受好评,被冠以"成熟的政治家"①。毋庸讳言,和珅杰出的外交才能在接待英使的全过程中得到了淋漓尽致的发挥,既维护了国家的尊严,又不失一位大国权臣的风度。

乾隆帝自幼受满汉文化熏陶,执政后勤学不辍,遂成一多才多艺之国君。就文化素养而言,清代帝王除其祖康熙外,无人可望其项背。和珅受其宠爱与和珅本人略通文墨,粗识经典,对诗词赋都略有涉猎有关。加之和珅聪颖好学,时时伴随在乾隆身边,耳濡目染,颇受熏陶。乾隆四十五年(1780年)十月十五日,和珅被任命充任四库全书馆正总裁,具体负责《四库全书》后期的编纂,他负责对各省进呈书籍进行校阅,抽阅总纂官修改审定意见送交皇帝审批,成了乾隆帝编纂此书的得力助手。此后,他又受命充任国史馆正总裁等要职,为乾隆帝的"文治"立下了汗马功劳。

特殊的历史机遇及社会环境,非凡的才干,和一贯"善体圣心"的行为方式,让和珅实际上成了乾隆皇帝晚年的代言人。他身兼数职,集军

---

① 《英使谒见乾隆纪实》,第363页。

事、行政、财政和民族、外交、文化、教育大权于一身,达到了登峰造极的地步。由于其生性刻薄,以及狡诈的性格特点,加之贪鄙的本性,常常利用手中的权力,排斥异己,网罗亲信,征求财货,"内外官员畏其声势,不敢违拗"。新政登基的嘉庆帝对和珅的长期专擅和种种不法,颇有感触,新政之初,要整饬内政,挽救大清江山,必须尽早诛除和珅,这就是嘉庆帝等待了三年的"韬晦"。

和珅于正月初四日"恭颁遗诰日"①被革职,初七日被严讯:"臣等永璇等谨奏为遵旨事,臣等钦奉谕旨,将和珅、福长安革职拿问,逐条严讯,业据供认无可置辩。谨另录供单进呈,恭候皇上圣裁睿断,敕下大学士九卿等从重治罪,宣示中外以彰国宪而快人心。臣等现将和珅等交刑部严行监禁,专员看守,毋许两家亲属家奴等往来看视。至额驸丰绅殷德、贝勒永鋆、和琳之子侍卫丰绅伊绵,臣等遵旨俱交宗人府严行看守。福长安之子侍卫锡龄逐出乾清门,令其在家候旨。大学士苏凌阿现已被参,年力衰迈,应否革职之处谨请旨遵行。再臣永理已遵旨查封和珅城内房产,现在会审系臣永璇、臣拉旺多尔济、臣王杰、臣刘墉、臣董诰等五人,合并声明,为此谨奏。"②

和珅于初七日被严讯,供单另录呈览;京中家产被查抄;其子丰绅殷德、姻亲贝勒永鋆、侄丰绅伊绵均被交宗人府严行看守。

和珅被讯问的供词,目前在清廷档案中除了散见零星的记载外,还没有发现完整的供词原件。而清末李孟符所著笔记《春冰室野乘》中收录了一份残缺不全的供词,其内容与和珅定罪的二十大罪状基本一致,在此抄录如下:

一问和珅:"现在查抄你家产所盖楠木房屋,僭侈逾制,并有多宝阁,后隔段式样,皆仿照宁寿宫安设,如此僭妄不法,是何居心?"

一问和珅:"昨将抄出你家藏珠宝进呈,珍珠手串有二百余串之多。大内所贮珠串,尚只六十余串,你家较大内多至两三倍,并有大

---

① 中国第一历史档案馆藏上谕档嘉庆四年正月十一日。
② 冯佐哲:《和珅评传》插页。

珠一颗,较之御用冠顶苍龙教(训)子大珠更大。又真宝石顶十余个,并非你应戴之物,何以收贮如许之多,而正块大宝石,尤不计其数,具有极大为内府无者,岂不是你贪黩证据么?"

一纸系和珅供词,凡三条:

奴才城内原不该有楠木房子,多宝阁及隔段式样是奴才打发太监胡什图,到宁寿官看的式样,仿照盖造的。至楠木都是奴才自己买的,玻璃柱子内陈设都是有的,总是奴才糊涂该死。又,珍珠手串,有福康安、海兰察、李侍尧给的。珠帽顶一个,也是海兰察给的。小些的给了丰绅殷德几个。其大些的有福康安给的。至大珠顶是奴才用四千余两银子给佛宁额尔登布代买的,亦有福康安、海兰察给的。镶珠带头是穆腾额给的,蓝宝石带头系富纲给的。

又家中银子,有吏部郎中和精额于奴才女人死时,送过五百两。此外寅著、伊龄阿都送过,不记数目,其余送银的人甚多。自数百两至千余两不等,实在一时不能记忆。再肃亲王永锡袭爵时,彼时缊住(布)有承重孙,永锡系缊住(布)之侄,恐不能袭王,曾给过奴才前门外铺面房两所。彼时外间不平之人纷纷议论,此事奴才也知道。以上俱是有的。

又一纸亦系供词,而问词已失。凡十四条:

大行太上皇帝龙驭宾天,安置寿皇殿,是奴才年轻不懂事,未能想到从前圣祖升遐时,寿皇殿未曾供奉御容,现在殿内已供御容,自然不应在此安置,这是奴才糊涂该死。

又六十年九月初二日,太上皇帝册封皇太子的时节,奴才选递如意,泄露旨意,亦是有的。

又,太上皇帝病重时,奴才将官中秘事向外廷人员叙说,也是有的。

又,太上皇所批谕旨,奴才因字迹不甚识,将折尾裁下,另拟进呈,也是有的。

又,因出官女子爱喜貌美,纳取作妾,也是有的。

又,去年正月十四日,太上皇帝召见时,奴才一时急迫,骑马进左门,至寿山口,诚如圣谕,无父无君,莫此为甚,奴才罪该万死。

又,奴才家资金银房产,现奉查抄,可以查得来的。至银子约有数十万,一时记不清数目,实无千两一锭的元宝,亦无笔一枝、墨一盒的暗号。

又,蒙古王公原奉谕旨,是不出痘的不叫来京。奴才(决定)无论已未出痘都不叫来,未能仰体皇上圣意。太上皇帝六十年来抚绥外藩,深仁厚泽,外藩蒙古原该来的,总是奴才糊涂该死。

又,因骽痛有时坐了椅轿抬入大内,也是有的。

又,军报到时,迟延不即呈递,也是有的。

又,苏凌阿年逾八十,两耳重听,数年之间由仓场侍皮郎用至大学士兼理刑部尚书,伊系和琳儿女姻亲,这是奴才糊涂。

又,铁宝是阿桂保举的,不与奴才相干。至伊犁将军保宁升授协办大学士时,奴才因系边疆重地,是以奏明不叫来京。朱珪前在两广总督任内,因魁伦参奏洋盗案内奉旨降调,奴才实不敢阻抑。

又,前年管理刑部时,奉敕旨仍管理户部,原叫管理户部紧要大事,后来奴才一人把持,实在糊涂该死。至福长安求补山东司书吏,奴才实不记得。

又,胡季堂放外任,实系出自太上皇的旨意,至奴才管理刑部,于审情实缓决,每案都有批语,至九卿上班时,奴才在围上并未上班。

又,吴省兰、李潢、李光云都系奴才家的师傅,奴才还有何办呢?!至吴省兰声名狼藉,奴才实不知道,只求问他就是。

又,天津运司武鸿,原系卓异交军机处记名,奴才因伊系捐纳出身,不得开列也是有的。

正月初七日,永瑆奉旨查抄了和珅在京的宅第(今北京前海西街恭王府),不久将其寓所房产、珠宝、古玩、陈设等开列清单,详情见薛福成《庸盦笔记》,此不赘述。①

和珅宅内"京师步军统领衙门及巡捕五营所管步甲兵丁在和珅宅内

_____

① 薛福成:《庸盦笔记》,第61页。

供厮者,竟有千余名之多。"①

此后又陆续查抄了和珅京城其他地方及京畿、热河等地的财产。

和珅京城的住宅、花园等房产,除留下一部分让和孝公主和丰绅殷德居住外,大部分赏给了庆郡王永璘、成亲王永瑆、仪亲王永璇。金、银两、制钱,送内务府广储司银库交收。珠宝、古玩字画、陈设等物经挑选大部分收进内廷,剩余一部分除分赏各亲王外,均交崇文门变卖,价银交内务府。绸缎、皮张、衣物、家具、鞋帽等物除留一部分备赏外大都交崇文门变卖。

地亩大部分入官,另散部分赏给太监。

书籍共 501 套,分交御书房 150 套,东西陵行宫 129 套,56 套赏给二阿哥,22 套赏给三阿哥,另外余下 144 套交军机处存放,备赏王公大臣。

和珅所开当铺"永庆当赏给永璇,庆余当赏给永璘,恒兴当赏给绵亿,恒聚当赏给绵懃,合兴当赏给奕纯,恒庆当著交怡亲王永琅,其余当铺著交内务府照旧管理"②。和珅所余当铺还有恒升当、恒舒当、天兴当、恒泽当、恒通当、恒义当、恒泰当、合盛当,共计八座,合计成本钱七十四万四千吊,成本银二万二千两。③

正月初八日,嘉庆帝谕令仪亲王永璇总理吏部事务,成亲王永瑆总理户部事务,并管理户部三库事务……庆桂管理刑部事务,免去了苏凌阿刑部尚书的职……"成亲王永瑆俱在军机处行走"。吏、户、刑等部的大权均被嘉庆帝的弟兄所取代。另谕各部院大臣各直省督抚藩臬及带兵大臣,凡有陈奏事件"俱应直达朕前,不得另有副封关会军机处"。各部院文武大臣亦不得将所奏之事"预先告知军机大臣",如各部院衙门奏章呈递后"朕可以即行召见,面为商酌,各交该衙门办理,不关军机大臣指示也",目的是防止"预行宣露致启通同扶饰之弊"。

奏折属机密文书,其传递程序均是直送宫门(景运门),由内奏事处进呈皇帝本人拆阅批示后,除留中者除外,均发交军机处抄录副本存档,

---

① 中国第一历史档案馆藏上谕档嘉庆四年正月十二日。
② 中国第一历史档案馆藏奏案嘉庆四年三月初五日内务府折。
③ 中国第一历史档案馆藏奏案嘉庆四年五月初一日内务府折。

再将原折交原差或通过兵部捷报处退回原具奏人。具奏人再定期将折缴回宫中存放。此旨使和珅长期把持军机处，任意扣压奏报，封锁消息的劣迹彻底得到了改变。

正月十一日嘉庆帝发布上谕，将和珅褫革下狱原因公之于世：

"和珅受大行太上皇考特恩，由侍卫洊擢至大学士，在军机处行走多年。叨沐殊施，在廷诸臣无有其比。朕亲承付托之重，兹猝遭皇考大故，苫块之中，每思《论语》所云三年无改之义。如我皇考敬天法祖，勤政爱民，实心实政，薄海内外咸所闻知，方将垂示万年，永为家法，何止三年无改。至皇考所简用之重臣，朕断不肯轻为更易，即有获罪者，若稍有可原，犹未尝不思保全，此实朕之本衷，自必仰蒙昭鉴。今和珅情罪重大，并经科道诸臣列款参奏，实有难以刻贷者。是以朕于恭颁遗诰日，即将和珅革职拿问，胪列罪状，特谕众知之。朕于乾隆六十年九月初三日蒙皇考册封皇太子，尚未宣布谕旨，而和珅于初二日即在朕前先递如意，漏泄机密，居然以拥戴为功。上年正月，皇考在圆明园召见和珅，伊竟骑马直进左门，过正大光明殿，至寿山口，无父无君，莫此为甚。又因腿疾，乘坐椅轿抬入大内，肩舆出入神武门，众目共睹，毫无忌惮，并将出宫女子取为次妻，罔顾廉耻。年来剿办川楚教匪，皇考盼望军书，刻萦宵旰，乃和珅于各路军营递到奏报任意延搁，有心欺蔽，以致军务日久未竣。前奉皇考敕旨，令伊管理吏部、刑部事务，嗣因军需销算，伊系熟手，是以又谕令兼理户部题奏事件，伊竟将部务一人把持。昨冬，皇考圣躬不豫，批谕字画间有未真之处，和珅胆敢口称不如撕去，竟另行拟旨。腊月间，奎舒奏报循化、贵德二厅，贼番聚众千余，抢夺达赖喇嘛商人牛只，杀伤二命，在青海肆行抢掠一案，和珅竟将原奏驳回，隐匿不办，及皇考升遐后，朕谕令蒙古王公未出痘者不必来京，和珅不遵谕旨，令已未出痘者俱不必来京。不顾国家抚绥外藩之意，其居心实不可问。大学士苏凌阿两耳重听，衰惫难堪，因系伊弟和琳姻亲，竟欺隐不奏。侍郎吴省兰、李潢，太仆寺卿李光云，皆曾在伊家教读，并保列卿贰，兼任学政。又军机处记名人员任意撤去，种种专擅不可枚举。昨将和珅家产查抄，所盖楠木房屋僭侈踰制，其多宝阁及隔段式样皆仿照宁寿宫制度，其园寓点缀竟与圆明园蓬岛瑶台无异，不知是何居心。又所藏珠宝内,珍珠手串二百余串,较之大内多至数倍,并有大珠较御用冠顶尤大。又宝石顶并非伊应戴之物,伊所藏真宝石顶数十余个,而整块大宝石不计其数,且有内府所无者。至金银数目尚未抄毕已有数百余万之多,似此贪黩营私,实从来罕见罕闻。以上各款皆经王大臣等共同鞫讯,和珅俱供认不讳。和珅如此丧心昧良,目无君上,贻误军国重务,弄权舞弊,僭妄不法,而贪婪无厌,蠹国肥家,犹其罪之小者,实属辜负皇考厚恩。设数年来廷臣中有能及早参奏,必蒙圣断立寘重典,而竟无一人奏及者。内外诸臣自以皇考圣寿日高,不敢烦劳圣心,实则畏惧和珅,箝口结舌,皆朕所深知。今和珅罪状已著,其得罪我皇考之处,擢发难数,亦百喙难辞,朕若置之不办,何以仰对在天之灵。此不得已之苦衷,尔封疆大臣等以为何如? 除交在京王公大臣会审定拟外,著通谕各督抚将指出和珅各款应如何议罪并列有何款迹各据实迅速覆奏。钦此。"①

各省督抚纷纷具折奏报,都认为和珅"黩货营私,贪婪无厌,弄权舞弊,僭妄多端,丧心昧良";"弄权僭妄,贻误军机;且所积珠宝富于内府,金银数目多至百万";"纵恣贪黩,舞弊营私,甚至僭妄无状,专擅";"任意妄行,罔上营私,擅权舞弊";应行典刑。有的督抚认为其"昧良负恩,予以凌迟罪所应得"。

嘉庆四年(1799年)正月十六日,嘉庆皇帝发布上谕,谕旨中正式宣布和珅的二十大罪状:

"朕于乾隆六十年九月初三日蒙皇考册封皇太子,尚未宣布谕旨,而和珅于初二日即在朕前先递如意,漏泄机密,居然以拥戴为功,其大罪一;上年正月,皇考在圆明园召见和珅,伊竟骑马直进左门,过正大光明殿,至寿山口,无父无君,莫此为甚,其大罪二;又因腿疾,乘坐椅轿抬入大内,肩舆出入神武门,众目共睹,毫无忌惮,其大罪三;并将出宫女子取为次妻,罔顾廉耻,其大罪四;自剿办川楚教匪以来,皇考盼望军书,刻萦宵旰,乃和珅于各路军营递到奏报任意延搁,有心欺蔽,以致军务日久未竣,其大罪五;皇考圣躬不豫时和珅毫无忧戚,每进见后出向外廷人员叙说谈笑如常,丧心病狂,其大罪六;昨冬皇考力疾披章,批谕字画间有未真之处,和珅胆敢口称不如撕去,竟另行拟旨,其大罪七;前奉皇考敕旨,令伊管理吏部、刑部事务,嗣因军需销算伊系熟手,是以又谕令兼理户部题奏报销事件,伊竟将户部事务一人把持,变更成例,不许部臣参议一字,其大罪八;上年十二月内,奎舒奏报循化、贵德二厅贼番聚众千余,抢夺达赖喇嘛商人牛只,杀伤二命,在青海肆劫一案,和珅竟将原奏驳回,隐匿不办,全不以边务为事,其大罪九;皇考升遐后,朕谕令蒙古王公未出痘者不必来京,和珅不遵谕旨,令已未出痘者俱不必来,全不顾国家抚绥外藩之意,其居心实不可问,其大罪十;大学士苏凌阿,两耳重听,衰惫难堪,因系伊弟和琳姻亲,竟隐匿不奏,侍郎吴省兰、李潢,太仆寺卿李光云,皆曾在伊家教读,并保列卿阶,兼任学政,其大罪十一;军机处记名人员和珅任意撤去,种种专擅不可枚举,其大罪十二;昨将和珅家产查抄,所盖楠木房屋僭侈踰制,其多宝阁及隔段式样皆仿照宁寿宫制度,其园寓点缀竟与圆明园蓬岛、瑶台无异,不知是何肺肠,其大罪十三;蓟州坟茔(茔)居然设立享殿,开置隧道,致附近居民有和陵之称,其大罪十四;伊家内所藏珠宝内珍珠手串竟有二百余串,较之大内多至数倍,并有大珠较御用冠顶尤大,其大罪十五;又宝石顶并非伊应戴之物,所藏真宝石顶有数十余个,而大块真宝石不计其数,且有内府所无者,其大罪十六;家内银两及衣物等件数逾千万,其大罪十七;且夹墙藏金二万六千余两,私库藏金六千余两,地窖内并有埋藏银两百余万,其大罪十八;附京通州、蓟州地方均有当铺钱店,查计赀本又有十余万,以首辅大臣下与小民争利,其大罪十九;伊家人刘全不过下贱家奴,而查抄赀产竟至二十余万,并有大珠珍珠手串,若非纵令需索,何得如此丰饶,其大罪二十;其余贪纵狂妄之处尚难悉数,实从来罕见罕闻者……"[1]

两天后,和珅被"加恩令其自尽"。这是清代对有特殊身份及特殊原因而犯罪的人有面子的"行刑方法"。和珅因"现惟皇考大事之时,即将和珅处决,在伊固为情真罪当,而朕心究有所不忍。且伊罪虽浮于讷亲,

---

[1] 中国第一历史档案馆藏上谕档嘉庆四年正月十六日。

究未身在军营,与讷亲稍异。国家本有议亲、议贵之条,以和珅之丧心昧良,不齿人类,原难援八议量从末减。姑念其曾任首辅大臣,于万无可贷之中免其肆市。和珅著加恩赐令自尽"①。

当日,和珅在刑部狱中接旨谢恩,上吊自尽,时年五十岁。在此之前时值元宵,他面对此景,感叹万分,料定在劫难逃,提笔留下《上元夜狱中对月两首》:

　　　夜色明如许,嗟令困不伸。
　　　百年原是梦,廿载枉劳神。
　　　室暗难挨晓,墙高不见春。
　　　星辰环冷月,缧绁泣孤臣,
　　　对景伤前事,怀才误此身。
　　　余生料无几,空负九重仁。

　　　今夕是何夕,元宵又一春。
　　　可怜此月夜,分外照愁人。
　　　思与更俱永,恩随节共新。
　　　圣明幽隐烛,缧绁有孤臣。

和珅死后,其子丰绅殷德准许料理其后事。和珅生前为自己在蓟州营造的坟茔:"外墙二百丈,内墙一百三十丈,内有石门楼一座,石门二扇。前开隧道,正屋五间称享殿。东西厢房各五间称配殿。大门一座称宫门,其门扇、梁檩均系红油飞金彩画,门用金包钉梁柁,五彩描画,中有金游龙。"②因"僭侈"均被奉旨拆毁变卖。在其堂兄丰绅伊绵的帮助下,在蓟州刘村找了块地,草草埋葬了和珅。

嘉庆帝大丧之日立诛和珅,虽有"不得已之苦衷"③,但其"肃清庶政,整饬官方"的用意十分明显,他反复强调"朕所办止一和珅耳,今已伏法,诸事不究",决不肯株连他人。这种政治上的策略,对缓和当时日愈尖锐

① 中国第一历史档案馆藏上谕档嘉庆四年正月十八日。
② 中国第一历史档案馆藏上谕档嘉庆四年。
③ 中国第一历史档案馆藏宫中朱批奏折·法律·贪污115—116。

的阶级矛盾,将统治集团的失误归咎于和珅的"专擅",希望清政府镇压川楚陕白莲教起义能够"早日藏功",去除嘉庆皇帝心中的病根。此案有很明显的政治倾向性,在具体办案过程中,嘉庆帝头脑清楚,计划周全,为其整饬内政扫清了第一道障碍。

四、监督防范机制

清朝作为一部完整的封建国家机器,在立法惩贪的同时,建立了从行政、人事等方面的一整套的监督官员正常履行公务的制度,这些制度的建立和完善,一方面保证了封建制度国家机器的正常运行所必需的政令畅通;另一方面规定了官僚集团成员履行公务时的行为准则,《清会典》和《大清会典事例》完整准确地规定了有关准则和事例。其中有关官员回避制度、监察制度、京察大计等,对官员正常行使公务起到了监督保证作用。

(一) 监察制度

中国古代监察制度是中国封建社会政治制度的重要组成部分,是调节封建社会国家机器的制衡器,它与国家行政、司法一道对封建社会的政治有着重要影响。在封建社会国家机器中它具有制衡、治官、监督、检察、弹劾、惩戒和教育之能效,它具有"彰善瘅邪,整纲饬纪"的作用,是封建社会皇帝监察文武百官的手段之一,清嘉庆帝说:"明目达聪,责在御史"。

秦汉时代的封建地主国家政权开创了封建专制主义中央集权制官僚制度统治。皇帝在国家中央政权中,创建了以御史府为主体的从中央到地方的监察制度。其后,随汉唐间社会经济的发展,封建中央集权统治不断发展,监察制度也日臻完善。经宋元时代,商品经济和城市经济不断发展,到明代资本主义萌芽、新市民不断壮大,官僚制度随之而不断庞大,中央集权制政治向君主集权政治转化。监察制度随之而发展、强化,形成一个前所未有的庞大而又严密的封建监察体系。

明万历四十四年(1616年),努尔哈赤统一女真各部,称汗登基,建立了大金政权。大金政权是奴隶主的国家政权,它采取的是奴隶主联合共治的政治体制。在八旗制度基础上建立的八和硕贝勒"共治国政"即八大旗主贝勒有权推举新汗,也可废除汗;一切军权大事,汗必须与诸贝勒共同商议决断。天命十一年(1626年)九月,皇太极继汗位,深感八和硕贝勒共治国政的种种弊端:"有人必八家分养之,地土必八家分据之,即一人尺土,贝勒不容于皇上,皇上亦不容于贝勒,事事掣肘,虽有一汗之虚名,实无异整黄旗一贝勒也。"①皇太极为使自己真正掌握大权,采取了一系列步骤,削弱各旗主势力,打击三大贝勒的权势,以便最终取消八和硕贝勒共治国政的制度。他登上汗位不久,与诸贝勒商讨决定,于各旗设固山额真一人,"总理一切事务,凡议政处与诸贝勒偕坐共议之,出猎行师,各领本旗兵行,凡事皆听稽察"②。天聪三年(1629年),他借口"一切机务辄烦诸兄经理,多有未便",罢去了三大贝勒"按月分值国中一切机务的权力"。③ 在此基础上,他正式废除了在朝会仪式上的"上与三大贝勒俱南面坐受"的规制,改为由皇太极一人"南面独坐"。突出了汗的独尊地位,巩固自身权位,同时也为了更好地对抗明朝,以便有朝一日取而代之。天聪十年(1636年)四月,他废除原来汗的名号,自称宽温仁圣皇帝,国号大清,改元崇德。

为限制满族王公贵族的权力,皇太极在仿照明朝制度对国家机构进行了一系列改革的基础上,于崇德元年(1636年)设立都察院。其目的是:"凡有政事皆背谬及贝勒、大臣有骄肆慢上,贪酷不法,无礼妄行者,许都察院直言无隐,即所奏涉虚,亦不坐罪。倘知情蒙蔽,以误国论。"④可见皇太极建立监察制度的目的主要在于制约贝勒、大臣的权力,维护皇帝的权威。另外,都察院各官对皇帝也可进谏:"都察院各官,皆朝廷谏诤之臣,朕躬如有不亲政务,忠良失职,奸邪得位,有罪者录用,有功者降

---

① 《天聪朝臣工奏议》卷上。
② 《清太宗实录》卷1。
③ 《清太宗实录》卷5。
④ 《钦定台规》卷2《训典二》。

谪等事,尔等有所见闻,即行规谏"①。

都察院设置初期,体制根据"略仿明制而损益之"的原则,大致参照明代都察院的体制,与满洲贵族官制结合,官员以满人为主,参用蒙古人和汉人。初设承政和左右参政理事等官,无定员。后定承政一人,左右参政各二人,理事官满蒙汉各二人,启心郎满一人、汉二人,额哲库二人。

清兵入关定都北京后,于顺治元年(1644年)改承政为左都御史,改参政为左副都御史,均无定员。同时,又设左佥都御史汉一人,右都御史、右副都御史、右佥都御史若干人(乾隆十三年裁左右佥都御史),京师无专员。右都御史为地方总督兼衔,右副都御史为地方巡抚及河道总督、漕运总督兼衔。都察院是中央监察机关,与六部平级,左都御史满汉各一人,为都察院的主管官员,官阶为正一品,左副都御史满汉各二人,官阶为正三品。都察院的职责是:"掌司风纪,察中外百司之职,辨其治之得失,与其人之邪正;率科道官而各矢其言责,以饬官常,以秉国宪;率京畿道以治其考察处分辨诉之事;大政事下九卿议者则与焉;凡重辟,则会刑部、大理寺以定谳;与秋审、朝审;大祭祀则侍仪,朝会亦如之,皇帝御经筵亦如之,临雍亦如之。"②清代的都察院是皇帝监察文武官员,整饬纲纪的特殊机构。都察院与刑部、大理寺组成的三法司和由六部尚书、都察院的都察御史、通政使和大理寺卿组成的九卿会审是最高司法审判级。各种案件,先由刑部审理,再送大理寺复核,受都察院监督,若刑部审理不当,大理寺可以驳回。如果刑部和大理寺都发生错误,都察院有权弹劾。

都察院所属有内部办事机构,和执行监察任务的六科、二十道、五城察院、稽察宗室御史处、稽察内务府御史处等。

办理都察院内部事务的机构是直接为堂官办事的九房一库(印房、吏房、礼房、兵房、刑房、工房、火房、本房、架阁库)共设经承二十五人,分办堂官交办的事件及管理伙食及档案文书的保管。乾隆六年(1741年)议准吏、户刑事归经历掌管,将礼、兵、工三部关涉事务,划归都事掌管。

---

① 《钦定台规》卷2《训典二》。
② 光绪《大清会典》卷69《都察院》。

从此,吏、户、礼、兵、刑、工六房便分别归入经历、都事两司,原来由书吏直接承办的事,改由专管官员负责,经历厅和都事厅就成了都察院内部办事机构的主要单位。

经历厅:原称司务厅,改为经历厅后,由满汉经历各一人主管,下设经承十二人分管印房、稿房、火房、知印科、封简科、承发科、注销科等单位的事务。清末,改承发科为收发文书处,由经历、都事、笔帖式内酌派数员轮流值日,承办收发公文、主簿登记逐日呈堂。

都事厅:由满汉都事各一人主管,负责承办缮本及满官册簿,另设笔帖式若干人掌翻译。原先所管事务简单,乾隆六年后,礼、兵、工三部有关事务亦划归其主管。

值月处:乾隆四年(1739年)始设,每天派满洲御史一人当值,负责收各部院有关八旗的文移及内阁传抄事件。

督催所:乾隆十三年(1748年)始设,按年轮委满汉御史一人负责,凡各厅、道、五城承办事件,由其实力督催,按限完成,否则察核纠参。

都察院执行监察任务的机构主要为六科、二十道、宗室御史处、内务府御史处、五城察院。

六科:清承明制,设吏、户、礼、兵、刑、工六科,监察六部事务,为独立机构,不属都察院管辖,每科设满汉给事中一人,满汉左右给事中各一人,给事中二人。满洲笔帖式六科共一百零七人。由于六科官员沿用明末陋习,利用六科特有的地位和权力,自为一署,干预朝政,权势颇重,往往影响皇帝的决策,使皇帝的政令朝令夕改,六部无所适从。雍正元年(1723年),雍正皇帝下令,将六科划归都察院。这就是所谓的"台省合一",目的在于加强皇权,提高监察效率。清末,取消六科名称,改为都察院给事中,另铸印信。六科的主要职责是"封驳",即对六部的施政奏请,认为有不便之处,可以具奏封还,如果票签错误,或批下之本内事未协,可以驳正。其次是分稽庶政,注销各关系衙门文卷。各科分工为:吏科,稽核人事,注销吏部和顺天府文卷;户科,稽核财赋,注销户部文卷;礼科,稽核典礼事务,注销礼部、宗人府、理藩院、太常寺、光禄寺、鸿胪寺、国子监、钦天监等衙门文卷;兵科,稽核军政,注销兵部、銮舆卫、太仆寺等衙门文卷;刑科,稽核刑名案件,注销刑部文卷,乾隆十四年(1749年),都察院也由刑科稽察;工科,稽核工程,注销工部文卷等。此外,察核文武官员的"京察""大计"册,各项奏销册,文武生意学册,都属六科监察范围。朝审处决犯人时,由刑科监视行刑。

二十道:道是按省区划分的监察机构,原先只有十五道,至清末才增至二十道。清初,以河南、山东、山西、陕西、江南、浙江六道为掌印道,各设满洲掌印御史一人,称坐道;再设监察御史一至二人协理,称协道;其余九道则附于六掌印道之中。乾隆十三年(1748年)明确按省分道原则。二十道计有京畿道、河南道、江南道、浙江道、山西道、山东道、陕西道、湖广道、江西道、福建道、四川道、广东道、广西道、云南道、贵州道,光绪三十二年(1906年)改革官制时,又增设辽沈、甘肃、新疆三道,并改江南道为江苏、安徽二道,改湖广道为湖北、湖南两道,总计为二十道。各道设掌印监察御史满汉各一人,监察御史(各道人数不一,多者满汉各三人,少者满汉各一人),另外还有笔帖式,经承等办事属吏不等。各道职掌分别为:

京畿道:稽察内阁、顺天府、大兴县、宛平县有关事务,掌核直隶、盛京刑名等。

河南道:稽察吏部、詹事府、步军统领衙门、五城察院有关事务,掌核河南刑名等。

江南道:稽察户部宣课司、宝泉局、三库、左右两翼税衙门及在京十三仓的有关事务,掌核江苏、安徽刑名等。

浙江道:稽察礼部、都察院有关事务,掌核浙江刑名等。

山西道:稽察兵部、翰林院、六科、中书科、总督仓场、坐粮厅、大通桥、总督通州二仓等有关事务,掌核山西刑名等。

山东道:稽察刑部、太医院的有关事务,掌核山东刑名。

陕西道:稽察工部、宝源局的有关事务,掌核陕西、甘肃、新疆刑名等。

湖广道:稽察通政使司、国子监的有关事务,掌核湖北,湖南刑名等。

江西道:稽察光禄寺的有关事务,掌核江西刑名。

福建道:稽察太常寺的有关事务,掌核福建刑名。

四川道:稽察銮仪卫的有关事务,掌核四川刑名。

广东道:掌核广东刑名,稽察大理寺,依限注销其文卷。

广西道:掌核广西刑名,稽察太仆寺,依限注销其文卷。

云南道:稽察理藩院、钦天监,依限注销其文卷,掌核云南刑名。

贵州道:稽察鸿胪寺,依限注销其文卷,掌核贵州刑名。

清初,都察院还根据当时的需要,派遣过各省巡按御史、巡漕御史、巡视屯田御史、巡盐御史、巡视京通各仓御史等,后因形势的发展变化先后裁撤。雍正时还"设缇骑,四出侦伺"①,加强对各级官吏的监督。

六科和十五道是中央监察系统的核心,在执行监察的活动中,各有重点,并从不同的角度和侧面,进行单独和双重的监督,故"科道"并称,后被公认为清代监察机关的代称。

京师和内廷也设有监察机构,五城察院,又称五城御史衙门,简称五城。顺治三年,为稽察外地来京官员钻营嘱托,交通贿赂,串通京棍,破坏官场风纪和京师治安,始命都察院派出巡城御史,督令五城兵马司指挥和各坊官员,加强访缉违法之人,稽察京师地方治安。内务府御史处,又称稽察内务府御史衙门,雍正四年(1726 年)初设,乾隆三年(1738 年)复设,内务府御史二人,由协理陕西道及掌贵州道满御史二人兼任,掌稽察内务府的有关事务,并稽察混入紫禁城内的容留闲杂人员等。宗室御史处,雍正五年(1727 年)设,又称稽察宗人府衙门,由十五道的宗室御史兼管,稽察宗人府的有关事务,每月二次注销宗人府银库的银粮册籍。同时,每年春秋二季还要核察盛京将军颁发的宗室觉罗红白事银两。五城察院、内务府御史处、宗室御史处均于清末被裁撤。

清代的地方监察机构。在清代各省督抚、漕运总督、河道总督,都是中央委派的高级官员,掌握地方的监察大权。另外总督、巡抚又兼有都察院右都御史,右副都御史官衔。所以,他们对自己的下属,不仅有节制权,并且有监察权。其监察活动主要依靠各地的按察使、道员、巡漕御史、督粮道、管河道、盐法道等。

按察使总管全省按劾之事"振扬风纪,澄清吏治",乡试时充任监试

---

① 昭梿:《啸亭杂录》卷 1。

官,大计时充任考察官,秋审时充任主稿官,并办理全省刑名案件,勘核词状,管理囚徒,遇重大案件则会议布政使办理,并上报部院。清代全国设按察使十八人。即直隶、山东、山西、河南、江苏、安徽、江西、福建、浙江、湖北、湖南、陕西、甘肃、四川、广东、广西、云南、贵州十八省,每省一人。各省按察使衙门称提刑按察使司。经历司设经历一人和知事一人,掌收纳文书,勘察刑名之事,经历为衙内首领官。照磨所设照磨一人,掌照刷案卷。司狱司设司狱一人,掌检察监狱事务。按察使官阶为正三品,权位仅次于布政使。清末,改按察使为提法使。

道员。道的长官有守道、巡道。乾隆以后,全国有守道二十员,巡道七十二员,专管税务一员。守道每省一至三员,但有数省未设。巡道每省一至六员,仅黑龙江没设。道员官阶为正四品,或管数府数州,或通管全省有关事务,或兼兵备,或兼河务,或兼水利,或兼学政,或兼茶马屯田,或以粮盐兼分巡之事。佐辅布政、按察两司。凡核定官吏、劝课农桑、举贤能、厉风俗、简军事、固封守、以兼察属下之政治,两道均为共同职掌。守、巡道的分工,大致是守道管钱粮,巡道管刑名。清廷认为,各省道员与在京科道都有上疏言事之责,故准其拥有密奏封折的特权,这是道员和监察御史举劾官员的主要手段。自鸦片战争后,道员在行政管理方面的功能尤为突出。

清朝统治者比较重视对监察法规的制定,在元明监察法的基础上,曾先后制定和汇编了两部较为完整的监察法典,即乾隆十三年(1748年)钦定,嘉庆七年(1802年)重修,嘉庆九年(1804年)刊布,光绪十八年(1892年)由都察院正式颁行的《钦定台规》,台规涉及有清一代监察制度的各个方面,确立了清代监察机构的性质和职能,规定了监察机关的监察对象和基本任务。严格规定了监察官员的纪律,以及监察官的任用原则,任用方法的条规。《都察院则例》是都察院实施监察的细则规定,是清代监察法规的重要补充,它成为监察官员履行监察职能的重要依据。

清代御史,有参加九卿议和廷议的权利。九卿议即"国朝制,凡大事及章奏会议,内则亲王、贝勒、大臣,外则九卿、詹事、科道,而内阁、翰林院不与"[①]。

---

① 王士祺:《池北偶谈》卷2。

可见九卿、科道会议是外朝集议政事的重要形式。九卿成员据《清会典》称："六部、都察院、通政使司、大理寺为九卿。"而廷议，除九卿之外，内阁大学士、都统以及诸亲王均可以参加廷议，其内容多为具体政务，如边患用兵、国家机构增减等，凡政事得失，民生疾苦，制度利弊，风俗善恶，俱可陈奏。平时可以随时各抒己见，若遇重大政事和问题，则可由各道会衔具奏。

《钦定台规》要求科道各官："对上至诸王，下至诸臣，孰为忠勤，孰为不忠勤，及内外官员之勤惰，各衙门政事之修废，皆令进言"，明白纠参。为加强对行政各衙门之监督以六科给事中坐镇监督六部。清初规定，凡红本到内阁后，六科立即派给事中一人去领取，然后分发有关各科，称接本。九卿会议之事，定稿画押后，由主稿即将副稿盖上堂印，再交与应稽察之科收存，待命下之日，由该科将副稿与皇帝"批红"核对，如发现有私自更改之处，即行参奏。凡本章命下，事属某部院，即由某二科于当天将皇帝的谕旨用满文汉文抄出，发送某部，称为正抄；如同一件事与其他单位有关联者，将本章送与别科发抄，称为外抄。凡内阁发出密本，由该科登号后原封送部。红本已奉旨到科，未送到部，如将本内事情泄露，则将泄露者交刑部议罪，将给事中议处。各部每月分两次将所办之事造册送交该科注销，无故逾限者，该科据实指参，六科于月终将稽核结果题奏，若有未完事件而各部书吏捏报已完者，该科随时参责惩办。①

康熙时规定，派各道御史分工稽察在京各衙门事务，每月月终，用该道印具结。部院及督抚具题科抄事件，亦令造册送各道稽察。清制，各省督抚提镇本章呈送皇帝，同时有副本投递通政使司，又有揭帖知会有关的部院，由于规制不严密，以至紧要之事皇帝尚未知道，已传播于众口，有关要犯探听到被通缉的消息后，早已逃之夭夭。因此，雍正时规定，应密之事不密封以致泄露者，将封发官参劾；如收受官承办官不谨慎，以致泄露者，将该官参劾；如该管科道不稽察纠参，则罚俸三个月。

六科给事中及各道御史对六部及六部各衙门行政事务的稽察与纠

---

① 《中国政治制度通史》第10卷，第359页。

参,督催与察核注销制度,对保证清代国家机关的行政效率,起到了一定作用。

弹劾官吏违失,历来是监察御史的一项最基本的权职,即"上至诸侯王,下至诸臣"皆可纠参,不仅可弹劾官吏的违法行为,而且可弹劾官吏的不道德行为,如"旷废职掌,耽酒色,好逸乐,取民财物,夺民妇女"①。鉴于明末官吏结党营私,吏治败坏的教训,要求科道对"自皇子诸王及内外大臣官员有所为贪虐不法,并交相比附轧党援理应科举之事,务宜大破情面,据实指参"②。为举劾方便,请代各省道员与在京科道都有密折封奏之特权。不仅如此,还允许御史在纠弹不法官吏时风闻言事。即对风闻传说未明真相的行为,可以具折奏报。皇太极认为,再行"风闻言事",使"贪官似有儆畏"。但康熙根据以往的教训,认为"风闻言事,明末之陋习,此例一开,恐有不肖言官借端挟制,罔上行私,颠倒是非,诬害良善"③。因此下令不许御史风闻言事,只许据实陈告。雍正也认为,御史"借风闻言事之名,以酬报私恩小惠,则颠倒是非,扰乱国政,其有害于人心风俗者不浅"④。禁止风闻言事后,许多御史不敢大胆纠察违法官员。康熙、雍正又采取了一些补救措施,明确下诏令科道言官所言不实,也不问罪,乾隆时则再次强调"御史有风闻言事之责","即或所奏失实,亦不加之谴责,盖以职业所在,若因事得罪,非所以风励台臣"。仅对其参奏不实者,亦有应得处分,以示薄惩,乾隆朝官员贪婪大案才鲜有科道举劾。

都察院对官吏有考核权,其包括两个方面的内容:一是监试权,凡乡试、会试、殿试、朝考及各类选拔官吏的考试,均派监试御史到现场稽察,任务是监视考场内外,防止考生和考官作弊,如有发现许监试御史随时纠参。二是监督考课,数年举行一次的京察大计,是考察京官和外官的重要制度,称为激扬大典,具体工作由吏部负责,但吏科有权对全过程进行监察。京察时,吏部、都察院、吏科、河南道,一律封门阅册,共同磨对,过堂

① 《钦定台规》卷2《训典二》。
② 《钦定台规》卷2《训典二》。
③ 光绪《大清会典事例》卷998《都察院》。
④ 光绪《大清会典事例》卷998《都察院》。

考毕,即行具奏。封门后,门上各贴回避字样,不许接见宾客,各衙门堂官亦不许接见属官,如有嘱托,自行举发,倘徇庇隐匿,听科道纠参。大计时,河南道(后改京畿道)参与考察,大计册内考注优等,而科道以贪酷指参,发审有据,则将该督抚一并治罪。

清朝整个外部审计权集中于都察院,其审计职掌无论国家或皇室、军队、中央或地方,凡财物出纳,税赋征收,经费开支,工程营缮,以及违犯财经法纪的行为等,都受都察院监察审计,各官府的会计册籍,均须呈送都察院审核稽考、注销。凡京师部院各衙门向户部支领银物后,每月必须造册送交户部察核;凡田赋杂税奏销,由各省布政使司造册呈巡抚转送,兵马钱粮奏销,由提标协营造册呈总督转送,皆于每年五月内送到户部,由户科察核。新任布政使走马上任时,原任布政使必将其任内收放钱粮交盘出结,造册呈送本省巡抚具题,转送户科察核,如果州县钱粮以欠作完,督抚司道共同捏报,允许接任官逐项清理,若发现起解欠批,存留无银,可以直接报告户部,由户科据实题参。如果前任官员所管钱粮亏空,而督抚却逼迫接任官接收,接任官员可以报告户部,为其代为奏闻,户科应据揭代奏,并请旨审办。漕粮奏销,由该管粮道将开帮日期呈报同时造具各帮总交粮米数清册,呈送漕运总督,再由漕运总督具题,以册关户科,由户科负责磨对。京通各仓监督将每年收放米豆数目,按旧管、新收、开除、实在四种造具清册,呈送总督仓场侍郎具题,由户科按册磨对。负责核办盐课的运司、提举司,应于年终将已销未销盐引若干,已完未完盐课若干,造册呈送盐政,再由盐政具题将册送户部注销。

各道对于户部三库、工程、宗人府事件、内务府事件、理藩院银库、八旗事件,也负有一定的监察责任。乾隆时规定,在京各部院从户部银库、缎匹库、颜料库领取物品后,务必在下月初十日以内,造具细数总册和原稿,送江南道逐一察核,岁终汇题,如有不符,江南道参奏。

清代审计监察,除六科十五道的常年定期监察审计外,还采用巡回审计的做法,设立巡仓、巡漕等科道差遣,对重大财计活动进行不定期的专项稽察审计。

都察院对法制的监察,主要是通过科道掌核稽察各省刑名案件,参议会审和对审判合法性及对司法官吏的活动实施监察。参议会审，一是"三法司会审"，凡罪至死刑的重大案件，由刑部、大理寺、都察院组成"三法司"会同核拟。二是"九卿会审"，特别对重大案件的审理，由三法司会同六部、通政司的官员共同审理。"九卿会审"是清代中央最高审判机关，虽然判决的执行仍须皇帝最后批准，但都察院参与审理重狱可以看作御史弹劾权的深化。

康熙时规定，凡会审事件，死罪由刑部会同都察院、大理寺复核，议同者合具看语，不同者各具到部，会同承办司官取供。内外主决人犯，奉到谕旨后，刑科照例发抄，密封下刑部执行。朝审、秋审必须由刑科复奏，以示慎重民命。朝审、秋审必由刑科复奏，以示慎重民命。朝审人犯由刑科给事中监视行刑，直省重大案件，不论已结未结，令按察使司各道年终具题，造册送刑科察核，以示慎重。各省刑名案件，由协道御史与掌道御史共同稽核。

清代科道监察，除上述职权外，皇帝听政、经筵、临雍等，六科给事中必到现场侍班纠仪。每遇灾赈恤贫之时，科道钦命巡察赈恤。另外，纠察禁令的执行情况也是科道监察的职权。清代监察机构在继承和吸收了中国历代封建统治经验和教训，使专制国家机器进一步加强，在沿袭明制的基础上得到了进一步的完善和发展，充分适应了加强中央集权专制主义皇权的需要。给事中一职在唐宋明朝前属于言谏之官，掌侍从规谏封驳制诏，至于弹劾百官邪恶则是御史之职掌。清代科道言谏封驳权被削减、取消，雍正时皇帝借口"廷论纷嚣""恣情自肆"下令将原来作为谏诤皇帝、封驳诏旨而特别设立的六科并入都察院，结束了长期以来监察制度中台谏分离、相对独立的做法，使皇帝至少在名义上需要接受臣下监督的义务也被取消了。

清代监察制度是中央集权专制主义皇权的产物，科道是皇权御用的工具，在中国封建社会中，监察制度是一种具有双重职能的特殊制度，它既是封建皇帝加强专制统治的工具，又是地主阶级用来维护封建法制，进行自我调节的权力机关。在这两者之间，前者除代表封建地主阶级的整体利益外，往往又体现了封建皇帝的个人意志；后者则反映整个地主阶级的集体利益。清统治者出于强化专制主义皇权的需要,加强了监察制度维护君主专制的职能,在客观上削弱了监察制度维护法制、协调政治的作用。

首先,皇帝掌握了弹劾的裁决权。监察御史最基本的一项职权,就是弹劾官员的违法行为,对封建社会的吏治起着重要作用,弹劾的裁决权则掌握在皇帝的手中。因此,皇帝的开明程度、喜怒哀乐对弹奏辨别和裁决有决定意义。开明的君主充分发挥御史“天子耳目风纪之司”的作用,为维护君主专制服务,对贪官予以打击。乾隆四十六年(1781 年)十一月,江南道监察御史钱沣,到任二十七天后,参奏陕甘总督毕沅“于该省冒赈诸弊,瞻徇畏避,请敕部将毕沅比照捏结各员治罪”①。乾隆帝谕令停毕沅廉俸,并降为三品顶戴。乾隆四十五年,乾隆帝屡闻山东官员对山东巡抚国泰颇多怨言,曾谕令布政使于易简来京询问国泰有无贪纵不法款迹。但于易简并不据实参奏,反而为国泰掩饰开脱。乾隆四十七年(1782 年)四月,钱沣奏参国泰“贪纵营私,遇有提升调补,勒索属员贿赂,以致历城等县亏空六七万或八九万两”,乾隆帝立命军机大臣传旨,著两淮盐政伊龄阿、河南布政使叶佩荪、安徽按察使吕尔昌,将在山东时所知国泰、于易简贪纵营私情弊,逐一据实奏闻,又派大学士和珅、左都御史刘墉率领御史钱沣前往山东审办。和珅为庇护国泰、于易简,先于出发前派家人通知国泰,预借商民银两弥补亏空,后在盘库时又作梗阻挠。钱沣等不怕威胁利诱,查明了国泰、于易简派累娄索、贪纵不法的罪证及全省亏空二百余万两银的实情。乾隆帝赐令国泰、于易简自尽,籍没家产。此案所涉官员甚多,不便概行依法惩办,除原任济东泰武临道吕尔昌、原济南府知府冯埏发遣伊犁外,其余各员均从宽革职留任,限期完补亏空。这是清代御史弹劾高官最成功的一例,这与乾隆帝对钱沣的赏识和政治环境的需要不无关系。清廉刚正的钱沣被加恩升用至学政。乾隆五十九年(1794 年)钱沣蒙恩召对,又奉旨出任湖广道监察御史,其一生两任御史,在清代极为罕见,此所谓“明君贤相”。而普遍的情况则是,据《大清会典事例》《钦

---

① 《清高宗实录》卷 1147。

定台规》等所列举臣下奏疏一万二千余件统计,其中科道奏疏六百八十七件,而有关弹劾之疏仅二百二十三件,观其内容大都为"毛举细故"的"条陈"之疏。造成这种现象的重要原因之一就是科道弹劾官吏的效果,往往在于皇帝的个人意志,如果弹劾的对象是皇帝的宠臣佞幸,即使有罪,皇帝也可以下诏对被劾者"勿劾""释置不问";甚至反以弹劾者"所劾不实""受人请托""徇私报复"等罪名不予理睬或治罪上言者。康熙朝,巡抚噶礼在山西卖官鬻爵,贪贿不法,先有御史刘若鼎疏劾噶礼贪婪无状,虐吏害民,计赃银数十万两;后有平遥民人郭明奇赴巡城御史袁桥处呈诉噶礼受贿不法七事,但最后,郭明奇被捏称逃犯诬告大员,押回原籍治罪,弹劾噶礼的御史袁桥、蔡珍也因此褫革降调。

由于直言不讳,依法纠弹会招来横祸,所以,"朝臣皆明言事为戒"①。"大臣阘茸以保富贵,小臣钳结以习功名",从而导致"纪纲日弛,法度日坏"。② 有时皇帝求言若渴,屡颁圣谕,言官无奈,慑于皇威,但又惧怕不投皇帝的口径而罹祸事,往往采取"勤于自鸣而疏于纠劾"的办法,少事纠弹而多多陈奏,以琐事塞责,不求有功,但求无过,以溺职代替进取。康熙帝曾叹道:"近时言条奏参劾章疏寥寥,虽间有入告,而深切时政,从实直奏者甚少。"③

其次,清顺治帝对科道官明确提出了"知无不言,言无不实"的八字原则,允许"风闻言事""即使所奏涉虚,亦不坐罪。倘知情蒙蔽,以误国论"。目的是为使言官放胆行使弹劾百官之权,以利于提高监察效率,加强君主对群臣的控制。由于各省道员与在京科道都有上疏言事之责,故准其拥有密折封奏之特权。科道被特许的"风闻言事"和"密折奏事"的权力,是皇帝借此控制各官,使其互相牵制,从监察形式上扩大了科道的权力。在一定程度上对贪官是一种威慑,使"贪官似有儆畏"。乾隆四十五年(1780年)原云南粮储道海宁,因擢任按察使自滇回京陛见请训,私议风闻云贵总督李侍尧贪婪劣迹,面询时终不肯将实情入告,后海宁被传

---

① 徐珂:《清稗类钞》第11册。
② 《清史稿》卷224《张煊传》。
③ 《古今图书集成》卷337。

谕严讯,无奈供出了风闻实情。经查实李侍尧确有"收受属员银两办贡,以进京修房勒要属员银两劣迹"。李侍尧后被从宽"即定为应斩监候秋后处决"①。而海宁则因风闻言事,面询不敢回奏,仅私下议论,有面欺之罪,被交部严加议处。科道"风闻言事""密折封奏"在一定条件下确实起到了"广开言路,使自督抚以下各官……皆知所顾忌而警戒"的作用。但另一方面,"风闻言事"客观上助长了各官的攻讦之风,康熙朝御史彭鹏被另一言官王度昭参劾,不胜愤怒,反过来又讦奏王度昭,双方互讦"并未指实",其原因在于:"及至败露之后,则借口风闻言事,未曾确访,以此解免其罪。"②清代统治者提倡"风闻言事"给科道以"密折封奏"之权,目的在于加强专制独裁。客观上损害了监察制度的严肃性,破坏了封建法制,使讦告之风盛行,使监察制度维护法制的职能削弱。

再者,清代监察制度中"科道合一"及"廷寄制度"的实施,不但使六科给事中完全丧失了对君权的相对制约,而且还削弱了对六部官僚机构的有效监督。言谏封驳是言官的基本职权,六科给事中在明代职掌封驳,虽然已不能"封",而只能"驳",但还存有其名,往往在心理上和理论上给予君主一定压力。雍正时期,皇帝借口"廷论纷嚣""恣情自肆",下令将六科并入都察院,结束了长期以来在监察制度中台谏分离、相对独立的做法,使皇帝至少在名义上需要接受臣下监督的名义也取消了。从此,六科几乎等于虚设。品级虽较各道御史为高,实权却比不上御史,其职掌不过是"掌言职,传达纶言,勘鞫官府公事,以注销文卷"而已。自雍正帝设立军机处以后,重要谕旨,多以"廷寄"直接由军机大臣通过军机处寄发受谕者本人,内阁不能问津,发科者仅循例奏报而已。故有"吏科官,户科饭,兵科纸,工科炭,刑科皂隶,礼科看"之说,语虽近谑,亦纪实也。

清朝政权是以满洲贵族为主体,满汉地主阶级联合专政的政权。满族贵族居于权力的中心。同其他各种政治、经济、法律制度一样,监察制度也表现出强烈的民族统治特点,监察机构成了加强民族统治的工具。

① 中国第一历史档案馆藏朱改谕旨乾隆四十五年十月初三日。
② 《大清会典事例》卷993。

清代监察机构中,汉官的权力和地位远远不及满官。在都察院,规定左都御史满员一品,汉员仅二品。虽然雍正朝时,汉员亦改为一品官,但在履行公务时,"满员左右御前,时领圣谕","汉官思觐龙光而不可得"。① 汉员须仰满人鼻息,"各衙门印务,俱系满官掌管"②。凡议论朝政,往往以满官员说了算,汉官只能"相随画诺,不复可否……一切皆惟所命"③。在监察官员的任用上,汉缺科道必须正途出身,而满缺科道,则只须"通晓满汉文字"者即可充任,尤其是带有右都御史、右副都御史衔的总督和巡抚,在清初几乎全是满洲贵族充任"而汉人中十无二三焉"。

清代以法律的形式确认了满族享有的特权,这样监察机构监察的对象则主要针对汉族官吏。顺治四年(1647年),清朝制定《大清律》并颁行全国。《大清律》首先以法律的形式规定满族贵族犯罪后减轻刑罚的八种条件,即"八议",一曰议亲,即皇亲国戚;二曰议故,即侍奉过皇帝的旧友故交;三曰议贤,即有德行之贤臣名士;四曰议能,即能治国治军之杰出人才;五曰议功,即功勋卓越者;六曰议贵,即贵族和大官僚;七曰议勤,即公务勤谨者;八曰议宾,即前朝之王公大臣。凡符合上述八项条件的人犯了死罪,十恶者除外,可以考虑减刑或免刑。其次还规定,满人犯法不归普通司法机关审理,而由步军统领衙门和慎刑司审理,宗室贵族则由宗人府审理。在具体量刑上,满人犯罪,依例可以"减等""换刑"。例如,笞刑可换鞭责;徒刑一年可换枷号二十日;流三千里可以换枷号六十日;极边充军可换枷号九十日;死罪斩立决可减为斩监候;流罪以下照例予以减刑,并可纳银赎罪或以官品抵销刑罪等等。这种法律规定的满汉不平等,使满族官僚可以依恃法律的庇护避开监察,这样监察机关的监察对象就只能是汉族官员了。康熙时决定山西、陕西两地专用满缺,对汉督抚则"议用满人巡方以监察之"④。将监察机构作为加强民族统治的工具,是清代监察制度的特点之一。由于强烈的民族统治的特点,使监察制度的

---

① 朱鼎延:《请襄泰交盛治疏》,《皇请奏议》卷5。

② 《清世祖实录》卷129。

③ 赵翼:《簷曝杂记》卷2。

④ 《清稗类钞·爵秩类》。

局限性更加明显。清初,为维护满族贵族的特权地位,在经济上实行大规模圈地和投充,夺取大量的土地和劳动力。"八旗圈地属于王公大臣者,辄置庄,设庄头,主征租,遂以病民"。而汉族大臣和监察官员则"无敢讼言其实者,至奸民窜入旗下,寻仇倾陷,狡桀莫能制"。尤其是清初"逃人"问题,更显现了清代监察制度的局限性。当时入关的满族贵族和官僚,都强迫大量的汉人为其奴婢或农奴,农奴的处境最坏,承担着沉重的地租,差徭剥削,这些人没有人身自由。常常遭到非刑拷打,过着极端痛苦的生活,因而许多奴仆、农奴被迫逃亡。清政府为了维护满族贵族和官僚的利益,于顺治元年(1644 年)制定严酷的"逃人法",规定"逃人鞭一百归还本主。隐匿之人正法,家产籍没。邻有九甲长乡约,各鞭一百,流徙边远"。后来,又设立兵部督捕衙门,专门缉拿逃人。"逃人法"造成了社会的动荡不安。有的贪官污吏,唆使捉到逃人诬报窝家,敲诈勒索,"使海内无贫富、无良贱、无富民,皆惴惴焉莫保其家"。一部分汉族监察官员如魏琯、赵开心、吴正治等,对严惩窝主的刑律表示反对,要求修改"逃人法",并劝告满族贵族官僚减轻对奴婢的迫害,结果被指责为"偏护汉人,欲令满洲困苦,谋图不忠,莫此为甚",并被分别降级流放。从此,"凡涉旗务,汉大臣莫敢置喙"。由此可见,民族统治严重损害了监察制度的协调作用。

清代监察制度本身也存在着一些弊病,在一定程度上影响和制约着监察作用的发挥。首先科道官员的职掌之一是拾遗补阙,其言论对国家政策、法令行废有着举足轻重的作用。科道官员陈奏事件大都以个人名义进行,只有极少数关系国计民生的重大事情才合疏公奏。这样,对于每一个具体事件,科道官员们不可能在相互协商权衡利弊得失的情况下达成共识形成决议。可是往往会出现这种情形:"科道条陈一事,部妥确奉行,又有科道言不可者。今日之所谓是,明日又转为非,朝更夕改。部院至于督抚有司,不知今日之事,或行二三日而即更,或行数月即更,茫无成宪。"①对此康熙皇帝也不得不承认:"科道条陈事宜,原期除弊,及行其

① 《康熙起居注》,第 427 页。

言,自后观之反为滋弊。"①这样不但影响了封建机器运转效率。科道的监督作用大打折扣。另外,清代监察官员往往兼有行政、司法等职务,有时一人集行政、司法、监察权于一身,这样有的监察官员既是监察职能的执行者,而他们又是被监察的对象。这种集二重乃至多重身份职权于一身的现象,人为地造成监察范围的死角,无形中对监察机构作用正常发挥有所影响。

政以贿成,为官者以升官发财为目的,而对公事则互相推诿,内外观望,这本是中国封建官僚政治的一大顽症,面对这样的环境,封建统治者总是想利用监察制度来对各级官僚进行监督和考核,目的是为了改进官风,提高行政工作效率。但清初为了强化专制主义皇权的需要,统治者专注于监察侍班纠仪、纠察禁令这类维护皇权威严和严格的封建等级身份的制度方面;同时为了防止监察机关权力过大,又加以多方限制,御史对百官的弹劾,必须由皇帝裁决,若所劾不实,或言有不当,则遭申饬。客观上削弱了监察机关监督和考核各级官僚机构的权力,从而导致了"大臣任意因循,小臣效尤玩滞"的状况。朝廷各官吏"偷安自便"。一遇事则"有才者不肯决,无才者不能决"。即使是廷议,大臣们也是"虽在会议之班,茫无知识,随众画题,希图完结",或者采取"缄默自容,及至偾事,巧于推卸"②。这样,形成一种"上下推诿,以为固然,彼此相安,以苟岁月"的风气。京官如此,地方各级官吏纷纷效尤,而且愈演愈烈。这种官风之下"国家之事安得不废,百姓安得不困,而欲望致太平,必无之事也"③。

有鉴于历史教训,清初对各级官吏贪赃枉法,科敛勒索,行贿受贿防范处分甚严。顺治元年(1644年)就规定:"官吏犯赃审实者,立行处斩。"由于清初统治者对贪赃枉法官吏的切齿痛恨,因此,凡被科道官弹劾的贪官污吏,一般都是严惩不贷。顺治时,吏部尚书谭泰专权横暴,明目张胆勒索钱财,贪赃枉法,被御史张煊等弹劾,后"上命诛谭泰,籍其

① 《康熙起居注》,第483页。
② 《东华录》卷14。
③ 《碑传集》卷8。

家,子孙贷连坐"①。然而,随时间的推移,清初监察制度维护法制职能的削弱,官僚们缺少一个迫使他们遵守法规的机关,监察机构虽然作为皇帝的"耳目之习",相对百官而言,是一个权力机关,对皇帝而言仅仅是一个职能部门,它只不过是皇帝借以控制百官的工具。这样科道对百官的监督的实际效果大大降低。

首先,监察机关对政治腐败显得无能为力。重者对大奸大恶弹劾不得,弄不好被其反噬;轻者无异于隔靴搔痒。清代政治腐败表现为吏治败坏,而官吏的贿赂公行则是吏治败坏的集中表现。在官僚政治下,吏治好坏全系于官吏一身,帝王及一小撮大臣的忠奸智愚,对吏治的影响极大,雍正帝虽以整饬吏治而著名,但是,面对"总督属员已参劾多员,若再题奏,恐致无人办理"②的局面,他也无能为力。乾隆皇帝晚年也自认"各省督抚中廉洁自爱者谅不过十之二三,而防闲不峻者,亦恐不一而足"③。督抚尚且如此,整个清代官场的状况就更糟。官场上下回护,官官相护,沆瀣一气的世俗大大软化了监察的职能。当时的官场"督抚以司道为外庇,司道以府厅为外庇,府厅以州县为外庇,而州县等官又总以督抚司道府厅之为外庇"。贪官有人包庇,公帑亏空,事前无人申报,事后有人为其辩护。清代监察官苦于这种仕风,往往因弹奏涉虚反被治罪。乾隆时,御史曹锡宝劾和珅家人刘全奢侈,造屋逾制,因侍郎吴省钦暗通信给和珅。刘全得以弥缝,御史曹锡宝受到革职留任的处分。科道时时受到挟私反告、殴骂以致陷害的威胁,这就大大削弱了监察机关的职能。其次,随着官僚集团的腐化,在清代污浊的官场中,监察官员也很难独善其身,御史的职位和普通官吏一样,由于他们的品级不高,升迁和调派仍然依靠后台,京中大员和地方大员都可以掌握他们的进退,因此,敢言之士往往得不到升迁。这样更多的清代科道则避重就轻,将台谏作为升官的跳板,"言官有为人言而言者,有受贿而陈奏者,有报私仇而颠倒是非者"④。还

① 《清史稿》卷464《谭泰传》。
② 肖奭:《永宪录》卷3。
③ 中国第一历史档案馆藏上谕档乾隆六十年八月初七日。
④ 《东华录》,第230页。

有一些科道官员,"意听不欲,即行弹劾。倘遇势要之人,纵知其贪秽,亦不肯纠参"①。这些必然影响到监察制度的顺利实行。

清代的监察制度,集历代监察制度之大成,组织严密,使台谏并行的监察制度发展到了一个新的阶段,权力集中,内外相维,形成了体制严密的监察网。监察官拥有广泛的监察权,和其他制度一样,清代监察制度是中央集权专制皇权的产物,表现出强烈的民族统治的特点。科道官员言责的大小,要看皇上给他们的权限为断。监察制度的实施效果,御史作用的发挥,常常以皇帝个人的品质和意志为转移。当社会稳定,政治开明,皇帝重视法制时,御史一般能行使其职权。否则,御史的权力就会被削弱或者成为君主滥用权力的工具。各道的监察御史,在进行监察弹劾时,常常受上司的牵制,不能不有所顾忌。敢言之士,多不腾达。在官吏是特权的社会里,官官相护,无官不贪,上级要求下级的主要是忠不是廉,御史所拥有的广泛监督权,并不是用以纠劾官吏,而是监察他们是否尽忠于皇帝,是否充分发挥了封建国家机关专政的职能,这是清代监察制度的实质。

(二) 京察大计

《清朝通典》中载称:"我朝考绩之法,在内曰京察,在外曰大计,各以三年为期;武职曰军政,以五年为期"。京察是对在京各官主要是六部,也包括盛京部分官员的考核制度。大计是针对地方官而施行的考核制度;军政是考察八旗京营、八旗驻防和直省武职各官。其目的是"崇奖廉善,摈斥贪残"②。

清朝入关前,已有三年考满,进退官员的规定。天聪六年(1632年)定守城官员,任满三年赴沈阳考察功过,有功者赏,有罪者革职,称三年考满,即官员发俸禄,以三年俸满为期,到三年头上进行考核,亦称三年俸满。这算是京察、大计、军政的初创。

---

① 《东华录》,第293页。
② 光绪《大清会典》卷11《吏部》。

顺治元年(1644 年)七月,顺天巡抚宋权上疏"请行久任考成之法"①,不久便议准仿照明朝惯例,实施京察,大计之典,并定"自顺治五年至七年,合天下之郡吏而大计之"②。接着在顺治七年、十年、十三年、十六年四次"大计天下官员"。京察主要是考察在京官员,开始定为六年一次,与三年考满相辅而行。康熙四年(1665 年)停罢考满,止行京察。到二十四年(1685 年)连京察亦停。雍正元年(1723 年),世宗胤禛进行吏治整顿,严肃官箴,谕在京部院衙门各官,以六年京察"为期甚远",决定自今遵令改为"三年考察一次"③。乾隆朝"三年举行京察"便袭为成例。

根据雍正时重开京察时的规例,确定每逢子、卯、午、西年为京察期,具体做法分为三种:第一种为"列题"。即凡三品以上各官,都采取自陈的做法,内容包括三年任期内功过劳绩等等。大员自陈,是清代推行的"举贤自代"政策,如乾隆所谕:"举贤自代是为求贤,多得人才。"从皇帝的角度说,从各大员所举的人员贤否中,"观其人之识见心术",审其真知灼见;从大臣的角度看,令其"推贤让能",是对大臣表现的一个重要考核方法。后来鉴于"文具相沿,无裨实政"。于乾隆二十四年(1759 年)起,改为在京尚书、侍郎、左都御史、副都御史、内务府大臣以下至三品京堂以上,在外总督、巡抚及盛京五部侍郎等官,由吏部负责,开明履历清单,呈送皇帝,听旨简裁。第二种是"引见",这是指三品以下京堂、内阁、翰林院侍讲学士、侍读学士,左右春坊庶子,以及内务府三员卿员等官,由吏部或有关衙门开具履历清单带领引见。第三种是"会核",凡翰詹科道和各部院司员、小京官,以中书、笔帖式,都由所在衙门长官出注考语,然后再由吏部会同大学士、都察院吏科、京畿道定稿,分别等次,缮册具题。在京察期间,各官的升转都自动停止,以等候考核的结果。

考核京官的标准有四条,叫作"四格"。一是守,就是操守,分有清、有谨、有平三类;二是才,即才干,有长、有平两类;三叫政,即工作态度,有勤、有平两类;四是年,年龄和身体条件,有青、有壮、有健。按照上述标

---

① 《清世祖实录》卷 6。
② 《清世祖实录》卷 34。
③ 《钦定大清会典事例》卷 60。

准,再分别考定等次。其等次分作保送一等,保送二三等和八法处分三部分。第一等叫称职。凡是守清、才长、政勤,年岁又轻或壮健者,都列入此等。第二等是勤职,守谨、才长、政平,或者是政勤、才平、年轻,或健或壮的,归为此等。第三等是供职,守谨、才平、政平,或是才长、政平、守平,都可以划在这个等级里。一些特殊职官,则主要看专业知识和技能而定,像"奉祀等官,以礼仪是否娴熟,行走是否敬谨;鸣赞等官以举止是否安详,音节是否洪畅;钦天监官以数学是否精研;太医院官以医理是否通晓",然后填注考语,分列一二三等。第三部分官员属于不合"四格"条件,列入"八法"参劾之内。

京察列名一等人员,一般由吏部带领,分别引见,加级记名,等候外放或重新任用。有的也"酌情加恩,给予优叙"并加级晋爵。乾隆二十七年(1762年),吏部带领京察保送一等的内阁侍读图桑阿等四十九员京官。乾隆帝旨令图桑阿等四十九员"俱准其一等加一级"①。皇帝在审定选送的官员时,相当认真,并非保送一等的官员都能入选。有时经皇帝审出问题时,还要降等。如同年由吏部带领引见的京察官员,保送一等的吏科掌印给事中佟琳等三十八员,经乾隆帝审阅后,佟琳等大部分人都"俱准一等加一级",但其中也有三人由一等改为二等②。乾隆三十三年(1768年)亦有五人,嘉庆十五年(1810年)亦有一人,被改为二等,看来皇帝亲自裁定,并非徒具形式。

京察一等官员的人数,原来是没有限制的,康熙三年(1664年)起,为了平息人们的奔竞钻营,规定京官七人定一,笔帖式八人定一。满官和汉官间也有比例,如吏部每届京察,"一等六员而汉人居其二"③,满与汉是四与二之比,满人受到明显的优待。

京察列名二三等的官员,多半是年龄过大,一般在六十五岁左右,这些人供职多年,为官尽职,历经多次京察,均"无关黜陟之典",对于其中精力尚好的人,继续留任。有些"年力衰庸",本该休致回家,但由于人情

---

① 《清高宗实录》卷 661。
② 《清高宗实录》卷 662。
③ 何刚德:《春明梦录》卷上。

世故"无不稍为姑息"。对于这些人,京察时一般不予引见。乾隆三十三年(1768年),鉴于他们年老俸深,堂官难论,为慎重起见,议定也由吏部带领引见,他们的去留由皇帝亲自"鉴定"①。

京察第三部分官员属于四等或以下不列等人员,列入八法处分之例,即不合"四格"条件的官员,就要进行参劾,参劾有"八法"因其中"犯贪""犯酷"者只要发现,可随时举劾,核实后立刻革职提问,不用等到京察,故实际中参劾只有"六法"。它们是"不谨",即行止有亏,败伦伤化;"罢软",也就是庸怯无能,犯此二条者,都在革职之列。再是"浮躁",谓"轻稚妄比",要降三级调用;第四条叫"才力不及",要降二级调用。第五、六条是"年老"和"有疾"两条,着令"休致"即免职退休,回家休息。

地方官三年大计,作为清代吏治考核的"激扬巨典"经过清太祖、太宗两朝实践,于顺治四年(1647年)确定"大计三年一举,永为定例"②。

大计是针对地方官而施行的考核,规定以寅、巳、申、亥年为大计之年。具体做法是从州县官起,到府、道、两司,层层考察属员,其中布按两职,归总督、巡抚出具考语。按规定,"凡大计之年,各省于十月内具疏到京,十一月初一日赴通政司汇奏,吏部、吏科、都察院河南道御史各于次年正月阅大计册"③。大计的考定标准不列一二三等,只分卓异官及其他有干八法各官诸项,但对各官要分别注明守才政年情况,对知县以上的行政官,还要填写钱粮仓库无亏欠。清代对外官大计考察,与对内官京察比较,抓得更紧。从康熙六年(1667年)至光绪三十一年(1905年)的二百三十九年中,除战争年代外,几乎没有停止。

大计的优等叫"卓异"。卓异官的标准是:无加派,无滥刑,无盗案,无钱粮拖欠,没有亏空仓库银米,"境内民生得所,地方日有起色"即可。顺康之计,荐举卓异包括各省布按官在内,康熙二十一年(1682年)大计时,全国荐举卓异官五十四人,布按两司竟占有十七人,占卓异官总数的31%以上,其徇私串通,不待辨而自明,经给事中汪晋征上疏奏请停止,从

① 《清高宗实录》卷805。
② 《钦定大清会典事例》卷62。
③ 肖奭:《永宪录》卷1。

此,卓异官只行于道府以下各官。凡举荐为"卓异"的,经吏部审核后,即须进京带领引见注册,并加一级,回任后等候升迁。大计卓异也有名额比例,道府州县十五定一,佐杂教职一百三十定一,比起京察规定的比数要小。①

京察一等或大计列入卓异的官,均叫"举",凡列于举的官员,必须符合:逾年,即逾任半年到一年;俸满,按不同情况,分别定为三年、四年和五年;未犯革职留任和钱粮未完者;对于满洲官员还要求随围能射中布靶和懂得满语;来京候简官则须无降补和病痊改归内用。以上这几项条件若有一项不符合,即使守才政年四格样样都好,也要失去受举的资格。除因公贴误钱粮而遭罚俸、降级的官员,任职又确实廉能,经督抚专门具疏保举取得卓异资格的,仍可受举,但毕竟是少数,若荐举不实,或申报时遗漏该官所受处分,隐瞒贪酷不法等事,一旦发现,本官和原保官都要受到严厉处置。

清代的京察大计,以康雍乾三代执行较为认真。康熙朝,自康熙二十二年(1683 年)至六十一年(1722 年),共行大计 14 次,计举卓异官 561名,纠参贪酷官 508 名②。在康熙二十年(1681 年)到四十五年(1706 年)的 20 多年时间内,除忧免、因病解任者外,朝廷还解职、降革总督、巡抚48 人,其中 26 人与贪赃有关。

雍正年间的大计考察,不如康熙时整齐正规,再者因为时间较短。根据《清实录》记载统计,共举卓异 94 人,另有贪酷官 2 人,不谨官 123 人,罢软官 96 人,才力不及官 136 人,浮躁官 67 人,共纠参、罢斥、降调官员629 人。与康熙二十二年至六十一年总共纠参、罢斥、降调官员 5137 名相比,似乎不如康熙时期,但雍正帝在整顿财政、清理钱粮积欠中,曾罢免了不少官员,雍正三年(1725 年),湖南巡抚魏廷珍奏称,该省官员"参劾已大半"。雍正十年(1732 年),直隶总督李卫说,通省府厅州县官,在任三年以上的寥寥无几,官员的频繁更换,原因之一是被撤职的人较多,其

---

① 《中国政治制度通史》第 10 卷,第 574 页。
② 《清圣祖实录》卷 107—296。

中也包括很多高级官员,但大抵没有列入京察、大计之中。

乾隆朝六十年中,记录京察大计 33 次,举出卓异官 876 人,纠参斥罢不谨官 477 人,罢软官 359 人,浮躁官 260 人。与康熙、雍正朝相比,年老官员的人数比例上升,说明官员中年龄老化的倾向比较严重。虽然康熙朝亦出现过这样的情况。在康熙四十年以前大计,退职休致的耆老、病员也较多,这些人主要是为清朝建基立业的八旗老臣(主要是汉军外官),已经多至七八十岁,不得不休致归乡(回旗)。同时他们当中的大部分人,由于年老、多病,因此退职人员比较集中。以康熙十年为例,当年考察八旗官员,年老有疾而不称职的官员,一年多达六十员。① 乾隆朝的年老官员与康熙朝年老官的情况不同,并无八旗老臣,这样在客观上为斥罢这些官员创造了条件。乾隆四十七年(1782 年)谕称:"知县为亲民之官,一切刑名钱谷,经手事件均关紧要,自不便以年力就衰之人,听其滥竽贻误。"②乾隆朝京察大计中,对贪酷之官参劾的记载不多,原因之一是乾隆十五年(1750 年)清廷颁定"参劾属员条例"时,乾隆帝谕令凡"特参贪酷拿问质审等犯",应"一面具题,一面摘印看守",故已经等不到京察大计之时了。乾隆四十六年(1781 年)查出"甘肃折监冒赈一案",通省从总督到县丞,参与侵贪官犯共 120 余人,案发后被陆续正法者共 56 人,其中总督、巡抚、布政使各 1 人,知府、道员共 5 人,同知、知州共 8 人,通判 2人,知县 35 人,县丞 3 人。其余各犯均被免死发遣、革职查抄家产、杖流追罚银两。

到了清朝后期,随着整个封建官僚国家机器的急速朽蚀,吏治更趋腐败,京察、大计也越来越成了形式。嘉庆朝五次大计中,共举卓异官 589人,另有不谨官 49 人,浮躁官 36 人,罢软官 47 人,才力不及官 87 人,年老官 277 人,有疾官 105 人,③卓异官与受六法参劾的官几乎持平。而在道光朝的 8 次大计中,共举卓异官 1357 人,另有不谨官 190 人,罢软官 70

---

① 《清圣祖实录》卷 35。
② 《清高宗实录》卷 1159。
③ 滕绍箴:《清代八旗贤官》,第 218 页。

人,年老官441人,有疾官177人,才力不及官240人,浮躁官97人。① 卓异官的总数超过了被六法参劾的官员,达到总数的52.76%。而在被参劾官中,年老官和有疾官又占到其中的24.03%,剩下的不谨、才力不及、罢软、浮躁官,加起来也只不过是23.21%,其敷衍应付的态势显然易见。

咸丰朝、同治朝以后,京察大计更成"虚文",其"得卓异者多属世谊,而纠劾惟以三四佐贰,五六佐杂敷衍塞责而已",故有人叹道:"似此赏罚不明,劝惩不善,吏道所以未清,民生所以未遂也。"②清廷为挽救败势,于光绪二十八年(1902年)下诏令各省设立课吏馆,限每半年为期,分最优、优、平、次四等进行奏报,还施行年终密考、俸满甄别等等,但总因贿赂请托之风不息,实难收效。

清代京察大计以及对八旗京营、八旗驻防和直省武职官员的考察,作为一个时代的官吏考察制度,在培养贤能官吏方面是起到了积极的作用,这与清历朝皇帝将奖廉惩贪作为察吏的主要内容是相一致的,正如康熙帝所说:"考察官吏,以奖励廉洁为要。"③

自清代中叶开始,吏治渐坏,腐败现象日趋严重,而京察大计军政考察中,卓异官却有增无减;不谨官、罢软官、才力不及官、浮躁官,被纠参者越来越少,贪酷官在京察大计中就难觅踪迹。单从历次八法考绩中,是没有办法对清代吏治下结论的。特别是清代中叶以后京察大计的考察结果与现实的吏治状况正好相反,和其他制度一样京察大计在封建官僚政治下,存在着相当严重的弊端。

清代京察大计的弊端,早在雍正时,就有人上折陈述说:"京师三年一次考察,文员多填注通套考语,有将各该员素行事实造入册内者;亦有不将各该员素行事实造入册内者",以至于"才守兼优之员与循分供职者无所区别,而居官庸劣之徒转得以蒙混掩饰"。④京察大计列为受"举"之列,虽有皇帝引见一条,但荐举官员则由京堂、督抚等三品以上大员执行,

---

① 冯尔康:《道光朝存在的社会问题》,《南开学报》1991年第4期。
② 钟琦:《皇朝琐屑录》卷3。
③ 《清圣祖实录》卷191。
④ 《宫中档雍正朝奏折》第22辑,第880页。

下属各官的命运全操之于他们之手,下属官员"钻营奔竞,弊不胜言",都"贿嘱上官,希图越俸升转,相习成风",一到考察之际,满官则"徇亲戚、朋友情面";汉官则"徇同年、门生情面",相互钻营奔走的人"甚多"。另外考察过程中,州、县官,由府厅至督抚,经五六个衙门考核,贿情呈补,精力时间全耗于其中,而民生大事,却"漠不关心",加之三品大员自陈,为属员填注考语,一人一疏,数以千计,加上六部复奏,文书殷繁,弊端丛生,其中铺张功绩,以"博朝廷表里羊酒之赐",成了各官的目的。这样考察的结果只会助长不良的社会风气。乾隆帝十分清楚其中的弊端,他指出京察、军政"援例自陈,文具相沿,无裨实政",一度曾降旨停罢。①

伴随清王朝的没落、腐败,至清中叶,其具有吏治考察作用的京察大计便提早名存实亡了。这种考察,或者说对官吏的监督是建立在自上而下的基础之上,而不是相反的监督,这势必造成贿买请托、徇情徇法,难收"激浊扬清"的实效。

(三) 密批奏折

清代的中央集权政治制度,以密批奏折制度和设置军机处为措施,通过臣工密折言事,直接送达皇帝,使皇帝和诸大臣之间架设了一条不让局外人参与的双向联系线索。诸凡地方民情、同僚和乡宦们的为政为人、雨雪粮价等等都可以具折奏报皇帝,皇帝将处理意见用朱批形式写在原折上,发还命其遵照执行,密折制度把皇帝和诸大臣间的利害关系联结得更紧,同时也使皇帝能够更好地驾驭诸臣下,从而建立起比较完整的制衡地方的权力体制。密批奏折制度的建立和完善对清代吏治有不可低估的作用。

奏折也称折子、奏帖或折奏,作为清代臣工上报政务的官文书,为清代所独有。最初为在京衙门或在京官员直接请旨事文书。如康熙二十年(1681年)十月初二日"早,上御乾清门,听部院各衙门官员面奏政事,大学士、学士等会同户部并仓场,为漕运冻阻具折请旨。上顾阁臣曰:漕粮

---

① 《清高宗实录》卷581。

当照限运解,该督抚等不行速运,但求宽限,皆图有便于己,不肯实为国家。户部亦不详为筹画于事有益与否,惟草率照督抚所请,准其宽限。今船只迟误,以致冻阻。此折著户部领去,具本来奏。尔等将此情节票上,著严行议奏"。这是一件因漕船冻阻,请宽限漕米运抵日期的奏折,是由大臣在御门听政时当面呈给康熙皇帝阅览的。康熙皇帝当即指示处理办法,并令内阁票拟后,交户部领去另具奏本或题本请旨。虽然至今没有见到该折的原件,但可以看出在康熙二十年,奏折文书已经与题本、奏本一样,作为少数人向皇帝奏报政务的非正式文书。

康熙二十八年(1689年)二月二十七日,大学士伊桑阿"奏谢温谕赐问平安折",该折为满汉合璧的请安折,康熙帝在折尾用满文批"览"字。这是迄今所能见到的最早的一件朱批奏折;该折现在存于中国第一历史档案馆中。

当时的奏折虽非正式文书,但它作为题奏本章的补充,其特点十分明显。首先,题奏本章在皇帝阅前须经内阁票拟,而奏折是在御门听政时由具奏衙门或官员个人当面呈递皇上。其次,用奏折奏事者,均为在京衙门的官员。再次,奏折非正式文书,所奏之事要另行具本才能履行批准手续。可见,当时用折子奏事的人都是京衙门官员和在京官员,而地方大员则没有具折奏事的记载,地方大员只能用题本和奏本奏报政务。

康熙帝本人为了能直接了解地方情况,大约于康熙三十年初,令派驻外地的亲信家奴,如曹寅、李煦等,这些家奴均在内务府行走过,派驻外地后,也常常具折与皇帝保持经常联系,向康熙帝问安,有时也谈及所见所闻,主要以皇帝所关切的地方雨水、粮价情况为主:"奏,管理苏州织造员外郎臣李煦为谨奏雨泽已降事。窃惟今夏天时亢旱,各处祈雨,仰赖皇上洪福,于六月十八日已得甘霖,近复霈足。苏州地方傍河田地原有蓄水可车,竟属无恙。惟山田高壤,插莳稍迟者约有五六分收成。目下米价亦平,粗者七钱上下,细白者九钱一两不等。民情安堵,共庆天麻。臣无地方之责,不应渎陈,仰见皇上爱民如子,视民如伤之至意,敢就所知谨奏以闻。〔朱批〕朕已大安,五月间闻得淮徐以南时赐舛候,夏泽愆期,民心慌慌,两浙尤甚,朕夙夜焦思,寝食不安,但有南来者必问详细,闻尔所奏,少解宵旰之劳。秋收后还写奏帖来,凡有奏帖,万不可与人知道。"①

这些亲信家奴无法面呈奏折,而是经皇帝允许派人将折子直送皇宫,由内廷奏事处呈送康熙帝亲自拆阅。这些地方官虽无"守土之责",但其奏报的内容则是皇帝急切想知道的,皇帝对他们的奏报深信不疑。这些折子无须通过第三人之手,而只有皇帝一人知道其中内容,便于作为机密文书奏报机密之事。康熙帝所想了解的情况也通过折子上的批语转达下去,地方官场隐私、民间舆情以及这些亲信奴才能打探到的消息,都被用折子源源不断地呈报于皇帝眼前,康熙帝本人也常在这些折子上亲笔批上一些不宜公之于众的私语,这样这些折子逐渐变成机密文书,亦称密折。康熙四十三年(1704年)三月,曹寅会奏"议得杭州织造乌林达莞尔森可去东洋折",此折为密折,康熙帝批道:"知道了,千万不要露出行迹方好。"②

康熙三十年代至雍正时期,密批奏折制度逐渐形成。

为扩大地方舆情的范围和来源,加强对地方官员的控制,康熙帝又谕令督抚、提镇等地方官以密折奏事,有一些地方官为取宠于皇帝,也纷纷要求允许以密折奏事。到康熙五十一年(1712年),康熙帝又谕令在京部院大臣及科道官员,除在御门听政时继续公开地以折子奏事外,也可以私下用密折奏事。这样,领侍卫内大臣、大学士、都统、尚书、副都统、侍郎、学士、副都御史等,都可以私下用密折奏事。

随着具奏人范围的扩大,递送就成了问题。奏折文书产生之初,因具奏人多为京官,不存在递送问题,后来具折人为皇帝派驻外省的亲信,密折均由具奏人派家人专送至京。康熙五十年(1711年)后,具折人范围扩大,具奏人增多,为减轻具奏官员的负担,使密折准时安全地送至京城,清廷决定各地具折官员可以派弁兵和家人骑驿马递送奏折:"外省总督、巡抚、提督、总兵等官,凡有奏折,皆用家人雇骡马赍发,甚为过费,清贫督抚、提督、总兵官等力不能堪,且事亦迟误。嗣后凡奏折,或差伊属下千总

---

① 《康熙朝汉文朱批奏折汇编》第 1 册。
② 《李煦奏折》,第 15 页。

等官,或遣可用兵丁一人,各遣家人一名相随驰驿前来。一次但用马二匹,则驿地可免骚扰,亦不至误事。"①

奏折一开始均为具奏人自己书写,在折尾有的还要加盖私印,如李煦奏折,其内容多为请安、地方雪雨粮价之事。随着内容的增加涉及的事不宜更多的人知道,康熙帝一再告诫臣下:"但有所闻,可以亲手书折奏才好。此话断不可叫人知道,若有人知,尔即招祸矣。"②"凡奏折不可令人代写,但有风闻关系非浅,小心小心! 小心小心!"③乾隆十三年(1748年)以后,奏本停止使用,奏折文书遂与题本一样,成为国家的正式官方文书,这时书写奏折有了统一的字体和格式,大量的奏折才由幕宾代劳。有机密要事才自写密折或附片而奏。

奏折在递送过程中,由于是派弁兵驰驿递送,其奏折本身均有包封装置,康熙朝如苏州织造李煦的数百件奏折,其原封均是用宣纸和黄粉纸多层分裹,别无其他保护装置。而在其后的奏折在递送过程中,均是按规定用木制匣或用贴有印花夹板作为保护装置。雍正二年(1724年)对奏折的递送包装作了严格的规定:"凡督抚大吏任封疆之寄,其所陈奏之事皆有关于国计民生,故于本章之外,准用奏折,以本章所不能尽者则奏折可以详陈,而朕谕旨所不能尽者,皆于奏折中详细批示以定行止。此皆国家机密紧要之事,关系甚重,不得预先轻泄于人,是以朕将内制皮匣发于诸臣,令其封锁奏达,盖取坚固慎密,他人不敢私开也。去年初行时,诸臣尚皆敬慎,近闻各督抚中竟有子弟亲戚在京私启密封者……"④雍正元年(1723年)奏折始用皮匣封固,并封锁奏达。尔后改用木制折匣,其折匣由皇帝赐发,并配有小锁,宫中及具折官员本人各有钥匙一把,以便保密。

清代奏折,到宫中后,直送宫门(景运门),由奏事处太监进呈皇帝本人拆阅批示后,仍交发原差带回具奏者本人。雍正朝设立军机处后,皇帝将批阅过的奏折,除留中者外,均发交军机处抄录副本存档,再将原折交

---

① 《康熙起居注》,康熙五十五年十一月二十二日。
② 《李煦奏折》,第76页。
③ 《关于江宁织造曹家档案史料》,第23页。
④ 《雍正朝起居注册》第1册,第359页。

原差或通过兵部捷报处退回原具奏人。从此成为定制。

在康熙晚年，朱批奏折就有"理应回缴"的规定①，但还未形成严格的制度。雍正即位不久即发布奏折回缴的严格规定："军前将军、各省督抚、将军、提镇，所有皇父朱批旨意，俱著敬谨查收进呈。或抄写、存留、隐匿、焚弃，日后败露，断不宥恕，定行从重治罪。京师除在内阿哥、舅舅隆科多、大学士马齐外，满汉大臣官员，凡一切事件，有皇父朱批旨意，亦俱著敬谨查收进呈。"②不仅如此，皇帝亲批的密旨亦在缴回之列，"嗣后朕亲批密旨，下次具奏事件内，务须进呈，亦不可抄写存留"。缴折、缴旨的目的是："目今若不查收，日后倘有不肖之徒，指称皇父之旨，捏造行事，并无证据，于皇父盛治大有关系。"

雍正朝朱批奏折回缴渐成制度，根据这项制度规定，凡经皇帝用朱笔批示过的奏折，在发回具奏人遵照执行后，必须于当年年底以前最迟不能超过第二年年初，必须集中缴回宫中保存，违者要受到严厉的处分。在这些奏折中因有皇帝的批示，有的虽没批示但经皇帝之手，其内容多涉军国大事，也不乏官员隐私、民间舆情。尤其康熙、雍正时期的密折，其中有的是属于密告或私下通信的情报，皇帝的朱批及具奏人所奏报的内容都比较随便，有的甚至是君臣间真情流露，其中留下了难让公众知道的私语，成为某些历史事件的旁证。正因为如此，皇帝担心这些亲笔批示的奏折流散在外，日后会成为某种政治把柄，他也不愿让那些掌握这些奏折的人以此炫耀于人，因此奏折回缴制度应运而生。

密批奏折制度是清代封建集权专制制度的产物，在少数人的密报方式的基础上，将这种密报方式完善和推广，从而成为一种臣工办理公务的正式文书，在皇帝与大臣间，架设了一条不让第三者介入的联系线索，使皇权能够及时地、经常性地、持久地直接制衡地方权力体制。

清代前期，题奏本章作为中央决策的信息来源，据有的学者统计研究，作为奏报公事的题本，主要作用是请示问题的处理办法，很少报告地

① 朱金甫：《清代奏折制度考源及其他》，《明清档案与历史研究》，第530页。
② 《上谕内阁》康熙六十一年十一月二十七日。

方的各种情况。为了获得有关地方情况的信息，皇帝不得不采用其他手段，其一，由少数亲信官员密报地方情况；其二，利用巡幸、私访等外出机会，直接了解有关情况；其三，利用在京官员，或就任官员来京陛见之机，间接地了解地方情况。密批奏折制度的建立和完善，使皇帝能及时地、连续地、广范地得到地方各方面的情况报告，以及地方官有针对性地采取的措施，为决策提供了第一手资料，正如雍正帝所言："天下之患，莫大于耳目锢蔽，民情物理，不能上闻；则虽有图治之心，而措置未必合宜。是以各省督抚大臣，有具折之例。又以督抚一人之耳有限，于是又有准提镇、藩臬具折奏事之旨，即道员武弁等亦间有之。此无非公听并观，欲周知民间之情形耳，并非以折奏代本章。"①广耳目，周见闻，洞悉地方庶务，奏折的及时连续性充分满足了皇帝的要求。从奏折的内容上看，主要以陈事为主，上至军国重务，下至身边琐事，无一不包，康熙皇帝就曾叮嘱过曹頫："虽不管地方之事，亦可以所闻大小事，照尔父密密奏闻，是与非朕自有洞鉴。就是笑话也罢，叫老主子笑笑也好。"②但地方官报告有关内政、外交、军事、文化等重大事件必须用奏折报告，以便皇帝及时掌握情况。一些重大案件，在具题、汇题的同时，或在此之前，要上折密奏，让皇帝首先知道。在乾隆朝，揭报官员贪赃均用奏折参奏，案件的调查、举证、结案等均用奏折，皇帝则用朱批或发上谕的形式来直接参与案件处理的全过程，使官员侵贪案得以及时处理。

在奏折内容所涉及的地区亦无限制，可以是本任本地之事，也可以是本任异地之事，其道听途说，"不必待真知灼见悉可以风闻入告"，即"不特尔闽省事情，即别省吏治、戎政以至廷臣臧否，朕之一切举措或得失，但有所闻，不必待访的确，先即密奏以闻"。清代官场贪污案的揭出，有许多得益于"风闻入告"之举。"风闻入告"可以是用密折奏参，也可以是受皇帝召见时当面入告，还有的外任官员改任来京陛见面询时入告。乾隆五十七年十二月初，两淮盐政全德由浙江盐道升任来扬州"风闻其有私

---

① 《东华录》雍正八年七月上谕。
② 《康熙朝汉文朱批奏折》第 8 册。

挪库项之事"①,特参具奏,经查实两淮盐运使柴桢前在浙江盐道任内亏空库项,因无计弥补,挪用两淮运库钱粮二十二万两。乾隆帝遂命将柴桢革职拿问,交两江总督书麟、江苏巡抚奇丰额严审定拟,并著查明浙江巡抚福崧有无与柴桢勾结交通情事,旋又命兵部尚书庆桂前往扬州将柴桢带赴浙江质审,并将福崧革职严鞫。经反复究讯查证,除柴桢侵挪两淮库项属实外,并究出福崧派令柴桢代买物件,并收受柴桢送给的金子一百两,侵用掣规月费银六万余两,而对柴桢亏缺库帑仅仅饬追还款,并不据实参奏。翌年二月,经军机大臣会同大学士九卿核议定拟,乾隆帝命将柴桢就地正法,福崧于押带所到地方赐令其自缢。这是全德离浙江盐道之任后,将在任内风闻之事入告的结果。乾隆二十二年(1757年)十月,新任山西巡抚塔永宁由陕西启程赴任"于途次即闻得升任布政使蒋洲亏空库项",到任后查实蒋洲实亏空库银二万余两,并勒派属员代补亏项,遂密折参奏。乾隆帝即命将升任山东巡抚的蒋洲革职,由钦差刑部尚书刘统勋拿解山西严审定拟。经反复对质查证,蒋洲在山西布政使任内滥用库银逢迎结纳,先后馈送原山西巡抚明德古玩、金麒麟、寿星等物及银一千二百五十两,亏空帑银一万七千余两,并于知道升任之信后与冀宁道杨文龙勒令属员派帮弥补,并侵买木植以补亏空。乾隆帝认为,外吏营私贪黩"莫甚于蒋洲此案,若不大加惩创,国法安在",命将蒋洲即行正法。冀宁道杨文龙逢迎上司,侵帑勒派,亦被即行正法。明德因收受蒋洲古玩,听任属员侵帑营私被查封任所资财,革去巡抚职衔,发往陕甘交与总督黄廷桂差委使用。这是到任后将原风闻之事查实入告而揭出的贪污大案。有的官员风闻官员不贤,由于各种原因而不向皇帝入告,则要受到惩处。乾隆四十五年(1780年)正月,总督明山之子、原云南粮储道海宁,因擢任按察使自滇回京陛见请训。他在云南粮储道任内,曾风闻云贵总督李侍尧贪婪劣迹。到京后他没有将此事开列转请军机大臣代为奏报,而仅在私下与一些官员私语,乾隆帝两次召他面询,他不但不将风闻之事入告,反而不断地夸奖李侍尧"颇能办事"以此揣摩迎合皇帝对李侍尧的态度。

---

① 《乾隆朝惩办贪污档案选编》第4册,第391页。

皇帝无可奈何,南巡前,口传谕旨严讯海宁,并将此事交与留京的军机大臣速办奏报,严讯中,海宁招供,将在云南所闻李侍尧收受属员银两办贡,以进京修房勒要属员银两的贪婪劣迹供出。军机大臣速报南巡中的乾隆帝,乾隆即派和珅、喀宁阿驰驿前往查办此事。海宁因风闻之事面询时不敢回奏,有面欺之罪,被交部严加议处。"风闻入告"对入告的具体内容和事实并不担负责任,但有闻不告则是要受到斥责革贬的。"风闻入告"使为官者如临深渊,不敢自蹈法网,充分显示了皇权的威慑力量。

清代能具折奏事之人"京官自翰林、科道、郎中以上;外官自知府、道员、学政以上;武官自副将以上;旗员自参领以上"。除此,大学士、总兵官及各省督抚、藩、臬、提、镇等,再加上一些在官职范围规定之外特许的人员,另外职薄位低的人也可请有资格具折的人转奏。同一省内,有权上奏官员往往多达十数人。

奏折制度规定,对于奏折中所涉及的内容,具奏者之间不许相互告知其奏报的内容,这样以便他们互相监视,出于自身安全的考虑,对于具奏人说来,即使是风闻入告,敢于捏造、滥报不实情况的官员可以说是微乎其微。奏折的这种奏报形式,确保了地方情况的准确性。有时同一事件或案件,多个官员分别密奏,使皇帝能够比较鉴别,得出正确的判断。有时他也借大臣之口,说出自己不便亲口说的话。云贵总督李侍尧,在任期间"贪黩营私,婪索财物盈千累万,甚至将珠子卖与属员,勒令缴价,复将珠子收回。又丁员调回本任,勒索银两至八千余两之多……所有此案核拟原折,即著发交各督抚阅看,将和珅照例原拟之斩候及大学士九卿从重改拟斩决之处,酌理准情,各抒己见定拟具奏,毋得游移两可"①。所有督抚为此事具折奏报,大多数督抚赞成大学士九卿从重改拟斩立决的定案,个别督抚采取游移两可的态度,只有安徽巡抚闵鹗元认为李侍尧"勤劳久著,可否稍宽一线,不立予处决"②。闵鹗元说出了乾隆帝想说而不便说的话。因李侍尧本人不但"勤劳久著"而且与国泰一样以"进贡见长",

① 《乾隆朝惩办贪污档案选编》第1册,第1067页。
② 《乾隆朝惩办贪污档案选编》第1册,第1091页。

乾隆帝借闵鹗元援引"八议"中议勤、议能之功,赦免了李侍尧的死罪,亲自用朱笔在军机大臣拟好的上谕中批道:"李侍尧即定为应斩监候秋后处决。"①通过具奏人范围的扩大,从而使所陈事件的准确性提高,使官员间可以互相监督,人人心存戒心,皇帝就能及时准确地对地方官员的操守实施监督。

　　清代奏折与题本相比,在处理程序上有很大的区别。题本在皇帝阅前则先经由内阁票拟,而奏折是直达御前,皇帝批阅后,交军机大臣,有已奉皇帝朱批指示如何处置者;有朱批另有旨者;有未经朱批者,均由军机处抄录副折后将原折送还具奏人,年终具奏人将这些折子缴回宫中。其中六部各官的奏折则不经军机处,而由奏事处口传谕旨,各部领回执行。② 这样的办理程序使具奏内容保密性强,皇帝能及时处置重大事件,为重大事件的决策赢得了宝贵时间。嘉庆帝大丧之日诛杀和珅,据史料记载,乾隆帝于嘉庆四年(1799年)正月初三日病逝,第二天,嘉庆褫夺了和珅军机大臣、九门提督两职,只命守值殡殿。初八日给事中王念孙、御史广兴等列款纠劾,宣布夺大学士和珅、户部尚书福长安职下狱治罪。正月十五日,正式下谕公布和珅的二十大罪状,十八日宣布和珅"赐令自缢"。按档案记载:"在京各衙门每日具奏折件,由奏事处恭呈御览。除奉旨交下由臣等(军机大臣)请旨办理外,其余折件仍照旧制,即由该处传旨办理,毋庸由臣等再行察看。"③可见,和珅被革职的上谕是以口传的方式下达的,其科道参劾之折也未经由军机处登记在册。但此案办理如此神速,虽然有其特殊的历史背景,但京官改题为奏,使奏折直达御前。嘉庆帝面谕部院大臣速办,使和珅在秘密状态下被解除职务,迅速被诛,为嘉庆在政治上扫清了道路。

　　乾隆时期大量贪污案件的举参、审办,均得益于密批奏折制度的广泛使用,这些奏参直达御前,使乾隆帝能够及时地发现并迅速钦派大臣处理,在办案过程中,对整个案情的发展变化能及时掌握,以谕旨或朱批的

---

①　《乾隆朝惩办贪污档案选编》第1册,第1178页。

②　李鹏年等:《清代中央机关概述》,第85页。

③　中国第一历史档案馆藏军机处杂件,73号。

形式直接指导办案,大大加快了案件的办理速度。

奏折直达御前,使皇帝与臣工直接交流,大臣可以直言陈事,皇帝可以用朱批写下自己的看法,使皇帝对臣工更加了解,对人才的登进、陟黜,均可预作安排。

密批奏折制度是清代政治集权制度的措施之一,其最大特点就是皇帝能够在臣工折上亲笔朱批,清代皇帝将这一权力牢牢地控制于手中。雍正帝说:"此等奏折,皆本人送达朕前,朕亲自阅览,亲笔批发,一字一句皆出朕之心思,无一件假手于人,亦无一人赞襄于侧。"康熙说他右手阅疾不便时就左手批折。雍正、乾隆都曾批折至深夜,在灯下与臣工"笔谈",有的朱批长达几百字上千字,有的朱批字数超过了奏折的字数。皇帝在奏折上叮咛教诲,指示方略,申饬官员,痛斥贪官。清代密批奏折成了皇帝指挥、稽察、监督政务的主要工具和手段。乾隆帝于乾隆六十年(1795年)退位当太上皇,却不肯放弃批折的权力,从而他就能保持对国家最高权力的控制。

在清代长达二百多年的统治中,密批奏折制度不断完善,在乾隆时期成了官方正式文书,直到清末,国运日衰,密批奏折制度也和其他制度一样名存实亡,奏折也由内阁、军机秉承"懿旨"而恭代批答,早已失去了原来的作用,成了一种例行公事。

(四) 回避制度

回避制度,主要为两个内容,一为避讳,即府号、官称不得犯父祖名讳,如犯讳而"冒荣居之",则不仅免官,尚须论罪。二为避亲就任,汉代即有《三互法》,《后汉书·蔡邕传》:"婚姻之家及两州人士,不得对相监临。"李贤注:"三互,谓婚姻之家及两州人士不得交互为官也。"就亲属关系而言,禁到外姻原籍为官。这是中国第一个成文的,有关对籍贯和亲属关系任官回避的法规。

"避亲就任"主要指亲族回避,是指一定政权任用国家机关官员时设置的特定限制。中国历史上许多封建王朝,为维护其统治根本利益,颁行一系列法令章程,具体规定着某种类的人员不得在某地区或某职位上任职,如已任职的予以撤换,有意隐瞒或假捏身份的应受行政或法律处分。其章则条例及执行情况总称为回避制度。

回避制度的实施,以职位和权力的分配和再分配为目的之一,而更重要的立足于防弊,防止因同宗、同乡、同寅、同年、同门等关系徇私,攀比为官,防止由于官员陷于与本人有关联的各种社会关系、人际关系或地区利益之中,有碍于公务的正确执行,损害本王朝的纲纪和权威。从另外一方面看,也为了使官员在执行公务时尽可能地避免来自宗法世俗乡里的诸多关系的干扰,在行使权限和处理政务时减少窒碍和免受嫌疑。

清朝的回避制度是在明朝"回避本籍"制度建立起来的一整套比较严密的回避制度。清代回避制度可以分为三个方面内容:亲族回避制度、特殊机构回避制度、地域回避制度。

亲族回避制度其回避的范围首先是宗亲回避,其次是姻亲,再者是师生、官幕等关系回避。

宗亲回避,是指对父系血缘关系中的直系(祖孙父子)和旁系(胞伯叔兄弟)实行回避。清代因实行以父系为中心的宗法体系,因此其宗亲中的直系和旁系只承认父系血缘关系,不承认母系血缘关系。宗法制度是清朝社会的基础,每个宗亲都是一个最密切的组合体。亲族回避中的宗亲回避对清王朝说来至关重要,康熙三年(1664 年)规定:"外任官员,现在上司中有系宗族者,皆令回避。"[1]即主要令在京各部院尚书、侍郎、笔帖式以上及地方督抚、府、州、县官员祖孙父子、叔伯兄弟回避。

乾隆末年,冯光熊被任用为贵州巡抚,其子冯巩原为贵州开州知州,为回避其父,吏部乃奏请将冯巩调任为云南宁州知州。不久,冯光熊又调任滇抚,于是,吏部又奏请将冯巩调出云南,仍回贵州任职。但康熙二年(1663 年)的规定对"系宗族者"的上下限缺乏明确的规定,在具体执行过程中,对父系血缘很难把握。乾隆九年(1744 年),湖南巡抚蒋溥奏报:"臣籍隶江南苏州府常熟县,查有新选衡州府通判蒋衡,系江南苏州府吴县人……臣与该通判虽非同族,而系同姓,从前曾同族同谱,按其辈数,该

---

[1]　光绪《大清会典事例》卷84。

通判应属臣侄孙……听其隶居属下,恐于避嫌远疑之道殊多未协,不得不将实情吁陈于圣主之前……"①蒋溥为避嫌上奏,他对亲属回避界限掌握不住,不得不上奏,以免涉嫌故意违忤宗族回避被责难。

道光朝宗亲回避才有了明确具体的规定②:道府以下官员仅为同宗同族者,可准在同省隔属的道府任职。道光二十八年(1848年)颁旨,便将血亲的范围仅限于"祖孙父子伯叔兄弟",而同宗同支不同祖父的远房堂兄弟不再受"回避"的限制。其准确的缘亲范围和切合实际的可操作性,使宗亲回避制度既不失防微杜渐的本意,又能真正地得到实施。

外姻回避,是指对母系血缘关系亲属实行回避。封建社会中将母系中的"母之父,及兄弟之父,及兄弟妻之父,及兄弟嫡亲姑舅之子,本身儿女姻亲,己之女婿嫡甥"统称为外姻,与宗亲比较,清朝虽将外姻放在亲族回避的次要地位,但因宗亲与外姻结合,不只是个人婚姻的结合,更重要的是家族和家族利益的结合、攀附。因此,在铨选官员中,不对姻亲实行回避,同样会对清王朝的统治造成危害。康熙年间,笼统地要求外任官员有姻亲关系的,由官小者奏请回避。雍正七年(1729年)规定:"外姻亲属,若母之父及兄弟,妻之父及兄弟,己之女婿、嫡甥,分属至亲",令回避。但在执行过程中,往往因人而异,没有统一的标准。乾隆三十九年(1774年)对姻亲回避有了具体的规定:外省道府大员,于内外姻亲,属同在一省为丞倅州县管官者,向来原无回避之例,近因蒋赐棨条奏,经部议复准行……因思外姻为类甚繁,若以其谊属姻亲,恐有徇私瞻顾之弊,即非本属,亦应回避。……今新例甫行,而直隶一省,已多至如许,其余各省,恐复不少。且或调往他省,又有应行回避之人,徒令仆仆道途,于公事转无裨益。所有道府大员内外姻亲,除本属仍照旧例回避外,其隔属回避之例,著该部另行妥议。③吏部"议定各省道府大员,隔属姻亲,毋庸回避"④。此议将"姻亲"划分为"本属"和"隔属"两类,以此确定应否回避,

---

① 中国第一历史档案馆藏宫中朱批奏折·内政·职官。
② 韦庆远:《清朝回避制度》,《历史档案》1989年第1期。
③ 光绪《大清会典事例》卷84《吏部处分则例》。
④ 光绪《大清会典事例》卷84《吏部处分则例》。

不但有利于明确遵守,而且减少了许多不必要的手续和往返。这样姻亲回避就只限于"本属"姻亲中的翁婿、郎舅、外祖父与外孙之类的直系亲属,而其他大量的旁系姻亲就不必再受回避任职的限制。

宗族回避。清代中央政权的直接统治只到州县一级,州县以下为地方自治,由于地方自治的核心是宗族自治,因此,宗族势力的强大,越易形成对中央政权巩固的威胁。清政府对此作出明确规定,"族中之虽服制已远"。即已出五服但聚族一处"情谊最为关切",俱令回避。"若在五服之内者,虽住处不同,仍应回避"。宗族回避不仅适用于汉族官员,满族官员亦应遵此例。康熙十六年(1659年)规定:"满洲聚处京城,而支分派远族分派各异者,亦与汉人之散居各处者无异",令回避。

师生、幕友关系回避。清代官场,不少人借门生、座主的师生关系钻营,康熙年间一度规定,凡在科举乡会试中分房取中之人,例应回避,即在出任外官时不得在自己师辖下任职。各省乡试,除由皇帝钦派主考人员外,其他参与考务的官员须在邻省候选的进士、举人中调取,揭晓后亦即咨送回籍,不得留滞以结师生之情,防范十分严格。但在执行过程中,这种回避制度往往造成了人才使用的许多麻烦。由于科举是当时入仕的正途,科举出身的官员必经乡、会等试,或出于同门,自然形成各种师生关系,如果一律不准作为上下级共事,自然就扩大了回避范围,可用之人就有限。加之此一规定只适用于外官而不适用于京官,京官中如必须回避座师,不能留任京职,那么,几乎所有的进士或翰林出身的人皆不能留京供职了。因为主持会考的官差不多都以地位较高的京官为主。针对这一弊端,但又要坚持回避的原则,雍正想出了一个将外官中硬性回避师生关系的制度改为着重加强管理监督的办法:至考官外任督抚,属官内有系伊取中者,咨部存案,遇举劾时,于本内声明。考官外任司道,其属官内有系伊取中者,申报督抚存案,如有举劾,督抚本内亦将该员与司道谊系师生之处一并声明,凡督抚司道有所举劾,倘于取中之人有徇私废公等情察出,将徇私举劾之督抚司道交部照例议处。① 雍正认为对督抚司道大员

① 光绪《大清会典事例》卷84《吏部处分则例》。

的门生兼属员采取"严加督责并举劾"事前详细登记备案，遇事追究责任的办法，比一律"回避"更为可取，他认为："朕非禁绝尔等师生之分谊，欲其不相往来也。诚使师生同年，平时互相规劝，勖以道义，励以公忠，各为国家分猷效力，虽日相亲近奚害焉？"①这样用加强管理和监督的办法，避免"回避"影响对人才的使用。

幕僚制度与中国封建社会相伴为伍，清代的官员无论正途异途，绝大多数缺乏必要的行政经验和必要的业务知识准备，在日常行政事务中，则主要依靠聘请若干幕友佐政。幕友虽非正式编制，但官幕之间关系比较密切，有些人甚至成为官员的谋主智囊。官员的贪黩瞒欺，几乎都依靠幕宾插手其间。由此，不能不将其纳入回避范围。雍正时规定，各督抚每年应汇奏幕友姓名、出身、人品事迹，并规定入幕五年必须更换。乾隆时期又规定，外省各衙门幕友在所辖地方及五百里以内不得延请。嘉庆时专为幕友回避发上谕，各省督抚不得留属员入幕，也不得任用幕友为本身下属官职。自雍正到道光朝的百余年间，官幕回避一般都被遵守。到了咸丰初年，太平天国起义运动爆发之后，在其特殊的历史环境变化之下，官幕回避的规定被突破。为镇压太平天国起义，湘军、淮军这些以地方武装为基础，均以本籍之人以统率本地武装，发展成为清政府镇压太平天国革命的主要军事力量。李鸿章、左宗棠曾以翰林、举人身份入幕，后成为统治集团中坚力量的代表人物，清政府的官幕回避制度已名存实亡。

社会关系回避中，以亲族（宗亲、姻亲）的回避最为健全，其回避程序也比较完备。清朝亲族回避在一般情况下是指不准官员与亲族在同一官署做官，而在其他官署做官则无须回避。亲族回避的程序是将有亲族关系的现任官员从同一官署调配开的程序，正是将现任官员与参加铨选人员之间及参加铨选人员之间有亲族关系者，不安排在同一官署的程序。

现任官员亲族回避的程序：在京各部院官员，凡亲族在同衙门，令官小者回避，同衙门补授的同官，令候补者回避。子孙父子的回避程序：因考虑到"祖孙父子名分攸关，系堂员，概令司员以下回避；系同官，无论候

---

① 《清世宗实录》卷87。

补及官小者,概令子孙回避。对外姻则令官职小者回避"。可见,其回避原则在官职上是以小官者回避大官,以候补官员回避现任官员。在亲族辈分上,则以卑者回避尊者,这也是封建社会的纲常伦理,注重尊卑长幼之序的观念,在现任官员亲族回避制度中的反映。

规定参加官员铨选人员的亲族回避程序是:现任京官回避,要到部写文报告。在部候选人员(包括京官及外官)如有应回避的亲族,旗员用代表其身份的图文,或其所在地都统的印文,作为证明和担保手续备案;汉员用和自己是同乡的京官的印文作为证明和担保手续备案;满员汉员在起送赴选图文、印文上还要将"某府、州、县详细写明"以便查考。

官员铨选的日期定为每月的二十四日,在铨选中,要看参加铨选者声明有应回避的亲族时间的先后区别对待。共分三种情况:在二十四日过堂前声明者,铨选的员缺归本月另选,并优先照顾;在二十四日过堂后声明者,铨选的员缺归下月补议;到掣签(铨选时采用的抽签方法)时才声明者,则将该员退到原来为等候铨选者编排的班子里重新等候,重新到部写文报告,以便重新参加铨选。这就推迟了后声明者参加铨选的时间,减少了被铨选上的机会,以此作为对后声明者的惩罚。这种按声明先后区别对待的方法,目的很明确,即让官员主动报告有应回避的亲族。

对被铨选上的应实行亲族回避而分发到各省的官员任期有明确规定:以该员具呈声明回避之日起,赴任期限为三个月,应请假或筹资者,准其延期三个月,但要先咨部存案,方准延期。

京师及各省应回避的人员,如果上司已调往他处,则准其回原任。这是因为"原上司调往他处及离任该员已非其所属,无可回避"。但"如原缺已经选补有人,概令回避之员京员赴部另选"。外员赴改掣省分另补。

回原任的官员要有一定的程序,"改选人员均应查选授时该回避之堂官曾否离任,如该员得缺在先,而回避之堂官离任在后",应准回原衙门。如回避之堂官早经离任,"该原衙门并未奏留,迨至临选班到或授及缺后始行奏留者,驳回"。总之,应回避人员原上司调往他处,准其回原任的规定是对亲族回避人员的鼓励和优待。

清代对于亲族回避的程序十分完备,在其回避程序中还规定有不应回避和不得回避的补充规定,以防止有些官员借亲族回避之名"瞻顾徇私"。而对受处分撤职降级官员也有规定:如有回避人员任内有犯罪及受过处分的案件,不准离任,待处理后令其回避。以防官员借回避之机逃脱罪责。

清代回避程序的完备为亲族回避制度的顺利实施创造了条件。

特殊人员特殊机构回避制度。清朝回避制度中,对一些特殊机构,军机处、督察院、刑部、户部等机构,和某些特定人员或特定职务,又有特别的回避限制。

特殊人员回避规定。清代对文武大臣子弟入仕或任职订有专门的审批手续。其中,凡大员子弟被吏部或督抚奏荐担任要职,必须事先在奏折中声明请旨。嘉庆十一年(1878年)谕:"朱锡爵系大学士朱珪之侄,铁保(两江总督)等以之调补江宁府知府……折内未据明白声叙。恐各省督抚遇有此等拣调要缺,于属员中大臣子弟其能否胜任,瞻徇情面,专折奏请,于吏治殊有关系。嗣后拣送要缺人员,如系现任文武二品以上之兄弟子侄,均著于折内声明请旨。"

军机处回避规定。办理军机事务处,简称军机处,是清朝雍正年间设立的辅政中枢机构。其人员由军机大臣和军机章京组成,军机章京职责"缮拟谕旨、登记档册、常设机务,兼值夜禁中,遇有召宣如有能承旨合意则常被特擢"。清代军机大臣、封疆大吏出身于军机章京的颇多。皇帝出巡,时章京则参与随扈之列,钦差特使,得邀随行之选,其位之要津仅略逊于军机大臣。众多大员多以自己的影响将子弟荐入军机处。清初,关于军机章京的任用并没有什么限制,嘉庆十年(1805年)八月,御史吴邦庆奏任用汉章京应分别出身折,八月二十四日,内阁奉上谕:"京官二品以上,外官自藩臬以上各大员之子不宜挑补军机章京,即道员之亲子弟以司道并行体制相垺,亦在禁止之列。"① 尔后,嘉庆十六年二月初二日,又颁布了更具体的对挑选军机章京的亲族回避限制:"满汉章京趋公执事先以谨慎为本。而谨慎,视乎其人。但防闲之道亦必当定以限制。嗣后

---

① 中国第一历史档案馆藏上谕档嘉庆十年八月。

文职京官三品以上,外官臬司以上;武职副都统以上,外官总兵以上,其亲子弟不准在军机章京上行走。其行走在先者,亦毋庸随时具奏,即令照例回本衙门当差。"①道员、盐政、关差等项职官之子则被排除于禁选限制之外。

都察院、户部、刑部的职务回避。都察院亲族职务回避规定:"父兄在京现任三品京堂,在外现任督抚,其子弟俱不准考选御史。其父兄在籍起文赴部补授及经升任者,有子弟现任科道,令其呈明都察院具奏回避。"②雍正年间规定,派往江浙、闽粤等省主持海关工作的"关差"、海关监督等职务,不得任用本身之人。到乾隆三年(1738年),刑部郎中增寿奏请"嗣后巡城缺出,将籍隶大兴、宛平之科道概令回避,俱不开列,庶官常无掣肘之累,而诸弊肃清,人知守法"。乾隆批道:"著照请行。"③尔后,京城巡城御史之职亦被列入特定职务的回避。

乾隆朝规定:"在京户刑二部司官有刑名钱谷之责。籍隶山东者回避山东司,籍隶河南者回避河南司,及各司官莫不回避本省司官之缺,诚恐亲友招摇,诸事掣肘之故也。"④另外,户刑两部司官"不分远近,系族中均令官小者回避"。

监察机构为防止大臣利用御史互相弹劾、纠参,以及大员子弟利用其出身的背景操纵掣肘监察机构,清政府不准京官三品以上、外官督抚子弟就任御史。

拣选机构回避。清代拣选机构中"各项拣正陪并应行拣补京外各缺以及拣发委用人员,俱由吏部将满汉大学士、九卿名单开列奏请"由皇帝钦派。

对参加拣选的钦派大臣与赴挑人员的亲族职务回避规定:"钦派大臣内有与应行挑选之员系属祖孙父子、胞伯叔兄弟;外姻亲属中母之父及兄弟、妻之父兄及兄弟之女婿、嫡甥,俱令赴挑人员于临时呈明回避,将该

①　中国第一历史档案馆藏上谕档嘉庆十六年二月初二日。
②　光绪《大清会典》卷84。
③　中国第一历史档案馆藏宫中朱批奏折·内政·职官。
④　中国第一历史档案馆藏宫中朱批奏折·内政·职官。

员扣除不准拣选"①。对各部院大臣与挑补人员的亲族职务回避规定："各部院大臣等与赴挑选人员系属姻亲、宗族例应回避者，即自注明知照吏部扣除。"②清政府对参加拣选的钦差大臣、部院大臣与赴挑人员之间规定亲族回避外，还对和赴挑选人员无直接关系但有一些间接关系的各部院大臣实行亲族回避规定。这样做的目的，与科举考试中乡试、会试回避考官之例相似，但"至拣选得官立法尤应严密"③。

清政府对这些特殊的机构、特殊人员实行亲族回避的规定，在一定程度上阻止了这些机构中的要员及其子弟或亲族掣肘军机国务、监察、刑狱、财政、铨选官员的局面，从而防止他们以此来徇私枉法，擅权犯上，威胁皇权。

地域回避。亦称籍贯回避，即不允许官员们在原籍或与原籍接壤地区任职为官。康熙四十二年（1703 年）规定："选补官员所得之缺，在五百里以内，均行回避。若有以远作近，以近报远，希图规避择缺之美恶者，或经部察出，或到任后督抚题参，照规避例革职。"乾隆九年（1744 年）又作补充："现任各官，有任所与原籍乡僻小路在五百里以内者，均令呈明该督抚酌量改调回避……如应声说回避而不声说并虚捏者，一经查出，皆照例议处。"

根据以上规定，即要求回避官员所在省，邻近省应以五百里为回避限度。具体实施过程首先责成有权推荐和委派官员的吏兵两部和各省督抚大吏们进行认真严格的审核。在京凡由吏兵两部奏荐引见的文武候补各官，必须附有经过审核的履历表，举荐人要对其真实可靠性负责，尽可能排除一切违背回避规定的人选。对于各省总督和巡抚提名中的低级官员，则明文规定必须："查明该原籍地方，如系邻省在五百里之内，应行回避之缺，不得混行题补委署。与两省交界添设佐杂等官，如驻扎衙署，与该员属籍附近在五百里之内者，亦令照例回避……如有违匿等情，照例议处。"清政府时时严饬各官必须如实填报，严格遵守回避原籍的法令，所

---

① 《吏部则例》第 8 卷。
② 《吏部则例》第 8 卷。
③ 《清会典》第 47 卷。

谓原籍在清代不仅指本人祖辈世居之地,而且还包括"寄籍"所在,即本人或父辈曾在一定时期做官生活或营生之地,都在应回避范围之内。

清代各省督抚大吏对下属各官,均应负责其审核有无违犯有关地区的回避条款,即一官到任,必须首先向布政使呈上两份文件:一为本人的"亲供";一为同乡职官"印结"。布政使应对上述"亲供"和"印结"进行审核,在"复核无异"之后再呈报本省督抚,由督抚具文咨送吏部和该员官府备案,有关"亲供"和"印结"即作为咨文的附件。

再者,原籍回避也包括为官时涉及"原籍"的政务或利益纠葛亦应回避。

中央在京各部,特别是户部和刑部其有"刑名钱谷之责,籍隶山东者回避山东司,籍隶河南者回避河南司……"①的规定。康熙十五年(1676年)二月户部入奏,上问尚书赵申乔曰:"江南蠲免钱粮一事,所议如何?"赵申乔奏曰:"前此曾经九卿议不准行,今蒙圣谕蠲免。臣等现在商酌,欲祈仍交九卿会议。"上曰:"尔系江南人,议蠲免江南钱粮之事,理应回避,况尔亦有地丁钱粮在内。虽尔自谓无私,众心必然不服。"赵申乔奏曰:"回避甚善。"上曰:"朕言在先,尔今以回避为善。朕未谕尔之前,何以不请回避?"赵申乔词穷无以对。上又曰:"凡理应回避之事,即行回避,此定例也。应回避而不回避,执意求名,不但难免众论,抑且于理有碍。"②

顺治和康熙时期,地区回避一般仅适用于担任外官的汉族官僚,但到了雍乾主政时期,宦途壅滞,大量的汉军和满员被委充州县或佐贰官,有关地区回避的问题遂引起了皇帝的注意。雍正四年(1726年)三月,颁发籍隶汉军的官员应回避直隶任职的上谕:"汉人为外官者俱应回避本省,朕思汉军之在直隶亦当如汉人之回避本省也。直隶去京城甚近,汉军之亲戚友朋散处直隶所属之州县,且伊等庄田地土亦多分隶其地,保无请托牵制徇私报怨等弊,嗣后应照汉人回避本省之例,停其在直隶做官,令于

---

① 中国第一历史档案馆藏宫中朱批奏折·内政·职官。
② 《康熙起居注》第 3 册,第 2355—2356 页。

别省各缺铨用。"①

乾隆十五年(1750年)三月,对满族官员亦实行回避之制:"迩来直隶州县间有满员补用者,并未议及回避,揆其所由,从前州县原未补用满员,是以止定汉军之例,令既用满员而未议及回避,自属办理疏漏。朕思州县亲民之官,五百里内旗庄地方鳞次接壤,词讼案件动相关涉,自不便用满员。嗣后汉军仍照旧例回避直隶,其满洲人员著回避五百里以内。所有现任人员,著该部查明另行请旨。其道、府、同知等官统辖之员,虽非州县可比,但本员庄地有在所辖之内者,亦属未便,著报明该督奏请调补。盛京州县今已概用满员,其中有庄地在本境者,亦著于部内呈明另行扣补。著为例。"②

汉军回避直隶。首先是防止其在直隶地区原有亲属、朋友等社会关系的牵涉。其次防止其有关土地财产的纠葛。而对于满员回避京畿五百里,主要是针对"五百里内旗庄地方鳞次接壤而词讼案件动机关涉",清初,"圈地"而引发的诉讼纠纷日益增多而引发的社会问题的善后处理。由于政治的需要,乾隆十五年(1750年)特旨取消了满洲汉军人员的地区回避限制。

清朝统治者和整个统治集团对地区回避制度十分重视,皇帝亲自处理一些违反回避制度的案件。即使是对一些身居高位、颇有名望的大臣亦不例外。江南人户部尚书赵申乔,受康熙宠信十年而不衰,一次因议江南蠲免钱粮事而没回避,康熙帝直斥其非。赵申乔只得认错回避。不仅如此,对于皇帝已明谕委派的官员,也有人从地区回避制度的奏请再议。乾隆五年(1740年),乾隆帝派工部侍郎张廷璲为江苏学政。因张廷璲原籍安徽桐城,距江苏较近(没有超过五百里的地区回避范围),对他是否宜于主持江苏的教育和考务,御史程修明认为他有地区关系涉嫌,遂奏称:"江苏非比他省,桐城相去又近……(张廷璲)浑原有余,精明不足。关节易到,耳目难周。在学臣幕中,既不能舍亲用疏,舍近求远,而若辈借

① 《雍正起居注册》第1册,第699页。
② 中国第一历史档案馆藏上谕档乾隆十五年三月。

此居奇,夤缘影射,是非人之不克胜任,而地之不相宜也。业奉纶言,未容反讦,伏乞皇上亲颁敕旨,严加戒谕,将一切传递之弊,枪手之弊,承差沟通内幕之弊,子弟私自外交之弊,俾得凛遵,庶几慎关防严径窦,岂特江苏文人之幸,而保全名节终始无瑕,又何莫非廷璇之厚幸乎?"①乾隆帝认为:"此奏所见甚是。"②皇帝虽然没有改委他人,但张廷璇是带着地区关系涉嫌的包袱上任的。

地区回避制度在执行过程中,也显现出一些弊端,新官赴任,离本籍少则五百里,多则上千里,举家迁徙,朝廷不提供赴官费用,"必须举债方能为官"。而官到当地之后"士风不谙,语言难晓,政权所寄多在胥吏"③。所谓"官避本籍,吏则土著世守",世守的吏胥则在地方胡作非为。根据这一实际情况,曾作过一些调整,雍正七年(1729年)就曾下谕,对同一总督辖区内的不同地区,不必僵硬地实施一概回避。谕曰:"向来司官补授之时回避本省,盖因地方密迩,恐其中有嫌疑牵制等弊也。朕思江南之上江下江,湖广之湖北湖南,陕西之西安甘肃,虽同在一省中,而幅员辽阔,相距甚远,定制各设巡抚司道以统辖之,其情形原与隔省无异,则官员选补,不过有同省之名,而并无嫌疑牵制之处。况系同省,则彼处人情土俗,较他省之更为熟悉,未必不于地方有所裨益。嗣后,凡江苏、安徽、湖北、湖南、陕西、甘肃诸处,府州县以下官员得本省之缺,不在本籍巡抚统辖之内者,不必令其回避。其相隔在五百里之内者,仍照隔省回避之例,一体遵行。"④雍正此谕的意图十分明白,地区回避制度要服从于统治利益,其目的是防止"嫌疑牵制等弊",如果消除了"嫌疑"任职官员还是以"于彼处人情土俗"熟悉官员为好。自此,对府州县官、同知、通判等佐贰官在同一总督而不同巡抚辖下任职已不再受籍贯回避的限制。但是,对于总督、巡抚、布政使、按察使、学政等官的任用,特别是对督抚的委任,仍然严格遵循地区回避的限制。

---

① 中国第一历史档案馆藏宫中朱批奏折·内政·职官。
② 中国第一历史档案馆藏宫中朱批奏折·内政·职官。
③ 顾炎武:《日知录》第八卷。
④ 《清世宗实录》卷81。

对于河工的任用,乾隆帝认为:"河工非地方官员经理民事可比,但不至近邻乡里亲故难以避嫌,其于职守官毫无隔碍。"因此规定"嗣后,凡河工同知以下各员有居本省而居家在三百里以外者,俱准勿庸回避"。①

清朝回避制度承袭明制,为了加强集权专制,以维护少数封建贵族对多数人民群众的统治。回避制度成了巩固皇权整肃吏治的手段之一。铨政置官,国之要务,清统治者不敢忽视,中国幅员广大,如此庞大的帝国,要建立庞大的官僚机构来统治,必须加强吏治,防止官员以亲结党,勾结乱政,使大一统的封建帝国政治权力掌握在一人手中。

清朝实施回避制度,限制了官员利用亲族、师生、宗族等关系,在经济上谋利受到一定的限制和惩处,在一定程度上清除了封建社会官场滋生腐败的条件,具有防微杜渐的作用,使吏治得以相对澄清。但回避制度不是整顿吏治的根本办法,正如雍乾时陶正靖所言:"人臣苟不能秉公执法,虽在数千里之外,庸必无姻亲故旧邪?若其公正无私者,虽在本籍又安能扰之。"②乾隆中叶以后,吏治腐败,侵贪之风盛行,尤以督抚引人瞩目,"各省督抚中廉洁自爱者不过十之二三,而防闲不峻者亦恐不一而足"③,就是明证。

五、清朝政治制度对反贪的影响

清朝是中央专制主义集权皇权为核心的官僚社会,官吏中的侵贪现象既是官僚政治得以存在的必要条件,也是这种政治所导致的必然结果。官僚政治的腐败,其最明显的特征是:官僚政治成员,不顾王朝前途与命运,通过废弛政务法纪、贪污婪索等行动,以满足个人或个人所在利益集团的私欲,从而严重危害封建政治的正常运行。所以,政治腐败的实质,是官僚与国家间的利益冲突。

我国历代封建专制王朝,在立法上都对惩治官吏贪赃给予很高的地

---

① 《清会典》第47卷。
② 贺长龄:《皇朝经世文编·吏论》。
③ 中国第一历史档案馆藏上谕档乾隆六十年八月初七日。

位,就是"赃"字本身,从一开始就用以表达一个专门的法律概念来使用的。晋代张斐曾言:"货财之利谓之赃。"①其以非法手段获取不属于自己的财物便可以作为赃来看待。唐律中始将赃分析为六,称之为"六赃":"赃罪正名,其数有六,谓受财枉法、不枉法、受所监临、强盗、窃盗并坐赃。"②在六赃中,枉法、不枉法、受所监临这三类赃罪是属于官吏赃罪。中国封建法律对于六赃的处罚,亦同"十恶"一样,采取从重的原则,清朝亦不例外。清初顺治帝时即规定:"赃至十两者,责四十板,流徙席北地方。其犯赃罪应杖应责者,不准折赎。"③

皇权作为最高层次的专制权力,是整个封建专制国家法制的最终保证,专制和独裁是封建政治制度的实质,它要求国家的一切政治生活包括司法活动都适应于它、服从于它。皇帝始终掌握着死刑的最终裁决、钦案大狱,控制和监督司法。在具体的行政及司法活动中官员均按典例而行,即有"同例不同律",或"以例治天下"的说法。例就是事例、则例,多系皇帝谕旨,或经部议及九卿科道讨论请旨允准而形成的,典型地反映了朕即法律的专制主义原则。清代所规定的惩治官吏侵贪的法律条文尽管详细完备,但它也和其他法律条文一样,往往不是为了实行,而是为了装潢或掩饰。仅把法律见之于律条而不付之于实践,再好的法律也只不过是一纸空文。专制官僚社会限于自身生存的需要,不可能有真正的法制。其法律与实际脱节或背道而驰的现象极为常见。

在一个依靠人治的封建专制社会中,从君到臣的各级官吏,"无论是达则兼善天下地把持朝政,还是穷则独善其身地武断乡曲",始终把政治作为达到经济目的的手段,贪赃便是实现这一目的的便利途径。官僚政治与官吏侵贪本来就是孪生兄弟,作为最高统治者的皇帝决不会产生从根本上杜绝官吏侵贪的思想和愿望的。清朝统治者之所以对惩办和制裁官吏侵贪如此地重视,雍乾两朝严惩贪官污吏,从法律、行政、经济等方面建立了一整套对官吏侵贪的防范体系。这是维护中央集权专制主义皇权

---

① 《重刻唐律疏议序》。
② 《旧唐书·刑法志》。
③ 《清世祖实录》卷 125。

的需要。

首先,历代开明君主都知道"官逼民反"这个简单的逻辑,官吏的横征暴敛使百姓的生存权利被剥夺,百姓的反抗、斗争必然导致王朝的更替。对于帝王来说,对臣下首先要求的是"忠实"而不是"清廉",这必须给予各级官吏相应的好处。做官的目的就是为了获得物质享受的特权,这种特权必须限制在百姓可以承受的范围之内。"赏与罚"是帝王控制臣下的权柄,惩贪是皇帝对嗜赃成性官吏加以限制的主要手段之一。当官吏的贪赃行为引起公愤,造成统治不稳定时,便不惜采用严厉的处罚手段惩一儆百。清代二品以上大员,因侵贪或因侵贪与另罪并罚而被处斩、处绞、令其自尽官员共四十一人,而乾隆朝则有二十七人之多,其中因侵贪而被处以极刑的督抚有十七人。如此严厉的惩办,实在不是法制之严,而是说明了贪赃之盛,乾隆晚年也不得不承认"各省督抚中廉洁自爱者谅不过十之二三,而防闲不峻者亦恐不一而足"①。

其次,权力作为一种特权,变成人们争相追逐的对象,而掌权的官吏则依赖手中的权力达到各种经济目的。中国的封建历史,实际上就是各种官吏,上至皇亲国戚、宫内重臣,下至无品小吏乃至当差者的一部忙忙碌碌的贪赃史。贪赃的盛行使官僚机器的正常运转受到影响,"公事废弛"。一些官僚集团势力的增长甚至危及皇权的根本利益,使得皇帝不得不采取各种措施来限制和防范。清代密批奏折制度及军机处的建立,使外朝内阁之权归于军机处,皇帝和诸大臣之间架设了一条绕开正常公文传递渠道双向联系的线索,凡属地方民情、同僚和乡宦的为政为人等都能及时掌握。密批奏折制度使大臣与皇帝间、大臣与大臣间的利害关系联结得更加紧密,同时皇帝能更好地控制臣下并通过他们控制群僚。清代监察制度在沿袭明制的基础上得到了进一步完备和发展。清初,科道在参劾贪赃枉法,纠正地方弊病,抚恤百姓等方面发挥了效能,对保证封建官僚机器的正常运转,在防范和限制官吏的违法违纪行为上起到了重要作用,出现了许多不避权贵、敢谏直言的科道官。在行政管理制度的很

① 中国第一历史档案馆藏上谕档乾隆六十年八月初七日。

多方面,总结了历代统治的经验,以"会典"为政府办事的准则,百官奉行的宪章,以"则例"为各衙门办理具体事务的指导。诸如官员任职中的回避制度,考核官员的京察、大计、军政制度,官员退休的致仕制度,以及财政税收中的奏销审核制度等,都不同程度地规范了官吏的行政行为,客观地反映了封建法制中相互约束、制衡的关系。

封建专制制度下,对官吏侵贪行为的严惩以及对官吏侵贪行为限制和防范制度效能的发挥,均以当时政治的需要和皇帝的个人意志为转移。清初,作为统治民族的满族刚完成奴隶制向封建制的过渡,满族贵族还保持着封建地主阶级在上升时期的某些朝气。顺治、康熙、雍正、乾隆四帝又都励精图治,为加强和巩固中央集权专制皇权的需要,对吏治予以高度的重视,严惩贪官污吏,建立和完善了监察制度、回避制度,京察大计军政考核百官,密批奏折制度加强了对官吏的控制,其成效是显著的。道光晚期以后的清朝,封建专制的肌体病入膏肓,清政府的昏庸腐朽,也达到了空前绝后的地步。帝国主义的入侵,又加深了民族危机。清政府在政治、经济上逐渐丧失独立,成为依附于洋人的朝廷,仰帝国主义的鼻息而苟延残喘,整个封建政治制度,在资本主义国家的商品、大炮进攻面前,已无回天之力,走到了尽头。

官僚政治是一种具有悠久历史的制度和传统,中国封建社会历朝都实行这一制度,这就决定了各代官吏侵贪和吏治腐败从内容到形式都有很大的一致性和继承性。而这种一致性和继承性主要表现为:其一,重人治,轻法治,在一个靠人治而不是靠法治来进行统治的封建专制社会中,庞大的官僚队伍是维持专制的基本力量,而官吏的贪赃行为是与这种制度相辅相成的。地方官要在地方发财,不得不贿通京官,而京官要通过地方官发财又不得不敷衍地方官。上下其手,造成一个"无官不贪""无吏不盗"的官僚体系。其二,中国的官僚制度以专制君权为核心,存在着政治上严密的人身依附关系,这既表现为君臣之间不可逾越的主奴差别,也表现为上司和属员之间严格的政治隶属,属员的政治生命权柄往往操纵于上司手中,奖惩黜陟、升转迁徙均须由上司提议或决定,下属对于上司均竭尽奉迎之能事。这种上下级政治从属的关系,造成政风颓废,官风不振,官吏之间争夺利禄,贪赃枉法,置人民生死、疾苦于不顾,借助各种非正常手段(如贿赂、奉迎、亲情等)联络关系,以期达到自己的政治目的。使政治上的权力利益关系与物质利益紧密结合,政治领域内的利益分配趋于复杂化,贿赂的大量存在就充分说明了这一点,贿赂逐渐成为以物质利益方式调节传统政治关系的一种手段。①

所以在封建官僚政治制度之下,官吏侵贪,政治腐败,也可以说是官僚政治异化的结果。

六、清朝财政经济制度对反贪的影响

(一)"陋规"与官吏侵贪

陋规问题是清代吏治一大纰政,因其深入渗透于京内外各级衙门官僚和吏役之间,成为当时官场的一大突出现象。清代历届皇帝对陋规都采取过禁止或限制或整顿合并的措施,但从未能真正将之杜绝或将其纳入可以认可的范围。陋规屡禁不止与清一代相始终,而且在中后期之后愈演愈烈,甚至取得了在一定程度上受朝廷默许的半合法地位。凡事无(陋)规不成,非(陋)礼莫办。其陋规渗透到官员、衙署的政务活动、日常生活中,门类名目愈繁,其规格也愈高,费亦愈巨,社会为此负担亦重,对人心道德戕害愈深。乾隆中期以后,陋规泛滥,成为官员侵贪原因之一。

所谓陋规,就字面上讲,是指衙门中历来相沿的不良成例。按衙署级别,大体上可分为中央级衙门及官吏收受的陋规,省级督抚司道等官所得和所送的陋规,还有府州县级官以及地方吏役所得和所送的陋规。

中央级衙门及官吏收受的陋规大体上可以分为两类:一为中上级官僚亲贵收受各地方官以各种名目的馈赠;二为各部、院、府、寺、监等衙门官吏定期的或因事因案收受的部费。清代,大臣积累财富的多少与其权势和贪婪程度有关。中央级衙署和官吏所得陋规的多少,实际上是与他的地位或依仗的权势成正比。地方官贡送给京内贵官的陋规一般为:

① 高翔:《康雍乾三帝统治思想研究》,第438页。

"道、咸以前,外官馈送京官,夏则有冰敬,冬则有炭敬,出京则有别敬……同、光以来则冰敬惟督抚送军机有之,余则只送炭敬而已,其数自八两起至三百两为止……"①

外官晋京馈送的别敬,得受者多的不过数百两,少的仅数十两或数两,数目虽是有限,但却不止馈送一人,而应致送的则以数十数百人计。至于收受者,特别是其中位隆权大者,每年晋京陛见或办事之人数百甚至上千,累之不可计数。外官馈赠京官除常见的"敬"以外还有使用岁金、节敬、程仪、赆礼、赆礼、赙仪、贺仪等各色,有的馈赠银两,有的馈赠古玩、字画,有的则馈赠方物吃食等。

然而中央各部、院、府、寺、监的一般中下层官吏,就只有自己想办法拉关系以广开财源。同光年间的名士李慈铭对此有生动形象的描述,谓:"京官贫不能自存,逢一外吏入都,皆考论年世乡谊,曲计攀援,先往投谒,继以宴乐,冀获微润。彼外吏分其胺削所得,以百分之一辇至权要,馨其毫末遍散于部、院诸司,人得锱铢以为庆幸。"②

中央一级衙门和官吏取得陋规的另一经常途径,就是在办理各种公务时收一定的部费。所谓部费,是指地方文武各官向中央主管部门申报某些待审核的册籍,待报销的经费,待批准的政务或案件,必须同时奉送上一定额外费用以供官吏们私自分享的费用。部费又因不同业务定出各式,以吏部为例,领凭有费,领照有费,引见亦有费,或数两或数十两,仿佛亦有一定规矩。而最重者,"则卓异引见道府,竟有至三百六十、二百四十者"③。无论任何地方官府,只要主动地缴纳部费,一应事件均不难办妥,如无部费,则必受百般挑剔,概予驳回。官吏们为了要取得部费,除了惯用的挑剔批驳,然后,或守候有关地方官来议价缴费,或由司官司吏向各该省的熟人写信致意,表示愿予协助以得转圜。至于一些一时性的或专门性的问题,则应另视情节轻重而酌定价目,双方斟酌商定缴纳。

地方性陋规的名目更加烦琐,一部分陋规是专适用于省级督抚、藩臬

① 何刚清:《春明梦录》卷下。
② 李慈铭:《越缦堂日记》同治十一年四月二十五日。
③ 何刚清:《客座偶谈》卷1。

以及盐政、海关监督、将军、都统衙门等,这些陋规称为院规、省规。而地方性陋规更多的是通用于省、道、府、州、县的,在钱粮征收和交收方面,有火耗、耗羡、平余、帖规、照规、批回费、结费、契税规、屠宰规、丈规、当规、牙规、柜规、军粮折价规、荒规、灾规等等;在刑名词讼方面,有投告规、承差规、铺堂规、差规、解规、串票规、安班规、挂号规、相验规、傅呈规、傅证规、代书戳规;将军、都统、八旗佐领等军职旗务衙门,则普遍有丁粮空额规、马草规。至于一些专业性的衙门,如盐政衙门,则有匣规、引规、场规、坝费、配费、掣费;河道衙门有河工规、闸规;漕运衙门有漕粮规、运规、截贴规;海关衙门有关规、验规、船只出入规;陆长有长规、站规;等等。上官来阅兵或学政来考试时,有栅规。上官召宴或宴请过往长官时,还有压(押)席或折席规礼。属官对各上官例应按时致送节寿礼、红白事贺仪奠仪;上官入京陛见或省内外升迁调任,各属官应送盘缠金、程仪;属官晋谒上官,初次应送贽见礼,每次入见都必须给管门家人送上门包银;等等。[①]

清初,地方官吏役普遍收受馈赠规礼,从督抚以至州县官,在陋规问题上他们都具有双重身份,一方面他们是馈赠者,殷勤贿送朝中要人及上级官吏,目的是为了找靠山,辟门径,得奥援,谋升迁,寻求政治庇护,这是封建官僚政治中人身依附关系的产物。另一方面,他们既分别担任一定的官职,掌握一定的权力,接受属下的馈赠是理所当然的事。连蕞尔六七品的知州知县也要定时接受境内佐贰杂官、吏、役、绅衿的贡献。委任必酬,到任必谢,节寿必礼,一切陋规,缺一不可。无馈赠则不能办事,有馈赠则诸事顺畅,上下相安。在来来往往中绝大多数人都从中牟利,得到相应的好处。

清代前中后期政治格局不同,几代君主的治道又存在歧异,因此陋规问题的利弊和处置几经起伏,变动较大,大体说来,顺治朝执法严酷,康熙朝倾向宽松,雍正朝曾大力整顿并加以裁革,总之,当吏治相对清明时,地方官吏借陋规以补养廉俸银之不足,陋规虽无所不在,尚不致造成对社会的危害。

---

① 韦庆远:《论清代官场的陋规》,《明清史辨析》,第242页。

　　然而,乾隆中期以后,乾隆帝本人对陋规的态度摇摆于宽严之间,而晚期则流于放纵。加之乾隆本人多欲,陋规已成泛滥成灾之势。尹壮图在嘉庆帝亲政后就将这一变化讲得十分清楚:"乾隆三十年以前,各省属员未尝不奉承上司,上司未尝不取资属员。第觉彼时州县俱有为官之乐,间阎咸享乐利之福,良由风气淳朴,州县于廉俸之外,各有陋规,尽足敷公私应酬之用。近年以来,风气日趋浮华,人心习为狡诈。属员以贪缘为能,上司以逢迎为喜,踵事增华,夸多斗靡,百弊丛生,科敛竟溢于陋规之外。上下通同一气,势不容不交结权贵以为护身之符。"①章学诚则把溢于陋规之外的科敛指为吏治的"极弊",具体有"漕规之斗斛倍蓰;丁粮之银钱倍折;采买之短价抑勒;公事之借端横敛。印官上任,书役馈送辄数万金;督抚过境,州县迎送必数千金;此皆日朘月削,间阎不可旦夕安者"②。

　　地丁、关、盐、漕是为国家财赋的根本,亦为官吏营私舞弊的利薮,历来陋例丛生,厉禁难止,主要以地丁、关、盐、漕陋数额巨大,以漕规为例,嘉庆初查明山东"漕帮旗丁经费陋规""清单",内开该帮漕船三十九只,得过各州县帮贴陋规银五千余两。通漕计算,各省漕船"原数万四百五十五号",每年旗丁所得州县帮贴漕规总数在百万两以上,而有漕州县以帮贴旗丁为名,加征"耗赠",贪污中饱,又比百万两加增,或加倍不止,故有"朝廷岁漕,江南四百万石,而江南则岁出一千四百万石,四百万石米必尽归朝廷,而一千万石常供官、旗及诸色之蠹恶"。③ 漕规数额之巨可以概见。

　　再看盐务陋规,两淮盐政衙门"每日商人供应饭食银五十两,又幕友束脩、笔墨纸张一切杂费银七十两,每日供应银一百二十两",年计竟达四万三千余两之多,从开销的名目似乎还可以理解,但每年如此巨大的数额却超过了御膳房的开支,乾隆朝御膳房年通计用银仅三万余两,户部尚书每年用于饭食的银两也只有五千余两。盐政官不过微末司员,竟如此

---

① 《竹叶亭杂记》,第53页。
② 《章学诚遗书》,第329页。
③ 《皇朝经世文编》中册,第1089页。

开支。但与盐商供应地方大员的数额相比,盐官的办公费陋规仅只是个零头。自乾隆四十四年(1779年)起,历任闽浙总督俱收盐店总商规礼银两:"杨景素收过银二万两;富勒浑三任共收过银五万五千两;陈辉祖收过银二万两;雅德二任收过银四万五千两;伍拉纳任内共收过银十五万两。"①除此之外,各地盐商还要时时地帮助地方大吏进贡各种名目的"贴补公费"。乾隆四十九年(1784年)在查办广东盐务陋规案中查出,历任两广总督俱用银自三万余两至五六万两不等,而杨景素在任未及一年,竟勒盐商"贴补公费"银六万余两。② 而盐商负担最重的规银则是帮贴办差,特别是皇帝南巡办差,长芦、两淮、浙江三地盐商动辄就要拿出百数十万两,以至数百万两白银。

海关及内地各关陋规亦多且重,较之地丁、盐、漕有过之而无不及。冯桂芬痛切地说:"关无善政","浮费之多,莫甚于关","大抵田赋之数民之所出者二三,而国之所入者一;关税之数,民之所出者十,而国之所入者一"。③ 这虽指晚清而言,但乾隆季年此势已成。

乾隆中期以后,各衙门陋规多如牛毛,不暇细数。乾隆五十三年(1788年)查办台湾海口陋规案,鹿耳门海口文武两税官每年约收"晋银"五万余圆,总兵分至三千圆,副将分至二千余圆;鹿仔"陋规与鹿耳门无异",同知约得一万余圆,守备六千余圆。至淡水、八里坌海口亦有陋规。④ 再者,钦差、督抚过境亦有站规,乾隆五十一年(1786年)两广总督富勒浑婪赃案内查出,其家人李世荣随主子自闽入粤,沿途需索各州县站规,仅福清知县郭廷魁即被勒要"花银"一千二百零五圆;自京回闽仅浦城知县钮琨即被勒去"花银"五百一十七圆。总督入境,州县站规竟达数千两银,从而反映出当时陋规银泛滥的严重性。

乾隆中叶以后,文武官员,每年的收入主要不靠朝廷的廉俸,而靠下属给予的各种名目的陋规。所以汪辉祖说,"俗所指美缺,大率陋规较多

---

① 《史料旬刊》第 32 册。
② 《清高宗实录》卷 1200。
③ 《校邠庐抗议》,《近代中国史料丛刊》612,第 85 页。
④ 《宫中档乾隆朝奏折》第 68 辑,第 805 页。

之地,岁例所入,人人预筹分润"①。至于陋规收入的多少,则要看缺之肥瘠和官员本人道德良心,贪官王亶望陋规所得可在廉俸的数十百倍,而廉洁自矢的清官虽然取之有节,其数额也超过廉俸十数倍。道光年间任陕西督粮道的张集馨,因其所任粮道为有名的肥缺,其每年陋规总有三四十万两,但张集馨自律较严,自称每年入项约六万余两。② 而陕西粮道每年养廉仅二千四百两,其所得陋规是养廉银的二十多倍。外官靠陋规来应酬和过日子,京官也不例外,清末内阁学士兼礼部侍郎汪鸣銮日记《廉泉录》一册中,记载了他在光绪十一年(1885 年)九月起十个月内所得的各种敬银一万零五十一两,其时(半年)国家支给其的俸银不过一百五十两,俸米折银六两八钱,汪鸣銮为八口之家,非得前项敬银接济,否则无以为生。③ 这反映出自乾隆中叶以后陋规泛滥,以致法所不禁、人皆宽容的非正常状况。

陋规泛滥的结果,导致"州县惟知以逢迎交结上司为急务,遂置公事于不问,视陋规为常例,以缺分美恶,得项多寡,总思满载而归,视民生如膜外。而督抚司道等亦只知收受属员规礼,并不随时督察"④。乾隆四十九年(1784 年)五月,江西巡抚郝硕曾以进京陛见"盘费短少"和有"应交浙省海塘公项"紧要为名,"令缺分好者稍为帮助",勒派属员,道府州县共七十一员,送银二千两者一员;一千两以上者共十九员;八百两以上者共九员;六百两以上者三员;四百两以上者共三十员;二百两以上者共九员。⑤ 郝硕收银共八万余两。郝硕被革职解热河质审,乾隆帝亲加究讯,逐款供认不讳,遂命解交留京王大臣会同大学士九卿等审办,旋请旨拟斩立决。乾隆帝命照国泰之案姑予全躯,赐令自尽。馈送银两之各道府州县七十一员,"核其银数之多寡,并按品级之大小,其知府九员应令照所馈银数议罚五倍;同知六员议罚四倍;知县四十三员议罚三倍;佐杂三员

---

① 《皇朝经世文编》上册,第 540 页。
② 《咸道宦海见闻录》,第 80 页。
③ 《文献》1986 年第 3 期。
④ 中国第一历史档案馆藏上谕档嘉庆五年三月初四日。
⑤ 中国第一历史档案馆藏上谕档乾隆四十九年八月初八日。

议罚二倍。共应罚银十六万六千七百两，以充公用"①。

嘉道以后，由于国力渐衰，皇权的实际统治权威下降，已无力再对陋规进行认真的禁革，陋规处于日益严重的失控状态之中，陋规在社会生活中已起到不可或缺的作用，事实上取得了半合法的地位。"属员以黄缘为能，上司以逢迎为喜……科敛竟溢于陋规之外。"清王朝走到了尽头。

（二）"廉俸"与官吏侵贪

清代的俸禄制度是封建国家政治制度和财政制度的重要组成部分。清军入关以后，随着从中央到地方各级统治机构的建立，俸禄制度也日趋完备。清代俸禄制度许多方面来自明制，但是，清朝是以满洲贵族为主体的满汉地主阶级的联合政权，其政权的性质决定了其俸禄制度必须保障满洲宗亲和八旗世家的特殊利益，保证各族上层分子的特殊利益，以维持封建的等级制度，巩固以满族贵族为核心的各族地主阶级的联合统治。

清代的官员俸禄，即定期定量发给的正俸和俸米。依据其政治地位和性质，大体可分成八大系列。即宗室世爵俸禄；公主、格格和额驸岁给俸禄；世爵俸禄；文职官俸；八旗武职官俸；绿营武职官俸；外藩蒙古俸禄；回爵之俸。

宗室世爵俸禄，自亲王至奉恩将军凡十等二十一级，亲王岁给俸银10000两，禄米10000斛，宗室的最低等次奉恩将军的岁俸银为110两，禄米110斛，两者相比，最低和最高的俸禄差距达90倍。

公主、格格和额驸岁给俸禄，固伦公主居住京师者岁给俸银400两，禄米400斛；下嫁外藩岁给俸银1000两，俸缎30匹；六品格格居住京师岁给俸银30两，禄米30斛。下嫁外藩者岁给俸银30两，俸缎3匹。固伦公主和六品格格之间差距达十多倍。另外固伦公主额驸居住京师者岁给俸银300两，禄米300斛；下嫁外藩者岁给俸银300两，俸缎10匹。县君额驸居住京师者岁给俸银40两，禄米40斛；下嫁外藩者岁给俸银40两，俸缎4匹。

---

① 中国第一历史档案馆藏上谕档乾隆四十九年八月初八日。

世爵俸禄,自一等公至恩骑尉凡九等二十七级。一等公岁支俸银 700 两,恩骑尉岁支俸银 45 两。

文职官俸①,顺治元年,曾按明例"支给俸禄柴直"。十三年(1656 年)裁汉官柴薪银。雍正三年(1725 年),定在京大小汉官照俸银数目发给俸米(原来每人年支米 12 石)。计清代文职官俸十等:一品岁支银 180 两,米 180 斛;二品 155 两,米 155 斛;三品 133 两,米 130 斛;四品 105 两,米 105 斛;五品 80 两,米 80 斛;六品 60 两,米 60 斛;七品 45 两,米 45 斛;八品 40 两,米 40 斛;正九品 33.114 两,米 33 斛 1.14 斗;从九品兼未入流 31.52 两,米 31 斛 5.2 斗。此外还有少数不列等的官员别作专门规定。从雍正年间起,鉴于京官缺少额外陋规,生活清苦,所以特命支给双俸银,这种加倍支给的银两称作恩俸。一些品级高的官员,如大学士、尚书、侍郎,俸米亦可加倍发给。

八旗武职官俸,分为京师武官俸禄和各省驻防八旗武官俸银、薪银。八旗武官在京的分别为领侍卫内大臣,满洲都统,蒙古、汉军都统,满洲副都统、蒙古、汉军副都统,散秩大臣,健锐营翼长等,凡五等七级,其中领侍卫内大臣等,八旗都统等年俸银 180 两,年禄米 90 石;从九品太侍寺马丁委署协领等年俸银仅 31.5 两。各省驻防八旗武官,将军、都统年俸薪银正从一品各为 239.823 两和 225.694 两;副都统年俸薪银,正二品为 211.576 两,从二品为 197.485 两;城守尉、协领正从三品年薪银均为 159.34 两;驻防守尉、佐领、察哈尔副参领、佐领年俸薪银为 99.394 两。

绿营武职官俸,按官阶和品级发放,其内容包括,俸银、薪银、蔬菜烛炭银、心红纸张银项,提督岁支俸薪菜炭纸各银共计 605.693 两;总兵 511.575 两;副将 377.457 两;参将 243.339 两;游击 231.339 两;都司 141.393 两;守备 90.705 两;千总 47.999 两;把总 36 两。其中把总、千总没有菜炭纸银两。从一品的提督月均俸银数为 50.47 两,把总月均俸银数仅为 3 两。

---

① 《中国政治制度通史》第 10 卷,第 567 页。

外潘蒙古俸禄①,共分九等:汗岁支银 2500 两,缎 40 匹;亲王 2000两,缎 20 匹;世子 1500 两,缎 20 匹;郡王 1200 两,缎 15 匹;长子、贝勒各800 两,缎 13 匹;贝子 500 两,缎 10 匹;镇国公 300 两,缎 9 匹;辅国公 200两,缎 7 匹;札萨克一等台吉银 100 两,缎 4 匹。又科尔沁部亲王照汗例支俸,郡王照世子例支俸,赐有达尔罕号的岁支银 20 两,缎 4 匹。

回爵之俸,即指编入札萨克的哈密、吐鲁番两地的王公、台吉。最高的是郡王岁支银 800 两,辅国公 200 两,一等台吉 100 两,二等台吉 80两,三等台吉 60 两,四等台吉 40 两。又有不列等的内大臣,均照八旗减半支俸,侍卫照八旗一例支俸。还规定每俸银 1 两,兼支米 1 斛。

清代的俸禄制度具有多系列、多等次的特征,在每个系列中的最高等次及各个系列所规定的高额标准都是为了保证满洲贵族的"首崇"地位,和各族上层分子的特殊利益,维持封建等级制度。宗室世爵俸禄的第一等亲王,其岁俸银高达 10000 两,把它和品官岁俸的最高等次正一品岁俸180 两的定额相比,前者竟为后者的 55 倍,即使将一品官的俸禄按双俸计算,前者也要超过后者 27 倍以上。而宗室的最低等次奉恩将军的岁俸银为 110 两,也接近正三品官的俸银和禄米的水平。又如"外藩"岁俸中的科尔沁亲王的岁俸,按汗例支俸岁俸达 2500 两,就是最低等次的外藩札萨克一等台吉,岁俸也达 100 两。

清朝的俸禄制度大体上沿袭明朝,明朝的官俸定额是比较低的。但根据明清两代官俸比较研究表明②,明初各级官俸的数额都要高于清朝各级官俸的数额,明正一品官的俸额为清正一品官的 3.87 倍,明最低的正九品官的俸额也为清正九品官的 1.3 倍。如此微薄的岁俸,不仅难以赡养家口。就清代总督为例,其家中人口少则十几人,多则四五十人,大多人口甚众,日常生活开支已极浩繁,而且还要负担幕僚们的费用及衙门的一切陈设消耗等费。雍正帝曾亲自询问过原云贵总督鄂尔泰的家庭生活用度,鄂尔泰回答道"每月以五百金计之,一年六千金,尽敷用度"③。

① 《中国政治制度通史》第 10 卷,第 567 页。
② 薛瑞录:《清代养廉银制度简论》,《清史论丛》第 5 辑。
③ 《朱批谕旨》雍正九年十一月十日,对云贵广西总督高其倬奏折的朱批。

这就是说,作为地方行政最高长官的家庭开支至少每年要六千两银子左右,即为其原俸的 33.3 倍①,据此比例推算,巡抚每年的家庭实际开支为5162 两,布政使与巡抚同级。按察使为 4329 两,道员为 3497 两,知府与道员同,知县为 1499 两,等等。实际上地方各级官员的俸薪所得与家庭的实际支出距离很大,中央各级官吏相差之数亦不亚于地方官,这种低俸制对清朝的吏治起破坏作用。

其次,清代地方各级政府没有经费预算,尽管地丁合一的田赋是国家的主要财政收入,并由州县征收,逐级解送,地方各级不得随意动用。如有重大公务军需,应逐级禀报,督抚具题,户部核实,经皇帝批准方可支领。否则挪移、冒支、截留等均要定罪。而地方的工程项目,日常公务开支就无经济来源,地方官往往倡以"公指"的办法来解决,这往往成为地方官勒派下属,下属剥削百姓的借口。

再次,官吏的贪污腐化是封建制度的产物。康熙末年,由于康熙帝为政宽仁,各级官吏中的贪污纳贿之风愈演愈烈,各种陋规层出不穷,不仅如此,在大小官吏的贪污侵蚀下,各省藩库钱粮的亏空异常严重,据官书记载,康熙末年,户部"实在亏空二百五十余万(两)",地方钱粮被官吏贪污大大减少了清廷的国库收入,造成了财政的混乱和国库的空虚。吏治的败坏及财政状况的恶化,加重了农民的负担,使农民的不满情绪加深,激化了当时的阶段矛盾。康熙中叶以后,官吏"苛征火耗,民怨沸腾","有司贪暴,驱民为盗",农民斗争时有发生。为使清朝吏治有所澄清,财政有所好转,农民负担有所减轻,雍正帝上台伊使针对不合理的低俸制度和地方财政制度所带来的弊病,大力倡导养廉银制度。养廉银制度的实施,是雍正帝为巩固和加强清朝统治而采取的断然措施,是"奖廉惩贪"原则的具体体现。

养廉银制度的实施包括两部分的内容:一是将原来全部被地方官吏贪污的耗羡银两确定比例提解归公、上交藩库。在此基础上,把各省归公之后的耗羡银两的大部分拨给各级官员养赡家口之用,其余部分用来弥

---

① 薛瑞录:《清代养廉银制度简论》,《清史论丛》第 5 辑。

补地方钱粮的亏空和解决行政经费的困难。"养廉者,君恩豢养以呵保其廉隅也。"①

耗羡归公和养廉银制度是对顺治、康熙二帝确立的祖宗成法的重大改革,对一贯滥征耗羡和无节制地收受规礼银官吏的切身利益是很大的触动,因而它的施行必然会遭致守旧势力的抵制和反对。雍正帝明示各大臣必须"虚公执政,确议具奏"。并发谕旨,表明他对养廉银制度的看法:"今尔等所议高成龄提解火耗一事亦属平心静气,但所见浅小,与朕意未合。州县火耗,原非应有之项,因通省公费及各官养廉有不得不取给于此者,然非可以公言也。朕非不愿天下州县丝毫不取于民,而其势有所必不能行。且历来火耗皆在州县,而加派横征,侵蚀国帑,亏空之数不下余百万。原其所由,州县征收火耗,分送上司,各上司日用之资皆取给于州县,以致耗羡之外,种种馈送,名色繁多,故州县有所借口而肆其贪婪,上司有所瞻徇而不肯参奏,此从前之积弊,所当剔除者也。与其州县存火耗以养上司,何如上司拨火耗以养州县乎?"②雍正在此谕中表明,州县征收耗羡是非法的,耗羡的加派横征使官吏的贪欲膨胀,引发了国库的亏空和农民负担的加重。为清除这一积弊,就必须实行耗羡归公,变无限制的滥征为有限"酌定分数"地轻取,并将其控制权由州县转到各省督抚手中,使养廉银制度成为"上不误公,下不累民,无偏多偏少之弊,无苛索横征之忧,实通权达变之善策"。雍正帝将此作为整顿吏治和财政的突破口,毅然谕令"通行天下"。

雍正帝依照"奖廉惩贪"的原则,主张原给养廉银两,特别是对那些居官廉洁,勤于政事的地方大官更予从优厚给,以资鼓励,山西巡抚诺岷,因力主耗羡归公比较完整地提出养廉银制度的建议,其养廉银额高达每年三万一千七百两,为其原俸的204.5倍。一般说来,雍正年间总督的养廉银为每年二万两左右,巡抚为一万五千两左右,布政使为一万两左右,按察使为八千两左右,道府为五千两左右,州县为一二千两。除各衙门正

① 金埴:《不下带篇》卷3。
② 《雍正朝起居注册》第1册,第272页。

印官外,所有佐贰官也都有养廉银。雍正七年,署福建总督史贻直等奏请,"闽省内地佐贰杂职微员共计二百一员,每员每年议给银二十两"①,虽然微薄,但毕竟从无到有。

自地方官推行养廉银制度后,京官的薄俸问题亦显得突出。雍正六年(1728 年)二月,奉上谕:"朕因国家政事,资借大臣之力,而使之分心家计,朕心不忍。五部大臣内,除差往外省署事之人外,俸银、俸米著加倍给与。"②但双俸仍满足不了京官的需求。后来又在各省解部银两和户部三库盈余银中,拨出一定的数额,分给户部等各级官员养廉之用,户部得银 92300 两,吏部得银 10000 两,礼部 5000 两,理藩院 2000 两,以户部得银最多。这些银两,再在各官员中进行分配。以户部分得的 92300 两为例,分给尚书、侍郎等堂官 17200 两,司员、笔帖式 14980 余两,余下者再分给各司库郎中、员外郎、主事、大使、库使和笔帖式等。在京八旗大臣的养廉银总数,每年是 86000 两,得到最多的是领侍卫内大臣,每年 900 两,其余由百两到数百两不等。至于一般在京武职各官的养廉银,以八旗大臣岁分所余通融匀派,没有确数可言。所以对大多数京官说来,正俸乃是主要经济收入来源。

弘历继位后,继承和发展了雍正年间所施行的养廉银制度,并进一步扩大养廉银范围,如"增定佐杂养廉,改亲丁各粮为养廉等",佐贰杂职官员养廉从每年每人二十两的基础上得到了提高,有的能达到数百两不等,但同知一职,亦有达到千两以上的。另外,武官养廉在雍正年间是"量给亲丁各粮"。乾隆四十七年(1782 年),清廷开始给武官增发养廉银两,其定额分别为:"提督每员岁给养廉二千两,总兵一千五百两,副将八百两,参将五百两,游击四百两,都司二百六十两,守备二百两,千总一百二十两,把总九十两。"③至此地方各级文武官员均享受了养廉银。乾隆十二年(1747 年)五月,调整了各省督抚的养廉银额,对其他地方各官的养廉银额有所增补:总督:13000—20000 两;巡抚:10000—15000 两;布政使:

①　《宫中档雍正朝奏折》第 15 辑,第 56 页。
②　《清世宗实录》卷 66。
③　光绪《大清会典事例》卷 262《户部·俸饷》。

5000—9000 两;按察使:3000—8444 两;道员:1500—6000 两;知府:800—4000 两;知州:500—2000 两;知县:400—2000 两。另外,河道总督6000 两(其中北河总督系直隶总督兼领,支银 1000 两),管河道员:2000—4000 两;漕运总督:9520 两;盐运使:2000—5000 两;盐法道:2000—4240 两。①

按规定,无论是中央官还是地方官,一般都按季支领养廉银。也有个别地方是按月支领。

这种以地方行政官为发放重点,银数按职官地位的轻重和事务繁简而定的养廉银制度的实施,使地方官们有了合法的经常性的经费来源,使长期以来漫无限制的私征加派受到约束,吏治有所澄清,清廷财政状况有所好转,农民负担有所减轻,为清政权的进一步发展开创了新的局面。

但是,随着时间的推移,清代的俸禄制度及养廉银制度并没有遏制住官吏的侵贪势头,更没能使吏治澄清。

首先,官吏的贪污腐化是和整个封建时代相始终的,无论当时官吏的待遇是否优厚。封建社会的基本特征是地主对农民的剥削,而代表其整个剥削阶级利益的官僚集团的贪欲是永远满足不了的,无休止地从农民身上榨取血汗这是地主阶级以及代表他们利益的整个官僚集团阶级本性的集中表现。

其次,按照儒家的君臣大义观,"溥天之下莫非王土,率土之滨莫非王臣",士人做官与农夫服徭役,士兵出征一样,都是报效君主。在家尽孝,为国尽忠是读书人的义务,应该是无偿的。封建体制就建立在这种理论基础之上,低俸只能算是国家给官吏作为服差役的补贴。当时虽然经济高度发展,但自然经济仍占主导地位,没有条件将政治关系、人际关系都推向市场要求,养廉银制度的出现实际上是对理论和现实矛盾的一种调整。在这种调整中,增加了大小官员的俸薪收入和财政经费,从而打掉了他们恣意贪污的种种借口,对恶性膨胀的贪污具有缓和及限制作用,从一定意义上来说约束了官吏的贪污行为。养廉银尽管定得很优厚,但比

① 光绪《大清会典事例》卷 260—262。

起过去收受陋规来说还是要少得多,习惯于收受贿赂的各级官吏,对耗羡归公和定给养廉以后所受的限制难以忍受,仍然私下暗行加耗私收,并私收陋规如故。

再次,罚俸、罚廉加重了官吏的经济负担,以罚代刑,包庇了官吏侵贪劣迹。罚俸制度,是对犯有过失的官员进行行政处分的制度,清朝入关前后即有此项制度。《钦定吏部处分则例》规定:"罚俸之例自一月、二个月、六个月、九个月至一年、二年,凡七等……其由罚俸加等者自一个月至二年,罚量递加,止降一级留任,不得加至革留。"官员因过失而为避免被革职,用罚俸、罚养廉银"以示惩儆"。乾隆朝多以罚廉为主,最早的罚廉记录见于乾隆十六年(1751 年)。① 乾隆四十九年(1784 年),两江总督萨载因查办江西巡抚郝硕贪黩不法一案"不能先事觉察预为参奏获咎",因"从宽革职留任不足蔽辜,著于总督任内罚去养廉三年"②,共银四万五千两。有时俸廉同时被罚,乾隆五十四年(1779 年),总督福康安因与李天培洒带木植一案有涉,被"罚公俸十年,应罚银七千余两""罚总督养廉三年,应罚银四万五千两"③。官员因失察、徇庇或因与贪案有涉获咎,被罚俸、停支养廉,从而避免了被革职丢官的危险,但廉俸常常处于停支状态,为维持日常的办公和生活需要,他们不得不另辟财源,勒派下属,"供给署内一切支应"。官吏们往往以此为借口侵贪。更有甚者,罚俸罚廉无疑是对官员过失的包庇和纵容,乾隆朝湖北按察使李天培洒带木植一案,因私运木植一千九百根,被劾革职,充军伊犁。经查明私运木植中有八百根为代福康安承运。按理说被革职问罪是不成问题的。因福康安为弘历内侄、首席军机大臣,权势颇大,深得弘历宠幸,仅仅以罚俸罚廉了事。福康安骄奢成性,任意婪索、挥霍,与弘历的包庇纵容不无关系。

罚廉罚俸作为处罚官员的经济手段,与乾隆时期的"议罪银"一样对养廉银制度的危害是非常明显的。官员们"无廉可养",枵腹办公,另一方面以罚代过,以罚代法,官吏们不但逃脱了法律的严惩,而且保住了权

①　郭成康:《十八世纪后期中国的贪污研究》,《清史研究》1995 年第 1 期。
②　中国第一历史档案馆藏军机处录副奏折·法律·贪污 3—1322—32。
③　戴逸:《乾隆帝及其时代》,第 510 页。

力,为其有恃无恐地大肆侵贪创造了条件,乾隆中叶以后,侵贪愈众,这是其中原因之一。

由于时代和阶级的局限性,养廉银制度也存在许多弱点。养廉银作为政府给予各级官员的生活补贴,并没有从国家的正项收入中支出,而是用非法征收的耗羡银两来支付,实际上是对"私征加派"的承认,是政府对官吏贪污行为的妥协。这种妥协的结果导致"耗羡归公必成正项,势将耗羡之外又增耗"成了现实,成了养廉银制度最后失败的祸根。其养廉银制度内容的不完善表现在府县官员的养廉银额数太低,尤其是不入品级的吏胥差役未定给养廉银,于是,他们照旧横行乡里,鱼肉百姓。另外和俸禄一样,养廉银定制以后,永无变化,并没有随经济的发展物价的提高而增加,给官吏的生活造成一定的困难。和其他制度一样,养廉银制度的推行也带有强烈的个人色彩,随着最高统治者的更迭,往往使其流于形式。雍正帝去世后,乾隆虽然表面上继续遵循这一制度,但实际上并不像其父那样勤于政事,严于吏治,对官员侵贪的防范有所放松,虽然严办了不少贪官,但还是没能遏制住侵贪愈众的势头,最终出现了如和珅那样的大贪污犯。

总之,官吏的腐化侵贪是封建制度的产物。养廉银制度作为一种调整措施,使地方官员的俸薪大大提高,对侵贪有缓和及限制作用,但还是无法满足其无休止的贪欲。罚廉、罚俸、捐办以及晚清的国家财政困难,俸银、养廉常常停支,官员们便"借口于养廉不足,肆行侵渔"[1]。另外,养廉银制度本身所具有的弱点成了养廉银制度最后失败的祸根。所以,清代的廉俸制度没能成为官吏生活的保障措施,反倒成了官吏侵贪的借口。

(三)"进贡"与官吏侵贪

臣工进贡是皇帝与臣子间的物质、感情交流的一种形式,它源于朝贡,是清代皇权制度的产物。清初,臣工进贡处于萌芽状态,进贡人只限于皇帝的亲近王公贵族。顺治十一年(1654年)元旦,皇太后"宴庭",诸

---

① 钟琦:《皇朝琐屑录》卷 8。

贝勒、郡王等二十人进物,共"牛十二、羊八十二、筵席九十九桌、酒九十九坛"。其中叔父和硕郑亲王济尔哈朗进"牛一、羊八、筵席十桌、酒十坛"①。康熙朝,政权的稳定,经济的发展,臣工进贡的规模在不断扩大,从总督到巡抚以及总兵等身份的人都可以进贡,其进贡的行为纯粹为私人行为,由于当时这些职务主要由旗人担任,进贡就成了报效恩主的绝好方式:"凡为臣子自当悉心殚力,恪供职守,况奴才系主子旗下之人,世受国恩,比众不同,即使竭尽犬马粉骨碎身,亦难报皇上豢养深仁于万一也。"苏州织造李煦,是目前所见康熙朝进贡次数较多的人,作为康熙安排在江南的耳目,李煦负责监视当地民情、臣工,观察士风,上报雪雨粮价,而进贡亦是其常行之举,但凡当地的时令蔬果等,李煦都不忘首先献给主子。康熙四十五年(1706年)二月,"今有新出燕来笋,理合恭进,少尽臣煦一点敬心"②。康熙朝臣工进贡所进之物多以土宜方物为主,但开始有臣工尽力迎合主子的兴趣,江西巡抚郎廷极一次进贡物件:"林芥雨前芽茶八瓶,林芥雨前茶十六瓶,林芥茶十六瓶,西洋珐琅五彩玻璃花瓶一件,西洋珐琅五彩玻璃花篮一件,西洋辟雷石一件,西洋金星紫玻璃水茄式鼻烟瓶二件,西洋大日表一件,西洋小仪器一件,西洋番红花一瓶,西洋金鸡纳一匣,西洋昂的莫牛一匣,西洋的莫油一瓶,西洋各巴衣巴油一瓶,西洋葛尔敏的那油二瓶,西洋避风巴尔撒木两盒,西洋鼻烟两瓶,东洋炕屏二架,洋漆炕桌二张,洋漆扇面式食盒一件,洋漆连盒香几一对。"③郎廷极通过进贡来迎合康熙帝对西洋物件的兴趣。

雍正朝将臣工进贡固定为一种政治义务,雍正帝公开承认臣工进贡的合理性;"自古地方官员有进献方物之礼,盖以地方所产贡之于君,所以将其诚意,而为君者鉴其意而酌纳,所以笃堂廉之谊,联上下之情也。朕即位以来亦循照旧例……至于所献之物,备随时赏赐内外臣工,以示家人一体之意。"④雍正帝将地方官员进贡的范围限制在督抚:"向来镇臣中

① 《清初内国史院满文档案译编》(下),第286页。
② 《李煦奏折》,第29页。
③ 《康熙朝汉文朱批奏折汇编》第8册,第1117页。
④ 《清世宗实录》卷157。

亦有随督抚进献者,朕皆谕止之。"这就充分肯定了督抚进贡在制度上的合法性。与康熙朝一样非方物贡在雍正朝较之于康熙朝有了进一步的发展,以象牙制品为例,雍正帝曾于雍正十二年(1734年)禁象牙席之贡,指出:"从前广东曾进象牙席,朕甚不取,不过偶然之进献,未降谕旨切戒,今则进献者多,大非朕意,夫以象牙编织成器,或如团扇之类,其体尚小,今制为席,则取材甚多,倍费人工,开奢靡之端也矣。"广东的象牙多购自东南亚,象牙制品并非土贡,广东官员进献象牙制品在雍正时已成风气。雍正九年五月初一日,广东巡抚鄂弥达进象牙面扇五柄;同年四月二十一日,广东总督郝玉麟进象牙扇四柄;雍正十年二月二十八日,广东巡抚鄂弥达进牙扇五柄;同年四月二十一日,广东总督郝玉麟进牙扇;雍正十一年二月二十七日,广东巡抚杨永斌进象牙葵扇五十柄、鹤顶牙扇五柄;同年二月二十八日,广东总督鄂弥达进牙扇五柄、牙牌掌扇五十柄、牙香囊一百枚;雍正十二年二月二十七日,广东巡抚杨永斌进牙扇五柄、牙席二幅、牙枕四个、牙座褥四幅;同年四月二十五日,广东海关监督毛克明进象牙席二床……①不仅如此,贡品中玩器的数量和品种也在增加,雍正多次公开告诫臣工"此举尤为不可"。

臣工进贡在康熙雍正时期发展迅速,其进贡制度渐具雏形。

乾隆朝臣工进贡日趋制度化、系统化,乾隆帝继位至其位居太上皇,前后持续六十余年,臣工进贡愈演愈烈,达到了有清一代的最高峰。

清代,并不是每个人都有资格向皇帝进贡,具有进贡资格是社会地位和权力的象征。乾隆时期有进贡资格的人员共分六类:一是宗室亲贵,有亲王、郡王、贝勒;二是中央各部院大臣,包括大学士、尚书、左都御史、都统;三是地方大吏,有总督、巡抚、将军、提督;四是织造、盐政、关差;五是致仕大臣;六是衍圣公。另外还有一些特殊身份的人,例如:达赖、班禅等宗教领袖,内务府人员,来华西洋人等。中央官员如侍郎、地方官员如布政使、按察使以及学政等都有资格进贡。从中国第一历史档案馆所藏《宫中进单》来看,督抚与织造、盐政、关差进贡占了所有进贡的大多数,

---

① 引自杨伯达《广东贡品》前言。

同时侍郎、地方布政使、按察使的逾格进贡也很多。官员如果因获罪、降职等处分，其进贡的资格就被中止。乾隆四十七年（1782年）闽浙总督陈辉祖因失察其弟陈严祖在甘肃折监冒赈案中贪赃而被降为三品顶戴留本任，这样"所有应得职俸养廉永行停支"，并"俱不准呈进贡物，即寻常土贡，亦著一律停止"。

臣工的进贡不但有资格限制，而且在时间上即贡期也有约定，一般说来端午贡、万寿贡、年贡是进贡的常例，其贡品的数量和质量也以这三贡为盛。实际上除了以上各贡外，上元、中秋等节庆大臣都有贡献。但臣工的进献往往突破贡期的限制，出现了许多非例之贡，其中因皇帝东巡、西巡、南巡期间，沿途众臣向其进献物品，这种贡献称为路贡，即迎銮供。迎銮供康熙朝就有，康熙二十八年（1699年）康熙帝第二次南巡时，江南提督杨捷于途中呈进福橘、罗柑以及鲜鳆鱼等物。乾隆多次出巡，六次南巡，四次去盛京，五次西巡，有人统计他出巡达一百五十多次。每次出巡，沿途各省督抚以及提镇、盐政、织造均要迎銮"恭进"衣料、金锭、朝珠、洋刀、佩刀等大量财物。木兰贡是乾隆帝木兰秋狝时臣子的进贡。它有别于此间的万寿供。官员因升任须进京觐见请训，同时亦应携贡品呈献，此贡称陛见贡或召见贡。官员因晋升或其他情由向皇帝谢恩，其献贡品称为谢恩贡。传办贡是皇帝特下谕旨臣工传门置办而进献的贡品，虽然传办贡主要由织造、盐官、关差来担当负责，但有时也择其信任之臣来置办。雍正元年（1723年）雍正帝在陕甘总督年羹尧奏折上批道："再宁夏出一种羊羔酒，当年有人进过个，有二十年停其不进了，朕甚爱饮他，寻些进来，不必多进，不足用时再发旨意，不要过百瓶，特密谕。"①乾隆二十二年十二月十一日，粤海关监督李永标、广州将军李侍尧进贡，计开："紫檀镶楠木宝座一尊，紫檀镶楠木御案一张，紫檀镶楠木五屏风一座，紫檀天香几二对，镶玻璃洋自鸣乐钟一座，镀金洋金表亭一座，镶玛瑙时辰表二元，黄猩猩毡五匹。"乾隆帝御览过贡品，传谕李永标、李侍尧："此次所进镀金洋景表亭一座，甚好，嗣后似此样好得多觅几件，再有此大而好者亦觅

---

① 《雍正朝汉文朱批奏折汇编》第1册，第832页。

几件,不必惜价,如觅得时于端阳贡几样来,钦此。"①

贡品按其本意"任土作贡"应是"市其土地所生异物,献其所有",也就是进献所进土物,土特产之类,在乾隆时期各省督抚所进土物占有相当的数量,并已制度化,其中每年各总督例进土贡共一百八十三项,巡抚每年例进土贡共二百七十七项,②虽然后来有些奉旨减除或减半进献,但变化不大。这些土贡以瓜果吃食、茶叶、生活用品、办公用品居多,以两江总督土贡为例:

> 仿藏经纸二次二百张,五色泥金蜡牋纸一百张,各色香念珠一百串,各色香手珠一百串,各色香椒珠一百串,各色香排珠一百串,各色香合欢珠一百串,紫金锭合欢珠一百串,连三连四香袋八对,绣球香袋一百个,早桂衣佩一百个,紫金锭手巾佩一百串,碧螺春茶一百瓶,银针茶十瓶,梅片茶十瓶,风肉二百块,云龙福字笺一百幅,本色宣纸四百幅,歙砚十方,徽墨四匣,朱锭二匣,珠兰茶九桶,问政笋九桶,藕粉四箱,嘉庆脯十六瓶,蟠桃脯十六瓶,蜜罗脯十六瓶,樱桃脯十六瓶,杨梅脯十六瓶,秋果脯十六瓶,金橘脯十六瓶,香橙脯十六瓶,佛手脯十六瓶,宁鸭一百只。

云南土贡,以普洱茶为大宗,清代的贡茶也是普洱茶的数量最大,云贵总督、贵州巡抚、云南巡抚所进的土贡中都以普洱茶为主。

云南巡抚进土贡:

> 五色墨五圆一盒,菩提宫袋十匣,顾绣宫袋十匣,堆花宫袋十匣,洋金顾绣香荷包十匣,桂花衣佩十匣,普洱大茶一百圆,普洱中茶一百圆,普洱小茶二百圆,普洱女茶一千圆,普洱蕊珠茶一千圆,普洱嫩蕊茶一百瓶,普洱芽茶一百瓶,普洱茶膏一百匣,铜盆四十圆。

这些贡品均为例贡,无论谁任地方官都按此例贡入,不能间断。

乾隆朝臣工进献物品中数量最大,让臣工们不堪重负,继而导致贪婪的贡品是非土贡,这类贡品包括金、银、各种玉器、书画、古玩、瓷器、铜器、

---

① 中国第一历史档案馆藏宫中进单100。
② 中国第一历史档案馆藏内务府奏案。

陈设、绸缎、织物、皮张、西洋玩具、钟表、香料等等,这些贡品往往在端午供、万寿贡、年贡、迎銮贡、木兰贡、进京陛见贡、谢恩贡、传办贡中大量出现,并以万寿贡为甚,贡品均以九为度数,乾隆帝六旬万寿时,多尔衮五世孙淳颖所进万寿贡贡品达一百一十七种。

　　办贡资用例从官员养廉俸银中支付。除织造、盐关、关差每年有专门银两用来办贡外,所有臣工置办贡品均自己出资,早在康熙朝进贡官员业已声称,贡品"系奴才自捐,并无丝毫累民"。至乾隆朝,乾隆认为"各省督抚每逢年节及朕万寿呈进贡物,原以联上下之情,在伊等本任养廉原属优厚,除赡给自家及延请幕宾支用外,出其赢余各物申悃,因所不禁"①。进献贡品这是臣工们的荣耀,也是臣工们的主要"公务",土贡出银不多,循例而进,无非是"柑茗香蒻之属",但非土贡则不然,贡品少则一件多则几十项上百件,土贡应时而觅,但非土贡中各种金银制品、玉器、古玩、书画、瓷器、铜器、陈设、绸缎织物、皮张、洋货等等,就不是一时可以觅得并立即可以进献的贡品,臣工们往往为一宗贡品的置办要派人往广东、广西、苏州、扬州等地携银采买或定做,置办妥后陆续运回府中凑用,即称之为备贡。因进贡有贡期的限制,所以臣工办贡须提前置办以合时日,有的提前三四月、半年、一年不等。云贵总督李侍尧为置办乾隆七旬万寿贡品,于乾隆四十三年(1778年)三次派人携银一万两,托广州府知府李天培置办:

　　　　造金塔一座,金挂屏二扇,金花瓶一对,买塔顶珍珠六串,定织大彩二十疋,定织洋金缎二十疋,定织洋锦二十疋,定烧景泰大铜火盆两对。

　　同年三月,李侍尧派籍隶苏州的到任典史顾廷煊的第一件公务就是到苏州置办龙袍、龙褂九套。起身时李侍尧吩咐他,所需银两随后差人带来。顾廷煊到苏州后,向工匠定做龙袍、龙褂共九套,议定共银二千零二两,其中:

　　　　洋金龙袍褂三套,计银一千零八十两。

———————————

　　① 《乾隆朝惩办贪污档案选编》第3册,第2478页。

顾绣龙袍褂三套,计银四百八十两。

缂丝龙袍褂三套,计银四百五十两。

以上龙袍、龙褂、金器均于乾隆四十五年(1780年)乾隆帝七旬万寿前完成运抵京城。

李侍尧在督抚进贡中"出类拔萃",其贡品的数量和质量,特别是质量常常受到乾隆帝的夸奖,"李侍尧所办贡物较他人为优"。李侍尧从乾隆十八年(1753年)任热河副都统起,至乾隆四十五年(1780年),进贡次数有档案可查的就有一百二十多次,据有的学者统计,李侍尧有时一年进贡次数多达九次①。如今,在北京故宫博物院珍藏的文物珍品、展品中,不难发现当年李侍尧所进献的贡品,相隔百年,几经战乱,可以想象李侍尧当年进献的贡品之多,贡品的质地之精,能保留至今而被世人之所见就成了情理中的事。

如此频繁地进贡,银从何来,云贵总督岁给养廉也不过二万两左右,这二万两银也仅仅是李侍尧万寿供中一盘朝珠的价格,且一次不仅只献一盘。

乾隆四十五年(1780年)二月,李侍尧"贪黩营私婪索财物案"被揭出,李侍尧以各种借口勒索下属,"甚至将珠子卖与属员,勒令缴价,复将珠子收回。又丁员调回本任,勒索银两至八千余两之多"②。仅仅被查实勒索下属的银两就达三万多两。如同闽浙总督伍拉纳所言,"我们并不出资买办物件,乃婪索多银肥囊橐"③。福崧到浙江巡抚任时,派令盐运使柴桢代办"玉器、朝珠、手卷、端砚、八音钟等件,共花费银九万余两"④。不仅如此,督抚们"借此名色向属员勒索",成为贪婪督抚们大饱私囊的最好借口。在帮贡的名义下,督抚们以"派买物件不发价"或直接以办贡的名义勒索下属的银两大肆贪污。闽浙总督陈辉祖令陈淮帮办"金镶如意一枝、金帽架一对、金镶挂屏"等物并不发价给银。陕甘总督勒尔谨,

---

① 董建中:《清乾隆朝臣工进贡制度研究》,《清史研究》1997年第2期。

② 中国第一历史档案馆藏上谕档乾隆四十五年五月初七日。

③ 中国第一历史档案馆藏上谕档乾隆六十年三月。

④ 中国第一历史档案馆藏录副奏折·法律·贪污。

借办贡为名,令皋兰县知县程栋等帮银二三千两不等。

其实,清代臣工并没有用其"养廉赢余"去置备贡品进贡,这一点乾隆帝是知道的。"现在直省督抚中令属员购买物件短发价值及竟不发价者不能保其必无。"[1]而臣工借此勒索下属"娄索多银肥囊橐"的情况则是愈演愈烈。

作为诗人、书画家、收藏家与鉴赏家,乾隆帝所拥有的艺术品位以及追求异国情调的西洋旨趣驱动其对字画、古玩玉器、西洋奇珍等的强烈追求。臣工为迎合乾隆帝口味,刻意搜求,攀比进贡,满足其追求享乐的天性。这种臣工间的搜求和攀比,严重败坏了官僚政风。

乾隆时期的贡品以玉器为大宗,其主要用于宫廷陈设、器皿、佩饰、文玩等,另外还有一些作为礼器、祭器用品。乾隆帝爱玉如癖,特别是古玉,清宫现存的古代玉器,多数是乾隆时期大臣收集贡入的。但现存故宫博物院的玉器大宗,主要是乾隆时期制作由臣工们贡入的。乾隆二十四年(1759年)平定准部、回部,拓地二万里,打通了中原与和阗的通道,和阗玉自此源源不断地流入内地,丰富的玉材加之乾隆帝的雅趣,使臣工贡玉成为一时风气。臣工的贡品中玉器的量越来越大,万寿供中玉器必不可少,端阳贡、路贡中玉器也比比皆是,乾隆三十六年(1771年)十一月初八日,两广总督李侍尧所进贡品名目共九十种,其中玉器一项就占十七种。[2] 乾隆四十二年(1777年)李侍尧任云贵总督不久,即命守制东川府知府陈孝升带银五千八百七十一两九钱往苏州置办玉器备贡。苏州在明清两代是制玉业的主要生产基地之一,乾隆时期,不但宫廷的玉料多拿到这里加工,而且皇宫中的高手玉匠也多从这里选进,从而使这里的琢玉业有了更大规模的发展。当时,以苏州为中心,带动两淮、江宁、杭州、淮关、长芦、九江、凤阳成了制玉、收玉、售玉的玉器成品集散中心。乾隆四十三年(1778年)十月,皇亲叶尔羌办事大臣高朴,借进贡大块玉石为名,额外私派民工三千余名,进密尔岱山开采运送玉石,串通苏州玉商,运往苏州

---

[1]　中国第一历史档案馆藏上谕档乾隆四十五年五月初七日。
[2]　中国第一历史档案馆藏宫中进单104。

售卖数千斤,赃私累累,被就地正法,并弃尸荒野。当时新疆的和阗玉主要由内府专采、专运、专卖,任何人不得染指。只有像高朴这样身份的人才敢借办贡私采私卖,赚取可观的商业利润。最后被弃尸荒野。

贡品中的另一个具有约定性质的规范是以如意为首,特别是在年节贡品中。如意是中国传统文化中代表吉祥的一种珍玩,即义寓祥占,取兆吉祥,有清一代有互递如意的习俗,向皇帝进贡更是必不可少。到了乾隆朝无论是在如意进贡的普遍性还是如意质地方面,如意贡都有了显著变化,出现了白玉如意加各种珍宝镶嵌甚至纯金打制。为了取悦于皇上,巡抚王亶望将整玉如意之上镶嵌珍珠为饰进献,一柄如意值银近万两,乾隆帝虽然传旨申饬,但还是收下了这柄如意。总之只要能让皇上喜欢,臣工们就想尽办法地去弄,他们也知道他们的"升迁倚任"也全赖于此。另外,对大臣们说来收集如意就是屯聚财富,赠如意则成了"贿买平安"的手段。乾隆年间,文武大臣收集收藏如意蔚然成风。福建巡抚受贿案发,有关人员家产被抄充公,在总督伍拉纳的财物清单中查出嵌玉如意一百二十柄,其中有雄黄如意二柄,檀香如意一柄,嵌料石如意九柄;在巡抚浦霖原籍家中抄出三镶如意九柄,纯金如意三柄;在布政使伊辙布家中抄出嵌玉三镶如意十四柄,硝石如意二柄;按察使钱受椿家产中抄出纯金如意九柄,连镶嵌松石,共重一百四十九两九钱,整玉如意二柄,其中一柄重二十七两五钱,另外一柄重二十一两三钱。此外还抄出当时比较时髦的嵌表如意一柄,其他三镶如意一百二十一柄,料石雕漆如意等七柄。乾隆帝看后为之惊叹道:"此与唐元载查籍家财胡椒至八百斛何异。"①

为了置备贡品,聚集财富,臣工们铤而走险,闽浙总督陈辉祖则公然抽换查抄王亶望入官财物,抽换古玩、字画达十多件等事,被乾隆在验看王亶望入官古玩、字画时发现。陈辉祖被革职拿解审讯情实,奉旨斩监候。

乾隆盛世经济的繁荣,为臣工迎合乾隆帝口味、攀比进贡提供了物质上的保证,除进献玉器、如意古玩外,当时由于文化事业异常繁荣,绘画、

① 中国第一历史档案馆藏上谕档乾隆六十年三月。

书法等名家辈出,18 世纪习俗日趋奢华,达官显贵,豪商巨贾,穷耳目之好,极声色之欲,搜罗古今名人字画、青铜古玩等蔚然成风,臣工进献贡品中也有适时而入者。乾隆时期,广州对外贸易发展迅速,西方的奢侈品如自鸣钟等大量输入,在广州西洋玩器八音匣等售价最高,这些东西虽然没有实际用途,但臣工们竞相"夸多斗靡"醉心追求,均以贡献乾隆帝和赂贿朝中官僚为目的。除此之外广州的硬木家具、象牙工艺品、玻璃器皿及珐琅制品等经广东等官员之手作为贡品登堂入室。到乾隆晚年,宫中收藏已极其丰盈,"无所不有"。乾隆五十三年(1788 年)为止住督抚臣工进献的势头,乾隆谕曰:督抚等所进贡物,"如宝座、屏风,各宫殿皆有陈设,不便更换,即佛像亦属过多,无处供奉"①。嘉庆亲政后,检阅宫中收藏称:"内府所存陈设物件,充牣骈罗,现在几乎无可收贮之处。"②

　　清代臣工所进贡品同官商报效银两、官员籍没入官资财、议罪银的交纳等,共同构成皇室收入的重要来源。大量贡品流入内府,省却了许多易市之举,这是臣工进贡久盛不衰而日益制度化的最根本的原因。作为乾隆晚年政治的见证人,嘉庆帝深悉其弊,故亲政不久,即予严禁,他说:"外省备进贡物,名为奉上,其实藉以营私,每次未收之件,既可分馈权要,又可归入私囊。而属员等竞事逢迎,则以帮贡为词,借端派累,层层巧取,以致小民朘削难堪。大抵进奉一节,最为吏治之害,此朕深悉弊端而必加严禁者也",令再有进贡者,"不但照违例革职,必当重治其罪,决不姑宽"。③

　　清代乾隆时期,侵贪之风盛行,其中又以督抚侵贪引人瞩目。进贡往往成了督抚侵贪的借口,酿成不少侵贪大案。乾隆二十二年(1757 年)九月,云贵总督恒文以进贡金炉为名,勒买民间黄金,用短发价值的方式中饱入己银"一千五百六十四两八钱"④。乾隆帝认为:"恒文身为大臣,不能正己率属,乃以进献为名,短价勒属,私饱己囊,现据所查任所赀财至数

---

①　中国第一历史档案馆藏上谕档乾隆五十三年九月二十日。

②　《清仁宗实录》卷 37。

③　《清仁宗实录》卷 37。

④　《乾隆朝惩办贪污档案选编》第 1 册,第 51 页。

万两。恒文非素封之家，其历任封疆不过二三年，养廉所入除足敷一岁公用及往来盘费外，即极为节啬，亦何能若是之多，是其平日居官之簠簋不饬不待言矣……恒文情罪重大，深负朕恩，著宣谕赐令自尽。"[1]乾隆中叶，以进贡见长的大臣国泰、李侍尧，深得乾隆帝的宠幸，乾隆帝也承认两人所进献的贡品"较他人为优"，李侍尧因进贡勒索下属而获罪，终因"勤劳久著"而被乾隆帝免死，而山东巡抚国泰为了进贡，疯狂用各种手法勒索属员物品、银两，派累婪索，贪纵不法，致使通省各州县仓库存银亏空二百万两之多，被降旨"赐令自尽"于牢中。据属员供出国泰婪索实情：知府陈钰成供出，他升任濮州知府时，等咨文等了五个月，后来他出银一千两，买玉插屏一对，托吕尔昌转交国泰后才拿到咨文赴任。更有甚者，国泰让属下买物短发价后又高价出卖，从中勒索属员。如前历城县知县许承苍代国泰买嵌玉罗汉屏一座，花银二千二百两，国泰仅付一千两，许承苍因此赔银一千二百两；许承苍又代国泰买玉桃盒一件，又赔进银一千五百余两。之后国泰将此二件物品另定高价，交各州县属员代他变卖，卖不掉的，经手属员也不敢退回，只好按国泰讲定的高价付款，汇交济南知府冯埏，转交国泰。如果手边无银，州县官员只有先挪库项银垫付，丝毫也不敢怠慢。尽管国泰尽力地勒索属员，"用心贡献"，但也没能"邀恩倚免"。乾隆帝告诫督抚大吏应以国泰之覆为诫："督抚大吏惟当正己率属，法清自矢，不负察吏安民之任。若专以进献为能，已非大臣公忠体国之道，况又借名以为肥身之计，督抚取之属员，（属员）必取之百姓，层层盘剥，闾阎生计尚可问乎？"[2]清代的历朝皇帝都深知进献的危害，屡颁谕旨停止进献，但臣工的进献就从没停止过。与进献相伴的官吏侵贪对清代的吏治产生了恶劣的影响，公事废弛、贿赂公行、官官相护，进献成了各级官吏"升迁倚任"的法宝。地方财政亏空，加剧了国家财政的危机，这种危机最终转嫁在农民头上，使其负担不断加重，从而激化了阶级矛盾，直接动摇了封建统治的基础。

---

① 《乾隆朝惩办贪污档案选编》第 1 册，第 58 页。
② 中国第一历史档案馆藏上谕档乾隆四十七年六月十二日。

进贡制度是清代官吏侵贪的根源之一。

（四）"赔补""捐办"与官吏侵贪

清代康熙后期，"库帑亏绌，日不暇给"。中央财政"户部库银亏空数百万两"，而地方财政"藩库钱粮亏空，近来或多至数十万"。虽然康熙帝已着手稽查，但由于政治上的需要，不得不施以宽仁厚义，即便官员亏空，也不忍罢斥，乃宠遇如初。雍正继位，从清理钱粮亏空入手，整顿吏治，卓有成效地清查了康熙朝以来严重的钱粮亏空，在政治上和经济上为清王朝极盛时期的发展奠定了基础。但是由于封建社会历来存在的官吏侵吞民脂民膏的通病，钱粮亏空一直是清代社会普遍存在的问题。赔补亏空是从经济上解决钱粮亏空的一个有效的手段。

清代的钱粮亏空原因很多，大致有自然的因素和人为的因素，而人为因素主要为官侵、吏蚀、绅衿抗欠三端，官侵是造成国家钱粮亏空的主要原因。

官侵一般有两种情况，一因上司勒索，这种情况并不普遍，而更多的则是地方官自行侵渔所致。清代各省督抚之用皆取于藩司，地方亏空根源也在督抚。或督抚与藩司彼此勾结，互相侵挪；或督抚先指藩司之短处，继而胁制勒索。由于巡抚有盘查司库之责，因而借盘查之名而勒索馈送，于是愈盘查而亏空愈多。又因下属逢迎馈送，而该管上司遂为其所挟制，为其私利，上司必然徇庇不参。如此则下吏侵渔无厌，上司更需索无已，国帑亏空，必愈来愈甚。清代钱粮亏空的案例往往与贪污之案相伴，每一件督抚贪污案，几乎都必然造成亏空，大至波及全省，小至一府一县。乾隆四十七年，甘肃折监冒赈案被揭出之后，经李侍尧"查明皋兰等三十四厅州县亏空仓库确数共少银八十八万八千九百九十余两，又亏空仓粮七十四万一百一十余石及草四百五万一千有零"①。究其原因，俱由王亶望为藩司时，勒索属员馈送银两，私饱囊橐，"历任州县侵亏，转相容隐，

---

① 中国第一历史档案馆藏上谕档乾隆四十七年三月十八日。

接收各上司因循不办,捏结保题,酿成锢弊"①。据查明自乾隆二十年至乾隆四十二年历任州县道府藩司督抚任内亏空数共四十二万两。奏请按其各员"任内亏空之数著落加倍赔补,如有无力完缴者,即摊入通案各员名下代赔"②。经乾隆帝同意,最后"加恩将亏空四十二万之数依照原单按其在任久暂照股分赔,毋庸加倍赔补"。剩下未着款项八十二万,因其原任各员均已正法或交部质审,现任各员多系新任,"著一体加恩免其分赔"。

清查亏空令责任者赔补,早在雍正初年清理钱粮亏空时就下令实施,令各省督抚,限以三年严行稽查所属钱粮,并限三年之内如数补足所有亏空,"亏空如不能如期完纳,令入辛者库"或革职下狱。在赔补办法上,令各省亏空赔补之员,如该员在任所未完,则于本籍本旗追变,并仍令解交该员任所之省,以补原亏之项。该员交纳时,在籍者,即于本省布政司衙门具呈交纳。布政司收明贮库候拨,申报巡抚。该巡抚将所收数目报以户部,户部再行文知照应解省份。在旗者,即于该旗具呈,该都统咨送户部查收。户部再行文知照应解省份,各省因藩库均属国家公帑,并无区别。除谕令亏空官员自己赔补外,雍正帝还规定"上司有分赔之例。本人虽已病故,而子孙有应追之条"③。即如署印官亏空钱粮,则指令遴委署印之督抚、布政使分赔。

赔补银主要以赔补亏空为主,但是只要是侵挪了公帑,所谓"居官之人不守官箴"造成的"肆将国帑侵克隐瞒以益私囊"之员都要令其赔缴。甘肃折监冒赈案内,共有杨芳灿等二十七犯"止捐监生而未经办赈,革职留任,八年无过方准开复,勒限追赔","银共十六万八千四百余两"。④ 以上各犯在收捐监生银两时,以公仓费银、杂费银等的名义,每名捐监监生多收银八两。私自提成分肥,共收捐监生 2105 名,因其没有冒赈报销侵吞赈银两,故经定议奏请"将各员捐过监生每名追银八两,免其革职,仍

---

① 中国第一历史档案馆藏上谕档乾隆四十七年三月十八日。
② 中国第一历史档案馆藏上谕档乾隆四十七年三月十八日。
③ 《上谕内阁》雍正四年八月初四日。
④ 《乾隆朝惩办贪污档案选编》第 3 册,第 2090 页。

俟交完后,将该员作为革职留任,八年无过方准开复,逾限不完照例革职治罪"①。其收捐监生一百名以下的官员勒限即完;一百名以上者勒限一年;五百名以上者勒限二年;一千名以上者勒限三年。

赔补限期一般均以三年为限,逾期不能完缴者即革职拿问。清雍正年间,江宁织造曹頫因钱库亏空②,清世宗准允分三年带缴完库。曹頫曾声称:"只知清补钱粮为重,其余家口妻帑虽致饥寒迫切,奴才一切置之度外,在所不顾。凡有可以省得一分,即补一分亏欠。各期于三年之内,清补全完。"然而,曹頫并没有按时缴银,却将家中财物暗移他处,企图蒙混。雍正五年十二月二十四日谕令江南总督范时绎,将曹頫家中财物固封看守,并将家人严拿讯问。

但是有些并非官员侵贪而造成的亏项也要强令赔补或赔缴。乾隆四十七年(1782 年)四月,御史钱沣奏参国泰勒索属员贿赂,并"办理王伦逆案有预备守城不准开销之项,因各州县因公挪移……致全省亏缺二百万两之多"③。实际国泰勒索属员贿赂查实的只有七八万两,但乾隆令赔补的主要是因公挪移的款项:"按照亏缺多寡,员缺大小,核定限期之远近,于一二年内全数弥补。"④这些因公挪用款项,和一些自然原因造成的亏缺,诸如物价上涨、自然灾害等原因,督抚们均要以赔补的方式来担负责任。这些赔项有时也作为一种抵赔过失的罚项强加于督抚头上,作为皇上处罚督抚的手段。乾隆五十一年(1786 年)查出:"浙省清查亏空案内流抵银十三万九千余两,著富勒浑、雅德、福崧名下分赔。"⑤富勒浑因纵容家人娄索不法事问罪,并查抄家产,故伊名下应赔银两即著雅德代赔。其原因为雅德任浙江巡抚,传询富勒浑之事"昧良徇隐,饰词保奏"。故受到了代赔亏缺的处罚。清代这种以代缴赔补而受罚的事例比较普遍。江苏巡抚闵鹗元因其弟闵鹓元在甘省冒赈案内侵蚀公帑至一万九千八百

①　《乾隆朝惩办贪污档案选编》第 3 册,第 2084 页。
②　《关于江宁织造曹家档案史料》,第 157 页。
③　中国第一历史档案馆藏上谕档乾隆四十七年七月初六日。
④　中国第一历史档案馆藏上谕档乾隆四十七年七月初六日。
⑤　中国第一历史档案馆藏上谕档乾隆四十七年七月初十日。

两之多。闵鹗元即以"不能预为教诫,仅以交部治罪塞责",使乾隆帝大为不满,而与此情况相同的闽浙总督陈辉祖、浙江巡抚雅德,都因其弟在冒赈案中有侵蚀公帑之弊,均请罪并请赔罚银两。令其"所有闵鹗元应赔银两著闵鹗元十倍罚出,解交浙江为海塘办公之用,以示惩儆"①。闵鹗元不但要代其弟缴赔补银,而且因为有"塞责之举"赔缴银增加了十倍共十九万八千两。闵鹗元奏明"一年内先行措变银三万两陆续解交浙塘应用,其余将每年养廉尽数扣交"②。

令各级官员,特别是地方大员不堪重负的赔项是"无著款项"。乾隆中叶督抚所承担的这种赔补比较频繁,而且赔补的银两额度颇大。乾隆四十七年(1782年),查出"剿捕逆回滥用军需断难开销各款共三十余万两,全系无著之项,除分别查核按照何员滥用,应确核银数著落追赔……正法各犯无著银二十七万七千八十两零……请于该督本任养廉内核扣二成"③。乾隆帝不得不承认这样一个事实:"廉者为贪者受罚"④。巨额的赔项频频地加在督抚头上,使其不堪重负。福崧于乾隆四十六年至五十一年间,共担赔补银四次,共赔银九万六千余两。⑤

清朝官吏无论是任内亏缺的赔项,或是因公挪用的款项以及无着款项的赔补,多从官员的养廉银项上扣缴,如有不敷则"自行凑缴",所谓自行凑缴,有时来自官员做官时的积蓄以及祖上遗产之类,田地、房产、营运资财收益的银两,有的也采用筹措变抵的方法来措银支赔,这两种情况并不多见,而常见的情形则是官员"借词赔累"向下累摊赔,勒索银两。山东巡抚蒋洲于山西任内侵亏库项,"一闻升任之信,虑及库项难交,始商令属员派帮","凡经蒋洲之保题升转者,额外加派自数百两至千两不等"⑥。以赔补为名勒索下属,成了清代地方官员贪污的手段之一。两广总督富勒浑兼管海关印务时,"借口关税亏缺,令书役等先缴赔补帮贴银

---

① 《乾隆朝惩办贪污档案选编》第 3 册,第 1889 页。
② 《乾隆朝惩办贪污档案选编》第 3 册,第 1890 页。
③ 中国第一历史档案馆藏上谕档乾隆四十八年三月二十六日。
④ 中国第一历史档案馆藏上谕档乾隆四十八年三月二十六日。
⑤ 中国第一历史档案馆藏朱批奏折·法律·贪污49—50。
⑥ 中国第一历史档案馆藏朱批奏折·内政·职官25。

一万九千余两"①,中饱私囊。浙江巡抚福崧"由道员荐升巡抚,外任多年,所得廉俸本最丰厚,但我于四十六年间因在兰州办理撒拉尔军需代赔滥支无著银十一万二千六百余两,系奉旨于养廉内每年摊扣五成;又督缉逃兵案内议罚养廉银一万四千两;又分赔陈辉祖漏报海塘字号及湖神庙工共银六千九百余两;又五十一年清查仓库分赔留抵银四万七百两零;又奉部著赔范公塘石坝等工不准开销银四万九百余两;又赔南新关短少税银三千五百余两;又五十一年署理山西巡抚任内自行议罚银二万两;又五十四年失察抵换叶尔羌玉石案内议罚养廉一年,银一万两;又开复处分等案应罚养廉银三万两;以上共罚赔银二十七万八千两"②。而福崧以帮赔、游玩供应、盘费银、掣规银的手段勒索藩司柴桢花销银共计十万余两,被"拟斩即行正法"。

　　公捐即公费捐派,主要指朝廷对各级官员的指派。乾隆朝此举甚多,不仅南巡办差要地方官出自"公捐",而且各处行宫的修葺、添建等,都要全省各官捐廉办理。即诸如海塘、河工等项经费,均要地方官捐银,或自请摊扣养廉办理。浙江改筑大石塘工程,原估工料银缺口达银二百万两,令浙江"通省各官应得养廉内各捐十分之五,自四十六年秋季起,分作二十年扣捐银六十万两。福建亦仿此例,自督抚至州县摊扣应得养廉四分之一,分十年扣捐,凑银三十万两"③。而筹备皇上、皇太后寿庆典礼,备贡且不必说,还需要中央与地方官员报效经费。乾隆五十五年(1790年),弘历八旬万寿庆典,内外大小臣工派捐报效经费合计:"一百一十四万四千二百五十七两五钱。"④各省督抚一级各官共二十六人(含漕督、河督),共捐银七十八万一千零七十五两,占全部捐派数额的百分之六十八点二,人均捐银达三万多两。各直省督抚人数虽然不多,可是"报效"的经费最多,公捐督抚首当其冲,但往往也成侵贪"借词"。乾隆四十八年

---

①　中国第一历史档案馆藏录副奏折・法律・贪污 3—1322—32。

②　中国第一历史档案馆藏朱批奏折・法律・贪污 49—50。

③　《宫中档乾隆朝朱批奏折》第 58 辑,第 850 页。

④　中国第一历史档案馆藏军机处簿册第 62 号。

(1783年)江西巡抚郝硕就有应交海坛公项银五万两,但郝硕言及"力不能完"①,遂谕令首府黄良栋告知各府帮捐,"各州县量力呈送数百两至一千两不等,共银三万八千五百两"②。

清朝所实施的赔补官项和公费捐派虽然使"公帑无亏","经费有源",但它使各级官吏"以措办官项为辞,需索属员,派令资助,而属员亦借此敛派,以为逢迎之地",使清朝的官吏侵贪久禁不止,愈演愈烈。

(五)"捐纳"与官吏侵贪

清以科目、贡监、荫生为正途,荐举、捐纳、吏员为异途。特别是捐纳一项,明有纳粟监之例,清代的捐纳分现行事例和暂行事例两种。现行事例主要限于捐职衔、贡监,以及指加级、纪录、封典之类,但因为其经常进行,所以又常称为常捐。现行事例作为清朝政府中的非经常性收入之一,对吏治的影响并不十分明显。暂行例也叫大捐,多是遇到重大的军事行动,或河工、赈灾等需要巨额款项而特开的限期捐例。在暂开事例中,除捐纳前述现行事例所涉及的项目外,最突出的是捐实官,雍正时开"武职捐",乾隆年间又订立"常例捐纳",将其作为一项正常制度,据当时报价,报捐道员需银一万三千一百二十两,知府一万零六百四十两,知州四千八百二十两,知县三千七百两,连最低的从九品、未入流官也得用银一百二十两。③ 京官自郎中、员外郎,外官文职自道府、武职自参将以下,直到从九品、未入流官,都可以捐买。现任官员则可以用银捐升任、改任、免降,捐选补各项班次、分发指定省分。另外还可以将降革留任、离任、原衔、原翎加以捐复,或坐补原缺;试俸、历俸、实授、保举、试用、离任引见、投供、验看、回避,也可出钱加以捐免。

捐纳就是卖官鬻爵,往往被冠以输捐助饷、纳粟报效的美名,其所买得的官位也是对君主忠心的奖励,此举始于顺治年间,当时仅限于援纳贡监生员和现任官员加级。康熙时三藩战事起,因军需浩繁,始行文官捐。

---

① 《宫中档乾隆朝朱批奏折》第60辑,第457页。
② 《宫中档乾隆朝朱批奏折》第60辑,第457页。
③ 许大龄:《清代的捐纳制度》。

从康熙十三年(1674年)到十六年(1677年),三年之内,报捐知县多达五百人,捐款收入二百余万两。乾隆三十九年(1774年),陕甘总督勒尔谨以"仓储究不能全行足额"①为由请重开口内外捐监例,谕准"仍照旧例口内各属一体收捐"。乾隆三十九年冬季开捐起至四十六年六月停捐止,共收捐监生二十七万二千三十八名,每名捐粟米自四十石至五十四石不等,共核抵银一千二百二十四万一千七百余两。②

捐纳之设,无异为富者大开方便之门。解决了清政府财政困难的局面,为各个阶层和利益集团提供了一条上升到较高社会阶层的社会流动渠道,扩大其政权统治的基础。

随着商品经济的发展和土地买卖的频繁,清代商人和庶民地主增多。这些在经济上日益强大起来的地主、商人和高利贷者政治上必然提出参政要求。捐纳制度恰恰适应了他们这种要求。从清朝各项捐银数额看,捐实职以捐道员需银最多,达一万三千一百二十两;捐纳数额最低的为捐监生,但也需银一百两左右,它相当于拥有五十亩土地的农户一年土地上的全部收入。从白丁捐得知县需银三千七百两,相当于一千八百五十亩土地一年的收入。捐纳的大门开向拥有重资的地主、商人、高利贷者和有权官僚。

由于捐纳大开,因捐纳而步入官场者日增,"入赀得官者甚众"。乾隆四年(1739年)云南共捐生俊七十一名,其中官员子弟二十九名;商人、地主子弟四十二名。③ 有的捐纳者甚至官升总督、巡抚,贪污犯杨景素就是其中之一,他曾任两广总督。

捐纳制度激化和加深了封建社会的各种矛盾。庞大的捐纳队伍,巨额的捐银,表面上来自捐银者,但实际上最终仍要转嫁到劳动人民身上,加重劳动人民的负担。御史陆蒨祚《停止捐纳知县疏》写道:"捐重资以邀禄仕,非必尽出于有余,既拮据于一时,势必取偿于百姓。"④由于官僚

① 《乾隆朝宫中朱批奏折》第34辑,第580页。
② 《乾隆朝惩办贪污档案选编》第2册,第2093页。
③ 中国第一历史档案馆藏录副奏折·内政·职官。
④ 《皇奏议》卷20。

队伍中捐纳官员的增多,"正途""异途"之分,新班和旧班的矛盾也日渐突出,一遇具体事情"正途""异途"各执一端。

"未有仕途庞杂而吏治能清者",封建官僚队伍中捐纳官吏的增多,这些人"此辈原系白丁,捐纳得官,其心惟思捞其本钱,何知有皇上之百姓"①。在他们心目中儒家的君臣大义观被抛到脑后,唯有"主上卖爵位,臣下卖力气"的功利主义。他们千方百计地往回捞钱,攫取更多的社会财富;而且利用纳款、具结、分发、铨选、保举、考试、侍俸等环节尽情地侵贪。一些身居要职的官员,利用权势、职务之便,不付银两,虚冒捐纳,甚至私造假印,发给假照,中饱私囊。乾隆四十六年(1781年)甘肃折监冒赈案被揭出,布政使王亶望主持捐监,"到任之始,即令各州县俱收折色(本银)",另加收仓费银三至四两不等,交到藩库。并允许州县官多收"剩余银"归己;捐生的数额由王亶望决定派给;准报灾赈开销的银数,则由"总督与藩司面为商定厚薄,因人而施多寡,惟意所欲"②。正如王亶望所言:"谁对我好些,我就准他多报一些。"州县官不断地给他送银、送物,无偿地为他买物、盖房。反过来州县官则采用捏灾多报、重报分数冒赈开销银两;谎称"添建仓厫"报销银两;散赈时"虚开领赈入名捏结"多领银的办法大肆侵吞银两。上下"私相授受,办理甚污"。通省大小各员联为一气冒赈分肥,侵冒银达一千五百余万两。王亶望升任浙江巡抚时,其住所家资"有数百头骡驮载"。他还出银为他的儿子王裘捐得员外郎,王启、王焯捐得主事。案发后籍没家资"达三百余万两"。通省涉案各犯达一百二十余人,被陆续正法者共五十六人。这些官员任内为其子、兄弟、亲属等"捐纳官职并捐贡监生者共六十六名"③。

银子不仅可以买官,而且还可以买得"清廉"。保举可以捐得,肥缺之位往往可以捐买。嘉庆年间,湖南布政使郑源琦,"凡选授县官到省,伊即谕现有某人署理,暂不必去,俟有好缺以尔署之……细问其故,需用

① 陆陇其:《渔堂外集》卷1。
② 中国第一历史档案馆藏朱批奏折·法律·贪污48。
③ 《乾隆朝惩办贪污档案选编》第2册,第1714页。

多金,名为买缺"①。

清初统治者对捐纳常持否定态度,乾隆帝认为"纳资授官,本非善政",但这项国家的非正常收入,却是一项重要的财政来源,常常可以解决多种急需。殊不知财政危机虽然暂时得到缓和,但毒害了社会风气,摧毁了封建国家政治制度的理论基础——君臣大义观,为官吏侵贪又提供了一条途径。

(六)"议罪银"与官吏侵贪

议罪银又称"自行议罪银""议罚银""罚银""罚款",是乾隆中叶逐渐形成的一种对重要官员,特别是督抚一级官员,因犯渎职、违例、徇庇、侵贪、奏事等"过误",自认缴银,或有过需要"开复处分",有的则根本无过,乾隆帝认为你有过,也得遵旨或自认缴出巨额银两,以免除被革职问罪的参处。其与罚廉相似而不同。罚缴议罪银是因过误(失)而自认缴银,当时比较普遍,缴银额度颇大,少则上百两多则达几十万两。罚廉则是因"有过失"而被罚停支养廉银,其银数有限。乾隆中叶以后议罪银的罚缴逐渐制度化,督抚们缴纳议罪银十分频繁,其银两一般解交内务府广储司,也有一些作为皇帝南巡差务的开支,很少一部分奉旨留河工、海塘和军需之用。

罚议罪银其后果显而易见,以缴银替代行政处分和法律制裁,使清代的法纪受到破坏,而且使许多官吏的侵贪行为得到包庇。乾隆中叶以后,督抚自认缴议罪银的实例层出不穷,原浙江巡抚王亶望,于"王燧办差唯言是听,其中有借名浮开价值""不行参奏"之咎。阿桂到浙后他"自知罪重,自认罚银五十万两"。乾隆帝恩准"只可如此"②,不加追究。闽浙总督陈辉祖,因其胞弟陈严祖在甘肃冒赈案内参与贪污,其有"不能预为教诫"之过,"情愿罚交银三万两,解交内务府"③。乾隆帝不但免其自议交部治罪的请求,而仍令留任闽浙总督。督抚们用缴银的办法来避免革职

① 姚元之:《竹叶亭杂记》卷5。
② 中国第一历史档案馆藏朱批奏折·法律·贪污45—48。
③ 中国第一历史档案馆藏上谕档乾隆四十六年九月十一日。

惩处,而乾隆则认为督抚们的过失"革职留任不足以蔽辜",只有让其纳银抵过才能"以示惩儆"。

巨额议罪银的交纳,不仅有悖于养廉银制度的本意,而且给督抚等官勒派婪索下属以借口。乾隆四十六年(1781年),山东巡抚国泰因其父云贵总督文绶在任内办理"啯匪"一案获罪,发往新疆效力,国泰请缴廉八万两为父赎罪,结果"恩准缴银四万两",他借口"因资财变价不及"①,共勒下属各员帮银八万余两,使历城等州县亏空达数万两之多。乾隆五十五年(1790年),内阁学士兼礼部侍郎尹壮图切中议罪银之弊害:"其桀骜之督抚借口以快饕餮之私,即清廉自矢者不得不望属员之资助,日后遇有亏空营私重案不容不曲为庇护……请永停罚银之例。"②乾隆帝认为其意见"固属不为无见",下令"嗣后各督抚有咎应革职应行议罪者,著即自请停支养廉,不必另行议罪"。③ 但是直至乾隆末年,议罪银的交纳就从未停止过。乾隆六十年十二月初八日,两广总督长麟因查办福建亏空一案"迁延观望",被革职,"赏副都统职衔令往叶尔羌自备资斧办事",他谢帝恩,"情愿认罚银四万两,先交一万两"。④

乾隆帝利用督抚、盐政、税关监督、织造等官的溺职、徇庇之类的"过失",通过军机大臣或亲信奴才密谕、暗示过误者"令其自行议罪"缴纳巨额银两,这些巨额银两大都流入了内务府广储司银库,成了内廷的滚滚财源,但督抚等官们则不堪重负。浙江巡抚福崧"由道员荐升巡抚,外任多年,所得养廉最为丰厚,但我于四十六年间督缉逃兵案内议罚养廉银一万四千两;又五十一年署理山西巡抚任内自行议罚银二万两;又五十四年失察抵换叶尔羌玉石案内议罚养廉一年,银一万两;又开复处分等案应罚养廉银三万两"。加之代赔无着银项等,福崧共罚赔银二十七万八千两。其连续多年"所有应支养廉未敢支领,俱全数扣缴"。不仅如此,而且他还自行凑交计前后共完过银十四万两,尚未完银十三万八千余两。短短

---

①　中国第一历史档案馆藏录副奏折·法律·贪污3—1311—15。
②　中国第一历史档案馆藏上谕档乾隆五十五年十一月。
③　《清高宗实录》卷1429。
④　中国第一历史档案馆藏上谕档乾隆六十年十二月初八日。

十几年间一巡抚被罚赔银高达二十多万两,历年养廉全无。所为自行凑交,实为勒索下属,在短短两年的时间内,福崧以令盐道柴桢代买玉器朝珠等不给银两,驳减工程及书役饭食纸张银两的手段侵蚀公项,并需索属下的掣规银、值月银、进京盘费银,令属员支应自己的游玩供应,令其帮赔等手段,使盐道柴桢亏空库项银两二十二万,案发后查实,福崧从中勒索柴桢花销银共计十万余两,被"拟斩即行正法"。

议罪银是乾隆时期督抚等官贪污愈众的直接原因。

第三节 清朝反贪文化

清朝统治者为其巩固政权的需要,在其确立在全国的封建统治之后,在文化上实行封建文化专制主义,大兴文字狱,禁锢了人们的思想。清末社会动荡,反贪文化勃兴,揭露社会的阴暗面,特别是官场的腐败,官吏的贪赃龊法劣迹。通过笔记、杂记、野史、传奇、戏曲、章回小说的形式,记叙、描写、讽刺、鞭挞,抑恶扬善,振俗救世。

笔记、野史、杂记中记录了不少官场的腐败,《道咸宦海见闻录》《新世说》《清朝野史大观》《清朝奇案大观》《巢林笔谈》《郎潜纪闻》《耳食录》《春明梦录》等。晚清章回小说,在清代反贪文化中独树一帜,成为清代反贪文化的特有的文化现象。

贪官为清代讽刺小说《儒林外史》,特别是晚清谴责小说刻意讽刺的对象之一。

在章回小说家的笔下,贪官贪婪无耻的心态被暴露无遗,无论是高官还是小吏,文官还是武将,其贪赃伎俩再高明也难逃作家敏锐的笔锋,从中可窥见吏治的腐败,官员的堕落程度与人性贪欲的丑陋。

卖官卖缺是朝廷高官的敛财途径。纨绔子弟贾润孙孝敬黑大叔、华中堂与徐大军机三位显臣,耗资无数,即为谋求官差(《官场现形记》第27回)。这些大员,卖缺都彼此竞争,而各自关心的东西却不一样,徐大军机说道："别的我不管他，倒是他究竟孝敬中堂多少钱，老弟你务必替我打听一个实数。他送华中堂多少钱，能少我一个，叫他试试看！"（《官场现形记》第 27 回）

票号掌柜恽洞仙替周中堂卖缺，为不伤"周中堂的清名"，以四百两黄金打成两匣"假笔墨"。而闽浙总督萧制军送上一份"抵得九万两银子"的礼物，"不上半年"，就从最苦的闽浙任上，升调到最好的两广总督。（《二十年目睹之怪现状》第 75 回）官缺如商品，缺有肥瘠，顺行就市，名器堕落为货品，这种银货两讫的卖缺行为，见于《二十年目睹之怪现状》第 5 回。吴继之接见江苏制台的幕友时，他拿出一个折子给吴继之看，上面开着江苏全省的县名，每一县名底下，分注了些数目字……他附着吴耳边说道："这是得缺的一条捷径，若是要想那一个缺，只要照开着的数目送到里面去，包你不到十天，就可以挂牌。这是补实的价钱；若是署事，还可以便宜些。"（《二十年目睹之怪现状》第 5 回）

吴继之将这种卖缺行为命名为"点戏"，文字轻松，语言幽默，贪官卖缺的无耻行为跃然纸上。

当时行贿的方式多种多样，买通上司的妻妾，以谋官求差，堪称是走"内线"的老手，如冒得官煞费心思地讨好羊统领姨太太，求个好差使。姨太太想卖弄自己的手段，便把羊统领请了来，撒娇撒痴，把羊统领的胡子拉住不放，一定要统领立刻答应派冒得官一个好差使，方肯放手。统领……无可如何，硬把护军右营的一个管带，说他营务废弛，登时撤掉差使，就委冒得官接管。（《官场现形记》第 30 回）有的太太甚至亲自"动手"操办，李伯元更把湖广总督的十二姨太私下受贿、深夜移花接木换人委缺的经过（《官场现形记》第 36 回），刻画得淋漓尽致。

为了多收贿，官员和吏目都想尽办法，通过一个地方小吏目之口，钱典史夸耀起自己所任一职的好处：一年之内，我一个生日，我们贱内一个生日，这两个生日，是刻板要做的，下来老太爷生日，老太太生日，少爷做亲，姑娘出门，一年上总算有好几回。（《官场现形记》第 2 回）如此众多的名目，属员与百姓不堪重负。

贪官的典型形象多以知府知县为主，在吴敬梓的笔下尽是一群鱼肉乡民的恶棍。吴敬梓讽刺贪官时，并不正面集中刻画官吏的贪污行为，往往以侧笔轻轻地勾勒出贪欲的丑态。如高要知县背地贪婪，作者借严贡生之口道出了其中奥妙：我这高要，是广东出名的县分。一岁之中，钱粮、耗羡，花、布、牛、驴、渔船、田房税，不下万金。……像汤父母这个做法，不过八千金；前任潘父母做的时节，实有万金，他还有些枝叶，还用着我们几个要紧的人。（《儒林外史》第4回）

知县联合恶霸乡绅鱼肉县民，一年可以捞到一万两银子。潘知县的贪财行为，从曾替他做帮凶的严贡生口中透出。又如王惠升任南昌府知府，交盘之际便打听捞钱的门路："地方人情，可还有甚么出产？词讼里可也略有些甚么通融？"上任即寻求利害窍门，可见他向往的是"三年清知府，十万雪花银"的发财梦，因此他做官全靠三件宝——"戥子、算盘、板子"来理朝，成为"江西第一大能员"。（《儒林外史》第8回）

此外，吴敬梓通过唱戏的鲍文卿与向知县的真挚友情，衬托出升官即变富的实情：鲍文卿因为在按察使面前替向知县求情免参，按察使就写信叫向知县谢他，向知县一出手就是五百两银子。（第20回）向知县升任道台后，又封了一千两银子送鲍文卿回南京，并说道：而今不比当初了。我做府道的人，不穷在这一千两银子。（《儒林外史》第26回）

升官就发财，府道手中一千两银子不算什么，作者揭露了这种官场的黑幕。这些鱼肉百姓的"父母官"不升官也想尽办法捞钱。李伯元不惜笔墨，尽力讽刺他们不择手段的无耻行为。如兴国州知县王伯臣，为了收齐钱粮，冒丁忧不报的风险，然而钱粮的征收却大打折扣，直等收了六七成，终因人言可畏，才允歇手。（《官场现形记》第44回）又如徐州知府万向荣，以充公为名，吞吃赌钱，又受贿释放赌徒，因此被参审，又行贿于审官而免参。（《官场现形记》第37回）

当官的有人巴结，银子有人送上，小吏佐杂，在作家的笔下皆以一副无赖搜刮百姓的面目出现。随凤占就是其中之一，他恐怕年底店铺送的节礼被前任预领，乃急忙上任。但接任后打听到属下两家当铺已将节礼送与前任，于是他立即拜会各处，先一阵恭维后，开口便道："料想诸位定是按照旧章"，闭口又说："兄弟是实缺，彼此以后相聚的日子正长，将来叨教的地方甚多,诸位一定是照应兄弟的,还用兄弟多虑吗?"他外表强作欢颜大笑,用意则是吓唬百姓,无赖强夺。他贪婪无厌的性格,为向前任讨回节礼,竟大打出手,闹出了一场丑剧。(《官场现形记》第 44 回)这个爱财如命的衙史,出差到省城办事,遇到节日无法回去:"眼看着一分节礼要被人家夺去,更是茶饭无心,坐立不安。"因此私自回任,抢收节礼,以致被代理状告于首府。(《官场现形记》第 44 回)

章回小说《何典》是一部用俚俗语言写成的讽刺滑稽体小说,借讽嘲阴曹地府鬼魅,抨击现实社会的丑恶现象,"谈鬼物正像人间,用新典一如古典",作者张庄南在书中将那种不择手段攫取社会财富的贪官,在阴间也横行霸道,将其命名为"饿杀鬼"。此鬼是个要财不要命的贪官,为了夺取民财,借着命案,将无事的活鬼拿来殴打下狱,"说要办他个妖言惑众的罪名"。家人忙去寻门路打点:我晓得这饿杀鬼是要向铜钱眼里翻筋斗的。今日把活大哥这等打法,便是个下马威,使活大哥怕他打,不敢不送银子与他的意思。如今也没别法。老话头:不怕官,只怕管。在他檐下过,不敢不低头。只得要将铜钱银子出去打点,倘然准了妖言惑众,是杀了头还要充军的,怎么当得起?(《何典》第 2 回)

又到衙门前寻鬼打探,所得到的回答都是:"活鬼是个百万贯财主,土地老爷要想在他身上起家发福的。若要摸耳朵,也须送他九篮八蒲篓银子,少也开弗出嘴。"因此走饿杀鬼的相好婊子刘娘娘的门路,筹凑银子,送了进去。果然钱可通神,次日饿杀鬼坐堂,便将活鬼调出狱来,开了刑具,放他回家。(《何典》第 2 回)作者将这种见钱眼开的贪官布置于阴间,以鬼相譬喻,颇为尖锐和深刻。

晚清谴责小说对于武官的贪婪行为,多以克扣军饷为讽刺内容。如胡统领带兵往严州剿匪,"克扣军饷,浮开报销",因而发财致富。(《官场现形记》第 17 回)在讽刺作家的笔下,军营中的提督带兵讨匪后,都变成了大财主。如芜湖绅衿张守财:"自从打土匪掳来的钱财,以及做统领克扣的军饷,少说手里有三百多万家私。"他退伍后,买田造房,前后讨娶的姨妾达四十五个,享尽了人间的欢乐。(《官场现形记》第 49 回)

文武官员恣意侵贪,朝廷为整顿吏治,派钦差查办,而这些钦差也是红了眼的贪官。《官场现形记》第 19 回的钦差审案,以贿银之多寡定罪,有钱开释,无钱查办革职。银元局总办苟才以贪污被参,耗费巨款,行贿钦差,终能化解参案。(《二十年目睹之怪现状》第 95 回)

权钱交易,公事私办,以《儒林外史》中那个敲诈马二先生者所说的话最为经典:"钱到公事办,火到猪头烂。"《红楼梦》中的贾雨村为巴结贾府,竟把一个人命案犯薛蟠"私办"得没事人一般一走了事。而内监戴权,更称得上一个公事私办的老手,皇家三百员龙禁尉缺了二员,需要选员补缺,这桩"公事"到了他手里,就成了谋私赚钱的机会,他直截了当地告诉想给儿子谋前程的贾珍:"平准一千两银子到我家就完了。"

章回小说从社会的一个侧面反映了清代特别是晚清社会政治状况,作者针砭时弊,反映了强烈的忧患意识,成为清代反贪文化的一个重要组成部分。

第四节　清朝反贪的启示

清朝政治腐败的实质是官僚集团与国家间的利益冲突,官吏的侵贪是对儒家君臣大义观的彻底否定。反侵贪则是封建帝王为维持其统治与官僚围绕财富分配而展开的利益冲突,这种冲突一开始就存在,到乾隆朝中叶尤为激烈,最终成为清朝由盛转衰的重要原因之一。

清前期历代统治者对官吏侵贪问题十分重视,将对官吏侵贪的防范和惩办作为巩固政权、加强统治的一项基本国策,并严惩贪官污吏,但"诛殛愈众而贪风愈甚",最终成为清朝政治腐败的原因之一。

封建社会的官僚政治是一种具有悠久历史的制度和传统,官僚政治与官吏侵贪是一对孪生兄弟,中国封建社会历朝都实行官僚政治制度,这就决定了各代官吏侵贪从形式到内容都具有很大的共性。清中叶,社会环境发生很大变化,商品经济发达,奢靡颓废成为了官僚集团成员的时尚,为官吏侵贪准备了适宜的土壤和条件。

封建官僚制度的弊端是官吏侵贪屡禁不止的根源。中国封建官僚制度以专制君权为核心。存在着政治上严密的人身依附关系,君臣间上司和属员间有不可逾越的差别和政治隶属,属下的政治生命掌握在上司手中,奖惩黜陟、升转迁徙均须由上司的好恶来决定。属员为了逢迎上司,不得不采取各种非正常手段,使自己与上司的政治上的权力利益与物质利益紧密结合。这样贿赂逐渐成为以物质利益方式调节传统政治关系的一种手段。① 另外封建官僚政治制度的特点是重人治轻法制,法作为对人民压迫的工具,而对官僚统治集团只是一种摆设,偶遇开明君主,能发挥有限的作用,实质上是君主控制、驱驾下属的工具。重视人治而忽视法治,只能加重吏治的腐败。

政治系统的运作,受传统文化的支配。中国的传统文化,是一种亲族型文化②,其具体表现为"在家尽孝,为国尽忠"。入仕就必须忠君报国,君主需要臣僚对自己绝对的忠诚,理论上对君主的忠诚虽然包括了完成君主规定的政治目标,在政治生活中遵循政纪法规,承认并维护现存等级制度,但是评判的标准却掌握在君主手中,正如雍正帝所言:"朕说你好,你才好。"③另外君主对臣僚的要求首先是忠,其次才是廉,廉洁与否仍然由君主来评判,一切以君主的政治需要为定。在实际的政治活动中,尽管政治原则要求其成员克己奉公,"大义灭亲",但官僚成员更习惯于把亲族情感作为优先考虑的对象。官僚集团不仅要利用自己特殊的身份满足自己的物质和权力的欲望,而且还要满足和照顾亲情关系之下的所有人,"一人得道,鸡犬升天"。况且自然经济为主体的社会中,亲情关系才是最可以依靠和利用的关系。

所以,政治腐败,官吏侵贪,不是一种简单的历史现象,并非人治社会的严刑酷法所能根除,也非专制条件下的讽喻说教所能阻止,只有靠社会的变革,生产力的发展,人民作为自己命运的主人时,才能消除其根源。

---

① 高翔:《康雍乾三帝统治思想研究》,第 438 页。
② 高翔:《康雍乾三帝统治思想研究》,第 439 页。
③ 《雍正朝汉文朱批奏折汇编》第 6 册,第 782 页。

附录一　清朝贪污罪律例

监守自盗仓库钱粮律文

凡监临主守自盗仓库钱粮等物,不分首从,并赃论罪("并赃",谓如十人节次共盗官银四十两,虽各分四两入己,通算作一处,其十人各得四十两,罪皆斩;若十人共盗五两,皆杖一百之类。三犯者绞,问实犯)。并于右小臂膊上刺盗官(银、粮、物)三字(每字各方一寸五分,每画各阔一分五厘,上不过肘,下不过腕,余条准此)。一两以下杖八十。一两之上至二两五钱杖九十。五两杖一百。七两五钱杖六十徒一年。一十两杖七十徒一年半。一十二两五钱杖八十徒二年。一十五两杖九十徒二年半。一十七两五钱杖一百徒三年。二十两杖一百流二千里。二十五两杖一百流二千五百里。三十两杖一百流三千里(杂犯三流,总徒四年)四十两斩。(杂犯徒五年)①

在具体操作过程中则以"断法有律,而准情有例;律守一定,而例则固时而变动"。而"监守自盗仓库钱粮"罪在拟罪科刑时则多援照下列条例:

监守自盗仓库钱粮第一条例文:

凡漕运粮米,监守盗六十石入己者,发边充军;入己数满六百石者,拟斩监候。

监守自盗仓库钱粮第二条例文:

漕、白二粮过淮以后,责令该管道府州县往来巡察,有盗卖、盗买之人,拿获即各枷号一个月,粮米仍交本船,米价入官充饷。运弁俟回南日,听总漕捆打四十。如地方官失察者,交该部议处。

监守自盗仓库钱粮第三条例文:

---

① 马建石等:《大清律例通考校注》,第669页。

小船人户受雇偷载漕粮盗卖者,将船户照漕、白二粮过淮后,盗卖、盗买枷号一个月例,减二等发落。其漕船头航,明知旗丁盗卖不据实举首者,俱照不应重律杖八十,受财计赃从重论。

监守自盗仓库钱粮第四条例文:

凡侵盗仓库钱粮入己,数在一千两以上者,拟斩监候,遇赦准予援免。如数在一万两以上者,不准援免。文武官员犯侵盗者,俱免刺字。

监守自盗仓库钱粮第五条例文:

凡侵盗应追之赃,著落犯人妻及未分家之子名下追赔。如果家产全无,不能赔补,在旗参、左领、骁骑校,在外地方官取具甘结,申报都统、督抚、保题豁免结案,倘结案后别有田产人口发觉者,尽行入官,将承追申报各官革职,所欠赃银米谷,著落赔补。督催等官,照例议处。内外承追督促武职,俱照文职议处。再一应赃私,察果家产全无力不能完者,概予豁免,不得株连亲族。饷滥行著落亲族追赔,将承追官革职。其该管上司如有逼迫申报取具甘结之事,属官不行出首,从重治罪。

监守自盗仓库钱粮第六条例文:

完赃减免之犯,如又犯赃,俱在本罪上加一等治罪。

监守自盗仓库钱粮第七条例文:

凡侵贪之案,如该员身故,审明实系侵盗库帑图饱私囊者,即将伊子监追。

监守自盗仓库钱粮第八条例文:

漕、白二粮过淮,责令该管道、府、州、县往来巡察。如有将行月粮米私自盗卖、盗买者,拿获各枷号一个月;若有一人盗买及一帮盗卖数至百石以上者,将为首之人枷号两个月,折责四十板,粮米交本船,米价入官。其失察盗卖之运弁,如米数不及五十石者,将该弁即于仓场衙门捆打四十;数至五十石以上者,降一级调用;百石以上,降二级调用;二百石以上,革职。

监守自盗仓库钱粮第九条例文:

凡亏空钱粮,除因公挪移及仓谷霉浥等案,仍照本例办理外,其实系亏空入己者,虽于限内完赃,俱不准减等。

监守自盗仓库钱粮第十条例文：

监守自盗仓库钱粮除审非入己者，各照条律例定拟外，其入己数在一百两以下至四十两者，仍照本律问拟准徒五年；其自一百两以上至三百三十两杖一百流二千里；至六百六十两杖一百流二千五百里；至一千两杖一百流三千里。[①]

附录二　清朝贿赂罪律例

官吏受赃律文

凡官吏（因枉法、不枉法事）受财者，计赃科断，无禄人各减一等。官追夺除名，吏罢役（赃止一两），俱不叙用。说事过钱者，有禄人减受钱人一等，无禄人减二等（如求索、科敛、吓诈等赃及事后受财过付者，不用此律）。罪止杖一百、徒二年（照迁徙比流减半科罪）。有赃者，（过钱而又受钱）计赃从重论（若赃重，从本律）。

有禄人（凡月俸一石以上者）枉法赃，各主者，通算全科。（谓受有事人财而曲法处断者，受一人财固全科，如受十人财，一时事发，通算作一处，亦全科其罪。若犯二事以上，一主先发已经论决，其他后发，虽轻若等，亦并论之）

一两以下，杖七十。一两至五两，杖八十。一十两，杖九十。一十五两，杖一百。二十两，杖六十、徒一年。二十五两，杖七十、徒一年半。三十两，杖八十、徒二年。三十五两，杖九十、徒二年半。四十两，杖一百、徒三年。四十五两，杖一百、流二千里。五十两，杖一百、流二千五百里。五十五两，杖一百、流三千里。八十两，（实），绞（监候）。

不枉法赃，各主者，通算折半科罪。（虽受有事人财，判断不为曲法者，如受十人财，时事发，通算作一处，折半科罪。一主者，亦折半科罪。

_____

① 马建石等：《大清律例通考校注》，第669—674页。

准半折者,皆依此。)

一两以下,杖六十。一两之上至一十两,杖七十。二十两,杖八十。三十两,杖九十。四十两,杖一百。五十两,杖六十、徒一年。六十两,杖七十、徒一年半。七十两,杖八十、徒二年。八十两,杖九十、徒二年半。九十两,杖一百、徒三年。一百两,杖一百、流二千里。一百一十两,杖一百、流二千五百里。一百二十两,杖一百、流三千里。一百二十两以上,(实),绞(监候)。无禄人(凡月俸不及一石者)枉法,(扶同、听行及故纵之类)一百二十两,绞(监候)。不枉法,一百二十两以上,罪止杖一百、流三千里。

官吏受财第一条例文:

各部院衙门书办,有辄敢指称部费招摇撞骗,干犯国宪,非寻常犯赃可比者,发觉审实,即行处斩。为从知情朋分银两之人,照例发往云、贵、川、广烟瘴少轻地方,严行管束。

官吏受财第二条例文:

凡在官人役取受有事人财,律无正条者,果于法有枉纵,俱以枉法计赃科罪。若尸亲、邻证等项,不系在官人役,取受有事人财,各依本等律条科断,不在枉法之律。

官吏受财第三条例文:

凡衙门蠹役恐吓索诈,十两以上者,发边充军;至一百二十两者,照枉法拟绞。其或索诈贫民,致令卖男鬻女者,十两以上,亦照例充发。为从分赃者,不计赃并杖一百、徒三年。如有吓诈致毙人命,不论赃数多寡,拟绞监候。

官吏受财第四条例文:

县总里书如犯赃入己者,照衙役犯赃拟罪,不准折赎。保人、歇家串通衙门行贿者,照不系在官人役取受有事人科断。

官吏受财第五条例文:

凡正身衙役违禁私带白役者,并杖一百,革役。如白役犯赃,照衙役犯赃例治罪。正身衙役知情同行者,与同罪;不知情不同行者,不坐。

官吏受财第六条例文:

司、道、府、州、县等官不时察访衙蠹,申报该督抚究拟。若该管员不行察报,经督抚上司访拿或别经发觉者,照徇庇例交该部议处。如督抚不行访参者,亦交该部议处。其访拿衙蠹并赃私数目,仍应年底造册题报。

官吏受财第七条例文:

直省书役年满缺出,遵例召募。有暗行顶买、索取租银者,缺主照枉法受财律计赃定拟,至八十两者,绞。顶缺之人,照以财行求律至五百两者,杖一百、徒三年。出结人等,应不应重律杖八十。该管官员,交部议处。倘该督抚阳奉阴违,亦照例议处。其年满考职时,务令填写"并无假姓冒籍"字样,方准收考。若有冒籍冒名等弊,事发者,革去职衔,杖一百。不能稽查之该管等官,俱交部议处。至各衙门一切案件,若假手书吏,以致定稿时高下其手,驳诘不已。有赃者,照枉法受财律科罪;无赃者,依不应重律杖八十,革役。该管官员,照例议处。如该督抚不行题参,亦交部议处。

官吏受财第八条例文:

凡各衙门书吏,如有舞文作弊者,系知法犯法,应照平人加一等治罪。

官吏受财第九条例文:

凡上司经过,属员呈送下程及供应夫马车辆一切陋规,俱行革除。如属员仍有供应、上司仍有勒索者,俱革职提问。若督抚不行题参,照例议处。其上司随役家人私自索取,本官不知情者,照例议处。如知情故纵,罪坐本官,照求索所部财物律治罪。其随役家人,照在官求索无禄人减一等律治罪,并许被索之属员据实详揭,若属员因需索滥行供应,及上司因不迎送供应别寻他事中伤属员者,将属员及各上司照例分别议处。

官吏受财第十条例文:

书吏舞文作弊,其知情不首之经承、贴写,俱照本犯罪减一等发落。如有将书吏情弊查出举首三次者,系书吏,不论已、未期满,准其考职即用;如系贴写,准其与期满之书吏一体考职。倘有不肖之徒,希图考职及怀挟私仇妄行出首者,照诬告律从重治罪。

官吏受财第十一条例文:

督抚、司道各上司差役扰害乡民,许州县查拿,并许被害人呈告,将该役照例治罪。

官吏受财第十二条例文:

除审无入己、坐赃致罪者,果能于限内全完,仍照挪移、亏空钱粮之犯准其减免外;若官吏因事受财、贪婪入己,审明不枉法及律载准枉法、不枉法论等赃,果于一年限内全完,死罪照原拟减一等改流,军流以下,各减一等发落。倘限内不完,死罪仍照原拟监追。流罪以下,即行发落。其应追赃物,照例勒追完结。

官吏受财第十三条例文:

官吏婪赃,审系枉法入己者,虽于限内全完,不准减等。其不枉法赃及准枉法论并坐赃致罪等项,仍照定例办理。

坐赃致罪律文

凡官吏人等,非因(枉法、不枉法之)事而受(人之)财,坐赃致罪,各主者,通算折半科罪;与者,减五等。(谓如被人盗财或殴伤,若赔偿及医药之外,因而受财之类。各主者,并通算折半科罪。为两相和同取与,故出钱人减受钱人罪五等。又如擅科敛财物或多收少征,如收钱粮、税粮、斛面及检踏灾伤田粮与私造斛斗称尺,各律所载虽不入己,或造作虚费人工物料之类,凡罪由此赃者,皆各为坐赃致罪。官吏坐赃若不入己者,拟还职役。出钱人有规避,事重者,从重论。)

一两以下,笞二十。一两之上至十两,笞三十。二十两,笞四十。三十两,笞五十。四十两,杖六十。五十两,杖七十。六十两,杖八十。七十两,杖九十。八十两,杖一百。一百两,杖六十、徒一年。二百两,杖七十、徒一年半。三百两,杖八十、徒二年。四百两,杖九十、徒二年半。五百两,罪只杖一百、徒三年。(以坐赃非实赃,故至五百两,罪止徒三年。)

官吏听许财物(原未接受,故别于事后受财律)**律文**

凡官吏听许财物,虽未接受,事若枉者,准枉法论;事不枉者,准不枉法论,各减(受财)一等。所枉重者,各从重论。(必自其有显迹、有数目者,方坐。凡律称准者,至死减一等,虽数满,亦罪止杖一百、流三千里。此条既称准枉法论,又称减一等。假如听许准枉法赃满数至死减一等,杖一百、流三千里,又减一等,杖一百、徒三年,方合律。此正所谓犯罪得累减也。此明言官吏,则其余虽在官之人,不用此律。)

官吏听许财物条例文:

听许财物,若甫经口许,赃无确据,不得概行议追。如所许财物封贮他处,或写立议单文券,或交与说事之人,应向许财之人追取入官。若本犯有应得之罪,仍照律科断。如所犯本轻或本无罪,但许财营求者,止问不应重律。其许过若干、实交若干者,应分别已受、未受数目计赃并所犯情罪从重科断。已交之赃在受财人名下著追。未交之财仍向许财人名下著追。

有事以财请求律文

凡诸人有事以财行求(官吏,欲)得枉法者,计所与财坐赃论。若有避难就易所枉(法之罪)重(于与财)者,从重论(其赃入官)。其官吏刁蹬、用强生事、逼抑取受者,出钱人不坐。(避难就易,谓避难当之重罪,就易受之轻罪也。若他律避难,则指难解钱粮、难捕盗贼皆是。)

有事以财请求条例文:

凡有以财行求及说事过钱者,审实,皆计所与之赃与受财人同科。仍分有禄、无禄,有禄人概不减等,无禄人各减一等。其行求说事过钱之人,如有首、从者,为首照例科断,为从,有禄人听减一等,无禄人听减二等。如抑勒诈索取财者,与财人及说事过钱人俱不坐。至于别项馈送,不系行求,仍照律拟罪。

在官求索借贷人财物律文

凡监临官吏挟势及豪强之人求索借贷所部内财物,并计(索借之)赃准不枉法论;强者,准枉法论。财物给主。(无禄人各减有禄人一等)若将自己物货散与部民及低价买物多取价利者,并计余利,准不枉法论;强者,准枉法论。物货价钱并入官,给主(卖物财物入官,而原得价钱给主。买物则物给主,而所用之价入官。此下四条盖指监临官吏,而豪强亦包其中。)若于所部内买物不即支价,及借衣服、器玩之属,各经一月不还者,并坐赃论(仍追物还主)。若私借用所部内马牛驼骡驴及车船、碾磨、店舍之类,各验日计雇赁钱,亦坐赃论,追钱给主(计其犯时,雇工赁直,虽多不得过其本价)。若接受所部内馈送土宜礼物,受者,笞四十;与者,减一等。若因事(在官)而受者,计赃以不枉法论。其经过去处供馈饮食及亲故馈送者,不在此限。其出使人于所差去处求索借贷、卖买多取价利及受馈送者,并与监临官吏罪同。若去官而受旧部内财物及求索借贷之属,各减在官时三等。

在官求索借贷人财物第一条例文:

凡外任旗员,该旗都统、参领等官有于出结时勒索重贿,及得缺后要挟求助,或该旗本管王、贝勒及门上人等有勒取求索等弊,许本官据实密详督抚转奏。倘督抚瞻顾容隐,许本官直揭都察院转为密奏。倘不为奏闻,许各御史据揭密奏。

在官求索借贷人财物第二条例文:

文武职官索取土官、外国、徭、僮财物,犯该徒三年以上者,犯发近边充军。

在官求索借贷人财物第三条例文:

云贵、两广、四川、湖广等处流官,擅自科敛土官财物,佥取兵夫征价入己,强将货物发卖多取价利,赃至徒三年以上者,俱发近边充军。若买卖不曾用强及赃数未至满徒者,按律计赃治罪。其科敛财物明白公用,佥取兵夫不曾征价者,照常发落。

在官求索借贷人财物第四条例文:

苗、蛮、黎、僮等僻处外地人,并改土归流地方,如该管官员有差遣兵役、骚扰逼勒、科派供应等弊,因而激动番蛮者,照引惹边衅例从重治罪。

在官求索借贷人财物第五条例文:

凡出差巡察之员,所到州县地方,如有收受门包,与者,照钻营请托例治罪;受者,照婪赃纳贿例治罪。该督抚不行查察,交部议处。

在官求索借贷人财物第六条例文:

各上司如有勒荐幕宾、长随者,许属员揭报,将勒荐之上司照例革职。其幕宾、长随钻营上司引荐,在各衙门舞弊诈财者,计赃以枉法论。幕宾,照衙门书吏加等治罪例治罪。长随,照衙门蠹役恐吓索诈十两以上例治罪。如钻营引荐别无情弊,但盘踞属员衙门者,幕宾,照书役年满不退例杖一百、徒三年;长随,枷号一个月,杖一百。各递回原籍,分别发落。其属员徇隐不行揭报者,照例革职。若属员营求上司,因所荐幕宾,长随有勾通行贿等弊,照例分别议处治罪。

在官求索借贷人财物第七条例文:

长随求索、吓诈得财舞弊者,照蠹役诈赃例治罪,并照窃盗例,初犯以"赃犯"二字刺臂,再犯刺面。其有索诈婪赃托故先期预遁,及本官被参后闻风远飏者,拿获之日,照到官后脱逃例各加二等治罪,仍追原赃。其各衙门现任大小官员,如有收用犯案刺字长随者,交部议处。

家人求索律文

凡监临官吏家人(兄弟、子侄、奴仆皆是),于所部内取受(所)求索借贷财物(依不枉法)及役使部民,若买卖多取价利之类,各减本官(吏)罪二等。(分有禄、无禄。须确系求索借贷之项,方可依律减等。若因事受财,仍照官吏受财律定罪,不准减等。)若本官(吏)知情,与同罪;不知者,不坐。

家人求索条例文:

执事大臣不约束家人,致令私向所管人等往来交结借贷者,一经发觉,将伊主一并治罪。

风宪官吏犯赃律文

凡风宪官吏受财及于所按治去处求索借贷人财物,若卖买多取价利及受馈送之类,各加其余官吏(受财以下各款)罪二等。(加罪不得加至于死。如枉法赃须至八十两方坐绞,不枉法赃须至一百二十两之上方坐绞。风宪吏无禄者,亦就无禄枉法,不枉法本律断。其家人如确系求索借贷,得减本官所加之罪二等)若因事受财,不准减等。本官知情,与罪同,不知者,不坐。

因公科敛律文

凡有司官吏人等,非奉上司明文,因公擅自科敛所属财物,及管军官吏科敛军人钱粮赏赐者(虽不入己),杖六十。赃重者,坐赃论。入己者,并计赃以枉法论。(无禄人减有禄人之罪一等,至一百二十两,绞监候。)其非因公务科敛人财物入己者,计赃以不枉法论(无禄人罪止杖一百、流三千里)若馈送人者,虽不入己,罪亦如之。

因公科敛第一条例文：

凡京城及外省衙门，不许罚取纸札、笔墨、银朱、器皿、钱谷、银两等项，违者计赃论罪。若有指称修理，不分有无罪犯，用强科罚米谷至五十石、银至二十两以上、绢帛贵细之物值银二十两以上者，事发交部照例议处。

因公科敛第二条例文：

江南、江西、湖广地方及黄、运两河遇有公事，该督抚查实，题请定夺，不许辄派商捐。倘地方官有私行勒派者，即行题参治罪。该督抚失于觉察，一并交部议处。

克留盗赃律文

凡巡捕官已获盗贼，克留赃物不解官者，笞四十；入己者，计赃以不枉法论，仍将其（所克之）赃并（解过赃通）论盗罪。若军人、弓兵有犯者，计赃虽多，罪止杖八十。（仍并赃以论盗罪）

克留盗赃条例文：

胥、捕侵剥盗赃者，计赃照不枉法律从重科断。

私受公侯财物律文

凡内外武官，不得于私下或明白接受公、侯、伯所与金银、缎匹、衣服、粮米、钱物。若受者，杖一百，罢职，发边远充军。再犯，处死。公侯与者，初犯、再犯免罪，三犯奏请区处。若奉命征讨，与者、受者不在此限。（或绞或斩，律无明文。但初犯充军即流罪也。再犯加至绞监候。以其干系公、侯、伯，应请自裁。）①

附录三 关于律例的说明

以上反贪正律律文均引自《大清律例·刑律·盗贼、刑律·受赃》

---

① 马建石等：《大清律例通考校注》，第 905—924 页。

中,共十二条,这十二条正律律文至清末均无变动,但在科断侵贪各案时很少被援引。乾隆四十四年,部议明确规定"既有定例,则用例不用律"。故在清朝科断侵贪和其他各种案件时,引用得最多的是例文,常称为"照例"或"依例"。可见,例文更能反映当时的司法实际,有很强的操作性。不仅如此,例文也可按实际状况和皇帝的意见经大臣"酌议"加以修改。清朝反侵贪的律文附例共有三十六条,除嘉庆朝、同治朝、道光朝有些例文被修改或修并外,新增的例文共三条:

同治九年续纂监守自盗仓库钱粮例文一条:

经纪花户并车户、船户、驾掌代役人等,凡有监守之责窃盗漕仓粮米入己数满六百石拟斩监候;一百石拟绞监候;六十石以上实发云贵两广极边烟瘴充军;二十石以上杖一百流三千里;十石以上杖一百徒三年;五石以上杖八十徒二年;不及五石杖六十徒一年。俱限四个月勒追全完,应斩者减为附近充军,应绞候者减为杖一百流三千里,应军流者减二等发落,应徒者免罪。不完再限四个月勒追全完,应斩候者减为边远充军,应绞候者减为近边充军,军流以下于原犯罪上减一等发落,逾限不完,徒罪及军流罪即行发配,死罪人犯计不完之数六百石者入于秋审情实办理,一百石以上及不及一百石者均入于秋审缓决再限四个月勒追,限外不完永远监禁,全完者原拟斩候之犯发遣新疆酌拨种地当差,原拟绞候之犯实发云贵两广极边烟瘴充军。其驾掌人等如有盗卖官船板木者,照盗卖漕粮例分别计赃治罪。至押运漕粮官弁旗丁及各直省仓粮有犯监守自盗,仍照本律例问拟。①

道光十五年续纂官吏受财例文一条:

各衙门差役逼毙人命之案,讯无诈赃情事,但经借差倚势凌虐吓逼,致令忿迫轻生者,为首杖一百流三千里。其差役子侄亲属私代办公逼毙人命,除讯系诈赃起衅仍照蠹役诈赃毙命例一体问拟外,若非衅起诈赃,为首实发云贵两广极边烟瘴充军。至差役有因索诈不遂,将奉官传唤人犯私行羁押拷打凌虐者,为首枷号两个月,实发云贵两广极边烟瘴充军。

---

① 陶东皋:《大清律例统纂集成》卷23,第49页。

其仅止私行羁押并无考打凌虐情事,为首杖一百徒三年,为从各减一等。①

嘉庆六年续纂有事以财请求例文一条:

奸徒得受正凶贿赂,挺身到官顶认,审系案外之人在外省业已招解,案司在京业经法司会审已属成招定罪,几致正凶漏网者,俱照本犯徒流斩绞之罪全科。若正凶放而还获及逃囚自死者,顶凶之犯照本罪减一等,其行贿本犯除应立决者毋庸另议外,原犯应入情实者拟为立决应入缓决者秋审时拟入情实。原犯军流等罪照军流脱逃改调例加等调发。徒杖以下按律各加一等,如尚未成招罪未议定旋即破案者,行贿凶犯仍照原犯罪各问拟。受贿顶凶者减正犯罪二等,至同案之犯代认重伤致脱,本犯罪名已招解者,减正犯罪一等,若原犯本罪重于所减之罪或相等者,各加本罪一等,未招解者,仍照本罪科断。行贿凶犯均各照原犯罪名定拟,教诱顶凶者与犯人同罪。计赃重者行贿顶凶教诱各犯无论案内案外已未成招,均以枉法赃从其重者论,照例与受同科。说合过钱者各减顶凶之犯罪一等,受财重者准枉法赃从重论,如有子犯罪而父代认其子,除罪应立决者毋庸另议外,如犯应斩绞监候者俱以立决军流徒罪,各以次递加。②

这样从顺治朝到清末,清朝反贪律文共十二条,律文附例共三十九条,连同其他相关的清律例以及会典、会典事例则例中有关刑法的规范一起,是清朝反贪的主要法律依据。

---

① 陶东皋:《大清律例统纂集成》卷31,第10页。
② 沈之奇:《大清律例增修统纂集成》卷31,第22页。

人民文库 第二辑

中国反贪史：
先秦—民国

（下　卷）

王春瑜｜主编

人民出版社

目 录

—— 下 卷 ——

第一章　中华民国临时政府的反贪机制与实践 …………………… 1

　　第一节　湖北军政府和《鄂州约法》反贪机制的建立 …………… 2
　　第二节　南京临时政府的反贪机制建设 …………………………… 9

第二章　北京政府的贪腐状况和反贪机制 ……………………… 21

　　第一节　北京政府时期的贪腐手段和状况 ……………………… 21
　　第二节　北京政府的反贪原则和反贪法规 ……………………… 51
　　第三节　北京政府的反贪机构和机制 …………………………… 62

第三章　广州、武汉国民政府的反贪理念和建制 …………… 83

　　第一节　广州、武汉政府时期的贪腐问题和反贪理念 ………… 83
　　第二节　广州、武汉国民政府的反贪法规 ……………………… 88
　　第三节　广州、武汉国民政府的反贪机构和机制 ……………… 94

第四章　"训政"时期南京国民政府的反贪 ………………… 105

　　第一节　"训政"时期贪腐状况举略 …………………………… 105
　　第二节　"训政"时期的反贪法规 ……………………………… 113
　　第三节　"训政"时期的反贪机构和机制 ……………………… 130

第五章　抗战时期的贪腐问题和国民政府反贪机制 ······· 176

　　第一节　抗战时期的贪腐状况 ······················ 176

　　第二节　抗战时期国民政府的反贪立法和机构 ········· 196

第六章　"崩溃"时期南京国民政府的贪腐与反贪 ········· 224

　　第一节　抗战胜利后南京政府的贪腐征状和反贪运作 ··· 225

　　第二节　"崩溃"时期南京政府的反贪法规和机构 ······ 248

第七章　民国时期的反贪文化和反贪的经验教训 ········· 267

　　第一节　民国时期的反贪文化 ······················ 267

　　第二节　民国时期反贪的经验教训 ·················· 272

后　记 ·· 277

第 一 章

中华民国临时政府的
反贪机制与实践

辛亥革命爆发,南京临时政府建立。中华民国的创立者誓言建立廉洁、勤政、高效、民主的共和政府,为民生谋幸福。1912 年 1 月 1 日,孙中山宣誓就任中华民国临时大总统,誓词中说:"颠覆满清专制政府,巩固中华民国,图谋民生幸福,此国民之公意,文实遵之,以忠于国,为众服务。"①

孙中山在 1 月 1 日就任临时大总统后公布的《临时大总统宣言书》中,抨击"满清时代藉立宪之名,行敛财之实,杂捐苛细,民不聊生"的状况,明确表示南京临时政府将以"诚挚纯洁之精神",施行廉洁政治。② 这充分说明以孙中山为首的南京临时政府着手建立新政权的过程中,施政方针的一大重点,就是承继同盟会保持革命队伍的纯洁性和战斗力的传统,建立反贪机制,防止政权的贪腐。

---

① 《临时政府公报》第 1 号,1912 年 1 月 29 日,"令示"。
② 孙中山:《临时大总统宣言书》,《孙中山全集》第 2 卷,中华书局 1982 年版,第 2—3 页。

第一节　湖北军政府和《鄂州约法》
反贪机制的建立

1911 年 10 月 10 日，武昌起义爆发，武汉三镇光复，起义军推举原湖北清军协统黎元洪为鄂军都督，成立湖北军政府，又称鄂军都督府，这本是辛亥革命后建立的第一个地方政府，但由于辛亥革命后形势的特殊性，它由各省都督府代表共同推举为代行中央政务机关，因此，具有临时中央政府的性质。这是带有军事性质的战时政权，它既是行政机关，又是军事指挥机构，同时，它在成立初期还有权颁布具有法律效力的命令，在一定程度上行使立法机关的职能。《鄂州临时约法》就是湖北军政府制定并颁布的一部带有根本法性质的重要法律文件。

一、《中华民国鄂州临时约法草案》的反贪立法

《中华民国鄂州临时约法草案》简称《鄂州约法》，是在这一场资产阶级民主革命中，由同盟会领导人之一的宋教仁，根据资产阶级三权分立原则和天赋人权思想，坚持自身"建设民主的立宪政体为主义"的理念来起草的。① 宋教仁在武昌期间拟定的《鄂州约法》草案，经"公同审订"后，11 月 9 日，由湖北军政府正式公布。

（一）以三权分立原则限制权力腐败

《鄂州约法》在"总纲"中明确宣称，建立资产阶级民主共和国性质的中华民国，并按三权分立原则组织，"中华鄂州人民，以已取得之鄂州土地为境域，组织鄂州政府统治之"，"鄂州政府以都督及其任命之政务委

---

① 《宋教仁集》上册，中华书局 1981 年版，第 350 页。

员与议会、法司构成之"。①

作为行政机关的都督和政务委员，与作为立法机关的议会和作为司法机关的法司，互相监督，互相制约，组成资产阶级的鄂州政权。

（1）行政权力的内部关系。都督"由人民公举，任期三年，续举时得连任；但连任一次为限"。都督代表鄂州政府，总揽政务，并且"其在议会未开设前，暂得制定法律和公布法律"之权。政务委员由都督任命，辅佐都督执行政务："政务委员依都督之任命执行政务，发布命令，负其责任。"②

（2）行政权与立法权的制衡。政务委员的职权及其与议会之间的权力制衡关系为："政务委员提出法律案于议会，并得出席发言"；"政务委员编制会计预算、募集公债及缔结［由］国库负担之契约时，须提出议会，经其议定"；"政务委员遇紧急必要时，得为非常财政之处分及预算外之支出；但事后须提出议会，经其承诺"。

议会由议员组成，议员由人民选举产生。议会的职权为："议决法律案，并议定条约及会计预算募集公债与国库有负担之契约"，"审理决算"，"得提出条陈于政务委员"，"得质问政务委员求其答辩"，"议会以总员数四分三以上之出席，以出席员三分二以上之可决，得弹劾政务委员之失职及法律上之犯罪"。

（3）司法权力与行政权力的关系。法司"以都督任命之法官组织之"，"以鄂州政府之名，依法律审判民事诉讼、刑事诉讼"案件。③

（二）强调司法独立

湖北军政府注意并强调司法独立的重要性。1911 年 10 月，在《鄂军都督府通知陆军司法给军令参谋军务三部文》中，指出司法独立对"以人道为主义"、不"与各国宪法背驰"，也不"负各国认本政府为独立国之意"

① 《宋教仁集》上册，第 350 页。
② 《中国近代史资料丛刊·辛亥革命》（五），上海人民出版社 2000 年版，第 223 页。
③ 《中华民国鄂州临时约法草案》，辛亥革命武昌起义纪念馆、政协湖北省委员会文史资料研究委员会编《湖北军政府文献资料汇编》，武汉大学出版社 1986 年版，第 40—44 页。

的重要意义。①

1912年1月20日,临时副总统黎元洪札开内务部通饬各属不得有侵司法独立。该饬文申述在三权分立原则下司法独立的实施和重要性:"据各部总稽查处呈称:窃以行政机关各有权限,自三权分立之说风行世界,无论何国何种政体,司法均主张绝对独立。故审判阶级虽有上下之分,而审判权限则各相分立,虽上级审判亦不能干涉下级,其他更不待言。"

这段饬文根据当时的具体情况,揭露部分官吏以权谋私、干预司法的权力腐败现象:"顷查江夏临时审判所判决冯名灾诬告梁希林一案,该所长谢震按据法理,业经宣布判词,忽有军务部稽查陈庆章、都督府书记冯祥麟横施干涉,逼令该所长将审判案取消而后了事,不然必以武力相向。该所长迫于势力,徒唤奈何而已。谨案审判一事,其结果,两造之间势必有一不利。现在各府厅州县在各部办事人员不下数千,若于一案不利于己或不利于亲友横相干涉,则审判势必归于无效,将何以保人民之权利而理冤枉? 司法前途如此,何以为国?"

湖北军政府、临时政府重视对这种腐败现象的打击,并重视这一具体事件的处理对维护司法独立的典型意义:"属处以此事关系匪浅,用敢呈明,伏乞通饬各部,非审判官自违法理,虽司法部不能干涉。以后如各部科局人员干涉词讼,即当酌予惩罚。至于冯、陈二员如何处分,伏候钧裁等情,除批饬司法部查复冯、陈二员有无逼迫情事,另行核办外,合行通饬。为此,札仰该部即便转饬所属一体遵照,毋得干涉词讼,有侵司法独立之权限。"②

（三） 重视对官吏的监察和惩戒

对于官吏的监察、惩戒,《鄂州约法》中也有很多细致、具体的规定。如第2章第14条规定,"人民得诉讼于法司,求其审判;其对于行政官署

---

① 《民立报》1911年10月25日。

② 《内务部关于不得有侵司法独立给各属的通饬》,《湖北军政府文献资料汇编》,第737页。

所为违法损害权利之行为,则诉讼于行政审判院"。第3章第30条规定,"都督除典试院、官吏惩戒院、审计院、行政审判院之官职及考试惩戒事项外,得制定文武官职官规",等等。①

《鄂州约法》规定要建设民主立宪政体,就是为了使权力相互制衡,防止因权力失衡、滥用而造成的贪污腐败现象的发生,从而尽力避免损及国家民族利益和民生幸福。

二、湖北军政府的反贪法规和机构

湖北军政府建立后,推举立宪派首领、原湖北谘议局议长汤化龙为政事部长(民政部长),革命党人同时还组成谋略处,"以为处理当时急要机关",实际负责军政府事务,"大事皆决于谋略处"。② 湖北军政府在全力进行巩固新政权的军事斗争的同时,为安定内部社会秩序,为政权的稳固创造良好的条件,自军政府成立之初,除《鄂州约法》之外,还制定和颁布了一系列的法律文件,并成立了专门的监察机构。

（一）制定颁布反贪刑事和行政法规

晚清借新政、改革之名,对民众百般需索,是那个时代人民痛恨之事。不过,在武昌起义后,也存在"满清时代之财,任意支取"观念泛滥,贪劣者欲趁军兴之际意图侵没公款的情况时有发生,也是独立各省军政府要着力解决的严重问题。湖北军政府对这些错误观念和行为展开了尖锐的批判、大力的矫正。

（1）反贪刑事法规

湖北军政府为维持社会秩序,首先从严厉的刑事立法上着手。1911年10月15日,湖北军政府颁布了民国时期第一个刑事法令——《刑赏

---

① 《中国近代史资料丛刊·辛亥革命》(五),第222—223页;《湖北军政府文献资料汇编》,第41、42页。
② 张难先:《都督府之组织设施及人选》,《中国近代史资料丛刊·辛亥革命》(五),第209页。

令》（亦称"赏罚令"），对包括侵占、贪污、挪用公款在内的不法行为，立法惩处。

10月16日，湖北军政府又重申民国时期第一个军事法令——《严厉之法令八条》等，对遏制不法之徒、不肖官吏借招募军队或治安需款，借端勒索、敛钱、贪污受贿等行为，对严明军纪起到一定作用。

（2）反贪行政条例和法规

10月15日，湖北军政府发布了《黎都督关于豁免恶税的布告》，防止不法之徒假军兴之名，对百姓施以苛捐杂税、滥收捐税的行为。

11月16日，湖北军政府内务部会衔军务部发出《关于重申豁免钱粮苛税及禁止擅自招兵敛款的告示》，揭露不法之徒借军兴擅招军队、借端勒索、扰害地方的令人痛恨的情况："起义以来，原以扫除苛政造福国民为宗旨，所以各属辛亥下忙钱漕一律豁免，其余厘税除海关外一律裁撤，曾经晓谕在案。顷查各属有不法之徒，记名绅士，串通地方官，擅自招集军队，借此为敛钱之术，而不肖防营亦或借端勒索，扰害地方；尤有不肖官吏，借治安需款，竟敢擅自征取丁漕。种种恶习，殊堪痛恨。"军政府规定："嗣后无论何处何人招兵，须确系奉有公文，一切款项均由部给，勿任勒派，各属民团亦须禀明立案，不得借端滋扰。倘有不法之徒，托言招兵敛款扰害地方，即由该地方官严拿究办。其有不肖官吏治安需款擅自征取已经蠲免丁漕，亦准由地方绅民据实禀控究办。"[①]显然是很注意采取措施，防止在非常时期发生贪污、侵占和挪用公款财物的情况。

（3）从组织机制上防止权力腐败

湖北军政府还注意从组织建设上进行规范。作为辛亥首义中心的湖北军政府，新建之际，在团结对敌表面的背后，争夺权力的斗争是很激烈的，出现"人人都能作主，人人都不能作主"[②]的情况；又由于"没有组织规程"[③]，

---

① 《湖北军政府文献资料汇编》，第641—642页。
② 卢智泉、温楚衍：《记詹大悲办〈大江报〉和汉口军政分府》，《辛亥革命回忆录》第2辑，中华书局1961年版，第50页。
③ 张肖鹄：《回忆辛亥武昌首义》，《辛亥首义回忆录》第4辑，湖北人民出版社1961年版，第183页。

当权的革命者没有统治经验,一切工作呈现出杂乱无序的状况。为整顿组织机构,加强政府职能,1911 年 10 月 17 日,湖北军政府通过《中华民国军政府暂行条例》(6 章 24 条),尤其在第 3 章"军务部"第 16 条规定,设置执法科,负责"军事裁判事项",并规定对包括贪污腐败等在内的"犯罪事项",应由军法会议议决施行;"但都督有特赦命令者,不在此限。"①

(二) 设置反贪组织机构

(1)总监察处

湖北军政府在制约违法失职、贪腐等行为的机构设置上的一大特色,就是设立了总监察处。革命党人为钳制都督黎元洪,约束"漫无纪律"的军政机关,特设鄂军政府总监察处,"系奉全国大总统之命,监察鄂军政府各部用人行政而设,故名曰鄂军政府总监察处",作为湖北军政府的最高监察机关。

①总监察处机构和人员

1911 年 10 月 12 日,共进会领导人刘公被任命为"军政府总监察处总监察",所属分置稽察、参议两部。《鄂军政府总监察处暂行简章》规定:"各省军政府成立之时,须各设立该省总监察处,俟各省统一后,或改建总监察机关,或即将此机关废止,临时禀请大总统酌定施行。"②同时规定监察处有权"监察军政府各部用人之当否,行政之得失,并督促改良一切进行事宜,以泯灭私见,用昭大公为宗旨"。

根据《鄂军总监察处暂行简章》的规定,总监察处人员组成情况为:"置秘书长一员,秘书若干员,内分二部:(甲)稽查部,置正长一员,副长一员,稽查若干员。(乙)参议部,置正长一员,副长一员,参议若干员。"

总监察处人员任用条件为:"总监察由开始组织起义机关诸人公同推选,呈请大总统亲任;稽查、参议二部人员,亦由开始组织起义机关诸人公同推举,会同总监察呈请大总统加札委任……总监察、秘书长暨稽查、参议二部人员,均以光明正大、刚直不阿、洞晓事理、资望素孚者为合格,或即在开始组织机关诸人内选举,或在起义诸人以外选举,但非开始组织起义诸人,只有选举权,不得有被选举权。"①

②总监察处的职权

《鄂军政府总监察处暂行简章》中对总监察处的权限,作出具体规定:

其一,负责军政府官吏的推选。"军政府各部正副长及内秘书官,须由本处公议推选,商请都督委任;各部科长,由各该部长自行选择,呈明本处认可后,再由本处商请都督委任;但各该部人员既经任事之后,如经本处查有溺职徇私等情,即行据实弹劾,咨明都督核办。"

其二,负监督之责。"本处有监察军政府全体之责,虽都督有负职等事,亦得禀请大总统核办。"②

由于湖北军政府总监察处的设立,处于战时非常时期,该机构本为安置刘公而特设,在一定程度上是因人而设的,机构设置较为草率,人员配备不够完善。加之总监察处的工作,不仅得不到军政府其他部门的有力支持,有的部门甚至从中作梗,故总监察处名义上地位虽高,似乎凡湖北军政府所辖的一切官吏,均属其纠弹范围,但实际上权力有限,处处举步维艰,无法发挥作用。只是在清军围攻武昌时,总监察处发挥了一定作用:一是通令各机关,凡守城战时的用人、行政、军费开支,均需总监察批准,以防止贪墨之徒趁乱弄权谋利;二是以总监察的名义,对黎元洪弃城不守提起弹劾。由于深感总监察处无法开展工作,故北伐开始后,刘公出而主持北伐军左翼,总监察处这一因人而设的机构,便由此在无形中消失。

(2)纠察处

1912 年 3 月,湖北军政府颁布《纠察权限》,明令"武昌总监察处今改

① 《湖北军政府文献资料汇编》,第 70 页。
② 《湖北军政府文献资料汇编》,第 70—71 页。

名为纠察处",并规定:"由都督府集各部长会议,决定其职务、权限。"

纠察处的职权,经都督府召集各部长会议决定,主要为:"一、纠察处为独立机关,以副总统命设立之。二、纠察处为廓清吏治而设,有纠察弹劾全省官吏之权。三、各机关用人有不适当者,纠察处可纠正之。四、各部机关或至争执权限,则纠察处极力和解之。五、行政机关有侵害人民权利者,纠察处可受理人民之申诉。"①

总监察处改为监察处,从一个侧面证明了总监察处因人而设的状况。不过,应当肯定的是,湖北军政府总监察处的设立,标志着中华民国监察体制建设的开始。

第二节　南京临时政府的反贪机制建设

一、《中华民国临时政府组织大纲》的反贪原则

武昌起义"义旗一举,天下瓦解",各省纷纷响应,"前后不逾三十日,民军已三分天下有其二",脱离清廷独立各省逾全国行省之半。② 但是,由于没有全国性的统一领导机关,独立各省"省自为制",行动难以统一,弊端丛生,不利于独立各省新政权的生存。为统一独立各省的行动,1911年11月11日,江苏都督程德全、浙江都督汤寿潜联名致电沪军都督陈其美,倡议各省举派代表集议于上海,以"谋组织一个联合进行的机关"③。15日,独立各省代表赴上海召开"各省都督府代表联合会"。20日,"各省都督府代表联合会"议决承认湖北军政府为民国中央军政府,"以鄂军都督执行中央政务"。23日,应湖北军政府和鄂军都督黎元洪电邀,联合

---

① 《民立报》1912年3月31日。

② 谷钟秀:《中华民国开国史》第二编第三章,上海泰东图书局1914年印行,第21、22页。

③ 谷钟秀:《中华民国开国史》第二编第七章,第33—34页。

会议讨论决定,各省除留一名代表驻上海,作为联络声气的通信机关外,其余代表到武昌开会,组织临时政府。① 各省代表抵达武汉时,汉阳已失守,武昌处境危急,11 月 30 日,在汉口英租界内召开第一次会议,12 月 2 日,会议"议决先规定《临时政府组织大纲》,并推举雷奋、马君武、王正廷为《临时政府组织大纲》起草员"②。此前,孙中山主张仿照美国宪法,实行总统制;而宋教仁则主张仿照法国宪法,采责任内阁制。12 月 3 日,各省代表会议采纳了孙中山的意见,主《组织大纲》采总统制,正式议决通过了《中华民国临时政府组织大纲》。1912 年 1 月 2 日,临时政府又对之作了修正,制定《修正中华民国临时政府组织大纲》,作为南京临时政府的建政纲领。它是仿照美国宪法,按照美国政治体制的框架来制定的,其所表现的民治纯采共和国体,一般认为它属于"一种临时宪法"③。

《临时政府组织大纲》关于"临时大总统"的条文可以看出对"总统制"下的权力腐败的预防精神,并规定总统行政权、司法权和议会立法权之间的制衡关系:第 1 章"临时大总统"第 1 条规定,"临时大总统由各省都督府代表选举之,以得票满投票总数三分之二以上者为当选,代表投票权每省以一票为限";第 4、5 条规定"临时大总统得参议院之同意,有宣战、媾和及缔结条约之权""有任用各部部长及派遣外交专使之权","临时大总统得参议院之同意,有设立临时中央审判所之权",等等。④

《临时政府组织大纲》规定了临时政府实行资产阶级三权分立的原则。临时政府由临时大总统、副总统、参议院、行政各部和临时中央裁判所组成。临时大总统、副总统和行政各部组成行政机关,行使行政权;参

----

① 《黎元洪为请独立各省组织临时中央政府致各省都督通电》,《民立报》1911 年 12 月 2 日。

② 谷钟秀:《中华民国开国史》第二编第七章,第 35 页。王世杰认为《临时政府组织大纲》表面虽为雷奋等三人所起草,实则出自宋教仁之手。参见王世杰、钱端升《比较宪法》,商务印书馆 1999 年版,第 405 页。

③ 王世杰、钱端升:《比较宪法》,第 405 页。

④ 《中华民国临时政府组织大纲草案》(1911 年 12 月),《民立报》1911 年 12 月 11 日;吴宗慈编纂:《中华民国宪法史》前编第一章,北京东方时报馆、上海大东书局 1924 年版,第 4—7 页。

议院是立法机关,行使立法权;临时中央审判所是司法机关,行使司法权。① 三大机构互相监督、互相制约。近代宪政政府实行三权分立原则的目的之一,就是要把权力机关可能出现的贪腐行为,限制在人民能容忍的范围之内,不使之成为社会热门、敏感话题。但是,由于《组织大纲》制定时的特殊情况,故在民主性方面有其局限之处,有学者就认为:"《组织大纲》不独在形式上不及具备民主的条件,及其内容亦复如此。"②

1911 年 12 月 29 日,各省代表依据《临时政府组织大纲》,召开会议正式投票选举孙中山为临时大总统,以南京为临时政府所在地。1912 年 1 月 1 日,孙中山在南京宣誓就职,宣告中华民国南京临时政府正式成立。

临时政府初具规模后,各省都督府代表联合会议便着手筹建资产阶级议会性质的参议院。1911 年 12 月 29 日,在选举孙中山为临时大总统后,各省代表当即通电各省都督府,表示临时政府成立,代表责任已毕,须立即组织参议院。根据《临时政府组织大纲》,"请各省选派参议员三人来宁组织参议院;参议员未到院以前,由本省代表暂留一人乃至三人,代行参议员职务"③。"各省都督府代表联合会"致电各省后,又于 1912 年 1 月 2 日依据《临时政府组织大纲》,决定在参议院未成立之前,由各省都督府代表联合会议暂时代理其职权,称临时参议院或代理参议院,临时议长赵士北,临时副议长马君武。这一临时参议院成立后,便开始筹备建立参议院的工作。随着各省派遣的参议员到宁,1 月 26 日,筹备工作完毕,决定于 28 日召开参议院正式成立大会。

1912 年 1 月 28 日,已有 17 省代表莅宁列席参议院,占了全国省份的多数,遂举行参议院正式开会式,参加会议的议员有 31 人(正式议员数为

---

① 《中华民国临时政府组织大纲草案》,《民立报》1911 年 12 月 11 日。《修正中华民国临时政府组织大纲》,《临时政府公报》第 1 号,1912 年 1 月 29 日再版,"法制";第 2 号,1912 年 1 月 30 日,"法制"。

② 王世杰、钱端升:《比较宪法》,第 405 页。

③ 《辛亥各省代表会议日志》,《辛亥革命回忆录》(六),文史资料出版社 1963 年版,第 252—253 页。

42 人,有 11 人未到会),临时大总统孙中山和各部次长也参加了大会。会后选举林森为议长,陈陶怡为副议长,李肇甫为审议长,参议院宣告正式成立。议院职权中涉及制约贪腐情形发生的,有议决暂行法律、预算、税法、币制、公债及临时大总统交议事件、调查临时政府之出纳等权力。

二、《中华民国临时约法》的反贪立法

临时政府成立后,鉴于《临时政府组织大纲》缺陷较多,如无国民基本权利义务的规定、大纲所定召集正式国会期限太仓促等,故"即进行制定临时约法,以为组织大纲之代替"①。经临时约法起草委员会反复讨论修改,提交参议院于 1912 年 3 月 8 日审议通过,3 月 11 日,《中华民国临时约法》由临时大总统孙中山向全国公布。

(一) 坚持三权分立防止权力腐败原则

《中华民国临时约法》共有总纲、人民、参议院、临时大总统副总统、国务员、法院、附则等 7 章 56 条。《临时约法》也是"临时宪法"的性质。

《临时约法》在第 1 章"总纲"中规定:"中华民国,由中华人民组织之。中华民国之主权,属于国民全体。中华民国以参议院,临时大总统,国务员,法院,行使其统治权。"这就以根本法的形式,明确规定了民主共和制,体现了资产阶级的人民主权思想,根据三权分立原则,划分了国家机关的职能和权限。

在第 3 章"参议院"中明确规定,参议院职权之一为:"得咨请临时政府,查办官吏纳贿违法事件……参议院对于国务员,认为失职或违法时,得以总员四分之三以上之出席,出席员三分之二以上之可决,弹劾之。"

作为司法机关,法院亦有类似的权限。如在第 6 章"法院"中对法院的审判体制有公开、透明的规定:"法院之审判,须公开之。"以上这些条

---

① 王世杰、钱端升:《比较宪法》,第 406、681 页。当然,《临时约法》制定还有其政治目的,如孙中山企图以内阁制来限制袁世凯的权力,等等,已有许多学者有所论及,在此不再赘述。

款,都是对官员们可能发生的贪污腐败行为的制约性规定。①

《临时约法》根据资产阶级三权分立原则来规定了中华民国的政治制度。三权分立学说的创立者、英国资产阶级思想家洛克和法国资产阶级思想家孟德斯鸠等人所主张的和西方资产阶级政府所力图实践的,就是要把国家行政、立法和司法三种权力,分别由三个机关去行使,使三者相互制衡、相互监督,以期减少因没有制约而滥用权力的贪腐行为的发生。南京临时政府参议院在制定《临时约法》时采用了这一原则,说明《临时约法》在当时条件下能够较好地体现民主、权力制衡和廉洁、反贪的精神。

（二）强调立法监督权

《临时约法》条文规定,参议院为国家最高权力机关,以立法和监督行政为其主要任务。第3章"参议院"第19条"参议院之职权"中,明确规定了属于监督权的条文。

（1）关于立法监督权:"一、议决一切法律案;八、得以关于法律及其它事件之意见,建议于政府。"

（2）财政立法和财政监督:"二、议决临时政府之预算决算;三、议决全国之税法,币制,及度量衡之准则;四、议决公债之募集,及国库有负担之契约。"

（3）关于质问权:"九、得提出质问书于国务员,并要求其出席答复。"

（4）关于纠举权:"十、得咨请临时政府,查办官吏纳贿违法事件。"

（5）关于弹劾权:"十一、参议院对于临时大总统,认为有谋叛行为时,得以总员五分之四以上之出席,出席员四分之三以上之可决,弹劾之;十二、参议院对于国务员,认为失职或违法时,得以总员四分之三以上之出席,出席员三分之二以上之可决,弹劾之。"②

---

① 《中华民国临时约法》(1912年3月10日参议院通过,3月11日公布),参见中国第二历史档案馆编《中华民国史档案资料汇编》第二辑,江苏古籍出版社1991年版,第106、108、110页。

② 《中华民国临时约法》,《中华民国史档案资料汇编》第二辑,第107—108页。

《临时约法》的制定过程也能体现权力制衡、防止权力腐败的精神，虽因南京临时参议院作为"制定的机关而言，《临时约法》亦缺乏一个民主的形式"①，但确实可以代表当时的一切革命力量；而且，《临时约法》最终在南京参议院通过时，出席的全体议员一致表示同意。与南京临时参议院相比，此后的民国国会及其他制宪机关迭遭威胁利诱，本身就缺乏廉洁、公正、民主，毫无权威性可言，南京参议院的工作则没有损其威信的情况发生，故《临时约法》在中华民国的权威居于民国时期所有过的宪法之首。

《临时约法》与《临时政府组织大纲》，虽然都是"临时宪法"，但二者在内容及其完备程度上都存在差异。如《临时约法》新增了"人民"一章，规定人民的权利义务，虽然该章规定极简略，其所规定之权利至多只能限制行政、司法两机关，而不能限制立法机关，但毕竟为《临时政府组织大纲》所未有；《临时政府组织大纲》采总统制，而《临时约法》采责任内阁制，这是由二者制定时的政局所决定的。

三、南京临时政府的反贪刑事法规和机制

《中华民国临时约法》的反贪精神、惩治贪腐行为的主要法律条文，具体地体现在《刑法》的有关条文规章中。同时也说明，凡触犯法律的贪腐行为都是刑事犯罪，相应地都会受到法律最严厉的惩罚。

（一）反贪腐刑事立法——《暂行新刑律》

清末"新政"时期，由修律大臣沈家本、伍廷芳考订现行律例，至 1907 年完成《大清新刑律》，其第一编"总则"（17 章）和第二编"分则"（36 章）中有专章关于贪污腐败定罪的规定，如漏泄机务罪、渎职罪、侵占罪、赃物罪等。民国成立之初，百事待兴，法制未定，1912 年 3 月 10 日，临时政府明令宣示《大清新刑律》除与中华民国国体相抵触的各条应自行失去效

---

① 王世杰、钱端升：《比较宪法》，第 407 页。

力外,其余各法律条文均暂行援用。4月30日,经参议院议决,临时大总统公布删修《新刑律》与国体抵触之各章、各条及文字,并撤销暂行章程5条,改称《暂行新刑律》,由司法部通告各省以公布之日为施行期,并根据全国交通未便的实际情况,规定各省区均应自接到政府公报及法律原文之日施行。① 临时政府公布的《暂行新刑律》中有关惩治贪污腐败的专章和条文,与《大清新刑律》相同。

（1）以公职犯罪连带贪腐罪行的规定和惩处

①对出卖国家利益以获得报偿的叛卖、贪贿罪行的惩罚。《暂行新刑律》"分则"第2章"外患罪"第94条规定了对出卖国家利益以获得报偿的叛卖、贪贿罪行的惩罚:"受民国之命令,委任与外国商议,图利自己或他人,或外国,而议定不利民国之条约者,不问批准与否,处无期徒刑或二等以上有期徒刑。"在第4章"泄漏机务罪"中,一部分行为属于贪污受贿而造成,与渎职罪性质相同,也可纳入渎职罪的范围。第121条规定:"因犯本章之罪而得利者,没收之。若已费失者,追征其价额。"②

②渎职以求得贪利的罪行。第5章"渎职罪"对受贿、行贿,审检监狱人员凌虐被告人、关系人,玩忽职守,浮收税款及其他滥用职权行为,规定:"官员公断人于其职务要求贿赂,或期约,或收受者,处三等至五等有期徒刑。因而为不正行为,或不为相当之行为者,处一等至三等有期徒刑"(第122条);"官员公断人于其职务,事后要求贿赂或期约,或收受者,处四等以下有期徒刑或拘役。因为不正之行为,或不为相当之行为,事后要求贿赂或期约,或收受者,处二等至四等有期徒刑"(第123条);"对官员公断人行求贿赂,或期约,或交付者,处四等以下有期徒刑、拘役或三百元以下罚金"(第124条);"对官员公断人,事后行求贿赂,或期约,或交付者,处五等有期徒刑、拘役,或一百元以下罚金"(第125条);

---

① 《大总统据司法总长伍廷芳呈请适用民刑法律草案及民刑诉讼法咨参议院议决文》,《临时政府公报》第47号,1912年3月24日,"咨";《咨参议院请核议暂行法律文》,《孙中山全集》第2卷,第276页。

② 《刑法草案》(1912年4月公布),《中华民国史档案资料汇编》第三辑,政治(一),第239页。

"征收租税及各项入款之官员,图利国库或他人,而于正数以外,浮收金谷、物件者,处三等至五等有期徒刑。系图利自己者,处二等或三等有期徒刑,并科与浮收同额之罚金"(第129条)。

对以上罪行之处罚,在《暂行新刑律》第132—134条中规定:"犯第一百二十二条、第一百二十三条及第一百二十九条第二项之罪者,褫夺公权,其余得褫夺之。犯第一百二十六条至第一百三十条之罪者,并免现职";"犯第一百一十二条及第一百二十三条之罪者,所收受之贿赂没收之。若已费失者,追征其价额";"犯第一百二十四条及第一百二十五条之罪而自首者,得免除其刑"。①

③妨害选举的公正性以求得利益的罪行。第7章"妨害选举罪"第141条规定:"于选举有左列行为之一者,处五等有期徒刑、拘役,或一百元以下罚金。……二、不问选举前后,对选举人、选举关系人行求川资及其他贿赂,或期约,或交付,或为之媒介,或选举人、选举关系人要求期约,或收受之者。三、将选举人、选举人亲属或与选举人有关系之寺院、学堂、公司、公所、市乡之债权、债务及其他利害,诱导选举人或为之媒介,或选举人应诱导者。犯右列各罪者,所收受之金钱及其他有价物品没收之。若已费失者,追征其价额。"②

(2)直接榨取钱财的罪行

①利用职务诈欺取财的罪行。在第32章"诈欺取财罪"中,将"意图为自己或第三人之所有,以欺罔、恐吓,使人将所有物交付于己者"的行为,定为"诈欺取财罪",其中包括:"为他人处理事务,图利自己或第三人,或图害其本人,背其义务,而损害本人之财产者,处三等至五等有期徒刑,或一千元以下、一百元以下罚金。"

利用未成年人或精神病人,而取得财产上的不法利益:"乘人未满十六岁或精神错乱之际,使将本人或第三人所有物交付于己,或因而得财产上不法之利益,或使第三人得之,或损害本人之财产者,依前二条之例

---

① 《中华民国史档案资料汇编》第三辑,政治(一),第242—244页。
② 《中华民国史档案资料汇编》第三辑,政治(一),第244—245页。

处断。"

官员处理公务,为图利于自己或第三人而损害国家财产的行为,即"官员处理公务图利自己,或第三人,或图害国家公署,背其职务,损害公家公署之财产者,处二等或三等有期徒刑",等等。

②国家公职人员利用权力侵占公私财产,皆属贪污腐败行径。在第33章"侵占罪"第370—375条对侵占公私财产的情状和应受之惩罚作了详细规定:"侵占自己依法律、契约管理事务之占有物、共有物,或属于他人所有权、抵当权及其他物权之物者,处三等至五等有期徒刑。虽系自己所有物、占有物,若依公署之命令、归自己看守而侵占之者,亦同";"侵占公务上或业务上之占有物、共有物或属于他人所有权、抵当权及其他物权之物者,处二等或三等有期徒刑,其不在公务业务之人与共犯者,依第三十三条之例处断";"侵占遗失物、漂流物,或属于他人物权而离其占有之物者,处其价额两倍以下、价额以上罚金。若二倍之数未满五十元,处五十元以下、价额以上罚金",等等。①

第34章"赃物罪"第376、379条,对收受赃物及其应受惩罚作出规定:"受人赠与赃物者,处四等以下有期徒刑、拘役,或三百元以下罚金。搬运、受寄、故买或为牙保者,处二等至四等有期徒刑。因犯前项之罪获利者,并科所得价额二倍以下、价额以上罚金。"尤其是国家公职人员以公务之便收受赃物,当属贪污行为,处以有期徒刑、科以罚金或褫夺其公权:"以第三百七十六条第二项之罪为常业者,褫夺公权。其余犯本章之罪者,得褫夺之。"②

（二）针对贪腐罪行的刑事审判制度

南京临时政府在司法审判制度上尽量体现近代宪政体制司法反贪腐的精神。主要表现为:

（1）法院实行公开审判原则,实行律师辩护制度。内务部和司法部

---

① 《中华民国史档案资料汇编》第三辑,政治(一),第270—271页。
② 《中华民国史档案资料汇编》第三辑,政治(一),第272页。

要求"施行律师制度以祛诉讼之障碍而辅司法之完成事。窃维司法独立为法治国分权精神所系，而尤不可无律师以辅助之"，而且，"诚以司法独立推检以外不可不设置律师与之相辅相制，必使并行不悖，司法前途方可达圆满之域"。① 这样做，就是希望从制度的层面，尽量减少由于暗箱操作带来的行贿受贿、贪污腐败行为的发生。

（2）审判工作中禁止刑讯逼供，重证据轻口供。南京临时政府针对清政府"政以贿成，视吾民族生命，曾草菅之不若，教育不兴，实业衰息，生民失业，及其罹刑网也，则又从而锻炼周纳，以成其狱。三木之下，何求不得。彼虏不察，奖杀勖残，杀人愈多者，立赝上考，超迁以去。转相师法，日糜吾民之血肉以快其淫威"的黑暗刑事审判制度，提出，民国政府要"肃清吏治，修养民生，荡涤烦苛，咸与更始"，一是规定"不论行政司法官署及何种案件，一概不准刑讯"，二是规定审判应重证据，不偏信口供的原则，"鞫狱当视证据之充实与否，不当偏重口供"。更为重要的是，该令建议派员巡视，如果发现不肖官司，"重煽亡清遗毒者，除褫夺官职外，付所司，治以应得之罪。"②表现出力图革新弊政的精神。

（3）司法制度方面，实行司法独立原则、辩论原则、公开审判原则等清末立宪中未能实行的制度。而且"律师制度与司法独立相辅为用，夙为文明各国所通行。现各处既纷纷设立律师公会，尤应亟定法律，俾资依据"。故临时大总统令法制局审核呈复《律师法草案》，拟健全发挥律师的功用。③ 司法独立如能真正得到遵守和执行，在机制和机构设置上，都能对政府权力的滥用、官员贪腐行为起到一定的遏制作用。

虽然南京临时政府的刑事立法和司法审判制度不可避免地带有新政权初建之际的不成熟、不完善的特点，但应充分肯定的是，临时政府在刑事立法和刑事审判制度的改革中，体现出了资产阶级的革命民主精神，具有一定的革命民主性。

---

① 《内务部警务局长孙润宇建议施行律师制度呈孙大总统文》，《临时政府公报》第54号，1912年4月1日，"纪事"。
② 《大总统令内务司法两部通饬所属禁止刑讯文》，《辛亥革命》（八），第24—25页。
③ 《令法制局审核呈复律师法草案文》，《孙中山全集》第2卷，第274页。

（三）约束警政贪腐的刑事和行政法规

19 世纪后期,产生于欧洲的近代警察制度传入中国,并在清末建立起警察制度,但清末警政迅速腐败,南京临时政府"成立,凡百待兴,将欲巩固其基础,必先修明夫内治。内治机关首重警政,欲求整顿"①。针对这种情况,南京临时政府在短短一百多天中发布了一系列进步法令,涉及警政的法规的如有禁止刑讯、厉行禁烟、查禁赌博、限制警械的使用和对私有财产的保护等等,确定了这一时期警察活动的基本准则,尽管其实际执行因种种原因而有不认真、不彻底的情况,但其中所表现出的廉洁、公正和反贪精神,是不可抹杀的。

在南京光复时,因军事需要,各军查封房屋作为办公或驻军之用,有人趁机侵犯人民私有财产,破坏社会秩序。临时大总统孙中山向主管警政的内务部发出命令,"临时政府成立以来,即以保护人民财产为急务",要求"凡人民财产房屋,除经正式裁判宣告充公者外,勿得擅行查封,以安闾阎"。② 1912 年 1 月 28 日,内务部奉大总统令发布了《通饬保护人民财产令》,指出:"保护人民财产事。苟非设有专条,恐显系民国之公敌,违犯民国之禁令者,藉为口实,得以拥护其逆产,而并无过犯之人民及终未反抗民国之官吏,反被侵害其私业,殊非民国吊民伐罪之宗旨。"③

《内务部通饬保护人民财产令》共有 5 条,"除饬京内各地方官切实遵行外,应即咨请贵都督通饬所属,一律照办,以安民心而维大局"。该令规定:"(一)凡在民国势力范围之人民,所有一切私产,均应归人民享有。(二)前为清政府官产,现入民国势力范围者,应归民国政府享有。(三)前为清政府官吏所得之私产,现无确实反对民国证据,已在民国保护之下者,应归该私人享有。(四)现虽为清政府官吏,其本人确无反对

---

① 《内务部规定巡警学校暨教练所章程咨各省都督文》(1912 年 4 月 1 日),《临时政府公报》第 54 号,1912 年 4 月 1 日,"咨"。

② 孙中山:《令内务部通饬所属保护人民财产文》(1912 年 1 月 28 日),《孙中山全集》第 2 卷,第 59 页。

③ 《内务部通饬保护人民财产令》(1912 年 1 月 28 日),《临时政府公报》第 6 号,1912 年 2 月 3 日,"令示"。

民国之实据,而其财产在民国势力范围下者,应归民国政府保护,俟该本人投归民国时,将其财产交该本人享有。(五)现为清政府官吏,而又为清政府出力反对民国政府,虐杀民国人民,其财产在民国势力范围内者,应一律查抄,归民国政府享有。"①

南京临时政府重视警政建设,这具体关系到民众生活的安定和人心的向背,是维护共和宪政民主制度的重要内容。临时政府的警政廉洁工作取得了许多实绩,但不可否认,由于主客观方面的原因,南京临时政府尚未能颁行新的警察官制和对警察队伍更完备的规范措施,来纠正、改造清末警察体制和警察队伍流传下来的贪腐现象,有其明显的局限性。

---

① 《内务部通饬保护人民财产令》,《临时政府公报》第6号,1912年2月3日,"令示"。

第 二 章

北京政府的贪腐状况和反贪机制

中华民国北京政府,习称"北洋政府",出于维护自身统治的需要,既有从最高统治者到各级官吏出于各种目的的贪腐行径,也有在制度建设、政策措施制定和实际行动中对贪腐行为的打击。由于北京政府时期根本大法的频繁变易,总统独裁权力日益增强,从中央到地方的军人独裁体制造成的权力贪腐,决定了北京政府的反贪终是"无果"之局。

第一节　北京政府时期的贪腐手段和状况

一、北京政府权力贪腐手段

（一）"陋规"

"陋规"是从清代承传下来的一种不法收入。收取陋规的违法行为到民国时期不仅未能去除,反而有愈加严重之势,不仅中下层官吏,甚至高层政府官员,乃至总统也纵容和参与其中,这就为官吏的贪腐大开方便之门。

北京政府时期,收受陋规这种贪腐方式有一大特点,就是最高统治者纵容甚至参与各种陋规的分配,甚至历届总统皆涉身其中。其中,徐世昌的表现尤为不堪。徐世昌当选为中华民国北京政府大总统后,根据当时的陋规,新总统到任,照例由财政部筹拨 150 万元,由财政部总长亲身送交新总统,作为其到任后的零用,按规矩总统留 100 万元,余 50 万元分给财政部总长。此恶例是在袁世凯任大总统时开始的,以后的每届总统都是照办。徐世昌到任后,这笔费用由交通总长兼财政总长曹汝霖送交,徐世昌竟全数留下,而未按例给曹汝霖 50 万元。曹汝霖不好意思向徐世昌索要那 50 万元,其他阁员也不便代索,这件事无形中就搁置了。五四运动时,曹汝霖为卖国罪魁,爱国学生激于义愤,将其家捣毁。张志潭乘机提及前事,劝徐世昌还给曹汝霖一部分款项,以补偿其损失,徐世昌也只是给了曹汝霖 8 万元。[1]

在曹锟贿选总统期间,通过陋规方式送给国会议员的钱款很多,如宪法会议出席费 57.2 万元,常会出席费 20 余万元,特别酬劳费 32.4 万元,"冰敬"(夏季津贴)、"炭敬"(冬季津贴)和夫马费 190 余万元,招待所临时费 120 余万元,秘密费 70 余万元。[2]

(二) 回扣

袁世凯通过各种手段贪贿,上行下效,作为袁世凯门徒的段祺瑞、徐树铮等把持陆军部,在经济方面有他们自己的贪污办法。其中最为突出的一种贪腐办法,就是在购买军火的时候拿回扣,更为恶劣的是,这种收取回扣的行为竟然逐渐由暗取到明收。

拿回扣的贪腐行径,梁士诒也是老手。袁世凯统治时期大量的铁路抵押借款,梁士诒是总经手。他经手借款所拿的回佣数目很大,很快就成了大富翁,加上他长袖善舞,擅长运用,所以人们就给他一个"梁财神"的

① 张达骧:《我所知道的徐世昌》,参见杜春和、林斌生、丘权政编《北洋军阀史料选辑》(下册),中国社会科学出版社 1981 年版,第 279 页。
② 陶菊隐:《北洋军阀统治时期史话》(下册),生活·读书·新知三联书店 1983 年版,第 1285 页。

绰号。梁士诒任交通总长时,叶恭绰任交通部次长,梁士诒很信任他,在梁公务忙走不开的时候,都让叶恭绰代表他上总统府秘书厅去办公。二人联手,在经营的各项事项中,以回扣等方式贪污大量钱财。① 他们获取回扣的方法,可谓极尽"巧妙",在经营铁路借款中表现出一些手法。当时中国铁路,"已成之路,率多抵押于外人,而未成者尚待款兴筑。袁项城与各国密议,借资建筑未成之路。所借之款,必浮出筑路资本一倍,即以此项余资,供赎回已成路线之用。经手此项借款者,梁士诒也。及借款告成,一面则开工兴筑,一面则使梁(士诒)向比利时赎回京汉路线,计款一万二千五百万佛郎,而所借之金,尚多二百余万,悉存储之银行,为公积金,利息则十之二为办事员之报酬,十之八为袁(世凯)与梁(士诒)之利益,皆梁(士诒)一手经理,梁(士诒)悉数吞没"②。

(三) 报效

北京政府时期,大小官吏、大小军阀索取报效,是很普遍使用的一种贪腐手段。

袁世凯就大肆索取报效。袁世凯统治时期,主持陆军部的段祺瑞通过购买军火收取回扣的方式贪污受贿,不过,他们也不敢独吞这些钱,对袁世凯也有孝敬,就是通过陆军部报效。

当然,对于贪墨的官员来说,贪欲没有尽头,从已经漏入自己口袋的钱中还要拿出一部分报效上司,有时也是痛苦、被逼无奈的事情。梁士诒侵吞赎回京汉铁路款项利息事为"袁(世凯)所知,向梁(士诒)索款,梁(士诒)曰:'公胡需此区区之物,某不过代公收藏耳,他日公果需此,我敢靳弗予哉',袁(世凯)一笑而罢。及帝制议起,梁担任一切费用,名为偿袁世凯夙逋,其实悉取之中交两银行"。

上行下效,袁世凯的手下干将梁士诒也大肆索取报效。第一次世界大战起后,梁士诒为袁世凯操持财政,他采用铁路国有政策,将各省铁路

---

① 唐在礼:《辛亥以后的袁世凯》,《北洋军阀史料选辑》(上册),第103页。
② 路滨生编:《绘图中国黑幕大观续集》卷上,上海,1918年印行,第11—12页。

收归部辖,"未几更举行验契税、印花税、所得税等,并将各省官产,由部主持,任意变卖,且明令取消地方税名目,统由官吏征收。创立新华银行,发行储蓄票,与前清之彩票无异,复令土商报效三千余万元,准其将烟土行销江苏江西广东三省",并由此遭到肃政使弹劾。①

1923年曹锟任总统后,要求他任命的官员要向他报效。有一次,他任命王某为天津造币厂监督,条件是王某每月给曹锟报效10万元,这类报效的索要都很直接、露骨。②

江苏督军、大军阀李纯生性狡诈,为笼络人心,在表面上不欠军饷,不吃空额,每月第一天必点名发饷,但在所有军政方面的肥缺,必委其亲信暗中报效,如淞沪、镇江等税务机关,两淮缉私等职位,均先后以其妹婿魏子杰、亲戚窦伯芗、督署副官长杨锦江充任。李对所有肥缺都事先掌握其额外收入的概况,如果经手人报效不足,即示意换人,只许沾点油水,不许吃饱。③ 主管此事的军需课长刘晓斋就说:"督军据有一省地盘,掌生杀予夺大权,在各种税收方面的额外收入,属员们明着暗着的送礼,都无法估计。只就我经办的报销来说,除去对上对下以及有关各方面必须分润的数目外,李纯净得也有千万元。"④

(四) 包办军需,克扣军饷

在北京政府时期,大小官吏和军阀是不会让肥水外流的。他们掌握着部门、军队、行政机关的日常开销,军队的日常军需,都是一笔大数目,官员、军阀均视为自己囊中肥肉,往往把持、包办。曹锟的弟弟曹锐就依恃曹锟的权力,包办直系各军军用物资,如粮秣、被服、军用饼干等。他自己经营利丰大米庄、被服厂、同福饼干公司,从各地采购米面和被服原料,不出运费,不纳捐税,以高价售给各军,从中牟取厚利。

---

① 路滨生编:《绘图中国黑幕大观续集》卷上,第11—12页。
② 陈世如:《曹锟家族对人民的经济掠夺和压榨》,《北洋军阀史料选辑》(下册),第248页。
③ 窦守铺、苏雨眉:《李纯一生的聚敛》,《北洋军阀史料选辑》(下册),第260页。
④ 《北洋军阀史料选辑》(下册),第263页。

克扣军饷,是北京政府时期大小军阀常用的贪腐手法。曹锟任直鲁豫巡阅使时,以李彦青为直鲁豫巡阅使署军需处长,掌握全军军需。当曹锟历任直、鲁、豫三省巡阅使和"民国大总统"过程中,直系正规军有 25 个师,李彦青于每次发饷时,每师克扣 2 万元,明言是给大帅曹锟的报效,仅此一项每月就有 50 万元。实际上尚不止此数,因为另有许多杂牌军队依附直系,克扣更甚。①

（五）滥报军费

北京政府时期,大小军阀贪贿的一种常用的手段就是滥报军饷。这种情况在北京政府时期的军队将领中很为普遍。

其中,曹锟惯用这种手段,较为突出。1917 年张勋复辟时,段祺瑞任命曹锟为西路讨逆军总司令,率其第三师由保定向北京进军,沿途并无战事,时间不过一周,就要报销 60 万元,段祺瑞为酬劳曹锟,令财政部如数发给。嗣后湘鄂、直皖、直奉诸战役皆成为曹锟升官发财的大好机会。②

（六）借生日索贿

北京政府时期,大小官吏和军阀往往借自己生日之机,向自己的下属和有求于己者索取寿礼,这也是北京政府时期的贪腐手法之一。

曹锟在清末当了多年的第三镇统制,尤其在担任长江上游警备总司令的时候,弄了许多钱。其中一项就是借生日之机,大肆索贿。后来每到曹锟生日的时候,各省督军、省长纷纷前来祝寿,献上一笔丰厚的寿资。③借祝寿之名公然受贿,当然不是曹锟一人才有,历代统治者大多有之,不过曹锟可谓其中之荦荦大者。

---

① 陈世如:《曹锟家族对人民的经济掠夺和压榨》,《北洋军阀史料选辑》(下册),第248 页。
② 《北洋军阀史料选辑》(下册),第248 页。
③ 王坦:《曹锟贿选总统始末》,《北洋军阀史料选辑》(下册),第81 页。

（七）卖官鬻爵

卖官鬻爵,是北京政府时期权力腐败的重要表现之一。前述曹锟要求自己任命的官吏向自己报效,就是一种变相的卖官。

曹锟的弟弟曹锐在依仗曹锟的势力得任直隶省长后,把直隶全省一百多县县缺,按特、大、中、小的等级定价。因为钻营县长者日多,县缺行市随时上涨,卖官价涨到大县 1 万元,中等县 9000 元,小县 8000 元,至于特缺如天津、滦县、清苑等县临时议价,钻营买官者非出价到三四万元不能到手,定期都是一年。曹锐从 1918 年至 1922 年当了四年省长,仅出卖县缺一项收入就有几百万元。

曹锐贪吝成性,对出卖县缺,可谓是锱铢必较,毫不通融。一次有王某走曹锐总管事张兆祥的路子,以家藏珍品价值万金的翠玉盆景一对献与曹锐,希图得一头等大县。曹锐见到这对盆景,非常喜爱,但提出当时头等县缺的价钱是 1 万元,除收下这对盆景外,还得再补现金 2000 元,加之张兆祥从中刁难,加倍索价,结果王某无力缴付,没能谋得此缺。曹锐也不得不将盆景退回,王某则另投门路去了。由此可见曹锐卖官鬻爵、嗜财如命的面目。①

（八）利用职权豪夺强索

1920 年直皖战争,皖系失败,徐树铮所办西北边业银行被曹锟据为己有,其中安福系要人如王郅隆、王揖唐、朱深等所入股本一百余万元,均被曹锟以"没收"之名,据为己有。曹锟做总统后,为了搜刮钱财,不时派遣亲信爪牙,密赴各省,以巡视之名,向督军省长敲诈勒索。1924 年春,他派曹锐之子曹少珊去湖北,以视察军政为名,向湖北督军肖耀南强索视察费 10 万元,肖耀南慑于曹锟、曹锐的威势,不敢抗拒,只好令军需处如数交付。

---

① 陈世如:《曹锟家族对人民的经济掠夺和压榨》,《北洋军阀史料选辑》(下册),第 249、255 页。

曹锐在任直隶省长时,凭借省长权力,将原系官办的直隶模范纺纱厂归并他所经营的恒源纱厂之内,原有资产除一部分定为官股 51 万元外,其余升值为 39 万元,竟全数吞没划归他自己名下,作为私股。当他任省长时,将直隶全省各处官产大部分攫为己有。

1923 年,曹锟贿选总统,曹锐借口筹款,将冀南一带"金丹贩"开列黑名单,令大名镇守使孙岳按名逮捕处罚重金,内里株连许多无辜。大名商会副会长冯化远,本非"金丹贩",只因他是永年县大富户,被捕后逼罚 10万元,破产交纳,冯惊吓成疾得精神病而死。天津证券物品交易所同时亦为曹锐借口筹措军费提出 83 万元,延不归偿,终致倒闭。①

（九）政治性怀柔费

北京政府时期,统治者出于政治目的的各种行贿收买和相应的贪腐行为,以政治性特别费收买支付的次数最多,也最复杂。其中一种就是稳定人心的政治性怀柔费。

袁世凯拉拢民国时期名人梁启超,起初主要由梁士诒经手。当他称帝之意越来越急切之时,又授意袁克定与梁启超密切接触。袁克定通过杨度介绍与梁启超搭上关系,袁克定对梁启超密宴款待,送给梁启超的大笔政治性怀柔"特别费也由克定经手"②。

民国初年进步党要人林长民、汤化龙、刘崇佑等,袁世凯也着意拉拢,他送出很多次大笔的政治性怀柔费,也是为了收买他们。这些政治怀柔费多由梁士诒等人经手。

有一部分实力派人物,如广西都督陆荣廷、江苏都督程德全等,原来就和袁世凯接近,并不打算投靠国民党,但国民党方面却在拼命拉拢他们。对这一类人,袁世凯就不免要给政治性的稳定人心费用,既有每次馈送 10 万元、8 万元的大数目,也有每次馈送在 10 万元以上、有的多至 40万—50 万元特大数目的,目的是使他们下决心拒绝国民党的争取。

---

① 陈世如:《曹锟家族对人民的经济掠夺和压榨》,《北洋军阀史料选辑》(下册),第248—249 页。

② 唐在礼:《辛亥以后的袁世凯》,《北洋军阀史料选辑》(上册),第 110 页。

至于那些原来就与袁世凯关系不错的势力,袁世凯也是通过特别费来巩固与他们的关系的。包括对自己的嫡系部下,袁世凯也是要给钱的。冯国璋是袁世凯手下最重要的大将之一,在袁世凯任大总统时曾任禁卫军的统领,虽是"自己人",袁世凯也送大量金钱给他;袁世凯给段祺瑞大笔政治怀柔费,还通过袁克定给段祺瑞手下五六个亲信钱,袁世凯手段凶狠,收买了段祺瑞手下的主要军事人物以后,就把段祺瑞软禁起来,不许段问事了;民国成立后,袁世凯嫡系第六镇统制李纯任第六师师长,也长期接受袁世凯政治性怀柔费。①

(十) 政治收买特别费和活动费

北京政府时期,袁世凯为了收买国民党人或其他方面反对派人物而支付的政治性收买特别费、活动费,数量巨大,是北京政府时期很为突出的贪腐手段。

袁世凯统治时期,作为袁世凯在东南地区活动的代理人,杨士骐(原直隶总督杨士骧之弟)和赵凤昌在江南地区相互配合,开展活动的范围(尤其东南地区)很大,影响也很大,各方都在拉拢他们,袁世凯授意给他们的特别费就不止 40 万—50 万元。

一部分实力人物,以往并不靠袁世凯,自己却有相当实力,是袁世凯特别注意的目标,所花的政治收买费数量可谓不少。袁世凯对黎元洪用了很多心。当时,在袁世凯左右说黎元洪坏话的人很多,而假如黎元洪在安全上出了问题,对袁世凯很不利;当时黎元洪的地位、名望都颇高,各方面的人都想拉拢黎,这也使袁世凯很不放心。因此袁世凯把黎元洪安置在新华门内南海瀛台居住,软禁起来,警卫严密,说是为了确保他的安全,一切供应,无微不至,黎元洪对这样的"优待"当然有情绪。因此,对黎元洪经济和生活上的要求,袁世凯一般有求必应,黎元洪推荐人挂名差事,每月拿几百块钱,只要黎开口,袁世凯总是当天就办到。对于收买自己的费用,黎元洪照收不误。唐在礼回忆说:"黎不大说什么,送钱去,他总是

---

① 唐在礼:《辛亥以后的袁世凯》,《北洋军阀史料选辑》(上册),第 109 页。

如数照收。"①袁世凯还让其长子袁克定出面,购买东厂胡同住宅赠送给黎元洪居住。②

袁世凯对后起的和新兴的师、旅长以上的军政人物,也要给予政治性贿买钱款加以收买。如第二混成协统领蓝天蔚、掌握两广军事实力的龙济光,都收受袁世凯贿买之款项。龙济光被袁世凯收买过来以后,在西南杀掉国民党不计其数,向袁世凯报了大功。

袁世凯对清廷的贵胄或官僚,分类区别对待。第一类,是仍有势力或影响,而且靠得住的一类清室贵胄或官僚,袁世凯不遗余力,大力收买。如世续,在清朝为文华阁学士、资政院总裁,他是清廷的重要人物,早就和袁世凯有关系,被袁世凯视为靠得住的人。袁世凯与前清势力的联系,掌握清室内部的主要动态,多通过世续,其起的作用也最大。给"世中堂"的钱,都由袁世凯亲自经手。还有些付给旗人中重要人物,如庆亲王奕劻等人的钱,也是经世续的手过付的。第二类,表面上不依附于袁世凯,暗中为袁做事,如荫昌,曾做过清朝陆军大臣,袁世凯为了笼络他,早就花了很多心血,所以荫昌很为袁世凯捧场。给荫昌的钱也是由袁世凯从财政部提款后,亲自交付给荫昌。荫昌得款后,也分一部分给当时一些青年亲贵,并在清室青年亲贵中替袁世凯说些好话,收揽人心。第三类,表面上反袁,实际上暗中被袁世凯收买,代表性人物就是作为旗人中的军界老前辈和新派重要人物的铁良,表面上是宗社党的重要人物,是反袁世凯的,但据熟知内情的人指出,他"和袁是老关系","实际早被袁收买到手",而且,由于他为清室"亲贵所信任,所以袁对他的特别费相当大"。③ 对这类对象,是由袁在财政部拨归他自己支付的特别费项下自行处理的。

（十一）正规途径掩饰的贿买费

当时的诸多种类的政治性、军事性贿买费,有许多是通过正规渠道支出的,从而在一定程度上掩盖了这些支出的违法性质,这也是北京政府时

---

① 唐在礼:《辛亥以后的袁世凯》,《北洋军阀史料选辑》(上册),第105页。
② 张国淦:《袁世凯与黎元洪的斗争》,《北洋军阀史料选辑》(上册),第169—170页。
③ 唐在礼:《辛亥以后的袁世凯》,《北洋军阀史料选辑》(上册),第107页。

期贪腐的一种重要手段。

政治性稳定人心收买费用的受领人中,有些是各省当权的军政大员,一般都由袁世凯先和他们见面,或者双方通过代表或函电有过秘密接洽。接洽妥当后,由袁世凯指示财政总长,由该军政大员用省府的名义向财政部请求拨款。不经过上面的手续和袁世凯的亲口答应,财政部是分文不付的。

当时有各种名目的收买费用也是通过正规渠道和名目支付的。如收买新闻界、文化界的人员的"采访""通讯""宣传"等行动费用;建立扩充军团、军校等方面的费用;购买军火费用;行军费用。① 有关军事方面经常付给的,其受领人有 20—30 名。那时对南方的军事行动频繁,袁世凯在买动了某一军事头脑部下的中级军官以后,就暗示他采取"自由行动",要求他根据自己的旨意开拔到某处驻防,脱离原来的头脑,甚至反过来监视原来头脑的活动。这期间,就必须拨一笔特别费作为开拔的经费。奉命开拔以后,就要经常贴付特别费,使这支部队效忠于袁,直到正式归属袁世凯,就直接由袁世凯关饷,由国家财政支付军费。

袁世凯为从事上述活动,开支经费,专门成立了"军需处"这一机构,不仅支付军事费用,还拨付政治活动费用,有时反而偏重在政治方面。这种支付很频繁,有大数,有小数,一般总是一次性付清。每笔 1 万—2 万元数目,一般是给各军队的师长、旅长等高级军官的较多。4 万—5 万等较大数目的活动费用,一般给都督(将军)、民政长(巡按使)、一流的政治或社会人物。8 万—10 万元等较大一类的数目,是给更重要的各省军政大员的。更有特大数目的,至少 10 万元,多到 20 万—30 万乃至 40 万—50 万元的,这是支付给清室重要人物、北方重要人物、南方有特别关系的人,或是属于密探行动的费用。也有不是一次付给,而是经常付给的。②

袁世凯通过正规渠道安排,而实际上是在贿买一些影响和势力一般、本人不愿离开北京的满蒙王公亲贵,往往安置个挂名差使,每月贴补若干,

---

① 《北洋军阀史料选辑》(上册),第 102 页。
② 唐在礼:《辛亥以后的袁世凯》,《北洋军阀史料选辑》(上册),第 112—113 页。

使他们安心吃现成饭,但官场的活动一般很少请他们参加。如袁世凯沿袭清代陈例,设立翊卫处这样一个笼络蒙古王公的机构,阿穆尔灵圭(前清亲王)、那彦图(原满洲都统)等都安置在翊卫处当都使、副都使等职。①

（十二）政治贿买的巅峰之作:曹锟公然贿买总统,国会议员公然贪污受贿

1923 年 6 月,曹锟、吴佩孚为首的直系军阀集团接连战胜皖系、奉系,控制北京政权后,驱逐大总统黎元洪,各省直系军阀纷纷发出立即进行总统选举的喊声,为曹锟当中华民国大总统制造气氛。不料国会议员纷纷离开北京,不但总统选举无法进行,就是宪法会议也因人数不足而经常流产。由于北京陷于既无国会又无政府的状态,西南“联省自治派”乘机大肆活动,制定“省宪”,树立联省自治规模,甚至直系军阀控制下的山东省议会,也通电主张发起召开全国各省省议会联席会议,促成“地方自治”。

曹锟为了当上总统,联络了王泽南、战涤尘等 200 多名议员,并安排张岱青负责的猪尾巴大院,吴恩和、金永昌负责的汉南寄庐,王钦宇等负责的绒线胡同南庐等几个地点做联络处所,组织了一些人领头活动。又据热察巡阅使侦察处处长王光宇的报告,曹锟在东四牌楼四条胡同门牌 39 号并平则门顺城街以及宣武门外前孙公园、安定门内交道口 4 处,各设立议员俱乐部一处,专为招待南省议员。又筹妥运动费 50 万元,秘密委派京兆尹刘梦庚负责收买各报馆,边守靖联结直省议会。② 由于反对曹锟当总统之声不断,直系内部各要人也很为着急。由于王承斌、吴佩孚和议长吴景濂一直商量不好,曹系政客王坦是议长吴景濂的旧交,就向秘书长王毓芝毛遂自荐去劝说吴景濂。于是,曹锟派他前往吴景濂在小麻线胡同 1 号的寓所,对尚在观望犹豫的议长吴景濂加以劝说利诱。第二天,就把熊炳琦、王毓芝两位领来和吴景濂见面,商定贿选的具体办法。

---

① 《设立翊卫处办法》(1915 年 2 月 2 日),《民国法规集成》第 7 册,第 491 页;《北洋军阀史料选辑》(上册),第 105—112 页。

② 《中华民国史档案资料汇编》第三辑,政治(二),第 1405 页。

设法吸引议员回京,重整国会旗鼓。①

　　有了吴景濂的帮助,曹锟决定用金钱收买议员。直系政客筹足贿选经费后,山东省长熊炳琦(原任曹锟的参谋长)到北京主持大选工作,随后直隶省长王承斌、内务总长高凌霨、交通总长吴毓麟、司法总长程克、烟酒署督办王毓芝、京兆尹刘梦庚、直隶省议会议长边守靖等也齐聚北京,在甘石桥设立议员俱乐部为进行大选活动的机关,收买议员。当时,在沪议员每月只能领到300元,而在京议员每月可以拿到600元(宪法会议出席费、出席常会借支岁费),因此,回京议员络绎于途。9月23日,国会各政团向"甘石桥大选机关"汇报在京议员已有600人以上。30日,高凌霨、吴毓麟、王承斌、熊炳琦、王毓芝见"大选问题"由于议员人数和钱款两足而有水到渠成之势,遂联名致函国会议员称,"大政不宜久摄,元首岂可久悬"。10月1日,"甘石桥大选机关"发出支票573张,每张为5000元。支票签名有秋记(吴毓麟字秋舫)、孝记(王承斌字孝伯)、兰记(王毓芝字兰亭)、洁记(边守靖字洁卿)四种,分由大有、劝业、麦加利等银行付款,又尤其以边守靖所办的大有银行开出的支票最多。为了确保选举成功,开出的支票一律未填日期,必须在总统选出3日后,由开票人补填日期并加盖私章才能付款。除普通票价外,直系集团还开出了1万元到1万元以上的特殊票价。这时,行贿者与受贿者之间还存在互不信任的心理,有些议员怀疑总统选出后,直系集团翻脸不认账。不过,大多数议员则认为曹锟当选大总统后,还得继续利用国会作为其进行统治的政治工具,不会恶劣到行骗赖账的地步。

　　直系集团公开贿选总统,摄政内阁公开进行交易,一时铜臭熏天,通国皆知。此前就有反对派议员向北京地方检察厅控告直系集团行贿议员之事,可是还缺少实人实证。10月4日,众议院议员邵瑞彭向北京地方检察厅举发高凌霨、王毓芝、边守靖、吴景濂等人的行贿行为,并将行贿证据制版送交各报刊发表。这个证据是大有银行的支票5000元,上面未填日期,签名者为洁记,并盖有"三立斋"图记,背面注有一个

---

① 王坦:《曹锟贿选总统始末》,《北洋军阀史料选辑》(下册),第82页。

"邵"字。这一铁证发表后,直系集团无可抵赖,竟然厚起脸皮,公然置之不理。为了自身安全,邵瑞彭只得携眷属出北京,转道天津往上海避难去了。当时为曹锟贿选当事人之一的直系政客王坦就承认:"吴景濂一个人就给了四十万,他每人送给五千元。有一个湖北众议员(即邵瑞彭)在我们送给他五千元之后,他曾把这件事上了报,还把支票拍了照片印在报上。"①

10月4日晚,曹锟的"甘石桥大选机关"通宵加班活动,门前停放汽车达几百辆之多。同一天,段祺瑞等拆台派也在北京设立机关收买不投票的议员,最后每人的代价高达8000元,共计收买了40人,终因财力不继而失败。在这40人当中,还发现有两面拿钱的。②

10月5日上午,选举会主席、议长吴景濂于上午8时半到院,立刻吩咐秘书查点到会人数。因签到议员不多,吴景濂临时改为不定时开会,何时签足法定人数,何时开会。曹锟的"甘石桥大选机关"派出180余辆汽车,分途去"迎接"议员到会;吴景濂又派出"可靠"议员分别去拉同乡同党的议员,要求每人至少要拉一人回来,因此有些患病议员也被他们拉来。为了凑足人数,临时决定凡不投票而肯前来出席者,也一律发给5000元的支票。一直到下午1时20分,签到议员达到593人,才正式开会投票。曹锟用"利诱"的手段取得总统,和1913年袁世凯用威胁的手段当选总统,堪称"异曲同工"。袁世凯在选举总统的当天,派出大批军警并唆使"公民团"包围国会,非选出总统不许议员外出,曹锟也派出大批军警对国会进行了"和平"包围。选举袁世凯为大总统投票经过14小时,而这次投票也经过6小时。所不同的,这次选举备有午餐茶点,比选袁世凯时忍饥挨饿的情形"有所改善"。到下午唱票完毕,直系军阀首领曹锟以480票当选为"总统"。③　1923年10月10日,曹锟到北京就中华民国大总统职。④

---

① 王坦:《曹锟贿选总统始末》,《北洋军阀史料选辑》(下册),第83页。
② 邓汉祥:《我所了解的段祺瑞》,《北洋军阀史料选辑》(下册),第290页。
③ 陶菊隐:《北洋军阀统治时期史话》(下册),第1284页。
④ 《国务院通告曹锟举行就职典礼电》(1923年10月10日),中国第二历史档案馆编:《中华民国史档案资料汇编》第三辑,政治(二),江苏古籍出版社1991年版,第1473页。

据统计,本次贿选曹锟所用贿款共达 1356 万余元。[①] 无论这一统计数字精确与否,一个无可否认的事实就是,曹锟贿选总统花费了大量的贿资。曹锟当选总统后,在沪议员和各省联席会议代表纷纷通电讨伐贿选,10 月 8 日,孙中山下令通缉受贿附逆的国会议员,并电请段祺瑞、张作霖、卢永祥同时起兵讨贼,卢永祥宣布与北京政府断绝关系。[②] 孙中山在《中国国民党为曹锟贿选窃位宣言》中指出:"乃者曹锟跋扈,怙恶不悛,竟于本年十月五日勾结罔利无耻之吴景濂等,贿赂公行,歘法窃位,几举我中华民国之纪纲道义,扫荡无遗! 此而不讨,国何以立?"[③]由于曹、吴穷兵黩武,贿选总统,很快在第二次直奉战中遭到惨败。1924 年 10 月,当了一年多贿选总统的曹锟,在冯玉祥发动的"北京政变"中下台。

二、触目惊心的北京政府贪腐状况

(一) 大量挥霍国家岁入和国债、外债收入

袁世凯统治时期,国家岁入用于维护他个人的独裁统治的情况非常普遍。

袁世凯统治时期,为笼络蒙古王公,沿袭清代旧例,设立翊卫处机构。1915 年 2 月 2 日,北京政府订立《设立翊卫处办法》7 款,规定于在京蒙古王公中,选定若干,予以名义,有典礼时派充"侍班",事实上并没有什么职权或责任。翊卫处设都翊卫使 1 员、翊卫使 4 员、副翊卫使 6 员、翊卫官 8 员,"均由蒙藏院按照资俸开单请简",如有出缺,均由蒙藏院开单呈请大总统简派。[④] 该处经费和各蒙古王公的薪俸,实际上就是笼络费,但

---

① 陶菊隐:《北洋军阀统治时期史话》(下册),第 1285 页。

② 彭明主编:《中国现代史资料选辑》第一册,中国人民大学出版社 1987 年版,第 404 页。

③ 《中国国民党为曹锟贿选窃位宣言》(1923 年 10 月 7 日),中国人民大学中共党史系编《中国国民党历史教学参考资料》第一册,1985 年,内部使用本。

④ 《设立翊卫处办法》,《民国法规集成》第 7 册,第 491 页;《北洋军阀史料选辑》(上册),第 105—112 页。

由国家财政支出。

袁世凯为了笼络满族亲贵,同时又不致太过难堪,往往通过一些在满族亲贵中仍有威望的人,如荫昌等人,来收买笼络,而无论是给荫昌的钱,还是通过荫昌给其他满族亲贵的钱,都是由袁世凯从财政部提款后,亲自交付给荫昌,这种钱款都是从国家财政岁入中提取。

北京政府时期,财税收入有限,为了应付各种开支,特别是镇压南方革命、人民起义,往往通过发行国债或向外国大量借款来筹措经费,而这些国债、借款中的许多部分,都被用来作为政治收买费,或是以回扣甚至公然贪污的方式落入贪官污吏手中。

(二) 用贪腐所得经营实业累积财富

北京政府时期,大小军阀通过权力贪腐所得惊人。本书限于篇幅,不一一列举,只就曹锟和李纯这两个军阀的情况,对北京政府时期军阀贪墨所得惊人财富作一典型分析。

民国时期的权势人物曹锟家族,凭借曹锟的势力,以经营企业的方式获取暴利。1919 年,曹锐任直隶省长,创立恒源纱厂,曹锐为董事长兼总经理,资金 400 万元。曹锐名下计 7000 股(每股 100 元),曹钧 1000 股,五聚堂 200 股。总计曹家共有 8200 股,合 82 万元,占总资本额的五分之一强。到 1946 年,曹锐之孙曹郁文任恒源纱厂经理时,曹家拥有 11214股;曹锐之妻严淑君拥有 2394 股,成为恒源纱厂的最大股东。

曹锟家族利用曹锟掌握的军队,垄断某些种类的军需供应。1917年,曹家在大沽成立并独自经营同福饼干公司,这是专供军用的饼干公司,由曹钧任董事长,但实权操在曹锐之手。曹锐又利用直系军队的军需款项,借口供应军粮,成立利丰大米庄和粮栈,从各地采购大米,然后以米庄名义投机,牟取暴利。后来,曹镇长子曹士魁在天津河东开设魁星和三星两个米面庄,参与到直系军粮供应和投机牟利中。1920 年,成立北方航业公司,集资 100 万元,曹钧入股 10 万元并任董事长,曹锟家族在该公司有款 70 余万元。第二次直奉战争直系失败,曹钧因有利用北方航业轮船供给军运嫌疑,被迫辞去董事长职务,但实权仍操在曹家之手。此外,曹锟家族还开办保定电灯公司、天津大华火油公司、宝权珠宝店、大信诚五金行和计公懋当、万成当、永聚当、同聚当、中通当等当铺,以获得暴利。①

(三)利用权势攫取田产

(1)曹锟家族所积累起来的惊人财富,其中一项就是田产。①大沽万年桥以西,直到新城,长约18里,占地千顷左右。其中一小部分为垦熟水稻田,余为未垦的荒地。这片土地原为张勋所有,张勋复辟失败后,卖与曹家,由曹锐经手。②军粮城左近小马厂有水旱稻地约200顷。由曹锟原配郑氏之弟郑大赣经理出租。③大沽西邻大梁子、小梁子,通称大梁庄。有苇地400余顷,周围广植芦苇,中为果木园。由曹镇经手从小梁子富户李家强买过来,由曹镇次子曹少庭经营,每年收租2万余元。中间承租人租妥后,再以高额租金分租与各佃户。④军粮城务本村以曹家总堂"德善堂"名义,置有水稻地计50顷。由曹锐之子曹少珊经营。⑤天津闸口至法政桥一段堤外地,计1顷60余亩。曹锟做直隶督军时,以贱价留置,此地名为堤外余地,实际是房基地。⑥大沽高家港河滩地,方圆10余里,生产大量水产品,系曹镇以高压手段攫得。⑦大沽田家圈,有大片苇地。⑧大沽炮台庄及草头沽一带,有盐滩地,是曹锐利用权势"购置"而来。⑨在湖北樊城,曹锟置有耕地800亩,地契归刘凤伟掌管。②

(2)大军阀李纯也积累了大量田产。①他先后在天津周围的魏庄子买地24顷,价8万元。②东局子地6顷,价5万元。③芦新河地18顷,价4万元。④军粮城地46顷,价5万元。⑤大毕庄地3顷,李家祠堂西苇地80亩,以及窑地70亩,共价6万余元。⑥1918年准备修建浦口商埠时,曾在其附近九袱洲,以2万元买地2顷。⑦在新河附近买了有3个熬盐池的盐滩,价3万元。⑧在运河裁弯取直时,出现了很多废河地,经警

---

① 陈世如:《曹锟家族对人民的经济掠夺和压榨》,《北洋军阀史料选辑》(下册),第250—251页。

② 陈世如:《曹锟家族对人民的经济掠夺和压榨》,《北洋军阀史料选辑》(下册),第252页。

察厅长杨以德手买到西自西大弯子至单街子北,东自狮子林南一直到水梯子大街两大段废河地,长 1500 米左右,宽约 50 米的田产。其购房购地的巨额资金从何而来,是不言自明的。[①]

(四) 攫取大量房产及其租金收入

(1)曹家的房产,也以曹锟为多。①天津曹家花园,是曹锟在清末任第三镇统制时,以贱价从一孙姓人家买得。1936 年出售给宋哲元主持的冀察政务委员会,得价 25 万元。②旧英租界老忠厚里平房多间,占地 5 亩,建筑费 6 万元。③旧英租界新忠厚里楼房 9 所。刘凤伟经营。④旧英租界今洛阳道南海路转角处大楼 1 所,曹锟下野后,寓居于此。又有泉山里楼房 7 所。先后经刘凤伟之手卖出。⑤旧英租界今河北路大楼宅院 1 所,占地 7 亩多,楼房百余间。⑥旧意租界三马路楼房 1 所。原为李彦青所有,李死后,曹锟据为己有。⑦北京炭儿胡同大宅院 1 所。曹锟以 3 万元购得,曹锟死后卖出。⑧曹锟在保定时,购置房产很多,并在南关外兴建规模宏大的曹家花园,又称"老农别墅"。⑨曹家大楼,系曹锐在特二区兴建。⑩旧意租界二马路楼房 2 所,曹镇、曹钧所共有。曹钧在旧英租界电话南局旁,有楼房 3 所,河北五马路有平房数百间。曹锳在旧英租界今烟台道有楼房 2 所。曹镇之子曹世魁,在旧英租界电灯房旁有大楼 1 所,黄家花园新华桥以西,有平房数百间。[②]

(2)李纯任江西督军后,通过各种手段攫取大量房产。①以 4 万元购得北京铁狮子胡同住宅 1 处。②以 2 万元在天津黄纬路购地修建住宅 1 处。③陆续在天津南市买到南起东兴市场、北至荣吉街以北一大片房产(包括东兴大街,清和、华安、永安三条大街中间),占地 146 亩,经扩建后共有楼房、平房、市场、戏园、澡堂等大建筑 4500 余间,购价 48.5 万元,扩建费约 50 万元。④又在河北三马路、东兴里,五马路、北马路一带,以 20 万元购买和修建楼房、平房、门面房 1404 间。⑤在河东东兴里一带拆

---

① 窦守镛、苏雨眉:《李纯一生的聚敛》,《北洋军阀史料选辑》(下册),第 261—262 页。
② 陈世如:《曹锟家族对人民的经济掠夺和压榨》,《北洋军阀史料选辑》(下册),第 252—253 页。

建和扩建平房约 500 间,造价约 3 万元。⑥在旧英租界二十号路(现为泰安道)购楼房 8 所,共 135 间,价 5.6 万元。以上各项均属出租房产。⑦旧英租界十一号路(现为建设路)有大楼 1 所、十号路(现为保定道)楼房 2 所和十四号路(现为烟台道)新建的 4 所楼房均作住宅,共用款 17.6 万元。⑧在棉纺六厂附近,建筑宫殿式"李家祠堂" 1 处,占地 90 亩,购地皮及建筑费共 13 万元左右。此项建筑材料,都系拆运北京王府的琉璃瓦及特制大砖修建,是李氏兄弟听说协和医院买到豫王府后,掘出许多银子,即以 20 万元购买北京庄王府拆建。扩建后,改为平安里、志兴里,连同续购的珠市口及庄王府附近的楼房、平房共 701 间,设立平安里经租处,连同庄王府购价共用 26 万元左右。以上北京、天津两地自用和出租房产,约价值现洋 190 万元。①

(五) 巨额的贪墨所得

今天有很多具体材料记载曹锟家族和李纯家族的财物情况,来具体说明他们贪墨所得的钱财数额之巨,是很为惊人的。

曹锟家族通过贪污受贿和暴力掠夺等手段,积累了大量的财富。1924 年春节,曹锳曾因家族内部发生经济矛盾而说过:"我们曹家现在就是四哥(指曹锐)手内钱最多,三哥(曹锟)虽当到总统,还不如他,大哥(曹锳)、五哥(曹钧)也各有千八百万,就是我穷,干了这些年,不过二三百万,四哥财产已过千万,还嫌不够。……"②由此可见曹锟、曹锐家族贪污受贿、横征暴敛之一斑。

李纯生前有一本保密财产账,由江苏督署机要室秘书主任芮谷贻负责登记、缮写,密存立志堂大账房,可见李纯一生利用权势贪墨的巨额财富:"(1)黄金二千四百两。存王氏手中,都系二十两一块的金块。(2)黄金一千九百四十两。存李纯的次妻孙氏手中,都系二十两一块的金块。(3)现款三百几十万元。(4)懋业银行股票五十万元(实交四十三万

---

① 窦守铺、苏雨眉:《李纯一生的聚敛》,《北洋军阀史料选辑》(下册),第 261—262 页。
② 陈世如:《曹锟家族对人民的经济掠夺和压榨》,《北洋军阀史料选辑》(下册),第 254 页。

元)。(5)大陆银行股票二十万元。(6)北洋保商银行股票十万元。(7)
山东省工商银行股票四万元。(8)哈尔滨耀宾电灯公司股票四万元。
(9)北京电车公司股票十万元。(10)天津裕大纱厂股票八万元。(11)龙
烟煤矿股票两万元。(12)山东面粉公司股票两万元。(13)中国实业银
行股票两万元。(14)中华书局股票五千元。(15)天津一大皮革公司股
票十二万元。"①除以上账面所列外,还有江苏省发行的公债票。自齐燮
元继任苏督后,此项公债有的陆续还本,有的折合现款,共拨交李纯兄弟
李馨100余万元;在义兴银号(总号设在北京,天津、南京都有分号)存白
银10万两,现洋20万元;又以王氏名义在义兴银号存24万元。李馨死
后,在其旧英租界十四号路住宅发现装在木箱原封没动的现大洋60万
元。李纯的房屋、土地、股票利息等剥削款,月达4万元,当时金价每两
20元左右,每年收入折合黄金达2.4万两。②

袁世凯统治时期军政人物贪贿一览表

姓名	地位(职位)	贪贿手法	数额
黎元洪	袁世凯政府时任副总统,1914年袁世凯解散国会,设参政院,他兼任该院议长。袁世凯死后,他继任中华民国北京政府大总统。	黎元洪有所要求,袁世凯一般有求必应;袁世凯根据政治需要不时送给黎元洪政治收买费,黎元洪总是如数照收。	政治收买费的数额每次一般为10万元。
梁启超	戊戌变法领导人之一,清末海外立宪派领袖。1913年初归国后,在民初政党活动中先后为共和党、进步党核心,曾出任袁世凯政府的司法总长。1915年,他与蔡锷组织护国军反对袁世凯称帝。段祺瑞执政府时期,曾出任财政总长。	袁世凯收买梁启超有两条途径:一条是梁士诒经手,进行拉拢;一条是袁世凯授意其子袁克定通过杨度介绍,与梁启超走得很近,送出的特别费也由袁克定经手。	政治收买费、特别费的数额每次一般为10万元。
林长民	曾任南京临时参议院秘书长,1913年当选众议院议员。1917年任段祺瑞内阁司法总长。	袁世凯很多次送给他大笔的政治收买款。	每次一般在10万元左右。

①　窦守铺、苏雨眉:《李纯一生的聚敛》,《北洋军阀史料选辑》(下册),第262—263页。
②　窦守铺、苏雨眉:《李纯一生的聚敛》,《北洋军阀史料选辑》(下册),第263页。

续表

姓名	地位(职位)	贪贿手法	数额
汤化龙	清末立宪派领袖之一。1913年当选众议院议长,与梁启超等组建进步党。1914年出任袁世凯政府教育总长。袁世凯称帝后,他参加护国讨袁。	袁世凯多次给他大笔的政治收买款,对他进行收买。	政治收买款每次一般都在10万元左右。
刘崇佑	进步党名人,活跃于当时的政界。	袁世凯多次给他大笔的款子收买他。	每次10万元左右。
王占元	1895年入新建陆军,1911年南下镇压武昌起义,升任第二镇统制。民初任北洋军第二师师长、壮威将军,镇压"二次革命"和白朗起义,1915年拥护袁世凯称帝。袁世凯死后,他任湖北督军兼民政长,与冯国璋、李纯合称"长江三督"。	王占元是湖北军事实力派,袁世凯对他多次馈赠以较大数目的特别费,以稳定自己的嫡系势力。	特别费每次都在10万元左右。
陆荣廷	旧桂系军阀首领。1911年擢广西提督,辛亥革命后任广西都督,形成桂系军阀集团。"二次革命"时在广西捕杀革命党,授耀武大将军,后参加护国讨袁。段祺瑞政府时任两广巡阅使。	陆荣廷原来直接间接都与袁世凯接近,同时与立宪派、革命党均有联系,国民党也积极拉拢他,袁世凯通过大笔的特别费收买他,使他决心拒绝国民党。	特别费每次都在10万元左右。
程德全	徐世昌一派的人。袁世凯统治时期任江苏都督,1913年抗拒讨袁,逃居上海,自此闭户隐居。他在江浙集团有影响力。	他原来就与袁世凯接近,但国民党也积极拉拢他,袁世凯用大笔的特别费收买他,使他决心拒绝国民党。	
世续	正黄旗人,清廷文华阁学士、军机大臣、资政院总裁、内务府大臣。辛亥革命爆发,首赞清帝逊位。袁世凯与前清势力的联系,通过这位"世中堂"为最多,作用也最大,袁世凯通过世续掌握了清室内部的主要动态。	他一方面接受袁世凯政治收买,袁世凯给他的特别费,都由袁世凯亲自经手;另一方面,他还是袁世凯政治收买款的经手人,有些付给旗人中重要人物的钱,是经世续的手过付的。	每次收受的特别费总在10万元以上,有时甚至达到40万—50万元。

姓名	地位（职位）	贪贿手法	数额
奕劻	清庆亲王，曾任清军机大臣、内阁总理大臣。武昌起义后，他主张起用袁世凯，使袁世凯有机会攫取大权。故袁世凯任大总统后，对他仍旧孝敬，他是袁早就收买过来的清室重要人物。	接受袁世凯的政治收买费，这种特别费经常通过世续过付。	每次馈赠的钱款总在 10 万元以上。
荫昌	正白旗人，清陆军部尚书。袁世凯任大总统后，曾任总统府高等顾问、侍从武官长、参政院参政、参谋总长等职。由于他在清室青年亲贵中颇有威望，因此袁世凯为了笼络他，早就花了很多心血，所以荫昌很捧袁。	袁世凯给荫昌的特别费，通过财政部的正规渠道，由袁世凯从自己的大总统经费中支付。袁给的钱款，不仅荫昌一人用，他也分一些给当时一些青年亲贵，他就在清室青年亲贵中替袁说些好话。	荫昌每次收到的政治收买特别费都在 10 万元以上。
溥伦	清室贝子。	袁世凯多次馈赠较大数目的特别费给他。	每次 10 万元左右。
贡桑诺尔布	蒙古王公，世袭扎萨克多罗都棱郡王兼卓索图盟盟长。1911 年武昌起义后，在日本操纵下实行内蒙古"独立"未成，1912 年主张热河"自治"。1914 年被袁世凯调至北京任蒙藏事务局总裁。	袁世凯通过他拉拢其他蒙古王公，每次都馈赠以较大数目的特别费。	特别费每次一般为 10 万元左右。
阿穆尔灵圭	前清亲王，民国时任袁世凯政府翊卫处都使。	袁世凯每次都馈赠以大额特别费。	10 万元左右。
那彦图	原满洲都统，袁世凯安置他在翊卫处当副都使。	袁世凯每次都馈赠以较大数目的特别费。	10 万元左右。
铁忠	留日士官一期，民国统率办事处参议处行走。	每月给以公费薪资。	每月 1000 元左右。
铁良	镶白旗人。曾任清军机大臣、陆军部尚书、江宁将军。他是旗人军界前辈，又是新派重要人物，与青年亲贵们很亲密，办事兼顾周到，在旗人中有威信，不像奕劻已不为亲贵所信任。	这人表面上是反袁世凯宗社党的重要人物，实际早被袁世凯收买，袁世凯给铁良的政治收买特别费数量相当大，给予特别费的次数多。	每次都在 10 万元左右。

姓名	地位(职位)	贪贿手法	数额
杨士骥	杨士骧之弟,活动的范围很大,影响也很重要。尤其他在东南暗中活动,不露面,但作用很大。	袁世凯给他在东南活动、收买各色人物的特别费很多。	特别费数额不下四五十万元。
冯国璋	随袁世凯小站创建新建陆军,任督练营务处总办,与王士珍、段祺瑞并称"北洋三杰"。袁世凯禁卫军统领、江苏都督,是袁手下最重要的大将之一,袁世凯死后,为直系军阀首领。	冯国璋虽然是袁世凯的"自己人",但作为实力派,袁世凯既要防着他,又要拼命笼络他,因此不时也送大笔钱款给他。	每次馈赠都在10万元以上。
蔡乃煌	清末上海道。在经济方面,蔡乃煌把应当上缴财政部的鸦片捐税,直接汇交袁世凯个人使用。在政治上,袁世凯常密令蔡乃煌用地方官势力在上海抓人,所起的作用很重要。	袁世凯经常"馈赠"给蔡乃煌特大数目的特别费。袁世凯对蔡乃煌花的钱,有经济作用,也有政治作用。	每次馈赠都在10万元以上。
郑汝成	留学英国海军学校,曾任北洋军政司教练处帮办。民国后官至海军执法官、海军中将,1913年奉命率海军警卫队镇压上海讨袁军,升任上海镇守使、彰威将军。1915年,被陈其美刺死。	郑汝成为袁世凯主持江南密探活动。袁世凯一方面为其密探活动,另一方面为进一步笼络他,给了他很多钱,每次都馈赠以特大数目的政治收买特别费。	每次都馈赠在10万元以上。
倪嗣冲	安武军统领,被袁世凯封为安武将军,1913年奉袁世凯令攻占安庆,任安徽都督,后改安徽巡按使,支持袁世凯帝制自为。袁世凯死后拥护段祺瑞。	倪嗣冲是袁世凯的老部下、"自己人",袁很重视他,常给他特别费收买和笼络他。他拿了袁世凯的钱后,杀害国民党人不计其数。	每次都馈赠以10万元左右较大数目。
张勋	1895年随袁世凯小站练兵,定武军统领。民国后,被袁世凯封为定武上将军。所部武卫前军,驻兖州,效忠清室,所部禁止剪发,称"辫帅",镇压"二次革命"。袁死后,他发动复辟。	张勋也是袁世凯的老部下,袁很重视他,他也常接受袁世凯的政治收买费。	每次一般在10万元左右。

续表

姓名	地位（职位）	贪贿手法	数额
张作霖	奉系军阀首领。袁世凯统治时期,张作霖已是东北与内蒙古的实力派,他投靠袁后,任第二十七师师长,1916年升任奉天督军兼省长。袁世凯希望他拥护帝制,但他后来是反对帝制的。	袁世凯给钱拉拢他拥护帝制,每次都馈赠以大额政治收买费。	每次一般在10万元左右。
唐继尧	1912年任贵州都督,1913年调任云南都督,西南实力派。袁对他很费心机,但他始终靠不住,两面派。1915年与蔡锷通电护国讨袁,并不积极。	由于唐继尧始终靠不住,因此袁世凯很费心机对他进行政治收买。	每次都馈赠以10万元左右较大数目的特别费。
杨善德	是袁世凯的"自己人",马厂老四镇出身,第四师师长,淞沪镇守使,在江南地位很重要。	袁每次都馈赠较大数目的特别费以笼络他。	每次都在10万元左右。
赵凤昌	江南的重要人物,在南北势力中均有关系,和杨士骧配合着开展活动。	袁每次都馈赠以较大数目的特别费,一面收买他,一面通过他收买别的人物。	10万元左右。
王芝祥	通州人,在西南新军中做过大官。	袁世凯每次馈赠大数目特别费收买他。	10万元左右。
曹锟	袁的嫡系。袁世凯小站练兵时任右翼步兵管带,升至北洋第一镇统制。袁世凯统治时,唯袁命是听,积极支持袁世凯复辟帝制,对抗护国军。	袁世凯给他特别费给得多,每次都馈赠以较大数目的特别费。	每次10万元左右。次数多。
张绍曾	小站出身,留日士官一期,是直隶军事新人物,归国后,曾任北洋督练公所教练处总办、第五镇任炮兵团长,1911年任新军第二十镇统制,后改第二十师师长,1913年任绥远将军。	他很容易见到袁世凯,袁世凯每次都赠以政治收买特别费。	每次都在8万—10万元之间。
姜桂题	老毅军统领,1895年协助袁世凯练新建陆军。1913年参加镇压白朗起义,任热河都统,袁世凯称帝,封一等伯,常与袁接触,袁称他老叔。	袁世凯多次给他特别费,又通过他收买军界老前辈并把他们拉拢在一起。	每次都在10万元左右。

姓名	地位(职位)	贪贿手法	数额
赵倜	北洋武备学堂毕业,宏卫军统领,河南实力派。民国成立后,任河南护军使,因镇压白朗起义,1914年被袁世凯封为德武将军,督理河南军务,大肆屠戮。袁世凯称帝时,封为一等伯。	袁世凯每次都以政治特别费收买他。	10万元左右。
王怀庆	袁世凯旧部,北洋武备学堂毕业。1907年随徐世昌去东北,任东三省总督署军务处会办。民国时先后任蓟榆、多伦、冀南镇守使。	有"屠夫"之称,袁世凯每次给他政治特别费收买他。	10万元左右。
马福祥	回族头脑人物。早年入兰州武备学堂,1912年后官至宁夏护军使兼署宁夏将军。	他和袁是世交,但靠不住,还是要花大钱收买。	袁每次给他10万元左右的特别费。
张广建	清末山东布政使,辛亥期间代理山东巡抚。袁世凯任总统,调任顺天府尹。1914年被任命为甘肃都督兼民政长,袁世凯控制西北的干将,在甘肃肆行贪暴,政风恶劣。	张广建是完全拥袁的,袁世凯给他很多特别费,所索要的经济代价,就是张广建负责把西北鸦片烟土供袁世凯支配。	每次10万元左右。
张凤翙	陕西军事实力派。1911年10月与钱升、张钫等发动西安起义,任秦陇复汉军大统领。南京临时政府任命他为"中华民国秦军政分府"大都督,国民党秦(陕西)支部支部长,后向北京政府妥协,拥袁反孙(中山),镇压反袁斗争。	袁世凯为收买他,每次都给他大笔政治收买费。	袁每次给他10万元左右的特别费。
江朝宗	清朝汉中总兵,1912年,袁世凯北京政府委任他为步军统领,封迪威将军,对北京地方情况最熟的一个人,北京的治安,袁世凯靠他出力。	袁世凯很早就有钱给他,拉拢他。	袁每次给他10万元左右的特别费。
张敬尧	袁世凯的死党,先后任北洋军第六师旅长、第七师师长,苏鲁豫皖四省边境剿匪督办等职。他与袁克定关系很密切。张拿到钱拼命打民军,袁乃任他当师长,以资鼓励。		袁每次给他10万元左右的特别费。

姓名	地位(职位)	贪贿手法	数额
陈宧	湖北武备学堂毕业,黎元洪的亲信。袁世凯窃国后,由黎保荐他为参谋部次长。	袁世凯知他是黎的亲信,竭力拉拢。陈常能见袁,特别费由袁自己支付。	袁每次给他10万元左右的特别费。
汤芗铭	汤化龙之弟,福州船政学堂,后留学英国学海军,遇事投机。民国成立后,任海军部次长。"二次革命"爆发后,奉袁世凯命率北洋军到湖南镇压讨袁军,升任湖南都督兼民政长,有"屠夫"之称。袁世凯称帝时,封他为一等伯。	他接了袁的钱后,所杀害的国民党不计其数。	袁每次给他10万元左右的特别费。
袁大化	清末历任山东按察使、河南布政使、山东巡抚等职。1910年调任新疆巡抚。民国成立后,被袁世凯政府任为新疆都督,被袁收买过来了。		
蒋雁行	留日士官一期,毕业归国后,任江苏江北督练公所参议兼陆军第十三协协统。辛亥革命时,先后任江北都督、江淮检察使。1913年升任江北护军使,并历任北京训练总监、讲武堂堂长。	被袁收买过来的。	每次袁都给他4万—6万元。
陆锦	士官一期,模范团团附,袁的嫡派。		每次袁都给他4万—6万元。
王廷桢	士官一期,骑兵。先在第一镇旗人师任团长,后任九镇统领,后来当了模范团的骑兵督连长。	被袁世凯收买过来的。	每次袁都给他4万—6万元。
李纯	天津武备学堂毕业。早年随袁世凯小站练兵,先后任袁嫡系第六镇十一协协统、第六镇统制。民国后,任第六师师长兼豫南剿匪司令。1913年奉命进军江西镇压"二次革命",任江西都督兼民政长。护国战争中,李纯应冯国璋之约,密电袁世凯请撤销帝制。1917年调任江苏督军。	他在任北洋第六师旅长时,和冯国璋走得很近,被袁收买过来的。	每次袁都给他4万—6万元。

姓名	地位(职位)	贪贿手法	数额
许兰洲	湖南陆军学堂毕业。民国时历任黑龙江巡防第二路统领、黑龙江第一师师长、将军府参议、代理黑龙江督军。	被袁世凯用政治收买费收买过来的。	每次都有4万—6万元。
孟恩远	袁世凯小站练兵时入伍,清末南阳镇总兵、吉林巡防营办。民国成立后,任陆军第二十三师师长,旋调吉林护军使,1914年改任吉林将军。	被袁世凯收买过来的。	每次都有4万—6万元。
蓝天蔚	留日士官二期毕业,1910年任陆军第二混成协统领。武昌起义后策动北方新军响应,未果,赴上海任北伐军第二军总司令。南北议和时辞职,出国游历。	原是国民党,被袁世凯收买过来,袁每次都馈赠以特大数目的特别费。不过,他又在暗中资助南方护法军政府。	每次都在10万元以上。
龙济光	1913年奉袁世凯命镇压“二次革命”,率军攻占广州,任广东都督,当时掌握两粤军事实力,向袁报了大功。	袁世凯每次都馈赠他特大数目的特别费。被袁收买后,他在西南杀掉国民党不计其数,向袁报了大功。	每次都在10万元以上。
冯耿光	留日士官二期,军咨府厅长,贝勒载涛僚属,与良弼、吴禄贞关系密切,被聘做总统府顾问。	袁世凯安置他在京任职,每月给以资薪公费。	每月给500元左右。
聂宪藩	聂士成之子,毕业于日本振武学校,回国后,曾任保定督练公所参谋处总办等职。民国成立后,1912年6月署山东登州镇总兵,1913年8月改为烟台镇守使,1919年后曾任安徽省长。	他在北洋系中是老资格,有些北洋老人由他联系。	袁每次给他10万元左右的特别费。
金邦平	前直隶总督衙门的文案,和张一麐关系很好。	袁世凯给他特别费利用他拉拢些老人。	每次10万元左右。

姓名	地位（职位）	贪贿手法	数额
汪精卫	同盟会会员，一度任《民报》主编。1910年谋炸摄政王载沣被捕，判死刑，后减刑监禁，武昌起义后获释。参与南北议和，以同盟会会员身份充当南方总代表伍廷芳的参赞，暗中充任北方总代表唐绍仪的秘密参赞，与杨度组织"国事共济会"，阻挠革命。"二次革命"后赴法国。	袁世凯很早就收买他，汪精卫谋刺载沣被囚在监狱里的时候，袁世凯就收买了他，后来一直给钱，他听袁指使。他的钱是通过陆建章领取的。	袁每次给他8万—10万元的特别费。
叶德辉	湖南乡绅。	袁世凯每次都馈赠以较大数目的特别费。	10万元左右。
王揖唐	进士出身，早年在日本学习军事。回国后在东三省总督徐世昌处任职，后依附袁世凯、段祺瑞，历任北京政府内务总长、安福国会众议院议长、北方议和总代表等职。安福系首领之一。	袁世凯每次都馈赠以较大数目的特别费，他则帮袁办统一党对付国民党。	10万元左右。
叶恭绰	梁士诒的人。民国成立后，曾任交通部次长、总长兼交通银行经理。1915年赞助袁世凯称帝，任大典筹备处委员。洪宪帝制失败，被免职。	袁世凯每次都馈赠给他较大数目的特别费。	10万元左右。
杨缵绪	西北实力派。	袁每次都馈赠以较大数目的特别费。	10万元左右。
麦信坚	唐绍仪、梁士诒的人。	袁世凯给他特别费。	每次10万元左右。
马龙标	任职于军警督察处，在直隶、河南各地开孔社，捧袁世凯。	袁世凯给他特别费。	每次10万元左右。
许崇智	留日士官三期，参加同盟会，回国后在福建新军任职。武昌起义后，胁迫新军第十镇统制孙道仁在福州举兵响应，任第一师师长，次年改第十四师师长，任福建北伐军总司令。"二次革命"中迫使孙道仁宣布福建独立，被推为福建讨袁军总司令，败走日本。1915年回国讨袁。	他在福建、广东有实力，袁世凯馈赠以特别费。	每次1万—2万元。
肖星元	士官一期，袁总统府侍从武官。	袁世凯馈赠以特别费。	每次1万—2万元。

姓名	地位(职位)	贪贿手法	数额
田应璜	山西军事实力派。	袁世凯馈赠以特别费。	每次4万—6万元。
张 钫	辛亥时在陕西率陕军起义,任东路征讨军大都督,后任陕军第二师师长兼陕南镇守使、汉中警备司令、反袁陕军司令、靖国军副总司令职。	他是袁世凯老家的军事土著,有实力,对袁的作用很重要,袁每次都馈赠以特别费。	每次4万—6万元。
杨以德	袁世凯统治时期的天津警察厅厅长。	为袁世凯杀国民党,袁世凯馈赠特别费。	每次4万—6万元。
田文烈	原北洋督练公所参议,同当时的北洋大臣袁世凯很接近。	民国成立后,袁馈赠以特别费,通过他联络北洋旧人。	每次4万—6万元。
哈汉章	黎元洪的人。原湖北陆军出身,张之洞的学生,留日士官二期。	他与国民党靠得很近,被袁世凯收买过来,馈赠以特别费。	每次4万—6万元。
段祺瑞	天津武备学堂毕业后,赴德国学习炮兵科。1896年至小站协助袁世凯训练新建陆军,任炮兵学堂总办兼炮兵统带。1901年随新任直隶总督袁世凯往保定负责编练北洋军,1903年清廷设立练兵处,任军令正使,与王士珍、冯国璋并称"北洋三杰"。民国后任袁世凯政府陆军总长。	段祺瑞收取军部购买军火的回扣,逐渐由暗取到明收。他对袁也有孝敬。	数额巨大。
徐树铮	1907年毕业于日本士官学校,归国后入段祺瑞幕,被目为段祺瑞的"智囊"。袁世凯统治时期,段祺瑞任陆军部总长,他任陆军部军学处处长、军马司司长,并创办《平报》,为段宣传。袁世凯帝制自为,曾劝段祺瑞消极抵制,被免职。	收取陆军部购买军火的回扣,逐渐由暗取到明收。他对袁也有孝敬。	数额巨大,具体数字不详。
朱瑞	南京临时政府时期任第六师师长,不久回浙,升任第五军军长。1912年8月任浙江都督兼民政长。"二次革命"时依附袁世凯。1914年6月袁世凯授予兴武将军,督理浙江军务。1915年上书劝袁世凯称帝,帝制失败后避居上海。	袁每次都馈赠以较大数目的特别费。	10万元左右。

姓名	地位（职位）	贪赂手法	数额
高凌霨	原清湖广总督张之洞手下。1912年5月任共和党干事，拥护袁世凯。后曾任北京京兆尹。	袁每次都馈赠以特别费。	1万—2万元。
唐在礼	留日士官一期。负责联系回国在两湖、江浙、两广、北洋、南京、上海、广州、天津等地掌实权的同期同学，并负责联系留日士官二、三期在江浙、两湖、闽粤各地任职的同学。是袁世凯很重视的力量，后又由袁世凯派驻陆军部。	属于袁世凯的"自己人"，为袁办事，支特别费数目不定，有用项时多支，无用项时少支，皆凭袁世凯的手条支取。	1万—2万元。
朱家宝	光绪进士，清末安徽巡抚，辛亥革命后，被拥为安徽都督。民国成立后，1914年赵秉钧死后，由他署理直隶都督，随即任直隶民政长兼直隶总督。袁世凯称帝时，被封为一等伯。	属于袁世凯的"自己人"，为袁办事，支特别费数目不定，有用项时多支，无用项时少支，皆凭袁世凯的手条支取。	1万—2万元。
朱启钤	1912年7月连任陆徵祥、赵秉钧、段祺瑞内阁的交通总长。1913年7月至1916年任熊希龄、徐世昌内阁的内务部总长、代理国务总理。1915年支持袁世凯的帝制活动，任大典筹备处长，袁死后，以帝制祸首被通缉，1918年被豁免。	是袁世凯的"自己人"，为袁办事，支特别费数目不定，有用项时多支，无用项时少支，皆凭袁世凯的手条支取。	1万—2万元。
周自齐	1911年曾任前清袁世凯内阁度支部副大臣、大臣。1913年后历任熊希龄内阁的交通部总长、陆军部总长，及孙宝琦、徐世昌、段祺瑞等内阁的财政总长、农商总长，老财政。	属于袁世凯的自己人，为袁办事，支特别费数目不定，有用项时多支，无用项时少支，皆凭袁世凯的手条支取。	1万—2万元。

姓名	地位(职位)	贪贿手法	数额
梁士诒	光绪进士。1903 年应袁世凯之聘任北洋编书局总办,1911年署理邮传部大臣。1912 年3 月任袁世凯总统府秘书长,参预机密,深得袁信任。5月,任交通银行总经理,把持财政,广结党羽,成为交通系首领,袁世凯的"自己人"。袁世凯死后,被列为帝制祸首通缉。1918 年回到北京。	凭借垄断的交通事业和银行事业,对外借款、对内搜刮,为袁世凯帝制筹备经费不遗余力。是袁世凯的"自己人",为袁办事,支特别费数目不定,有用项时多支,无用项时少支,皆凭袁世凯的手条支取。	各种回扣的贪污费用数额巨大。在袁世凯手中支特别活动费,每次 1 万—2万元。
张镇芳	袁世凯表弟,曾任直隶按察使,署直隶总督。1912 年任河南都督兼民政长,镇压白朗起义的主持人,1914 年因镇压失利调回北京。1915 年支持袁世凯称帝,与朱启钤等被列为"七凶"。	属于袁世凯的"自己人",为袁办事,支特别费数目不定,有用项时多支,无用项时少支,皆凭袁世凯的手条支取。	每次 1 万—2 万元。
阮忠枢	安徽合肥人。袁世凯任山东巡抚时的文案,曾署顺天府尹、邮传部副大臣。阮氏五兄弟,阮忠枢行二。其兄阮忠植,曾任崇文门监督、安徽省长,五弟阮忠桓任长江巡阅使署军需监。	是袁世凯的"自己人",为袁办事,支特别费数目不定,有用项时多支,无用项时少支,皆凭袁世凯的手条支取。	每次 1 万—2 万元。
袁乃宽	袁世凯府大管事。袁世凯的同乡,追随袁世凯多年,极得袁世凯的信任。	袁世凯的"自己人",为袁办事支特别费数目不定,有用项时多支,否则少支。	每次 1 万—2 万元。
段芝贵	1897 年投袁世凯,1905 年任第三镇统制,署黑龙江巡抚。1912 年任拱卫军总司令、察哈尔都统。1913 年授陆军上将、第一军军长,1914 年任湖北督军、彰武上将军、奉天镇安上将军、督理东三省军务兼奉天巡按使。	袁世凯的亲信,对袁百依百从。是袁世凯的"自己人",为袁办事,支特别费数目不定,有用项时多支,无用项时少支,皆凭袁世凯的手条支取。	每次 1 万—2 万元。
雷震春	曾任北洋督练公所参谋处总办,民国成立后,在北京军警督察处任职,专门办案。	负责北京治安,抓捕和杀害了大量国民党,凭袁世凯的手条支取特别费。	每次 1 万—2 万元。

姓名	地位（职位）	贪贿手法	数额
吴炳湘	民国北京政府时期任京师警察总监,为袁世凯控制北京地方倚重之人。	是袁世凯的"自己人",为袁办事,支特别费,凭袁世凯的手条支取。	每次 1 万—2 万元。
顾鳌	留日政法学生,为袁世凯办事得力之人。	袁世凯的"自己人",凭袁手条支特别费。	每次 1 万—2 万元。
杨度	留日政法学生出身。辛亥前后依附袁世凯,与汪精卫组织国事共济会,阻挠反袁革命。袁世凯解散国会后任参政院参政。1915 年与孙毓筠、严复、刘师培、胡瑛、李燮和等组筹安会。	为袁世凯收买梁启超等政治人物的中间人,为恢复帝制策划。为袁办事,支特别费数目不定,有用项时多支,无用项时少支,凭袁手条支特别费。	每次 1 万—2 万元。
陆建章	新建陆军出身。1912 年后任袁世凯警卫军统领兼北京军政执法处总办,1914 年任陕西督军,1915 年拥袁称帝,封一等伯。	拥护袁世凯称帝,残杀各界进步人士,有"屠夫"之称。支特别费数目不定,凭袁手条支特别费。	每次 1 万—2 万元。
唐天喜	小站出身,任袁世凯总统府卫队司令。	袁世凯的"自己人",凭袁手条支特别费。	每次 1 万—2 万元。
张士钰	小站出身,原段芝贵亲信,成为袁世凯的亲信。	袁世凯的"自己人",凭袁手条支特别费。	每次 1 万—2 万元。

本表仅为袁世凯统治时期贪腐者的部分统计,资料来源:《北洋军阀史料选辑》上册,第105—112 页;钱实甫编:《北洋政府职官年表》,华东师范大学出版社 1991 年版。

第二节 北京政府的反贪原则和反贪法规

一、北京政府根本大法的反贪原则

1912 年 2 月 12 日,辛亥革命的迅猛发展,袁世凯的逼宫,迫使清宣统帝溥仪诏告退位。根据袁世凯与独立各省达成的协议,孙中山辞去临时大总统之职。袁世凯在帝国主义的支持下,当上了中华民国临时大总统，北京政府虽是军人统治和独裁统治结合的怪胎，但随着中国资产阶级在政治上的崛起，资产阶级民主共和的观念逐渐被知识阶层和普通民众所接受，加以同盟会改组成的国民党和立宪派演变而成的政党的牵制，北洋军阀为了维护自己的统治，不得不在表面上实行国会政治，客观上也起到了一些防止权力过分滥用情况的发生。

1912年3月10日，袁世凯在北京就任临时大总统。4月8日，南京临时参议院休会，迁往北京。北京参议院是北京政府的临时立法机关，但它存在不到一年，便依据《临时约法》第28条有关"参议院以国会成立之日解散"的规定，于1913年4月解散。根据《中华民国国会组织法》，国会由参众两院构成，即"民国议会以左列两院构成之：参议院、众议院"；"民国宪法未定以前，《临时约法》所定参议院之职权，为民国议会之职权"。同时还规定一些事项，"两院各得专行之"，在反贪腐方面，参众两院就负责"建议、质问"，查办官吏纳贿违法之请求等事项之议决。①

中华民国国会在1913年成立后，于6月30日组成宪法起草委员会，负责宪法的起草工作。10月31日，《中华民国宪法草案》在委员会三读通过，因为该"宪草"在天坛祈年殿起草，故又名"天坛宪草"，规定中华民国为资产阶级共和国，即"中华民国永远为统一民主国"，实行议会政治、三权分立。由于"天坛宪草"仍秉承了《临时约法》的基本精神，通过国会和内阁限制大总统的权力，采责任内阁制，故袁世凯认为"天坛宪草"于己不利，于是他决定直接干预宪法起草工作。②

1913年10月10日，袁世凯就任中华民国正式大总统，为建立总统独揽大权的政治制度，也提出将《临时约法》"酌加修正"为"新约法"，并在《大总统咨众议院汇提增修约法案并逐条附具理由请从速讨论议决见复文》中明确表明"《临时约法》第四章关于大总统职权各规定，适用于临时大总统已觉有种种困难，若再适用于正式大总统则其困难将益甚"，并指责《临时约法》导致"国势日削，政务日隳，而我四万万同胞之憔悴于水深

---

① 《中华民国国会组织法》（1912年8月11日），《政府公报》第103号，1912年8月，"法律"；《东方杂志》第9卷第3号，"中国大事记"。

② 《中华民国宪法草案》（1913年10月31日），《东方杂志》第19卷第21号，"附录"。

火热之中者且日甚"。①

11 月 26 日，袁世凯将熊希龄为内阁总理的所谓"第一流人才内阁"召集的行政会议，改为政治会议，并讨论提出《临时约法》"实行以来，障碍丛生，举国诟病"，有修正之必要，同时以政治会议"为政府之谘询机关，即无参预增修根本法律之职责"，主张"宜于现在之谘询机关及普通之立法机关以外，特设造法机关，以改造民国国家之根本法"。② 有了这一层理由，一方面袁世凯在 1914 年 1 月 10 日下令停止国会参众两院议员职务，一律资遣回籍；另一方面，1 月 26 日又制定颁布了《约法会议组织条例》，组织约法会议修订宪法。③

3 月 18 日，约法会议正式成立后，即着手起草约法，约法会议议决事件，须得袁世凯裁决，方为有效。5 月 1 日公布施行的《中华民国约法》是根据袁世凯提出的"大总统制定官制、官规"，大总统任免国务员、外交大使以及一切文武职官，并"宣战、媾和、宣布戒严、缔约"等无须经参议院或国会同意，以及采总统制，总统享有紧急命令权及财政紧急处置权等所谓"增修临时约法大纲"七项内容为核心来制定的。④ 故此，该《约法》的主要内容是实行总统制，取消责任内阁制，设国务卿和参政院协助总统处理政务，但无副署权；取消议会制，否定三权分立的制衡机制，以参政院代行立法院职权，成为袁世凯复辟帝制时期的"立法机关"。这样，《中华民国约法》规定的不受制约的权力，就从根本大法上破坏了宪政精神和反权力贪腐的精神。

袁世凯在《中华民国约法》颁布后，成为独裁总统。其后，他又授意修正大总统选举法，成为终身总统。但是，袁世凯还不满足，他决意改变国体，复辟帝制，要当"中华帝国洪宪大皇帝"，并于 1915 年 12 月 31 日申

---

① 《政府公报》第 528 号，1913 年 10 月 23 日，"公文"。
② 《袁世凯令政治会议谘询增修约法程序文》《政务会议呈复谘询增修约法程序文》，转见吴宗慈编纂：《中华民国宪法史》前编第三章，北京东方时报馆、上海大东书局 1924 年版，第 59、61—62 页。
③ 《政府公报》第 603 号，1914 年 1 月 11 日；第 619 号，1914 年 1 月 27 日，"命令"。
④ 《中华民国约法》，《政府公报》第 712 号，1914 年 5 月 1 日，"命令"。

令改国号为中华帝国,改 1916 年为"洪宪元年",着手制定帝国宪法草案。袁世凯复辟帝制的罪行,激起全国人民的愤怒,护国战争由此爆发。1916 年 3 月 22 日,袁世凯被迫下令撤销帝制,仍称总统,但未能平息反袁斗争。6 月 6 日,袁世凯羞愤成疾而死。

袁世凯之后,北京政府先后经历了临时执政府、安国军政府、护宪军政府、建国军政制置府四个特殊形式的政府的统治。

袁世凯死后,由日本支持的段祺瑞皖系军阀控制了北京政权,由黎元洪出任中华民国大总统,直系军阀首领冯国璋出任副总统,段祺瑞任国务总理。1916 年 6 月 29 日,大总统黎元洪宣布遵守《临时约法》及大总统选举法,裁撤参政院,撤销有关立法院、国民会议各项法令,召开旧国会,续议《中华民国宪法草案》(即"天坛宪草")。宪法会议正在进行之际,北京政府内部就对德宣战问题,在反对参战的大总统黎元洪和主张参战的国务总理段祺瑞之间发生了"府院之争",黎元洪将段祺瑞免职。张勋则以调停黎段之争为由,带兵进京,胁迫黎元洪解散国会,使制宪活动再度中断。张勋进京后,于 1917 年 7 月 1 日拥清废帝溥仪复辟。被黎元洪免职后住天津的段祺瑞利用张勋复辟的机会,在马厂誓师,带兵讨伐张勋,驱逐黎元洪,重新控制了北京政权。

段祺瑞在控制北京政权后,拒不召开国会,破坏《临时约法》。在《临时约法》中所体现出的宪政民主、反对贪腐的精神自然也被他摒弃。但在客观上,为维护自己的统治,他也不得不与公然盛行的贪腐行为作斗争。

二、北京政府的反贪法规

袁世凯虽然破坏了宪政精神、反贪腐原则,但并不表明他就是绝对放任和纵容贪污腐败行为的。毕竟,贪腐行径对国家政权和他的统治是有极大损害的。

(一)关于贪腐罪行的刑事和行政立法

北洋军阀政府为了巩固自己的统治,维护本阶级的利益,很重视对危及自己统治的贪污腐败行为的惩处,注重以刑事立法来惩治贪腐。

(1)《暂行新刑律》及其《补充条例》的规定

北京政府继续使用《暂行新刑律》,这是在沈家本主持修订的《大清新刑律》基础上改定的。沈家本具有近代法律观,在修律中主张"甄采中外",在刑律方面采用近代资产阶级刑法体例及其罪行法定、刑罚人道主义和司法独立等原则,因此,北京政府继续使用近代资产阶级的刑法体例和刑事立法的原理原则。① 1912 年 7 月 8 日,北京政府国务会议审议通过《暂行新刑律施行法草案》;7 月 20 日,法制局拟订《刑法草案》②;8 月 12 日,司法部拟定通过《暂行新刑律施行细则》,并经国务会议修正通过,就是要在"法典颁行,新旧每多窒碍"之时,"颁布新法必有施行法以济其穷"。③

袁世凯政府"以礼教号召天下"为立法指导思想,制定《暂行新刑律补充条例》。主要内容是:①维护纲常,《补充条例》第 1 条特规定"刑律第十五条于尊亲属不适用之";②惩治贪贿,如第 14 条规定"犯第四条及意图营利犯第九条之罪者,褫夺公权,犯第二条第一项、第二项,第五条,第九条之罪者得褫夺之";③维持中国社会的传统秩序。④

(2)《修正刑法草案》和《刑法第二次修正案》的规定

为了加强个人专制独裁,袁世凯政府在 1914 年成立法律编查馆,修订法律。聘请《大清新刑律》的编纂者之一、日本人冈田朝太郎参与修订刑法部分。1915 年,北京政府修改刑法时也强调要以礼教立法,并在《修正刑法草案》中增加了一些根据礼教纲常论罪量刑的内容。同时,鉴于"非峻法不足以资惩艾",还颁布了《惩治盗匪法》《惩治盗匪法施行法》

---

① 《临时大总统令》(1912 年 3 月 11 日),《民国法规集成》第 31 册,第 259 页;李光灿、宁汉林主编:《中国刑法通史》第八分册,辽宁大学出版社 1987 年版,第 162 页。

② 《政府公报》第 84 号,1912 年 7 月 23 日,"呈"。

③ 《暂行新刑律施行细则》,《政府公报》,1912 年 8 月 12 日,"公文";《东方杂志》第 9 卷第 4 号,"中国大事记"。

④ 《暂行刑律补充条例》(法律第 23 号,1914 年 12 月 24 日),《民国法规集成》第 31 册,第 111—113 页。

等法律、法规,"以济立法之穷""以重典胁服人心"。① 1915 年 2 月《修正刑法草案》完成,但尚未及议决公布,袁世凯政府已被推翻。

段祺瑞执政府时期,1918 年 7 月设立修订法律馆,任命董康、王宠惠为总裁,修订袁世凯政府《修正刑法草案》,1919 年公布《刑法第二次修正案》,由于南北军阀对峙,加之《暂行新刑律》已为西南各省所接受,故该修正案未能真正得到实施。涉及贪腐行为,主要是关于贿赂罪定刑轻重的标准,《暂行新刑律》以事前事后作为量刑轻重的标准,而《刑法第二次修正案》认为,以时间为标准,不一定符合案情的实际,于是改为以行为是否违背职务作为定刑轻重的标准。

(3)《官吏犯赃治罪条例》等刑事特别法规

为了统治的需要,北京政府还公布了一系列刑事特别法,并赋予它优先于《刑法典》实用的效力。涉及贪污腐败罪行的主要有:1914 年 6 月 5 日公布的《官吏犯赃治罪条例》(10 条),经参政院代行立法院职权,提出大会议决追认,复于同年 7 月 14 日明令改编为法律第 2 号。1914 年 11 月 12 日,又公布《官吏犯赃治罪法执行令》(7 条)。②

《官吏犯赃治罪条例》规定:第一,官吏犯"枉法赃至 500 元以上者,处死刑。不枉法赃至 1000 元以上者,处无期徒刑。卷携公款潜逃至 5000 元以上者,处死刑"。第二,《条例》还规定:"惩戒事件审议中发见有本条例事实者,由各该会移送该管法院审讯。死刑得用枪毙,徒刑得遣赴新疆及极边烟瘴等省。"③这一法令实行期为 3 年,但期限未满,袁世凯政府已垮台,至 1916 年 6 月,黎元洪继任大总统,即于 7 月 18 日明令废止。

1921 年 3 月 29 日,当时的北京政府又公布新的《官吏犯赃治罪条例》,其内容大致与《刑法第二次修正案》"渎职罪"相同,惟科刑较重,

---

① 《署贵州巡按使龙建章、贵州护军使刘显世呈遵将本省现办盗匪情形切实具复拟仍暂照惩治盗匪法施行法办理请训示文并拟令》,《政府公报》第 982 号,1915 年 2 月 1 日,"呈";《惩治盗匪法施行法》(法律第 19 号),《政府公报》第 931 号,1914 年 12 月 7 日,"法律"。

② 《官吏犯赃治罪条例》,《东方杂志》第 11 卷第 1 号,"中国大事记";《官吏犯赃治罪法执行令》,《政府公报》第 907 号,1914 年 11 月 13 日,"命令"。

③ 《东方杂志》第 11 卷第 1 号,"中国大事记";谢振民编著,张知本校订:《中华民国立法史》,第 1086 页。

《条例》"施行期限为三年"。主要规定有:第一条,"官吏对于职务上之行为,要求期约或收受贿赂或其他不正当利益者,处三等以上有期徒刑,并科三千元以下罚金"。第二条,"官吏对于违背职务上之行为要求期约或收受贿赂或其他不正利益者,处无期徒刑或二等以上有期徒刑,并科五千元以下罚金;因而为违背职务上之行为者,处死刑、无期徒刑或一等有期徒刑,并科五千元以下罚金;司法官犯前二项之罪者,加重本刑一等"。第三条,"对于官吏为行求期约或交付贿赂或其他不正当利益者,处四等以下有期徒刑,并科二千元以下罚金"。第四条,"官吏侵占公款逾五千元以上者,处无期徒刑或二等以上有期徒刑,并科五千元以下罚金"。第五条,"犯第一条、第二条及第四条之罪,所收受之贿赂或利益没收之,若全部或一部不能没收时,追征其价额"。同时还规定:"犯本条例之罪,得褫夺公权。"①

1914年12月23日,参政院议定并颁布实施的《私盐治罪法》明确指出,"系私盐而搬运、受寄、故买或为牙保者",按私盐罪的刑罚"减第二条之刑一等或二等"量处;盐务官员、缉私场警兵役自犯私盐罪,按犯私盐罪"加第二条之刑一等"论处。② 这些都是涉及惩处利用职务贪腐的情形。

(4)惩戒法规

在惩戒法规方面,1914年7月20日,北京政府颁布《官吏犯罪特别管辖令》,11月11日公布《修正官吏犯罪特别管辖令》。③ 1914年8月19日颁布《官吏违令惩罚令》④,1915年10月15日颁布《司法官惩戒法》《审计官惩戒法》⑤,1921年2月17日颁布《司法官惩戒法适用条例》等

---

① 《官吏犯赃治罪条例》(教令第11号,1921年3月29日),《东方杂志》第18卷第9号,"法令"。

② 《私盐治罪法》(法律第22号),《政府公报》第947号,1914年12月23日,"法律"。

③ 《官吏犯罪特别管辖令》(1914年7月20日),《政府公报》第793号,1914年7月21日,"命令";《修正官吏犯罪特别管辖令》(1914年11月11日),《政府公报》第906号,1914年11月12日,"命令"。

④ 《官吏违令惩罚令》(1914年8月19日),《政府公报》第823号,1914年8月20日,"命令"。

⑤ 《东方杂志》第12卷第12号,"法令"。

等。① 但是,北京政府官员上至历任大总统,下至基层官吏,贪赃枉法极其普遍,北京政府不可能真正打击贪污受贿的犯罪行为,设立这类法令,不过是处治几个小贪污犯,表示他们整饬吏治,敷衍社会舆论,欺骗民心。

1920 年 7 月,冯国璋、曹锟、吴佩孚的直系军阀,利用五四运动后皖系军阀声名狼藉和全国人民的反日反段情绪,联合张作霖奉系军阀,发动直皖战争,打败了控制北京中央政权的段祺瑞皖系军阀,直奉联合控制了北京政权。1920 年 10 月 19 日,北京政府公布《办赈奖惩暂行条例》,规定办赈人员犯贪污腐败行为者,应受惩罚并作如下处罚:"办赈人员侵蚀赈款者,由该管长官先行停职,交由司法官署依刑律及办赈犯罪惩治暂行条例办理";"办理赈务,开支冗滥,虚糜公款者"。② 同日,又以教令第 22 号公布《办赈犯罪惩治暂行条例》,规定:"办赈人员侵蚀赈款至五百元以上者,处死刑、无期徒刑或一等有期徒刑。"其处罚较重于《暂行新刑律》中之"侵占罪",此《条例》于办赈完竣之日废止。③

1922 年 4 月,英美支持的曹锟、吴佩孚直系军阀集团与日本支持的张作霖奉系军阀集团之间爆发了直奉战争。张作霖战败,退出关外。直系军阀独自控制了北京中央政权。随后,在 1923 年就发生了曹锟贿选总统等丑闻。袁世凯之后的北京政府公然、完全地践踏了中华民国创立者们所追求的民主宪政和反贪精神。

（二）刑事审判制度上的反贪和贪贿

北京政府时期,司法机关大体沿袭清末"新政"时期的司法机关体制。中央司法机关为大理院,是最高审判机关,长官为院长;大理院内配置总检察厅,长官为总检察长;此外,中央的司法机关还包括平政院,省级司法机关为高等审判厅,内配置高等检察厅。北京政府的基层司法机关分为地方审判厅和地方检察厅;初级审判厅和初级检察厅,以及兼理司法

---

① 《政府公报》第 1826 号,1921 年 3 月 24 日,"公文"。
② 《办赈奖惩暂行条例》(教令第 21 号,1920 年 10 月 19 日),《东方杂志》第 17 卷第 23 号,"法令"。
③ 《办赈犯罪惩治暂行条例》,《东方杂志》第 17 卷第 23 号,"法令"。

机关,如县知事兼理司法、审检所、县司法公署等。地方审判厅、地方检察厅在市或县设置。① 基本采用近代资产阶级的立法原则和法律审判制度。

北京政府司法制度采大陆法体系,行政诉讼和普通民事、刑事诉讼分开。《临时约法》第 49 条规定:"法院依法律审判民事诉讼及刑事诉讼,但关于行政诉讼及其他特别诉讼,别以法律定之。"②这是把行政诉讼和普通诉讼分开处理的办法。1914 年成立平政院受理行政诉讼。

北京政府的司法审判机关采行"四级三审"制度。初级审判厅,为"四级三审制"中的第一级,负责审理属于初级管辖的第一审民事、刑事诉讼案件;登记其非讼案件。但在多数地方,初级审判厅实际上并未真正建立起来。随即在 1914 年 4 月 5 日,袁世凯御用的政治会议决议取消初级审判厅,并公布《县知事审理诉讼暂行章程》。该《章程》规定:"凡未设审检厅各县,第一审应属初级或地方厅管辖之民刑事诉讼,均由县知事审理。"

司法审判体制的建构较具合理性,但实际运作却为贪腐制造了机会。尤其是县知事兼理司法审判,更是造成基层司法腐败的蔓延之势。县知事兼理司法时,享有逮捕、审讯和执行判决的权力,并规定"审判方法,由县知事或承审员相机为之",使县知事将行政权与检察、审判权集于一身,为其在司法审判上专横擅断提供了合法依据。③ 其中的索贿、受贿等贪腐黑幕,正如毛泽东在《湖南农民运动考察报告》中所述:"湖南的司法制度,还是知事兼理司法,承审员助知事审案,知事及其僚佐要发财,全靠经手钱粮捐派,办兵差和在民刑诉讼上颠倒敲诈这几件事,尤以后一件为

---

① 《大理院办事章程》(1919 年 5 月 29 日),《政府公报》第 1201 号,1919 年 6 月 9 日,"公文";《总检察厅办事章程》(1920 年 4 月 5 日),《政府公报》第 1496 号,1920 年 4 月 14 日,"公文";《平政院编制令》(1914 年 3 月 31 日)、《县知事兼理司法事务暂行条例》(教令第 45 号),《东方杂志》第 10 卷第 11 号,"中国大事记";《高等审判厅办事权限条例》(1914 年 6 月 11 日),《东方杂志》第 11 卷第 1 号,"中国大事记";《县司法公署组织章程》(教令第 6 号,1917 年 5 月 1 日),《东方杂志》第 14 卷第 6 号,"法令"。

② 《中华民国临时约法》,《中华民国史档案资料汇编》第二辑,第 110 页。

③ 《县知事审理诉讼暂行章程》(教令第 46 号),《东方杂志》第 10 卷第 11 号,"中国大事记"。

经常可靠的财源。"①可见各地县政府贪赃枉法市狱之严重状况。

(三) 预防和惩治警政贪腐的刑事和行政法规

袁世凯在清末是警察制度的创建者之一,也在实际上主持过全国警政事务,他对利用警察制度巩固统治很重视。当上中华民国临时大总统后,袁世凯很注意对警察队伍的规范和管理,并颁布《整顿各省警政办法大纲》(1915 年 8 月 6 日)等一系列警政法规,整顿全国警政。为了巩固统治,对警察队伍的贪腐,北京政府不可能放任不管,为整饬警察队伍,袁世凯政府 1914 年 3 月 2 日公布《治安警察条例》,8 月 29 日经参政院追认后改称《治安警察法》;1915 年 11 月 7 日,公布《违警罚法》;1913 — 1915 年,京师警察厅先后颁布《京师警察厅巡官长警赏罚章程》《冬防暂行巡官长警赏罚条例》等。② 地方警察厅方面,如山西省会警察厅制定《警察官吏奖罚简章》,哈尔滨临时警察总局制定《巡官长警赏罚章程》等,对有特殊"劳绩"(如尽瘁职务,奋不顾身)的警察官吏的奖励,和对不良行为的惩处,作出规定。

警官属于文官范畴,对警官的惩戒按照《文官惩戒条例》(1918 年 1 月 17 日公布)的规定施行,主要针对"一、违背职务,二、废弛职务,三、有失官职上之威严或信用"的文官,交付惩戒委员会予以惩戒。简任官和荐任官的惩戒,由文官高等惩戒委员会议决;委任官的惩戒由文官普通惩戒委员会议决。惩戒处分为"一、褫职,二、降等,三、减俸,四、记过,五、申诚"五等,前三种属于惩戒委员会的职权范围,后两种属于该管长官的职权范围。③

1919 年 1 月 31 日,《内务部声明警察犯罪改照修正陆军刑事条例分别适用呈及条文清单》中指出,"呈为声明警察犯罪适用军法原案,拟改照修正陆军刑事条例及修正陆军审判条例"。对巡官长警的处罚分为斥

---

① 毛泽东:《湖南农民运动考察报告》,《毛泽东选集》第 1 卷,人民出版社 1991 年版,第 30 页。

② 《民国法规集成》第 14 册,第 7、22、67 页。

③ 《文官惩戒条例》(教令第三号,1918 年 1 月 17),《东方杂志》第 15 卷第 2 号,"法令"。

革、降级、罚饷、记过、申斥五种。凡故意违反警察禁令情节重大的，违抗上级命令的，贻误紧要公事、擅离职守、逾假不归、包庇娼赌、调戏妇女、诈骗财物、酗酒滋事、徇情放纵、监守自盗、请人顶替当差，等等，一律予以斥革。违反刑律者，斥革后移送司法机关讯办，等等。①

实际上，北京政府统治时期，警察奖罚体制中，往往是奖多罚少，"国家对于官吏褒奖之典，日有所闻，惩戒之方，未经实举"，以致"泄沓之风日长，玩之象渐滋"，②警察体制和警察队伍中吏治腐败的现象与整个北京政府的腐败状况是一致的。京师、省府和商埠的警察组织相对较严密，控制力量较为强大。县一级及以下城镇的警察体制，警制划一完备的状况在许多地方是有名无实，警力薄弱，警察素质差，"几与匪类无异"。这种情况下，贪污腐败，敲诈勒索的事情不绝于缕。由县知事兼任警察所所长的"警政合一"的领导体制因县知事事务繁多，内务部遂决定事务较繁之县，以警佐任警察所所长，县知事监督其工作，警力所不及的广大农村地区，则由地方保卫团或旧式保甲等准警察组织来代行，而把持者往往横行乡里，敲诈勒索，无恶不作。③

在警源方面，北京政府实行"招募制"，但警察职业在当时是不受尊重甚至被认为是不光彩的职业，社会地位较低，经济收入微薄，故"贤者必不为之，为者多为不肖"，这些人或为城市无业游民，甚或是地痞无赖，导致巡警素质极差，"流弊丛生，曷其有极"，欺压盘剥百姓，贪污索贿，无所不为。④

警政经费方面，获取方式以"捐"为主，大致分为亩捐和公益捐。不过，捐的名目繁多，并因地区不同而有差异。本由国库开支的京师、省会

---

① 《内务部声明警察犯罪改照修正陆军刑事条例分别适用呈及条文清单》（1919 年 1月31 日），《中华民国史档案资料汇编》第三编，政治（三），第 343—345 页。

② 《文官高等惩戒委员会呈拟其本会与各该长官享权限办法并批》（1914 年 3 月 4 日颁行），转引自韩延龙等《中国近代警察史》（上），社会科学文献出版社 2000 年版，第 453 页。

③ 《县警察所官制》（1914 年 8 月 29 日），《东方杂志》第 11 卷第 4 号，"中国大事记"；《政府公报》第 833 号，1914 年 8 月 30 日，"命令"。

④ 《奉天警务处咨洮昌、东边、辽沈道为各县变更警制多设派出所以资改进文》（1924年 4 月），参见于珍《奉天全省警甲报告书》，奉天作新印刷局 1925 年印行。

和商埠警款,不仅未能遏制住各地方警察机关的贪欲,这些警察机关仍大肆巧立名目,征收捐款,以扩充财源。如山西省会警察厅收取车捐、妓捐、戏捐、代当捐(即当铺捐)等,尤以车捐和妓捐为大宗收入。在山西,妓捐是警察厅一项重要的收入来源,因此山西警察厅公然反对取缔妓馆,甚至为妓馆的经营创造便利条件,"以博奇利"①。

第三节　北京政府的反贪机构和机制

北京政府时期的反贪机构,在中央是袁世凯统治时期的平政院和肃政厅;地方各省区也建立了一些监察机构。

一、中央和地方反贪监察机构

(一) 中央监察机构——平政院与肃政厅

北京政府的监察机构,主要存在于袁世凯当政时期。北京政府建立后,随着政府机构组建日趋完备,职权日增和趋重,官吏违法失职行为渐多,在一定程度上危及袁世凯的统治,因此,袁世凯政府连续公布一系列建立监察机构的法规。

1914 年 3 月 31 日公布《平政院编制令》,4 月 10 日公布《纠弹条列》,5 月 17 日公布《行政诉讼条例》《诉愿条例》,7 月 20 日公布《行政诉讼法》《诉愿法》《纠弹法》和《纠弹事件审理执行令》,8 月 10 日公布《平政院处务规则》《肃政厅处务规则》,8 月 14 日公布《肃政厅办事细则》《肃政厅肃政史办事细则》,并根据这些法规设置平政院和肃政厅,专司违法和失职官吏的举发。如前所述,北京政府采用大陆法体系的司法制度,将行政诉讼与民事诉讼、刑事诉讼分开。除关于贪污行为的刑事法规

---

① 《山西警察报告书·呈文》,山西省会警察厅 1919 年编印,第 49—50 页。

和审判机关有专门规定外,北京政府设置平政院,专掌行政诉讼,为便于纠弹,特将肃政厅置于平政院内。因此,按《组织法》平政院兼具行政诉讼和弹劾两种职权。

（1）平政院和肃政厅的组织结构

①平政院的组织结构。"平政院直隶于大总统",设院长1人,特任,直属大总统,"指挥监督全院事务"。院长不在时,"由该院官等最高之平政院评事代理之,官等同者,以任官在前者代理之"。

平政院设置评事15人,简任。评事任职资格的规定为,由平政院院长、各部总长、大理院院长和咨询机关等密荐,年满30岁,具有下列两项资格之一者,呈请大总统选择任命:"一、任荐任以上行政职三年以上,著有成绩者;二、任司法职二年以上,著有成绩者。"对于评事的限制性措施,主要是规定平政院评事在任职期中,不得有以下各项活动:"一、政治结社及政谈集会之社员或会员;二、国会及地方议会议员;三、律师;四、商业之执事人。"

平政院设置总会议,由院长和评事组成,院长为议长,议决的事项除法令有特别规定外,由院长决定。

平政院设置书记处,分置"记录、文牍、会计、庶务"4科,由荐任职或委任职书记官分掌。①

②肃政厅的组织结构。"平政院设肃政厅",肃政厅是平政院的一部分,但"肃政厅对于平政院独立行其职权",是一个兼具监察和检察性质的机关。肃政厅设都肃政史一人,由大总统任命,"指挥监督全厅事务。都肃政史有事故时,以肃政厅官等最高之肃政史代理之。官等相同者,以任官在前者代理之"。

肃政厅设置肃政史16人。肃政史的任命,由平政院院长、各部部长、大理院院长及高等咨询机关密荐,呈大总统选择。肃政史的任职资格和限制性措施与平政院评事相同。

---

① 《平政院编制令》(教令第39号),《东方杂志》第10卷第11号,"中国大事记";《平政院处务规则》(教令第115号),《政府公报》第814号,1914年8月10日,"命令"。

肃政厅设总会议,由都肃政史及全体肃政史组成。都肃政史为议长,议决重要事项,除特别规定外,由都肃政史经肃政史 4 人以上同意决定。①

(2)平政院和肃政厅的职权

①平政院的职权。行政诉讼审理权,由平政院分设的 3 个审判庭掌理。审判庭由评事 5 人组成,其中须有司法职出身的 1—2 人,"每庭以平政院评事一人为庭长,指挥监督该庭事务",负责对以下情事的审理和裁决,"一、中央或地方最高行政官署之违法处分,致损害人民权利者。二、中央或地方行政官署之违法处分,致损害人民权利,经人民依《诉愿法》之规定诉愿至最高级行政官署,不服其决定者",得提起行政诉讼于平政院。其裁决由平政院院长呈请大总统批令主管官署执行。②

②肃政厅的职权。平政院肃政厅既兼具监察和检察性质,其职权也就兼行行政诉讼权和纠弹权,而且,"平政院肃政史之纠弹,以由行政职出身及由司法职出身之肃政史二人以上协议行之,意见不一时,取决于都肃政史"。③ 肃政厅职权具体规定如下:第一,行政诉讼权。即肃政史对于人民按规定"得提起诉讼,经过陈诉期限而未陈诉者";人民"依《诉愿法》,得提起行政诉讼之诉愿,经过诉愿期限而未诉愿者",均得于陈诉诉愿期限经过后 60 日内,提起诉讼于平政院所分置的三个审判庭。④ 第二,纠弹权。《纠弹法》规定,肃政史对于国务卿、各部总长等行政官吏的"违宪违法事件、行贿受贿事件、营私舞弊事件、溺职殃民事件"等违法行为,可径呈大总统纠弹。《纠弹条例》的规定是,"违反宪法事件,行贿受贿事件,滥用威权事件,玩视民瘼事件",并且,"平政院之裁决,由肃政史

---

① 《肃政厅处务规则》(教令第 116 号),《政府公报》第 814 号,1914 年 8 月 11 日,"命令";《东方杂志》第 11 卷第 3 号,"中国大事记";《肃政厅肃政史办事细则》(1914 年 8 月 14 日),《政府公报》第 853 号,1914 年 9 月 19 日,"通告"。

② 《行政诉讼法》(法律第 3 号,1914 年 7 月 20 日),《东方杂志》第 11 卷第 3 号,"中国大事记"。

③ 《东方杂志》第 10 卷第 11 号,"中国大事记"。

④ 《行政诉讼法》,《东方杂志》第 11 卷第 3 号,"中国大事记"。

监视执行"。①

平政院评事及肃政史之惩戒处分,"由平政院惩戒委员会行之"。平政院惩戒委员会的组成,"置会长一人,委员八人。遇有惩戒事件时,由大总统选任平政院长或大理院长为会长。委员由大总统于平政院评事、肃政厅肃政史、大理院推事、总检察厅检察官中选任之"。②

（二）地方监察机构

地方监察机构的设立,主要是在1920年前后南方各省推行"联省自治"运动期间,在宣布"自治"的湖南、浙江、四川等省省政当局多设立监察机构。

（1）《省议会暂行法》和"省宪"防止权力贪腐的规定

1913年4月2日公布的《省议会暂行法》等文件,规定了省议会的职权为决议权、监督权、建议权,体现预防权力贪腐的精神。

①"议决权"规定,凡下列各种情事,须经省议会议决:"一、议决本省单行条例,但得以不抵触法律、命令为限;二、议决本省预算及决算;三、议决省税及使用费、规费之征收,但法律命令有规定者,不在此限;四、议决省债募集及省库有负担之契约;五、议决本省财产及营造物之处分并买入;六、议决本省财产及营造物之管理方法,但法律命令有规定者,不在此限;七、其他依法律命令应由省议会议决事件。"③

②"监督权"规定:一、"受理本省人民关于本省行政请愿事件";二、"省议会对于省行政长官,认为有违法行为时,得以出席议员三分之二以上之可决,提出弹劾案,经由内务总长,提交国务会议惩办之";三、"省议会对于本省行政,认为省行政官吏有违法纳贿情事,得咨请省行政长官查

---

① 《纠弹条例》（教令第48号）,《东方杂志》第10卷第11号,"中国大事记";《行政诉讼条例》（教令第68号）、《诉愿条例》（教令第69号）,《东方杂志》第11卷第1号,"中国大事记";《纠弹法》（法律第4号）、《行政诉讼法》（法律第3号）、《诉愿法》（法律第5号）,《东方杂志》第11卷第3号,"中国大事记"。

② 《平政院编制令》,《东方杂志》第10卷第11号,"中国大事记"。

③ 《省议会暂行法》（法律第4号,1913年4月2日）,《东方杂志》第9卷第11号,"中国大事记"。

办之";四、"省议会议员,对于本省行政事项有疑义时,得以十人以上之连署,提出质问书于省行政长官,限期答复";五、"省议会议员对于省行政长官之答复,认为不得要领时,得要求省行政长官自行到会,或派员到会答辩"。

③"建议权"规定:一、省议会"得以关于本省行政及其他事件之意见,建议于省行政长官";二、"答复省行政长官之谘询事件"。① 即省行政长官对于某项事件遇有疑难时,可向省议会咨询,省议会亦须据实答复,并可向省行政长官作出建议。

以上这些规定,反贪腐的意义是很明确的,为监察机构的设置提供了法律依据。因此,湖南、浙江和四川的"省宪"中,对监察机构均有专章规定。率先制定的《湖南省宪法》,除在第四章"省议会"中对省议会的职权有专门规定外,对监察机构的设置是体现在第九章"审计院"的有关省行政经费的审计职权的规定中。② 浙江的"九九宪草"则除第八章"审计院"的规定外,还体现在专门规定于第七章"监察院"的条款中。③

(2)监察院的设置

根据《湖南省宪法》和浙江的"九九宪草"的规定,设立监察院,作为地方监察机关。

①关于监察院人员编制的规定:"监察院,置监察员十一人,由全省选民,分区组织选举会选举之;其选举程序,另以法律定之。监察院院长一人,由监察员互选之";"监察员任期四年,连举得连任"。

②监察院人员任职资格的规定:"本省选民,年满三十五岁,学识经验声望素著者,得被选为监察员。"对监察院监察员的限制性规定:一、"监察员不得兼任他项公职";二、"监察员全体或一人不称职,或有违法行为时,由各选举区选民十分一以上之提议,交付全省选民总投票表决,

① 《省议会暂行法》,《东方杂志》第9卷第11号,"中国大事记"。

② 《湖南省宪法》,《东方杂志》第19卷第22号,"宪法研究号"之"附录"。

③ 在"联省自治"的风潮中,湖南省率先制定"省宪"。1921年6月4日,浙江督军卢永祥紧随湖南,通电主张各省自行制宪,旋组织起草、由浙江省宪法会议议决并于9月9日公布《中华民国浙江省宪法》,故称"九九宪草"。参见《中华民国浙江省宪法》,《东方杂志》第19卷第22号,"宪法研究号"之"附录"。

如过半数可决时,应即退职"。

③关于监察院职权的规定:"(1)省议院议员有依法律应惩罚之事项,而省议院未提议者,得咨请省议院审查之。(2)省长、政务员、省法院长、省法院审判员、审计员,有违法行为时,得胪举事实,咨请省议院弹劾之,弹劾案成立后,适用第四十八条第五款之规定。(3)查办行政司法官吏。(4)监视各项选政及各项官吏考试。"①

四川地方的监察机构称为监政院,设监政员 5 人,由各县县议会选举,任期 5 年,连选得连任;院长 1 人,由监政员互选。②

"联省自治"运动期间,浙江和四川的监察机构只是民意机关,其人员是代表议会对政府公务员行使监察权,往往徒具虚名,难以真正发挥作用。随着"联省自治"运动的销声匿迹,它们也消失了。

(三) 军阀独裁专制与监察权的削弱

北京政府颁布的《平政院编制令》《肃政厅处务规则》等法规中明确规定,肃政厅虽设置于平政院内,但在职权行使过程中,不受平政院命令和制约,平政院院长及三庭评事无权干涉,因为平政院院长及评事仅负责行政诉讼审理方面的事务。相对平政院而言,肃政厅具有较强的独立性,"对于平政院,独立行其职务",并对平政院有监督权,"平政院之裁决,由肃政史监视执行"。③

然而,肃政厅的这种独立性,在大总统袁世凯面前是软弱无力的。大总统对平政院和肃政厅的裁判,拥有最后决定权。无论是大总统特交查办,还是肃政史自行提劾,对应否纠弹,最后均须呈大总统认可,方能实施。袁世凯还利用平政院对肃政厅加以掣肘,从而使肃政厅对自己唯命是从。

---

① 《中华民国浙江省宪法》(1921 年 9 月 9 日),《东方杂志》第 19 卷第 22 号,"宪法研究号"之"附录"。

② 《四川省宪法草案》第 13 章第 159 条,阮湘等编:《中国年鉴》(第一回,第 136 号),商务印书馆 1924 年版。周继中等对此亦有论述,参见周继中主编《中国行政监察》,江西人民出版社 1989 年版,第 448 页。

③ 《平政院编制令》(教令第 39 号),《东方杂志》第 10 卷第 11 号,"中国大事记"。

随着袁世凯帝制自为步伐的加快,肃政厅的地位日益衰弱。第一次世界大战期间,梁士诒为袁世凯操持财政,他采用铁路国有政策,将各省铁路收归部辖,"未几更举行验契税、印花税、所得税等,并将各省官产,由部主持,任意变卖,且明令取消地方税名目,统由官吏征收。创立新华银行,发行储蓄票,与前清之彩票无异,复令土商报效三千余万元,准其将烟土行销江苏江西广东三省,新排好戏,连台开演,而不解事之肃政使,偏又交章弹劾,噫,何其愚也"。① 很明显,这种弹劾是无法发生作用的。

1915 年 9 月 9 日,肃政厅全体肃政史呈请大总统袁世凯迅速取缔鼓吹和策划复辟帝制的急先锋——筹安会,并予以惩戒,"以靖人心"。这对袁世凯来说如绞心头肉,万万不可,但为敷衍民众和肃政史,仅令内务部这一"主管官署对于该会以后言论行事为之酌定范围,明令限制"。虽肃政厅全体肃政史提起纠弹,也难动筹安会要人——参政杨度、曾任约法议长的孙毓筠等人的一根毫毛。②

1916 年 6 月,袁世凯死后,北洋军阀各派首领假借"民国"之名,实行独裁专制。张勋复辟时期,于 6 月 13 日胁迫黎元洪解散国会,6 月 29 日"裁撤平政院所属之肃政厅",平政院依旧存在。③ 张勋复辟失败后,北京政府也未恢复肃政厅这一最高监察机构。

二、分司弹劾制

北京政府时期,按提劾的机构,将弹劾权行使的主体和对象分为三类,分别实施弹劾。

(一) 国会提起弹劾

国会提起弹劾的对象为大总统和国务员(指国务总理和各部总长)。

---

① 路滨生编:《绘图中国黑幕大观续集》上卷,第 11 页。
② 《商务日报》刊载袁世凯对于肃政厅请取消筹安会之办法,参见《商务日报》1915 年 9 月 28 日。
③ 《东方杂志》第 13 卷第 8 号,"中国大事记"。

1912 年 4 月,迁到北京的具有临时国会性质的参议院规定:"对临时大总统认为有谋叛行为时",弹劾之;"对国务员认为有失职或违法时",弹劾之。①

(二) 平政院肃政厅提起弹劾

平政院肃政厅提起弹劾的对象,为在职官吏(包括国务卿、各部总长、普通文官和特别文官,特别文官包括外交官、司法官、技术官等)和非在职官吏(指没有现职,但有官秩的官吏)。②

(三) 省县立法机关提起弹劾

民国初年,省议会负责弹劾省行政长官,而一般官吏的弹劾则颁请省行政长官自行裁理。"联省自治"时期,省、县议会的弹劾职权有所扩大。《中华民国浙江省宪法》(即浙江"九九宪草")规定:省议会对"省长、政务员、省法院长、省法院审判员、监察员、审计员有违宪行为时,省议院得以议员员额五分一以上之提议,出席员三分二以上之可决弹劾之。弹劾案成立,先行停职,付特别法庭审理之"。③

民国初年,县议会不具有弹劾权。而"联省自治"时,县议会对县行政长官和行政人员,都可提出质问或弹劾。具体规定如下:"县议会对于地方行政与县自治事务有关系事件,得随时具陈意见";"县议会对于监督官署或县参事会咨询事件,应随时答复"。④

北京政府统治时期,地方政权名义上隶属于北京政府,但在地方军阀割据势力的把持下,实际上各自为政,听命于中央政府的极少,肃政厅要弹劾地方官吏,是相当困难的。

---

① 参见钱实甫《北洋政府时期的政治制度》上册,中华书局 1984 年版,第 6 页。
② 钱实甫:《北洋政府时期的政治制度》上册,第 202 页。
③ 《中华民国浙江省宪法》(1921 年 9 月 9 日),《东方杂志》第 19 卷第 22 号,"宪法研究号"之"附录"。
④ 《中华民国浙江省宪法》,《东方杂志》第 19 卷第 22 号,"宪法研究号"之"附录";《县自治法》(1919 年 9 月 7 日),《东方杂志》第 16 卷,第 10 号,"法令"。

三、审 计 机 构

(一) 国务院审计处

1912 年 9 月,北京政府国务院公布《审计处暂行章程》,正式设立审计处,并在各省成立审计分处。民国初年,中央审计机构还未建立时,实行地方自治的各省,纷纷设立审计机构。主要有"广东之核审院,湖南之会计检查院,云南之会计检查所,陕西之会计检查处,湖北及江西之审计厅,贵州之审计科,吉林之审计长等,均先中央而设置",现将各省原有的审计机构加以改组。①

中央政府审计处成立之初,即于 11 月 15 日公布《暂行审计规则》《暂行审计国债用途规则》,1913 年 12 月公布《审计处执务规则》《收支凭证之证明条例》等审计法规,但不久即废除《暂行审计规则》,而同时公布实施《审计条例》。

(1)审计处的组织结构和职掌

审计处隶属国务总理,掌理全国会计监督事务,遇有重要事件,呈国务总理核夺。审计处设总办 1 人,掌理全处事务。国务院审计处第一任总办,由袁世凯任命王景芳担任。

审计处分置五股办事,五股职掌如下:第一股,掌办撰拟关于审计的文牍函电,厘定计算书及证凭、单据的格式及其他不属各股的事项。第二股,掌办审查陆军部、海军部所属收支计算事项。第三股,掌办审查外交部、内务部、财政部所属收支计算事项。第四股,掌办审查教育部、司法部、交通部、农商部所属收支计算事项。第五股,掌办审查全国岁出、岁入及地方行政官署的收支,关于国债及国有财产的收支计算事项。各股设主任 1 人,办事员 25 人,由总办呈请国务院派充。各股分课办事,第一股分置秘书、议事、编纂、会计、庶务、收发各课,第二股设 2 课,第三股设 3

---

① 《审计处暂行章程》(1912 年 9 月),《东方杂志》第 9 卷第 5 号,"中国大事记";《审计制度》,行政院新闻局 1947 年印行,第 16 页。

课,第四股设 3 课,第五股设 3 课。

(2)审计处会议

审计处议事,分为总会议和股会议两种。总会议以总办为议长,议决有关全处事宜;股会议以股主任为议长,议决本股所承办事宜。

(3)审计分处

各省的审计分处,是中央派驻的审计机构。审计分处置处长 1 人,下设 3 科,每科置科长 1 人,掌理该省审计事宜。①

（二）审计院

1914 年 6 月 16 日,北京政府公布《审计院编制法》,废止《审计处暂行章程》,扩充原来的审计处,正式成立审计院。8 月 10 日公布《审计院分掌事务规程》、10 月 2 日公布《审计法》,废止《审计条例》,明确审计院职权。后来,审计院还裁撤各省审计分处,统一事权。

(1)审计院的组织结构和职掌

审计院"直隶于大总统",统一掌理全国审计事务,"依审计法审定国家岁出岁入之决算",并"于每会计年度之终,须以审计成绩呈报于大总统"。

审计院"置院长一人,由大总统特任,总理全院事务,指挥监督所属职员";"置副院长一人,由大总统简任,佐理院长之职务"。第一任审计院院长为丁振铎,副院长为徐恩元。

审计院"置审计官十五人,协审官二十七人,均由院长呈请大总统任命,承长官之指挥,分掌审计事务"。②

审计院下设三厅、二室、一会。

"三厅"。分掌中央各部主管的全国收支事项的审计。第一厅分掌审查财政部、外交部、教育部"主管之全国收支计算事项";第二厅分掌

---

① 《审计处暂行章程》(1912 年 9 月),《东方杂志》第 9 卷第 5 号,"中国大事记";《暂行审计规则》(1912 年 11 月 15 日),《政府公报》第 199 号,1912 年 11 月 16 日,"命令"。
② 《审计院编制法》(1914 年 6 月 16 日,约法会议议决案),《东方杂志》第 11 卷第 2 号,"中国大事记"。

审查陆军部、海军部、交通部"主管之全国收支计算事项"；第三厅分掌审查内务部、司法部、农商部"主管之全国收支计算事项"。各厅均以审计官3人以上、协审官4人以上组成；厅长1人，由总统从审计官中简任。各厅分四股办事，指派主任和工作分配等，"其事务之分配由院长指定之"。

"二室"。一为书记室，设书记官长1人，由院长呈请大总统任命，"书记官长承院长副院长之指挥综理一切事务，监督所属书记官"；书记官5人，由院长委任；书记室内分置"机要科、会计科、庶务科、编译科"4科，并得设核算官掌办核算事务，核算官可充任除书记官外"书记室之办事人员"。二为外债室，"置华、洋室长各一人，掌稽核外债事务"，这是根据《善后借款合同》所设，室长原作"稽核外债室华洋稽核员"（或"国债科华洋科长"）。

"一会"。为审查决算委员会，以审计院院长、副院长为会长、副会长，并指定审计官、协审官各若干人兼充委员。主要任务是"复审各厅审查报告、编制审查决算总报告书暨审计成绩报告书"等。①

（2）审计院会议

审计院议事，分为总会议和厅会议两种。总会议以审计院院长为议长，议决全院事宜。厅会议以厅长为议长，议决本厅所承办之事宜。

（3）审计院人员选任条件

审计院共设审计官15人、协审官27人，由院长呈请大总统任命。其人员选任条件，北京政府决定审计官选任制度化，对审计官、协审官的选用有严格规范：（一）"审计官、协审官须年满三十岁以上"；（二）"任行政职务满三年以上著有成绩者"；（三）"在专业学校修过政治学、经济学，三年以上毕业，并任行政职满一年以上者"。②

---

① 《审计院分掌事务规程》（1914年8月10日），《政府公报》第814号，1914年8月11日，"命令"。

② 《审计院编制法》，《东方杂志》第11卷第2号，"中国大事记"；《审计院分掌事务规程》，《政府公报》第814号，1914年8月11日，"命令"；《审计院各厅办事细则》，《政府公报》第826号，1914年8月23日，"饬"。

（三）审计机构的职权及其行使方式

（1）审计处的职权

1912 年 11 月 15 日,民国政府公布的《暂行审计规则》规定,国务院审计处负责"审计国家之岁入岁出及一切财政之规程,会计法及其它法律未公布以前京外各官署及其所属局所均应遵守",具体职权为:（一）"稽核支出";（二）"审查决算";（三）"检查国库";（四）"检查簿记";（五）"检查官有财产";（六）"检查国债"。①

（2）审计院的职权

审计院成立后,各项审计职权大致同前,除国家岁出、岁入的决算和"法令规定之大总统、副总统岁费暨政府机密费外",审计院"应行审定":"一、总决算;二、各官署每月之收支计算;三、特别会计之收支计算;四、官有物之收支计算;五、由政府发给补助费或特与保证之收支计算;六、法令特定应经审计院审定之收支计算。"

各官署的收支计算经审计院"总会议或厅会议审查决定之","审计院审查各官署之支出计算书及证明单据,议决为正当者,应发给核准状,解除出纳官吏之责任;议决为不正当者,应通知该主管长官执行处分,但出纳官吏得提出辩明书,请求审计院再议",也就是说,若认为出纳官吏有不当或违法行为,可通知原官署执行处分,若有异议,审计院具有调查权和再审权。②

（3）审计职权的行使方式

北京政府时期的审计院职权的行使,直接送审（送请审计）是主要的审计方式。根据 1914 年 12 月 7 日北京政府公布的《审计法施行规则》,审计院职权的行使方式如下:

①"各官署应于每月五日以前,依议决预算定额之范围,编造次月支付预算书,送由财政部,查核发款后,转送审计院备查,其在各地方之官

---

①　《暂行审计规则》(1912 年 11 月 15 日),《政府公报》第 199 号,1912 年 11 月 16 日,"命令"。

②　《审计法》(法律第 13 号),《政府公报》第 867 号,1914 年 10 月 3 日,"法律"。

署,应依前项规定,将次月支付预算书,送由财政厅查核发款后,详由财政部转送审计院备查。"

②"各官署应于每月经过后十五日以内,编成上月收入计算书、支出计算书,送审计院审查。其有该管上级官署者,应于每月经过后十五日以内,编成上月收入计算书、支出计算书,送由该管上级官署核阅,加具按语,转送审计院审查。一官署所管事务,有涉及数部主管者,其收入支出,应按照性质分别编送计算书";"营业机关及其他有特别性质之收支计算,得依审计院指定特别期限,编成收支计算书,送由主管官署核阅后,加具按语,转送审计院审查。"

③"金库应于每月经过后十五日以内,编成金库收支月计表,连同证据,送由财政部或财政厅核定后,转送审计院审查。财政厅为前项之核定详送审计院时,应即详报财政部";"财政部应于年度经过后八个月以内,编造全年度国库出纳计算书,送审计院审查"。

④"中央各官署,应于年度经过后三个月以内,编成岁入岁出决算报告书,送主管部查核。国外各官署同";"各省各特别区域及蒙藏等处各官署,应于年度经过后三个月以内,编成岁入岁出决算报告书,送财政厅或财政分厅汇核。于年度经过后六个月以内,编成全省或全区域岁入岁出决算报告书,送财政部全分,并分送主管查核。未设财政厅或财政分厅之处,由行政长官查核编送"。

⑤"各部应于年度经过后八个月以内,编成所管岁入决算报告书,主管岁出决算报告书及特别会计决算报告书,送财政部查核。但关于云贵甘新川桂六省之决算,得展限一个月。蒙藏等处之决算,得依特定期限,另案编送";"财政部应于年度经过后十个月以内,汇核各部及本部决算报告书,并国债计算书,编成总决算,连同附属书类,送审计院审查。但关于蒙藏等处之决算,得另案编送"。

⑥"经营物品官吏,应于年度经过后二个月以内,编成全年度物品出纳计算书,送由主管长官核定后,转送审计院审查"。

⑦审计院对各官署支出计算书审定完毕后,"应就核准之金额填发核准状",如出纳官吏有不当行为时,审计院"有权随时通知该管长官执

行处分",但涉及"各官署长官有违背法令时,应呈请大总统核办"。

⑧除审计机关自审外,并在"认为必要时,得派员实地调查"之外,还多委托各官署办理审计业务,不采取委托其他审计机关办理审计业务的做法。①

不过,北京政府内外官署狃于故习,往往不遵守审计法令;各省官吏又多不听指挥,各省收入皆为其截留,北京中央政府无固定财源,全赖外债维持,根本谈不上正式预算的制定。因此,在相当程度上,当时的审计机构形同虚设。

四、官吏惩戒机构

(一) 平政院

平政院直接隶属于大总统,是具有行政与司法双重性质的机构,惟最高统治者的利益而行,代表最高政权机关行使对有侵害人民权益等违法失职行为官吏的惩戒权。同时,它还是行政诉讼的审理机关。

平政院审理、惩治三类案件:第一类,是大总统直接交与平政院、肃政厅查办、审理的案子,所谓"大总统特交查办事件经都肃政史指定查办之肃政史应协议定期查办之"②;第二类,是肃政史向平政院提交的纠弹案;第三类,是人民不服官署的处分,而提请平政院重新审理的行政诉讼案件。③

平政院的具体审理工作,由其所设的三个审判庭负责。每庭由平政院评事五人组成,其中"须有司法职出身之评事一人或二人"。各庭庭长由平政院院长在评事中推荐,呈请大总统任命。划分各庭后,除有特殊理

---

① 《审计法施行规则》(教令第 145 号,1914 年 12 月 7 日),《东方杂志》第 12 卷第 1 号,"法令"。

② 《肃政厅肃政史办事细则》,《政府公报》第 853 号,1914 年 9 月 19 日,"通告"。

③ 《平政院处务规则》《肃政厅处务规则》(1914 年 8 月 10 日),《政府公报》第 814 号,1914 年 8 月 11 日,"命令";《纠弹法》(法律第 4 号,1914 年 7 月 20 日)、《行政诉讼法》(法律第 3 号,1914 年 7 月 20 日),《东方杂志》第 11 卷第 3 号,"中国大事记"。

由,一年内各庭人员不得更调。①

(二)各类官吏惩戒委员会

凡官吏有违背职守、玷污官吏身份、丧失官吏信用等行为,按照有关规定,应组织惩戒委员会。根据被惩官吏的官等和所属机关的职能,分设高等文官惩戒委员会、文官普通惩戒委员会、司法官惩戒委员会、审计官惩戒委员会等。

(1)文官惩戒委员会

1913 年 1 月 9 日,北京政府颁布《文官惩戒委员会编制法草案》,成立文官惩戒委员会,规定:"文官惩戒委员会分为两种:一、文官高等委员会。二、文官普通惩戒委员会。"②

①文官高等惩戒委员会,"掌议决简任及荐任官之惩戒","于中央设一所,于各省各设一所"。

文官高等惩戒委员会的人员编制,分别中央和地方,且均属临时机构。"设于中央者以委员会由委员长一人、委员八人"组成;"设于各省者以委员长一人、委员六人组织之"。

文官高等惩戒委员会的人员选派,也分别中央和地方。

设于中央的文官高等惩戒委员会人员的选派规定为:"文官高等惩戒委员会,设于中央者,于中央简任、荐任官及各地方简任官惩戒事件发生时,由国务总理于左列各员中开列,呈请大总统选派组织之:一、大总统府顾问。二、平政院院长。三、最高法院院长。四、平政院评事。五、最高法院审判官。六、四等以上荐任官。"

设于地方的文官高等惩戒委员会人员的选派,则规定:"文官高等惩戒委员会设于各省者,于各地方荐任官惩戒事件发生时,由省行政长官于

---

① 《平政院编制令》(教令第 39 号,1914 年 3 月 31 日),《东方杂志》第 10 卷第 11 号,"中国大事记"。《平政院各庭办事细则》(1914 年 11 月 27 日),《民国法规集成》第 11 册,第 229 页。

② 《文官惩戒法草案》《文官惩戒委员会编制法草案》,《政府公报》第 243 号,1913 年 1 月 9 日,"命令";《中华民国史档案资料汇编》第三辑,政治(一),第 299 页。

左列各员中开列,经由国务总理呈请大总统选派组织之:一、高级法院审判官。二、省行政长官所属荐任以上文官。"

关于文官高等惩戒委员会的议事规则,《文官惩戒委员会编制法草案》规定:"中央高等惩戒委员会非合委员长、委员在七人以上,地方高等惩戒委员会非合委员长、委员在五人以上到场,不得开议。委员会议事以多数决之,可否同数时由委员长加入决定之。"

1914 年,国民政府公布《文官惩戒委员会编制法》,规定文官高等惩戒委员会只设在中央,由委员长 1 人,委员 10 人组成,并规定任期 1 年。①

②文官普通惩戒委员会,"掌议决委任官之惩戒","设于中央及地方各官署",同时还规定:"特别局所认为无须设文官普通惩戒委员会者,得不设文官普通惩戒委员会。其委任官惩戒事件,由直辖官署之文官普通惩戒委员会司之。"

《文官惩戒委员会编制法草案》规定,文官普通惩戒委员会负责委任官(普通官)的惩戒,其人员编制和选派为:"文官普通惩戒委员会无论设于中央各官署或地方各官署者,其委员长皆为一人,由各该官署长官兼之,其委员为三人至六人(《修正文官惩戒委员会编制法》改为2—4人),由各该长官于该署荐任官中临时选派组织之。但有特别情形时,得以上级官署之荐任官充下级官署之委员。"

其议事规则为:"文官普通惩戒委员会非合委员长、委员三人以上到场,不得开议。委员会议事以多数决之,可否同数时由委员长加入决定之。"②

(2)司法官惩戒委员会

1915 年 10 月 15 日,国民政府公布《司法官惩戒法》,规定司法官惩戒委员会负责议决执行全国司法官的惩戒。司法官有下列行为之一的,

---

① 《文官惩戒委员会编制法草案》(1913 年 1 月 9 日),《中华民国史档案资料汇编》第三辑,政治(一),第 299—300 页。

② 《文官惩戒委员会编制法草案》,《中华民国史档案资料汇编》第三辑,政治(一),第 299—300 页。

依法惩戒:"一、违背或废弛职务;二、有失官职上威严或信用。"

司法官惩戒处分的种类,主要有:"一、夺官;二、褫职;三、降官;四、停职;五、调职;六、减俸;七、诫饬。"并特别规定:"诫饬由大总统以命令申饬之。前项之命令,除由司法总长传知被付惩戒人外,并刊登政府公报公示之。"

司法官惩戒委员会的构成,"以委员长一人委员九人组织之"。委员长由大总统于"一、大理院长,二、平政院长"中遴选任命之;惩戒委员9人,由大总统于"平政院评事、大理院推事、总检察厅检察长及检察官"中遴选任命之,任期各3年,"惩戒委员每年改任其三分一,第一次第二次应行改任之委员,以抽签定之"。

委员会的议事规则为:"司法官之惩戒,由司法官惩戒委员会议决行之。"司法官惩戒会议"非合委员长、委员七人以上列席,不得开议;惩戒会议非有列席委员三分二以上之同意,不得议决;委员长有事故不能列席,得由首席委员临时代理"。①

(3)审计官惩戒委员会

1915年10月15日,国民政府公布《审计官惩戒法》,规定:"审计官、协审官有左列行为之一者,依本法惩戒:一、违背或废弛职务;二、有失官职上威严或信用。"

审计官惩戒处分的种类有:"一、夺官;二、褫职;三、降官;四、降等;五、减俸;六、记过。"同时规定:"审计官、协审官之惩戒,由审计官惩戒委员会议决行之。"

审计官惩戒委员会的组成,"以委员长一人委员八人组成,于有惩戒事件时组织之",负责惩戒审计官、协审官的违法失职行为。惩戒委员会委员长,由大总统于"一、司法总长,二、平政院长,三、大理院长"中遴选任命之。惩戒委员,由大总统于"一、平政院评事,二、大理院推事,三、总检察厅检察长及检察官,四、其他三等荐任文官"中遴选任命之。

---

① 《司法官惩戒法》(法律第5号,1915年10月15日),《东方杂志》第12卷第12号,"法令"。

审计官惩戒会议,"非合委员长委员七人以上列席,不得开议。非有列席委员三分二以上之同意,不得议决。委员长有事故不能列席时,得由首席委员临时代理之"。①

五、平政院和文官惩戒委员会的惩戒程序

(一) 平政院惩戒程序

根据《平政院编制令》《平政院组织法》的规定,平政院兼有行政诉讼和纠弹两种职权。具体惩戒程序包括三个步骤:

(1)提起惩戒建议。即由肃政史向大总统提出惩戒处分的建议。

(2)提起诉讼和审理。由肃政史向平政院提起行政诉讼,由平政院合议庭审理并惩戒。

(3)裁决。即在平政院审理完毕后,进行裁决,由肃政史监视执行,以出席评事过半数议决,如票数各半,由庭长作最后决定。在宣告裁决后,须写裁决理由书,分发给原先肃政史及被告和有关人员。②

(二) 文官惩戒委员会依官等不同而分别惩戒

(1)文官应受处分情形

文官应受惩戒的违法失职行为及其处分,根据 1913 年 1 月颁布的《文官惩戒法草案》规定,"凡文官有左列各款情形之一者,应受惩戒:一、违背职守义务。二、玷污官吏身份。三、丧失官吏信用"。

(2)惩戒处分

应受的惩戒处分有:"一、褫职。二、降等。三、减俸。四、申诫。"同

---

① 《审计官惩戒法》(法律第 6 号,1915 年 10 月 15 日),《东方杂志》第 12 卷第 12 号,"法令"。

② 《平政院编制令》,《东方杂志》第 10 卷第 11 号,"中国大事记";《平政院处务规则》《肃政厅处务规则》,《政府公报》第 814 号,1914 年 8 月 11 日,"命令";《纠弹条例》(1914 年 4 月 10 日),《政府公报》第 692 号,1914 年 4 月 11 日,"命令";《行政诉讼条例》(教令第 68 号),1914 年 5 月 17 日),《政府公报》第 729 号,1914 年 5 月 18 日,"命令"。

时规定:"受褫职处分者,自受处分之日起,非经过二年,不得复任";"受降等处分者,自受处分之日起,非经过一年,不得再叙进。受降等处分无等可降者,减其半俸,其期间为一年以上、二年以下";"减俸期间,为一月以上、一年以下。减俸数目,为月俸十分之一以上、三分之一以下"。①

(3)文官惩戒权属

文官惩戒的程序及其惩戒权之所属,根据《文官惩戒法草案》的规定:

①"简任官属于国务院或直隶于国务总理者,其褫职、降等及减俸,经惩戒委员会议决报告后,由国务总理呈请大总统行之。属于各部或直隶于各部总长者,经惩戒委员会议决报告后,由各部总长经由国务总理呈请大总统行之。"

②"荐任官属于国务院或直隶于国务总理者,其褫职及降等,经惩戒委员会议决报告后,由各该长官呈由国务总理呈请大总统行之。荐任官属于各部或各省各级行政官署,或直隶于各部总长者,经惩戒委员会议决报告后,由各部总长经由国务总理呈请大总统行之。"

③"荐任官之减俸及委任官之褫职、降等及减俸,经惩戒委员会议决报告后,由各该长官行之。申诫均由各该长官专行之。"②

(4)文官惩戒程序

文官惩戒程序具体规定如下:

①"简任官属于国务院或直隶于国务总理者,国务总理认为有应付惩戒之行为时,须呈请大总统组织惩戒委员会审查之";"简任官属于各部或直隶于各部总长者,各部总长认为有应付惩戒之行为时,须备文声叙事由,呈由国务总理呈请大总统组织惩戒委员会审查之"。

②"荐任官属于国务院或直隶于国务总理者,各该长官认为有应付惩戒之行为时,须备文声叙事由,呈由国务总理呈请大总统组织惩戒委员会审查之";"荐任官属于各部或各省各级行政官署或直隶于各部总长

---

① 《文官惩戒法草案》(1913年1月9日),《中华民国史档案资料汇编》第三辑,政治(一),第297页。

② 《中华民国史档案资料汇编》第三辑,政治(一),第297—298页。

者,各该长官认为有应付惩戒之行为时,须备文声叙事由,呈由各部总长经由国务总理呈请大总统组织惩戒委员会审查之"。

③"委任官各该长官认为有应付惩戒之行为时,须组织惩戒委员会审查之。"①

(三) 司法官和审计官的惩戒程序

司法官和审计官的惩戒程序与文官惩戒程序基本相同。

(1)司法官的惩戒程序

根据《司法官惩戒法》的规定,司法官的惩戒程序如下:

①司法总长和各监督长官认定事实。"司法总长对于司法官认为有第一条之行为应付惩戒时,得呈请大总统交惩戒委员会审查之";"各监督长官对于司法官,认为应付惩戒者,应经由司法总长,依前条之规定行之";"司法总长依前二条规定为司法官惩戒之呈请时,均需胪举事实"。

②惩戒委员会令被付惩戒人提出申辩书。"经大总统交惩戒委员会审查之司法官惩戒事件,应由惩戒委员会将原呈文件,抄交被付惩戒人,并指定期日,令其提出申辩书。"

③惩戒委员会调查。"惩戒委员会接受事实后,委员长得指定委员二人以上调查之,或委托惩戒事件发生地之司法官署或行政官署调查。"

④惩戒委员会面询。"惩戒委员会调查事实完竣,经过被付惩戒人提出申辩书期间后,应指定期日,令被付惩戒人到会面加询问。被付惩戒人得委托代理人到会答辩询问。"

⑤惩戒委员会议决惩戒。"履行前条程序后,惩戒委员会得为惩戒之议决。被付惩戒人,于惩戒委员会指定期日,并不到会,亦不委托代理人时,惩戒委员会亦得为前项之议决。"

⑥惩戒议决呈报大总统裁定。"惩戒委员会为惩戒之议决后,应具惩戒议决报告书,呈复大总统。前项报告书,应于主文注明公罪或私罪之种类,并于理由中说明之。"

---

① 《中华民国史档案资料汇编》第三辑,政治(一),第298页。

⑦执行惩戒处分。"惩戒委员会之惩戒议决报告书,经大总统核准后,由大总统交由司法部依法定程序执行之";"惩戒委员会对于惩戒事件,认为须受夺官、褫职、降官、停职、调职之处分时,得呈请大总统命其停止职务。前项之规定,于司法总长呈请惩戒司法官时准用之"。①

(2)审计官惩戒程序

根据《审计官惩戒法》的规定,审计官的惩戒程序如下:

①审计院长认定事实。"审计院长认审计官、协审官有第一条之行为时,得胪举事实,呈请大总统交审计官惩戒委员会审查之。"

②肃政厅提起纠弹。"肃政厅对于审计官、协审官提起纠弹,经大总统认为应付惩戒,或由大总统交平政院审理后,呈明应付惩戒者,由大总统特交审计官惩戒委员会审定之。"

③审计官惩戒委员会令被付惩戒人申辩。"审计官惩戒委员会,奉大总统交议惩戒事件,应将原呈及原纠弹或裁决之文件,抄交被付惩戒人,指定期日,令其申辩。"

④审计官惩戒委员会调查。"审计官惩戒委员会于接受惩戒事件后,得指定委员二人以上调查之。"

⑤审计官惩戒委员会面询。"审计官惩戒委员会于经过被付惩戒人申辩期间后,应指定期日,令被付惩戒人到会,面加询问。"

⑥审计官惩戒委员会议决惩戒。"依前条规定询问被付惩戒人后,或被付惩戒人已逾指定期日,并未到会者,审计官惩戒委员会得为惩戒之议决。"

⑦惩戒议决呈报大总统裁定。"审计官惩戒委员会,依前条之规定为惩戒之议决后,应具惩戒议决报告书呈复大总统。"

⑧执行惩戒处分。"审计官惩戒委员会之惩戒议决报告书,经大总统核准后,由大总统交由审计院长依法定程序执行之。"②

---

① 《司法官惩戒法》,《东方杂志》第 12 卷第 12 号,"法令"。

② 《审计官惩戒法》(法律第六号,1915 年 10 月 15 日),《东方杂志》第 12 卷第 12 号,"法令"。

第 三 章

广州、武汉国民政府的反贪理念和建制

广州、武汉国民政府虽然是地方政权,但是,在孙中山和当时仍具有一定革命性的中国国民党的领导下,为统一全国,为使中国民众获得新生,为贯彻辛亥革命建立廉洁、勤政、高效政府的精神,作出了努力。

第一节 广州、武汉政府时期的
贪腐问题和反贪理念

一、广州、武汉时期的贪腐问题

在广州和武汉国民政府时期,与北京政府相比,政治较为清明。不过,在南北军阀混战的情况下,也产生了一些贪腐问题。首先就是权力腐败及相伴而生的各种贪腐行为。

（一）新旧军阀对绝对权力的追逐

辛亥革命后,孙中山领导的国民党、中华革命党致力于扫除军阀势力,还民众一个民生幸福的社会。但是,南北军阀均追求的是自己不受约束的权力,而孙中山长期没有自己领导的武装力量,只能依靠一派军阀来打击另一派军阀,结果屡屡失败。当他依靠两广军阀势力开展第一次护法运动失败之际,孙中山就认识到:"顾吾国之大患,莫大于武人之争雄。南与北如一丘之貉。虽号称护法之省,亦莫肯俯首法律及民意之下。"①他又扶植原来的革命派力量陈炯明部,使之成为闽广地方实力派,没想到陈炯明也同其他军阀一样,要追求不受约束的绝对权力,结果孙中山第二次护法运动也失败。两次护法运动的失败,使孙中山认识到军阀势力追求的是腐败的权力,而不是为中华民族谋富强,因此,必须与这些旧的腐朽势力决裂,与新生的、富有朝气的中国共产党合作,改组国民党,防止权力腐败。

改组后的中国国民党与中国共产党实现了第一次国共合作,掀起国民革命的浪潮,涤荡着中国社会中的腐朽因素。但是,国民党实行的官僚体制决定了其中一些权力人物必然走向追逐权力甚至是不受约束的绝对权力的路上去。孙中山去世后,无论是蒋介石,还是汪精卫、胡汉民,都是这样。因此,权力腐败必然产生,而相伴的各种贪腐问题也就不时出现。

(二) 广州、武汉时期一些具体的贪腐事件

较为典型的贪腐案件有何哲侵吞公款案、邓玉麟吞没烈士遗孤教养所款项案等等。

何哲是湖北省禁烟总局局长,利用职权,侵吞公款,被政治监察员梁绍文发现报告。武汉政府一开始办公,就着手严肃处理此案,由湖北财政委员会责成国民银行将何哲寄回家乡的2万余元提回,并通缉在逃的何犯,同时逮捕了为何哲汇款的湖北省禁烟总局庶务股长何德聪。武汉国民政府在《国闻周报》《湖北政府公报》等报刊上公布此案,向民众表明政府反贪之决心,此举在社会上、民众中产生了极大影响,得到了普遍的好评。②

---

① 《孙大元帅辞职文电》,《民国日报》1918年5月13日,"要闻"。
② 《国闻周报》第4卷第2期。

武汉国民政府时期,对侵吞烈士遗孤教养款项的邓玉麟,湖北省政务委员会也及时将其逮捕归案、依法惩处。①

二、孙中山的反贪理念

辛亥革命胜利后,孙中山领导建立临时政府之际,就表达了建立廉洁、勤政、高效政府的愿望和目标。而早在辛亥革命期间,孙中山就很注重保持革命队伍的纯洁性和战斗力,1905年建立第一个全国性的革命组织——同盟会时,就建立了监察系统,防止革命队伍中可能出现的贪腐行为及其给革命带来的腐蚀性、破坏性。

孙中山在长期考察西方宪政制度的基础上认为,孟德斯鸠提出的行政、立法、司法三权分立学说,经过美、法等国一百多年的实践检验,在表现出良好效能的同时,也证明已出现两大流弊:一是选举和委任中的营私舞弊,以致造成“政治腐败散漫”;一是滥用监督弹劾之权,形成“议院专制”,“生出无数弊病”。孙中山认为,中国推翻君主专制,建立资产阶级共和国,仿效西方宪政体制,并不能僵硬照搬,既要引进其分权制衡、效能体系,又要预防西方宪政体制中的弊端,因此,他在孟德斯鸠“三权分立”理论这一西方民主政治奉行的普遍准则基础上,提出了“五权宪法”的构想。1906年,孙中山就提出“将来中华民国的宪法是要创一种新主义,叫做‘五权分立’”,把考试从行政中分出,监察从立法中分出,即立法、行政、司法、监察、考试五权分立的立宪主张。五权各自独立,分别由整个国家的专门机构行使,互相监督,相互牵制,就可以防止资产阶级民主政治中已出现的弊端,由此开始形成“五权分立”的国家体制。②

那么,除了原有的行政权、立法权、司法权三权之外,新加入的两权,即考试权和监察权,其意如何呢?

孙中山认为,之所以专立考试权,就在于西方三权分立已产生流弊,

---

① 刘继增、毛磊、袁继成:《武汉国民政府史》,湖北人民出版社1986年版,第217页。
② 《孙中山全集》第1卷,第323—324页。

"平等自由原是国民的权利，但官吏却是国民公仆。美国官吏有由选举得来的，有由委任得来的。从前本无考试的制度，所以无论是选举、是委任，皆有很大的流弊。……所以美国政治腐败散漫，是各国所没有的。这样看来，都是考选制度不发达的原故"。他指出：中国自古就有考试铨选制度，"考选本是中国始创的，可惜那制度不好，却被外国学去，改良之后成了美制"，在西方社会已经成为一项重要的制度，正好适用于民主共和政体，但如考试权仍归于行政院，权限过大，流弊反多。"所以将来中华民国宪法，必要设独立机关，专掌考选权。大小官吏必须考试，定了他的资格，无论那官吏是由选举的抑或由委任的，必须合格的人，方得有效。"他还认为："这法可以除却盲从滥举及任用私人的流弊。"①

关于监察权，孙中山认为就是"专管监督弹劾的事"。中国自古有御史台主持风宪，风闻弹奏之事权，"现在立宪各国，没有不是立法机关兼有监督的权限，那权限虽然有强有弱，总是不能独立，因此生出无数弊病。比方美国纠察权归议院掌握，往往擅用此权，挟制行政机关，使它不得不頫首总命，因此常常成为议院专制"。为了避免此类弊端，监察权需要专立，见诸"中华民国宪法，这机关定要独立"。②

孙中山提出的"五权分立"原则，是他为新生的资产阶级共和国制订的民主制度。他希望："我们现在要集合中外的精华，防止一切的流弊，便要采用外国的行政权、立法权、司法权，加入中国的考试权和监察权，连成一个很好的完璧，造成一个五权分立的政府。象这样的政府，才是世界上最完全、最良善的政府。国家有了这样的纯良政府，才可以做到民有、民治、民享的国家。"③

孙中山认为，引入西方宪政三权分立体制，并加入考试权和监察权，形成"五权分立"，如此就可以防止资产阶级民主政治中已出现的弊端。因此，他提出的"五权分立"和权能分治理论，就成为国民政府建立监察系统，反对贪贿行为的理论基础。

---

① 孙中山：《在东京〈民报〉创刊周年庆祝大会的演说》，《孙中山全集》第1卷，第330页。
② 《孙中山全集》第1卷，第331页。
③ 《三民主义》，《孙中山选集》，第800页。

中华民国建立后,北京政府统治时期的种种坏象,更坚定了他将反对权力腐败及其衍生的种种贪腐行为,作为继续革命和施政的重要内容之一。作为资产阶级民主共和象征的《临时约法》被袁世凯撕毁后,孙中山领导发动了"二次革命",失败后,孙中山逃亡日本。1914年7月,孙中山在日本组织成立了中华革命党,并与国内各派共同进行了反对袁世凯复辟帝制的护国战争。1917年7月,孙中山为反对段祺瑞政府拒不召开国会、拒不恢复《临时约法》的假共和,偕同部分国会议员,并率领海军第一舰队由上海到达广州,开展护法斗争。8月,在广州召开国会非常会议,通过《中华民国军政府组织大纲》。9月1日,非常国会依据《组织大纲》的规定,选举孙中山为大元帅,建立中华民国护法军政府。但是,由于帝国主义和北洋军阀的破坏,孙中山遭到护法军政府所依靠的西南军阀的排挤,1918年5月辞去大元帅职务,回到上海。第一次护法运动失败。1920年8月,孙中山命令陈炯明率军回粤讨伐桂系,11月,孙中山重回广州,1921年4月,重开非常国会,重组中华民国护法军政府,孙中山为中华民国非常大总统,开始第二次护法运动。1922年,在英美帝国主义和直系军阀的策动下,陈炯明叛变,炮轰总统府,孙中山仓皇脱险赴沪,第二次护法运动失败。

两次护法运动的失败,使孙中山认识到依靠一派军阀打倒另一派军阀的道路是行不通的,必须寻找新的出路。俄国十月社会主义革命的胜利,使孙中山看到了希望。1921年7月,中国共产党成立后,便开始与孙中山合作、协助孙中山改组国民党。孙中山在中国共产党和苏俄的帮助下,改组国民党。1924年1月,中国国民党第一次全国代表大会在广州召开,会议通过了《中国国民党第一次全国代表大会宣言》《中国国民党总章》《纪律问题决议案》等,选举了中央执行委员和监察委员。国民党一大标志着第一次国共合作的形成,在《中国国民党第一次全国代表大会宣言》中,充分体现了孙中山为中华民生幸福、建立廉洁勤政高效政府的愿望和反对贪污腐败的精神。

孙中山认为,建立资产阶级共和国必须摧毁封建君主专制,不可能一蹴而就。他主张有步骤地将民主政治推上正轨,在《军政府宣言》和《建国大纲》中明确地把资产阶级共和国的"建设之程序",规定为三个时期:第一期是军政时期。实行"军法之治",即"军政府督率国民扫除旧污之时代","在军政时期,一切制度悉隶于军政之下。政府一面用兵力以扫除国内之障碍,一面宣传主义以开化全国之人心,而促进国家之统一"。在新光复的地区,由军政府总摄地方行政,清除清政府的苛政积弊及其残余势力,实际上就是实行革命军事专政,一般"以三年为限,其未及三年已有成效者,皆解军法,布约法"。第二期是训政时期。在训政时期,实行"约法之治","军政府授地方自治于人民,而自总揽国事之时代",以全国平定后六年为限,解除军法,颁行约法。在此期间,"政府当派曾经训练考试合格之员,到各县协助人民筹备自治",训练国民,行使政权(选举权、罢免权、创制权、复决权)。第三期是宪政时期。实行"宪法之治",军政府解兵权、行政权,制定宪法,由国民公举大总统,公举议员组成议会,国家机关按照宪法"分掌国事",在"中央政府当完成设立五院,以试行五权之治。其序列如下:曰行政院;曰立法院;曰司法院;曰考试院;曰监察院","一国之政事,依于宪法以行之"。[①] 到这时,在孙中山为首的革命党人看来,"一旦根本约法以为宪法",资产阶级民主共和国"民权立宪政体有磐石之安,无漂摇之虑矣"。[②]在这三个时期,如何实施监察,反对贪腐行为的发生,要与有步骤地将民主政治推上正轨、资产阶级共和国"建设之程序"相适应。

第二节　广州、武汉国民政府的反贪法规

一、广州、武汉国民政府的反贪原则

随着国民革命形势的发展,1925 年 6 月 14 日,国民党中央执行委员

---

① 《国民政府建国大纲》,《中国国民党历次代表大会及中央全会资料》(上册),第 35—36 页;《中国同盟会革命方略》,《孙中山全集》第 1 卷,第 297—298 页。
② 《民报》第 2 号,东京,1905 年 11 月 26 日。

会政治会议根据广东的形势,决定改组大元帅府为国民政府。7 月 1 日,中央政治会议制定公布了《中华民国国民政府组织法》。① 同一天,根据《国民政府组织法》,中央执行委员会任命汪精卫为国民政府主席,汪精卫、胡汉民、谭延闿、许崇智、林森 5 人为国民政府常务委员;任命胡汉民、张人杰、廖仲恺、戴传贤、程潜、谭延闿、汪兆铭、孙科、古应芬、林森、朱培德、许崇智、于右任、张继、伍朝枢、徐谦 16 人为委员,在广州组成了中华民国国民政府,一般习称为广州国民政府。②

随着北伐战争的胜利发展,随着国民革命军向长江流域的胜利进军,革命的重心也逐渐向长江流域转移,这与孙中山把政治中心北移的愿望相符合。克复武汉之后,政治中心从广州北移的条件已具备,经过激烈地争论,即"迁都之争",最后,国民党中央政治会议于 1926 年 11 月 26 日正式决定迁都武汉。③ 广州国民政府根据中央政治会议的决定,从 11 月 28 日起对迁都事宜作出具体安排。在粤国民党中央执行委员、国民政府委员和政府工作人员分批前往武汉,截至 12 月 10 日,已有相当数量的国民党中执委和国民政府委员抵达武汉,为了不使权力运行中断,由已抵达武汉的国民党中执委和国府委员组成"国民党中央执行委员国民政府委员临时联席会议",简称"联席会议"或"党政联席会议",从 1927 年元旦起在武汉正式办公,标志着进入武汉国民政府时期。④ 一般把 1926 年 12 月党政联席会议成立开始,到 1927 年 3 月国民党二届三中全会止,称为武汉国民政府初期。

1925 年 7 月 1 日公布的《中华民国国民政府组织法》,在一定程度上确立集体领导,防止权力集中,实行权力制衡,防止权力腐败的精神和原

---

① 《国民党政府政治制度档案史料选编》,第 366—367 页。

② 《中华民国国民政府宣言》(1925 年 7 月 1 日),《中华民国史档案资料汇编》第四辑(一),江苏古籍出版社 1991 年版,第 36—38 页;(台湾)《革命文献》第 20 辑,第 1552—1553 页。

③ 《中央党部及国民政府迁鄂决议》(1926 年 11 月 27 日),《广州民国日报》1926 年 11月 29 日。

④ 《武汉中央党政临时联席会议成立及其设施》(1926 年 12 月 13 日),《中国现代史资料选辑》第一、二册补编,中国人民大学出版社 1991 年版,第 437 页。

则。如《国民政府组织法》第 1 条规定"国民政府受中国国民党之指导及监督,掌理全国政务",国民党的最高权力机关是全国代表大会,由其选出之中央执行委员及候补执行委员,组成中央执行委员会,作为全国代表大会的执行机关,也是全国代表大会闭会期间的最高权力机关。中执会闭会期间的常委会或中央政治会议,也是广州和武汉国民政府的立法机关。在确立立法机关和行政机关的权力制衡的同时,《国民政府组织法》还按照孙中山"五权分立"的原则,建立监察院等机构。不过,仍表现出国民党在党的权力方面所受制衡相对较小的状况。①

二、反贪刑事和行政法规

从广州国民政府到武汉国民政府初期,国民革命力量不断壮大,共控制管辖着 11 个省,即广东、湖南、湖北、江西、福建、广西、贵州、四川、绥远、甘肃、陕西,"国民政府之势力已得了全中国之大半。反赤势力所统治的地方(如苏、皖加入在内)也不过十一省区"。② 但是,武汉政府在政治、军事、外交等方面迅速发展的同时,也面临着诸多困难,尤其需要完成繁重的内政建设任务,法制建设是其中一个重要方面,这是为保障武汉国民政府在控制地区能够有良好的内部环境,确保与外敌斗争中处于有利地位。对此,武汉国民政府内部达成共识,党政联席会议一成立,就责成司法部在武昌召开司法工作会议,决定加强立法工作及改革司法。广州、武汉国民政府做了大量的立法工作,并进行了革新法规、革新司法制度、革新司法人员队伍等改革工作。

法制是否健全,政府公职人员尤其司法人员的素质是一大关键,能否革除中国几千年来陈陈相因的腐败吏治是根本。为此,根据党政联席会

---

① 《中华民国国民政府组织法》(1925 年 7 月 1 日中国国民党中央执行委员会议决交国民政府公布),中国人民大学中共党史系编:《中国国民党历史教学参考资料》第一册,第 497—498 页。

② 《中共中央关于全国政治情形及党的策略的报告(十、十一月份)》,《中共中央文件选集》(1926 年),中共中央党校出版社 1989 年版,第 359 页。

议精神,中央和地方都积极开展立法工作,分别从组织、军事、劳动、土地、刑事、诉讼、行政、财政、经济、涉外等方面,制订了一百多项法规、条例。以当时国民政府所在中心地区——湖北为代表,分别制订颁布了《湖北文官临时考试暂行条例》《湖北文官考试施行细则》《湖北文官考试办公处暂行条例》《湖北文官临时任用条例》,在推荐、考试、培训、任用等环节上保证公职人员素质。另一方面,重视对公职人员违法犯罪行为的执法力度,制定了一系列反对贪污腐败行为的刑事和行政法规,刑事立法方面如《湖北省惩治贪官污吏条例》《湖北省惩治土豪劣绅暂行条例》《江苏党员服务违法惩戒条例》《江苏惩办劣绅恶董暂行条例》,财政立法方面如《公产保管会条例》《整理湖北财政公债条例》《国民政府整理湖北金融公债条例》,经济立法方面如《湖北产业监察委员会条例》,诉讼立法方面如《湖北省审判土豪劣绅委员会暂行条例》等。

（一）《党员背誓罪条例》

1926 年 9 月 22 日,国民革命军北伐军攻克汉阳、汉口后,为防止国民党人在胜利的形势下,利用特权地位行不法勾当,广州国民政府制定颁布了《党员背誓罪条例》(8 条),是针对任官职的国民党党员犯反革命罪、渎职罪等罪行的治罪办法,以使国民党党员能严格遵守法纪,不贪赃枉法。

《条例》明确规定:(1)"党员违背誓言而为不法行为者,分别情形按刑律加一等以上处罚之。党员任官职而未宣誓者,以已宣誓论";(2)"党员反革命图谋内乱者,不分既遂未遂,一律处死刑";(3)"党员以职权操纵金融图利自己和他人者,处死刑并没收其财产";(4)"党员舞弊,侵吞库款满一千元者,处死刑并没收其财产。但因公挪移未及弥补者,不适用本条";(5)"党员犯死刑各条之罪,由中央执行委员会组织临时法庭审判之"。①

---

① 《党员背誓条例》(1926 年 9 月 22 日),国民政府秘书处编辑:《中华民国国民政府公报》第 46 号,1926 年 9 月,"法规";谢振民编著,张知本校订:《中华民国立法史》,正中书局1937 年版,第 1177 页。

（二）《湖北惩治贪官污吏条例》

1927 年 4 月，武汉国民政府制定并公布施行的《湖北惩治贪官污吏条例》确认下述行为属贪腐行为：（1）出卖差缺，收受贿赂；（2）私取浮支，苛派勒款；（3）营私舞弊，卷款潜逃；（4）侵吞公款，贪赃枉法；（5）勾结土匪，摧残党部及民众团体；（6）勾结反革命，在其辖区内活动；（7）诈赃有据者；（8）借故（如祝寿等）敛取群众财物者。并规定："凡属上列行为之一而情节严重者，应处死刑或无期徒刑。"①并且规定本条例对既往的罪行有溯及力，凡是官吏在本条例公布前犯有上述罪行的，依然适用本条例。凡是触犯本条例各罪的官吏，由 1927 年 4 月 24 日成立的湖北省审判土豪劣绅委员会进行审判。②

这一《条例》颁布，其目的就是整肃吏治，惩治国民政府内的腐化分子和旧官僚，纯洁政府和官员队伍。武汉政府在注重反贪立法的同时，加大了执法的力度，对一批有贪腐行为的公职人员严加惩治，如何哲侵吞公款案、邓玉麟吞没烈士遗孤教养所款项案等。

（三）《惩治土豪劣绅条例》

刑事立法方面，1927 年 3 月 15 日，国民党二届三中全会审议通过《湖北省惩治土豪劣绅暂行条例》，对于有贪腐行为的土豪劣绅定义为"侵蚀公款，或假借名义敛财肥己者"，"挑拨民刑诉讼，从中包揽图骗图诈"，其或"与匪通谋坐地分赃"者③，并根据土豪劣绅犯罪人的不同罪行、罪行轻重，具体规定了各种刑罚，从判处两个月的有期徒刑到无期徒刑、死刑。

国民党中央政治会议依据《国民党第二次全国代表大会宣言》之要旨，于第 118 次会议议定《惩治土豪劣绅条例》，交由武汉国民政府于

---

① 刘继增、毛磊、袁继成：《武汉国民政府史》，湖北人民出版社 1986 年版，第 217 页。

② 韩信夫、姜亮夫主编：《中华民国大事记》第 2 册，第 608 页。

③ 《国民党二届三中全会决议录附录》，中国国民党中央军事委员会总政治部编印：《中国国民党第二届中央执行委员会第三次全体会议宣言训令及决议案》，1927 年印行，第 51 页。

1927 年 8 月 18 日公布施行。该《条例》共 9 条,其中与贪腐问题直接相关的条款主要是:"三、因资产关系而剥夺人身体自由者,处二等至四等有期徒刑。四、重利盘剥者,处三等至五等有期徒刑,并得没收其财产之一部或全部。五、包庇私设烟赌者,处一等至三等有期徒刑,并得没收其财产之一部或全部。六、挑拨民刑诉讼,从中包揽诈欺取财者,处二等至四等有期徒刑,并得没收其财产之一部或全部。……八、逞强纠众,妨害地方公益或建设事业者,处二等至四等有期徒刑。……十、恃强怙势,勒买勒卖动产或不动产者,处四等至五等有期徒刑。十一、盘据公共机关,侵蚀公款,或借名义敛财肥己者,照左列论罪:甲、百元以上未满千元者,处三等或四等有期徒刑,并得没收其财产之一部;乙、千元以上未满五千元者,处二等或三等有期徒刑,并得没收其财产之一部;丙、五千元以上者处一等或二等有期徒刑,其情节较重者,处死刑或无期徒刑,并得没收其财产之一部或全部。"凡土豪劣绅犯本条例之罪,地方人民均得举发,由"特种刑事临时法庭审判之"。[①]《惩治土豪劣绅条例》施行后,中央政治会议第 148 次会议议决修正原《条例》"第九条,本条例自公布之日施行"后,增加"凡犯本条例之罪,在本条例施行前尚未经确定判决者,概依本条例处断"的规定,由国民政府于 1928 年 7 月 16 日公布。[②] 后来,随着形势的变化,1932 年 4 月 15 日,国民政府依据中央政治会议第 28 次临时会议之决议,将此《条例》明令废止。

在国民革命时期,农村革命的一项重要内容就是对有贪腐行为的土豪展开清算斗争。如陕西长安县五区农协清算出恶绅刘大汉私吞公款达 2600 多元,经过审判,将刘大汉处决。

(四)《处分逆产条例》

1927 年 5 月 9 日,武汉国民政府公布《处分逆产条例》(8 条),规定:

---

① 《惩治土豪劣绅条例》(1927 年 8 月 18 日),《中华民国国民政府公报》宁字第 12 号,1927 年 9 月 30 日,"法规";谢振民编著,张知本校订:《中华民国立法史》,中国政法大学出版社 2000 年版,第 964 页。

② 《修正惩治土豪劣绅条例》,《中华民国国民政府公报》第 76 号,1928 年 7 月,"法规"。

"凡军阀、贪官污吏、土豪劣绅及一切反革命者,其财产皆为逆产,经合法发觉即没收之。逆产没收及保管之机关,为国民政府、省市政府及县区乡自治机关。在革命战争时,逆产得全数收为军事及政费之用。"①这一规定明确官员贪污腐败行为所得财产也包含在逆产之列,处以没收。

应当说,广州、武汉国民政府的这些立法和规定都是有积极意义的。但是,由于国民政府自身情况和面临的形势的变化,多数法令和规定都不及或无法充分实施,也就不可能真正地得到执行了。

第三节 广州、武汉国民政府的
反贪机构和机制

一、监察机构——监察院

(一) 监察院的建立

1925 年 7 月 1 日,广州国民政府成立,7 月 17 日公布《国民政府监察院组织法》。8 月,国民政府依《监察院组织法》,设置监察院,负责"监察国民政府所属各级机关官吏之行动及考核税收与各种用途之状况,如查得有舞弊亏空及溺职等情,当即起诉于惩吏院惩办之"②。

(1)监察院的组织建制

监察院由 5 名监察委员组成,"设监察委员五人执行院务"。所有全院事务,均由院务会议决定,院务会议由"本院监察委员五人互选一人为主席,所有全院事务均由院务会议解决之。院务会议须有监察委员过半数出席议决后,由主席署名,以监察院名义行之"。③

---

① 转引自谢振民编著,张知本校订《中华民国立法史》,第 962 页。
② 国民政府秘书处编辑:《中华民国国民政府公报》第 3 号,1925 年 7 月,"法规"。
③ 《中华民国国民政府公报》第 3 号,"法规"。

广州国民政府首届监察院监察委员为谢持、林祖涵、黄昌谷、甘乃光、陈秋霖 5 人。①

监察院内设 5 局,每局置主任 1 人,由监察委员兼任。每局下设 2 科,各置科长 1 人,科员、雇员若干人,由院委员会遴选有专门学识及经验者委任。

(2)监察院五局职权

监察院内设 5 个局。第一局"掌理总务及吏治事宜",第二局"掌理训练及审计事宜",第三局"掌理监查邮电及运输事宜",第四局"掌理密查税务及货币事宜",第五局"掌理密查及检察事宜"。

专设政治宣传科,"由中国国民党派一人处理事务",专理宣传国民党"之主义及指导各党员与官吏遵守党规"、监察党纪。

有关审计事务,原陆海军大本营设有审计处,广州国民政府时期,该审计处由监察院接管,监察院第二局专设审计科,掌理训练及审计事务。1925 年 7 月 17 日公布之《国民政府监察院组织法》中,对审计科的职责均有明确规定。②

(3)监察院的改制

①监察院机构改制。9 月 30 日,广州国民政府公布《修正国民政府监察院组织法》,监察院内行政事务,由委员会议处理。监察院增设常务委员 1 人处理日常事务,由监察委员轮流充任。"监察院院务会议之处理,经监察委员过半数之议决;但日常事务得由常务委员一人处理之",而"常务委员由监察委员一人按日轮流充之。监察院文书以监察院名义由全体委员署名行之"。③ 并改设 5 局 1 科为 3 局 1 处(秘书处)1 科,精简机构以节约经费开支。

1926 年 10 月 4 日,广州国民政府再次修正公布之《监察院组织法》规定,"监察院置监察委员五人,审判委员三人,分掌监察及审判事务"。

---

① 《国民政府监察院监察委员黄昌谷等就职任事呈》,《中华民国史档案资料汇编》(上),第 43 页。
② 《中华民国国民政府公报》第 3 号,"法规"。
③ 《国民党政府政治制度档案史料选编》(上),第 376—378 页。

审判委员,补惩吏院撤销之缺,主要执行监察权中的审理行政诉讼及官吏惩戒事项。

广州国民政府监察院设秘书处及4科,每科置科长1人,监察员若干人,秘书长、科长、监察员,均由监察委员推荐。监察员的主要任务,则为分赴各行政机关调查、办理案件。

②监察委员和审判委员的职能为:"掌理监察国民政府所属行政司法各机关官吏事宜,其职权如左:(一)关于发觉官吏犯罪事项。(二)关于惩戒官吏事项。(三)关于审判行政诉讼事项。(四)关于考查各种行政事项。(五)关于稽核财政收入支出事项。(六)关于官厅簿记方式及表册之统一事项。"并规定:"惩戒官吏行政诉讼法审计法另定之。"①

(二) 监察院的职能

广州国民政府和武汉国民政府的监察机构及其职能基本相同。

根据《监察院组织法》的规定,国民政府监察院"受中国国民党之指导、监督与国民政府的命令",监察国民政府所属各级机关官吏的行动及考核税收与各种用途的状况,如查得有舞弊亏空及溺职等情,当即起诉于惩吏院惩办;监察院受双重领导,即直接对党的中央政治委员会负责,同时又接受委员制的国民政府的指令。这样,监察院的地位和职权范围产生变化,加强了它的权威,扩大了它的功能,使"贪官污吏无所遁逃"。②

(1)监察院初建时的职能

监察院有一个职能逐步完善、职权逐步扩大的过程。其初建的职能为:其一,对于财政。"除监察官吏非法行动之外,并严厉考核各机关对于公款之用途,稽查奸宄,使舞弊亏空者无所幸脱;调查田赋、税契、盐务、海关及其税项。"其二,对于交通。"交通为国民经济之枢纽,更严密监察各交通机关所用之材料有无浪费及浮报之情。"监察院的事后监察极为详尽,在此基础上,推崇事前监察,政治宣传科对党员"以主义、纪律训练

---

① 《中华民国国民政府公报》第47号,1926年10月,"法规"。
② 《国民政府监察委员就职宣言》,《中华民国史档案资料汇编》第四辑(一),第43页。

其操守,使其遵守党规,忠心职务"。①

因此,广州国民政府的监察院,既负责纠察官吏违法或失职行为,还负责审计各机关的财务收支状况,以确保经费的合理使用。

(2)监察院职权的扩大

1925年8月14日,为预防和减少官吏的违法失职,监察院注意规范政府人员的行为,由监察委员甘乃光、林祖涵、黄昌谷、陈秋霖等拟订《兼职条例草案》(5条),其中第2条、第4条规定"凡服务于政府机关人员,不论等级之高下,均以专任为原则,其有不得已而须兼任者,应由各该员声述理由,呈请本管官署转呈上级机关审定之",因有特殊需要而必须兼职者亦"不得兼薪"。②

9月,国民政府公布《修正国民政府监察院组织法》,赋予监察院更进一步的职权,主要有:第一,直接变更权。"监察院对于各官吏之违法或不当处分,认为损害人民权利或利益者,得不待人民之陈诉,径以职权为取消或变更之决定。"第二,逮捕权。"监察院发现各级官吏有犯罪行为时,得不待人民之控告,径以职权检举之,并于必要时得发逮捕状逮捕之。"第三,行政诉讼的受理权。"监察院收受人民控告官吏犯罪诉状,经审查后,除以为不应受理予以驳回外,其认为应受理者",进行审理。第四,侦查权。监察院对于所受理的案件,"应即以严密之方法,从事侦查"。③第五,调查权。广州国民政府监察院还有调查权,规定监察院在监察国民政府所属各机关官吏时,"有随时调阅各官署之案牍、簿册之权,遇有质疑,该官署主管人员须负责为充分之答辩"④。

可见,广州国民政府的监察院不仅有纠弹和行政诉讼的职能,还具有检察机关和法院在刑事诉讼方面的部分职能,并以法规的形式加以固定,

① 《国民政府监察委员就职宣言》,《中华民国史档案资料汇编》第四辑(一),第43页。

② 《兼职条例草案》,《中华民国史档案资料汇编》第四辑(一),第129页。

③ 《修正国民政府监察院组织法》,《国民党政府政治制度档案史料选编》(上),第376—377页。

④ 《国民党政府政治制度档案史料选编》(上),第376—377页;刘陶福:《审计正要》,第34页。

远非北京政府时期的平政院和肃政厅,以及后来的南京国民政府监察院所能比拟。

(三) 监察院的弹劾对象

广州国民政府监察院建立之初,弹劾对象为国民政府所属各机关,包括外交、财政、交通、军事、司法 5 部,教育、侨务 2 个委员会,以及大理院、监察院的一切官吏。

1926 年 10 月,修正公布的《国民政府监察院组织法》规定,监察院"掌理监察国民政府所属行政、司法各机关官吏"的行为,将弹劾对象明确分列行政机关与司法机关,既体现行政、司法在三权分立中的平等地位,又显示对司法官吏弹劾的重视。同时,《监察院组织法》又指出,军人的弹劾与惩戒均非监察机关的权限,由军事机关独立行使,便于军事活动的进行;对国民党全国代表大会代表和中央执行委员会委员,监察院无权提起弹劾,而由国民党的中央监察委员会掌理对他们的弹劾权。

二、审计机构和职权

(一) 陆海军大元帅大本营审计局

(1)审计局

1923 年 3 月,孙中山陆海军大元帅大本营已设立审计局,任命刘纪文为大本营审计局局长。[①] 1923 年 4 月 2 日,"大元帅指令第七十四号""令大本营审计局局长刘纪文呈报就职及启用印信日期"。该令所附刘纪文原呈大元帅孙中山称,"钧座任命状开:任命刘纪文为大本营审计局局长等因,现准秘书处函送。钧座颁发木质镶锡大印一颗、象牙小章一颗,到局遵即于本日敬谨启用就职视事,理合呈报"。[②] 根据有关规定,

---

① 《陆海军大元帅大本营公报》第 1 号,大本营秘书处发行,1923 年 3 月 9 日,"命令"。
② 《陆海军大元帅大本营公报》第 6 号,1923 年 4 月 13 日,"指令"。

1923 年 5 月 1 日，大本营审计局长刘纪文"呈请任命汪彦平为大本营审计局主任审计官"，并由孙中山大元帅令"照准"。①

审计局的职权，负责审核各级政府、机关、学校、部队的财务收支计算及特别会计的收支计算，"举凡国库出纳之款项"，"各文武机关依法编造预算"；审核预算事项，1923 年 8 月 13 日，审计局奉大元帅孙中山委办令"审查航空局七月份预算书一案"；②稽察营缮工程财物采购；考核财务效能、"出纳、统计等事项"，1923 年 8 月 29 日"大元帅训令"审计局"审查兵站饷册"，又有"每月计算书核"的指令；③按月公告即一月一报此前各机关每月收支状况，或者根据实际情况数月一报、数月一报与一月一报的混合收支状况，等等。④

（2）审计处

陆海军大元帅大本营又在广东省政府及广州市政府内设置审计机构——审计处，加强对政府部门的审计。这在一项任命呈文中得到体现。1923 年 5 月 2 日，大本营审计局长刘纪文在呈请任命汪彦平为该审计局主任审计官的呈文中，就指出了汪彦平原任"广东审计处科长"，说明这时在广东省政府、广州市政府中已设立了"审计处"等审计机构。⑤

（二）广州国民政府审计机构及其职权

1925 年，广州国民政府监察院成立后，接管原大本营审计处的一切事务，并专设审计科负责审计事务。

---

① 《陆海军大元帅大本营公报》第 10 号，1923 年 5 月 11 日，"命令"。
② 《陆海军大元帅大本营公报》第 26 号，1923 年 8 月 31 日，"训令""指令"；《陆海军大元帅大本营公报》第 25 号，1923 年 8 月 24 日，"指令"。
③ 《陆海军大元帅大本营公报》第 27 号，1923 年 9 月 7 日，"训令"；《陆海军大元帅大本营公报》第 28 号，1923 年 9 月 14 日，"指令"。
④ 《陆海军大元帅大本营公报》第 35 号，1923 年 11 月 2 日，"公布"；第 36 号，1923 年 11 月 9 日，"公布"；第 37 号，1923 年 11 月 16 日，"公布"。
⑤ 《陆海军大元帅大本营公报》第 1 号，1923 年 3 月 9 日；第 10 号，1923 年 5 月 11 日，"指令"；《大本营组织系统表》(1923 年 3 月)，《中华民国史档案资料汇编》第四辑（一），第 24—25 页。

(1)监察院第二局审计科

监察院第二局掌理审计事务,下设审计科,"设科长一人为审计长",又设"文牍一人,出外审计员四人,书记二人,什役二人"。审计科"有审核政府一切机关各项收支之权",稽核中央及地方财务收支,并统一管理各官署的簿记表册。审查后,审计科即将审计的情况报告监察院。遇有须惩戒的舞弊事件,由"监察院起诉于惩吏院依法办理"。[①]

广州国民政府1925年7月17日公布的《监察院组织法》规定,监察院第二局审计科掌理如下审计职权:"(一)审查各机关所用之簿记方法是否遵守训练科所议定统一方式。(二)本科有审核政府一切机关各项收支之权。(三)本科设科长一人为审计长,文牍一人出外,审计员四人,书记二人,什役二人。(四)本科派员亲赴各地各机关审查帐项。(五)在广州市内各机关至少一月审查一次,在广州市外各地各机关至少三月派员审查一次。(六)审查后本科即将一切经过情形报告于监察院。(七)无论任何机关均须开列职员俸给表送交本科备案,及后如有新委职员亦宜随时报名以便稽核。(八)本科存有各机关职员俸给表一份以备核对。(九)本科有权查核各机关职员所领薪俸是否依照审定俸给表发给。(十)当本科派员审核各机关时如遇有怀疑及质问,无论任何高级官吏应即予以圆满之答复。(十一)倘经本科查出舞弊事情应即报告监察院,再由监察院起诉于惩吏院依法办理之。"

这一时期审计职权行使的特点包括:(一)审计权为财政统一服务;(二)审计为军事服务;(三)加强审计权的调查功能,"本科派员亲赴各地各机关审查帐项";(四)有再审权和辅助法规的修改权,以及决定赔偿权。[②]

(2)监察院审计职能的行使

1926年10月,《修正国民政府监察院组织法》第1条第5、6项中将监察院职掌的规定包括了审计职权在内,这两项内容为:"五、关于稽核

---

① 《国民政府监察院组织法》(1925年7月17日),《中华民国国民政府公报》第3号,"法规"。

② 《国民政府监察院组织法》,《中华民国国民政府公报》第3号,"法规"。

财政收入支出事项；六、关于官厅簿记方式表册之统一事项。"始将审计事务，明定于监察院职掌之下。①

广州国民政府监察院的审计机构所规定的送审范围和期限，与北京政府审计院基本相同。1927 年初公布的《审计法》规定："监察院关于审计事项，应行审定如左：一、国民政府总决算；二、国民政府所属各机关每月之收支计算；三、特别会计之收支计算；四、官有物之收支计算；五、由政府发给补助费或特与保证之收支计算。"②

广州国民政府规定监察院应掌审计事务的行使方式之一，就是审核预决算。其一，为加强预算审核，特设预算委员会代替财政部或财政厅，先由预算委员会严格审核，然后转送财政部或财政厅。其二，为加强决算审核，特规定："监察院审定各种决算，并就左列事项，编制审计报告书，呈报国民政府。一、总决算及各主管机关决算报告书之金额与财政部金库之计算金额是否相符。二、岁入之征收，岁出之支用，公有物之买卖让与及利用，是否与预算相符。三、有无超过预算及预算外之支出。"这样，既严格了送审制度，又适当减轻了审计机构的工作量和难度。而且，这一时期审计机构对送请审计是相当重视的。1925 年 7 月，各机关的预算数仍未上报，于是监察院审计部门立即催饬各机关迅速送审，以备审查。③

巡回审计是审计权行使的主要形式之一。广州国民政府时期，因辖地有限，审核事宜皆由监察院审计机构自行承担。与此相适应，将巡回审计制度化，规定审计科应派员亲赴各地各机关审查财务账目。并规定，"在广州市内各机关，至少一月审查一次；在广州市外各地各机关，至少三月派员审查一次"，审查之后，"本科即将一切经过情形报告于监察院"。④

---

① 《审计制度》，行政院新闻局 1947 年印行，第 18 页。

② 《审计制度》，第 18 页。

③ 《审计制度》，第 18 页。

④ 《国民政府监察院组织法》(1925 年 7 月 17 日)，《中华民国国民政府公报》第 3 号，"法规"。《修正国民政府监察院组织法》(1925 年 9 月 30 日)，《国民党政府政治制度档案史料选编》(上册)，第 377—378 页。

三、惩戒机构——惩吏院和审政院

（一）惩吏院和审政院

（1）惩吏院

1925 年 6 月 24 日施行的《中国国民党中央执行委员会关于政府改组决议案》中明确规定："设置惩吏院，以委员若干人组织之，惩治官吏之贪污不法及不服从政府命令者。"①

广州国民政府惩吏院设立于 1926 年 1 月，比监察院设立晚半年。根据 1926 年 1 月 23 日公布的《国民政府惩吏院组织法》规定，惩吏院直接受"中国国民党之指导监督与国民政府之命令，掌理惩治官吏事件，惩治官吏法另定之"②。凡官吏违法或失职，均由监察院向惩吏院提起，如《监察院组织法》规定，"倘经本科（审计科）查出舞弊事情，应即报告监察院，再由监察院起诉于惩吏院依法办理之"，经惩吏院独立审理后，判定是否予以惩戒处分。③ 惩吏院的单立既有利于监察院专司纠弹，又有助于惩吏院提高效能。

惩吏院的组织构成。惩吏院置惩戒委员若干人，由委员组成院务会议，即"全院事务由委员组织院务会议公决行之"，并由委员中"互选一人为主席委员"任院务会议主席，其缺席时在出席委员中临时推举一人代理。惩吏院在审理惩戒案件采用合议庭的形式，即惩吏院审理案件以由委员三人至五人"组织之合议庭行之"，"合议庭以主席委员为庭长，主席委员缺席时，以主任该案之惩戒委员代理之"。④

1926 年 5 月 4 日，由广州国民政府委员会议主席汪兆铭和常务委

① 《中华民国史档案资料汇编》第四辑（一），第 36 页。
② 《国民政府惩吏院组织法》（1926 年 1 月 23 日），《民国法规集成》第 2 册，第 261 页。
③ 《国民政府监察院组织法》（1925 年 7 月 17 日），《中华民国国民政府公报》第 3 号，"法规"。
④ 《国民政府惩吏院组织法》（1926 年 1 月 23 日），《中华民国国民政府公报》第 22 号，"法规"。

员胡汉民、谭延闿、伍朝枢、古应芬联名签署,由广州国民政府以中华民国国民政府令宣布:"惩吏院着即裁撤,所有该院一切职掌归审政院办理。"①

(2)审政院

1926 年 5 月 4 日,广州国民政府下令裁撤惩吏院,成立审政院。同日,国民政府又令审政院和监察院各委员说:"查惩吏院现经明令裁撤,另设审政院掌理惩吏及平政事项,惟开办之始事务无多,现值财政困难,该院除委员外一切职员均暂由监察院职员兼任以节经费。"②

根据这些规定,在审政院正式建立前,国民政府就任命邓泽如等 5 人为审政院委员,惩吏院于 5 月 15 日撤销。由于审政院并未正式成立,委员均未就职,故国民政府在上述明令中,令审政院的一切职员(审政院委员除外),均暂由监察院职员兼任。10 月 4 日,国民政府又将尚未正式建立的审政院裁撤,"国民政府审政院着即裁撤",将官吏惩戒权归并到监察院。③

(二) 惩吏院的惩戒程序

广州国民政府的惩戒机构为惩吏院,其惩戒程序为:

(1)监察院"对于官吏认为应付惩戒者,应备文声叙事由,连同证据咨送惩吏院惩戒之";各监督长官"对于所属官吏认为应付惩戒者,应备文声叙事由,连同证据请监察院咨送惩吏院惩戒之"。

(2)惩吏院"接受惩戒事件分配后,应先将原送文件抄送被惩戒人,并指定日期令其提出申辩书,或令其到院面加询问,但有正当事故不能到会时,得委托代理人到会答辩询问。被惩戒人对于指定日期不到会,又不委托代理人,或不依期限提出申辩书者,惩吏院得径为惩戒之议决";惩戒案件"认为有刑事嫌疑者,应交法庭办理"。对于同一行为,已在刑事侦查或审判中,惩吏院不得进行惩戒之审理。

----

① 《中华民国国民政府公报》第 32 号,1926 年 5 月,"命令"。
② 《中华民国国民政府公报》第 32 号,1926 年 5 月,"命令"。
③ 《中华民国国民政府令》(1926 年 10 月 4 日),《中华民国国民政府公报》第 47 号,"命令"。

（3）惩戒院"接受惩戒事件后认为必要时,得呈请国民政府或通知该监督长官先行停止其职务。前项停止职务之官吏,应并停止其俸给。停止职务之官吏未受褫职处分或科刑之判决者,得依第一项程序命其复职"。

（4）实行回避制,"惩吏院委员有应回避者应依刑事诉讼律之规定"。

（5）惩吏院的议决,以出席委员过半数同意而定。

（6）议决后惩吏院"应制作议决书并呈报国民政府",应将"议决书除咨送监察院并传知被惩戒人外",还要送达被付惩戒人所属官署,并呈报国民政府备案,"将其主文或全文登政府公报公示之"。① 这方面的典型事例,就是国民政府惩吏院议决书"惩字第一号",是关于粤汉铁路路警处长周雍能(即周静斋)和粤汉铁路第一区区长周熙春的惩处事项,该议决书全文分"主文""事实"和"理由"等项,并全文照登于《国民政府公报》上。②

（三）惩戒处分

根据 1926 年 2 月公布的《惩治官吏法》,广州国民政府设置的惩戒处分包括:"一、褫职;二、降等;三、减俸;四、停职;五、记过;六、申诫。"各项惩戒处分的具体规定如下:

（1）褫职,即"褫夺其现任之官职"。

（2）降等,"依其现在之官等,降一等改叙。受降等之处分无等可降者减期俸三分之一"。

（3）减俸,"依其现在之月俸减额支给其数为十分之一以上、三分之一以下"。

（4）停职,即"停止一月以上、六月以下职务之执行,并停止俸给"。

（5）记过,"由该管长官登记之,如一年以内受记过处分至三次者,由该管长官依前条之规定减俸"。

（6）申诫,"由惩吏院呈请,国民政府或通知该管长官以命令行之"。③

---

① 《惩治官吏法》(1926 年 2 月 17 日),《中华民国国民政府公报》第 24 号,"法规"。

② 《国民政府惩吏院议决书》(1926 年 5 月),《中华民国国民政府公报》第 33 号,"附录"。

③ 《惩治官吏法》(1926 年 2 月 17 日),《中华民国国民政府公报》第 24 号,"法规"。

第 四 章

"训政"时期南京国民政府的反贪

在中华民国史研究中,一般把 1927 年 4 月南京国民政府建立,至 1947 年 12 月中华民国最后一部宪法实施前这一段时期,称为"训政"时期。其中,全面抗战的八年作为战时特殊体制时期,另行讨论。

第一节 "训政"时期贪腐状况举略

南京国民政府"训政"时期,尤其是全面抗战前,被称为中国现代化进程中的一个"黄金十年"期。然而,这一时期固然是现代化突飞猛进之时,也是贪污腐败横行之际,发生了形形色色的贪腐事件,在此略举其中较为典型者。

一、招商局案——轰动一时的案例

这是在"一·二八"淞沪抗战前后发生的一桩轰动全国的贪污案。

"一·二八"前后,中国的政局发生剧烈震动。1931 年 11—12 月间,蒋介石在南京、胡汉民在广州、汪精卫在上海分别召开三个"中国国民党第四次全国代表大会"后,各方势力有合作的意愿,并一同逼压蒋介石下野、辞去国民政府主席及行政院院长之职。在这种情况下,1931 年 12 月22—29 日,南京、广州和上海三方的中执委和监察委员在南京联合召开了中国国民党第四届第一次中央全会,"推举胡汉民、汪兆铭、蒋中正、于右任、叶楚伧、顾孟余、居正、孙科、陈果夫九同志"为中央执行委员会常务委员;"推举蒋中正、汪兆铭、胡汉民三同志为中央政治会议常务委员"。同时"选任林森同志为国民政府主席","选任孙科同志为行政院院长,陈铭枢同志为行政院副院长……于右任同志为监察院院长,丁惟汾同志为监察院副院长"。蒋介石、胡汉民、汪精卫等均当选为国民政府委员,国民党表面上实现了统一。① 就在此期间发生了招商局案。

国民政府交通部下辖的轮船招商局,原系晚清时期李鸿章委派盛宣怀等人创办的官督商办企业。南京国民政府时期,轮船招商局由李鸿章的孙子李国杰挂名董事长,实际由交通部派人负责管理。"一·二八"前后,正值南京中央政府出现较大人事变动的时期,政局变化较快。行政院副院长陈铭枢兼交通部长,新到任不久,交通部内部也有一些改组举动,新旧交替之际,纷繁复杂的各项事务难免会出现可资利用的空间,故给别有居心者以可乘之机。

轮船招商局董事长李国杰虽然出身名门,但家道已中落,本人又是一个纨绔子弟,在穷困潦倒之际,却还放不下世家子弟的架子,各种花销支出很大,因此也是绞尽脑汁,寻求开辟财源之道。就在这时,新任交通部长陈铭枢的老朋友黄居素在了解招商局情况后,趁机玩弄花招,他为李国杰出谋划策,要他不能只是在招商局挂名,而应该先在招商局谋得实职,再作进一步的打算。他知道李国杰的一个远亲,即李鸿章的旁支后辈李少川,在当年陈铭枢反对袁世凯失败避居上海时,给过陈铭枢很大的帮助,与陈铭枢结成了生死之交,因此,他要李国杰去请李少川向陈铭枢推荐李国杰任招商局总经理。经李少川这一推荐,加之陈铭枢考虑到李鸿

① 中国国民党中央执行委员会秘书处印行:《中国国民党中央党务月刊》第 41 期,1931年 12 月,南京出版社 1994 年影印版,第 2624—2625、2630—2631 页。

— 106 —

章与招商局的历史渊源,便任命李国杰为轮船招商局总经理。1932 年 3 月 24 日,李国杰走马上任后,即与交通部政务次长、招商局监督陈孚木及黄居素商议,对外宣传招商局因缺船、少财、无人,债务不清,亏空巨大,拟借款整顿。随后,李国杰以招商局码头货栈为抵押,向美商中国营业公司借款 1000 万元,他们从中得到好处费 80 万元,黄居素曾提出给陈铭枢 40 万元,陈孚木 20 万元,其余 20 万元打点有关方面。而实际却是陈孚木分得 20 万元,其余均为黄居素卷走。随后,陈孚木和黄居素遁走香港。①

招商局贪污案被揭发出来后,1932 年 11 月 8 日,国民政府行政院议决将招商局完全收归国营。11 月 13 日,行政院长宋子文手谕上海市政府将李国杰扣押查办。15 日,招商局奉国府之命改组,由刘鸿生任总经理,并公布了李国杰违法秘密签订的押款契约,一时之间,舆论大哗,纷纷要求追究责任。李国杰辩称,借款一事经当时的交通部长陈铭枢批准、政务次长陈孚木签字。而实际上,陈铭枢自 1932 年 1 月 4 日就交通部长职后不久,因忙于淞沪抗战之事,极少过问部务,一切皆委托政务次长陈孚木处理,到 6 月更是已辞职不问部事。如前所述,陈铭枢并未参与分赃一事,"不仅陈的友人证明陈未闻此事,接陈任交通部长的朱家骅也否认了李国杰的说法"②。而逃匿在香港的陈孚木则拒不入京,并声称轮船招商局已陷绝境,非抵押借款不足以挽救危机,且已经批准备案。对此,陈铭枢特电陈孚木,要他入京说清楚,好汉做事好汉当,同时,陈铭枢电致南京国民政府,说明情况,并表示如自己有染,愿受严惩。最终,李国杰被判处 3 年徒刑,而陈孚木则始终拒不到案,此事也就如此收场。

二、陈济棠规费事件

1928 年 10 月,国民政府批准李济深辞去广东省政府主席,由陈铭枢继任。12 月,陈铭枢宣誓就职,并随即在广东实行新政,表示要清明政

---

① 陈铭枢:《"宁粤合作"亲历记》,《文史资料选辑》第 9 辑。
② 朱宗震、汪朝光:《铁军名将陈铭枢》,兰州大学出版社 1996 年版,第 119 页。

治,严惩"违法之污吏"。陈铭枢首先从整顿广东"财政"入手,而当时驻广东的地方实力派陈济棠仍力图操控军事费用。陈济棠大肆提用钱款,其中涉及贪污腐败的"规费",为限制陈济棠的政治意图和经济上不可避免存在的贪腐行为,双方发生矛盾。据当时报载:"陈济棠与陈铭枢不对的原因,则又是关乎经济。陈济棠第八路军,不过五师人,照依陆军规制,每月所费不过一百五十万元,而陈济棠在广东,凡中央地方款项皆由陈提用,每月要四百三十万元,尚有广西为其驻地所在,每月可收八十万元,五师人每月要五百多万军费,此岂不是奇异。因陈铭枢在广东任主席,对陈济棠此种行为,未免总有几句闲话,陈济棠因碍陈铭枢,不能予取予求,遂必去陈铭枢而后快。"

这一时期,陈济棠等两广地方实力派暗中与红军联络,准备反蒋,因此,对陈铭枢遵照蒋介石的命令"追剿"红军之举,不予支持。据《申报》报道,"广东方面决意反蒋,陈铭枢不同意,最终导致陈铭枢被排挤出广东。陈铭枢在广东,因陈济棠种种掣肘,剿匪各事俱不能办,早有辞职之意,皆经中央慰留,现在陈铭枢已被迫离开广州"[1]。

陈济棠提款规费事件,可见陈铭枢对政敌和下属的腐化行为或存在贪腐的可能性,是较为重视的。但是,这种重视又与派系势力的扩张、国内政局的变化密切牵连,最终不可能产生明显有效的反贪腐效果。

三、韩复榘"报效案"

韩复榘担任山东省主席期间,表面上重视吏治,惩办贪污,但由于韩复榘本人就大肆贪污受贿,只是其手法较为高明,行动更为隐蔽,因此,上行下效,山东官场表面上官风严肃,信赏必罚,公务人员工作作风干练,实际上贪污的照旧贪污,行贿的照旧行贿,只是行为更隐蔽而已。当时就有评论说:韩复榘"自夸为北方模范省,政治走入正轨,官吏廉洁自持。其

---

① 《申报》1931年5月12日,"要闻"。

实内容糟不可言"①。

韩复榘贪贿的一个重要途径,就是索取报效。根据国民政府公布的韩复榘的罪状,其中之一就是韩复榘"报效案"。山东省政府各厅机关每月政费,除正式开支外,须向韩复榘报效若干,据载每月仅此一项收入就不下 10 万元,这是韩复榘贪贿的主要来源之一。韩复榘手下军队驻防各县,韩复榘为了抚慰其部属,曾将全省的税收机关、矿业机关和各县捐税机关,交由各师师长轮流管理。因此,各师师长皆有所谓"特别收入",他们每月皆从中提出若干报效韩复榘。山东各县新任县长到任前,必须按规定交纳"运动费",一般是一等县 1 万元,二等县 5000 元,三等县 3000元,只有如数缴纳后,始能前往任职。第四,作为肥缺的山东各税局、各税务分局局长之职,各方均竞相追逐,得到此职之前,必须有相当的"贡献",而得任后按例要先缴纳的"运动费"也有明确规定,一般一等局 6000元,二等局 4000 元,三等局 2000 元。韩复榘通过各种途径,"每月营私收入不下七八十万元,数目之巨,实堪惊人也"②。

韩复榘经常到山东各地"出巡",实际上是借巡视之名,行游山玩水、寻欢作乐之实。青岛是他常去的地方,青岛市长沈鸿烈任职 7 年中,供韩复榘到青岛挥霍掉的金钱,仅在青岛和胶济路建设中搜刮、贪污的民脂民膏一项,就达 200 余万元。韩复榘家族在山东统治 7 年,贪污受贿,大肆搜刮民财数目堪称巨额,一种说法是韩氏家族搜刮钱财数在 1 亿元以上。③ 另一种少一点的说法,也是高达 8000 万—9000 万元以上。④

四、黄河赈款案

1935 年夏,山东西部发生黄河大决口,灾区东西长 300 余里,南北宽

---

① 景世仁:《韩复榘祸鲁七年罪恶录》,未藏官铅印本,1939 年,第 20 页。
② 景世仁:《韩复榘祸鲁七年罪恶录》,第 19—20 页。
③ 刘殿桂:《韩复榘轶闻》,山东省政协编《山东文史资料选辑》第 14 辑,第 180 页。
④ 朱民则编辑:《沈鸿烈祸青罪恶录》,沈案查办委员会刊印,1938 年铅印本,第 93、95 页。

70里,灾民达500万—600万人。特大"黄灾"震动全国,作为山东省政府主席的韩复榘救灾职任所在,如不及时救灾,对他在山东的统治不利,为此,韩复榘专门成立了"黄河水灾救灾委员会",多方积极采取措施救灾。同时,他向南京中央政府申请到大笔的赈济款。

即使在赈灾的重要时刻,韩复榘仍不忘以"以工代赈"名义,将南京方面先后4次拨付的32.4万"黄灾"赈灾款贪污,"此款到鲁后,仅发放一小部分,其余经韩以'以工代赈'之美名,悉数饱入私囊。直至秋凉,决口尚未合拢,而灾民较前愈多"①。由于韩复榘做得极为隐蔽,故韩复榘反而因积极救灾获南京中央政府通电嘉奖:"该主席筹集赈款,并捐廉为倡,分区救济,擘画周详,用能绥辑流亡,安定地方,厥功甚著。"②韩复榘贪污中饱、大发民难财之举令人发指,这一贪污赈款案,在韩复榘被定罪枪毙后才揭露出来。

五、周宗尧伪造印花税票案

韩复榘的大太太高艺珍身为山东省主席夫人,经常过问省政,能当"半个家",因此,一些贪官污吏希望能以她做靠山,故常与她私相结纳,而她也常与这些官吏串通,作奸犯科,贪污受贿。高艺珍住在省府东大楼,故当时山东官场将与高艺珍打通关系,称为走"东大楼路线"③。山东印花烟酒事务局局长周宗尧伪造印花税票一案就是"东大楼路线"典型案例。

周宗尧是韩复榘的老部属,因参加了"甘棠东进"的行列,得到韩复榘的优遇,韩复榘出任山东省主席后,就任命他为山东印花烟酒事务局局长(也称"山东省印花税局局长"),由南京财政部批准加委。

当时,南京国民政府规定,一切书面证明包括"订婚、结婚证书,小

---

① 景世仁:《韩复榘祸鲁七年罪恶录》,第69页。

② 《山东省政府公报》第373期,1936年2月16日。

③ 王慰农:《韩复榘统治下的济南见闻》,参见全国政协文史资料研究委员会编《文史资料选辑》第18辑,第210页。

学、中学、大学毕业证书等等",以及"钱款在 1 元以上的发货票"等都要纳税、贴印花,否则即为犯罪,而韩复榘在山东施行所谓严刑峻法,严密的措施使偷漏印花税者无机可乘,故山东的印花税收大大超过了南京政府财政部所定的定额。周宗尧见这么一大笔收入,认为有机可乘,便走"东大楼路线",向高艺珍献策,"秘密仿造南京财政部制发的印花税票,在山东推销",可使大批钱款不必全部解送南京,从中攫取巨额利益。高艺珍便与周宗尧勾结起来,大肆贪污舞弊。

1933 年春,山东伪造印花税票案被南京发觉,南京国民政府财政部即咨文山东省政府,并"附有周宗尧伪制从一分到五元的印花税票一套",要求韩复榘彻查此案,并将周宗尧解送南京归案法办。韩复榘从高艺珍处得知原委后,唯恐周宗尧被押解到南京后将内幕供出,连累自己,危及自己在山东的统治,便逼迫周宗尧吞食鸦片自杀。事后,韩复榘咨复南京财政部称"周局长畏罪自杀,伪造印花税票一案无从查究",此事也就不了了之。①

六、张绍棠、李树春卖官案

山东官场贪污腐化的代表人物除韩复榘家族外,以财政厅长王向荣和省府秘书长张绍堂最为突出。由于这二人占据重要职位和手握大权,故各级官吏竞相向他们行贿。张绍堂作为山东省政府秘书长,位高权重,他一手控制着省府的来往函文,凡来文均需经他先行审阅再呈省主席韩复榘,可谓"大权在握,山东省政府的政令,几乎由他一人包办"。

张绍堂还把持县一级官吏的任用,"本来各县县长应归民政厅管理的,但当时山东各县县长的委派和撤换,大都操于张绍堂之手,而李树春的民政厅却成了公文呈转的收发室。张大肆贪污,当时的县长没有一个不给他行贿送钱,所谓'贿赂公行'是一点不假。除了上任时要钱,平时遇节送礼也要钱"。当他发现有向其行过贿的县长或局长被控告后,即

---

① 王慰农:《韩复榘统治下的济南见闻》,《文史资料选辑》第 18 辑,第 210—211 页。

行通知被告官吏本人自行了结,而控告信件或被毁掉,甚或寄给被控官吏本人处理。也正由此,张绍堂可谓是山东全省出名的卖官鬻爵的"能手"。[1] 公务员到省办事,必先向张绍堂行贿,然后他才会受理。1937年4月,莘县王县长查获一批毒品,报省核示。省府令王县长进省面陈并领奖,由于王县长未按张绍堂的意思向其行贿,结果到省府后被张斥退。由此可见张绍堂索贿受贿之一斑。

张绍堂卖官鬻爵、贪污索贿的另一个手法,就是每逢新县长、新局长赴任前向他这位秘书长请训时,张绍堂"一定推荐一两个亲友或同乡"给请训的县、局长做下属,"并且声明职位不要高了,报酬不要多了,现在人不在济南,过些日子才能到差,其实并无其人,也永不会到差",这只是张绍堂"托词向地方官吏征收保险费罢了"。而一般的县、局长们为替自己找一个"保护伞",也"乐得每月破费百八十元,从此有人担保自己,虽贪污渎职,也没有被控撤职的风险,是一种双方有益,彼此心照不宣的事"。据估算,"山东一百另八县,每县每月按百元计算,张绍堂每月可得万元以上。张作秘书长是与韩作主席相终始的,前后七年有余,张绍堂只这项收入就攫取近百万元"。[2] 此外,张绍堂还与地方官吏、军队将领大肆走私,以及利用家中的红白喜事索贿受贿,所得不计其数。

山东省政府的民政厅长李树春,掌管着全省县长的任免、外迁、调补大权,虽然实际大权由张绍堂控制,他毕竟是主管厅长,所以,那些县官们"行贿时有张绍堂一份,也不能不送李树春一份"[3]。

七、陈诚的军队"经济公开"和对陋规的妥协

陈诚是蒋介石的亲信,在中原大战后统辖蒋介石嫡系第十八军,以严格治军并标榜治军"三公开"即"经济公开""用人公开""意见公开"著

---

① 张希由:《治鲁政闻》,全国政协文史资料研究委员会、山东政协文史资料研究委员会编《一代枭雄韩复榘》,中国文史出版社1988年版,第78页。

② 王慰农:《韩复榘统治下的济南见闻》,《文史资料选辑》第18辑,第216页。

③ 张希由:《治鲁政闻》,《一代枭雄韩复榘》,第79页。

称。陈诚治军敢于实行"三公开",内部的基础就是他对于本部队应得之兵饷份额和经济待遇,竭尽全力来争取;同时,执行上级规定的制度较其他部队更为坚决,故能争取到足额的军饷。九一八事变后,军政部迫于财政紧缩,为压缩开支,规定给各级官兵只发"国难饷",将官、校官、尉官的薪饷,分别打对折、六折、七八折不等,士兵饷金酌减,行政办公费减半。陈诚严格执行该规定,但是,对薪饷按月发清,决不拖欠。①

国民党军队中历来贪污成风,部队主管长官"吃空额"已成惯例。陈诚虽有心对"吃空额"严加控制,但是,也不得不对这种贪污舞弊的陋习作出妥协,允许所部各级军官申报空额,同时又作出了严格的限制,只允许一个很小的额度,这也是当时国民党军队中一般要求较为严格的部队的例数:连长为2名,营长为3—4名,团长为8—10名,旅长则不准超过8名。同时规定,逃兵限于24小时之内上报,否则以吃缺额论处;各连队的伙食,由全体士兵轮流采购,并公布采购账目,以杜绝贪污,一旦发现有贪污行为,多处以死刑。② 各部队长在调离原职办理移交手续时,必须把部队的公积金一并移交。各部队长凡不遵守这一规定者,轻则撤职,重则枪决,他还鼓励全体官兵揭发违反军纪、贪污舞弊者。不过,对军队贪腐行为的原则性妥协是致命的,绝非小修小补能挽救一二。

第二节 "训政"时期的反贪法规

1928年6月,南京政府北伐"统一"后,国民党内各军事政治派系的争夺又趋激烈。蒋介石派、汪精卫派、改组派、再造派、西山会议派、三民主义大同盟等,为夺取国民党中央大权而争夺。四大军政集团,蒋介石系、冯玉祥系、阎锡山系、桂系围绕中央领导权、势力范围和全国军队的裁

---

① 方耀:《陈诚其人其事》,《杭州文史资料》第3辑。

② [美]黄仁宇:《从大历史角度读蒋介石日记》,中国社会科学出版社1998年版,第225—226页。

兵编遣等问题，也展开了激烈的斗争。蒋介石为夺取中央领导权，削弱其他各派实力，以实现孙中山"建国大纲"为幌子，提出"统一军政""实施训政"的口号。

一、"训政"时期根本大法的反贪原则

（一）《训政纲领》和《训政时期约法》的反贪精神

1928年8月，国民党二届五中全会发表宣言，声称"本会议举行于训政开始之际……根据总理建国大纲，设立行政、立法、司法、考试、监察五院，逐渐实施，并决定迅速起草约法，预植五权宪法之基础"①，依照孙中山遗训，实施"训政"，制订"训政"时期约法。

10月3日，国民党中央第172次常务会议通过、国民政府公布施行《训政纲领》，规定："（一）中华民国于训政期间，由中国国民党全国代表大会代表国民大会领导国民，行使政权。（二）中国国民党全国代表大会闭会时，以政权托付中国国民党中央执行委员会执行之。（三）依照总理建国大纲所定选举、罢免、创制、复决四种政权，应训练国民逐渐推行，以立宪政之基础。（四）治权之行政、立法、司法、考试、监察五项治权付托于国民政府，总会而执行之，以立宪政时期民选政府之基础。（五）指导、监督国民政府重大国务之施行，由中国国民党中央执行委员会政治会议议行之。（六）中华民国国民政府组织法之修正及解释，由中国国民党中央执行委员会政治会议议决行之。"②

10月8日，南京国民政府公布《中华民国国民政府组织法》，规定："国民政府总揽中华民国之治权"，由行政院、立法院、司法院、考试院、监察院五院组成。并述制定之宗旨："中国国民党本革命之三民主义、五权宪法建设中华民国，既用兵力扫除障碍，由军政时期入于训政时期，允宜

---

① 《第二届中央执行委员会第五次全体会议宣言》（1928年8月15日），《中国国民党历次代表大会及中央全会资料》上册，光明日报出版社1985年版，第534页。

② 《训政纲领》（1928年10月3日），上海《中央日报》1928年10月4日。

建立五权之规模,训练人民行使政权之能力,以期促进宪政,奉政权于国民。兹谨本历史上所授予本党指导、监督政府之职责,制定国民政府组织法。"①这些规定都体现出了一些权力制衡,防止权力贪腐的原则。

1929 年 6 月 15 日,国民党三届二中全会作出《训政时期之规定案》,明确"训政时期规定为六年,至民国二十四年完成"②。1931 年 3 月 2 日,国民党中央通过蒋介石提交的《训政时期约法案》,并派吴稚晖等 11 人组成约法起草委员会。

1931 年 5 月 5 日,国民会议在南京召开。6 月 1 日,国民会议制定并通过了《中华民国训政时期约法》(8 章 89 条),以国家"根本大法"的形式,正式规定了国民党一党专政的政治体制,国民政府的五院制("国民政府设行政院、立法院、司法院、考试院、监察院")本应体现的"五权分立"之义,正在失去孙中山创立它时原有的意义。同时,《约法》还明文规定:"行政、立法、司法、考试、监察五种职权由国民政府行使之";"选举、罢免、创制、复决四种政权之行使,由国民政府训导之";"国民政府设主席一人,委员若干人。由中国国民党中央执行委员会选任委员名额,以法律定之"。这也在一定程度明确预防权力贪腐的原则,并设立监督机制。这是一种权力的矛盾体,蒋介石虽确立了国民党一党独裁的政府体制,但五院制衡体制毕竟在客观上又体现出了一些反对权力贪腐的原则精神。③

(二)《五五宪草》的反贪原则

九一八事变爆发后,中国面临着空前严重的民族危机。为动员社会各阶层,使全国人民都能发挥抗御外侮的力量,全国各社会阶层和团体强烈要求国民党当局结束"训政",实行"宪政",开放民主,全民族共议拯救

---

① 《中华民国国民政府组织法》(1928 年 10 月 8 日),《中华民国国民政府公报》第 99 号,"训令"。

② 《训政时期之规定案》,《中国国民党历次代表大会及中央全会资料》上册,第 759 页。

③ 《中华民国训政时期约法》(1931 年 6 月 1 日),《中华民国史档案资料汇编》第五辑第一编,政治(一),江苏古籍出版社 1994 年版,第 270—271、274 页。

国难之道。在这种压力下，国民党于 1932 年 12 月在南京召开四届三中全会，集中讨论抵御外侮和筹备宪政问题。会上作出了《集中国力挽救危亡决议案》，指出"拟定（民国）二十四年三月开国民大会，议决宪法，并决定宪法颁布日期。立法院应速起草宪法草案发表之，以备国民之研讨"①。1933 年 1 月 20 日，立法院会议指定组成由孙科任委员长的宪法起草委员会，1936 年 5 月 5 日宪法草案公布，习称《五五宪草》。

《五五宪草》虽然依据一般宪法的规制，写上"中华民国为三民主义共和国""中华民国之主权属于国民全体"等虚饰之语，但《五五宪草》所确定的中央政府体制是总统独裁制。在《宪草》中将总统地位规定为既是国家元首又是政府首脑："总统为国家元首，对外代表中华民国"；"总统依法任免文武官员"。也就是说，总统任命行政院长不必经国民大会同意，行政院长对总统负责而不是对国民大会负责，"行政院设院长、副院长各一人，政务委员若干人。由总统任免之"；"行政院院长、副院长、政务委员、各部部长、各委员会委员长，各对总统负其责任"；"总统得召集临时国民大会"。总统有发布紧急命令及为紧急处分之权，并且不必事先取得议事机构（如立法院）的同意，即："国家遇有紧急事变或国家经济上有重大变故，须为急速处分时，总统得经行政会议之议决，发布紧急命令，为必要之处置。但应于发布命令后三个月内提交立法院追认"；"总统得召集五院院长，会商关于两院以上事项及总统咨询事项"②。由于《五五宪草》是把总统置于中央政治体制中最高操纵者的地位。

《五五宪草》是国民党政权为了巩固其所代表的统治集团的利益并强化其统治而一手包办的宪法草案，其基本制度是为确立国民党一党专政和蒋介石个人独裁而制定的。不过，正因为《五五宪草》是《训政时期约法》的延续，不得不部分地体现孙中山"五权分立"原则，确立五院体制，尤其在第 3 章"国民大会"和第 4 章"中央政府"第 6 节"监察院"的设置上，有较突出的表现，客观上仍部分地体现了反贪原则。

---

① 《中国国民党历次代表大会及中央全会资料》下册，第 180—181 页。
② 《中华民国宪法草案》（1936 年 5 月 5 日），《中华民国史档案资料汇编》第五辑第一编，政治（一），第 275—288 页。

《五五宪草》的规定中,国民大会的职权具有对最高权力的监督、制约的性质。如"国民大会之职权"中规定:"一、选举总统、副总统,立法院院长、副院长,监察院院长、副院长,立法委员,监察委员。二、罢免总统、副总统,立法、司法、考试、监察各院院长、副院长,立法委员,监察委员。三、创制法律。四、复决法律。五、修改宪法。六、宪法赋予之其他职权。"①

对"监察院"职掌权限的规定:"监察院为中央政府行使监察权之最高机关,掌理弹劾、惩戒、审计,对国民大会负其责任";"监察院为行使监察权,得依法向各院、各部、各委员会提出质询"。

对提起弹劾的一些原则规程规定往往较为严格,带有一定限制性:(1)"监察院对于中央及地方公务员违法或失职时,经监察委员一人以上之提议,五人以上之审查决定,提出弹劾案。但对于总统、副总统及行政、立法、司法、考试、监察各院院长、副院长之弹劾案,须有监察委员十人以上之提议。全体监察委员二分之一以上之审查决定,始得提出"。(2)"对于总统、副总统,立法、司法、考试、监察各院院长、副院长之弹劾案,以前条规定成立后,应向国民大会提出之。在国民大会闭会期间,应请国民代表依法召集临时国民大会,为罢免与否之决议"。(3)规定了对监察委员的保护性措施:"监察委员于院内之言论及表决,对外不负责任""监察委员除现行犯外,非经监察院许可不得逮捕或拘禁"。② 这就从根本大法上为这一时期的监察制度相关法规的制定,定下了基调。

二、"训政"时期反贪刑事和行政法规

(一)《刑法》中的反贪规定

蒋介石发动四一二反革命政变,建立南京国民政府后,在立法尤其是

---

① 《中华民国宪法草案》,《中华民国档案资料汇编》第五辑第一编,政治(一),第278页。

② 《中华民国宪法草案》,《中华民国史档案资料汇编》第五辑第一编,政治(一),第278、282—283页。

刑事立法上,广泛宣称以"三民主义"为指导思想和理论依据,"以三民主义立法"为"最高立法原则"。同时,南京国民政府还标榜"参酌世界立法趋势","采择世界各国最新立法例"来进行立法,尤其要"依据最新刑法学说"来进行刑事立法。

(1)1928 年刑法典与 1935 年刑法典的制定

南京国民政府建立后,鉴于 1918 年制定的《刑法第二修正案》未颁布施行,而现行的《暂行新刑律》自施行以来,"法定刑期又极广漠,法官援用时无一定标准,遂得自由裁量、任意出入,致有畸轻畸重之嫌",为贪赃枉法者提供了机会,也不适应社会发展、犯罪事实亦日新月异的情况,由南京政府司法部长王宠惠将《改定刑法第二次修正》详加研究,认为大致妥善,略予增损,编成《刑法草案》,由国民政府发交国府委员伍朝枢、最高法院院长徐元诰会同王宠惠审查,均认为该草案各编各章于中西法学家学说及一切现情,斟酌损益,折中至当,可予以公布施行。① 1928 年3 月,中央常务委员会通过《刑法》全案,交由国民政府公布于 7 月 1 日起施行,这部《中华民国刑法》,一般称为"1928 年刑法典"。② 为辅助《刑法》的施行,国民政府还于 1928 年 6 月,制定公布了《中华民国刑法施行条例》。③

1928 年颁行的《中华民国刑法》,以《暂行新刑律》及前各刑法草案为基础,参酌损益,折衷至当,较前更为完备而进步。只是条文仍嫌繁复,施行以来执行中出现的疑问,各地法院函电纷请司法当局或最高法院解释者,纷至沓来,而短期自由刑易科罚金之制,亦未采用,致各监狱有轻犯人满之患,时移世易,刑事政策应随之变更。此外,1928 年刑法典颁行后国民政府制定的各种刑事单行法规,层见叠出,歧异纷生,尤应划一,故《刑法》实有修订的必要。国民政府立法院成立后,积极编纂各重要法

---

① 参见谢振民编著,张知本校订《中华民国立法史》,第 903 页。

② 《中华民国刑法》(1928 年 3 月 10 日),《中华民国国民政府公报》第 43 号,"法规",第1—64 页;彭明主编:《中国现代史资料选辑》第三册,中国人民大学出版社 1988 年版,第 28—30 页。

③ 《中华民国国民政府公报》第 65 号,1928 年 6 月,"法规"。

典,至 1931 年,民、商、劳工、土地、自治各法,均先后完成,为了使各法典之间互相协调配合,使法律制度和司法实践得以统一,立法院于 1931 年 12 月指定立法委员刘克俊、史尚宽、郗朝俊、蔡渲、罗鼎组织刑法起草委员会,草拟《刑法修正案》,后又特加派委员徐元诰、赵琛、盛振为、瞿曾泽等会同起草。至 1933 年 12 月间完成《刑法修正案初稿》(2 编 48 章,共 345 条)。经向各方征求意见,1934 年 10 月,刑法起草委员会修改完成《刑法修正案》("总则编" 12 章 97 条、"分则编" 35 章 253 条,共 350 条)。1935 年 1 月 1 日公布修订《中华民国刑法》,同年 7 月 1 日施行,一般称之为"1935 年刑法典"。

(2) 1935 年刑法典与 1928 年刑法典的反贪腐规定及比较

① 1935 年《刑法》第一编"总则"第 1 章"法例"主要规定了刑法适用的范围,第 5 条涉及有关贪腐的职务性违法失职行为有:"本法于凡在中华民国领域外犯左列各罪者适用之:一、内乱罪。二、外患罪。三、伪造货币罪。四、伪造有价证券罪。五、伪造文书印文罪。六、妨害自由罪。……"第 6 条规定:"本法于中华民国公务员在中华民国领域外犯左列各罪者适用之:一、渎职罪。二、脱逃罪。三、伪造文书罪。四、侵占罪"①。

在《刑法》第二编"分则"中涉及贪污腐败行为的罪章主要有:第 2 章外患罪(包括《暂行新刑律》中的外患罪和漏泄机务罪),有些条款属于一般性涉及贪腐行为,详见下述具体罪名之界定及相关惩罚的规定。

② 在 1935 年《刑法》第二编"分则"中涉及贪污腐败行为的罪章及刑事惩罚规定。关于惩处贪腐行径的刑事规定主要、具体地体现在以下各章、各项规定中,主要有:

第 4 章"渎职罪"。第 121 条规定,"公务员或仲裁人对于职务上之行为要求期约或收受贿赂或其他不正利益者,处七年以下有期徒刑,得并科五千元以下罚金。犯前项之罪者所收受之贿赂没收之。如全部或一部

---

① 《中华民国刑法》(1935 年 1 月 1 日),《中华民国史档案资料汇编》第五辑第一编,政治(一),第 460 页。

不能没收时，追征其价额"；第122条规定，"公务员或仲裁人对于违背职务之行为要求期约或收受贿赂或其他不正利益者，处三年以上十年以下有期徒刑，得并科七千元以下罚金。因而为违背职务之行为者，处无期徒刑或五年以上有期徒刑，得并科一万元以下罚金。对于公务员或仲裁人关于违背职务之行为，行求期约或交付贿赂或其他不正利益者，处三年以下有期徒刑，得并科三千元以下罚金。但自首者减轻或免除其刑，在侦查或审判中自白者得减轻其刑。犯第一项或第二项之罪者，所收受之贿赂没收之。如全部或一部不能没收时，追征其价额"；第123条规定，"于未为公务员或仲裁人时，预以职务上之行为要求期约或收受贿赂或其他不正利益，而于为公务员或仲裁人后履行者，以公务员或仲裁人要求期约或收受贿赂或其他不正利益者"；第129条规定，"公务员对于职务上发给之款项物品明知应发给而抑留不发或克扣者亦同"。

第6章"妨害投票罪"。第143条规定，"有投票权之人要求期约或收受贿赂或其他不正利益而许以不行使其投票权或为一定之行使者，处三年以下有期徒刑，得并科五千元以下罚金。犯前项之罪者，所收受之贿赂没收之。如全部或一部不能没收时，追征其价额"；第144条规定，"对于有投票权之人行求期约或交付贿赂或其他不正利益，而约其不行使投票权或为一定之行使者，处五年以下有期徒刑，得并科七千元以下罚金"；第145条规定，"以生计上之利害诱惑投票人不行使其投票权或为一定之行使者，处三年以下有期徒刑"；第146条规定，"以诈术或其他非法之方法使投票发生不正确之结果或编造投票之结果者，处五年以下有期徒刑。前项之未遂犯罚之"。①

第31章"侵占罪"。第335条规定，"意图为自己或第三人不法之所有而侵占、自己持有他人之物者，处五年以下有期徒刑、拘役或科或并科一千元以下罚金。前项之未遂犯罚之"；第336条规定，"对于公务上或因公益所持有之物犯前条第一项罪者，处一年以上七年以下有期徒刑，得并科五千元以下罚金。对于业务上所持有之物犯前条第一项之罪者，处

---

① 《中华民国史档案资料汇编》第五辑第一编，政治（一），第475—477、479页。

六个月以上五年以下有期徒刑,得并科三千元以下罚金。前二项之未遂犯罚之";第 337 条规定,"意图为自己或第三人不法之所有而侵占遗失物、漂流物或其他离本人所持有物者,处五百元以下罚金"。

第 34 章"赃物罪"。第 349 条规定,"收受赃物者,处三年以下有期徒刑、拘役或五百元以下罚金。搬运、寄藏、故买赃物或为牙保者,处五年以下有期徒刑、拘役或科或并科一千元以下罚金。因赃物变得之财物以赃物论",等等。①

③1935 年刑法典与 1928 年刑法典的差异,涉及反贪污腐败行为的,如有:

在第一编"总则"中,公务员在国外犯公务上之侵占罪,亦应依我国刑法处罚,1935 年《新刑法》特增入第 6 条,而 1928 年刑法典"总则"第 6 条中,只规定有"渎职罪""脱逃罪"和"伪造文书罪"的惩处规定,无"在国外犯公务上之侵占罪"一项之规定。②

1935 年《新刑法》第二编"分则"第 122 条规定,贿赂罪每因授受同科,不易发觉,《新刑法》特将对于公务员职务上行为之行贿罪删去。至于对于公务员违背职务行为之行贿罪,并设自首减轻或免除及自白得减之规定,俾使贪污腐败案件,易于发觉,以期收弊绝风清之效。《新刑法》第 125 条,针对 1928 年《旧刑法》第 133 条仅"有追诉犯罪职务之公务员"的范围规定稍狭,《新刑法》将"有处罚犯罪职务之公务员"一并加入。③

至于因滥用职权被逮捕或羁押者,情节亦极重大,不可不加处罚,《新刑法》并增定之。《新刑法》第 131 条,针对《旧刑法》对"公务员对于主管或监督之事务直接或间接图利"之罪,没有制定没收所得利益及追征价额之规定,有疏漏之点,《新刑法》特增订"犯前项之罪者,所得之利

---

① 《中华民国史档案资料汇编》第五辑第一编,政治(一),第 505—506、507 页。

② 《中华民国史档案资料汇编》第五辑第一编,政治(一),第 460 页;《中华民国刑法》(1928 年 3 月 10 日),《中华民国国民政府公报》第 43 号,"法规",国民政府秘书处 1928 年 3 月印行,第 1—2 页。

③ 《中华民国国民政府公报》第 43 号,"法规",第 25—26 页;《中华民国史档案资料汇编》第五辑第一编,政治(一),第 476 页。

益没收之。如全部或一部不能没收时,追征其价额"。① 公务员渎职者,如不严加处罚,则吏治永无澄清之望,《新刑法》除酌加公务员犯罪条文外,对于公务员之处罚量刑加重。《旧刑法》第 130 条规定,"有审判职务之公务员或公断人,对于处理或审判之法律事件,要求期约或收受贿赂或其他不正利益者,处三年以上十年以下有期徒刑,得并科五千元以下罚金"。对于这类特别受贿罪,《新刑法》以一般受贿罪处刑业已加重,并将"公断人"改为"仲裁人",分别规定于各关系条文中,故将该条删去。②

1935 年《新刑法》第 137 条规定,考试为国家要政,对"以诈术或其他非法之方法使其(指考试)发生不正确之结果者"等舞弊情事,自应处罚,分别情况"处一年以下有期徒刑、拘役或三百元以下罚金",《新刑法》特增订之。③

(二) 特别刑事单行法规

(1)对刑事单行条例的规范

自《中华民国刑法》(1928 年刑法典)施行后,各种特别刑事法令,仍多继续有效,并迭有颁行。为了规范、统一国家律令,在 1932 年 3 月 1—6 日于洛阳召开的四届二中全会上,刘守中等 15 名委员联名提议"划一刑法案",戴传贤等 12 名委员又联名提议"划一刑法(补充办法)案"。④全会于第二次会议决议:"交政治会议,将各种特别法分别废止,如确非得已而必需暂留者,应明定施行期间。"经审议,中央政治会议于 4 月 2 日提交第 28 次临时会议决议:"《惩治绑匪条例》《惩治土豪劣绅条例》《暂行特种刑事诬告治罪法》《贩运人口出国治罪条例》,均照审查意见废止,交国民政府执行。"国民政府随即于 1932 年 4 月 15 日命令将各特别法

---

① 1928 年刑法典涉及此款的是第 129 条,不过正如文中所说,其缺点在 1935 年刑法典中,已在一定程度上得到了弥补。《中华民国国民政府公报》第 43 号,"法规",第 25 页;《中华民国史档案资料汇编》第五辑第一编,政治(一),第 477 页。

② 《中华民国国民政府公报》第 43 号,"法规",第 25 页;《中华民国史档案资料汇编》第五辑第一编,政治(一),第 475—477 页。

③ 《中华民国国民政府公报》第 43 期,"法规",第 27—28 页;《中华民国史档案资料汇编》第五辑第一编,政治(一),第 478 页。

④ 《中国国民党历次代表大会及中央全会资料》下册,第 154、164 页。

"均着废止"。《禁烟法》交立法院修正,而《危害民国紧急治罪法》《惩治盗匪暂行条例》亦尚未可遽废,仍应继续施行。①

1932年12月15—22日,中国国民党第四届中央执行委员会第三次全体会议在南京召开。李绮庵等委员向四届三中全会提交"澄清吏治案",提议"澄清吏治,为当今要图,交政治会议从速妥拟办法,切实施行";石瑛等8名委员提出"切实惩治贪污,以砺廉隅,而崇法治案",均于19日决议通过,并议交中央政治会议从速妥拟办法,切实施行。② 中央政治会议交由法制政治报告两组审查后提出第437次会议决议,关于官吏的刑事制裁,究竟应否于现行刑法之外另定特种刑法,交立法、司法两院会核,并录案函由国民政府令立法院遵办。

中央政治会议决议以上各案,立法院先后交付刑法起草委员会审查后认为,刑法现正积极修改,应将渎职罪分别酌量加重,无再行制定制裁官吏特别刑法之必要。经立法院会议议决照审查意见通过。因此,自1916年7月《官吏犯赃治罪法》废止以来,逐步将关于一般官吏刑事制裁之特别法及其有关规定,纳入刑律之中。

1928年6月,国民党中央执行委员会根据江苏省党务指导委员会颁布《党员诬告反坐条例》的呈请,以保障党员忠实,提请常会决议,交中央组织部起草,该部以制定此项条例系属立法范围,应由政府会议交法制局起草,并拟具《特种刑事诬告反坐条例草案》,以供参考。7月,法制局参照中央组织部所拟草案,拟就《暂行特种刑事诬告治罪法草案》(8条),规定凡犯特种刑事诬告罪者,不仅党员或对于党员,即非党员对于非党员,亦得依本法治罪。③ 1932年4月15日,国民政府明令公布废止此草案。④

---

① 《中华民国国民政府公报》洛字第5号,"法规",第16页;《中国国民党中央党务月刊》第42、43、44期合刊本,1932年3月,第12页。

② 《第四届第三次中央全会决议案》,《中国国民党历次代表大会及中央全会资料》下册,第190、206页。

③ 《暂行特种刑事诬告治罪法草案》(1928年7月24日),《中华民国国民政府公报》第78号,"法规"。

④ 《中华民国国民政府公报》洛字第5号,国民政府文官处印铸局1932年4月20日印行,"令"。

（2）《惩治贪官污吏暂行条例》

1931 年 10 月，国民政府西南政务委员会颁布了《惩治贪官污吏暂行条例》，以示整肃吏治之意。

《惩治贪官污吏暂行条例》对贪污、受贿、扰乱金融图利等罪行处罚严厉。其一，"凡公务员犯左列条款之罪者处死刑：一、收受贿赂者；二、操纵或投机买卖纸币图利自己或扰乱金融"。其二，"依本条例执行死刑得用枪决"，"凡依本条例判决死刑案件非呈经国民政府西南政务委员会核准后不得执行。前项呈报之案如西南政务委员会认为有疑义时得交复审或认为情节较轻者，亦得饬送司法机关依普通刑法审判"。其三，对贪污犯之审判机关专门规定，"公务员犯前条之罪，由国民政府西南政务委员会或委托地方最高机关组织特别法庭审判之。特别法庭组织另定之"。其四，在《刑法》与单行条例之关系上，该《暂行条例》明文规定，"除本条例有特别规定外，现行刑法仍得适用"。①

1932 年 2 月 4 日，国民党中央政治会议通过《严惩商店与政府机关交易私给回扣案》《贪赃惩治法案》，规定："公务员回扣者，以舞弊治罪，共同舞弊之商店，亦以犯罪论。"②

（三）反贪行政法令和法规

"训政"时期的南京国民政府，各种反贪行政法令和法规的制订颁布，一定程度上体现国民政府从制度建设层面反对贪腐的政措和决心。

（1）《刷新政治案》和《惩治贪官污吏办法纲要》

中原大战结束后，1930 年 11 月，国民党三届四中全会在南京召开，会议主要讨论了召开国民会议，制定约法等问题。11 月 17 日，全会议决通过《刷新中央政治，改善制度，整饬纲纪，确立最短期内施政中心，以提高行政效率案》，明确提出应严厉惩戒贪污腐败行为。

---

① 《惩治贪官污吏暂行条例》(1931 年 10 月，国府西南政务委员会公布)，《民国法规集成》第 66 册，黄山书社 1991 年影印版，第 55 页。
② 韩信夫、姜亮夫主编：《中华民国大事记》第 3 册，中国文史出版社 1997 年版，第 154 页。

其乙项"关于肃正纲纪与刷新政治之方案"的第9款中规定："由立法院另定贪赃惩治法,规定凡官吏收受赃贿或侵蚀公款在金额若干元以上查有实据者,由国民政府按非常程序处以无期徒刑或死刑,仍查抄其财产。"并规定："限期成立监察院,实行监察职权,并订定监察人员失察、失职之惩戒条例。"

在财务方面,"限期成立主计处,直隶于国府。凡中央各机关一律限于十二月底以前,地方政府限于二十年(1931年)三月以前,造齐本会计年度之机关预算及其主管范围内之预算,呈请国民政府核定。此后各机关之收支计算书及附属单据,必须依法造送,呈请审核。违者分别申诫或撤惩其主管长官。经审核而查有不符法令手续之支出或舞弊浮冒之证据者,由审计机关呈请监察院办理之"①。

这一决议案由中央政治会议议交法律组审查,该法律组审查后作出三项法律规定："(一)凡公务员收受赃贿或侵蚀公款,其金额未满1000元者,拟请依刑法渎职罪加倍治罪,金额在1000元以上者,得处以无期徒刑,除追赃外,并查抄其财产;(二)关于公务员收受赃贿或侵蚀公款之案件,拟请以高等法院为第一审;(三)行贿人于犯罪未发觉以前自首者,拟请免除其刑。经提会议决通过,函由国民政府令交立法院遵照办理。"②

法律组的审查结果经立法院会议讨论,议决交付法制委员会审查。该法制委员会审查认为,以刑法不日即行修改,关于惩治贪赃罚则,可于刑法内详加规定,无另订特别法之必要。立法院会议按照法制委员会的审查意见议决通过,于1932年4月6日呈复南京国民政府转函中央政治会议查核,经中央政治会议议决："立法院呈称关于刷新中央政治案内另订贪赃治罪法一案……可于刑法中规定,似无另订贪赃治罪法之必要。"5月17日,中央政治会议复据委员顾祝同关于"整饬吏治,首须严惩贪污"的提议,"谨拟《惩治贪官污吏办法纲要》,请核议施行"案,即并案提出讨论决议："(一)整饬吏治,首须正本清源,于考试、铨叙、监察注意应

① 《第三届第四次中央全会决议案》,《中国国民党历次代表大会及中央全会资料》上册,第919—920页。

② 谢振民编著,张知本校订:《中华民国立法史》,第945—946页。

由国民政府饬考试、监察两院切实办理。（二）中央于最高法院设惩治贪污专庭，以最高法院院长为庭长，行政院代表、监察院代表参加组织之。（三）省于高等法院设惩治贪污专庭，以高等法院院长为庭长，省政府代表参加组织之。（四）凡犯贪污罪情节重大者，得处死刑或无期徒刑。"此决议案第2项至第4项，经国民政府令交立法院办理。①

这反映出这一时期所颁行的吏治方面的法规和命令，频率密集，说明贪腐状况已严重到了一定的程度，造成对政权存亡的威胁。故此，国民政府不得不密切注意吏治清明程度的动向，以期能随时加以纠治。

（2）《公务员考绩法》等行政法规

1935年7月16日，国民政府颁布修订的《公务员考绩法》，规定考绩分为"年考"和"总考"两种。总考，"就各该公务员三年成绩合并考核之，于各该公务员第三次年考后行之"，由铨叙机关进行；年考，"于每年十二月行之"，由"直接上级长官执行初核，再由上级长官执行复核，主管长官执行最后复核"。② 1945年以后，南京国民政府规定的考绩内容更加具体，"公务员考绩分工作、操行、学识三项"③。"操行"分五个方面：是否守法，是否公正，是否廉洁，是否受人敬重，是否诚恳接受指导等，多与预防权力滥用和贪腐相关。于每年7月及次年1月10日前，将80分以上及不满60分人员填册汇报铨叙机关备查。④

根据国民政府1935年10月30日颁布施行的《公务员考绩法施行细则》和11月1日公布施行的《公务员考绩奖惩条例》规定，考绩以60分为及格，年考实行的考绩评等，按分数划为6等，总考划为7等。相应的奖惩，80分以上晋级，70分以上记功，不满60分记过，不满50分降级，不满40分解职。为防止评分过滥，还规定："由荐任职升等者不得逾现有荐

---

① "国民政府训令"（1932年5月17日），《中华民国国民政府公报》洛字第8号，1932年5月，"训令"。

② 《公务员考绩法》（1935年7月16），罗家伦主编《革命文献》第30辑，第276—277页。

③ 《公务员考绩条例》（1945年10月30日），《国民党政府政治制度档案史料选编》下册，第107页。

④ 考试院秘书处编：《考绩表》《公务员平时成绩考核记录表说明》，《民国法规集成》第37册，第153—155、156—157页。

任人员的十分之一","由委任职升等者不得逾现有委任人员的二十分之一";"成绩过劣应行解职人员年考不得少于各该机关员额百分之二,总考不得少于各该机关总员额百分之四";"荐任职公务员成绩特优应行升等者,在各该机关遇有相当缺额应即依法升用,若无缺额,得予以简任待遇","委任职公务员成绩特优应行升等者,在各该机关遇有相当缺额而无考试及格人员时应即依法升用,若无缺额,得予以荐任待遇"。①

(四) 预防和惩治警政贪腐的刑事和行政法规

南京国民政府在北洋政府警察制度的基础上,建立了内政部,负责警察制度的建立、发展和完善。

1928年3月,国民政府颁布《国民政府内政部组织法》,规定内政部直接隶属于国民政府,内设1处4司,警政司即在其中。10月,内政部根据《内政部组织法》第17条关于"内政部因事务上之必要得设置专门委员会"的规定,设立了警政专门委员会,以改进全国警政。对于警政司的职权,1936年7月国民政府修正公布《内政部组织法》第8条,1942年6月修正公布的《内政部组织法》,对警政司的职掌作出规定,包括警察制度之厘定、警察官吏任免考核奖惩、警察经费、警察教育及警察智力测验事项、行政警察、征兵征发、地方自卫、出版品登记及著作权注册、国境警察之计划管理等事项。② 1946年6月20日,国民政府颁布《内政部警察总署组织法》,并于8月15日正式成立内政部警察总署,接管了警政司的全部业务,加强中央警政机构,指挥、督导全国警政的推进。按照规定,首都警察厅的外勤机构分设四股,其第一股主管有关党政、教育方面的调查与"反动集团""反动案件及反动分子""公务人员贪污恶习"的侦查;第二股主管军队系统及军风纪、散兵游勇不良活动、私贩私运私制军火的调

---

① 《公务员考绩法施行细则》(1935年10月30日)、《公务员考绩奖惩条例》(1935年11月1日),《民国法规集成》第37册,第152、158页。

② 《国民党政府政治制度档案史料选编》上册,第228页;《中华民国史档案资料汇编》第五辑第二编,政治(一),第60页。

查等,都涉及对贪腐行为的侦查惩处。①

虽然如此,南京国民政府时期警察贪腐的情况仍然常见。1928 年,南京政府为取代各县政府旧有的捕快、差役,编练政务警察,隶属各县政府。1931 年 3 月,财政部为整顿缉务、以裕税收,正式改建税务警察。由于警察的来源主要在原来的捕快差役中进行甄别裁汰,保留无劣迹恶习者;所余缺额,则按照《警察章程》招考新警,所以,警察总体素质较低,为防止营私舞弊、欺压勒索乡民,内政部责成各县政府对政务警察勤加训练,并严定纪律和奖惩制度。《县政府政务警察章程》规定,"对于就捕之人犯,不得有需索财物或虐待情事";"缉捕时除案中赃物、证据有搜索检查之必要外,对其他银钱财物不得擅动分毫",等等。②

南京国民政府加强对警务人员的考绩和奖惩。警务人员分为警官和长警两类。对警务人员可能出现的贪贿行为,集中体现在考绩和奖惩制度上。考绩制度的执行,是由南京国民政府考试院承担的一项重要工作,它适用于包括警务人员在内的一切国家公务员。但是,警官和长警的考绩办法有其自身的特点:警官的考绩适用公务员考绩办法,长警则另有专门规定。

根据国民政府 1935 年 10 月颁布的《公务员考绩法施行细则》和 11 月公布的《公务员考绩奖惩条例》,1943 年 12 月公布的《非常时期公务员考绩条例》,1945 年 10 月公布的《公务员考绩条例》规定,警官的考绩最初每年分 6 月和 12 月两次,特殊情况不能按规定时间考绩者,须报经铨叙机关核准随时补行。考绩办法分为初核与复核,由直接长官执行初核,主管长官进行最后复核。长官只有一级时,则径由该长官考核。③

---

① 《内政部警察总署》(1946 年 6 月 20 日),《民国法规集成》第 36 册,第 132—136 页;首都警察厅编:《首都警察概况》,南京,1934 年,第 269—270 页。

② 《县政府政务警察章程》(1928 年 7 月 14 日),《民国法规集成》第 40 册,第 19 页。

③ 《考绩法》(1929 年 11 月 4 日),《中华民国现行法规大全》,商务印书馆 1934 年版,第 250 页。

长警(警长和警士的合称)的考绩,按照《警长警士考绩规则》,于每年年终进行,内容包括:"工作"的繁简、难易、勤惰、优劣、快慢如何;"操行"方面能否恪守纪律;"学习"方面有无进步及理解记忆的程度;身体强弱及精神状况,等等。

警务人员的奖惩。除了与警务人员的考绩相关的奖惩外,对警务人员还实行一系列专门惩处制度,包括纪律处分、行政处分以至刑事处罚。并专门颁布《警长警士奖惩通则》,规定警长警士的奖励分为嘉奖、记功、记大功、专案请奖4种。凡有处理重要案件妥当迅速,排除公共危险、消除隐患,拒受贿赂或举发贿赂案件报经主管长官查明属实,拾得重要财务报请招领……查获其他重大刑事案犯,等等,应予以专案请奖。警长警士的惩戒,包括申诫、记过、记大过、禁闭、降级、斥革6种。①

加强警察教育和关心警员生活,是防止贪贿舞弊行为的重要方法。南京国民政府通过事先严格教育,提高警察队伍素质,使警察队伍警惕贪污舞弊、违法失职行为的发生。同时,1943年3月2日,国民政府监察院提出"建议改善司法员警生活案",根据广东兴宁县公民曾文实等呈诉该县地方法院院长暨检察官包庇员警向当事人勒索的情况,经过核查,指出"该院员警需索传供各费属实,显属违法,唯此种陋规积习已久,各地法案类多未能革除。考其原因无非由于司法员警工饷微薄,米贴无多,又积欠多月,久未发给。……值此非常时期,物价飞涨不已,司法人员生活困苦万分,薪津微薄,无法维持,势返其出于需索一途,以资挹注,此种行为于法虽属未许,衡情不无可原……际兹抗建成功期近……司法人员责任加重,公私生活必须根本整饬,陋规亟宜彻底革除。所有员役生活之改善亟应从速统筹办理,以振奋其工作情绪,提高工作效率,实不可或缓,盖俸禄足而后可以养廉"。②

---

① 《警察逃亡惩治条例》(1937年6月28日),《民国法规集成》第40册,第70页。
② 《国民政府监察院公报》渝版第2期,1943年7月,"建议案",第24—25页。

第三节 "训政"时期的反贪机构和机制

一、中央政府反贪监察机构——监察院

(一) 监察院的建制

(1)监察院编制和人员选派

国民政府北伐过程中,监察院暂行停顿。南京国民政府建立后,1927 年 11 月 9 日,由南京中央特别委员会第 9 次会议修正通过《国民政府监察院组织法案》,规定监察院的组织构成,"监察院置监察委员七人",监察院设委员会和 1 处(秘书处)3 司;"监察院置秘书长一人、秘书五人、司长三人,分管秘书处及各司事务。秘书处及各司设科长、科员若干人,分科办事。秘书长、司长为简任职;秘书、科长为荐任职;其余职员为委任职"。①

1928 年 10 月,国民党中央推选蔡元培、陈果夫为监察院正副院长,设立监察院筹备处,加紧筹备。② 经过数年的筹备,监察院于 1931 年 2 月 2 日宣告成立,任命于右任为监察院院长,是日就职。2 月 16 日,经于右任提请,任命刘三、朱庆澜、周觉、周利生、刘成禺、萧萱、于洪起、吴忠信、高一涵、袁金铠、李梦庚、姚雨平、叶荃、王平政、刘莪青、田炯锦、邵鸿基、高友唐、乐景涛、奇子俊、罗介夫、谢无量、郑螺生等 23 人为监察院监察委员。次日,任命杨谱笙为秘书长。2 月 21 日,国民政府裁撤审计院,依法改为隶属于监察院的审计部,并任命茹欲立为审计部部长。③

1934 年 3 月 9 日,《国民政府修正公布之监察院组织法》规定监察

---

① 《中国国民党历次代表大会及中央全会资料》(上册),第 492 页。
② 韩信夫、姜克夫主编:《中华民国大事记》第 2 册,第 890、896 页。
③ 韩信夫、姜亮夫主编:《中华民国大事记》第 3 册,第 159 页。

院内置"一、秘书处。二、参事处"。监察院"置秘书长一人,参事四人至六人,简任;秘书六人至十人,其中四人简任,余荐任;科员二十人,委任,但其中十人得为荐任"。"监察院设审计部行使审计职权","审计部设部长一人,政务次长、常务次长各一人,由院长提请国民政府分别任命之"。①

1935 年 3 月 9 日国民政府修正公布的《监察院组织法》规定,监察院除审计部外,设二处一室。秘书处,"置秘书长一人,简任,秘书六人至十人,其中四人简任、余荐任;科员二十人,委任,但其中十人得为荐任",处理一切日常公务;参事处,设置"参事四人至六人,撰拟、审核关于监察之法案、命令事项,院长交办事项";人民书状核阅室,设置调查专员 4 至 6 人,审核分配及调查人民书状。②

(2)监察委员职数的变迁

《中华民国国民政府组织法》《监察院组织法》虽屡经修订,但关于监察院院长、副院长的规定基本相同,"监察院设院长、副院长各一人。院长因故不能执行职务时,由副院长代理之",院长、副院长由中国国民党中央执行委员会选任。

监察院以监察委员行使弹劾职权,而监察委员人数,不同时期有所变化。1928 年 10 月公布的《中华民国国民政府组织法》规定,"监察院设监察委员十九人至二十九人,由监察院院长提请国民政府任命之。监察院监察委员之保障,以法律定之。监察院会议,以监察委员组织之,监察院院长为监察院会议之主席"③。1931 年 6 月修正通过的《国民政府组织法》,将监察委员人数由原来 19—29 人,增至"监察院设监察委员二十九人至四十九人"④。1931 年 12 月通过的《修正中华民国国民政府组织

---

① 《中华民国史档案资料汇编》第五辑第一编,政治(一),第 59—61 页。
② 《国民党政府政治制度档案史料选编》上册,第 316—317 页。
③ 《中华民国国民政府组织法》(1928 年 10 月 3 日),《国民党政府政治制度档案史料选编》上册,第 91 页。
④ 《中华民国国民政府组织法》(1931 年 6 月 14 日),《国民党政府政治制度档案史料选编》上册,第 113 页。

法》中,将监察院所设监委人数增至"三十人至五十人"①。1932年12月修正通过的《国民政府组织法》第48条,又将监委名额改为"二十九人至四十九人"②。监察委员人选由监察院院长提名,国民政府任命。

(二) 监察院的职权

1927年11月9日,南京国民党中央特别委员会通过《国民政府监察院组织法》,规定"国民政府监察院根据中国国民党党纲组织之",监察院"受中国国民党之监督、指导与国民政府之命令,掌理监察国民政府所属行政、司法各机关官吏事宜"。

(1)监察院的总体职权

监察院的总体职权为:"(一)关于发觉官吏犯罪事项。(二)关于弹劾官吏事项。国民政府及各省政府对于所属官吏,亦得弹劾之。(三)关于考查各种行政事项。(四)关于中央及地方审计事项。(五)关于官厅簿记方式及表册之统一事项。"

(2)监察院下属机构的职权

监察院所设"委员会"的职权主要是议决如下事项:"(一)弹劾事项;(二)分配事务事项;(三)其他院内行政事项。"③

秘书处的职权是:"承委员会之命,掌理印信、记录、编撰文书、收发、会计、庶务及其他不属于各司事务。"

所设三个司的职权是:"各司承委员会之命,办理事项如下:第一司:掌理考查各种行政事项;第二司:掌理弹劾官吏及关于官吏犯罪事项;第三司:掌理中央及地方审计及统一官厅簿记表册事项。"④

(3)监察院职权的修正

1929年6月17日,国民党第三届中央执行委员会第二次全体会议

---

① 《修正中华民国国民政府组织法》(1931年12月26日),《中华民国史档案资料汇编》第五辑第一编,政治(一),第38页。
② 《中华民国史档案资料汇编》第五辑第一编,政治(一),第44页。
③ 《中国国民党历次代表大会及中央全会资料》上册,第491—492页。
④ 《国民党政府政治制度档案史料选编》上册,第303—304页。

通过《治权行使之规律案》,规定:"在监察院成立以后,一切公务人员之弹劾权,皆属于监察院。凡对于公务人员过失之举发,应呈监察院处理,非监察院及其所属不得受理。其不经监察院而公然攻讦公务人员或受理此项攻讦者,以越权论。监察院不提出质询者,以废职论。"进一步完善了监察权。① 1930 年,蒋介石刚刚取得中原大战胜利,就从前线指挥部提出"刷新中央政治,改善制度,整饬纲纪,确立最短期内施政中心,以提高行政效率"案,由国民党三届四中全会议决通过"限期成立监察院,实行监察职权,并订定监察人员失察、失职之惩戒条例",开始注意对监察人员自身的监察与惩戒。②

1930 年 11 月 24 日,南京国民政府修正公布的《中华民国国民政府组织法》,较为完整地规定和阐明了监察院的设置和职权。规定:第一,"监察院为国民政府最高监察机关,依法律行使左列职权:一、弹劾。二、审计";第二,"监察院设院长、副院长各一人。院长因事故不能执行职务时,由副院长代理之";第三,"监察院设监察委员十九人至二十九人,由监察院长提请国民政府任命之。监察院监察委员之保障以法律定之";第四,"监察院会议以监察委员组织之。监察院院长为监察院会议之主席";第五,"监察院监察委员不得兼任中央政府及地方政府各机关的职务";第六,"监察院关于主管事项,得提出议案于立法院"。③

1930 年 11 月修正公布《国民政府组织法》的有关规定,较 1927 年 11 月公布的《国民政府监察院组织法》更为详尽和确切,明确了审计权和弹劾权都是监察权的重要内容,同时又加强了监察委员的地位和人数,以示对其地位之尊重。

(4)监察院职权的行使

监察院成立初期,监察法规的健全尚需时日并应作进一步努力。为解决这一问题,1931 年 3 月 1 日,监察院院务会议通过《监察工作大纲》和新修正之《监察院组织法》,规定:第一,划分监察区,"监察区由监察院

---

① 《治权行使之规律案》,《中国国民党历次代表大会及中央全会资料》上册,第 762 页。
② 《中国国民党历次代表大会及中央全会资料》上册,第 918—919 页。
③ 《中国国民党历次代表大会及中央全会资料》上册,第 922、925—926 页。

定之",分派监察使实行监察,"监察使得由监察委员兼任";第二,"监察院得随时派员分赴各公署及其他公立机关,调查档案、册籍";第三,公布人民控诉手续详则;第四,财务审计按审计院经验详订事先事后审计规程。①

在监察院首次行使弹劾权的案件中,涉及贪腐行为的有:1931年4月2日,监察院对监察委员刘莪青、李梦庚等呈"据灌云县公民张志等呈诉江苏灌云县县长胡剑锋违法吞款贪赃"一案提出弹劾,认为"情节较为重大,应请国府即日饬下江苏省政府将灌云县县长胡剑锋先行撤职,听候查办"。4月3日,弹劾四川綦江县县长吴国义违法滥罚肥己一案,"据监察委员高友唐、田炯锦、邵鸿基呈称:查各省县政府有国库支出之办公经费,除此之外,如巧立名目,即为不正利益,无论其用途正当与否,当构成刑法第一百三十条之渎职罪。乃四川綦江县县长吴国义竟通令所属团保,违法滥罚,令文中规定:以罚款五成或三成解县,拨充公益之需,已属荒谬。令文中一则曰原属两便之道,再则曰一举而属善备,其为朋分肥己,尤可概见。据该县人民将该县长通令摄影举发,似此贪污,理应弹劾",该案经监察院派员查实,"认为证据确凿,应将被弹劾人交付惩戒"。两案成立后,经国民政府决议交付行政院执行,由国民政府文官处"饬下四川省政府彻查""饬下江苏省政府",对这两个贪官分别撤职查办,"发交该管法院,依法治罪"。②

(三) 对监察委员的保障和限制性规定

为保障监察委员不受阻碍地对贪官污吏行使监察权,1929年9月3日,国民政府颁布《监察委员保障法》,1932年6月24日修正公布,主要内容为:

(1)职位的保障。监察委员非有下列情事之一,不得免职、停职、(转任)或罚俸:"一、经中国国民党开除党籍者;二、受刑事处分者;三、受禁

---

① 《国民政府监察院公报》第1期,"法规",第7页。
② 《国民政府监察院公报》第1期,"公文",第119—120、122—123页。

治产之宣告者;四、受惩戒处分者。"同时并规定,"监察委员非经本人同意,不得转任"。

(2)身体的保障。"监察委员除现行犯外,非经监察院许可,不得逮捕、监禁;监察委员为现行犯被逮捕时,逮捕机关应于二十四小时以内将逮捕理由通知监察院";监察委员非有下列情事之一,"不得以失职论:一、受公务员之馈遗供应有据者;二、在中央或该监察区内之公务员有应受弹劾之显著事实、经人民举发而(故意)不予弹劾者;三、受人指使、捏造事实而提出弹劾案者"(1929年9月版中,此条内容为"受人指使、因而提出证据不真确之弹劾案者")。上述三条所定失职情事,除非"由其他监察委员三人审查、经多数认为应付惩戒者",方可决定是否应付惩戒。

(3)安全的保障。监察委员任职"所在地之军警机关",对监察委员的人身安全,"应予以充分保证"。

(4)言论的保障。监察委员行使职权时所发表的言论,对外不负责任(1932年6月修正时,无此条)。①

有上述保障性措施并得到切实施行,因此,"训政"时期的监察委员较敢于对中高层官吏提起弹劾。例如,1933年1月,监察委员高友唐弹劾上海地方审判厅前任厅长郑毓秀与上海特区法院院长杨肇陞狼狈为奸,行贪婪不法之事。1933年3月,监察委员高一涵等弹劾张学良在热河对日作战不力、丧师失地和热河省主席汤玉麟在日寇进攻面前弃城潜逃、卖国求荣两案。1933年7月,由张继夫人崔振华控告,监察委员纷纷弹劾故宫博物院院长易培基趁国民政府将故宫重要珍宝迁移南下之机舞弊盗宝一案,均在社会上、国民中产生较大影响,而监察委员这一系列出击,深得南北舆论之推崇、声威为之大振。②

1930年3月,国民党第三届中央执行委员会第三次全体会议审议通

---

① 《监察委员保障法》(1929年9月3日公布),《国民政府监察院公报》第1期,"法规",第12—14页;《监察委员保障法》(1932年6月24日修正公布),《国民党政府政治制度档案史料选编》上册,第311—312页。

② 《东方杂志》第30卷第8号,"时事日志";韩信夫、姜亮夫主编:《中华民国大事记》第3册,第532页。

过《限制官吏兼职案》,规定除政务官得任兼职外,"中央官吏不得兼任地方官吏""各院部会官吏不得兼任其它院部官吏",相应地,监察委员只能兼任监察院内职务(监察使、参事等),不得兼任监察院外职务。[①] 1932年1月,监察院务会议议决,监察院人员不得为人作介绍书信,以杜绝监察委员行违法情事。

(四) 审计机构

审计制度是监察制度的重要组成部分。南京国民政府行使审计职权的机关,在中央为监察院审计部(包括过渡性的审计院),在地方为审计部分设于各省及院辖市之审计处,以及中央和地方公有营业机关的审计办事处。

(1)审计院

南京国民政府建立后,因监察院正在筹建,而整理和统一全国财政、加强经济监督的需求迫切,1928年2月,国民党三届四中全会上通过《国民政府组织法》,决定为整理财政而先行设立审计院。3月21日,国民政府颁布《国民政府审计院组织法》,遂于1928年7月1日先行成立审计院,任命于右任为院长,茹欲立为副院长。[②] 根据《审计院组织法》规定,"国民政府审计院设于国民政府所在地",其职权为:"(一)监督预算之执行;(二)审核国家岁出入之决算。"[③]

①审计院的建制

审计院,"置院长一人,由国民政府特任之,综理全院事务,指挥、监督本院职员";审计院置副院长一人,"由国民政府简任之","辅助院长处理院务"。"审计院置秘书二人至四人,办理院长交办事务"。

审计院原下设一处两厅:一处为总务处,"置处长一人,为简任职",负

① 《限制官吏兼职案》,《中国国民党历次代表大会及中央全会资料》上册,第798—799页。

② 韩信夫、姜亮夫主编:《中华民国大事记》第3册,第841页。

③ 《国民政府审计院组织法》(1928年3月21日),《国民党政府政治制度档案史料选编》上册,第305页。

责"掌理本院文书、会计、庶务等事项"。两厅,规定"各置厅长一人,于审计中简任之",第一厅"掌理监督预算执行事项",第二厅"掌理关于审核决算事项"。每厅"各置审计四人至六人、协审六人至八人、核算员若干人"。

增设秘书处。1928 年 7 月 12 日公布的《修正国民政府审计院组织法》中规定,增设秘书处,置于总务处之前,列各处厅之首。秘书处"置秘书长一人,秘书二人至四人,办理院长交办事务,设书记官三人至五人,佐理本处事务",并增加审计 4—6 名,协审 6—8 名。

专门委员会。根据工作需要,审计院可设专门委员会,即"审计院置审计八人至十二人,协审十二人至十六人,核算员若干人。审计为简任职,协审为荐任职"。①

②对审计院人员的保护和限制性措施

对审计院院长、副院长、审计、副审计等人员的保护性措施:"非经法院褫夺公权或依惩戒法受惩戒之处分,不得令其退职。"

对审计院人员的限制性措施:"审计院副院长、审计、副审计在职中不得为左列事宜:(一)兼任他官职。(二)为律师或会计师。(三)兼任商店公司或国有企业机关之董事经理或其他重要职务。本条第二第三款之规定于院长适用之。"②

③审计官和协审官的选用

审计官和协审官的选用标准,"以在国内外大学或专业学校修习过政治经济学三年以上毕业,并对于财政学或会计学有湛深研究者充任之"③。

(2)监察院审计部及下属机构

①监察院审计部

1931 年 2 月 21 日,南京国民政府命令撤去审计院,正式成立监察院审计部,以茹欲立为部长,李元鼎为副部长。

① 《国民党政府政治制度档案史料选编》上册,第 305—306 页;《国民政府审计院组织法》(1928 年 7 月 12 日修正公布),《中华民国国民政府公报》第 75 号,1928 年 7 月,"法规"。
② 《中华民国国民政府公报》第 75 号,"法规"。
③ 《国民政府审计院组织法》(1928 年 3 月 21 日),《国民党政府政治制度档案史料选编》上册,第 305—306 页。

在审计院裁撤之前,随着监察院的筹建,国民政府已有将审计工作划归监察院的计划。1929 年 10 月,经立法院法制委员会、财政委员会审查,立法院修正通过《审计部组织法(草案)》规定:审计部一切事项均由会议形式议决;增设"稽察八人至十人",以防止浮滥,揭发贪污;凡各机关执行预算及其收支命令的监督核定,皆由审计部专掌;"审计部设驻外审计、协审、稽察",分掌地方经济监察。这就明确界定了审计部在经济生活领域监察贪腐行径的功能。①

监察院审计部正式成立后,1933 年 4 月 24 日公布修正后的《审计部组织法》(1936 年 11 月 4 日第二次修正,1939 年 3 月 4 日再修正公布)规定,监察院审计部的机构设置:"审计部部长一人,特任,秉承监察院院长综理全部事宜";"审计部政务次长、常务次长,简任,辅助部长处理部务"。随即,国民政府任命李元鼎为部长,王正荃为政务次长,童冠贤为常务次长。1935 年李元鼎辞职,由政务次长陈之硕代理审计部长。

审计部下设三厅一处。第一厅,"掌理政府所属全国各机关之事前审计事务";第二厅,"掌理政府所属全国各机关之事后审计事务";第三厅,"掌理政府所属全国各机关之稽察事务"。每厅设厅长一人,"由部长指定审计兼任之","每厅设三科,每科设科长一人,由部长分别指定协审、稽察兼任;科员四人至八人,委任",分科办理审计事务。一处,为总务处,"掌理部内文书、庶务等事务","总务处设处长一人,由部长指定简任秘书兼任之",该处设四科,"设科长四人,荐任;每科科员二人至四人,委任",分科办理处内事务。

审计部设审计会议,议决"处理审计、稽察等重要事务及调度审计、协审、稽察人员"等重大事宜。审计会议由"部长、政务次长、常务次长及审计"组成。②

②审计处和审计办事处

1932 年 6 月,国民政府为使审计职权在全国各地方普遍推行,决定设

---

① 《审计部组织法》,《国民党政府政治制度档案史料选编》上册,第 321 页。
② 《国民党政府政治制度档案史料选编》上册,第 320—321 页。

立审计处和审计办事处。颁布《审计处组织法》规定,"地方各省省政府所在地或直隶于行政院之市市政府所在地"的审计机构为审计处,掌理各省市的审计、稽察事务;"中央及各省公务机关、公有营业机关、其组织非由行政区域划分"的机关,经国民政府核准,"得由审计部设审计办事处"。①

1934年4月,江苏、湖北、浙江、上海四省市审计处首先成立,同时成立的还有津浦铁路审计办事处。1935年11月,国民党四届六中全会议决在各行政区域,普遍设立审计机关。因此,1935年12月又设立河南、陕西两省审计处,1936年分设广东审计处。抗战全面爆发后,中央政府增设地方审计机构的政策并未因战事而放弃,在战时继续设立了湖南、贵州、四川、广西、福建、江西、安徽、甘肃、云南等省区审计处,以及国库总库、盐务总局等审计办事处。抗战胜利后,国民政府又先后增设河北、山东、山西、青海、台湾及重庆等省区审计处,以及西北铁路、西南铁路、中国纺织建设公司、招商局等审计办事处。②

关于审计处和审计办事处的机构设置,《审计处组织法》规定:审计处"设处长一人,由审计兼任,承审计部之命,综理处务",全处"设审计一人,简任;协审二人、稽察一人、秘书一人,均荐任;佐理员,委任,其名额由审计部按事务之繁简、分别拟定,呈请监察院核定之"。审计办事处"按事务之繁简",分为甲、乙两种,甲种审计办事处,其组织与审计处相同;乙种审计办事处,"设协审一人兼任处主任,并设佐理员分股办事",雇员若干人。③

二、地方反贪监察机构——监察区的划分和监察使署的设置

(一) 监察区的划分沿革

南京政府监察院成立后,1933年2月22日,根据《监察院监察区分

---

① 《审计处组织法》(1932年6月17日),《国民党政府政治制度档案史料选编》上册,第310页。

② 《审计制度》,第20页。

③ 《国民党政府政治制度档案史料选编》上册,第310—311页。

区计划》和《监察工作大纲》的规定,全国划为 14 个监察区:"第一监察区江苏、安徽、江西,第二监察区福建、浙江,第三监察区湖南、湖北,第四监察区广东、广西,第五监察区河北、河南、山东,第六监察区山西、陕西,第七监察区辽宁、吉林、黑龙江,第八监察区云南、贵州,第九监察区四川,第十监察区热河、察哈尔、绥远,第十一监察区甘肃、宁夏、青海,第十二监察区新疆,第十三监察区西康、西藏,第十四监察区蒙古。特别区及各市附属于原隶之省。"①

全国 14 个监察区划定后,由监察院院长提请国民政府特派监察使,分赴全国各监察区,行使弹劾职权。监察使由监察委员兼任。监察使的实际派遣是在 1933 年 2 月,从任命第六监察区(晋陕监察区)和第十监察区(热察绥监察区)监察使开始。但很快,国民政府监察院认为"现查前项分区计划,衡以现状,似有所变更必要",遂于 1934 年 6 月23 日,经监察院第 29 次会议议决,改划全国为 16 个监察区。各监察区划分如下:②

第十六区	第十五区	第十四区	第十三区	第十二区	第十一区	第十区	第九区	第八区	第七区	第六区	第五区	第四区	第三区	第二区	第一区
蒙古	西康 西藏	新疆	甘肃 宁夏 青海	热河 察哈尔 绥远	四川	云南 贵州	辽宁 吉林 黑龙江	山西 陕西	河南 山东	河北	广东 广西	湖南 湖北	福建 浙江	安徽 江西	江苏
原第十四区	原第十三区	原第十二区	原第十一区	原第十区	原第九区	原第八区	原第七区	原第六区	原第五区	原第四区	原第三区	原第二区	原第一区		

---

① 《国民政府监察院公报》第 1 期,"法规",第 22—23 页。
② 《监察院工作报告》,《国民政府监察院公报》第 23 号,"统计",第 384—385 页。

监察使对监察区行使职权,由 1934 年 2 月 21 日国民政府公布的《监察使巡回监察规程》加以确定,1935 年 5 月 22 日监察院公布《修正监察使巡回监察章程》(10 月 31 日国民政府训令删去第 8 条),地方监察的方式及职权得以确定。①

1935 年 5 月,国民政府及其监察院鉴于因种种原因,监察使派遣极为迟滞,又以"苏、皖、赣、湘、鄂五省襟带大江,为中枢肘腑,浙、闽关系海防,冀及鲁、豫两区则为黄河流域之重镇。甘、宁、青方在开始建设,对于各该省区官吏之廉察,认为监察使之设置,不再容缓",因而将苏、皖赣、湘鄂、冀、闽浙、鲁豫、甘宁青 7 区监察使署首先成立,国民政府明令丁超五、苗培成、高一涵、周利生、陈肇英、方慧觉、戴愧生 7 人为 7 个监察区监察使。翌年 8 月增设云贵区,1939 年增设两广区,1941 年设山西陕西监察使署,1943 年成立新疆监察使署,以该区幅员辽阔,情况特殊,特订单行条例,增设监察副使 1 名。1945 年 8 月抗战胜利后,设福建、台湾监察区,浙江监察区,恢复战时停顿的河北监察使署。1946 年设四川、西康监察区,并将东北监察区按照新省区的划分,分为辽宁、安东、辽北监察区,合江、松江、吉林监察区,黑龙江、嫩江、兴安监察区。这样,实际共设 19 个监察区,除热河察哈尔绥远、吉林松江合江、黑龙江嫩江兴安、西藏蒙古等 5 区外,其余 14 个监察区均先后提派监察使,设置监察使署,由监察使就地行使监察权。②

(二) 监察使署及其监察使的职权

(1)监察使署的组织机构

监察使署设置于所派监察区内。监察区所辖在两省以上者,除在其中一省设置监察使署外,在另一省选适当地点设监察使署办事处。由于监察使按例由监察委员兼任,"承监察院之命,综理全署事务",故监察使署为监察委员的办事机构,设秘书室、总务科、调查科。

---

① 《国民政府监察院公报》第 23 期,"法规",第 1 页。
② 常泽民:《中国现代监察制度》,台湾商务印书馆 1979 年版,第 125 页。

监察使署的人员构成为:"监察使署设科长二人,荐任;科员三人至五人,调查员二人至四人,助理员五人至八人,委任";"监察使署设秘书二人或三人,荐任,办理机要文件及交办事项。"①

1935年5月《修正监察使巡回监察规程》第8条对监察使署人员构成还作出如下规定:"监察使署设秘书一人至二人、科长二人,荐任;科员二人至四人、办事员四人至六人,委任。监察使署得聘任参赞一人至三人。"但是,这一条规定随即在1935年10月31日被南京国民政府训令删除。② 而对监察使署的监督,规定"监察使署之岁计、会计、统计事务,由国民政府主计处设会计员一人,依法办理之"③。

(2)监察使署各机构的职权

1936年4月14日公布施行的《监察使署组织条例》,规定了监察使署各机构的职权。

①总务科的职掌:"一、关于典守印信事项;二、关于文书之撰拟、收发及保管事项;三、关于款项之出纳及保管事项;四、关于物品之购买、修缮及保管事项;五、关于其他不属于调查科事项。"

②调查科的职掌:"一、关于编制调查表册事项;二、关于整理调查报告事项;三、关于其他临时调查事项。"④其中,调查科掌理专案和地方行政社会情况的调查,其监察职能甚为重要。

(3)监察使及其职权

因监察使署权能益增,监察权行使范围逐步扩大,只依靠监察委员兼行监察使职责,颇难应付,故监察院又规定监察使由非监察委员之人担任亦可。监察使任期为2年,任期满后,得由监察院调往其他监察区任监察使。

---

① 《监察使署组织条例》(1936年4月14日),《国民党政府政治制度档案史料选编》上册,第319页。

② 《修正监察使巡回监察规程》(1935年5月22日),《国民党政府政治制度档案史料选编》上册,第318页。

③ 《监察使署组织条例》(1936年4月14日),《国民党政府政治制度档案史料选编》上册,第320页。

④ 《国民党政府政治制度档案史料选编》上册,第319页。

监察使署为中央政府监察院派驻地方机构,监察使为中央监察院属官,有责任将"一、关于所派监察区内各官署及公立机关设施事项;二、关于所派监察区内各公务员行动事项;三、关于所派监察区内人民疾苦及冤抑事项"等监察情形随时报告监察院,并注意其改善。①

监察使的职权范围甚广。1934 年 2 月 21 日国民政府公布的《监察使巡回监察规程》和 1935 年 5 月 22 日监察院公布的《修正监察使巡回监察章程》都规定,监察使在其"所派监察区内巡回视察",协助并督导地方长官办理军务、民政、建设、司法、财政等事宜,并对民役征募、军事征用、民众组织与训练、粮食储备与调剂、交通运输、维护治安、整饬教育、生产建设、财政金融及一切与人民负担相关的捐税,乃至公务人员工作张弛及操守,驻军及地方武装的纪律,皆应加以严密周详的查访,随时向地方主管部门提供意见、建议,或对其错失当面予以纠正,或对有关错失斟酌轻重分别作出弹劾、纠举、建议等处置。包括:

其一,调查权。"监察使为行使职权、得向所派监察区内各官署及其它公立机关查询或调查档案册籍,遇有疑问,该主管人员应负责为翔实之答复。"

其二,弹劾权。"监察使对于所派监察区内公务员违法及失职之行为,认为情节重大、须急速救济者,除提起弹劾案件外,并得径行通知该主管长官予以急速救济之处分。主管长官接到前项通知、如不为急速救济之处分者,于被弹劾人受惩戒时,应负责任。"

其三,接受人民书状权。"监察使得接受人民举发公务员之违法或失职之书状,但不得批答。"②

(4)监察使行使职权的情况

根据上述规定,监察使行使职权的范围较为广泛,兹就监察使行使弹劾权、调查权、建议权、监试权的实例,说明监察权行使范围之广。

---

① 《监察使巡回监察规程》(1934 年 2 月 21 日)、《修正监察使巡回监察规程》(1935 年 5 月公布,10 月国民政府训令删去第 8 条)此项规定基本相同,《国民党政府政治制度档案史料选编》上册,第 315、318 页。

② 《国民党政府政治制度档案史料选编》上册,第 315、318 页。

①行使弹劾权方面。针对贪污舞弊的弹劾有:1934年1月16日,监察委员杨亮功提劾"江苏泗阳县县长陈胜俭,区团长张永声,区长张道生贪婪不法,渎职殃民"案,由监察院"依法移附中央公务员惩戒委员会惩戒,其关于刑事部分,交法院办理";1934年1月25日,监察委员杨亮功弹劾"江西永修县县长邱冠勋、科长钟鹗章、科员段寿增、区长司伯常等贪污渎职枉法殃民"案,并移附中央公务员惩戒委员会惩戒。① 1934年3月3日,河南睿县教育局前局长蔡彝训、省教育厅科员文缉熙侵吞教款摧残教育一案,由监察院移附河南省地方公务员惩戒委员会议决惩戒。②

②行使调查权方面。1936年6月开始,长江和汉水暴涨,襄河流域各县灾情尤为严重,湘鄂区监察使高一涵呈报8月3日至9月的长江及襄河各站水位表。③ 1936年3月29日,河北监察使周利生巡视沧县、吴桥县、交河县、南皮县、景县、东光县、青县等县,并对县长及职员之考核、县政府组织、警团、财政、教育、建设、自治、社会经济状况、司法、禁烟禁毒情形、特别问题、指示事项等方面提出政治考察报告。④ 1936年自春至秋,永定河三次溃决,灾患严重。当年夏天,河北监察使周利生调查永定河决口事件。⑤ 此外,1936年8月26日,皖赣监察使苗培成调查并电呈南昌风灾事件⑥。

③提出建议及处置方案权。抗战后期,两湖(湘鄂)监察使苗培成向中央有关部门电呈湖北湖南对日战况及战后救济问题,认为"惟闻放赈表式复杂,手续繁难……嗷嗷待哺之难民,饥寒交迫"。为此,苗培成向

---

① 《国民政府监察院公报》第22期,"监察",第4—5、11页。

② 《国民政府监察院公报》第22期,"监察",第160页。

③ 8月3—9日各站水位,见《国民政府监察院公报》第95期,"特载",第25页;8月10—16日水位,《国民政府监察院公报》第96期,"特载",第25—26页;8月17—23日水位,《国民政府监察院公报》第97期,"特载",第41—43页;有关水灾情形,亦参见《申报》,1935年7月8日、7月21日、8月29日;华洋义赈会:《民国二十四年度赈务报告》,《中国华洋义赈救灾总会丛刊》(甲种四十六号);湖北省政府秘书处统计室编:《湖北二十四年水灾统计》,1937年;《湖北省志·大事记》,湖北人民出版社1990年版,第433页。

④ 《国民政府监察院公报》第95期,"特载",第26—37页。

⑤ 《国民政府监察院公报》第97期,"特载",第35页。《申报》1936年4月1日、4月3日、7月28日、7月29日、8月20日、9月7日等对永定河决口及造成的灾害,有详细报道。

⑥ 《国民政府监察院公报》第96期,第16页;第97期,第38页。

湖南省政府主席建议"对青山难民应特别提前救济"。①

④行使监试权方面。如派监察委员王宪章赴湖南监试普考情形,等等,都是监察使行使职权范围的典型案例。②

⑤由于监察使是中央政府派驻地方人员,故还有一项职能,就是充当中央政府耳目。1936年5月27日,江苏监察区监察使丁超五奉监察院"艳电"称:"本日《申报》载苏州农民抗租各情,因何发生,已否平息,希即密速查复。"丁超五迅速派监察使署办事员张拯赴苏州进行调查后,电复监察院说,"查苏州农民抗租风潮,纯因秋收荒歉,无力缴租,不堪催追所激起,尚无政治背景。而各乡发生之滋扰,当局措置颇属适当,至今似归平息",并据此提出"欲求根本解决之道,宜仿浙江例实行二五减租,使耕者有其田,实现总理遗教,方为有济"。③

监察区的划分及监察使署的设置,在监察机构功能日趋多样,监察委员集中于中央,而监察区域又极广的情形下,不失为一项良策。这一举措对防惩贪腐,纠弹中下级官吏,整饬地方行政,体恤民情等方面,起到了一定作用。

三、惩 戒 机 构

"训政"时期的惩戒机构,依照被惩戒人的官等、官职的不同而设立,因而机构名目繁多、割裂支离、形式多样且性质各异。

(一) 中央党部监察委员会

中央监察委员会是国民党内最高监察机构,直接隶属于中国国民党中央党部。负责审理对违法失职的选任政务官和监察委员的纠弹案,

---

① 《湖南近百年大事记述》,《湖南省志》第1卷,湖南人民出版社1962年版,第765—766页;《监察院战区第一巡察湖南、浙江、安徽、湖北等省工作报告》,转见周继中主编《中国行政监察》,第456页。

② 《国民政府监察院公报》第95、99、97期,"特载",第44页。

③ 《国民政府监察院公报》第84期,"特载",第15—16页。

"被弹劾人为选任政务官,送中央党部监察委员会"①。它不是专设、常设机构,而是依惩戒案件的实况临时设置。

整个"训政"时期,被惩戒的选任政务官和监察委员人数极少,不到100人。

(二) 国民政府政务官惩戒委员会

政务官惩戒委员会是专设的国民政府惩戒机构,"被弹劾人为前款以外之政务官者,送国民政府"②。

(1)组织建制

国民政府政务官惩戒委员会人员均系兼任,不和司法系统发生关系,隶属国民政府。"国民政府政务官惩戒委员会置委员七人至九人,由国民政府主席就国民政府委员中提经国务会议遴定之;置常务委员一人,由委员推定之,综理会务,并指挥、监督所属职员。"每周开会一次,必要时由常务委员召集临时会议。

(2)惩戒职权和惩戒对象

政务官惩戒委员会负责审理选任政务官以外"政务官之惩戒事宜",即除中央党部监察委员会负责的选任政务官和监察委员之外的政务官。其惩戒对象为除监察委员外的各院委员;各部正副部长、各委员会正副委员长、政务次长;省政府委员、省政府主席及厅长;各特别市市长;驻外大使、特使、公使和特任特派官吏;等等。③

(三) 司法院中央公务员惩戒委员会

简称"中惩会"。为独立设置的中央常设惩戒机构,设置于司法院内。1934年,国民政府在第二次修正公布的《公务员惩戒委员会组织法》

---

① 《公务员惩戒法》(1931年6月8日公布,1933年6月27日修正,1933年12月1日修正公布),《国民党政府政治制度档案史料选编》上册,第29页。

② 《国民党政府政治制度档案史料选编》上册,第29页。

③ 《国民政府政务官惩戒委员会组织条例》(1948年1月8日),《国民党政府政治制度档案史料选编》上册,第152页。

中规定,公务员惩戒委员会分为"一、中央公务员惩戒委员会;二、地方公务员惩戒委员会"两种。

(1)职权和惩戒对象

1928年11月公布的《司法院组织法》规定,"司法院以左列各机关组织之:一、司法行政部。二、最高法院。三、行政法院。四、公务员惩戒委员会"。并规定,"公务员惩戒委员会依法律掌理文官法官惩戒事宜"。[①] 1934年公布的《公务员惩戒委员会组织法》规定,"公务员惩戒委员会直隶于司法院,除法律别有规定外,掌管一切公务员之惩戒事宜"[②]。1947年12月公布的《司法院组织法》规定,"司法院设最高法院、行政法院及公务员惩戒委员会"[③]。"中惩会"的惩戒对象,是中央所属机关的事务官及各地方荐任职以上公务员。[④]

(2)机构建制

中央公务员惩戒委员会的成员均为专职,最初设置委员长1人,委员11—17人,其中6—9人简任,其余人员在现任最高法院庭长及推事中简派充任。1934年复加修正施行之《公务员惩戒委员会组织法》,便将兼任委员删去,"置委员长一人,特任;委员九人至十一人,简任,掌管全国荐任职以上公务员及中央各官署委任职公务员之惩戒事宜。前项委员中,应有三人至五人曾在国民政府统治下充简任法官者"[⑤]。

"中惩会"职权独立,处理案件不受行政机关或其他机关干涉。惩戒委员地位独立,其任用、待遇与身份均受法律保障与保护。惩戒委员的任期,初定为2年,1934年5月,改为终身制,除非有特别原因,不得免职或转职。如截至1939年冬,中惩会委员被免职的仅有狄侃、王开疆2人,被

---

① 《国民政府修正公布之司法院组织法》(1928年11月17日),《中华民国史档案资料汇编》第五辑第一编,政治(一),第52页。

② 《公务员惩戒委员会组织法》(1931年6月公布,1932年6月修正,1934年复加修正通饬施行),《国民党政府政治制度档案史料选编》上册,第37页。

③ 《司法院组织法》(1947年12月25日),《国民党政府政治制度档案史料选编》上册,第302页。

④ 《中央公务员惩戒委员会办事规则》(1934年7月21日),《民国法规集成》第37册,第338页;《公务员惩戒法》,《国民党政府政治制度档案史料选编》上册,第29页。

⑤ 《公务员惩戒委员会组织法》,《国民党政府政治制度档案史料选编》上册,第37页。

调任的有马宗豫 1 人,被留职停薪的有杨时杰 1 人。①

(四) 各省市地方公务员惩戒委员会

简称"地惩会"。它直接隶属于司法院。由 1932 年 8 月 1 日湖北地惩会成立开始,各地"地惩会"相继成立并分设于各省市。

(1)组织建制

根据《公务员惩戒委员会组织法》,各省市地方公务员惩戒委员会"分设于各省,各置委员长一人,由高等法院院长兼任;委员七人至九人,掌管各该省委任职公务员之惩戒事宜。前项委员由司法院就高等法院庭长及推事中遴派三人至五人,余就省政府各处、厅现任荐任职公务员中遴派";"在直隶于行政院之市,准用前条之规定设地方公务员惩戒委员会,并得以地方法院院长兼任委员长及遴派地方法院庭长及推事兼任委员"。组成人员,完全是兼任的,其中半数是司法官,半数是行政官。②

(2)职权和惩戒对象

地方公惩会是附设在各省(市)高等法院之内,并以司法人员为主,有若干行政官参与审理的一个惩戒审判机关,掌理各省市荐任职以下公务员的惩戒。其分配案件及记录编卷等事务,均由高等法院院长调用法院职员办理,司法色彩非常浓厚。③

(五) 军事委员会军事长官惩戒委员会

1933 年 10 月,国民政府发布训令,在国民政府军事委员会内设军事长官惩戒委员会,其职权为审议国民政府及军事委员会交付的对军事长官(少将以上)的惩戒案件。

军事长官惩戒委员会设委员 5—7 人,从军事委员会委员中遴选,再从委员中指定一人为常务委员,负责召集开会。开会应有委员过半数出

① 参见吴绂征《公务员惩戒制度》,第 118 页。
② 《公务员惩戒委员会组织法》,《国民党政府政治制度档案史料选编》上册,第 38 页。
③ 《地方公务员惩戒委员会办事规则》(1934 年 7 月 21 日),《民国法规集成》第 37 册,第 341 页。

席,凡审议的惩戒案件须以出席委员过半数决定为准,如票数相等由常务委员裁定。弹劾案议决后,该会将议决结果呈报国民政府军事委员会。①

(六) 军政部及海军部

这类惩罚机关,在北京政府时期就已有了。1914年7月9日公布的《海军惩罚令》(6章37条)规定:"海军军人军属,除干犯军律,应照海军刑事条例处治外,有犯本令第二章所列行为之一者,无论出于故意或过失,均由该管长官,按照本令分别惩罚之。"②

南京国民政府时期,凡上校衔以下军官弹劾案的惩戒,根据对象不同,由军政部或海军部发交各主管司署,按照陆、海、空军各项军事法规、规章审议。最后送交各该部长官核定后,即可命令执行。根据1935年9月国民政府第695号训令,如同一惩戒事件,被付惩戒者不止一人且不属于同一惩戒机关者,应移送官职较高者的惩戒机关,合并审议;如被付惩戒人兼任两种官职,其惩戒事件的管辖,以其事件所发生之职务为准。③

南京政府"训政"时期,惩戒对象官等越高,惩戒机构的组织性质越趋行政化,同时,惩戒机构普遍具有较强的司法部门性质,普遍以合议庭的方式审理和议决监察院及院部会移付的案件,而惩戒委员无论是一人或数人,均无权决定是否予以惩戒。中央党部监察委员会、军事长官惩戒委员会和政务官惩戒委员会掌理对高级官吏的惩戒事务,而国民党中央、军事委员会和国民政府均由蒋介石领导,由蒋介石掌握对高官大吏的实际惩戒权。分设六个惩戒机构,合理性在于使惩戒机构间相互掣肘,避免专权和揽权。

在实际运作中,不同的惩戒机构有不同的惩戒对象,均各有惩戒法规和章则,造成同类型违法失职行为的惩戒处分有轻有重,不可避免地引起公务人员的不满,在一定程度上造成行政混乱,使得惩戒机构往往从轻惩

---

① 参见汤吉禾《五年来的监察院》,《东方杂志》第34卷第1号。
② 《东方杂志》第11卷第2号,"中国大事记"。
③ 《中华民国国民政府公报》,1935年9月,"训令";汤吉禾:《五年来的监察院》,《东方杂志》第34卷第1号。

处,以平衡各方。又由于惩戒机构人员均由国民政府人员兼任,造成行政机构官吏惩戒同一机构的其他官吏,使惩戒效能无法发挥;各省市"地惩会"委员则完全采用兼职制,委员半数为高等法院的庭长及推事,其余则以荐任职行政官派充,司法官事务繁忙,没有余暇办理惩戒事件,行政官员参与地方公务员的惩戒,因利益关系而官官相护,往往使惩戒案件敷衍了结。同时,直属司法院的惩戒委员会实际上完全由地方司法和行政机关领导,势必造成惩戒权分散,为地方行政、司法官所把持,导致放任自流。

四、"训政"时期反贪机制和惩戒制度

中华民国的监察体制,以孙中山监察思想为指导,同时借鉴中国古代的监察制度,确立了监察机构对各级统治者行使监察的权力,并逐步制度化。一系列监察法律法规的颁布、频繁修改、更臻完备,有利于监察权的合理有效行使及其效能的充分发挥。民国监察制度,由监察权中首要的弹劾权,衍生出调查、纠举、建议、纠正、同意、监试、审计等权力。

（一）监察院的反贪机制——八大职权

（1）弹劾权

弹劾权是民国监察职权之本,其他监察职权则是弹劾权的扩展、延深和补充。弹劾权行使的对象,涵盖了中央和地方各级机关的公务员。南京国民政府各时期,监察院的弹劾对象有所变化,但总体而言,上至总统,下至普通公务员,均属弹劾的对象。

1927年公布的《国民政府监察院组织法》和1929年5月公布的《弹劾法》均规定,各级官吏均属弹劾权行使范围。已确立了对官吏"人人可弹,人人可劾"的弹劾思想,弹劾案的提出只问是否有利于人民,而不论应被弹劾官吏之官职大小。[1]

---

[1] 《国民政府监察院组织法》(1927年11月9日),《国民党政府政治制度档案史料选编》上册,第304页。

1932年6月24日,国民政府修正公布的《弹劾法》,将弹劾对象确定为"公务员","监察委员对于公务员违法或失职之行为,应提出弹劾案于监察院"。① 并将公务员定义为,既不分中央和地方,泛指一切公务员,也不论是政务官(国民政府委员,五院正副院长、五院委员,大法官,五院所属各部正副部长、各委员会正副委员长,各省政府委员、主席及厅长,各特别市市长,驻外大使、公使、特使和所有特任特派官吏等),还是事务官(除政务官外,所有为中华民国国民政府服务,享受公务员待遇的官吏),一体均属公务员。对违法失职的公务员,"监察委员得单独提出弹劾案"。而且,弹劾权之重要,还在于"弹劾案提出后应即由提案委员外之监察委员三人审查之。经多数认为应付惩戒时,监察院应即将弹劾人移付惩戒"。②

1936年5月5日公布的《五五宪草》,已明确把公务员划分为中央公务员和地方公务员,并规定监察院"对于中央及地方公务员违法或失职"行为,提出弹劾案,但是,"对于总统、副总统及行政、立法、司法、考试、监察各院院长、副院长之弹劾案","应向国民大会提出之"。③ 有学者认为,这一规定就更进一步明确了弹劾的范围,并首次以宪法的形式规定了总统、副总统可以弹劾,弹劾对象还包括了五院正副院长、中央和地方的政务公务员、事务公务员。但民意代表(各级议会议员)和人民团体人员不属于弹劾权行使的范围。④

实际运作中,"训政"时期监察院提起弹劾案不少,尤其在初期敢于弹劾政府高官。从官吏的职务看,在监察院自1931年正式成立后的前5年中,已弹劾行政院院长1人(1932年5月监察委员高友唐弹劾行政院长汪兆铭擅自曲膝议和案),部长5人(外交部长王正廷贻误外交、丧失国土案,铁道部长顾孟余违法舞弊案等),次长3人,省政府主席6人(江

---

① 《弹劾法》(1929年5月公布,1932年6月修正),《国民党政府政治制度档案史料选编》上册,第312页。

② 《弹劾法》(1932年6月修正公布),《民国法规集成》第69册,第1页。

③ 《中华民国宪法草案》(1936年5月5日),《中华民国史档案资料汇编》第五辑第一编,政治(一),第283页。

④ 参见耿云卿《中华民国宪法论》(下),第330页。

西省政府主席熊式辉违法征收产销税、任意变更地方制度等①),立法委员 2 人(立法委员史尚宽越权干涉司法案等②),监察委员 1 人(1935 年监察委员杨天骥破坏监察制度,就交通银行支行经理江祖岱侵占行款一案受江家属所托,代为向地方法院首席检查官孙绍康求情案),高级军事长官 5 人(东北边防司令长官张学良抗日不力、丧师失地案等)。据统计,1931 年 3 月至 1935 年底,被监察院弹劾的官吏总人数达 998 人,其中简任职以上高官 130 人,占被弹劾官吏总数的 13%。其中涉及贪污舞弊的如铁道部长顾孟余丧权违法舞弊案等。但同样明显的是,普通官吏多能予以惩处,监察院弹劾高官大吏极为困难,被弹劾的高官受到惩戒的极少。1937 年 7 月至 1947 年 12 月的 10 年里,共弹劾普通官吏(荐任职以下)1286 人,而弹劾的选任、特任和简任级高官仅 128 人,且并非都予以惩戒。③ 因此,监察院在公众心目中,已有了"只拍苍蝇,不打老虎"之嫌。这说明,监察院等反贪污腐败机构所拥有的权力,是国民党赐予的,一旦监察权的行使触及其最高统治层的利益,则被党权和行政权的干预所限制。抗战时期,国民参政会参政员傅斯年对监察院院长于右任提起的质问,就道破了天机,他说:"历年来监察院弹劾的都是些芝麻绿豆的小官,所有政府大员、封疆大吏虽其贪污枉法为国人所留议,监察院并未调查而有所发动。敬问于院长,监察院是否有'不纠其官'的苦衷?"④一语道破监察院在高官面前无能为力的窘况。

(2)调查权

1927 年 11 月,南京国民政府在监察院正式成立前制订的《监察院组织法案》规定:"监察院行使职权时,[得]调查该官署之档案册籍,遇有疑

---

① 韩信夫、姜亮夫主编:《中华民国大事记》第 3 册,第 527 页。

② 《本院呈国民政府文·弹劾史尚宽等由》(1931 年 3 月 26 日),《国民政府监察院公报》第 1 期,"公文"。

③ 汤吉禾:《五年来的监察院》,《东方杂志》第 34 卷第 1 号,第 152—155 页;常泽民:《中国现代监察制度》,第 145 页。

④ 《监察院施政概要》,国民政府监察院 1938 年印行。

问,该官署主管人员应负责为充分之答复。"①

国民政府监察院正式成立后,1931 年 3 月 26 日公布、1934 年 7 月 6 日修正的《监察院调查证及其使用规则》,又对调查权作出具体规定:"(1)调查员持此证赴各公署各公立机关调查档案册籍,各该公署或机关之主管人员不得拒绝,并不得藏匿应被调查之案件;(2)遇必要时,调查员得临时封锁该项案件,并得携去其全部或一部;(3)遇必要时,调查员得查询该项案件之关系人,并调查其证物;(4)遇必要时,调查员得持此证知会地方法院、市政府县政府公安局协助。"②

1934 年 1 月 12 日,国民政府又颁布《监察院调查规则》,强调调查案件时的纪律和限制性措施:"调查人员对于密查案件,不得向外宣泄";"调查人员于调查时应就所负责范围内之事项从事调查,不得接受其他诉状或进行其它调查";"调查人员在调查进行中,如发现被查公务员有危害人民生命财产之危险,认为有急速救济处分之必要者,应即电呈核办"。而各该机关或团体及主管人员"不得伪造、变造、毁灭或隐匿应被调查之案件"。还规定,"调查人员执行职务时,绝对不得接受地方一切供应";"调查人员于调查完毕时,应即回院报告";"调查人员于调查完毕时,应按照国内出差旅费规则之规定,据实造报"。③

与广州国民政府监察院调查权相比,南京国民政府监察院调查权的行使方式更趋多样。主要有:

①行查,由监察院行文委托其他机关代为调查。监察院可通过各种渠道,如收受人民书状、各部会长官或地方最高行政长官送请调查的书面材料、报纸杂志上披露的情况等等,获知中央和地方公务员的违法失职行为,再委托其他有关机关代为调查。1933 年 3 月 18 日公布的《监察院审查规则》第 5 条第 5 项规定:"应行调查的事件遇必要时,得委托其他官

---

① 《国民政府监察院组织法案》,《中国国民党历次代表大会及中央全会资料》上册,第491 页。

② 《民国法规集成》第 69 册,第 11 页;《中华民国法规大全》(四),商务印书馆 1936 年版,第 5709 页。

③ 《国民党政府政治制度档案史料选编》上册,第 314 页。

署行之。"①不过,正是由于"遇必要时"一语的含义界定模糊,致使弊端肇生,特别是监察委员为图省事,往往信手以行文的方式进行调查,造成"行查"占整个调查案的绝大部分。据查,1944 年度,监察院全年调查案件共 2190 件,其中行查 1991 件,派查 199 件,行查案约占全部调查案件的 90.9%。② 再如,1947 年度,监察院共计收到人民书状 4018 件,经审核受理 2115 件,其中调查案件 2109 件,占受理案件的 99.7%,而在这 2109 件调查案件中,监察院直接派员调查的仅有 176 件,而以"行查"方式令各监察使署及委托其他机关代理的却有 1933 件,行查案约占全部调查案的 91.65%。③ 至于行文至委托单位,委托单位何时函复和函复的真实性如何,就很难说了。"行查"这一方式,已逐渐演变为监察权行使的一大弊端。

②派查。监察机构认为公务员有违法失职行为,须派员作实地调查时,一种方式就是直接委派监察委员或监察使、调查员行使调查权。监察委员和监察使人数有限,实际上不可能每案皆亲自调查,因此多由监察院专设的调查员执行"派查"任务,凡奉命调查的人员,"除限时出发之案件,应依限出发外",一般"应于三日内出发"。④ 派查的缘起分为两种情况:一是其他机关呈请国民政府交由监察院派员调查的事件。如 1931 年夏秋之交,全国大部分地区水灾泛滥,"各省灾区之广,灾情之大,灾民之多,为百年所未有",受灾之省亦达 16 省,⑤故国民政府赈务委员会呈请国民政府令监察院派员前往调查。赈务委员会的呈文中说:"奉中央拨发监税库券二百万元,抵押现款一百万元,呈奉行政院令派服务委员会各委员,携款分往鄂、湘、皖、豫、赣、苏、浙七省办理七省急赈,亦属事关重大,皆应有严密之考察。"于是监察院便派监察委员分赴苏、鄂、豫、皖等

---

① 《监察院审查规则》(1933 年 3 月 18 日公布),《民国法规集成》第 69 册,第 9 页。

② 《国民政府监察院公报》渝版第 5 期,1945 年 5 月,第 76—77 页。

③ 《中华年鉴》,中华年鉴社 1948 年编印,第 547 页。

④ 《监察院调查规则》(1934 年 1 月 12 日),《国民党政府政治制度档案史料选编》上册,第 314 页。

⑤ 《申报》1931 年 7 月 30 日;《时事月报》第 5 卷第 3 期,1931 年 9 月。

省调查各省急赈、工赈、农赈情形及视察民情。又如1932年国民政府明令裁撤厘金，为切实了解各地执行情况并相应进行监察，南京政府责成监察院派员进行实地调查，训令指出，"如尚有对于前者之裁厘命令，阳奉阴违，或巧立名目，擅自征收各项类似厘金之税捐等情事"，监察院可"呈候惩处，以重功令，而肃纪纲"。① 据此，监察院派监察委员分赴湖北、广东、福建、山东、浙江、安徽、湖南、绥远、甘肃、宁夏、青海、陕南等地调查。二是监察院根据自己掌握的情况，对某一事件自行派员调查。1947年2月，对于国统区经济影响颇大的"上海黄金风潮案"，监察院认为有必要派员进行调查，召开监察院会议议决派监察委员何汉文、谷凤翔、张庆桢、万灿4人及审计范士兴等人，赴沪严密调查，将调查结果在各报公布，并对该事件中有违法失职行为的人员提起弹劾，对于减缓"黄金风潮案"的危害有一定的补救作用。②

（3）纠举权

抗日战争全面爆发后，国民政府为抗战之需而整肃纪纲，严惩贪官污吏，赋予监察院更多的权力，其中之一便是特设"纠举权"。1937年12月，监察院呈经国民政府颁布《非常时期监察权行使暂行办法》，并在1938年8月27日修正公布，明确规定监察院行使纠举权。

纠举权的运用，可使惩戒处分的裁定无须移付惩戒机关。按照《非常时期监察权行使暂行办法》第2条规定："监察委员或监察使对于公务员违法或失职行为，认为应速去职或为其他急速处分者，得以书面纠举。"被纠举的案件，"呈经监察院院长审核后，送交各该主管长官或其上级长官。其违法行为涉及刑事或军法者，得交各该管审判机关审理之"。

实际运作中，纠举案可转化为弹劾案，并移付惩戒机关。纠举案移送被纠举人的主管长官后，主管长官如认为不应给予被纠举人以处分，应即时回复监察院，声叙不应处分的理由。主管长官从收到纠举书之日起一个月内，不予被纠举人以行政处分，"又不声复理由或虽声复而无理由

---

① 陈之迈：《监察院与监察权》，《社会科学》第1卷第1期。
② 《中华年鉴》，中华年鉴社1947年编印，第546、547页；韩信夫、姜亮夫主编：《中华民国大事记》第5册，第556页。

时",监察院可将该纠举案,不经一般弹劾案的审理程序,改作弹劾案,而后直接"移付惩戒机关","各该主管长官或其上级长官于被弹劾人受惩戒时,亦应负责"。①

在制度设置上,纠举权的设立,对加强监察效能很有裨益。但实际情况仍是大官纠不动,如对五院院长的纠举,如果没有蒋介石的许可,监察院院长是不敢贸然行动的;小官则纠惩分离,不能奏效,对违法失职的普通公务员进行纠举是监察委员、监察使之职,可是纠举后惩戒处分的实际执行者,却是犯有违法失职行为的公务员的主管长官,使纠惩分离。由此,纠举权失去了它简便易行的功能。再者,虽然《非常时期监察权行使暂行办法》规定,当有违法失职行为的公务员之主管长官,对其既不给予处分,又拒不声述理由,该主管长官于被弹劾人受惩戒时"亦应负责"。但究竟是负连带责任,同被弹劾人一并移付惩戒,还是另案严办,界定上模糊不清。致使被纠举公务员的主管长官依旧我行我素,纵容庇护,致使纠举权的行使效能极低。据1944年底统计,1944年一年,监察院共提起纠举案79件,被纠举的各类公务员163人。在79件纠举案中,送达机关有:各部会27件,各省市政府32件,各级法院3件,其他17件,已答复件数19件,未答复件数60件。②

纠举权创设的目的本是侧重于处理情况复杂、危害性大的案件,以加强监察权急速处分的功能,避免违法失职行为的扩大化。但在实际行使纠举权时,并没有依据这一标准,而是无论什么案情多以纠举案的方式提起,出现了纠举权滥行的局面。从历年纠举案来看,无论是性质普通的案件,还是重要纠举案件,涉及贪腐纠举的原因多为"利用职权贪污舞弊""违法苛收营私舞弊""共受贿款""受贿有据""纵属舞弊""怠惰旷职""挪用公款营私获利"等,其实,这些案件适用一般的刑事法规即可,无专用纠举方式的必要,况且,舍刑事法规而专用纠举,造成纠举案的数量大大超过弹劾案。1937—1946年10年间,监察院共提起弹劾案件632件,

① 《非常时期监察权行使暂行办法》(1938年8月27日修正公布),《国民党政府政治制度档案史料选编》上册,第323—324页。
② 《国民政府监察院公报》渝版第5期,1945年5月,"统计",第73—74页。

被弹劾人数为 1135 人;而 1938—1947 年 10 年间,监察院共提起纠举案 1174 件,纠举人数为 2126 人,纠举案件数和人数是弹劾案件数和人数的 1 倍左右。①

监察人员多愿使用纠举权,原因如下:由于纠举权比弹劾权行使起来更为简便,工作量相对较小,耗时较短,成效明显;而且,"训政"时期纠举案的审理由监察院长一人掌理,但监察院长公务繁重,无暇顾及数量众多的纠举案,一般对案情不作深究,故纠举案多能通过审理;再者,纠举案提起后,对主管长官给予被纠举人处分具有一定的强制性,即便被纠举人未被给予处分,也不是提案监察委员或监察使的责任,不会对监察委员或监察使的名誉造成什么影响,不必有所顾忌。所以,尽管纠举权在行使过程中弊端日重,监察委员和监察使仍不顾而多用纠举权。

(4)建议权

抗战全面爆发后,许多地区各自为政,不利于抗战,国民政府为了及时有效地对中央和地方军政进行监督和干预,一项举措就是赋予监察院建议权。1938 年 8 月修正公布的《非常时期监察权行使暂行办法》规定:"各机关或公务员对于非常时期内应办事项,奉行不力或失当者,监察委员或监察使得以书面提出建议或意见,呈经监察院院长审核后,送交各该主管机关或其上级机关。主管机关或其上级机关接到前项建议或意见后,应即为适当的计划与处置。"②

抗战进入相持阶段后,国民政府对中央和地方各级机构的施政更加重视,监察院建议权的重点在于对事的监察。建议范围颇为广泛,包括行政、军务、教育、田赋、粮政、禁政、治安、救济、考试、司法、交通、地政、卫生、金融、税务等,重点在有关抗战的事项。依据《非常时期监察权行使暂行办法》,建议权的行使赋予监察委员或监察使双重职权,既可对非常时期"应办事项"之当否提出建议或意见,重点在事;又可对公务员"奉行

---

① 这一组统计数字,引自周继中主编《中国行政监察》,第 506—507 页。
② 《非常时期监察权行使暂行办法》,《国民政府政治制度档案史料选编》上册,第 324 页。

不力或失当"行为加以监察,重点在人;也可对人、事进行综合整治。① 在建议权的实际运用中,重于对事,轻于对人。如1939年1—10月,监察院共提起建议案104件,仅有3件是对人的。② 建议权虽不含强制性,却是监察诸权中行使最为广泛的,对中央和地方施政影响和效果较大的一项职权;监察委员或监察使频繁巡视的制度化,使建议权针对性、及时性、威慑性得以保证。

针对性,指建议的内容和针对对象,往往是施政过程中亟待解决的问题,而且相当一部分与预防贪腐行径有关。如"建议通缉汪兆铭(汪精卫)以正国法""建议提高低级公务员待遇""建议改善新兵待遇""建议严整军纪相机杀敌""建议统制汽油使用"等,皆是如此。

及时性,即所建议事项须急速解决,误时影响极大。如两广监察使刘侯武建议"赈济广东省潮梅两地灾情案",请速派大员,携备巨款莅粤急赈,以安抚浮动的人心,平稳堪虞的治安状况。再如"建议酌加米代金暨调整划一公务员待遇案""建议整理电报交通以谋通报之迅捷案",均为稳定时局,利于抗战之举,而监察委员或监察使频繁巡视的制度化,使建议权针对性和及时性得以保证。

具有一定的威慑性,就是对中央和地方机关措施不当或工作失误所提建议,如该机关拒不执行或不加以改善,监察委员或监察使可通过提起弹劾案或纠举案,来加以惩戒。以纠弹权和惩戒规章作后盾,其威慑作用,使建议权得以确立和行使。

也应当看到,建议权行使的广度和深度都是相对的。首先,建议权的行使中,针对政府机构一般性的措施不力或工作失误类型的建议案占绝大多数。而对国民政府的大政方针却极少能提出建议。如1945年共提起82件建议案,没有一件是送往中央党部和国民政府的。其次,建议权的行使,主要面向地方政府机构,而对中央机关的施政情形的建议较少。如1939年的104件建议案中,建议中央机关的仅有寥寥5件。

---

① 《国民政府政治制度档案史料选编》上册,第324页。
② 《监察院工作报告》,国民政府监察院1939年印行。

（5）纠正权

1946 年,制宪大会通过决议将建议权更名为纠正权。建议权的提起,主要是集中针对措施不力或工作失当,而纠正权的提起,既可以是针对措施不力或工作失当,也可以是针对违法失职行为。因此,纠正权的职权范围更为含糊,运用中易混淆"措施不当"与"违法失职"两种行为,既模糊了纠正权的针对性,又阻碍了弹劾权、纠举权的行使。

纠正权提起的对象,根据"行宪"《中华民国宪法》的规定,只是在"行政院及其各部会"。而对立法、司法、考试、监察四院和国民大会及其所属机构,不能提起纠正案。①

（6）同意权

同意权是国民政府监察职权中产生较晚的一项。1946 年 1 月 31 日,"旧政协"通过"政协会议五项协议",在《政协会关于宪草问题的协议》中规定,将来制定宪法,应规定监察院拥有"同意权"。具体规定如下:其一,"监察院为国家最高监察机关,由各省级议会及各民族自治区议会选举之,其职权为行使同意、弹劾及监察权";其二,"司法院即为国家最高法院,不兼管司法行政,由大法官若干人组织之,大法官由总统提名,经监察院同意任命之";其三,"考试院用委员制,其委员由总统提名经监察院同意任命之"。② 3 月,国民党六届二中全会通过《对于政治协商会议报告之决议案》,彻底否定了政协会议的决议,并通过了"监察院不应有同意权"的议决。③

1946 年 11 月,在中国共产党的强烈抵制下,又迫于国内民主运动的压力和美国政府要求蒋介石表现民主姿态,蒋介石政府作出让步,"制宪国大"制定的《中华民国宪法》中明确规定监察院有同意权,作为宪定职权正式确立。1946 年 12 月 25 日在制宪大会上通过的《中华民国宪法》

---

① 《中华民国宪法》,《中华民国史档案资料汇编》第五辑第三编,政治(二),第 616 页。

② 《政协会关于宪草问题的协议》,《中共党史参考资料》(六),人民出版社 1979 年版,第 78 页。

③ 《对于政治协商会议之决议案》,《中国国民党历次代表大会及中央全会资料》下册,第 1047 页。

第 90 条规定:"监察院为国家最高监察机关,行使同意、弹劾、纠举及审计权。"遂将同意权作为监察院的第一职权而确立。第 79 条规定:"司法院设院长、副院长各一人,由总统提名,经监察院同意任命之。司法院设大法官若干人,掌理本宪法第七十八条(即'司法院解释宪法,并有统一解释法律及命令主权')规定事项,由总统提名,经监察院同意任命之。"第 84 条规定:"考试院设院长、副院长各一人,考试委员若干人,由总统提名,经监察院同意任命之。"①

行使同意权的程序为:监察院收到总统提名的咨文后,即举行秘密提名审查会,审查会由全体监察委员参加,推举监察委员 1 人为主席。审查可以参考咨文所附的被提名人履历证明,如认为必要,也可由立法院咨请总统通知所提名人,许其提出施政意见,以评价被提名人才干能力。当对所有被提名人审查完毕后,召开监察委员全体会议进行投票,投票须有监察委员五分之一以上出席,出席的监察委员过半数同意,提名生效。投票议决后,将投票结果以书面形式咨送总统,有不同意者,由总统另行提名。1948—1949 年两年里,向经监察院提名 58 人,监察院同意了其中的 44 人,约占总人数 75.86%。未被同意的均是大法官或考试委员,而司法院、考试院的正副院长均被同意。②

(7)监试权

南京国民政府五院之一的考试院职权重大,既是主管考试机关,也是主管人事行政机关,负责掌理考选、任用、铨叙、考绩、级俸、升迁、保障、褒奖、抚恤、退休、养老等事宜。考试院为使公开竞争以选拔人才的考试制度得到应有的保障,并力图由此使行政权力不为任何个人或派系所把持,确保考试的公开、公平、公正,以利于真正的人才能脱颖而出,国民政府特赋予监察院对考试院的监试权。

为此,南京政府在 1930 年 11 月 25 日公布《监试法》,规定"凡举行普通考试或高等考试时,考试院应咨请监察院派定监试委员。前项监试委

① 《中华民国宪法》,《中华民国史档案资料汇编》第五辑第三编,政治(二),第 614—615 页。
② 《监察院同意权行使办法》(1948 年 6 月 21 日),《民国法规集成》第 69 册,第 79 页。

员,应以监察委员或监察使为之"①。1933 年 2 月 23 日,国民政府公布修正《监试法》规定:"凡举行考试时,由考试院咨请监察院,就监察委员,或监察使中,提请国民政府简派监察委员。但举行特种考试时,得由考试院,咨请监察院派员监试。"②

监试权具体包括哪些? 1930 年的《监试法》规定:"左列各事项,应于监试委员监试中为之:一、试卷之弥封事项。二、弥封号册之固封保管事项。三、试卷之交出及发给事项。四、试卷之点收及封送事项。五、弥封之拆去及对号事项。六、应试人之总成绩审查事项。七、及格人之榜示及公布事项。八、其他应行监视事项。"1933 年公布修正之《监试法》的规定略有调整:"左列各事项,应于监试人员监试中为之:一、试卷之弥封。二、弥封姓名册之固封保管。三、试题之缮印,封存,及分发。四、试卷之点收,及封送。五、弥封姓名册之开拆,及对号。六、应考人之总成绩审查。七、及格人员之榜示,及公布。"③

针对舞弊行为,1930 年的《监试法》规定:"内场如有潜通关节,及替换毁损遗失试卷,或其他舞弊情事,由典试委员长负责。外场如有顶替转递换卷,或其他舞弊情事,由襄试处主任负责。监试委员于发现有前项舞弊情事,或有违反第二条至第五条所定情事时,应提出弹劾案。"④1933 年公布的修正《监试法》规定,"监试时如发现有潜通关节,改换试卷,或其他舞弊情事者,监察委员应提出弹劾",并且"考试事竣,监试人员应将监试经过情形,呈报监察院"。⑤

监察院依据《监试法》的规定,根据不同考试对象、派出相应的监试人员。凡高等考试和普通考试的监试之责,由监察院监察委员或监察使

---

① 《监试法》(1930 年 11 月 25 日),《考试院公报》第 12 期,"法规";《中国考试制度史资料选编》,黄山书社 1992 年版,第 835 页。
② 《监试法》(1933 年 2 月 23 日),首都普通考试典试委员会编:《民国二十三年首都普通考试总报告书》,第 136 页;《中国考试制度史资料选编》,第 835 页。
③ 《监试法》,《中国考试制度史资料选编》,第 835 页。
④ 《监试法》,《考试院公报》第 12 期,"法规"。
⑤ 《监试法》,首都普通考试典试委员会编:《民国二十三年首都普通考试总报告书》,第 136—137 页。

执行;特种考试不仅可派监委或监察使司职监试,也可由监察院的其他职员承担。考试结束后,监试委员即将监试经过情形呈报监察院,不仅有预防监试委员自身拘情宽容、贻误监试的效能,而且可使监察院明了全国监试的详况,改进监试方法,以增进考试制度的功效。① 根据监察院的年度统计,1944 年共有监试案 67 件,其中,高等考试 8 件,普通考试 27 件,特种考试 23 件,检定考试 9 件。②

(8)审计权

审计权是监察权的重要权属,由国民政府赋予监察机关对各级国家机关的财政经济行使监督权。南京国民政府建立后,顺应审计权与行政监察权相结合的趋势,将审计机构归属监察院,使审计权成为监察权的必要组成部分。不过,审计机构职权行使上有相对独立性。

①审计院的职权

审计院时期,审计权的行使均在财政活动告一段落或结束时进行,属于事后审计。1928 年 4 月 19 日,国民政府公布的《审计法》规定,审计院审查的决算及收支计算的内容包括:"一、国民政府岁出入的总决算;二、国民政府所属各机关每月之收支计算;三、特别会计之收支计算;四、官有物之收支计算;五、由国民政府发给补助费或特与保证各事业之收支计算;六、其他经法令明定应由审计院审核之收支计算。"③

②监察院审计部各机构的职掌

监察院审计部成立后,审计职权基本完善,形成事前、事后、稽察全过程的审计体系。《审计部组织法》规定,审计部下设三厅一处。第一厅,"掌理政府所属全国各机关之事前审计事务";第二厅,"掌理政府所属全国各机关之事后审计事务";第三厅,"掌理政府所属全国各机关之稽察事务"。这就明确了审计部的基本职权。④ 1939 年 3 月 4 日再修正公布

---

① 参见《监试法》,《考试院公报》第 12 期,"法规";《监试法》,首都普通考试典试委员会编《民国二十三年首都普通考试总报告书》,第 136—137 页。

② 《国民政府监察院公报》第 5 号,1945 年 5 月,第 75 页。

③ 《审计法》(1928 年 4 月 19 日),《国民党政府政治制度档案史料选编》上册,第 307 页。

④ 《审计部组织法》,《国民党政府政治制度档案史料选编》上册,第 320—321 页。

之《审计部组织法》的相关规定相同。①

分设各省市的审计处和审计办事处也在职权上明确了事前审计、事后审计和稽察事务。《审计处组织法》规定,审计处分为4组,分掌职权:"一、第一组:掌理本省或本市内中央及地方各机关之事前审计事务;二、第二组:掌理本省或本市内中央及地方各机关之事后审计事务;三、第三组:掌理本省或本市内中央及地方各机关之稽察事务;四、总务组:掌理本处文书、统计、会计、庶务及其他各组交办事务。"

审计办事处的职掌:"办理事前审计、事后审计或稽察事务之人员,于事务简单之机关各得兼管数机关之同种事务。"②

③审计职权及其行使方式

1938年5月3日公布、1939年3月4日修正公布的《审计法》规定,"中华民国各级政府及其所属机关财务之审计,依本法之规定"③。审计职权为:

其一,"监督预算之执行",属于事前审计监督。即"各机关应于预算开始执行前,将核定之分配预算送审计机关。其与法定预算不符者,审计机关应纠正之。前项分配预算如有变更,应另造送";各机关每年编制的预算,送往立法院审议后,各机关是否完全遵照执行,或在遵照执行过程中有无不当之处,审计机关有权依法随时进行监督。④

由于多种因素的制约,特别岁入岁出方面的问题不是审计部所能掌握的,故实际运作中监督预算的执行极为困难。监察院审计部的监督预算执行,也只能是例行公事,装样子罢了。如在所谓"黄金十年"的1927—1937年11年间,按照官方统计数字,有6年的财政收支发生亏缺,而其中5年的亏短在1亿元以上,实际上11年中每年岁出总数都超

---

① 《审计部组织法》(1939年3月4日再修正公布),重庆市档案馆编:《抗日战争时期国民政府经济法规》(上),档案出版社1992年版,第14页。

② 《审计处组织法》(1932年6月17日),《国民党政府政治制度档案史料选编》上册,第310—311页。

③ 《审计法》(1938年5月3日国民政府公布,1939年3月4日再修正公布),重庆市档案馆编:《抗日战争时期国民政府经济法规》(上),第302页。

④ 重庆市档案馆编:《抗日战争时期国民政府经济法规》(上),第302、305页。

过岁入总数。而且,这11年中仅有3年的预算是按期公布的。而在1937年抗战开始后到1949年南京国民政府覆灭为止的13年中,预算执行情况比此前的11年还糟。1947年的财政总收入为138300亿元,而这一年的财政总支出是409100亿元,财政赤字高达270800亿元。① 1948年和1949年的财政状况就更糟糕了。

其二,"核定收支命令"。以性质而论,是在预算开始执行之前进行的监督,以防止中央和地方各机关违法征收和不当支用的一种事前审计。根据1939年3月修正公布的《审计法》规定:"财政机关发放各项经费之支付书,应送审计机关核签。非经核签,公库不得付款或转账";"各机关收支凭证,应连同其他证件送驻公库或驻各机关之审计人员核签。非经核签,不得收付款项。但未驻有审计人员者不在此限";"审计机关或审计人员核签支付书、收支凭证,发现与预算或其他有关审计法令不符时,应拒绝之";"审计机关或审计人员对于支付书或收支凭证核签与否,应从速决定,除有不得已之事由外,自收受之日起,不得逾三日";"驻有审计人员之机关,应将记账凭证送该审计人员核签"。②

各中央和地方政府机关的会计报告在法定期限内送审后,审计部、各省市审计处、审计办事处才能根据送审上来的会计报告实施审核。但实际执行情况极不理想。如1943年和1944年两个年度,"会计报告全未送审,截至去年度(1944年度)之月底止,延未送审的约共有五百余机关"。至于各公营事业机关的收支凭证,也应依法送核。但大部分机关,如中央银行、中国银行、交通银行、农民银行这四大银行和中央信托局、邮政储金汇业局,同样未能将各项收支全部送上,致使就地审计无法办理。他们不将收支造核,审计部对此无可奈何。故审计部"因有这种种困难,以致审计效能,无法推进"。贪污行为的发生是惊人的,如邮政储金汇业局1944

① 这一组统计数字,引自张宪文主编《中华民国史纲》,河南人民出版社1985年版,第727页。

② 《审计法》(1938年5月公布,1939年3月再修正),重庆市档案馆编:《抗日战争时期国民政府经济法规》(上),第305页;《审计法》(1928年4月),《国民党政府政治制度档案史料选编》(上),第306—308页。

年8、9两月,透支款项达10亿多元,其账不合法的支出也不少,但由于该局未依法将各项收支全部送核,"以致无从纠正"。①

其三,"审核计算决算"。其性质属于在各机关预算执行后,审核相关报表凭证以判明其财务上责任的一种事后审计。各机关在公务活动中的财政收支,先由会计记录其经过并形成会计报告,然后以决算的形式报告其结果,"各机关于每月终了后,应依法分别编制各项会计报告,送该管审计机关或驻该机关之审计人员查核"。审计机关根据审核各机关财务收支计算的会计报表及凭证,审核其决算,然后编制年度总决算审核报告,"各级政府编制之年度总决算,应送审计机关审定。审计机关审定后,应加具审查报告,由审计部会核,呈由监察院转呈国民政府",并提交立法院审定。②

实际上,1929—1940年的12年间,各机关的决算根本就没有完全编制过,仅1936年有一次不完全的初步决算。决算既未能编制,审计机关也就无法审核财政上的计算及决算的情况。即使是送审机关有了决算,但其不按法律规定的送审期限送审,对送审机关又无法律的约束与制裁,那么审计部门也无从审核决算。审计部门审核决算如此困难,势难知道未送审决算的机关预算执行的情况是否合理。而审计部在此基础上编造的年度总决算审核报告,必然缺乏全面性和真实性。③

由于南京政府的腐败,往往利用职权大肆使用紧急命令拨款;或者是税务人员与商人勾结起来偷税漏税,会计人员制造假报表,私自涂改账目,制造混乱。尤其严重的是,中央直属机关自行筹款,自行支配,有的则通过追加预算、动用准备金等手段,给审计权的行使制造种种障碍,影响审计权作用的发挥。

其四,"稽察财政上之不法或不忠于职务之行为"。它是考察各机关执行预算时有无违法失职行为的一种稽察监督事务。对于各机关人员所

---

① 《审计部三十三年度工作概况》,国民政府监察院审计部1945年印行。

② 《审计法》,重庆市档案馆编《抗日战争时期国民政府经济法规》(上),第306—307页。

③ 杨珍:《对现行政府审计一个建议》,《东方杂志》第43卷第1号。

处理的财务或经营的财物,是否尽到忠诚公正的职责,是否有违法行为,审计机关往往采取巡回审计和就地审计两种方式,随时派员稽察,"审计人员发觉各机关人员有财务上之不法或不忠于职务之行为,应报告该管审计机关通知各该机关长官处分之,并得由审计部呈请监察院依法移付惩戒"。各机关需要实施稽察的项目很多,如监视各机关公债还本抽签、营缮工程及购置变卖财物、收支现金财物的盘查、兼职兼薪及损失现金的调查,审计上发生疑义案件的调查等。①

稽察的方式,主要有巡回审计和就地审计两种。这两种方式的弊端在于:审计人员的巡回审计多是走马观花,对财政上的不法和不忠于职务的行为很难发现;驻在审计,随着驻审人员对所在地所驻机关驻审日久,容易出现审计人员出于情面,难以秉公办事,甚至有可能和驻在机关同流合污的情况,致使稽察工作的效能难以发挥。②

④审计权的行使方式

审计权行使的范围,在不同时期略有不同,也决定了行使方式的差别。北京政府和广州国民政府时期,审计权的行使范围包括政府所属的全国各机关、由政府发给补助费或特予保证费的机关。南京国民政府时期,审计权行使的范围为政府所属的全国各级机关、有关的公私团体或个人、受公款补助的私人或团体,由于审计权行使范围的扩大和技术的进步,审计权在行使方式上也更为多样,大体可分为直接送审(送请审计)、委托审计、驻地审计、巡回审计和抽查审计等五种。

其一,直接送审(送请审计、通知审计)。送审之各机关,"于造送各项会计报告时,应将有关之原始凭证及其它附属表册",一并送请审计机关予以审核。当审计机关收到报告、凭证后,应立即分别详细审核,与法令及预算相符者,准于存查或签准照办。"对于各机关显然不当之支出,虽未超越预算,亦得事前拒签或事后驳复之";对于"各机关违背本法之规定,其情节重大者,审计机关除依法办理外,并得拒绝核签该机关经费

---

① 重庆市档案馆编:《抗日战争时期国民政府经济法规》(上),第 302、303 页。

② 这从《审计法》和《审计法施行细则》的一些具体规定中就可以看出。参见重庆市档案馆编《抗日战争时期国民政府经济法规》(上),第 302—308、308—313 页。

支付书"。①

送请审计属于事前审计的工作包括"分配预算之审查,法案之审查,收支命令之核签";属于稽察部分的工作包括"监视事项,调查事项,检查及盘查事项,参加事项";属于事后部分的工作包括"计算之审核,决算之审核"。②

南京国民政府监察院的审计机构对送审部门的归属有明确规定,凡中央机关及其所属机关的会计报告及收支凭证送请审计部审核;驻各省市(行政院辖市)的中央及地方各机关的会计报告及收支凭证送请审计处审核;各特种公务机关、公有营业机关、公有事业机关的会计报告及收支凭证送请审计办事处审核。

对送审的审计项目有极其繁杂的规定,特别对送审日期规定较为严格。根据《审计法施行细则》规定,"日报于次日内送出;月报于期间经过后十五日内送出;年报于期间经过后三个月内送出。若各机关应送的会计报告未按上述期限送达者",经审计机关催告后仍不送审,审计机关可以视为"财务上不法或不忠于职务"的行为,并通知各被审核机关长官给予处分或由监察院依法惩戒。而各机关接到审计机关的审核通知后,如不能按期限内声复,而需延期声复者,必须经得审计机关的批准认可。③

其二,委托审计。"委托审计之应用,系依审计法第八条及第五十三条之规定,其工作之实施,可分为委托审计机关及委托其他机关团体(多为司法部门)或个人代为审核"两种。④

委托审计机关代为审核,是审计对象的主管审计机关对各项审计事务,为避免延误审计时间,或"为办理之便利,得委托其他审计机关办理,

① 重庆市档案馆编:《抗日战争时期国民政府经济法规》(上),第304页。
② 南京国民政府行政院新闻局编:《审计制度》,行政院新闻局1947年印行,第22—27页。
③ 《审计法》(1938年5月公布,1939年3月再修正公布)、《审计法施行细则》(1939年7月),重庆市档案馆编:《抗日战争时期国民政府经济法规》(上),第302—303、309—310页。
④ 《审计制度》,第33页。

其结果仍应通知委托之审计机关"。主要是委托就近办理审计业务，无论中央审计机关、各省市审计机关，或各市县审计机关，均可互相委托。当受委托的审计机关代为审核完毕后，"应将办理结果通知原委托之审计机关决定之"，即审核的最后决定权，仍在原委托审计机关之手。①

委托其他机关团体或个人代为审核，是"审计机关，以人员不敷"，或路程遥远、"交通之不便"，或由于"审计上监视鉴定等事项"涉及特殊的技术要求时，审计机关可委托其他机关团体或专门技术人员办理，"审计机关对于审计上监视、鉴定等事项，得委托其他机关、团体或个人办理之"。②《审计法施行细则》中规定，"审计机关行使稽察职权，有需各机关、团体协助者，各机关、团体应负协助之责"；"审计机关委托其他机关、团体或个人办理监视鉴定等事项，其结果应由原委托之审计机关依职权决定之"，也就是说，代为审核办理后的裁定仍由原委托机关掌理。③除特殊案件"确须特种专门技术人员始能尽稽察之责者"由特种技术部门或个人办理外，一般而言，其他审计案件基本上"委托当地法院办理"。④

南京国民政府时期，因所辖地域广大，应予审计的机构众多，审计项目繁杂，故审计机构难以包揽一切审计业务；又因地方行政有较大自主权，故中央审计机构无力过多插手地方事务，在这种情况下，委托审计是一种于双方都方便的解决办法。因此，早在1929年国民政府就曾订立《委托审计规则》，明确受委托的机关或个人同主管审计的机关有同样的权力，如有权审定各种档案票据、令该管长官提出答辩书、初步确定赔偿责任等。并规定委托审计要以审查"现金物品出纳"为主。

委托审计制度刚设立时，并非一切审计事项或审计程序都由受委托的机关团体或个人承担，委托其他机关团体或个人办理的仅为"监视鉴

① 《审计法》《审计法施行细则》，重庆市档案馆编《抗日战争时期国民政府经济法规》（上），第303、310页；《审计制度》，第34页。

② 《审计法》，重庆市档案馆编《抗日战争时期国民政府经济法规》（上），第303页；《审计制度》，第34页。

③ 重庆市档案馆编：《抗日战争时期国民政府经济法规》（上），第312—313页。

④ 《审计制度》，第34页。

定等事项"。① 委托审计,本既可便利审计事务的开展,扩大审计权行使的范围,又可使审计机构能对应审计事件有所侧重,进行重点审计。但随着地方经济案件的增多,而审计人员又多不愿下到地方机关和深入中央各机关去直接调查,致使委托审计的事件日益增多,委托审计功能随之增强,其结果便导致审计机构自身的审计功能逐步萎缩、地方行政干预审计的情况日益严重。这实际上也是审计权逐步被削弱的主要因素之一。

其三,就地审计,"可分为常川派驻之就地审计(驻在审计、驻审),分组办理之巡回审计(就地稽察)及不定期之抽查审计三项"。这三种行使方式又可分别作为独立的审计方式。

驻在审计(驻审)。系由审计机关派员常驻在各机关办理该机关之审计事务,"凡驻在机关之岁入岁出及经管之收支,其会计凭证,簿籍,报告,为驻在机关所保管编造者",均为就地审计对象。其中,属于事前审计的有:"审查分配预算及法案,核签收支凭证,核签记帐凭证,核签收入命令及审核收入报表";属于稽察监督的有:"就地审计之驻审人员,对派驻机关之稽察,其监视、调查、检查及盘查与参加等工作,应依照前述送请审计之规定办理。关于营缮工程及购置变卖财物之监视,依照审计机关稽察各机关营缮工程及购置变卖财物办法第三条后项之规定,应由主管就地审计机关,体察当地情形酌定";属于事后监督的有:"是驻审人员对派驻机关之事后审计,应参照经办之事前审计及稽察之结果,审核其有无超过预算之流用,列造报告,呈由主管就地审计机关发给核准通知或审核通知"。② 实行驻审制度主要在南京国民政府监察院审计部期间。1939—1947 年的 8 年间,审计部先后派设中央部局及分驻地方的中央机构 31 个就地审计室,抗战时期有裁撤,至于各省市审计处派设的就地审计机构达 382 个。驻审人员行使职权时,有权作出拒签各项收支凭证的决定,并"应将拒签事由通知驻在机关,并报告该管审计机关",但当机关因重大突变或紧急工程必须紧急付款时,可将支付凭证送请驻审人员核

---

① 《审计制度》,第 34 页。
② 《审计制度》,第 28—30 页。

签,如发生问题由该机关负全部责任。①

巡回审计(就地稽察)。"巡回审计以同时办理事前、事后审计及稽察事项为原则",就是"各级政府机关及其所属机关,未派驻审计人员,其收支凭证,因情形特殊,免于送审者",审计机构均可经常或临时派员赴各机关就地办理审计案件,或随时稽察财务情况及会计人员的勤惰,同时对驻审机构和审计处的工作进行监督和修正,即"派驻审计人员各机关已办竣之案件,于执行巡回审计时,得加以复核或抽查"。② 南京政府监察院审计部于 1944 年修正通过《巡回审计实施办法》,并设置"川康区、陕甘区、云南区、贵州区、湘粤桂区"5 个巡回审计区,分别派员前往执行审计事务。1944 年,在 5 个巡回审计区内分设 15 个巡回审计组,添派人员,充实机构,使巡回审计更为详密。③ 这一年内,巡回审计 147 个单位。次年,审计小组增至 30 个,巡回审计 248 个单位。抗战胜利后,为监督接管区的财政,又增设南京、上海两个巡回审计区。1946 年底再修改《巡回审计实施办法》,将派往各省的审计小组划归各该省审计处指挥。巡回审计的范围,包括"(1)各机关财务制度之查询;(2)概算及分配预算之考察;(3)施政效能,事业效能或营业效能之调查;(4)会计凭证,簿籍及有关案卷之查核;(5)计算,结算或决算及有关会计报告之审核;(6)现金票据,证券之检查,及公库法实施之考察;(7)财物之盘查及营缮工程暨购置变卖财物案件之复核;(8)执行巡回审计期间,开标、决标、比价、订约及验收之监视;(9)有关财务行政事项之调查;(10)其他有关审计事项或指定事项之执行等"④。

抽查审计。依照《审计法》第 11 条的规定,"审计机关应派员赴各机

---

① 《审计部暨所属各处办理各机关就地审计事务规则》(1944 年 5 月 16 日修正通过);《审计法》(1938 年 5 月 3 日国民政府公布,1939 年 3 月 4 日再修正公布)、《审计法施行细则》(1939 年 7 月 25 日),重庆市档案馆编《抗日战争时期国民政府经济法规》(上),第 320—322、306、310 页。

② 《审计制度》,第 30 页。

③ 《审计部巡回审计实施办法》(1944 年 5 月 16 日修正通过),《审计法令汇编》,审计部 1948 年编印,第 57 页。

④ 南京国民政府行政院新闻局编:《审计制度》,第 30 页。

关执行审计职务",为检验"送审机关之账册,簿籍,现金及财产之真相,是否与送审之会计报告一致,审计机关,为求其缜密起见,实有派员莅临该机关就地核对之必要";或"对于县或有特殊情形之机关,得由审计机关通知其送审,仍应每年派员就地为抽查之审计"。① 这一类核对工作,是从送审机关的报表中抽查一部分,如发现问题,则需扩大抽查范围,再赴该送审单位就地审核。抽查审计,按不同分类方法,既可分为中央机关财务抽查、地方机关财务抽查两种。根据1941年9月公布的《审计部各省审计处抽查县市财务暂行办法》,地方机关的财务抽查主要由省市审计处执行,对省政府及其所属县市政府的会计年度送审报告进行抽查,同时考核其财政效能。有时审计部则直接编配抽查小组,抽查县市政府的财政收支。② 也可分为"送审机关之抽查"和"县财务之抽查"两种。所谓"送审机关之抽查",指中央各机关及其所属机关如属于送请审计的范围,审计部于会计年度内,"派员为就地抽查之审计,就其送审部分最后之一个月份或两个月份会计报告,以顺查法或逆查法,核对其传票,账册及报表,注意其实际收付情形,及代收款,暂付款,应解缴经费结余,与剔除款等之处理,并调查该机关之财务情形及会计制度等,如有未详明事项,抽查人员应向该机关查询,抽查结果,应连同附件缮具报告呈报主管审计机关核办"。所谓"县财务之抽查",指"省政府所属之各县,其会计报告,应依期送请各该省审计处审核,审计处审核后,应每年派员分组前赴各县为就地之抽查审计。抽查时除依照规定核对其传票,账册及报表外,并应考核其收支数字之是否正确,及谘询当地之党部法团,公正士绅,以为有无舞弊之参考。抽查人员,于工作完毕后,即作成报告,呈审计处复核。如有财政上之不法或不终于职务行为,按其情节轻重,分别函请省政府或通知各该县政府依法予以处分,并将抽查结果,摘其要项,附以各

---

① 南京国民政府行政院新闻局编:《审计制度》,第32页;《审计法》(1938年5月公布,1939年3月再修正公布),重庆市档案馆编:《抗日战争时期国民政府经济法规》(上),第303页。

② 《审计部各省审计处抽查县市财务暂行办法》(1941年9月16日),重庆市档案馆编《抗日战争时期国民政府经济法规》(上),第313—318页。

项简明收支数目,及各项税率,制成公告,函请省政府转令各县市就地公告之"。①

(二)惩戒制度

中华民国惩戒制度的演变与监察制度的发展相协调,惩戒权均独立于刑罚之外,惩戒机构形式多样并时有变易,又自成系统,较为完善,不同时期惩戒处分的规定基本趋于一致。

(1)惩戒程序

民国时期在惩戒程序上基本实现制度化,惩戒程序的步骤、方法和内容均以法规形式确定,实行"先刑后惩"原则和惩戒回避制度。南京政府惩戒机构惩戒程序的特点主要有:第一,惩戒机构虽然众多,但惩戒程序均按照《公务员惩戒法》实施,基本上是统一的;第二,惩戒机构的司法化程序较强,因而其惩戒程序也类似于司法上的审判程序。惩戒程序分为:

①移送。南京国民政府的惩戒机构对于公务员的惩戒,必须由各主管机关及监察机关移送惩戒,才能开始惩戒审理程序。各院部会或地方最高行政长官,对于所属荐任职以下公务员有移送惩戒及部分惩戒之权。监察院认为公务员有违法失职行为而应付惩戒时,应将弹劾案连同证据移送惩戒机构审理。

②调查。惩戒机关对移送来的惩戒案件,认为有调查之必要时,"得指定职员调查之","惩戒机关对于受移送之惩戒事件,除依职权再行调查外,并得委托行政或司法官署调查之"。

③申辩。惩戒机关应将弹劾的"原送文件抄送被付惩戒人,并指定期间、命其提出申辩书;于必要时,并得命其到场质询"。如"被付惩戒人不于指定期间内提出申辩书或不遵命到场,惩戒机关得径为惩戒之议决"。

④停职。惩戒机关"对于移送来之惩戒事件认为情节重大者,得通知该长官先行停止被惩戒人之职务";该主管长官对"送请监察院审查或

---

① 南京国民政府行政院新闻局编:《审计制度》,第32—33页。

公务员惩戒委员会审议而认为情节重大"的惩戒案件,如认为必要,"亦得依职权先行停止其(被惩戒人)职务"。并规定视为当然地应停止被惩戒公务员职务的情形:"一、刑事诉讼程序实施中被羁押者;二、依刑事确定、判决受褫夺公权之宣告者;三、依刑事确定、判决受拘役以上之宣告、在执行中者。"

⑤回避。"公务员惩戒委员会委员之回避,准用刑事诉讼关于推事回避之规定。"

⑥议决。议决程序分为三步:第一步,"以出席委员过半数之同意定之。出席委员之意见分三说以上、不能得过半数之同意时,应将各说排列,由最不利于被付惩戒人之意见,顺次算入次不利于被付惩戒人之意见,至人数达过半数为止";第二步,"惩戒委员会之议决,应作成议决书,由出席委员全体签名";第三步,议决书"应由惩戒机关送达被付惩戒人、通知监察院及被付惩戒人所属官署,送登国民政府公报或省、市政府公报"公布。①

(2)惩戒处分

民国时期的惩戒处分作为国家对公务人员违法失职行为的一种制裁手段,其等级和规定基本相同,不同仅在处罚量级的大小、时间的长短。1933年公布的《公务员惩戒法》规定,"公务者有左列各款情事之一者,应受惩戒:一、违法;二、废弛职务或其他失职行为"②。惩戒处分的等级,分为"一、免职(褫职、撤职);二、降级(降等);三、休职(停职);四、减俸;五、记过;六、申诫"六等。

①免职(褫职、撤职):即"除免其现职外,并于一定时间停止任用"。北京政府时期一般为2年,"受褫职处分者,自受处分之日起,非经过二年,不得复任";③此外,褫职处分以上有"夺官"一等的规定,即除褫去现

---

① 以上引文均见于《公务员惩戒法》(1931年6月8日公布,1933年6月27日修正,1933年12月1日修正公布),《国民党政府政治制度档案史料选编》上册,第29—30页。

② 《公务员惩戒法》(1931年6月8日公布,1933年6月27日修正,1933年12月1日修正公布),《国民党政府政治制度档案史料选编》上册,第27页。

③ 《文官惩戒法草案》(1913年1月9日),《中华民国史档案资料汇编》第三辑,政治(一),第297页。

职外,还夺去其现在的官秩。广州国民政府惩吏院的"褫职"处分,没有规定"一定期间"有多长。① 相比之下,南京国民政府时期的撤职处分较为宽松,撤职后"停止任用之期间,至少为一年"后即可重任官职,并可重新充任原职务。②

②休职(停职)。即除休其现职外,并不得在其他机关任职,但休职期满,许其复原职。南京国民政府的惩戒机构,规定休职期至少6个月。③ 而北京政府时期,司法官惩戒委员会规定有"停职"一项,期限为3个月以上,1年以下。广州国民政府惩吏院规定的休职期为"一月以上,六月以下"。④

③降级(降等)。即"依其现任的官级降一级或二级,自考叙之日起",非经过规定期限不得进叙。而受降级或降等处分,却无级等可降时,则减扣其现有月俸,直至限定期满。南京国民政府惩戒机构规定,降级"自考叙之日起,非经过二年不得改进。受降级处分而无级可降者,比照每级差额减去其月俸,其期间为二年(宪政时期改为一年)"。在北京政府时期,按《文官惩戒法草案》的规定,"受降等处分者,自受处分之日起,非经过一年,不得再叙进。受降等处分无等可降者,减其半俸,其期间为一年以上、二年以下"。而文官惩戒委员会降等仅能降一等,无等可降者,减其月俸的三分之一,期限为一年。⑤ 广州国民政府惩吏院降级可"降一等改叙",对无级可降的公务员,"减期俸的三分之一"。⑥

④减俸。北京政府时期文官的减俸处分,"减俸期间,为一月以上,一年以下。减俸数目,为月俸十分之一以上、三分之一以下"⑦。广州国民政府减俸处分是"依其现在之月俸减额支给其数为十分之一以上、三

---

① 《惩治官吏法》(1926年2月17日),《中华民国国民政府公报》第24号,1926年2月,"法规"。

② 《公务员惩戒法》,《国民党政府政治制度档案史料选编》上册,第28页。

③ 《国民党政府政治制度档案史料选编》上册,第28页。

④ 《惩治官吏法》,《中华民国国民政府公报》第24号,1926年2月,"法规"。

⑤ 《文官惩戒法草案》,《中华民国史档案资料汇编》第三辑,政治(一),第297页。

⑥ 《中华民国国民政府公报》第24号,1926年2月,"法规"。

⑦ 《中华民国史档案资料汇编》第三辑,政治(一),第297页。

分之一以下"①。南京国民政府的《公务员惩戒法》规定,减俸处分的减额"依其现在三月俸百分之十或百分之二十支给,其期间为一月以上,一年以下"②。

⑤记过。南京国民政府的惩戒机关和《公务员惩戒法》规定,"记过者自记过之日起,一年内不得进级;一年内记过三次者,由主管长官依前条之规定减俸"③。而此前北京政府的《文官惩戒法》无"记过"一等④,而其时的文官惩戒委员会记过处分的规定与惩吏院相同。审计官惩戒委员会规定,记过三次,应受降等处分。而对司法官的惩戒处分,无记过一项。广州国民政府惩吏院的记过处分,由"该管长官登记之,如一年以内受记过处分至三次者",由该管长官依规定减其俸给。⑤

⑥申诫。申诫处分是惩戒处分六等中最轻的一等。南京国民政府规定,对于公务员有过失或失当行为时,予以申斥或告诫,"申诫以书面或言词为之"⑥。而在北京政府时期对申诫的执行,按照《文官惩戒法草案》规定,"申诫均由各该长官专行之"⑦。广州国民政府则"由惩吏院呈请,国民政府或通知该管长官以命令行之"⑧。民国各时期的惩戒机构对申诫处分的规定基本一致,均由惩戒机构呈请政府或通知该管长官以命令的形式执行。

南京国民政府惩戒处分的规定,注意将政务官和事务官分开。如1933年修正的《公务员惩戒法》规定,降级和记过处分,对于选任政务官及立法委员、监察委员不适用;降级处分对于特任特派政务官不适用。行宪后,规定休职和记过处分对政务官不适用。

---

① 《惩治官吏法》(1926年2月17日),《中华民国国民政府公报》第24号,1926年2月,"法规"。

② 《公务员惩戒法》,《国民党政府政治制度档案史料选编》上册,第28页。

③ 《国民党政府政治制度档案史料选编》上册,第28页。

④ 《中华民国史档案资料汇编》第三辑,政治(一),第297页。

⑤ 《惩治官吏法》,《中华民国国民政府公报》第24号,1926年2月,"法规"。

⑥ 《公务员惩戒法》,《国民党政府政治制度档案史料选编》上册,第28页。

⑦ 《文官惩戒法草案》(1913年1月9日),《中华民国史档案资料汇编》第三辑,政治(一),第297页。

⑧ 《惩治官吏法》,《中华民国国民政府公报》第24号,1926年2月,"法规"。

第 五 章

抗战时期的贪腐问题和
国民政府反贪机制

抗战时期,随着战局的持久化,国民党在大后方的专制独裁统治日趋加强,国民政府各级官吏遂得以利用其手中职权,弄权贪腐。抗战时期战时特殊体制,导致在反贪腐方面既有承袭"训政"时期的机制,也有战时体制的新特点。

第一节　抗战时期的贪腐状况

抗战时期,大小官吏在抗战大后方趁机发"国难财"的现象可谓触目惊心,贪污舞弊的重点主要集中在物资、黄金和外汇三个方面。1941 年 6 月,美国政府曾冻结中国私人及公司、银行在美国的存款,其中私人存款约为 11800 万美元。1948 年 3 月 30 日,在美国参议院外交委员会发表的援华报告中估计中国私人所有的黄金、外币约合 5 亿美元,当时在美国的中国私人外汇存款约 3 亿美元。[1] 这样数额巨大的私人存款,集中在一

①　李立侠:《孔祥熙与中央银行》,寿充一编《孔祥熙其人其事》,中国文史出版社 1987 年版,第 79—80 页。

小部分人手中，来源很明显，绝大部分是利用职权贪污受贿、操控图利所得。

一、"国难"之际的贪腐手段

（一）陋规

抗战时期的各种"陋规"，是由清代传下之弊端，随着中华民国统治的推移，不仅未能日渐消除，反而愈演愈烈。

对国民党统治时期的各种"陋规"，民国时期的学者就有精彩的描述："现在政府向人民要钱，除了国家规定的以外，尚有许许多多的陋规，层出不穷的恶例，一到农村社会，'天高皇帝远'，县府及乡镇公所的公务员以及军警保甲人员，更凶猛地向老百姓欺侮敲刮。军队过境，要睡觉的稻草，马吃的豆粮，留驻的保安队，要草、要米、要油，借台、借凳、借床。派驻的警察所因警员待遇菲薄，伙食要求津贴，制服棉大衣要地方供给。人民自己组织的自卫团所需要的一切弹药枪械服装伙食等等，当然由人民负担。乡镇公所保甲组织，都是地方自治机构，一切开支，也以自治经费名目，向老百姓摊收。大员过境，招待费要人民平均认摊，乡镇保长过生日，也要人民集资庆祝。公路通过的村庄农民，除吃汽车灰尘，一点利益都享受不到，可是筑路的时候要征工，这是劳动服务；路坏了，又要他们去修筑，也是劳动服务。开河、平路、除垃圾、筑公房、造公林等等，都可随着县政府乡镇公所里办公人员的意志，任意征集劳力。田赋征实的征收储藏，运输分配，都发生着严重的弊病，老百姓缴送实物，很有辛酸的事实。实物体积重，面积大，须由老百姓雇工雇船送到征收衙门挂号，依次缴纳，好像秩序井然。其实其中大有巧妙文章。他们使用的大秤，老百姓不敢与其计较，你要和那般征收员计较斤量，分辨秤的大小，他们就一'搁'不睬你。搁一天就要付一天雇工和雇船的损失，不得不吃亏一点。最后胜利，一定属于征收员的。如果你的米谷品质不好，那更使你倒霉，给你原物原船退回。这样一来，老百姓更吃了大亏，所以谁也不敢送坏的米谷去。所征实物,一旦奉令出售,都由米商出面,而田粮处大小职员,廉价分购,然后待机高价售出。现在农村的国民学校设备,大多是摊派的、征募的。校舍修建要收修建费;教师束脩,除学费外,还要收尊师费、补助费、卫生费。体育活动、图书设备、杂费支出等等,都要逐项向儿童摊派收费。收费如此庞杂高昂,穷苦子弟,安得入学?"①这些"陋规"就是明目张胆的贪污、索贿受贿。

(二)"吃空额"和军火买卖回扣

抗战时期,本应是全体国民有钱出钱、有力出力,全民族勠力抗击日寇,捍卫民族独立。但是,有一些败类趁机行贪婪不法之事,军队将领"吃空额",在军火买卖中拿回扣就是一例。

抗战全面爆发后,因经济相对发达的江浙两广等沿海地区相继落入敌手,南京政府的预算收入大减。而由于抗战之需,军队数量则在不断膨胀,且地方军队的供给也逐渐由中央财政负担,蒋介石中央政府只能以多发通货来应付,军队将领则以"吃缺"和"走私"来获取利益。武汉会战后,国民党军队撤退到以陪都重庆和四川为中心的内地,资源极为有限,军中物资缺乏的状况更趋严重,但仍有一些军政部门和个人"吃缺额",贪占国家钱财。军队将领逾越常规的情事,以"吃缺"最为普遍。一般办法是上级默许各部队虚报兵额若干,通常连长得报2人,营团长递加。各部队军官出缺,亦按情缓报1—2个月,其薪饷由主官截留。如果再超过这一范围,方始由上级问罪。这种截留薪饷,与明清时期的"陋规"是一样的,虽不合法,但被暗中承认。黄仁宇举其抗战时期在军队服役时的所见为例说:"我曾见邻部饷册有'中尉排长魏德仁'一款,我常出入该部而未见此人,经后询问,方始知实系司书取巧以谐音影射'未得人',他已认为吃缺为公开的秘密,无庸隐讳。"这种作风和状况,抗战前已盛行了。

蒋介石对此是知情的,所以他有"虚报名额以千计"的话。这又以每

---

① 马寅初:《财政学与中国财政——理论与现实》下册,商务印书馆 2001 年版,第 682—683 页。

次战役前后因人员损补而有大幅度变动的情况下为甚。当有关部门向蒋介石报告时,蒋介石只是"指示他们只有咬紧牙关硬拼",不实际解决问题,并非蒋介石真受了蒙蔽,不知实情。1941 年 12 月 9 日,蒋介石向高级军官训话时说:"我前方部队兵额之空虚,已为全国皆知之缺点。各级层层欺蒙不一而足,至有一师之中缺额至三千人以上者亦相率视为故常。平时领一师之饷,临时不能作半师之用,及至事后申报战役经过则又任意浮报,动称一师死伤五六千人。"[1]但蒋介石只是概略地讲到这种情况,却不能指名问罪。从蒋介石的言辞语气看来,这种贪污腐化的弊端已广泛蔓延,相当数量的高官也牵涉其中,有不能阻遏的趋势,作为最高统帅的蒋介石尚不能坚持"禁绝",只"希望"各司令长官"如此如此",无疑与虎谋皮,正是由于不法举措有社会力量的背景,蒋介石要"从长考虑"后纵容,他不会运用自己"一言九鼎"的力量拨开云雾,症结还在中央政府不能下决心解决。[2]

此外,抗日战争时期,各级贪官污吏,尤其是上层官僚集团发"国难财"的手法主要是购买军火,从中贪污分肥。战争时期,公开和暗中的军火交易都很频繁,即便是在政府公开的军火购置中,负责购买军火的人员往往暗中收取回扣,甚至直接收取卖方好处费,共同在军火买卖中舞弊,为一己私利不惜危害抗战的民族利益。

（三）操纵公债投机

抗战时期,酿起巨大风潮的贪污舞弊渠道,尤以发行公债为突出。国民政府遇到财政状况紧张时,往往靠举借内债来渡过危机,抗战时期更是屡屡发行公债。借派售公债与发行储蓄券,趁举借外债之机,高官带头贪污。其中尤以行政院副院长、财政部长、中央银行总裁孔祥熙集团最为突出。

国民党政府在内战时期和抗战初期,发行了大量公债,短期内就达到

---

[1]　[美]黄仁宇:《从大历史的角度读蒋介石日记》,中国社会科学出版社 1998 年版,第 222—223 页。

[2]　[美]黄仁宇:《从大历史的角度读蒋介石日记》,第 225 页。

14 亿多元,提供了市场投机的筹码。当时在上海代表孔祥熙从事公债投机的吴启鼎和他所掌握的四明银行,几乎控制了整个金融市场。尤其在太平洋战争爆发后,国民政府认为"我政府应乘此良机与美政府作进一步有效之经济合作,设法利用外资以解决我国之法币问题"[①],1942 年一年内,就发行了 4 种内债,即 1942 年 3 月的中国农民银行土地债券,1942 年 4 月发行的民国三十一年同盟胜利美金公债,1942 年 6 月发行的民国三十一年同盟胜利公债,1942 年 8 月发行的民国三十一年粮食库券。同时,国民政府于 1942 年 3 月发行了价值国币 30 亿元的美金节约建国储蓄券。此外,国民政府还争取了大量的外国贷款援助,其中数额最大的两笔是 1942 年美国的 5 亿美元和英国 5000 万英镑贷款。而以孔祥熙和宋子文为首的上层官僚集团,借负责这些事务之机,大肆贪污,上行下效,相关的各级官吏也上下其手,肆意中饱,遂酿成了著名的"美金公债案"等轰动朝野的大贪污案件。

(四) 操纵外汇黑市交易

抗战时期,利用通货膨胀之机操纵汇率,甚至利用黑市外汇交易的盛行,操纵外汇黑市交易,从中牟取巨额利益,是这一时期高层贪腐的重要手段。

当时,以孔祥熙家族、宋子文等为代表的上层官僚集团,通过香港搞外汇交易,操纵外汇市场,并进而影响和操纵国内外汇黑市交易,扰乱抗战后方的金融市场,导致抗战后方金融体系更为脆弱,金融市场更为混乱。当然,他们也在日本占领区进行外汇黑市交易,多方牟利,虽然客观上起到一些扰乱日占区金融市场的效果,但不能掩盖其贪腐的本来面目。

(五) 借印制钞券牟利

抗战时期,国民政府发行钞票均由英美钞票公司印刷,而由财政部、中央银行负责监督。当时,印钞及购买印钞的纸张,都是有回佣可拿的,

---

① 《国民党九中全会关于发行金库券的决议》(1941 年 12 月),参见千家驹编《旧中国公债史资料》(1894—1949),中华书局 1984 年版,第 302 页。

长期担任财政部长兼中央银行总裁的孔祥熙及其家族、派系势力利用掌握这类项目的权力，由孔令侃、凌宪扬、李骏耀朋分，但大部分回扣费用，还是要用来孝敬宋霭龄。

（六）操纵黄金交易

出售黄金，操纵黄金交易市场，从中牟利，是抗战时期一种贪贿手段。最初是由中国国货银行在重庆开始炒黄金，后来由美国运来的两亿美元黄金陆续运到国内，就和美金公债及美金储蓄券一起，在市场上掀起黄金外汇风潮，这就给孔祥熙等造成更大的贪污机会。孔祥熙虽因此丧失了政治地位，但确实捞到一笔巨额横财，这是他亿万资财中最大的来源。

（七）走私贩运，囤积居奇

利用抗战后方物资奇缺之机，囤积居奇和走私贩运盛行，是这一时期突出的贪腐手法。

财政部成立过以戴笠为首的缉私署，名为缉私，实际上是在从事走私。戴笠任缉私署长是蒋介石的旨意，也是对孔祥熙的牵制。

而孔祥熙是利用中央信托局运输处和宋子良的西南运输公司，大搞走私贩运活动，并成立庆记纱号和福生庄搞花纱布交易。

学者黄仁宇早年对国民党军队的走私有亲身经历："一九四一年十月，我得第十四师师长许可，往日据老街视察，在红河北岸河口时，发觉国际走私贸易情形输出以桐油、水银及矿砂为主，进口则为香烟、鸦片。运输队常用骡马数十头，不可能无前线驻军协同沟通。除提出向师长报告外，我又于翌年以'黄禾'之笔名作中篇报导，将实情刊载于重庆《新华日报》。当日年少气盛，我其以为冒险揭露黑幕于国事有益，不知此间情节早经中枢洞悉。不久之前陈诚遗稿在《传记文学》发表，即说及他自己为远征军司令长官时，云南各驻军不仅经商走私，尚且聚赌，吸食鸦片，盗卖军械。看来以他的高位重权，尚且无可如何。"[①]蒋介石对为数较小的走

---

① ［美］黄仁宇：《从大历史的角度读蒋介石日记》，第 226 页。

私、吃缺,普通日常不正规之处、普通的贪污腐败行为已经是无暇关注,他所关注的是大宗走私巨案,涉及前线敌我贸易等有关军国大事的贪污腐败行径。

(八) 军队经商

国民党军队经商在抗战后期为普遍情形,但其机缘视其驻地而定。通常各部队在大城市设有"通讯处"及"办事处",以军需主持,大致为分店或堆站。各城市的卫戍司令部及防守司令部,亦时常查勘取缔这类半官半商的机构,但无实效。如昆明防守司令部的兵站组织,本身即具浓厚商业性质。当时,法币快速贬值,"工不如商,商不如屯",军政部既常以现金代实物,各部队长亦发觉除抢购物资屯储价值之外,别无他法,因而这类军队经商抢购物资的行径亦不能查禁。战事愈至后期,军队依赖经营之情形亦愈深。高级军官经商扣饷,可保持其战前生活程度,多为维持个人家庭关系之必需。如重庆召开军事会议时,到会军官皆乘私人汽车,早在正常薪给所能支付的范围之外。

对此,蒋介石在1942年9月9日讲道:"本来我提倡军队设立合作社的原因,为改良官兵生活,这种良法美意应该推行尽利,但天下事有一利必有一弊,现在我们军队当中竟有借口合作社名义来经营商业,反作为营私舞弊的渊薮,尤以沿江沿海附近一带交通冲要的驻军为甚。"又说:"现在军人经商的流弊恐各战区都不可免,希望各位司令长官与总司令严切取缔与禁绝,如有经营商业贩卖仇货的,一律视作通敌论罪。"①

(九) 借"三征"大肆贪污

国民党统治时期独具特色的所谓"三征",给各级官吏提供大肆贪腐之机。

全面抗战开始后,由于沿海富庶地区沦入日寇之手,国民政府税收大减,财政收支严重失衡。为确保作为战时财政收入最大来源的田赋征收,

---

① [美]黄仁宇:《从大历史的角度读蒋介石日记》,第222—223页。

国民政府实行了田赋的"征实、征购、征借（购借）"政策。在全民族抗战的情况下，为持久抗战，统一全国经济力量，国民政府将田赋收归中央并实行"三征"政策，虽有其不得已的理由，对老百姓无疑是一种掠夺，加之在"征实"过程中，政府以"得粮第一"，而忽视"公平原则"，造成旧有赋额中畸重畸轻现象不仅未消除，反有日形悬殊之势，使各县负担不公平，贫富负担不公平，更有办理人员争功夺利，中饱私囊，致使"征实"过程中弊端丛生。如1942年，四川隆昌地区在"征实"后，农民还得交纳所谓的"薪谷""优待谷"，据载，当时仅"薪谷"一项就相当于"征实"的十分之四，加以乡镇长们任意附加税捐，农民负担极为沉重，而各级官吏则从中大肆贪污。①

（十）借"专营专卖"和"统购统销"牟利

借"专营专卖"和"统购统销"牟取暴利，中饱私囊，是这一时期的贪腐手段之一。

1941年4月，国民党中执委五届八中全会通过《筹办盐糖烟酒等消费品专卖以调节供需平准市价案》和《粮盐专卖制度基础案》②，议决对盐、糖、烟、酒、茶叶、火柴6种消费品试办专卖。但由于"中国缺乏有经验的经营专卖商品的机构和人员，对于糖仅实行了生产上的控制，对于盐仅控制了部分的收运工作，烟和火柴的生产和分配仍掌握在私人手中。于是，除了糖之外，其余3种商品的专卖都是徒有其名。各专卖商品的零售价格完全由商人私自决定。……专卖工作的开支竟占专卖收入的60%。专卖政策因而受到公开的责骂和攻击"。专卖商品价格实际由商人及管理商人的官吏借专卖名义定价，使他们可上下其手，借机贪污。而专卖机构的工作开支如此巨大，各级官僚中饱私囊的情况昭然若揭。正因有种种弊端，国民政府不得不"于1944年对各专卖商品先后停止了专卖，而代

---

① 《目前大后方农业生产的危机》，《解放日报》1945年1月9日、10日。
② 《中国国民党历次代表大会及中央全会资料》下册，第712、716页。

之以原来的货物税"①。

1941 年 12 月,国民党第五届九中全会议决实行"统购统销"政策:"人民日常生活必需品,必须尽量增加生产并加以合理之管制,使价格稳定,供应无缺。且须由局部管制,推进于生产运销分配消费各过程之全面管制,由一地之管理扩及全国各地。"②这是国民政府以战时物资管制形式实行的一种财政政策,是财政收入的一种重要补充形式。通过这一政策,国民政府在几年里获得了相当于税收额数倍的巨额款项。经营和管理统购统销机构的官吏、商人从中也分享了大量财富,中饱私囊。

(十一) 军队承包制

抗战时期,蒋介石对军事后勤组织(以师为单位)采取承包制,不可避免地导致承包人为了利益而行贪污舞弊之事。

学者黄仁宇以他在抗战时期所服役的第 14 师为例,说:"十四师在马关县,附近居民的骡马,已被我们征调一空,去运送最基本的补给,如弹药及食盐。这时军政部纵有能力供应我们各项需要,也无交通工具使物资能够下达。所以 1941 年的夏天,我们的士兵每人领有棉衣制服一套,此外并无一巾一缕,足供换洗。只能在雨季中偶一的晴天,由我们带着士兵在河畔洗澡,趁着将制服洗濯,在树枝上晒干算数。到 9 月份,军政部又发给每人衣服一套。所发的已非实物,而系代金,由师部设法就地采购。其实发下时法币贬值,钱数也不够,本地也无处购买。好在我们师里也是全面缺员,于是师长命令一位军需,化装为商人,往日军占据的越南,购得白棉布若干匹,回头用当地土法蘸染为土黄色,交各村庄里缝制成短袖短腿运动员式的制服,以节省材料,这样我们的兵士虽仍无内衣与外衣的区别,总算才不致裸体在河边等候衣干了。至于制服是否合式,帐目如何交代,都无从考问。师级以上的战区和集团军司令部在这种承包制下半公

---

① 张公权:《中国通货膨胀史》(1937—1949 年),杨志信译,中国文史出版社 1986 年版,第 88—89 页。

② 《对于财政经济交通粮食农林水利报告之决议案》(1941 年 12 月 22 日通过),参见秦孝仪主编《革命文献》第 80 辑。

开的集体经商,更不能禁止。重庆、昆明、柳州间很多的'通讯处'和'办事处'也就是这些半官半商的堆站和分店。总而言之,传统中国社会从来就没有一个能全面动员,地外作战的体系,这时候无中生有。蒋介石的高层机构全靠牵扯铺并而成,既没有第一线第二线的纵深,有时也官商不分。当然,所有情事尚不是如此简单,他一定坚持的话,也可以选出一两件贪污特著的案件雷厉风行的惩治。只是当时全国都捉襟见肘,承包制又如是普遍,那样的惩罚也不见得能有功效,而只是徒然暴露自己的弱点而可能使自己更不能下台了。"①

二、抗战时期贪腐和反贪典型案例

(一) 美金公债案

美金公债案是抗战时期著名的贪污案。从中可以看到孔祥熙贪污自肥手法之猖狂恶劣,数额之巨大,实为罕见。

太平洋战争爆发后,美国迫于战争形势,为提高中国战区蒋军的士气,使它有力量牵制一部分侵华日军,减轻太平洋美军的压力,1942 年 2 月 7 日,由美国参众两院联合决议,授权美国政府对华财政援助。3 月 21 日,蒋介石国民政府由外交部长宋子文出面,与美国签订《中美五亿美元借款协定》,6 月 2 日在华盛顿正式签订《中美租借主体协定》,向美国政府借到一笔 5 亿美元的巨额财政援助款。蒋介石随即命行政副院长兼财政部长孔祥熙召集财政部、中央银行和四联总处的负责人,共同拟订利用这笔借款收回通货、稳定金融的方案。② 孔祥熙受命后,制定了一个将 5 亿借款中 3 亿元向美国购买黄金存于美国,另外 2 亿美元,其中 1 亿美元作为发行"美金节约建国储蓄券"(通称"美金储蓄券")的基金,1 亿美元作为发行"1942 年同盟胜利美金公债"(通称"美金公债")的基金,储蓄

---

① [美]黄仁宇:《放宽历史的视界》,第 245—246 页。

② 中国现代史资料编辑委员会根据美国国务院档案编:《美国与中国的关系》下卷,北京,1957 年印行,第 398—400 页;《中美五亿美元借款协定》(1942 年 3 月 21 日)及"动用意见"(1942 年 3 月),《中华民国史档案资料汇编》第五辑第二编,外交,第 382—384、384—387 页。

券和公债都按照商汇牌价法币 20 元折合 1 美元的汇率用法币购买（当时黑市汇率为法币 100 元折合 1 美元）。

1942 年春，发行总额为 1 亿美元、折合国币 20 亿元的美金公债，由财政部交给中央银行国库局转业务局组织推销，分发各地银行发行，规定照官价汇率法币 20 元折合 1 美元，交付法币，到期由中央银行兑付美元。随着宋子文借到美元的消息传开，公债热销，到 1943 年春，美金公债的销售数量已达到 5000 万美元之巨。1943 年 10 月 15 日，财政部函知国库局停售美金公债票，财政部长兼中央银行总裁孔祥熙命令中央银行业务局局长郭景琨立即停止销售，并通知各地中央银行的分支机构照此办理，对外宣称美金公债的发行业已满额，停止认购。剩余的债票约有 5000 万美元，悉数由中央银行业务局购进，但国库局局长吕咸等人在孔祥熙的指使下，利用职权，以低价套购，"朋分公债"，牟取暴利。很快，外间就流传开由孔祥熙准许，中央银行职员利用停售之机朋分剩余美金公债的消息，舆论哗然。

孔祥熙和国库局局长吕咸、业务局局长郭景琨等贪污美金公债的罪行，激起了爱国人士的义愤，恰逢重庆国民参政会开会，由参政员黄炎培、傅斯年、陈赓雅等联名提出质问案提交国民参政会大会讨论并提交蒋介石。蒋介石表示，他本人一定尊重参政会的意见，将案子弄个水落石出，不过需要一定时间，要参政会方面多加调查研究，不要操之过急。监察院院长于右任对美券贪污案也曾提出对孔祥熙的弹劾案。

国民政府监察院根据国民参政会的质问案，派人到中央银行检查。监察院公布的检查结果是在中央银行职员朋分公债问题上大做文章，对郭景琨提出弹劾，将郭景琨移送法院扣押法办。由于这次孔祥熙一伙所贪污的美券，数额实在大得惊人，据估计，此项贪污的数目达法币 264700 余万元[①]，而且贪污的证据有抄件，有报章，有照相，都无法销毁抵赖。蒋介石起初阴谋袒护包庇，但因不断有人追问，亦不便厚颜佯装不理，这时，

---

① 陈雅赓：《孔祥熙鲸吞美金公债一幕》，《孔祥熙其人其事》，中国文史出版社 1987 年版，第 146 页。

孔祥熙已赴美国布雷顿森林参加国际货币基金会议,蒋介石密令财政部代理部长俞鸿钧密查,确有其事,一切都是经过孔祥熙本人同意办理的。据称,凡贪污分肥该项美券的巨头,都已承认分期吐出,孔祥熙最多,占七成,吕咸占二成半,其余经办人得半成。参与这宗贪污案的下面几个职员,曾分到点蝇头小利,他们怕巨头嫁祸,已潜逃无踪。孔祥熙回国后,不仅自己无事,郭景琨被押几个月后也宣判无罪释放,当蒋介石要把吕咸撤职时,孔祥熙还通过宋美龄向蒋求情,让他自动辞职。主角和爪牙就这样全都逍遥法外。① 蒋介石并严压舆论报道,结果,参政会闭幕后一个月左右,只在重庆《中央日报》出现一则轻描淡写的消息"中央银行总裁孔祥熙及国库局长吕咸,辞职获准",此外,就不见再有新闻继续报道。最后,这项美金公债的本息,到期都用法币按照外汇牌价折合支付,没有拿到美元。②

抗战后期,孔祥熙政声在国内外均声名狼藉。美国政府也指责中国政府要人的子女170多人在战争期间逃避兵役,在美国过着寓公生活,并特别点名孔祥熙的子女和孔祥熙手下红人徐堪的儿子。美国朝野的态度和国民参政会揭露美金公债案,迫使蒋介石在1945年5月任命被美国支持的宋子文、翁文灏为行政院正副院长,又任命俞鸿钧为财政部长兼中央银行总裁,从而免去了孔祥熙的本兼各职。在孔祥熙私分美金公债案中,实际还包含着吕咸私分美金公债案、业务局长郭景琨的美金公债案。

（二）美金储蓄券贪污案

《中美五亿美元借款协定》签订后,中国政府将借到的5亿美元中的1亿美元,作为发行"美金节约建国储蓄券"的基金。"美金节约建国储蓄券"发行数额1亿美元,其中1000万元系为云南、山西两省购粮搭用,其余9000万元全部卖完。这种储蓄券绝大多数为豪门巨商及银行钱庄所购买,到期以后即可换取美元支票,获得极大的利益。其间不乏贪污事件

---

① 《俞鸿钧关于调查同盟胜利美金公债销售舞弊案致蒋介石呈稿》(1945年),《中华民国史档案资料汇编》第五辑第二编,财政经济(二),第554—555页。
② 陈赓雅:《孔祥熙鲸吞美金公债的内幕》,《孔祥熙其人其事》,第147、148页。

的发生。由于在刚开始发售的一段时间里兑换手续为先发美券、后收国币,1942 年春,云南砚山县县长利用这种不规范操作,骗取贪污美金储蓄券 2 万元后潜逃无踪,就是一个显著的案例。而孔祥熙在美金储蓄券的发行中,也有贪污舞弊行为。[①]

(三) 林世良云南走私贪污案

中央信托局运输处经理林世良云南走私案,是抗战时期轰动后方的一起贪污案。其案发则是由于孔氏兄妹之间的矛盾所致。

1935 年成立的中央信托局是孔祥熙家族直接控制的一个搜刮外汇物资的重要机构。抗战全面爆发后,为办理国际运输线业务,中央信托局于 1939 年专门设立运输处,由中央银行事务科主任林世良兼任运输科主任。孔令侃以其父孔祥熙为中央银行总裁之故,将林世良由中央银行借调至香港,任中央信托局运输处经理,来往于香港、海防、昆明和仰光之间,办理抢运,在运输公物的同时,也代孔令侃做走私生意。后林世良与副手汪建才之间产生矛盾,汪建才辞职前往重庆,投奔孔令俊,并向孔令俊揭发了林世良的贪污舞弊行为。其时正值太平洋战争爆发,林世良在昆明、仰光之间办理抢运,大肆舞弊。孔令俊即派汪建才前往昆明为其办理事务,同时搜集林世良的材料。日寇攻占仰光前后,由于缅甸境内积存我国大量公私物资,林世良负责前往抢运公物,他却趁机包揽私商货运以自肥,终因包揽大成公司私货而发案。

大成公司初因与汪建才有业务往来,托汪将其积存在仰光的价值约合法币 1600 万元的车胎、五金等货运回国内。汪建才为讨好孔令俊,在市场价格已大涨的情况下,劝大成公司以原价让售给孔令俊,大成公司认为市价已涨,运回国内出售获利更高,不允照办,汪建才就以如不出让就决不让其运回相恫吓。大成公司转而利用孔令仪的丈夫陈继恩的关系,托当时尚在美国的陈继恩通过电报将货物介绍给林世良包运,林世良依

---

① 陈赓雅:《孔祥熙鲸吞美金公债的内幕》,参见《孔祥熙其人其事》,第 147—148 页;《王世杰日记》第 4 册,第 394—395 页。

恃孔令侃这一靠山,不把汪建才放在眼里,把大成公司货运包揽下来。汪建才在孔令俊的支持下跑回重庆向军统告密,军统在畹町将货车截留并上报蒋介石,将林世良逮捕交军法处法办,军法总监何成浚及承办法官通过讯问,以滥用职权营私的罪名,判处林世良有期徒刑10年。

不料,案件从审讯到结案迁延约半年时间,截获的那批货物的市场价格已涨到6000万元,按照当时的缉私条例,规定奖金为充公货物市价的十分之一,货如充公,军统可得600万元,但是,林世良如不判处死刑,货物就不能充公,军统600万元的奖金就会泡汤。因此,军统发动外勤人员调查林世良花天酒地的私生活及其种种荒淫豪奢之行为,并写成报告,由军法总监签署后呈送到侍从室,蒋介石阅后大怒,在原判决书上批"立予枪决",马上送到土桥监狱执行。林世良这一跟随孔祥熙多年的孔门鹰犬,以其自身的贪腐行为,加上孔氏兄妹之间的矛盾,落得命丧黄泉的下场,也造就了民国时期一起著名的贪污案件。①

(四) 高秉坊贪污案

高秉坊是孔祥熙的老部下。他早年在山东鲁案善后督办公署督办王正廷属下实业处任科长时,孔祥熙是实业处处长。后来,孔祥熙调任青岛电报局局长,高秉坊又跟随他任总务科长。

孔祥熙出任国民政府工商部部长时,由高秉坊拉了一批鲁案公署同事、金陵大学同学汪汉滔、吕咸等进工商部任职。高秉坊任工商部总务处处长兼秘书主任,孔祥熙的另一个老部下李毓万任秘书,其他人或任参事,或任科长。这样就形成了以高秉坊为首,把持部务的孔氏小团体;后孔祥熙出任实业部长(工商部与农矿部合组),高秉坊任实业部总务司司长,一直是孔祥熙手下的总务"人才"和亲信。以高秉坊为首的小团体在实业部期间愈形巩固,把持登记商标、登记会计师、发工矿执照等事务,贪污纳贿。在孔祥熙出任财政部长兼中央银行总裁,办理实业部交接时,就已发现高秉坊侵蚀贪污之事,因孔祥熙袒护而未发案。

---

① 谭光:《我所知道的孔祥熙》,《孔祥熙其人其事》,第16页。

孔祥熙接替宋子文出任中央银行总裁兼财政部长后,高秉坊任财政部赋税司司长,又因举办直接税、训练干部而成立训练所,孔祥熙兼训练所所长、高秉坊任秘书,随后,高秉坊出任直接税署署长,主管财政部重要的税收机构——直接税署,在他主政直接税期间,在贪污纳贿方面是精心安排、玩尽花招儿。高秉坊曾说:"有钱人才兜得转……要钱要做得手脚干净。"①据当时报刊揭露,1945年2月,高秉坊利用职权动用公款700余万元,私存银行,延不交库,并擅提公款购货牟利。② 同时,高秉坊还擅自拉用长汀、泰和、衡阳、郁林、贵州、浙江和兰州等地直接税分局的巨额公款,在各地大量囤购物资,从中牟取暴利。③

孔祥熙因美金公债案、黄金舞弊案辞职后,俞鸿钧接任财政部长,随即,高秉坊贪污案案发。1945年3月,由CC系检举,蒋介石以军事委员会委员长名义电令财政部长俞鸿钧将高秉坊革职查办,移交法院处理。蒋介石"代电"称:"据报于二十九年举办货运登记,预收保证金。该项保证金全国每年收入甚巨,迄未存入国家银行。直接税署署长高秉坊与各地分局串通舞弊,类多藉词挪垫,移以经商等情……经彻查该署经办税款保证金,竟无确实收入账目可稽,开征已四年亦从未清查,擅自提公款,违令存放商业银行。凡此诸端,已属情显然。该部直接税署署长高秉坊应即先行撤职,交法院查办;所属各直接税分局有关负责人员,无论已否离职,并应查明,一并严惩。"④俞鸿钧收到蒋介石的电令后,即将高秉坊撤职,交由重庆实验地方法院立案审查。6月30日,重庆实验地方法院对高秉坊贪污案作出初审判决,宣判高秉坊死刑,褫夺公权终身;同案犯姚遐麟也因对于主管事务直接图利,处有期徒刑15年,褫夺公权10年,"消息传出,凡我国人一定称快"⑤。孔祥熙自美国回国后,托美国驻华大使赫尔利向蒋介石说项,婉言罪行只是贪污,判死刑有欠民主。高秉坊案由

---

① 胡先传:《孔祥熙与高秉坊》,《孔祥熙其人其事》,中国文史出版社1987年版,第302页。

② 《新华日报》1945年5月26日。

③ 《新华日报》1945年6月24日。

④ 转引自《国民政府重庆陪都史》,西南师范大学出版社1993年版,第460—461页。

⑤ 《新华日报》1945年7月1日。

最高法院发还重审，1946 年 1 月重庆实验地方法院作出更审书，高秉坊由死刑改判无期徒刑，4 月经最高法院复判同意。高秉坊在狱中待了 4 年多后，经居正等人说情，于 1949 年 11 月出狱。高秉坊贪污案是当时轰动全国的一大贪污案，由于权贵的干预，判决屡经变更，最后从轻改判，更遑论其背后更大的贪赃枉法者？

臧克家曾写诗讥讽："法律的网/捕获了一个高秉坊/可是……/法律对于那些伟人，你只有仰望，因为他们比你站得更高，更尊严，更有力量！/……/法律在今天，和人民一起/在深深的受着屈辱。"[①]这一事实反映了国民政府吏治腐败，贪赃枉法之事屡屡发生的社会现实。

（五）王巽之贪污公粮案

王巽之是孔祥熙属下，在孔氏家族中属于孔令侃系统中人，负责孔系势力属下的长江公司。他利用抗战时期粮食短缺和公司所掌握的粮食运销权力，私自贪污挪用公粮，仗势胡为，大肆投机，为孔令侃等增加私财的同时，也趁机吞噬国家财物，贪污自肥。贪污公粮一事被揭露后，孔祥熙、孔令侃父子抛出王巽之作为替罪羊。[②]

（六）重庆孔家仓库事件

蒋介石政府并非不反贪腐行为，对孔祥熙等高官也并非丝毫不加约束。但其反贪腐的举措往往因集团利益、家族利害相连等原因而不了了之。重庆孔家仓库事件就是一例。

1945 年夏天，重庆市市长贺耀祖接到蒋介石的密令，要他迅即将指名的几个私家仓库封闭起来，听候处置。贺耀祖奉此严急之令，派秘书吴浩宇（上海大学出身，初由其师于右任介绍入南京外交部，后转文教机关，再调重庆市政府，升为简任级秘书）持手谕去办理此案，并面嘱吴"审

---

①　臧克家：《一个大污池——感高秉坊判死刑》，参见韩辛茹《新华日报史》，重庆出版社 1990 年版，第 360 页。

②　谭光《我所知道的孔祥熙》对王巽之粮食贪污案有所交代，参见《孔祥熙其人其事》，第 16 页。

慎进行,万勿出事"。吴浩宇按照蒋介石密令中提供的线索,设法深入侦察,确实查出了孔祥熙家囤积百货、西药、呢绒、布匹的仓库,估计价值达4000万元之巨。此时,吴虽带领警察前去,因知是孔家仓库,不敢即以武力封闭,而出之以谈判式的"文打",先拿出公事,再示以调查确数,使仓库经理目瞪口呆,不知所措。当孔家得到周经理的电话报告时,孔二小姐主张把吴浩宇干掉,再和贺耀祖竞技;但孔祥熙出于多方考虑,不许动武,只准计取,要仓库经理与吴浩宇"称同乡、饮三杯",在酒里下药,将吴醉倒送走,又将随行警察打发走,一面把东西搬光。事后,蒋介石得到贺耀祖的报告,心照不宣,不了了之。[①]

（七）国民参政会倒孔反贪案

1938年7月12日,在国民参政会第一届大会期间,傅斯年联合其他一些参政员致函蒋介石,力陈孔祥熙不足能担任行政院长的五条理由:第一条,就中国官场应付技巧言,孔祥熙可称超群的上等人才,然对建设近代国家、主持大政的良规大义,却毫无所知;第二条,孔祥熙纵容夫人、儿子聚敛金钱,奢侈、豪华,"实为国人所痛恶";第三条,孔祥熙用人唯亲,凡山西同乡及旧时同僚,都优为安插;第四条,孔祥熙国际舆论不佳,难以得到援助;第五条,孔祥熙以孔子后裔自负,而"持身治家",每多"失检"。傅斯年等要求蒋介石为抗战前途计,"审察事实,当机立断",免去孔祥熙的职务,以慰四海之望。[②] 对于傅斯年在国民参政会酝酿联名上书的情况,蒋介石早已获知消息,王世杰日记从旁观者的角度记述:7月2日,"国民参政会参政员到汉者已甚众,彼等有对孔庸之长行政院极表不满,而思提案攻击者,此部分人并主张以宋子文代,上蒋先生闻之,甚不悦"[③]。因此,这次倒孔自然没有结果。

傅斯年并没有因受挫而罢休。1938年10月24日,为准备国民参政会第一届第二次会议的召开,国民参政会举行座谈会,傅斯年等言辞激烈

---

① 孟和:《检查重庆孔家仓库始末》,参见《孔祥熙其人其事》,第213—214页。
② 《胡适来往书信选》(下),中华书局1979年版,附录三。
③ 《王世杰日记》第1册,1938年7月2日,台湾近代史研究所1990年影印本,第300页。

地抨击孔祥熙,得到在会许多人的赞同,决定推举傅斯年等7人,以谈话会纪要形式联名上书蒋介石,继续讨孔。上书要求严格考核掌握国家要政的大员们的功过与声名,分别晋升或罢退,同时特别严厉地批评了抗战以来政府外交和财政等方面所有的"迟缓、疏忽、懈怠,以及人事纠纷"等问题及其造成的损失,都在于有关官员的不称职。上书最后对时任行政院长的孔祥熙作出彻底的否定:"即如行政院长之大任,在平时已略如外国之首相,在此时尤关于战事之前途。若其人一切措施不副内外之望,则国家之力量,因以减少者多矣!"①不过,当时正值抗战最艰难的时期,故傅斯年等人特向蒋介石说明,为避免滋生"误会",该上书只是"密陈左右",不在参政会上讨论,也未向外人泄露。但是,由于10月30日孔祥熙在重庆召开的国民参政会第一届第二次会议上作财政报告,受到"严重之询问",会后举行的茶话会上,孔祥熙故作姿态,"专说笑话",引起更多参政员的不满,致使当日会后,在联名上书上签名的参政员迅速增加到52人。②

在国民参政会上,傅斯年等参政员还针对孔祥熙主管的财政部人员的吏治问题,多次提出质询,如孔祥熙手下红人——财政部次长徐堪的夫人使用外交护照,私带大量贵重物件一事;针对当时物价暴涨,通货贬值,傅斯年提出《慎选行政院长、财政部长案》,要求蒋介石和国防最高委员会慎重考虑行政院长、财政部长的人选,"务求官得良才,政致清明"③。国民参政会的质询和傅斯年等参政员屡屡上书,迫使蒋介石不得不有所考虑。1939年11月,国民党五届六中全会上作出决定,孔祥熙改任行政院副院长,不过仍兼财政部长和中央银行总裁。但是,孔祥熙一系人贪污腐败之行径不仅不收敛,反而愈益张狂。

面对孔祥熙肆无忌惮的贪腐行径,傅斯年等国民参政会参政员再次发起了倒孔运动。1944年9月7日,财政部次长俞鸿钧代表在美未返的孔祥熙,向国民参政会第三届第三次会议作财政报告,"参政员对财政、

---

① 傅斯年档案,1—657,转引自杨天石《近代中国史事钩沉——海外访史录》,第544页。
② 《王世杰日记》第1册,1938年10月30日,第414—415页。
③ 傅斯年档案,1—642,转引自杨天石《近代中国史事钩沉——海外访史录》,第546页。

军事报告提出质询案多件"①。傅斯年率先提出"办贪污首先从最大的开刀"②。并提出了孔祥熙四大问题:第一,孔祥熙及其家族经营商业问题。傅斯年在列举了孔氏家族所办之祥记公司、广茂新商号、裕华银行等企业后,指出,"所有孔氏之各项营业,已成立联合办事处,设于林森路裕华银行三楼,并以其家人为总经理"。他要求调查:祥记公司、广茂新商号等机构是否合法;这些公司借款囤积操纵之事;彻查并公布裕华与国家银行历年往来账目;政府要员私用其地位经营商业之影响。第二,中央银行问题。傅斯年认为,中央银行中,"山西同乡多",孔祥熙"义子"多,"私人用款,予取予求"。第三,美金储蓄券舞弊问题。傅斯年提出,美金储蓄券,市场上忽有忽无,而中央信托局和中央银行的属员却可以提前买到;孔家某氏"竟自分五万"! 第四,黄金买卖问题。傅斯年称:"裕华银行在今春发了大财。"③傅斯年尖锐"责问孔部长极厉,并涉及许多私人问题(私人营商,以及滥用公款等)"④,影响极大,再加上孔祥熙一伙贪污美金公债的消息已经传开,致使1944年11月孔祥熙被免去兼任的财政部长一职,由俞鸿钧接任财政部长。

傅斯年闻此消息,非常振奋,又致函蒋介石,指出"整理税收、惩治贪污、增加效能、更易首长、清理大事件,孔祥熙副院长一职不变,俞鸿钧有职无权,将无法工作"⑤。1944年末,傅斯年更致函蒋介石,指出高级官员经营商业,利用政治力量为自己谋利等严重问题,其危害远过于直接性的贪污。他把这种情况称之为"失官箴":"欲矫下层之弊,仍必先澄上层之源。上层之弊,未可直言其贪污,然失官箴之处,则甚矣! 以影响论,直接性之贪污,危害固远不逮间接性之失官箴。"他举例说,中国农民银行挂牌出售黄金,一般人买不到,而孔氏家族经营的裕华银行却能大量购进,高价售出,"此一波折,国家失去不少黄金,裕华得数万万之净益"。他强

---

① 《国民参政会纪实》下卷,重庆出版社1985年版,第1311页。
② 韩信夫、姜亮夫主编:《中华民国大事记》第5册,第127页。
③ 傅斯年档案,1—647,转引自杨天石《近代中国史事钩沉——海外访史录》,第550页。
④ 《王世杰日记》第4册,1944年9月6日,第394—395页。
⑤ 傅斯年档案,1—48,转引自杨天石《近代中国史事钩沉——海外访史录》,第550页。

烈要求蒋介石"彻底禁止官吏及其家属兼营商业",并指出人事改革为事业改革之本,应抓紧时机,"以人事之改革一新中外之耳目,而以事务之改革随之"。① 蒋介石出于对战后维护其统治稳定的需要,听从了傅斯年等人的意见,1945 年 5 月 31 日,国民党六届一中全会免去孔祥熙行政院副院长之职,选举宋子文、翁文灏为行政院正副院长。

在这种情况下,傅斯年等彻底扳倒孔祥熙的时机已成熟,遂以美金公债案(亦称"国库局贪污案")扳倒孔祥熙。总额为 1 亿美元的"1942 年同盟胜利美金公债"剩余的债票 5000 万美元,被孔祥熙指使国库局局长吕咸等人,利用职权,以低价套购,"朋分公债",牟取暴利,贪污的数目达法币 26 亿元一事,②早在 1944 年春,就被国库局的几个正直的青年职员向参政员揭发,傅斯年等参政员也早已向蒋介石提交过有关质询案,但应蒋介石的要求,须做较长时间的调查。到 1945 年 7 月,孔祥熙的行政院副院长、财政部长职务均已免去,但仍任中央银行总裁,在这种情况下,傅斯年、陈赓雅、顾颉刚等 9 人连署提出"请政府彻查卅一年同盟胜利美金公债发行余额大舞弊嫌疑案",认为"国库局竟利用职权,公然将该项未售出之债票,一方逢迎上司,一方自图私利,以致不可究诘,构成侵蚀公款至美金一千一百五十万元巨额舞弊行为嫌疑。该债票市价因之狂涨,由二十元递涨至数百元,刺激物价,扰乱金融,莫此为甚"。③ 随即,傅斯年、陈赓雅等 21 人连署提出"彻查中央银行、中央信托局历年积弊,严加整顿,惩罚罪人,以重国家之要务而肃官常案"的提案,要求由政府派定大员,会同专家、监察委员、国民参政会公推之代表(必为参政员)彻查中央银行、中央信托局积年账目与事项,"有涉及犯罪嫌疑者,分别轻重,一律移送法院或文官惩戒委员会";改组中央银行,取消中央信托局,彻查有关账目,两机构"历年主持之人",一齐罢免,"其有牵涉刑事者,应一并送

---

① 傅斯年档案,1—40,转引自杨天石《近代中国史事钩沉——海外访史录》,第 550—551 页。

② 陈雅赓:《孔祥熙鲸吞美金公债一幕》,《孔祥熙其人其事》,第 146 页。

③ 《中华民国史档案资料汇编》第五辑第二编,"财政经济",第 552 页。

交法院"。① 该提案在国民参政会上审查通过时,傅斯年激愤地指出:"似此吕咸、熊国清之辈,如不尽法惩治,国法安在!"②

对傅斯年等人的提案,各方态度不一。重庆国民政府竭力想捂住盖子,在国民参政会主席团主席王世杰、蒋介石的"文胆"陈布雷等劝说和施压下,傅斯年等被迫同意不向大会正式提出该提案。但也有人想将此案捅开,监察院长于右任提起弹劾案,许多参政员也不受傅斯年的约束要公开此提案,重庆地方法院、最高法院都准备立案侦办。7月25日,国民政府免去孔祥熙中央银行总裁等职,至此,孔祥熙的本兼各职均已罢免。但是,此案也不可能如傅斯年等人所愿进行彻查。③ 扳倒孔祥熙,是国民参政会发挥监督作用,反对贪污腐败斗争的一大胜利。不过,傅斯年等人要求彻查并没收孔祥熙家产的要求,则属于"不可能完成的任务"。

第二节 抗战时期国民政府的反贪立法和机构

一、根本性法规和政治决议中的反贪原则

抗日战争全面爆发后,为了适应战时政府工作,国民政府及其各院、部、会多次修改相关《组织法》,其中,《国民政府组织法》在1943年5月和9月两次作出修正。1943年9月15日,经国民党第五届中央执行委员会第十一次大会修正,由国民政府公布的《中华民国国民政府组织法》规定:"国民政府总揽中华民国之治权";"国民政府以左列五院分别行使行

---

① 国民参政会秘书处编印:《国民参政会第四届第一次大会记录》,第60、183—184页。

② 《中华民国史档案资料汇编》第五辑第二编,政治(一),第937页;《傅孟真先生年谱》,(台北)传记文学出版社1979年版,第55页。

③ 行政院秘书处编:《国民参政会第四届第一次大会决议案行政院办理情形报告表》,1946年2月印行,第120页。

政、立法、司法、考试、监察五种治权：一、行政院；二、立法院；三、司法院；四、考试院；五、监察院。前项各院得依据法律发布命令"。① 在关于监察院的规定中，《国民政府组织法》明文规定："监察院为国民政府最高监察机关，依法行使弹劾、审计之职权"；"监察院关于主管事项，得提出议案于立法院"。②

　　1938 年 7 月公布的《中国国民党抗战建国纲领》规定，"严惩贪污官吏，并没收其财产"③。1939 年 1 月 29 日，中国国民党第五届中央执行委员会第五次全体会议通过《对于政治报告之决议案》，决定在"抗战已进入第二时期，根据第一时期所得之经验与教训，今后政府之一切措施，更应急切注意并努力者"，在确立反对贪腐行径方面，有"（六）关于监察院工作者"一项。该项规定："整饬纲纪，严惩贪污，为本党抗战建国纲领所规定，监察院及审计部在此非常时期，对于违法失职之举动，财政会计之检查工作，均属振奋，而纠举建议两项办法之实施，与中央各机关就地审计制度之推行，尤能适合环境需要，增加政治效率，抗战进入第二时期，政治之澄清，尤应与军事之进展配合，所需于监察工作之协同推进者，益为迫切，监察院及审计部当本其职责，益加奋勉，中央尤应本治权行使规律与之精神，以决心排除监察职权之障碍，保障平时及非常时期各种监察法规之充分实施，各机关对于监察院之调查、视察、纠举、建议等事项当予以精密之注意与翔实之答复，俾监察效能得以增进，即于抗战建国之必胜心成，亦有重大裨益。"④

　　自此，国民党各项政治决议均注重作出反贪腐原则性规定。1939 年11 月 18 日，国民党第五届中央执行委员会第六次全体会议通过《对于政治报告之决议案》，再次强调"监察院工作，定有第二期战时监察审计工

---

① 《中华民国国民政府组织法》，《中华民国史档案资料汇编》第五辑第二编，政治（一），第 80 页。

② 《中华民国国民政府组织法》，《中华民国史档案资料汇编》第五辑第二编，政治（一），第 83 页。

③ 《中国国民党抗战建国纲领》（1938 年 7 月 2 日），《中华民国史档案资料汇编》第五辑第二编，政治（一），第 151 页。

④ 《中华民国史档案资料汇编》第五辑第二编，政治（一），第 458 页。

作实施纲要，及实施办法，于依法行使监察审计职权之外，复注意辅助行政机关第二期战时工作，由于抗战时期多所裨补"①。

　　1941年4月1日，中国国民党第五届中央执行委员会第八次全体会议通过党务组报告"严令党政军民各机关法团负责人员，必须忠诚遵循一切法令，一切议案，积极推进各种政务，以奠定国家建设之政治基础案"。该案中对政府法令不能彻底实行的原因，认为有"上级政府之原因""由于县政府之原因"和"由于乡镇保长之原因"，尤其是一些"恶劣之乡镇保长，滥用职权，违反法令，营私舞弊，枉法贪赃，横摊乱捐，鱼肉百姓……各乡镇保长何以竟有如此恶劣贪污之人乎？盖待遇微薄，责任繁重，地位甚低，有钱有势者不敢为；有学有才者不肯为；有德有品者不忍为；忠实笃厚者不敢为；上者中者即不可得，必须求其下者劣者等。吾人虽不敢妄断乡镇保长无贤德超众之人，单亦不敢妄断无恶劣贪污之人，由吾等所接受只诉状中，可以为其铁证"。要改善这种情况，需要从多方面进行，其中重要的一项工作，就是"要严厉监察"，对"贪赃枉法之乡镇保长，必严惩罚，为人民除害"。②

　　1941年12月20—23日，中国国民党第五届中央执行委员会第九次全体会议通过《增进行政效能厉行法治制度以修明政治案》，尚有"本党临时全国代表大会有《整饬纪纲申明法纪以保护战时艰苦之人民而造成清明健实之政象》之决议，抗战建国纲领有《严惩贪污官吏并没收其财产》之明文，总裁于第二期作战开始时，更以《政治重于军事》谆谆训示，国民政府并先后命令整饬纪纲，颁布贪污治罪条例暨各种官规，法令规章不为不备，顾施行之际，或因监督未臻严密，或以方法未尽周详，遂使吏治未易澄清，法令难收实效。……至于监察检查之职权，尚未能充分发挥其效能，以致吏治整饬工作极感艰辛，贪污腐恶，常逃法纲，此尤为急待补救者"。为此，该案提出"厉行监察检查职权。修明政治，首重肃官方，监察与检查机关，关系至为重大。今后检察院应依照治权行使规律，充分行使

---

　　① 《中华民国史档案资料汇编》第五辑第二编，政治（一），第474页。
　　② 《中国国民党第五届中执会第八次全体会议通过重要决议案》，《中华民国史档案资料汇编》第五辑第二编，政治（一），第525—530页。

职权,监察委员对于违法失职官吏,应无所瞻徇,严正纠弹,各监察使应以时出巡,检察官应充分行使其检举职权,无使贪劣者无以幸存,廉能者更知自励"。①

二、反贪刑事和行政法规

抗日战争时期,国民政府除继续沿用 1935 年《中华民国刑法》(1935 年刑法典)和战前颁布实施的刑事单行法规外,又根据抗战形势制定了一系列刑事特别法,以适应战时非常时期统治的需要。

(一)《惩治贪污条例》

这一时期,涉及惩治贪污腐败行为的刑事特别法,主要有 1943 年 6 月 30 日公布的《惩治贪污条例》,这是南京国民政府建立以来在"惩治贪污"方面的第一个单行刑事法规。国民政府公布《惩治贪污条例》的同时,废止《惩治贪污暂行条例》。

(1)惩治贪污人员的范围

《惩治贪污条例》规定,惩治贪污人员的范围为"军人、公务员或受公务机关委托承办之人于作战期内犯本条例之罪者,依本条例处断,其非军人、公务员而与为共犯者亦同。办理社会公益之事务以公务论,其财物以公有财物论"②。

(2)惩治贪污人员的具体规定

对贪污人员的惩处,《惩治贪污条例》中明确、具体规定:

①对于违背职务而要求期约或受贿等 7 种行为,处死刑、无期徒刑或 10 年以上有期徒刑。"有左列行为之一者,处死刑、无期徒刑或十年以上有期徒刑:一、克扣军饷者。二、建筑军工或购办军用品索取回扣或有其

---

① 《增进行政效能厉行法治制度以修明政治案》(1941 年 12 月 20 日),《中华民国史档案资料汇编》第五辑第二编,政治(一),第 575—577 页。

② 《惩治贪污条例》(1943 年 6 月 30 日公布),《中华民国国民政府公报》渝字第 583 号,1943 年 6 月 30 日,"法规"。

他舞弊情事者。三、盗卖或侵占军用品者。四、藉势或藉端勒索勒征强占或强募财物者。五、以军用舟车航空器马匹驮兽装运违禁或漏税物品者。六、意图得利扰乱金融或违背法令收募税捐公债或擅提截留公款者。七、对于违背职务之行为,要求期约或收受贿赂,或其他不正利益者。"①

②凡是犯有盗卖侵占或窃取公有财物,克扣或扣留不发属于职务上应发的财物,利用职务上的机会诈取财物,利用主管或监督的事务直接或间接图利等7种行为,处死刑、无期徒刑或7年以上有期徒刑。"有左列行为之一者处死刑无期徒刑或七年以上有期徒刑:一、于前条第一款以外克扣或抑留不发职务上应行发给之财物者。二、盗卖侵占或窃取公有财物者。三、收募款项或征用土地民夫财物从中舞弊者。四、对于职务上之行为要求期约或收受贿赂或其他不正利益者。五、利用职务上之机会诈取财物者。六、对于主管或监督之事务直接或间接图利者。七、对于非主管或监督之事务而利用职权机会或身份图利者。"

③其他一些处罚规定。"第二条第三条之未遂犯罚之";"预备或阴谋犯第二条或第三条之罪者处五年以下有期徒刑"。

④加重或减轻处罚的规定。"对于军人或公务员关于违背职务之行为行求期约或交付贿赂或其他不正利益者,处一年以上七年以下有期徒刑。但自首者减轻或免除其刑,在侦查或审判中自白者得减轻其刑";"直属长官明知属员贪污有据予以庇护或不为举发者以共犯论,但得依其情节酌量减轻";"办理审计会计及其他人员因执行职务明知他人贪污有据不为告发者,处三年以下有期徒刑或拘役";"诬告他人犯本条例之罪者,以刑法之规定从中处断"。

(3)《惩治贪污条例》的程序适用规定

①特种刑事审判程序原则。"犯本条例之罪者,依特种刑事案件之审判程序办理。"

②从重处罚原则。"本条例所定之罪如其他法律定有较重之处罚者,依其规定。"

---

① 《惩治贪污条例》,《中华民国国民政府公报》渝字第583号,"法规"。

③刑法适用原则。"刑法总则之规定与本条例不相抵触者,仍适用之。"①

重庆国民政府制定《惩治贪污条例》,是针对如下情况:第一,政府官吏中贪污舞弊、腐化堕落、以权谋私的现象,在抗战战时特殊时期,不仅未有收敛,反而愈行膨胀,有失控的趋势,不仅妨碍国家机器的运转,削弱统治基础,危及抗日战争的进行,而且与被统治阶级的矛盾愈益激化,不利于统治集团的整体利益和长远利益。第二,国民政府官僚集团贪污腐败行为的进一步严重化,已引起群众极大的愤恨,民主进步人士和国民党内的开明人士也对此进行了抨击,甚至美国军政界要人对国民党的腐败也深表不满,不利于其统治。故重庆国民政府认为应颁行正式、严格的惩治贪污单行条例,以取代此前颁布的《惩治贪污暂行条例》。

(二)《公务员考绩法》和《非常时期公务员考绩暂行条例》

国民政府于 1935 年 7 月 16 日制定公布《公务员考绩法》,1935 年 10 月 30 日公布《公务员考绩法施行细则》和 11 月 1 日颁布《公务员考绩奖惩条例》。② 1939 年 12 月 8 日,颁行《非常时期公务员考绩暂行条例》,对以前的考绩法作了调整:

(1)采用年考制,不再举行总考,并废除升等员额限制和淘汰人员办法。《非常时期公务员考绩暂行条例》规定:"非常时期公务员之考绩依本条例于年终行之。但战地或具有特殊情形地方之公务员不能依规定时间考绩者,得由各机关主管长官报经铨叙机关核准,随时补行之。"

(2)公务员的考绩以平时考查和每月记录为依据。"各机关主管长官平时对于所属公务员应视其工作之勤惰、优劣、迟速,操行是否公忠、谨严、廉洁,学识是否胜任并有无增进,随时严密考核,根据确实事迹,每月详加记录,并得斟酌情形,予以记功或记过。"

---

① 《惩治贪污条例》,《中华民国国民政府公报》渝字第 583 号,"法规"。
② 以上法规,参见《民国法规集成》第 37 册,第 151—158 页。

(3)规定考绩优良者无等可升和无级可晋时的奖励办法,以及考绩不良者的相应惩戒办法。"公务员因考绩应晋级而无级可晋者依左列规定办理:(一)已晋至荐任或委任最高级人员,其级高俸低者给予奖状或酌加俸额,其支俸已达最高额者,得给予简任荐任存记或待遇,但以任简任或委任最高级三年以上者为限,其不满三年者改给奖状。(二)已晋至各该职务之最高级人员级高俸低者,给予奖状或酌加俸额,其支俸已达各该职务最高额者,得给予晋级存记";"公务员因考绩应降级而无级可降者,依其级差数目比照减俸"。

(4)考绩分类分项进行。"公务员考绩分工作、操行、学识三项,以分数评定之,其分数及评定标准如左:工作最高分数为五十;操行最高分数为二十五分;学识最高分数为二十五分。"①

1943年12月26日,南京国民政府考试院又公布《非常时期公务员考绩条例》,规定取消总考,年终考绩改由考绩委员会执行初核,主管长官执行复核,但长官只有一级或在战地不能组织考绩委员会时,则径由该长官进行考核。考绩的内容,包括有工作、操行、学识三项,各按分评等。"操行"就包括奉公、守法、廉洁、勤俭、信守等内容。主管长官每月对"工作"情况详加记录并予以记功记过,对"操行""学识"则每半年记录一次,于每年6月和12月列册汇报铨叙机关备查。根据考绩结果,分别予以奖惩。奖励分为晋级、加俸、奖金、勋章、奖状、记功等7种;惩戒分为免职、降级、减俸、申戒、记过、留级6种。②

(三)《公务员服务法》

1939年10月23日,国民政府公布《公务员服务法》(1943年1月4日修正公布),对公务员纪律作了补充,将政治纪律放在首位,强调公务

---

① 《非常时期公务员考绩暂行条例》(1939年12月8日),《民国法规集成》第38册,第6—12页。

② 《非常时期公务员考绩暂行条例》,《中华民国国民政府公报》第212号,"法规";考试院参事处编:《非常时期公务员考绩条例》(1943年12月26日),《考铨法规集》(第2辑),1944年,第132—133页。

员"有绝对保守政府机关秘密之义务",同时,对公务员的作风又作了进一步规定：

（1）"公务员应诚实、清廉、谨慎、勤勉,不得有骄恣、贪惰、奢侈、放荡及冶游、赌博、吸食烟毒等足以损失名誉之行为。"

（2）"公务员不得直接或间接经营商业或投机事业"；"公务员除法令所定外,不得兼任他项公职或业务。其依法令兼职者,不得兼薪及兼领公费"。

（3）不得利用职务收取贿赂,即"公务员有隶属关系者,无论涉及职务与否,不得赠受财物","公务员不得利用视察、调查等机会,接受地方官民之招待或馈赠"。

（4）"公务员不得假借权力以图本身或他人之利益","公务员非因职务之需要,不得动用公物或支用公款"。

（5）"公务员对于左列各款与其职务有关系者,不得私相借贷、订立互利契约或享受其他不正利益：一、承办本机关或所属机关之工程者；二、经营本机关或所属事业来往款项之银行、钱庄；三、承办本机关或所属事业公用物品之商号；四、受有官署补助费者。"

（6）"公务员应恪守誓言,忠心努力,依法律、命令所定,执行其职务",力求切实,不得畏难推诿,无故稽迟。①

三、抗战时期国民政府的反贪机构

抗日战争爆发后,为适应战时非常时期的客观环境和监察工作的需要,国民政府加大对监察机构及其职能完善的力度。

（一）国民参政会

九一八事变爆发后,适应各界民众抗日、民主要求,国民政府就有设

---

① 《公务员服务法》(1939年10月23日公布,1943年1月4日修正),《国民党政府政治制度档案史料选编》下册,第71—73页。

立国民参政会的动议。全面抗战开始后,1938年3月,国民党临时全国代表大会议决通过,正式设立国民参政会。4月12日,国民政府公布《国民参政会组织条例》,规定"国民政府在抗战期间,为集思广益,团结全国力量起见,特设国民参政会"①。

(1)国民参政会的人员构成

①国民参政会议长、副议长。其选任,《国民参政会组织条例》规定:"国民参政会置议长、副议长各一人,由中国国民党中央执行委员会选任之。"

②参政员的选定。《国民参政会组织条例》第4条规定由"中国国民党中央执行委员会于接受国民参政员资格审议会报告后",按照第3条各项"应出参政员名额,提出中国国民党中央执行委员会会议决定之"。

③参政员名额及分配。《国民参政会组织条例》第3条规定:"国民参政会置参政员,总额一百五十名。其分配如左:(甲)由曾在各省市(指行政院直辖市而言)公私机关或团体服务三年以上,著有信望之人员中,共选八十八名;各省市所出参政员名额,依照附表之所定,并以有该省市籍贯者为原则。(乙)由曾在蒙古、西藏地方公私机关或团体服务,著有信望或熟谙各该地方政治社会情形,信望久著之人员中,选任六名(蒙古四名,西藏两名)。(丙)由曾在海外侨民居留地工作三年以上著有信望,或熟谙侨民生活情形,信望久著之人员中,选任六名。(丁)由曾在各重要文化团体或经济团体服务三年以上,著有信望,或努力国事信望久著之人员中,选任五十名。"

关于(甲)项,《条例》末列"各省市应出参政员名额表"中有一补充规定,划分各省市名额数:"江苏、浙江、安徽、江西、湖北、湖南、四川、河北、山东、(河南)、广东,以上各出四人;山西、陕西、(福建)、广西、云南、贵州,以上各出三人;甘肃、察哈尔、绥远、辽宁、吉林、新疆、南京市、上海市、北平市,以上各出二人;青海、西康、宁夏、黑龙江、热河、天津市、青岛

---

① 《国民参政会组织条例》(1938年4月12日),《中华民国史档案资料汇编》第五辑第二编,政治(一),第869—870页。

市、西京市,以上各出一人。"①

　　1938 年 6 月 16 日,国民政府公布《国民参政会组织条例第三条修正文》,将国民参政会所设参政员人数增加到"二百名",(甲)、(乙)、(丙)条无变化,(丁)条由原来的五十名,增加到"遴选一百名"。

　　④参政员的任期。《国民参政会组织条例》规定,"国民参政员之任期为一年,国民政府认为有必要时,得延长一年",同时,"现任官吏不得为国民参政会参政员"。②

　　(2)国民参政会的职权

　　关于国民参政会的职权,《国民参政会组织条例》规定:

　　①议决权。"在抗战期间,政府对内对外之施政方针,于实施前,应提交国民参政会决议。前项决议案经国防最高会议通过后,依其性质,交主管机关,制定法律或颁布命令行之。遇有紧急特殊情形,国防最高会议主席得依国防最高会议组织条例,以命令为便宜之措施,不受本条第一、二项限制。"

　　②建议权。"国民参政会得提出建议案于政府。"

　　③质询权。"国民参政会有听取政府施政报告暨向政府提出询问案之权。"③

　　(3)国民参政会的会期和议事规程

　　国民参政会的会期,《条例》规定:"国民参政会每三个月开会一次,会期为十日,国民政府认为必要时,得召开临时会,或延长其会期。"

　　国民参政会常务机构,《条例》规定:"国民参政会休会期间,设置国民参政会驻会委员会,由参政员互选十五人至二十五人组成之,任务以听

----

　　①　《国民参政会组织条例》,《中华民国史档案资料汇编》第五辑第二编,政治(一),第869—872 页。在 1938 年 4 月 7 日国民党中央执委会五届四次会议通过的《国民参政会组织条例案》中,出四人的地区尚有"河南",出二人的地区尚有"福建",参见《中华民国史档案资料汇编》第五辑第二编,政治(一),第 425 页。

　　②　《国民参政会组织条例》,《中华民国史档案资料汇编》第五辑第二编,政治(一),第872、871 页。

　　③　《国民参政会组织条例》,《中华民国史档案资料汇编》第五辑第二编,政治(一),第871 页。

取政府各项报告及决议案之实施经过为限。"①

国民参政会的议事规程,《条例》规定:"国民参政会有该会参政员总额二分之一以上之出席,即得开议。"同时还规定,行政长官得列席会议:"中央各院部会长官得出席于国民参政会会议,但不参加其表决。"1938年7月国民政府公布《国民参政会议事规则》,对议事制度补充规定:"国民参政会开会时,以议长为主席,如议长因故缺席,由副议长代理之";"国民参政会会议时,由参政员半数之出席,始得开议,由出席参政员半数之赞成,始得议决"。

国民参政会在特殊情况下,可召开秘密会议:"国民参政会之会议公开之,但有必要时,得由主席宣告改开秘密会议";"国民参政会之文件议案由秘书长呈经议长核定后发表之,凡未依前项程序核定发表之文件议案,参政员负有保守秘密之义务";"国民参政会开会时,秘书长及副秘书长应列席,并配置秘书及其他人员办理会场事务"。②

(4)对参政员的保护和限制性规定

①保护参政员的措施,在《国民参政会议事规则》中作如下规定:"参政员在会场内得自由发表言论,不受会外之干涉,但在会场外发表其笔记或言论者,受一般法律之限制。"

②对参政员行为的规范性措施主要有:其一,"参政员之议案应详具理由,并由参政员二十人之连署提出之";"提案得由主席径付会议讨论,或先交审查会审查,连同审查报告提付会议讨论。政府交议事项,适用前项规定"。其二,"参政员得以书面提出临时动议,但须有参政员四十人之连署临时动议,由主席于议事日程所列各案议毕时,径付会议讨论,但时间不容许时,得由主席提付下次会议讨论"。其三,"参政员对于议事日程所列之议题欲发言时,应先将其席次姓名书面通知秘书长,未依前项通知者,须俟先已通知发言者发言完毕后,报告席次,经主席许可,始得发

---

① 《国民参政会组织条例》,《中华民国史档案资料汇编》第五辑第二编,政治(一),第871页。

② 《国民参政会议事规则》(1938年7月1日),《中华民国史档案资料汇编》第五辑第二编,政治(一),第873—876页。

言"。其四,"凡关于提案之说明,或质疑或答复,其发言均以十五分钟为限;讨论者之发言,以五分钟为限。但发言取得主席之特许者,得以主席特许的时间为度。违反前项限制者,主席得终止其发言";"参政员每人就一个议题之发言,除经主席特许者外,以一次为限"。其五,"凡对于议案之修正,应以书面提出,并须有参政员十人以上之连署"。①

③对参政员的限制性措施,《参政员议事规则》第5章"纪律"中作出严厉规定。第32条规定,"参政员全体有共同维护会议秩序之责任";第33条规定,"参政员于会议中有违背本规则妨碍会场秩序者,主席得警告或制止之。其情节重大者,得依主席之决定或会议之议决,组织惩戒委员会,为惩戒之审议。惩戒之方式,分为(一)谴责。(二)责令道歉。(三)停止一定时日之出席";第34条规定,"惩戒委员会审议结果,应提经会议表决之"。②

(5)第一届国民参政会的评价

对于这届国民参政会,时人说:"真能代表民意的,要算第一届国民参政会。这次大会是二十七年七月六日在汉口举行的。那时恰是抗战一周年的前夕。抗战中心在武汉,全国的人望也集中在武汉,大家精神焕发,情绪高涨,确有一番蓬勃气象。那时的参政会,共有参政员200人,虽非全由人民选举,大致多符人望,确能为人民说话,为人民争利……的确象征了全国的大团结。……一般人恭维参政会是民意机关的雏形。其实参政会更大的意义,在于它是团结抗战的征象,团结,给国家产生了极大力量,给国家增加了蓬勃气象。这力量,这气象,以后虽经多少折磨,多少顿挫,终于把国家支持到抗战胜利。抚今追昔,怎不令人感慨!但后来参政会……全国性减了,团结劲差了。参政会虽于三十七年三月二十九日始结束,气象早已无复当年。但第一届参政会,虽能发挥极大力量,这力

---

① 《国民参政会议事规则》,《中华民国史档案资料汇编》第五辑第二编,政治(一),第873—876页。

② 《国民参政会议事规则》,《中华民国史档案资料汇编》第五辑第二编,政治(一),第876页。

量只足以领导人民来革新庶政，不足以领导人民来进行国民革命。"①

（6）国民参政会杜绝贪污舞弊行为的提案举略

国民参政会期间，对于监督政府，确保民权，杜绝贪污舞弊行为的提案较多。如：

1939 年 9 月，参政员沈钧儒等向第一届国民参政会第四次会议提出"请政府重申前令切实保障人民权利"提案。该提案中指出："第一届所提请政府通令全国各军政机关切实保障人民权利案，业经政府训令各军政机关依法办理，如有违法滥权，侵害人民权利情事，除由依法告诉告发诉愿外，主管机关应注意监督，随时纠正在案。……其间关于下层机关之舞弊弄权，地方军警之毁法荡纪，人民知识低下，莫可如何，官厅办事颟顸，积重难返。最近川康视察报告，此类事实，言之綦详，一拾可得。窃意当不止川省一地为然。……地方行政腐败，其祸中于国家，甚于兵革之扰乱。"提案提出了五项挽救办法，其第五项是"应请中央监察院以时遣派委员，代表中央巡视各地方，随事检举，切实行使其最高之监察权"。②

1942 年 10 月，参政员刘明扬等向第三届国民参政会第一次会议提出"请调整政治机构健全人事行政以加强行政效率而完成抗建大业"案，指出"近年贪污之风盛行，病国殃民，莫此为甚，今后应依《公务员考绩奖惩条例》及《修正公务员考绩法施行细则》严厉惩办"，以期"严惩贪污，淘汰庸劣"。③

1945 年 7 月，参政员傅斯年等向第四届国民参政会第一次会议提出"关于彻查中央银行中央信托局历年积弊严加整顿惩罚罪人以重国家之要务而肃官常"提案，称："中央银行实为一切银行之银行，关系国家之命脉。然其组织直隶国府，不属于财政部或行政院。历年以来，以主持者特具权势，道路虽啧啧烦言，政府并无人查问。而一有事实暴露，即为触犯刑章。如黄金案主角之郭景琨，已在法院取保矣，而国库局私自朋分成都未售美金公债一案，至今尚未送法院。由此例之，其中层层黑幕，正不知

---

① 马寅初：《财政学与中国财政——理论与现实》，商务印书馆 2001 年版，第 697 页。
② 《中华民国史档案资料汇编》第五辑第二编，政治（一），第 907 页。
③ 《中华民国史档案资料汇编》第五辑第二编，政治（一），第 924 页。

几许。至于中央信托局,亦每以触犯刑章闻。如前者之林士良案,今者黄金案中钟锷、黄华以下皆涉及。此等机关如不彻查严办,必不足以肃国家之政纪。"他提出处理办法:一是彻查其积年之账目与事项,有涉及犯罪之嫌疑者,移送法院或文官惩戒委员会。二是改组中央银行,取消中央信托局应予,罢免其主持者,有牵涉刑事者,应一并送交法院。①

1946年3月,参政员李芝亭向第四届国民参政会第二次会议提交"拟请政府迅速制订并公布金融复员计划早日改革币制稳定币值以期安定民生而固国本"提案,要求国民政府"加强审计部职权,监督政府严格执行预算,停止增发通货"。②

（二）监察院

抗战进入相持阶段后,由于国民党军队的军纪和政府的政纪涣散,公务人员的战时行政效率和军队的战斗力极为低下,致使在日寇进攻下一触即溃,大片国土沦丧,而贪腐行为却比比皆是。在这种形势下,澄清吏治与整饬各级军政机关,迫切而重要。为此,国民政府决意提高监察院的地位、强化监察机构在抗战中的作用,"整饬纪纲,严惩贪污"。

（1）监察院职权

1937年12月,监察院呈请国民政府公布《非常时期监察权行使暂行办法》,1938年8月修正公布《非常时期监察权行使暂行办法》,1938年9月9日又公布《修正非常时期监察权行使暂行办法施行细则》。《非常时期监察权行使暂行办法》明令"监察院除依（各种现行）法行使监察权外,为适应非常时期需要,得依本办法"行使"战时非常时期监察权"。

①弹劾权。为加强监察职能,在弹劾等权之外,监察院还在抗战时期创立了纠举权和建议权,并特地在修正公布之《非常时期监察权行使暂行办法》中作了明文规定。

②纠举权。为监察委员独立行使职权提供了条件。在修正公布之

---

① 《中华民国史档案资料汇编》第五辑第二编,政治(一),第933页。
② 《中华民国史档案资料汇编》第五辑第二编,政治(一),第936页。

《非常时期监察权行使暂行办法》第 2 条中规定:"监察委员或监察使对于公务员违法或失职行为认为应速去职或为其他急速处分者,得以书面纠举、呈经监察院院长审核后,送交各该主管长官或其上级长官。其违法行为涉及刑事或军法者,得交各该管审判机关审理之。"当然,"监察委员于分派执行职务之省、市或监察使于该管监察区内,对委任职公务员为前项之纠举,于呈送监察院院长时,并应以书面径送各该主管长官或其上级长官"。① 相应地,修正公布之《非常时期监察权行使暂行办法》规定:"主管长官或其上级长官接受前条纠举书后,应即决定撤职或其他行政处分,其认为不应处分者,应声复不应处分之理由。被纠举之公务员得向主管长官或其上级长官提出申辩之意见。"如果"主管长官或其上级长官不依前条第一项为行政处分,又不声复或虽声复而无理由时,监察院应即以该纠举文件为弹劾案、移付惩戒机关。各该主管长官或其上级长官于被弹劾人受惩戒时,亦应负责"。②

③建议权。是适应于监察院巡回视察职能的加强而特设,监察委员既可直接对官吏进行惩戒,又可建议和督导地方行政,促其改进。关于抗战非常时期建议权的具体规定为,"各机关或公务员对于非常时期内应办事项有奉行不力或失当者,监察委员或监察使得以书面提出建议或意见,呈经监察院院长审核后,送交各该主管机关或其上级机关"。而各相关的主管机关或其上级机关"接受前项建议或意见后,应即为适当之计划与处置"。③

(2)监察院的复建

由于抗战爆发,国民政府诸多机关的正常运行都受到影响,在内迁后有一个恢复的过程。1943 年 9 月,国民政府公布修正之《中华民国国民政府组织法》规定监察院的机构,设监察院院长、副院长,"监察院院长因

---

① 《非常时期监察权行使暂行办法》(1938 年 8 月 27 日修正公布),《国民党政府政治制度档案史料选编》上册,第 323 页。

② 《非常时期监察权行使暂行办法》,《国民党政府政治制度档案史料选编》上册,第 324 页。

③ 《非常时期监察权行使暂行办法》,《国民党政府政治制度档案史料选编》上册,第 324 页。

事故不能执行职务时,由副院长代理之";监察院设监察委员,人数为"二十九人至四十九人,由监察院院长提请国民政府主席依法任免之",并规定"监察委员不能兼任其他公职","监察委员之保障,以法律定之"。

监察院的议事制度是监察院会议,"监察院会议以监察委员组织之,监察院院长为监察会议之主席"。[1]

通过这些措施,抗战时期监察院的地位为之一振。特别是在 1939 年以后的所谓"第二期抗战"中,国民政府把监察工作的好坏,与行政、军事等机构的效能,乃至抗战能否胜利直接挂钩。国民党五届五中全会政治报告中指出,"抗战进入第二时期,政治之澄清尤应与军事之进展配合,所需于监察工作之协同推进者,益为迫切",监察效能能否增进,对抗战建国的胜利"有重大裨益"。[2] 在专门制定的《监察院第二期战时监察工作实施纲要》中明确指出,"第二期战时行政计划,监察院与动员委员会应特别注意与监察",而且"将来抗战建国能否成功,即在此最低限度之行政计划能否实行。此最低限度行政计划之实行,应由监察院负监察之责任"。[3] 这些都表明抗战期间监察院的地位同战前相比有所提高。

(3)监察院战区巡察团

抗战期间监察工作的一大特点,是将"于事后纠弹违失"和"得在行事前监察"结合起来。1940 年,南京国民政府为澄清吏治,提高行政效能,配合军事进展,特制定《监察院战区巡察团组织规程》,组建战区巡察团。这就在各监察使巡回监察和特派监察委员分期视察外,又增加了一种事前监察的方式。

①巡察团隶属于监察院,其设置团数及各团巡察区域以军事委员会划定的各战区为准,第一巡察团巡察长江以南各战区,第二巡察团巡察长江以北各战区。

---

① 《中华民国国民政府组织法》(1943 年 9 月 15 日),《中华民国史档案资料汇编》第五辑第二编,政治(一),第 83 页。

② 《对于政治报告之决议案》之六,《中国国民党历次代表大会及中央全会资料》下册,第 561 页。

③ 《监察院第二期战时监察工作实施纲要》,《监察院工作报告》,国民政府监察院 1946 年编印。

各巡察团以监察委员 3 人组成(该区监察使为当然成员),由监察院院长指定 1 人为主任委员主持事务,设秘书 1 人,干事 3 人,分别由监察院或监察使署中调用或临时委任。

②战区巡察团可行使监察法规所明定的一切监察职权,关于接收、办理人民控告公务人员的书状、出巡工作的改进及其他应讨论的事项,均由委员会议议决,并按月将巡察情形呈报监察院备查,遇有重大事件须随时报告监察院审核;各巡察团在执行任务时,可指挥当地宪兵警察,所在地军政长官应负保护之责。

各巡察团的一切费用开支,均由本团负责,不收受地方供给,以防贪污之弊,以避受贿之嫌。

战区巡察团的建立,更有利于行使弹劾权、纠举权和调查权,并可及时惩戒各战区违法失职的公务人员,尤其对抗战不力或贻误战机的军政机关,可随时予以建议或纠正,为抗战胜利发挥了它特有的功能。抗战胜利后,1946 年 5 月,国民政府还都南京后,战区巡察团完成其历史使命,国民政府明令撤销。

(4)地方审计机构的恢复和重建

抗战爆发后,随着南京国民政府迁都重庆,战火所及,江苏、浙江的审计处陆续西迁;上海、津浦铁路审计办事处均因沦陷而停止业务。但河南、陕西、广东 3 省审计处,仍能进行正常的审计业务,国民政府相继在湖南、四川、贵州、广西、福建、江西、安徽、甘肃、云南 9 省设立审计处。而对国库、各部和国家的公司则设驻审室,如国库总库、交通部、经济部、税务署、盐务总局、农业部、内政部、教育部、中国茶叶公司、花纱布管制局、复兴公司、邮政总局、中央信托局等均相继设驻审室。

抗战胜利后,到 1947 年止,在抗战时停止了业务的各省市审计处及审计办事处相继恢复审计业务。同时又有河北、山东、山西、青海、台湾、重庆 6 省市设立审计处。①

此外,国民党的特务组织——中统和军统,在反贪腐过程中客观上也

---

① 《审计制度》,第 20 页。

起过作用。1940年以后,中统局曾奉蒋介石的命令,组建过"替中央做耳目"并兼管"惩治奸邪"、整肃内部贪污的全国性"党员调查网",还成立以"调查抗战后方经济方面的营私舞弊和贪污渎职以及非法经营工商业的黑幕"为宗旨的"经济检查队"。但是,这些举措都因危及集团内部利益,而遭到各级当权者的反对,最终都无结果。

(三) 税务督察专员

抗战时期,随着沦陷区的范围日益扩大,国家因外寇入侵而处于分裂状态,国家税款的征收也处于散乱、分裂和黑暗的状态。当时"财政上受人最大指责者,为税务机关之黑暗、贪污"[①],在战时疆土割裂的状况下,这种暗黑之状更易发生。为了强化税收工作,加强对四分五裂的国统区国税机关的督察工作,国民政府特设税务督察专员制度,实行分区督察。

(1)税务督察专员的设立

设置税务督察专员的有川滇区、黔桂区、闽粤区、湘鄂区、浙赣区、苏皖豫鲁区、陕甘宁青区7区。税务督察专员隶属于国民政府财政部。

(2)税务督察专员的职权

税务督察专员的职权,是秉承财政部长之命办理左列各事项:"一、中央直辖全国税务机关征榷事务之指导督促事项。二、国税税款收入状况之调查考核事项。三、国税整理改进方案之筹划事项。四、税务机关人员之考查事项。五、战时特别措施之指示与协助事项。六、其他交办事项。"此外,"税务督察专员应将考查所得情形随时密报外,应按旬呈报一次";"税务督察专员对于该管区内国税机关之命令与处分认为有违反、越权或失当之处,应立即呈报财政部核办"。[②]

(四) 国防最高委员会及其附属机构

抗战时期,国民政府除以监察院行使监察职权外,在行政体制上还采

---

① 《财政部对参政员张良修关于税务人员贪污问题询问案的答复》(1945年),《中华民国史档案资料汇编》第五辑第二编,财政经济(二),江苏古籍出版社1997年版,第86页。

② 海关总税务司署统计科编辑印行:《总税务司通令》第二辑(1937—1938),第11页。

取一些行政监督方式。国防最高委员会及其附属机构,是行政监督机构之一。

(1)国防最高委员会

1937年8月11日,国民党中央政治委员会议决成立"国防最高会议",决定国防大计、国防经费、国防总动员和其他重要事宜。1939年1月29日,中国国民党五届五中全会作出决定,改组国防最高会议为国防最高委员会。2月7日,国防最高委员会正式成立,蒋介石任委员长,这是抗战时期国民党党政军的最高领导机构。①

抗战期间,国防最高委员会作为国民党决策的权力中心,有其直属机关保障其工作的正常开展。其中,作为执行监督功能的机构主要是1940年9月成立的"党政工作考核委员会"。1940年7月,国民党五届七中全会在重庆召开,蒋介石向全会提出"拟设置中央设计局,统一设计工作,并设置党政工作考核委员会,以立行政三联制基础案",并于7月6日在全会上通过。② 设置该考核委员会主要是"主持党政机关工作、经费、人事之考核,与中央设计局确切联系,以矫设计、执行、考核分立之弊,树行政三联制之基,而应抗战建国之要求",这是"国防最高委员会为增进党政工作效能,实施行政三联制之考核制度"的需要。③

(2)党政工作考核委员会

①党政考核委员会的组织构成

其一,党政考核委员会"设委员长一人、副委员长一人,由国防最高委员会推定委员十一人,除五院院长、中央执行委员会秘书长、中央监察委员会秘书长、国防最高委员会秘书长为当然委员外,其余三人,由国防最高委员会委员长聘任。设主任秘书一人,承委员长之命办理会务"。

其二,党政考核考核委员会内设党务、政务两组:

党务组,"掌理党务部分考核工作之计划,审核编制调查等事项,置

---

① 章伯锋、庄建平主编:《抗日战争》第三卷(中国近代史资料丛刊之十三),"政治"(上),四川大学出版社1997年版,第38、46页。

② 《中国国民党历次代表大会及中央全会资料》下册,第637页。

③ 《抗日战争》第三卷,"政治"(上),第458、40页。

主任、副主任各一人,由国防最高委员会委员长提请国防最高委员会指定,秘书一人,组员若干人,由主任呈请委员长派充,专员若干人,由中央执行委员会秘书处、组织部、宣传部、海外部、党务委员会、训练委员会、国防最高委员会秘书厅各指定高级人员一人或二人兼任"。

政务组,"掌理行政经济建设部分考核工作之计划,审核编制调查等事项,置主任副主任各一人,亦由委员长提请国防最高委员会指定,秘书一人,组员若干人,由主任呈请委员长派充,专员若干人,由国民政府文官处,国防最高委员会秘书厅,行政、立法、司法、考试、监察各院及所属各部会各指派业务有关之高级人员一人或二人兼任"。①

②党政考核委员会的职掌

党政考核委员会专门负责"一、关于中央及各省党务机关工作成绩之考核事项;二、关于中央各院部会及各省行政机关工作之考核事项;三、关于核定设计方案实施进度之考核事项;四、关于现行法令实施利弊之考核事项;五、关于经济建设事业之考核事项;六、关于各机关经费人事之考核事项",均有考核、监督的职权。②

③党政考核委员会考核事务与各考核机关工作的联系

党政工作考核委员会,作为中枢最高考核机关,其考核工作分政务考核与事务考核两种。

其一,政务考核,"系根据既定政策考核某种事业整个之成败"。事务考核,"分为工作考核、经费考核及人事考核三项"。

其二,事务考核中之"工作考核",是"根据工作计划考核其进展程度及实际效果",其年度政绩之考核,应依照《党政工作考核办法》第5条至第9条之规定办理。有关规定如下:"县市所属之党政机关由县市党政机关初核,汇呈省党政机关复核";"县市党政机关由省党政机关初核,汇呈中央党政机关复核,必要时得由党政工作考核委员会抽调复核";"省市党政机关由中央党政机关初核,汇送本会,交党政工作考核委员会复核,

---

① 《抗日战争》第三卷,"政治"(上),第40页。
② 《抗日战争》第三卷,"政治"(上),第40页。

呈由委员长核定";"中央党部各部处会及五院各部会分别由中央秘书处及各主管院汇齐或初核,送本会交党政工作考核委员会复核,呈由委员长核定";"除第五至八条所规定外,各级党政机关直属之其他机关其考核程序,由各该主管机关逐级执行之"。

其三,对于"工作进程之考核(按月按季或半年度),由上级直辖机关办理,并应将考核情形转报'复核机关'备查"。并且,党政考核委员会"对于各机关之工作,得随时派员调查考核,认为'工作不力'或执行有错误时,应提出意见,呈国防最高委员会查核";以及,"各监察机关对于党政工作'考察审核'结果,应分送本会为考察之参证"。

其四,事务考核中之"经费考核","为根据预算决算考核其经费支用在工作上是否发生预期之效能"。具体规定如下:第一,各级党政机关经费的支用,"除应分别依照'稽核程序'、'稽核条例'、'审计法'、'审计法施行细则'之规定,仍送监察审计机关审核外,应于报告工作时,将支用概数附带列报,以备查核";第二,党政工作考核委员会"对于各机关经费之支用,经考核认为与工作进行之情况不相适用时,得通知'监察'审计机关注意审核";第三,"监察审计机关对于每会计年度审核之结果(审计报告书)及就法令上或行政上应行改正之事项所陈之意见(依据决算法第25、26两条办理之结果),应分送本会为考核之参证"。

其五,事务考核中"人事考核",是"根据组织法令考核其人员支配是否适当,并能否符合分层负责制之精神"。规定:第一,"政务官之考核,由本会办理,其有关违法或失职等情事之案件,仍由监察机关办理";第二,"属于事务官之长官(各机关主管人员)及高级干部(各部门主管人员荐任以上职务)之考核,其成绩应俟本会复核(依据工作考核之结果)呈委员长核定后,交铨叙机关依照法令办理";第三,"一二两项以外之公务人员或成绩,仍由铨叙机关依照法令办理,其考绩结果,应将最优最劣人员呈报最高国防委员会核定奖惩"。①

————————

① 《抗日战争》第三卷,"政治"(上),第40—42页。

（3）中央政务考察团

①中央政务考察团的组织。国防最高委员会的党政考核委员会在1940年9月成立后，"为实地考察中央各部、会、署、局及各省市政府等机关实施政务之情形"，于1941年4月成立中央政务考察团，"以政务组主任为团长主持团务，副主任为副团长襄理一切，设团员9人至13人分任考察事宜，秘书一人承团长、副团长之命襄办团务，并负联络各组之责"。

②中央政务考察团的任务。主要是考察："一、关于中央各部、会、署、局工作成绩之考察事项。二、关于核定设计方案实施进度之考察事项。三、关于现行法令实施利弊之考察事项。四、关于经济建设事业之考察事项。五、关于各机关经费、人事与工作联带关系之考察事项。六、委员长指定考察事项。"①

③中央政务考察团的实际操作。1941年后，每年都派出若干个考察团，分赴中央和地方各党务、行政机关进行考核、考察工作，并将结果呈报国防最高委员会核办。"考核委员会对于中央及各省市党政机关之工作，得分别组织中央党务、政务及各省市党政工作考察团，每年实地考察一次。中央考察团以本会各主管组主任为团长，副主任为副团长，组员专员为团员。各省市党政工作考察团则按考察区域之划分组织之。每一考察团置团长一人，副团长一人，由委员长派充；团员、事务员、雇员各若干人。团员除由党务、政务两组人员中指派外，并得调用中央党政机关人员。考察团得聘任技术专家为团员。考察团于考察中央及各省市党政机关所属机关时，得请其上级主管机关派员参加。中央各院部会所属事业机关设于各省市地方者，得由各省市党政工作考察团考察之。考察时得调阅各机关之文书档案。考察任务完毕后，于一个月或一个半月之内，提出报告书，胪列关于考核情形及意见，经考核委员会决定后，呈国防最高委员会核办。中央及各省市党政机关每年工作或行政计划及预算，须由主管机关核定后，以一份抄送考核委员会；其每年工作实施报告，亦须于每年度终了时，呈送国防最高委员会发交考核委员会考核。为与中央设

① 《抗日战争》第三卷，"政治"（上），第42页。

计局取得联络起见,考核委员会各组及考察团考察所得情形,暨对于各机关工作及机构、人事、经费等项改进意见,规定应与设计局主管人员随时研讨。设计局于必要时,亦得指定人员参加考察团。"①

应当说,由于国防最高委员会的权威地位,因此,党政工作考核委员会对考核、监督职权的行使,一度颇有成效。

(五) 各级党部

(1)党部督导行政机关

抗战爆发后,国民党决定调整党政关系,实行党部对行政的督导。1938 年 3 月 31 日,中国国民党在武汉举行的临时全国代表大会通过《改进党务并调整党政关系案》,在改进党务与调整党政关系之原则中,专门规定"监察党员之原则",即"党部对于党员平时之思想、行为、工作、生活,应有密切之调查与考核,以举监察之实;同时应使上级党部负监察下级之责,严申纪律,以提高监察之权威"。调整党政关系的原则:"(1)中央采取以党统政的形态;(2)省及特别市采取党政联系的形态;(3)县采取党政融化,即融党与政的形态。"②

发国民党临时全国代表大会闭幕后,随即于 1938 年 4 月 1—8 日在武汉召开了中国国民党第五届中央执行委员会第四次全体会议,4 月 6 日,通过《改进党务并调整党政关系案》。随后,国民党中常会先后颁布《省党部省政府联席会议要旨》和《县各级党政机关调整办法》等法规。③1941 年 4 月 1 日,国民党五届八中全会又通过"总裁交议"的《增进各级党部与政府之联系并充实本党基础案》。

以上重大会议及其议案、文件,逐步确定并充实了关于党政关系和党部对行政的督导的调整:

①国民党中央党部实行总裁制。在临时全国代表大会上通过的《改进党务并调整党政关系案》中规定增加"总裁"一章,会上通过的《对于审

---

① 《抗日战争》第三卷,"政治"(上),第 459—460 页。
② 《中国国民党历次代表大会及中央全会资料》下册,第 476—477 页。
③ 《中国国民党历次代表大会及中央全会资料》下册,第 520—524、696 页。

查改进党务及调整党政关系有关修改总章部分之决议案》采纳并规定，"本党设总裁一人、副总裁一人，由全国代表大会选举之"，"总裁代行第四章所规定总理之职权"。①

②与总裁制相适应，地方各级党部设委员会。"省党部委员会采取主任委员及委员分区督察制，由中央执行委员会特派中央执行委员一人为省党部主任委员，同时由全国代表大会选举若干人充任省党部委员……除以主任委员驻省经常办理省党部事务外，其余委员必须按区分派担任督察各该区内所有各县党部之工作，予以指导，并随时报告省党部主任委员。"

③县党部采取书记长制。"县党部设委员若干人，由全县代表大会选举之，即由省党部呈请中央指定其中一人为书记长"，"县党部委员会议，以书记长为主席，对会议之决议，有最后决定权"。

④区以下党部或分部采取书记制。"区党部与区分部设委员若干人，由全区代表大会或区分部党员大会选举之，并由上级指定委员一人为书记。"并规定，"区党部之性质，重在监察区分部之工作，区分部则重在执行"。②

（2）对省县党部和政府的督察

省县党部"除依照总章'稽核同级政府之施政方针及政绩是否根据本党政纲及政策'外，对其下一级行政机关，如行政督察专员公署、县政府区署及乡镇公所，应根据中央颁布或核定之政令，协助督导，并监察其实施"③。

①"省党部之监察职务，由中央监察委员会派中央监察委员常驻指定之省党部执行之。省党部监察委员会之制度撤废之"；"中央驻省监察

①　《改进党务并调整党政关系案》（1938年3月31日）、《对于审查改进党务及调整党政关系有关修改总章部分之决议案》（1938年4月1日），《中国国民党历次代表大会及中央全会资料》下册，第479、484页。

②　《改进党务并调整党政关系案》，《中国国民党历次代表大会及中央全会资料》下册，第479、481—482页。

③　《增进各级党部与政府之联系并充实本党基础案》（1941年4月1日），《中国国民党历次代表大会及中央全会资料》下册，第697页。

委员及省党部分区常驻委员,对下级党部及党员执行监察职务时,可布置党员监察网以辅助之"。

②"县党部之工作及全体党员之行为,规定由省党部委员分区指导监察,故县党部监察委员会之制度撤废之。"①

③对省政府,"省党部省政府每月须举行联席会议一次";"省党部主任委员,应出席省政府会议,以收党政联络之效"。②"省党部省政府联席会议,党政双方对下级干部人员如发现有成绩低劣不能称职,或违背党政协调原则,致阻碍党务与政令之推行者,得相互检举,提出联席会议,公同评判,并商决其处分。""督导监察之行使,如行政主管人员为党员时,以党部名义行之,但须随时函知政府。如行政人员为非党员时,则由党部通知政府办理之"。③

④对县区政府,"县政府设地方自治指导员一人,由县党部书记长兼任之,协助县长指导地方自治之筹备事宜"④。

(3)党部对人事行政的督导

①"省党部之主任委员与书记长及委员,应与担任省政府主席、秘书长、厅长及委员的党员划编为一特别小组,直隶省党部实施党团办法";"省政府之不兼厅委员,以省党部委员充任为原则,经中央党部之推荐后任命之",以保证党员在政府中的绝对优势。

②"省党部对于担任下级行政职务的党员,得调查登记,并考核其工作。"根据考核结果,商请省政府予以奖惩,"认为成绩优良者,由党予以荣誉奖励,并商请省政府予以奖励。如发现有违反本党政纲政策,而又不接受指导者,严予党纪处分,并商请省政府惩处之";"省县党部均应随时

---

① 《改进党务并调整党政关系案》,《中国国民党历次代表大会及中央全会资料》下册,第 481、482 页。

② 《改进党务并调整党政关系案》,《中国国民党历次代表大会及中央全会资料》下册,第 481 页。

③ 《增进各级党部与政府之联系并充实本党基础案》,《中国国民党历次代表大会及中央全会资料》下册,第 697 页。

④ 《改进党务并调整党政关系案》,《中国国民党历次代表大会及中央全会资料》下册,第 482 页。

考核党员之工作与能力,并每年选拔优秀党员汇报上级党部,经审核后,发交政府任用"。①

通过调整,大大加强了国民党对各级政府行政工作的监控,一度有利于统治的稳定,促进了国民党一党专政局面的实现。

（六）巡回督导团

（1）派遣巡回督导团的政治决议

1942 年 11 月 25 日,中国国民党第五届中央执行委员会第十次全体会议议决通过蒋介石提出的《对于各地党政报告及党政工作检讨提示之意见》,以加强对地方行政的监督。

《意见》提出:"今后每一工作必须注重于基层。中央一切设施,必须着眼于省县与县以下基层之贯彻,基层组织之充实与合理化。"为此,"省党部应经常实施分区督导,并分区召集县党部书记长指示其工作之进行,同时注意选拔地方党务积极负责之干部";"省党部对于县党部之业务,应加强考核,分组分区轮流巡视,实地考察"。在这一精神指导下,"各省应一律实行巡回督导团(由厅长与省委领导),按期分区出发督导,对各项重要政务,实地督察就地指示,未实行者应一律实行,已实行者应继续举行,更求实效"。②

（2）巡回督导团的任务

巡回督导团对地方进行督察的政务主要有:"各省财政应照预算规定数量入为出,统盘支配";"兵役与粮政为战时两大要政,各省应尽力督导,务求贯彻。并实地视察,切实研究,尽量革除其弊端";"各省应积极执行经济管制之法令,切实平抑物价,并特别发展驿运事业";"各地遇有水旱灾情,应由地方负责自筹救济,并发动社会协助,非至不得已时,不请求中央补助"。此外,还应督导:"禁烟工作应继续厉行,务期彻底禁绝";

①　《增进各级党部与政府之联系并充实本党基础案》,《中国国民党历次代表大会及中央全会资料》下册,第 697—698 页。

②　《对于各地党政报告及党政工作检讨提示之意见》,《中国国民党历次代表大会及中央全会资料》下册,第 812—813、815—816 页。

"加强各县国民兵之组训";"尽量利用国民月会之机会,以训练民众";"积极清除匪盗",等等。并规定,"县政业务与县政府机构由中央限期检讨调整"。①

（3）巡回督导团的实施

根据派遣巡回督导团的精神,各省政府先后派出一批批巡回督导团,企图扭转地方行政的颓风,但由于整个体制的弊端和吏治腐败,巡回督导团往往走过场,没有明显的成效。

应当说,这一举措一度发生了一些功效。如在厉行节约运动中,国民政府派出秘密检查员分赴各地检查公务员的行为表现,查处贪腐行径。还一度配合以法律监督和新闻舆论监督,整饬风纪、惩治贪污。一些地区通过新闻媒体,将贪污浪费的典型人和事披露出来,如在报纸上公布用公车办私事的车辆牌号。但是,由于没有形成制度,也缺乏切实可行的措施保证,这些法令、举措最终都形同具文,风头一过,不仅不见吏治的清廉,反弹之后而愈加贪腐。

（七）抗战时期反贪惩戒机构

抗战期间,由于战争影响导致管理体制颇有瑕疵,国民政府及所辖地方行政人员中贪腐现象严重,为此,国民政府加强对行政人员的惩戒工作。公务员惩戒机构分中央和地方两种。

（1）中央公务员惩戒委员会。设于司法院,掌理全国荐任职以上公务员及中央各官署委任职公务员的惩戒事宜。

（2）地方公务员惩戒委员会。分设于各省及行政院直辖市,掌理各该省市委任职公务员的惩戒工作。

据统计,自1937年1月至1942年10月由司法院公务员惩戒委员会议决惩戒案677件,除有刑事嫌疑移送法院或军事法院处理外,其余被惩戒人中,免职者314人,降级减俸者459人,记过者81人,申诫者25人,

---

① 《对于各地党政报告及党政工作检讨提示之意见》,《中国国民党历次代表大会及中央全会资料》下册,第816—817页。

不受惩戒或不受理者 98 人。

（3）政务官惩戒委员会。国民政府政务官惩戒委员会在战时作用还是较为明显的,如 1938 年 4 月 12 日国民政府训令国民政府政务官惩戒委员会公布《国民参政会组织条例》,1942 年 6 月 29 日公布的《妨害国家总动员惩罚暂行条例》,就是国民政府训令国民政府政务官惩戒委员会通行饬知。①

① 《国民政府公布妨害国家总动员惩罚暂行条例及施行日期训令》(1942 年 6 月 29 日),《中华民国史档案资料汇编》第五辑第二编,政治(一),第 183 页。

第 六 章

"崩溃"时期南京国民政府的贪腐与反贪

国民党在大陆的统治何以迅速崩溃？隅居台湾后，国民党朝野上下都在总结经验教训。1956 年 12 月，蒋介石发表《苏俄在中国》，对所谓"反共斗争成败得失"作出"检讨"。他认为失败原因主要在：反共意识的"动摇""反共组织和技术上的缺点""反共政策和战略上的错误"。尤其"反共政策和战略上的错误"，他总结出四条经验教训：一为 1932 年 12 月"对俄复交"，"中俄复交与中国（国民党政府）的国际环境——外交上的两面作战"是密切关联的；二为 1937 年"收编共军"，因"自信太过，卒致重大的挫败"；三为 1945 年"对东北问题处置"不当，不应将国民党精锐部队开往东北接收，而应将东北问题"提出联合国公断"，避免与苏联直接交涉；四为"对停战协定的方针"，即 1946 年 6 月发布东北第二次停战令把东北包括在停战范围之内，"这第二次停战令之结果，就是政府在东北最后失败之唯一关键"等。①

我们观察蒋介石等人对成败经验的总结、检讨，核心内容还是强调客观因素，而忽略主观因素、国民党统治内部因素。在中外政界和学界的研讨中，均将抗战胜利后蒋介石政府的急剧腐化及其导致的社会动荡，作为国民党政权迅速崩溃的重要内因。

---

① 蒋介石：《苏俄在中国——中国与俄共三十年经历纪要》。

第一节 抗战胜利后南京政府的贪腐征状和反贪运作

一、抗战胜利后南京政府的贪腐征状

1945—1949年,国民党政权的贪腐尤其高层贪腐状况迅速恶化,一个重要原因就是在"权力寻租"的同时,普遍以通过贪腐获取自己家庭富裕生活的资财来补偿抗战中的艰难困苦的心理,为"权力寻租"提供合理化的理由。高层权力腐败严重,下层贪腐同样肆无忌惮。

(一) 体制性腐败

蒋介石的检讨,多强调客观原因,无外乎为自己开脱责任。国民党在大陆失败的原因是多重的,腐败是其中一个重要原因;腐败也是多方面的,其中体制腐败是首要原因。蒋介石国民党政权没能跳出历代王朝兴亡的周期率,而一个王朝从治到乱的润滑剂,最主要的就是吏治腐败。无论在当时还是在稍后数年,也无论是蒋介石的盟友美国,还是国民党政权中的一些所谓"自由派"人士,都指出体制腐败是国民党在大陆的统治迅速灭亡的一个根本原因。

1949年8月,美国国务院发表了题为《美国与中国的关系》的外交白皮书,虽不无为美国自身开脱责任之嫌,但尖锐地指出国民党失败在于其腐败无能,还是比较中肯和符合实际的。尤其在"艾奇逊致杜鲁门总统的信"中写道:"中国国民政府失败的原因,在所附记录文件中,有相当详尽的叙述,这些失败都不是美援的不充分造成的。我们在中国的军事观察家曾报告说,国军在具有决定性的一九四八年内,没有一次战役的失败是由于缺乏武器或弹药,事实上,我们的观察家于战争初期在重庆所看到的腐败现象,已经觉察出国民党的抵抗力量受到致命的削弱。

国民党的领袖们对于他们所遭遇的危机,是无能为力。国民党的部队已丧失了斗志,国民党的政府已经失去了人民的支持。……历史一再证明,一个对自己失去了信心的政权,和一个丧失了士气的军队,是经不起战斗的考验的"①。

曾为国民政府大员的"自由派"吴国桢也有类似看法:"我把国民党在大陆的垮台归结为……国民党政府的糟糕领导和管理腐败,特别是漠视民众的改革要求";"风纪败落的整个过程真正开始了,它导致了对共产党缺乏抵抗的能力"。他还指出:"可能有种意见认为,他本人(指蒋介石)从不腐败,但在中国人中几乎公开认为,他对下属的腐败是乐意的,因为一个人如果变得腐败了,那么他就更加唯命是从了。"这就是一种权力腐败。

从最高统治者纵容腐败,可知整个机制出了问题,是统治集团体制性腐败。"由于他(蒋介石)的嗜权和欲望,以致他所建立的体制非常糟糕,只能拉拢一些愿意充当工具的人来到他的周围。"对于导致国民党政权腐败和权力失控的敌产接收,吴国桢说:"如果有比较好的领导,我们就可能在接收中做得好一些。……这是一个国家的失败……是体制的失败。"②

（二）滥用权力

最为严重的贪污腐化当然就是权力的滥用。

首先表现为蒋介石的"神化"和个人独裁权力的膨胀。现代社会,绝对权力本身就是一种腐败。蒋介石和他身边人员开始出现造神运动,是在"早于1945年的以前时期"③。由于"各种事件的发展证实了他的判断,在所有的逆境中,他都证明自己是正确的。于是不幸发生了,另一种

---

① 《艾奇逊致杜鲁门总统的信》,中国现代史资料编辑委员会根据美国国务院档案编《美国与中国的关系》上卷,1957年印行,第11页。

② [美]裴斐、韦慕庭访问整理:《从上海市长到"台湾省主席"——吴国桢口述回忆》,吴修垣译,上海人民出版社1999年版,第260、10、261、22—23、12页。(以下简称《吴国桢口述回忆》)

③ 《何濂回忆录》,中国文史出版社1988年版,第199页。

不太伟大的品质开始悄悄出现,他开始表现出并感觉到自己像个神了,并认为自己永远不会错。如果别的什么人持有不同观点,他会认为那无足轻重。当有人报告的情况与他自己的观察不符时,他从不认为那可能是真的。如果犯了错误,他认为那是下属的过失,而不是自己的"①。吴国桢回忆说:至迟在1938年3月29日至4月1日在武昌召开的中国国民党临时全国代表大会上,蒋介石当选为总裁。②"他不仅不必遵守中央执行委员会的决议,还可否决其决议,反其道而行之,所以他拥有一个独裁者的绝对权力","在关键时期,中国的领导权仅仅由一个人也就是蒋介石把持着,他唯一的弱点就是嗜权,他做的一切都是为了保全和扩大权力。因此,他一方面采取措施,压制人民要求改革的呼声,另一方面在自己周围只用那些愿意充当工具的人"。③

腐败的一个重要内容就是对权力的不正当、不合法使用。蒋介石从20世纪30年代开始确立和巩固在国民党内至高无上的地位,最后发展到他凌驾于国民党中央和国民政府之上,一切党政大员在蒋介石面前只能唯唯诺诺、受命办事。中国宪政运动者就忠告国民党:"独裁政治的结果,自然是专政者的腐化。政治日趋腐化,人民日趋叛离,这就是如今共产发展的机会。"④

吴国桢认为蒋介石自己并不腐败,但他在这一问题上的看法是模糊的、自相矛盾的。首先,蒋介石过度滥用权力,并纵容部下的腐败,这本身就是权力腐败的重要表现之一。在抗战胜利后的接收过程中出现的舞弊行为引起社会各界的强烈指责,迫使国民政府当局不能再装聋作哑,一周之内连续发布《布告不得擅自封占汉奸及日侨产业》《布告在京各机关人员不合法处置宣告无效》等通令,宣称上述严禁之违法行为,一经查获,

---

① 《吴国桢口述回忆》,第24页。
② 《改进党务并调整党政关系案》《对于审查改进党务及调整党政关系有关修改总章部分之决议案》,《中国国民党历次代表大会及中央全会资料》下册,第479、484页;《国民政府通饬全国党政军将称钧座为领袖者一律改称总裁令》,《中华民国史档案资料汇编》第五辑第二编,政治(一),第155页。
③ 《吴国桢口述回忆》,第14、260页。
④ 《新月》第3卷第10期,1930年12月。

即严惩不贷,企图抑制各级接收人员擅作主张甚至造成贪污舞弊等影响形象的恶劣举动。① 此后,蒋介石陆续收到有关接收工作过程中存在舞弊行为的报告,于 1945 年 9 月 25 日分别电"谕南京陆军总司令何应钦、北平行营参谋长王鸿韶严密管束中央派驻人员,以维令誉"②。但到 10 月 24 日,陈诚和张群在"官邸会报"中,仍不得不向蒋介石报告"中央军无纪律及接收人员花天酒地,以及贪污受贿等种种不法情形",可见接收中舞弊行径之严重,已到了无法回护的地步。据徐永昌记载:"蒋先生闻而怒甚,一面命令禁止,一面令京沪警备总司令汤恩伯来渝",令其彻查此类事件。③ 同时,蒋介石还电致京、沪、平、津四市军政长官称:"据确报,京、沪、平、津各地军政官员,穷奢极侈,狂嫖滥赌,并借党团军政机关名义,占住人民高楼大厦,设立办事处,招摇勒索,无所不为,而以沪、平为尤甚,不知就地文武主官,所为何事,究有闻见否? ……如各地文武主管再不及时纠正,实无以自容,当视为我革命军人之敌人,必杀无赦,希于电到之日,立刻分别饬属严禁嫖赌,所有各种办事处之类,大小机关名称,一律取消封闭,凡有占住民房招摇勒索情事,须由市政当局负责查明,一面取缔,一面直报本委员长,不得徇情隐匿,无论文武公教人员及士兵长警,一律不得犯禁,并责成各级官长连带负责,倘再有发现,而未经其主官检举者,其主官与所属同坐,决不宽贷,特此严令遵行。"等到 1945 年 12 月 30 日陆军总部又颁布《收复区隐匿日伪财产物资及军用品检举奖励规则》、行政院 1946 年 2 月 27 日颁发《收复区隐匿敌伪财产物资及军用品检举奖惩规则》,显示严厉惩治舞弊的决心时,接收中大规模舞弊行为的高潮此时已过,不过是事过境迁的表面文章,这实际上都是蒋介石对部下腐化的纵容。其次,据吴国桢认为,蒋介石本人也直接牵连到一桩高层腐败事件之中。吴国桢说:"就我所知,只有一件事有点牵扯到他,我不清楚他在要那笔钱

---

① 中国陆军总司令部编:《中国战区中国陆军总司令部处理日本投降文件汇编》下卷,1946 年印行,第 206—210 页。

② 《国民政府档案》,转见朱汇森主编《中华民国史事纪要》,1945 年 9 月 25 日,台北"国史馆"1988 年版。

③ 《徐永昌日记》第 8 册,1945 年 10 月 24 日,台湾近代史研究所 1991 年版,第 178 页。

时是否有什么确切的目的。"这是牵扯到孔祥熙夫人宋蔼龄的"有关股票市场买卖"的"一件大丑闻"。再次,吴国桢对蒋介石腐败的一个有趣的看法是对蒋"个人的廉洁是无可指责的",这一看法"对又不对。说对,是因为我从不知道他有过个人腐败之事。说不对,因为处于他的地位,没有任何必要这么做,他为什么要这样做呢? 他只要给银行写张条子说'给我 300 万美元',钱就来了"。蒋介石需要的是权力,他干事是为了权力,"但拥有的权力达到一定程度时,就可以得到自己想要的任何数量的财富"。①

权力腐败在第三次国内战争时期的另一个典型,就是蒋经国上海"打虎"。蒋经国上海"打虎"严格地说是一柄双刃剑,一方面,这是国民党打击投机、贪腐行为的一次大动作。但同时,蒋经国"打虎队"("三青团"、特务)中的一些人滥用权力,以公谋私,趁机敲诈勒索,这又是国民党权力腐败的典型事例。蒋经国在负责金圆券改革时,"那时的蒋经国已有了执行政府法令冷酷无情的名声,他的吹鼓手——三青团等——早已通过各种报纸、'蚊子报'及其他途径,对此大做文章",对违法金圆券通告的处罚是很严厉的,对命令的执行也是十分严厉的。但是,"三青团和特务,至少其中某些人,从这次改革中发了财"。②

(三) 军队的腐败

国民党军队的腐败,令人触目惊心。因为,军队的腐败不是个别人的个别事件,而是高级将领带头腐败,上行下效,整个军队体制性腐败。吴国桢说,军队的"整个领导都烂掉了","在这点上,我甚至也不能排除蒋介石本人,他比其他任何人都应更多地受到责备……只要一个人对他忠诚,有点腐败他也不在乎。在我认识的所有中国将军中,只有一位我很尊敬,那就是孙立人将军,其他的多多少少都有点像汤恩伯将军"。③ 军队贪腐行为主要表现为:

(1)克扣军饷等贪腐行为司空见惯。"特别是由于将领中的腐败。

---

① 《吴国桢口述回忆》,第 14、17—19 页。
② 《吴国桢口述回忆》,第 57—58 页。
③ 《吴国桢口述回忆》,第 260、53 页。

将军们经常要给部队发饷,但物价猛涨,他们又贪污,所以钱很少直接发给士兵,而是进了将军们的腰包。"上海市长吴国桢有亲身经历:"我经常到上海码头去,那时我们的部队都集中在东北,我看到一箱箱运往东北给部队发饷的中央银行钞票。但一两周后,当我再到码头时,同样的箱子又从东北运回来了,显然指挥官们并未给部队发饷。"①

(2)"吃空额"、冒领军饷。"纸上兵"是国民党军队腐败的表现之一,"有所谓的'纸上兵'。一个师本应有1万人,中央政府按这数字付饷给指挥官,但实际人数可能只有7000,甚至更少,于是他将多余的钱装进了腰包"。这一时期吃空额的一个典型例子,就是解放军渡江战役前夕的1949年4月,时任京沪杭警备总司令的汤恩伯本人所做"吃空额"之事。②

(3)高级将领带头经商和参与投机。由于允许军队经商,造成的腐败情状极为严重。为了有充足的资金从事投机,从高级将领到下级军官往往克扣军饷作为资金,"又用这些钱囤积商品投机赚钱",他们把"未给部队发饷"而贪污下来的钱"运回以购买商品进行囤积,此后将其在黑市抛出,获得巨利,只用所赚的一部分给部队发饷"。深受蒋介石信重的汤恩伯就是军队将领腐败的典型代表,当时的上海市市长吴国桢说:"此前,汤将军告诉我,他的部队缺少汽油,所以我已用从商家筹集的经费,为他买了必要数量的汽油。我的警察局长(俞叔平)向我报告说,汤将军的司令部正在黑市上抛售汽油,我告诉局长,我马上给汤将军写封公函,通知他这个情况。局长害怕了,他说:'市长,那不会起作用的。'我说:'为什么,我以我的名义写,你不必担心。'局长没再说话,我写了信,但汤将军外出视察去了,等了一周无任何回复。他一回到上海,就到办公室来找我,没提那信的事,只是说我的警察局长与他的办公室合作不力,建议我最好换人。我怒不可遏……"③吴国桢等人知道,由于国民党的腐败,他们已很快失掉了民心,"国民政府的威信从1946年起开始下降,如果我们能采取明确的改革措施,也可能将其挽回住,正由于我们没有采取措施,

---

① 《吴国桢口述回忆》,第49—50页。
② 《吴国桢口述回忆》,第50—52页。
③ 《吴国桢口述回忆》,第49—50、52页。

到 1948 年威信已急剧下降"①。

（四）"敌产接收"引发贪腐不可控

1945 年 8 月 17 日，作为盟军中国战区最高统帅的蒋介石，接获驻华日军最高指挥官冈村宁次遵令洽降复电后，迅即由国民党中央执行委员会议决各机关复员计划的同时，拟定"收复区紧急措施办法，由中央党部、行政院和军委会业务各不相同，可分别拟订"，"各单位派赴南京接收人员名单，由国民政府文官处、军事委员会、行政院及中央秘书处分函各单位开具接收人员名单，于本月十九日以前送秘书处汇呈总裁"。②

随后，行政院匆忙抛出《收复区各项紧急措施办法》，要点如下：（1）地方治安，迅速恢复地方行政、警察机构；（2）财政金融，分区设置财政金融特派员，恢复银行系统，处理敌伪金融机构，接收敌伪财产；（3）交通，接管敌伪陆海空交通线路，并照常运营；（4）邮电通信，接管敌伪邮电通信机构，并照常运营；（5）经济工矿，接收后迅速恢复业务，整理就绪后，或发还原主，或由政府经营；（6）军政，接收军用物资，处理后勤补给业务，担任俘房管理；（7）教育，接收教育文化机关，各级学校照常上课；（8）农林，接收农林渔牧机构；（9）社会，安定沪、京、津、汉、穗五大都市工人，进行社会救济；（10）粮食，供应收复地区军公民食；（11）司法行政，恢复收复区司法行政机关；（12）蒙藏，派员前往宣示中央德意，施放急赈；（13）水利，接管水利机构；（14）卫生，接收卫生医疗机构；（15）善后救济，接运国外物资，设立输送难民机构；（16）广播，接收广播事业。③ 复员还都工作因交通的制约和指挥管理的混乱而困难重重，不过，战后国民政府的战略方针是以接收为重点。1945 年 8 月 29 日，国民政府公布《收复区敌国资产处理办法》：（1）"凡敌国在中国之公私事业资产及一切权益一

① 《吴国桢口述回忆》，第 49 页。
② 《国民政府档案》，见《复员计划纲要卷》内，转引自朱汇森主编《中华民国史事纪要》，1945 年 8 月 17 日。
③ 《收复区各项紧急措施办法》，1945 年 9 月，《中华民国重要史料初编》第 7 编第 1 册，中国国民党中央委员会党史委员会 1981 年版，第 382—402 页。

律接收";(2)"敌人在收复区内不得迁出或破坏任何设备,如有违反应负完全赔偿之责";(3)"凡与敌人合办之事业,不论公营或私营,一律由中国政府派员接收";(4)"收复区各事业遇有必要,中国得责令敌国指派经管或熟悉人员,负责点交说明"。①

国民党政府威信在战后急剧下降,一个重要的原因就是"因为在接收所谓的敌产中出现了腐败"。国民党各级官僚在经历了抗战的艰苦生活之后,骤一到达收复区,尤如闸门开口,在没有约束的情况下,各谋私利,徇私舞弊,滥用权力,给收复区人民留下极坏的印象,时称"五子登科"。根据参加接收清查团的监察委员何汉文总结,接收中的贪赃枉法可分四种情况:一是抢,即接收之初的公开抢占敌伪房产和金银珠宝等财产,仅上海一地的8500多幢敌伪房产中,就被抢占了5000多幢;二是占,即以单位名义占有,再化公为私,南京2000多幢敌伪房屋,几乎全由各单位以各种名义占据,其后发展为只要是敌伪财产,贴上封条就可据为已有;三是偷,或是监守自盗,如汉口宝安大楼原存有价值不菲的贵重物品,最后查封时所余无几,或是乘混乱之机援引外人直接盗窃,不仅盗走了物资,还对财产本身造成了极大破坏;四是漏,即日本人为了讨接收人员欢心,故意在移交清册中漏列若干财产,使之堂而皇之地落入接收人员私囊(如武汉日本第六方面军在移交时留下了百亿元的无清册物资),移交物资再经层层转手,另造清册,又有不少被截留。②

腐败之所以严重到足以置一个政权于死地的地步,大致原因如下:其一,负责接收的公务人员因缺乏必要的监督,甚至是受到纵容,其行为形同抢劫。在上海,当地人给予接收人员一个贬称——"重庆人",以示强烈不满,并说他们"只对'五子'感兴趣,即条子(金条)、房子、女子、车子(汽车)和馆子(高级饭馆)"③。这些接收人员对自己的强盗行径还振振

---

① 《收复区敌国资产处理办法》(1945年8月29日),《中国现代史资料选辑》第6册,第395—396页。

② 何汉文:《大劫收见闻》,《文史资料选辑》第55辑,第22—30页。

③ "五子登科"的另两种说法:房子、条子(金条)、票子、车子、婊子;房子、车子、金子、衣服料子和女子。

有词,"通常的借口是,作为公务人员,八年战争中在内地遭受了这么多的艰难困苦,胜利之后有权为所欲为"。其二,由于事先并未对接收作周密的安排,没有制订一个确保良好和有效管理的计划,以致出现了狂乱的抢夺。在接收的同时,国民政府各机关、经济事业单位、教育和文化机构以及战时迁往后方的机关团体也根据《复员计划纲要草案》,在没有周密计划准备的情况下开始了复员回原地的工作,也要求回到原办公地,更加剧了接收工作的混乱程度。当时,政府所有的各种机构均授权接收敌产。如在上海,"市长理应接管全市,但陆军将接管日本陆军控制的财产,海军可接管日本海军的财产。使情况更加复杂的是,中央政府的代理机构,又去抢先接收汪精卫傀儡政权在沪拥有或控制的财产"。其三,趁机抢掠中国民众的财产。被接收的并不仅仅是敌产,也针对普通中国人的财产。在上海,"海军查封了上海的一个仓库,并宣布其中所有的货物均属敌产,尽管那里面可能有很多商品是属于中国人私有的。在这些人得以申请发还他们的财产前,海军已经将其启封,并在黑市上抛售取利了,根本不管这些财产是敌产还是私产"。其四,没有集中、有效的监督。"政府所有的各种机构均授权接收敌产,但却没有作集中监督",而对于接收中的严重腐败,这一时期"担任市长职务或者任何其他政府部门的人士,进行过抗议或试图制止这种行为"的"一个也没有",普通民众如要抗议,"就可能被称为是日本人的勾结者"。①

这些接收大员们,"是中央政府任命的""有政治影响的人",他们又"只是些投机牟利者",正是他们在接收敌产中"几乎各地都有"的恶劣行径,使国民党政府很快丧失民心。②

（五）权力后盾下的"投机牟利"

那些"中央政府任命的"接收大员们,"只是些投机牟利者",正是他们依靠手中的权力而大肆进行的投机牟利活动"到处都有,遍布于从日

---

① 《吴国桢口述回忆》,第2—4页。
② 《吴国桢口述回忆》,第30、3页。

本人接收过来的整个地区",大多数是将以化公为私手段攫取的财产来进行投机牟利。"在一个仓库里,可能有日本人的财产,有通敌者的财产,也可能有清白无辜者的货物,但是当局会宣称这一切均属敌产,而且可能随后就在黑市上将其处理掉。变卖的收入属于……他们个人",这样的投机者并"不是一小群人,我想几乎每个人(从接收大员到小人物)都这样干",如小人物接收房子以前"当然得先向头头们申请,但通常有求必得",然后,由"长官们接收大房子,小人物则得小的"①。

除上述大规模非法贪腐外,还有一类通过标卖方式进行的"合法贪污",即接收产业经层层截留,仍有大量敌伪产业移交给了敌伪产业处理局,对这些产业,政府以平卖、委托代售、标卖、拍卖、价让等方式出售,企图以此回笼通货,平抑物价。各敌伪产业处理局下设有评价委员会,负责敌伪产业标售时的估价、投标人的资格审查等工作。虽然政府有明文规定"变卖接收后之敌伪产业(包括逆产)所得价款应悉数解缴国库不得移作别用"②,但是,由于标售和处理物资可以低于市价的价格进行,并可指定商家,因此,接收官员可以有"合法"的机会,从中收受贿赂,贪污实物。如上海标售日人房屋2000多幢,基本上由接收时的占用者获得,所付款只有标价的一半。据估计,全国标售敌伪物资总价在法币5万亿元左右,如以损失一半计算,则有2.5万亿元落入私人手中。③

在接收过程中,以法币与伪币兑换率的规定是一项丧失民心、使贪官污吏中饱私囊的政策。1945年9月9日,陆军总部发布命令要求"不得再用伪钞,京沪区各银行,自民国三十四年九月十二日起,凡一切往来交易,应一律使用法币"④。9月27日,财政部公布《伪中央储备银行钞票收换办法》,将法币与伪中储券的兑换率定为1∶200;11月22日公布《伪中国联合准备银行钞票收换办法》,将法币与伪联银券的兑换率定为1∶

① 《吴国桢口述回忆》,第4、8页。
② 《行政院节三字第3070号训令》(1946年1月31日),河北平津区敌伪产业处理局秘书处编:《河北平津区敌伪产业处理局章则汇编》第一辑,1946年印行,第30页。
③ 何汉文:《大劫收见闻》,《文史资料选辑》第55辑,第28页。
④ 《布告处理伪钞办法》,1945年9月9日,中国陆军总司令部编《中国战区中国陆军总司令部处理日本投降文件汇编》下卷,第206页。

5。以当时的物价指数计算,上海物价为重庆的约 50 倍,为整个法币使用区的约 35 倍,当时黑市兑换价为 1∶80,因此法币与伪币的兑换率最高也不能超过 1∶100。据统计,伪中储券回收总数为 41677 亿元,伪联银券回收总数为 1167 亿元,如按上述兑换率,只要 400 余亿元法币即可全部收回,故上述兑换比例对收复区人民无异于一场灾难。① 政府的公开说辞声称这是以少量法币换回伪币,以免刺激通货膨胀,而真实情况则恰恰是这一办法使后方法币大量流入收复区,刺激了收复区物价上涨,大量资金东流也打击了后方工业,而接收官员凭本已不值钱的法币在收复区大发横财,时人形象地描述为:"陪都来沪接收人员,均有腰缠十万贯,骑鹤上扬州之感。"②

以法币兑换率的规定来获得奢财,属于体制性腐败,几近于国家掠夺,是用"公开""合法"的方式,剥夺收复区的财富。这一"私心自用"的政策,充分暴露了整个政府的腐败,引起收复区人民的强烈不满,最终导致的灾难性结果,以至国民党官员也不得不承认"政府在收复地区的失尽人心,莫此为甚"③。

(六)公务人员以贪腐维持生活水平

1948 年以后,随着所谓的币制改革,国统区经济接近崩溃,物价飞涨,导致人民生活水平日渐下降。公务人员实际工资收入下降,生活水平也随之急剧下降,为了维持生活水平,导致严重舞弊。以海关为例,1948年 8 月,国民政府海关官员实际工资收入比应得工资收入减少了约 30%。④ 根据有关资料,以币制改革、实行金圆券以后的薪金水平与战前的薪金水平相比,在海关工作的国家公务员,"战前收入都在 200 元至 300 元之间,那么现在的待遇可说只及得上战前的 25%",这使得公务人

---

① 财政部财政年鉴编纂处编:《财政年鉴》第 3 编(下),第 10 篇,1948 年印本,第 5 页。

② 汤心仪:《上海之战时经济》,转引自杨培新《旧中国的通货膨胀》,生活·读书·新知三联书店 1963 年版,第 58 页。

③ 李宗仁:《李宗仁回忆录》下册,政协广西壮族自治区委员会文史资料研究委员会 1980年版,第 852 页。

④ 陈诗启:《中国近代海关史》(民国部分),人民出版社 1999 年版,第 474 页。

员"连清苦的生活都难以维持了"。①

海关官员等国民政府公务人员实际收入、生活水平的下降,导致公务人员利用职权贪污舞弊现象日益增加,通过贪贿获得额外财富以维持生活水平。海关官员贪赃枉法行为的日益增加,就是这样形成的。据有关资料记载,"经过了八年抗战,职员的待遇,今非昔比,因而整个关员的效能与操守日趋下游"。具体的贪污舞弊案例,如有"江海关的救火队总队长竟因诈取财物及侵吞公款而被开除;港口警察长也因侵吞公款而撤职法办;粤海关总监察长因有舞弊嫌疑而撤职;前昆明关的副税务司和前台北关的副税务司均因利用职权,私自经商被撤职;潮海关因某种原因,自税务司起所有重要职员全部调口",等等。②

(七) 各种"陋规"

抗战期间,人民深受战争之苦,当然不愿再起战端。此时政府应与民休息,但国民党决意内战,征兵反而更为严厉地进行,加之政治基层组织不健全,就发生了许多弊病,贪污勒索之举不绝于缕。

征兵中,大家认为好一点的乡镇长,就将无业游民地痞流氓充作壮丁,或摊集"壮丁金"(一种摊派),购置壮丁,冒名顶替,编送入伍。于是"兵贩子"活跃乡里,洽售伪壮丁。如此莠民,编入军队,不是使军队素质一落千丈吗?坏一点的乡长,就借此征兵法令,敲诈勒索,大发其财,永不依照法令抽签、征丁,老是派了自卫团,深夜捕人,大肆勒索,弄得昏天黑地。更以"戡乱"战事剧烈,征得壮丁,不依征兵法令,加以训练,即送前线担任运输通信挖壕等工作。于是各地的壮丁,刚刚在编造名册,各地农村壮丁均已潜逃避役,影响农耕,莫此为甚。穷苦点的,夜宿庈水棚中,或小船里面,以防深夜捉人,有钱的当然出外逃避。

比上述种种陋规更可怕的是官员熟视无睹,认为理所应当。马寅初就说:"辛亥革命,余适留学美国,在宴会席上,遇甫经中国司法部派来美

---

① 《币制改革前后的待遇》,《关声》1948年4月30日。
② 《从改善待遇与肃清贪污说起》,《关声》复刊号第一期,1947年1月4日。

国考察司法的一位法官。余问以种种陋规,已被革除否? 渠答以革命既成,还有陋规吗? 语气中含有轻视留学生不懂国情之意。不料距辛亥三十七年之今日,陋规不仅未除,反而变本加厉,贻害社会,真不知伊于胡底。"①

(八) 既得利益集团使监督机制软弱

蒋介石的注意力几乎都在与共产党争夺地盘上了,对敌产接收中出现的严重腐败问题放任自流。而监督机制也非常微弱,在接收敌产最主要时期身任国民党中央宣传部长的吴国桢自己就承认,"我是中央宣传部长,应当是真正知情的,但我只是模模糊糊地听说上海发生的事",而且只能是通过小道消息、民众的抗议和不满来获知。由于蒋介石的独裁,以致在抗战期间,建立了一种体制:他周围都是些虽高高在上却唯唯诺诺之人,是不敢对蒋介石直言陈事的,"没有一个人,敢于对独裁者直言这些事,除非他们有确凿的证据,即使有,也会犹豫不决,因为害怕可能因此树敌。蒋(介石)是吃了自己独裁的苦头"。②

监督机制无效的原因还在于那些身居高位、接近蒋介石的人,如孔祥熙、宋子文等是不会将接收中的抢夺和投机情况报告蒋介石的,因为"正是这些人的走卒们在投机牟利,他们自然不会谈及此事。我必须重申,这正是由于我们政府的整个体制不好"。而且,某些高高在上、唯唯诺诺的人自己或通过其伙伴也在从中渔利,"确有一个既得利益集团在任其发展"。③

本来,一个以大无畏的英雄气概坚持抗击日本侵略的民族,"我们的人民有一种了不起的气概,即使在最困难的生活条件下也是如此。所以我认为就人民本身而言,总体上是没问题的"。不过,人之常情在于"除了少数人以外,对整体公务人员来说,他们经受了艰难困苦。按照人的天性,当取得胜利时,他们中有一种自然的倾向,要利用这种形势尽情放纵

---

① 马寅初:《财政学与中国财政——理论与现实》,第 682—684 页。
② 《吴国桢口述回忆》,第 5、6—7 页。
③ 《吴国桢口述回忆》,第 9、10 页。

自己"。面对这种情况,一个廉洁和民主的政府要做的就是"在这个时候,我们需要有一种强大的监督体制来抑制这种倾向"。那些属于"自由派"人士的国民党高层在总结经验教训时说:"如果我们能重度那段时光,该做的第一件事是更多地筹划那次接收,在重庆时就应当做得更有条理。第二件是挑选合适的人到关键职位上。第三件是建立一个比较强的监督委员会。如果我们做了这三件事,进展就会好得多。"①

普遍的接收舞弊,不仅腐蚀了国民党干部队伍,也失尽了人心。对于这些严重问题,舆论监督效果微弱,表现在它们只能无助地哀求。《时事新报》在题为《市政所感》的社评中说:"老百姓的希望,说起来实在是极其简单而起码的。他们恨日本人,恨汉奸,他们希望中央来了之后能够把日寇汉奸所作所为的坏事一律革掉,而切切实实地替老百姓做一点好事。"社评尖锐地问道:"政府究竟替老百姓做了些什么?"②《大公报》则在短短半个月中两次发表社评——《收复失土不要失去人心》《莫失尽人心》,呼吁:"我们现在不但去收复失土,而且去抚慰受创的人心。收复失土,千万不要失去人心";"二十几天时间,几乎把京沪一带的人心丢光了。有早已伏在那里的,也有由后方去的,只要人人有来头,就人人捷足先抢"。③

为了缓和舆论对接收中大规模贪污舞弊情况的批评,1946年6月,国民政府责成监察院牵头,国民党中央监察委员会和国民参政会参加,组织接收清查团,赴苏浙皖、湘鄂赣、粤桂、冀察热绥、鲁豫、闽台、东北等地清查"敌产接收"的情况。然而,清查团展开清查已是"敌产接收"开始一年后,一年的时间,可以使接收人员中的贪污者有充分的时间在原始表册上做手脚。例如,湘鄂赣区清查团在武汉清查时,"有的声称原始清册已经上交到南京去了,有的干脆什么清册也没有,最好的也只有接收机关自己造具的接收清册。三百多个单位的接收,全部都成了一笔无底账可查的糊涂账。而原来投降时移交的日本人都已经离开原单位不知去向,无

---

① 《吴国桢口述回忆》,第11页。
② 《时事新报》(上海)1945年12月15日。
③ 《大公报》(重庆)1945年9月14、27日。

法对质。整个的接收账目,如果按照会计审查手续核其有无原始凭证,都是显然有重大贪污嫌疑,可以一起送法院治罪"①。在清查过程中,各地方的接收人员千方百计寻找借口逃避清查,东北借口战事紧张,台湾借口光复不久,上海借口国际观瞻,两广借口地方情形复杂,诸如此类,清查工作困难重重,清查团人手不足,时间紧,任务重,故清查结果与民众和社会舆论的期待相距甚远。当然在客观现实面前,各清查团都不得不承认"敌产接收"过程中存在着严重的贪污舞弊行为。

虽然赴各地的清查团出巡时大造声势,但真正因涉嫌贪污被处理的官员却不过寥寥数例。根据公开报道,被处死刑的官员只有军统局少将秘书叶燕荪、海军驻津专员刘乃沂、沈阳市工务局局长李荣伦、江海关帮办尹兰荪、原军统华北区区长马汉三等少数人。此外,行政院善后救济总署副署长李卓敏因贪污案被停职,因贪污失职被撤职在逃的原邮政储金汇业局局长徐继庄在香港被逮捕。另外,天津市市长张廷谔因贪污黄金等被清查时发生脑血管痉挛,几乎丧命,被免职。②

二、"软骨"的南京国民政府反贪运作

抗战结束后,国民政府复员回到南京。同过去一样,蒋介石政府对贪腐行为虽有制约,但一旦牵涉到统治集团的高层,涉及家族利益,为了不牵一发而动全身,最终结果往往是不了了之。蒋经国上海"打虎"中的诸种事件皆是力证。这也是蒋介石政权最终丧失民心,在中国共产党政治和军事压力下迅疾土崩瓦解的根本原因。

对于"宪政"时期南京国民政府"软骨"的反贪运作,当时人就有"大贪官尽漏网"之说:"刑法规定虽如此严密,未必一定照此执行;即执行矣,而被捉住者,都是苍蝇,所有老虎,悉数漏网。胜利后,贪污事件更多,真多如牛毛,但三年之中,处死刑者,只有一人。这一人还轮得到权高位

---

① 何汉文:《大劫收见闻》,《文史资料选辑》第55辑,第13页。
② 《从接收天津到垮台》,天津市政协文史资料委员会编《天津历史的转折——原国民党军政人员的回忆》,1988年,第10页。

隆者的身上么？目前的法律,我不敢说保障不了人民,却确确实实地做了贪污大吏们的护身符。法律既失效用,贪官气焰,更一发不可收拾。清查'豪门资本'的呼声,于是应运而生,甚嚣尘上。'征收建国特捐,救济特捐'的口号,不算不响,但事实上呼者自呼,听者还不是当作耳边风。"①这较为全面地概括了"宪政"时期南京国民政府反贪的概貌,一些典型案例则直观、形象地展现了"宪政"时期南京国民政府反贪现状。

（一）监察院与宋子文黄金政策舞弊案

（1）宋子文操纵黄金政策舞弊案

1947 年 2 月,由于国民党政权政治、经济、军事全线告急,行政院长宋子文此前近一年时间经济政策又严重失当,最遭非议的是开放黄金外汇市场政策,造成大量黄金外汇储备在政策实行过程中,由于宋子文为首的各级官吏的舞弊等,逐渐由国家控制转变为"民有"并存储到国外,促成轰动全国的上海"黄金风潮案",导致经济危机大爆发,对国统区经济状况的稳定,对国民党的统治产生了巨大冲击。

1947 年 2 月,蒋介石承认"我们正在为过去几个月的错误政策,比如出售黄金,付出代价,我们不得不承受其结果",要求宋子文立即停止出售黄金,并实施数项挽救方案。② 2 月 13 日,监察院召开专门会议,决定派何汉文、谷凤祥、万灿、张庆桢 4 名监察委员前往上海彻查。经调查取证,3 月,这 4 名监察委员对行政院长宋子文提起弹劾案,弹劾宋子文自"接任行政院长以来,其误国失职多端,尤以此次黄金风潮,使社会骚动,影响国计民生至深至巨"。就黄金风潮一案,该弹劾案提出宋子文"误国失职"情事五端:"一是财政金融政策失当。宋子文一手独揽中央银行库存黄金五百余万两、外汇美金六亿余元。他为投资取利,将黄金储备的40%和接收日伪银行的存款,用于囤集物资和高利贷,使物价猛涨,通货膨胀。二是摧残生产事业,使国民经济濒于破产。从国外吸收大量的高

---

① 马寅初:《财政学与中国财政——理论与现实》,第 688—689 页。
② 《美国对外关系文件》1947 年第 7 卷,华盛顿美国政府出版署编辑印行,第 1063—1064 页。

利贷款,而这些贷款又为少数官僚资本家所占,民族工业由于无资金周转而纷纷倒闭。三是运用黄金政策失败,贻误国家财政。四是浪费外汇,促成金潮。五是独断专行,贻误全盘行政"。可见,在宋子文的直接操纵和授意下,使本已衰竭的国民经济再遭重创,把国统区经济推到了总崩溃的边缘。但是,屈从于蒋介石的压力,监察院在当月交付李世军等3名监察委员负责对该案的审查意见中,仅认定宋子文以上行为"均属政策运用问题,尚未举出有何犯罪情事",并以"宋子文于金钞风潮发生后,既经自请去职,应毋庸再付惩戒"。① 行政干预监察,也是造成监察院难以惩办高官大吏的一大因素。行政机关出于自身利益,时常纵容和庇护其违法失职的公务员。又因行政院的实际地位和权力,较监察院为高,那么行政与监察两部门的矛盾,到最高统治者蒋介石那里裁决,往往以行政院取胜而告终。

黄金风潮案发生后,1947年3月15—24日在南京召开的国民党六届三中全会上,多达100名的中委、监委临时动议,并在3月23日通过《请惩治"金钞风潮"负责大员及彻查"官办商行"账目,没收贪官污吏之财产,以肃官方而平民愤案》,指责宋子文作为抛售黄金政策的"负责主持之人,不但运用失宜,抑且有勾串商人操纵图利之嫌",主张"依法提付惩戒",并肃以党纪。但是,蒋介石为了统治需要,极力替宋子文辩护,甚至回护说"宋子文在行政院长任内,并不贪污,如谓余见贪污而不知,则由余负责",把这一事件压制下去了。②

（2）黄金风潮案调查人员郑介民的贪腐行径

黄金风潮案中,蒋介石还特派特务头子郑介民去参加调查工作。这一案件的经过,郑介民早已得到上海的报告,主要是宋子文的亲信、时任中央银行总裁的贝祖贻勾结上海金业分会理事长詹连生等人长期

---

① 《监察院对宋子文黄金舞弊案的弹劾书及审查报告》,中国人民银行总行参事室编《中华民国货币史资料》第2辑,上海人民出版社1991年版,第741—743页。

② 《中国国民党历次代表大会及中央全会资料》下册,第1156页;中国国民党中央执行委员会秘书处编:《中国国民党第六届中央执行委员会第三次全体会议记录》,1947年编印,第49页;《中华民国史史料长编》第70册,第63—64页。

舞弊贪污而引起的,一定会牵涉到宋子文。① 郑介民不愿得罪宋家,不想去,但上海和南京的报纸已刊出蒋介石派他参与调查的消息,他不得不去。当军统上海站把全部情况向他仔细报告之后,他又去见过杜月笙,便立刻回南京向蒋介石面报本案内幕,并建议不宜扩大,及早结案,以免过多牵涉。蒋介石同意他的意见后,他再度去上海,当面向军统在上海的几个大特务王新衡、刘方雄、陶一珊等说明蒋对本案大事化小、小事化无的态度。这案牵涉的人很多,调查到的就有 40 多人,其中一个重要当事人信大纱号老板孙子信竟在特务包庇下逃往香港,结果只将贝祖贻免去中央银行总裁职务,将中行业务局长林风苞、副局长杨安仁和詹连生 3 人交上海地方法院判处徒刑。这件轰动一时的贪污舞弊大案就此了结。② 郑介民在参与处理黄金风潮案中,暗中捞得"不少的好处"。

郑介民实在是贪污、索贿、受贿的老手,手段是很"高明"的,但他一向装"清廉",部下谁也不敢直接向他行贿送礼。实际上,他自己不经手,由他的老婆柯淑芬出面。他装出一副怕老婆怕到极点的样子,想使人相信他是没法奈何她,万一事情发作,他又可假装完全不知而不负责任。所以别人当面说他怕老婆,他总是笑容满面地承认,有时还故作解嘲地说:"怕老婆有好处,可以省麻烦。"他虽然在这个问题上大耍手段,但明眼人还是很清楚:他每天回家,看到家里的东西一天天多起来,房子新造起来,他会不明白这是从哪里来的?

抗日战争期间,柯淑芬经常托二厅派到国外去的一些武官、副武官代买东西,买来了照例是不给钱的,实际上就是变相叫人送礼。当时中国政府驻印度加尔各答领事陈质平(军统特务),是专门替戴笠采购日常奢侈品的,郑介民也经常要陈为他采购各式物品,买回后照例由军统局付款,他把自己喜欢的留下,其余的则让夫人柯淑芬送到重庆临江路川盐一里附近一所拍卖行去寄售,这个拍卖行存列的外国货很多是她

---

① 吴景平:《宋子文政治生涯编年》,福建人民出版社 1998 年版,第 521 页。

② 沈美娟主编:《沈醉回忆作品全集》第 1 卷,九州出版社 1998 年版,第 598—599 页。

送去的。

那些被柯淑芬敲竹杠的部下,总希望让郑介民知道自己送了礼,常有人亲自带着东西到他家里去。郑每见人挟着礼物去看他,总是借故避开,完全由柯淑芬出面收礼。戴笠死后,他没有什么顾虑了,便大搞贪贿,许多事也不再假装正经,亲自动手。据沈醉回忆,1946年5月,军统督察室主任廖华平和沈醉以军统财产清查委员会正副主任身份到北平清查北平办事处长马汉三所接收的敌伪物资,马交出一大堆清册。廖向他索取原始清单核对,马初说正在整理,隔一天又说遗失了。廖坚持非要不可,两人争吵起来。马汉三最后有恃无恐地说:"我已送给郑先生,你向他去要。"廖华平和沈醉当晚去见郑介民,郑介民说:"我见过这些东西,基本上没有出入,交多少你们就收多少吧。"这笔几十万银元的糊涂账就这样马虎了事。

同年秋,军统决定把在重庆的2000辆十轮大卡车运一部分去南京,准备与江南汽车公司合伙做运输生意,由沈醉去上海接洽购办汽油5000大桶。据沈醉回忆,"有一天,上海陆根记营造厂老板陆根泉来找我,请求在购运汽油去重庆时,他要加购1000大桶,随同运往重庆。我说购油公文和向招商局接洽船只的公文都已写明了数量,无法更改,拒绝了他的请求"。

当时西南各地汽油奇缺,由上海运去很不容易。轮船招商局怕运汽油出事,许多机关请拨船运油都被拒绝。军统在该局有一个特务组织——警卫稽查组,了解该局许多黑幕,所以交涉船只方便。在上海购一大桶美国汽油,只按官价付50加仑的钱,实际上装53加仑,按官价运输一共不到黄金1两。而运到重庆、成都等地,一大桶汽油可卖黄金2两多,是对本对利的好生意,但没有特权却赚不到这笔钱。隔了两天,柯淑芬邀请沈醉到家里去吃晚饭,陆根泉也在座。刚入座,郑介民由北平打来长途电话,柯淑芬便叫沈醉去听电话,"郑介民在电话中说,陆根泉需要由重庆运东西去上海,要我帮助陆购汽油1000大桶,随军统所购的一同运往重庆。我当然答应照办。第二天,我向毛人凤说明情况,把公文上的购油数字改为6500大桶。我利用这机会为自己加了500大桶,并叫陆承认这是他要增加的"。汽油在重庆售完以后,陆和沈醉在结账时说:"我这次是完全代人尽义务的。"郑介民一个长途电话和柯淑芬一顿便饭,便捞到1000多两黄金。[①]

1947年,郑介民不顾别人议论,将军统在上海杨树浦接收的一座规格相当大的锯木厂连同地皮以极低廉的价格批准由陆根泉购买。这座厂占地有好几十亩,还有自己的起卸木材的码头和仓库。他们之间的交换条件,是陆代郑在南京北平路修建一座三层楼的花园洋房。

郑介民50岁生日,柯淑芬大收寿礼;平时托人做生意、说情、受贿等事,则实在多不胜数。他们夫妇每到上海一次,上海的特务头子们都得有"孝敬",郑介民在上海家里收受的资财连他老婆柯淑芬也记不清楚。1947年春,几个不怕事的小偷趁他们不在上海时"光顾"了这个大特务头子的家,柯淑芬闻讯赶回上海,在稽查处、警察局大吵大闹,非叫破案不可,可当问她究竟丢了什么东西时,她自己也开不出清单,只说很多很多。一时闹得满城风雨。上海几家小报都用花边新闻刊出"郑介民将军在沪寓所失窃"的消息。郑介民怕惹出麻烦,叫把所抓的嫌疑犯放了,并在报上更正说只是丢掉几个汽车轮胎,案子已经破了。实际上,被偷的东西一直没有追回,行窃的小偷始终没有抓到一个。[②]

(二) 蒋经国上海"经济管制"与"打虎"反贪

南京国民政府反贪腐的决心起初还是很大的,其运作有一个由强硬到"软骨"的过程。

抗战复员接收中普遍的贪腐行为,全面内战的迅速爆发,使国民经济根本没有恢复的机会,人民根本没有"休养生息"的机会。战争造成巨额财政赤字,投机者借机操纵图利,通货膨胀、物价飞腾呈大火燎原之势。1945年9月—1946年2月的上海,当时全国的经济中心,零售物价涨了5倍,一年后(1947年)又涨了30倍。政府采行包括把工资盯住生活费用

---

① 沈美娟主编:《沈醉回忆作品全集》第1卷,第599—601页。
② 沈美娟主编:《沈醉回忆作品全集》第1卷,第598—601页。

运动、冻结物价与工资,工业物资及消费物品实施配给等各种措施,均不能奏效。一包米在 1948 年 6 月售价为法币 670 万元,8 月已涨到法币6300 万元。

1948 年 8 月 18 日,国民政府明令老百姓交出所有的金银和旧钞"法币",换取新钞"金圆券",兑换率是 1∶3000000,即 300 万元法币换1 元金圆券。同时,政府禁止工资与物价上涨,也不准罢工及示威游行。当时民心还是普遍希望政府这次言出必行,严格执行法令规定。国民政府确定上海、广州和天津三大经济管制区,上海管制区还包括南京市及江苏、浙江、安徽三省,可说是这次经济管制成败的关键。8 月21 日,蒋介石任命俞鸿钧为上海经济管制督导员,掌警察大权,不过,真正担纲任事的是他的副手蒋经国。8 月 20 日,蒋经国提前一天抵达上海,并立即投入工作,上海的英文报纸称他为"在上海打经济战的主帅"①。蒋介石在日记中写道:"虽然我晓得这个职位可能使经国遭到忌恨,甚至断送前程,但是我必须派他去。经国是可以承担此一任务的唯一人选。"②蒋经国将嫡系"戡乱建国"第六大队调到上海,并将上海市复员青年军注入,扩大编制员额,进驻上海市警察局、上海警备司令部、铁路警察局等各治安机关,也派出其他大队分驻辖下三个省,必要时即对可疑设施突击检查。蒋经国在上海等地张贴公告,凡检举违反经济管制者,经查属实,可以得到没收的黄金、白银、外币或囤积物资价值的三成,作为奖金;对奸商速审速决,罚款,坐牢,不予宽贷。蒋经国的"戡建"大队喊出"我们只打老虎,不拍苍蝇"的口号,从而赢得"打虎队"的美誉。

当时在上海有几只大"老虎",一个是孔祥熙之子孔令侃在上海经营一家从事进出口贸易的"扬子公司",商界诨号为"南京老虎";二是上海青帮首脑杜月笙,在中国银行、交通银行和上海证券交易所也位居要职,被称为"经济老虎";三是杜月笙的外甥万墨林,垄断上海米粮生意,绰号

---

① 上海《华北日报》1948 年 9 月 1 日,参见[美]陶涵《蒋经国传》,第 170 页。
② [美]陶涵:《蒋经国传》,第 169 页。

"米粮老虎"。

蒋经国抵达上海时,杜月笙请他吃饭,被蒋经国婉拒。而且,蒋经国的检查小组一开始就以非法囤积稻米、不当侵占政府米谷贷款的罪名,逮捕了万墨林。9月3日,蒋经国又以"投机炒作,囤积居奇,非法在股市交易"的罪名,逮捕了杜月笙的儿子杜维屏。同一天还逮捕宋子文永安公司经理、棉布商公会、纸商公会、食用油商公会以及米商公会会长等多人。除杜维屏等少数人外,这些商人都准予交保开释。随后,蒋经国又将另外的许多商界闻人请进牢房。蒋经国命令各业公会会长转令会员厂商,"以8月19日的市价,将货品上市供销",并惩处不遵令者,如永安公司就被控在实施物价管制后,把生产的布匹囤积在仓库,被罚没。9月7日,上海银行公会同意,市内全体商业银行把持有的外币和金块交给中央政府。

蒋经国对官吏贪污施以严厉刑罚。财政部秘书陶启明和上海警备司令部军官张亚尼和戚再玉,由于参与投机和贪污,被特种刑庭判处死刑;蒋经国在掌握情报后,不顾一些高官的阻拦,赶往南京坚持逮捕财政部钱币司司长戴铭礼,戴铭礼供出许多高级官员和金融界人士非法由上海的银行私运外币、黄金到香港。

蒋经国一系列强硬的举措,有3000多名套利者被捕,经济改革实施1个月,物价明显稳定,此期间零售物价指数只上升了6%。上海舆论和外侨的评价都很高。9月11日出版的英文《华北日报》认为,"过去三个星期的经验,让老百姓觉得现况有了更张,产生相当大的希望"。而蒋经国认为,通货膨胀不是关键问题,蒋经国日记显示,他的目标不只是控制住物价,更是要"扫除腐败势力",终结全国财富分配不均的问题,扭转国民党的颓势。蒋经国取得他父亲蒋介石的支持,他在上海的基本政策可以放手去做。但同时据官方"中央通讯社"的报道,"大企业和权势家族正在酝酿搞走蒋经国"。时在美国驻香港总领事馆任职的谢伟思(Richard Service)报告华盛顿:"青帮头子杜月笙非常生气儿子遭到逮捕。为了向经国证明他儿子是被刻意挑中、打击,杜月笙提出'四大家族'以及若干华北军事将领在上海从事经济犯罪的证据。隔了几天,谢伟思又报告,宋子文派妻子到上海,劝经国对永安案宽大处理。"①

蒋经国向蒋介石报告了逮捕杜维屏的情况,9月24日,蒋介石给杜月笙发去电报称"我兄若能协助经国在上海经济管制工作,无任感荷"。电文同时刊于上海《申报》,这等于蒋介石公开声明,他不会介入让杜维屏获释。杜月笙接到电报后,前去拜会蒋经国,抱怨他们父子被挑出来刻意打击,杜月笙表示,其子囤积了6000多万元的物资,违犯国家的规定,他一定把物资登记交出。同时,他交给蒋经国一份包括孔令侃扬子公司在内的非法囤积物资的公司名单,代表各商家请求蒋经国派人检查上海扬子公司的仓库,把扬子公司所囤积的物资同样予以查封处理,以示一视同仁,这样才服人心。蒋经国没有立即采取行动,他的部下纷纷向他提出抗议,贾亦斌就说:"如果孔令侃没犯法,还有谁犯法?"蒋经国只能无奈地告诉他:"我无法忠孝两全。"②不过,蒋经国在此后不久派人去检查扬子公司的仓库,查到囤积的棉花、纱布、日用百货、热水汀、无缝钢管、粮食等共2万多吨,当即查封,并指控扬子公司有经济犯罪,逮捕了扬子公司的部分职员,经宋美龄的说项,蒋经国不再深究,由孔令侃作出和解姿态,交给政府约600万美元,然后离开上海前往香港,不久,又转道去了美国纽约。而不久,杜维屏也在交纳了一笔数额巨大的罚款之后,获准前往香港。而宋子文投资的永安公司,则以低于成本1/4的价格,将囤积的棉花抛售,同时,永安的另一大股东郭氏家族,也获准移居香港。③ 蒋经国似乎已把孔、宋、杜家族扫除出上海,而实际上,他在扬子公司案、杜维屏案、永安公司案中被迫屈服和让步,显示其经济管制措施的瓦解和上海"打虎"失败,局势也开始失控。1948年10月,蒋经国被蒋介石紧急召回南京,行政院随即发布解除对全国冻结物价的决定,国统区经济全面失控。蒋经国上海"打虎"正式宣告失败。

---

① [美]陶涵:《蒋经国传》,第175页。
② [美]陶涵:《蒋经国传》,第175页。
③ 郭旭:《扬子公司查而未抄的内幕》,《孔祥熙其人其事》,第229—232页。

第二节 "崩溃"时期南京政府的
反贪法规和机构

一、"宪政"时期国民政府反贪原则和刑事立法

(一) 根本大法中的反贪原则

1946 年 1 月 31 日,政治协商会议第十次会议全体一致通过《和平建国纲领》,明确指出"厉行监察制度,严惩贪污,便利人民自由告发"①。并在制定《政协会关于宪草问题的协议》过程中,始终贯穿"扩大监察机构职权"这一基本精神。

1946 年 11 月召开的制宪国民大会,制定通过了《中华民国宪法》,并议定宪法实施的准备程序。依宪法实施准备程序第二条规定,宪法公布后,国民政府应依宪法规定,于三个月内制定并公布各项行宪法规。这些行宪法规中,有相当一批是根据宪法监察反贪原则制定的。

(二) 反贪刑事和行政法规

抗战胜利后,南京国民政府在刑事立法方面,继续沿用 1935 年刑法典。此外,还沿用了一些单行法规。

(1)《惩治贪污条例》

在刑事特别法方面,1946 年 1 月 1 日,复员后的南京国民政府修正公布并施行了《惩治贪污条例》。这次主要是修正公布了《条例》的第 1 条、第 2 条、第 11 条及第 14 条的条文。修正后的《条例》规定犯贪污罪的情形为"军人公务员或受公务机关委托承办之人,犯本条例之罪者,依本

---

① 中共中央党校党史教研室选编:《中共党史参考资料》(六),人民出版社 1979 年版,第 71 页。

条例处断,其非军人公务员而与共犯者,亦同。办理社会公益之事务,以公务论,其财物以公有财物论"。

对犯贪污罪行之军人、公务人员等之惩罚规定如下:"有左列行为之一者,处死刑、无期徒刑或十年以上有期徒刑。一、克扣军饷者。二、建筑军工或购办军用品,夺取回扣或其他舞弊情事者。三、盗卖或侵占军用品者。四、藉势或藉端勒索、勒征、强占或强募财物者。五、以军用舟车、航空器、马匹、驮兽装运违禁或漏税物品者。六、意图得利而扰乱金融,或违背法令收募税捐公债,或擅提截留公款者。七、对于违背职务之行为,要求期约,或收受贿赂,或其他不正利益者。"对犯贪污行为者定罪,依照"特种刑事案件之审判程序办理,应迅速审判,并公开之"。①

(2)《戡乱时期危害国家紧急治罪条例》

1947 年 12 月 25 日,国民政府颁布《戡乱时期危害国家紧急治罪条例》,这是以前的《危害民国紧急治罪法》在新的历史条件下的继续。该法加重了对"内乱罪"的刑事惩罚。

《戡乱时期危害国家紧急治罪条例》犯"内乱罪"中"意图妨害戡乱扰乱治安或扰乱金融者"由原来判 7 年以上有期徒刑,改为"处死刑或无期徒刑或十年以上有期徒刑"。对戡乱时期危害国家罪的界定中,扰乱金融等罪行,是涉及贪污腐败的罪行,如"扰乱金融"的"内乱罪"预备犯、阴谋犯由原来判处 7 年以下有期徒刑,改为判 10 年以上有期徒刑。②

(3)《关于整理财政及加强管制经济办法》

1948 年 8 月 19 日,国民政府颁布《关于整理财政及加强管制经济办法》,1948 年 8 月国民政府财政部颁布《财政经济紧急处分令》、8 月 23 日财政部颁布《财政经济紧急处分令补充事项》,是在南京国民政府陷于官僚集团腐败,通货膨胀严重,金融陷入危机,社会经济状况动荡不安,国民经济濒于崩溃的情形下,配合国民政府实行"币制改革""经济管制"而颁布实施的。规定中有一些抑制贪污腐败的条款,如规定"各种国营事

---

① 《惩治贪污条例》(1946 年 1 月 1 日修正公布),《民国法规集成》第 66 册,第 410 页。
② 《戡乱时期危害国家紧急治罪条例》(1947 年 12 月 25 日公布),《中华民国史档案资料汇编》第五辑第三编,政治(一),第 199—200 页。

业应竭力节省浪费,裁汰冗员,所有盈余,应由主管部会责令悉数解交国库"等,虽有抑制贪污腐败的意义,但实际上只起到压榨人民的效果,而对于限制投机、贪污等罪行,只能是纸上谈兵。如关于"剩余物资及接收敌伪物资产业,应尽量加速出售,以裕国库收入",实际在助长接收人员的贪污舞弊行为。①

(4)刑事审判制度的相关规定

在刑事审判制度上,南京国民政府采取措施配合上述有关反对贪腐罪行的定罪审判。如 1948 年 4 月公布《特种刑事法庭组织条例》和《特种刑事法庭审判条例》,规定"高等特种刑事法庭受理《戡乱时期危害国家紧急治罪条例》所规定之案件,其设置地点及管辖区域,由司法行政部定之"等,就是如此。②

二、监察机构——监察院

(一)"旧政协"期间的监察院

日本投降后,蒋介石政府迫于全国人民和国际舆论的压力,于 1946 年 1 月在重庆召开政治协商会议(简称"旧政协")。

1 月 25 日,"旧政协"议决通过《政协会关于宪草问题的协议》,有关监察院的条款进一步明确了监察机构的地位和职权:首先,明确要求将监察机构及其职权列入宪法之中;其次,监察委员的选举,采用间接民选的方式。这有别于任何时期监察官吏选任的方式,为监察机构转变为民意机构铺平了道路;再次,第一次提出监察院应拥有"同意权",以完善监察权,提高监察院的威望。在"宪草修改原则"中,规定"监察院为国家最高监察机关,由各省级议会及各民族自治区议会选举之,其职权为行使同意、弹劾及监察权"。其实,诸多规定中一个重要内容均是为了更好地监

---

① 《国民政府关于整理财政及加强管制经济办法》,《中华民国史档案资料汇编》第五辑第三编,财政经济(一),江苏古籍出版社 2000 年版,第 66 页。

② 《特种刑事法庭组织条例》(1948 年 4 月 19 日),《中华民国史档案资料汇编》第五辑第三编,政治(二),第 910 页。

督权力的实施,防止贪污腐败。如关于"国民大会"的有关规定,"总统由县级省级及中央议会合组选举机关选举之。总统之罢免以选举总统之同样方法行使之。创制、复决两权之行使另以法律规定之"。①

对于五院中其他各院防止贪污腐败的规定,突出表现在监察院的"同意权"的规定上,"司法院即为国家最高法院,不兼管司法行政,由大法官若干人组织之,大法官由总统提名,经监察院同意任命之";"考试院用委员制,其委员由总统提名经监察院同意任命之";立法院虽为"国家最高立法机关",但是"宪法修改权属于立法、监察两院联席会议,修改之条文,应交选举总统之机关复决之",等等。②

在中国共产党和各民主党派的共同努力下,"旧政协"有关监察的基本精神,均被列入中华民国的最后一部宪法。但形式上的承认,并不能使监察院免于成为蒋介石附庸的命运。

(二)"宪政"时期监察院的建立

为挽救国民党政权行将崩溃的局面,南京国民政府也进行了一些局部改革。

(1)"宪政"监察院的筹备和建立

1946年12月,监察院成立监察法规设计委员会,研究决定于依宪法产生的监察院成立时,废止《弹劾法》《非常时期监察权行使暂行办法》《监试法》和《审计法》等,并重新规定了同意、弹劾、纠举、纠正、监试及审计等各项职权的行使程序,咨送立法院完成立法手续,以备宪政时期实施。1947年3月31日和10月7日,国民政府制定并公布实施的十大行宪法规中有《监察院组织法》和《监察院监察委员选举罢免法》。

1947年3月,"宪政"时期《监察院组织法》颁布后,监察委员们为使其更臻完善,提出了许多修正意见。例如,根据监察委员张庆桢、万灿、范争波3人提议,监察院在《监察院组织法》第3条中应明确规定,"监察院

---

① 《政协会关于宪草问题的协议》(1946年1月25日),《中共党史参考资料》(六),第78页。

② 《政协会关于宪草问题的协议》,《中共党史参考资料》(六),第78、80页。

得分设委员会,其组织以法律定之"①,他们指出正因为《监察院组织法》第 3 条规定为"得"设立委员会,其意不甚清楚,故专门提出这一提议以明确之。另如,12 月 25 日修正公布的《监察院组织法》第 8 条规定,"监察院视事实之需要,得将全国分区设监察院监察委员行署,其组织另以法律定之"②。其中内含另一层意思,就是如果事实上不需要,则监察委员行署可不设立。对此,监察委员苗培成、刘士笃、丘念台等表示异议,他们认为"监察权行使须遍涉中央与地方,应请继续就监察委员中派遣监察使,并仍设置使署,俾人民疾苦得以周知"。此外,对监察委员人数增加,但职员人数并未相应增加,他们提出建议,"拟请增加秘书处员额,增设调查处,并将会计、统计、人事三项人员仿照立法院组织法"另行规定。③

1948 年 5 月,设立行宪第一届监察院集会筹备委员会。6 月 2 日国民党中常会举行例会,讨论新监察院院长人选,一致同意指定于右任担任。6 月 5 日,在南京举行行宪后第一届监察院集会开幕典礼,总统蒋介石、副总统李宗仁均到会。6 月 9 日,选举院长,出席委员 136 人,结果于右任以 118 票当选为首届宪政监察院院长,刘哲为监察院副院长。14 日,举行"行宪"后监察院第一次会议,讨论监察院议事规则。至此,宪政时期首届监察院正式成立。

(2)"宪政"监察院机构建制

"宪政"时期监察院,由"监察院院长综理院务,并监督所属机关。监察院院长因事故不能视事时,由副院长代理其职务"。

①监察院会议。"监察院会议由院长、副院长及监察委员组织之,以院长为主席"。

②监察院各委员会。"行宪"后,依据《中华民国宪法》第 96 条规定,"监察院得按行政院及其各部会之工作,分设若干委员会,调查一切设施,注意其是否违法或失职";第 97 条又规定"监察院经各该委员会之审查及决议,得提出纠正案,移送行政院及其有关部会,促其注意改善"。

---

① 《监察院组织法》(1947 年 3 月 31 日公布),《民国法规集成》第 36 册,第 232 页。
② 《监察院组织法》(1947 年 12 月 25 日修正公布),《民国法规集成》第 36 册,第 234 页。
③ 《监察院组织法》,《民国法规集成》第 36 册,第 232 页。

监察院分设各委员会"得聘用专门委员六人至十二人"。

各委员会由监察院依行政院及其各部会的工作,分别设置,必要时,也可以合并设置。"行宪"的第一年,行政院下设 14 个部、3 个委员会,依其机构分布,监察院对应各委员会为:内政地政委员会、外交侨务委员会、国防委员会、财政粮政委员会、经济资源农林水利委员会、教育委员会、交通委员会、司法委员会、社会卫生委员会、蒙藏委员会等 10 个委员会。其中,将内政部与地政部,外交部与侨务委员会,财政部与粮食部,资源委员会与工商、农林、水利 3 部,社会部与卫生部合并设置委员会。

各委员会为合议制机构,委员会一切事宜均由合议庭会议议决。会议由召集人召集,各委员会各置召集人 3 人,由各该委员会委员互选之。各委员会委员由监察委员充任,每一监察委员得任三委员会委员,监察委员可凭各自兴趣,自由选择委员会。但这种组织形式,也有弊病:一是每一委员会人数颇多,召集会议极为不易,特别是推举召集人尤感困难。而委员会议决事项均需由合议庭议决,实际上掣肘了监察权效能的发挥;二是因委员凭兴趣自由选择委员会,因而多依监察委员自己的专业及其好恶选择,惟各委员会的人数,难以均衡,往往使有些委员会委员人数较少,而监察的机构众多,监察权行使较为困难,得不偿失。而以"每一委员得任三委员会委员"以资补救,其结果只能是恶性循环,毫无益处。①

③"监察院置秘书长一人,特派,由院长就监察委员外遴选人员提请任命之。秘书长承院长之命,处理本院事务,并指挥监督所属职员"。"监察院置参事四人至六人,简任,掌理撰拟审核关于监察之法案命令事项"。

"监察院设秘书处","监察院置秘书八人至十二人,其中六人简任或简派,余荐任或荐派;调查专员八人至十六人,其中六人简任,余荐任;科长四人至六人,荐任;速记员二人至四人,其中二人荐任,余委任;科员四十人至五十人,委任,其中十二人得为荐任;书记官二十人至四十人,办事员二十人至四十人,均委任,并得用雇员四十人至六十人"。

---

① 《中华民国宪法》(1946 年 12 月 25 日),《中国现代史资料选辑》第 6 册,第 240 页。

"监察院设会计处统计室及人事室,依法律之规定分别办理岁计、会计、统计及人事事项"。此外,"监察院设审计部"。①

(3)"宪政"时期审计机构

①监察院审计部

1949年5月修正公布审计部的机构、职能及人员组成。部长改为审计长,改政务、常务两次长为副审计长1人,"由审计长综理审计部事务"。②

审计部设3厅,各厅置厅长1人,由审计兼任;每厅设3科,各置科长1人,由协审或稽察兼任。并设审计室办理复核审计案件及其他不属于各厅的审计事务、审计长交办的事务;设巡回审计组执行各机关就地审计事务。

审计部置审计10—12名,协审21—24名,稽察18—22名,参事2名,秘书5名,专员12名,核算员54—90名,科员16—24名,雇员40—60名。③

②审计处

"宪政"时期,地方省市审计处设审计1人兼处长,协审2人,稽察2人,秘书、稽核员、科员和雇员若干名。

审计处下设3科,分掌事前、事后、稽察及就地审计事务,各科科长由审计部派的协审或稽察兼任。

审计处对重要审计案件,以审核会议议决,其审核会议由审计、协审、稽察组成。原设甲乙两种审计办事处均予撤销。

③审计室

在各特种公务机关、公有营业机关、公有事业机关设立审计室,掌理各该机关的审计事务。审计室置协审或审计1人兼主任,承审计长之命,

---

① 《监察院组织法》(1948年5月1日),《中华民国总统府公报》第1号,1948年5月20日。

② 《中华民国总统府公报》第1号,1948年5月20日。

③ 《修正公布之审计部组织法》(1948年10月修正,1949年5月公布),《中华民国国民政府公报》第56号,1949年5月,"法规"。

综理全室业务,另置核计员 3—9 人。①

1948 年,南京政府已濒临灭亡,审计部人员纷纷南逃,审计机构相继裁撤或自行消亡。

(4)监察委员和监察委员行署

①监察委员的选任

"宪政"时期监察院与"训政"时期监察院所不同的最大特点,是监察委员由议会选举,或称为间接民选。这样,监察委员的身份发生了改变,由政府部门的官吏一跃到人民选举的代表。然而,这仅仅是形式上的改变,其实质依然如旧。依《中华民国宪法》第 91 条规定:"监察院设监察委员会,由各省市议会、蒙古西藏地方议会,及华侨团体选举之。"具体名额分配如下:每省 5 人;每直辖市 2 人;蒙古各盟旗共 8 人;西藏 8 人;侨居国外国民 8 人。

行宪之前,对监察委员的选举方式及人数名额有所议论。"旧政协"时规定采用地域代表制,除无规定"侨居国外之国民八人"外,余均同宪政时期所订。而"制宪"国民大会初审时,曾规定"每省一人至五人、每直辖市一人至二人、蒙古四人、西藏四人、侨居国外之国民八人"。迭次修正后,监察委员人数最后确定如 1946 年 12 月 25 日通过的《中华民国宪法》所定,总人数为 223 人,其中 35 省,"每省五人",应选出 175 人;直辖市 12 个,"每直辖市二人",应选出 24 人;"蒙古各盟旗共八人;西藏八人;侨居国外之国民八人",合 24 人。但实际选出 180 人,到会报到的仅有 178 人。②

在监察委员"民选"的问题上,是直接民选,还是间接民选,关系极大,因而当时也颇有争议。"制宪"国大时,有的代表主张"监察委员,为人民行使纠察权、监督权、弹劾权之代表,与人民息息相关,应由人民直接选举,以充分发挥监察权力",而且,"监察院之任务,亦甚重大,不减于立法院、国民大会等……而且无论立法院、国民大会、省市参议会等代议士,

① 《审计法》《审计处组织法》(1948 年 10 月修正,1949 年 5 月公布),《中华民国国民政府公报》第 56 号,1949 年 5 月,"法规"。
② 《中华民国宪法》(1946 年 12 月 25 日),《中国现代史资料选辑》第 6 册,第 239 页。

均应由人民直接选举,何独监察委员,须由间接选举?"①同时,蒋介石国民政府仍然坚持并在实际上实行的是监察委员间接选举。

②监察委员的保障和限制性规定

"宪政"时期,1946年12月25日制定通过的《中华民国宪法》对监察委员的保障,作出了更为简洁、明确的规定:其一,言论免责权。《中华民国宪法》第101条规定,"监察委员在院内所为之言论及表决,对院外不负责任"。言论免责权的范围,包括辩论、演说、报告、动议及发表意见等言论,和提案、投票及表决等行为。其二,身体保障权。《中华民国宪法》第102条规定:"监察委员,除现行犯外,非经监察院许可,不得逮捕或拘禁。"

"宪政"时期,对监察委员的限制主要仍是不得兼职,只是限制更为严格,规定"监察委员不得兼任其他公职(包括各级民意机关代表、中央和地方机关公务员、公营事业机关服务人员、公立医院医生和院长,等等)或执行业务(包括担任人民团体组织者、私营公司董事经理、报纸杂志发行人及其他雇员,等等)"②。

③监察委员行署

国民政府宣布实行"宪政"后,在监察院派驻地方的监察机构方面,与"训政"时期设置监察使署不同,是实行委员制,撤监察使署,改设监察委员行署。根据1948年5月公布的《监察院组织法》规定:"监察院视事实之需要,得将全国分区设监察院监察委员行署,其组织另以法律定之。"③

1948年7月28日,国民政府公布《监察院监察委员行署组织条例》,将全国划分为甘宁青、豫鲁、晋陕绥、云贵、两广、两湖、皖赣、闽台、苏浙、冀热察、川康、新疆、辽宁安东辽北、吉林松江合江、嫩江黑龙江兴安、西藏16个监察区(到1946年即"训政"最后一年,全国共有19个监察区),每

---

① 参见林纪东《中华民国宪法逐条解释》(三),第200、209页。

② 《中华民国宪法》(1946年12月25日),《中国现代史资料选辑》第6册,第240页。

③ 《监察院组织法》(1948年5月1日),《中华民国总统府公报》第1号,1948年5月20日。

区设置 1 个监察委员行署。1949 年 6 月,修正公布的《监察院监察委员行署组织条例》,仅有一项改动,增设蒙古区,共设 17 个监察区。

在组织机构方面,监察委员行署由 3 名监察委员主持工作,主持行署的监察委员,由全体监察委员推选,任期 1 年,并必须遵守"回避本区"的原则。①

解放战争的迅速发展,使长江以北的监察委员行署没有真正建立,到 1949 年 6 月以后,仅剩闽台区尚存,其他的监察区和监察委员行署都随着国民党政权的瓦解而自行消亡了。

(5)"宪政"监察院监察工作实例

"宪政"时期监察院成立后,受理了众多的监察提案。涉及反对贪污聚敛的如有国大代表赵炳坤等提起"刷新政治以收人心而挽国运"案。该提案主张"健全政府法定机关","提高监察职能,执行监察任务,确实纠举弹劾,以肃官箴","尊重民意,对于误国失职之各级官吏应严究其责任,依法惩处",并希望监察院在"清查私人国外存款及豪门资产,借归国用,以稳定金融,而济民困"方面发挥作用,等等。其中有一个典型案例,就是在 1947 年 7 月 8 日,闽台区监察使杨亮功向台湾高等法院检察处提起纠举书,纠举台湾省贸易局专员兼新台公司经理程毅借二·二八运动进行贪污舞弊的案件。

闽台区监察使杨亮功接到举发台湾省贸易局专员兼新台公司经理程毅舞弊贪污等情的密报后,派使署荐任职调查员许世璋前往调查。经调查取证,程毅除有贪污舞弊重大罪嫌外,还有违法行贿行为。具体的调查情况如下:(一)关于物资舞弊部分。"该公司于本年二·二八事变时,遭暴徒侵入,捣毁所有仓库暨一、二、三、四楼,缝纫、批发、委托寄售各部物资均受损失。经该公司分别所报贸易局转报台湾省行政长官公署核销。其委托部分,有福海公司寄售之珊瑚、珍珠等物品,当时值台币六百二十八万四千九百五十元,册报全部损失。"据查,"并未全部损失,该经理程

_____

① 《监察院监察委员行署组织条例》(1949 年 6 月)、《监察委员分区巡回监察规程》(1948 年 7 月 20 日)、《监察委员行署办事规则》,《民国法规集成》第 69 册,第 95、89、92 页。

毅乃竟全部报损,已属不合。尤足证明该经理程毅实有从中舞弊之罪嫌"。(二)关于虚报现款损失部分。据查,"该经理程毅签呈贸易局,具报于事变时共计损失台币二千零四十九万四千四百四十六元零八分,内会计室库存现金六十六万五千零二十四元四角一分,但据该公司出纳课长余声海称:当时库存实只有三十九万五千元。经查明有程毅批准借给友人张佩秋台币十五万一款并未归还,而命账务课长陈月娥于事变后伪作二月二十八日收回之传票,报入损失以内。又有杨飞勇所借之台币十万元一款,经杨飞勇以现款交还程毅,而程毅并不将此款归公,亦命报损。以上均有余声海供词及陈月娥谓事后补做收回传票,杨飞勇谓款已交还程毅之证明。……乃该经理程毅竟报库存现款损失六十六万五千余元之多,则其借二·二八事变浮报现款损失,违法贪污罪证,实数属凿"。(三)关于行贿及畏罪潜逃部分。据查,"该经理程毅于本署派员调查台北市警察局局长林士贤被诉一案时,承认因警察局查追该公司于二·二八事变时员工乘乱偷窃物品一案,于六月三日偕同该公司批发部长薛永顺,携带台币五□元,交付林局长友人邢武收下,邢武允于翌日晨转送林局长等语,不讳,薛涌顺亦证明确有此事,但程毅忽而潜逃,其交待手续尚未清楚,已由贸易局电请上海警察局将其扣留。等情。查该经理程毅,对于行求贿赂,既经自行承认,自应负其罪责。且设非舞弊多端,惧人查究,何必行求贿赂。又其交代未清,忽而潜逃上海,其为情虚畏罪,情节至明"。据此,杨亮功认为"该经理程毅,实触犯《惩治贪污条例》第三条第三款之罪嫌,及构成《刑法》第一百二十二条第三项之罪,并应按照公务员交代条例第十条之规定予以惩处。爰特按照非常时期监察权行使暂行办法第二条第一项之规定,提案纠举"。①

应当看到,"宪政"时期的监察院,虽对众多"提案"专门会议研讨,但实际监察效能并未有多大提高。行宪后第一届监察院,在加强监察院的地位和完善监察院的内部机制等方面也作了许多努力,但不可能真正提高监察院的地位,也不可能挽救行将灭亡的南京国民政府。

---

① 《中华民国史档案资料汇编》第五辑第三编,政治(四),第910—912页。

（三）"宪政"时期监察院机构职能和监察机制

宪政时期,监察院主体和分设机构,均行使法定监察职权。

（1）弹劾权

"宪政"时期监察院的弹劾对象中,"中央及地方公务人员""司法院或考试院人员"及"总统、副总统",依然为监察院的弹劾对象,与训政时期相同。

最突出的变化是,"宪政"时期五院中立法院和监察院正副院长和委员不属弹劾对象。① 因为监委和立委同"国大代表"一样,均为"民意代表",即由省市议会和华侨团体选举产生,故他们违法失职,只能由选举他们的议会或团体罢免。1947年3月公布的《国民大会代表选举罢免法（草案）》规定:"原选举单位之选举人对于所选之代表,非经过六个月后不得提出罢免申请书";"罢免申请书应叙述理由,以原选举单位当选时投票总数百分之二十以上,选举人之签署,向各单位之主管行政机关首长提出"。1947年4月22日立法院公布的《国民大会代表选举罢免法》中的规定与草案相比有变化:"罢免声请书应叙述理由,以原选举单位当选时投票总数百分之六十以上选举人之签署,向各该单位之主管行政机关首长提出。"②

（2）调查权

从"训政"时期开始,南京国民政府及其监察机构就注重通过各种方式行使调查权,并使调查权的行使更为制度化:其一,通过调查证来增加调查权的灵活性,使调查权行使起来非常方便;其二,在调查过程中,调查人员有封锁案件和提走档案的权力,还可要求当地的司法、公安部门协助,即"得通知当地警宪当局协助,予以适当之防范",从而在一定程度上强化监察权的法律规范性及对其他部门的法律约束力。

"宪政"时期监察院调查权略有变化。监察院为行使调查权,"得向

---

① 《中华民国宪法》(1946年12月25日,1947年1月1日公布),《中华民国史档案资料汇编》第五辑第三编,政治（二）,第615页。

② 《中华民国史档案资料汇编》第五辑第三编,政治（二）,第632、639页。

行政院及其各部会调阅所发布之命令及各种有关文件"①;遇有询问时"应就询问地点负责为详实之答复";调查中必须封存和携去的档案材料,"应经该管监督公务员之允许,除有妨害国家利益者外,该管监督公务员不得拒绝";此外,调查权有紧急防范的作用,"调查人员在调查案件时,如认为案情重大或被调查人有逃亡之虞者,得通知当地警宪当局协助,予以适当之防范"。②"宪政"时期,调查权名义上效能有所增强,有急速防范的作用,使用也似乎更趋合理,遇询问时,被询问机关或人员应在询问地点作翔实答复,以杜绝敷衍拖沓。但在实际操作中,因调查权的权限大大减小,而调查对象(行政院、部、会)的主管长官又往往以封存和携去档案材料会危害国家利益为由,拒绝提供材料,使调查无从深入。

无论在"训政"还是在"宪政"时期,监察机构都要求调查人员对于需要秘密进行调查的案件,在调查过程中不得对外宣泄,不得同时接受其他诉讼案件或从事其他调查,以确保调查工作的效率;不得接受地方上的供应,以杜绝行贿受贿情况的发生。如果预先发现被查人员有危害性行为可能发生时,可电呈监察院采取急速处分。③

(3)纠正权

南京政府"宪政"时期的纠正权,比"训政"时期建议权的职能缩小了。纠正权提起的对象,根据"行宪"《中华民国宪法》的规定,只是在"行政院及其各部会"(指南京政府行政院所设的内政、外交、国防、财政、教育、司法行政、农林、工商、交通、社会、水利、地政、卫生、粮食14个部和资源、蒙藏、侨务、诉愿审议4个委员会的统称),而对立法、司法、考试、监察四院和国民大会,及其所属机构,不能提起纠正案。④

纠正权的行使,在于"监察院于调查行政院及其所属各机关之工作及设施后,经各有关委员会之审查及决议,得由监察院提出纠正案移送行

① 《中华民国宪法》,《国民党政府政治制度档案史料选编》上册,第622页。
② 《监察法》,《国民党政府政治制度档案史料选编》上册,第334、335页。
③ 参见《监察院调查规则》(1934年1月12日),《国民党政府政治制度档案史料选编》上册,第314页。
④ 《中华民国宪法》,《中华民国史档案资料汇编》第五辑第三编,政治(二),第616页。

政院或有关部会,促其注意改善",而"行政院或有关部会接到纠正案后,应即为适当之改善与处置,并应以书面答复监察院"。①

纠正案的审理和议决,由监察院的有关委员会承担,并须经会议形式,由各该委员会委员(除外出调查、视察者外)过半数出席,最后议决须经出席委员过半数以上通过,若纠正案涉及两个以上委员会,则由有关委员会联席会议审理。纠正案的审理程序虽然冗长而繁杂,但审理结果只能是"促其注意改善"。至于被纠正者是否改善或改善当否,监察院虽能提出质问,可相关政府机关随便敷衍应付,甚或置之不理,监察院也无可奈何。

(4)同意权

1946年12月25日,制宪大会通过的《中华民国宪法》第90条规定:"监察院为国家最高监察机关,行使同意、弹劾、纠举及审计权。"遂将同意权作为监察院的第一职权而确立。

监察院同意权的行使与其他行政机构的关系,《中华民国宪法》第79条规定:"司法院设院长、副院长各一人,由总统提名,经监察院同意任命之。司法院设大法官若干人,掌理本宪法第七十八条('司法院解释宪法,并有统一解释法律及命令主权')规定事项,由总统提名,经监察院同意任命之。"第84条规定:"考试院设院长、副院长各一人,考试委员若干人,由总统提名,经监察院同意任命之。"②

(5)纠举权

"宪政"时期对纠举案的审理,要比"训政"时期严格。

根据"宪政"时期对纠举权的修正规定,纠举案由监察委员集体审理,而非由监察院院长一人决定,即监察委员认为公务员有违法失职行为,应予以停职等急速处分时,得以书面的形式纠举,再经其他监察委员

---

① 《监察法》(1948年9月14日),《国民政府政治制度档案史料选编》上册,第334页。
② 《中华民国宪法》,《中华民国史档案资料汇编》第五辑第三编,政治(二),第614—615页。

3 人以上审理决定,且审理程序为二审制,以示对提案委员提案的尊重。①

（6）审计权

1946 年 12 月 25 日通过、1947 年 12 月 25 日施行的中华民国最后一部宪法——《中华民国宪法》规定审计职能为:"监察院为国家最高监察机关,行使同意、弹劾、纠举及审计权";"监察院设审计长,由总统提名,经立法院同意任命之";"审计长应于行政院提出决算后三个月内,依法完成其审核,并提出审核报告于立法院"。②

1948 年,为适应"行宪"而通过的《监察院组织法》规定"监察院设审计部",其职掌如下:"一、监督政府所属全国各机关预算之执行。二、核定政府所属全国各机关之收入命令及支付命令。三、审核政府所属全国各机关之计算及决算。四、稽察政府所属全国各机关财政上之不法或不忠于职务之行为。"③

（7）监察院各委员会的职权

"训政"时期,监察院并无委员会的设置,纠正权的前身建议权,或由监察委员（或监察使）呈监察院院长核定后行使,或由监察委员（或监察使）直接行使,无须通过监察院以会议形式表决通过。

"行宪"后,监察院内委员会的设置,依监察院之意,理由有三:其一,便于有效行使纠正权。纠正权主要针对行政院及其所属各机关,而行政院及其所属各机关,工作庞杂,涉及面极广,须经常注意和研究,而分设委员会,便于职有专责,业有专精;其二,委员会人员的构成,是依监察委员的志趣和专长所组织的,有利于展其所长,献其才智、提高效能;其三,即可集思广益,慎重合理行使监察权,又不碍监察效能的发挥。

委员会的功能:一是拥有监察行政院及各部会工作及人员的功能;二是研讨、审定监察院所定法规及其行使过程中的弊利,一定程度上,具有

①　《非常时期监察权行使暂行办法》(1938 年 8 月 27 日),《国民党政府政治制度档案史料选编》上册,第 323 页。

②　《中华民国宪法》,《中华民国史档案资料汇编》第五辑第三编,政治(二),第 615—616 页。

③　《监察院组织法》(1948 年 5 月),《中华民国总统府公报》第 1 号,1948 年 5 月 20 日。

研究性质。

其职权为:第一,纠正权。即委员会对于行政院系统措施不当有建议权和监察权;第二,调查权。即委员会有权随时或定期调查政府机构的活动及其措施执行情况;第三,审查权。委员会审议监察院会议交议、委员提议、其他委员会移送至本委员会有关联的、院长交议的一切事项。①

三、"宪政"时期的惩戒机构

(一) 司法院公务员惩戒委员会

"宪政"时期,惩戒机构归于统一,凡公务员的惩戒案件,均由司法院公务员惩戒委员会掌理。

公务员惩戒委员会,设委员长 1 人,特任;委员 9—15 人,简任,委员中应有 5—7 人曾出任过简任职法官。对其他委员任职条件的要求是:"非年满四十岁,于政治法律有深切之研究,并曾任简任职公务员五年以上,或荐任职公务员十年以上者,不得任用。"②

(二)《中华民国宪法》宪定惩戒机构

1946 年 12 月,国民大会制定通过的《中华民国宪法》重新规定了弹劾案的审理和惩戒机关。主要有:

(1)国民大会。负责对总统副总统的罢免事宜。"依监察院之决议,对于总统、副总统提起弹劾案时",由立法院院长通知"国大代表"召集国民大会临时会进行审理。

(2)司法院公务员惩戒委员会。根据 1946 年 12 月公布的《中华民国宪法》第 77 条的规定,司法院"为国家最高司法机关,掌理民事、刑事、行政诉讼之审判,及公务员(包括军职人员)之惩戒"。③

---

① 《民国法规集成》第 69 册,第 95 页。
② 《公务员惩戒委员会组织法》,1946 年 11 月,参见《惩戒法规解释汇编》。
③ 《中华民国宪法》,《中华民国史档案资料汇编》第五辑第三编,政治(二),第 609、613—614 页。

四、行政监督机制

"宪政"时期的南京国民政府不顾人民和平、民主、团结的呼声,悍然发动全面内战。时局的动荡,使南京国民政府自身的行政监督遇到了一系列困难:一、南京政府领导班子不稳,更换频繁。从1948年6月组成的"行宪"后首届行政院,到1949年9月南京政府垮台,行政院领导班子在16个月中更迭了4次,难以保证行政决策的有效执行。二、行政和行政监督系统紊乱。战后南京政府各职能部门各自为政,互不相谋。在接收过程中,不同系统都想通过接收以自肥,互相争夺,表现出国民政府"系统紊乱,权责不明,有利相争,遇事推诿,形成无组织状态"。三、指挥失灵。统一的行政指挥是行政执行中的重要环节,否则决策目标无法实现。南京国民政府后期,中央政府已失去应有的权威,出现有令不行,有禁不止,各行其是,各自为政的混乱局面。由于行政指挥失灵和其他原因,"币制改革"推行不下去,物价进一步升腾,人民遭受巨大灾难。围绕币制改革的失败,各部门互相责难,推卸责任:立法委员责怪行政院处置不当,蒋介石则斥责立法院干预过多,中央政府批评地方政府不听号令,地方政府则埋怨中央政府掠夺地方财富,上下攻讦,混乱不堪。

抗战结束后,南京国民政府的行政监督,主要来自三个方面:

(一) 国民党的监督

国民党为了进一步加强对行政活动的监督,采取了三项重要措施:

(1)加强对地方行政的控制。根据国民党六届三中全会的决议,各省、各县仿照中央政治委员会的模式,"迅速成立省县政治委员会,并加强其组织,以指导监督省县行政,并严格管理从政党员"。

(2)加强对从政党员的管理。首先是要"加强政治领导,确定从政党员管理办法,严格施行",党员担任各级政府的重要职务或参加各项重要职位的竞选,必须经党的组织的同意,并受其指导;任何从政党员都应参加基层组织活动,否则予以党纪处分;"对于同级政府从政党员之违反本党主义、政纲、政策及党的决议,或奉行不力者,得提请上级党部予以适当之惩处",情节严重者,开除党籍。①

(3)实施"以党透政"的工作方式。国民党六届三中全会决议通过的《农民运动实施纲要》和《工人运动实施纲要》,都对"以党透政"的实施方式有明确规定:其一,政治委员会的运用。"凡本党决定的政策,须愿[赖]政府执行或监督指导其实施者,由党部提[交]同级政治委员会决定后,命令从政党员于政府中制定方案,作为施政之依据,并检讨其成效"。其二,民意机构的运用。在民意机关和群众团体的党员中"遴选若干人,组织党团,指导执行党的决议,以利政策之推行";对农会、工会,有具体的"以党透过农会实施之方式""以党透过工会实施之方式"等。②

(二)国民政府内部的监督

(1)监察院的监督。1946年12月25日通过的《中华民国宪法》规定,监察院为行政监察机关,"监察院为行使监察权,得向行政院及其各部会调阅其所发布之命令及各种有关文件",并"得按行政院及其各部会的工作,分设若干委员会,调查一切设施,检查其是否违法或失职";"监察院经各该委员会之审查及决议,得提出纠正案,移送行政院及其有关部会,促其注意改善。监察院对于中央及地方公务人员,认为有失职或违法情事,得提出纠举案或弹劾案,如涉及刑事,应移送法院办理";监察院设审计部,依法行使审计监督权。③

(2)立法院的监督。《中华民国宪法》规定,"立法院为国家最高立法机关","行政院有向立法院提出施政方针及施政报告之责。立法委员开会时,有向行政院院长及行政院各部会首长质询之权";而"立法院对于行政院之重要政策不赞同时,得以决议移请行政院变更之"。

---

① 《关于训练党务经费及党政关系之综合决议案》(1947年3月23日),《中国国民党历次代表大会及中央全会资料》下册,第1129页。

② 《农民运动实施纲要》、《工人运动实施纲要》(1947年3月23日),《中国国民党历次代表大会及中央全会资料》下册,第1118、1125页。

③ 《中华民国宪法》,《中国现代史资料选辑》第6册,第240页。

（3）总统的监督。总统通过宪定"核可权"对立法院决议权、行政院移请复议权进行监督,即"行政院对于立法院之决议得经总统之核可,移请立法院复议";通过提名任命行政院长的权力进行监督,即"行政院院长由总统提名""行政院副院长,各部会首长及不管部会之政务委员,由行政院院长提请总统任命之",监督和控制行政院,使之受制于总统。①

（三）对施政过程的考核监督

抗战胜利后,国民党中央和南京国民政府多次作出规定,每年度的施政计划必须分期进行严格考核。考核中如发现有浮虚或违法失职情况,除迅速纠正外,对情节严重者即免去主管人员职务,并规定以政绩作为奖惩黜陟的标准。

在具体施政过程中,中央政府还经常派出专门督导团或督导员进行督促检查。不过,"崩溃"时期的南京政府就像一台腐朽不堪的机器,无论怎样检修、加油,也无法使其正常运行。因此,这类监督活动效果并不明显。

---

① 《中华民国宪法》,《中国现代史资料选辑》第 6 册,第 235—236 页。

第 七 章

民国时期的反贪文化和反贪的经验教训

第一节　民国时期的反贪文化

一、亲历贪腐内幕的野史和笔记

在民国时期,大量的野史,杂记、演义、史话,都记载了从北洋军阀时期到国民政府时期大量的贪污腐败行径。如陶菊隐的《北洋军阀统治时期史话》、蔡东藩等的《民国通俗演义》、姜泣群编的《民国野史》等等。

陶菊隐在《北洋军阀统治时期史话》中,明确说明:"我在旧中国新闻界待过三十多年,亲身见闻不少,特别是从某些'要人'口中得来的'内幕消息',当时不能发表的,我都记录下来。解放初期,我把这些资料和部分传记之类的旧作掺合起来,并跑图书馆加以核对补充,于一九五七年至五九年,写成《北洋军阀统治时期史话》。"作者还明确申明"此书是史话,不是史论","此书是史话,不是小说",力求做到"求实存真"。[①] 故此,书

---

① 陶菊隐:《北洋军阀统治时期史话》下册,生活·读书·新知三联书店 1983 年版,"后记",第 1726—1727 页。

中大量的揭露北洋军阀的贪污腐败行径的内容,是基本可信的。

蔡东藩、许廑父所著《民国通俗演义》一书,是根据"当时的报纸和耳闻目见,搜集了不少材料,记述了不少事实"①写成,为的是写出"浊世之是非"。正如作者在自序中所写的:"治世有是非,浊世无是非。夫浊世亦何尝无是非哉?弊在以非为是,以是为非,群言庞杂,无所适从,而是非遂颠倒而不复明。……今日之中华民国……自纪元以迄于兹,朝三暮四,变幻靡常……纯以是非之正轨,恐南其辕而北其辙,始终未能达到也。"②可见当时社会之不堪。

民国时期大量的笔记史料,亦历史亦传奇,丰富多样地记载了中华民国自建立之日起,从临时政府、北京政府到南京国民政府时期的大量官吏贪污腐败行为及其社会上的贪污腐败行径,甚至充满了辛辣的讽刺、嘲弄。著名的民国史料笔记,如黄濬的《花随人圣盦摭忆》、刘以芬的《民国政史拾遗》、陶菊隐的《政海轶闻》、张国淦《北洋述闻》、王建中《洪宪惨史》、袁克文《辛丙秘苑》、刘成禺《洪宪纪事诗注本末》、谭人凤《石叟牌词》等等。

《花随人圣盦摭忆》,是民国时期一部主要以记述晚清和民初的史实掌故与人物逸闻,而颇受民众喜爱和学人重视的笔记掌故巨帙。最初连载于《中央周报》,其补编续刊于《学海》。由于作者黄濬是晚清名家陈衍的得意弟子,尤以诗才扬名当时,故能与权宦显要、前辈名人周旋唱和,多所往来,因此,该书除杂采时人文集、笔记、日记、书札、公牍、密电以及有关的外人著述外,尚能由此多据其本人亲身经历和耳闻目睹的材料,内容丰富,议论精彩,行文婉承,生动流畅,深受读者欢迎。③

《民国政史拾遗》,又名《宋荔山房随笔》,该书以作者亲历亲见,记述

① 蔡东藩、许廑父:《民国通俗演义》,中华书局1973年版,"重印说明",第1页。
② 蔡东藩、许廑父:《民国通俗演义》,"自序",第1页。
③ 黄濬(1890—1937),福建侯官(今福州)人,在清末曾留学日本早稻田大学。曾历任北京政府陆军部、交通部、财政部参事、佥事、秘书及国务院参议等职。1932年任南京国民政府行政院秘书,以文才深受蒋介石赏识,升至地位仅次于行政院秘书长的简任级机要秘书。1937年因向日寇泄露机密,以通敌罪伏法。参见黄濬《花随人圣盦摭忆》(民国史料笔记丛刊),上海书店出版社1998年版。

了民国创立之初的16年间的政坛的党派倾轧、行贿受贿等史事佚闻。如"另一曹锟贿选案",就讲述了曹锟在1923年贿选大总统之前,在1918年贿选副总统的事件。此外揭露民国初年贪污受贿行径的尚有"新国会选举丑剧""贿选与贿不选",等等。① 其他的民国史料笔记,也莫不如此。

二、揭"黑幕"之小说

大量的民国小说,描写了从北洋军阀时期到蒋介石政府时期,大小军阀生活的糜烂和大肆进行贪污掠夺的劣迹。其中影响极大的如有反映辛亥革命后封建军阀统治下充满着贪污腐败、黑暗现实的张恨水《啼笑姻缘》、贡少琴《新社会现形记》、觉迷《不倒翁》、叶萄《终南捷径》、观弈《某县令》、培均《诈财新术》、钓鳌客《金钱》等等;唐人所著的《金陵春梦》则以巨大的篇幅描写了蒋家王朝的种种腐败行径②,等等。

1916年10月,《时事新报》开辟《上海黑幕》专栏,标志着"黑幕小说"出现,揭发政界、军界、学界、商界、党会、匪类、报界、僧道、慈善等方面的"黑幕"。"黑幕小说"的作品,以路滨生1918年所编《绘图中国黑幕大观初集》和《续集》为代表。黑幕小说所写出的内容包括:"政界之黑幕""军界之黑幕""学界之黑幕""商界之黑幕""报界之黑幕""家庭之黑幕""党会之黑幕""匪类之黑幕""江湖之黑幕""翻戏之黑幕""优伶之黑幕""娼妓之黑幕""僧道之黑幕""拆白党之黑幕""慈善事业之黑幕""一切人物之黑幕",等等。③

该书的序言中道其原委说:"世教衰微,道德堕落,益以内乱外患,商

---

① 刘以芬:《民国政史拾遗》(民国史料笔记丛刊),上海书店出版社1998年版。

② 唐人所著之《金陵春梦》,从1952年在香港《新晚报》连载刊登第一集《郑三发子》开始,到1958年,最后一集(第八集)《大江东去》为止,数百万字,对蒋家王朝、蒋介石的描画,"生动活泼,刻划入微",被誉为"确是一部难得的历史小说"。参见《金陵春梦》第一集序,上海文化出版社1958年版,第1页。

③ 路滨生编:《绘图中国黑幕大观》,"初集"上、下卷,"续集"上、下卷,中华民国七年三月一日出版,上海博物院路八号鲁威洋行荷商马也三月十日发行,华商第一印刷所印刷,特约代发行所是中华图书集成公司。

业凌夷,国人生计困难,遂相率为卑污残忍、诈伪欺罔之事,以求幸获。受其祸者,无所得伸,或泄其愤于口舌,文人笔而存之,是为时下流行之黑幕。黑幕者,摘奸发覆之笔记也。某报社创之于先,各书肆继之于后。惟某报社之黑幕,纪事恒囿于一隅;而各书肆所出之黑幕,内容又未必尽佳。于是有路滨生者,奋袂而起,手编《中国黑幕大观》四巨册,都百万言,自比然犀铸鼎,奸魅无遁形矣。"①

路滨生所编《绘图中国黑幕大观》一书,如编者自称是揭发"全国社会射影含沙之事,魑魅魍魉之形,一一呈于纸上,无所遁逃",从而使"幕中人知所怵而幕外人知所防"。同时,正如鲁迅所指出的,其内容也充满了"丑诋私敌,等于谤书,又或有谩骂之志而无抒写之才,则遂堕落而为'黑幕小说'"。"黑幕小说"作者的宗旨是要揭发社会上的种种罪恶和龌龊行为,故不加判别、尽量搜罗和记录各种丑恶现象。②

三、谣　谚

自古以来,每当民众百姓对社会现象产生不满情绪时,往往以通俗直白的话语、朗朗上口的形式,创制出大量的民间歌谣,揭露令他们产生不满的社会不良现象。中华民国时期即产生了大量的民谣,形象、深刻地揭露了民国时期社会贪污腐败现象。我们知道,在民间社会里,谣谚能表现社会生活的方方面面,包括政治生活、经济生活,社会风貌,等等。谣谚都成为一种引导公共舆论、制造流行观念,传播情感、态度、价值观的共享工具。

与反映社会中贪腐状况最为密切、直接的是政治谣谚。政治谣谚往往会把谣谚视为社会重大事变发生的谶语先兆,甚或是为了营造某一事件发生的神秘气氛,人们,往往是一些民间文人会蓄意创作并传播谣谚,这实际上就是一种广泛意义的社会舆论。这类谣谚多与政治性事件、人

---

①　路滨生编:《绘图中国黑幕大观》"初集"卷上,序一,第1页。
②　路滨生编:《绘图中国黑幕大观》"续集"卷上,序一,第1页。

物,并在较广泛地区或是特定地区流行。

谣谚,可算是一种民间文学形式,它采用的是口语,而非书面语,但创作和传播它的却不仅是普通民众,还有许多知识精英。民众创作并传播的"谣谚",一般是根据生活经验,针对某种社会或自然现象,加以总结而来的,是比较随意的表达。民众面对的是生计问题、人际关系问题、与官府打交道的问题等日常生活问题。对于普通民众,谣谚主要是传承生活经验,并用以表达对特定人物事件、社会现象等的看法,从而使创作和流传谣谚成为他们生活的一部分。

对知识精英们而言,创作并传播"谣谚",往往具有特定的政治动机或目的,其背景当然是根据确实甚或是捕风捉影的故事来刻意制造的。知识精英除了有一般民众所具有的创作目的和面临的生存境遇外,还有更多的政治、文化的欲求。因此,谣谚对于知识精英来说,工具的意义更多,在制造和传播谣谚的时候,他们具有极强的功利性。①

应当说,民国时期,关于贪污腐败问题的谣谚,两种类型都具备。

四、报刊揭露贪腐的内幕

民国时期,报刊对反贪的反映、报道是较多的,如前面已提及的《时事新报》还专门开辟了对贪腐事件报道的专栏。国民党统治时期,虽然有诸多的限制和严苛的审查制度,但是,国统区的部分报刊仍能较客观地反映、报道一些贪污腐败事件。

如重庆时代的《大公报》,虽然对国民党是一贯采用大捧(捧蒋介石)小骂(骂孔祥熙)的手法,但其报道在客观上对国民党官员的贪污腐败行为有所揭露。太平洋战争爆发后,《大公报》曝光的矛头就明确地指向孔祥熙。首先在日寇攻占香港前夕,孔的一家仓皇从香港包乘中国航空公司飞机,逃到重庆,除了大箱小箱的金银财宝外,还有梳头

---

① 诸如《歌谣周刊》《中国歌谣》等收集谣谚的刊物、书集;地方志中大量收集有民国时期的谣谚。丁世良、赵放主编:《中国地方志民俗资料汇编》,书目文献出版社 1989—1995 年版;张守常编:《中国近世谣谚》,北京出版社 1998 年版。

娘姨和二小姐的爱犬,统统乘飞机而来;而原在香港的工作人员和爱国人士,全部陷在香港,备受屠杀和蹂躏。《大公报》乘这个机会写了一篇社论,把孔祥熙及其家族骂了一通,揭开了正面反孔祥熙的序幕。在孔祥熙侵吞美金公债发案后,《大公报》作了大量报道,对揭露贪污内幕、政府处理等情况,加以一定的报道,对促使孔祥熙下台,起了一定的作用。

第二节　民国时期反贪的经验教训

关于贪污腐化,中外学者的认识既存有共识,也有差异,可说是同异互见。

中国学者的理解是:它就是公务人员或财务人员接受或攫取不正当之财物或金钱以自肥。这种财物或金钱,或直接间接取之于国民,或取自国库。"取之国民者,谓之索贿;取自国库者,谓之侵蚀。"①

西方学者的认识也是同异互见的。亨廷顿在其所著《变动社会中的政治秩序》一书中认为:贪污腐化是指国家官员为了谋取个人私利而违反公认准则的行为。腐化乃是缺乏有效的政治制度化的一种表征。它导致公职官员没有自律感,缺乏操守,妄取分外之利,不尽职内之责。无可否认,世界各国都存在着腐化。从中华民国的反贪史也可看出,近现代社会,当一个国家处于变革时期,其中的腐化现象,比该国在其他时期中的腐化现象,更为普遍,腐化的程度与社会、经济迅速现代化有关。通常,腐化现象在现代化进程的最激烈阶段,往往会最广泛地蔓延于整个官场。②

---

① 马寅初:《财政学与中国财政——理论与实践》,第687页。
② [美]塞缪尔·P.亨廷顿等:《变动社会中的政治秩序》,王冠华等译,生活·读书·新知三联书店1989年版,第54—55页。

一、"权力寻租"与"补偿心态"的结合

中华民国时期贪污腐化的一个独特之点,是将"权力寻租"与独特的"补偿心态"融合在一起,所造成的负面影响之猛烈,已为民国政权在大陆统治的最后五年证明具有毁灭性。

中外学界对"寻租论"的理论和实践方面的探讨已众,而探讨中华民国时期的贪腐行为和反贪机制、举措,固然需要从"寻租论"和作为民国时期特色的"补偿论"中加以探讨,更重要的是,从整体观的角度,结合世界范围内的类似现象,从民族独立过程中的权力转换(权力转移)、现代化与贪污腐化的关系等方面,来加以探讨,更具有深刻性。

二、社会基本价值观的转变

中华民国时期,中国社会正处于一个现代化的突进期,而现代化涉及社会基本价值观的转变。

中华民国处于现代化进程中的一个"突进"时期,也是价值观念急剧变幻的时期。价值观的转变,意味着社会内部的集团开始用诸如天下平等、以成就量人、个人和集团对民族国家的效忠和认同、对国家而言公民享有平等的权利并应尽平等的义务等新的、外来的规范(民国时期,这些新的、外来的规范主要是西方和苏俄的行为规范、价值标准),来判断自身社会,那些按照传统规范是可以被接受并合法的行为(如清末"陋规",政治上必要的讨价还价和妥协等),在"现代人士"的眼里,成为不能接受的腐化行为,其结果就是将政治与腐化等同起来。因此,现代化进程中的社会腐化现象,在某种程度上,与其说是人们尤其是公务人员的行为背离了公认的行为规范,还不如说是行为规范背离了公认的行为方式,这种判断是非的新标准和新尺度,至少把某些传统上认为是合法的行为,谴责为腐化。而且,我们必须认识到,给所有旧标准打上问号,会摧毁所有标准的合法性,使人们变得无所适从,使贪污腐化者有空子可钻;而且新旧行

为规范的冲突,为个人创造了以这两种(新、旧)行为规范所不承认的方式进行活动的机会,实际上也是为贪污腐化创造了新的机会和途径。

而且,现代化开辟了新的财富渠道和权力来源,如果不能有效控制,就会进一步助长贪污腐化行为。处理这些新、旧财富和权力来源的现代规范,也没有被该社会内部居于统治地位的集团所接受。新、旧规范的冲突之间,就留下了贪腐者可资利用的缝隙。

三、现代化和战争、民族独立背景

中华民国反贪史的探讨应放在当时的战争、民族独立和现代化过程这样的背景中来进行。

中国,作为一个民族国家,也是后发型现代化国家,经济发展过程中所导致的经济不平等的影响,会变得非常惹人注目,从而在客观上使经济利益和地位上的不平等越发严重,使得国家政治制度在"政治腐化时期"内受到了严峻的考验,并遭到一定程度的腐蚀。与此同时,由于国家在整合期间(民国时期突出表现为国家统一的战争)的社会动员,又在削弱这种不平等的合法性。现代化进程中的这两方面因素的日益增长,最终结合起来便产生了政治动乱。中华民国时期,无论是北洋军阀政府时期,还是国民党统治时期,在政治上无数的"政变""事件",甚至政权的更迭,都说明了这一点。

世界范围内的众多事例也表明,民族独立曾在一段时间内,给少数掌权的人带来攫取巨额财富的众多良机,而与此同时,占人口大多数的平民百姓的生活水平却停滞不前,甚至有所下降,被囚禁在经济和政治不平等的牢笼里,而最终导致革命的发生,这也是对蒋介石的南京政权败因的一种理论总结。

四、民国时期贪腐的警示

中华民国时期的贪污腐化现象告诉我们:

第一，腐化可以是通过非正常渠道，将新兴集团吸收进现有政治体系的一种手段，这是统治集团扩大其统治基础的方式之一。"腐化在掌握政治权力的人和拥有财富的人之间架起了一座桥梁"，一方用政治权力去换取金钱，另一方则用金钱去换取政治权力。但是，两者的共通之处，即他们都是通过出卖某种公物（一张选票、一官半职、一项决议、一件批文等等）来达到的。曹锟"贿选"总统，就是这一方式的变异品种。此外，根据许多传统社会的传统治典，一个官员有责任和义务向他的家庭成员提供奖励并安插职位，比如，中国古代的相关制度，等等。因此，只有区分官员对国家的义务和对自己家庭的义务这种差别逐渐被社会内部占统治地位的各集团所接受，才有可能断定上述官员的行为属于裙带关系或腐化。

第二，贪污腐化的形式大都涉及政治行为和经济财富之间的交易。至于腐化采取哪种具体的形式，这就要看在特定场合哪种形式容易办得到了。在民国社会里，政治成为一项主要产业、一种生活方式，政治是通向权力的主要途径，而权力又是敛财聚富的主要途径，借助政治影响、政治权力去捞取钱财，比其他任何方法都省时、省力。于是，政治的首要目的不是为了实现公共目标，不是为民众之福祉，而是为了攫取个人利益。在这样一种情况下，贪污腐化行为的蔓延不可避免。

第三，从政治的阶梯或官僚体系的阶梯向下看，越往低层，贪污腐化行为愈加频繁和肆无忌惮。当然，在不同国家的不同时期会存在例外情况。由于地域的关系以及纪律约束有限性等原因，一般而言，下层官员由于对纪律和道德的自我约束力较弱，往往比高级官员更具有腐化性（当然，在民国时期这种状况并非绝对，高级官员的贪污腐化也有可能比下级官员更厉害）；社会生活的混乱，政治、经济、军事集团之间缺乏稳定的关系，没有公认的权威模式，都是滋生繁衍腐化的温床。

从长远的眼光来看，刹住贪污腐化的风气，需要对政治参与进行组织和协调。政治组织能行使有效的权威，并促使集团利益，如"党派机器""组织"，得以组织起来，超越个人和社会小圈子的狭隘利益，因此，政治组织发展了，一般而言，就能减少贪污腐化的机会，而政党便是现代政治中能履行这一职责的政治组织、主要机构。政党能保护官僚体制免遭破坏性更大的集团和家族的吞噬,"党派观念和腐化行为是两条全然对立的原则。党派观念偏重于某种建立在公开昭示的公责之上的联系,而腐化则以满足私人和个人的利益为出发点,在暗地里进行,不露出任何蛛丝马迹"。当然,党派组织的弱点就是难以建立避免自身被腐化的有效机制,而这样的腐败一产生,就往往不是个体行为,而是体制性腐败。

第四,对腐化的纵容、庇护,最终会导致体制性腐败。任何政府,包括国民党政府,出于维护自身统治以及所谓的政府声誉的需要等原因,对贪污腐败行为,从制度上和实际操作中都采取否定和打击的态度,但出于权力平衡和有裙带关系的利益团体之相互利益维护等因素,造成统治集团对贪污腐败行为客观上的纵容,乃至最终造成积重难返的体制性腐败,从而导致政权的倾覆,这也是中华民国反贪史给予我们的经验教训。

后　记

　　十年前,《中国反贪史》由四川人民出版社出版后,我即构思一短一长的计划。《中国反贪史》近百万字,除了专业人员外,一般读者难以卒读。必须出简史,通俗扼要,后来便出版了《中国反贪史话》丛书,受到读者欢迎。《中国反贪史》从先秦时期写到清朝灭亡,民国时期、新中国时期的反贪史未能涉及,未免遗憾,而且这两个时期差不多近在眼前,其现实意义更大,是不言而喻的。因此,我又约请相关学者,写了民国反贪史,现在将从先秦到民国灭亡的反贪史,呈现在读者面前。

　　当年《中国反贪史》问世后,很快得到了时任中央纪委尉健行书记的重视,致电时任中国社会科学院院长李铁映同志,让他买十套书,送给中央政治局委员;全国有32家媒体对此书作了报道,中央电视台对我作了专题采访,这些年来,我从中央到地方,作过多次历史上反贪经验的演讲。借此机会,我向尉健行同志及不愿具名的某省纪委、众家媒体,表示衷心的感谢。

　　感谢四川人民出版社原社长兼总编邓星盈先生,责编汪洣先生;

　　感谢出版界耆宿曾彦修先生,人民出版社社长黄书元先生;

　　感谢关注此书的张银华先生。

　　万里春风今又回。愿全党上下、举国上下,认真反贪败,永不休战,我们的伟大祖国,将花常开,月常圆,春常在!

王春瑜

壬辰3月2日于牛屋